KODEX

DES ÖSTERREICHISCHEN RECHTS

Herausgeber: Univ.-Prof. Dr. Werner Doralt

Redaktion: Dkfm. Dr. Anica Doralt

SOZIAL-VERSICHERUNG

BAND I

bearbeitet von

o. Univ.-Prof. Dr. Franz MARHOLD

Karl-Franzens-Universität Graz

LINDE VERLAG

Benützungsanleitung: Die Novellen sind nach dem Muster der Wiederverlautbarung in Kursivdruck jeweils am Ende eines Paragraphen, eines Absatzes oder einer Ziffer durch Angabe des Bundesgesetzblattes in Klammer ausgewiesen. Soweit nach Meinung des Bearbeiters ein Bedarf nach einem genauen Novellenausweis besteht, ist der geänderte Text zusätzlich durch Anführungszeichen hervorgehoben.

KODEX

DES ÖSTERREICHISCHEN RECHTS

VERFASSUNGSRECHT
BÜRGERLICHES RECHT
HANDELSRECHT
ZIVILGERICHTLICHES VERFAHREN
STRAFRECHT
GERICHTSORGANISATION
WOHNUNGSGESETZE
BANKEN- UND BÖRSERECHT
VERSICHERUNGSRECHT
WIRTSCHAFTSGESETZE
VERGABEGESETZE
ARBEITSRECHT
SOZIALVERSICHERUNG I (Allg. Teil)
SOZIALVERSICHERUNG II (Bes. Teil)
AUSHANGPFLICHTIGE GESETZE
PFLEGEGELDGESETZE
STEUERGESETZE
STEUER-ERLÄSSE
DOPPELBESTEUERUNGSABKOMMEN
ZOLLRECHT UND VERBRAUCHSTEUERN
VERKEHRSRECHT
WEHRRECHT
LEBENSMITTELRECHT
VETERINÄRRECHT
ÄRZTERECHT
KRANKENANSTALTENGESETZE
UMWELTRECHT
CHEMIKALIENRECHT
GEFAHRGUTRECHT, Bd. I
GEFAHRGUTRECHT, Bd. II
WASSERRECHT
ABFALLRECHT
SCHULGESETZE
UNIVERSITÄTSRECHT
INNERE VERWALTUNG
VERWALTUNGSVERFAHRENSGESETZE
LANDESRECHT TIROL
EU-VERFASSUNGSRECHT
EU-ARBEITSRECHT
EU-UMWELTRECHT
EU-WIRTSCHAFTSRECHT

Aktualitätshinweise zu den einzelnen Bänden am Ende des Bandes

ISBN 3-7073-0358-6
LINDE VERLAG WIEN Ges. m. b. H., 1211 Wien, Scheydgasse 24
Telefon: 278 05 26 Serie, Telefax: 278 05 26-23 DW

Satz und Layout: psb, Auguststraße 62, 10117 Berlin

Druck: Hans Jentzsch & Co. Ges. m. b. H., 1210 Wien, Scheydgasse 31

Vorwort

In den ersten Band der 27. Auflage des Kodex Sozialversicherungsrecht wurden die BGBl I 131/2001, I 1/2002, I 20/2002, I 31/2002, BGBl II 376/2001, II 405/2001, II 439/2001, II 470/2001, II 475/2001, II 490/2001, II 47/2002, BGBl III 229–230/2001 und III 257–260/2001 eingearbeitet. Aktualisiert und erweitert wurde somit neben Gesetzen und Verordnungsteilen auch die Übersicht über die internationalen Abkommen.

In den zweiten Band der 27. Auflage des Kodex Sozialversicherungsrecht wurden die BGBl I 131/2001, I 136/2001, I 2/2002, I 3/2002, I 4/2002, I 5/2002, I 6/2002 und BGBl II 474–475/2001 eingearbeitet.

Für die Sichtung der Bundesgesetzblätter und die Mitwirkung an der Einarbeitung der novellierten Sozialrechtsbestimmungen danke ich Frau Dr. Nora Melzer-Azodanloo recht herzlich.

Franz Marhold
Graz, März 2002

INHALTSVERZEICHNIS

1. ALLGEMEINES SOZIALVERSICHERUNGSGESETZ

1. ALLGEMEINES SOZIALVERSICHERUNGSGESETZ

1. Allgemeines Sozialversicherungsgesetz, BGBl 1955/189 idF

1 BGBl 1956/266	2 BGBl 1957/171	3 BGBl 1957/294
4 BGBl 1958/157	5 BGBl 1958/293	6 BGBl 1959/65
7 BGBl 1959/290	8 BGBl 1960/87	9 BGBl 1960/168
10 BGBl 1960/294	11 BGBl 1962/13	12 BGBl 1963/85
13 BGBl 1963/184	14 BGBl 1963/253	15 BGBl 1963/320
16 BGBl 1964/301	17 BGBl 1965/81	18 BGBl 1965/96
19 BGBl 1965/220	20 BGBl 1965/309	21 BGBl 1966/168
22 BGBl 1967/5	23 BGBl 1967/67	24 BGBl 1967/201
25 BGBl 1967/256	26 BGBl 1968/6	27 BGBl 1968/282
28 BGBl 1968/303	29 BGBl 1969/17	30 BGBl 1969/446
31 BGBl 1970/385	32 BGBl 1971/373	33 BGBl 1971/473
34 BGBl 1972/162	35 BGBl 1972/445	36 BGBl 1973/31
37 BGBl 1974/23	38 BGBl 1974/178	39 BGBl 1974/775
40 BGBl 1975/303	41 BGBl 1976/704	42 BGBl 1977/648
43 BGBl 1978/673	44 BGBl 1978/280	45 BGBl 1978/342
46 BGBl 1978/458	47 BGBl 1978/684	48 BGBl 1979/530
49 BGBl 1980/585	50 BGBl 1980/196	51 BGBl 1981/282
52 BGBl 1981/588	53 BGBl 1982/544	54 BGBl 1982/647
55 BGBl 1983/121	56 BGBl 1983/135	57 BGBl 1983/384
58 BGBl 1983/590	59 BGBl 1983/656	60 BGBl 1984/484
61 BGBl 1985/55	62 BGBl 1985/217	63 BGBl 1985/93
64 BGBl 1985/205	65 BGBl 1986/71	66 BGBl 1986/111
67 BGBl 1985/104	68 BGBl 1986/388	69 BGBl 1986/564
70 BGBl 1986/253	71 BGBl 1986/275	72 BGBl 1987/158
73 BGBl 1987/314	74 BGBl 1987/609	75 BGBl 1987/616
76 BGBl 1987/605	77 BGBl 1988/196	78 BGBl 1988/283
79 BGBl 1988/749	80 BGBl 1989/364	81 BGBl 1989/642
82 BGBl 1989/651	83 BGBl 1989/660	84 BGBl 1990/282
85 BGBl 1990/294	86 BGBl 1990/408	87 BGBl 1990/741
88 BGBl 1991/15	89 BGBl 1991/24	90 BGBl 1991/32
91 BGBl 1991/70	92 BGBl 1991/157	93 BGBl 1991/234
94 BGBl 1991/243	95 BGBl 1991/600	96 BGBl 1991/627
97 BGBl 1991/669	98 BGBl 1991/676	99 BGBl 1991/681
100 BGBl 1991/702	101 BGBl 1991/628	102 BGBl 1992/474
103 BGBl 1992/833	104 BGBl 1993/17	105 BGBl 1993/110
106 BGBl 1993/335	107 BGBl 1993/502	108 BGBl 1994/20
109 BGBl 1994/314	110 BGBl 1994/450	111 BGBl 1994/665
112 BGBl 1994/680	113 BGBl 1995/43	114 BGBl 1995/132
115 BGBl 1995/297	116 BGBl 1995/475	117 BGBl 1995/832
118 BGBl 1995/853	119 BGBl 1995/895	120 BGBl 1996/153
121 BGBl 1996/201	122 BGBl 1996/411	123 BGBl 1996/417
124 BGBl 1996/600	125 BGBl 1996/764	126 BGBl I 1997/25
127 BGBl I 1997/39	128 BGBl I 1997/47	129 BGBl I 1997/61
130 BGBl I 1997/64	131 BGBl I 1997/79	132 BGBl I 1997/139
133 BGBl I 1998/6	134 BGBl I 1998/30	135 BGBl I 1998/138
136 BGBl I 1999/10	137 BGBl I 1999/12	138 BGBl I 1999/15
139 BGBl I 1999/16	140 BGBl I 1999/64	141 BGBl I 1999/68
142 BGBl I 1999/106	143 BGBl I 1999/121	144 BGBl I 1999/172
145 BGBl I 1999/173	146 BGBl I 1999/179	147 BGBl I 2000/1
148 BGBl I 2000/2	149 BGBl I 2000/26	150 BGBl I 2000/35
151 BGBl I 2000/43	152 BGBl I 2000/44	153 BGBl I 2000/67
154 BGBl I 2000/101	155 BGBl I 2000/102	156 BGBl I 2000/113
157 BGBl I 2000/142	158 BGBl I 2001/2	159 BGBl I 2001/5
160 BGBl I 2001/12	161 BGBl I 2001/28	162 BGBl I 2001/33
163 BGBl I 2001/35	164 BGBl I 2001/36	165 BGBl I 2001/37
166 BGBl I 2001/67	167 BGBl I 2001/99	168 BGBl I 2001/103
169 BGBl I 2001/131	170 BGBl I 2002/1	171 BGBl I 2002/31

GLIEDERUNG:

VIERTER TEIL
Pensionsversicherung

ABSCHNITT I
Gemeinsame Bestimmungen

ABSCHNITT II
Pensionsversicherung der Arbeiter

Stichwortverzeichnis

Stichwortverzeichnis

ALLGEMEINES SOZIALVERSICHERUNGSGESETZ

189. Bundesgesetz vom 9. September 1955 über die Allgemeine Sozialversicherung (Allgemeines Sozialversicherungsgesetz – ASVG)

ERSTER TEIL
Allgemeine Bestimmungen

ABSCHNITT I
Geltungsbereich

Geltungsbereich im allgemeinen

§ 1. Dieses Bundesgesetz regelt die Allgemeine Sozialversicherung im Inland beschäftigter Personen einschließlich der den Dienstnehmern nach Maßgabe dieses Bundesgesetzes gleichgestellten selbständig Erwerbstätigen und die Krankenversicherung der Pensionisten aus der Allgemeinen Sozialversicherung.

Umfang der Allgemeinen Sozialversicherung

§ 2. (1) Die Allgemeine Sozialversicherung umfaßt die Krankenversicherung, die Unfallversicherung und die Pensionsversicherung mit Ausnahme der im Abs. 2 bezeichneten Sonderversicherungen. Die Pensionsversicherung gliedert sich in folgende Zweige: Pensionsversicherung der Arbeiter, Pensionsversicherung der Angestellten, knappschaftliche Pensionsversicherung.

(2) Für die nachstehend bezeichneten Sonderversicherungen gelten die Vorschriften dieses Bundesgesetzes nur so weit, als dies in den Vorschriften über diese Sonderversicherungen oder in diesem Bundesgesetz angeordnet ist:

1. Kranken- und Unfallversicherung öffentlich Bediensteter,
2. Kranken-, Unfall- und Pensionsversicherung der Bauern,
3. Gewerbliche Selbständigen-Kranken- und Pensionsversicherung,
4. Krankenversicherung der Bezieher von Leistungen aus der Arbeitslosenversicherung,
5. Krankenversicherung der Kriegshinterbliebenen,
6. Krankenversicherung der Hinterbliebenen nach dem Heeresversorgungsgesetz,
7. Kranken-, Unfall- und Pensionsversicherung der in beruflicher Ausbildung stehenden Beschädigten nach dem Kriegsopferversorgungsgesetz 1957,
8. Kranken-, Unfall- und Pensionsversicherung der in beruflicher Ausbildung stehenden Beschädigten nach dem Heeresversorgungsgesetz,
9. Krankenversicherung der Empfänger der Sonderunterstützung nach dem Mutterschutzgesetz 1979,
10. Krankenversicherung der Bezieher von Sonderunterstützung nach dem Bundesgesetz über die Gewährung einer Sonderunterstützung an Personen, die in bestimmten, von Betriebseinschränkung oder Betriebsstillegung betroffenen Betrieben beschäftigt waren (Sonderunterstützungsgesetz),
11. Krankenversicherung der Bezieher von Überbrückungshilfe, Karenzhilfe oder erweiterter Überbrückungshilfe nach dem Bundesgesetz über die Gewährung von Überbrückungshilfen an ehemalige Bundesbedienstete,

    (BGBl I 1997/47)
12. Kranken-, Unfall- und Pensionsversicherung der Beihilfenempfänger nach dem Arbeitsmarktservicegesetz, BGBl. Nr. 313/1994,

    (BGBl 1994/314)
13. (aufgehoben)
14. (aufgehoben)
15. Pensionsversicherung für das Notariat.

Beschäftigung im Inland

§ 3. (1) Als im Inland beschäftigt gelten unselbständig Erwerbstätige, deren Beschäftigungsort (§ 30 Abs. 2) im Inland gelegen ist, selbständig Erwerbstätige, wenn der Sitz ihres Betriebes im Inland gelegen ist.

(2) Als im Inland beschäftigt gelten auch

a) Dienstnehmer, die dem fahrenden Personal einer dem internationalen Verkehr auf Flüssen oder Seen dienenden Schiffahrtsunternehmung angehören, wenn sie ihren Wohnsitz im Inland haben oder – ohne im Ausland einen Wohnsitz zu haben – auf dem Schiffe, auf dem sie beschäftigt sind, wohnen und die Schifffahrtsunternehmung im Inland ihren Sitz oder eine Zweigniederlassung hat, ferner Dienstnehmer österreichischer Staatsangehörigkeit, die der Besatzung eines die österreichische Flagge führenden Seeschiffes angehören;

b) Dienstnehmer einer dem öffentlichen Verkehr dienenden Eisenbahn, ihrer Eigenbetriebe und ihrer Hilfsanstalten, die auf im Ausland liegenden Anschlußstrecken oder Grenzbahnhöfen tätig sind;

c) Dienstnehmer, die dem fliegenden Personal einer dem internationalen Verkehr dienenden Luftschiffahrtsunternehmung angehören, wenn sie ihren Wohnsitz im Inland haben und die Luftschiffahrtsunternehmung im Inland ihren Sitz hat;

d) Dienstnehmer, deren Dienstgeber den Sitz in Österreich haben und die ins Ausland entsendet werden, sofern ihre Beschäftigung im Ausland die Dauer von fünf Jahren nicht übersteigt; das Bundesministerium für soziale Verwaltung kann, wenn die Art der Beschäftigung es begründet, diese Frist entsprechend verlängern;

(BGBl 1996/411)

e) die gemäß § 4 Abs. 1 Z 9 und § 8 Abs. 1 Z 4 Versicherten für die Dauer ihrer Beschäftigung im Ausland;

(BGBl 1996/411, BGBl I 1997/139)

f) Dienstnehmer österreichischer Staatsangehörigkeit, die bei einer amtlichen Vertretung der Republik Österreich im Ausland oder bei Mitgliedern einer solchen Vertretung im Ausland beschäftigt sind.

(3) Als im Inland beschäftigt gelten unbeschadet und unvorgreiflich einer anderen zwischenstaatlichen Regelung insbesondere nicht die Dienstnehmer inländischer Betriebe für die Zeit ihrer dauernden Beschäftigung im Ausland, die ausschließlich für den Dienst im Ausland bestellten Reisenden, die ihren Wohnsitz im Ausland haben, und Dienstnehmer, die sich in Begleitung eines Dienstgebers, der im Inland keinen Wohnsitz hat, nur vorübergehend im Inland aufhalten. Die Dienstnehmer eines ausländischen Betriebes, der im Inland keine Betriebsstätte (Niederlassung, Geschäftsstelle, Niederlage) unterhält, gelten nur dann als im Inland beschäftigt, wenn sie ihre Beschäftigung (Tätigkeit) von einem im Inland gelegenen Wohnsitz aus ausüben und sie nicht auf Grund dieser Beschäftigung einem System der sozialen Sicherheit im Ausland unterliegen. Als im Inland beschäftigt gelten auch Personen, die gemäß § 16 des Arbeitskräfteüberlassungsgesetzes, BGBl. Nr. 196/1988, bei einem inländischen Betrieb beschäftigt werden. Personen gemäß § 4 Abs. 4, die für einen ausländischen Betrieb, der im Inland keine Betriebsstätte (Niederlassung, Geschäftsstelle, Niederlage) unterhält, tätig sind, gelten nur dann als im Inland beschäftigt, wenn sie ihre Beschäftigung (Tätigkeit) von einem im Inland gelegenen Wohnsitz oder einer im Inland gelegenen Arbeitsstätte (Kanzlei, Büro) aus ausüben.

(BGBl 1996/201, BGBl 1996/411, BGBl I 1997/139)

Sprachliche Gleichbehandlung

§ 3a. Soweit im folgenden personenbezogene Bezeichnungen nur in männlicher Form angeführt sind, beziehen sie sich auf Frauen und Männer in gleicher Weise. Bei der Anwendung auf bestimmte Personen ist die jeweils geschlechtsspezifische Form zu verwenden.

(BGBl 1994/20)

ABSCHNITT II
Umfang der Versicherung

1. Unterabschnitt
Pflichtversicherung

Vollversicherung

§ 4. (1) In der Kranken-, Unfall- und Pensionsversicherung sind auf Grund dieses Bundesgesetzes versichert (vollversichert), wenn die betreffende Beschäftigung weder gemäß den §§ 5 und 6 von der Vollversicherung ausgenommen ist, noch nach § 7 nur eine Teilversicherung begründet:

1. die bei einem oder mehreren Dienstgebern beschäftigten Dienstnehmer;
2. die in einem Lehrverhältnis stehenden Personen (Lehrlinge);
3. die im Betrieb der Eltern, Großeltern, Wahl- oder Stiefeltern ohne Entgelt regelmäßig beschäftigten Kinder, Enkel, Wahl- oder Stiefkinder, die das 17. Lebensjahr vollendet haben und keiner anderen Erwerbstätigkeit hauptberuflich nachgehen, alle diese, soweit es sich nicht um eine Beschäftigung in einem land- oder forstwirtschaftlichen oder gleichgestellten Betrieb (§ 27 Abs. 2) handelt;
4. die zum Zwecke der vorgeschriebenen Ausbildung für den künftigen, abgeschlossene Hochschulbildung erfordernden Beruf nach Abschluß dieser Hochschulbildung beschäftigten Personen, wenn die Ausbildung nicht im Rahmen eines Dienst- oder Lehrverhältnisses erfolgt, jedoch mit Ausnahme der Volontäre;
5. Schüler (Schülerinnen), die in Ausbildung zum gehobenen Dienst für Gesundheits- und Krankenpflege nach dem Gesundheits- und Krankenpflegegesetz, BGBl. I Nr. 108/1997, oder zum Krankenpflegefachdienst oder zum medizinisch-technischen Fachdienst im Sinne des Bundesgesetzes über die Regelung des medizinisch-technischen Fachdienstes und der Sanitätshilfsdienste stehen, bzw. Studierende an einer medizinisch-technischen Akademie nach dem MTD-Gesetz, BGBl. Nr. 460/1992 oder an einer Hebammenakademie nach dem Hebammengesetz, BGBl. Nr. 310/1994;

   (BGBl 1993/335, BGBl 1996/411, BGBl I 1998/138)
6. Vorstandsmitglieder (Geschäftsleiter) von Aktiengesellschaften, Sparkassen, Landeshypothekenbanken sowie Versicherungsvereinen auf Gegenseitigkeit und hauptberufliche Vorstandsmitglieder (Geschäftsleiter) von Kreditgenossenschaften;

   (BGBl I 1997/139, BGBl I 1998/138)
7. die Heimarbeiter und die diesen nach den jeweiligen gesetzlichen Vorschriften über die Heimarbeit arbeitsrechtlich gleichgestellten Personen;
8. Personen, denen im Rahmen beruflicher Maßnahmen der Rehabilitation nach den §§ 198 oder 303 berufliche Ausbildung gewährt wird, wenn die Ausbildung nicht auf Grund eines Dienst- oder Lehrverhältnisses erfolgt;
9. Personen mit österreichischer Staatsbürgerschaft, die von einer Entwicklungshilfeorganisation gemäß § 1 Abs. 2 des Ent-

wicklungshilfegesetzes, BGBl. Nr. 474/1974, im Rahmen der Entwicklungshilfe als Entwicklungshelfer oder Experte beschäftigt bzw. ausgebildet werden;

10. Personen, die an einer Eignungsausbildung im Sinne der §§ 2b bis 2d des Vertragsbedienstetengesetzes 1948, BGBl. Nr. 86, teilnehmen;

11. Schüler und Studenten (§ 8 Abs. 1 Z 3 lit. h und i), die eine im Rahmen des Lehrplanes bzw. der Studienordnung vorgeschriebene oder übliche praktische Tätigkeit ausüben, wenn diese Tätigkeit nicht im Rahmen eines Dienst- oder Lehrverhältnisses ausgeübt wird;

12. Personen, die eine Geldleistung gemäß § 4 des Militärberufsförderungsgesetzes, BGBl. Nr. 524/1994, beziehen;

13. geistliche Amtsträger der Evangelischen Kirchen AB und HB hinsichtlich der Seelsorgertätigkeit und der sonstigen Tätigkeit, die sie in Erfüllung ihrer geistlichen Verpflichtung ausüben, zum Beispiel des Religionsunterrichtes, ferner Lehrvikare, Pfarramtskandidaten, Diakonissen und die Mitglieder der evangelischen Kirchenleitung, letztere soweit sie nicht ehrenamtlich tätig sind;

    (BGBl 1996/411)

14. die den Dienstnehmern im Sinne des Abs. 4 gleichgestellten Personen.

    (BGBl I 1997/139)

(2) Dienstnehmer im Sinne dieses Bundesgesetzes ist, wer in einem Verhältnis persönlicher und wirtschaftlicher Abhängigkeit gegen Entgelt beschäftigt wird; hiezu gehören auch Personen, bei deren Beschäftigung die Merkmale persönlicher und wirtschaftlicher Abhängigkeit gegenüber den Merkmalen selbständiger Ausübung der Erwerbstätigkeit überwiegen. Als Dienstnehmer gilt jedenfalls auch, wer nach § 47 Abs. 1 in Verbindung mit Abs. 2 EStG 1988 lohnsteuerpflichtig ist, es sei denn, es handelt sich um

1. Bezieher von Einkünften nach § 25 Abs. 1 Z 4 lit. a oder b EStG 1988 oder
2. Bezieher von Einkünften nach § 25 Abs. 1 Z 4 lit. c EStG 1988, die in einem öffentlich-rechtlichen Verhältnis zu einer Gebietskörperschaft stehen.

(BGBl I 1997/139, BGBl I 1998/138, BGBl I 2000/142, BGBl I 2001/99)

(3) (aufgehoben)

(BGBl I 1998/138)

(4) Den Dienstnehmern stehen im Sinne dieses Bundesgesetzes Personen gleich, die sich auf Grund freier Dienstverträge auf bestimmte oder unbestimmte Zeit zur Erbringung von Dienstleistungen verpflichten, und zwar für

1. einen Dienstgeber im Rahmen seines Geschäftsbetriebes, seiner Gewerbeberechtigung, seiner berufsrechtlichen Befugnis (Unternehmen, Betrieb usw.) oder seines statutenmäßigen Wirkungsbereiches (Vereinsziel usw.), mit Ausnahme der bäuerlichen Nachbarschaftshilfe,
2. eine Gebietskörperschaft oder eine sonstige juristische Person des öffentlichen Rechts bzw. die von ihnen verwalteten Betriebe, Anstalten, Stiftungen oder Fonds (im Rahmen einer Teilrechtsfähigkeit),

wenn sie aus dieser Tätigkeit ein Entgelt beziehen, die Dienstleistungen im wesentlichen persönlich erbringen und über keine wesentlichen eigenen Betriebsmittel verfügen; es sei denn,

a) dass sie auf Grund dieser Tätigkeit bereits nach § 2 Abs. 1 Z 1 bis 3 oder nach § 3 Abs. 3 GSVG oder nach § 2 Abs. 1 und 2 FSVG versichert sind oder
b) dass es sich bei dieser Tätigkeit um eine (Neben-)Tätigkeit nach § 19 Abs. 1 Z 1 lit. f B-KUVG handelt oder
c) dass eine freiberufliche Tätigkeit, die die Zugehörigkeit zu einer gesetzlichen beruflichen Vertretung (Kammer) begründet, ausgeübt wird oder
d) dass es sich um eine Tätigkeit als Kunstschaffender, insbesondere als Künstler im Sinne des § 2 Abs. 1 des Künstler-Sozialversicherungsfondsgesetzes, handelt.

(BGBl 1996/201, BGBl 1996/411, BGBl I 1997/139, BGBl I 1998/138, BGBl I 2001/99)

(5) (aufgehoben)

(BGBl 1996/411, BGBl I 1997/39)

(6) Eine Pflichtversicherung gemäß Abs. 1 schließt für dieselbe Tätigkeit (Leistung) eine Pflichtversicherung gemäß Abs. 4 aus.

(BGBl 1996/411, BGBl I 1997/39)

(7) (aufgehoben)

(BGBl 1996/600, BGBl I 1997/39)

Ausnahmen von der Vollversicherung

§ 5. (1) Von der Vollversicherung nach § 4 sind – unbeschadet einer nach § 7 oder nach § 8 eintretenden Teilversicherung – ausgenommen:

1. Die Kinder, Enkel, Wahlkinder, Stiefkinder und Schwiegerkinder eines selbständigen Landwirtes im Sinne des § 2 Abs. 1 Z 1 des Bauern-Sozialversicherungsgesetzes, wenn sie hauptberuflich in dessen land(forst)wirtschaftlichem Betrieb beschäftigt sind;
2. Dienstnehmer und ihnen gemäß § 4 Abs. 4 gleichgestellte Personen, ferner Heimarbeiter und ihnen gleichgestellte Personen sowie die im § 4 Abs. 1 Z 6 und 11 genannten Personen, wenn das ihnen aus einem oder mehreren Beschäftigungsverhältnissen im Kalendermonat gebührende Entgelt

den Betrag gemäß Abs. 2 nicht übersteigt (geringfügig beschäftigte Personen);

(BGBl 1996/201, BGBl 1996/411, BGBl I 1997/139)

3. a) Dienstnehmer hinsichtlich einer Beschäftigung in einem öffentlich-rechtlichen oder unkündbaren privatrechtlichen Dienstverhältnis zum Bund, zu einem Bundesland, einem Bezirk oder einer Gemeinde sowie zu von diesen Körperschaften verwalteten Betrieben, Anstalten, Stiftungen oder Fonds, ferner die dauernd angestellten Dienstnehmer der gesetzlich anerkannten Religionsgesellschaften und die dauernd angestellten Dienstnehmer und die Vorstandsmitglieder der Z-Länderbank Bank Austria Aktiengesellschaft, der Anteilsverwaltung-Zentralsparkasse und der Salzburger Sparkasse, alle diese, wenn

   aa) ihnen aus ihrem Dienstverhältnis die Anwartschaft auf Ruhe- und Versorgungsgenüsse, die den Leistungen der betreffenden Unfall- und Pensionsversicherung gleichwertig sind – im Falle des Vorbereitungsdienstes spätestens mit Ablauf dieses Dienstes – zusteht und

   bb) sie im Erkrankungsfalle Anspruch auf Weiterzahlung ihrer Dienstbezüge durch mindestens sechs Monate haben;

   b) nicht schon unter lit. a fallende Dienstnehmer hinsichtlich einer Beschäftigung in einem Dienstverhältnis, das die Krankenversicherung nach den Vorschriften über die Krankenversicherung öffentlich Bediensteter bei der Versicherungsanstalt öffentlich Bediensteter oder bei der Versicherungsanstalt der österreichischen Eisenbahnen begründet, wenn ihnen aus ihrem Dienstverhältnis die Anwartschaft auf Ruhe- und Versorgungsgenüsse, die den Leistungen der betreffenden Unfall- und Pensionsversicherung gleichwertig sind – im Falle des Vorbereitungsdienstes spätestens mit Ablauf dieses Dienstes – zusteht;

3a. Bedienstete des Bundes,

   a) deren Dienstverhältnis gemäß dem Vertragsbedienstetengesetz 1948 nach Ablauf des 31. Dezember 1998 begründet wird oder

   b) auf deren öffentlich-rechtliches Dienstverhältnis gemäß § 136b Abs. 4 des Beamten-Dienstrechtsgesetzes 1979 die für Vertragsbedienstete des Bundes geltenden besoldungs- und sozialversicherungsrechtlichen Vorschriften anzuwenden sind;

(BGBl I 1999/10)

3b. Bedienstete der Länder, Gemeindeverbände und Gemeinden,

   a) deren auf einer dem Vertragsbedienstetengesetz 1948 gleichartigen landesgesetzlichen Regelung beruhendes Dienstverhältnis nach Ablauf des 31. Dezember 2000 begründet wird oder

   b) auf deren öffentlich-rechtliches Dienstverhältnis nach einer dem § 136b Abs. 4 BDG 1979 gleichartigen landesgesetzlichen Regelung die für Vertragsbedienstete geltenden besoldungs- und sozialversicherungsrechtlichen Vorschriften anzuwenden sind;

(BGBl I 2001/99)

4. Universitäts(Hochschul)assistenten, soweit sie nicht unter Z 3 fallen, und die Angestellten des Dorotheums, soweit sie im pragmatischen Dienstverhältnis stehen oder der vom Vorstand des Dorotheums erlassenen und vom Kuratorium genehmigten Dienstordnung unterliegen;

5. (aufgehoben)

(BGBl I 1997/139)

6. die ständigen Arbeiter des Hauptmünzamtes, die den Bestimmungen über die Ruhe- und Versorgungsgenüsse der Münzarbeiterschaft sowie deren Hinterbliebenen unterstellt sind;

7. Priester der Katholischen Kirche hinsichtlich der Seelsorgetätigkeit und der sonstigen Tätigkeit, die sie in Erfüllung ihrer geistlichen Verpflichtung ausüben, zum Beispiel des Religionsunterrichtes, ferner Angehörige der Orden und Kongregationen der Katholischen Kirche sowie der Anstalten der Evangelischen Diakonie, alle diese Personen, wenn sie nicht in einem Dienstverhältnis zu einer anderen Körperschaft (Person) als ihrer Kirche bzw. deren Einrichtungen (Orden, Kongregation, Anstalt der Evangelischen Diakonie) stehen;

(BGBl 1996/411)

8. Notariatskandidaten im Sinne des Notarversicherungsgesetzes 1972, hinsichtlich einer Beschäftigung, welche die Pensionsversicherung für das Notariat begründet, sowie Rechtsanwaltsanwärter;

9. Dienstnehmer nicht österreichischer Staatsangehörigkeit hinsichtlich einer Beschäftigung bei Dienstgebern, denen Exterritorialität zukommt;

10. den Heimarbeitern nach den jeweiligen gesetzlichen Vorschriften über die Heimarbeit gleichgestellte Zwischenmeister

(Stückmeister), die als solche in der Gewerblichen Selbständigenkrankenversicherung versichert sind;

11. Zeitsoldaten im Sinne des Wehrgesetzes 1990, BGBl. Nr. 305,
    a) hinsichtlich einer Beschäftigung (Ausbildung), die die Teilversicherung in der Kranken- und in der Pensionsversicherung gemäß § 8 Abs. 1 Z 5 begründet;
    b) die gemäß § 8 Abs. 1 Z 1 lit. e in der Krankenversicherung teilversichert sind;

    (BGBl 1996/411)
12. in einem befristeten öffentlich-rechtlichen Dienstverhältnis ohne Pensionsanwartschaft zu einem Land (zur Gemeinde Wien) stehende Mitglieder von unabhängigen Verwaltungssenaten, wenn sie zum Zweck der Ausübung der Mitgliedschaft zum unabhängigen Verwaltungssenat in einem pensionsversicherungsfreien Dienstverhältnis gegen Entfall der Bezüge beurlaubt sind (Karenzurlaub) und die Zeit dieses Karenzurlaubes für den Ruhegenuß wirksam ist;
13. Erntehelfer nach § 18 Abs. 3 Z 2 des Fremdengesetzes 1997, BGBl. I Nr. 75;

    (BGBl 1996/201, BGBl 1996/411, BGBl I 1997/139, BGBl I 2001/99)
14. Rechtsanwälte hinsichtlich einer Beschäftigung, die die Teilnahme an der Versorgungseinrichtung einer Rechtsanwaltskammer begründet;

    (BGBl 1996/201, BGBl 1996/411, BGBl I 1997/139, BGBl I 2001/99)
15. Ziviltechniker und Berufsanwärter im Sinne des Ziviltechnikerkammergesetzes 1993, BGBl. Nr. 157/1994, hinsichtlich einer Beschäftigung, die die Teilnahme an der Wohlfahrtseinrichtung der Bundeskammer der Architekten und Ingenieurkonsulenten begründet.

    (BGBl 1996/201, BGBl 1996/411, BGBl I 1997/139, BGBl I 2001/99)

(2) Ein Beschäftigungsverhältnis gilt als geringfügig, wenn es

1. für eine kürzere Zeit als einen Kalendermonat vereinbart ist und für einen Arbeitstag im Durchschnitt ein Entgelt von höchstens 22,75 €[a]), insgesamt jedoch von höchstens 296,21 €[a]) gebührt oder

   (BGBl I 2001/67)
2. für mindestens einen Kalendermonat oder auf unbestimmte Zeit vereinbart ist und im Kalendermonat kein höheres Entgelt als 296,21 €[a]) gebührt.

   (BGBl I 2001/67)

Keine geringfügige Beschäftigung liegt hingegen vor, wenn das im Kalendermonat gebührende Entgelt den in Z 2 genannten Betrag[a]) nur deshalb nicht übersteigt, weil

– infolge Arbeitsmangels im Betrieb die sonst übliche Zahl von Arbeitsstunden nicht erreicht wird (Kurzarbeit) oder
– die Beschäftigung im Laufe des betreffenden Kalendermonates begonnen oder geendet hat oder unterbrochen wurde.

Auch gilt eine Beschäftigung als Hausbesorger nach dem Hausbesorgergesetz, BGBl. Nr. 16/1970, nicht als geringfügig, außer während der Zeit

– eines Beschäftigungsverbotes gemäß den §§ 3 und 5 des Mutterschutzgesetzes (MSchG), BGBl. Nr. 221/1979, oder
– eines Karenzurlaubes gemäß den §§ 15, 15a, 15b und 15d MSchG und den §§ 2, 5 und 9 des Eltern-Karenzurlaubsgesetzes (EKUG), BGBl. Nr. 651/1989, bei Anspruch auf Wochengeld bzw. auf Karenzgeld nach dem Karenzgeldgesetz (KGG), BGBl. I Nr. 47/1997.

An die Stelle der im ersten Satz genannten Beträge treten ab Beginn jedes Beitragsjahres (§ 242 Abs. 10) die unter Bedachtnahme auf § 108 Abs. 9 mit der jeweiligen Aufwertungszahl (§ 108a Abs. 1) vervielfachten Beträge.

(BGBl 1993/335, BGBl 1996/600 BGBl I 1997/39, BGBl I 1997/47, BGBl I 1997/139, BGBl I 1998/138, BGBl I 2001/67)

a) Beträge siehe VO über veränderliche Werte.

§ 5a. (aufgehoben)

(BGBl I 1997/139)

§ 6. Die Gleichwertigkeit der Anwartschaft auf Ruhe- und Versorgungsgenüsse mit den Leistungen der Pensions- oder Unfallversicherung im Sinne des § 5 Abs. 1 Z 3 ist als gegeben anzunehmen, wenn die Anwartschaft auf bundesgesetzlicher oder einer der bundesgesetzlichen Regelung gleichartigen landesgesetzlichen Regelung beruht. Andernfalls entscheidet das Bundesministerium für soziale Verwaltung über die Gleichwertigkeit, wobei die Gesamtansprüche mit Rücksicht auf den besonderen Personenkreis nach Billigkeit zu veranschlagen sind. Die Gleichwertigkeit ist jedenfalls nicht gegeben, wenn auf die vom Dienstgeber zugesicherten Ruhe- und Versorgungsgenüsse nach den hiefür maßgebenden dienstrechtlichen Bestimmungen Leistungen aus der Pensions- beziehungsweise Unfallversicherung anzurechnen sind.

Teilversicherung von im § 4 genannten Personen

§ 7. Nur in den nachstehend angeführten Versicherungen sind von den im § 4 genannten Personen auf Grund dieses Bundesgesetzes versichert (teilversichert):

1. in der Kranken- und Unfallversicherung hinsichtlich der nachstehend bezeichneten Beschäftigungsverhältnisse:
   a) die ständigen Arbeiter der „Austria Tabakwerke A. G.", die dem für diese Arbeiter geltenden Provisionsstatut unterstellt sind;
   b) die angelobten Arbeiter der „Österreichischen Staatsdruckerei", die der für diese Arbeiter geltenden Vorschrift über die Ruhe- und Versorgungsgenüsse in der jeweils geltenden Fassung unterstellt sind;
   c) Personen, die bei der Post- und Telegraphenverwaltung in einem vertraglichen Dienstverhältnis stehen und Teilnehmer am ehemaligen Provisionsfonds für Postboten und ihre Hinterbliebenen, BGBl. Nr. 375/1926, waren, sofern sie in die Provisionsanwartschaft des Bundes rückübernommen wurden;
   d) die provisionsberechtigten ständigen Forstarbeiter der Österreichischen Bundesforste;
   e) die angestellten Rechtsanwälte und die Rechtsanwaltsanwärter;

      (BGBl I 2001/99)

   f) die Erntehelfer nach § 18 Abs. 3 Z 2 des Fremdengesetzes 1997;

      (BGBl 1996/411, BGBl I 2000/35, BGBl I 2001/99)

   g) die angestellten Geschäftsführer von Ziviltechnikergesellschaften und die Berufsanwärter im Sinne des Ziviltechnikerkammergesetzes 1993.

      (BGBl I 2001/99)

2. in der Unfall- und Pensionsversicherung
   a) Dienstnehmer hinsichtlich einer Beschäftigung in einem Dienstverhältnis zu einer der im § 5 Abs. 1 Z 3 lit. a bezeichneten Gebietskörperschaften sowie von solchen Körperschaften verwalteten Betrieben, Anstalten, Stiftungen und Fonds oder zu einem anderen Dienstgeber – ausgenommen die unkündbaren Bediensteten der Versicherungsanstalt öffentlich Bediensteter sowie die Mitglieder von unabhängigen Verwaltungssenaten gemäß § 5 Abs. 1 Z 12 –, wenn
      aa) sie in dieser Beschäftigung nach den Vorschriften über die Krankenversicherung öffentlich Bediensteter versichert sind oder wenn ihnen durch eine eigene Krankenfürsorgeeinrichtung des Dienstgebers mindestens die Leistungen der Krankenversicherung öffentlich Bediensteter gesichert sind und
      bb) ihnen aus ihrem Dienstverhältnis keine Anwartschaft auf Ruhe- und Versorgungsgenüsse im Sinne des § 5 Abs. 1 Z 3 lit. b und des § 6 zusteht;
   b) die gemäß § 5 Abs. 1 Z 10 von der Vollversicherung ausgenommenen Zwischenmeister (Stückmeister);
3. in der Unfallversicherung hinsichtlich der nachstehend bezeichneten Tätigkeiten (Beschäftigungsverhältnisse):
   a) die im § 5 Abs. 1 Z 2 von der Vollversicherung ausgenommenen Beschäftigten;
   b) die Angestellten der Österreichischen Bundesbahnen mit Anwartschaft auf Ruhe- und Versorgungsgenüsse nach der Bundesbahn-Pensionsordnung 1966, BGBl. Nr. 313;

      (BGBl I 1998/138)

   c) die öffentlichen Verwalter, soweit sie unmittelbar vor ihrer Bestellung zu öffentlichen Verwaltern ausschließlich selbständig erwerbstätig gewesen sind;
   d) (aufgehoben)

      (BGBl I 1997/139)

4. in der Pensionsversicherung
   a) die Vertragsbediensteten des Bundes, deren Dienstverhältnis gemäß dem Vertragsbedienstetengesetz 1948 nach Ablauf des 31. Dezember 1998 begründet wird;
   b) Beamte, auf deren öffentlich-rechtliches Dienstverhältnis gemäß § 136b Abs. 4 des Beamten-Dienstrechtsgesetzes 1979 die für Vertragsbedienstete des Bundes geltenden besoldungs- und sozialversicherungsrechtlichen Vorschriften anzuwenden sind;
   c) Bedienstete der Länder, Gemeindeverbände und Gemeinden,
      aa) deren auf einer dem Vertragsbedienstetengesetz 1948 gleichartigen landesgesetzlichen Regelung beruhendes Dienstverhältnis nach Ablauf des 31. Dezember 2000 begründet wird oder
      bb) auf deren öffentlich-rechtliches Dienstverhältnis nach einer dem § 136b Abs. 4 BDG 1979 gleichartigen landesgesetzlichen Regelung die für Vertragsbedienstete geltenden besoldungs- und sozialversicherungsrechtlichen Vorschriften anzuwenden sind;

      (BGBl I 2001/99)

d) die unkündbaren Bediensteten der Versicherungsanstalt öffentlich Bediensteter.

(BGBl I 2001/99)

(BGBl 1996/411, BGBl I 1999/10)

Sonstige Teilversicherung

§ 8. (1) Nur in den nachstehend angeführten Versicherungen sind überdies auf Grund dieses Bundesgesetzes versichert (teilversichert):

1. in der Krankenversicherung

a) die Bezieher einer Pension aus der Pensionsversicherung nach diesem Bundesgesetz und die Bezieher von Übergangsgeld gemäß § 306, wenn die Pension gemäß § 86 Abs. 3 Z 2 letzter Satz nicht angefallen ist und sie nicht gemäß § 4 Abs. 1 Z 8 versichert sind, mit Ausnahme

aa) der im § 1 Abs. 1 Z 18 B-KUVG genannten Personen und

bb) der nach § 4 B-KUVG versicherten Personen, soweit ihre Pension nach diesem Bundesgesetz einen Bestandteil des Ruhe(Versorgungs)bezuges bildet, der von einer im § 4 zweiter Satz B-KUVG genannten Einrichtung gewährt wird.

(BGBl I 1997/139, BGBl I 1999/10, BGBl I 1999/173)

b) die Bezieher einer laufenden Geldleistung aus der zusätzlichen Pensionsversicherung bei den im § 479 genannten Instituten, sofern sie nicht bereits nach lit. a versichert sind,

c) Personen, die aufgrund der Bestimmungen des Wehrgesetzes 1990 Präsenz- oder Ausbildungsdienst leisten – ausgenommen die in lit. e und genannten Zeitsoldaten –, soweit sie nicht nach diesem oder einem anderen Bundesgesetz in der Krankenversicherung pflichtversichert sind,

(BGBl 1996/411, BGBl I 1998/30)

d) (aufgehoben)

(BGBl I 1997/139)

e) Zeitsoldaten – ausgenommen die in Z 5 genannten Zeitsoldaten –, die sich zu einem Wehrdienst als Zeitsoldat in der Dauer von mindestens einem Jahr verpflichtet haben, für die Dauer dieses Wehrdienstes,

f) BezieherInnen von Kinderbetreuungsgeld nach dem Kinderbetreuungsgeldgesetz (KBGG), BGBl. I Nr. 103/2001, wenn nach § 28 KBGG ein Krankenversicherungsträger nach diesem Bundesgesetz zuständig ist,

(BGBl I 2001/103)

die unter lit. a, b und d genannten Personen jedoch nur, wenn und solange sie sich ständig im Inland aufhalten;

2. in der Pensionsversicherung die Wissenschaftlichen (Künstlerischen) MitarbeiterInnen (in Ausbildung) nach § 6 des Bundesgesetzes über die Abgeltung von wissenschaftlichen und künstlerischen Tätigkeiten an Universitäten und Universitäten der Künste, BGBl. Nr. 436/1974;

(BGBl I 2001/99)

3. in der Unfallversicherung hinsichtlich der nachstehend bezeichneten Tätigkeiten (Beschäftigungsverhältnisse):

a) alle selbständig Erwerbstätigen, die

– Mitglieder einer Wirtschaftskammer oder

– in der Kranken- oder Pensionsversicherung gemäß § 2 Abs. 1 Z 4 GSVG pflichtversichert oder

– in der Krankenversicherung gemäß § 3 Abs. 1 Z 2 GSVG pflichtversichert

sind; ferner die Gesellschafter einer offenen Handelsgesellschaft bzw. einer offenen Erwerbsgesellschaft, die persönlich haftenden Gesellschafter einer Kommanditgesellschaft bzw. einer Kommandit-Erwerbsgesellschaft und die zu Geschäftsführern bestellten Gesellschafter einer Gesellschaft mit beschränkter Haftung, sofern diese Gesellschaften Mitglieder einer Kammer der gewerblichen Wirtschaft sind;

(BGBl I 1997/139, BGBl I 1998/138)

b) die der Kammer der Wirtschaftstreuhänder auf Grund einer Berufsbefugnis nach der Wirtschaftstreuhänder-Berufsordnung, BGBl. Nr. 125/1955, angehörenden Mitglieder einschließlich der Gesellschafter einer offenen Handelsgesellschaft, der persönlich haftenden Gesellschafter einer Kommanditgesellschaft, der Gesellschafter einer offenen Erwerbsgesellschaft und der persönlich haftenden Gesellschafter einer Kommandit-Erwerbsgesellschaft, sofern

aa) diese Gesellschaften Mitglieder der Kammer der Wirtschaftstreuhänder sind und

bb) die Berufsbefugnis dieser Personen nicht ausschließlich im Rahmen einer Beschäftigung ausgeübt wird, auf Grund der sie der Pflichtversicherung in der Pensionsversicherung nach diesem Bundesgesetz unterliegen oder auf Grund dieser Pflichtversicherung Anspruch auf Kranken-

oder Wochengeld aus der Krankenversicherung nach diesem Bundesgesetz haben, auch wenn dieser Anspruch ruht, oder auf Rechnung eines Versicherungsträgers Anstaltspflege erhalten oder in einem Genesungs-, Erholungs- oder Kurheim oder in einer Sonderkrankenanstalt untergebracht sind oder Anspruch auf Ersatz der Pflegegebühren gemäß § 131 oder § 150 einem Versicherungsträger gegenüber haben;

ferner die Witwen und Deszendenten, für deren Rechnung ein Witwenfortbetrieb bzw. ein Deszendentenfortbetrieb nach der Wirtschaftstreuhänder-Berufsordnung geführt wird;

(BGBl 1996/411)

c) die Teilnehmer an Umschulungs-, Nachschulungs- und sonstigen beruflichen Ausbildungslehrgängen der Gebietskörperschaften, des Arbeitsmarktservice, der Bundesämter für Soziales und Behindertenwesen, Sozialversicherungsträger sowie der gesetzlichen beruflichen Vertretungen der Dienstgeber und Dienstnehmer, soweit die Schulung nicht im Rahmen eines Dienst- oder Lehrverhältnisses durchgeführt wird, sowie die Lehrenden bei solchen Lehrgängen, desgleichen die Volontäre, ferner Personen, die in einer Einrichtung untergebracht sind, die der medizinischen Rehabilitation oder Gesundheitsvorsorge dient;

(BGBl 1994/314)

d) Angehörige der Orden und Kongregationen der Katholischen Kirche sowie der Anstalten der Evangelischen Diakonie in ihrer Tätigkeit in einem land-(forst)wirtschaftlichen Betrieb ihres Ordens, ihrer Kongregation bzw. ihrer Anstalt;

e) die Versicherungsvertreter in den Verwaltungskörpern der Sozialversicherungsträger – ausgenommen die Verwaltungskörper der Versicherungsanstalt öffentlich Bediensteter – und des Hauptverbandes sowie die Mitglieder der Beiräte gemäß den §§ 440 ff. dieses Bundesgesetzes, den §§ 213 ff. des Gewerblichen Sozialversicherungsgesetzes und den §§ 201 ff. des Bauern-Sozialversicherungsgesetzes in Ausübung der ihnen auf Grund ihrer Funktion obliegenden Pflichten;

(BGBl 1996/411)

f) (aufgehoben)

(BGBl I 1997/139)

g) Einzelorgane und Mitglieder von Kollektivorganen der gesetzlichen beruflichen Vertretungen sowie der kollektivvertragsfähigen Berufsvereinigungen der Dienstnehmer und der Dienstgeber, der Landwirtschaftskammern, der Kammer der Wirtschaftstreuhänder, des Österreichischen Hebammengremiums sowie der Tierärztekammern und der Österreichischen Dentistenkammer, die aufgrund der diese Vertretung regelnden Vorschriften bzw. aufgrund des Statuts der Berufsvereinigung gewählt oder sonst bestellt sind, in Ausübung der ihnen aufgrund ihrer Funktion obliegenden Pflichten, soweit nicht eine landesgesetzliche Regelung über Unfallfürsorge besteht;

(BGBl 1996/411, BGBl I 1997/139, BGBl I 1998/138)

h) Schüler an Schulen im Sinne des Schulorganisationsgesetzes, BGBl. Nr. 242/1962, an Schulen zur Ausbildung von Leibeserziehern und Sportlehrern im Sinne des Bundesgesetzes BGBl. Nr. 140/1974, an Privatschulen im Sinne des Privatschulgesetzes, BGBl. Nr. 244/1962, an land- und forstwirtschaftlichen Schulen im Sinne des Land- und forstwirtschaftlichen Bundesschulgesetzes, BGBl. Nr. 175/1966, an Forstfachschulen im Sinne des Forstgesetzes 1975, BGBl. Nr. 440, an land- und forstwirtschaftlichen Berufsschulen im Sinne des Bundesgesetzes betreffend die Grundsätze für land- und forstwirtschaftliche Berufsschulen, BGBl. Nr. 319/1975, an land- und forstwirtschaftlichen Fachschulen im Sinne des Bundesgesetzes betreffend die Grundsätze für land- und forstwirtschaftliche Fachschulen, BGBl. Nr. 320/1975, sowie an land- und forstwirtschaftlichen Privatschulen im Sinne des land- und forstwirtschaftlichen Privatschulgesetzes, BGBl. Nr. 318/1975;

i) Personen im Sinne des § 3 Abs. 1 Z 1 bis 7 und 9 und des § 4 des Studienförderungsgesetzes 1992, BGBl. Nr. 305, die im Rahmen des für die betreffende Studienart vorgeschriebenen normalen Studienganges inskribiert (zum Studium zugelassen) sind, Hörer (Lehrgangsteilnehmer) der Diplomatischen Akademie in Wien sowie Personen, die zur Studienberechtigungsprüfung im Sinne des Studienberechtigungsgesetzes, BGBl. Nr. 292/1985, zugelassen sind, und Personen, die sich auf Prüfungen zwecks Zulassung zu einem Fachhochschul-Studiengang vorbereiten und zwecks Vorbereitung auf diese Prüfungen Kurse bzw. Lehrgänge an Universitäten, Hochschulen, Einrichtungen der Erwachsenenbildung, privaten Werkmeisterschulen mit Öffentlichkeitsrecht, Einrichtungen, die Fachhochschul-Studiengänge durchführen, oder staatlich organisierte Lehrgänge besuchen; zum Studien-(Lehr)gang zählt auch ein angemessener Zeitraum für die Vorbereitung auf die Ablegung der entsprechenden Abschlußprüfungen und auf die Erwerbung eines akademischen Grades;

(BGBl I 1997/139, BGBl I 1998/138)

j) Mitglieder (Ersatzmitglieder) der Bundesförderungs- und -prüfungskommission nach § 8 des Bundesministeriengesetzes 1973, BGBl. Nr. 389, der Kommission nach § 7 des Landwirtschaftsgesetzes, BGBl. Nr. 299/1976, und des Beirates nach § 12 des Bundesgesetzes über das land- und forstwirtschaftliche Betriebsinformationssystem, BGBl. Nr. 448/1980, in Ausübung ihrer Funktion, soweit sie nicht aufgrund anderer bundesgesetzlicher Bestimmungen unfallversichert sind;

k) fachkundige Laienrichter in Arbeits- und Sozialrechtssachen und fachmännische Laienrichter gemäß § 20 des Gerichtsorganisationsgesetzes, RGBl. Nr. 217/1896, sowie Schöffen und Geschworene in Ausübung dieser Tätigkeit und bei der Teilnahme an Schulungen (Informationsveranstaltungen) für diese Tätigkeit;

(BGBl 1996/411)

4. in der Kranken- und Unfallversicherung Zivildienstleistende im Sinne des Zivildienstgesetzes, BGBl. Nr. 187/1974, sowie Zivildienstpflichtige, die einen Auslandsdienst gemäß § 12b des Zivildienstgesetzes leisten;

(BGBl 1996/411, BGBl I 1997/139)

5. in der Kranken- und Pensionsversicherung Zeitsoldaten, soweit sie Anspruch auf berufliche Bildung haben (§§ 33 bzw. 41 Abs. 4 des Wehrgesetzes 1978), im letzten Jahr ihres Wehrdienstes als Zeitsoldat.

(2) Die Bestimmungen des Abs. 1 Z 3 lit. a finden keine Anwendung

a) auf die nach § 4 Abs. 1 Z 7 und § 7 Z 2 lit. b versicherten, den Heimarbeitern nach den jeweiligen gesetzlichen Vorschriften über die Heimarbeit gleichgestellten Zwischenmeister (Stückmeister), sofern ihre Kammermitgliedschaft ausschließlich auf der ihrer Tätigkeit als Zwischenmeister (Stückmeister) zugrunde liegenden Gewerbeberechtigung beruht;

b) (aufgehoben)

(BGBl I 1997/139)

c) auf Verpächter von Betrieben für die Dauer der Verpachtung sowie auf Personen, die das Ruhen ihres Gewerbebetriebes angezeigt hahen, für die Dauer des Ruhens;

d) auf Personen, die das 15. Lebensjahr noch nicht vollendet haben;

e) auf Personen, die auf Grund der im Abs. 1 Z 3 lit. a genannten Tätigkeit bereits gemäß § 4 Abs. 1 Z 1 der Vollversicherung unterliegen.

(3) Eine Pflichtversicherung nach Abs. 1 Z 1 lit. a bleibt auch für die Dauer einer Versagung nach § 307b aufrecht.

(4) Abs. 1 Z 3 lit. c ist nicht auf Personen anzuwenden, die als Volontäre an einem Programm der Europäischen Gemeinschaften zur Förderung der Mobilität junger Menschen teilnehmen.

(BGBl I 2001/99)

(5) (aufgehoben)

(6) Schüler an berufsbildenden Schulen sind nur dann gemäß Abs. 1 Z 3 lit. h pflichtversichert, wenn sie nicht bereits auf Grund eines Lehr- oder Ausbildungsverhältnisses (§ 4 Abs. 1 Z 2 oder 4) bzw. gemäß Abs. 1 Z 3 lit. c oder gemäß § 4 Abs. 1 Z 8 dieses Bundesgesetzes bzw. gemäß § 3 Abs. 1 Z 2 des Bauern-Sozialversicherungsgesetzes pflichtversichert sind.

Einbeziehung in die Krankenversicherung im Verordnungsweg

§ 9. Das Bundesministerium für soziale Verwaltung kann nach Anhörung der in Betracht kommenden Interessenvertretungen und des Hauptverbandes (§ 31) Gruppen von Personen, die keinem Erwerb nachgehen oder als Grenzgänger in einem benachbarten Staat unselbständig erwerbstätig sind und einer gesetzlichen Pflichtversicherung für den Fall der Krankheit nicht unterliegen, aber eines Versicherungsschutzes bedürfen, durch Verordnung in die Krankenversicherung nach diesem Bundesgesetz einbeziehen, wenn der Einbeziehung nicht öffentliche Rücksichten vom Gesichtspunkt der Sozialversicherung entgegenstehen. Die Verordnung bedarf der Zustimmung des Hauptausschusses des Nationalrates.

Beginn der Pflichtversicherung

§ 10. (1) Die Pflichtversicherung der Dienstnehmer, ferner der gemäß § 4 Abs. 1 Z 9, 10, 11 und 13 Pflichtversicherten, der gemäß § 4 Abs. 1 Z 3 pflichtversicherten, nicht als Dienstnehmer beschäftigten Personen, der in einem Lehr- oder Ausbildungsverhältnis stehenden Personen, der Personen, denen eine Leistung der beruflichen Ausbildung gewährt wird, sowie der Heimarbeiter und der diesen gleichgestellten Personen beginnt unabhängig von der Erstattung einer Anmeldung mit dem Tag des Beginnes der Beschäftigung bzw. des Lehr- oder Ausbildungsverhältnisses. Für das Ausscheiden aus einem öffentlich-rechtlichen

Dienstverhältnis, ohne daß dem Ausgeschiedenen ein Ruhegenuß und seinen Hinterbliebenen ein Versorgungsgenuß aus dem Dienstverhältnis zusteht, gilt hinsichtlich des Beginnes der Pflichtversicherung nach diesem Bundesgesetz die Bestimmung des § 11 Abs. 5 entsprechend.

(BGBl 1996/411)

(1a) Abweichend von Abs. 1 beginnt die Pflichtversicherung der im § 4 Abs. 4 bezeichneten Personen im Fall der Erlassung eines Bescheides gemäß § 410 Abs. 1 Z 8 mit dem Tag der Erlassung dieses Bescheides.

(BGBl I 1998/138)

(2) Die Pflichtversicherung der Personen hinsichtlich einer geringfügigen Beschäftigung gemäß § 5 Abs. 2, der selbständig Erwerbstätigen und ihrer Familienangehörigen (§ 8 Abs. 1 Z 3 lit. a und b), der fachkundigen Laienrichter und der fachmännischen Laienrichter sowie der Schöffen und der Geschworenen (§ 8 Abs. 1 Z 3 lit. k), der Teilnehmer an Umschulungs-, Nachschulungs- und sonstigen Ausbildungslehrgängen sowie der Lehrenden bei solchen Lehrgängen und der Volontäre (§ 8 Abs. 1 Z 3 lit. c) sowie der Mitglieder der Organe der gesetzlichen beruflichen Vertretungen und der kollektivvertragsfähigen Berufsvereinigungen der Dienstnehmer und der Dienstgeber (§ 8 Abs. 1 Z 3 lit. g) beginnt mit dem Tag der Aufnahme der versicherungspflichtigen Tätigkeit bzw. bei nicht fristgerecht erstatteter Meldung (§ 18 GSVG) durch die gemäß § 2 Abs. 1 Z 4 GSVG pflichtversicherten Personen nach Ablauf des Tages, an dem die Meldung beim Versicherungsträger einlangt. Die Pflichtversicherung der im § 3 Abs. 1 Z 2 GSVG genannten Personen beginnt nach Ablauf des Tages, an dem die Meldung beim Versicherungsträger einlangt.

(BGBl 1996/201, BGBl 1996/411 BGBl I 1997/39, BGBl I 1997/139, BGBl I 1998/138)

(3) Die Pflichtversicherung der Vorstandsmitglieder (Geschäftsleiter), der Versicherungsvertreter und der Beiratsmitglieder (§ 8 Abs. 1 Z 3 lit. e) sowie der im § 8 Abs. 1 Z 3 lit. j genannten Personen beginnt mit der Erteilung der amtlichen Bewilligung zur Ausübung der versicherungspflichtigen Tätigkeit bzw. der Bestellung zum öffentlichen Verwalter, Vorstandsmitglied (Geschäftsleiter), Versicherungsvertreter, Kommissions- oder Beiratsmitglied.

(BGBl 1996/411, BGBl I 1997/139)

(4) Die Pflichtversicherung der Angehörigen der Orden und Kongregationen der Katholischen Kirche sowie der Anstalten der Evangelischen Diakonie (§ 8 Abs. 1 Z 3 lit. d) beginnt mit dem Tage der Aufnahme der versicherungspflichtigen Tätigkeit.

(5) Die Pflichtversicherung der in den §§ 4 Abs. 1 Z 12 und 8 Abs. 1 Z 1 lit. c und e, Z 2, Z 3 lit. h und i sowie Z 4 und 5 bezeichneten Personen und der Personen, die in einer Einrichtung untergebracht sind, die der medizinischen Rehabilitation oder Gesundheitsvorsorge dient (§ 8 Abs. 1 Z 1 lit. c und e, Z 3 lit. f, h und i) und die Krankenversicherung der nach § 9 einbezogenen Personen beginnt mit dem Eintritt des Tatbestandes, der den Grund der Versicherung bildet. Das Nähere hinsichtlich der Krankenversicherung der nach § 9 einbezogenen Personen wird durch die Verordnung über die Einbeziehung geregelt.

(BGBl 1996/411, BGBl I 1997/139, BGBl I 2001/99)

(6) Die Krankenversicherung der Pensionisten (§ 8 Abs. 1 Z 1 lit. a, b und d) beginnt mit dem Tage des Anfalls der Pension, die Krankenversicherung der Übergangsgeldbezieher (§ 8 Abs. 1 Z 1 lit. a) beginnt mit dem Tage, ab dem das Übergangsgeld gebührt.

(BGBl I 1997/139)

(6a) Die Krankenversicherung der KinderbetreuungsgeldbezieherInnen (§ 8 Abs. 1 Z 1 lit. f) beginnt mit dem Tag, ab dem das Kinderbetreuungsgeld gebührt oder nur deshalb nicht gebührt, weil der Anspruch nach § 6 Abs. 1 Z 1 KBGG ruht.

(BGBl I 2001/103)

(7) Wurde ein Antrag auf Zuerkennung einer Pension gestellt, deren Bezug die Krankenversicherung nach § 8 Abs. 1 Z 1 lit. a, b oder d „dieses Bundesgesetzes oder nach § 1 Abs. 1 Z 18 B-KUVG" begründet, so hat der in Betracht kommende Pensionsversicherungsträger bzw. Träger der zusätzlichen Pensionsversicherung zu prüfen, ob die Zuerkennung der Pension wahrscheinlich ist. Trifft dies zu, so hat er eine Bescheinigung darüber auszustellen, daß die Krankenversicherung vorläufig mit dem Tage des voraussichtlichen Pensionsanfalles beginnt. Eine solche Bescheinigung ist mit der gleichen Rechtswirkung und unter der gleichen Voraussetzung auch auszustellen, wenn der Pensionswerber ein Verfahren in Sozialrechtssachen anhängig gemacht hat. Die Bescheinigung ist sowohl dem Antragsteller als auch dem zuständigen Träger der Krankenversicherung zuzustellen. Die Ausstellung oder die Ablehnung der Bescheinigung kann durch ein Rechtsmittel nicht angefochten werden.

(BGBl I 2002/1)

§ 10a. Die im § 4 Abs. 4 genannten Personen gelten von der Aufnahme der versicherungspflichtigen Tätigkeit (§ 10 Abs. 2) an bis zum Ende der Pflichtversicherung (§ 12 Abs. 1) – unabhängig von der Verteilung der Arbeitsleistung – als durchgehend versichert.

(BGBl 1996/201, BGBl 1996/411, BGBl I 1997/39)

Ende der Pflichtversicherung

§ 11. (1) Die Pflichtversicherung der im § 10 Abs. 1 bezeichneten Personen erlischt, soweit in den Abs. 2 bis 6 nichts anderes bestimmt wird, mit dem Ende des Beschäftigungs-, Lehr- oder Ausbildungsverhältnisses. Fällt jedoch der Zeitpunkt, an dem der Anspruch auf Entgelt endet, nicht mit dem Zeitpunkt des Endes des Beschäftigungsverhältnisses zusammen, so erlischt die Pflichtversicherung mit dem Ende des Entgeltanspruches.

(2) Wird ein gerichtlicher oder außergerichtlicher Vergleich über den dem Dienstnehmer nach Beendigung des Dienstverhältnisses gebührenden Arbeitslohn oder Gehalt abgeschlossen, so verlängert sich die Pflichtversicherung um den Zeitraum, der durch den Vergleichsbetrag (Pauschbetrag) nach Ausscheidung allfälliger, gemäß § 49 nicht zum Entgelt im Sinne dieses Bundesgesetzes gehörender Bezüge, gemessen an den vor dem Austritt aus der Beschäftigung gebührenden Bezügen, gedeckt ist. Die Pflichtversicherung besteht weiter für die Zeit des Bezuges einer Ersatzleistung für Urlaubsentgelt (Urlaubsabfindung, Urlaubsentschädigung) sowie für die Zeit des Bezuges einer Kündigungsentschädigung. Die zum Zeitpunkt der Beendigung des Dienstverhältnisses fällig werdende pauschalierte Kündigungsentschädigung ist auf den entsprechenden Zeitraum der Kündigungsfrist umzulegen. Gebühren sowohl eine Kündigungsentschädigung als auch eine Ersatzleistung für Urlaubsentgelt (Urlaubsabfindung, Urlaubsentschädigung), so ist zur Bestimmung des maßgeblichen Zeitraumes zunächst die Kündigungsentschädigung heranzuziehen und im Anschluss daran die Ersatzleistung für Urlaubsentgelt (Urlaubsabfindung, Urlaubsentschädigung). Wird Urlaubsabfindung nach dem Bauarbeiter-Urlaubs- und Abfertigungsgesetz gewährt, so ist für die Versicherung die Wiener Gebietskrankenkasse zuständig. Die Versicherung beginnt mit dem achten Tag, der auf die Zahlbarstellung durch die Bauarbeiter-Urlaubs- und Abfertigungskasse folgt. Der Dienstgeberanteil (§§ 51, 51a und 51b) ist von der Bauarbeiter-Urlaubs- und Abfertigungskasse zu entrichten.

(BGBl 1996/201, BGBl I 2000/44)

(2a) Die Pflichtversicherung besteht für die Zeit des Bezuges einer Winterfeiertagsvergütung (§ 13j des Bauarbeiter-Urlaubs- und Abfertigungsgesetzes); sofern die Winterfeiertagsvergütung nicht gemeinsam mit dem Urlaubsentgelt ausbezahlt wird, gelten im übrigen die Bestimmungen wie für die Urlaubsabfindung nach dem Bauarbeiter-Urlaubs- und Abfertigungsgesetz.

(BGBl 1996/417)

(3) Die Pflichtversicherung besteht, wenn das Beschäftigungsverhältnis nicht früher beendet wird, weiter

a) für die Zeit einer Arbeitsunterbrechung infolge Urlaubes ohne Entgeltzahlung, sofern dieser Urlaub die Dauer eines Monates nicht überschreitet,

b) für die Zeit einer Arbeitsunterbrechung infolge Heranziehung zum Dienst als Schöffe oder Geschworener sowie als Vertrauensperson in den im Geschworenen- und Schöffenlistengesetz zur Bildung der Ur- und Jahreslisten berufenen Kommissionen nach dem Bundesgesetz vom 13. Juni 1946, BGBl. Nr. 135, in der jeweils geltenden Fassung,

c) für die Zeit einer Arbeitsunterbrechung auf Grund einer Maßnahme nach den §§ 7, 11, 17, 20, 22 oder 24 des Epidemiegesetzes 1950, BGBl. Nr. 186, und für die Dauer der Verhängung einer Sperre wegen Maul- und Klauenseuche nach dem Tierseuchengesetz, RGBl. Nr. 177/1909,

d) für die Zeit einer Arbeitsunterbrechung infolge Teilnahme an Schulungs- und Bildungsveranstaltungen im Rahmen der besonderen Vorschriften über die erweiterte Bildungsfreistellung.

(4) Treten bei Fortbestand des Beschäftigungsverhältnisses die Voraussetzungen für die Ausnahme von der Vollversicherung nach § 5 ein, so endet die Pflichtversicherung, soweit nicht Abs. 5 anderes bestimmt, mit dem Ende des laufenden Beitragszeitraumes, tritt aber der Ausnahmegrund am ersten Tag eines Beitragszeitraumes ein, mit dem Ablauf des vorhergehenden Beitragszeitraumes.

(5) Die Aufnahme in ein öffentlich-rechtliches Dienstverhältnis wird hinsichtlich der Pflichtversicherung mit dem Tage des Dienstantrittes wirksam.

(6) Treten bei Fortbestand des Beschäftigungsverhältnisses, das die Vollversicherung begründet, die Voraussetzungen für die Teilversicherung nach § 7 ein, so gelten bezüglich des Endes der Vollversicherung die Bestimmungen des Abs. 4 entsprechend.

§ 12. (1) Die Pflichtversicherung der in den §§ 4 Abs. 4 und 10 Abs. 2 bezeichneten Personen erlischt mit dem Letzten des Kalendermonats, in dem die die Pflichtversicherung begründende Tätigkeit aufgegeben wird.

(BGBl 1996/201, BGBl I 1997/139)

(2) Die Pflichtversicherung der im § 10 Abs. 3 bezeichneten Personen endet mit der Entziehung der amtlichen Bewilligung zur Ausübung der versicherungspflichtigen Tätigkeit, mit der Enthebung als öffentlicher Verwalter bzw. mit dem Ausscheiden des Vorstandsmitgliedes (Geschäftsleiters), Kommissions- oder Beiratsmitgliedes bzw. mit dem Ende der Funktionsausübung eines Versicherungsvertreters.

(3) Die Pflichtversicherung der im § 10 Abs. 4 bezeichneten Personen erlischt mit dem Ende der die Pflichtversicherung begründenden Tätigkeit.

(4) Die Pflichtversicherung der im § 10 Abs. 5 bezeichneten Personen endet mit dem Wegfall des für die Versicherung maßgeblichen Tatbestandes. § 10 Abs. 5 letzter Satz gilt entsprechend.

(5) Die Krankenversicherung der Pensionisten und der Übergangsgeldbezieher (§ 10 Abs. 6) endet mit dem Ablauf des Kalendermonates, für den letztmalig die Pension oder das Übergangsgeld im Inland ausgezahlt wird. Die vorläufige Krankenversicherung (§ 10 Abs. 7) endet spätestens mit der Zustellung des abweisenden Pensionsbeschei-

des bzw. mit der rechtskräftigen Beendigung des Leistungsstreitverfahrens.

(BGBl I 1997/139)

(5a) Die Krankenversicherung der im § 10 Abs. 6a bezeichneten Personen endet mit Ablauf des Kalendermonates, für den letztmalig Kinderbetreuungsgeld ausgezahlt wird.

(BGBl I 2001/103)

(6) Mit dem Antritt des Präsenz- oder Ausbildungsdienstes auf Grund der Bestimmungen des Wehrgesetzes 1990 endet die Pflichtversicherung in der Unfall- und Pensionsversicherung mit Ausnahme der Unfallversicherung der im § 8 Abs. 1 Z 3 lit. a und b bezeichneten Personen.

(BGBl 1996/411, BGBl I 1998/30)

2. Unterabschnitt Versicherungszugehörigkeit der Pflichtversicherten zu den einzelnen Arten der Pensionsversicherung

a) Pensionsversicherung der Arbeiter

§ 13. Zur Pensionsversicherung der Arbeiter gehören die in der Pensionsversicherung pflichtversicherten Personen hinsichtlich jener Beschäftigungen, die nicht die Zugehörigkeit zur Pensionsversicherung der Angestellten nach § 14 oder zur knappschaftlichen Pensionsversicherung nach § 15 begründen.

b) Pensionsversicherung der Angestellten

§ 14. (1) Zur Pensionsversicherung der Angestellten gehören die in der Pensionsversicherung pflichtversicherten Personen hinsichtlich jener Beschäftigungen, die nicht die Zugehörigkeit zur knappschaftlichen Pensionsversicherung nach § 15 begründen,

1. wenn ihr Beschäftigungsverhältnis durch das Angestelltengesetz, BGBl. Nr. 292/1921, Gutsangestelltengesetz, BGBl. Nr. 538/1923, oder Schauspielergesetz, BGBl. Nr. 441/1922, geregelt ist oder überwiegend Dienstleistungen umfaßt, die den Dienstleistungen in den nach diesen Gesetzen geregelten Beschäftigungsverhältnissen gleichzuhalten sind;
2. wenn ihr Beschäftigungsverhältnis durch das Vertragsbedienstetengesetz 1948, BGBl. Nr. 86, oder nach einer gleichartigen landesgesetzlichen Regelung geregelt ist und sie nach dem Entlohnungsschema I, K, I L, II L, v bzw. nach dem III. oder IV. Abschnitt des Vertragsbedienstetengesetzes 1948, BGBl. Nr. 86, oder nach einer gleichartigen landesgesetzlichen Regelung entlohnt werden oder zu entlohnen wären, wenn ihre Entlohnung nicht in einem Sondervertrag gemäß § 36 des Vertragsbedienstetengesetzes 1948, BGBl. Nr. 86, oder nach einer gleichartigen landesgesetzlichen Regelung geregelt wäre;

   (BGBl I 1999/10, BGBl I 2001/99)

2a. wenn sie nach den dienstrechtlichen Bestimmungen eines Landes als Landes- oder Gemeindeangestellte gelten;

   (BGBl I 1998/138)

3. wenn sie in einem Lehr- oder Ausbildungsverhältnis stehen, das auf ein Beschäftigungsverhältnis nach Z 1 oder Abs. 3 vorbereitet;
4. wenn sie gemäß § 4 Abs. 1 Z 9 als Entwicklungshelfer oder Experten versichert sind;
5. (aufgehoben)

   (BGBl I 1997/139)

6. wenn die gemäß § 4 Abs. 1 Z 8 pflichtversicherten Personen vor der im Rahmen beruflicher Maßnahmen der Rehabilitation nach den §§ 198 oder 303 gewährten beruflichen Ausbildung auf Grund eines Beschäftigungsverhältnisses gemäß Z 1 bis 4 der Pensionsversicherung der Angestellten zugehört haben;
7. wenn sie gemäß § 4 Abs. 1 Z 12 als geistliche Amtsträger, Lehrvikare, Pfarramtskandidaten, Diakonissen oder Mitglieder der evangelischen Kirchenleitung versichert sind;

   (BGBl 1996/411)

8. wenn sie gemäß § 8 Abs. 1 Z 5 als Zeitsoldaten versichert sind;
9. wenn sie gemäß § 4 Abs. 1 Z 10 versichert sind;
10. wenn sie gemäß § 4 Abs. 1 Z 12 als ehemalige Militärpersonen auf Zeit versichert sind;

    (BGBl 1996/411, BGBl I 1998/138)

11. wenn ihr Beschäftigungsverhältnis zu den Österreichischen Bundesbahnen keine Anwartschaft auf Ruhe- und Versorgungsgenüsse begründet;

    (BGBl I 1998/138, BGBl I 2001/99)

12. wenn sie nach § 8 Abs. 1 Z 2 als Wissenschaftliche (Künstlerische) MitarbeiterInnen (in Ausbildung) versichert sind.

    (BGBl I 2001/99)

(2) Das Bundesministerium für Arbeit und Soziales kann nach Anhörung der in Betracht kommenden gesetzlichen Interessenvertretungen und des Hauptverbandes (§ 31) durch Verordnung die Berufsgruppen bezeichnen, welche nach Abs. 1 zur Pensionsversicherung der Angestellten zugehörig sind. Diese Verordnung bedarf der Zustimmung des Hauptausschusses des Nationalrates.

(3) Über den im Abs. 1 bezeichneten Personenkreis hinaus gehören auch Arbeiter, die eine besondere Fachausbildung aufweisen und entsprechend dieser Ausbildung in gehobener Verwendung stehen, zur Pensionsversicherung der Angestellten. Das Bundesministerium für Arbeit und Soziales stellt durch Verordnung, die der Zustimmung des Hauptausschusses des Nationalrates

bedarf, die Personengruppen fest, bei denen diese Voraussetzungen zutreffen.

(4) Zur Pensionsversicherung der Angestellten gehören ferner die Vertragsbediensteten öffentlich-rechtlicher Körperschaften, die nach den für sie geltenden Entlohnungsvorschriften in ein Entlohnungsschema eingereiht sind, das einen gleichartigen Kreis von Bediensteten wie ein im Abs. 1 Z 2 bezeichnetes Entlohnungsschema erfaßt.

c) Knappschaftliche Pensionsversicherung

§ 15. (1) Zur knappschaftlichen Pensionsversicherung gehören die in der Pensionsversicherung pflichtversicherten Personen, die in knappschaftlichen Betrieben mit wesentlich bergmännischen oder diesen gleichgestellten Arbeiten im Sinne der Anlagen 9 und 10 zu diesem Bundesgesetz beschäftigt sind.

(BGBl 1993/335)

(2) Knappschaftliche Betriebe sind jene Betriebe, die gemäß § 2 des Berggesetzes 1975 in dessen Anwendungsbereich fallen sowie jene, in denen Tätigkeiten im Sinne des § 132 des Berggesetzes 1975 von einem Bergbauberechtigten durchgeführt werden, ausgenommen gewerbliche und industrielle Betriebe, die solche grundeigene mineralische Rohstoffe obertägig gewinnen, die durch die Berggesetznovelle 1990, BGBl. Nr. 355, in § 5 des Berggesetzes aufgenommen worden sind.

(BGBl 1993/335)

(3) Den knappschaftlichen Betrieben werden gleichgestellt:

1. Nebenbetriebe, die mit einem knappschaftlichen Betrieb im Sinne des Abs. 2 räumlich und betrieblich zusammenhängen;
2. gefristete (zeitweilig eingestellte) Betriebe der im Abs. 2 bezeichneten Art;
3. die Versicherungsanstalt des österreichischen Bergbaues in Graz mit ihren Einrichtungen der Krankenbehandlung.

(4) Zur knappschaftlichen Pensionsversicherung gehören ferner Personen, die in nichtknappschaftlichen Betrieben tätig sind, hinsichtlich einer Beschäftigung mit Arbeiten im Bereich eines knappschaftlichen oder gleichgestellten Betriebes, die dem Aufschluß, der Gewinnung oder der Förderung von Bodenschätzen, dem Schutze der Belegschaft oder der Erhaltung des Bergwerks oder gefristeter (zeitweilig eingestellter) Bergbauanlagen dienen, sofern es sich nicht um einmalige kurzfristige Arbeiten dieser Art, wie insbesondere Reparatur- oder Montagearbeiten, handelt.

3. Unterabschnitt Freiwillige Versicherung

Selbstversicherung in der Krankenversicherung

§ 16. (1) Personen, die nicht in einer gesetzlichen Krankenversicherung pflichtversichert sind, können sich, solange ihr Wohnsitz im Inland gelegen ist, in der Krankenversicherung auf Antrag selbstversichern.

(BGBl I 2001/67)

(2) Abs. 1 gilt für

1. „ordentliche Studierende" an einer Lehranstalt im Sinne des § 3 Abs. 1 Z 1 bis 7 des Studienförderungsgesetzes 1992 und Studierende von Fachhochschul-Studiengängen im Sinne des § 3 Abs. 1 Z 9 des Studienförderungsgesetzes 1992, die im Rahmen des für die betreffende Studienart vorgeschriebenen normalen Studienganges inskribiert (zum Studium zugelassen) sind,

   (BGBl 1994/20, BGBl I 1998/138, BGBl I 2002/1)
2. Personen, die im Hinblick auf das Fehlen der Gleichwertigkeit ihres Reifezeugnisses Lehrveranstaltungen, Hochschulkurse oder Hochschullehrgänge, die der Vorbereitung auf das Hochschulstudium dienen, besuchen,
3. Personen, die zur Studienberechtigungsprüfung im Sinne des Studienberechtigungsgesetzes zugelassen sind oder sich auf Prüfungen zwecks Zulassung zu einem Fachhochschul-Studiengang vorbereiten und die zwecks Vorbereitung auf diese Prüfungen Kurse bzw. Lehrgänge an Universitäten, Hochschulen, Einrichtungen der Erwachsenenbildung, privaten Werkmeisterschulen mit Öffentlichkeitsrecht, Einrichtungen, die Fachhochschul-Studiengänge durchführen, oder staatlich organisierte Lehrgänge besuchen, sowie

   (BGBl 1994/20, BGBl I 1997/139)
4. Hörer (Lehrgangsteilnehmer) der Diplomatischen Akademie in Wien mit der Maßgabe, daß an die Stelle des Wohnsitzes im Inland der gewöhnliche Aufenthalt im Inland tritt; zum Studien(Lehr)gang zählt auch ein angemessener Zeitraum für die Vorbereitung auf die Ablegung der entsprechenden Abschlußprüfungen und auf die Erwerbung eines akademischen Grades.

(3) Die Selbstversicherung beginnt

1. unmittelbar im Anschluß an die Krankenversicherung oder Anspruchsberechtigung in der Krankenversicherung nach diesem oder einem anderen Bundesgesetz, mit Ausnahme des GSVG und des BSVG, wenn der Antrag binnen sechs Wochen nach dem Ende der Versicherung oder Anspruchsberechtigung gestellt wird,
2. sonst mit dem der Antragstellung folgenden Tag, im Falle des Ausscheidens
   a) aus der Pflichtversicherung nach § 2 GSVG oder § 2 BSVG oder
   b) aus der Selbstversicherung nach § 14a GSVG oder

c) aus der Pflichtversicherung nach § 14b GSVG oder aus einer wahlweise zur Pflichtversicherung nach § 2 Abs. 1 Z 4 GSVG geschaffenen Versorgungseinrichtung einer gesetzlichen beruflichen Vertretung

jedoch frühestens 60 Kalendermonate nach dem Ausscheiden.

(BGBl I 1999/173)

(4) War der Antragsteller in der Krankenversicherung nach diesem Bundesgesetz

1. bereits versichert, so ist der Antrag auf Selbstversicherung bei dem Träger der Krankenversicherung einzubringen, bei dem er zuletzt versichert war, wenn er in dessen Bereich seinen Wohnsitz (gewöhnlichen Aufenthalt) hat; ist eine Betriebskrankenkasse zuletzt Träger der Krankenversicherung gewesen, so kann der Antrag statt bei der Betriebskrankenkasse bei der für seinen Wohnsitz (gewöhnlichen Aufenthalt) zuständigen Gebietskrankenkasse eingebracht werden;
2. nicht versichert oder hat er seinen Wohnsitz (gewöhnlichen Aufenthalt) nicht im Bereich des Trägers der Krankenversicherung nach diesem Bundesgesetz, bei dem er zuletzt versichert war, so ist der Antrag auf Selbstversicherung bei der Gebietskrankenkasse einzubringen, in deren Bereich er seinen Wohnsitz (gewöhnlichen Aufenthalt) hat.

(5) Der Träger der Krankenversicherung, bei dem nach Abs. 4 der Antrag auf Selbstversicherung einzubringen ist, ist zur Durchführung dieser Versicherung zuständig. Ist danach eine Gebietskrankenkasse zuständig und verlegt der freiwillig Versicherte während der Dauer der Versicherung seinen Wohnsitz (gewöhnlichen Aufenthalt) außerhalb ihres Bereiches, so geht die örtliche Zuständigkeit auf die für seinen Wohnsitz (gewöhnlichen Aufenthalt) zuständige Gebietskrankenkasse über, und zwar mit dem der Wohnsitzverlegung (Verlegung des gewöhnlichen Aufenthaltes) folgenden Monatsersten.

(6) Die Selbstversicherung endet außer mit dem Wegfall der Voraussetzungen

1. mit dem Ende des Kalendermonates, in dem der Versicherte seinen Austritt erklärt hat;
2. wenn die für zwei Kalendermonate fällig gewordenen Beiträge nicht entrichtet sind, mit dem Ende des zweiten Kalendermonates für den ein Beitragsrückstand besteht; bei der Feststellung des Beitragsrückstandes sind die entrichteten Beiträge ohne Rücksicht auf eine vom Beitragszahler vorgenommene Widmung auf die zurückliegenden Kalendermonate in der Reihenfolge der Fälligkeit (§ 78) anzurechnen;
3. bei den im Abs. 2 bezeichneten Personen mit dem Ablauf des dritten Kalendermonates nach dem Ende des Studien-(Schul)-jahres (§ 6 des Universitäts-Studiengesetzes bzw. §§ 2 und 5 des Schulzeitgesetzes), in dem der „ordentliche Studierende (Hörer)" letztmalig inskribiert war bzw. einen Lehrgang oder Kurs der Diplomatischen Akademie besucht hat oder in dem die Zulassung zum Studium erloschen ist oder nach dem Verstreichen des letzten Prüfungstermines.

(BGBl I 1998/138, BGBl I 2001/99, BGBl I 2002/1)

In den Fällen der Z 1 und 2 endet die Selbstversicherung frühestens mit dem Ablauf von sechs aufeinanderfolgenden Kalendermonaten nach dem Beginn der Selbstversicherung, wobei ein neuerlicher Antrag auf Selbstversicherung erst nach Ablauf von weiteren sechs Monaten gestellt werden kann. Dies gilt nicht in den Fällen der Z 1, wenn der Austritt aus dem Grund des Beginnes der Angehörigeneigenschaft im Sinne des § 123, des § 56 des Beamten-Kranken- und Unfallversicherungsgesetzes, des § 78 des Bauern-Sozialversicherungsgesetzes oder des § 83 des Gewerblichen Sozialversicherungsgesetzes oder aus dem Grund des Beginnes einer Krankenfürsorgeeinrichtung eines öffentlich-rechtlichen Dienstgebers erklärt wurde.

Selbstversicherung in der Pensionsversicherung

§ 16a. (1) Personen, die das 15. Lebensjahr vollendet haben und nicht in einer gesetzlichen Pensionsversicherung pflicht- oder weiterversichert sind, können sich, solange ihr Wohnsitz im Inland gelegen ist, in der Pensionsversicherung selbstversichern. Ausgeschlossen von dieser Selbstversicherung sind jedoch Personen, die auf Grund eines Antrages nach § 5 GSVG von der Pflichtversicherung in der Pensionsversicherung ausgenommen sind.

(BGBl I 1997/139, BGBl I 1999/173)

(2) Von der Selbstversicherung sind Personen für die Zeit ausgeschlossen, während der sie

1. zu einer Weiterversicherung in der Pensionsversicherung berechtigt sind oder gemäß § 17 Abs. 1 Z 1 berechtigt wären,
2. einen bescheidmäßig zuerkannten Anspruch auf eine monatlich wiederkehrende Geldleistung aus einer eigenen gesetzlichen Pensionsversicherung oder nach einem Sozialhilfegesetz der Länder haben oder
3. in einem öffentlich-rechtlichen oder unkündbaren privatrechtlichen Dienstverhältnis zu einer öffentlich-rechtlichen Körperschaft oder zu von solchen Körperschaften verwalteten Betrieben, Anstalten, Stiftungen und Fonds stehen, wenn ihnen aus ihrem Dienstverhältnis die Anwartschaft auf Ruhe- und Versorgungsgenuß zusteht oder die auf Grund eines solchen Dienstverhältnisses einen Ruhe(Versorgungs)genuß beziehen, der den Leistungen

der Pensionsversicherung nach diesem Bundesgesetz gleichwertig ist (§ 6).

(3) Die Selbstversicherung beginnt, unbeschadet der Bestimmungen des § 225 Abs. 1 Z 3, mit dem Zeitpunkt, den der Versicherte wählt, spätestens jedoch mit dem Monatsersten, der auf die Antragstellung folgt. War der Antragsteller in der Pensionsversicherung nach diesem Bundesgesetz

1. bereits versichert, so ist der Antrag bei dem Träger der Pensionsversicherung einzubringen, bei dem er zuletzt versichert war; war er zuletzt in mehreren Pensionsversicherungen nach diesem Bundesgesetz versichert, steht es ihm frei, für welche der in Betracht kommenden Pensionsversicherungen er sich entscheidet;
2. nicht versichert oder in der Pensionsversicherung nach einem anderen Bundesgesetz versichert, so ist der Antrag bei der Pensionsversicherungsanstalt der Angestellten einzubringen.

2.[a]) nicht versichert oder in der Pensionsversicherung nach einem anderen Bundesgesetz versichert, so ist der Antrag bei der „Pensionsversicherungsanstalt" einzubringen.

(BGBl I 2002/1)

[a]) Tritt mit 1. Jänner 2003 in Kraft.

(4) Der Träger der Pensionsversicherung, bei dem nach Abs. 3 der Antrag auf Selbstversicherung in der Pensionsversicherung einzubringen ist, ist zur Durchführung dieser Versicherung zuständig.

(5) Die Selbstversicherung endet, außer mit dem Wegfall der Voraussetzungen, mit dem Ende des Kalendermonates, in dem der (die) Versicherte seinen (ihren) Austritt erklärt hat.

Weiterversicherung in der Pensionsversicherung

§ 17. (1) Personen, die

1. a) aus der Pflichtversicherung oder der Selbstversicherung gemäß § 16a nach diesem Bundesgesetz oder aus einer nach früherer gesetzlicher Regelung ihr entsprechenden Pensions(Renten)-versicherung oder aus der Pensionsversicherung für das Notariat ausgeschieden sind oder ausscheiden und die
   b) in den letzten 24 Monaten vor dem Ausscheiden mindestens zwölf oder in den letzten fünf Jahren vor dem Ausscheiden jährlich mindestens drei Versicherungsmonate in einer oder mehreren gesetzlichen Pensionsversicherungen erworben haben,
2. aus einer Versicherung nach Z 1 lit. a einen bescheidmäßig zuerkannten Anspruch auf eine laufende Leistung, ausgenommen auf eine Hinterbliebenenpension, hatten,

können sich in der Pensionsversicherung weiterversichern, solange sie nicht in einer gesetzlichen Pensionsversicherung pflichtversichert sind oder einen bescheidmäßig zuerkannten Anspruch auf eine laufende Leistung aus einer eigenen gesetzlichen Pensionsversicherung haben.

(2) Die Weiterversicherung nach diesem Bundesgesetz ist nur für Personen zulässig, die zuletzt in der Pensionsversicherung nach diesem Bundesgesetz oder nach dem Notarversicherungsgesetz 1972 versichert waren.

(3) Die Weiterversicherung ist in dem Zweig der Pensionsversicherung nach diesem Bundesgesetz zulässig, dem der Versicherte zuletzt zugehört hat. Hat der Versicherte in den letzten 60 Monaten vor dem Ausscheiden aus der Pflichtversicherung Versicherungszeiten in mehreren Pensionsversicherungen nach diesem Bundesgesetz erworben, so steht ihm die Wahl frei, welche dieser Pensionsversicherungen er fortsetzt. Kommt hienach die Weiterversicherung in der Pensionsversicherung der Arbeiter oder der Angestellten in Betracht, so ist der letzte Träger der Pflichtversicherung in der Pensionsversicherung der Arbeiter oder der Angestellten für die Weiterversicherung zuständig. Werden die Voraussetzungen für die Weiterversicherung in mehreren Pensionsversicherungen nach diesem oder einem anderen Bundesgesetz erfüllt, ist die Weiterversicherung nur in einer Pensionsversicherung zulässig, wobei es dem Versicherten freisteht, für welche der in Betracht kommenden Pensionsversicherungen er sich entscheidet.

(BGBl I 1998/138)

(3)[a]) Die Weiterversicherung ist in dem Zweig der Pensionsversicherung nach diesem Bundesgesetz zulässig, dem der Versicherte zuletzt zugehört hat. Hat der Versicherte in den letzten 60 Monaten vor dem Ausscheiden aus der Pflichtversicherung Versicherungszeiten in mehreren Pensionsversicherungen nach diesem Bundesgesetz erworben, so steht ihm die Wahl frei, welche dieser Pensionsversicherungen er fortsetzt. Kommt hienach die Weiterversicherung in der Pensionsversicherung der Arbeiter oder der Angestellten in Betracht, so ist „die Pensionsversicherungsanstalt in dem Zweig, in dem der (die) Versicherte zuletzt pflichtversichert war," für die Weiterversicherung zuständig. Werden die Voraussetzungen für die Weiterversicherung in mehreren Pensionsversicherungen nach diesem oder einem anderen Bundesgesetz erfüllt, ist die Weiterversicherung nur in einer Pensionsversicherung zulässig, wobei es dem Versicherten freisteht, für welche der in Betracht kommenden Pensionsversicherungen er sich entscheidet.

(BGBl I 1998/138, BGBl I 2002/1)

[a]) Tritt mit 1. Jänner 2003 in Kraft.

(4) Das Recht auf Weiterversicherung ist geltend zu machen:

1. in den Fällen des Abs. 1 Z 1 bis zum Ende des sechsten auf das Ausscheiden aus der

Pflichtversicherung oder der Selbstversicherung gemäß § 16a folgenden Monates,

2. in den Fällen des Abs. 1 Z 2 bis zum Ende des sechsten auf das Ende des Anspruches auf die laufende Leistung folgenden Monates.

In den Fällen, in denen gemäß § 410 Abs. 1 Z 1 oder 2 ein Bescheid zu erlassen ist, beginnt diese Frist mit dem rechtskräftigen Abschluß des Verfahrens.

(5) Der im Abs. 1 genannte Zeitraum, in dem mindestens zwölf Versicherungsmonate erworben sein müssen, der im Abs. 3 genannte Zeitraum von 60 Monaten und die im Abs. 4 genannte Frist von sechs Monaten verlängern sich

a) um neutrale Zeiten im Sinne des § 234,
b) um Zeiten gemäß § 227 Abs. 1 Z 3 bis 6 und § 227a,
(BGBl 1994/20)
c) um die Dauer eines Pensionsfeststellungsverfahrens bis zur Zustellung des Feststellungsbescheides bzw. bis zur rechtskräftigen Entscheidung im Leistungsstreitverfahren,
d) um Zeiten des Präsenz- oder Ausbildungsdienstes – ausgenommen Zeiten einer Pflichtversicherung gemäß § 8 Abs. 1 Z 5 – aufgrund der Bestimmungen des Wehrgesetzes 1990,
(BGBl 1996/411, BGBl I 1998/30)
e) um Zeiten des ordentlichen oder außerordentlichen Zivildienstes auf Grund der Bestimmungen des Zivildienstgesetzes, BGBl. Nr. 187/1974, sowie um Zeiten eines Auslandsdienstes gemäß § 12b des Zivildienstgesetzes.
(BGBl 1996/411)

(6) Personen, die in einer oder mehreren der im Abs. 1 lit. a genannten Pensions(Renten)versicherungen, in der Pensionsversicherung nach dem Gewerblichen Selbständigen-Pensionsversicherungsgesetz oder in der Pensionsversicherung nach dem Bauern-Pensionsversicherungsgesetz 60 Versicherungsmonate – ausgenommen Zeiten der Selbstversicherung gemäß § 16a – erworben haben, können das Recht auf Weiterversicherung jederzeit geltend machen oder eine beendete Weiterversicherung erneuern. Abs. 3 ist mit der Maßgabe anzuwenden, daß die letzten 60 Monate vor dem Ende des zuletzt erworbenen Versicherungsmonates zu berücksichtigen sind.

(7) Die Weiterversicherung beginnt, unbeschadet der Bestimmungen des § 225 Abs. 1 Z 3 mit dem Zeitpunkt, den der Versicherte wählt, spätestens jedoch mit dem Monatsersten, der auf die Antragstellung folgt. Dem Versicherten steht es frei, in der Folge die Monate zu bestimmen, die er durch Beitragsentrichtung als Monate der Weiterversicherung erwerben will.

(8) Die Weiterversicherung endet, außer mit dem Wegfall der Voraussetzungen,

1. mit dem Ende des Kalendermonates, in dem der Versicherte seinen Austritt erklärt hat;
2. wenn Beiträge für mehr als sechs aufeinanderfolgende Monate nicht entrichtet sind, mit dem Ende des letzten durch Beitragsentrichtung erworbenen Versicherungsmonates.

(9) Bei der Ermittlung der Versicherungsmonate nach Abs. 1 und 6 ist § 231 entsprechend anzuwenden. Soweit dabei Versicherungszeiten in der Gewerblichen Selbständigen-Pensionsversicherung zu berücksichtigen sind, gilt § 64 Gewerbliches Selbständigen-Pensionsversicherungsgesetz[a]), soweit dabei Versicherungszeiten in der Pensionsversicherung der Bauern zu berücksichtigen sind, gilt § 54 Bauern-Pensionsversicherungsgesetz[b]).

---

[a]) Jetzt: § 119 GSVG.
[b]) Jetzt: § 105 BSVG.

§ 18. (aufgehoben)

Selbstversicherung in der Pensionsversicherung für Zeiten der Pflege eines behinderten Kindes

§ 18a. (1) Personen, die sich der Pflege eines im gemeinsamen Haushalt lebenden behinderten Kindes, für das erhöhte Familienbeihilfe im Sinne des § 8 Abs. 4 des Familienlastenausgleichsgesetzes 1967, BGBl. Nr. 376, gewährt wird, widmen und deren Arbeitskraft aus diesem Grund gänzlich beansprucht wird (Abs. 3), können sich, solange sie während dieses Zeitraumes ihren Wohnsitz im Inland haben, längstens jedoch bis zur Vollendung des 30. Lebensjahres des Kindes, in der Pensionsversicherung selbstversichern. Der gemeinsame Haushalt besteht weiter, wenn sich das behinderte Kind nur zeitweilig wegen Heilbehandlung außerhalb der Hausgemeinschaft aufhält. Eine Selbstversicherung in der Pensionsversicherung für Zeiten der Pflege eines behinderten Kindes kann jeweils nur für eine Person bestehen.

(2) Die Selbstversicherung ist für eine Zeit ausgeschlossen, während der

1. eine Pflichtversicherung oder Weiterversicherung in einer gesetzlichen Pensionsversicherung oder ein bescheidmäßig zuerkannter Anspruch auf eine laufende Leistung aus einer eigenen gesetzlichen Pensionsversicherung besteht oder
2. eine Ausnahme von der Vollversicherung gemäß § 5 Abs. 1 Z 3 besteht oder auf Grund eines der dort genannten Dienstverhältnisse ein Ruhegenuß bezogen wird oder
3. eine Ersatzzeit gemäß § 227 Abs. 1 Z 3 bis 6 oder § 227a vorliegt.
(BGBl 1994/20)

(3) Eine gänzliche Beanspruchung der Arbeitskraft im Sinne des Abs. 1 liegt vor, solange das behinderte Kind

1. das Alter für den Beginn der allgemeinen Schulpflicht (§ 2 des Schulpflichtgesetzes 1985, BGBl. Nr. 76/1985) noch nicht erreicht hat und ständiger persönlicher Hilfe und „besonderer Pflege" bedarf,

   (BGBl I 2002/1)
2. während der Dauer der allgemeinen Schulpflicht wegen Schulunfähigkeit (§ 15 des Schulpflichtgesetzes 1985) entweder von der allgemeinen Schulpflicht befreit ist oder ständiger persönlicher Hilfe und „besonderer Pflege" bedarf,

   (BGBl I 2002/1)
3. nach Vollendung der allgemeinen Schulpflicht und vor Vollendung des 30. Lebensjahres dauernd bettlägrig ist oder ständiger persönlicher Hilfe und „besonderer Pflege" bedarf.

   (BGBl I 2002/1)

(4) Die Selbstversicherung ist in dem Zweig der Pensionsversicherung nach diesem Bundesgesetz zulässig, in dem der (die) Versicherungsberechtigte zuletzt Versicherungszeiten erworben hat. Werden keine Versicherungszeiten in der Pensionsversicherung nach diesem Bundesgesetz nachgewiesen oder richtet sich deren Zuordnung nach der ersten nachfolgenden Versicherungszeit, so ist die Selbstversicherung in der Pensionsversicherung der Angestellten zulässig.

(5) Die Selbstversicherung beginnt mit dem Zeitpunkt, den der (die) Versicherte wählt, frühestens mit dem Monatsersten, ab dem die erhöhte Familienbeihilfe (Abs. 1) gewährt wird, spätestens jedoch mit dem Monatsersten, der auf die Antragstellung folgt.

(6) Die Selbstversicherung endet mit dem Ende des Kalendermonates,

1. in dem die erhöhte Familienbeihilfe oder eine sonstige Voraussetzung (Abs. 1) weggefallen ist,
2. in dem der (die) Versicherte seinen (ihren) Austritt erklärt hat.

Ab dem erstmaligen Beginn der Selbstversicherung (Abs. 5) gelten die Voraussetzungen bis zum Ablauf des nächstfolgenden Kalenderjahres als erfüllt; in weiterer Folge hat der Versicherungsträger jeweils jährlich einmal festzustellen, ob die Voraussetzungen für die Selbstversicherung nach Abs. 1 gegeben sind. Der Versicherte ist verpflichtet, den Wegfall der erhöhten Familienbeihilfe dem Träger der Pensionsversicherung binnen zwei Wochen anzuzeigen.

(7) Das Ende der Selbstversicherung steht hinsichtlich der Berechtigung zur Weiterversicherung in der Pensionsversicherung dem Ausscheiden aus der Pflichtversicherung im Sinne des § 17 Abs. 1 Z 1 lit. a gleich.

Selbstversicherung in der Unfallversicherung

§ 19. (1) In der Unfallversicherung können der Selbstversicherung hinsichtlich der nachstehend angeführten Tätigkeiten beitreten, soweit es sich nicht um im § 11 des Bauern-Sozialversicherungsgesetzes genannte Personen handelt:

1. selbständig Erwerbstätige, wenn der Sitz ihres Betriebes im Inland ist,
2. mit Zustimmung des selbständig Erwerbstätigen dessen Ehegatte, Kinder, Enkel, Wahl- und Stiefkinder sowie die Eltern, Großeltern, Wahl- und Stiefeltern, wenn diese in seinem Betrieb tätig sind,
3. Lehrkräfte in Betriebsstätten, Lehrwerkstätten, Fachschulen, Berufsschulen, Schulungskursen und ähnlichen Einrichtungen, alle diese Personen jedoch nur, wenn sie ihren Wohnsitz im Inland haben und nicht schon in dieser Tätigkeit in der Unfallversicherung pflichtversichert sind,
4. Personen, die auf Grund ihrer Tätigkeit im Rahmen organisierter Rettungsdienste, deren Zweckwidmung auf Einsätze zur Leistung erster ärztlicher Hilfe in Notfällen im Inland ausgerichtet ist, Bezüge erhalten; alle diese Personen jedoch nur, wenn sie ihren Wohnsitz im Inland haben und nicht schon in dieser Tätigkeit in der Unfallversicherung pflichtversichert sind.

   (BGBl 1996/411)

(2) Die Selbstversicherung nach Abs. 1 beginnt mit dem auf den Beitritt folgenden Tag.

(3) Die Selbstversicherung endet

1. mit dem Wegfall ihrer Voraussetzungen;
2. mit dem Tage des Austrittes;
3. wenn der fällige Beitrag nicht binnen einem Monat nach schriftlicher Mahnung gezahlt worden ist, mit dem Ende des Monates, für den zuletzt ein Beitrag entrichtet worden ist.

Selbstversicherung bei geringfügiger Beschäftigung

§ 19a. (1) Personen, die von der Vollversicherung gemäß § 5 Abs. 1 Z 2 ausgenommen und auch sonst weder in der Krankenversicherung noch in der Pensionsversicherung nach diesem oder einem anderen Bundesgesetz pflichtversichert sind, können sich, solange sie ihren Wohnsitz im Inland haben, auf Antrag in der Kranken- und Pensionsversicherung selbstversichern. Ausgeschlossen von dieser Selbstversicherung sind jedoch die im § 123 Abs. 9 und 10 genannten Personen sowie Personen, die einen bescheidmäßig zuerkannten Anspruch auf eine laufende Leistung aus einer eigenen gesetzlichen Pensionsversicherung haben.

(BGBl I 1998/138)

(2) Die Selbstversicherung beginnt bei der erstmaligen Inanspruchnahme mit dem der Antragstellung folgenden Tag, sonst frühestens nach Ablauf von drei Kalendermonaten ab dem Ende der Selbstversicherung gemäß Abs. 3 Z 2 oder 3.

(3) Die Selbstversicherung endet

1. mit dem Wegfall der Voraussetzungen;
2. mit dem Tag des Austrittes;

3. wenn der fällige Beitrag nicht binnen zwei Monaten nach Ablauf des Monates, für den er gelten soll, gezahlt worden ist, mit dem Ende des Monates, für den zuletzt ein Beitrag entrichtet worden ist.

(4) Der Antrag auf Selbstversicherung ist unter Bedachtnahme auf § 26 bei jenem Krankenversicherungsträger zu stellen, der nach dem Wohnsitz des Antragstellers für die Pflichtversicherung zuständig wäre. Dieser Versicherungsträger ist auch zur Durchführung der Krankenversicherung zuständig. Ist der Antragsteller bereits bei einem anderen Krankenversicherungsträger pflichtversichert, so ist dieser Versicherungsträger zur Entgegennahme des Antrages und zur Durchführung der Versicherung zuständig.

(5) Die nach Abs. 1 Selbstversicherten sind dem Zweig der Pensionsversicherung zugehörig, in dem zuletzt Pflichtversicherung bestand. Waren sie bisher nicht in der Pensionsversicherung pflichtversichert, so sind sie der Pensionsversicherung der Arbeiter zugehörig.

(6) Bezüglich der Gewährung von Leistungen sowohl nach diesem Bundesgesetz als auch nach dem Mutterschutzgesetz 1979 hat die Selbstversicherung in der Krankenversicherung die gleichen Rechtswirkungen wie eine Pflichtversicherung. Dies gilt auch hinsichtlich der Berechtigung zur Weiterversicherung in der Pensionsversicherung.

(BGBl I 1997/139)

Höherversicherung in der Unfallversicherung und in der Pensionsversicherung

§ 20. (1) Selbständig Erwerbstätige, die in der Unfallversicherung gemäß § 8 Abs. 1 Z 3 lit. a und b teilversichert sind, können sich beim zuständigen Versicherungsträger über die nach § 181 in Betracht kommende Bemessungsgrundlage hinaus gemäß § 77 Abs. 4 höherversichern. Beginn und Ende in der Höherversicherung regelt die Satzung.

(BGBl 1996/411)

(2) (aufgehoben)

(3) Personen, die in einer Pensionsversicherung pflicht-, weiter- oder selbstversichert sind, können sich beim zuständigen Versicherungsträger über die für sie in der Pflichtversicherung in Betracht kommende Beitragsgrundlage hinaus höherversichern. Werden die Voraussetzungen für die Höherversicherung in mehreren Pensionsversicherungen nach diesem oder einem anderen Bundesgesetz erfüllt, ist die Höherversicherung während eines Kalenderjahres nur in einer Pensionsversicherung zulässig, wobei es dem Versicherten freisteht, für welche der in Betracht kommenden Pensionsversicherungen er sich entscheidet.

4. Unterabschnitt
Formalversicherung

a) in der Pflichtversicherung

§ 21. (1) Hat ein Versicherungsträger bei einer nicht der Pflichtversicherung nach diesem oder einem anderen Bundesgesetz unterliegenden Person auf Grund der bei ihm vorbehaltlos erstatteten, nicht vorsätzlich unrichtigen Anmeldung den Bestand der Pflichtversicherung als gegeben angesehen und für den vermeintlich Pflichtversicherten drei Monate ununterbrochen die Beiträge unbeanstandet angenommen, so besteht ab dem Zeitpunkt, für den erstmals die Beiträge entrichtet worden sind, eine Formalversicherung.

(2) Die Formalversicherung endet, wenn nicht eine frühere Beendigung gemäß § 11 oder § 12 eintritt, mit dem Tag der Zustellung des Bescheides des Versicherungsträgers über das Ausscheiden aus der Versicherung. Die Formalversicherung in der Pensionsversicherung endet jedoch spätestens mit dem Tag vor dem Stichtag (§ 223 Abs. 2).

(BGBl 1993/335)

(3) Die Formalversicherung hat in allen in Betracht kommenden Versicherungen die gleichen Rechtswirkungen wie die Pflichtversicherung.

b) in der freiwilligen Versicherung

§ 22. (1) § 21 Abs. 1 gilt entsprechend für den Antrag eines vermeintlich Versicherungsberechtigten auf Weiterversicherung oder auf Selbstversicherung.

(2) Die Formalversicherung nach Abs. 1 endet, wenn nicht eine frühere Beendigung gemäß den §§ 16 Abs. 6, 17 Abs. 8, 19 Abs. 3 oder 19a Abs. 3 eintritt, mit dem Tage der Zustellung des Bescheides des Versicherungsträgers über das Ausscheiden aus der Versicherung.

(3) Die Formalversicherung nach Abs. 1 hat die gleichen Rechtswirkungen wie die entsprechende freiwillige Versicherung.

5. Unterabschnitt
Zusatzversicherung in der Unfallversicherung

§ 22a. (1) Der Bundesminister für soziale Verwaltung kann durch Verordnung[a]) folgende Personengruppen in die Zusatzversicherung in der Unfallversicherung einbeziehen, sofern die wirtschaftlichen Bedürfnisse der Angehörigen dieser Personengruppen die Einführung eines zusätzlichen Versicherungsschutzes rechtfertigen:

1. die Mitglieder der im § 176 Abs. 1 Z 7 lit. a genannten Freiwilligen Feuerwehren (Feuerwehrverbände),

   (BGBl I 1998/138)

2. die Mitglieder der Landesverbände des im § 176 Abs. 1 Z 7 lit. a genannten österreichischen Roten Kreuzes,

   (BGBl I 1998/138)

3. die Mitglieder sonstiger im § 176 Abs. 1 Z 7 lit. a genannten Körperschaften (Vereinigungen).

   (BGBl I 1998/138)

---

[a]) Siehe die Verordnungen BGBl 1980/218, BGBl 1980/297, BGBl 1981/27, BGBl 1981/624, BGBl 1982/408, BGBl 1982/613, BGBl 1983/216, BGBl 1984/45, BGBl 1984/135, BGBl 1985/476, BGBl 1986/437, BGBl 1986/

626, BGBl 1987/112, BGBl 1987/404, BGBl 1988/154, BGBl 1988/715, BGBl 1990/94, BGBl 1990/794, BGBl 1991/717, BGBl 1992/856, BGBl 1995/362, BGBl 1996/720, BGBl II 1998/117, BGBl II 1999/58, BGBl II 1999/134, BGBl II 1999/160, BGBl II 2000/221, BGBl II 2000/333, BGBl II 2000/400, BGBl II 2001/8, BGBl II 2001/239, BGBl II 2001/435.

(2) Das Verfahren zur Erlassung einer Verordnung nach Abs. 1 wird in den Fällen des Abs. 1 Z 1 auf Antrag eines Landes eingeleitet. Die Einbeziehung in die Zusatzversicherung erstreckt sich sodann auf sämtliche Mitglieder der Freiwilligen Feuerwehren (Feuerwehrverbände) des betreffenden Landes; in den Fällen des Abs. 1 Z 2 wird das Verfahren auf Antrag des österreichischen Roten Kreuzes, in den Fällen des Abs. 1 Z 3 auf Antrag der in Betracht kommenden Körperschaft (Vereinigung) eingeleitet.

(3) Die Zusatzversicherung beginnt mit der Mitgliedschaft zu der jeweils in Betracht kommenden Körperschaft (Vereinigung), frühestens mit dem Wirksamkeitsbeginn der betreffenden Einbeziehungsverordnung. Die Zusatzversicherung endet mit dem Ende der Mitgliedschaft zu der jeweils in Betracht kommenden Körperschaft (Vereinigung).

(4) Soll sich der Versicherungsschutz auch auf Tätigkeiten gemäß § 176 Abs. 1 Z 7 lit. b erstrecken, so ist dies in einem Antrag an den Unfallversicherungsträger gesondert zu erklären. Der erweiterte Versicherungsschutz beginnt mit jenem Tag, der dem Tag der Antragstellung folgt. Ein Antrag auf Beendigung dieses erweiterten Versicherungsschutzes kann nur mit Wirkung ab dem jeweils nächstfolgenden Kalenderjahr gestellt werden. Abs. 2 ist sinngemäß anzuwenden.

(BGBl I 1998/138)

ABSCHNITT III
Versicherungsträger und ihre Zuständigkeit; Hauptverband der österreichischen Sozialversicherungsträger

1. Unterabschnitt
Träger der Versicherung und ihre Aufgaben

Träger der Krankenversicherung

§ 23. (1) Träger der Krankenversicherung nach diesem Bundesgesetz sind:

1. die Gebietskrankenkassen;
2. die Betriebskrankenkassen;
3. die Versicherungsanstalt der österreichischen Eisenbahnen;
4. die Versicherungsanstalt des österreichischen Bergbaues.

(2) Für jedes Land ist eine Gebietskrankenkasse mit der im § 26 bezeichneten sachlichen Zuständigkeit errichtet.

(3) Als Betriebskrankenkassen bleiben die bei Wirksamkeitsbeginn dieses Bundesgesetzes für einzelne Betriebe errichteten Krankenkassen dieser Art bestehen. Das Bundesministerium für soziale Verwaltung kann eine Betriebskrankenkasse nach Anhörung der in Betracht kommenden öffentlich-rechtlichen Interessenvertretungen der Dienstnehmer und der Dienstgeber und der für die Übernahme der Versicherten in Betracht kommenden Gebietskrankenkasse (Gebietskrankenkassen) als aufgelöst erklären, wenn dies von der Generalversammlung der Betriebskrankenkasse beantragt wird oder wenn der Eintritt wesentlicher Änderungen in den Verhältnissen (Auflösung des Betriebes, Sinken der Zahl der Versicherten) oder grobe Unregelmäßigkeiten in der Gebarung die Auflösung geboten erscheinen lassen. Es hat hiebei die erforderlichen Anordnungen bezüglich des Rechts-, Vermögens- und Mitgliederüberganges zu treffen.

(BGBl 1994/20)

(4) Die Versicherungsanstalt der österreichischen Eisenbahnen und die Versicherungsanstalt des österreichischen Bergbaues sind im Rahmen ihrer im § 26 bezeichneten sachlichen Zuständigkeit Träger der Krankenversicherung für das ganze Bundesgebiet.

(5) Die Träger der Krankenversicherung im Sinne des Abs. 1 führen die Krankenversicherung nach den Vorschriften dieses Bundesgesetzes durch und wirken an der Durchführung der Unfallversicherung und der Pensionsversicherung nach diesem Bundesgesetz mit. Insbesondere obliegt es ihnen, für die Krankenbehandlung der Versicherten und ihrer Familienangehörigen ausreichend Vorsorge zu treffen.

(6) Die Träger der Krankenversicherung sind berechtigt, nach Maßgabe der hiefür geltenden gesetzlichen Vorschriften

a) Krankenanstalten, Heil- und Kuranstalten, Erholungs- und Genesungsheime, sonstige Einrichtungen der Krankenbehandlung und
b) Einrichtungen zur Feststellung des Gesundheitszustandes

zu errichten, zu erwerben und zu betreiben oder sich an solchen Einrichtungen zu beteiligen; Gebietskrankenkassen, die am 30. Juni 1994 eine Krankenanstalt im Sinne des § 2 Abs. 1 Z 1 des Krankenanstaltengesetzes, BGBl. Nr. 1/1957, betreiben, sind ab diesem Zeitpunkt zu deren Betrieb verpflichtet. Die Neuerrichtung von Ambulatorien oder deren Erweiterung ist nur zulässig, wenn der Bedarf von der zur Genehmigung berufenen Behörde festgestellt ist.

(BGBl 1994/450)

Träger der Unfallversicherung

§ 24. (1) Träger der Unfallversicherung nach diesem Bundesgesetz sind für das ganze Bundesgebiet im Rahmen ihrer im § 28 bezeichneten sachlichen Zuständigkeit:

1. die Allgemeine Unfallversicherungsanstalt mit dem Sitz in Wien;
2. die Sozialversicherungsanstalt der Bauern (§ 13 des Bauern-Sozialversicherungsgesetzes) mit dem Sitz in Wien;

3. die Versicherungsanstalt der österreichischen Eisenbahnen mit dem Sitz in Wien.

(2) Die Träger der Unfallversicherung im Sinne des Abs. 1 führen die Unfallversicherung nach den Vorschriften dieses Bundesgesetzes durch. Insbesondere obliegt es ihnen, für die Unfallheilbehandlung der Versicherten ausreichend Vorsorge zu treffen. Sie sind nach Maßgabe der jeweils hiefür geltenden Vorschriften berechtigt, Unfallkrankenhäuser, Unfallstationen, Sonderkrankenanstalten zur Untersuchung und Behandlung von Berufskrankheiten, Krankenanstalten, die vorwiegend der Rehabilitation dienen, sowie Einrichtungen für berufliche Rehabilitation zu errichten, zu erwerben und zu betreiben oder sich an solchen Einrichtungen zu beteiligen. Der zuständige Unfallversicherungsträger ist überdies berechtigt, arbeitsmedizinische Untersuchungs-, Behandlungs- und Forschungsstellen sowie arbeitsmedizinische Zentren im Sinne des ArbeitnehmerInnenschutzgesetzes – ASchG, BGBl. Nr. 450/1994, zu errichten, zu erwerben und zu betreiben oder sich an solchen Einrichtungen zu beteiligen bzw. solche Einrichtungen zu fördern.

(BGBl 1994/20, BGBl 1994/450)

Träger der Pensionsversicherung

§ 25. (1) Träger der Pensionsversicherung nach diesem Bundesgesetz sind für das ganze Bundesgebiet, und zwar

1. für die Pensionsversicherung der Arbeiter im Rahmen der im § 29 bezeichneten sachlichen Zuständigkeit:
   a) die Pensionsversicherungsanstalt der Arbeiter mit dem Sitz in Wien;
   a)[a]) die „Pensionsversicherungsanstalt" mit dem Sitz in Wien;
   (BGBl I 2002/1)

[a]) Tritt mit 1. Jänner 2003 in Kraft.

   b) (aufgehoben)
   c) die Versicherungsanstalt der österreichischen Eisenbahnen mit dem Sitz in Wien;
2. für die Pensionsversicherung der Angestellten im Rahmen der im § 29 bezeichneten sachlichen Zuständigkeit:
   a) die Pensionsversicherungsanstalt der Angestellten mit dem Sitz in Wien;
   a)[a]) die „Pensionsversicherungsanstalt" mit dem Sitz in Wien;
   (BGBl I 2002/1)

[a]) Tritt mit 1. Jänner 2003 in Kraft.

   b) die Versicherungsanstalt der österreichischen Eisenbahnen mit dem Sitz in Wien;
   c) die Versicherungsanstalt des österreichischen Bergbaues mit dem Sitz in Graz;
   (BGBl I 1998/138)
3. für die knappschaftliche Pensionsversicherung die Versicherungsanstalt des österreichischen Bergbaues mit dem Sitz in Graz.

(2) Die Träger der Pensionsversicherung führen die Pensionsversicherung, für die sie zuständig sind, nach den Vorschriften dieses Bundesgesetzes durch. Sie sind nach Maßgabe der jeweils hiefür geltenden Vorschriften berechtigt, Einrichtungen zur Erfüllung der in den §§ 300 bis 307d bezeichneten Aufgaben, ausgenommen Einrichtungen zur Durchführung von Maßnahmen gemäß § 34 Abs. 2 Z 2 und 3 des Arbeitsmarktservicegesetzes, zu errichten, zu erwerben und zu betreiben oder sich an Einrichtungen zur Erfüllung der in den §§ 300 bis 307d bezeichneten Aufgaben zu beteiligen.

(BGBl 1994/314)

2. Unterabschnitt
Zuständigkeit der Versicherungsträger

Sachliche Zuständigkeit der Träger der Krankenversicherung

§ 26. (1) Zur Durchführung der Krankenversicherung sind – unbeschadet der Bestimmungen des § 16 Abs. 5 über die Selbstversicherung – sachlich zuständig:

1. die Gebietskrankenkassen, soweit nicht einer der unter Z 3 bis 5 genannten Versicherungsträger zuständig ist;
2. (aufgehoben)
3. die Betriebskrankenkassen
   a) für Beschäftigte in Betrieben, für die sie errichtet sind, und für die in den Einrichtungen der Betriebskrankenkassen zur Krankenbehandlung Beschäftigten; ersteren gleichzuhalten sind bezüglich der Betriebskrankenkasse der Wiener Verkehrsbetriebe die Bediensteten der WIENER LINIEN GmbH & Co KG sowie die dieser Gesellschaft zur Dienstleistung zugewiesenen, in einem durch Vertrag begründeten Dienstverhältnis zur Gemeinde Wien stehenden Beschäftigten;
   (BGBl I 1999/68)
   b) für die Bezieher einer Pension aus einer Pensionsversicherung, soweit nicht die Pension von der Versicherungsanstalt der österreichischen Eisenbahnen oder der Versicherungsanstalt des österreichischen Bergbaues ausgezahlt wird, und zwar die Betriebskrankenkasse, die für die Krankenversicherung in der letzten Beschäftigung vor dem Entstehen des Pensionsanspruches zuständig war, wenn aber der Bezieher der Pension im Zeitpunkt des Entstehens des Pensionsanspruches selbstversichert war, nur unter der Voraussetzung, daß die-

se Selbstversicherung bei der Betriebskrankenkasse bestanden hat;

c) für die Bezieher einer Pension aus der Pensionsversicherung der Angestellten, wenn die Betriebskrankenkasse für die Krankenversicherung in der letzten Beschäftigung vor dem Entstehen des Pensionsanspruches zuständig war oder wäre;

(BGBl I 2001/99)

d) für Personen, die unmittelbar vor Antritt des ordentlichen oder außerordentlichen Präsenzdienstes die Voraussetzungen der lit. a erfüllt hatten;

(BGBl I 2001/99)

4. die Versicherungsanstalt der österreichischen Eisenbahnen

a) für die bei den öffentlichen Eisenbahnen im Sinne des Eisenbahngesetzes 1957, BGBl. Nr. 60, mit Ausnahme der Kleinseilbahnen, ferner bei deren Eigenbetrieben und den für den Bau, Betrieb und Verkehr dienenden Hilfseinrichtungen sowie bei den Schlaf- und Speisewagenbetrieben Beschäftigten, soweit nicht eine Betriebskrankenkasse zuständig ist;

b) für die bei der Versicherungsanstalt der österreichischen Eisenbahnen Beschäftigten;

c) für die Bezieher einer Pension aus einer Pensionsversicherung nach diesem Bundesgesetz, wenn die Pension durch die Versicherungsanstalt der österreichischen Eisenbahnen ausgezahlt wird, und für die Bezieher einer laufenden Geldleistung aus der zusätzlichen Pensionsversicherung bei einem der im § 479 genannten Institute;

d) für die Bezieher einer Pension aus der Pensionsversicherung der Angestellten, wenn die Versicherungsanstalt der österreichischen Eisenbahnen für die Krankenversicherung in der letzten Beschäftigung vor dem Entstehen des Pensionsanspruches zuständig war oder gewesen wäre;

e) für Personen, die unmittelbar vor Antritt des ordentlichen oder außerordentlichen Präsenzdienstes die Voraussetzungen der lit. a oder b erfüllt hatten;

5. die Versicherungsanstalt des österreichischen Bergbaues

a) für die in knappschaftlichen Betrieben (§ 15 Abs. 2 und 3) Beschäftigten;

b) für die gemäß § 15 Abs. 4 zur knappschaftlichen Pensionsversicherung gehörenden Personen;

c) für die bei der Versicherungsanstalt des österreichischen Bergbaues Beschäftigten;

d) für die Bezieher einer Pension aus einer Pensionsversicherung, wenn die Pension durch die Versicherungsanstalt des österreichischen Bergbaues ausgezahlt wird;

e) für Personen, die unmittelbar vor Antritt des ordentlichen oder außerordentlichen Präsenzdienstes die Voraussetzungen der lit. a, b oder c erfüllt hatten;

f) für Bezieher einer Sonderunterstützung gemäß § 1 Abs. 1 oder Art. V Abs. 7 des Sonderunterstützungsgesetzes, BGBl. Nr. 642/1973, in der Fassung des Bundesgesetzes BGBl. Nr. 201/1996.

(BGBl 1996/201)

(2) Wird ein Dienstnehmer in demselben Beschäftigungsverhältnis vorübergehend, jedoch nicht länger als drei Monate, in einer Art beschäftigt, die die Zugehörigkeit zu einem anderen Versicherungsträger begründen würde, so bleibt die Zuständigkeit des bisherigen Versicherungsträgers auch für die Dauer der vorübergehenden Beschäftigung unberührt.

(3) Ist eine Betriebskrankenkasse gemäß Abs. 1 Z 3 lit. b oder Abs. 4 zuständig und verlegt der Pensionsbezieher oder derjenige, dem eine Leistung der beruflichen Ausbildung gewährt wird, in der Folge seinen Wohnsitz, so geht auf seinen Antrag die sachliche Zuständigkeit zur Durchführung der Krankenversicherung auf die örtlich in Betracht kommende Gebietskrankenkasse mit dem der Antragstellung folgenden Monatsersten über.

(4) Für Personen, denen Leistungen der beruflichen Ausbildung gewährt werden (§ 4 Abs. 1 Z 8), bleibt für die Dauer dieser Ausbildung jener Träger der Krankenversicherung sachlich zuständig, der die der Ausbildung zuletzt vorangegangene Krankenversicherung durchgeführt hat.

Land- und forstwirtschaftliche Betriebe

§ 27. (1) Land- und forstwirtschaftliche Betriebe sind Betriebe im Sinne der Bestimmungen des Landarbeitsgesetzes 1984, BGBl. Nr. 287, mit Ausnahme der von land- und forstwirtschaftlichen Erwerbs- und Wirtschaftsgenossenschaften betriebenen Sägen, Harzverarbeitungsstätten, Mühlen und Molkereien, sofern diese dauernd mehr als fünf Dienstnehmer beschäftigen.

(2) Den land- und forstwirtschaftlichen Betrieben werden gleichgestellt:

1. die Versuchsbetriebe der land- und forstwirtschaftlichen Schulen;

2. die Umschulungs-, Nachschulungs- und sonstigen beruflichen Ausbildungslehrgänge der Sozialversicherungsträger sowie der Standes- und Interessenvertretungen, alle diese, soweit sie für die Dienstnehmer

und Dienstgeber in der Land- und Forstwirtschaft in Betracht kommen.

Sachliche Zuständigkeit der Träger der Unfallversicherung

§ 28. Zur Durchführung der Unfallversicherung sind sachlich zuständig:

1. die Allgemeine Unfallversicherungsanstalt, soweit nicht einer der unter Z 2 und 3 genannten Versicherungsträger zuständig ist;
2. die Sozialversicherungsanstalt der Bauern (§ 13 des Bauern-Sozialversicherungsgesetzes) für
   a) die gemäß § 3 des Bauern-Sozialversicherungsgesetzes in der Unfallversicherung pflichtversicherten selbständig Erwerbstätigen und ihre teilversicherten Familienangehörigen, soweit es sich nicht um eine Teilversicherung nach § 8 Abs. 1 Z 3 lit. h und i handelt, sowie die gemäß § 8 Abs. 1 Z 3 lit. d teilversicherten Angehörigen von Orden, Kongregationen und Anstalten,
   b) (aufgehoben)
   (BGBl I 1997/139)
   c) die öffentlichen Verwalter eines land(forst)wirtschaftlichen Betriebes (§ 7 Z 3 lit. c),
   d) die Versicherungsvertreter in den Verwaltungskörpern der Sozialversicherungsanstalt der Bauern und die Mitglieder der Beiräte gemäß den §§ 201 ff. des Bauern-Sozialversicherungsgesetzes,
   (BGBl 1996/411)
   e) die in lit. a bis c genannten Personen, die eine der im § 176 Abs. 1 Z 3 genannten Tätigkeiten ausüben,
   f) die Personen, die eine der im § 176 Abs. 1 Z 2, 4, 5, 7 und 13 genannten Tätigkeiten ausüben, sofern die Sozialversicherungsanstalt der Bauern für sie gemäß lit. a bis c zur Durchführung der Unfallversicherung sachlich zuständig ist, bei den im § 176 Abs. 1 Z 7 genannten Tätigkeiten jedoch nur, wenn es sich nicht um Tätigkeiten als Mitglied einer der dort genannten Körperschaften (Vereinigungen) handelt und diese Personen in der Zusatzversicherung gemäß § 22a versichert sind,
   g) die gemäß § 11 des Bauern-Sozialversicherungsgesetzes in der Unfallversicherung selbstversicherten selbständig Erwerbstätigen und ihre selbstversicherten Familienangehörigen, die einen land(forst)wirtschaftlichen Betrieb führen oder in einem solchen tätig sind,
   h) Einzelorgane und Mitglieder von Kollektivorganen der Landwirtschaftskammern bzw. der kollektivvertragsfähigen Berufsvereinigungen der land(forst)wirtschaftlichen Dienstgeber,
   i) die gemäß § 8 Abs. 1 Z 3 lit. c in der Unfallversicherung teilversicherten Personen, die in einer Einrichtung untergebracht sind, die der medizinischen Rehabilitation oder Gesundheitsvorsorge dient, sofern die Sozialversicherungsanstalt der Bauern für sie gemäß lit. a bis c dieses Bundesgesetzes bzw. gemäß § 13 des Bauern-Sozialversicherungsgesetzes zur Durchführung der Kranken-, Unfall- bzw. Pensionsversicherung sachlich zuständig ist,
   j) die gemäß § 8 Abs. 1 Z 3 lit. j in der Unfallversicherung teilversicherten Personen;
3. die Versicherungsanstalt der österreichischen Eisenbahnen für
   a) die Personen, für welche diese Anstalt oder die Betriebskrankenkasse der Wiener Verkehrsbetriebe zur Durchführung der Krankenversicherung sachlich zuständig ist oder nach Art der Beschäftigung zuständig, wäre;
   b) die Versicherungsvertreter in den Verwaltungskörpern der Versicherungsanstalt der österreichischen Eisenbahnen, der Betriebskrankenkasse der Wiener Verkehrsbetriebe und der Träger der zusätzlichen Pensionsversicherung (§ 479);
   c) die Mitglieder der Beiräte (§§ 440 ff.) der Versicherungsanstalt der österreichischen Eisenbahnen.

(BGBl 1996/764)

Sachliche Zuständigkeit der Träger der Pensionsversicherung

§ 29. (1) Zur Durchführung der Pensionsversicherung der Arbeiter sind, unbeschadet des § 17 Abs. 3 über die Weiterversicherung und der §§ 245 und 246 über die Leistungszugehörigkeit und Leistungszuständigkeit, sachlich zuständig:

1. die Pensionsversicherungsanstalt der Arbeiter, sowie nicht einer der unter Z 2 oder 3 genannten Versicherungsträger zuständig ist;

1.[a]) die „Pensionsversicherungsanstalt“, sowie nicht einer der unter Z 2 oder 3 genannten Versicherungsträger zuständig ist;
(BGBl I 2002/1)

[a]) Tritt mit 1. Jänner 2003 in Kraft.

2. die Versicherungsanstalt der österreichischen Eisenbahnen für die bei ihr oder der Betriebskrankenkasse der Wiener Ver-

kehrsbetriebe in der Krankenversicherung pflichtversicherten Personen;

3. die Versicherungsanstalt des österreichischen Bergbaues hinsichtlich aller in knappschaftlichen und diesen gleichgestellten Betrieben beschäftigten Arbeiter, wobei auf Beschäftigte, die wesentlich bergmännische oder diesen gleichgestellte Tätigkeiten im Sinne der Anlagen 9 und 10 zu diesem Bundesgesetz ausführen, der Abschnitt IV des Vierten Teiles dieses Bundesgesetzes Anwendung findet.

(2) Zur Durchführung der Pensionsversicherung der Angestellten sind, unbeschadet des § 17 Abs. 3 über die Weiterversicherung und der §§ 245 und 246 über die Leistungszugehörigkeit und Leistungszuständigkeit, sachlich zuständig:

1. die Pensionsversicherungsanstalt der Angestellten, sowie nicht einer der unter Z 2 und 3 genannten Versicherungsträger zuständig ist;

(BGBl I 1998/138)

1.[a]) die „Pensionsversicherungsanstalt“, sowie nicht einer der unter Z 2 und 3 genannten Versicherungsträger zuständig ist;

(BGBl I 1998/138, BGBl I 2002/1)

---

[a]) Tritt mit 1. Jänner 2003 in Kraft.

2. die Versicherungsanstalt der österreichischen Eisenbahnen für die bei ihr oder der Betriebskrankenkasse der Wiener Verkehrsbetriebe in der Krankenversicherung pflichtversicherten Personen;

(BGBl I 1998/138)

3. die Versicherungsanstalt des österreichischen Bergbaues hinsichtlich aller in knappschaftlichen und diesen gleichgestellten Betrieben beschäftigten Angestellten, wobei auf Beschäftigte, die wesentlich bergmännische oder diesen gleichgestellte Tätigkeiten im Sinne der Anlagen 9 und 10 zu diesem Bundesgesetz ausführen, der Abschnitt IV des Vierten Teiles dieses Bundesgesetzes Anwendung findet.

(BGBl I 1998/138)

(3) Zur Durchführung der Pensionsversicherung der Arbeiter und der Pensionsversicherung der Angestellten ist, unbeschadet des § 17 Abs. 3 über die Weiterversicherung und des § 245 über die Leistungszugehörigkeit, hinsichtlich der Bezieher einer Sonderunterstützung gemäß § 1 Abs. 1 oder Art. V Abs. 7 des Sonderunterstützungsgesetzes, BGBl. Nr. 642/1973, in der Fassung des Bundesgesetzes BGBl. Nr. 201/1996, die Versicherungsanstalt des österreichischen Bergbaues sachlich zuständig.

(BGBl 1996/201, BGBl 1996/411)

(BGBl 1993/335)

Örtliche Zuständigkeit der Gebietskrankenkassen

§ 30. (1) Die örtliche Zuständigkeit der Gebietskrankenkassen richtet sich, soweit in den Abs. 3 bis 5, im § 11 Abs. 2 und im § 16 Abs. 5 nichts anderes bestimmt wird, nach dem Beschäftigungsort des Versicherten, bei selbständig Erwerbstätigen nach dem Standort des Betriebes bzw. in Ermangelung eines solchen nach dem Wohnsitz.

(BGBl 1996/201)

(2) Beschäftigungsort ist der Ort, an dem die Beschäftigung ausgeübt wird. Wird eine Beschäftigung abwechselnd an verschiedenen Orten ausgeübt, aber von einer festen Arbeitsstätte aus, so gilt diese als Beschäftigungsort. Wird eine Beschäftigung ohne feste Arbeitsstätte ausgeübt, so gilt der Wohnsitz des Versicherten als Beschäftigungsort. Der Beschäftigungsort von Hausgehilfen, die beim Dienstgeber wohnen, ist der Wohnsitz des Dienstgebers. Hat der Dienstgeber mehrere Wohnsitze, so ist der Wohnsitz maßgebend, an dem der Dienstgeber den überwiegenden Teil des Jahres verbringt.

(3) Die örtliche Zuständigkeit der Gebietskrankenkassen richtet sich für die im § 3 Abs. 2 lit. a, c und d genannten Personen nach dem Sitz des Unternehmens, für die im § 3 Abs. 2 lit. e genannten Personen nach dem Sitz der Entwicklungshilfeorganisation bzw. des Rechtsträgers gemäß § 12 Abs. 3 des Zivildienstgesetzes, für die in den §§ 4 Abs. 1 Z 12 und 8 Abs. 1 Z 1 und 4 genannten Personen, mit Ausnahme der Auslandsdienstleistenden gemäß § 12b des Zivildienstgesetzes, nach dem Wohnsitz des Pflichtversicherten.

(BGBl 1996/411, BGBl I 1997/139)

(4) Für die nach § 8 Abs. 1 Z 1 lit. c Pflichtversicherten richtet sich die örtliche Zuständigkeit der Gebietskrankenkasse nach dem Wohnsitz des Versicherten; ist ein solcher nicht gegeben, ist die Wiener Gebietskrankenkasse örtlich zuständig.

(BGBl I 1998/30)

(5) Die für das Land Wien bestehende Gebietskrankenkasse ist ausschließlich Trägerin der Krankenversicherung aller im § 3 Abs. 2 lit. f genannten Personen.

3. Unterabschnitt

Hauptverband der österreichischen Sozialversicherungsträger

§ 31. (1) Die in den §§ 23 bis 25 bezeichneten Versicherungsträger und die Träger der im § 2 Abs. 2 bezeichneten Sonderversicherungen werden zum Hauptverband der österreichischen Sozialversicherungsträger (im folgenden kurz Hauptverband genannt) zusammengefaßt.

(2) Dem Hauptverband obliegt

1. die Wahrnehmung der allgemeinen und gesamtwirtschaftlichen Interessen im Vollzugsbereich der Sozialversicherung,

2. die zentrale Erbringung von Dienstleistungen für die Sozialversicherungsträger,
3. die Erstellung von Richtlinien zur Förderung oder Sicherstellung der gesamtwirtschaftlichen Tragfähigkeit, der Zweckmäßigkeit und der Einheitlichkeit der Vollzugspraxis der Sozialversicherungsträger.

(3) Zu den Aufgaben im Sinne des Abs. 2 Z 1 gehören:

1. die Erstellung eines Leitbildes für die Sozialversicherung unter Bedachtnahme auf die Eigenwirtschaftlichkeit der einzelnen Versicherungsträger und die Gesamtwirtschaftlichkeit bei der Erfüllung der Aufgaben im Rahmen der Sozialen Sicherheit;
2. die ständige Beobachtung der Entwicklung der Sozialversicherung in ihren Beziehungen zur Volkswirtschaft und die Ausarbeitung konkreter Vorschläge bzw. die Durchführung von Maßnahmen zur Erhaltung der dauernden Leistungsfähigkeit der Sozialversicherung ohne Überlastung der Volkswirtschaft; der Hauptverband hat hiezu ein versicherungsträgerübergreifendes Controlling unter vorausschauender und laufender Berücksichtigung der Einnahmen- und Ausgabenentwicklung einzurichten;

   (BGBl 1996/411)
3. die Erstattung von Gutachten und die Abgabe von Stellungnahmen in wichtigen und grundsätzlichen Fragen der Sozialversicherung;
4. die Forschung auf dem Gebiet der Sozialen Sicherheit;
5. die Vertretung der Sozialversicherungsträger in gemeinsamen Angelegenheiten;
6. die Durchführung von Erhebungen, Umfragen, Enqueten und dergleichen in Angelegenheiten der Sozialversicherung, ferner die Veranstaltung von Tagungen (Kongressen) und Fachausstellungen und die Vertretung der Sozialversicherung gegenüber ausländischen Einrichtungen;
7. die Herausgabe der Fachzeitschrift „Soziale Sicherheit“ und weitere Initiativen auf dem Gebiet der Öffentlichkeitsarbeit unter Bedachtnahme auf die Richtlinien nach Abs. 5 Z 5;
8. die Gewährung von Rechtsschutz durch dazu befugte Personen in Streitfällen, die für die Sozialversicherung von grundsätzlichem Interesse sind;
9. die Erstellung von Richtlinien zur Regelung der dienst-, besoldungs- und pensionsrechtlichen Verhältnisse der Bediensteten der Versicherungsträger und des Hauptverbandes und der Abschluß der Kollektivverträge für die Versicherungsträger mit Ausnahme der Festsetzung der Mittel für Dienstordnungs-Pensionen nach § 460b und des Sicherungsbeitrages nach § 460c. Die Richtlinien dürfen den öffentlichen Interessen vom Gesichtspunkt des Sozialversicherungsrechtes nicht entgegenstehen und die wirtschaftliche Leistungsfähigkeit der Versicherungsträger nicht gefährden;

   (BGBl I 2000/142)
10. die Aufstellung von Vorschriften für die Fachprüfungen der Sozialversicherungsbediensteten;
11. der Abschluß von Gesamtverträgen mit den öffentlich-rechtlichen Interessenvertretungen der Ärzte (Zahnärzte), Dentisten, Hebammen und anderer Vertragspartner der Sozialversicherung nach Maßgabe der Bestimmungen des Sechsten Teiles;
12. die Herausgabe eines Heilmittelverzeichnisses unter Bedachtnahme auf § 133 Abs. 2. In diesem Verzeichnis sind jene Arzneispezialitäten anzuführen, die entweder allgemein oder unter bestimmten Voraussetzungen (z.B. für gewisse Krankheitsgruppen oder Altersstufen von Patienten, in bestimmter Menge oder Darreichungsform) ohne die sonst notwendige chef- oder kontrollärztliche Bewilligung für Rechnung der Sozialversicherungsträger abgegeben werden können. In diesem Verzeichnis sind ferner jene Stoffe für magistrale Zubereitungen anzuführen, die entweder allgemein oder unter bestimmten Voraussetzungen nur mit vorheriger chef- oder kontrollärztlicher Bewilligung für Rechnung der Sozialversicherungsträger abgegeben werden können;
13. die Definition von Kennzahlen betreffend die Kosten der Verwaltung und der eigenen Einrichtungen der Versicherungsträger sowie die jährliche Durchführung und Auswertung von Vergleichen zwischen diesen Kennzahlen auf der Grundlage der Ergebnisse der Kostenrechnung der einzelnen Versicherungsträger; die Ergebnisse dieser Vergleiche sind dem Verwaltungsrat vorzulegen und zusammen mit dessen Beschluß den Versicherungsträgern und dem Bundesminister für Arbeit und Soziales zur Kenntnis zu bringen;

    (BGBl I 2001/99)
14. die Definition von Kennzahlen betreffend die einzelnen Leistungspositionen der Krankenversicherung sowie die jährliche Durchführung und Auswertung von Vergleichen zwischen diesen Kennzahlen auf der Grundlage der Ergebnisse der Erfolgsrechnung der einzelnen Krankenversicherungsträger; Z 13 zweiter Halbsatz ist anzuwenden.

(4) Zu den zentralen Dienstleistungen im Sinne des Abs. 2 Z 2 gehören:

1. die Vergabe von einheitlichen Versicherungsnummern zur Verwaltung personenbezogener Daten im Rahmen der der Sozialversicherung gesetzlich übertragenen Aufgaben;
2. die Besorgung der Statistik der Sozialversicherung sowie der Statistik der Pflegevorsorge sowohl nach den Weisungen des Bundesministers für Arbeit und Soziales als auch insoweit, als dies zur Erfüllung der gesetzlichen Aufgaben des Hauptverbandes notwendig ist; in diesem Zusammenhang Aufbau und Führung einer Statistikdatenbank mit Hilfe der elektronischen Datenverarbeitung;
3. a) die Errichtung und Führung einer zentralen Anlage zur Aufbewahrung und Verarbeitung der für die Versicherung bzw. den Leistungsbezug und das Pflegegeld bedeutsamen Daten aller nach den Vorschriften dieses oder eines anderen Bundesgesetzes versicherten Personen sowie Leistungsbezieher einschließlich der Leistungsbezieher nach den Landespflegegeldgesetzen;
   (BGBl 1996/411)
   b) auf Grund der in dieser Anlage enthaltenen Daten nach Maßgabe der technischen Möglichkeiten auf automationsunterstütztem Weg die Erfüllung der ausdrücklich gesetzlich geregelten Pflichten der Versicherungsträger zur Auskunftserteilung;
4. der Aufbau und die Führung einer Dokumentation des österreichischen Sozialversicherungsrechtes unter Bedachtnahme auf Weisungen des Bundesministers für Arbeit und Soziales mit Hilfe der elektronischen Datenverarbeitung nach Maßgabe des Abs. 10;
5. a) die Errichtung und der Betrieb eines zentralen Schulungszentrums für die fachliche Aus- und Weiterbildung der Sozialversicherungsbediensteten;
   b) die Vorsorge für die fachliche Information der Versicherungsvertreter;
6. die Festlegung (Form und Inhalt) einheitlicher Formulare, Datensatzaufbaue und maschinell lesbarer Datenträger (Magnetbänder, Disketten, Chipkarten usw.) für den gesamten Vollzugsbereich der Sozialversicherung mit Ausnahme der in Abs. 5 Z 12 genannten Formulare sowie die Schaffung der technischen Voraussetzungen für die Kundmachung von Rechtsvorschriften im Internet;
7. die Erfüllung von Aufgaben nach Maßgabe von Richtlinien gemäß Abs. 5 Z 4, 14 und 21.

(5) Richtlinien im Sinne des Abs. 2 Z 3 sind aufzustellen:

1. zur Erstellung von Dienstpostenplänen der Sozialversicherungsträger unter Berücksichtigung der Grundsätze der Sparsamkeit, Wirtschaftlichkeit und Zweckmäßigkeit sowie unter Bedachtnahme auf sich durch den Einsatz der elektronischen Datenverarbeitung ergebende Rationalisierungspotentiale;
2. über die Gewährung von freiwilligen sozialen Zuwendungen an die Bediensteten der Sozialversicherungsträger (des Hauptverbandes), soweit es sich nicht um Zuwendungen für die im § 49 Abs. 3 Z 17 genannten Zwecke handelt, mit der Maßgabe, daß hiefür beim jeweiligen Versicherungsträger (beim Hauptverband) ein Betrag im Ausmaß eines vom Hauptverband festzusetzenden Hundertsatzes der laufenden Bezüge aller Sozialversicherungsbediensteten im abgelaufenen Geschäftsjahr, höchstens jedoch 2,5 vH dieser laufenden Bezüge, verwendet werden kann;
3. für die fachliche Aus- und Weiterbildung der Sozialversicherungsbediensteten;
4. für die Zusammenarbeit der Versicherungsträger untereinander und mit dem Hauptverband auf dem Gebiet der automationsunterstützten Datenverarbeitung mit dem Ziel der Herstellung kompatibler EDV-Strukturen und der gemeinsamen Entwicklung, Beschaffung und Anwendung der Software unter Beachtung der Grundsätze der Gesamtwirtschaftlichkeit und der Zweckmäßigkeit;
5. für die Koordinierung der Öffentlichkeitsarbeit der Sozialversicherungsträger und des Hauptverbandes;
6. über die Vergabe von Leistungen durch die Sozialversicherungsträger und den Hauptverband;
7. zur Erhebung und Verarbeitung der für die Versicherung bzw. den Leistungsbezug und das Pflegegeld bedeutsamen Daten aller nach den Vorschriften dieses oder eines anderen Bundesgesetzes versicherten Personen und Leistungsbezieher;
8. über die einheitliche Verwendung der Beitragsgruppen, der Symbole und die den einzelnen Beitragsgruppen zugehörigen Versichertenkategorien;
9. über die Beurteilung der Voraussetzungen für eine Herabsetzung der Beitragsgrundlage für Selbstversicherte in der Krankenversicherung (§ 76 Abs. 2 und 3) und über Form und Inhalt diesbezüglicher Anträge;
10. über die Berücksichtigung ökonomischer Grundsätze bei der Krankenbehandlung unter Bedachtnahme auf § 133 Abs. 2. In diesen Richtlinien, die für die Vertragspartner (§ 338 ff.) verbindlich sind, sind jene Behandlungsmethoden anzuführen, die entweder allgemein oder unter be-

stimmten Voraussetzungen (z. B. für gewisse Krankheitsgruppen) erst nach einer chef- oder kontrollärztlichen Bewilligung des Versicherungsträgers anzuwenden sind. Durch diese Richtlinien darf der Zweck der Krankenbehandlung nicht gefährdet werden;

11. über die Form der Inanspruchnahme sowie die Festsetzung und die Verrechnung des Kostenersatzes im Falle von Leistungen der Krankenversicherung an Personen mit dem Wohnsitz außerhalb des Sprengels des zuständigen Versicherungsträgers im Sinne des § 129 Abs. 5;

12. über Form und Inhalt sowie die Ausstellung der Krankenscheine (Zahnbehandlungsscheine) und die Dauer ihrer Gültigkeit;

13. über die ökonomische Verschreibweise von Heilmitteln und Heilbehelfen; in diesen Richtlinien soll insbesondere auch unter Bedachtnahme auf die Art und Dauer der Erkrankung bestimmt werden, inwieweit Arzneispezialitäten für Rechnung der Sozialversicherungsträger abgegeben werden können; durch die Richtlinien darf der Heilzweck nicht gefährdet werden;

14. für das Zusammenwirken der Versicherungsträger untereinander und mit dem Hauptverband auf dem Gebiet der maschinellen (automationsunterstützten) Heilmittelabrechnung einschließlich Retaxierung und bei der Auswertung der Ergebnisse dieser Abrechnung mit dem Ziel der Vereinfachung des Abrechnungsvorganges und der Verbesserung der Überprüfungsmöglichkeiten;

15. für das Zusammenwirken der Versicherungsträger untereinander und mit dem Hauptverband im Bereich des Vertragspartnerrechtes, der Leistungserbringung und Leistungsverrechnung;

16. für die Befreiung von der Rezeptgebühr (Herabsetzung der Rezeptgebühr) sowie für die Befreiung von der Krankenscheingebühr bei Vorliegen einer besonderen sozialen Schutzbedürftigkeit des (der) Versicherten; in diesen Richtlinien ist der für die Befreiung (Herabsetzung) in Betracht kommende Personenkreis nach allgemeinen Gruppenmerkmalen zu umschreiben; darüber hinaus ist eine Befreiungs-(Herabsetzungs-)Möglichkeit im Einzelfall in Berücksichtigung der Familien-, Einkommens- und Vermögensverhältnisse des (der) Versicherten sowie der Art und Dauer der Erkrankung vorzusehen;

(BGBl 1996/411, BGBl I 2000/92, BGBl I 2001/33)

16a. für die Befreiung vom Zusatzbeitrag (Herabsetzung des Zusatzbeitrages) für Angehörige nach § 51d bei Vorliegen einer besonderen sozialen Schutzbedürftigkeit des (der) Versicherten; in diesen Richtlinien ist der für die Befreiung (Herabsetzung) in Betracht kommende Personenkreis nach allgemeinen Gruppenmerkmalen zu umschreiben; darüber hinaus ist eine Befreiungs-(Herabsetzungs-)Möglichkeit im Einzelfall in Berücksichtigung der Familien-, Einkommens- und Vermögensverhältnisse des (der) Versicherten vorzusehen;

(BGBl I 2000/142)

16b. für die Nachsicht vom Behandlungsbeitrag – Ambulanz bei Vorliegen einer besonderen sozialen Schutzbedürftigkeit des (der) Versicherten;

(BGBl I 2001/35)

17. für die Durchführung und Auswertung der Ergebnisse der Jugendlichenuntersuchungen (§ 132a);

18. für die Durchführung und Auswertung der Ergebnisse der Vorsorge(Gesunden)untersuchungen (§ 132b);

19. für die Koordinierung der Aufgaben der Kranken-, Unfall- und Pensionsversicherungsträger bei der Gewährung freiwilliger Leistungen, insbesondere für das koordinierte Zusammenwirken bei der Behandlung von Anträgen;

20. für die Vorgangsweise, insbesondere das koordinierte Zusammenwirken, der Träger der Kranken-, Unfall- und Pensionsversicherung bei der Behandlung und Beurteilung von Leistungsansprüchen und der Erbringung von Leistungen im Rahmen der Rehabilitation; bei der Aufstellung dieser Richtlinien ist insbesondere auf den § 307c Bedacht zu nehmen;

21. für das Zusammenwirken des Hauptverbandes und der Versicherungsträger zur Erreichung einer optimalen Auslastung der Sonderkrankenanstalten (Rehabilitationszentren), Kur-, Genesungs- und Erholungsheime und ähnlichen Einrichtungen im Bereich der Kranken-, Unfall- und Pensionsversicherung;

22. über die Zusammenarbeit der Träger der Kranken- und Unfallversicherung bei der Durchführung der Unfallheilbehandlung im Sinne des § 194;

23. für die einheitliche Anwendung des Bundespflegegeldgesetzes;

24. für die Beurteilung von Vermögensanlagen im Sinne des § 446 Abs. 1 und 2;

25. für die einheitliche Anwendung der Verordnungen der EG und der zwischenstaatlichen Abkommen im Bereich der Sozialen Sicherheit;

26. für die Zusammenarbeit der Versicherungsträger auf Landesebene, soweit davon nicht ein Regelungsbereich betroffen wird, der Gegenstand einer anderen Richtlinie ist oder zu sein hätte;

27. für die Festsetzung von Zuzahlungen gemäß den §§ 155 Abs. 3 und 307d Abs. 6 sowie für die Befreiung von Zuzahlungen bei Vorliegen einer besonderen sozialen Schutzbedürftigkeit gemäß den §§ 154a Abs. 7, 155 Abs. 3, 302 Abs. 4 und 307d Abs. 6; hiebei ist der in Betracht kommende Personenkreis nach allgemeinen Gruppenmerkmalen unter Bedachtnahme auf die wirtschaftlichen und sozialen Verhältnisse zu umschreiben;
28. für die Festsetzung von Obergrenzen von Zuschüssen gemäß den §§ 155 Abs. 4 und 307d Abs. 2 Z 3 unter Bedachtnahme auf die wirtschaftlichen und sozialen Verhältnisse des (der) Versicherten;
29. über Ausnahmen von der Meldungserstattung mittels Datenfernübertragung (§ 41);
30. für das Zusammenwirken der Versicherungsträger untereinander und mit dem Hauptverband auf dem Gebiet eines automationsunterstützten Cash Managements mit dem Ziel der bestmöglichen Veranlagung der finanziellen Mittel und der größtmöglichen Verringerung der Geldverkehrskosten;

   (BGBl 1996/201)
31. für den Ersatz der Reise- und Aufenthaltskosten für die Mitglieder der Verwaltungskörper unter Bedachtnahme auf § 3 Abs. 1 Z 3 der Reisegebührenvorschrift 1955, BGBl. Nr. 133;

   (BGBl 1996/411)
32. für die Vorgangsweise, insbesondere das koordinierte Zusammenwirken, der Träger der Kranken-, Unfall- und Pensionsversicherung zur Feststellung des Gesundheitszustandes der Leistungswerber hinsichtlich der Versicherungsfälle der geminderten Arbeitsfähigkeit (Erwerbsunfähigkeit);

   (BGBl I 1997/139)
33. über die Aufteilung der Beiträge zur Krankenversicherung auf die einzelnen Krankenversicherungsträger bei mehrfacher Versicherung; hiebei ist insbesondere auf die Leistungserbringung durch die einzelnen Krankenversicherungsträger Bedacht zu nehmen.

   (BGBl I 1997/139)

(6) Die vom Hauptverband aufgestellten Richtlinien und im Rahmen seines gesetzlichen Wirkungskreises gefaßten Beschlüsse sind für die im Hauptverband zusammengefaßten Versicherungsträger verbindlich; jedoch gelten die gemäß Abs. 5 Z 12 aufgestellten Richtlinien nicht für die Träger der nach den Vorschriften über die Gewerbliche Selbständigenkrankenversicherung und über die Krankenversicherung öffentlich Bediensteter geregelten Krankenversicherung.

(BGBl I 1997/139)

(7) Der Zustimmung des Hauptverbandes bedürfen Beschlüsse der Verwaltungskörper der Versicherungsträger

1. über die Erwerbung, Errichtung oder Erweiterung von Gebäuden, die Zwecken der Verwaltung, der Krankenbehandlung, der Anstaltspflege, der Jugendlichen- und Vorsorge(Gesunden)untersuchungen, der Erbringung von Zahnbehandlung oder Zahnersatz, der Unfallheilbehandlung, der Rehabilitation, der Maßnahmen zur Festigung der Gesundheit, der Krankheitsverhütung oder der Gesundheitsvorsorge dienen sollen, und über die Erwerbung, Errichtung oder Erweiterung von derartigen Zwecken dienenden Einrichtungen in fremden Gebäuden; das gleiche gilt für Umbauten von Gebäuden, wenn damit eine Änderung des Verwendungszweckes verbunden ist; nach Abschluß des Bauvorhabens ist dem Hauptverband eine von den zuständigen Verwaltungskörpern des Versicherungsträgers gebilligte Schlußabrechnung vorzulegen;
2. über die Erstellung von Dienstpostenplänen (§ 460 Abs. 1), soweit sich diese auf folgende Gehaltsgruppen der Dienstordnung A für die Angestellten bei den Sozialversicherungsträgern Österreichs (DO.A) erstrecken:

   Gehaltsgruppe F – Höherer Dienst,

   Gehaltsgruppe G – Leitender Dienst.

In den Fällen der Z 1 hat der Hauptverband vor Erteilung der Zustimmung eine Bedarfsprüfung, die sich auf den Bereich der gesamten Sozialversicherung zu erstrecken hat, vorzunehmen; die Zustimmung ist nur dann zu erteilen, wenn ein Bedarf gegeben ist.

(8) Die Erstellung von Richtlinien gemäß Abs. 3 Z 9, die Aufstellung von Vorschriften gemäß Abs. 3 Z 10 und die Herausgabe eines Heilmittelverzeichnisses gemäß Abs. 3 Z 12 sowie die im Abs. 5 bezeichneten Richtlinien bedürfen der Beurkundung des gesetzmäßigen Zustandekommens durch den Bundesminister für Arbeit und Soziales und sind sodann im Internet zu verlautbaren. Die Richtlinien gemäß § 31 Abs. 3 Z 9 können entsprechend den Abschlüssen der Kollektivverträge für die Versicherungsträger auch rückwirkend geändert werden.

(BGBl 1996/411, BGBl I 2001/99)

(9) Die nach den Sozialversicherungsgesetzen im Internet zu verlautbarenden Rechtsvorschriften und deren Änderungen müssen

1. jederzeit ohne Identitätsnachweis und sondergebührenfrei zugänglich sein;
2. ab 1. Jänner 2002 in ihrer verlautbarten Form vollständig und auf Dauer ermittelt werden können.

Die aus der Verlautbarung im Internet zusätzlich entstehenden Kosten sind von jenen Stellen zu tragen, die diese Verlautbarung vorzunehmen haben.

(BGBl I 2001/99)

(9a) Soweit der Verlautbarung nach Abs. 9 ihrem Inhalt nach rechtsverbindliche Kraft zukommt, beginnt diese, wenn nicht ausdrücklich anderes bestimmt ist, nach Ablauf des fünften Kalendertages ab dem Zeitpunkt der Freigabe der Verlautbarung zur Abfrage. Tag und Uhrzeit der Freigabe sind bei jeder Verlautbarung anzugeben. Schreibfehler in Verlautbarungen im Internet, ferner Verstöße gegen die innere Einrichtung der Verlautbarung (Nummerierungen, technische Verweisungen, Angabe des Freigabetages usw.), werden durch Kundmachung des Hauptverbandes berichtigt. Die technische Einrichtung der Verlautbarung im Internet gehört zu den Aufgaben des Hauptverbandes nach Abs. 4 Z 6.

(BGBl I 2001/99)

(10) Die in Abs. 4 Z 4 bezeichnete Dokumentation ist unter besonderer Berücksichtigung der einschlägigen Rechtsvorschriften (Gesetze, Satzungen, Krankenordnungen, Geschäftsordnungen, Richtlinien und dergleichen) und ihrer Änderungen, der hiezu ergangenen Rechtsprechung und wissenschaftlichen Bearbeitung sowie von Angelegenheiten grundsätzlicher Bedeutung aus dem administrativen Bereich in einer Weise aufzubauen und zu führen, daß sie im Rahmen der gesetzlichen Aufgaben des Bundesministeriums für Arbeit und Soziales, der Sozialversicherungsträger, des Hauptverbandes sowie für Zwecke der gesetzgebenden Körperschaften des Bundes verwendbar ist. Der Zugriff zur Dokumentation ist auch den Gerichten, Universitäten und Stellen der Gebietskörperschaften, sofern die von letzteren betriebenen Rechtsdokumentationen auch der Sozialversicherung kostenlos zugänglich gemacht werden, zu ermöglichen. Die Dokumentation ist nach Maßgabe der technischen und organisatorischen Möglichkeiten gegen Ersatz der dadurch zusätzlich entstehenden Kosten den gesetzlichen beruflichen Vertretungen und anderen Stellen und Personen zugänglich zu machen; dieser Kostenersatz kann, wenn dies der Verwaltungsvereinfachung dient, in einer nach dem durchschnittlichen Ausmaß der Inanspruchnahme bemessenen Pauschalabgeltung festgesetzt werden. Der durch den Aufbau und den Betrieb der Dokumentation entstehende Aufwand ist, soweit er nicht durch die Kostenersätze der abfragenden Stellen gedeckt wird und soweit er nicht ausschließlich Interessen des Bundesministeriums für Arbeit und Soziales dient und daher von diesem im Rahmen der Kostenersatz zu ersetzen ist, vom Hauptverband und vom Bundesministerium für Arbeit und Soziales je zur Hälfte zu tragen. Über den Aufbau und die Führung der Dokumentation (oder eines ihrer Teile) können mit Zustimmung des Bundesministers für Arbeit und Soziales auch Vereinbarungen mit anderen Personen abgeschlossen werden, soweit dadurch Kosten eingespart werden können. In solchen Vereinbarungen ist vorzusehen, daß

1. die für die Dokumentation gespeicherten Daten nach Auflösung der Vereinbarung für die Dokumentation erhalten bleiben und
2. die Entscheidungsbefugnis über den Inhalt der Dokumentation und dessen Speicherungsorganisation durch sie nicht verändert wird.

(11) „Die Versicherungsträger dürfen bei ihren Datenanwendungen andere Versicherungsträger oder den Hauptverband als Dienstleister im Sinne des Datenschutzgesetzes 2000, BGBl. I Nr. 165/1999, in Anspruch nehmen. Auch der Hauptverband darf Versicherungsträger als Dienstleister in Anspruch nehmen. Der Hauptverband ist in jenen Fällen, in denen er auf Grund gesetzlicher Bestimmungen für die Versicherungsträger tätig wird, jedenfalls Dienstleister nach § 4 Z 5 des Datenschutzgesetzes 2000 in Verbindung mit den §§ 10 und 11 des Datenschutzgesetzes 2000.“ Der Hauptverband und die Versicherungsträger haften nicht für Nachteile, die bei der Erfüllung ihrer Auskunftspflichten im Sinne des Abs. 4 Z 3 lit. b auf Grund von Unvollständigkeiten oder Unrichtigkeiten der in ihren Anlagen enthaltenen Daten entstehen.

(BGBl I 2002/1)

(12) Der Hauptverband ist verpflichtet, eine Datenschutzverordnung für alle Sozialversicherungsträger zu erlassen und „im Internet“ zu veröffentlichen.

(BGBl I 2000/92, BGBl I 2001/33, BGBl I 2002/1)

(BGBl 1994/20)

4. Unterabschnitt
Elektronisches Verwaltungssystem

(BGBl I 1999/172)

§ 31a. (1) Der Hauptverband hat für den gesamten Vollzugsbereich der Sozialversicherung ein elektronisches Verwaltungssystem (im folgenden ELSY genannt) flächendeckend einzuführen und dessen Betrieb sicherzustellen. Das ELSY hat die Verwaltungsabläufe zwischen Versicherten, Dienstgebern, Vertragspartnern und diesen gleichgestellten Personen sowie Sozialversicherungsträgern zu unterstützen und ist so zu gestalten, daß die von den Sozialversicherungsträgern zu vollziehenden Gesetze weitgehend ohne papierschriftliche Unterlagen vollzogen werden können~~; für andere Zwecke darf das ELSY nur mit bundesgesetzlicher Ermächtigung und nur soweit verwendet werden, als diese Zwecke mit dem vorstehenden Zweck im Sinne der Richtlinie 95/46/EG zum Schutz natürlicher Personen bei der Verarbeitung personenbezogener Daten und zum freien Datenverkehr, ABl. Nr. L 281 vom 23.11.1995 S. 31, nicht unvereinbar sind~~. Seine Bestandteile (Chipkarten, autorisierte Lesegeräte, Programme) sind verbindlich im Rahmen der jeweils vorgesehenen Aufgaben zu verwenden.

(BGBl I 2002/1)

(2) Das ELSY hat Datenschutz und Datensicherheit zu gewährleisten. „Auf die im ELSY verwendeten Daten sind die Bestimmungen des Datenschutzgesetzes 2000 anzuwenden. Die inner-

halb des ELSY zu verwendenden Chipkarten sind bundesweit einheitlich und als Schlüsselkarten zu gestalten, die auch die Authentifizierung des Karteninhabers (der Karteninhaberin) im elektronischen Verkehr ermöglichen und dem (der) berechtigten Verwender(in) nach Zustimmung des (der) Betroffenen den Zugriff auf persönliche Daten, die bei anderen Stellen gespeichert sind, möglich machen.“

(BGBl I 2002/1)

(3) Auf den innerhalb des ELSY zu verwendenden Chipkarten dürfen nur folgende Daten gespeichert werden:

1. Angaben zur Person, für die die Chipkarte ausgestellt wurde:
   a) Namen, Geburtsdatum, Geschlecht;
   b) Versicherungsnummer (§ 31 Abs. 4 Z 1);
2. Bezeichnung des Chipkartenausstellers, Datum der Ausstellung und Chipkartennummer samt Gültigkeitskennzeichnung;
3. sonstige Daten, deren Speicherung bundesgesetzlich vorgesehen ist.

„(4) Bestandteile des ELSY dürfen für andere als Sozialversicherungszwecke nur mit bundesgesetzlicher Ermächtigung und nur so weit verwendet werden, als dies mit dem Zweck des ELSY nicht unvereinbar (§ 6 Abs. 1 Z 2 DSG 2000) ist. Zu Fragen der Unvereinbarkeit neuer Verwendungszwecke sowie zu Fragen der Speicherung von Daten auf den innerhalb des ELSY zu verwendenden Chipkarten ist der Datenschutzrat unter Setzung einer angemessenen Frist anzuhören.

(5) Für Zwecke der medizinischen Versorgung des Karteninhabers (der Karteninhaberin) können auf ausdrückliches Verlangen des (der) Betroffenen jene medizinischen Daten auf den innerhalb des ELSY zu verwendenden Chipkarten gespeichert werden, die für den (die) Betroffene(n) im medizinischen Notfall von entscheidender Bedeutung sind (Notfallsdaten). Zur Eintragung, Änderung und Löschung von Notfallsdaten auf den Chipkarten sind nur entsprechend geschulte Personen auf der Grundlage gesicherter medizinischer Daten berechtigt; das Auslesen der auf den Chipkarten gespeicherten Notfallsdaten ist nur unter denselben Sicherheitsbedingungen möglich, die für ELSY-Anwendungen vorgesehen sind. Das Nähere ist durch Verordnung des Bundesministers für soziale Sicherheit und Generationen zu regeln.“

(BGBl I 2002/1)

„(6) Das Erheben, Verlangen, Annehmen oder sonstige Verwerten von den auf den Chipkarten gespeicherten Notfallsdaten für andere Zwecke als jene der medizinischen Versorgung des Karteninhabers (der Karteninhaberin) ist verboten. Wer gegen dieses Verbot verstößt, begeht – sofern die Tat weder den Tatbestand einer in die Zuständigkeit der Gerichte fallenden strafbaren Handlung bildet noch nach anderen Verwaltungsstrafbestimmungen mit strengerer Strafe bedroht ist – eine Verwaltungsübertretung und ist von der Bezirksverwaltungsbehörde mit Geldstrafe bis zu 18 890 € zu bestrafen.“

(BGBl I 2002/1)

(BGBl I 1999/172)

Durchführung des ELSY

§ 31b. (1) Der Hauptverband ist zur Durchführung der in § 31a getroffenen Anordnungen ermächtigt,

1. eine Gesellschaft mit beschränkter Haftung zu errichten,
2. die Beteiligung von juristischen Personen an der von ihm errichteten Gesellschaft mit beschränkter Haftung zuzulassen,
3. sich an juristischen Personen des Privatrechts zu beteiligen;

eine Beteiligung nach Z 2 oder nach Z 3 ist nur dann zulässig, wenn sie an oder von juristischen Personen erfolgt, die der Kontrolle des Rechnungshofes unterliegen (Art. 121 Abs. 1 B-VG), und dem Hauptverband maßgeblicher Einfluß auf die Geschäftsführung jener juristischen Person zukommt, die das ELSY betreibt. Die Verantwortlichkeit des Hauptverbandes und der Versicherungsträger als datenschutzrechtliche Auftraggeber bleibt auch im Fall der Errichtung oder Beteiligung an einer juristischen Person im Sinne der Z 1 bis 3 unberührt.

(2) Beschlüsse des Hauptverbandes zur Ausübung der nach Abs. 1 vorgesehenen Ermächtigungen bedürfen der Zustimmung von drei Vierteln der Mitglieder des Verwaltungsrates. Die Ausübung der aus der Gesellschaftsgründung nach Abs. 1 resultierenden Gesellschafterrechte des Hauptverbandes bedarf – unbeschadet jener Rechte nach dem Gesetz über Gesellschaften mit beschränkter Haftung, die anderen juristischen Personen aus einer Beteiligung an dieser Gesellschaft zustehen – in folgenden Angelegenheiten der Zustimmung von drei Vierteln der Mitglieder des Verwaltungsrates:

1. Bestellung und Abberufung von Geschäftsführern einschließlich des Abschlusses und der Beendigung des Anstellungsvertrages und der Festlegung seines Inhaltes;
2. Bestellung und Abberufung von Aufsichtsratsmitgliedern;
3. Änderungen des Gesellschaftsvertrages;
4. Auflösung der Gesellschaft;
5. Verfügungen über Geschäftsanteile der Gesellschaft;
6. Beschlüsse, mit denen Weisungen an die Gesellschaftsorgane in den Angelegenheiten des § 442d Abs. 2 erteilt werden, soweit solche Angelegenheiten von der Gesellschaft besorgt werden, sowie Beschlüsse, mit denen eine Geschäftsordnung für die Geschäftsführung der Gesellschaft festgelegt oder sonst wie die Aufgabenver-

teilung zwischen den Geschäftsführern geregelt wird.

Ebenso kann der Verwaltungsrat mit einer Mehrheit von drei Vierteln seiner Mitglieder ein Schlichtungsverfahren in den Angelegenheiten nach Z 1 und 2 für den Fall vorsehen, dass ein beantragter Beschluss in solchen Angelegenheiten zwar eine absolute Stimmenmehrheit, nicht aber die erforderliche Zustimmung von drei Vierteln der Mitglieder des Verwaltungsrates erreicht. Die auf Grund eines solchen Schlichtungsverfahrens ergehende Entscheidung ersetzt die Beschlussfassung des Verwaltungsrates. Solange der Hauptverband an der auf Grund von Abs. 1 Z 1 errichteten Gesellschaft mit mehr als 50% der Geschäftsanteile beteiligt ist, ist der Vorsitzende des Aufsichtsrates der Gesellschaft aus den auf Vorschlag des Verwaltungsrates zu bestellenden Aufsichtsratsmitgliedern der Gesellschaft zu wählen. Schlagen drei Aufsichtsratsmitglieder der genannten Gruppe ein Mitglied für die Funktion des Vorsitzenden vor, so ist nur dieses Mitglied zum Vorsitzenden des Aufsichtsrates wählbar. Eine solche Gesellschaft mit beschränkter Haftung hat zwei Geschäftsführer zu haben. Des Weiteren gilt eine solche Gesellschaft mit beschränkter Haftung als durch Gesetz eingerichteter Rechtsträger des öffentlichen Bereiches im Sinne des „Datenschutzgesetzes 2000“ und als Versicherungsträger im Sinne der §§ 109 und 110. Die Finanzierung einer solchen Gesellschaft erfolgt durch die Versicherungsträger im Sinne der Bestimmungen über die Aufbringung der Mittel für die Verbandszwecke (Hauptverband). Wird zur Wahrung der Aufgaben als Gesellschafter der genannten Gesellschaft ein Ausschuss nach § 442c Abs. 1 gebildet, so gehören diesem der Präsident, der erste Stellvertreter und der zweite Stellvertreter an.

(BGBl I 2000/92, BGBl I 2001/33, BGBl I 2001/99, BGBl I 2002/1)

(3) Die innerhalb des ELSY zu verwendenden Chipkarten sind von dem nach diesem oder einem anderen Bundesgesetz zuständigen Krankenversicherungsträger auszustellen. Ist kein zuständiger Krankenversicherungsträger vorhanden, so sind diese Chipkarten von der Gebietskrankenkasse jenes Landes auszustellen, in dem sie voraussichtlich hauptsächlich verwendet werden.

(4) Näheres über die Organisation und Technik des ELSY sowie über seine Verwendung ist durch Verordnung des Hauptverbandes nach Maßgabe der technischen Entwicklung und der volkswirtschaftlichen Zweckmäßigkeit von Chipkartensystemen zu regeln. Diese Verordnung bedarf der Zustimmung des Bundesministers für Arbeit, Gesundheit und Soziales im Einvernehmen mit dem Bundesminister für Finanzen. Sie ist im Internet zu verlautbaren (§ 31 Abs. 9).

(BGBl I 2001/99)

(BGBl I 1999/172)

Krankenscheinersatz

§ 31c. (1) Die innerhalb des ELSY zu verwendenden Chipkarten haben alle Arten des Krankenscheins (Krankenkassenschecks, Behandlungsscheine, Patientenscheine, Arzthilfescheine) zu ersetzen. Sie sind zu diesem Zweck ab dem Zeitpunkt ihrer Einführung bei jeder Inanspruchnahme eines Vertragspartners (§§ 338 ff) vorzulegen. Die Einführung ist bundeseinheitlich zwischen dem Hauptverband und der jeweils in Betracht kommenden Interessenvertretung durch Gesamtvertrag zu vereinbaren. Bei Einzelverträgen ohne Gesamtvertrag ist die Einführung zwischen den Vertragspartnern des Einzelvertrages zu vereinbaren.

(2) Zum Zweck des Krankenscheinersatzes dürfen auf den Chipkarten unbeschadet des § 31a Abs. 3 folgende Daten gespeichert werden:

1. Angaben betreffend Ansprüche gegenüber dem zuständigen Versicherungsträger;
2. Bezeichnung der in Anspruch genommenen Vertragspartnergruppe;
3. Angaben über Rezeptgebührenbefreiungen auf Dauer.

(BGBl I 1999/172)

5. Unterabschnitt
Rechtliche Stellung der Versicherungsträger und des Hauptverbandes

(BGBl I 1999/172)

§ 32. (1) Die Versicherungsträger und der Hauptverband sind Körperschaften des öffentlichen Rechtes und haben Rechtspersönlichkeit. Sie sind berechtigt, das Wappen der Republik Österreich in Siegeln, Drucksorten und Aufschriften zu führen.

(2) Der allgemeine Gerichtsstand der Versicherungsträger und des Hauptverbandes ist das sachlich und örtlich zuständige Gericht ihres Sitzes.

6. Unterabschnitt
Zielvereinbarungen und Controlling in der Sozialversicherung

(BGBl I 2000/92, BGBl I 2001/33)

Zielvereinbarungen

§ 32a. (1) Der Verwaltungsrat hat zur Koordinierung des Verwaltungshandelns der Versicherungsträger Zielvereinbarungen zu treffen.

(BGBl I 2001/99)

(2) Der Verwaltungsrat hat spätestens im Dezember eines jeden Jahres auf der Grundlage des Monitorings nach § 32b

1. die gesundheits- und sozialpolitischen Ziele für das Verwaltungshandeln der Versicherungsträger im folgenden Kalenderjahr und
2. einen Plan der mittelfristigen gesundheits- und sozialpolitischen Ziele

zu beschließen.

(BGBl I 2001/99)

(3) Die Geschäftsführung hat die nach Abs. 2 beschlossenen Ziele mit dem Bundesminister für soziale Sicherheit und Generationen abzustimmen.

(BGBl I 2001/99)

(BGBl I 2000/92, BGBl I 2001/33)

Monitoring und Controlling

§ 32b. (1) Beim Hauptverband ist ein eigener Verwaltungskörper einzurichten, dem das Monitoring und Controlling des Verwaltungshandelns der Versicherungsträger obliegt (Controllinggruppe).

(2) Die Controllinggruppe besteht aus neun Mitgliedern, von denen

1. vier von dem Verwaltungsrat,
2. zwei vom Bundesminister für soziale Sicherheit und Generationen,
3. eines vom Bundesminister für Finanzen und
4. zwei vom Bundesminister für soziale Sicherheit und Generationen im Einvernehmen mit dem Bundesminister für Finanzen

zu entsenden sind. Die Mitglieder nach Z 4 müssen Sachverständige auf dem Gebiet des Organisations-, Controlling- und Finanzwesens mit Erfahrung im Non-Profit-Bereich sein. Den Vorsitz in der Controllinggruppe führt der (die) aus ihrer Mitte zu wählende Vorsitzende, im Verhinderungsfall dessen (deren) Stellvertreter(in), der (die) auf dieselbe Weise zu wählen ist. Die Mitglieder der Controllinggruppe versehen ihr Amt auf Grund einer öffentlichen Verpflichtung; die Abschnitte II, IVa und VI des Achten Teiles sind sinngemäß anzuwenden.

(BGBl I 2001/99)

(3) Der Controllinggruppe obliegt die Prüfung der Maßnahmen im Zusammenhang mit

1. den Zielvereinbarungen nach § 32a und
2. den in diesem Bundesgesetz festgelegten Zielen betreffend die Vollziehung der Sozialversicherung

unter Zuhilfenahme der von den Versicherungsträgern vorzulegenden Finanzcontrolling-, Kosten- und Leistungsberichte und der Informationstechnologie-Berichte. Der Vorsitzende hat die Ergebnisse der Controllinggruppe dem Bundesminister für soziale Sicherheit und Generationen und dem Verwaltungsrat zu übermitteln. Der Hauptverband hat dem Bundesministerium für soziale Sicherheit und Generationen unverzüglich eine Stellungnahme zum Bericht der Controllinggruppe zu übermitteln.

(BGBl I 2001/99)

(4) Der Controllinggruppe sind auf ihr Verlangen alle Unterlagen der Versicherungsträger und des Hauptverbandes vorzulegen. Insbesondere sind die für das Reporting nach § 32d erforderlichen Berichte der Versicherungsträger so rechtzeitig an den Hauptverband zu übermitteln, dass eine ordnungsgemäße Prüfung durch die Controllinggruppe möglich ist.

(BGBl I 2000/92, BGBl I 2001/33)

Management

§ 32c. Zur Erfüllung der Aufgaben nach den §§ 32a und 32b ist ein Management einzurichten. Der Verwaltungsrat hat hiefür durch Beschluss zwei qualifizierte Mitarbeiter(innen) des leitenden Dienstes nach den Bestimmungen der Dienstordnung A für die Angestellten bei den Sozialversicherungsträgern Österreichs, die bei verschiedenen Versicherungsträgern beschäftigt sind, jeweils für die Dauer von zwei Jahren zu bestellen, wobei eine unmittelbare Wiederbestellung unzulässig ist. Zumindest eine(r) dieser zwei qualifizierten Mitarbeiter(innen) muss der (die) leitende Angestellte eines Versicherungsträgers sein. Die bestellten Personen sind für die Dauer der Ausübung ihres Amtes unter Fortzahlung ihrer Bezüge vom Dienst freizustellen. Die Versicherungsträger (der Hauptverband) sind verpflichtet, die vom Management zur Erfüllung seiner Aufgaben ergehenden Aufträge vorrangig zu erfüllen und überdies bei Bedarf dem Management das zur Erfüllung seiner Aufgaben notwendige Personal sowie die erforderlichen Räumlichkeiten und Mittel vorrangig zur Verfügung zu stellen. Dieses Personal ist in gleicher Weise wie das Management vom Dienst freizustellen. Dienstort ist der Sitz sowohl des Hauptverbandes als auch jenes Versicherungsträgers, dem die jeweils in das Management bestellte Person angehört. Das Management ist hinsichtlich seines aufgabenbezogenen Verhaltens der Controllinggruppe unmittelbar verantwortlich; die Controllinggruppe entscheidet auch über die Erforderlichkeit des zur Verfügung zu stellenden Personals und der zur Verfügung zu stellenden Räumlichkeiten und Mittel. Der Hauptverband hat unter Einhaltung der Bestimmungen des § 588 Abs. 14 den Versicherungsträgern die Kosten des zur Verfügung gestellten Personals und der zur Verfügung gestellten Räumlichkeiten und Mittel zu ersetzen. Aus der Wahrnehmung der vom Management ergehenden Aufträge zur Erfüllung seiner Aufgaben resultiert kein Kostenersatzanspruch an den Hauptverband. Abschnitt IX des Achten Teiles ist sinngemäß anzuwenden.

(BGBl I 2000/92, BGBl I 2001/33, BGBl I 2001/99)

Reporting

§ 32d. (1) Der Hauptverband hat am Ende eines jeden Kalendervierteljahres dem Bundesministerium für soziale Sicherheit und Generationen auf der Grundlage des Berichtes der Controllinggruppe einen Finanzcontrollingbericht (einschließlich Cash Management) sowie am Ende eines jeden Kalenderhalbjahres einen übersichtlichen Kosten- und Leistungsbericht zu übermitteln.

(2) Der Hauptverband hat am Ende eines jeden Kalenderhalbjahres im Rahmen eines laufenden Controllings ein Entwicklungsreporting im Informationstechnologie-Bereich einschließlich Chipkarte an das Bundesministerium für soziale Sicherheit und Generationen zu erstatten. Dieser Report bedarf der Zustimmung des Verwaltungsrates.

(BGBl I 2001/99)

(3) Das Nähere über Inhalt und Form der in den Abs. 1 und 2 genannten Berichte wird durch Verordnung des Bundesministers für soziale Sicherheit und Generationen geregelt.

(BGBl I 2000/92, BGBl I 2001/33)

Pflichtverletzung

§ 32e. Eine Verletzung der sich aus diesem Unterabschnitt ergebenden Berichtspflichten gilt als Pflichtverletzung im Sinne des § 423 Abs. 1 Z 2.

(BGBl I 2000/92, BGBl I 2001/33)

ABSCHNITT IV
Meldungen und Auskunftspflicht

An- und Abmeldung der Pflichtversicherten

§ 33. (1) Die Dienstgeber haben jeden von ihnen beschäftigten, nach diesem Bundesgesetz in der Krankenversicherung Pflichtversicherten (Vollversicherte und Teilversicherte) bei Beginn der Pflichtversicherung (§ 10) unverzüglich beim zuständigen Krankenversicherungsträger anzumelden und binnen sieben Tagen nach dem Ende der Pflichtversicherung abzumelden. Die An- sowie die Abmeldung des Dienstgebers wirkt auch für den Bereich der Unfall- und Pensionsversicherung, soweit der Beschäftigte in diesen Versicherungen pflichtversichert ist. Durch die Satzung des Trägers der Krankenversicherung kann die Meldefrist im allgemeinen bis zu sieben Tagen oder für einzelne Gruppen von Pflichtversicherten bis zu einem Monat erstreckt werden.

(BGBl 1996/201, BGBl 1996/600, BGBl 1996/764, BGBl I 1997/139)

(2) Abs. 1 gilt für die nur in der Unfall- und Pensionsversicherung sowie für die nur in der Unfallversicherung nach § 7 Z 3 lit. a Pflichtversicherten mit der Maßgabe, daß die Meldungen beim Träger der Krankenversicherung, der beim Bestehen einer Krankenversicherung nach diesem Bundesgesetz für sie sachlich und örtlich zuständig wäre, zu erstatten sind.

(BGBl 1993/335)

(3) bis (4) (aufgehoben)

(BGBl I 1997/139)

Meldung von Änderungen

§ 34. (1) Die Dienstgeber haben während des Bestandes der Pflichtversicherung jede für diese Versicherung bedeutsame Änderung, insbesondere jede Änderung im Beschäftigungsverhältnis, wie Änderung der Beitragsgrundlage, Unterbrechung und Wiedereintritt des Entgeltanspruches, innerhalb von sieben Tagen dem zuständigen Krankenversicherungsträger zu melden.

(BGBl 1996/201)

(2) Erfolgt die Abrechnung der Beiträge nach dem Lohnsummenverfahren (§ 58 Abs. 4), so hat der Dienstgeber nach Ablauf eines jeden Beitragszeitraumes die Gesamtsumme der in diesem Zeitraum gebührenden und darüber hinaus bezahlten Entgelte zu melden. Ferner hat er jährlich im Nachhinein für jeden einzelnen Versicherten einen Nachweis über die Summe der allgemeinen Beitragsgrundlagen sowie der Sonderzahlungen zu erbringen. Die Fristen für die Vorlage dieser Meldungen sind in der Satzung des Krankenversicherungsträgers zu regeln.

(BGBl I 2001/99)

Meldungen zur Durchführung eines Jahresausgleiches

§ 34a. Zur Durchführung des im § 58a geregelten Jahresausgleiches haben die Dienstgeber (§ 35) der dort bezeichneten Gruppen von Versicherten dem zuständigen Versicherungsträger Meldungen über die Höhe des in den Beitragszeiträumen des abgelaufenen Kalenderjahres von diesen Personen tatsächlich erzielten Arbeitsverdienstes einschließlich der fällig gewordenen Sonderzahlungen bis längstens 31. Jänner des folgenden Kalenderjahres zu erstatten. In den nach § 41 Abs. 3 vom Hauptverband zu erlassenden verbindlichen Richtlinien über Form und Inhalt der Meldungen (Anzeigen, Listen) sind auch Bestimmungen über die vorstehenden Meldungen aufzunehmen.

Meldungen zum Aufbau einer Evidenz der Arbeiterkammerzugehörigen

§ 34b. Die zum Zweck der Ermittlung und Erfassung der zur Durchführung einer Befragung der Kammerzugehörigen im Jahr 1996 notwendigen personenbezogenen Daten (§ 45a des Arbeiterkammergesetzes 1992) sind von den Dienstgebern dem zuständigen Träger der Krankenversicherung innerhalb der im § 33 Abs. 1 genannten Fristen zu melden.

(BGBl 1995/832)

Dienstgeber

§ 35. (1) Als Dienstgeber im Sinne dieses Bundesgesetzes gilt derjenige, für dessen Rechnung der Betrieb (die Verwaltung, die Hauswirtschaft, die Tätigkeit) geführt wird, in dem der Dienstnehmer (Lehrling) in einem Beschäftigungs-(Lehr)verhältnis steht, auch wenn der Dienstgeber den Dienstnehmer durch Mittelspersonen in Dienst genommen hat oder ihn ganz oder teilweise auf Leistungen Dritter an Stelle des Entgeltes verweist. Dies gilt entsprechend auch für die gemäß § 4 Abs. 1 Z 3 pflichtversicherten, nicht als Dienstnehmer beschäftigten Personen.

(2) Bei den nach § 4 Abs. 1 Z 4 und 5 Pflichtversicherten sowie den nach § 8 Abs. 1 Z 3 lit. c Teilversicherten gilt der Träger der Einrichtung, in der die Ausbildung bzw. Unterbringung erfolgt, bei den nach § 4 Abs. 1 Z 8 Pflichtversicherten der Versicherungsträger, der die berufliche Ausbildung gewährt, bei den nach § 4 Abs. 1 Z 9 Pflichtversicherten die Entwicklungshilfeorganisation, bei der die Versicherten beschäftigt oder ausgebildet werden, als Dienstgeber. Bei Heimarbeitern (§ 4 Abs. 1 Z 7) gilt als Dienstgeber der Auftraggeber im Sinne der gesetzlichen Vorschriften über die Heimarbeit, auch wenn sich der Auftraggeber zur Weitergabe der Arbeit an die Heimarbeiter ei-

ner Mittelsperson bedient. Bei den im § 3 Abs. 3 vorletzter Satz genannten Personen gilt der Beschäftiger im Sinne des § 3 Abs. 3 des Arbeitskräfteüberlassungsgesetzes als Dienstgeber.

(BGBl 1996/411)

(3) Der Dienstgeber kann die Erfüllung der ihm nach den §§ 33 und 34 obliegenden Pflichten auf Bevollmächtigte übertragen. Name und Anschrift dieser Bevollmächtigten sind unter deren Mitfertigung dem zuständigen Versicherungsträger bekanntzugeben.

(4) Der Dienstnehmer hat die in den §§ 33 und 34 vorgeschriebenen Meldungen selbst zu erstatten,

a) wenn der Dienstgeber die Vorrechte der Exterritorialität genießt oder wenn dem Dienstgeber im Zusammenhang mit einem zwischenstaatlichen Vertrag oder der Mitgliedschaft Österreichs bei einer internationalen Organisation besondere Privilegien oder Immunitäten eingeräumt sind, oder

b) wenn der Dienstgeber im Inland keine Betriebsstätte (Niederlassung, Geschäftsstelle, Niederlage) hat.

(BGBl 1996/201, BGBl I 1997/139)

(BGBl 1996/201, BGBl I 1997/139)

Sonstige meldepflichtige Personen (Stellen)

§ 36. (1) Die in den §§ 33 und 34 bezeichneten Pflichten obliegen:

1. für die in einem Ausbildungsverhältnis stehenden Pflichtversicherten (§ 4 Abs. 1 Z 4 und 5) dem Träger der Einrichtung, in der die Ausbildung erfolgt;
2. (aufgehoben)

   (BGBl I 1997/139)
3. für die pflichtversicherten Gepäckträger, die einer Gepäckträgergemeinschaft der Österreichischen Bundesbahnen angehören, dem geschäftsführenden Obmann dieser Gemeinschaft;
4. für die gemäß § 9 durch Verordnung in die Krankenversicherung einbezogenen Personen dem in der Verordnung bestimmten Meldepflichtigen;
5. für die pflichtversicherten Zivildienstleistenden (§ 8 Abs. 1 Z 4 dem Bundesministerium für Inneres;

   (BGBl I 1997/139)
6. für die pflichtversicherten Zeitsoldaten (§ 8 Abs. 1 Z 1 lit. e und Z 5) dem Bundesminister für Landesverteidigung;
7. für die gemäß § 4 Abs. 1 Z 10 pflichtversicherten Personen dem Bund;
8. für die gemäß § 4 Abs. 1 Z 12 pflichtversicherten ehemaligen Militärpersonen auf Zeit dem Bundesministerium für Landesverteidigung;
9. für die pflichtversicherten Auslandsdienstleistenden (§ 8 Abs. 1 Z 4) dem jeweiligen Rechtsträger gemäß § 12b Abs. 3 des Zivildienstgesetzes;

   (BGBl 1996/411, BGBl I 1997/139, BGBl I 2001/99)
10. für die nach § 8 Abs. 1 Z 2 pflichtversicherten Wissenschaftlichen (Künstlerischen) MitarbeiterInnen (in Ausbildung) der jeweiligen Universität (Universität der Künste).

    (BGBl I 2001/99)

(2) § 35 Abs. 3 gilt entsprechend.

(3) Die den Heimarbeitern nach den jeweiligen gesetzlichen Vorschriften über die Heimarbeit arbeitsrechtlich gleichgestellten Personen (§ 4 Abs. 1 Z 7) haben die in den §§ 33 und 34 vorgeschriebenen Meldungen selbst zu erstatten. Die Bestimmungen der §§ 33 Abs. 1 und 34 Abs. 1 sind hiebei entsprechend anzuwenden.

(BGBl 1996/201, BGBl 1996/411, BGBl I 1997/139)

Meldung nur unfallversicherter Personen

§ 37. Für die Meldungen der nur in der Unfallversicherung pflichtversicherten mit Ausnahme der im § 7 Z 3 lit. a und b und der im § 8 Abs. 1 Z 3 lit. a, b, h und i genannten Personen sind die Grundsätze der §§ 33 bis 35 und 36 Abs. 3 mit der Maßgabe entsprechend anzuwenden, daß die Meldungen beim zuständigen Träger der Unfallversicherung zu erstatten sind. Für die nach § 8 Abs. 1 Z 3 lit. a und b in der Unfallversicherung Pflichtversicherten sind die Meldungen beim Träger der Pensionsversicherung der in der gewerblichen Wirtschaft selbständig Erwerbstätigen zu erstatten, wobei die Bestimmungen der §§ 18 und 21 des Gewerblichen Sozialversicherungsgesetzes entsprechend anzuwenden sind. Das Nähere wird in der Satzung des Trägers der Unfallversicherung bestimmt.

(BGBl 1993/335, BGBl 1996/411)

Meldung nur pensionsversicherter Personen

§ 37a. Für die Meldung der nur in der Pensionsversicherung pflichtversicherten Personen sind die Grundsätze der §§ 33 bis 35 mit der Maßgabe entsprechend anzuwenden, daß die Meldung beim Träger der Pensionsversicherung zu erstatten ist.

Meldung der in der Zusatzversicherung Versicherten

§ 37b. Für die Meldungen der in der Zusatzversicherung in der Unfallversicherung gemäß § 22a Versicherten sind die Grundsätze der §§ 33 und 34 mit der Maßgabe entsprechend anzuwenden, daß die Meldungen von dem Rechtsträger, der die Einbeziehung in die Zusatzversicherung beantragt hat, bei der Allgemeinen Unfallversicherungsanstalt zu erstatten sind; das Nähere ist unter Bedachtnahme auf die besonderen Verhältnisse der in Betracht kommenden Versichertengruppen in der Satzung dieses Versicherungsträgers zu regeln.

Meldung über die Dauer des Präsenz- und Ausbildungsdienstes

§ 37c. Das Bundesministerium für Landesverteidigung hat für die im § 8 Abs. 1 Z 1 lit. c genannten Personen den Beginn, das Ende und die Art des Präsenz- und Ausbildungsdienstes sowie den Evidenzbereich dem Hauptverband auf automationsunterstütztem Wege mitzuteilen. Das Nähere über die Art, den Umfang und den Zeitpunkt der Mitteilung hat der Bundesminister für Arbeit und Soziales im Einvernehmen mit dem Bundesminister für Landesverteidigung durch Verordnung festzusetzen.

(BGBl I 1998/30)

Meldung über die Dauer des ordentlichen Zivildienstes

§ 37d. Das Bundesministerium für Inneres hat für die pflichtversicherten Zivildienstleistenden den Beginn, das Ende und die Art des ordentlichen Zivildienstes dem Hauptverband auf automationsunterstütztem Wege mitzuteilen. Das Nähere über die Art, den Umfang und den Zeitpunkt der Mitteilung hat der Bundesminister für Arbeit und Soziales im Einvernehmen mit dem Bundesminister für Inneres durch Verordnung festzusetzen.

(BGBl 1996/411)

Meldung in der Krankenversicherung der Pensionisten

§ 38. Die Träger der Pensionsversicherung haben alle für den Beginn und das Ende der Krankenversicherung des Pensionisten maßgebenden Umstände sowie jede für diese Versicherung bedeutsame Änderung dem zuständigen Träger der Krankenversicherung unverzüglich bekanntzugeben.

Meldung der freiwillig Versicherten

§ 39. Die nach den §§ 16 bis 20 freiwillig Versicherten haben alle für die Versicherung bedeutsamen Änderungen dem zuständigen Versicherungsträger binnen einer Woche zu melden. Die gemäß § 19a Selbstversicherten haben die Meldungen dem zuständigen Krankenversicherungsträger zu erstatten. Diese Meldungen wirken auch für den Bereich der Pensionsversicherung.

Meldung der Zahlungsempfänger (Leistungswerber)

§ 40. (1) Die Zahlungsempfänger (§ 106) sind verpflichtet, jede Änderung in den für den Fortbestand der Bezugsberechtigung maßgebenden Verhältnissen sowie jede Änderung ihres Wohnsitzes bzw. des Wohnsitzes des Anspruchsberechtigten, soweit im folgenden nichts anderes bestimmt wird, binnen zwei Wochen dem zuständigen Versicherungsträger anzuzeigen. Personen, die Anspruch haben

1. auf Geldleistungen aus den Versicherungsfällen der Arbeitsunfähigkeit infolge Krankheit oder der Mutterschaft,
2. auf Pensionen aus der Pensionsversicherung mit Ausnahme der Ansprüche auf Knappschaftspensionen und Knappschaftssold sowie Waisenpensionen,

haben während des Leistungsbezuges jede Aufnahme einer Erwerbstätigkeit sowie die Höhe des Erwerbseinkommens und jede Änderung der Höhe des Erwerbseinkommens binnen sieben Tagen zu melden, soweit dies für den Fortbestand und das Ausmaß der Bezugsberechtigung maßgebend ist. Einkommensänderungen, die auf Grund der alljährlichen Rentenanpassung in der Kriegsopfer- und Heeresversorgung bewirkt werden, unterliegen nicht der Anzeigeverpflichtung.

(2) Abs. 1 gilt auch für Personen,

1. die eine Leistung aus einem Versicherungsfall des Alters, der geminderten Arbeitsfähigkeit oder des Todes beantragt haben, wenn sie vom Versicherungsträger nachweislich über den Umfang ihrer Meldeverpflichtung belehrt wurden;
2. die eine Gleitpension (§ 253c) beziehen, mit der Maßgabe, daß auch das jeweilige Ausmaß der wöchentlichen Arbeitszeit zu melden ist.

(BGBl 1993/335)

Form der Meldungen

§ 41. (1) Die Meldungen nach § 33 Abs. 1 und 2 sowie nach § 34 Abs. 1 sind mittels elektronischer Datenfernübertragung in den vom Hauptverband festgelegten einheitlichen Datensätzen (§ 31 Abs. 4 Z 6) zu erstatten.

(BGBl 1994/20)

(2) Die Anmeldung hat jedenfalls zu umfassen:

1. die Dienstgeberkontonummer;
2. Familienname, Vorname(n) und Versicherungsnummer bzw. Geburtsdatum des Beschäftigten;
3. Ort und Tag der Beschäftigungsaufnahme;
4. die Art der Versicherung.

Wenn die Anmeldung nur diese Mindestangaben enthält, sind die noch fehlenden Angaben innerhalb von sieben Tagen ab Beginn der Pflichtversicherung nachzusenden.

(BGBl 1994/314)

(3) Das Einlangen der Meldungen ist mittels elektronischer Datenfernübertragung zu bestätigen.

(BGBl 1994/20)

(4) Meldungen dürfen nur dann außerhalb elektronischer Datenfernübertragung ordnungsgemäß erstattet werden, soweit dies in Richtlinien des Hauptverbandes (§ 31 Abs. 5 Z 29) vorgesehen ist. Diese Richtlinien haben

1. andere Meldungsarten insbesondere dann zuzulassen,

a) wenn eine Meldung mittels Datenfernübertragung für Betriebe unzumutbar ist;
b) wenn die Meldung nachweisbar durch unverschuldeten Ausfall eines wesentlichen Teiles der Datenfernübertragungseinrichtung technisch ausgeschlossen war;

2. eine Reihenfolge anderer Meldungsarten festzulegen, wobei nachrangige Meldungsarten nur dann zuzulassen sind, wenn vorrangige für den Dienstgeber wirtschaftlich unzumutbar sind.

(5) Zwei Abschriften der bestätigten An(Ab)meldung sind dem Dienstgeber zurückzusenden. Eine Abschrift ist vom Dienstgeber unverzüglich an den Dienstnehmer weiterzugeben.

(BGBl 1996/201)

Auskünfte zwischen Versicherungsträgern und Dienstgebern

§ 42. (1) Auf Anfrage des Versicherungsträgers haben

1. die Dienstgeber,
2. Personen, die Geld- bzw. Sachbezüge gemäß § 49 Abs. 1 und 2 leisten oder geleistet haben, unabhängig davon, ob der Empfänger als Dienstnehmer tätig war oder nicht,
3. sonstige meldepflichtige Personen und Stellen (§ 36),
4. im Fall einer Bevollmächtigung nach § 35 Abs. 3 oder § 36 Abs. 2 auch die Bevollmächtigten,

längstens binnen 14 Tagen wahrheitsgemäß Auskunft über alle für das Versicherungsverhältnis maßgebenden Umstände zu erteilen. Weiters haben sie den gehörig ausgewiesenen Bediensteten der Versicherungsträger während der Betriebszeit Einsicht in alle Geschäftsbücher und Belege sowie sonstige Aufzeichnungen zu gewähren, die für das Versicherungsverhältnis von Bedeutung sind. Die Versicherungsträger sind überdies ermächtigt, den Dienstgebern alle Informationen über die bei ihnen beschäftigten oder beschäftigt gewesenen Dienstnehmer zu erteilen, soweit die Dienstgeber diese Informationen für die Erfüllung der Verpflichtungen benötigen, die ihnen in sozialversicherungs- und arbeitsrechtlicher Hinsicht aus dem Beschäftigungsverhältnis der bei ihnen beschäftigten oder beschäftigt gewesenen Dienstnehmer erwachsen.

(BGBl 1996/411)

(2) Die Bezirksverwaltungsbehörde kann auf Antrag des Versicherungsträgers die nach Abs. 1 auskunftspflichtigen Personen (Stellen) zur Erfüllung der dort angeführten Pflichten verhalten. Entstehen durch diese Maßnahmen der Bezirksverwaltungsbehörde dem Versicherungsträger besondere Auslagen (Kosten von Sachverständigen, Buchprüfern, Reiseauslagen u. dgl.), so kann die Bezirksverwaltungsbehörde diese Auslagen auf Antrag des Versicherungsträgers der auskunftspflichtigen Person (Stelle) auferlegen, wenn sie durch Vernachlässigung der ihr auferlegten Pflichten entstanden sind. Diese Auslagen sind wie Beiträge einzutreiben.

(3) Reichen die zur Verfügung stehenden Unterlagen für die Beurteilung der für das Versicherungsverhältnis maßgebenden Umstände nicht aus, so ist der Versicherungsträger berechtigt, diese Umstände aufgrund anderer Ermittlungen oder unter Heranziehung von Daten anderer Versicherungsverhältnisse bei demselben Dienstgeber sowie von Daten gleichartiger oder ähnlicher Betriebe festzustellen. Der Versicherungsträger kann insbesondere die Höhe von Trinkgeldern, wenn solche in gleichartigen oder ähnlichen Betrieben üblich sind, anhand von Schätzwerten ermitteln.

(4) Die Versicherungsträger sind berechtigt, die zuständigen Behörden zu verständigen, wenn sie im Rahmen ihrer Tätigkeit zu dem begründeten Verdacht gelangen, daß eine Übertretung arbeitsrechtlicher, gewerberechtlicher oder steuerrechtlicher Vorschriften vorliegt.

(BGBl 1996/201)

Besondere Auskunftspflicht der Inhaber (Bevollmächtigten) von knappschaftlichen und diesen gleichgestellten Betrieben

§ 42a. Die Inhaber (Bevollmächtigten) von knappschaftlichen und diesen gleichgestellten Betrieben sind verpflichtet, der Versicherungsanstalt des österreichischen Bergbaues jene nichtknappschaftlichen Betriebe bekanntzugeben, die mit Arbeiten im Bereich des knappschaftlichen oder gleichgestellten Betriebes befaßt sind; sie sind ferner verpflichtet, der Versicherungsanstalt des österreichischen Bergbaues alle für die Feststellung der Versicherungszugehörigkeit nach § 15 Abs. 4 erforderlichen Auskünfte über die Art der im Bereich des knappschaftlichen oder gleichgestellten Betriebes vergebenen Arbeiten zu erteilen. § 42 gilt entsprechend.

Auskunftspflicht der Versicherten und der Zahlungs(Leistungs)empfänger

§ 43. (1) Die Versicherten sowie die Zahlungs(Leistungs)empfänger sind verpflichtet, den Versicherungsträgern über alle für das Versicherungsverhältnis und für die Prüfung bzw. Durchsetzung von Ansprüchen nach den §§ 332 ff. maßgebenden Umstände längstens binnen 14 Tagen wahrheitsgemäß Auskunft zu erteilen.

(BGBl I 1998/138)

(2) Die gemäß § 4 Abs. 4 versicherten Personen sind verpflichtet, dem Dienstgeber im Sinne des § 4 Abs. 4 Z 1 und 2 Auskunft über das Bestehen einer die Pflichtversicherung gemäß § 4 Abs. 4 ausschließenden anderen Pflichtversicherung auf Grund ein und derselben Tätigkeit zu erteilen. Die §§ 111 bis 113 sind anzuwenden.

(BGBl I 1998/138)

(3) Die Versicherten sind verpflichtet, dem Krankenversicherungsträger über alle für die Ein-

hebung des Zusatzbeitrages für Angehörige (§ 51d) maßgebenden Umstände Auskunft zu erteilen.

(BGBl I 2000/142)

(BGBl 1996/411, BGBl I 1997/139)

ABSCHNITT V
Mittel der Sozialversicherung

1. Unterabschnitt
Beiträge zur Pflichtversicherung auf Grund des Arbeitsverdienstes (Erwerbseinkommens)

Allgemeine Beitragsgrundlage, Entgelt

§ 44. (1) Grundlage für die Bemessung der allgemeinen Beiträge (allgemeine Beitragsgrundlage) ist für Pflichtversicherte, sofern im folgenden nichts anderes bestimmt wird, der im Beitragszeitraum gebührende auf Cent gerundete Arbeitsverdienst mit Ausnahme allfälliger Sonderzahlungen nach § 49 Abs. 2. Als Arbeitsverdienst in diesem Sinne gilt:

1. bei den pflichtversicherten Dienstnehmern und Lehrlingen das Entgelt im Sinne des § 49 Abs. 1, 3, 4 und 6;

   (BGBl 1996/201, BGBl 1996/411, BGBl I 1997/139)
2. bei den in einem Ausbildungsverhältnis stehenden Pflichtversicherten (§ 4 Abs. 1 Z 4 und 5), und bei den nach § 4 Abs. 1 Z 9 Pflichtversicherten die Bezüge, die der Versicherte vom Träger der Einrichtung, in der die Ausbildung erfolgt, bzw. von der Entwicklungshilfeorganisation für die Dauer der Beschäftigung oder Ausbildung erhält, ferner bei den nach § 4 Abs. 1 Z 11 Pflichtversicherten die Bezüge, die der Versicherte für die Dauer der Tätigkeit erhält;
3. bei den nach § 7 Z 3 lit. c in der Unfallversicherung teilversicherten öffentlichen Verwaltern das Erwerbseinkommen, das diese Personen aus der die Pflichtversicherung begründenden Beschäftigung erzielen;

   (BGBl I 1997/139)
4. bei den Heimarbeitern und den diesen gleichgestellten Personen (§ 4 Abs. 1 Z 7) das aus der Heimarbeit gebührende Entgelt im Sinne des § 49 Abs. 5;
5. (aufgehoben)

   (BGBl I 1997/139)
6. bei den nach § 4 Abs. 1 Z 6 pflichtversicherten Personen die Bezüge, die diese Personen aus der die Pflichtversicherung begründenden Tätigkeit erzielen;

   (BGBl I 1997/139)
7. bei den nach § 8 Abs. 1 Z 1 lit. e und Z 5 pflichtversicherten Personen das Monatsgeld, die Dienstgradzulage, die Monatsprämie, „die Vergütungen nach den §§ 45 Abs. 3 und 4 sowie 6 Abs. 2 des Heeresgebührengesetzes 2001, BGBl. I Nr. 31“, und die Anerkennungsprämie;

   (BGBl 1993/335, BGBl I 2002/1)
8. bei den nach § 4 Abs. 1 Z 10 pflichtversicherten Personen der Ausbildungsbeitrag (§ 2c Abs. 2 und 3 des Vertragsbedienstetengesetzes 1948, BGBl. Nr. 86);
9. bei den nach § 4 Abs. 1 Z 12 pflichtversicherten Personen die Geldleistung gemäß § 4 Abs. 1 des Militärberufsförderungsgesetzes;

   (BGBl 1996/411)

10.[a]) bei Dienstnehmern, für die dem Dienstgeber ein Altersteilzeitgeld, eine Altersteilzeitbeihilfe oder eine Beihilfe zum Solidaritätsprämienmodell gewährt wird – abweichend von Z 1 –, die Beitragsgrundlage vor Herabsetzung der Normalarbeitszeit;

   (BGBl I 1999/179, BGBl I 2000/2, BGBl I 2001/99)

[a]) Tritt mit 30. Juni 2010 außer Kraft.

11. bei den nach § 8 Abs. 1 Z 2 pflichtversicherten Personen der Ausbildungsbeitrag nach § 6f des Bundesgesetzes über die Abgeltung von wissenschaftlichen und künstlerischen Tätigkeiten an Universitäten und Universitäten der Künste einschließlich einer gesonderten Abgeltung für die Mitwirkung an der Durchführung der Aufgaben der Universität (Universität der Künste) im Rahmen der Teilrechtsfähigkeit.

    (BGBl I 2001/99)

(BGBl I 2001/67)

(2) Beitragszeitraum ist der Kalendermonat, der einheitlich mit 30 Tagen anzunehmen ist. Bei geringfügigen Beschäftigungsverhältnissen gemäß § 5 Abs. 2 ist Beitragszeitraum das Kalenderjahr. Ausgenommen hievon sind Fälle einer glaubhaft gemachten Vollversicherung bei doppelter oder mehrfacher geringfügiger Beschäftigung sowie einer besonderen Formalversicherung gemäß § 471g, bei denen für den Versicherten Beitragszeitraum der Kalendermonat ist. Aus Gründen der Verwaltungsvereinfachung oder wenn dies zur Sicherung des Beitragseinzuges erforderlich ist, kann die Satzung des Trägers der Krankenversicherung auch längere Beitragszeiträume bis zu einem Vierteljahr bestimmen.

(BGBl 1994/680, BGBl 1996/411, BGBl I 1997/139, BGBl I 1998/138)

(3) Der Versicherungsträger kann nach Anhörung der in Betracht kommenden Interessenvertretungen der Dienstnehmer und der Dienstgeber festsetzen, daß bei bestimmten Gruppen von Versicherten, die üblicherweise Trinkgelder erhalten, diese Trinkgelder der Bemessung der Beiträge pauschaliert zugrunde zu legen sind. Die Festsetzung hat unter Bedachtnahme auf die durchschnittliche Höhe der Trinkgelder, wie sie erfahrungsgemäß den Versicherten in dem betreffenden Erwerbszweig zufließen, zu erfolgen. Bei der Fest-

setzung ist auf Umstände, die erfahrungsgemäß auf die Höhe der Trinkgelder Einfluß haben (zB regionale Unterschiede, Standort und Größe der Betriebe, Art der Tätigkeit) Bedacht zu nehmen. Derartige Festsetzungen sind „im Internet" zu verlautbaren und haben sodann verbindliche Wirkung.

(BGBl 1996/600, BGBl 1996/764, BGBl I 2002/1)

(4) Zur allgemeinen Beitragsgrundlage gehören bei den in einem Ausbildungsverhältnis stehenden Pflichtversicherten (§ 4 Abs. 1 Z 4 und 5) nicht Bezüge im Sinne des § 49 Abs. 3 und 4.

(BGBl 1996/600, BGBl 1996/764, BGBl I 1997/139)

(5) Die allgemeine Beitragsgrundlage erhöht sich um den Betrag der auf den Versicherten entfallenden Beiträge zu einer nach diesem Bundesgesetz geregelten Versicherung sowie der auf den Versicherten entfallenden Abgaben, soweit diese vom Dienstgeber zur Zahlung übernommen werden.

(6) Als täglicher Arbeitsverdienst ist anzunehmen:

a) bei Pflichtversicherten nach § 4 Abs. 1 Z 8 der Betrag von 50,07 €[a]);

(BGBl I 1997/139, BGBl I 2000/142, BGBl I 2001/67)

b) bei Pflichtversicherten nach § 8 Abs. 1 Z 4 der Betrag von 26,16 €[a]);

(BGBl I 2000/142, BGBl I 2001/67)

c) bei Pflichtversicherten, die kein Entgelt oder keine Bezüge der im Abs. 1 Z 2 bezeichneten Art erhalten, der Betrag von 18,60 €[a]).

(BGBl I 2000/142, BGBl I 2001/67)

---

[a]) Beträge siehe VO über veränderliche Werte.

An Stelle dieser Beträge treten ab Beginn eines jeden Beitragsjahres (§ 242 Abs. 10) die unter Bedachtnahme auf § 108 Abs. 9 mit der jeweiligen Aufwertungszahl (§ 108a Abs. 1) vervielfachten Beträge.

(BGBl 1993/335, BGBl I 1998/138)

(7) Im Falle einer abweichenden Vereinbarung der Arbeitszeit gilt das Entgelt für jene Zeiträume als erworben, die der Versicherte eingearbeitet hat. Dies gilt auch dann, wenn bei Durchrechnung der Normalarbeitszeit gemäß § 4 Abs. 4 und 6 des Arbeitszeitgesetzes festgelegt ist, daß der Dienstnehmer nach der jeweils tatsächlich geleisteten Arbeitszeit entlohnt wird.

(BGBl I 1997/139)

(8) Gebührt Versicherten gemäß § 4 Abs. 4 der Arbeitsverdienst für längere Zeiträume als einen Kalendermonat, so ist der im Beitragszeitraum gebührende Arbeitsverdienst durch Teilung des gesamten Arbeitsverdienstes durch die Anzahl der Kalendermonate der Pflichtversicherung auf Grund der Tätigkeit (Leistungserbringung) zu ermitteln. Dabei sind Kalendermonate, die nur zum Teil von der vereinbarten Tätigkeit (Leistung) ausgefüllt werden, als volle Kalendermonate zu zählen.

(BGBl 1996/411, BGBl I 1997/39, BGBl I 1997/139)

Allgemeine monatliche Beitragsgrundlage für ein geringfügiges Beschäftigungsverhältnis

§ 44a. (1) Steht ein Versicherter in einem Kalenderjahr in einem geringfügigen Beschäftigungsverhältnis gemäß § 5 Abs. 2, so ist für dieses eine Jahresbeitragsgrundlage zu bilden. Jahresbeitragsgrundlage ist das im jeweiligen Kalenderjahr aus dem geringfügigen Beschäftigungsverhältnis gebührende Gesamtentgelt mit Ausnahme der Sonderzahlungen.

(2) Zur Ermittlung der allgemeinen monatlichen Beitragsgrundlage ist die Jahresbeitragsgrundlage gemäß Abs. 1 durch die Anzahl der Monate, in denen das geringfügige Beschäftigungsverhältnis ausgeübt wurde, zu teilen. Der auf Grund dieser Teilung auf einen Kalendermonat entfallende Teil der Jahresbeitragsgrundlage gilt als allgemeine monatliche Beitragsgrundlage und Entgelt im Sinne des § 5 Abs. 2.

(3) Weist der Versicherte für das geringfügige Beschäftigungsverhältnis bis zum 30. Juni des Kalenderjahres, das dem Jahr der Beitragsgrundlagenbildung gemäß den Abs. 1 und 2 folgt, die tatsächlichen allgemeinen monatlichen Beitragsgrundlagen (Entgelt im Sinne des § 5 Abs. 2) für die einzelnen Kalendermonate nach, so sind diese für die Feststellung der Vollversicherungspflicht und für die Bemessung der Beiträge maßgeblich.

(BGBl 1996/201, BGBl 1996/600, BGBl 1996/411, BGBl I 1997/39, BGBl I 1997/139, BGBl I 1998/138)

Höchstbeitragsgrundlage

§ 45. (1) Die allgemeine Beitragsgrundlage, die im Durchschnitt des Beitragszeitraumes oder des Teiles des Beitragszeitraumes, in dem Beitragspflicht bestanden hat, auf den Kalendertag entfällt, darf die Höchstbeitragsgrundlage nicht überschreiten. Als Höchstbeitragsgrundlage gilt der gemäß § 108 Abs. 1 und 3 festgestellte Betrag. Umfaßt der Beitragszeitraum einen Kalendermonat und hat für den ganzen Kalendermonat Beitragspflicht bestanden, so ist bei der Anwendung der Höchstbeitragsgrundlage der Beitragszeitraum jedenfalls mit 30 Tagen anzusetzen.

(BGBl 1993/335)

(2) Übt der Pflichtversicherte gleichzeitig mehrere die Versicherungspflicht begründende Beschäftigungen aus, so ist bei der Bemessung der Beiträge in jedem einzelnen Beschäftigungsverhältnis die Höchstbeitragsgrundlage zu berücksichtigen. Dies gilt entsprechend auch, wenn der Pflichtversicherte außer der die Versicherungspflicht nach diesem Bundesgesetz begründenden Beschäftigung eine die Versicherungspflicht nach den Bestimmungen über die Krankenversicherung

öffentlich Bediensteter begründende Beschäftigung ausübt.

(BGBl 1993/335)

(3) Abweichend von Abs. 1 darf für die nach § 4 Abs. 4 Pflichtversicherten die allgemeine Beitragsgrundlage, die im Beitragszeitraum auf den Kalendermonat entfällt, die monatliche Höchstbeitragsgrundlage nicht überschreiten. Als monatliche Höchstbeitragsgrundlage gilt

1. wenn keine Sonderzahlungen im Sinne des § 49 Abs. 2 bezogen werden, das 35fache,
2. sonst das 30fache

der Höchstbeitragsgrundlage nach Abs. 1.

(BGBl 1996/201, BGBl 1996/411, BGBl I 1997/139)

Allgemeine Beitragsgrundlage nach Lohnstufen

§ 46. (aufgehoben)

(BGBl I 2001/67)

Allgemeine Beitragsgrundlage in besonderen Fällen

§ 47. Als allgemeine Beitragsgrundlage gilt für Zeiten

a) einer Arbeitsunterbrechung ohne Entgeltzahlung im Sinne des § 11 Abs. 3 lit. a, b und d der Betrag, der auf den der Dauer einer solchen Arbeitsunterbrechung entsprechenden Zeitabschnitt unmittelbar vor der Unterbrechung entfiel;

b) einer Arbeitsunterbrechung im Sinne des § 11 Abs. 3 lit. c die nach den dort genannten Vorschriften gebührende Vergütung für den Verdienstentgang, mindestens jedoch die Beitragsgrundlage des letzten Beitragszeitraumes vor der Arbeitsunterbrechung;

c) einer Minderung der Beitragsgrundlage infolge Ausübung eines öffentlichen Mandates der Betrag, der auf den letzten Beitragszeitraum unmittelbar vor der Minderung der Beitragsgrundlage entfiel.

§ 48. (aufgehoben)

Entgelt

§ 49. (1) Unter Entgelt sind die Geld- und Sachbezüge zu verstehen, auf die der pflichtversicherte Dienstnehmer (Lehrling) aus dem Dienst(Lehr)verhältnis Anspruch hat oder die er darüber hinaus auf Grund des Dienst(Lehr)verhältnisses vom Dienstgeber oder von einem Dritten erhält.

(BGBl 1996/201, BGBl I 1997/139)

(2) Sonderzahlungen, das sind Bezüge im Sinne des Abs. 1, die in größeren Zeiträumen als den Beitragszeiträumen gewährt werden, wie zum Beispiel ein 13. oder 14. Monatsbezug, Weihnachts- oder Urlaubsgeld, Gewinnanteile oder Bilanzgeld, sind als Entgelt nur nach Maßgabe der Bestimmungen des § 54 und der sonstigen Bestimmungen dieses Bundesgesetzes, in denen die Sonderzahlungen ausdrücklich erfaßt werden, zu berücksichtigen.

(3) Als Entgelt im Sinne des Abs. 1 und 2 gelten nicht:

1. Vergütungen des Dienstgebers an den Dienstnehmer (Lehrling), durch welche die durch dienstliche Verrichtungen für den Dienstgeber veranlaßten Aufwendungen des Dienstnehmers abgegolten werden (Auslagenersatz); hiezu gehören insbesondere Beträge, die den Dienstnehmern (Lehrlingen) als Fahrtkostenvergütungen einschließlich der Vergütungen für Wochenend(Familien)heimfahrten, Tages- und Nächtigungsgelder gezahlt werden, soweit sie nach § 26 des Einkommensteuergesetzes 1988, BGBl. Nr. 400, nicht der Einkommensteuer(Lohnsteuer)pflicht unterliegen. Unter Tages- und Nächtigungsgelder fallen auch Vergütungen für den bei Arbeiten außerhalb des Betriebes oder mangels zumutbarer täglicher Rückkehrmöglichkeit an den ständigen Wohnort (Familienwohnsitz) verbundenen Mehraufwand, wie Bauzulagen, Trennungsgelder, Übernachtungsgelder, Zehrgelder, Entfernungszulagen, Aufwandsentschädigungen, Stör- und Außerhauszulagen u. ä.;
2. Schmutzzulagen, soweit sie nach § 68 Abs. 1, 5 und 7 des Einkommensteuergesetzes 1988 nicht der Einkommensteuer(Lohnsteuer)pflicht unterliegen;
3. Fehlgeldentschädigungen (Zählgelder, Mankogelder) der Dienstnehmer, die im Kassen- oder Zähldienst beschäftigt sind, soweit sie 14,53 € im Kalendermonat nicht übersteigen;

   (BGBl I 2001/67)
4. Umzugskostenvergütungen, soweit sie nach § 26 des Einkommensteuergesetzes 1988 nicht der Einkommensteuer(Lohnsteuer)pflicht unterliegen;
5. der Wert der Reinigung der Arbeitskleidung sowie der Wert der unentgeltlich überlassenen Arbeitskleidung, wenn es sich um typische Berufskleidung handelt;
6. Werkzeuggelder, wenn sie auf Grund einer lohngestaltenden Regelung im Sinne des § 68 Abs. 5 Z 1 bis 7 des Einkommensteuergesetzes 1988 gezahlt werden;
7. Vergütungen, die aus Anlaß der Beendigung des Dienst(Lehr)verhältnisses gewährt werden, wie zum Beispiel Abfertigungen, Abgangsentschädigungen, Übergangsgelder;

   (BGBl 1996/201)
8. die Beihilfen auf Grund der besonderen gesetzlichen Vorschriften über den Familienlastenausgleich;
9. Zuschüsse des Dienstgebers, die für die Zeit des Anspruches auf laufende Geldleistungen aus der Krankenversicherung ge-

währt werden, sofern diese Zuschüsse weniger als 50 vH der vollen Geld- und Sachbezüge vor dem Eintritt des Versicherungsfalles, wenn aber die Bezüge auf Grund gesetzlicher oder kollektivvertraglicher Regelungen nach dem Eintritt des Versicherungsfalles erhöht werden, weniger als 50 vH der erhöhten Bezüge betragen;

(BGBl 1993/335)

10. Jubiläumsgeschenke des Dienstgebers, welche aus Anlaß eines Dienstnehmerjubiläums oder eines Firmenjubiläums gewährt werden, sowie Prämien für Diensterfindungen;
11. freiwillige soziale Zuwendungen des Dienstgebers an alle Dienstnehmer oder bestimmte Gruppen seiner Dienstnehmer oder an den Betriebsratsfonds sowie einmalige soziale Zuwendungen des Dienstgebers, die individuell bezeichneten Dienstnehmern aus einem besonderen Anlaß gewährt werden, wie zum Beispiel Geburtsbeihilfen, Heiratsbeihilfen, Ausbildungs- und Studienbeihilfen, Krankenstandsaushilfen;
12. freie oder verbilligte Mahlzeiten, die der Dienstgeber an nicht in seinen Haushalt aufgenommene Dienstnehmer zur Verköstigung am Arbeitsplatz freiwillig gewährt;
13. Getränke, die der Dienstgeber zum Verbrauch im Betrieb unentgeltlich oder verbilligt abgibt;
14. der Haustrunk im Brauereigewerbe. Darunter ist jenes Bier zu verstehen, das zum Genuß außerhalb des Betriebes unentgeltlich verabreicht wird. Voraussetzung ist, daß der Haustrunk vom Dienstnehmer nicht verkauft werden darf und daß er nur in einer solchen Menge gewährt wird, die einen Verkauf tatsächlich ausschließt;
15. Freitabak, Freizigaretten und Freizigarren an Dienstnehmer in tabakverarbeitenden Betrieben und Freimilch an Dienstnehmer in milchverarbeitenden Betrieben, wenn die gewährten Erzeugnisse nicht verkauft werden dürfen;
16. die Benützung von Einrichtungen und Anlagen, die der Dienstgeber allen Dienstnehmern oder bestimmten Gruppen seiner Dienstnehmer zur Verfügung stellt (zum Beispiel von Erholungs- und Kurheimen, Kindergärten, Betriebsbibliotheken, Sportanlagen);
17. die Teilnahme an Betriebsveranstaltungen und die hiebei empfangenen üblichen Sachzuwendungen, soweit deren Kosten das herkömmliche Ausmaß nicht übersteigen (zum Beispiel Betriebsausflüge, kulturelle Veranstaltungen, Betriebsfeiern);
18. a) Aufwendungen des Dienstgebers für die Zukunftssicherung seiner Dienstnehmer, soweit diese Aufwendungen für alle Dienstnehmer oder bestimmte Gruppen seiner Dienstnehmer getätigt werden oder dem Betriebsratsfonds zufließen und für den einzelnen Dienstnehmer „300 €“ jährlich nicht übersteigen;

    (BGBl I 2001/67, BGBl I 2002/1)

    b) Beiträge, die der Dienstgeber für seine Dienstnehmer im Sinne des § 2 Z 1 des Betriebspensionsgesetzes leistet, soweit sie nach § 4 Abs. 4 Z 2 lit. a bzw. § 26 Z 7 des Einkommensteuergesetzes 1988 nicht der Einkommen(Lohn)steuerpflicht unterliegen;

    c) der Vorteil aus der unentgeltlichen oder verbilligten Abgabe von Beteiligungen am Unternehmen des Dienstgebers oder an mit diesem verbundenen Konzernunternehmen, soweit dieser Vorteil nach § 3 Abs. 1 Z 15 lit. b EStG 1988 einkommensteuerbefreit ist;

    (BGBl I 2001/2)

    d) der Vorteil aus der Ausübung von nicht übertragbaren Optionen auf Beteiligungen am Unternehmen des Dienstgebers oder an mit diesem verbundenen Konzernunternehmen, soweit dieser Vorteil nach § 3 Abs. 1 Z 15 lit. c EStG 1988 einkommensteuerbefreit ist;

    (BGBl I 2001/2)
19. Zinsenersparnisse bei zinsverbilligten oder unverzinslichen Dienstgeberdarlehen, soweit das Darlehen „7 300 €“ nicht übersteigt;

    (BGBl I 2001/67, BGBl I 2002/1)
20. die unentgeltliche oder verbilligte Beförderung der eigenen Dienstnehmer und deren Angehörigen bei Beförderungsunternehmen, die Beförderung der Dienstnehmer zwischen Wohnung und Arbeitsstätte auf Kosten des Dienstgebers sowie der Ersatz der tatsächlichen Kosten für Fahrten des Dienstnehmers zwischen Wohnung und Arbeitsstätte mit Massenbeförderungsmitteln;
21. in dem an freigestellte Mitglieder des Betriebsrates sowie an Dienstnehmer im Krankheitsfalle fortgezahlten Entgelt enthaltene Zulagen, Zuschläge und Entschädigungen, die nach den Z 1 bis 20 nicht als Entgelt gelten;
22. das Teilentgelt, das Lehrlingen vom Lehrherrn nach § 17a des Berufsausbildungsgesetzes, BGBl. Nr. 142/1969, in der Fassung des Art. IV Z 2 des Entgeltfortzah-

lungsgesetzes, BGBl. Nr. 399/1974, zu leisten ist;

23. Beträge, die vom Dienstgeber im betrieblichen Interesse für die Ausbildung oder Fortbildung des Dienstnehmers aufgewendet werden; unter den Begriff Ausbildungskosten fallen nicht Vergütungen für die Lehr- und Anlernausbildung;
24. Prämien für Verbesserungsvorschläge im Betrieb, wenn sie auf Grund einer lohngestaltenden Regelung im Sinne des § 68 Abs. 5 Z 1 bis 7 des Einkommensteuergesetzes 1988 gezahlt werden;
25. Nachlässe des Dienstgebers bei Versicherungsprämien seiner Dienstnehmer, soweit diese Nachlässe für alle Dienstnehmer oder bestimmte Gruppen seiner Dienstnehmer gewährt werden und der Preisvorteil für den einzelnen Dienstnehmer nicht über jenen Vorteil hinausgeht, den der Dienstgeber üblicherweise auch anderen Personen, insbesondere anderen Versicherungsnehmern (Groß- und Dauerkunden) gewährt, wenn sie auf Grund einer lohngestaltenden Regelung im Sinne des § 68 Abs. 5 Z 1 bis 7 des Einkommensteuergesetzes 1988 gezahlt werden „;“

(BGBl I 2002/1)

„26. Entgelte der Ärzte für die Behandlung von Pfleglingen der Sonderklasse (einschließlich ambulatorischer Behandlung), soweit diese Entgelte nicht von einer Krankenanstalt im eigenen Namen vereinnahmt werden.“

(BGBl I 2002/1)

(4) Der Hauptverband kann, wenn dies zur Wahrung einer einheitlichen Beurteilung der Beitragspflicht bzw. Beitragsfreiheit von Bezügen dient, nach Anhörung der Interessenvertretungen der Dienstnehmer und Dienstgeber feststellen, ob und inwieweit Bezüge im Sinne des Abs. 3 Z 1, 2, 6 oder 11 nicht als Entgelt im Sinne des Abs. 1 gelten. Die Feststellung hat auch das Ausmaß (Höchstausmaß) der Bezüge bzw. Bezugsteile zu enthalten, das nicht als Entgelt im Sinne des Abs. 1 gilt. Derartige Feststellungen sind im Internet zu verlautbaren und für alle Sozialversicherungsträger und Behörden verbindlich. Die Feststellungen sind rückwirkend ab dem Wirksamkeitsbeginn der zugrunde liegenden Regelungen im Sinne des Abs. 3 vorzunehmen.

(BGBl I 2001/99)

(5) Die Bestimmungen der Abs. 1 bis 4 sind auf den Arbeitsverdienst der im § 44 Abs. 1 Z 4 bezeichneten Personen sinngemäß anzuwenden. Die besonderen Lohnzuschläge (Unkostenzuschläge) gelten jedoch bei den Heimarbeitern, soweit sie 10 vH des Entgelts nicht übersteigen, bei den den Heimarbeitern arbeitsrechtlich gleichgestellten Personen (Zwischenmeister, Stückmeister), soweit sie 25 vH des Entgelts nicht übersteigen, nicht als Entgelt im Sinne der Abs. 1 und 2. Bei den Zwischenmeistern (Stückmeistern) gelten ferner die Beträge, die von diesen Personen an die in ihrem Betrieb beschäftigten Dienstnehmer und Heimarbeiter als Arbeitslohn gezahlt werden, ferner die Dienstgeberanteile am Sozialversicherungsbeitrag (Arbeitslosenversicherungsbeitrag), der Dienstgeberanteil am Wohnbauförderungsbeitrag, der Dienstgeberbeitrag nach den besonderen Vorschriften über den Familienlastenausgleich und der Entgeltfortzahlungsbeitrag nach dem Entgeltfortzahlungsgesetz nicht als Entgelt im Sinne der Abs. 1 und 2. Über das im zweiten Satz bestimmte Ausmaß hinaus werden besondere Lohnzuschläge (Unkostenzuschläge) nur dann als nicht zum Entgelt gehörend anerkannt, wenn und insoweit sich der Grund von Nachweisungen im Einzelfall bei sinngemäßer Anwendung des Abs. 3 als gerechtfertigt erweist.

(6) Die Versicherungsträger und die Verwaltungsbehörden sind an rechtskräftige Entscheidungen der Gerichte, in denen Entgeltansprüche des Dienstnehmers (Lehrlings) festgestellt werden, gebunden. Dieser Bindung steht die Rechtskraft der Beitragsvorschreibung nicht entgegen. Diese Bindung tritt nicht ein, wenn der gerichtlichen Entscheidung kein streitiges Verfahren vorangegangen ist oder ein Anerkenntnisurteil gefällt wurde. Die Gerichte erster Instanz haben je eine Ausfertigung der rechtskräftigen Entscheidungen über Entgeltansprüche von Dienstnehmern (Lehrlingen) binnen vier Wochen ab Rechtskraft an die Gebietskrankenkasse jenes Landes zu übersenden, in dem der Sitz des Gerichtes liegt; gleiches gilt für gerichtliche Vergleiche über die genannten Ansprüche.

(BGBl 1996/411)

(7) Der Bundesminister für Arbeit, Gesundheit und Soziales kann nach Anhörung des Hauptverbandes und der Interessenvertretungen der Dienstnehmer und der Dienstgeber für folgende Gruppen von Dienstnehmern und ihnen gleichgestellte Personen gemäß § 4 Abs. 4 feststellen, ob und inwieweit pauschalierte Aufwandsentschädigungen nicht als Entgelt im Sinne des Abs. 1 gelten, sofern die jeweilige Tätigkeit nicht den Hauptberuf und die Hauptquelle der Einnahmen bildet:

1. im Sport- und Kulturbereich Beschäftigte;
2. Lehrende an Einrichtungen, die vorwiegend Erwachsenenbildung im Sinne des § 1 Abs. 2 des Bundesgesetzes über die Förderung der Erwachsenenbildung und des Volksbüchereiwesens aus Bundesmitteln, BGBl. Nr. 171/1973, betreiben;
3. Beschäftigte, die in Unternehmen, die mindestens wöchentlich erscheinende periodische Druckwerke, die auf Grund ihres Inhaltes über den Kreis der reinen Fachpresse hinausreichen sowie vorwiegend der politischen, allgemeinen, wirtschaftlichen und kulturellen Information und Meinungsbildung dienen und weder Kundenzeitschriften noch Presseorgane von Interessenvertretungen sein dürfen, herstellen

oder vertreiben, diese periodischen Druckwerke vertreiben oder zustellen.

(BGBl I 1997/139)

Bewertung von Sachbezügen

§ 50. Für die Bewertung der Sachbezüge gilt die Bewertung für Zwecke der Lohnsteuer.

Allgemeine Beiträge für Vollversicherte[a])

§ 51. (1) Für vollversicherte Dienstnehmer (Lehrlinge) sowie für die gemäß § 4 Abs. 1 Z 3, 8 und 10 und Abs. 4 pflichtversicherten, nicht als Dienstnehmer beschäftigten Personen ist, sofern im folgenden nicht anderes bestimmt wird, als allgemeiner Beitrag zu leisten:

1. in der Krankenversicherung
   a) für Dienstnehmer, deren Beschäftigungsverhältnis durch das Angestelltengesetz, BGBl. Nr. 292/1921, Gutsangestelltengesetz, BGBl. Nr. 538/1923, Journalistengesetz, StGBl. Nr. 88/1920, oder Schauspielergesetz, BGBl. Nr. 441/1922, geregelt ist oder die gemäß § 14 Abs. 1 Z 2, Z 2a oder Abs. 4 zur Pensionsversicherung der Angestellten gehören sowie für Versicherte gemäß § 4 Abs. 1 Z 5, 9, 10, 12 und 13 .... 6,3 vH,

      (BGBl 1993/110, BGBl 1996/411, BGBl I 1998/138)
   b) für Dienstnehmer, die unter den Geltungsbereich des Entgeltfortzahlungsgesetzes fallen, für Dienstnehmer, die gemäß § 1 Abs. 3 des Entgeltfortzahlungsgesetzes davon ausgenommen sind und zur Pensionsversicherung der Arbeiter gehören, für alle Versicherten, auf die Art. II, III oder IV des Entgeltfortzahlungsgesetzes anzuwenden ist, sowie für Heimarbeiter 7,1%,

      (BGBl I 2000/44)
   c) für Dienstnehmer, deren Beschäftigungsverhältnis dem Landarbeitsgesetz 1984, BGBl. Nr. 287, unterliegt .... 7,4 vH,

      (BGBl 1993/110)
   d) für Dienstnehmer, auf die im Falle der Entgeltfortzahlung § 1154b ABGB anzuwenden ist 8,3%,

      (BGBl I 2000/44)
   e) für Vollversicherte gemäß § 4 Abs. 4 .... 6 vH,

      (BGBl 1996/201, BGBl 1996/411, BGBl I 1997/139, BGBl I 2000/44)
   f) für die übrigen Vollversicherten .... 8,6 vH

      (BGBl 1993/110, BGBl 1996/201, BGBl I 2000/44)

   der allgemeinen Beitragsgrundlage;
2. in der Unfallversicherung .... 1,4 vH

   der allgemeinen Beitragsgrundlage;
3. a) in der Pensionsversicherung der Arbeiter und Angestellten........ 18,5 vH,
   b) in der knappschaftlichen Pensionsversicherung .... 24,0 vH

   der allgemeinen Beitragsgrundlage.

(BGBl 1996/201, BGBl 1996/411, BGBl I 1997/139)

(2) (aufgehoben)

(BGBl I 1997/79)

(3) Unbeschadet des § 53 sind die Beiträge nach Abs. 1 – mit Ausnahme des Beitrages zur Unfallversicherung, der zur Gänze vom Dienstgeber zu zahlen ist – vom Versicherten und seinem Dienstgeber anteilig zu tragen, und zwar wie folgt:

1. In der Krankenversicherung
   a) der in Abs. 1 Z 1 lit. b genannten Personen beläuft sich der Beitragsteil

      des Versicherten .... auf 3,70%,

      des Dienstgebers .... auf 3,40%

      der allgemeinen Beitragsgrundlage;
   b) der in Abs. 1 Z 1 lit. d genannten Personen beläuft sich der Beitragsteil

      des Versicherten .... auf 4,30%,

      des Dienstgebers .... auf 4,00%

      der allgemeinen Beitragsgrundlage;
   c) der übrigen in Abs. 1 Z 1 genannten Personen ist der Beitrag vom Versicherten und vom Dienstgeber jeweils zur Hälfte zu tragen;
2. a) in der Pensionsversicherung der Arbeiter und in der Pensionsversicherung der Angestellten belaufen sich der Beitragsteil des Versicherten und der Beitragsteil des Dienstgebers jeweils auf 9,25%,
   b) in der knappschaftlichen Pensionsversicherung beläuft sich der Beitragsteil

      des Versicherten .... auf 9,25%,

      des Dienstgebers .... auf 14,75%

      der allgemeinen Beitragsgrundlage.

(BGBl I 2000/44)

(4) Die Bestimmungen der Abs. 1 und 3 gelten auch für die in einem Ausbildungsverhältnis stehenden Pflichtversicherten (§ 4 Abs. 1 Z 4 und 5), für die pflichtversicherten Heimarbeiter und die diesen gleichgestellten Personen (§ 4 Abs. 1 Z 7) sowie für Entwicklungshelfer und Experten (§ 4 Abs. 1 Z 9) mit der Maßgabe, daß der auf den Dienstgeber entfallende Teil des Beitrages vom Träger der Einrichtung, in der die Ausbildung erfolgt, bzw. vom Auftraggeber im Sinne der gesetzlichen Vorschriften über die Heimarbeit bzw. von der Entwicklungshilfeorganisation, in der die Pflichtversicherten beschäftigt oder ausgebildet werden, zu tragen ist.

(5) Für die gemäß § 4 Abs. 1 Z 6 Vollversicherten sind die Beiträge mit den gleichen Hundertsätzen der allgemeinen Beitragsgrundlage zu bemessen, wie sie für vollversicherte Dienstnehmer in der betreffenden Versicherung für die in Betracht kommende Versichertengruppe gemäß Abs. 1 festgesetzt sind. Diese Beiträge sind zur Gänze vom Versicherten zu tragen, jedoch hat dieser gegenüber der Unternehmung, bei der er tätig ist, Anspruch auf Erstattung der Hälfte der Beiträge.

(BGBl 1996/201, BGBl 1996/411, BGBl I 1997/139)

(6) (aufgehoben)

---

[a]) Für Betriebsneugründungen siehe NEUFÖG, Bd. I, 10.

Zusatzbeitrag in der Pensionsversicherung

§ 51a. (1) Für in der Pensionsversicherung pflichtversicherte Personen ist für den Ausgleichsfonds der Pensionsversicherungsträger ein Zusatzbeitrag in der Pensionsversicherung im Ausmaß von 4,3 vH der allgemeinen Beitragsgrundlage zu leisten. Von diesem Zusatzbeitrag entfallen

1. auf den Versicherten 1,0 vH,
2. auf dessen Dienstgeber 3,3 vH

der allgemeinen Beitragsgrundlage.

(2) Alle für die Beiträge zur Pflichtversicherung in der Pensionsversicherung geltenden Rechtsvorschriften sind, sofern nichts anderes bestimmt wird, auf den Zusatzbeitrag nach Abs. 1 anzuwenden.

(3) (aufgehoben)

(BGBl 1996/201, BGBl 1996/411)

Zusatzbeitrag in der Krankenversicherung

§ 51b. (1) Für in der Krankenversicherung versicherte Personen ist ein Zusatzbeitrag in der Krankenversicherung im Ausmaß von 0,5 vH der (allgemeinen) Beitragsgrundlage zu leisten. Von diesem Zusatzbeitrag entfallen

1. auf den Pflichtversicherten 0,25 vH,
2. auf dessen Dienstgeber 0,25 vH

der allgemeinen Beitragsgrundlage.

(2) Alle für die Beiträge zur Pflichtversicherung in der Krankenversicherung geltenden Rechtsvorschriften sind, soweit nichts anderes bestimmt wird, auf den Zusatzbeitrag nach Abs. 1 anzuwenden.

(3) (aufgehoben)

(BGBl 1996/201, BGBl 1996/411)

Ergänzungsbeitrag zur Finanzierung der Krankenversicherung der Lehrlinge

§ 51c. Für Personen gemäß § 51 Abs. 1 Z 1 lit. a ist ein Ergänzungsbeitrag im Ausmaß von 0,1 vH der allgemeinen Beitragsgrundlage zur Finanzierung der Krankenversicherung der Lehrlinge zu leisten. Dieser Beitrag entfällt zur Gänze auf den Dienstgeber.

(BGBl I 1997/79)

Zusatzbeitrag für Angehörige

§ 51d. (1) Für Angehörige (§ 123) ist ein Zusatzbeitrag im Ausmaß von 3,4% der für den Versicherten (die Versicherte) heranzuziehenden Beitragsgrundlage (Pension) zu leisten, für deren Ermittlung § 21 AlVG sinngemäß anzuwenden ist. Der Zusatzbetrag entfällt zur Gänze auf den (die) Versicherte(n).

(2) Alle für die Beiträge zur Pflichtversicherung in der Krankenversicherung geltenden Rechtsvorschriften sind, sofern nichts anderes bestimmt wird, auf den Zusatzbeitrag nach Abs. 1 anzuwenden. Der (die) Versicherte schuldet jedoch den Zusatzbeitrag selbst und hat ihn auf seine (ihre) Gefahr und Kosten selbst einzuzahlen. „Davon abweichend ist bei Pensionsbeziehern auf Antrag der Zusatzbeitrag von der jeweiligen Pension (Pensionssonderzahlung) einzubehalten und an den zuständigen Krankenversicherungsträger zu überweisen."

(BGBl I 2002/1)

(3) Kein Zusatzbeitrag nach Abs. 1 ist einzuheben

1. für Personen nach § 123 Abs. 2 Z 2 bis 6 und Abs. 4;
2. wenn und solange sich der (die) Angehörige der Erziehung eines oder mehrerer im gemeinsamen Haushalt lebender Kinder nach § 123 Abs. 4 erster Satz widmet oder durch mindestens vier Jahre hindurch gewidmet hat;
3. wenn und solange der (die) Angehörige Anspruch auf Pflegegeld zumindest in Höhe der Stufe 4 nach § 5 des Bundespflegegeldgesetzes oder nach den Bestimmungen der Landespflegegeldgesetze hat;
4. wenn und solange der (die) Angehörige den Versicherten (die Versicherte) mit Anspruch auf Pflegegeld zumindest in Höhe der Stufe 4 nach dem Bundespflegegeldgesetz oder nach den Bestimmungen der Landespflegegeldgesetze pflegt.

(4) Der Versicherungsträger hat bei Vorliegen einer besonderen sozialen Schutzbedürftigkeit des (der) Versicherten nach Maßgabe der vom Hauptverband hiezu erlassenen Richtlinien (§ 31 Abs. 5 Z 16a) von der Einhebung des Zusatzbeitrages nach Abs. 1 abzusehen oder diesen herabzusetzen. Eine besondere soziale Schutzbedürftigkeit liegt jedenfalls dann vor, wenn das Nettoeinkommen im Sinne des § 292 des (der) Versicherten den Richtsatz nach § 293 Abs. 1 lit. a sublit. aa nicht übersteigt.

(BGBl I 2000/142)

Allgemeine Beiträge für Teilversicherte

§ 52. (1) Für Teilversicherte nach § 7 ist in den Versicherungen, in die sie einbezogen sind, unbeschadet der Sondervorschriften des § 71, als allgemeiner Beitrag der nach § 51 Abs. 1 in Betracht kommende Hundertsatz von deren allgemeiner Beitragsgrundlage zu entrichten. In der Unfallversicherung der öffentlichen Verwalter (§ 7 Z 3 lit. c) ist der Beitrag zur Gänze vom Versicherten zu tragen. Im übrigen gilt für die Aufteilung der Beiträge zwischen Versicherten und Dienstgebern § 51 Abs. 3 unbeschadet der Sondervorschriften des § 53.

(BGBl I 1997/139)

(2) Für Teilversicherte nach § 8 Abs. 1 Z 4 sind die Beiträge mit dem gleichen Hundertsatz der Beitragsgrundlage (§ 44 Abs. 6 lit. a) zu bemessen, wie er im § 51 Abs. 1 Z 1 lit. f bzw. Z 2 festgesetzt ist; diese Beiträge sind zur Gänze vom Bund bzw. vom jeweiligen Rechtsträger gemäß § 12b Abs. 3 des Zivildienstgesetzes zu tragen.

(BGBl 1996/201, BGBl 1996/411, BGBl I 1997/139, BGBl I 2000/44)

(3) Für Teilversicherte nach § 8 Abs. 1 Z 1 lit. e und Z 5 sind die Beiträge mit dem gleichen Hundertsatz der Beitragsgrundlage (§ 44 Abs. 1 Z 7) zu bemessen, wie er in § 51 Abs. 1 Z 1 lit. a bzw. Z 3 lit. a festgesetzt ist; diese Beiträge sind zur Gänze vom Bund zu tragen.

(4) Für Teilversicherte nach § 8 Abs. 1 Z 2 sind die Beiträge mit dem gleichen Prozentsatz der Beitragsgrundlage (§ 44 Abs. 1 Z 11) zu bemessen wie er im § 51 Abs. 1 Z 3 lit. a festgesetzt ist; die §§ 51 Abs. 3 Z 2 lit. a und 51a sind so anzuwenden, dass als Dienstgeber die Universität (Universität der Künste) gilt, der der (die) Versicherte angehört.

(BGBl I 2001/99)

Sondervorschriften über die Aufteilung des allgemeinen Beitrages

§ 53. (1) Der den Versicherten belastende Teil der allgemeinen Beiträge darf zusammen mit dem den Versicherten belastenden Teil des Beitrages zur Arbeitslosenversicherung 20 vH seiner Geldbezüge nicht übersteigen. Den Unterschiedsbetrag hat der Dienstgeber zu tragen.

(2) Für Pflichtversicherte, die nur Anspruch auf Sachbezüge haben oder kein Entgelt erhalten, hat der Dienstgeber auch die auf den Pflichtversicherten entfallenden Beitragsteile (§§ 51 und 52) zu tragen.

(BGBl I 1997/79)

(3) Der Dienstnehmer hat die Beiträge zur Gänze zu entrichten,

a) wenn die Beiträge vom Dienstgeber, der die Vorrechte der Exterritorialität genießt oder dem im Zusammenhang mit einem zwischenstaatlichen Vertrag oder der Mitgliedschaft Österreichs bei einer internationalen Organisation besondere Privilegien oder Immunitäten eingeräumt sind, nicht entrichtet werden,

b) wenn der Dienstgeber im Inland keine Betriebsstätte (Niederlassung, Geschäftsstelle, Niederlage) hat,

   (BGBl 1996/201, BGBl I 1997/139)

c) für die Dauer des Weiterbestandes einer Pflichtversicherung nach § 11 Abs. 3 lit. a oder d.

(4) Im Falle des § 47 lit. c hat der Dienstgeber den Beitrag zur Gänze zu entrichten. Er ist berechtigt, unbeschadet der Bestimmungen des § 60 Abs. 1, auch den Unterschiedsbetrag zwischen dem Beitrag, der sich auf Grund der Beitragsgrundlage nach § 47 lit. c und der allgemeinen Beitragsgrundlage nach § 44 ergibt, vom Entgelt in barem abzuziehen.

Beiträge für Versicherte, die in geringfügigen Beschäftigungsverhältnissen stehen

§ 53a. (1) Der Dienstgeber hat für alle bei ihm gemäß § 5 Abs. 2 beschäftigten Personen zu leisten:

1. einen Beitrag zur Unfallversicherung in der Höhe von 1,4% der allgemeinen Beitragsgrundlage und,
2. sofern die Summe der monatlichen allgemeinen Beitragsgrundlagen (Entgelt ohne Sonderzahlungen) dieser Personen das Eineinhalbfache des Betrages gemäß § 5 Abs. 2 übersteigt, einen Pauschalbeitrag in der Höhe von 16,4% der Beitragsgrundlage gemäß Abs. 2; davon entfallen
   a) auf die Krankenversicherung als allgemeiner Beitrag 3,6% und als Zusatzbeitrag 0,25%,
   b) auf die Pensionsversicherung als allgemeiner Beitrag 9,25% und als Zusatzbeitrag 3,3%.

(2) Grundlage für die Bemessung des Pauschalbeitrages gemäß Abs. 1 Z 2 ist die Summe der Entgelte(einschließlich der Sonderzahlungen), die der Dienstgeber jeweils in einem Kalendermonat an die im Abs. 1 genannten Personen zu zahlen hat.

(3) Vollversicherte, die in einem oder mehreren geringfügigen Beschäftigungsverhältnissen stehen, haben hinsichtlich dieser geringfügigen Beschäftigungsverhältnisse einen Pauschalbeitrag zu leisten. Für jeden Kalendermonat beträgt dieser Pauschalbeitrag für die im § 51 Abs. 1 Z 1 lit. a genannten Personen 13,65%, für alle anderen Personen 14,2% der allgemeinen Beitragsgrundlage. Davon entfallen

a) auf die Krankenversicherung als allgemeiner Beitrag
   - für die im § 51 Abs. 1 Z 1 lit. a genannten Personen 3,15%,
   - für alle anderen Personen 3,7%

   und als Zusatzbeitrag 0,25%,
b) auf die Pensionsversicherung als allgemeiner Beitrag 9,25% und als Zusatzbeitrag 1%.

(4) Beiträge zur Krankenversicherung „und zur Pensionsversicherung“ für Vollversicherte gemäß Abs. 3 sind nur so weit vorzuschreiben, als die Summe der allgemeinen Beitragsgrundlagen aus allen Beschäftigungsverhältnissen im Kalender-

monat das Dreißigfache der Höchstbeitragsgrundlage (§ 45 Abs. 1) nicht überschreitet.

(BGBl I 2002/1)

(5) Die gemäß Abs. 1 Z 2 und gemäß Abs. 3 auf die Pensionsversicherung entfallenden Beiträge sind an den Ausgleichsfonds der Pensionsversicherungsträger (§ 447g) zu überweisen.

(BGBl I 1997/139, BGBl I 1998/138)

Sonderbeiträge

§ 54. (1) Von den Sonderzahlungen nach § 49 Abs. 2 sind in der Kranken-, Unfall- und Pensionsversicherung Sonderbeiträge mit dem gleichen Hundertsatz wie für sonstige Bezüge nach § 49 Abs. 1 zu entrichten; hiebei sind die in einem Kalenderjahr fällig werdenden Sonderzahlungen bis zum 60fachen Betrag der für die betreffende Versicherung in Betracht kommenden Höchstbeitragsgrundlage (§ 45 Abs. 1) unter Bedachtnahme auf § 45 Abs. 2 zu berücksichtigen.

(BGBl I 2001/67)

(2) Der Hauptverband kann mit Zustimmung der zuständigen Interessenvertretungen der Dienstnehmer und Dienstgeber und der zuständigen Krankenversicherungsträger festsetzen, daß die Sonderzahlungen bei bestimmten Gruppen von Versicherten mit einem einheitlichen Hundertsatz der allgemeinen Beitragsgrundlage der Berechnung des Sonderbeitrages zugrunde gelegt werden. § 49 Abs. 4 vorletzter Satz ist entsprechend anzuwenden.

(3) Die Bestimmungen der §§ 51 bis 53 über die Aufteilung der allgemeinen Beiträge auf den Versicherten und den Dienstgeber gelten entsprechend für die Sonderbeiträge.

(4) § 44 Abs. 5 gilt entsprechend.

(5) Der Zusatzbeitrag nach § 51a und § 51b, der Ergänzungsbeitrag nach § 51c und die Pauschalbeiträge nach § 53a sind unter Bedachtnahme auf Abs. 1, 2 und 4 auch von den Sonderzahlungen zu leisten.

(BGBl I 1998/138)

Entrichtung von Beitragsteilen durch Dritte

§ 54a. (1) Die auf den Versicherten entfallenden Beitragsteile sind zu entrichten

1. von einer Gebietskörperschaft oder
2. von einer beruflichen Interessenvertretung oder
3. von einem Verein, der im Wirkungsbereich einer Gebietskörperschaft oder einer beruflichen Interessenvertretung tätig ist,

wenn eine entsprechende Vereinbarung mit dem den Beitrag einhebenden Versicherungsträger unter gleichzeitiger Verständigung des Dienstgebers getroffen wird. Ab dem Zeitpunkt dieser Verständigung hat der Dienstgeber lediglich den auf ihn selbst entfallenden Beitragsteil zu entrichten.

(2) Die Gebietskörperschaft oder die berufliche Interessenvertretung oder der Verein, die (der) die Entrichtung der auf den Versicherten entfallenden Beitragsteile nach Abs. 1 vereinbart hat, schuldet diese Beitragsteile selbst und hat sie auf eigene Gefahr und Kosten selbst einzuzahlen.

(BGBl I 2001/99)

Dauer der Beitragspflicht

§ 55. (1) Die allgemeinen Beiträge sind, sofern im folgenden nichts anderes bestimmt wird, für die Dauer der Versicherung zu entrichten.

(BGBl 1996/201)

(2) Für Pflichtversicherte gemäß § 4 Abs. 4 sind die allgemeinen Beiträge jedenfalls für Kalendermonate, in denen eine versicherungspflichtige Tätigkeit ausgeübt wurde, zu entrichten.

(BGBl 1996/201, BGBl 1996/411, BGBl I 1997/39)

Beitragspflicht bei nicht rechtzeitiger Meldung von Änderungen im Beschäftigungsverhältnis

§ 56. (1) Für Versicherte, die vom Dienstgeber nicht oder nicht rechtzeitig abgemeldet werden, sind die allgemeinen Beiträge bis zum Zeitpunkt der schriftlichen Abmeldung durch den Dienstgeber, längstens aber für die Dauer von drei Monaten nach dem Ende der Versicherung, weiter zu entrichten.

(2) Wird die Herabsetzung des Entgeltes vom Dienstgeber nicht oder nicht rechtzeitig gemeldet, so sind die allgemeinen Beiträge bis zum Zeitpunkt der Meldung oder der sonstigen Feststellung auf Grund der bisherigen Beitragsgrundlage zu entrichten.

(3) Der Versicherungsträger, bei dem die Beiträge einzuzahlen sind, kann auf die Weiterentrichtung der Beiträge über das Ende der Versicherung hinaus (Abs. 1) oder auf die Entrichtung der bisherigen Beiträge (Abs. 2) zur Gänze oder zum Teil verzichten und bereits entrichtete Beiträge dieser Art zurückerstatten.

(4) Die Verlängerung der Beitragspflicht bewirkt keine Formalversicherung (§ 21).

Beiträge während der Leistung des Präsenz- oder Ausbildungsdienstes

§ 56a. (1) Für die Dauer des Präsenz- oder Ausbildungsdienstes auf Grund der Bestimmungen des Wehrgesetzes 1990 ruht die Beitragspflicht des Versicherten und seines Dienstgebers in der Krankenversicherung.

(BGBl 1996/411, BGBl I 1998/30)

(2) Der Bund hat an den Versicherungsträger

1. einen Pauschalbetrag in der Höhe von 48,11 €[a]) sowie

   (BGBl I 2001/67)
2. einen Zusatzbeitrag in der Höhe von 3,85 €[a])

   (BGBl I 2001/67)

monatlich für jeden Familienangehörigen gemäß § 123 des im Präsenz- oder Ausbildungsdienst stehenden Versicherten (§ 8 Abs. 1 Z 1 lit. c) zu leisten. An die Stelle dieser Beträge treten ab Beginn eines jeden Beitragsjahres (§ 242 Abs. 10) die unter Bedachtnahme auf § 108 Abs. 9 mit der jeweiligen Aufwertungszahl (§ 108a Abs. 1) vervielfachten Beträge. Der dreißigste Teil des monatlichen Pauschalbetrages (Zusatzbeitrages) gilt als auf den Tag entfallender Pauschalbetrag (Zusatzbeitrag), der siebenfache Tagespauschalbetrag (Zusatzbeitrag) gilt als auf die Woche entfallender Pauschalbetrag (Zusatzbeitrag).

(BGBl 1993/335, BGBl I 1998/30, BGBl I 1998/138)

[a]) Beträge siehe VO über veränderliche Werte.

(3) Abs. 1 und 2 gelten nicht für Personen, die gemäß § 8 Abs. 1 Z 1 lit. e in der Kranken- bzw. gemäß § 8 Abs. 1 Z 5 in der Kranken- und in der Pensionsversicherung teilversichert sind.

(BGBl I 1998/30)

Beitragspflicht während einer Arbeitsunfähigkeit

§ 57. (1) Für die Dauer einer durch Krankheit hervorgerufenen gemeldeten Arbeitsunfähigkeit oder eines Anspruches auf Wochengeld sind allgemeine Beiträge nur zu entrichten, wenn und solange der (die) Versicherte während einer solchen Zeit Entgelt im Sinne des § 49 fortbezieht.

(2) Für Versicherte ohne Entgelt, die nach § 138 Abs. 2 vom Anspruch auf Krankengeld ausgeschlossen sind, sind die allgemeinen Beiträge auch für die Dauer einer durch Krankheit hervorgerufenen Arbeitsunfähigkeit weiter zu entrichten.

Beiträge in der Krankenversicherung der Lehrlinge

§ 57a. Für Lehrlinge ist jener Teil des allgemeinen Beitrages gemäß § 51 Abs. 1 Z 1 und des Zusatzbeitrages gemäß § 51b Abs. 1, der

1. für die Dauer der ersten zwei Jahre der Lehrzeit auf den Versicherten und
2. für die Dauer der ersten drei Jahre der Lehrzeit auf den Dienstgeber

entfällt, aus Mitteln der Krankenversicherung zu zahlen.

(BGBl I 1997/79)

Fälligkeit und Einzahlung der Beiträge; Beitragsvorauszahlung

§ 58. (1) Die allgemeinen Beiträge sind am letzten Tag des Kalendermonates fällig, in den das Ende des Beitragszeitraumes fällt, sofern die Beiträge nicht gemäß Abs. 4 vom Träger der Krankenversicherung dem Beitragsschuldner vorgeschrieben werden. Die gemäß Abs. 4 vorgeschriebenen Beiträge sind mit Ablauf des zweiten Werktages nach der Aufgabe der Beitragsvorschreibung zur Post bzw. mit dem Zeitpunkt der Zustellung durch Organe des Trägers der Krankenversicherung fällig. Die Satzung kann, sofern sie einen anderen als den im § 44 Abs. 2 erster Satz bezeichneten Beitragszeitraum bestimmt und für den Fall, daß durch Vereinbarung mit dem Dienstgeber ein abweichender Beitragszeitraum festgelegt wird, vorsehen, daß die Beiträge am letzten Tag des Beitragszeitraumes fällig werden. Die Fälligkeit der Sonderbeiträge wird durch die Satzung des Versicherungsträgers geregelt.

(BGBl I 1998/138)

(2) Die auf den Versicherten und den Dienstgeber, bei Heimarbeitern auf den Auftraggeber entfallenden Beiträge schuldet der Dienstgeber (Auftraggeber). Er hat diese Beiträge auf seine Gefahr und Kosten zur Gänze einzuzahlen. Die den Heimarbeitern gleichgestellten Personen (§ 4 Abs. 1 Z 7) schulden die Beiträge selbst und haben die Beiträge auf ihre Gefahr und Kosten ebenfalls zur Gänze selbst einzuzahlen. Gleiches gilt für Dienstnehmer hinsichtlich eines Beschäftigungsverhältnisses gemäß § 5 Abs. 2 für den auf sie entfallenden Beitragsteil.

(BGBl I 1997/139)

(3) Abweichend von Abs. 2 schulden

1. der Dienstgeber (die Gebietskörperschaft),
2. der Dienstnehmer

gemäß § 4 Abs. 4 für Beitragsnachzahlungen, die auf Grund unwahrer oder mangelnder Auskunft gemäß § 43 Abs. 2 zu entrichten sind, die jeweils auf sie entfallenden Beitragsteile. Sie haben die jeweiligen Beitragsteile auf eigene Gefahr und Kosten einzuzahlen.

(BGBl 1996/201, BGBl 1996/411, BGBl I 1997/139, BGBl I 1998/138)

(4) Der Beitragsschuldner hat die Beiträge von der Gesamtsumme der im Beitragszeitraum gebührenden und darüber hinaus bezahlten Entgelte zu ermitteln (Lohnsummenverfahren) und an den zuständigen Träger der Krankenversicherung unaufgefordert einzuzahlen, sofern dieser die Beiträge nicht vorschreibt. Durch die Satzung kann geregelt werden, dass bestimmten Gruppen von Dienstgebern die Beiträge vorzuschreiben sind. Dienstgebern, in deren Betrieb weniger als 15 Dienstnehmer beschäftigt sind, sind auf Verlangen die Beiträge jedenfalls vorzuschreiben. Für die in der Unfall- und Pensionsversicherung Teilversicherten, für die nur in der Pensionsversicherung Teilversicherten und für die nur in der Unfallversicherung gemäß § 7 Z 3 lit. a Teilversicherten sind die Beiträge an den Träger der Krankenversicherung bzw. an den Träger der Pensionsversicherung einzuzahlen, bei dem die Meldungen gemäß § 33 Abs. 2 bzw. § 37a zu erstatten sind.

(BGBl 1996/201, BGBl I 2001/99)

(5) (aufgehoben)

(BGBl 1996/201, BGBl I 2001/67)

(6) Der Träger der Krankenversicherung, bei dem nach Abs. 4 die Beiträge einzuzahlen sind, ist ausschließlich berufen, die Beitragsforderung rechtlich geltend zu machen. Soweit ein Versicherungsträger Beiträge für andere Rechtsträger (Bund, Fonds, Interessenvertretungen, andere Versicherungsträger u. a.) einhebt, wird er auch dann als deren Vertreter tätig, wenn er alle Beitragsfor-

derungen in einem Betrag geltend macht. Dies gilt auch für die Einhebung von Zuschlägen, Nebengebühren, Gerichts- und Justizverwaltungsgebühren usw. sowie im Verfahren vor Gerichten und Verwaltungsbehörden. Forderungen aus der Einhebung von Krankenscheingebühren (§§ 135 Abs. 3, 153 Abs. 4) sowie von Gerichts- und Justizverwaltungsgebühren gelten in diesem Zusammenhang als Beitragsforderungen.

(BGBl 1996/201, BGBl 1996/764, BGBl I 1999/106)

(7) Die Fälligkeit und die Einzahlung der Beiträge für die nur in der Unfallversicherung Teilversicherten, mit Ausnahme der gemäß § 7 Z 3 lit. a Teilversicherten, werden unter Bedachtnahme auf die besonderen Verhältnisse der in Betracht kommenden Versichertengruppen in der Satzung des Versicherungsträgers geregelt.

(BGBl 1994/20, BGBl 1996/201)

(8) In Fällen geringfügiger Beschäftigungsverhältnisse gemäß § 5 Abs. 2, für die Beitragszeitraum das Kalenderjahr ist, können monatlich Beitragsvorauszahlungen geleistet werden. Die Höhe dieser Beitragsvorauszahlungen ist vom Versicherten bzw. dessen Dienstgeber mit dem Versicherungsträger zu vereinbaren.

(BGBl I 1998/138)

(BGBl I 1998/138)

Durchführung eines Jahresausgleiches bei der Beitragsermittlung

§ 58a. (1) Der Hauptverband kann auf Grund von übereinstimmenden Anträgen der gesetzlichen beruflichen Vertretungen der Dienstnehmer und der Dienstgeber (falls solche nicht bestehen, der Berufsvereinigungen) mit Wirksamkeit ab dem Beginn des der Antragstellung folgenden Kalenderjahres feststellen, daß der für die Beitragseinhebung zuständige Versicherungsträger für bestimmte Gruppen von Versicherten zum Zwecke einer gleichmäßigen Verteilung der zur Beitragspflicht herangezogenen Entgeltteile über die Beitragszeiträume eines Kalenderjahres, in denen Versicherungspflicht bestanden hat, von Amts wegen einen Jahresausgleich bis zum 31. März des folgenden Kalenderjahres durchzuführen hat. § 49 Abs. 4 letzter Satz ist entsprechend anzuwenden.

(2) Die Durchführung des Jahresausgleiches hat nach folgenden Grundsätzen zu erfolgen:

1. Der Berechnung der auf die Versicherten und deren Dienstgeber entfallenden Beiträge sind ohne Rücksicht auf den tatsächlich erzielten Arbeitsverdienst des Versicherten die für die Beitragszeiträume eines Kalenderjahres geltenden Höchstbeitragsgrundlagen (§ 45 Abs. 1) zugrunde zu legen. Für die Berechnung der Sonderbeiträge ist der 60fache Betrag der für die betreffende Versicherung in Betracht kommenden Höchstbeitragsgrundlage heranzuziehen.
2. Beginnt oder endet das Dienstverhältnis eines Versicherten während eines Kalendermonates, ist das 30fache der in diesem Kalendermonat geltenden Höchstbeitragsgrundlage auf die Zahl der Kalendertage in diesem Kalendermonat, in denen Versicherungspflicht bestanden hat, umzulegen; das gleiche gilt, wenn infolge einer durch Krankheit hervorgerufenen gemeldeten Arbeitsunfähigkeit der Entgeltanspruch geendet hat.
3. Der Jahresausgleich ist nach dem Ende des Kalenderjahres bzw. nach Beendigung des Dienstverhältnisses in der Weise durchzuführen, daß der auf Grund des tatsächlich erzielten Entgeltes einschließlich der fällig gewordenen Sonderzahlungen errechnete Durchschnittsbetrag als Beitragsgrundlage gilt. Hiebei ist der Monat mit 30 Kalendertagen anzusetzen. Falls der auf den Kalendertag entfallende Durchschnittsbetrag niedriger ist als die jeweils in Betracht kommende Höchstbeitragsgrundlage, so hat der für die Beitragseinhebung zuständige Versicherungsträger die auf den Differenzbetrag entfallenden Beiträge dem Dienstgeber rückzuerstatten. Der Dienstgeber ist verpflichtet, den hievon auf den Versicherten entfallenden Beitragsteil spätestens bei der auf die Rückerstattung des Beitrages nächstfolgenden Entgeltzahlung in barem auszufolgen.

Verzugszinsen

§ 59. (1) Werden Beiträge nicht innerhalb von 15 Tagen

1. nach der Fälligkeit,
2. in den Fällen des § 4 Abs. 4 nach dem Ende des Monats, in dem der Dienstgeber Entgelt leistet,

(BGBl 1996/600, BGBl I 1997/139)

eingezahlt, so sind von diesen rückständigen Beiträgen, wenn nicht gemäß § 113 Abs. 1 ein Beitragszuschlag vorgeschrieben wird, Verzugszinsen in einem Hundertsatz der rückständigen Beiträge zu entrichten. Erfolgt die Einzahlung zwar verspätet, aber noch innerhalb von drei Tagen nach Ablauf der 15-Tage-Frist, so bleibt diese Verspätung ohne Rechtsfolgen. Der Hundertsatz berechnet sich jeweils für ein Kalenderjahr aus der jeweiligen von der Oesterreichischen Nationalbank verlautbarten Sekundärmarktrendite für Bundesanleihen im Oktober des dem Kalenderjahr vorangegangenen Jahres zuzüglich drei Prozentpunkten. Für rückständige Beiträge aus Beitragszeiträumen, die vor dem Zeitpunkt einer Änderung dieses Hundertsatzes liegen, sind die Verzugszinsen, soweit sie zu diesem Zeitpunkt nicht bereits vorgeschrieben sind, mit dem jeweils geänderten Hundertsatz zu berechnen. § 108 Abs. 3 der Bundesabgabenordnung, BGBl. Nr. 194/1961, gilt entsprechend. Für die Berechnung der Verzugszinsen können die rückständigen Beiträge auf den vollen Eurobetrag abgerundet werden.

(BGBl 1994/680, BGBl 1996/411, BGBl I 1998/138, BGBl I 2001/67, BGBl I 2001/99)

(2) Der zur Entgegennahme der Zahlung berufene Versicherungsträger kann die Verzugszinsen herabsetzen oder nachsehen, wenn durch ihre Einhebung in voller Höhe die wirtschaftlichen Verhältnisse des Beitragsschuldners gefährdet wären. Die Verzugszinsen können überdies nachgesehen werden, wenn es sich um einen kurzfristigen Zahlungsverzug handelt und der Beitragsschuldner ansonsten regelmäßig seine Beitragspflicht erfüllt hat.

(3) Der im Abs. 1 vorgesehene Zeitraum von 15 Tagen beginnt in den Fällen, in denen die Beiträge vom Träger der Krankenversicherung gemäß § 58 Abs. 4 dem Beitragsschuldner vorgeschrieben werden, erst mit Ablauf des zweiten Werktages nach Aufgabe der Beitragsvorschreibung (sie gilt als Zahlungsaufforderung) zur Post; wird die Beitragsvorschreibung durch Organe des Trägers der Krankenversicherung zugestellt, so beginnt die Frist mit dem Zeitpunkt der Zustellung.

(BGBl 1994/680, BGBl 1996/201)

(4) Die vom Träger der Krankenversicherung eingehobenen Verzugszinsen sind auf die beteiligten Versicherungsträger und sonstigen Stellen schlüsselmäßig nach Maßgabe des auf den einzelnen Versicherungsträger entfallenden Gesamtbeitragsrückstandes am Ende des Vormonates aufzuteilen.

Abzug des Versichertenbeitrages vom Entgelt (auch von Sonderzahlungen)

§ 60. (1) Der Dienstgeber ist berechtigt, den auf den Versicherten entfallenden Beitragsteil vom Entgelt in barem abzuziehen. Dieses Recht muß bei sonstigem Verlust spätestens bei der auf die Fälligkeit des Beitrages nächstfolgenden Entgeltzahlung ausgeübt werden, es sei denn, daß die nachträgliche Entrichtung der vollen Beiträge oder eines Teiles dieser vom Dienstgeber nicht verschuldet ist. Im Falle der nachträglichen Entrichtung der Beiträge ohne Verschulden des Dienstgebers dürfen dem Versicherten bei einer Entgeltzahlung nicht mehr Beiträge abgezogen werden, als auf zwei Lohnzahlungszeiträume entfallen.

(2) Besteht das Entgelt in barem ganz oder teilweise aus Leistungen Dritter, so bleibt es der Vereinbarung zwischen dem Versicherten und dem Dienstgeber überlassen, auf welche Weise der Dienstgeber den auf den Versicherten entfallenden Beitragsteil einziehen kann. Die nach den im § 11 Abs. 3 lit. c genannten Vorschriften gebührende Vergütung für Verdienstentgang steht dem aus Leistungen Dritter bestehenden Entgelt gleich.

(3) Abs. 1 erster Satz gilt entsprechend auch für Sonderbeiträge nach § 54 mit der Maßgabe, daß der auf den Versicherten entfallende Teil des Sonderbeitrages, sofern nicht eine andere Regelung nach § 54 Abs. 2 vereinbart worden ist, nur von der Sonderzahlung abgezogen werden darf.

Getrennte Einzahlung der Beitragsteile

§ 61. (1) Der Versicherungsträger kann widerruflich anordnen, daß Dienstgeber, die mit der Entrichtung von Beiträgen im Rückstand sind, nur ihren Beitragsteil entrichten. Die von ihnen beschäftigten Versicherten haben ihren Beitragsteil an den Zahltagen selbst zu entrichten. Der Versicherungsträger kann hiebei den Obmann des Betriebsrates um seine Mitwirkung ersuchen.

(2) Der Dienstgeber hat die Anordnung durch dauernden Aushang in den Arbeitsstätten den Versicherten bekanntzugeben und diese bei jeder Entgeltleistung darauf aufmerksam zu machen, daß sie ihren Beitragsteil selbst zu entrichten haben.

(3) Einem gegen Verfügungen nach Abs. 1 eingebrachten Rechtsmittel kommt keine aufschiebende Wirkung zu.

Mitteilung über Beitragsrückstände, Beitragsabrechnung

§ 62. (1) Der Versicherungsträger, an den die Beiträge einzuzahlen sind, hat dem Dienstgeber auf Verlangen schriftlich mitzuteilen, ob und in welcher Höhe Rückstände an Beiträgen samt Zuschlägen und Nebengebühren aushaften.

(2) Der Versicherungsträger, an den die Beiträge einzuzahlen sind, kann mit den einzelnen Dienstgebern Vereinbarungen über die Form der Abrechnung der Beiträge treffen.

Abfuhr der Beiträge an die Träger der Unfall- und Pensionsversicherung

§ 63. (1) Die Träger der Krankenversicherung haben die in einem Kalendermonat bei ihnen eingezahlten, auf die Unfall- und Pensionsversicherung entfallenden Beiträge bis zum 20. des folgenden Kalendermonats an die zuständigen Träger der Unfall- und Pensionsversicherung abzuführen. Auf die abzuführenden Beträge haben die Träger der Krankenversicherung bis zum 10., 20. und Letzten des jeweiligen Kalendermonates Anzahlungen in dem Ausmaß zu leisten, das dem Eingang an Beiträgen zur Unfall- und Pensionsversicherung annähernd entspricht.

(2) Zu nicht rechtzeitig abgeführten Beiträgen und zu nicht rechtzeitig geleisteten Anzahlungen haben die Träger der Krankenversicherung von den Rückständen Verzugszinsen in der sich nach § 59 Abs. 1 jeweils ergebenden Höhe an die Träger der Unfall- und Pensionsversicherung zu entrichten.

(3) Die Träger der Unfall- und Pensionsversicherung sind berechtigt, die ordnungsgemäße Bemessung, Einhebung, Verrechnung und Abfuhr der für sie bestimmten Beitragsteile bei den Trägern der Krankenversicherung zu überprüfen und bei diesen während der Geschäftsstunden in alle bezüglichen Bücher und sonstigen Aufzeichnungen durch Beauftragte Einsicht zu nehmen.

(4) Der zur Entgegennahme der Beiträge berechtigte Träger der Unfall- oder Pensionsversicherung kann die Verzugszinsen herabsetzen oder nachsehen, wenn den Träger der Krankenversicherung an der verspäteten Abfuhr kein Verschulden trifft.

Abfuhr der Zusatzbeiträge an den Ausgleichsfonds der Pensionsversicherungsträger

§ 63a. Die Träger der Kranken- und Pensionsversicherung haben die in einem Kalendermonat bei ihnen eingezahlten Zusatzbeiträge in der Pensionsversicherung bis zum 20. des folgenden Kalendermonates an den Ausgleichsfonds der Pensionsversicherungsträger (§ 447g) abzuführen. Auf die Abfuhr dieser Zusatzbeiträge ist im übrigen § 63 entsprechend anzuwenden.

§ 63b. (aufgehoben)

(BGBl 1991/676, BGBl I 2001/5)

Verfahren zur Eintreibung der Beiträge

§ 64. (1) Den Versicherungsträgern ist zur Eintreibung nicht rechtzeitig entrichteter Beiträge die Einbringung im Verwaltungswege gewährt (§ 3 Abs. 3 Verwaltungsvollstreckungsgesetz 1950).

(2) Der Versicherungsträger, der nach § 58 Abs. 6 berufen ist, die Beitragsforderung rechtlich geltend zu machen, hat zur Eintreibung nicht rechtzeitig entrichteter Beiträge einen Rückstandsausweis auszufertigen. Dieser Ausweis hat den Namen und die Anschrift des Beitragsschuldners, den rückständigen Betrag, die Art des Rückstandes samt Nebengebühren, den Beitragszeitraum, auf den die rückständigen Beiträge entfallen, allenfalls vorgeschriebene Verzugszinsen, Beitragszuschläge und sonstige Nebengebühren sowie den Vermerk des Versicherungsträgers zu enthalten, daß der Rückstandsausweis einem die Vollstreckbarkeit hemmenden Rechtszug nicht unterliegt. Der Rückstandsausweis ist Exekutionstitel im Sinne des § 1 der Exekutionsordnung. Im Rückstandsausweis können, wenn dies aus Gründen der Verwaltungsvereinfachung angezeigt erscheint, die Beiträge zur Kranken-, Unfall- und Pensionsversicherung sowie alle sonstigen von den Krankenversicherungsträgern einzuhebenden Beiträge und Umlagen als einheitliche Summe und die darauf entfallenden Verzugszinsen und Nebengebühren ebenfalls als einheitliche Summe ausgewiesen werden.

(BGBl 1996/201)

(3) Vor Ausstellung eines Rückstandsausweises ist der rückständige Betrag einzumahnen. Die Mahnung wird durch Zustellung eines Mahnschreibens (Postauftrages) vollzogen, in dem der Beitragsschuldner unter Hinweis auf die eingetretene Vollstreckbarkeit aufgefordert wird, den Beitragsrückstand binnen zwei Wochen, von der Zustellung an gerechnet, zu bezahlen. Ein Nachweis der Zustellung des Mahnschreibens ist nicht erforderlich; bei Postversand wird die Zustellung des Mahnschreibens am dritten Tag nach der Aufgabe zur Post vermutet.

(4) Als Nebengebühren kann der Versicherungsträger in den Rückstandsausweis einen pauschalierten Kostenersatz für die durch die Einleitung und Durchführung der zwangsweisen Eintreibung bedingten Verwaltungsauslagen mit Ausnahme der im Verwaltungsweg oder im gerichtlichen Weg zuzusprechenden Kosten aufnehmen; der Anspruch auf die im Verwaltungsweg oder im gerichtlichen Weg zuzusprechenden Kosten wird hiedurch nicht berührt. Der pauschalierte Kostenersatz beträgt ein Halbes vom Hundert des einzutreibenden Betrages, mindestens jedoch 1,45 €. Der Ersatz kann für dieselbe Schuldigkeit nur einmal vorgeschrieben werden. Allfällige Anwaltskosten des Verfahrens zur Eintreibung der Beiträge dürfen nur insoweit beansprucht werden, als sie im Verfahren über Rechtsmittel auflaufen. Die vorgeschriebenen und eingehobenen Verwaltungskostenersätze verbleiben dem Versicherungsträger, der das Verfahren durchgeführt hat.

(BGBl I 2001/67)

Behandlung der Beiträge im Ausgleichs- und Konkursverfahren sowie bei der Zwangsverwaltung und Zwangsverpachtung im Exekutions- und Sicherungsverfahren

§ 65. (1) Für die Behandlung der Beiträge im Ausgleichs- und Konkursverfahren sind die jeweils geltenden Vorschriften der Konkurs- und der Ausgleichsordnung maßgebend.

(2) Bei der Zwangsverwaltung von Betriebsliegenschaften sowie bei der Zwangsverwaltung oder Zwangsverpachtung von gewerblichen Unternehmungen, Handelsbetrieben und ähnlichen wirtschaftlichen Unternehmungen sind rückständige Beiträge aus dem letzten Jahre vor Bewilligung der Zwangsverwaltung oder Zwangsverpachtung, die sich auf Versicherungsverhältnisse aus dem betreffenden Betrieb oder Unternehmen beziehen, vor den rückständigen Steuern und öffentlichen Abgaben zu berichtigen (§ 120 Abs. 2 Z 3, § 121 Abs. 1, § 340 Abs. 2 und § 344 Exekutionsordnung). Im übrigen sind bei der Zwangsverwaltung von Betriebsliegenschaften rückständige Beiträge, die sich auf Versicherungsverhältnisse aus dem betreffenden Betrieb beziehen, wie von der Liegenschaft zu entrichtende öffentliche Abgaben zu berichtigen (§ 120 Abs. 2 Z 1 und § 124 Z 2 Exekutionsordnung).

Sicherung der Beiträge

§ 66. Die Bestimmungen der §§ 232 und 233 der Bundesabgabenordnung, BGBl. Nr. 194/1961, sind auf Beitragsforderungen nach diesem Bundesgesetz mit der Maßgabe entsprechend anzuwenden, daß an Stelle der Abgabenbehörde der Versicherungsträger tritt, der nach § 58 Abs. 6 berufen ist, die Beitragsforderung rechtlich geltend zu machen. Gegen den Sicherstellungsauftrag ist das Rechtsmittel des Einspruches (§ 412) gegeben.

(BGBl 1996/201)

Haftung für Beitragsschuldigkeiten

§ 67. (1) Wenn mehrere Dienstgeber im Einvernehmen dieselbe Person, wenn auch gegen gesondertes Entgelt, in einer die Pflichtversicherung begründenden Weise beschäftigen, haften sie zur ungeteilten Hand für die Beiträge, denen das Gesamtentgelt zugrunde zu legen ist.

(2) Dienstgeber, die auf gemeinsame Rechnung einen Betrieb führen, haften zur ungeteilten Hand für die anläßlich dieser Betriebsführung auflaufenden Beiträge, gleichviel, ob sie die Arbeiten nach einem einheitlichen Plan gemeinsam durchführen (Mitunternehmer) oder ob jeder von ihnen einen bestimmten Teil der gesamten Arbeiten selbständig durchführt (Teilunternehmer).

(3) Fällt einem anderen als dem Dienstgeber die wirtschaftliche Gefahr des Betriebes (der Verwaltung, des Haushaltes, der Tätigkeit) oder der erzielte Gewinn vorwiegend zu, so haften beide zur ungeteilten Hand für die fällig gewordenen Beiträge.

(4) Wird ein Betrieb übereignet, so haftet der Erwerber für Beiträge, die sein Vorgänger zu zahlen gehabt hätte, unbeschadet der fortdauernden Haftung des Vorgängers sowie der Haftung des Betriebsnachfolgers nach § 1409 ABGB unter Bedachtnahme auf § 1409a ABGB und der Haftung des Erwerbers nach § 25 des Handelsgesetzbuches für die Zeit von höchstens zwölf Monaten vom Tag des Erwerbes zurückgerechnet. Im Fall einer Anfrage beim Versicherungsträger haftet er jedoch nur mit dem Betrag, der ihm als Rückstand ausgewiesen worden ist.

(5) Abs. 4 gilt nicht bei einem Erwerb im Zuge eines Vollstreckungsverfahrens, bei einem Erwerb aus einer Konkursmasse, im Wege des Ausgleichsverfahrens (auch des fortgesetzten Verfahrens) oder der Überwachung des Schuldners durch Sachwalter der Gläubiger.

(BGBl 1996/411)

(6) Geht der Betrieb auf

1. einen Angehörigen des Betriebsvorgängers gemäß Abs. 7,
2. eine am Betrieb des Vorgängers wesentlich beteiligte Person gemäß Abs. 8 oder
3. eine Person mit wesentlichem Einfluß auf die Geschäftsführung des Betriebsvorgängers (z.B. Geschäftsführer, leitender Angestellter, Prokurist)

über, so haftet dieser Betriebsnachfolger ohne Rücksicht auf das dem Betriebsübergang zugrunde liegende Rechtsgeschäft wie ein Erwerber gemäß Abs. 4, solange er nicht nachweist, daß er die Beitragsschulden nicht kannte bzw. trotz seiner Stellung im Betrieb des Vorgängers nicht kennen konnte.

(7) Angehörige gemäß Abs. 6 Z 1 sind:

1. der Ehegatte;
2. die Verwandten in gerader Linie und die Verwandten zweiten und dritten Grades in der Seitenlinie, und zwar auch dann, wenn die Verwandtschaft auf einer unehelichen Geburt beruht;
3. die Verschwägerten in gerader Linie und die Verschwägerten zweiten Grades in der Seitenlinie, und zwar auch dann, wenn die Schwägerschaft auf einer unehelichen Geburt beruht;
4. die Wahl(Pflege)eltern und die Wahl(Pflege)kinder;
5. der Lebensgefährte;
6. unbeschadet der Z 2 die im § 32 Abs. 2 der Konkursordnung genannten Personen.

(8) Eine Person ist an einem Betrieb wesentlich beteiligt, wenn sie zu mehr als einem Viertel Anteil am Betriebskapital hat. Bei der Beurteilung des Anteiles am Betriebskapital ist der wahre wirtschaftliche Gehalt und nicht die äußere Erscheinungsform des Sachverhaltes maßgebend. Die §§ 22 bis 24 der Bundesabgabenordnung sind sinngemäß anzuwenden.

(9) Stehen Wirtschaftsgüter, die einem Betrieb dienen, nicht im Eigentum des Betriebsinhabers, sondern im Eigentum einer der im Abs. 6 Z 2 bzw. 3 genannten Personen, so haftet der Eigentümer der Wirtschaftsgüter mit diesen Gütern für die Beiträge, solange er nicht nachweist, daß er die Beitragsschulden nicht kannte bzw. trotz seiner Stellung im Betrieb nicht kennen konnte.

(10) Die zur Vertretung juristischer Personen oder Personenhandelsgesellschaften (offene Handelsgesellschaft, offene Erwerbsgesellschaft, Kommanditgesellschaft, Kommandit-Erwerbsgesellschaft) berufenen Personen und die gesetzlichen Vertreter natürlicher Personen haften im Rahmen ihrer Vertretungsmacht neben den durch sie vertretenen Beitragsschuldnern für die von diesen zu entrichtenden Beiträge insoweit, als die Beiträge infolge schuldhafter Verletzung der den Vertretern auferlegten Pflichten nicht eingebracht werden können. Vermögensverwalter haften, soweit ihre Verwaltung reicht, entsprechend.

Verjährung der Beiträge

§ 68. (1) Das Recht auf Feststellung der Verpflichtung zur Zahlung von Beiträgen verjährt bei Beitragsschuldnern und Beitragsmithaftenden binnen drei Jahren vom Tag der Fälligkeit der Beiträge. Hat der Dienstgeber Angaben über Versicherte bzw. über deren Entgelt nicht innerhalb der in Betracht kommenden Meldefristen gemacht, so beginnt die Verjährungsfrist erst mit dem Tage der Meldung zu laufen. Diese Verjährungsfrist der Feststellung verlängert sich jedoch auf fünf Jahre, wenn der Dienstgeber oder eine sonstige meldepflichtige Person (§ 36) keine oder unrichtige Angaben bzw. Änderungsmeldungen über die bei ihm beschäftigten Personen bzw. über deren jeweiliges Entgelt (auch Sonderzahlungen im Sinne des § 49 Abs. 2) gemacht hat, die er bei gehöriger Sorgfalt als notwendig oder unrichtig hätte erkennen müssen. Die Verjährung des Feststellungsrechtes wird durch jede zum Zwecke der Feststellung getroffene Maßnahme in dem Zeitpunkt unterbrochen, in dem der Zahlungspflichtige hievon in Kenntnis gesetzt wird. Die Verjährung ist gehemmt, solange ein Verfahren in Verwaltungssachen bzw. vor den Gerichtshöfen des öffentlichen Rechtes über das Bestehen der Pflichtversicherung oder die Feststellung der Verpflichtung zur Zahlung von Beiträgen anhängig ist.

(2) Das Recht auf Einforderung festgestellter Beitragsschulden verjährt binnen zwei Jahren nach Verständigung des Zahlungspflichtigen vom Ergebnis der Feststellung. Die Verjährung wird durch jede zum Zwecke der Hereinbringung getroffene Maßnahme, wie zum Beispiel durch Zustellung einer an den Zahlungspflichtigen gerichteten Zahlungsaufforderung (Mahnung) unterbrochen; sie wird durch Bewilligung einer Zahlungserleichterung gehemmt. Bezüglich der Unterbrechung oder Hemmung der Verjährung im Falle des Konkurses oder Ausgleiches des Beitragsschuldners gelten die einschlägigen Vorschriften der Konkursordnung und der Ausgleichsordnung.

(3) Sind fällige Beiträge durch eine grundbücherliche Eintragung gesichert, so kann innerhalb von 30 Jahren nach erfolgter Eintragung gegen die Geltendmachung des dadurch erworbenen Pfandrechtes die seither eingetretene Verjährung des Rechtes auf Einforderung der Beiträge nicht geltend gemacht werden.

Rückforderung ungebührlich entrichteter Beiträge

§ 69. (1) Zu Ungebühr entrichtete Beiträge können, soweit im folgenden nichts anderes bestimmt wird, zurückgefordert werden. Das Recht auf Rückforderung verjährt nach Ablauf von fünf Jahren nach deren Zahlung. Der Lauf der Verjährung des Rückforderungsrechtes wird durch Einleitung eines Verwaltungsverfahrens zur Herbeiführung einer Entscheidung, aus der sich die Ungebührlichkeit der Beitragsentrichtung ergibt, bis zu einem Anerkenntnis durch den Versicherungsträger bzw. bis zum Eintritt der Rechtskraft der Entscheidung im Verwaltungsverfahren unterbrochen.

(2) Die Rückforderung von Beiträgen, durch welche eine Formalversicherung begründet wurde, sowie von Beiträgen zu einer Versicherung, aus welcher innerhalb des Zeitraumes, für den Beiträge ungebührlich entrichtet worden sind, eine Leistung erbracht wurde, ist für den gesamten Zeitraum ausgeschlossen. Desgleichen ist die Rückforderung ausgeschlossen, wenn nach dem Zeitraum, für den Beiträge ungebührlich entrichtet worden sind, eine Leistung zuerkannt worden ist und die Beiträge auf den Bestand oder das Ausmaß des Leistungsanspruches von Einfluß waren, es sei denn, der zur Leistungserbringung zuständige Versicherungsträger hatte die Möglichkeit, im Wege einer Wiederaufnahme des Verfahrens (§ 69 des Allgemeinen Verwaltungsverfahrensgesetzes 1950, BGBl. Nr. 172) neuerlich über den Leistungsanspruch zu entscheiden und konnte die zu Unrecht geleisteten Beiträge mit Erfolg zur Gänze zurückfordern.

(3) Wenn statt des Versicherungsträgers, an den die Beiträge zu Ungebühr entrichtet worden sind, ein anderer Versicherungsträger zur Leistungserbringung zuständig war und dem ersteren Versicherungsträger gegenüber dem letzteren ein Ersatzanspruch für zu Unrecht erbrachte Leistungen gemäß § 320b zusteht, hat der unzuständige Versicherungsträger die ungebührlich entrichteten Beiträge ohne Rücksicht auf die Verjährungsfrist (Abs. 1) für den gesamten Zeitraum, für den an den zuständigen Versicherungsträger nachträglich Beiträge zu entrichten sind, an den zuständigen Versicherungsträger zu überweisen. Der überwiesene Betrag ist auf die dem zuständigen Versicherungsträger geschuldeten Beiträge anzurechnen. Der zuständige Versicherungsträger hat einen hiedurch allenfalls entstehenden Überschuß an Beiträgen dem Beitragsschuldner gutzuschreiben bzw., falls dies nicht möglich ist, zu erstatten.

(4) Abs. 2 gilt nicht für Beiträge, die zwar nicht zur Gänze ungebührlich, jedoch von einer zu hohen Beitragsgrundlage oder unter Anwendung eines zu hohen Beitragssatzes entrichtet worden sind, sofern innerhalb des in Betracht kommenden Zeitraumes nur solche Leistungen erbracht wurden, die auch dann, wenn die Beiträge in richtiger Höhe entrichtet worden wären, im gleichen Ausmaß gebührt hätten.

(5) Wird die Rückforderung ungebührlich entrichteter Beiträge geltend gemacht, so hat der zur Entscheidung zuständige Versicherungsträger vorerst bei den Versicherungsträgern, denen nach § 411 Parteistellung im Verfahren vor den Verwaltungsbehörden zukommt, sowie bei der zuständigen Landesgeschäftsstelle des Arbeitsmarktservice anzufragen, ob gemäß Abs. 2 im Hinblick auf erbrachte oder zu erbringende Leistungen aus der Unfall-, Pensions- oder Arbeitslosenversicherung ein Einwand gegen die Rückerstattung der ungebührlich entrichteten Unfall-, Pensions- oder Arbeitslosenversicherungsbeiträge besteht.

(BGBl 1994/314)

(6) Die Rückforderung ungebührlich entrichteter Beiträge steht dem Versicherten zu, soweit er die Beiträge selbst getragen hat, im übrigen dem Dienstgeber.

Anrechnung für die Höherversicherung bzw. Erstattung von Beiträgen in der Pensionsversicherung

§ 70. (1) Überschreitet in einem Beitragsjahr (§ 242 Abs. 10) bei einer versicherungspflichtigen Beschäftigung oder bei gleichzeitig ausgeübten versicherungspflichtigen Beschäftigungen oder bei versicherungspflichtigen Beschäftigungen und selbständigen Erwerbstätigkeiten in einem Kalenderjahr die Summe aller Beitragsgrundlagen der Pflichtversicherung einschließlich der Sonderzahlungen die Summe der Beträge des 35fachen der Höchstbeitragsgrundlage gemäß § 45 Abs. 1 für die im Kalenderjahr liegenden Beitragsmonate der Pflichtversicherung, wobei sich deckende Beitragsmonate nur einmal zu zählen sind, so gilt der

Beitrag zur Pensionsversicherung, der auf den Überschreitungsbetrag entfällt, wenn nicht nach Abs. 2 Beiträge erstattet wurden, im Rahmen der Bestimmungen des § 77 Abs. 2 als Beitrag zur Höherversicherung; hiebei ist als Beitragssatz jeweils der aus der Summe der Beitragssätze gemäß § 51 Abs. 1 Z 3 lit. a und § 51a sich ergebende Beitragssatz zur Zeit der Entrichtung heranzuziehen. Beitragsteile, die im Rahmen der Bestimmungen des § 77 Abs. 2 nicht als Beitrag zur Höherversicherung gelten, sind bei Anfall einer Leistung aus den Versicherungsfällen des Alters oder der geminderten Arbeitsfähigkeit aufgewertet mit dem der zeitlichen Lagerung entsprechenden Aufwertungsfaktor (§ 108 Abs. 4) in halber Höhe zu erstatten.

(BGBl 1994/20, BGBl I 1998/138)

(2) Der (die) Versicherte kann bei sonstigem Ausschluß bis zum Ablauf des dem Beitragsjahr drittfolgenden Kalenderjahres für die im Beitragsjahr fällig gewordenen Beiträge bei einem der beteiligten Versicherungsträger den Antrag stellen, ihm (ihr) den auf den Überschreitungsbetrag (Abs. 1) entfallenden Beitrag oder den gemäß § 77 Abs. 2 zur Höherversicherung nicht anrechenbaren Beitrag zu erstatten, wobei der halbe Beitragssatz nach Abs. 1 anzuwenden ist.

(BGBl 1994/20, BGBl I 1998/138)

(3) Der nach Abs. 1 oder Abs. 2 zu erstattende Betrag ist dem auszuzahlenden Versicherungsträger aus dem Ausgleichsfonds der Pensionsversicherungsträger (§ 447g) zu ersetzen.

(4) Die Abs. 1 bis 3 sind auf die Fälle eines Anrechnungsbetrages gemäß § 13 des Bundesbezügegesetzes, BGBl. I Nr. 64/1997, mit der Maßgabe anzuwenden, daß der Antrag gemäß Abs. 2 binnen sechs Monaten nach dem Ende des Anspruches auf Bezüge oder auf Bezugsfortzahlung nach dem Bundesbezügegesetz für den gesamten Zeitraum der Funktionsausübung gemäß § 12 des Bundesbezügegesetzes gestellt werden kann.

(BGBl I 1997/64)

(5) Versicherte, die im Rahmen eines pensionsversicherungsfreien Dienstverhältnisses gegen Entfall der Bezüge beurlaubt sind (Karenzurlaub) und während des Karenzurlaubes eine die Pflichtversicherung in der Pensionsversicherung nach diesem Bundesgesetz begründende Erwerbstätigkeit ausüben, können beantragen, daß ihnen die auf Grund dieser Erwerbstätigkeit für nach dem 31. Dezember 1994 liegende Zeiten des Karenzurlaubes, soweit diese für die ruhegenußfähige Gesamtdienstzeit angerechnet werden, entrichteten Beiträge erstattet werden; hiebei ist als Beitragssatz jeweils die Hälfte der Summe der Beitragssätze gemäß § 51 Abs. 1 Z 3 lit. a und § 51a zur Zeit der Entrichtung heranzuziehen. Der Antrag auf Erstattung ist beim zuständigen Pensionsversicherungsträger zu stellen und bedarf zu seiner Wirksamkeit einer Bestätigung über die Anrechenbarkeit des Karenzurlaubes für die ruhegenußfähige Gesamtdienstzeit. Die Beiträge sind aufgewertet mit dem der zeitlichen Lagerung entsprechenden Aufwertungsfaktor (§ 108 Abs. 4) zu erstatten. Mit der Erstattung der Beiträge erlöschen alle Ansprüche und Berechtigungen aus der Pensionsversicherung, die aus den Versicherungsmonaten erhoben werden können, für die die Beiträge erstattet wurden.

(BGBl I 1997/139)

(BGBl 1993/335)

Erstattung von Beiträgen in der Krankenversicherung

§ 70a. (1) Überschreitet bei in der Krankenversicherung Pflichtversicherten nach diesem oder einem anderen Bundesgesetz in einem Kalenderjahr die Summe aller Beitragsgrundlagen der Pflichtversicherung einschließlich der Sonderzahlungen die Summe der Beträge des 35fachen der Höchstbeitragsgrundlage gemäß § 45 Abs. 1 für die im Kalenderjahr liegenden Monate der Pflichtversicherung in der Krankenversicherung (Abs. 2), wobei sich deckende Monate der Pflichtversicherung in der Krankenversicherung nur einmal zu zählen sind, so ist der Beitrag zur Krankenversicherung, der auf den Überschreitungsbetrag entfällt, dem Versicherten vom leistungszuständigen Versicherungsträger mit 4%, soweit jedoch ein Zusatzbeitrag nach § 51d geleistet wurde, mit 7,4% zu erstatten.

(BGBl I 1997/139, BGBl I 2000/142)

(2) Als Monate der Pflichtversicherung in der Krankenversicherung gemäß Abs. 1 sind alle Kalendermonate zu zählen, in denen der (die) Versicherte zumindest für einen Tag in der Krankenversicherung pflichtversichert war.

(3) Der (die) Versicherte kann bei sonstigem Ausschluß bis zum Ablauf des dem Beitragsjahr drittfolgenden Kalenderjahres für die im Beitragsjahr fällig gewordenen Beiträge bei einem der beteiligten Versicherungsträger den Antrag auf Erstattung stellen. Ein Antrag kann auch für die folgenden Beitragsjahre gestellt werden. Er gilt so lange, als der (die) Versicherte bei dem Versicherungsträger versichert ist, bei welchem der Antrag gestellt wurde.

(BGBl I 1998/138)

(BGBl 1996/600)

2. Unterabschnitt
Sonstige Beiträge zur Pflichtversicherung

Beiträge in der Unfallversicherung bei der Versicherungsanstalt der österreichischen Eisenbahnen

§ 71. (1) Die Mittel zur Bestreitung der Aufwendungen in der Unfallversicherung bei der Versicherungsanstalt der österreichischen Eisenbahnen einschließlich der Aufwendungen für die Unfallversicherung der Bediensteten dieser Anstalt werden, soweit sie nicht durch sonstige Einnahmen gedeckt sind, durch Beiträge der Eisenbahnunternehmungen sowie der Unternehmungen von Schlaf- und Speisewagenbetrieben aufgebracht. Die für ein Kalenderjahr erforderlichen Beiträge sind auf der Grundlage der Summe der Entgelte zu bemessen, welche die in diesen Unternehmungen (Betrieben) beschäftigten Versicherten für ihre Tätigkeit im Unternehmen (Betrieb) in diesem Kalenderjahr bezogen haben, zuzüglich der Sonderzahlungen nach § 49 Abs. 2, soweit sie als Grundlage für die Bemessung der Sonderbeiträge für das betreffende Kalenderjahr heranzuziehen wären.

(2) Zur Sicherstellung der finanziellen Gebarung hat die Versicherungsanstalt der österreichischen Eisenbahnen eine allgemeine Rücklage im Betrag eines Viertels der Aufwendungen für die Unfallversicherung im jeweils abgelaufenen Kalenderjahr anzusammeln. Ist am Ende des abgelaufenen Kalenderjahres eine Rücklage in diesem Ausmaß nicht angesammelt, so ist zur Bildung und Auffüllung dieser Rücklage ein Zuschlag zu den Beiträgen in der Höhe von 25 vH einzuheben.

(3) Auf die Beiträge nach Abs. 1 und 2 hebt die Versicherungsanstalt der österreichischen Eisenbahnen monatlich im vorhinein Vorschüsse ein. Diese Vorschüsse werden mit dem Ersten des Kalendermonates fällig. Mit dem Ende eines jeden Kalenderjahres sind die eingehobenen Vorschüsse abzurechnen.

(4) Der Beitrag gemäß Abs. 1 und 2 tritt an die Stelle der in den §§ 51 bis 54 vorgesehenen Beiträge zur Unfallversicherung. Im übrigen sind die Bestimmungen der §§ 49, 50, 59, 64 bis 68 entsprechend anzuwenden.

§ 72. (aufgehoben)

Beiträge in der Krankenversicherung für Pensionisten (Übergangsgeldbezieher)

§ 73. (1) Von jeder auszuzahlenden Pension und Pensionssonderzahlung mit Ausnahme von Waisenpensionen sowie von jedem auszuzahlenden Übergangsgeld ist, wenn und solange sich der in Betracht kommende Pensionist (Übergangsgeldbezieher) ständig im Inland aufhält, ein Betrag einzubehalten, und zwar

1. bei Personen gemäß § 8 Abs. 1 Z 1 lit. a oder d in der Höhe von 3,75%,
2. bei Personen gemäß § 1 Abs. 1 Z 18 B-KUVG oder § 19 Abs. 2 Z 2 B-KUVG in der Höhe von 3,95%

(BGBl I 1999/173)

der auszuzahlenden Leistung. Zu den Pensionen sowie zu den Pensionssonderzahlungen zählen auch die Kinderzuschüsse und die Ausgleichszulagen. Der Einbehalt ist auch vorzunehmen, wenn sich der Pensionist (Übergangsgeldbezieher) ständig in einem Staat aufhält, mit dem ein zwischenstaatliches Übereinkommen besteht, auf Grund dessen Anspruch auf Sachleistungen bei Krankheit und Mutterschaft zu Lasten der österreichischen Sozialversicherung besteht, es sei denn, daß das Übereinkommen Gegenteiliges bestimmt.

(BGBl 1994/20, BGBl 1996/411, BGBl I 1997/139, BGBl I 1999/10)

(1a) Personen nach Abs. 1, die Zusatzpensionsleistungen von regelmäßig aus öffentlichen Mitteln finanzierten Rechtsträgern beziehen, haben von diesen Zusatzpensionsleistungen einen Beitrag zu entrichten. Dabei ist

1. der jeweilige Beitragssatz nach Abs. 1 Z 1 oder 2 anzuwenden und
2. die Zusatzpension nur in dem Ausmaß heranzuziehen, als sie zusammen mit der gesetzlichen Pension die monatliche Höchstbeitragsgrundlage nach § 45 Abs. 3 nicht übersteigt.

Der Beitrag ist von der die Zusatzpensionsleistung auszahlenden Stelle einzubehalten und am Ende eines jeden Kalenderjahres an den jeweils zuständigen Krankenversicherungsträger zu überweisen. Als öffentliche Mittel im Sinne des ersten Satzes gelten insbesondere Steuern, Abgaben, Pflichtbeiträge und Umlagen.

(BGBl I 2000/142)

(2) Als Beitrag für die Pensionisten (Übergangsgeldbezieher), mit Ausnahme der im § 1 Abs. 1 Z 18 B-KUVG oder § 19 Abs. 2 Z 2 B-KUVG genannten Personen, haben die Pensionsversicherungsanstalt der Arbeiter, die Pensionsversicherungsanstalt der Angestellten und die Sozialversicherungsanstalt der gewerblichen Wirtschaft hinsichtlich der gemäß § 8 Abs. 1 Z 1 lit. d krankenversicherten Personen 202% der gemäß Abs. 1 einbehaltenen Beträge an den Hauptverband der österreichischen Sozialversicherungsträger zu überweisen. Als Beitrag für die im § 1 Abs. 1 Z 18 B-KUVG oder § 19 Abs. 2 Z 2 B-KUVG genannten Personen haben die Pensionsversicherungsanstalt der Arbeiter und die Pensionsversicherungsanstalt der Angestellten 189% der gemäß Abs. 1 einbehaltenen Beträge an die Versicherungsanstalt öffentlich Bediensteter zu überweisen. Die Versicherungsanstalt der österreichischen Eisenbahnen hat in der Pensionsversicherung der Arbeiter 484%, in der Pensionsversicherung der Angestellten 202% der nach Abs. 1 einbehaltenen Beträge an die von ihr durchgeführte Krankenversicherung zu überweisen. Die Versicherungsanstalt des österreichischen Bergbaus hat 374% der nach Abs. 1 einbehaltenen Beträge an die von ihr durchgeführte Krankenversicherung zu überweisen.

(BGBl 1996/411, BGBl I 1997/139, BGBl I 1998/138, BGBl I 1999/10, BGBl I 1999/173, BGBl I 2000/142)

(2)[a]) Als Beitrag für die Pensionisten (Übergangsgeldbezieher), mit Ausnahme der im § 1 Abs. 1 Z 18 B-KUVG oder § 19 Abs. 2 Z 2 B-KUVG genannten Personen, haben die „Pensionsversicherungsanstalt" und die Sozialversicherungsanstalt der gewerblichen Wirtschaft hinsichtlich der gemäß § 8 Abs. 1 Z 1 lit. d krankenversicherten Personen 202% der gemäß Abs. 1 einbehaltenen Beträge an den Hauptverband der österreichischen Sozialversicherungsträger zu überweisen. Als Beitrag für die im § 1 Abs. 1 Z 18 B-KUVG oder § 19 Abs. 2 Z 2 B-KUVG genannten Personen „hat die Pensionsversicherungsanstalt" 189% der gemäß Abs. 1 einbehaltenen Beträge an die Versicherungsanstalt öffentlich Bediensteter zu überweisen. Die Versicherungsanstalt der österreichischen Eisenbahnen hat in der Pensionsversicherung der Arbeiter 484%, in der Pensionsversicherung der Angestellten 202% der nach Abs. 1 einbehaltenen Beträge an die von ihr durchgeführte Krankenversicherung zu überweisen. Die Versicherungsanstalt des österreichischen Bergbaus hat 374% der nach Abs. 1 einbehaltenen Beträge an die von ihr durchgeführte Krankenversicherung zu überweisen.

(BGBl 1996/411, BGBl I 1997/139, BGBl I 1998/138, BGBl I 1999/10, BGBl I 1999/173, BGBl I 2000/142, BGBl I 2002/1)

[a]) Tritt mit 1. Jänner 2003 in Kraft.

(3) Die Träger der zusätzlichen Pensionsversicherung nach § 479 haben von jeder von ihnen zur Auszahlung gelangenden laufenden Geldleistung und Sonderzahlung, durch die eine Teilversicherung nach § 8 Abs. 1 Z 1 lit. b begründet wird, einen Betrag in der gleichen Höhe einzubehalten, wie er bei den im Abs. 1 genannten Pensionen einzubehalten ist.

(4) In der Krankenversicherung der nach § 8 Abs. 1 Z 1 lit. b teilversicherten Bezieher einer laufenden Geldleistung aus der zusätzlichen Pensionsversicherung nach § 479 haben die Träger der zusätzlichen Pensionsversicherung 202% der nach Abs. 3 einbehaltenen Beträge an die Versicherungsanstalt der österreichischen Eisenbahnen zu überweisen.

(BGBl 1996/411, BGBl I 2000/142)

(5) Die Beiträge gemäß Abs. 2 erster Satz sind vorschußweise in monatlichen Raten auf Grund der im vorangegangenen Kalendermonat gemäß Abs. 1 einbehaltenen Beträge dem Hauptverband zu überweisen. Der Ausgleich zu den gemäß Abs. 2 erster Satz in einem Kalenderjahr zu überweisenden Beiträgen ist innerhalb der ersten sechs Monate des folgenden Kalenderjahres vorzunehmen. Der Hauptverband teilt die einlangenden Beiträge auf die zuständigen Träger der Krankenversicherung nach einem Schlüssel auf, der vom Bundesminister für Arbeit und Soziales bis 31. Oktober des folgenden Kalenderjahres mit Verordnung[a]) festzusetzen ist. Der Schlüssel ist für jedes Geschäftsjahr wie folgt zu berechnen:

1. Die Beiträge sind zunächst unter Berücksichtigung des Verhältnisses, in welchem der Pensionsaufwand einschließlich des Aufwandes für Ausgleichszulagen aller nach Abs. 2 erster Satz beitragspflichtigen Träger der Pensionsversicherung auf die bei den einzelnen Trägern der Krankenversicherung gemäß § 8 Abs. 1 Z 1 lit. a oder d krankenversicherten Personen entfällt, aufzuteilen.
2. Für jede einzelne Gebiets- und Betriebskrankenkasse (ausgenommen die Betriebskrankenkasse der Wiener Verkehrsbetriebe) ist das Beitragsaufkommen für pflichtversicherte Erwerbstätige, das einem Beitragssatz von 0,8 vH entspricht, zu ermitteln.
3. Die Summe des nach Z 2 ermittelten Beitragsaufkommens für alle Gebiets- und Betriebskrankenkassen (ausgenommen die Betriebskrankenkasse der Wiener Verkehrsbetriebe) ist im gleichen Verhältnis wie die Beiträge gemäß Z 1 aufzuteilen.
4. Die Summe der Beträge gemäß Z 1 und 3 abzüglich der Beträge gemäß Z 2 für jede einzelne Gebiets- und Betriebskrankenkasse bildet die Grundlage für den Aufteilungsschlüssel.

Der Hauptverband hat die vorschußweise einlangenden Beiträge nach dem 20. eines jeden Kalendermonates vorläufig nach einem Schlüssel aufzuteilen und an die zuständigen Träger der Krankenversicherung zu überweisen, der jährlich bis zum 30. November für das Folgejahr nach den gleichen Grundsätzen wie der endgültige Schlüssel nach den jeweils aktuellsten Daten festzusetzen ist. Der Ausgleich ist innerhalb von zwei Monaten nach dem Inkrafttreten der jeweiligen Verordnung vorzunehmen. Hinsichtlich der Bevorschussung der Beiträge gemäß Abs. 2 zweiter und dritter Satz und des Ausgleiches für ein Kalenderjahr ist entsprechend vorzugehen. Der Ausgleich ist zusammen mit dem Ausgleich für das Geschäftsjahr 1991 (§ 73 Abs. 4 letzter Satz) vorzunehmen.

(BGBl 1993/110, BGBl I 1997/139)

[a]) VO Pensionisten im Anhang

Beiträge für Teilversicherte in der Unfallversicherung

§ 74. (1) Der Beitrag beläuft sich für das Kalenderjahr

1. bei den nach § 8 Abs. 1 Z 3 lit. a und b teilversicherten selbständig Erwerbstätigen auf 77,91 €[a]);
2. bei den nach § 8 Abs. 1 Z 3 lit. e, g und j teilversicherten Personen auf 19,69 €[a]).

An die Stelle dieser Beträge treten ab 1. Jänner eines jeden Jahres die unter Bedachtnahme auf § 108 Abs. 9 mit der jeweiligen Aufwertungszahl (§ 108a Abs. 1) vervielfachten Beträge.

(BGBl 1993/335, BGBl 1996/411, BGBl I 2001/67)

[a]) Beträge siehe VO über veränderliche Werte.

(2) Der Beitrag für die nach § 8 Abs. 1 Z 3 lit. c und f teilversicherten Personen ist von einer festen kalendertagsbezogenen Beitragsgrundlage zu bemessen, deren Höhe durch die Satzung des Unfallversicherungsträgers einheitlich festzusetzen ist; sie muss sich mindestens auf 2,18 € belaufen und darf die Höchstbeitragsgrundlage (§ 45 Abs. 1) nicht überschreiten. Der Beitragssatz wird gleichfalls durch die Satzung des Trägers der Unfallver-

sicherung im Rahmen des Erforderlichen einheitlich festgesetzt.

(BGBl I 1997/139, BGBl I 2001/67)

(3) Die Beiträge sind zur Gänze zu tragen:

1. für die nach § 8 Abs. 1 Z 3 lit. a und b in der Unfallversicherung teilversicherten selbständig Erwerbstätigen vom Versicherten;

   (BGBl 1996/411, BGBl I 1997/139)

2. für die nach § 8 Abs. 1 Z 3 lit. c teilversicherten Teilnehmer an Umschulungs-, Nachschulungs- und sonstigen beruflichen Ausbildungslehrgängen sowie für Lehrende bei solchen Lehrgängen von der den Lehrgang veranstaltenden Körperschaft, für die nach § 8 Abs. 1 Z 3 lit. c teilversicherten Volontäre vom Inhaber des Betriebes, in dem die Tätigkeit ausgeübt wird, für die nach § 8 Abs. 1 Z 3 lit. c teilversicherten Personen, die in einer Einrichtung untergebracht sind, die der medizinischen Rehabilitation oder Gesundheitsvorsorge dient, vom Träger der Einrichtung, in der die Unterbringung erfolgt;
3. für die nach § 8 Abs. 1 Z 3 lit. e teilversicherten Versicherungsvertreter und Beiratsmitglieder von dem in Betracht kommenden Versicherungsträger bzw. vom Hauptverband;

   (BGBl 1996/411)

4. für die nach § 8 Abs. 1 Z 3 lit. g teilversicherten Mitglieder der Organe der gesetzlichen beruflichen Vertretungen (kollektivvertragsfähigen Berufsvereinigungen) von der in Betracht kommenden gesetzlichen beruflichen Vertretung (kollektivvertragsfähigen Berufsvereinigung);
5. für die nach § 8 Abs. 1 Z 3 lit. j teilversicherten Personen vom Bund.

(4) Auf die Beiträge nach Abs. 1 und 2 sind die Bestimmungen des § 55 über die Dauer der Beitragspflicht, des § 59 über die Verzugszinsen, des § 62 über die Mitteilung von Beitragsrückständen und Beitragsabrechnung, der §§ 64 bis 67 über die Eintreibung und Sicherung der Beiträge sowie die sonstigen Bestimmungen über Beiträge der §§ 68 und 69 entsprechend anzuwenden.

(5) Als Beitrag für die gemäß § 8 Abs. 1 Z 3 lit. h und i teilversicherten Personen hat die Allgemeine Unfallversicherungsanstalt zuzüglich zu dem aus Mitteln des Familienlastenausgleichsfonds zu leistenden Beitrag jährlich den Betrag bereitzustellen, der zur Deckung des Aufwandes der Unfallversicherung für diese Personen notwendig ist.

(6) Als Beitrag für die nach § 8 Abs. 1 Z 3 lit. k teilversicherten Personen hat der Bund jährlich im Voraus einen Pauschbetrag in der Höhe von 16 458,43 €[a]) an die Allgemeine Unfallversicherungsanstalt zu überweisen. An die Stelle dieses Betrages tritt ab 1. Jänner eines jeden Jahres der unter Bedachtnahme auf § 108 Abs. 9 mit der jeweiligen Aufwertungszahl (§ 108a Abs. 1) vervielfachte Betrag.

(BGBl 1996/411, BGBl I 2001/67)

---

[a]) Beträge siehe VO über veränderliche Werte.

Beitrag für Zusatzversicherte in der Unfallversicherung

§ 74a. (1) Der Beitrag für jede nach § 22a in der Unfallversicherung zusatzversicherte Person beläuft sich für das Kalenderjahr auf 1,16 €, im Fall des erweiterten Versicherungsschutzes nach § 22a Abs. 4 jedoch auf 2,18 €. Er ist zur Gänze von jenem Rechtsträger, der die Einbeziehung in die Zusatzversicherung beantragt hat, an die Allgemeine Unfallversicherungsanstalt zu entrichten. Reicht dieser Beitrag nicht aus, um den Gesamtaufwand für die Durchführung dieser Zusatzversicherung zu decken, so ist er durch Verordnung des Bundesministers für soziale Verwaltung im erforderlichen Ausmaß festzusetzen.

(BGBl 1996/411, BGBl I 1998/138, BGBl I 2001/67)

(2) Der Bund leistet für jeden in der Zusatzversicherung Versicherten, für den in einem Kalenderjahr ein Beitrag nach Abs. 1 entrichtet wurde, einen Beitrag im selben Ausmaß. Dieser Beitrag ist nach Ablauf des betreffenden Kalenderjahres der Allgemeinen Unfallversicherungsanstalt zu überweisen.

(3) Die Fälligkeit des Beitrages nach Abs. 1 ist unter Bedachtnahme auf die besonderen Verhältnisse der in Betracht kommenden Versichertengruppen in der Satzung der Allgemeinen Unfallversicherungsanstalt zu regeln.

(BGBl I 2001/67)

Aufbringung der Mittel im Falle der Einbeziehung in die Teilversicherung durch Verordnung

§ 75. Die Aufbringung der Mittel in der Krankenversicherung der nach § 9 in diese Versicherung einbezogenen Personen wird durch Verordnung in der Weise geregelt, daß die Aufwendungen des Versicherungsträgers unter Berücksichtigung eines angemessenen Anteiles an den Verwaltungskosten durch Beiträge der Körperschaften, auf deren Antrag die Einbeziehung in die Versicherung vorgenommen wurde, oder durch Beiträge der Körperschaften privaten Rechtes, der die einbezogenen Versicherten angehören, voraussichtlich gedeckt werden. Die in die Versicherung einbezogenen Personen selbst können, soweit ein ihnen gewährtes Entgelt eine ausreichende Beitragsgrundlage abgibt, gleichfalls zur Beitragsleistung herangezogen werden.

**3. Unterabschnitt
Beiträge zur freiwilligen Versicherung**

Beitragsgrundlage für Selbstversicherte in der Krankenversicherung

§ 76. (1) Die Beitragsgrundlage für den Kalendertag beläuft sich

1. für alle mit Ausnahme der in Z 2 genannten Selbstversicherten auf 125,00 €[a]);
2. für jene Selbstversicherten, die der Personengruppe nach § 16 Abs. 2 angehören, auf 17,44 €[a]); an die Stelle dieser Beitragsgrundlage tritt jedoch die Beitragsgrundlage nach Z 1, wenn der Selbstversicherte
   „a) ein Einkommen bezieht, das den im § 49 Abs. 3 des Studienförderungsgesetzes 1992 genannten Betrag übersteigt, oder“

   (BGBl I 2002/1)

   b) vor dem gegenwärtigen Studium das Studium im Sinne des § 17 des Studienförderungsgesetzes 1992 gewechselt hat oder die gesamte Anspruchsdauer auf Studienbeihilfe für die Studienrichtung im Sinne des § 18 Abs. 1 und 5 des Studienförderungsgesetzes 1992 ohne wichtige Gründe (§ 19 Abs. 2 bis 4 des Studienförderungsgesetzes 1992) um mehr als vier Semester überschritten hat oder
   c) vor dem gegenwärtigen Studium schon ein Hochschulstudium im Sinne der §§ 13 bis 15 des Studienförderungsgesetzes 1992 absolviert hat;

lit. c ist nicht anzuwenden für Hörer (Lehrgangsteilnehmer) der Diplomatischen Akademie sowie für Selbstversicherte, sofern sie während des Hochschulstudiums keine selbständige oder unselbständige Erwerbstätigkeit ausüben; eine Erwerbstätigkeit, auf Grund derer ein Erwerbseinkommen bezogen wird, das das nach § 5 Abs. 2 jeweils in Betracht kommende Monatseinkommen nicht übersteigt, bleibt hiebei unberücksichtigt. An die Stelle der in den Z 1 und 2 genannten Beträge treten ab 1. Jänner eines jeden Jahres die unter Bedachtnahme auf § 108 Abs. 9 mit der jeweiligen Aufwertungszahl (§ 108a Abs. 1) vervielfachten Beträge. „Die lit. a und b sind auf Bezieher eines Studienabschluss-Stipendiums nach § 52b des Studienförderungsgesetzes 1992 nicht anzuwenden.“

(BGBl I 1997/139, BGBl I 2002/1, BGBl I 2001/67)

[a]) Beträge siehe VO über veränderliche Werte.

(2) Für Selbstversicherte außerhalb der Personengruppe nach § 16 Abs. 2 sind die Beiträge unbeschadet des Abs. 3

a) auf Antrag des Versicherten,
b) in den Fällen, in denen das auf Scheidung lautende Urteil den Ausspruch nach § 61 Abs. 3 Ehegesetz enthält, auch auf Antrag des Ehegatten, der die Ehescheidungsklage eingebracht hat,

von einer niedrigeren als der im Abs. 1 Z 1 genannten Beitragsgrundlage zu bemessen, sofern dies nach den wirtschaftlichen Verhältnissen des Versicherten bzw. in den Fällen der lit. b nach den wirtschaftlichen Verhältnissen des Ehegatten, der die Ehescheidungsklage eingebracht hat, gerechtfertigt erscheint. Für Selbstversicherte, die Anspruch auf Hilfe zur Sicherung des Lebensbedarfes gegenüber einem Träger der Sozialhilfe oder die gegenüber einem Wohlfahrtsfonds auf Grund einer satzungsmäßigen oder vertraglichen Regelung ganz oder teilweise Anspruch auf Ersatz der Beiträge haben, gilt jedenfalls die nach Abs. 1 Z 1 in Betracht kommende Beitragsgrundlage. Die Beitragsgrundlage darf jedoch den Betrag nach Abs. 1 Z 2 nicht unterschreiten; in den Fällen der lit. b muss sie überdies mindestens so hoch sein wie der zu leistende Unterhaltsbetrag. Die Herabsetzung der Beitragsgrundlage wirkt, wenn der Antrag zugleich mit dem Antrag auf Selbstversicherung gestellt wird, ab dem Beginn der Selbstversicherung, sonst ab dem auf die Antragstellung folgenden Monatsersten; die Herabsetzung gilt jeweils bis zum Ablauf des nächstfolgenden Kalenderjahres. Wurde die Selbstversicherung auf einer niedrigeren als der nach Abs. 1 Z 1 in Betracht kommenden Beitragsgrundlage zugelassen, so hat der Versicherungsträger ohne Rücksicht auf die Geltungsdauer der Herabsetzung bei einer Änderung in den wirtschaftlichen Verhältnissen des Versicherten auf dessen Antrag oder von Amts wegen eine Erhöhung der Beitragsgrundlage bis auf das nach Abs. 1 Z 1 in Betracht kommende Ausmaß vorzunehmen. Solche Festsetzungen wirken in allen diesen Fällen nur für die Zukunft.

(BGBl I 2001/67)

(3) Bei Prüfung der wirtschaftlichen Verhältnisse nach Abs. 2 sind auch Unterhaltsverpflichtungen von Ehegatten, auch geschiedenen Ehegatten, gegenüber dem Versicherten zu berücksichtigen. ~~Als monatliche Unterhaltsverpflichtung gelten, gleichviel, ob und in welcher Höhe die Unterhaltsleistung tatsächlich erbracht wird, nach Scheidung der Ehe 12,5 vH des nachgewiesenen monatlichen Nettoeinkommens des Unterhaltspflichtigen.~~ Wenn und solange das Nettoeinkommen des Unterhaltspflichtigen nicht nachgewiesen wird, ist

a) während des Bestandes der Ehe anzunehmen, daß eine Herabsetzung in den wirtschaftlichen Verhältnissen des Versicherten nicht gerechtfertigt erscheint,
b) nach Scheidung der Ehe anzunehmen, daß die Höhe der monatlichen Unterhaltsverpflichtung 25 vH des Dreißigfachen der Beitragsgrundlage nach Abs. 1 Z 1 beträgt.

Eine Zurechnung zum Nettoeinkommen erfolgt nur in der Höhe eines Vierzehntels der jährlich tatsächlich zufließenden Unterhaltsleistung, wenn die berechnete Unterhaltsforderung der Höhe nach trotz durchgeführter Zwangsmaßnahmen einschließlich gerichtlicher Exekutionsführung uneinbringlich oder die Verfolgung eines Unterhaltsanspruches in dieser Höhe offenbar aussichtslos ist.

(BGBl I 2001/36, BGBl I 2002/1)

(4) Die Abs. 2 und 3 gelten nicht für die im § 16 Abs. 2 bezeichneten Personen, sofern ihre Beiträge von der Beitragsgrundlage nach Abs. 1 Z 2 erster Halbsatz berechnet werden.

(5) Abs. 2 dritter Satz und Abs. 3 zweiter bis vierter Satz gelten nicht für Personen, deren Antrag auf Notstandshilfe wegen Anrechnung von Unterhalt nach § 36 Abs. 3 lit. a AlVG bescheidmäßig abgewiesen worden ist, wenn und solange sie der Arbeitsvermittlung zur Verfügung stehen. Darüber hinaus kann von der Anwendung der zitierten Bestimmungen abgesehen werden, wenn die antragstellende Person nach Scheidung ihrer Ehe auf Grund ihrer geringen Einkommens- und Vermögensverhältnisse eines besonderen sozialen Schutzes bedarf.

(BGBl I 1999/121)

(6) Beitragszeitraum ist der Kalendermonat; er ist einheitlich mit 30 Kalendertagen anzunehmen.

(BGBl 1994/20, BGBl I 1999/121)

Beitragsgrundlage für Weiterversicherte in der Pensionsversicherung

§ 76a. (1) Beitragsgrundlage für den Kalendertag ist für in der Pensionsversicherung Weiterversicherte ein Dreißigstel der sich gemäß § 242 Abs. 7 ergebenden Gesamtbeitragsgrundlage des dem Ausscheiden aus der Pflichtversicherung vorangegangenen letzten Kalenderjahres; in den Fällen des § 17 Abs. 3 letzter Satz ist das Kalenderjahr vor dem Ausscheiden aus der Pflichtversicherung heranzuziehen, für das eine Gesamtbeitragsgrundlage bereits ermittelt werden konnte. Hat der Versicherte Beitragszeiten der Pflichtversicherung nur im Beitragsjahr des Ausscheidens aus der Pflichtversicherung erworben, so ist dieses Beitragsjahr heranzuziehen. Die demnach in Betracht kommende Beitragsgrundlage ist mit dem sich gemäß Abs. 2 ergebenden Faktor zu vervielfachen. Hat der (die) Versicherte vor der Weiterversicherung Beitragszeiten einer Selbstversicherung gemäß § 16a erworben, gilt als Beitragsgrundlage für die Weiterversicherung die Beitragsgrundlage gemäß § 76b Abs. 5; hat der (die) Versicherte vor der Weiterversicherung Beitragszeiten einer Selbstversicherung gemäß § 18a erworben, gilt als Beitragsgrundlage für die Weiterversicherung die Beitragsgrundlage gemäß § 76b Abs. 4.

(BGBl 1993/335, BGBl I 1998/138)

(2) Der nach Abs. 1 anzuwendende Faktor ergibt sich aus der Teilung der Höchstbeitragsgrundlage des Jahres, für das die Beiträge entrichtet werden, durch die Höchstbeitragsgrundlage des Jahres, aus dem die nach Abs. 1 heranzuziehende Beitragsgrundlage stammt.

(3) Die sich nach den Abs. 1 und 2 ergebende Beitragsgrundlage darf 18,10 €[a]) nicht unterschreiten. An die Stelle dieses Betrages tritt ab 1. Jänner eines jeden Jahres der unter Bedachtnahme auf § 108 Abs. 9 mit der jeweiligen Aufwertungszahl (§ 108a Abs. 1) vervielfachte Betrag.

(BGBl 1993/335, BGBl I 2001/67)

[a]) Betrag siehe VO über veränderliche Werte.

(4) Die Weiterversicherung ist auf Antrag des Versicherten, soweit dies nach seinen wirtschaftlichen Verhältnissen gerechtfertigt erscheint, auf einer niedrigeren als der nach Abs. 1 bis 3 in Betracht kommenden Beitragsgrundlage, jedoch nicht unter den dort angeführten Mindestbeträgen zuzulassen. Eine solche Änderung der Beitragsgrundlage gilt jeweils bis zum Ablauf des nächstfolgenden Kalenderjahres. Wurde die Weiterversicherung auf einer niedrigeren als der nach Abs. 1 bis 3 in Betracht kommenden Beitragsgrundlage zugelassen, so hat der Versicherungsträger bei einer Änderung in den wirtschaftlichen Verhältnissen des Versicherten auf dessen Antrag eine Erhöhung der Beitragsgrundlage bis auf das nach Abs. 1 bis 3 in Betracht kommende Ausmaß vorzunehmen. Eine solche Erhöhung hat der Versicherungsträger auch von Amts wegen vorzunehmen, wenn ihm eine entsprechende Änderung in den wirtschaftlichen Verhältnissen des Versicherten bekannt wird. Solche Festsetzungen wirken in allen diesen Fällen nur für die Zukunft.

(5) Bei Prüfung der wirtschaftlichen Verhältnisse nach Abs. 4 ist § 76 Abs. 3 mit der Maßgabe entsprechend anzuwenden, daß an die Stelle der Beitragsgrundlage nach § 76 Abs. 1 das Dreißigfache der Höchstbeitragsgrundlage in der Pensionsversicherung (§ 45 Abs. 1) tritt.

(6) Die Beitragsgrundlage ist ab 1. Jänner eines jeden Jahres mit dem Faktor zu vervielfachen, der sich aus der Teilung der Höchstbeitragsgrundlage dieses Jahres durch die Höchstbeitragsgrundlage des vorangegangenen Jahres ergibt, jedoch höchstens bis zu dem Betrag der um ein Sechstel ihres Betrages erhöhten Höchstbeitragsgrundlage in der Pensionsversicherung. Der vervielfachte Betrag ist auf Cent zu runden.

(7) Beitragszeitraum ist der Kalendermonat, er ist einheitlich mit 30 Kalendertagen anzunehmen.

Beitragsgrundlage für Selbstversicherte

§ 76b. (1) Beitragsgrundlage für den Kalendertag ist für Selbstversicherte in der Unfallversicherung ein durch die Satzung des Versicherungsträgers festzusetzender Betrag, der sich mindestens auf 12,28 €[a]) belaufen muss und die Höchstbeitragsgrundlage (§ 45 Abs. 1) nicht überschreiten darf. An die Stelle des Betrages von 12,28 € tritt ab 1. Jänner eines jeden Jahres der unter Bedachtnahme auf § 108 Abs. 9 mit der jeweiligen Aufwertungszahl (§ 108a Abs. 1) vervielfachte Betrag.

(BGBl 1993/335, BGBl I 2001/67)

[a]) Betrag siehe VO über veränderliche Werte.

(2) Monatliche Beitragsgrundlage für die in der Kranken- und Pensionsversicherung gemäß § 19a

Selbstversicherten ist der Betrag gemäß § 5 Abs. 2 Z 2.

(BGBl I 1997/139, BGBl I 1998/138)

(3) (aufgehoben)

(BGBl 1993/335)

(4) Die Beitragsgrundlage für den Kalendertag beläuft sich für Selbstversicherte in der Pensionsversicherung nach § 18a auf 27,62 €[a]). An die Stelle dieses Betrages tritt ab 1. Jänner eines jeden Jahres der unter Bedachtnahme auf § 108 Abs. 9 mit der jeweiligen Aufwertungszahl (§ 108a Abs. 1) vervielfachte Betrag.

(BGBl 1987/609, BGBl I 2000/142, BGBl I 2001/67)

[a]) Betrag siehe VO über veränderliche Werte.

(5) Beitragsgrundlage für den Kalendertag ist für in der Pensionsversicherung gemäß § 16a Selbstversicherte die um ein Sechstel ihres Betrages erhöhte halbe Höchstbeitragsgrundlage (§ 45 Abs. 1). Geht der Selbstversicherung gemäß § 16a eine Pflichtversicherung voran, so ist die Beitragsgrundlage für den Kalendertag gemäß § 76a Abs. 1 zu ermitteln. § 76a Abs. 4 und 5 ist anzuwenden.

(6) Beitragszeitraum ist der Kalendermonat; er ist einheitlich mit 30 Kalendertagen anzunehmen.

Ausmaß und Entrichtung

§ 77. (1) In der Krankenversicherung ist für Selbstversicherte, ausgenommen für Selbstversicherte nach § 19a, als Beitragssatz der gleiche Hundertsatz der Beitragsgrundlage wie im § 51 Abs. 1 Z 1 lit. a heranzuziehen. Zahlungen, die für Gruppen von Selbstversicherten von einer Einrichtung zur wirtschaftlichen Selbsthilfe auf Grund einer Vereinbarung mit dem den Beitrag einziehenden Versicherungsträger geleistet werden, sind auf den Beitrag anzurechnen.

(BGBl I 1997/139, BGBl I 1998/138)

(2) In der Pensionsversicherung ist der Beitragssatz für alle Weiter- und Selbstversicherten, ausgenommen für Selbstversicherte nach § 19a, die Summe der jeweils geltenden Beitragssätze gemäß den §§ 51 Abs. 1 Z 3 lit. a und 51a. Für die Höherversicherung in der Pensionsversicherung sind Beiträge in einer vom Versicherten gewählten Höhe zu entrichten; der jährliche Beitrag darf das Sechzigfache der Höchstbeitragsgrundlage nach § 45 Abs. 1 nicht übersteigen.

(BGBl 1993/335, BGBl I 1997/139, BGBl I 1998/138)

(2a) Der monatliche Beitrag für Selbstversicherte in der Kranken- und Pensionsversicherung gemäß § 19a beträgt 41,79 €[a]), wovon auf die Krankenversicherung 27,3% und auf die Pensionsversicherung 72,7% entfallen. An die Stelle des Betrages von 41,79 € tritt ab 1. Jänner eines jeden Jahres der unter Bedachtnahme auf § 108 Abs. 9 mit der jeweiligen Aufwertungszahl (§ 108a Abs. 1) vervielfachte Betrag.

(BGBl I 1998/138, BGBl I 2001/67)

[a]) Betrag siehe VO über veränderliche Werte.

(3) Der Beitragssatz für Selbstversicherte in der Unfallversicherung (§ 19) wird durch die Satzung des Versicherungsträgers im Rahmen des Erforderlichen festgesetzt.

(4) Die Beiträge für die Höherversicherung in der Unfallversicherung gemäß § 20 Abs. 1 betragen unter Zugrundelegung der zusätzlichen Bemessungsgrundlage (§ 181 Abs. 1 letzter Satz) von

9 550,66 €[a]) für das Kalenderjahr ...... 77,91 €[a]),
14 396,49 €[a]) für das Kalenderjahr ...... 117,00 €[a]).

An die Stelle der Beträge von 9 550,66 € und 14 396,49 € treten ab 1. Jänner eines jeden Jahres die unter Bedachtnahme auf § 108 Abs. 9 mit dem jeweiligen Anpassungsfaktor (§ 108f) vervielfachten Beträge. An die Stelle der Beträge von 77,91 € und 117,00 € treten ab 1. Jänner eines jeden Jahres die unter Bedachtnahme auf § 108 Abs. 9 mit der jeweiligen Aufwertungszahl (§ 108a Abs. 1) vervielfachten Beträge.

(BGBl 1993/335, BGBl I 2001/67)

[a]) Beträge siehe VO über veränderliche Werte.

(5) Die Beiträge nach den Abs. 1 bis 4 sind zur Gänze vom Versicherten zu tragen, soweit in den folgenden Absätzen nichts anderes bestimmt wird.

(BGBl I 1997/139)

(6) Weiterversicherte nach § 17, die aus der Pflichtversicherung ausgeschieden sind, um einen nahen Angehörigen (eine nahe Angehörige) mit Anspruch auf Pflegegeld zumindest in Höhe der Stufe 4 nach § 5 des Bundespflegegeldgesetzes oder nach den Bestimmungen der Landespflegegeldgesetze unter gänzlicher Beanspruchung ihrer Arbeitskraft in häuslicher Umgebung zu pflegen, haben in der Pensionsversicherung nur die Beitragsteile, die gemäß den §§ 51 Abs. 3 Z 3 lit. a und 51a Abs. 1 auf den Versicherten entfallen, zu tragen; die gemäß den genannten Bestimmungen auf den Dienstgeber entfallenden Beitragsteile sind aus Mitteln des Bundes zu tragen. Eine solche Beitragstragung durch den Bund kommt pro Pflegefall nur für eine einzige Person in Betracht und erfolgt auch während eines zeitweiligen stationären Pflegeaufenthaltes der pflegebedürftigen Person.

(BGBl I 1997/139, BGBl I 2000/142)

(7) Für die nach § 18a Selbstversicherten sind die Beiträge zur Gänze aus Mitteln des Ausgleichsfonds für Familienbeihilfen zu tragen.

(BGBl I 1997/139)

Fälligkeit, Einzahlung und Haftung

§ 78. (1) Die Beiträge für Weiterversicherte in der Pensionsversicherung und für Selbstversicherte in der Krankenversicherung sind zu Beginn des Kalendermonates fällig. Die Fälligkeit der Beiträge für die übrigen Selbstversicherten ist durch die Satzung des den Beitrag einziehenden Versicherungsträgers zu regeln.

(2) Beiträge zur Höherversicherung in der Unfallversicherung sind gleichzeitig mit jenen Beiträgen fällig, zu denen sie hinzutreten, sofern nicht aus Gründen der Verwaltungsvereinfachung in der Satzung des Versicherungsträgers anderes bestimmt wird oder eine andere Vereinbarung mit dem Versicherungsträger zustande kommt. Die Beiträge zur Höherversicherung in der Pensionsversicherung sind spätestens am 31. Dezember des Jahres einzuzahlen, für das sie gelten.

(3) Die Beiträge zur freiwilligen Versicherung sind zum Fälligkeitstermin unmittelbar an den für die Versicherung zuständigen Versicherungsträger einzuzahlen. Die gemäß § 19a Selbstversicherten haben die Beiträge zur Kranken- und Pensionsversicherung an den zuständigen Krankenversicherungsträger einzuzahlen.

(BGBl 1993/335)

(4) (aufgehoben)

(BGBl I 1997/139)

(5) Für die Beiträge der Familienangehörigen in der Selbstversicherung in der Unfallversicherung (§ 19 Abs. 1 Z 2) haftet der selbständig Erwerbstätige zur ungeteilten Hand mit dem Versicherten.

(6) (aufgehoben)

Sonstige Bestimmungen

§ 79. (1) Auf die Beiträge zur freiwilligen Versicherung sind die Bestimmungen des § 69 über die Rückforderung von Beiträgen mit der Maßgabe entsprechend anzuwenden, daß die Rückforderung von Beiträgen ungeachtet einer allfälligen Leistungserbringung auch dann möglich ist, wenn eine Bescheinigung für die vorläufige Krankenversicherung gemäß § 10 Abs. 7 für den gleichen Zeitraum ausgestellt worden ist, für den Beiträge zur Selbstversicherung in der Krankenversicherung entrichtet wurden, desgleichen auch im Falle einer rückwirkenden Einbeziehung in die Pflichtversicherung nach diesem oder einem anderen Bundesgesetz. Auf die Beiträge zur Selbstversicherung in der Krankenversicherung sind überdies die Bestimmungen der §§ 59, 62, 64 bis 66 und 68 entsprechend anzuwenden.

(2) Die Träger der Krankenversicherung haben die bei ihnen von den Selbstversicherten nach § 19a eingezahlten Beiträge zur Pensionsversicherung in entsprechender Anwendung der Bestimmungen des § 63 an den zuständigen Träger der Pensionsversicherung abzuführen.

4. Unterabschnitt
Grundsätze der langfristigen Finanzierung der Pensionsversicherung

(BGBl 1993/335)

§ 79a. Die Finanzierung der Pensionsversicherung ist durch Beiträge der Versicherten und Bundesbeiträge sicherzustellen. Übersteigt die Summe der gebührenden Beiträge des Bundes gemäß § 80 Abs. 1 ein Drittel der Gesamtaufwendungen in der Pensionsversicherung nach diesem Bundesgesetz, sind Mehraufwendungen der Pensionsversicherung gleichmäßig auf Bundesbeiträge und Beiträge für Pflichtversicherte aufzuteilen.

Beitrag des Bundes ab 1. Jänner 1998

§ 80. (1) In der Pensionsversicherung leistet der Bund für jedes Geschäftsjahr einen Beitrag in der Höhe des Betrages, um den die Aufwendungen die Erträge übersteigen. Hiebei sind bei den Aufwendungen die Ausgleichszulagen, der Wertausgleich und die Leistungen nach dem Kriegsgefangenenentschädigungsgesetz, BGBl. I Nr. 142/2001, und bei den Erträgen der Bundesbeitrag sowie die Ersätze für Ausgleichszulagen, für den Wertausgleich und für die Leistungen nach dem Kriegsgefangenenentschädigungsgesetz außer Betracht zu lassen.

(BGBl I 2001/99)

(2) Der den einzelnen Trägern der Pensionsversicherung nach Abs. 1 gebührende Beitrag des Bundes ist monatlich im erforderlichen Ausmaß unter Bedachtnahme auf die Kassenlage des Bundes zu bevorschussen.

(BGBl 1996/201)

§ 80a. (1) Die Allgemeine Unfallversicherungsanstalt hat an den Ausgleichsfonds der Pensionsversicherungsträger (§ 447g) 1,5 Milliarden Schilling am 20. November 1992 zu überweisen.

(2) Abweichend von § 80 Abs. 1 leistet der Bund für das Geschäftsjahr 1992 einen Beitrag, der sich gegenüber dem nach § 80 Abs. 1 zu ermittelnden Betrag vermindert:

1. für die Pensionsversicherungsanstalt der Arbeiter um 1 050 Millionen Schilling,
2. für die Versicherungsanstalt der österreichischen Eisenbahnen um 250 Millionen Schilling,
3. für die Pensionsversicherungsanstalt der Angestellten um 950 Millionen Schilling,
4. für die Versicherungsanstalt des österreichischen Bergbaues um 350 Millionen Schilling.

(3) Die Allgemeine Unfallversicherungsanstalt hat an den Ausgleichsfonds der Pensionsversicherungsträger (§ 447g) 500 Millionen Schilling am 20. November 1994 zu überweisen.

(4) Abweichend von § 80 Abs. 1 leistet der Bund für die Geschäftsjahre 1994 und 1995 einen Beitrag in der Höhe des Betrages, um den die Aufwendungen die Erträge übersteigen. Hiebei sind bei den Aufwendungen die Ausgleichszulagen, bei den Erträgen der Bundesbeitrag und die Ersätze für Ausgleichszulagen außer Betracht zu lassen.

(BGBl 1995/297)

(5) Die Allgemeine Unfallversicherungsanstalt hat an den Ausgleichsfonds der Pensionsversicherungsträger (§ 447g)

1. 800 Millionen Schilling am 15. Oktober 1996,
2. 400 Millionen Schilling am 15. April 1997,
3. 400 Millionen Schilling am 15. Oktober 1997

zu überweisen.

(BGBl 1996/201)

(6) Die Allgemeine Unfallversicherungsanstalt hat am 16. Oktober 2000 an den beim Hauptverband eingerichteten Ausgleichsfonds der Träger der Pensionsversicherung (§ 447g) 1 000 Millionen Schilling zu überweisen.

(BGBl I 2000/26)

Verwaltungs- und Verrechnungsaufwand der Pensionsversicherungsträger

§ 80b. Der Bund leistet in den Geschäftsjahren 1996 und 1997 zur Tragung des Verwaltungs- und Verrechnungsaufwandes der Pensionsversicherungsträger mit Ausnahme der Vergütungen an Sozialversicherungsträger einen Beitrag in der Höhe des Verwaltungs- und Verrechnungsaufwandes des Jahres 1995 mit Ausnahme der Vergütungen an Sozialversicherungsträger. Unterschreitet der tatsächliche Verwaltungs- und Verrechnungsaufwand eines Pensionsversicherungsträgers im betreffenden Geschäftsjahr den für ihn geltenden Betrag, so leistet der Bund den Zuschuß in der Höhe des tatsächlichen Aufwandes.

(BGBl 1996/201)

5. Unterabschnitt
Gemeinsame Bestimmungen

Verwendung der Mittel

§ 81. (1) Die Mittel der Sozialversicherung dürfen nur für die gesetzlich vorgeschriebenen oder zulässigen Zwecke verwendet werden. Zu den zulässigen Zwecken gehören im Rahmen der Zuständigkeit der Versicherungsträger (des Hauptverbandes) auch die Aufklärung, Information und sonstige Formen der Öffentlichkeitsarbeit sowie die Mitgliedschaft zu gemeinnützigen Einrichtungen, die der Forschung nach den wirksamsten Methoden und Mitteln zur Erfüllung der Aufgaben der Sozialversicherung dienen. Darüber hinaus haben die Krankenversicherungsträger einmal im Kalenderjahr die Versicherten über die Kosten der von ihnen und ihren Angehörigen in Anspruch genommenen Sachleistungen zu informieren.[a])

(BGBl I 2000/92, BGBl I 2001/33, BGBl I 2001/99)

[a]) Der letzte Satz tritt mit 1. Jänner 2003 in Kraft.

(2) Zulässig ist auch die Errichtung (Gründung) von oder die Beteiligung an Vereinen, Fonds und Gesellschaften mit beschränkter Haftung im Rahmen von Finanzierungs- und Betreibermodellen, wenn sie der Verbesserung der Servicequalität oder der Erzielung von Einsparungen dient; dabei können auch Gebietskörperschaften einbezogen werden. Unter den gleichen Voraussetzungen ist die Beteiligung von natürlichen oder juristischen Personen an Vereinen, Fonds und Gesellschaften mit beschränkter Haftung, die von einem Versicherungsträger (dem Hauptverband) errichtet (gegründet) wurden, zulässig.

(BGBl I 2001/99)

„Informations- und Aufklärungspflicht

§ 81a. Die Versicherungsträger (der Hauptverband) und das Bundesministerium für soziale Sicherheit und Generationen haben die Versicherten (Dienstgeber, LeistungsbezieherInnen) über ihre Rechte und Pflichten nach diesem Bundesgesetz zu informieren und aufzuklären. Die Versicherungsträger (der Hauptverband) haben Informationen und Aufklärungen im Sinne des ersten Satzes mit jenen des Bundesministeriums für soziale Sicherheit und Generationen abzustimmen; Informationen (Aufklärungen) gelten als abgestimmt, wenn sich das Bundesministerium für soziale Sicherheit und Generationen binnen 48 Stunden nach Zustellung nicht dazu äußert; § 108 BAO gilt entsprechend.“

(BGBl I 2002/1)

Vergütung für Mitwirkung an fremden Aufgaben

§ 82. (1) Soweit die Versicherungsträger, ausgenommen die Betriebskrankenkassen, an der Durchführung der Unfall- und Pensionsversicherung bei einem anderen Versicherungsträger nach diesem oder einem anderen Bundesgesetz mitwirken, erhalten sie zur Abgeltung der ihnen daraus erwachsenden Kosten eine Vergütung aus den Beiträgen zu diesen Versicherungen in der Höhe eines Hundertsatzes der abgeführten Beiträge. Das Nähere wird durch Verordnung des Bundesministers für Arbeit und Soziales geregelt, dabei ist die Höhe des Hundertsatzes unter Bedachtnahme auf die Ergebnisse der Kostenrechnung festzusetzen. Für die Einhebung der Zusatzbeiträge fällt keine Vergütung an.

(BGBl 1996/411)

(2) Soweit die Versicherungsträger auf Grund anderer gesetzlicher Vorschriften oder auf Grund von Vereinbarungen zur Einhebung von Beiträgen, Umlagen und dgl. für öffentlich-rechtliche Körperschaften oder Einrichtungen verpflichtet sind und in diesen Vorschriften oder Vereinbarungen nicht schon eine Entschädigung festgesetzt ist, gebührt ihnen zur Abgeltung der Kosten eine Vergütung, deren Höhe das Bundesministerium für soziale Verwaltung im Einvernehmen mit dem Bundesministerium für Finanzen nach Anhörung der beteiligten Stellen festsetzt.

(BGBl 1996/411)

(3) Soweit der Hauptverband an der Durchführung der dem Arbeitsmarktservice bzw. der Arbeitslosenversicherung gesetzlich übertragenen Aufgaben durch Erhebung, Speicherung und Weitergabe von Daten auf automationsunterstütztem Weg mitwirkt, erhält er zur Abgeltung der ihm daraus erwachsenden Kosten eine Vergütung aus Mit-

teln der Arbeitslosenversicherung bzw. des Arbeitsmarktservice. Diese ist durch Verordnung des Bundesministers für Arbeit und Soziales unter Zugrundelegung der Ergebnisse der Kostenrechnung festzulegen.

(BGBl 1994/314, BGBl 1996/411)

(4) Soweit die Versicherungsträger zur Mitwirkung an der Durchführung der den Arbeiterkammern und der Bundesarbeitskammer übertragenen Aufgaben durch Erhebung, Speicherung und Weitergabe von Daten gemäß § 45a des Arbeiterkammergesetzes 1992 verpflichtet sind, gebührt ihnen zur Abgeltung der Kosten eine Vergütung, deren Höhe der Bundesminister für Arbeit und Soziales im Einvernehmen mit dem Bundesminister für Finanzen nach Anhörung der beteiligten Stellen festsetzt.

(BGBl 1995/832)

Verzugszinsen und Verwaltungskostenersätze

§ 83. Die Bestimmungen über Eintreibung und Sicherung, Haftung, Verjährung und Rückforderung von Beiträgen gelten entsprechend für Verzugszinsen und Verwaltungskostenersätze bei zwangsweiser Eintreibung.

6. Unterabschnitt
Unterstützungsfonds

§ 84. (1) Die Versicherungsträger können einen Unterstützungsfonds anlegen.

(2) Die Träger der Krankenversicherung können dem Unterstützungsfonds

a) bis zu 25 vH des im Rechnungsabschluß nachgewiesenen Gebarungsüberschusses, der ohne Berücksichtigung dieser Überweisung zu berechnen ist, höchstens jedoch 1 vH der Erträge an Versicherungsbeiträgen, oder

b) bis zu 3 vT der Erträge an Versicherungsbeiträgen,

überweisen. Überweisungen nach lit. b dürfen nur so weit erfolgen, daß die Mittel des Unterstützungsfonds am Ende des Geschäftsjahres den Betrag von 5 vT der Erträge an Versicherungsbeiträgen nicht übersteigen.

(3) Dem Unterstützungsfonds können

1. die Allgemeine Unfallversicherungsanstalt bis zu 1 vT der Erträge an Versicherungsbeiträgen,

2. die Träger der Pensionsversicherung von den Erträgen an Versicherungsbeiträgen bis zu den nachstehend angeführten Tausendsätzen, und zwar

   a) die Pensionsversicherungsanstalt der Arbeiter und die Versicherungsanstalt der österreichischen Eisenbahnen bis zu 1,1 vT,

   „a)[a]) die Pensionsversicherungsanstalt bis zu 1,0 vT,“

   (BGBl I 2002/1)

[a]) Tritt mit 1. Jänner 2003 in Kraft.

   b) die Pensionsversicherungsanstalt der Angestellten bis zu 1,0 vT und

   „b)[a]) die Versicherungsanstalt der österreichischen Eisenbahnen bis zu 1,1 vT und“

   (BGBl I 2002/1)

[a]) Tritt mit 1. Jänner 2003 in Kraft.

   c) die Versicherungsanstalt des österreichischen Bergbaues bis zu 3,0 vT

überweisen.

(4) Die Versicherungsanstalt der österreichischen Eisenbahnen als Träger der Unfallversicherung kann zur Auffüllung des Unterstützungsfonds einen Zuschlag zu den Unfallversicherungsbeiträgen bis zu 5 vH dieser Beiträge einheben.

(5) Überweisungen nach Abs. 3 und 4 dürfen nur so weit erfolgen, daß die Mittel des Unterstützungsfonds am Ende des Geschäftsjahres

1. bei den Trägern der Unfallversicherung den Betrag von 15 vT und

2. bei den Trägern der Pensionsversicherung den nachstehend angeführten Tausendsatz, und zwar

   a) bei der Pensionsversicherungsanstalt der Arbeiter und der Versicherungsanstalt der österreichischen Eisenbahnen 2,2 vT,

   „a)[a]) bei der Pensionsversicherungsanstalt 2,0 vT,“

   (BGBl I 2002/1)

[a]) Tritt mit 1. Jänner 2003 in Kraft.

   b) bei der Pensionsversicherungsanstalt der Angestellten 2,0 vT und

   „b)[a]) bei der Versicherungsanstalt der österreichischen Eisenbahnen 2,2 vT und“

   (BGBl I 2002/1)

[a]) Tritt mit 1. Jänner 2003 in Kraft.

   c) bei der Versicherungsanstalt des österreichischen Bergbaues 6,0 vT

der Erträge an Versicherungsbeiträgen nicht übersteigen.

(6) Die Mittel des Unterstützungsfonds können in besonders berücksichtigungswürdigen Fällen, insbesondere in Berücksichtigung der Familien-, Einkommens- und Vermögensverhältnisse des zu Unterstützenden, für Unterstützungen nach Maßgabe der hiefür vom Vorstand zu erlassenden Richtlinien verwendet werden.

ABSCHNITT VI
Leistungsansprüche

Entstehen der Leistungsansprüche

§ 85. Die Ansprüche auf die Leistungen aus der Kranken-, Unfall- und Pensionsversicherung entstehen in dem Zeitpunkt, in dem die im Zweiten, Dritten und Vierten Teil dieses Bundesgesetzes hiefür vorgesehenen Voraussetzungen erfüllt werden.

Anfall der Leistungen

§ 86. (1) Soweit nichts anderes bestimmt ist, fallen die sich aus den Leistungsansprüchen ergebenden Leistungen mit dem Entstehen des Anspruches (§ 85) an.

(2) Nach dem Tode des Empfängers einer Versehrtenrente fallen Hinterbliebenenrenten aus der Unfallversicherung mit dem Tag an, der auf den Tod des Rentenempfängers folgt.

(BGBl 1996/201)

(3) Pensionen aus der Pensionsversicherung fallen an:

1. Hinterbliebenenpensionen fallen mit dem dem Eintritt des Versicherungsfalles folgenden Tag an, wenn der Antrag binnen sechs Monaten nach Eintritt des Versicherungsfalles gestellt wird. Wird ein Antrag auf Waisenpension nicht fristgerecht gestellt, so fällt die Waisenpension mit dem dem Eintritt des Versicherungsfalles folgenden Tag an, sofern der Antrag längstens bis zum Ablauf von sechs Monaten nach dem Eintritt der Volljährigkeit der Waise gestellt wird. Wird der Antrag auf die Pension erst nach Ablauf dieser Frist gestellt, so fällt die Pension erst mit dem Tag der Antragstellung an. Die Antragsfrist verlängert sich bei Waisenpensionsberechtigten um die Dauer eines Verfahrens zur Feststellung der Vaterschaft bzw. zur „Betrauung einer Person mit der Obsorge" und beginnt bei Waisenpensionsberechtigten, die erst nach dem Eintritt des Versicherungsfalles geboren werden, mit dem Tag der Geburt. Bei nachträglicher amtlicher Feststellung des Todestages beginnt die Antragsfrist erst mit dem Zeitpunkt dieser Feststellung. Wird für ein doppelt verwaistes Kind ein Antrag auf Waisenpension nach einem Elternteil gestellt, so ist dieser Antrag rechtswirksam für den Anspruch auf Waisenpension bzw. Waisenrente nach beiden Elternteilen und gilt für alle Pensionsversicherungsträger bzw. Unfallversicherungsträger nach diesem oder einem anderen Bundesgesetz.

   (BGBl 1993/335, BGBl 1996/201, BGBl I 2002/1)

2. Alle übrigen Pensionen fallen mit Erfüllung der Anspruchsvoraussetzungen an, wenn sie auf einen Monatsersten fällt, sonst mit dem der Erfüllung der Voraussetzungen folgenden Monatsersten, sofern die Pension binnen einem Monat nach Erfüllung der Voraussetzungen beantragt wird. Wird der Antrag auf die Pension erst nach Ablauf dieser Frist gestellt, so fällt die Pension mit dem Stichtag an. Für den Anfall einer Pension aus den Versicherungsfällen der geminderten Arbeitsfähigkeit ist zusätzlich die Aufgabe der Tätigkeit, auf Grund welcher der (die) Versicherte als invalid (berufsunfähig, dienstunfähig) gilt, erforderlich, es sei denn, der (die) Versicherte bezieht ein Pflegegeld ab Stufe 3 nach § 4 des Bundespflegegeldgesetzes, BGBl. Nr. 110/1993, oder nach den Bestimmungen der Landespflegegeldgesetze. Werden dem (der) Versicherten medizinische oder berufliche Maßnahmen der Rehabilitation gewährt und sind ihm (ihr) diese Maßnahmen unter Berücksichtigung der Dauer und des Umfanges seiner (ihrer) Ausbildung sowie der von ihm (ihr) bisher ausgeübten Tätigkeit zumutbar, so fällt die Pension aus den Versicherungsfällen der geminderten Arbeitsfähigkeit erst dann an, wenn durch die Rehabilitationsmaßnahmen die Wiedereingliederung des (der) Versicherten in das Berufsleben nicht bewirkt werden kann.

   (BGBl 1996/201, BGBl 1996/411, BGBl I 1997/139)

(4) Leistungen aus der Unfallversicherung fallen, wenn innerhalb von zwei Jahren nach Eintritt des Versicherungsfalles weder der Anspruch von Amts wegen festgestellt noch ein Antrag auf Feststellung des Anspruches gestellt wurde, mit dem Tag der späteren Antragstellung bzw. mit dem Tag der Einleitung des Verfahrens an, das zur Feststellung des Anspruches führt. Wird eine Unfallsanzeige innerhalb von zwei Jahren nach Eintritt des Versicherungsfalles erstattet, so gilt der Zeitpunkt des Einlangens der Unfallsanzeige beim Unfallversicherungsträger als Tag der Einleitung des Verfahrens, wenn dem Versicherten zum Zeitpunkt der späteren Antragstellung oder Einleitung des Verfahrens noch ein Anspruch auf Rentenleistungen zusteht. Wird für ein doppelt verwaistes Kind ein Antrag auf Waisenrente nach einem Elternteil gestellt, so ist dieser Antrag rechtswirksam für den Anspruch auf Waisenrente bzw. Waisenpension nach beiden Elternteilen und gilt für alle Unfallversicherungsträger bzw. Pensionsversicherungsträger nach diesem oder einem anderen Bundesgesetz.

(5) Entfällt für eine Leistung auf Grund der Bestimmung des § 235 Abs. 3 lit. c die Wartezeit, so fällt diese Leistung frühestens mit dem Tag der Entlassung des Versicherten aus dem Präsenz- oder Ausbildungsdienst an.

(BGBl I 1998/30)

Verschollenheit

§ 87. (1) Die Verschollenheit ist bei der Anwendung der Bestimmungen dieses Bundesgesetzes dem Tode gleichzuhalten. Als verschollen gilt hiebei, wessen Aufenthalt länger als ein Jahr unbekannt ist, ohne daß Nachrichten darüber vorliegen, ob er in dieser Zeit noch gelebt hat oder gestorben ist, sofern nach den Umständen hiedurch ernstliche Zweifel an seinem Fortleben begründet werden. Als verschollen gilt nicht, wessen Tod nach den Umständen nicht zweifelhaft ist.

(2) Als Todestag ist der Tag anzunehmen, den der Verschollene nach den Umständen wahrscheinlich nicht überlebt hat, spätestens der erste Tag nach Ablauf des Jahres, während dessen keine Nachrichten im Sinne des Abs. 1 mehr eingelangt sind.

(3) Wurde in einem gerichtlichen Todeserklärungsverfahren als Zeitpunkt des Todes ein früherer Zeitpunkt als der nach Abs. 2 anzunehmende Zeitpunkt festgestellt, so gilt der im gerichtlichen Verfahren festgestellte Zeitpunkt als Todestag.

Verwirkung des Leistungsanspruches

§ 88. (1) Ein Anspruch auf Geldleistungen aus dem betreffenden Versicherungsfall steht nicht zu

1. Versicherten, die den Versicherungsfall durch Selbstbeschädigung vorsätzlich herbeigeführt haben,
2. Personen, die den Versicherungsfall durch die Verübung einer mit Vorsatz begangenen gerichtlich strafbaren Handlung veranlaßt haben, derentwegen sie zu einer mehr als einjährigen Freiheitsstrafe rechtskräftig verurteilt worden sind.

(2) In den Fällen des Abs. 1 gebühren den im Inland wohnenden bedürftigen Angehörigen des Versicherten, wenn ihr Unterhalt mangels anderweitiger Versorgung vorwiegend von diesem bestritten worden ist und nicht ihre Beteiligung an den im Abs. 1 bezeichneten Handlungen – im Falle der Z 2 durch rechtskräftiges Strafurteil – festgestellt ist,

a) aus der Krankenversicherung die Hälfte des Krankengeldes, das dem Versicherten gebührt hätte,
b) aus der Unfall- und Pensionsversicherung bei Zutreffen der übrigen Voraussetzungen die Hinterbliebenenrenten(pensionen); in der Unfallversicherung ist hiebei anzunehmen, daß der Tod des Versehrten als Folge eines Arbeitsunfalles eingetreten sei, doch dürfen diese Hinterbliebenenrenten bei Lebzeiten des Versehrten zeitlich und der Höhe nach das Ausmaß der verwirkten Leistungen nicht übersteigen. Den Leistungsansprüchen der Hinterbliebenen nach dem Ableben des Versicherten (Versehrten) wird hiedurch nicht vorgegriffen.

(3) Das Erfordernis eines rechtskräftigen Strafurteiles entfällt, wenn ein solches wegen des Todes, der Abwesenheit oder eines anderen in der betreffenden Person liegenden Grundes nicht gefällt werden kann.

Ruhen der Leistungsansprüche bei Haft und Auslandsaufenthalt

§ 89. (1) Die Leistungsansprüche ruhen

1. in der Kranken-, Unfall- und Pensionsversicherung, solange der Anspruchsberechtigte oder sein Angehöriger (§ 123), für den die Leistung gewährt wird, eine Freiheitsstrafe verbüßt oder in den Fällen der §§ 21 Abs. 2, 22 und 23 des Strafgesetzbuches, BGBl. Nr. 60/1974, in einer der dort genannten Anstalten angehalten wird;
2. in der Krankenversicherung überdies für die Dauer der Untersuchungshaft;
3. in der Kranken-, Unfall- und Pensionsversicherung hinsichtlich der Geldleistungen, solange sich der Anspruchsberechtigte im Ausland aufhält.

(2) Das Ruhen von Renten(Pensions)ansprüchen aus der Unfallversicherung und aus der Pensionsversicherung nach Abs. 1 tritt nicht ein, wenn die Freiheitsstrafe oder die Anhaltung nicht länger als einen Monat währt oder der Auslandsaufenthalt in einem Kalenderjahr nicht zwei Monate überschreitet.

(3) Das Ruhen von Leistungsansprüchen tritt ferner im Falle des Abs. 1 Z 3 nicht ein,

1. wenn durch ein zwischenstaatliches Übereinkommen oder durch eine Verordnung, die der Zustimmung des Hauptausschusses des Nationalrates bedarf, zur Wahrung der Gegenseitigkeit anderes bestimmt wird;
2. wenn der Versicherungsträger dem Anspruchsberechtigten die Zustimmung zum Auslandsaufenthalt erteilt.

(4) Hat ein Versicherter, dessen Leistungsanspruch in der Krankenversicherung ruht, im Inland Angehörige (§ 123), so gebühren ihm die für die Angehörigen vorgesehenen Leistungen.

(5) Hat ein Versicherter, dessen Leistungsanspruch in der Unfallversicherung und in der Pensionsversicherung ruht, im Inland Angehörige, so gebührt diesen im Inland sich aufhaltenden Angehörigen, die im Falle des Todes des Versicherten – in der Unfallversicherung im Falle des Todes infolge des Arbeitsunfalles (der Berufskrankheit) – Anspruch auf Hinterbliebenenrente (Pension) haben, eine Rente (Pension) in der Höhe der halben ruhenden Rente (Pension) mit Ausnahme allfälliger Kinderzuschüsse. Zu dieser Rente (Pension) gebühren allfällige Kinderzuschüsse in der Höhe, wie sie zu der ruhenden Rente (Pension) gebühren. Der Anspruch steht in folgender Reihenfolge zu: Ehegatte, Kinder, Eltern, Geschwister.

(BGBl 1993/110)

(6) Leistungen nach Abs. 4 und 5 gebühren Angehörigen nicht, deren Beteiligung an der strafbaren Handlung, die die Freiheitsstrafe oder die Anhaltung (Abs. 1 Z 1) verursacht hat, durch rechtskräftiges Erkenntnis des Strafgerichtes oder durch rechtskräftigen Bescheid einer Verwaltungsbehörde festgestellt ist. § 88 Abs. 3 gilt entsprechend.

Ruhen der Leistungsansprüche bei Leistung des Präsenz- oder Ausbildungsdienstes

§ 89a. Für die Dauer des Präsenz- oder Ausbildungsdienstes auf Grund der Bestimmungen des Wehrgesetzes 1990 – ausgenommen die im § 8 Abs. 1 Z 1 lit. e und Z 5 genannten Personen – ruht der Anspruch des Versicherten auf Leistungen der Krankenversicherung für seine Person.

(BGBl 1996/411, BGBl I 1998/39)

Zusammentreffen eines Pensionsanspruches aus eigener Pensionsversicherung mit einem Anspruch auf Krankengeld

§ 90. Trifft ein Pensionsanspruch aus eigener Pensionsversicherung, ausgenommen ein Anspruch auf Teilpension oder auf Alterspension (Knappschaftsalterspension), mit einem Anspruch auf Krankengeld zusammen, so ruht der Pensionsanspruch für die weitere Dauer des Krankengeldanspruches mit dem Betrag des Krankengeldes. Das Ruhen des Pensionsanspruches tritt auch dann ein, wenn während der Dauer der Verwirkung (§ 88 Abs. 1) oder Versagung (§ 142) des Krankengeldanspruches die Pension anfällt oder wieder auflebt.

(BGBl 1996/411, BGBl I 1997/139, BGBl I 2001/99)

Zusammentreffen eines Anspruches auf Versehrtenrente mit einem Anspruch auf Krankengeld

§ 90a. (1) Trifft der Bezug von Krankengeld mit einem Anspruch auf Versehrtenrente aus der Unfallversicherung zusammen, so ruht, wenn die Arbeitsunfähigkeit Folge des Arbeitsunfalles oder der Berufskrankheit ist, die Versehrtenrente für die weitere Dauer des Krankengeldbezuges mit dem Betrag des Krankengeldes; hiebei sind der Bezug von Versehrtengeld dem Anspruch auf Versehrtenrente und die Zeit, für die gemäß § 138 Abs. 1 Anspruch auf Krankengeld nicht besteht, sowie ein ruhender Anspruch auf Krankengeld dem Bezug des Krankengeldes gleichzuhalten.

(2) Das Ruhen gemäß Abs. 1 tritt jedoch in dem Ausmaß nicht ein, in dem die Rente unmittelbar vor der Arbeitsunfähigkeit gebührte.

Berücksichtigung von Erwerbseinkommen bei Leistungen

§ 91. (1) Als Erwerbseinkommen gilt, sofern in diesem Bundesgesetz nicht anderes bestimmt wird, bei einer

1. unselbständigen Erwerbstätigkeit das aus dieser Tätigkeit gebührende Entgelt;
2. selbständigen Erwerbstätigkeit der auf den Kalendermonat entfallende Teil der nachgewiesenen Einkünfte aus dieser Tätigkeit. Hinsichtlich der Ermittlung des Erwerbseinkommens aus einem land(forst)wirtschaftlichen Betrieb ist § 292 Abs. 5 und 7 entsprechend anzuwenden.

Die im § 1 Z 4 lit. c des Teilpensionsgesetzes, BGBl. I Nr. 138/1997, genannten Bezüge sind dem Erwerbseinkommen aus einer die Pflichtversicherung begründenden Erwerbstätigkeit gleichzuhalten.

(BGBl I 1997/139)

(2) Bei der Anwendung der §§ 253c Abs. 2 und 3 sowie 254 Abs. 6 bis 8 ist ein im Anschluss an einen Entgeltbezug bestehender Anspruch auf Krankengeld dem Erwerbseinkommen im Ausmaß des vorher bezogenen Entgeltes gleichgestellt; weiters zählen bei der Anwendung dieser Bestimmungen Beträge, die für einen größeren Zeitraum als den Kalendermonat gebühren (zB Weihnachts- und Urlaubsgeld, Sonderzahlungen, Belohnungen), nicht zum Erwerbseinkommen.

(BGBl I 1997/139, BGBl I 2000/92, BGBl I 2001/33)

(BGBl 1996/411)

Jahresausgleich bei Anspruch auf Teilpension

§ 92. (1) Besteht in einem Kalenderjahr Anspruch auf Teilpension, so ist deren Höhe unter Berücksichtigung des während des gesamten Kalenderjahres erzielten Erwerbseinkommens – nach den in Betracht kommenden Bestimmungen über die Teilpension – von Amts wegen neu zu ermitteln, wenn der (die) Pensionsberechtigte in Kalendermonaten, in denen Anspruch auf Teilpension bestand, ein unterschiedlich hohes Erwerbseinkommen erzielte. Als monatlich erzieltes Erwerbseinkommen gilt dabei das durchschnittliche Erwerbseinkommen aus jenen Kalendermonaten, in denen Teilpensionsanspruch bestand.

(BGBl I 2000/92, BGBl I 2001/33)

(2) Ist die gemäß Abs. 1 ermittelte Teilpension höher als die bereits ausgezahlte, so ist der Unterschiedsbetrag dem (der) Pensionsberechtigten zu erstatten; ist die gemäß Abs. 1 ermittelte Teilpension niedriger als die bereits ausgezahlte, so ist der Unterschiedsbetrag aufzurechnen (§ 103 Abs. 1 Z 4).

(BGBl I 1997/139)

§§ 93. bis **94.** (aufgehoben)

Gemeinsame Bestimmungen für das Ruhen von Renten- und Pensionsansprüchen

§ 95. (1) Bei der Anwendung der §§ 90 und 90a sind die Renten (Pensionen) mit dem Leistungszuschlag (§ 284 Abs. 7), jedoch ohne die besonderen Steigerungsbeträge für Höherversicherung (§ 248) und die Kinderzuschüsse (§§ 207, 262) heranzuziehen.

(BGBl 1993/335, BGBl 1996/201, BGBl 1996/411, BGBl I 1997/139)

(2) Liegen die Voraussetzungen für die Anwendung mehrerer Ruhensbestimmungen vor, so sind diese in der Reihenfolge § 90a und § 90 anzuwenden; bei der Anwendung des § 90 ist das Krankengeld nur mehr mit dem Betrag heranzuziehen, um den es den in der Unfallversicherung gemäß § 90a ruhenden Rentenanspruch übersteigt.

(3) (aufgehoben)

Beginn und Ende des Ruhens von Renten- und Pensionsansprüchen

§ 96. Das Ruhen von Renten- und Pensionsansprüchen wird mit dem Tag des Eintritts des Ruhensgrundes wirksam. Die Renten bzw. Pensionen sind von dem Tag an wieder zu gewähren, mit dem der Ruhensgrund weggefallen ist.

Wirksamkeitsbeginn von Änderungen in den Renten(Pensions)ansprüchen aus der Unfall- und Pensionsversicherung

§ 97. (1) Die Erhöhung einer Pension aus der Pensionsversicherung bzw. eine wiederzuerkannte oder neu festgestellte Versehrtenrente (§ 183) wird mit dem Zeitpunkt der Anmeldung des Anspruches bzw. der Einleitung des amtswegigen Verfahrens wirksam.

(2) Die Erhöhung der Witwen(Witwer)rente aus der Unfallversicherung wegen Krankheit oder anderer Gebrechen ist auch für die Zeit der Minderung der Erwerbsfähigkeit vor der Anmeldung des Anspruches, längstens jedoch bis zu drei Monaten vor der Anmeldung zu gewähren. Das gleiche gilt in der Unfall- und in der Pensionsversicherung für die Erhöhung von Waisenrenten(pensionen), für die Erhöhung von Renten (Pensionen) infolge Zuerkennung von Kinderzuschüssen sowie für die Weitergewährung von Kinderzuschüssen oder Waisenrenten(pensionen).

(3) Die Herabsetzung einer Rente (Pension) wird, wenn der Herabsetzungsgrund in der Wiederherstellung oder Besserung des körperlichen oder geistigen Zustandes des Rentners (Pensionisten) oder seines Kindes (§ 252 Abs. 2 Z 2) gelegen ist, mit dem Ablauf des Kalendermonates wirksam, der auf die Zustellung des Bescheides folgt, sonst mit dem Ende des Kalendermonates, in dem der Herabsetzungsgrund eingetreten ist.

Übertragung und Verpfändung von Leistungsansprüchen

§ 98. (1) Die Ansprüche auf Geldleistungen nach diesem Bundesgesetz können unbeschadet der Bestimmungen des Abs. 3 rechtswirksam nur in folgenden Fällen übertragen oder verpfändet werden:

1. zur Deckung von Vorschüssen, die dem Anspruchsberechtigten von Sozialversicherungsträgern, vom Dienstgeber oder von einem Träger der Sozialhilfe auf Rechnung der Versicherungsleistung nach deren Anfall, jedoch vor deren Flüssigmachung gewährt wurden;
2. zur Deckung von gesetzlichen Unterhaltsansprüchen gegen den Anspruchsberechtigten mit der Maßgabe, daß § 291b EO sinngemäß anzuwenden ist.

(2) Der Anspruchsberechtigte kann mit Zustimmung des Versicherungsträgers seine Ansprüche auf Geldleistungen auch in anderen als den im Abs. 1 angeführten Fällen ganz oder teilweise rechtswirksam übertragen; der Versicherungsträger darf die Zustimmung nur erteilen, wenn die Übertragung im Interesse des Anspruchsberechtigten oder seiner nahen Angehörigen gelegen ist.

(3) Die nicht auf Geldleistungen gerichteten Ansprüche sowie die Anwartschaften nach diesem Bundesgesetz können weder übertragen noch verpfändet werden. Der Teilersatz der Bestattungskosten (§ 173 Z 2 lit. a) kann nur in den in Abs. 1 Z 1 angeführten Fällen übertragen oder verpfändet werden.

Pfändung von Leistungsansprüchen

§ 98a. Die Exekutionsordnung regelt, inwieweit Leistungsansprüche nach diesem Bundesgesetz pfändbar sind.

Entziehung von Leistungsansprüchen

§ 99. (1) Sind die Voraussetzungen des Anspruches auf eine laufende Leistung nicht mehr vorhanden, so ist die Leistung zu entziehen, sofern nicht der Anspruch gemäß § 100 Abs. 1 ohne weiteres Verfahren erlischt.

(2) Die Leistung kann ferner auf Zeit ganz oder teilweise entzogen werden, wenn sich der Anspruchsberechtigte nach Hinweis auf diese Folge einer Nachuntersuchung oder Beobachtung entzieht.

(3) Die Entziehung einer Leistung wird wirksam,

1. wenn der Entziehungsgrund in der Wiederherstellung oder Besserung des körperlichen oder geistigen Zustandes des Anspruchsberechtigten gelegen ist, mit dem Ablauf des Kalendermonates, der auf die Zustellung des Bescheides folgt;
2. (aufgehoben)
   (BGBl 1993/335)
3. (aufgehoben)
   (BGBl 1993/335)
2. in allen anderen Fällen mit dem Ende des Kalendermonates, in dem der Entziehungsgrund eingetreten ist.

(4) Die Entziehung eine Leistung aus einem Versicherungsfall der geminderten Arbeitsfähigkeit ist nach der Erreichung des Anfallsalters für die Alterspension bzw. Knappschaftsalterspension (§§ 253 bzw. 276) nicht mehr zulässig.

(BGBl 1993/335)

Erlöschen von Leistungsansprüchen

§ 100. (1) Der Anspruch auf eine laufende Leistung erlischt ohne weiteres Verfahren

a) in der Krankenversicherung, wenn die Voraussetzungen für den Anspruch weggefallen sind;
b) in der Unfallversicherung und in der Pensionsversicherung mit dem Tod des Anspruchsberechtigten, mit der Verheiratung der renten(pensions)berechtigten Witwe [des renten(pensions)berechtigten Witwers], mit dem Wegfall der Voraussetzungen für die Annahme der Verschollenheit, mit der Vollendung des 18. Lebensjahres bei Waisenrenten(pensionen), Geschwisterrenten und Kinderzuschüssen, mit dem Wegfall der Voraussetzungen für die Ge-

währung von Übergangsgeld sowie nach Ablauf der Dauer, für die eine Rente (Pension) zuerkannt wurde. Für den Kalendermonat, in dem der Grund des Wegfalles eingetreten ist, gebührt nur der verhältnismäßige Teil der Rente (Pension), der Ausgleichszulage, des Kinderzuschusses und des Übergangsgeldes, wobei der Kalendermonat einheitlich mit 30 Tagen anzunehmen ist und der verhältnismäßige Teil sich nach der Anzahl der Tage im betreffenden Kalendermonat bis zum Eintritt des Wegfallgrundes bestimmt;

(BGBl 1996/201)

c) in der Pensionsversicherung überdies in den Fällen des § 310; die Pension und allfällige Zuschüsse gebühren noch für den Monat, der dem Einlangen des Antrages nach § 308 Abs. 1 dieses Bundesgesetzes, nach § 101a Abs. 1 des Gewerblichen Selbständigen-Pensionsversicherungsgesetzes oder nach § 99a Abs. 1 des Bauern-Pensionsversicherungsgesetzes beim zuständigen Versicherungsträger folgt.

(BGBl 1996/201)

(2) Der Anspruch auf eine laufende Leistung aus eigener Pensionsversicherung erlischt ferner mit dem Anfall eines Anspruches auf eine andere laufende Leistung aus eigener Pensionsversicherung nach dem Allgemeinen Sozialversicherungsgesetz, dem Gewerblichen Selbständigen-Pensionsversicherungsgesetz oder dem Bauern-Pensionsversicherungsgesetz; § 275 Abs. 2 erster Satz und § 277 Abs. 3 erster Satz bleiben hievon unberührt. Beträge, die nach Erlöschen des früheren Anspruches noch geleistet wurden, sind von den aus dem neuen Anspruch für den gleichen Zeitraum zu leistenden Beträgen einzubehalten und gegebenenfalls dem aus dem früheren Anspruch verpflichteten Versicherungsträger zu überweisen.

Rückwirkende Herstellung des gesetzlichen Zustandes bei Geldleistungen

§ 101. Ergibt sich nachträglich, daß eine Geldleistung bescheidmäßig infolge eines wesentlichen Irrtums über den Sachverhalt oder eines offenkundigen Versehens zu Unrecht abgelehnt, entzogen, eingestellt, zu niedrig bemessen oder zum Ruhen gebracht wurde, so ist mit Wirkung vom Tage der Auswirkung des Irrtums oder Versehens der gesetzliche Zustand herzustellen.

Verfall von Leistungsansprüchen infolge Zeitablaufes

§ 102. (1) Der Anspruch auf Leistungen aus der Krankenversicherung, mit Ausnahme eines Anspruches auf Kostenerstattung (Kostenersatz) oder auf einen Kostenzuschuß, ist vom Anspruchsberechtigten bei sonstigem Verlust binnen zwei Jahren nach seinem Entstehen, bei nachträglicher Feststellung der Versicherungspflicht oder Versicherungsberechtigung binnen zwei Jahren nach Rechtskraft dieser Feststellung geltend zu machen.

(2) Der Anspruch auf Kostenerstattung (Kostenersatz) oder auf einen Kostenzuschuß ist vom Anspruchsberechtigten bei sonstigem Verlust binnen 42 Monaten nach Inanspruchnahme der Leistung geltend zu machen. Bei nachträglicher Feststellung der Versicherungspflicht oder Versicherungsberechtigung verfällt der Anspruch frühestens nach Ablauf von zwei Jahren nach Rechtskraft dieser Feststellung.

(3) Der Anspruch auf bereits fällig gewordene Raten zuerkannter Renten (Pensionen) aus der Unfall- und Pensionsversicherung verfällt nach Ablauf eines Jahres seit der Fälligkeit. Diese Frist wird gehemmt, solange dem Anspruchsberechtigten die Inanspruchnahme der Leistungen durch ein unabwendbares Hindernis nicht möglich ist.

(BGBl 1996/411)

Aufrechnung

§ 103. (1) Die Versicherungsträger dürfen auf die von ihnen zu erbringenden Geldleistungen aufrechnen:

1. vom Anspruchsberechtigten einem Versicherungsträger nach diesem oder einem anderen Bundesgesetz geschuldete fällige Beiträge (§ 58 Abs. 6), soweit das Recht auf Einforderung nicht verjährt ist;

   (BGBl I 1999/106)

2. von Versicherungsträgern zu Unrecht erbrachte, vom Anspruchsberechtigten rückzuerstattende Leistungen, soweit das Recht auf Rückforderung nicht verjährt ist;
3. von Versicherungsträgern gewährte Vorschüsse (§§ 104 Abs. 1 letzter Satz, 368 Abs. 2);
4. die sich aus der Anwendung des § 92 ergebenden Unterschiedsbeträge.

   (BGBl I 1997/139)

(2) Die Aufrechnung nach Abs. 1 Z 1 und 2 ist nur bis zur Hälfte der zu erbringenden Geldleistung zulässig.

(3) Ist im Zeitpunkt des Todes des Anspruchsberechtigten eine fällige Geldleistung noch nicht ausgezahlt, ist die Aufrechnung nach Abs. 1 Z 1 und 2 ohne Begrenzung bis zur vollen Höhe der noch nicht ausgezahlten Geldleistung zulässig.

Auszahlung der Leistungen

§ 104. (1) Die laufenden Geldleistungen aus der Krankenversicherung, ferner das Familien- und Taggeld aus der Unfallversicherung sowie das Versehrtengeld gemäß § 212 Abs. 1 werden wöchentlich im nachhinein ausgezahlt. Die Satzung kann bestimmen, daß die Auszahlung auch für längere, längstens vier Wochen betragende Zeiträume im nachhinein vorgenommen wird. Die laufenden Geldleistungen aus der Krankenversicherung können, wenn die Leistungspflicht dem Grunde nach feststeht und dies im wirtschaftlichen Interesse des Versicherten liegt, vom Versicherungsträger bevorschußt werden.

(2) Die Renten (Pensionen) und das Übergangsgeld aus der Unfall- und Pensionsversicherung werden monatlich im nachhinein am Ersten des Folgemonats ausgezahlt. Fällt der Auszahlungstermin der genannten Leistungen auf einen Samstag, Sonntag oder gesetzlichen Feiertag, so sind diese Leistungen so zeitgerecht anzuweisen, daß sie an dem diesen Tagen vorhergehenden Werktag dem Leistungsbezieher zur Verfügung stehen. Die Versicherungsträger können bei der baren Überweisung die Auszahlung auf einen anderen Tag als den Monatsersten vorverlegen.

(BGBl 1993/110, BGBl 1993/335, BGBl 1996/201, BGBl 1996/411)

(3) Einmalige Geldleistungen sind binnen zwei Wochen nach der Feststellung der Anspruchsberechtigung auszuzahlen.

(4) (aufgehoben)

(BGBl I 2001/67)

(5) Auf Verlangen des Versicherungsträgers haben die Anspruchsberechtigten Lebens- oder Witwen(Witwer)schaftsbestätigungen beizubringen. Solange diese Bestätigungen nicht beigebracht sind, können die Renten (Pensionen) zurückgehalten werden.

(6) „Die Geldleistungen sind bargeldlos zu erbringen, wenn und so lange der (die) Anspruchsberechtigte nicht ausdrücklich Barzahlung verlangt.“ Gebühren für die Auszahlung (Überweisung) von Geldleistungen aus der Unfall- und Pensionsversicherung sind vom Versicherungsträger zu tragen. Das gleiche gilt in der Krankenversicherung für die Auszahlung (Überweisung) der Geldleistungen sowie der anstelle von Sachleistungen gewährten Erstattungsbeträge.

(BGBl I 2002/1)

(7) Die Träger der Pensionsversicherung können sich verpflichten, Geldleistungen der Länder (zB Heizkostenzuschüsse) gegen entsprechende Abgeltung der vollen Kosten zusammen mit den Pensionen auszuzahlen.

(BGBl I 2001/99)

Pensions(Renten)sonderzahlungen

§ 105. (1) Zu Renten aus der Unfallversicherung und Pensionen aus der Pensionsversicherung, die in den Monaten April bzw. September bezogen werden, gebührt je eine Sonderzahlung.

(BGBl 1996/764)

(2) Wird die Pension (Rente) einer anderen Person oder Stelle als dem ehemals versicherten Berechtigten (den berechtigten Hinterbliebenen) auf Grund eines Anspruchsüberganges überwiesen, so werden die Sonderzahlungen nur geleistet, wenn sie dem Berechtigten ungeschmälert zukommen.

(3) Die Sonderzahlung gebührt in der Höhe der für den Monat April bzw. September ausgezahlten Pension (Rente) einschließlich der Zuschüsse und der Ausgleichszulage. Ruht der Pensions(Renten)anspruch für den Monat April bzw. September ganz oder zum Teil wegen des Zusammentreffens mit einem Anspruch auf Krankengeld, so sind die Sonderzahlungen unter Außerachtlassung der Ruhensbestimmung des § 90 beziehungsweise des § 90a zu berechnen.

(BGBl 1996/764)

(4) Die Sonderzahlungen sind zu im Monat April bzw. September laufenden Pensionen (Renten) in diesen Monaten, sonst zugleich mit der Aufnahme der laufenden Pensions(Renten)zahlung flüssig zu machen.

(BGBl 1996/764)

(5) Ein schriftlicher Bescheid ist nur im Falle der Ablehnung und auch dann nur auf Begehren des Pensions(Renten)berechtigten zu erteilen.

Hilflosenzuschuß

§ 105a. (aufgehoben)

Zahlungsempfänger

§ 106. (1) Leistungen werden an den Anspruchsberechtigten ausgezahlt. Ist der Anspruchsberechtigte minderjährig, so ist die Leistung dem gesetzlichen Vertreter auszuzahlen. Mündige Minderjährige sind jedoch für Leistungen, die ihnen auf Grund ihrer eigenen Versicherung zustehen, selbst empfangsberechtigt. In den Fällen des § 361 Abs. 2 dritter Satz ist die Leistung unmittelbar an den Antragsteller auszuzahlen. Ist für einen Anspruchsberechtigten ein Sachwalter bestellt, so ist diesem die Leistung auszuzahlen, wenn die Angelegenheiten, mit deren Besorgung er betraut worden ist, die Empfangnahme der Leistung umfassen.

(2) Wird wahrgenommen, daß Waisenrenten(pensionen) oder Kinderzuschüsse vom Zahlungsempfänger nicht zugunsten des Kindes verwendet werden, so kann der Versicherungsträger mit Zustimmung des „Pflegschaftsgerichtes“ einen anderen Zahlungsempfänger bestellen.

(BGBl I 2002/1)

Rückforderung zu Unrecht erbrachter Leistungen

§ 107. (1) Der Versicherungsträger hat zu Unrecht erbrachte Geldleistungen sowie Aufwendungen für Heilbehelfe und Anstaltspflege und an Stelle von Sachleistungen erbrachte Kostenersätze beziehungsweise bare Leistungen (§§ 131, 131a, 132 und 150) zurückzufordern, wenn der Zahlungsempfänger (§ 106) beziehungsweise der Leistungsempfänger den Bezug durch bewußt unwahre Angaben, bewußte Verschweigung maßgebender Tatsachen oder Verletzung der Meldevorschriften (§ 40) herbeigeführt hat oder wenn der Zahlungsempfänger (§ 106) beziehungsweise der Leistungsempfänger erkennen mußte, daß die Leistung nicht oder nicht in dieser Höhe gebührte. Geldleistungen sind ferner zurückzufordern, wenn und soweit sich wegen eines nachträglich festgestellten Anspruches auf Weiterleistung der Geld- und Sachbezüge herausstellt, daß sie zu Unrecht erbracht wurden.

(2) Das Recht auf Rückforderung nach Abs. 1

a) besteht nicht, wenn der Versicherungsträger zum Zeitpunkt, in dem er erkennen mußte, daß die Leistung zu Unrecht erbracht worden ist, die für eine bescheidmäßige Feststellung erforderlichen Maßnahmen innerhalb einer angemessenen Frist unterlassen hat;

b) verjährt binnen drei Jahren nach dem Zeitpunkt, in dem dem Versicherungsträger bekannt geworden ist, daß die Leistung zu Unrecht erbracht worden ist.

(3) Der Versicherungsträger kann bei Vorliegen berücksichtigungswürdiger Umstände, insbesondere in Berücksichtigung der Familien-, Einkommens- und Vermögensverhältnisse des Empfängers,

1. auf die Rückforderung nach Abs. 1 verzichten;
2. die Erstattung des zu Unrecht gezahlten Betrages in Teilbeträgen zulassen.

(4) Zur Eintreibung der Forderungen der Versicherungsträger auf Grund der Rückforderungsbescheide ist den Versicherungsträgern die Einbringung im Verwaltungswege gewährt (§ 3 Abs. 3 Verwaltungsvollstreckungsgesetz 1950).

(5) Das Recht auf Rückforderung nach Abs. 1 besteht im Falle des Todes des Anspruchsberechtigten gegenüber allen Personen, die zum Bezug der noch nicht erbrachten Leistungen berechtigt sind, soweit sie eine der im § 107a Abs. 1 bezeichneten Leistungen bezogen haben.

(BGBl 1993/335)

Bezugsberechtigung im Falle des Todes des Anspruchsberechtigten

§ 107a. (1) Ist im Zeitpunkt des Todes des Anspruchsberechtigten eine fällige Geldleistung (Erstattung von Kosten an Stelle von Sachleistungen) noch nicht ausgezahlt, so sind, sofern in diesem Bundesgesetz nichts anderes bestimmt wird, nacheinander der Ehegatte, die leiblichen Kinder, die Wahlkinder, die Stiefkinder, die Eltern, die Geschwister bezugsberechtigt, alle diese Personen jedoch nur, wenn sie mit dem Anspruchsberechtigten zur Zeit seines Todes in häuslicher Gemeinschaft gelebt haben. Steht der Anspruch mehreren Kindern, den Eltern oder mehreren Geschwistern des Verstorbenen zu, so sind sie zu gleichen Teilen bezugsberechtigt. Letztlich sind die Verlassenschaft nach dem Versicherten bzw. dessen Erben bezugsberechtigt.

(BGBl 1996/411)

(2)[a]) Der Anspruch auf Kostenersatz gemäß § 131 Abs. 1 und 3 sowie auf Pflegekostenzuschuß gemäß § 150 steht nach dem Tode eines Versicherten den im Abs. 1 genannten Personen bzw. denjenigen Personen zu, die die Kosten an Stelle des Versicherten getragen haben.

(BGBl 1996/764, BGBl I 2001/5)

[a]) Tritt mit Ablauf des 31. Dezember 2004 außer Kraft.

(2)[a]) Der Anspruch auf Kostenersatz gemäß § 131 Abs. 1 und 3 sowie gemäß § 150 steht nach dem Tode eines Versicherten den im Abs. 1 genannten Personen bzw. denjenigen Personen zu, die die Kosten an Stelle des Versicherten getragen haben.

[a]) Tritt mit Ablauf des 31. Dezember 2004 wieder in Kraft.

(BGBl 1993/335)

ABSCHNITT VIa
Aufwertung und Anpassung in der Sozialversicherung

(BGBl 1993/335)

1. Unterabschnitt
Grundlagen

§ 108. (1) Der Bundesminister für Arbeit und Soziales hat jedes Jahr für das folgende Kalenderjahr eine Aufwertungszahl (Abs. 2), eine Höchstbeitragsgrundlage (Abs. 3), Aufwertungsfaktoren (Abs. 4) und die festen Beträge nach diesem Bundesgesetz (Abs. 9), im Dezember jeden Jahres einen Beitragsbelastungsfaktor (Abs. 8) für das laufende Kalenderjahr und jedes Jahr für das vorangegangene Kalenderjahr einen endgültigen Anpassungsrichtwert (Abs. 6) zu ermitteln und kundzumachen.

(2) Aufwertungszahl: Die Aufwertungszahl beruht auf der Veränderung der durchschnittlichen Beitragsgrundlage in der Pensionsversicherung nach diesem Bundesgesetz vom jeweils drittvorangegangenen Kalenderjahr. Veränderungen von Beitragssätzen bleiben unberücksichtigt. Die Aufwertungszahl ist, soweit im einzelnen nichts anderes angeordnet wird, für die Erhöhung der Höchstbeitragsgrundlage und der festen Beträge, die der Beitragsberechnung dienen, heranzuziehen.

(3) Höchstbeitragsgrundlage: Im Jahr 2001 beläuft sich die Höchstbeitragsgrundlage für den Kalendertag auf „107,56 €“. Für jedes Folgekalenderjahr ergibt sich die Höchstbeitragsgrundlage aus der Vervielfachung der letztgültigen Höchstbeitragsgrundlage mit der Aufwertungszahl des jeweiligen Folgekalenderjahres. Die Höchstbeitragsgrundlage ist auf den vollen Eurobetrag zu runden.

(BGBl I 2001/67, BGBl I 2002/1)

(4) Aufwertungsfaktoren: Die Aufwertungsfaktoren eines Kalenderjahres errechnen sich durch Vervielfachung der zuletzt in Geltung gestandenen Aufwertungsfaktoren mit dem Anpassungsfaktor des Vorjahres. Sie sind auf 3 Dezimalstellen zu runden. Der Reihe dieser Aufwertungsfaktoren ist der Anpassungsfaktor des Vorjahres als Aufwertungsfaktor für die Beitragsgrundlagen des zweitvorangegangenen Kalenderjahres anzufügen. Die Aufwertungsfaktoren sind für die Aufwertung von Beitragsgrundlagen, die zur Bildung der Bemessungsgrundlage verwendet werden, heranzuziehen.

(5) Anpassungsfaktor und Wertausgleich: Der Bundesminister für soziale Sicherheit und Generationen hat jedes Jahr für das folgende Kalenderjahr

1. den Anpassungsfaktor (§ 108f) und
2. den Wertausgleich nach § 299a durch Einmalzahlung

bis spätestens 30. November eines jeden Jahres durch Verordnung festzusetzen. Die Verordnung ist der Bundesregierung zur Zustimmung vorzulegen. Der Anpassungsfaktor ist, soweit nichts anderes bestimmt wird, für die Erhöhung der Renten und Pensionen und der leistungsbezogenen festen Beträge in der Sozialversicherung heranzuziehen.

(BGBl I 2000/92, BGBl I 2001/33)

(6) Anpassungsrichtwert: Jedes Jahr sind für das Anpassungsjahr (das ist jenes Kalenderjahr, für das der Anpassungsfaktor festzusetzen ist) und das diesem vorangehende Jahr je ein vorläufiger Anpassungsrichtwert und für das diesem zweitvorangehende Jahr der endgültige Anpassungsrichtwert zu ermitteln. Die Berechnung der vorläufigen Anpassungswerte ist, soweit die erforderlichen statistischen Werte noch nicht vorliegen, auf Schätzungen aufzubauen. Der Anpassungsrichtwert ist so zu ermitteln, daß seine Anwendung als Anpassungsfaktor bewirken würde, daß sich die durchschnittliche Höhe der Pensionen aus den Versicherungsfällen des Alters und der geminderten Arbeitsfähigkeit im Anpassungsjahr gegenüber dem Vorjahr mit dem gleichen Hundertsatz verändert wie die durchschnittliche Beitragsgrundlage. Dabei sind nur Werte aus der Pensionsversicherung nach diesem Bundesgesetz heranzuziehen. Änderungen von Beitragssätzen für Versicherte und/oder Pensionisten in diesen beiden Jahren sind zu berücksichtigen (besondere Nettoanpassung).

(7) Wird für ein Kalenderjahr durch Bundesgesetz ein höherer Anpassungsfaktor als der nach § 108f festgesetzte Anpassungsfaktor beschlossen, so ist in diesem Bundesgesetz auch die finanzielle Bedeckung durch eine Erhöhung der Beitragssätze in der Pensionsversicherung oder eine Erhöhung der Bundesbeiträge durch Zweckwidmung von Steuer- oder Abgabenanteilen sicherzustellen. Dabei ist ein Gutachten der Kommission zur langfristigen Pensionssicherung über das notwendige Ausmaß der Erhöhung einzuholen, das insbesondere die langfristige Bedeckung der höheren Anpassung zu berücksichtigen hat.

(BGBl I 2000/92, BGBl I 2001/33)

(8) Beitragsbelastungsfaktor: Für Kalenderjahre vor dem Jahr 1993 beträgt der Beitragsbelastungsfaktor 1,00000. Für jedes weitere Kalenderjahr ergibt sich der Beitragsbelastungsfaktor aus der Vervielfachung der Beitragsbelastungsmeßzahl (§ 108d Abs. 4) dieses Kalenderjahres mit der Pensionsbelastungsmeßzahl des Jahres 1992 (§ 108d Abs. 7), geteilt durch die Beitragsbelastungsmeßzahl des Jahres 1992 und die Pensionsbelastungsmeßzahl dieses Kalenderjahres. Der Beitragsbelastungsfaktor ist bei der Bildung der Bemessungsgrundlage aus den jeweiligen Beitragsgrundlagen heranzuziehen.

(9) Anpassung und Aufwertung fester Beträge: Zur Vervielfachung mit der Aufwertungszahl oder mit dem Anpassungsfaktor ist der am 31. Dezember des vorangegangenen Jahres geltende feste Betrag heranzuziehen; wird jedoch der feste Betrag mit 1. Jänner eines Jahres in Geltung gesetzt, so ist dieser Betrag zur Vervielfachung heranzuziehen. Der vervielfachte Betrag ist auf Cent zu runden.

(BGBl I 2001/67)

2. Unterabschnitt
Durchführung

Aufwertungszahl

§ 108a. (1) Die Aufwertungszahl eines Kalenderjahres gemäß § 108 Abs. 2 ist durch Teilung der durchschnittlichen Beitragsgrundlage des zweitvorangegangenen Kalenderjahres (Ausgangsjahr) durch die durchschnittliche Beitragsgrundlage des drittvorangegangenen Kalenderjahres (Vergleichsjahr) zu errechnen. Die Berechnung der durchschnittlichen Beitragsgrundlage ist gemäß Abs. 2, 3 und 4 vorzunehmen. Die Aufwertungszahl ist auf drei Dezimalstellen zu runden.

(2) Zur Ermittlung der durchschnittlichen Beitragsgrundlage eines Kalenderjahres sind alle Tagesbeitragsgrundlagen der in diesem Kalenderjahr Pflichtversicherten gemäß den Weisungen nach § 31 Abs. 4 Z 2 in Lohnstufen einzureihen; ausgenommen hievon sind die Tagesbeitragsgrundlagen der im § 4 Abs. 4 genannten Personen sowie die Tagesbeitragsgrundlagen auf Grund geringfügiger Beschäftigungsverhältnisse (§ 5 Abs. 2). Der Hauptverband hat bei Erreichen eines Auswertungsgrades der Beitragsgrundlagen von 99 vH für das Ausgangsjahr diese Einreihung für das Ausgangsjahr, das Vergleichsjahr und das dem Vergleichsjahr vorangegangene Jahr auf Grund der Daten der Versicherungsdatei durchzuführen. Die Einreihung ist aber auf jeden Fall so rechtzeitig durchzuführen, daß sie dem Bundesministerium für Arbeit und Soziales am 15. Juni eines jeden Jahres zur Verfügung steht.

(BGBl 1996/411, BGBl I 1997/139, BGBl I 2001/67)

(3) Zur Feststellung der durchschnittlichen Beitragsgrundlage (Abs. 1) ist die Zahl der in jeder Lohnstufe eingereihten Tagesbeitragsgrundlagen mit dem Mittelwert dieser Lohnstufe zu vervielfachen. An die Stelle des Mittelwertes tritt in der höchsten Lohnstufe die Höchstbeitragsgrundlage (§ 108 Abs. 3).

(BGBl I 2001/67)

(4) Die durchschnittliche Beitragsgrundlage des Vergleichs- bzw. Ausgangsjahres ist der Betrag, der sich aus der Summe der nach Abs. 3 errechneten Beträge für alle Lohnstufen im Vergleichsjahr bzw. im Ausgangsjahr in diese Lohnstufen eingereihten Versicherungstage ergibt. Die

durchschnittliche Beitragsgrundlage ist auf Cent zu runden.

(BGBl I 2001/67)

Meßbetrag für die Höchstbeitragsgrundlage

§ 108b. (aufgehoben)

(BGBl I 1997/139, BGBl I 2001/67)

Aufwertungsfaktoren

§ 108c. Die Aufwertungsfaktoren für das Kalenderjahr 1993 betragen:

für die Jahre	Faktor
1938 und früher	65,170
1939 bis 1946	57,929
1947	32,580
1948	19,556
1949	16,406
1950	13,021
1951	9,645
1952	8,681
1953	8,205
1954	7,719
1955	7,472
1956	7,137
1957	6,842
1958	6,656
1959	6,514
1960	6,031
1961	5,594
1962	5,161
1963	4,819
1964	4,503
1965	4,166
1966	3,915
1967	3,656
1968	3,469
1969	3,239
1970	3,016
1971	2,767
1972	2,506
1973	2,284
1974	2,058
1975	1,932
1976	1,817
1977	1,713
1978	1,630
1979	1,558
1980	1,489
1981	1,418
1982	1,370
1983	1,332
1984	1,288
1985	1,240
1986	1,213
1987	1,187
1988	1,165
1989	1,135
1990	1,089
1991	1,041

Anpassungsrichtwert

§ 108d. (1) Der Anpassungsrichtwert für ein Kalenderjahr ist durch Teilung des Nettosteigerungsfaktors der durchschnittlichen Beitragsgrundlage (Abs. 2) durch den Nettosteigerungsfaktor der durchschnittlichen Pensionsleistung (Abs. 5), vervielfacht mit dem Anpassungsfaktor (§ 108 Abs. 5) des Kalenderjahres, für das der Anpassungsrichtwert berechnet wird, zu ermitteln. Der Anpassungsrichtwert ist auf drei Dezimalstellen zu runden.

(BGBl I 2000/92, BGBl I 2001/33)

(2) Nettosteigerungsfaktor der durchschnittlichen Beitragsgrundlage: Der Nettosteigerungsfaktor der durchschnittlichen Beitragsgrundlage eines Kalenderjahres ist aus der Vervielfachung des Bruttosteigerungsfaktors der durchschnittlichen Beitragsgrundlage (Abs. 3) mit der Beitragsbelastungsmeßzahl (Abs. 4), geteilt durch die Beitragsbelastungsmeßzahl des Vorjahres zu ermitteln. Der Faktor ist auf vier Dezimalstellen zu runden.

(3) Bruttosteigerungsfaktor der durchschnittlichen Beitragsgrundlage: Der Bruttosteigerungsfaktor der durchschnittlichen Beitragsgrundlage eines Kalenderjahres ist nach den Grundsätzen der Ermittlung für die Aufwertungszahl (§ 108a) mit der Maßgabe zu berechnen, daß als Ausgangsjahr das Kalenderjahr, für das dieser Faktor berechnet wird, bzw. als Vergleichsjahr das vorangegangene Kalenderjahr heranzuziehen ist. Der Faktor ist auf vier Dezimalstellen zu runden.

(4) Beitragsbelastungsmeßzahl: Zur Ermittlung der Beitragsbelastungsmeßzahl eines Kalenderjahres ist auf der Grundlage der vom Hauptverband durchgeführten Einreihung der Versicherungstage von Pflichtversicherten des Vorjahres (§ 108a Abs. 2) jeweils eine durchschnittliche Beitragsgrundlage für Arbeiter und für Angestellte zu berechnen. § 108a Abs. 3 und 4 sind dabei anzuwenden. Unter Bedachtnahme auf den (die)

1. Beitrag zur Krankenversicherung inklusive Zusatzbeitrag,
2. Beitrag zur Pensionsversicherung inklusive Zusatzbeitrag,
3. Beitrag zur Arbeitslosenversicherung,
4. Arbeiterkammerumlage und
5. Wohnbauförderungsbeitrag

sind aus den durchschnittlichen Beitragsgrundlagen für Arbeiter bzw. für Angestellte durchschnittliche Beitragsgrundlagen für Arbeiter bzw. für Angestellte unter Berücksichtigung der den Dienstnehmer belastenden Beiträge zu berechnen. Dabei sind die Beitragssätze des Jahres, für das die Beitragsbelastungsmeßzahl zu ermitteln ist, heranzuziehen. Beitragssatzänderungen während des Jahres sind im Mittel aller Monate des Jahres ohne Bedachtnahme auf Sonderzahlungen zu berücksichtigen. Die Beitragsbelastungsmeßzahl ergibt sich aus der Teilung des gewogenen Mittels der durchschnittlichen Beitragsgrundlagen für Arbeiter bzw. für Angestellte unter Berücksichtigung der Beitragsbelastung durch das gewogene Mittel der durchschnittlichen Beitragsgrundlagen für Arbeiter bzw. für Angestellte ohne Berücksichtigung der Beitragsbelastung. Die Beitragsbelastungsmeßzahl ist auf fünf Dezimalstellen zu runden.

(5) Nettosteigerungsfaktor der durchschnittlichen Pensionsleistung: Der Nettosteigerungsfaktor der durchschnittlichen Pensionsleistung eines Kalenderjahres ist aus der Vervielfachung des Bruttosteigerungsfaktors der durchschnittlichen Pensionsleistung (Abs. 6) mit der Pensionsbelastungsmeßzahl (Abs. 7), geteilt durch die Pensionsbelastungsmeßzahl des Vorjahres zu ermitteln. Der Faktor ist auf vier Dezimalstellen zu runden.

(6) Bruttosteigerungsfaktor der durchschnittlichen Pensionsleistung: Der Bruttosteigerungsfaktor der durchschnittlichen Pensionsleistung eines Kalenderjahres ist durch Teilung der durchschnittlichen Pensionsleistung dieses Kalenderjahres durch die durchschnittliche Pensionsleistung des vorangegangenen Kalenderjahres zu ermitteln. Die durchschnittliche Pensionsleistung ist gemäß Abs. 8, 9, 10 und 11 zu errechnen. Dabei sind nur Pensionen aus den Versicherungsfällen des Alters und der geminderten Arbeitsfähigkeit in der Pensionsversicherung nach diesem Bundesgesetz heranzuziehen. Der Faktor ist auf vier Dezimalstellen zu runden.

(7) Pensionsbelastungsmeßzahl: Die Pensionsbelastungsmeßzahl eines Kalenderjahres ist der Betrag, der sich aus der Verminderung der Zahl 100 um den Beitragssatz des Einbehalts von jeder Pension in der Krankenversicherung der Pensionisten, geteilt durch 100, ergibt. Beitragssatzänderungen beim Einbehalt während des Jahres sind im Mittel aller Monate des Jahres ohne Bedachtnahme auf Sonderzahlungen zu berücksichtigen.

(8) Zur Ermittlung der durchschnittlichen Pensionsleistung eines Jahres ist die Gliederung des Pensionsstandes für Pensionen ohne Zulagen und Zuschüsse nach der Höhe des Monatsbetrages auf Grund der Weisungen für die statistischen Nachweisungen heranzuziehen.

(9) Zur Feststellung der durchschnittlichen Pensionsleistung ist die Zahl der in jede Monatsbetragsstufe eingereihten Pensionen mit dem Mittelwert dieser Monatsbetragsstufe zu vervielfachen. Dabei ist als unterste Monatsbetragsstufe jene anzunehmen, in die der Grenzbetrag gemäß Abs. 11 fällt. Berücksichtigt wird für die unterste Monatsbetragsstufe der Bereich zwischen dem Grenzwert und der nächsthöheren Monatsbetragsstufengrenze. Die Zahl der in die unterste Monatsbetragsstufe eingereihten Pensionen ist entsprechend der Verkürzung des Monatsbetragsstufenbereiches zu vermindern und die so verminderte Zahl mit dem Mittelwert aus dem Grenzbetrag und der nächsthöheren Monatsbetragsstufengrenze, gerundet auf Cent, zu vervielfachen.

(BGBl I 2001/67)

(10) Die durchschnittliche Pensionsleistung ist der Betrag, der sich aus der Summe der nach Abs. 9 errechneten Beträge für alle Monatsbetragsstufen, geteilt durch die Summe der in diese Monatsbetragsstufen eingereihten Pensionen, ergibt. Die durchschnittliche Pensionsleistung ist auf Cent zu runden.

(BGBl I 2001/67)

(11) Der Grenzbetrag beträgt 4 245 S für das Kalenderjahr 1991. Für jedes weitere Kalenderjahr ist der Grenzbetrag mit dem Produkt der Bruttosteigerungsfaktoren der durchschnittlichen Beitragsgrundlage (Abs. 3) für das Kalenderjahr 1992 bis zum Kalenderjahr, für das der Grenzbetrag gilt, zu vervielfachen und auf Cent zu runden.

(BGBl I 2001/67)

Kommission zur langfristigen Pensionssicherung

§ 108e. (1) Beim Bundesministerium für soziale Sicherheit und Generationen ist eine Kommission zur langfristigen Pensionssicherung (im Folgenden kurz „Kommission" genannt) einzurichten.

(2) Der Kommission gehören als stimmberechtigte Mitglieder an:

1. je ein Vertreter/eine Vertreterin der im Nationalrat vertretenen politischen Parteien;
2. je ein Vertreter/eine Vertreterin des Bundesministeriums für Finanzen, des Bundesministeriums für öffentliche Leistung und Sport, des Bundesministeriums für Wirtschaft und Arbeit und des Bundesministeriums für soziale Sicherheit und Generationen;
3. je ein Vertreter/eine Vertreterin der Bundesarbeitskammer und der Wirtschaftskammer Österreich;
4. ein Vertreter/eine Vertreterin des Hauptverbandes;
5. zwei VertreterInnen des Österreichischen Gewerkschaftsbundes, davon ein Vertreter/eine Vertreterin einer der Gewerkschaften des öffentlichen Dienstes;
6. je ein Vertreter/eine Vertreterin der Industriellenvereinigung, der Präsidentenkonferenz der Landwirtschaftskammern Österreichs und des Österreichischen Landarbeiterkammertages;
7. ein Vertreter/eine Vertreterin des Bundeskomitees Freie Berufe Österreichs;
8. je ein Experte/eine Expertin auf dem Gebiet der Wirtschafts- und Sozialwissenschaften oder des Arbeits- und Sozialrechts – tunlich mit akademischer Lehrbefugnis –, der/die vom Bundesminister für Finanzen, vom Bundesminister für öffentliche Leistung und Sport, vom Bundesminister für Wirtschaft und Arbeit und vom Bundesminister für soziale Sicherheit und Generationen zu entsenden ist;
9. je ein Vertreter/eine Vertreterin des Österreichischen Wirtschaftsforschungsinstitutes und des Institutes für Höhere Studien und wissenschaftliche Forschung;

10. ein Vertreter/eine Vertreterin des Verbandes der Versicherungsunternehmen Österreichs;
11. ein Vertreter/eine Vertreterin der Länder, der/die von der Verbindungsstelle der Bundesländer zu entsenden ist;
12. ein Jugendvertreter/eine Jugendvertreterin, der/die vom Bundesminister für soziale Sicherheit und Generationen zu entsenden ist;
13. drei SeniorenvertreterInnen, die vom Österreichischen Seniorenrat zu entsenden sind;
14. ein Behindertenvertreter/eine Behindertenvertreterin, der/die vom Bundesminister für soziale Sicherheit und Generationen nach Anhörung des Bundesbehindertenbeirates zu entsenden ist.

Für jedes Mitglied ist gleichzeitig ein(e) Stellvertreter(in) zu entsenden.

(3) Den Vorsitz in der Kommission führt ein Experte/eine Expertin auf dem Gebiet der Wirtschafts- und Sozialwissenschaften oder des Arbeits- und Sozialrechts – tunlich mit akademischer Lehrbefugnis –, der/die vom Bundesminister für soziale Sicherheit und Generationen zu bestellen ist. Ebenso ist für den Vorsitzenden (die Vorsitzende) gleichzeitig ein(e) Stellvertreter(in) aus dem Kreis der Mitglieder der Kommission zu bestellen.

(4) Der Bundesminister für soziale Sicherheit und Generationen hat den (die) Vorsitzende(n) und die Mitglieder der Kommission bei Antritt ihres Amtes zur Amtsverschwiegenheit und zur gewissenhaften und unparteiischen Amtsausübung zu verpflichten.

(5) Die Amtsdauer der Kommission beträgt jeweils vier Jahre. Nach Ablauf der Amtsdauer hat die alte Kommission die Geschäfte so lange weiterzuführen, bis die neue Kommission zusammentritt. Die Zeit der Weiterführung der Geschäfte durch die alte Kommission wird auf die vierjährige Amtsdauer der neuen Kommission angerechnet.

(6) Die Kommission ist bei Anwesenheit von mindestens 18 Mitgliedern beschlussfähig. Beschlüsse der Kommission bedürfen grundsätzlich der einfachen Stimmenmehrheit der anwesenden Kommissionsmitglieder unter Einschluss des (der) Vorsitzenden. Das Nähere regelt die Geschäftsordnung der Kommission, die vom Bundesminister für soziale Sicherheit und Generationen durch Verordnung zu erlassen ist.

(7) Die Bürogeschäfte der Kommission sind vom Bundesministerium für soziale Sicherheit und Generationen zu führen.

(8) Die Mitglieder der Kommission haben Anspruch auf Ersatz der Reise- und Aufenthaltskosten unter Anwendung der Richtlinien nach § 31 Abs. 5 Z 31. Den mit der Führung der Bürogeschäfte beauftragten Bediensteten können Entschädigungen gewährt werden, deren Höhe der Bundesminister für soziale Sicherheit und Generationen im Einvernehmen mit dem Bundesminister für Finanzen festzusetzen hat. Die Kosten der Tätigkeit der Kommission trägt der Bund.

(9) Die Kommission hat folgende Aufgaben:

1. Berechnung des Anpassungsfaktors nach § 108f Abs. 2 für das folgende Kalenderjahr bis zum 31. Oktober eines jeden Jahres, erstmals für das Jahr 2001;
2. Erstattung eines Gutachtens über die Ermittlung des Anpassungsfaktors und über die voraussichtliche Gebarung der Träger der gesetzlichen Pensionsversicherung für die folgenden fünf Jahre bis zum 31. Oktober eines jeden Jahres;
3. Erstattung eines Berichtes über die längerfristige Entwicklung der gesetzlichen Pensionsversicherung bis zum 31. Oktober jedes dritten Jahres, erstmals im Jahr 2002.

(10) Die Behörden des Bundes, die gesetzlichen beruflichen Vertretungen der Versicherten und der Dienstgeber, die Träger der Unfall- und der Pensionsversicherung und der Hauptverband sind verpflichtet, der Kommission und dem Büro der Kommission auf Verlangen alle ihnen zur Verfügung stehenden Unterlagen vorzulegen und Daten zu übermitteln, die zur Erfüllung der Aufgaben der Kommission erforderlich sind.

(BGBl 1996/411, BGBl I 1998/138, BGBl I 2000/92, BGBl I 2001/33)

Festsetzung des Anpassungsfaktors

§ 108f. (1) Der Bundesminister für soziale Sicherheit und Generationen hat für jedes Kalenderjahr den Anpassungsfaktor unter Bedachtnahme auf das Gutachten nach § 108e Abs. 9 Z 2 festzusetzen.

(BGBl I 2000/92, BGBl I 2001/33)

(2) Der Anpassungsfaktor ist unter Bedachtnahme auf den Anpassungsrichtwert für das Anpassungsjahr (§ 108 Abs. 6) so festzusetzen, dass die Anpassungsfaktormesszahl (Abs. 4) für das Anpassungsjahr gleich ist wie die Anpassungsrichtwertmesszahl (Abs. 5) für das Anpassungsjahr. Der Anpassungsfaktor darf die Zahl 1 nicht unterschreiten.

(BGBl I 2000/92, BGBl I 2001/33)

(3) (aufgehoben)

(BGBl I 2000/92, BGBl I 2001/33)

(4) Für das Kalenderjahr 1992 beträgt die Anpassungsfaktormeßzahl 100,00. Für jedes weitere Kalenderjahr ist die Anpassungsfaktormeßzahl in der Verordnung nach § 108 Abs. 5 festzusetzen. Die Anpassungsfaktormeßzahl ergibt sich aus der Vervielfachung der letzten Anpassungsfaktormeßzahl mit dem Anpassungsfaktor. „Werden in einem Jahr die Pensionen nicht ausschließlich mit dem Anpassungsfaktor erhöht, so ist für die Vervielfachung der Anpassungsfaktormesszahl jener Faktor heranzuziehen, der der durchschnittlichen Pensionsanpassung in diesem Jahr entspricht.“ Die

Anpassungsfaktormeßzahl ist auf zwei Dezimalstellen zu runden.

(BGBl I 2002/31)

(5) Für das Kalenderjahr 1992 beträgt die Anpassungsrichtwertmesszahl 100,00. Für jedes weitere Kalenderjahr ist die Anpassungsrichtwertmesszahl in der Verordnung nach § 108 Abs. 5 festzusetzen. Die Anpassungsrichtwertmesszahl ergibt sich aus der Vervielfachung der Anpassungsrichtwertmesszahl für das Jahr 1992 mit dem Produkt der Anpassungsrichtwerte für das Kalenderjahr 1993 und die folgenden Jahre bis einschließlich des Anpassungsjahres. Wurde in einem Kalenderjahr nach § 108 Abs. 7 der Anpassungsfaktor durch ein Bundesgesetz beschlossen, so ist bei der Berechnung der Anpassungsrichtwertmesszahl das Produkt der Anpassungsrichtwerte zusätzlich mit dem Faktor zu vervielfachen, der sich durch Teilung der Anpassungsfaktormesszahl für dieses Jahr durch die für dieses Jahr zu Grunde gelegte Anpassungsrichtwertmesszahl ergibt. Die Anpassungsrichtwertmesszahl ist auf zwei Dezimalstellen zu runden.

(BGBl I 2000/92, BGBl I 2001/33)

Anpassung der Renten aus der Unfallversicherung

§ 108g. (1) Mit Wirksamkeit ab 1. Jänner eines jeden Jahres sind die Renten aus der Unfallversicherung mit dem Anpassungsfaktor zu vervielfachen; soweit Renten nicht nach festen Beträgen bemessen sind, gilt dies jedoch nur dann, wenn der Versicherungsfall vor dem 1. Jänner des vorangegangenen Jahres eingetreten ist, und zwar mit der Maßgabe, daß die erstmalige Anpassung, sofern der Versicherungsfall im zweiten Halbjahr eingetreten ist, mit dem um 0,5 erhöhten halben Anpassungsfaktor vorzunehmen ist.

(2) Der Anpassung nach Abs. 1 ist die Rente zugrunde zu legen, auf die nach den am 31. Dezember des vorangegangenen Jahres in Geltung gestandenen Vorschriften Anspruch bestand, jedoch mit Ausnahme der Kinderzuschüsse und vor Anwendung von Ruhensbestimmungen. Sie erfaßt im gleichen Ausmaß alle Rentenbestandteile.

(3) Zu der nach Abs. 1 und 2 gebührenden Rente treten die Kinderzuschüsse nach den hiefür geltenden Vorschriften.

(4) Die Bestimmungen der Abs. 1 und 2 gelten entsprechend auch für andere Geldleistungen aus der Unfallversicherung, deren Höhe sich nach der Bemessungsgrundlage (nach dem Jahresarbeitsverdienst) bemißt.

(5) Bei Anwendung der Abs. 1 und 4 ist in den Fällen des § 180 von dem Zeitpunkt auszugehen, zu dem die Rente neu festgestellt wurde; in den Fällen des § 215 Abs. 3 ist vom Todestag des Versicherten auszugehen, falls der Unterhaltsanspruch nicht höher war als 20 vH der Bemessungsgrundlage.

(6) Bei der Anwendung des Abs. 5 und der §§ 207 Abs. 1, 210 Abs. 3, 213 Abs. 2 und 220 sowie in Fällen des § 183, die mit einer Änderung der Bemessungsgrundlage gemäß § 181 Abs. 2 in Verbindung stehen, tritt an die Stelle der Bemessungsgrundlage der mit dem Anpassungsfaktor vervielfachte Betrag der Bemessungsgrundlage. Diese Vervielfachung ist ab 1. Jänner eines jeden Jahres in der Weise vorzunehmen, daß der Vervielfachung der für das vorangegangene Jahr ermittelte Betrag zugrunde zu legen ist.

(BGBl 1996/411)

Anpassung der Pensionen aus der Pensionsversicherung

§ 108h. (1) Mit Wirksamkeit ab 1. Jänner eines jeden Jahres sind

a) alle Pensionen aus der Pensionsversicherung, für die der Stichtag (§ 223 Abs. 2) vor dem 1. Jänner dieses Jahres liegt,

b) alle Hinterbliebenenpensionen, für die der Stichtag (§ 223 Abs. 2) am 1. Jänner dieses Jahres liegt, wenn diese Pensionen von der Pension bemessen wurden, auf die der Verstorbene am Todestag Anspruch hatte,

mit dem Anpassungsfaktor zu vervielfachen. Lit. b ist nicht anzuwenden, wenn der Stichtag für die Pension des Verstorbenen gleichfalls am 1. Jänner dieses Jahres liegt.

(2) Der Anpassung nach Abs. 1 ist die Pension zugrunde zu legen, auf die nach den am 31. Dezember des vorangegangenen Jahres in Geltung gestandenen Vorschriften Anspruch bestand, jedoch mit Ausnahme der Kinderzuschüsse und der Ausgleichszulage und vor Anwendung von Ruhensbestimmungen. Sie erfaßt im gleichen Ausmaß alle Pensionsbestandteile.

(3) Zu der nach Abs. 1 und 2 gebührenden Pension treten die Kinderzuschüsse und die Ausgleichszulage nach den hiefür geltenden Vorschriften.

(4) An die Stelle des Betrages der Bemessungsgrundlage aus einem früheren Versicherungsfall tritt der Betrag, der sich aus der Vervielfachung dieser Bemessungsgrundlage mit dem Anpassungsfaktor ergibt, der auf die entzogene (erloschene) Pension im Falle ihrer Weitergewährung anzuwenden gewesen wäre. Sind in zeitlicher Folge mehrere Anpassungsfaktoren anzuwenden, ist die Vervielfachung in der Weise vorzunehmen, daß ihr jeweils der für das vorangegangene Jahr ermittelte Betrag zugrunde zu legen ist. Als Anpassungsfaktor für das Jahr 1990 ist das Produkt der Faktoren 1,030 und 1,010 heranzuziehen.

(5) Abs. 4 gilt entsprechend bei der Anwendung des § 267.

Anpassung der Leistungen von Amts wegen

§ 108k. Die Anpassung der Leistungen gemäß den Bestimmungen der §§ 108g und 108h ist von Amts wegen vorzunehmen.

§ 108l. (1) Die Aufwertungszahl (§ 108a in der Fassung der 50. Novelle, BGBl. Nr. 676/1991) beträgt für das Jahr 1992 1,055.

(2) Der Richtwert (§ 108d in der Fassung der 50. Novelle, BGBl. Nr. 676/1991) beträgt für das Jahr 1992 1,045.

(3) Die Höchstbeitragsgrundlage (§ 108b Abs. 1 in der Fassung der 50. Novelle, BGBl. Nr. 676/1991) beträgt für das Jahr 1992 77,03 € für den Kalendertag.

(BGBl I 2001/67)

ABSCHNITT VII
Befreiung von Abgaben

Persönliche Abgabenfreiheit

§ 109. Die Versicherungsträger und der Hauptverband genießen die persönliche Gebührenfreiheit von den Stempel- und Rechtsgebühren. Inwieweit die Versicherungsträger (der Hauptverband) körperschaftssteuerpflichtig sind, wird durch das Körperschaftsteuergesetz 1988, BGBl. Nr. 401, bestimmt.

Sachliche Abgabenfreiheit

§ 110. (1) Von der Entrichtung der bundesrechtlich geregelten öffentlichen Abgaben „und der Bundesverwaltungsabgaben" sind – unbeschadet des § 6 des Umsatzsteuergesetzes 1994 – befreit:

1. Rechtsgeschäfte, Rechtsurkunden und sonstige Schriften sowie die im Verfahren vor den „Gerichtshöfen des öffentlichen Rechts" und Verwaltungsbehörden durchgeführten Amtshandlungen, wenn sie die Übertragung von Liegenschaften, Räumen, Einrichtungsgegenständen und Gerätschaften betreffen, die zwischen den Versicherungsträgern (dem Hauptverband) untereinander vorgenommen wird, auch wenn diese Gegenstände nicht ganz oder überwiegend der Erfüllung der Aufgaben der Versicherungsträger dienen oder wenn sie die Durchsetzung von Ersatzansprüchen gegen den Dienstgeber (§ 334) oder dritte Personen (§ 335) betreffen;

   (BGBl I 2001/131)

2. Rechtsgeschäfte, Rechtsurkunden, sonstige Schriften und die im Verfahren vor den „Gerichtshöfen des öffentlichen Rechts", Verwaltungsbehörden, Einigungskommissionen, nach sozialversicherungsrechtlichen Vorschriften errichteten Kommissionen, Ausschüssen und Schiedsgerichten durchgeführten Amtshandlungen, wenn sie Rechtsverhältnisse betreffen, die begründet oder abgewickelt werden,

   (BGBl I 2001/131)

   a) in Durchführung der in diesem Bundesgesetz geregelten Versicherungen zwischen den Versicherungsträgern und dem Hauptverband einerseits und den Versicherten, deren Dienstgebern, den Anspruchswerbern und Anspruchsberechtigten auf Leistungen der Versicherung, den Vertragspartnern der Versicherung sowie den Trägern der Sozialhilfe andererseits,

   b) von den Versicherungsträgern und dem Hauptverband zur Beschaffung, Sicherung, Instandhaltung oder Erneuerung von Liegenschaften, Räumen, Einrichtungsgegenständen und Gerätschaften, die der Erfüllung der Aufgaben der Versicherung dienen, soweit sie nicht ausschließlich oder überwiegend für die Anlage von Vermögensbeständen bestimmt sind;

3. alle Amtshandlungen, Urkunden und sonstigen Schriften, die zur Bildung der Verwaltungskörper der Versicherungsträger und des Hauptverbandes notwendig sind.

4. Kostenbeteiligungen (Zuzahlungen), die von den Versicherten bei der Inanspruchnahme der nach diesem Bundesgesetz gebührenden Leistungen zu tragen sind.

(BGBl I 1999/106, BGBl I 2001/131)

(2) (aufgehoben)

(BGBl I 1999/106)

(3) Die Befreiung nach Abs. 1 besteht für Rechtsurkunden und sonstige Schriften nur so lange, als diese zur Begründung und Abwicklung der dort bezeichneten Rechtsverhältnisse verwendet werden. Wird davon ein anderer Gebrauch gemacht, so sind die in Betracht kommenden Abgaben nachträglich zu entrichten.

(4) Das Disziplinarverfahren gegen Bedienstete der Versicherungsträger und des Hauptverbandes ist von den Stempel- und Rechtsgebühren befreit.

ABSCHNITT VIII
Strafbestimmungen

Verstöße gegen die Melde-, Anzeige- und Auskunftspflicht

§ 111. Dienstgeber und sonstige nach § 36 meldepflichtige Personen (Stellen), im Falle einer Bevollmächtigung nach § 35 Abs. 3 oder § 36 Abs. 2 die Bevollmächtigten, die der ihnen auf Grund dieses Bundesgesetzes obliegenden Verpflichtung zur Erstattung von Meldungen und Anzeigen bzw. zur Übermittlung von Meldungsabschriften an den Dienstnehmer nicht oder nicht rechtzeitig nachkommen, die Erfüllung der Auskunftspflicht verweigern, den gehörig ausgewiesenen Bediensteten der Versicherungsträger während der Betriebszeit keine Einsicht in alle Geschäftsbücher und Belege sowie sonstigen Aufzeichnungen, die für das Versicherungsverhältnis von Bedeutung sind, gewähren oder in den ihnen obliegenden Meldungen, Anzeigen und Auskünften unwahre Angaben machen, begehen, wenn die Handlung nicht nach anderer Bestimmung einer strengeren Strafe unterliegt, eine Verwaltungsübertretung und werden von der Bezirksverwaltungsbehörde mit Geldstrafe von 730 € bis 2 180 €, im Wiederholungsfall mit Geldstrafe von 2 180 € bis 3 630 €, im Falle der

Uneinbringlichkeit mit Arrest bis zu zwei Wochen bestraft.

(BGBl 1995/895, BGBl I 2001/67)

§ 112. (1) Die Bestimmungen des § 111 sind auf Dienstgeber beziehungsweise deren Bevollmächtigte entsprechend anzuwenden, die der von ihnen nach § 34 Abs. 2 übernommenen Pflicht zur Vorlage von Entgeltlisten nicht oder nicht rechtzeitig nachkommen oder in diesen Listen unwahre Angaben machen oder die die Bestätigung nach § 361 Abs. 3 nicht oder nicht rechtzeitig ausstellen. Die Bestimmungen des § 111 sind auch auf Betriebsinhaber oder deren Beauftragte entsprechend anzuwenden, die das Betreten beziehungsweise Besichtigen des Betriebes (Anstalt, Einrichtung und dergleichen) durch fachkundige Organe der Träger der Unfallversicherung (§ 187 Abs. 2) verweigern.

(2) Die Bestimmungen des § 111 sind auch auf andere als die im § 111 bezeichneten Personen bei Verstößen gegen die ihnen auf Grund dieses Bundesgesetzes obliegende Melde-, Anzeige- und Auskunftspflicht anzuwenden.

(3) Für Geldstrafen, die über einen Bevollmächtigten verhängt werden, haftet der Dienstgeber zur ungeteilten Hand mit dem Bestraften.

Beitragszuschläge

§ 113. (1) Beitragszuschläge können den in § 111 genannten Personen (Stellen) in folgenden Fällen vorgeschrieben werden:

1. Wenn eine Anmeldung zur Pflichtversicherung nicht erstattet worden ist oder wenn das Entgelt nicht gemeldet worden ist, kann ein Beitragszuschlag bis zum Doppelten jener Beiträge, die auf die Zeit ab Beginn der Pflichtversicherung bis zur Feststellung des Fehlens der Anmeldung bzw. bis zur Feststellung des Entgeltes durch den Versicherungsträger entfallen, vorgeschrieben werden.
2. Wenn eine Anmeldung zur Pflichtversicherung verspätet erstattet worden ist oder wenn das Entgelt verspätet gemeldet worden ist, kann ein Beitragszuschlag bis zum Doppelten jener Beiträge, die auf die Zeit ab Beginn der Pflichtversicherung bis zum Eintreffen der verspäteten Anmeldung bzw. bis zum Eintreffen der verspäteten Meldung des Entgeltes beim Versicherungsträger entfallen, vorgeschrieben werden.
3. Wenn ein zu niedriges Entgelt gemeldet worden ist, kann ein Beitragszuschlag bis zum Doppelten der Differenz zwischen den Beiträgen, die sich aus dem zu niedrig gemeldeten Entgelt ergeben, und den zu entrichtenden Beiträgen vorgeschrieben werden.

Bei der Festsetzung des Beitragszuschlages hat der Versicherungsträger insbesondere die wirtschaftlichen Verhältnisse des Beitragsschuldners und die Art des Meldeverstoßes zu berücksichtigen. Der Beitragszuschlag darf jedoch die Höhe der Verzugszinsen nicht unterschreiten, die ohne seine Vorschreibung auf Grund des § 59 Abs. 1 für die nachzuzahlenden Beiträge zu entrichten gewesen wären.

(2) Werden vereinbarte oder satzungsmäßig festgesetzte Fristen für die Vorlage von Versicherungs- oder Abrechnungsunterlagen nicht eingehalten, kann ein Beitragszuschlag bis zur Höhe des Zehnfachen der jeweils nach § 45 Abs. 1 in Geltung stehenden Höchstbeitragsgrundlage vorgeschrieben werden.

(3) Der Beitragszuschlag wird vom Versicherungsträger, an den die Meldung zu erstatten ist oder dem die Unterlagen vorzulegen sind, vorgeschrieben; er berührt die Verpflichtung zur Bezahlung der fälligen Beiträge nicht.

(4) Die gemäß Abs. 1 vorgeschriebenen Beitragszuschläge sind auf die beteiligten Versicherungsträger und sonstigen Stellen schlüsselmäßig nach Maßgabe des auf den einzelnen Versicherungsträger entfallenden Gesamtbeitragsrückstandes am Ende des Vormonates aufzuteilen. Die gemäß Abs. 2 vorgeschriebenen Beitragszuschläge fließen dem einhebenden Versicherungsträger zu.

(5) § 83 und § 112 Abs. 3 gelten entsprechend.

Verstöße gegen die Vorschriften über die Einbehaltung und Einzahlung der Beiträge eines Dienstnehmers durch den Dienstgeber

§ 114. (1) Ein Dienstgeber, der Beiträge eines Dienstnehmers zur Sozialversicherung einbehalten oder von ihm übernommen und dem berechtigten Versicherungsträger vorenthalten hat, ist vom Gericht mit Freiheitsstrafe bis zu zwei Jahren zu bestrafen; neben der Freiheitsstrafe kann eine Geldstrafe bis zu 360 Tagessätzen verhängt werden.

(2) Trifft die Pflicht zur Einzahlung der Beiträge eines Dienstnehmers zur Sozialversicherung eine juristische Person, eine Personengesellschaft des Handelsrechtes oder eine Erwerbsgesellschaft, so ist Abs. 1 auf alle natürlichen Personen anzuwenden, die dem zur Vertretung befugten Organ angehören. Dieses Organ ist berechtigt, die Verantwortung für die Einzahlung dieser Beiträge einzelnen oder mehreren Organmitgliedern aufzuerlegen; ist dies der Fall, findet Abs. 1 nur auf sie Anwendung.

(3) Der nach Abs. 1 oder 2 Verantwortliche ist nicht zu bestrafen, wenn er bis zum Schluß der Verhandlung

1. die ausstehenden Beiträge zur Gänze einzahlt oder
2. sich dem berechtigten Sozialversicherungsträger gegenüber vertraglich zur Nachentrichtung der ausstehenden Beiträge binnen einer bestimmten Zeit verpflichtet.

(4) Die Strafbarkeit lebt wieder auf, wenn der Zahlungsverpflichtete seine nach Abs. 3 Z 2 eingegangene Verpflichtung nicht einhält.

§ 115. (aufgehoben)

ZWEITER TEIL
Leistungen der Krankenversicherung

ABSCHNITT I
Gemeinsame Bestimmungen

Aufgaben

§ 116. (1) Die Krankenversicherung trifft Vorsorge

1. für die Früherkennung von Krankheiten und die Erhaltung der Volksgesundheit;
2. für die Versicherungsfälle der Krankheit, der Arbeitsunfähigkeit infolge Krankheit und der Mutterschaft;
3. für Zahnbehandlung und Zahnersatz sowie für die Hilfe bei körperlichen Gebrechen;
4. für medizinische Maßnahmen der Rehabilitation;
5. für die Gesundheitsförderung.

(2) Überdies können aus Mitteln der Krankenversicherung

1. Maßnahmen zur Festigung der Gesundheit (§ 155) und
2. Maßnahmen zur Krankheitsverhütung (§ 156)

gewährt werden.

(3) Mittel der Krankenversicherung können auch zur Förderung und Unterstützung von gemeinnützigen Einrichtungen, die der Verhütung oder Früherkennung von Krankheiten, der Verhütung von Unfällen, ausgenommen Arbeitsunfälle, der Sicherstellung der Leistung ärztlicher Hilfe oder der Betreuung von Kranken dienen, sowie zur Förderung der Niederlassung von Vertragsärzten (Vertrags-Gruppenpraxen) in medizinisch schlecht versorgten Gebieten und zur Aufrechterhaltung der Praxis in solchen Gebieten verwendet werden, wenn dies der Erfüllung der in den Abs. 1 und 2 genannten Aufgaben dient.

(BGBl I 2001/99)

(4) Mittel der Krankenversicherung können auch zur Erforschung von Krankheits- bzw. Unfallursachen (ausgenommen Arbeitsunfälle) verwendet werden, wenn dies der Erfüllung der in den Abs. 1 und 2 genannten Aufgaben dient.

(5) Beim Tod des Versicherten, des sonst nach § 122 Anspruchsberechtigten oder eines Angehörigen (§ 123) kann durch die Satzung nach Maßgabe der finanziellen Leistungsfähigkeit des Versicherungsträgers ein Zuschuß zu den Bestattungskosten gewährt werden. Dieser Zuschuß kann unter Bedachtnahme auf die wirtschaftlichen Verhältnisse desjenigen, der die Kosten der Bestattung getragen hat, bis zur Höhe von 436,04 € gezahlt werden.

(BGBl I 2001/67)

Leistungen

§ 117. Als Leistungen der Krankenversicherung werden nach Maßgabe der Bestimmungen dieses Bundesgesetzes gewährt:

1. Zur Früherkennung von Krankheiten: Jugendlichenuntersuchungen und Vorsorge-(Gesunden)untersuchungen (§§ 132a und 132b);
2. aus dem Versicherungsfall der Krankheit: Krankenbehandlung (§§ 133 bis 137), erforderlichenfalls medizinische Hauskrankenpflege (§ 151) oder Anstaltspflege (§§ 144 bis 150);
3. aus dem Versicherungsfall der Arbeitsunfähigkeit infolge Krankheit: Krankengeld (§§ 138 bis 143);
4. aus dem Versicherungsfall der Mutterschaft:
   a) ärztlicher Beistand, Hebammenbeistand sowie Beistand durch diplomierte Kinderkranken- und Säuglingsschwestern (§ 159);
   b) Heilmittel und Heilbehelfe (§ 160);
   c) Pflege in einer Krankenanstalt (auch in einem Entbindungsheim) (§ 161);
   d) Wochengeld (§ 162).

§ 118. (aufgehoben)

§ 118a. (aufgehoben)

§ 119. Die Leistungen der Krankenversicherung werden auch gewährt, wenn es sich um die Folgen eines Arbeitsunfalles (§§ 175 und 176) oder um eine Berufskrankheit (§ 177) handelt.

Eintritt des Versicherungsfalles

§ 120. (1) Der Versicherungsfall gilt als eingetreten:

1. im Versicherungsfall der Krankheit mit dem Beginn der Krankheit, das ist des regelwidrigen Körper- oder Geisteszustandes, der die Krankenbehandlung notwendig macht;
2. im Versicherungsfall der Arbeitsunfähigkeit infolge Krankheit mit dem Beginn der durch eine Krankheit im Sinne der Z 1 herbeigeführten Arbeitsunfähigkeit;
3. im Versicherungsfall der Mutterschaft mit dem Beginn der achten Woche vor der voraussichtlichen Entbindung; wenn aber die Entbindung vor diesem Zeitpunkt erfolgt, mit der Entbindung; ist der Tag der voraussichtlichen Entbindung nicht festgestellt worden, mit dem Beginn der achten Woche vor der Entbindung.

Darüber hinaus gilt der Versicherungsfall der Mutterschaft bei Dienstnehmerinnen und Bezieherinnen einer Leistung nach dem AlVG, KGG oder KBGG sowie bei Versicherten gemäß § 43 Abs. 2 KGG in jenem Zeitpunkt und für jenen Zeitraum als eingetreten, in dem diese auf Grund besonderer Vorschriften des Mutterschutzrechtes im Einzelfall auf Grund des Zeugnisses eines Arbeitsinspektionsarztes oder eines Amtsarztes nicht beschäftigt werden dürfen, weil Leben oder Gesundheit von Mutter oder Kind bei Fortdauer der Beschäftigung oder Aufnahme einer Beschäftigung gefährdet wäre.

(BGBl I 1998/138, BGBl I 2001/103)

(2) Einer Krankheit im Sinne des Abs. 1 Z 1 ist gleichzuhalten, wenn ein Versicherter (Angehöriger) in nicht auf Gewinn gerichteter Absicht einen Teil seines Körpers zur Übertragung in den Körper eines anderen Menschen spendet. Der Versicherungsfall der Krankheit gilt mit dem Zeitpunkt als eingetreten, in dem die erste ärztliche Maßnahme gesetzt wird, die der späteren Entnahme des Körperteiles voranzugehen hat.

Art der Leistungen

§ 121. (1) Die Leistungen der Krankenversicherung werden gewährt als:

1. Pflichtleistungen, und zwar als gesetzliche Mindestleistungen oder als satzungsmäßige Mehrleistungen;
2. freiwillige Leistungen.

(2) Pflichtleistungen sind Leistungen, auf die ein Rechtsanspruch besteht. Freiwillige Leistungen sind Leistungen, die auf Grund gesetzlicher oder satzungsmäßiger Vorschriften gewährt werden können, ohne daß auf sie ein Rechtsanspruch besteht.

(3) Der Versicherungsträger kann unter Bedachtnahme auf seine finanzielle Leistungsfähigkeit und das wirtschaftliche Bedürfnis der Versicherten über die gesetzlichen Mindestleistungen hinausgehende Mehrleistungen innerhalb der in den folgenden Bestimmungen festgesetzten Grenzen in der Satzung vorsehen (satzungsmäßige Mehrleistungen). Durch die Satzung kann der Anspruch auf Mehrleistungen von der Erfüllung einer Wartezeit von sechs Monaten innerhalb der letzten zwölf Monate vor Eintritt des Versicherungsfalles abhängig gemacht werden.

(4) Sofern nach Maßgabe der Bestimmungen dieses Bundesgesetzes oder der Satzung der Anspruch von der Erfüllung einer Wartezeit abhängig ist, sind auf diese anzurechnen:

1. Zeiten einer Krankenversicherung nach diesem oder einem anderen Bundesgesetz;
2. Zeiten der Zugehörigkeit zu einer Krankenfürsorgeeinrichtung eines öffentlich-rechtlichen Dienstgebers;
3. Zeiten, während derer der Versicherte Anspruch auf Leistungen aus dem Versicherungsfall der Krankheit, der Arbeitsunfähigkeit infolge Krankheit oder Mutterschaft hat, sofern dieser Anspruch nicht gemäß § 122 Abs. 2 Z 2 oder Abs. 3 entstanden ist, und zwar
   a) die ersten drei Tage der Arbeitsunfähigkeit infolge Krankheit, für die gemäß § 138 Abs. 1 Anspruch auf Krankengeld nicht besteht,
   b) Zeiten eines Anspruches auf Kranken- oder Wochengeld, auch wenn dieser Anspruch ruht,
   c) Zeiten der Gewährung der Anstaltspflege oder der Unterbringung in einem Genesungs-, Erholungs- oder Kurheim oder in einer Sonderkrankenanstalt auf Rechnung eines Versicherungsträgers oder
   d)[a]) Zeiten eines Anspruches auf Ersatz der Verpflegungskosten gemäß § 131 oder auf Pflegekostenzuschuß gemäß § 150 gegenüber einem Versicherungsträger,

   (BGBl 1996/764, BGBl I 2001/5)

---
[a]) Tritt mit Ablauf des 31. Dezember 2004 außer Kraft.

   d)[a]) Zeiten eines Anspruches auf Ersatz der Verpflegungskosten gemäß § 131 oder § 150 gegenüber einem Versicherungsträger,

---
[a]) Tritt mit Ablauf des 31. Dezember 2004 wieder in Kraft.

4. Zeiten, während derer die Voraussetzungen für die Angehörigeneigenschaft nach diesem oder einem anderen Bundesgesetz erfüllt waren, sowie Zeiten der Zugehörigkeit als Angehöriger zu einer Krankenfürsorgeeinrichtung eines öffentlich-rechtlichen Dienstgebers;
5. (aufgehoben)
6. (aufgehoben)
7. bei Selbstversicherten nach § 16, sofern innerhalb von sechs Wochen
   a) nach dem Tod des Versicherten von dessen Angehörigen (§ 123),
   b) nach Nichtigerklärung, Aufhebung oder Scheidung der Ehe mit dem Versicherten vom früheren Ehegatten,
   c) nach dem Ausscheiden des Versicherten aus der Pflichtversicherung und Übernahme einer Erwerbstätigkeit im Ausland von dessen Angehörigen (§ 123)

die Selbstversicherung aufgenommen wird, die in Z 1 bis 3 bezeichneten Zeiten, die der Versicherte zurückgelegt hat. Zeiten der in der Z 1 bis 7 genannten Art, die sich zeitlich decken, sind nur einfach zu zählen.

Anspruchsberechtigung während der Dauer der Versicherung und nach dem Ausscheiden aus der Versicherung

§ 122. (1) Der Versicherte hat nach Maßgabe der folgenden Bestimmungen Anspruch auf die Leistungen der Krankenversicherung für sich und seine Angehörigen (§ 123), wenn der Versicherungsfall

a) während der Versicherung oder
b) vor dem auf das Ende der Versicherung nächstfolgenden Arbeitstag

eingetreten ist (§ 120). Die Leistungen aus dem Versicherungsfall der Krankheit werden auch gewährt, wenn die Krankheit im Zeitpunkt des Beginnes der Versicherung bereits bestanden hat. Die Leistungen sind in allen diesen Fällen auch über das Ende der Versicherung hinaus weiterzugewähren, solange die Voraussetzungen für den Anspruch gegeben sind.

(2) Für Versicherungsfälle, die nach dem Ende der Versicherung oder nach Ablauf des im Abs. 1 lit. b bezeichneten Zeitraumes eintreten, sind Leistungen, und zwar auch für Familienangehörige, nach Maßgabe der folgenden Bestimmungen zu gewähren:

1. an Personen, die Anspruch aus dem Versicherungsfall der Krankheit, der Arbeitsunfähigkeit infolge Krankheit oder der Mutterschaft haben, sofern dieser Anspruch nicht gemäß Abs. 3 entstanden ist, und zwar
   a) während der ersten drei Tage der Arbeitsunfähigkeit infolge Krankheit, für die gemäß § 138 Abs. 1 ASVG Anspruch auf Krankengeld nicht besteht,
   b) während des Anspruches auf Kranken- oder Wochengeld, auch wenn dieser Anspruch ruht,
   c) während der Gewährung der Anstaltspflege oder der Unterbringung in einem Genesungs-, Erholungs- oder Kurheim oder in einer Sonderkrankenanstalt auf Rechnung eines Versicherungsträgers oder
   d)[a]) während des Anspruches auf Ersatz der Verpflegskosten gemäß § 131 oder auf Pflegekostenzuschuß gemäß § 150 gegenüber einem Versicherungsträger.

   (BGBl 1996/764, BGBl I 2001/5)

[a]) Tritt mit Ablauf des 31. Dezember 2004 außer Kraft.

   d)[a]) während des Anspruches auf Ersatz der Verpflegskosten gemäß § 131 oder § 150 gegenüber einem Versicherungsträger.

[a]) Tritt mit Ablauf des 31. Dezember 2004 wieder in Kraft.

   (BGBl I 1998/138)

2. an Personen, die innerhalb der letzten zwölf Monate vor dem Ausscheiden aus der durch eine Beschäftigung (ein Lehr- oder Ausbildungsverhältnis) begründeten Pflichtversicherung mindestens 26 Wochen oder unmittelbar vorher mindestens sechs Wochen versichert waren und sogleich nach dem Ausscheiden aus der Pflichtversicherung erwerbslos geworden sind, wenn der Versicherungsfall während der Erwerbslosigkeit und binnen drei Wochen nach dem Ausscheiden aus der Pflichtversicherung eintritt. War der Versicherte im Zeitpunkt des Ausscheidens aus der Pflichtversicherung infolge Krankheit arbeitsunfähig oder bestand zu diesem Zeitpunkt Anspruch auf Wochengeld, so beginnt die Frist von drei Wochen erst ab dem Erlöschen des Anspruches auf Krankengeld (Anstaltspflege) bzw. Wochengeld zu laufen. Die Frist von drei Wochen verlängert sich
   a) um die Dauer eines Präsenz- oder Ausbildungsdienstes auf Grund der Bestimmungen des Wehrgesetzes 1990 – ausgenommen um Zeiten einer Pflichtversicherung gemäß § 8 Abs. 1 Z 1 lit. e und Z 5 – bzw. eines auf Grund der Bestimmungen des Zivildienstgesetzes zu leistenden ordentlichen oder außerordentlichen Zivildienstes bzw. eines Auslandsdienstes gemäß § 12b des Zivildienstgesetzes;

   (BGBl 1996/411, BGBl I 1998/30)

   b) um jenen Zeitraum, um den die Dauer des Anspruchsverlustes auf Arbeitslosengeld oder Notstandshilfe gemäß den §§ 10, 11 bzw. 25 Abs. 2 AlVG über die Frist von drei Wochen hinausgeht;

   (BGBl 1993/502, BGBl 1996/201)

3. an Personen, die gemäß § 12 Abs. 3 lit. g AlVG oder gemäß § 21a AlVG keinen Anspruch auf Arbeitslosengeld oder Notstandshilfe haben;

   (BGBl I 1997/47, BGBl I 1998/6)

4. an Personen, die gemäß § 2 Abs. 2 Z 6 KGG oder gemäß § 2 Abs. 3 KGG keinen Anspruch auf Karenzgeld oder gemäß § 79 Abs. 39 AlVG in Verbindung mit § 2 Abs. 3 KGG keinen Anspruch auf Karenzurlaubsgeld haben.

   (BGBl 1996/201, BGBl I 1997/47, BGBl I 1998/6)

(3) Über die Bestimmungen des Abs. 2 hinaus sind die Leistungen aus dem Versicherungsfall der Mutterschaft auch zu gewähren, wenn der Versicherungsfall nach dem Ende der Pflichtversicherung eintritt und der Beginn der 32. Woche vor dem Eintritt des Versicherungsfalles in den Zeitraum des Bestandes der beendeten Pflichtversicherung, die mindestens 13 Wochen bzw. drei Kalendermonate ununterbrochen gedauert haben muß, fällt; fallen in diesen Zeitraum auch Zeiten der Arbeitsunfähigkeit infolge Krankheit oder Zeiten eines Leistungsbezuges aus dem Versicherungsfall der Mutterschaft, so gelten solche Zeiten bei der Anwendung dieser Bestimmung als Zeiten der Pflichtversicherung. Dies gilt jedoch nicht, wenn die Pflichtversicherung auf Grund einer einvernehmlichen Lösung des Dienstverhältnisses, einer Kündigung durch die Dienstnehmerin, eines unberechtigten vorzeitigen Austrittes oder einer verschuldeten Entlassung der Dienstnehmerin geendet hat oder wenn die Dienstnehmerin aus einem

dieser Gründe unmittelbar im Anschluß an einen Zeitraum des Bezuges eines Karenzgeldes nach dem KGG ihre vorherige Beschäftigung nicht wieder aufgenommen hat. Die Voraussetzung von mindestens 13 Wochen bzw. drei Kalendermonaten entfällt, wenn die Versicherte in den letzten 36 Monaten vor dem Ausscheiden aus der Pflichtversicherung mindestens zwölf Monate in der Krankenversicherung nach diesem oder einem anderen Bundesgesetz pflichtversichert war. Tritt in der Zeit zwischen dem Ende der Pflichtversicherung und dem Eintritt des Versicherungsfalles oder danach während der Zeit, für die Anspruch auf Leistungen aus dem Versicherungsfall der Mutterschaft besteht, der Versicherungsfall der Krankheit ein, gebühren die Leistungen aus diesem Versicherungsfall.

(BGBl I 1997/47)

(4) Erwerbslosigkeit im Sinne des Abs. 2 Z 2 liegt auch vor, wenn bei einem mehrfach Versicherten (§ 128) ein versicherungspflichtiges Beschäftigungsverhältnis endet und das Entgelt aus den weiterbestehenden Beschäftigungs(Lehr)verhältnissen den Betrag von 355,01 €[a]) monatlich nicht übersteigt; das gleiche gilt, wenn der aus der Pflichtversicherung Ausgeschiedene eine selbständige Erwerbstätigkeit ausübt, aus der er ein 355,01 €[a]) monatlich nicht übersteigendes Einkommen erzielt. An die Stelle des Betrages von 355,01 € tritt ab 1. Jänner eines jeden Jahres der unter Bedachtnahme auf § 108 Abs. 9 mit der jeweiligen Aufwertungszahl (§ 108a Abs. 1) vervielfachte Betrag. In sonstigen Fällen werden Leistungen nach Abs. 2 Z 2 sowie nach Abs. 3 nicht gewährt, sobald die betreffende Person auf Grund dieses Bundesgesetzes oder auf Grund anderer gesetzlicher Vorschrift in der Krankenversicherung versichert ist oder wenn sie sich ins Ausland begibt. Die Selbstversicherung in der Krankenversicherung (§ 16), die Krankenversicherung wegen Bezuges einer Pension aus der Sozialversicherung oder eines Ruhe- bzw. Versorgungsbezuges aus einem öffentlich-rechtlichen Dienstverhältnis, ferner die Krankenversicherung der Kriegshinterbliebenen nach dem Kriegsopferversorgungsgesetz 1957 und die Krankenversicherung der Hinterbliebenen nach dem Heeresversorgungsgesetz lassen den Anspruch auf Leistungen nach Abs. 2 Z 2 sowie nach Abs. 3 unberührt.

(BGBl 1993/335, BGBl I 2001/67)

[a]) Beträge siehe VO über veränderliche Werte.

(5) Wo im folgenden Versicherte als Anspruchsberechtigte genannt werden, sind hierunter, soweit nichts anderes bestimmt wird, auch die im Abs. 2 bezeichneten aus der Versicherung ausgeschiedenen anspruchsberechtigten Personen zu verstehen.

Anspruchsberechtigung für Angehörige

§ 123. (1) Anspruch auf die Leistungen der Krankenversicherung besteht für Angehörige,

1. wenn sie ihren gewöhnlichen Aufenthalt im Inland haben und
2. wenn sie weder nach der Vorschrift dieses Bundesgesetzes noch nach anderer gesetzlicher Vorschrift krankenversichert sind und auch für sie seitens einer Krankenfürsorgeeinrichtung eines öffentlich-rechtlichen Dienstgebers Krankenfürsorge nicht vorgesehen ist.

(2) Als Angehörige gelten:

1. der Ehegatte;
2. die ehelichen Kinder, die legitimierten Kinder und Wahlkinder;
3. die unehelichen Kinder einer weiblichen Versicherten;
4. die unehelichen Kinder eines männlichen Versicherten, wenn seine Vaterschaft durch Urteil oder durch Anerkenntnis festgestellt ist (§ 163b ABGB);
5. die Stiefkinder und Enkel, wenn sie mit dem Versicherten ständig in Hausgemeinschaft leben;
6. die Pflegekinder, wenn sie vom Versicherten unentgeltlich verpflegt werden oder das Pflegeverhältnis auf einer behördlichen Bewilligung beruht.

Die ständige Hausgemeinschaft im Sinne der Z 5 besteht weiter, wenn sich das Kind nur vorübergehend oder wegen schulmäßiger (beruflicher) Ausbildung oder zeitweilig wegen Heilbehandlung außerhalb der Hausgemeinschaft aufhält; das gleiche gilt, wenn sich das Kind auf Veranlassung des Versicherten und überwiegend auf dessen Kosten oder auf Anordnung der Jugendfürsorge oder des „Pflegschaftsgerichtes in Obsorge“ eines Dritten befindet.

(BGBl I 2002/1)

(3) Stiefkinder einer Person sind die nicht von ihr abstammenden leiblichen Kinder ihres Ehegatten, und zwar auch dann, wenn der andere leibliche Elternteil des Kindes noch lebt. Die Stiefkindschaft besteht nach Auflösung oder Nichtigerklärung der sie begründenden Ehe weiter.

(4) Kinder und Enkel (Abs. 2 Z 2 bis 6) gelten als Angehörige bis zur Vollendung des 18. Lebensjahres. Nach diesem Zeitpunkt gelten sie als Angehörige, wenn und solange sie

1. sich in einer Schul- oder Berufsausbildung befinden, die ihre Arbeitskraft überwiegend beansprucht, längstens bis zur Vollendung des 27. Lebensjahres; die Angehörigeneigenschaft von Kindern, die eine im § 3 des Studienförderungsgesetzes 1992, BGBl. Nr. 305, genannte Einrichtung besuchen, verlängert sich nur dann, wenn sie ein ordentliches Studium ernsthaft und zielstrebig im Sinne des § 2 Abs. 1 lit. b des Familienlastenausgleichsgesetzes 1967, BGBl. Nr. 376, in der Fassung des

Bundesgesetzes BGBl. Nr. 311/1992, betreiben;

(BGBl 1996/201)

2. seit der Vollendung des 18. Lebensjahres oder seit dem Ablauf des in Z 1 genannten Zeitraumes
   a) infolge Krankheit oder Gebrechen erwerbsunfähig sind oder
   b) erwerbslos sind;

   (BGBl I 2001/99)

3. an einem Programm der Europäischen Gemeinschaften zur Förderung der Mobilität junger Menschen teilnehmen, längstens bis zur Vollendung des 27. Lebensjahres.

   (BGBl I 2001/99)

Die Angehörigeneigenschaft bleibt in den Fällen der Z 2 lit. b längstens für die Dauer von 24 Monaten ab den in Z 2 genannten Zeitpunkten gewahrt.

(5) Kinder und Enkel (Abs. 2 Z 2 bis 6) gelten im Rahmen der Altersgrenzen des Abs. 4 Z 1 auch dann als Angehörige, wenn sie sich im Ausland in einer Schul- oder Berufsausbildung befinden; dies gilt auch bei nur vorübergehendem Aufenthalt im Inland.

(6) Kommt eine mehrfache Angehörigenschaft in Betracht, so wird die Leistung nur einmal gewährt. Leistungspflichtig ist der Versicherungsträger, bei dem die Leistung zuerst in Anspruch genommen wird.

(7) Als Angehöriger gilt jeweils auch eine Person aus dem Kreis der Eltern, Wahl-, Stief- und Pflegeeltern, der Kinder, Wahl-, Stief- und Pflegekinder, der Enkel oder der Geschwister des (der) Versicherten, die seit mindestens zehn Monaten mit ihm (ihr) in Hausgemeinschaft lebt und ihm (ihr) seit dieser Zeit unentgeltlich den Haushalt führt, wenn ein im gemeinsamen Haushalt lebender arbeitsfähiger Ehegatte nicht vorhanden ist. Angehöriger aus diesem Grund kann nur eine einzige Person sein.

(8) Durch die Satzung kann nach Maßgabe der finanziellen Leistungsfähigkeit des Versicherungsträgers bestimmt werden, daß

a) auch andere als die in den Abs. 2 und 4 bis 7 bezeichneten Verwandten und die Wahl- und Stiefeltern des (der) Versicherten als Angehörige gelten, wenn sie mit dem (der) Versicherten in Hausgemeinschaft leben und von ihm (ihr) ganz oder überwiegend erhalten werden;
b) mit dem (der) Versicherten nicht verwandte andersgeschlechtliche Personen den im Abs. 7 genannten Angehörigen unter den dort bezeichneten Voraussetzungen gleichgestellt sind.

(9) Eine im Abs. 2 Z 1 sowie Abs. 7 und 8 genannte Person gilt nur als Angehöriger, soweit es sich nicht um eine Person handelt, die

a) einer Berufsgruppe angehört, die gemäß § 5 Abs. 1 GSVG von der Pflichtversicherung ausgenommen ist, oder

   (BGBl I 1998/138)

b) zu den im § 4 Abs. 2 Z 2 GSVG genannten Personen gehört oder

   (BGBl I 1998/138, BGBl I 2000/92, BGBl I 2001/33)

c) im § 2 Abs. 1 des Bundesgesetzes über die Sozialversicherung freiberuflich selbständig Erwerbstätiger, BGBl. Nr. 624/1978, in der am 31. Dezember 1997 geltenden Fassung angeführt ist oder

   (BGBl I 1998/138)

d) eine Pension nach dem in lit. c genannten Bundesgesetz bezieht oder

   (BGBl I 1998/138)

e) der Versicherungspflicht gemäß § 3 des Notarversicherungsgesetzes 1972 unterliegt oder eine Pension nach dem Notarversicherungsgesetz 1972 bezieht.

   (BGBl 1996/411, BGBl I 1998/138)

(BGBl 1996/411, BGBl I 1997/139, BGBl I 1998/138)

(10) Eine im Abs. 2 Z 1, Abs. 4 Z 3 sowie Abs. 7 und 8 genannte Person gilt nicht als Angehöriger, wenn sie im Ausland eine Erwerbstätigkeit ausübt, die, würde sie im Inland ausgeübt werden, nach den Bestimmungen dieses oder eines anderen Bundesgesetzes die Versicherungspflicht in der Krankenversicherung begründet.

(BGBl I 2001/99)

(11) Als Pflegekinder gemäß Abs. 2 Z 6 gelten auch Kinder, die von einem (einer) Versicherten gepflegt und erzogen werden, wenn sie mit dem (der) Versicherten

1. bis zum dritten Grad verwandt oder verschwägert sind und
2. ständig in Hausgemeinschaft leben.

(BGBl 1996/411)

Sonderregelungen für Selbstversicherte und Pensionisten

§ 124. (1) Bei den Selbstversicherten in der Krankenversicherung ist die Leistungspflicht allgemein, soweit nicht für einzelne Leistungen eine längere Wartezeit vorgesehen ist, von der Erfüllung einer Wartezeit von drei Monaten unmittelbar vor Eintritt des Versicherungsfalles abhängig. Dies gilt nicht für die im § 16 Abs. 2 bezeichneten Personen, sofern ihre Beiträge von der Beitragsgrundlage nach § 76 Abs. 1 Z 2 erster Halbsatz berechnet werden. Durch die Satzung kann die Wartezeit auf sechs Monate unmittelbar vor Eintritt des Versicherungsfalles erweitert werden. Die Satzung kann ferner für Selbstversicherte auch den Kreis der Angehörigen, mit Ausnahme der Kinder (§ 123 Abs. 2 Z 2 bis 6 und Abs. 4), einschränken.

(BGBl I 1998/138)

(2) Das Erfordernis der Erfüllung der Wartezeit entfällt, wenn der Selbstversicherte in den unmittelbar vor Beginn der Selbstversicherung vorangegangenen zwölf Monaten mindestens 26 Wochen oder unmittelbar vorher mindestens sechs Wochen nach diesem oder einem anderen Bundesgesetz krankenversichert war oder für ihn eine Anspruchsberechtigung in einer solchen Krankenversicherung bestand; ist die Pflichtversicherung oder die darauf beruhende Anspruchsberechtigung infolge einer Aussperrung oder eines Streiks erloschen, entfällt ebenfalls das Erfordernis der Erfüllung der Wartezeit. Die Frist von zwölf Monaten verlängert sich um die Zeiten, während derer der aus der Pflichtversicherung ausgeschiedene Selbstversicherte

1.[a]) auf Rechnung eines Versicherungsträgers Anstaltspflege erhielt oder auf Rechnung eines Versicherungsträgers in einem Genesungs-, Erholungs- oder Kurheim oder in einer Sonderkrankenanstalt untergebracht war oder Anspruch auf Pflegegebührenersatz gemäß § 131 oder auf Pflegekostenzuschuß gemäß § 150 einem Versicherungsträger gegenüber hatte oder

(BGBl 1996/764, BGBl I 2001/5)

[a]) Tritt mit Ablauf des 31. Dezember 2004 außer Kraft.

1.[a]) auf Rechnung eines Versicherungsträgers Anstaltspflege erhielt oder auf Rechnung eines Versicherungsträgers in einem Genesungs-, Erholungs- oder Kurheim oder in einer Sonderkrankenanstalt untergebracht war oder Anspruch auf Pflegegebührenersatz gemäß § 131 oder § 150 einem Versicherungsträger gegenüber hatte oder

[a]) Tritt mit Ablauf des 31. Dezember 2004 wieder in Kraft.

2. Kranken- oder Wochengeld bezogen hat.

(3) Ist der Pensionist (§ 8 Abs. 1 Z 1) oder ein Angehöriger des Pensionisten (§ 123) in einer Versorgungsanstalt oder in einer Anstalt der Sozialhilfe, in der er im Rahmen seiner gesamten Betreuung ärztliche Hilfe und Heilmittel erhält, untergebracht, so besteht für seine Person kein Anspruch auf diese Leistungen der Krankenversicherung während der Dauer dieser Unterbringung.

Bemessungsgrundlage

§ 125. (1) „Bemessungsgrundlage für das Krankengeld ist der Arbeitsverdienst, der dem (der) Versicherten in jenem Beitragszeitraum (§ 44 Abs. 2) gebührte, der dem Ende des vollen Entgeltanspruches voranging;“ liegt ein solcher Beitragszeitraum nicht vor, so ist der laufende Beitragszeitraum maßgebend. Lohn- und Gehaltserhöhungen auf Grund von Normen kollektiver Rechtsgestaltung sind zu berücksichtigen.

(BGBl I 2001/67, BGBl I 2002/1)

(2) Die Satzung kann bestimmen, daß bei der Ermittlung der Bemessungsgrundlage für einzelne Gruppen von Versicherten, wie zum Beispiel für Beschäftigte bei Dienstgebern, mit denen Vereinbarungen über die Form der Abrechnung der Beiträge getroffen werden, und für ganz oder teilweise nicht nach Zeit entlohnte Dienstnehmer ein anderer Beitragszeitraum als der im Abs. 1 bezeichnete oder daß mehrere dem Versicherungsfall vorangegangene Beitragszeiträume herangezogen werden.

(3) Die Sonderzahlungen nach § 49 Abs. 2 sind bei der Bemessung der Barleistungen der Krankenversicherung in der Weise zu berücksichtigen, daß die Bemessungsgrundlage nach Abs. 1 und 2 um einen durch die Satzung des Versicherungsträgers allgemein festzusetzenden Hundertsatz erhöht wird; der Hundertsatz kann einheitlich oder gesondert für bestimmte Gruppen von Versicherten unter Bedachtnahme auf den Durchschnittswert der für die Beitragsbemessung heranzuziehenden Sonderzahlungen (§ 54 Abs. 1) festgesetzt werden. Werden jedoch die Sonderzahlungen auf Grund einer Festsetzung gemäß § 54 Abs. 2 mit einem einheitlichen Hundertsatz der allgemeinen Beitragsgrundlage der Berechnung des Sonderbeitrages zugrunde gelegt, so ist die Bemessungsgrundlage nach Abs. 1 oder 2 um den gleichen Hundertsatz zu erhöhen, der der Berechnung des Sonderbeitrages zugrunde gelegt worden ist.

(4) (aufgehoben)

(5) Abs. 1 gilt sinngemäß zur Ermittlung der Bemessungsgrundlage für die Barleistungen aus dem Versicherungsfall der Arbeitsunfähigkeit infolge Krankheit in den Fällen des § 58a.

Leistungen bei Wechsel der Versicherungszuständigkeit

§ 126. (1) Tritt während der Gewährung (des Ruhens) von Leistungen aus dem Versicherungsfall der Arbeitsunfähigkeit infolge Krankheit oder aus dem Versicherungsfall der Mutterschaft eine Änderung in der Versicherungszuständigkeit ein, so bleibt der frühere Versicherungsträger für den betreffenden Versicherungsfall weiter leistungszuständig.

(2) Tritt im Falle des § 134 Abs. 2 oder 3 während der Gewährung von Leistungen aus dem Versicherungsfall der Krankheit eine Änderung in der Versicherungszuständigkeit ein, so geht die Leistungszuständigkeit auf den versicherungszuständig gewordenen Träger der Krankenversicherung über. Dies gilt auch, wenn die Versicherungszuständigkeit auf den Träger einer nach einem anderen Bundesgesetz geregelten Krankenversicherung übergeht, mit der Maßgabe, daß die Leistungen vom versicherungszuständig gewordenen Träger der Krankenversicherung nach den für ihn geltenden Vorschriften weiterzugewähren sind.

Leistungen bei Satzungsänderungen

§ 127. Durch eine Satzungsänderung kann für Versicherungsfälle, die bereits eingetreten sind, die satzungsmäßige Mehrleistung erhöht, nicht aber herabgesetzt werden.

Leistungen bei mehrfacher Versicherung

§ 128. Bei mehrfacher Krankenversicherung nach den Bestimmungen dieses oder eines anderen Bundesgesetzes sind die Sachleistungen (die Erstattung von Kosten anstelle von Sachleistungen) für ein und denselben Versicherungsfall nur einmal zu gewähren, und zwar von dem Versicherungsträger, den der Versicherte zuerst in Anspruch nimmt. Die Barleistungen gebühren aus jeder der in Betracht kommenden Versicherungen.

(2) (aufgehoben)

§ 128.[a]) (1) Bei mehrfacher Krankenversicherung nach diesem oder einem anderen Bundesgesetz sind die Sachleistungen (die Erstattung von Kosten bzw. Kostenzuschüsse anstelle von Sachleistungen) nur einmal zu gewähren. Handelt es sich um eine mehrfache Krankenversicherung nach diesem Bundesgesetz, so ist jener Versicherungsträger leistungszuständig, den der (die) Versicherte zuerst in Anspruch nimmt; andernfalls ist nach folgender Reihenfolge leistungszuständig:

1. der Krankenversicherungsträger nach dem B-KUVG,
2. der Krankenversicherungsträger nach diesem Bundesgesetz,
3. der Krankenversicherungsträger nach dem GSVG,
4. der Krankenversicherungsträger nach dem BSVG.

(BGBl I 1999/173)

(2) Die Barleistungen gebühren aus jeder der in Betracht kommenden Versicherungen.

(3) Abweichend von der in Abs. 1 genannten Reihenfolge kann der (die) Versicherte auf Antrag die Sachleistungen bei einem anderen Krankenversicherungsträger, bei dem er (sie) versichert ist, in Anspruch nehmen. Die Leistungszuständigkeit wechselt sogleich bei Eintritt der Mehrfachversicherung, wenn der Antrag innerhalb von acht Wochen nach diesem Zeitpunkt gestellt wird; wird der Antrag später gestellt, so wechselt die Leistungszuständigkeit im Fall der Antragstellung bis zum Ablauf des 30. November eines Kalenderjahres mit Beginn des folgenden Kalenderjahres.

(BGBl I 1999/173)

(BGBl I 1997/139, BGBl I 2000/2)

[a]) Tritt mit 1. Jänner 2005 in Kraft.

Leistungen an Personen mit dem Wohnsitz außerhalb des Sprengels des zuständigen Versicherungsträgers

§ 129. (1) Haben Versicherte oder deren Angehörige ihren Wohnsitz außerhalb des Sprengels des für sie zuständigen Versicherungsträgers, so ist auf dessen Ersuchen der für den Wohnsitz zuständige Versicherungsträger verpflichtet, die Leistungen gegen Kostenersatz zu gewähren. In dem Ersuchen sind Art und Ausmaß der zu gewährenden Leistungen zu bezeichnen. Bei der Ermittlung des Kostenersatzes ist die Verrechnung von Kosten für Verwaltungsauslagen ausgeschlossen. Die mit dem Versicherungsträger des Wohnsitzes in vertraglichen Beziehungen stehenden Personen und Einrichtungen (Ärzte, Apotheker, Krankenanstalten usw.) sind zur Leistung nach den für sie geltenden Verträgen auch in diesen Fällen verpflichtet.

(BGBl 1996/411)

(2) Die im Abs. 1 vorgesehene Regelung gilt entsprechend für den Versicherten und seine Angehörigen, wenn sie während eines vorübergehenden Aufenthaltes außerhalb des Sprengels ihres zuständigen Versicherungsträgers erkranken.

(3) Erstreckt sich der örtliche Wirkungsbereich eines Versicherungsträgers über das Gebiet eines Landes hinaus, so kann dieser Versicherungsträger, sofern es zur besseren Betreuung der Versicherten und ihrer Angehörigen angebracht ist, einen anderen nach dem Wohnsitz oder gewöhnlichen Aufenthalt des Versicherten (der Angehörigen) zuständigen Versicherungsträger gegen Kostenersatz mit der Erbringung der Leistungen betrauen. Abs. 1 vorletzter und letzter Satz sind entsprechend anzuwenden.

(BGBl 1996/411)

(4) Das Ersuchen um Betreuung von Versicherten (Angehörigen) ist an die Gebietskrankenkasse zu richten, in deren Sprengel der Wohnsitz oder gewöhnliche Aufenthalt des Versicherten (seiner Angehörigen) liegt.

(BGBl 1996/411)

(5) Der Hauptverband kann mit Zustimmung des Bundesministers für soziale Verwaltung bindende Richtlinien über die Form der Inanspruchnahme sowie die Festsetzung und die Verrechnung des Kostenersatzes aufstellen. Diese Richtlinien sind „im Internet" zu verlautbaren.

(BGBl I 2002/1)

Erkrankung im Ausland

§ 130. (1) „Hält sich eine in der Krankenversicherung pflichtversicherte Person im Ausland auf, so erhält sie für die Dauer des Auslandsaufenthaltes die ihr beim zuständigen Versicherungsträger für sich und ihre sich ebenfalls im Zusammenhang mit dem dienstlichen Auftrag im Ausland aufhaltenden Angehörigen zustehenden Leistungen – unbeschadet einer Pflichtversicherung nach § 8 Abs. 1 Z 1 lit. f – vom Dienstgeber." Solange der Dienstgeber das Entgelt im Sinne des § 49 Abs. 1, 3 und 4 weiter gewährt, beschränkt sich die vorstehende Verpflichtung des Dienstgebers auf die Sachleistungen.

(BGBl I 2002/1)

(2) Der Dienstgeber hat binnen einem Monat den Eintritt des Versicherungsfalles dem Versicherungsträger mitzuteilen; dieser kann die Leistungen auch selbst erbringen.

(3)[a]) Der Versicherungsträger erstattet dem Dienstgeber die Kosten. Als Ersatz der Kosten für Heilmittel ist höchstens ein Dreißigstel, für ärztliche Hilfe höchstens ein Zwanzigstel der Höchstbeitragsgrundlage (§ 45 Abs. 1) für jeden Kalendertag der Behandlungszeit zu bezahlen. Für Heilbehelfe sind höchstens jene Kosten zu ersetzen, die dem Versicherungsträger bei Inanspruchnahme der Leistung im Inland erwachsen wären; hiebei sind die Verpflegskosensätze der dem Wohnsitz des Versicherten im Inland nächstgelegenen öffentlichen Krankenanstalt zugrunde zu legen. Für die Unterbringung in einer Krankenanstalt leistet der Versicherungsträger einen Pflegekostenzuschuß gemäß § 150 Abs. 2.

(BGBl 1996/764, BGBl I 2001/5)

---

[a]) Tritt mit Ablauf des 31. Dezember 2004 außer Kraft.

(3)[a]) Der Versicherungsträger erstattet dem Dienstgeber die Kosten. Als Ersatz der Kosten für Heilmittel ist höchstens ein Dreißigstel, für ärztliche Hilfe höchstens ein Zwanzigstel der Höchstbeitragsgrundlage (§ 45 Abs. 1) für jeden Kalendertag der Behandlungszeit zu bezahlen. Für Heilbehelfe sind höchstens jene Kosten zu ersetzen, die dem Versicherungsträger bei Inanspruchnahme der Leistung im Inland erwachsen wären. Für die Unterbringung in einem Krankenhaus ersetzt der Versicherungsträger die Kosten, die ihm bei Unterbringung des Versicherten in einer inländischen öffentlichen Krankenanstalt erwachsen wären; hiebei sind die Verpflegskostensätze der dem Wohnsitz des Versicherten im Inland nächstgelegenen öffentlichen Krankenanstalt zugrunde zu legen.

---

[a]) Tritt mit Ablauf des 31. Dezember 2004 wieder in Kraft.

(4) Die im Abs. 3 als Ersatz der Kosten für Heilmittel und ärztliche Hilfe für den Kalendertag der Behandlungszeit vorgesehenen Höchstsätze werden für jene Zeit verdoppelt, in welcher der Anspruch des Versicherten auf Krankengeld gemäß § 143 Abs. 1 Z 3 zur Gänze ruht.

Erstattung von Kosten der Krankenbehandlung

§ 131. (1) Nimmt der Anspruchsberechtigte nicht die Vertragspartner (§ 338) oder die eigenen Einrichtungen (Vertragseinrichtungen) des Versicherungsträgers zur Erbringung der Sachleistungen der Krankenbehandlung (ärztliche Hilfe, Heilmittel, Heilbehelfe) in Anspruch, so gebührt ihm der Ersatz der Kosten dieser Krankenbehandlung im Ausmaß von 80 vH des Betrages, der bei Inanspruchnahme der entsprechenden Vertragspartner des Versicherungsträgers von diesem aufzuwenden gewesen wäre. Wird die Vergütung für die Tätigkeit des entsprechenden Vertragspartners nicht nach den erbrachten Einzelleistungen bestimmt, hat die Satzung des Versicherungsträgers Pauschbeträge für die Kostenerstattung festzusetzen.

(BGBl 1996/411)

(2) Durch die Satzung des Versicherungsträgers sind für die Fälle der Inanspruchnahme einer Ersatzleistung nach Abs. 1 nähere Bestimmungen über das Verfahren zur Feststellung des Versicherungsfalles, insbesondere des Beginnes und des Endes der durch die Krankheit verursachten Arbeitsunfähigkeit, zu treffen. Durch die Krankenordnung kann die Erstattung von Kosten der Krankenbehandlung ausgeschlossen werden, wenn der Versicherte in demselben Versicherungsfall einen Vertragspartner oder eine eigene Einrichtung (Vertragseinrichtung) des Versicherungsträgers in Anspruch nimmt.

(3) Bei im Inland eingetretenen Unfällen, plötzlichen Erkrankungen und ähnlichen Ereignissen kann der nächsterreichbare Arzt (Dentist) oder die nächsterreichbare Gruppenpraxis, erforderlichenfalls auch die nächsterreichbare Krankenanstalt in Anspruch genommen werden, falls ein Vertragsarzt (Vertragsdentist), eine Vertrags-Gruppenpraxis, eine Vertragskrankenanstalt oder eine eigene Einrichtung des Versicherungsträgers für die ärztliche Hilfe (Anstaltspflege) nicht rechtzeitig die notwendige Hilfe leisten kann. Der Versicherungsträger hat in solchen Fällen für die dem Versicherten tatsächlich erwachsenen Kosten (Arztkosten, Heilmittelkosten, Kosten der Anstaltspflege und Transportkosten) den in der Satzung festgesetzten Ersatz zu leisten. Darüber hinaus können nach Maßgabe der Satzung auch die notwendigen Reise(Fahrt)kosten übernommen werden. Für die weitere Behandlung ist, sofern der Versicherte nicht eine anderweitige Krankenbehandlung im Sinne des Abs. 1 in Anspruch nimmt, sobald wie möglich ein Vertragspartner (§ 338) oder eine eigene Einrichtung (Vertragseinrichtung) des Versicherungsträgers heranzuziehen, wenn der Zustand des Erkrankten (Verletzten) dies ohne Gefahr einer Verschlimmerung zuläßt.

(BGBl 1996/411, BGBl I 2001/99)

(4) Bergungskosten und die Kosten der Beförderung bis ins Tal werden bei Unfällen in Ausübung von Sport und Touristik nicht ersetzt.

(5) Für Leistungen eines approbierten Arztes (§ 44 Abs. 1 des Ärztegesetzes 1998) besteht nur dann Anspruch auf Kostenerstattung, wenn der Arzt gemäß Artikel 36 Abs. 2 der Richtlinie 93/16/EWG das Recht erworben hat, den ärztlichen Beruf als Arzt für Allgemeinmedizin im Rahmen eines Sozialversicherungssystems auszuüben.

(BGBl 1996/411, BGBl I 2001/99)

(6) Wenn die flächendeckende Versorgung der Versicherten durch Verträge nicht in ausreichendem Maße gesichert ist, so kann in der Satzung des Versicherungsträgers das Ausmaß des Ersatzes der Kosten der Krankenbehandlung gemäß Abs. 1 mit mehr als 80 vH, höchstens jedoch mit 100 vH des Betrages, der bei Inanspruchnahme der entsprechenden Vertragspartner des Versicherungsträgers von diesem aufzuwenden gewesen wäre, festgesetzt werden. Die flächendeckende Versorgung ist im Regelfall dann anzunehmen, wenn Gesamtverträge nach dem Sechsten Teil bestehen.

(BGBl 1996/764)

Kostenerstattung bei Fehlen vertraglicher Regelungen mit den Ärzten (Dentisten) oder mit den Gruppenpraxen

(BGBl I 2001/99)

§ 131a. Stehen Vertragsärzte (Vertragsdentisten) oder Vertrags-Gruppenpraxen infolge des Fehlens einer Regelung durch Verträge (§ 338) nicht zur Verfügung, so hat der Versicherungsträger dem Versicherten für die außerhalb einer eigenen Einrichtung in Anspruch genommene Behandlung (den Zahnersatz) die Kostenerstattung in der Höhe des Betrages zu leisten, der vor Eintritt des vertragslosen Zustandes bei Inanspruchnahme eines Wahlarztes (Wahldentisten) oder einer Wahl-Gruppenpraxis zu leisten gewesen wäre. Der Versicherungsträger kann diese Kostenerstattung durch die Satzung unter Bedachtnahme auf seine finanzielle Leistungsfähigkeit und das wirtschaftliche Bedürfnis der Versicherten erhöhen.

(BGBl I 2001/99)

Kostenzuschüsse bei Fehlen vertraglicher Regelungen

§ 131b. Stehen andere Vertragspartner infolge Fehlens von Verträgen nicht zur Verfügung, so gilt § 131a mit der Maßgabe, daß in jenen Fällen, in denen noch keine Verträge für den Bereich einer Berufsgruppe bestehen, der Versicherungsträger den Versicherten die in der Satzung festgesetzten Kostenzuschüsse zu leisten hat. Der Versicherungsträger hat das Ausmaß dieser Zuschüsse unter Bedachtnahme auf seine finanzielle Leistungsfähigkeit und das wirtschaftliche Bedürfnis der Versicherten festzusetzen.

Bare Leistungen an Stelle von Sachleistungen

§ 132. Die Träger der Krankenversicherung können in ihren Satzungen bestimmen, daß für Versicherte, deren Arbeitsverdienst einen in der Satzung festzusetzenden Betrag überschreitet, an Stelle der Sachleistungen bare Leistungen gewährt werden. Die Höhe der baren Leistungen darf 80 vH der dem Versicherten tatsächlich erwachsenen Kosten nicht überschreiten.

ABSCHNITT II
Leistungen im Besonderen

1. Unterabschnitt
Früherkennung von Krankheiten und sonstige Maßnahmen zur Erhaltung der Volksgesundheit

Jugendlichenuntersuchungen

§ 132a. (1) Die Träger der Krankenversicherung haben die bei ihnen pflichtversicherten Jugendlichen zwecks Überwachung ihres Gesundheitszustandes jährlich mindestens einmal einer ärztlichen Untersuchung zu unterziehen. Für die Durchführung der Untersuchung kommen insbesondere Vertragsärzte, Einrichtungen der Vertragsärzte und sonstiger Vertragspartner, Vertrags-Gruppenpraxen sowie eigene Einrichtungen in Betracht.

(BGBl I 2001/99)

(2) Als Jugendliche im Sinne des Abs. 1 gelten Personen nach Vollendung des 15. Lebensjahres, soweit sie aber das 15. Lebensjahr vor Beendigung der allgemeinen Schulpflicht vollendet haben, nach dem Ablauf des letzten Schuljahres, alle diese, solange sie das 19. Lebensjahr noch nicht vollendet haben.

(3) Der Träger der Krankenversicherung hat dem Jugendlichen die im Zusammenhang mit der Untersuchung entstehenden Fahrtkosten nach Maßgabe der Bestimmungen des § 135 Abs. 4 zu ersetzen.

(4) Der Bund ersetzt dem Träger der Krankenversicherung 50 vH der tatsächlich entstandenen nachgewiesenen Untersuchungskosten gemäß Abs. 1 sowie 60 vH des Aufwandes nach Abs. 3. Wenn dies der Verwaltungsvereinfachung dient, kann der Ersatz des Bundes durch einen Pauschbetrag abgegolten werden, der vom Bundesminister für soziale Verwaltung unter Bedachtnahme auf die Zahl der von den einzelnen Trägern der Krankenversicherung vorzunehmenden Untersuchungen, die durchschnittlichen Kosten der Untersuchungen und die durchschnittliche Höhe der entstehenden Fahrtkosten festzusetzen ist.

(5) (aufgehoben)

(6) Der Hauptverband hat die nach seinen Richtlinien (§ 31 Abs. 5 Z 17) ausgewerteten Ergebnisse der Jugendlichenuntersuchungen unverzüglich nach deren Vorliegen den Bundesministerien für Gesundheit und Umweltschutz, für Handel, Gewerbe und Industrie, für Land- und Forstwirtschaft sowie für soziale Verwaltung bekanntzugeben.

(BGBl I 1998/138)

Vorsorge(Gesunden)untersuchungen

§ 132b. (1) Die Versicherten haben für sich und ihre Angehörigen (§ 123) Anspruch auf jährlich eine Vorsorge(Gesunden)untersuchung.

(2) Der Hauptverband hat die Durchführung dieser Vorsorge(Gesunden)untersuchungen durch Richtlinien zu regeln; in diesen Richtlinien sind unter Berücksichtigung des Fortschrittes der medizinischen Wissenschaft sowie der vom Bundesministerium für Gesundheit und Umweltschutz jeweils als besonders vordringlich erklärten Maßnahmen zur Erhaltung der Volksgesundheit die Untersuchungsziele und der Kreis der für die Untersuchung in Betracht kommenden Personen festzulegen. Bei der Festlegung der Untersuchungsziele ist darauf Bedacht zu nehmen, daß die Vorsorge(Gesunden)untersuchungen insbesondere der Früherkennung von Volkskrankheiten, wie Krebs, Diabetes, Herz- und Kreislaufstörungen, zu dienen haben. Für die Durchführung der Untersuchungen kommen unter Bedachtnahme auf das Untersuchungsziel insbesondere Vertragsärzte, Einrichtungen der Vertragsärzte und sonstiger Vertragspartner, Vertrags-Gruppenpraxen sowie eigene Einrichtungen in Betracht. Die Träger der Krankenversicherung können überdies dafür Vorsorge treffen, daß Vorsorge(Gesunden)-untersuchungen im Einvernehmen mit dem in Betracht kommenden Dienstgeber (Träger der Ausbildungsstätte) und dem in Betracht kommenden Organ der Betriebsvertretung auch in den Arbeits- oder Ausbil-

dungsstätten der Versicherten durchgeführt werden können.

(BGBl I 2001/99)

(3) (aufgehoben)

(4) § 132a Abs. 6 gilt mit der Maßgabe, daß die Ergebnisse der Vorsorge(Gesunden)untersuchungen den Bundesministerien für Gesundheit und Umweltschutz sowie für soziale Verwaltung bekanntzugeben sind.

(5) Die im Zusammenhang mit den Vorsorge(Gesunden)untersuchungen entstehenden Fahrtkosten sind nach Maßgabe der Bestimmungen des § 135 Abs. 4 zu ersetzen.

(6) Die Träger der Krankenversicherung haben auch für Personen, für die nicht bereits auf Grund einer Pflichtversicherung oder einer freiwilligen Versicherung nach diesem oder einem anderen Bundesgesetz ein Anspruch auf diese Leistung besteht, Vorsorge(Gesunden)untersuchungen vorzunehmen. Der Bund hat den tatsächlich entstandenen nachgewiesenen Aufwand der Krankenversicherung an derartigen Untersuchungskosten zu ersetzen und dem Hauptverband zu überweisen. Wenn dies der Verwaltungsvereinfachung dient, kann der Ersatz des Bundes durch einen Pauschbetrag abgegolten werden, der vom Bundesminister für soziale Verwaltung im Einvernehmen mit dem Bundesminister für Gesundheit und Umweltschutz unter Bedachtnahme auf die Zahl der von den einzelnen Trägern der Krankenversicherung vorzunehmenden Untersuchungen und die durchschnittlichen Kosten der Untersuchungen festzusetzen ist. Der Hauptverband hat diesen Betrag auf die von dem genannten Personenkreis in Anspruch genommenen Träger der Krankenversicherung im Verhältnis der Inanspruchnahme durch diesen Personenkreis aufzuteilen. Im übrigen sind auf diese Vorsorge(Gesunden)untersuchungen die Bestimmungen der Abs. 2 bis 4 entsprechend mit der Maßgabe anzuwenden, daß die Personen, für die nicht bereits auf Grund einer Pflicht- oder freiwilligen Versicherung ein Anspruch auf diese Leistung besteht, gegenüber den untersuchenden Stellen bei der Durchführung der Vorsorge(Gesunden)untersuchungen den Versicherten bzw. ihren Angehörigen (§ 123) gleichgestellt sind.

Sonstige Maßnahmen zur Erhaltung der Volksgesundheit

§ 132c. (1) Maßnahmen zur Erhaltung der Volksgesundheit sind insbesondere

1. humangenetische Vorsorgemaßnahmen insbesondere durch genetische Familienberatung, pränatale Diagnose und zytogenetische Untersuchungen;
2. Impfung (aktive Immunisierung) gegen die Frühsommermeningoencephalitis;
3. sonstige vordringliche Maßnahmen zur Erhaltung der Volksgesundheit.

(2) Der Bundesminister für Gesundheit und Umweltschutz hat im Einvernehmen mit dem Bundesminister für soziale Verwaltung unter Bedachtnahme auf den Fortschritt der medizinischen Wissenschaft durch Verordnung zu bezeichnen:

1. sonstige vordringliche Maßnahmen im Sinne des Abs. 1 Z 3;
2. das Ziel der im Abs. 1 Z 1 bis 3 bezeichneten Maßnahmen sowie den Kreis der hiefür in Betracht kommenden Personen.

(3) Die Durchführung der in Abs. 1 Z 1 bezeichneten Maßnahmen ist den Trägern der Krankenversicherung übertragen. Hinsichtlich der in Abs. 1 Z 2 und 3 festgelegten vordringlichen Maßnahmen zur Erhaltung der Volksgesundheit hat der Bundesminister für soziale Verwaltung im Einvernehmen mit dem Bundesminister für Gesundheit und Umweltschutz den Trägern der Krankenversicherung nach Anhörung des Hauptverbandes durch Verordnung die Mitwirkung durch Leistung eines Kostenzuschusses zu übertragen. Hiebei ist auf die sonstigen Leistungen der Träger der Krankenversicherung Bedacht zu nehmen. Die Höhe des Kostenzuschusses ist in der Satzung des Trägers der Krankenversicherung unter Bedachtnahme auf seine finanzielle Leistungsfähigkeit zu regeln. § 132b Abs. 2 vorletzter Satz gilt entsprechend.

(4) Die Ergebnisse der sonstigen Maßnahmen zur Erhaltung der Volksgesundheit sind über Verlangen dem Bundesministerium für Gesundheit und Umweltschutz sowie dem Bundesministerium für soziale Verwaltung bekanntzugeben.

(5) Die im Zusammenhang mit der Durchführung der Maßnahmen entstehenden Fahrtkosten sind nach Maßgabe der Bestimmungen des § 135 Abs. 4 zu ersetzen.

(6) § 132b Abs. 6 findet bei der Durchführung der sonstigen Maßnahmen zur Erhaltung der Volksgesundheit entsprechend Anwendung.

2. Unterabschnitt
Krankenbehandlung

Umfang der Krankenbehandlung

§ 133. (1) Die Krankenbehandlung umfaßt:

1. ärztliche Hilfe;
2. Heilmittel;
3. Heilbehelfe.

(2) Die Krankenbehandlung muß ausreichend und zweckmäßig sein, sie darf jedoch das Maß des Notwendigen nicht überschreiten. Durch die Krankenbehandlung sollen die Gesundheit, die Arbeitsfähigkeit und die Fähigkeit, für die lebenswichtigen persönlichen Bedürfnisse zu sorgen, nach Möglichkeit wiederhergestellt, gefestigt oder gebessert werden. Die Leistungen der Krankenbehandlung werden, soweit in diesem Bundesgesetz nichts anderes bestimmt wird, als Sachleistungen erbracht.

(3) Kosmetische Behandlungen gelten als Krankenbehandlung, wenn sie zur Beseitigung anatomischer oder funktioneller Krankheitszustände dienen. Andere kosmetische Behandlungen können als freiwillige Leistungen gewährt werden,

wenn sie der vollen Wiederherstellung der Arbeitsfähigkeit förderlich oder aus Berufsgründen notwendig sind. Als Leistung der Krankenbehandlung gilt auch die Übernahme der für eine Organtransplantation notwendigen Anmelde- und Registrierungskosten bei einer Organbank.

(4) Für Angehörige, die sonst einen gesetzlichen Anspruch auf Krankenbehandlung haben, besteht kein Anspruch auf die Leistungen der Krankenbehandlung nach diesem Bundesgesetz.

(5) Befindet sich ein Versicherter (Angehöriger) in Anstaltspflege, so besteht für diese Zeit kein Anspruch auf Leistungen der Krankenbehandlung, soweit die entsprechenden Leistungen nach dem Krankenanstaltengesetz, BGBl. Nr. 1/1957, im Rahmen der Anstaltspflege zu gewähren sind.

Dauer der Krankenbehandlung

§ 134. (1) Die Krankenbehandlung wird während der Versicherung für die Dauer der Krankheit ohne zeitliche Begrenzung gewährt.

(2) Besteht die Notwendigkeit der Krankenbehandlung für eine Erkrankung, die vor dem Ende der Versicherung oder vor dem Ende des Anspruches auf eine der im § 122 Abs. 2 Z 1 genannten Leistungen eingetreten ist, über diesen Zeitpunkt hinaus, so wird für diese Erkrankung, solange es sich um ein und denselben Versicherungsfall handelt, die Krankenbehandlung ohne zeitliche Begrenzung gewährt.

(3) Für Versicherungsfälle, die nach dem Ende der Versicherung eintreten, sind die Leistungen der Krankenbehandlung an die im § 122 Abs. 2 Z 2 bis 4 bezeichneten Personen, auch für deren Familienangehörige, längstens durch 26 Wochen zu gewähren.

(BGBl 1996/201)

Ärztliche Hilfe

§ 135. (1) Die ärztliche Hilfe wird durch Vertragsärzte und Vertrags-Gruppenpraxen, durch Wahlärzte und Wahl-Gruppenpraxen (§ 131 Abs. 1) sowie durch Ärzte in eigenen Einrichtungen (oder Vertragseinrichtungen) der Versicherungsträger gewährt. Im Rahmen der Krankenbehandlung (§ 133 Abs. 2) ist der ärztlichen Hilfe gleichgestellt:

1. eine auf Grund ärztlicher Verschreibung erforderliche

   (BGBl 1993/335)

   a) physiotherapeutische,

   b) logopädisch-phoniatrisch-audiologische oder

   c) ergotherapeutische

   Behandlung durch Personen, die gemäß § 7 des Bundesgesetzes über die Regelung der gehobenen medizinisch-technischen Dienste, BGBl. Nr. 460/1992, zur freiberuflichen Ausübung des physiotherapeutischen Dienstes, des logopädisch-phoniatrisch-audiologischen Dienstes bzw. des ergotherapeutischen Dienstes berechtigt sind;

2. eine auf Grund ärztlicher Verschreibung oder psychotherapeutischer Zuweisung erforderliche diagnostische Leistung eines klinischen Psychologen (einer klinischen Psychologin) gemäß § 12 Abs. 1 Z 2 des Psychologengesetzes, BGBl. Nr. 360/1990, der (die) zur selbständigen Ausübung des psychologischen Berufes gemäß § 10 Abs. 1 des Psychologengesetzes berechtigt ist;

3. eine psychotherapeutische Behandlung durch Personen, die gemäß § 11 des Psychotherapiegesetzes, BGBl. Nr. 361/1990, zur selbständigen Ausübung der Psychotherapie berechtigt sind, wenn nachweislich vor oder nach der ersten, jedenfalls vor der zweiten psychotherapeutischen Behandlung innerhalb desselben Abrechnungszeitraumes eine ärztliche Untersuchung (§ 2 Abs. 2 Z 1 des Ärztegesetzes 1998) stattgefunden hat.

   (BGBl I 2001/99)

(BGBl I 2001/99)

(2) In der Regel soll die Auswahl zwischen mindestens zwei zur Behandlung berufenen, für den Erkrankten in angemessener Zeit erreichbaren Ärzten oder Gruppenpraxen freigestellt sein. Bestehen bei einem Versicherungsträger eigene Einrichtungen für die Gewährung der ärztlichen Hilfe oder wird diese durch Vertragseinrichtungen gewährt, muß die Wahl der Behandlung zwischen einer dieser Einrichtungen und einem oder mehreren Vertragsärzten (Wahlärzten) bzw. einer oder mehreren Vertrags-Gruppenpraxen (Wahl-Gruppenpraxen) unter gleichen Bedingungen freigestellt sein. Insoweit Zuzahlungen zu den Leistungen vorgesehen sind, müssen diese in den Ambulatorien, bei den freiberuflich tätigen Vertragsärzten und in den Vertrags-Gruppenpraxen gleich hoch sein.

(BGBl I 2001/99)

(3) Bei der Inanspruchnahme ärztlicher Hilfe durch einen Vertragsarzt, in einer Vertrags-Gruppenpraxis oder in eigenen Einrichtungen (Vertragseinrichtungen) des Versicherungsträgers hat der Erkrankte einen Krankenschein vorzulegen. Der Hauptverband hat hiefür einen einheitlichen, für alle Versicherungsträger gültigen Vordruck aufzulegen. Für jeden Krankenschein (ausgenommen Überweisungsscheine, Zuweisungsscheine) ist vom Anspruchsberechtigten eine Gebühr von 3,63 € an den Dienstgeber (§ 361 Abs. 3) bzw. an die sonst zur Ausstellung des Krankenscheines verpflichtete Stelle für Rechnung des Versicherungsträgers zu zahlen. Diese Gebühr darf nicht eingehoben werden

1. für als Angehörige geltende Kinder (§ 123 Abs. 2 Z 2 bis 6),

2. für
   a) Bezieher einer Pension nach diesem Bundesgesetz
   b) Personen, die gemäß § 8 Abs. 1 Z 1 lit. d in der Krankenversicherung nach diesem Bundesgesetz teilversichert sind,
   c) die gemäß § 479a Abs. 1 Z 2 Versicherten
   d) Bezieher von Sonderunterstützung gemäß § 1 Abs. 1 des Sonderunterstützungsgesetzes in der Fassung des Strukturanpassungsgesetzes 1996, BGBl. Nr. 201,

   und für deren Angehörige,

   (BGBl 1996/764)
3. für in der Krankenversicherung der Kriegshinterbliebenen sowie in der Krankenversicherung der Hinterbliebenen nach dem Heeresversorgungsgesetz versicherte Personen,
4. für Personen, die eine einkommensabhängige Rentenleistung nach dem Kriegsopferversorgungsgesetz 1957, dem Heeresversorgungsgesetz oder dem Opferfürsorgegesetz beziehen, und für deren Angehörige (§ 123),
5. für Personen, die an einer anzeigepflichtigen übertragbaren Krankheit leiden,
6. für Personen, die auf Grund der Richtlinien gemäß § 31 Abs. 5 Z 16 hievon befreit sind.

   (BGBl I 1998/138)

Bei der Erstattung der Kosten der Krankenbehandlung gemäß § 131 Abs. 1 bis 3 hat der Versicherungsträger den Betrag einzubehalten, der bei der Inanspruchnahme eines Vertragsarztes als Krankenscheingebühr zu entrichten gewesen wäre.

(BGBl 1996/411, BGBl I 2001/67)

(4) Im Falle der Notwendigkeit der Inanspruchnahme ärztlicher Hilfe kann der Ersatz der Reise(Fahrt)kosten nach Maßgabe der Bestimmungen der Satzung gewährt werden. Bei der Festsetzung des Ausmaßes des Kostenersatzes bzw. eines allfälligen Kostenanteiles des Versicherten ist auf die örtlichen Verhältnisse und auf den dem Versicherten für sich bzw. seinen Angehörigen bei Benützung des billigsten öffentlichen Verkehrsmittels erwachsenden Reisekostenaufwand Bedacht zu nehmen; dies gilt auch bei Benützung eines Privatfahrzeuges. Die Satzung kann überdies bestimmen, daß nach diesen Grundsätzen festgestellte Reise(Fahrt)kosten bei Kindern und gebrechlichen Personen auch für eine Begleitperson gewährt werden. Die tatsächliche Inanspruchnahme der Behandlungsstelle ist in jedem Fall nachzuweisen.

(BGBl 1996/411)

(5) Die Satzung bestimmt unter Bedachtnahme auf Abs. 4[a]), unter welchen Voraussetzungen für gehunfähig erkrankte Versicherte und Angehörige der Transport mit einem Krankentransportwagen zur Inanspruchnahme ärztlicher Hilfe sowie der Ersatz der Kosten für die Inanspruchnahme eines Lohnfuhrwerkes bzw. privaten Kraftfahrzeuges gewährt werden können. Die medizinische Notwendigkeit eines solchen Transportes muß ärztlich bescheinigt sein.

(BGBl 1996/411)

[a]) Beachte dazu Art. VI Abs. 7 der 37. Novelle im Anhang.

(6) In den Fällen der Inanspruchnahme einer Leistung eines Psychotherapeuten (Abs. 1 Z 3) hat der (die) Versicherte an den Vertragspartner für Rechnung des Versicherungsträgers einen Behandlungsbeitrag in der Höhe von 20% des jeweiligen Vertragshonorares zu zahlen, wenn Gesamtverträge nach § 349 Abs. 2 bestehen.

(BGBl I 2000/92, BGBl I 2001/33, BGBl I 2001/99)

Behandlungsbeitrag – Ambulanz

§ 135a. (1) Für jede Inanspruchnahme einer ambulanten Behandlung nach diesem Abschnitt

1. in Krankenanstalten, die über Landsfonds finanziert werden,
2. in bettenführenden Vertragskrankenanstalten,
3. in bettenführenden eigenen Einrichtungen der Versicherungsträger (mit Ausnahme der Sonderkrankenanstalten für Rehabilitation), soweit es sich nicht um eine Rehabilitationsmaßnahme oder Jugendlichen- oder Vorsorge-(Gesunden-)Untersuchung handelt,

ist pro Ambulanzbesuch ein Behandlungsbeitrag zu zahlen. Liegt ein entsprechender Überweisungsschein vor, so beträgt der Behandlungsbeitrag 10,90 €, sonst 18,17 €. Der Behandlungsbeitrag darf pro Versicherten (Angehörigen) 72,67 € im Kalenderjahr nicht übersteigen. Der Behandlungsbeitrag ist jeweils für ein Quartal im Nachhinein, erstmalig spätestens am 1. Oktober 2001, einzuheben.

(BGBl I 2001/67)

(2) Der Behandlungsbeitrag darf nicht eingehoben werden

1. für Kinder nach § 123 Abs. 2 Z 2 bis 6 und Abs. 4 sowie Kinder nach § 260 ohne anderes Einkommen,
2. wenn in medizinischen Notfällen, wegen Lebensgefahr oder aus anderen Gründen unmittelbar eine stationäre Aufnahme erfolgt,
3. in Fällen, in denen ein Auftrag eines Sozialversicherungsträgers oder eines Gerichts im Zusammenhang mit einem Verfahren über Leistungssachen zur Einweisung in eine Ambulanz zwecks Befundung und Begutachtung (§ 22 Abs. 3 zweiter Halbsatz KAG in der Fassung des Bundesgesetzes BGBl. I Nr. 5/2001) vorliegt,

4. für Personen, die auf Grund der Richtlinien nach § 31 Abs. 5 Z 16 von der Rezeptgebühr befreit sind,
5. für Personen, die Leistungen infolge einer Schwangerschaft im Rahmen des Mutter-Kind-Passes oder Leistungen aus dem Versicherungsfall der Mutterschaft in Anspruch nehmen,
6. für Personen, die Teile des Körpers nach § 120 Abs. 2 oder Blut(plasma) spenden,
7. bei Behandlung für Dialyse oder bei Strahlen- oder Chemotherapie in Ambulanzen,
8. wenn der (die) Versicherte (Angehörige) im Zusammenhang mit ein und demselben Behandlungsfall an Ambulanzen anderer Fachrichtungen weiterüberwiesen wird.

Dies gilt nicht, wenn der Ambulanzbesuch durch schuldhafte Beteiligung an einem Raufhandel bedingt ist oder sich als unmittelbare Folge von Trunkenheit oder Missbrauch von Suchtgiften erweist.

(3) Die Einhebung des Behandlungsbeitrages erfolgt durch die zuständigen Krankenversicherungsträger, denen auch die Feststellung jener Fälle obliegt, in denen nach Abs. 2 kein Behandlungsbeitrag eingehoben werden darf. Der Krankenversicherungsträger hat nach Maßgabe der sozialen Schutzbedürftigkeit des Versicherten auf Antrag von der Einhebung des Behandlungsbeitrages abzusehen oder einen bereits entrichteten Behandlungsbeitrag rückzuerstatten.

(4) Die mit der Einhebung des Behandlungsbeitrages verbundenen Verwaltungskosten der Krankenversicherungsträger dürfen je Kalenderjahr mit nicht mehr als 6,5% der Summe der in diesem Kalenderjahr vorgeschriebenen Behandlungsbeiträge verrechnet werden und sind bei der Rückführung des Verwaltungs- und Verrechnungsaufwandes nach § 588 Abs. 14 außer Acht zu lassen.

(BGBl I 2000/92, BGBl I 2001/5, BGBl I 2001/33, BGBl I 2001/35)

Heilmittel

§ 136. (1) Die Heilmittel umfassen

a) die notwendigen Arzneien und
b) die sonstigen Mittel, die zur Beseitigung oder Linderung der Krankheit oder zur Sicherung des Heilerfolges dienen.

(2) Die Kosten der Heilmittel werden vom Träger der Krankenversicherung durch Abrechnung mit den Apotheken übernommen.

(3) Für jedes auf einem Rezept verordnete und auf Rechnung des Versicherungsträgers bezogene Heilmittel ist, soweit im Folgenden nichts anderes bestimmt wird, eine Rezeptgebühr in der Höhe von 4,07 €[a]) zu zahlen. An die Stelle des Betrages von 4,07 €[a]) tritt ab 1. Jänner eines jeden Jahres der unter Bedachtnahme auf § 108 Abs. 9 mit der jeweiligen Aufwertungszahl (§ 108a Abs. 1) vervielfachte Betrag. Die Rezeptgebühr ist bei Abgabe des Heilmittels an die abgebende Stelle für Rechnung des Versicherungsträgers zu zahlen. Die Zahlung ist von dieser Stelle auf dem Rezept zu vermerken.

(BGBl 1993/335, BGBl 1996/411, BGBl 1996/764, BGBl I 2000/92, BGBl I 2001/33, BGBl I 2001/67)

---

[a]) Beträge siehe VO über veränderliche Werte.

(4) Bei anzeigepflichtigen übertragbaren Krankheiten darf eine Rezeptgebühr nicht eingehoben werden. Der Versicherungsträger hat für diese Fälle besondere Rezeptvordrucke aufzulegen, die mit dem Vermerk rezeptgebührenfrei zu versehen sind.

(5) Der Versicherungsträger hat bei Vorliegen einer besonderen sozialen Schutzbedürftigkeit des Versicherten nach Maßgabe der vom Hauptverband hiezu erlassenen Richtlinien von der Einhebung der Rezeptgebühr abzusehen.

Heilbehelfe

§ 137. (1) Brillen, orthopädische Schuheinlagen, Bruchbänder und sonstige notwendige Heilbehelfe sind dem Versicherten für sich und seine Angehörigen in einfacher und zweckentsprechender Ausführung nach Maßgabe der folgenden Bestimmungen zu gewähren.

(2) Die Kosten der Heilbehelfe werden vom Versicherungsträger nur dann übernommen, wenn sie höher sind als 20% der Höchstbeitragsgrundlage (§ 108 Abs. 3). 10% der Kosten, gerundet auf Cent, mindestens jedoch 20% der Höchstbeitragsgrundlage, sind vom Versicherten zu tragen.

(BGBl 1993/335, BGBl I 2001/67)

(3) Abs. 2 gilt nicht für ständig benötigte Heilbehelfe, die nur einmal oder nur kurzfristig verwendet werden können und daher in der Regel mindestens einmal im Monat erneuert werden müssen. 10 vH der Kosten für solche Heilbehelfe sind vom Versicherten zu tragen.

(4) Der Versicherungsträger hat auch die sonst vom Versicherten gemäß Abs. 2 erster Satz zu tragenden Kosten bzw. den sonst vom Versicherten gemäß Abs. 2 zweiter Satz oder Abs. 3 zweiter Satz zu tragenden Kostenanteil zu übernehmen:

a) bei Versicherten (Angehörigen), die das 15. Lebensjahr noch nicht vollendet haben bzw. für die ohne Rücksicht auf das Lebensalter Anspruch auf die erhöhte Familienbeihilfe im Sinne des § 8 Abs. 4 bis 7 des Familienlastenausgleichsgesetzes 1967, BGBl. Nr. 376, besteht und
b) bei Vorliegen einer besonderen sozialen Schutzbedürftigkeit des Versicherten im Sinne des § 136 Abs. 5.

(5) Das Ausmaß der vom Versicherungsträger zu übernehmenden Kosten darf einen durch die Satzung festzusetzenden Höchstbetrag nicht übersteigen; die Satzung kann diesen Höchstbetrag einheitlich oder für bestimmte Arten von Heilbehelfen in unterschiedlicher Höhe, höchstens jedoch mit dem 10fachen der Höchstbeitragsgrund-

lage (§ 108 Abs. 3) festsetzen. In den Fällen des Abs. 3 gilt der Höchstbetrag für den Monatsbedarf.

(BGBl I 2001/67)

(6) Die Krankenordnung kann eine Gebrauchsdauer für Heilbehelfe festsetzen.

(7) Der Versicherungsträger hat auch die Kosten der Instandsetzung notwendiger Heilbehelfe zu übernehmen, wenn eine Instandsetzung zweckentsprechend ist. Die Abs. 2, 4 und 5 gelten entsprechend.

(8) Heilbehelfe, die nur vorübergehend gebraucht werden und die nach ihrer Art ohne gesundheitliche Gefahr von mehreren Personen benützt werden können, können auch leihweise entweder vom Versicherungsträger selbst oder durch Vertragspartner für Rechnung des Versicherungsträgers durch Übernahme der Leihgebühr zur Verfügung gestellt werden. Wird ein solcher Heilbehelf nicht vom Versicherungsträger oder von einem Vertragspartner entliehen, kann für die angefallenen Leihgebühren ein Kostenersatz bis zur Höhe des mit den Vertragspartnern vereinbarten Tarifes geleistet werden. Abs. 2 gilt in diesen Fällen nicht.

(9) Für die Übernahme von Reise(Fahrt)- bzw. Transportkosten, die im Zusammenhang mit der körpergerechten Anpassung von Heilbehelfen erwachsen, gilt § 135 Abs. 4 und 5 entsprechend.

3. Unterabschnitt
Krankengeld

Anspruchsberechtigung

§ 138. (1) Pflichtversicherte sowie aus der Pflichtversicherung ausgeschiedene nach § 122 Anspruchsberechtigte haben aus dem Versicherungsfall der Arbeitsunfähigkeit infolge Krankheit vom vierten Tag der Arbeitsunfähigkeit an Anspruch auf Krankengeld.

(2) Vom Anspruch auf Krankengeld sind ausgeschlossen:

a) Lehrlinge ohne Entgelt,

b) die gemäß § 4 Abs. 1 Z 3 pflichtversicherten, nicht als Dienstnehmer beschäftigten Personen sowie die gemäß § 4 Abs. 1 Z 4 und 5 und gemäß § 7 Z 1 lit. e pflichtversicherten, in Ausbildung stehenden Personen ohne Bezüge;

c) in der Krankenversicherung der Pensionisten Bezieher einer Pension aus der Pensionsversicherung gemäß § 8 Abs. 1 Z 1;

d) gemäß § 9 in die Krankenversicherung einbezogene Personen;

e) (aufgehoben)

(BGBl I 1997/139)

f) die gemäß § 4 Abs. 4 pflichtversicherten Personen;

(BGBl 1996/201, BGBl 1996/411, BGBl I 1997/139, BGBl I 2001/103)

g) die nach § 8 Abs. 1 Z 1 lit. f Teilversicherten.

(BGBl I 2001/103)

(3) Nach Abs. 1 Anspruchsberechtigte, die Pflichtmitglieder der Tierärztekammern und die Mitglieder der Österreichischen Dentistenkammer haben den Beginn der Arbeitsunfähigkeit infolge Krankheit dem Versicherungsträger innerhalb einer Woche zu melden. Die Meldung der Arbeitsunfähigkeit durch den behandelnden Arzt oder durch eine Krankenanstalt ist der Meldung durch den Anspruchsberechtigten gleichzuhalten.

Dauer des Krankengeldanspruches

§ 139. (1) Krankengeldanspruch besteht für ein und denselben Versicherungsfall bis zur Dauer von 26 Wochen, auch wenn während dieser Zeit zu der Krankheit, die die Arbeitsunfähigkeit zuerst verursachte, eine neue Krankheit hinzugetreten ist. Wenn der (die) Anspruchsberechtigte innerhalb der letzten zwölf Monate vor dem Eintritt des Versicherungsfalles mindestens sechs Monate in der Krankenversicherung versichert war, verlängert sich für diese Personen, ausgenommen für die nach § 122 Abs. 2 Z 2 bis 4 Anspruchsberechtigten, die Dauer auf bis zu 52 Wochen.

(BGBl 1996/411)

(2) Durch die Satzung kann die Höchstdauer des Krankengeldanspruches bis auf 78 Wochen erhöht werden.

(3) Entsteht nach Wegfall des Krankengeldanspruches vor Ablauf der Höchstdauer neuerlich, und zwar innerhalb von 13 Wochen, infolge der Krankheit, für die der weggefallene Krankengeldanspruch bestanden hat, ein Anspruch auf Krankengeld, so werden die Anspruchszeiten für diese Krankheitsfälle zur Feststellung der Höchstdauer zusammengerechnet; die neuerliche mit Arbeitsunfähigkeit verbundene Erkrankung gilt als Fortsetzung der vorausgegangenen Erkrankung.

(4) Ist mit dem Wegfall des Krankengeldanspruches die Höchstdauer abgelaufen, so kann ein neuer Anspruch auf Krankengeld infolge der Krankheit, für die der weggefallene Krankengeldanspruch bestanden hat, erst wieder entstehen, wenn der Erkrankte in der Zwischenzeit durch mindestens 13 Wochen in einer den Anspruch auf Krankengeld eröffnenden gesetzlichen Krankenversicherung oder durch mindestens 52 Wochen in einer sonstigen gesetzlichen Krankenversicherung versichert war. Liegen Zeiten einer den Anspruch auf Krankengeld eröffnenden gesetzlichen Krankenversicherung und einer sonstigen gesetzlichen Krankenversicherung vor, so entsteht ein neuer Anspruch, wenn die Zusammenrechnung dieser Zeiten 13 Wochen ergibt, wobei Zeiten einer sonstigen gesetzlichen Krankenversicherung mit einem Viertel der tatsächlich zurückgelegten Dauer zu berücksichtigen sind.

(5) Die Dauer des Anspruches auf Krankengeld gemäß Abs. 1 erster Satz wird durch das Entstehen eines Anspruches auf Pension aus dem Versicherungsfall des Alters oder aus einem Versicherungsfall der geminderten Arbeitsfähigkeit oder eine

Versehrtenrente aus der Unfallversicherung nicht berührt.

(BGBl 1996/411)

Anrechnung von Zeiten auf die Höchstdauer des Krankengeldanspruches

§ 140. Zeiten, für die der Anspruch auf Krankengeld gemäß § 89 oder gemäß § 143 Abs. 1 Z 1, Z 3 zweiter Halbsatz und Z 4 sowie Abs. 6 ruht, sind auf die Höchstdauer gemäß § 139 anzurechnen.

(BGBl 1996/411)

Höhe des Krankengeldes

§ 141. (1) Als gesetzliche Mindestleistung wird das Krankengeld im Ausmaß von 50 vH der Bemessungsgrundlage für den Kalendertag gewährt.

(2) Ab dem 43. Tag einer mit Arbeitsunfähigkeit verbundenen Erkrankung erhöht sich das Krankengeld auf 60 vH der Bemessungsgrundlage für den Kalendertag.

(3) Als satzungsmäßige Mehrleistung kann das Krankengeld von einem durch die Satzung zu bestimmenden Zeitpunkt an erhöht werden, wenn der Versicherte Angehörige im Sinne des § 123 Abs. 2, 4, 7 oder 8 hat, die sich gewöhnlich im Inland aufhalten; eine Erhöhung gebührt nicht für einen Angehörigen, der aus selbständiger oder unselbständiger Erwerbstätigkeit, aus einem Lehr- oder Ausbildungsverhältnis oder auf Grund des Bezuges von Geldleistungen aus der Sozialversicherung, ausgenommen von Einkünften, die wegen des besonderen körperlichen Zustandes gewährt werden, ein Einkommen von mehr als 355,01 €[a]) monatlich bezieht. An die Stelle dieses Betrages tritt ab 1. Jänner eines jeden Jahres der unter Bedachtnahme auf § 108 Abs. 9 mit der jeweiligen Aufwertungszahl (§ 108a Abs. 1) vervielfachte Betrag.

(BGBl 1993/110, BGBl 1993/335, BGBl I 2001/67)

[a]) Betrag siehe VO über veränderliche Werte.

(4) Das Gesamtausmaß des erhöhten Krankengeldes darf 75 vH der Bemessungsgrundlage nicht übersteigen.

(5) Abweichend von den Abs. 1 bis 4 gebührt das Krankengeld den gemäß § 19a Abs. 6 als Pflichtversicherte geltenden Selbstversicherten im Ausmaß von 106,39 €[a]) für den Kalendermonat. Für den Kalendertag gebührt der dreißigste Teil dieses Betrages. An die Stelle des Betrages von 106,39 € tritt ab 1. Jänner eines jeden Jahres der unter Bedachtnahme auf § 108 Abs. 9 mit der jeweiligen Aufwertungszahl (§ 108a Abs. 1) vervielfachte Betrag.

(BGBl I 1998/138, BGBl I 2001/67)

[a]) Betrag siehe VO über veränderliche Werte.

Versagung des Krankengeldes

§ 142. (1) Das Krankengeld gebührt nicht für die Dauer der Arbeitsunfähigkeit infolge einer Krankheit, die sich der Versicherte durch schuldhafte Beteiligung an einem Raufhandel zugezogen hat oder die sich als unmittelbare Folge der Trunkenheit oder des Mißbrauches von Suchtgiften erweist.

(2) In den Fällen des Abs. 1 gebührt den im Inland wohnenden bedürftigen Angehörigen in der im § 123 aufgezählten Reihenfolge, wenn ihr Unterhalt mangels anderweitiger Versorgung vorwiegend vom Versicherten bestritten wurde und sie an der Ursache der Versagung nicht schuldhaft beteiligt waren, die Hälfte des Krankengeldes, das dem Versicherten gebührt hätte.

Ruhen des Krankengeldanspruches

§ 143. (1) Der Anspruch auf Krankengeld ruht:

1. solange die Arbeitsunfähigkeit dem Versicherungsträger nicht gemeldet ist;
2. (aufgehoben)
3. solange der Versicherte auf Grund gesetzlicher oder vertraglicher Bestimmungen Anspruch auf Weiterleistung von mehr als 50 vH der vollen Geld- und Sachbezüge (§ 49 Abs. 1) vor dem Eintritt der Arbeitsunfähigkeit hat; besteht ein Anspruch auf Weiterleistung von 50 vH dieser Bezüge, so ruht das Krankengeld zur Hälfte; Folgeprovisionen gelten nicht als weitergeleistete Bezüge;
   (BGBl 1993/335)
4. solange dem Versicherten ein Übergangsgeld (§§ 199 oder 306) gewährt wird;
5. solange der Versicherte Zivildienst im Sinne des Zivildienstgesetzes oder einen Auslandsdienst gemäß § 12b des Zivildienstgesetzes leistet;
   (BGBl 1996/411)
6. solange der Versicherte Präsenzdienst im Sinne des Wehrgesetzes 1990 leistet und als Zeitsoldat gemäß § 8 Abs. 1 Z 1 lit. e in der Kranken- bzw. gemäß § 8 Abs. 1 Z 5 in der Kranken- und in der Pensionsversicherung teilversichert ist.
   (BGBl 1996/411)

(2) Das Ruhen nach Abs. 1 Z 1 tritt nicht ein, wenn die Arbeitsunfähigkeit innerhalb einer Woche nach Beginn gemeldet wird. In Fällen, in denen die persönlichen Verhältnisse des Anspruchsberechtigten oder das Vorliegen besonderer Gründe für die nicht rechtzeitige Meldung der Arbeitsunfähigkeit es gerechtfertigt erscheinen lassen, ist das Krankengeld auch für die zurückliegende Zeit zu gewähren.

(3) (aufgehoben)

(4) Besteht ein mehrfacher Anspruch auf Krankengeld, so ist Abs. 1 Z 3 nur auf die Versicherung anzuwenden, die auf einem Beschäftigungsverhältnis beruht, aus dem der Versicherte Anspruch auf Fortbezug von mindestens 50 vH der vollen Geld- und Sachbezüge (§ 49 Abs. 1) hat.

(5) Das Ruhen nach Abs. 1 Z 3 tritt nicht ein

a) während des Bezuges des Teilentgeltes, das Lehrlingen vom Lehrherrn nach § 17a des Berufsausbildungsgesetzes, BGBl. Nr. 142/1969, in der Fassung des Art. IV Z 2 des Entgeltfortzahlungsgesetzes, BGBl. Nr. 399/1974, zu leisten ist,

b) während des Bezuges des bei Dienstverhinderung gebührenden Entgeltes aus dem Dienstverhältnis eines Hausbesorgers im Sinne des § 14 Abs. 3 des Hausbesorgergesetzes.

In den Fällen des Abs. 1 Z 3 hat eine Erhöhung der Geld- und Sachbezüge, die nach dem Beginn der Arbeitsunfähigkeit auf Grund gesetzlicher oder kollektivvertraglicher Regelungen eintritt, außer Betracht zu bleiben.

(6) Der Versicherungsträger kann verfügen, daß das Krankengeld auf Dauer oder für eine bestimmte Zeit zur Gänze oder teilweise ruht, wenn der Versicherte

1. einer Ladung zum Kontrollarzt ohne wichtigen Grund nicht Folge leistet oder
2. trotz Vorliegens der Voraussetzungen des § 144 Abs. 2 die Anstaltspflege ablehnt oder
3. wiederholt Bestimmungen der Krankenordnung oder Anordnungen des behandelnden Arztes verletzt hat,

in allen diesen Fällen, wenn der Versicherte vorher auf die Folgen seines Verhaltens schriftlich hingewiesen worden ist.

4. Unterabschnitt
Anstaltspflege, medizinische Hauskrankenpflege

Gewährung der Pflege in Krankenanstalten, die über Landesfonds finanziert werden, oder der medizinischen Hauskrankenpflege[a])

(BGBl I 2001/5)

[a]) Tritt mit Ablauf des 31. Dezember 2004 außer Kraft.

Gewährung der Pflege in einer öffentlichen Krankenanstalt oder der medizinischen Hauskrankenpflege[a])

[a]) Tritt mit Ablauf des 31. Dezember 2004 wieder in Kraft.

§ 144. (1)[a]) Pflege in der allgemeinen Gebührenklasse einer Krankenanstalt, die über Landesfonds finanziert wird (landesfondsfinanzierte Krankenanstalt), sofern im Sprengel des Versicherungsträgers eine solche Krankenanstalt besteht und der Erkrankte nicht mit seiner Zustimmung in einer anderen Krankenanstalt untergebracht wird, zu gewähren, wenn und solange es die Art der Krankheit erfordert. § 134 gilt entsprechend. Wenn und solange es die Art der Krankheit zuläßt, ist anstelle von Anstaltspflege medizinische Hauskrankenpflege zu gewähren (§ 151). Die Anstaltspflege kann auch gewährt werden, wenn die Möglichkeit einer medizinischen Hauskrankenpflege nicht gegeben ist.

(BGBl 1996/764, BGBl I 2001/5)

[a]) Tritt mit Ablauf des 31. Dezember 2004 außer Kraft.

(1)[a]) Pflege in der allgemeinen Gebührenklasse einer öffentlichen Krankenanstalt ist, sofern im Sprengel des Versicherungsträgers eine solche Krankenanstalt besteht und der Erkrankte nicht mit seiner Zustimmung in einer nichtöffentlichen Krankenanstalt untergebracht wird, zu gewähren, wenn und solange es die Art der Krankheit erfordert. § 134 gilt entsprechend. Wenn und solange es die Art der Krankheit zuläßt, ist anstelle von Anstaltspflege medizinische Hauskrankenpflege zu gewähren (§ 151). Die Anstaltspflege kann auch gewährt werden, wenn die Möglichkeit einer medizinischen Hauskrankenpflege nicht gegeben ist.

[a]) Tritt mit Ablauf des 31. Dezember 2004 wieder in Kraft.

(2) Der Erkrankte ist verpflichtet, sich einer Anstaltspflege zu unterziehen,

a) wenn die Art der Krankheit eine Behandlung oder Pflege erfordert, die bei häuslicher Pflege nicht gewährleistet ist, oder
b) wenn das Verhalten oder der Zustand des Erkrankten seine fortgesetzte Beobachtung erfordert, oder
c) wenn der Erkrankte wiederholt den Bestimmungen der Krankenordnung zuwidergehandelt hat, oder
d) wenn es sich um eine ansteckende Krankheit handelt.

(3) Ist die Anstaltspflege oder die medizinische Hauskrankenpflege nicht durch die Notwendigkeit ärztlicher Behandlung bedingt (Asylierung), so wird sie nicht gewährt.

(4) Als Anstaltspflege gilt nicht die Unterbringung in einem Heim für Genesende, die ärztlicher Behandlung und besonderer „Pflege“ bedürfen (§ 2 Abs. 1 Z 3 Krankenanstaltengesetz, BGBl. Nr. 1/1957), in einer Pflegeanstalt für chronisch Kranke, die ärztlicher Betreuung und besonderer Pflege bedürfen (§ 2 Abs. 1 Z 4 Krankenanstaltengesetz, BGBl. Nr. 1/1957) oder in einer Sonderkrankenanstalt, die vorwiegend der Rehabilitation von Versicherten dient.

(BGBl I 2002/1)

(5) Sofern der körperliche Zustand des Erkrankten oder die Entfernung seines Wohnsitzes seine Beförderung in die oder aus der Anstalt erfordert, sind auch die notwendigen Kosten einer solchen Beförderung vom Versicherungsträger unter Bedachtnahme auf § 135 Abs. 4 zu übernehmen.

(BGBl 1996/764)

Einweisung in Krankenanstalten, die über Landesfonds finanziert werden

§ 145[a]). (1) Der Erkrankte ist, wenn Anstaltspflege gemäß § 144 gewährt wird, in eine landesfondsfinanzierte Krankenanstalt einzuweisen. Hiebei sind Wünsche des Erkrankten insoweit zu berücksichtigen, als die Art der Krankheit es zuläßt und dadurch kein Mehraufwand für den Versicherungsträger eintritt.

(2) In Fällen, in denen mit der Aufnahme in die Anstaltspflege bis zur Einweisung durch den Versicherungsträger ohne Gefahr für den Erkrankten nicht zugewartet werden konnte, ist die Aufnahme in eine landesfondsfinanzierte Krankenanstalt der Einweisung durch den Versicherungsträger gleichzuhalten, sofern die übrigen Voraussetzungen für den Anspruch auf Anstaltspflege gegeben sind. Die Krankenanstalt zeigt dem Versicherungsträger die Aufnahme binnen acht Tagen an.

(BGBl 1996/764, BGBl I 2001/5)

---

[a]) Tritt mit Ablauf des 31. Dezember 2004 außer Kraft.

Einweisung in eine öffentliche Krankenanstalt

§ 145[a]). (1) Der Erkrankte ist, wenn Anstaltspflege gemäß § 144 gewährt wird, in eine öffentliche Krankenanstalt einzuweisen. Hiebei sind Wünsche des Erkrankten insoweit zu berücksichtigen, als die Art der Krankheit es zuläßt und dadurch kein Mehraufwand für den Versicherungsträger eintritt.

(2) In Fällen, in denen mit der Aufnahme in die Anstaltspflege bis zur Einweisung durch den Versicherungsträger ohne Gefahr für den Erkrankten nicht zugewartet werden konnte, ist die Aufnahme in eine öffentliche Krankenanstalt der Einweisung durch den Versicherungsträger gleichzuhalten, sofern die übrigen Voraussetzungen für den Anspruch auf Anstaltspflege gegeben sind. Die Krankenanstalt zeigt dem Versicherungsträger die Aufnahme binnen acht Tagen an.

---

[a]) Tritt mit Ablauf des 31. Dezember 2004 wieder in Kraft.

§§ 146. bis **147.** (aufgehoben)

Beziehungen zu den Krankenanstalten, die über Landesfonds finanziert werden

§ 148.[a]) **(Grundsatzbestimmung)** Die Beziehungen der Versicherungsträger zu den Rechtsträgern von Krankenanstalten, die über Landesfonds nach Art. 2 der Vereinbarung gemäß Art. 15a B-VG über die Neustrukturierung des Gesundheitswesens und der Krankenanstaltenfinanzierung finanziert werden, sind gemäß Art. 12 Abs. 1 Z 1 B-VG nach folgenden Grundsätzen zu regeln:

(BGBl I 2001/5)

1. Die Krankenanstalten sind verpflichtet, die gemäß § 145 eingewiesenen Erkrankten in die allgemeine Gebührenklasse aufzunehmen.
2. Die den Krankenanstalten gemäß § 27b des Krankenanstaltengesetzes gebührenden Zahlungen sind zur Gänze von den Landesfonds zu entrichten.
3. Alle Leistungen der Krankenanstalten, insbesondere im stationären, halbstationären, tagesklinischen und spitalsambulanten Bereich einschließlich der aus dem medizinischen Fortschritt resultierenden Leistungen, sind mit den folgenden Zahlungen abgegolten:
   a) LKF-Gebührenersätze der Landesfonds gemäß § 27b Abs. 2 KAG,
   b) Zahlungen der Landesfonds gemäß § 27b Abs. 3 KAG,
   c) Kostenbeiträge nach § 27a KAG;
   (BGBl I 1998/138)
   d) Ausgleichszahlungen gemäß § 27b Abs. 4 KAG.
   (BGBl I 1998/138)

   Ausgenommen davon sind Leistungen im Rahmen der Mutter-Kind-Paß-Untersuchungen, im Einvernehmen zwischen dem Hauptverband und den betroffenen Ländern ausgenommene Leistungen (Art. 11 der Vereinbarung gemäß Art. 15a B-VG über die Neustrukturierung des Gesundheitswesens und der Krankenanstaltenfinanzierung) und die im § 27 Abs. 2 des Krankenanstaltengesetzes angeführten Leistungen.

   (BGBl I 2001/5)
4. Der Kostenbeitrag gemäß § 447f Abs. 7 ist von der Krankenanstalt für Rechnung des Landesfonds einzuheben.

   (BGBl I 2001/5)

4a. die Krankenanstaltenträger haben die zur Einhebung des Behandlungsbeitrages (§ 135a) erforderlichen Daten (insbesondere Sozialversicherungsnummer, Vorliegen einer ärztlichen Überweisung, Vorliegen eines medizinischen Notfalls) dem Hauptverband elektronisch zu melden. Die Meldungen sind unverzüglich, spätestens jedoch jeweils zum Ende des dem Kalendervierteljahr folgenden Monats, für alle in diesem Kalendervierteljahr ambulant behandelten Versicherten zu erstatten.

   (BGBl I 2001/5)

5. Die Versicherungsträger haben ohne Einschaltung des Landesfonds folgende Rechte gegenüber dem Rechtsträger der Krankenanstalt:
   a) das Recht auf Einsichtnahme in alle den Krankheitsfall betreffenden Unterlagen der Krankenanstalt (zB Krankengeschichte, Röntgenaufnahmen, Befunde);
   b) das Recht, Kopien dieser Unterlagen zu erhalten (§ 10 Abs. 1 Z 4 des Krankenanstaltengesetzes);
   c) das Recht, den Patienten durch einen beauftragten Facharzt in der Krankenanstalt im Einvernehmen mit dieser untersuchen zu lassen;
   d) das Recht, Ausfertigungen aller Unterlagen auf elektronischem Weg zu erhalten, auf Grund derer Zahlungen eines Landesfonds oder einer anderen

Stelle für Leistungen einer Krankenanstalt abgerechnet werden (insbesondere Aufnahmeanzeige und Entlassungsanzeige samt Diagnosen, Versichertenzuständigkeitserklärung, Verrechnungsdaten); dieses Recht umfaßt auch die entsprechenden Statistiken; ferner das Recht auf Übermittlung von Daten der Leistungserbringung an den Patienten auf der Basis des LKF/LDF-Systems; diese Rechte können jedoch nur dann gegenüber einer Krankenanstalt geltend gemacht werden, wenn diese Unterlagen bzw. Daten nicht in angemessener Frist vom Landesfonds zur Verfügung gestellt werden.

(BGBl I 2001/5)

6. Die Länder haben Vorsorge zu treffen, daß der gesamte Datenaustausch zwischen Krankenanstalten und Versicherungsträgern für den stationären und ambulanten Bereich elektronisch vorzunehmen ist, wobei die Datensatzaufbauten und Codeverzeichnisse bundesweit einheitlich zu gestalten sind.

   (BGBl I 2001/5)

7. Die Versicherungsträger haben das Recht auf laufende Information über die festgelegten vorläufigen und endgültigen Punktewerte durch den Landesfonds.

8. Bei der Leistungsabrechnung gegenüber den Krankenanstalten und in Verfahren vor Gerichten und Verwaltungsbehörden, welche die Verrechnung von Zahlungen gemäß § 27b KAG gegenüber den Rechtsträgern der Krankenanstalten betreffen, gilt der jeweilige Landesfonds als Versicherungsträger. Der Landesfonds kann jedoch Handlungen, welche den Aufwand der Versicherungsträger erhöhen würden, rechtsgültig nur im Einvernehmen mit dem Hauptverband vornehmen. Dieses Einvernehmen kann rechtsgültig nur schriftlich hergestellt werden.

9. Wenn Leistungen gemäß Z 3 gewährt werden, hat der Rechtsträger der Krankenanstalt oder der Landesfonds gegenüber dem Versicherten, Patienten oder den für ihn unterhaltspflichtigen Personen hieraus keinen Anspruch auf Gegenleistungen; ausgenommen hievon sind nur der Kostenbeitrag gemäß § 27a KAG und der Kostenbeitrag gemäß § 447f Abs. 7.

   (BGBl I 2001/5)

10. Die Beziehungen der Versicherungsträger zu den Krankenanstalten werden durch privatrechtliche Verträge geregelt. Ansprüche auf Zahlungen können durch diese Verträge nicht rechtsgültig begründet werden, sofern es sich nicht um Leistungen nach Z 3 zweiter Satz handelt. Die Verträge sind zwischen dem Hauptverband im Einvernehmen mit den in Betracht kommenden Versicherungsträgern einerseits und dem Rechtsträger der Krankenanstalt andererseits im Einververnehmen mit dem zuständigen Landesfonds abzuschließen. Diese Verträge sind nur dann gültig, wenn sie schriftlich abgeschlossen wurden.

(BGBl 1996/764)

---

[a]) Tritt mit Ablauf des 31. Dezember 2004 außer Kraft.

Beziehungen zu den öffentlichen Krankenanstalten

§ 148.[a]) **(Grundsatzbestimmung)** Für die Regelung der Beziehungen der Versicherungsträger zu den öffentlichen Krankenanstalten gelten gemäß Artikel 12 Abs. 1 Z 1 des Bundes-Verfassungsgesetzes in der Fassung von 1929 folgende Grundsätze:

1. Die öffentlichen Krankenanstalten sind verpflichtet, die gemäß § 145 eingewiesenen Erkrankten in die allgemeine Gebührenklasse aufzunehmen.

2. Die den öffentlichen Krankenanstalten gebührenden Pflegegebührenersätze sind, wenn es sich um den Versicherten selbst handelt, zur Gänze vom Versicherungsträger, wenn es sich aber um einen Angehörigen des Versicherten handelt, zu 90 v.H. vom Versicherungsträger und zu 10 v.H. vom Versicherten zu entrichten. Sobald die in einem Zeitraum von zwölf Monaten begonnenen Zeiten der Anstaltspflege die Dauer von vier Wochen, gerechnet vom Tag der ersten Einweisung, übersteigen, bei einer aus dem Versicherungsfall der Mutterschaft gewährten Anstaltspflege sowie bei der Gewährung von Leistungen aus dem Versicherungsfall der Krankheit gemäß § 120 Abs. 2 hat der Versicherungsträger auch für Angehörige des Versicherten die Pflegegebührenersätze zur Gänze zu entrichten.

3. (aufgehoben)

   (BGBl I 2001/5)

4. Den Versicherungsträgern steht hinsichtlich der Erkrankten, für deren Anstaltspflege sie aufzukommen haben, das Recht zu, in alle den Krankheitsfall betreffenden Unterlagen der Anstalt (zum Beispiel Krankengeschichte, Röntgenaufnahmen, Laboratoriumsbefunde) Einsicht zu nehmen sowie durch einen beauftragten Facharzt den Erkrankten in der Krankenanstalt im Einvernehmen mit dieser untersuchen zu lassen.

5. Die Krankenanstaltenträger haben die zur Einhebung des Behandlungsbeitrages (§ 135a) erforderlichen Daten (insbesondere Sozialversicherungsnummer, Vorliegen einer ärztlichen Überweisung, Vorliegen eines medizinischen Notfalls) dem

Hauptverband elektronisch zu melden. Die Meldungen sind unverzüglich, spätestens jedoch jeweils zum Ende des dem Kalendervierteljahr folgenden Monats für alle in diesem Kalendervierteljahr ambulant behandelten Versicherten zu erstatten.

(BGBl I 2000/92)

6. Der Rechtsträger der öffentlichen Krankenanstalt hat gegenüber dem eingewiesenen Erkrankten und den für ihn unterhaltspflichtigen Personen, soweit nach Z 2 nichts anderes bestimmt ist, keinen Anspruch auf Pflegegebührenersätze für die Dauer der vom Versicherungsträger gewährten Anstaltspflege.
7. Im übrigen werden die Beziehungen der Versicherungsträger zu den Krankenanstalten, insbesondere hinsichtlich der Höhe der zu zahlenden Pflegegebührensätze und der Dauer, für die Pflegegebührenersätze zu zahlen sind, durch privatrechtliche Verträge geregelt, die zwischen dem Hauptverband im Einvernehmen mit dem in Betracht kommenden Versicherungsträger einerseits und dem Rechtsträger der Krankenanstalt andererseits abzuschließen sind und zu ihrer Rechtsgültigkeit der schriftlichen Form der Abfassung bedürfen.

---

[a]) Tritt mit Ablauf des 31. Dezember 2004 in Kraft.

Beziehungen zu anderen als in § 148 genannten Krankenanstalten

§ 149.[a]) (1) Der Erkrankte kann auch in eine eigene Krankenanstalt des Versicherungsträgers oder in eine andere als in § 148 genannte Krankenanstalt eingewiesen werden, mit der der leistungszuständige Versicherungsträger in einem Vertragsverhältnis steht, wenn im Sprengel des Versicherungsträgers keine Krankenanstalt im Sinne des § 148 besteht oder der Erkrankte zustimmt. In diesem Fall ist die Pflege in einer solchen Krankenanstalt der Pflege in einer Krankenanstalt im Sinne des § 148 bei der Anwendung der Bestimmungen des § 145 Abs. 2 gleichzuhalten. § 144 Abs. 3 gilt entsprechend.

(2) **(Grundsatzbestimmung)** Die Verträge mit den in Abs. 1 genannten Krankenanstalten bedürfen zu ihrer Rechtsgültigkeit der schriftlichen Form und haben insbesondere nähere Bestimmungen über die Einweisung, die Einsichtnahme in alle Unterlagen für die Beurteilung des Krankheitsfalles, wie zB in die Krankengeschichte, Röntgenaufnahmen, Laboratoriumsbefunde, ferner über die ärztliche Untersuchung durch einen vom Versicherungsträger beauftragten Facharzt in der Anstalt im Einvernehmen mit dieser zu enthalten.

(3) Alle Leistungen von bettenführenden Krankenanstalten, die von dem am 31. Dezember 2000 geltenden Vertrag zwischen Hauptverband und Wirtschaftskammer Österreich erfasst sind, im stationären und tagesklinischen Bereich einschließlich der aus dem medizinischen Fortschritt resultierenden Leistungen sind mit einer Zahlung in der Höhe von 72 672 834,17 € abgegolten. Dieser Betrag ist an einen vom Bundesminister für soziale Sicherheit und Generationen im Einvernehmen mit dem Bundesminister für Finanzen zu bestimmenden Fonds zu überweisen. Der Fonds hat die von den Krankenanstalten erbrachten Leistungen nach den Grundsätzen des § 27b KAG abzurechnen. Auf den Fonds ist § 148 Z 8 sinngemäß anzuwenden.

(BGBl I 2001/5, BGBl I 2001/67)

(3a) Veränderungen des im Abs. 3 erster Satz genannten Betrages sind ab dem Jahr 2003 zwischen dem Hauptverband und der gesetzlichen beruflichen Interessenvertretung der in Betracht kommenden privaten Krankenanstalten zu vereinbaren.

(BGBl I 2001/5)

(3b) Die Höhe der Verpflegskosten (stationäre Pflege) und die Zahlungsbedingungen für die nicht im Abs. 3 genannten Krankenanstalten sind durch Verträge festzulegen, die für die Träger der Sozialversicherung durch den Hauptverband abzuschließen sind. Nicht umfasst hievon sind die von einem Träger der Sozialversicherung eingerichteten Krankenanstalten.

(BGBl I 2001/5)

(4) Für die von der Allgemeinen Unfallversicherungsanstalt eingerichteten Krankenanstalten sind die Höhe der Verpflegskosten und die Zahlungsbedingungen hiefür durch einen Vertrag festzulegen. Dieser ist für die Träger der Krankenversicherung durch den Hauptverband mit der Allgemeinen Unfallversicherungsanstalt abzuschließen.

(5) § 447f Abs. 7 ist mit der Maßgabe anzuwenden, daß der 10%ige Kostenbeitrag von dem nach § 150 Abs. 2 zweiter Satz in der Satzung festgesetzten Betrag zu berechnen und an den Träger der Sozialversicherung zu leisten ist, soweit jedoch Abs. 3 erster Satz anzuwenden ist, vom Träger der Krankenanstalt an den Fonds nach Abs. 3 zweiter Satz zu überweisen ist; die an den Fonds überwiesenen, tatsächlich eingehobenen Kostenbeiträge sind dem Pauschalbeitrag nach Abs. 3 gegenzuverrechnen.

(BGBl I 1998/138, BGBl I 2001/5)

(6) § 148 Z 4a ist anzuwenden.

(BGBl I 2001/5)

(BGBl 1996/764)

---

[a]) Tritt mit Ablauf des 31. Dezember 2004 außer Kraft.

Einweisung in nichtöffentliche Krankenanstalten und Beziehungen zu diesen Anstalten

§ 149.[a]) (1) Der Erkrankte kann auch in eine eigene Krankenanstalt des Versicherungsträgers oder in eine sonstige nichtöffentliche Krankenanstalt eingewiesen werden, mit der der Versicherungsträger in einem Vertragsverhältnis steht, wenn im Sprengel des Versicherungsträgers eine öffentliche Krankenanstalt nicht besteht oder der Erkrankte zustimmt. In einem solchen Fall ist die Pflege in der nichtöffentlichen Krankenanstalt der

Pflege in einer öffentlichen Krankenanstalt bei der Anwendung der Bestimmungen des § 145 Abs. 2 gleichzuhalten. § 144 Abs. 3 gilt entsprechend.

(2) **(Grundsatzbestimmung)** Die Verträge mit den nichtöffentlichen Krankenanstalten bedürfen zu ihrer Rechtsgültigkeit der schriftlichen Form und haben insbesondere nähere Bestimmungen über die Einweisung, die Einsichtnahme in alle Unterlagen für die Beurteilung des Krankheitsfalles, wie zum Beispiel in die Krankengeschichte, Röntgenaufnahmen, Laboratoriumsbefunde, ferner über die ärztliche Untersuchung durch einen vom Versicherungsträger beauftragten Facharzt in der Anstalt im Einvernehmen mit dieser sowie über die Höhe und Zahlung der Verpflegskosten zu enthalten. Die mit den nichtöffentlichen gemeinnützigen Krankenanstalten zu vereinbarenden Verpflegskostenersätze dürfen nicht niedriger sein als die Verpflegskostenersätze, die vom gleichen Versicherungsträger an die nächstgelegene öffentliche Krankenanstalt mit gleichartigen oder annähernd gleichwertigen Einrichtungen geleistet werden. Im übrigen gilt § 148 Z 2 und 3 sinngemäß.

(3) § 148 Z 5 ist anzuwenden.

(BGBl I 2000/92)

---

[a]) Tritt mit Ablauf des 31. Dezember 2004 in Kraft.

Pflegekostenzuschuß des Versicherungsträgers bei Anstaltspflege

§ 150[a]). (1) War die Anstaltspflege notwendig, so hat der Versicherungsträger dem Versicherten einen Pflegekostenzuschuß zu leisten, wenn

1. für die Gewährung der Anstaltspflege durch den Versicherungsträger nicht Vorsorge getroffen werden kann, weil landesfondsfinanzierte Krankenanstalten oder Krankenanstalten nach § 149 Abs. 3 nicht zur Verfügung stehen und Verträge gemäß § 149 nicht zustande kommen, oder

   (BGBl I 2001/5)

2. der Erkrankte in einer Krankenanstalt, mit der keine vertragliche Regelung gemäß § 149 besteht, ohne Einweisung durch den Versicherungsträger untergebracht wurde.

(2) Der Pflegekostenzuschuss ist für Versicherte, die in einer Krankenanstalt nach § 149 Abs. 3 erster Satz, mit der kein Vertrag besteht, aufgenommen wurden, vom Fonds nach § 149 Abs. 3 zweiter Satz im Namen der Sozialversicherung in der Höhe zu leisten, die sich aus der Anwendung des § 149 Abs. 3 vorletzter Satz ergibt. In allen übrigen Fällen ist der Pflegekostenzuschuss in der Satzung des Versicherungsträgers in dem Ausmaß festzusetzen, der dem Durchschnitt der vom Fonds pro Verpflegstag aufzuwendenden Mittel entspricht.

(BGBl I 2001/5)

(BGBl I 1998/138, BGBl I 2001/5)

(3) § 447f Abs. 7 ist mit der Maßgabe anzuwenden, daß der 10%ige Kostenbeitrag vom Pflegekostenzuschuss nach Abs. 2 zweiter Satz zu berechnen und vom Träger der Sozialversicherung einzubehalten ist, soweit jedoch Abs. 2 erster Satz anzuwenden ist, vom Fonds nach § 149 Abs. 3 zweiter Satz einzubehalten ist; die tatsächlich einbehaltenen Kostenbeiträge sind dem Pauschalbeitrag nach Abs. 3 gegenzuverrechnen.

(BGBl I 1998/138, BGBl I 2001/5)

(BGBl 1996/764)

---

[a]) Tritt mit Ablauf des 31. Dezember 2004 außer Kraft.

Kostenersatz an den Versicherten bei Anstaltspflege

§ 150.[a]) (1) War die Anstaltspflege notwendig und unaufschiebbar, so hat der Versicherungsträger dem Versicherten die Kosten der Anstaltspflege zu ersetzen, wenn

1. für die Gewährung der Anstaltspflege durch den Versicherungsträger nicht Vorsorge getroffen werden kann, weil öffentliche Krankenanstalten nicht zur Verfügung stehen und Verträge gemäß § 149 nicht zustande kommen oder
2. der Erkrankte in einer nichtöffentlichen Krankenanstalt, mit der keine vertragliche Regelung gemäß § 149 besteht, ohne Einweisung durch den Versicherungsträger untergebracht wurde.

(2) Die Kosten werden höchstens in dem Ausmaß der Kosten ersetzt, die dem Versicherungsträger in der nach Art und Umfang der Einrichtung und Leistungen in Betracht kommenden nächstgelegenen öffentlichen Krankenanstalt erwachsen wären.

---

[a]) Tritt mit Ablauf des 31. Dezember 2004 in Kraft.

Kostenersatz bei Organtransplantationen für die Anmelde- und Registrierungskosten

§ 150a. Der Versicherungsträger hat die für eine Organtransplantation notwendigen Anmelde- und Registrierungskosten zu übernehmen. Der entsprechende Betrag wird an den gezahlt, der diese Kosten getragen hat. Das Nähere wird unter Bedachtnahme auf die im Einzelfall vorliegenden besonderen Erfordernisse des Anmelde- und Registrierungsverfahrens in der Satzung des Trägers der Krankenversicherung geregelt; dabei kann der Träger der Krankenversicherung unter Bedachtnahme auf seine finanzielle Leistungsfähigkeit auch eine Obergrenze für die Übernahme der Anmelde- und Registrierungskosten vorsehen.

Medizinische Hauskrankenpflege

§ 151. (1) Wenn und solange es die Art der Krankheit erfordert, ist medizinische Hauskrankenpflege zu gewähren.

(2) Die medizinische Hauskrankenpflege wird erbracht durch Angehörige des gehobenen Dienstes für Gesundheits- und Krankenpflege (§ 12 des Gesundheits- und Krankenpflegegesetzes, BGBl. I Nr. 108/1997), die vom Krankenversicherungsträger beigestellt werden oder die mit dem Krankenversicherungsträger in einem Vertragsverhältnis

im Sinne des Sechsten Teiles dieses Bundesgesetzes stehen oder die im Rahmen von Vertragseinrichtungen tätig sind, die medizinische Hauskrankenpflege betreiben.

(BGBl 1993/335, BGBl I 1998/138)

(3) Die Tätigkeit des Angehörigen des gehobenen Dienstes für Gesundheits- und Krankenpflege kann nur auf ärztliche Anordnung erfolgen. Die Tätigkeit umfaßt medizinische Leistungen und qualifizierte Pflegeleistungen, wie die Verabreichung von Injektionen, Sondenernährung, Dekubitusversorgung. Zur medizinischen Hauskrankenpflege gehören nicht die Grundpflege und die hauswirtschaftliche Versorgung des Kranken.

(BGBl I 1998/138)

(4) Hat der (die) Anspruchsberechtigte nicht die Vertragspartner (§ 338) oder die eigenen Einrichtungen (Vertragseinrichtungen) des Versicherungsträgers in Anspruch genommen, so gebührt ihm Kostenersatz gemäß § 131.

(5) Die medizinische Hauskrankenpflege wird für ein und denselben Versicherungsfall für die Dauer von längstens vier Wochen gewährt. Darüber hinaus wird sie nach Vorliegen einer chef- oder kontrollärztlichen Bewilligung weitergewährt.

(6) Medizinische Hauskrankenpflege wird nicht gewährt, wenn der (die) Anspruchsberechtigte in einer der im § 144 Abs. 4 bezeichneten Einrichtungen untergebracht ist.

Familien- und Taggeld

§ 152. (aufgehoben)

5. Unterabschnitt
Zahnbehandlung und Zahnersatz;
Hilfe bei körperlichen Gebrechen

Zahnbehandlung und Zahnersatz

§ 153. (1) Zahnbehandlung ist nach Maßgabe der Bestimmungen der Satzung zu gewähren. Als Leistungen der Zahnbehandlung kommen chirurgische Zahnbehandlung, konservierende Zahnbehandlung und Kieferregulierungen, letztere, soweit sie zur Verhütung von schweren Gesundheitsschädigungen oder zur Beseitigung von berufsstörenden Verunstaltungen notwendig sind, in Betracht. Diese Leistungen der Zahnbehandlung können in der Satzung des Versicherungsträgers von der Erfüllung einer Wartezeit abhängig gemacht werden. § 121 Abs. 3 gilt entsprechend.

(2) Der unentbehrliche Zahnersatz kann unter Kostenbeteiligung des Versicherten gewährt werden. An Stelle der Sachleistung können auch Zuschüsse zu den Kosten eines Zahnersatzes geleistet werden. Das Nähere wird durch die Satzung des Versicherungsträgers bestimmt.

(3) Zahnbehandlung und Zahnersatz werden als Sachleistungen durch Vertragsärzte oder Vertrags-Gruppenpraxen, Wahlärzte oder Wahl-Gruppenpraxen (§ 131 Abs. 1), nach den Bestimmungen des Dentistengesetzes, BGBl. Nr. 90/1949, auch durch Vertragsdentisten, Wahldentisten (§ 131 Abs. 1), in eigens hiefür ausgestatteten Einrichtungen (Ambulatorien) der Versicherungsträger (des Hauptverbandes) oder in Vertragseinrichtungen gewährt. Für die Zahnbehandlung gilt hiebei § 135 Abs. 2 entsprechend. Insoweit Zuzahlungen zu den Leistungen der Zahnbehandlung und des Zahnersatzes vorgesehen sind, müssen diese in den Zahnambulatorien und bei den freiberuflich tätigen Vertragsfachärzten und Vertragsdentisten sowie bei den Vertrags-Gruppenpraxen gleich hoch sein. In gesamtvertraglichen Vereinbarungen (§§ 341, 343c Abs. 1 Z 1) nicht vorgesehene Leistungen dürfen in den Zahnambulatorien nicht erbracht werden; in den Zahnambulatorien dürfen aber jedenfalls jene Leistungen erbracht werden, die Gegenstand des letztgültigen Vertrages gemäß § 341 bzw. § 343c Abs. 1 Z 1 sind oder waren.

(BGBl I 1998/138, BGBl I 2001/99)

(4) Bei der Inanspruchnahme der chirurgischen oder konservierenden Zahnbehandlung durch einen Vertragszahnarzt oder Vertragsdentisten oder in einer Vertrags-Gruppenpraxis oder in einer eigenen Einrichtung (Vertragseinrichtung) des Versicherungsträgers ist ein Zahnbehandlungsschein vorzulegen. Der Hauptverband hat hiefür einen einheitlichen, für alle Versicherungsträger gültigen Vordruck aufzulegen. Für jeden Zahnbehandlungsschein (ausgenommen Überweisungsscheine, Zuweisungsscheine) ist vom Anspruchsberechtigten eine Gebühr von 3,63 € an den Dienstgeber (§ 361 Abs. 3) bzw. an die sonst zur Ausstellung des Zahnbehandlungsscheines verpflichtete Stelle für Rechnung des Versicherungsträgers zu zahlen. § 135 Abs. 3 vierter und fünfter Satz ist anzuwenden.

(BGBl 1996/411, BGBl I 2001/67, BGBl I 2001/99)

(5) Für die Übernahme von Reise(Fahrt)- bzw. Transportkosten gilt § 135 Abs. 4 und 5 entsprechend.

Hilfe bei körperlichen Gebrechen

§ 154. (1) Bei Verstümmelungen, Verunstaltungen und körperlichen Gebrechen, welche die Gesundheit, die Arbeitsfähigkeit oder die Fähigkeit, für die lebenswichtigen persönlichen Bedürfnisse zu sorgen, wesentlich beeinträchtigen, kann die Satzung Zuschüsse für die Anschaffung der notwendigen Hilfsmittel sowie für deren Instandsetzung vorsehen, soweit nicht ein Anspruch aus der gesetzlichen Unfallversicherung nach diesem oder einem anderen Bundesgesetz, eine Leistungsverpflichtung im Rahmen der medizinischen Maßnahmen der Rehabilitation nach diesem oder einem anderen Bundesgesetz oder ein gleichartiger Anspruch nach dem Kriegsopferversorgungsgesetz 1957, nach dem Heeresversorgungsgesetz, nach dem Opferfürsorgegesetz, nach dem Bundesgesetz über die Gewährung von Hilfeleistungen an Opfer von Verbrechen, nach dem Impfschadengesetz oder nach dem Strafvollzugsgesetz besteht. Bei der Festsetzung der Höhe der Zuschüsse ist auf § 137 Abs. 2, 4 und 5 sinngemäß mit der Maßgabe

Bedacht zu nehmen, daß der durch die Satzung des Versicherungsträgers für den Kostenzuschuß festzusetzende Höchstbetrag bei Hilfsmitteln, die geeignet sind, die Funktion fehlender oder unzulänglicher Körperteile zu übernehmen und bei Krankenfahrstühlen höchstens das 25fache der Höchstbeitragsgrundlage (§ 108 Abs. 3) betragen darf. Die Krankenordnung kann eine Gebrauchsdauer für Hilfsmittel vorsehen. Als Hilfsmittel sind hiebei solche Gegenstände oder Vorrichtungen anzusehen, die geeignet sind,

(BGBl 1991/676, BGBl 1993/335, BGBl I 2001/67)

a) die Funktion fehlender oder unzulänglicher Körperteile zu übernehmen oder
b) die mit einer Verstümmelung, Verunstaltung oder einem Gebrechen verbundene körperliche oder psychische Beeinträchtigung zu mildern oder zu beseitigen.

Als freiwillige Leistung kann der Versicherungsträger in solchen Fällen überdies, sofern dies notwendig und zweckmäßig ist, Krankenbehandlung und Anstaltspflege gewähren, soweit auf diese Leistungen nicht schon ein Anspruch aus dem Versicherungsfall der Krankheit besteht.

(2) Bei der Festsetzung der Höhe der Zuschüsse nach Abs. 1 für ständig benötigte Hilfsmittel, die nur einmal oder nur kurzfristig verwendet werden können und daher in der Regel mindestens einmal im Monat erneuert werden müssen, ist auf § 137 Abs. 3 entsprechend Bedacht zu nehmen.

(3) § 137 Abs. 8 gilt entsprechend.

(4) Für die Übernahme von Reise(Fahrt)- bzw. Transportkosten, die im Zusammenhang mit der körpergerechten Anpassung von Hilfsmitteln erwachsen, gilt § 135 Abs. 4 und 5 entsprechend.

Medizinische Maßnahmen der Rehabilitation in der Krankenversicherung

§ 154a. (1) Die Krankenversicherungsträger gewähren, um den Erfolg der Krankenbehandlung zu sichern oder die Folgen der Krankheit zu erleichtern, im Anschluß an die Krankenbehandlung nach pflichtgemäßem Ermessen und nach Maßgabe des § 133 Abs. 2 medizinische Maßnahmen der Rehabilitation mit dem Ziel, den Gesundheitszustand der Versicherten und ihrer Angehörigen so weit wiederherzustellen, daß sie in der Lage sind, in der Gemeinschaft einen ihnen angemessenen Platz möglichst dauernd und ohne Betreuung und Hilfe einzunehmen.

(2) Die Maßnahmen gemäß Abs. 1 umfassen:

1. die Unterbringung in Krankenanstalten, die vorwiegend der Rehabilitation dienen;
2. die Gewährung von Körperersatzstücken, orthopädischen Behelfen und anderen Hilfsmitteln einschließlich der notwendigen Änderung, Instandsetzung und Ersatzbeschaffung sowie der Ausbildung im Gebrauch der Hilfsmittel;
3. die Gewährung ärztlicher Hilfe sowie die Versorgung mit Heilmitteln und Heilbehelfen, wenn diese Leistungen unmittelbar im Anschluß an eine oder im Zusammenhang mit einer der in Z 1 und 2 genannten Maßnahmen erforderlich sind.
4. (aufgehoben)

(BGBl 1996/411)

In den Fällen der Z 1 bis 3 sowie im Zusammenhang mit der körpergerechten Anpassung von Körperersatzstücken, orthopädischen Behelfen und anderen Hilfsmitteln können Reise- und Transportkosten nach Maßgabe der Bestimmungen der Satzung unter Bedachtnahme auf die wirtschaftlichen Verhältnisse des Versicherten bzw. Angehörigen übernommen werden.

(BGBl 1996/411)

(3) Die in Abs. 2 angeführten Maßnahmen sind bei einem Pensionsversicherungsträger oder einem Unfallversicherungsträger zu beantragen, die den Antrag unverzüglich an den zuständigen Krankenversicherungsträger weiterzuleiten haben, soweit sie diese Maßnahmen nicht selbst gemäß den §§ 302 Abs. 2, 307d Abs. 2 Z 4 oder gemäß § 189 Abs. 2 gewähren bzw. zu gewähren haben oder ihre Gewährung gemäß § 302 Abs. 2 oder gemäß § 191 Abs. 2 an sich ziehen.

(4) Der Krankenversicherungsträger kann die Durchführung von medizinischen Maßnahmen der Rehabilitation einem Pensionsversicherungsträger mit dessen Zustimmung übertragen. Er hat dem Pensionsversicherungsträger in einem solchen Fall die Kosten zu ersetzen. Die beteiligten Versicherungsträger können jedoch zur Abgeltung der Ersatzansprüche unter Bedachtnahme auf die Anzahl der in Betracht kommenden Fälle und die Höhe der durchschnittlichen Kosten der in diesen Fällen gewährten medizinischen Maßnahmen der Rehabilitation die Zahlung jährlicher Pauschalbeträge vereinbaren.

(5) Die Krankenversicherungsträger haben die von ihnen jeweils zu treffenden medizinischen Maßnahmen der Rehabilitation mit den in Frage kommenden Versicherungsträgern, Dienststellen und Einrichtungen im Sinne des § 307c zu koordinieren und aufeinander abzustimmen.

(6) Die Gewährung von Maßnahmen zur Festigung der Gesundheit bzw. von Maßnahmen der Gesundheitsvorsorge (§§ 155 und 307d) zählt nicht zu den Aufgaben der medizinischen Maßnahmen der Rehabilitation.

(7) Werden Versicherte (Pensionisten, Angehörige) für Rechnung des Krankenversicherungsträgers in einer der in Abs. 2 Z 1 angeführten Einrichtungen untergebracht, so haben diese eine Zuzahlung in der Höhe von 5,81 €[a]) pro Verpflegstag zu leisten. An die Stelle dieses Betrages tritt ab 1. Jänner eines jeden Jahres, erstmals ab 1. Jänner 1997, der unter Bedachtnahme auf § 108 Abs. 9 mit der jeweiligen Aufwertungszahl (§ 108a Abs. 1) vervielfachte Betrag. Der Krankenversicherungsträger hat bei Vorliegen einer besonderen sozialen Schutzbedürftigkeit des (der) Versicherten von der Einhebung der Zuzahlung abzusehen,

und zwar nach Maßgabe der vom Hauptverband hiezu erlassenen Richtlinien (§ 31 Abs. 5 Z 27). Die Zuzahlung ist sogleich bei Antritt des Aufenthaltes im voraus an den Krankenversicherungsträger zu entrichten und darf für jeden Versicherten (Angehörigen) für höchstens 28 Kalendertage in jedem Kalenderjahr eingehoben werden.

(BGBl 1996/201, BGBl I 2001/67)

[a]) Betrag siehe VO über veränderliche Werte.

Gesundheitsförderung

§ 154b. (1) Die Krankenversicherungsträger haben allgemein über Gesundheitsgefährdung und über die Verhütung von Krankheiten und Unfällen – ausgenommen Arbeitsunfälle – aufzuklären sowie darüber zu beraten, wie Gefährdungen vermieden und Krankheiten sowie Unfälle – ausgenommen Arbeitsunfälle – verhütet werden können.

(2) Fallen Maßnahmen gemäß Abs. 1 auch in den sachlichen oder örtlichen Aufgabenbereich anderer Einrichtungen (Behörden, Versicherungsträger, gemeinnützige Einrichtungen und dergleichen), so kann mit diesen eine Vereinbarung über ein planmäßiges Zusammenwirken und eine Beteiligung an den Kosten getroffen werden.

(3) Der Krankenversicherungsträger kann die im Abs. 1 bezeichneten Maßnahmen auch dadurch treffen, daß er sich an Einrichtungen der Gesundheitsfürsorge, die den gleichen Zwecken dienen, beteiligt. Abs. 2 ist anzuwenden.

6. Unterabschnitt
Maßnahmen zur Festigung der Gesundheit; Krankheitsverhütung

Maßnahmen der Krankenversicherungsträger zur Festigung der Gesundheit

§ 155. (1) Die Krankenversicherungsträger können unter Berücksichtigung des Fortschrittes der medizinischen Wissenschaft sowie unter Bedachtnahme auf ihre finanzielle Leistungsfähigkeit Maßnahmen zur Festigung der Gesundheit gewähren.

(2) Als Maßnahmen im Sinne des Abs. 1 kommen insbesondere in Betracht:

1. Landaufenthalt sowie Aufenthalt in Kurorten;
2. Unterbringung in Genesungs- und Erholungsheimen;
3. Unterbringung in Kuranstalten zur Verhinderung
   a) einer unmittelbar drohenden Krankheit,
   b) der Verschlimmerung einer bestehenden Krankheit;
4. die Übernahme der Reisekosten in den Fällen der Z 1 bis 3 nach Maßgabe der Bestimmungen der Satzung unter Bedachtnahme auf die wirtschaftlichen Verhältnisse des Versicherten bzw. Angehörigen.

(3) Werden Versicherte (Angehörige) für Rechnung des Krankenversicherungsträgers in einer der in Abs. 2 Z 1 bis 3 angeführten Einrichtungen (ausgenommen die Fälle der Zuschußgewährung durch den Krankenversicherungsträger) untergebracht, so haben diese eine Zuzahlung in der Höhe von mindestens 5,81 €[a]) und höchstens 14,75 €[a]) pro Verpflegstag zu leisten. An die Stelle dieser Beträge treten ab 1. Jänner eines jeden Jahres, erstmals ab 1. Jänner 1997, die unter Bedachtnahme auf § 108 Abs. 9 mit der jeweiligen Aufwertungszahl (§ 108a Abs. 1) vervielfachten Beträge. Der Krankenversicherungsträger hat bei Vorliegen einer besonderen sozialen Schutzbedürftigkeit des (der) Versicherten von der Einhebung der Zuzahlung abzusehen. Die Höhe der im Einzelfall in Betracht kommenden Zuzahlung sowie die Verpflichtung zur Befreiung von diesen Zuzahlungen bestimmt sich nach Maßgabe der vom Hauptverband hiezu erlassenen Richtlinien (§ 31 Abs. 5 Z 27). Die Zuzahlung ist sogleich bei Antritt des Aufenthaltes im voraus an den Krankenversicherungsträger zu entrichten.

(BGBl 1996/201, BGBl I 2001/67)

[a]) Beträge siehe VO über veränderliche Werte.

(4) Die Maßnahmen zur Festigung der Gesundheit können auch nach Maßgabe der vom Hauptverband hiezu erlassenen Richtlinien (§ 31 Abs. 5 Z 28) durch Gewährung von Zuschüssen für Landaufenthalt und Aufenthalt in Kurorten bzw. Kuranstalten erbracht werden.

(BGBl 1996/201)

(5) (aufgehoben)

Krankheitsverhütung

§ 156. (1) Zur Verhütung des Eintrittes und der Verbreitung von Krankheiten können als freiwillige Leistungen insbesondere gewährt werden:

1. Gesundheitsfürsorge, wie Gesunden-, Betriebs- und Schwangerenfürsorge, Säuglings- und Kinderfürsorge, Fürsorge für gesundheitsgefährdete Jugendliche;
2. Maßnahmen zur Bekämpfung der Volkskrankheiten und der Zahnfäule;
3. gesundheitliche Erziehung der Versicherten und ihrer Angehörigen;
4. die Übernahme der Reisekosten in den Fällen der Z 1 bis 3 nach Maßgabe der Bestimmungen der Satzung unter Bedachtnahme auf die wirtschaftlichen Verhältnisse des Versicherten bzw. Angehörigen.

(2) Fallen Maßnahmen gemäß Abs. 1 auch in den sachlichen oder örtlichen Aufgabenbereich anderer Einrichtungen (Behörden, Versicherungsträger und dergleichen), so kann mit diesen eine Vereinbarung über ein planmäßiges Zusammenwirken und eine Beteiligung an den Kosten getroffen werden.

(3) Der Krankenversicherungsträger kann die im Abs. 1 bezeichneten Maßnahmen auch dadurch treffen, daß er sich an Einrichtungen der Gesund-

heitsfürsorge, die den gleichen Zwecken dienen, beteiligt. Abs. 2 gilt entsprechend.

7. Unterabschnitt
Leistungen aus dem Versicherungsfall der Mutterschaft

Umfang des Versicherungsschutzes

§ 157. Der Versicherungsfall der Mutterschaft umfaßt den nach seinem Eintritt (§ 120 Abs. 1 Z 3) liegenden Zeitraum der Schwangerschaft, die Entbindung und die sich daraus ergebenden Folgen, soweit diese Folgen nicht als Versicherungsfall der Krankheit oder Arbeitsunfähigkeit infolge Krankheit anzusehen sind.

Anspruchsberechtigung

§ 158. (1) Aus dem Versicherungsfall der Mutterschaft einer Versicherten sowie für die als Angehörige geltenden Personen (§ 123) sind die im § 117 Z 4 für diesen Versicherungsfall vorgesehenen Leistungen beim Zutreffen der Voraussetzungen nach Maßgabe der folgenden Bestimmungen zu gewähren.

(2) (aufgehoben)

(3) Die Leistungen im Falle der Mutterschaft für die Ehegattin eines Versicherten werden auch nach Auflösung der Ehe durch Tod des Versicherten, Aufhebung oder Scheidung sowie nach Nichtigerklärung der Ehe gewährt, wenn die Entbindung vor dem Ablauf des 302. Tages nach der Auflösung oder Nichtigerklärung der Ehe stattfindet.

(4) Ergibt sich bei der Anwendung des Abs. 3, daß ein Anspruch auf die Leistungen im Falle der Mutterschaft für Angehörige gegen mehrere Versicherungsträger oder gegen einen Versicherungsträger mehrfach begründet ist, so sind diese Leistungen nur einmal zu gewähren. Leistungspflichtig ist der Versicherungsträger, der zuerst in Anspruch genommen wird.

Ärztlicher Beistand, Hebammenbeistand und Beistand durch diplomierte Kinderkranken- und Säuglingsschwestern

§ 159. Ärztlicher Beistand, Hebammenbeistand und Beistand durch diplomierte Kinderkranken- und Säuglingsschwestern werden in entsprechender Anwendung der §§ 134 und 135 gewährt. Hat die Anspruchsberechtigte nicht die Vertragspartner (§ 338) oder die eigenen Einrichtungen (Vertragseinrichtungen) des Versicherungsträgers in Anspruch genommen, so gebührt ihr Kostenersatz gemäß § 131.

Heilmittel und Heilbehelfe

§ 160. (1) Heilmittel und Heilbehelfe werden in entsprechender Anwendung der §§ 136 und 137 gewährt.

(2) Als freiwillige Leistungen können vom Versicherungsträger auch Behelfe zur Mutter- und Säuglingspflege (Windeln, Einschlagetücher, wasserundurchlässige Einlagen, Hautpulver und dergleichen) beigestellt werden.

Pflege in einer Krankenanstalt (in einem Entbindungsheim)

§ 161. (1) Für die Entbindung ist Pflege in einer Krankenanstalt (auch in einem Entbindungsheim) längstens für zehn Tage zu gewähren; die Bestimmungen der §§ 145 und 148 bis 150 sind hiebei entsprechend anzuwenden. Wenn es der Zustand der Wöchnerin oder die Entfernung ihres Wohnortes erfordert, sind auch die Beförderungskosten in die und aus der Anstalt zu übernehmen.

(2) Zeiten einer Pflege nach Abs. 1 sind auf die Höchstdauer des Krankengeldanspruches (§ 139) nicht anzurechnen.

Wochengeld

§ 162. (1) Weiblichen Versicherten gebührt für die letzten acht Wochen vor der voraussichtlichen Entbindung, für den Tag der Entbindung und für die ersten acht Wochen nach der Entbindung ein tägliches Wochengeld. Weibliche Versicherte nach Frühgeburten, Mehrlingsgeburten oder Kaiserschnittentbindungen erhalten das Wochengeld nach der Entbindung durch zwölf Wochen. Über die vorstehenden Fristen vor und nach der Entbindung hinaus gebührt das Wochengeld ferner für jenen Zeitraum, während dessen Dienstnehmerinnen und Bezieherinnen einer Leistung nach dem AlVG, KGG oder KBGG sowie Versicherte gemäß § 43 Abs. 2 KGG auf Grund besonderer Vorschriften des Mutterschutzrechtes im Einzelfall auf Grund des Zeugnisses eines Arbeitsinspektionsarztes oder eines Amtsarztes nicht beschäftigt werden dürfen, weil Leben oder Gesundheit von Mutter oder Kind bei Fortdauer der Beschäftigung oder Aufnahme einer Beschäftigung gefährdet wäre.

(BGBl I 1998/138, BGBl I 2001/103)

(2) Die Achtwochenfrist vor der voraussichtlichen Entbindung gemäß Abs. 1 wird auf Grund eines ärztlichen Zeugnisses berechnet. Erfolgt die Entbindung zu einem anderen als dem vom Arzt angenommenen Zeitpunkt, so verkürzt oder verlängert sich die im Abs. 1 vorgesehene Frist vor der Entbindung entsprechend. Die Frist nach der Entbindung verlängert sich jedoch in jedem Fall bis zu dem Zeitpunkt, in dem das Beschäftigungsverbot nach den Vorschriften des Mutterschutzrechtes endet.

(3) Das Wochengeld gebührt in der Höhe des auf den Kalendertag entfallenden Teiles des durchschnittlichen in den letzten 13 Wochen (bei Versicherten, deren Arbeitsverdienst nach Kalendermonaten bemessen oder abgerechnet wird, in den letzten drei Kalendermonaten) vor dem Eintritt des Versicherungsfalles der Mutterschaft gebührenden Arbeitsverdienstes, vermindert um die gesetzlichen Abzüge; die auf diesen Zeitraum entfallenden Sonderzahlungen sind nach Maßgabe des Abs. 4 zu berücksichtigen. Wurde von Versicherten, deren Arbeitsverdienst nach Kalendermonaten bemessen oder abgerechnet wird, lediglich im Kalendermonat des Eintrittes des Versicherungsfalles der Mutterschaft ein Arbeitsverdienst erzielt, so

gilt dieser für die Ermittlung des durchschnittlichen in den letzten drei Kalendermonaten gebührenden Arbeitsverdienstes als im letzten vollen Kalendermonat vor dem Eintritt des Versicherungsfalles erzielt. Fallen in den für die Ermittlung des durchschnittlichen Arbeitsverdienstes maßgebenden Zeitraum auch Zeiten des Bezuges einer Leistung nach dem Arbeitslosenversicherungsgesetz 1977 oder nach dem Karenzgeldgesetz, so gilt für diese Zeiten als Arbeitsverdienst jenes Wochengeld, das auf Grund des Arbeitslosenversicherungsgesetzes 1977 oder des Karenzgeldgesetzes beim Eintritt des Versicherungsfalles der Mutterschaft während des Leistungsbezuges gebührt hätte. Bei Versicherten, deren Lehrverhältnis während des genannten Zeitraumes geendet hat, ist, wenn es für die Versicherte günstiger ist, für die Ermittlung der Höhe des Wochengeldes der Arbeitsverdienst im letzten Beitragszeitraum, vermindert um die gesetzlichen Abzüge, heranzuziehen. Fallen in den für die Ermittlung des durchschnittlichen Arbeitsverdienstes maßgebenden Zeitraum

a) Zeiten der im § 11 Abs. 3 bezeichneten Art oder
b) Zeiten, während derer die Versicherte infolge Krankheit, eines mutterschutzrechtlichen Beschäftigungsverbotes oder Kurzarbeit nicht das volle Entgelt bezogen hat,

(BGBl I 1998/138)

so bleiben diese Zeiten bei der Ermittlung des durchschnittlichen Arbeitsverdienstes außer Betracht. Liegen in dem maßgebenden Zeitraum nur Zeiten der in lit. a oder b bezeichneten Art vor, so verlängert sich der maßgebende Zeitraum um diese Zeiten; diese Zeiten bleiben bei der Berechnung des durchschnittlichen Arbeitsverdienstes außer Betracht. In den Fällen des § 122 Abs. 3 erster Satz sind, wenn dies für die Versicherte günstiger ist, für die Ermittlung der Höhe des Wochengeldes nicht die letzten 13 Wochen bzw. drei Kalendermonate vor dem Eintritt des Versicherungsfalles der Mutterschaft heranzuziehen, sondern die letzten 13 Wochen bzw. drei Kalendermonate vor dem Ende der Pflichtversicherung oder vor dem Ende des Dienstverhältnisses.

(BGBl I 1997/139, BGBl I 1998/6)

(3a) Abweichend von Abs. 3 gebührt das Wochengeld

1. den nach § 4 Abs. 4 Pflichtversicherten sowie den nach § 19a Abs. 6 als Pflichtversicherte geltenden Selbstversicherten in der Höhe von 6,83 € täglich;
2. den BezieherInnen von Kinderbetreuungsgeld in der Höhe des um 80% erhöhten Kinderbetreuungsgeldes.

An die Stelle des in der Z 1 genannten Betrages tritt ab 1. Jänner eines jeden Jahres der unter Bedachtnahme auf § 108 Abs. 9 mit dem jeweiligen Anpassungsfaktor (§ 108f) vervielfachte Betrag.

(BGBl I 1998/138, BGBl I 2001/103)

(4) Die auf die letzten 13 Wochen bzw. auf die letzten drei Kalendermonate entfallenden Sonderzahlungen sind bei der Bemessung des Wochengeldes in der Weise zu berücksichtigen, daß der nach Abs. 3 ermittelte Netto-Arbeitsverdienst um einen durch die Satzung des Versicherungsträgers allgemein festzusetzenden Hundertsatz erhöht wird; der Hundertsatz kann einheitlich oder gesondert für bestimmte Gruppen von Versicherten unter Bedachtnahme auf den Durchschnittswert der Sonderzahlungen festgesetzt werden. Werden jedoch die Sonderzahlungen auf Grund einer Festsetzung gemäß § 54 Abs. 2 mit einem einheitlichen Hundertsatz der allgemeinen Beitragsgrundlage der Berechnung des Sonderbeitrages zugrunde gelegt, so ist der Netto-Arbeitsverdienst um den gleichen Hundertsatz zu erhöhen, der der Berechnung des Sonderbeitrages zugrunde gelegt worden ist.

(5) Vom Anspruch auf Wochengeld sind ausgeschlossen

1. Pflichtversicherte, die gemäß § 138 Abs. 2 lit. a bis d vom Anspruch auf Krankengeld ausgeschlossen sind,
   (BGBl I 1998/138)
2. Selbstversicherte (§ 16);
   (BGBl I 2001/103)
3. Teilversicherte nach § 8 Abs. 1 Z 1 lit. f, wenn sie nicht schon auf Grund der dem Kinderbetreuungsgeld-Bezug zugrunde liegenden Entbindung Anspruch auf Wochengeld hatten.
   (BGBl I 2001/103)

(BGBl 1996/201)

§§ 163. bis **164.** (aufgehoben)

Zusammentreffen von Ansprüchen auf Wochengeld und Krankengeld

§ 165. Treffen Ansprüche auf Wochengeld und Krankengeld zusammen, so gebührt nur das Wochengeld. Die Dauer des Wochengeldanspruches wird auf die Höchstdauer des Krankengeldanspruches nicht angerechnet.

Ruhen des Wochengeldes

§ 166. (1) Der Anspruch auf Wochengeld ruht,

1. (aufgehoben)
2. solange die Versicherte auf Grund gesetzlicher oder vertraglicher Bestimmungen Anspruch auf Fortbezug von mehr als 50 vH der vollen Geld- und Sachbezüge (§ 49 Abs. 1) hat; besteht ein Anspruch auf Weiterleistung von 50 vH dieser Bezüge, so ruht das Wochengeld zur Hälfte. Urlaubsentschädigungen, Urlaubsabfindungen und Kündigungsentschädigungen gemäß § 11 Abs. 2 gelten nicht als weitergeleistete Bezüge. § 143 Abs. 1 Z 3 letzter Satz und Abs. 5 gelten entsprechend;
   (BGBl 1993/335, BGBl I 1997/47)
3. solange die Versicherte während des Anspruches auf Wochengeld eine Erwerbstätigkeit ausübt, in der Höhe des aus dieser Erwerbstätigkeit erzielten Einkommens.

(2) Zeiten, für die der Anspruch auf Wochengeld gemäß Abs. 1 Z 2 zur Gänze ruht, werden auf die Höchstdauer des Anspruches auf Wochengeld nicht angerechnet.

(3) (aufgehoben)

Wochengeld beim Tod der Wöchnerin

§ 167. Stirbt eine Wöchnerin bei der Entbindung oder während der Dauer des Bezuges des Wochengeldes, so ist dieses bis zum Ablauf der gesetzlichen Höchstdauer an denjenigen weiterzuzahlen, der für den Unterhalt des Kindes sorgt.

Aufwendungen für das Wochengeld

§ 168. Die Aufwendungen für das Wochengeld (§ 162) sind unbeschadet des aus Mitteln des Familienlastenausgleichsfonds zu leistenden Ersatzes von den Trägern der Krankenversicherung zu 30 vH zu tragen.

(BGBl 1996/411)

8. Unterabschnitt
Leistungen aus dem Versicherungsfall des Todes

§§ 169. bis **171.** (aufgehoben)

DRITTER TEIL
Unfallversicherung

ABSCHNITT I
Gemeinsame Bestimmungen

Aufgaben

§ 172. (1) Die Unfallversicherung trifft Vorsorge für die Verhütung von Arbeitsunfällen und Berufskrankheiten, für die erste Hilfeleistung bei Arbeitsunfällen sowie für die Unfallheilbehandlung, die Rehabilitation von Versehrten und die Entschädigung nach Arbeitsunfällen und Berufskrankheiten. Die Vorsorge umfaßt auch die Forschung nach den wirksamsten Methoden und Mitteln zur Erfüllung dieser Aufgaben sowie der sonstigen Aufgaben im Bereich der arbeitsmedizinischen Betreuung der Versicherten, soweit deren Durchführung der Unfallversicherung übertragen ist. Darüber hinaus hat sie nach pflichtgemäßem Ermessen Kosten an der arbeitsmedizinischen Betreuung im Sinne des 7. Abschnittes des ArbeitnehmerInnenschutzgesetzes – ASchG zu übernehmen.

(BGBl 1994/450)

(2) Die Rehabilitation umfaßt die im Rahmen der Unfallheilbehandlung vorgesehenen medizinischen Maßnahmen, berufliche Maßnahmen und, soweit dies zu ihrer Ergänzung erforderlich ist, soziale Maßnahmen mit dem Ziel, Versehrte bis zu einem solchen Grad ihrer Leistungsfähigkeit wiederherzustellen, der sie in die Lage versetzt, im beruflichen und wirtschaftlichen Leben und in der Gemeinschaft einen ihnen angemessenen Platz möglichst dauernd einnehmen zu können.

Leistungen

§ 173. Als Leistungen der Unfallversicherung werden nach Maßgabe der Bestimmungen dieses Bundesgesetzes gewährt:

1. im Falle einer durch einen Arbeitsunfall oder eine Berufskrankheit verursachten körperlichen Schädigung des Versicherten:
   a) Unfallheilbehandlung (§§ 189 bis 194 und 197);
   b) Familien- und Taggeld sowie besondere Unterstützung (§§ 195, 196);
   c) berufliche und soziale Maßnahmen der Rehabilitation (§§ 198 bis 201);
   d) Beistellung von Körperersatzstücken, orthopädischen Behelfen und anderen Hilfsmitteln (§ 202);
   e) Versehrtenrente (§§ 203 bis 205a, 207 bis 210);
   (BGBl 1993/110)
   f) Übergangsrente und Übergangsbetrag (§ 211);
   g) Versehrtengeld (§ 212);
   h) Witwen(Witwer)beihilfe (§ 213);
   (BGBl 1981/282)
   i) Integritätsabgeltung (§ 213a);
2. im Falle des durch einen Arbeitsunfall oder eine Berufskrankheit verursachten Todes des Versicherten:
   a) Teilersatz der Bestattungskosten (§ 214);
   b) Hinterbliebenenrenten (§§ 215 bis 220).

Eintritt des Versicherungsfalles

§ 174. Der Versicherungsfall gilt als eingetreten:

1. bei Arbeitsunfällen mit dem Unfallereignis;
2. bei Berufskrankheiten mit dem Beginn der Krankheit (§ 120 Abs. 1 Z 1) oder, wenn dies für den Versicherten günstiger ist, mit dem Beginn der Minderung der Erwerbsfähigkeit (§ 203).

Arbeitsunfall

§ 175. (1) Arbeitsunfälle sind Unfälle, die sich im örtlichen, zeitlichen und ursächlichen Zusammenhang mit der die Versicherung begründenden Beschäftigung ereignen.

(2) Arbeitsunfälle sind auch Unfälle, die sich ereignen:

1. auf einem mit der Beschäftigung nach Abs. 1 zusammenhängenden Weg zur oder von der Arbeits- oder Ausbildungsstätte; hat der Versicherte wegen der Entfernung seines ständigen Aufenthaltsortes von der Arbeits(Ausbildungs)stätte auf dieser oder in ihrer Nähe eine Unterkunft, so wird die Versicherung des Weges von oder nach dem ständigen Aufenthaltsort nicht ausgeschlossen;
2. auf einem Weg von der Arbeits- oder Ausbildungsstätte oder der Wohnung zu einer

Untersuchungs- oder Behandlungsstelle (wie freiberuflich tätiger Arzt, Ambulatorium, Krankenanstalt) zur Inanspruchnahme ärztlicher Hilfe (§ 135), Zahnbehandlung (§ 153) oder der Durchführung einer Vorsorge(Gesunden)untersuchung (§ 132b) und anschließend auf dem Weg zurück zur Arbeits(Ausbildungs)stätte oder zur Wohnung, sofern dem Dienstgeber oder einer sonst zur Entgegennahme von solchen Mitteilungen befugten Person der Arztbesuch vor Antritt des Weges bekanntgegeben wurde, ferner auf dem Weg von der Arbeits- oder Ausbildungsstätte oder von der Wohnung zu einer Untersuchungsstelle, wenn sich der Versicherte der Untersuchung auf Grund einer gesetzlichen Vorschrift oder einer Anordnung des Versicherungsträgers oder des Dienstgebers unterziehen muß und anschließend auf dem Weg zurück zur Arbeits(Ausbildungs)stätte oder zur Wohnung;

(BGBl I 1999/173)

3. bei häuslichen oder anderen Tätigkeiten, zu denen der Versicherte durch den Dienstgeber oder dessen Beauftragten herangezogen wird;
4. bei häuslichen und anderen Tätigkeiten des Versicherten im Zusammenhang mit der Gewinnung und Verarbeitung von Produkten, die ihm vom Dienstgeber als Sachbezüge gewährt werden;
5. bei einer mit der Beschäftigung zusammenhängenden Verwahrung, Beförderung, Instandhaltung und Erneuerung des Arbeitsgerätes, auch wenn dieses vom Versicherten beigestellt wird;
6. bei einer mit der Beschäftigung zusammenhängenden Inanspruchnahme von gesetzlichen beruflichen Vertretungen oder Berufsvereinigungen;
7. auf einem Weg von der Arbeits- oder Ausbildungsstätte, den der Versicherte zurücklegt, um während der Arbeitszeit, einschließlich der in der Arbeitszeit liegenden gesetzlichen sowie kollektivvertraglich oder betrieblich vereinbarten Arbeitspausen, in der Nähe der Arbeits- oder Ausbildungsstätte oder in seiner Wohnung lebenswichtige persönliche Bedürfnisse zu befriedigen, anschließend auf dem Weg zurück zur Arbeits- oder Ausbildungsstätte sowie bei dieser Befriedigung der lebensnotwendigen Bedürfnisse, sofern sie in der Nähe der Arbeits- oder Ausbildungsstätte, jedoch außerhalb der Wohnung des Versicherten erfolgt;
8. auf einem mit der unbaren Überweisung des Entgelts zusammenhängenden Weg von der Arbeits- oder Ausbildungsstätte oder der Wohnung zu einem Geldinstitut zum Zweck der Behebung des Entgelts und anschließend auf dem Weg zurück zur Arbeits- oder Ausbildungsstätte oder zur Wohnung;
9. auf einem Weg zur oder von der Arbeits- oder Ausbildungsstätte, der im Rahmen einer Fahrgemeinschaft von Betriebsangehörigen oder Versicherten zurückgelegt worden ist, die sich auf einem in der Z 1 genannten Weg befinden.
10. auf einem Weg eines (einer) Versicherten zur oder von der Arbeits- oder Ausbildungsstätte (Z 1) zu einem Kindergarten (Kindertagesstätte, fremde Obhut) oder zu einer Schule, um das Kind (§ 252 Abs. 1) oder den Schüler (die Schülerin) (§ 8 Abs. 1 Z 3 lit. h) eines (einer) Versicherten dorthin zu bringen oder von dort abzuholen, wenn dem (der) Versicherten die gesetzliche Aufsicht obliegt.

(3) In einem land- oder forstwirtschaftlichen Betrieb gelten als Arbeitsunfälle auch Unfälle, die sich ereignen:

1. bei der Arbeit im Haushalt des Betriebsinhabers oder der Dienstnehmer, wenn der Haushalt dem Betrieb wesentlich dient;
2. bei der Arbeit in der Land- oder Forstwirtschaft und im Haushalt der ständig im Betrieb beschäftigten Dienstnehmer, die als Entgelt vom Betriebsinhaber Grundstücke oder sonstige Betriebsmittel zur eigenen land(forst)wirtschaftlichen Erzeugung erhalten und aus dieser Erzeugung einen wesentlichen Teil ihres Unterhaltes bestreiten;
3. (aufgehoben)
4. bei Arbeiten, die im Zusammenhang mit der Errichtung, dem Umbau und der Reparatur von Gebäuden, die dem land(forst)wirtschaftlichen Betrieb dienen, verrichtet werden, sowie bei Arbeiten im Rahmen der Nachbarschaftshilfe für einen anderen land(forst)wirtschaftlichen Betrieb.

(4) In der Unfallversicherung gemäß § 8 Abs. 1 Z 3 lit. h und i sind Arbeitsunfälle Unfälle, die sich im örtlichen, zeitlichen und ursächlichen Zusammenhang mit der die Versicherung begründenden Schul(Universitäts)ausbildung ereignen. Abs. 2 Z 1, 2, 5, 6, 7 und 9 sowie Abs. 6 sind entsprechend anzuwenden.

(BGBl I 1998/138)

(5) In der Unfallversicherung gemäß § 8 Abs. 1 Z 3 lit. h und i gelten als Arbeitsunfälle auch Unfälle, die sich ereignen:

1. bei der Teilnahme an Schulveranstaltungen im Sinne der §§ 1 und 2 der Verordnung des Bundesministers für Unterricht und Kunst, BGBl. Nr. 369/1974, an gleichartigen Schulveranstaltungen an anderen vom Geltungsbereich der zitierten Verordnung nicht erfaßten Schularten sowie an schulbezogenen Veranstaltungen gemäß § 13a des Schulunterrichtsgesetzes, BGBl. Nr. 472/1986;

2. bei der Ausübung einer im Rahmen des Lehrplanes bzw. der Studienordnung vorgeschriebenen oder üblichen praktischen Tätigkeit.

(6) Verbotswidriges Handeln schließt die Annahme eines Arbeitsunfalles nicht aus.

Arbeitsunfällen gleichgestellte Unfälle

§ 176. (1) Den Arbeitsunfällen sind Unfälle gleichgestellt, die sich bei nachstehenden Tätigkeiten ereignen:

1. als Teilnehmer der Betriebs(Gruppen-, Betriebshaupt)versammlung sowie der Jugendversammlung oder als Mitglied des Betriebsrates (Jugendvertrauensrates) oder als Behindertenvertrauensperson sowie als Mitglied eines Wahlvorstandes im Sinne des Arbeitsverfassungsgesetzes, BGBl. Nr. 22/1974, oder des Landarbeitsgesetzes 1984, BGBl. Nr. 287, ferner als in demselben Betrieb Beschäftigter bei der Mitwirkung an der Besorgung von Aufgaben des Betriebsrates (Jugendvertrauensrates) im Auftrag oder über Ersuchen eines Mitgliedes des Betriebsrates (Jugendvertrauensrates) sowie als Teilnehmer an einer Schulungs- und Bildungsveranstaltung, wenn die Teilnahmeberechtigung auf dem Arbeitsverfassungsgesetz (Behinderteneinstellungsgesetz) beruht; das gleiche gilt sinngemäß bei gemäß § 1 Abs. 2 Z 3 des Arbeitsverfassungsgesetzes vom Geltungsbereich der Bestimmungen dieses Bundesgesetzes ausgenommenen Arbeitsverhältnissen im Rahmen der auf sie anzuwendenden Vorschriften über die Personalvertretung;

   (BGBl I 1999/173)

2. bei der Rettung eines Menschen aus tatsächlicher oder vermuteter Lebensgefahr oder dem Versuch einer solchen Rettung, bei Herbeiholung eines Arztes „oder eines Sanitäters im Sinne des Sanitätergesetzes“ oder einer Hebamme zu einer dringenden Hilfeleistung, bei der Suche nach vermißten Personen, bei der Hilfeleistung in sonstigen Unglücksfällen oder allgemeiner Gefahr oder Not, bei der Herbeiholung eines Seelsorgers zu einem in Lebensgefahr befindlichen Erkrankten oder Verunglückten, bei der Heranziehung zu Blutspenden oder bei angemessener Unterstützung der Amtshandlung eines Sicherheitsorganes, in allen diesen Fällen jedoch nur, wenn keine besondere rechtliche Verpflichtung zu diesen Leistungen besteht;

   (BGBl I 2002/31)

3. bei Tätigkeiten, die vorübergehend auf Grund gesetzlicher Verpflichtung oder im Auftrage oder mit ausdrücklicher Zustimmung der zuständigen Verwaltungsbehörde zur Sicherung, Überwachung, Förderung oder Erhaltung der land- oder forstwirtschaftlichen Erzeugung oder der Erzeugnisse, Baulichkeiten oder sonstiger Betriebseinrichtungen ausgeübt werden;

4. Hand- und Zugdienste (Robot) sowie sonstige Arbeitsleistungen, wenn sie auf Grund gesetzlicher oder statutarischer Verpflichtung oder auf Grund alten Herkommens erbracht werden;

5. beim Besuch beruflicher Schulungs(Fortbildungs)kurse, soweit dieser Besuch geeignet ist, das berufliche Fortkommen des Versicherten zu fördern, ferner bei der Teilnahme an Lehrabschlußprüfungen, an Ausbilderprüfungen gemäß § 29a des Berufsausbildungsgesetzes, BGBl. Nr. 142/1969, sowie Meisterprüfungen und sonstigen Befähigungs- und Konzessionsprüfungen, deren Ablegung eine Voraussetzung für die selbständige Erwerbstätigkeit ist, die die Mitgliedschaft nach § 1 Abs. 1 des Handelskammergesetzes, BGBl. Nr. 182/1946, begründet oder bei der Teilnahme an Prüfungen im Bereich der Land- und Forstwirtschaft, die mit der Ausübung dieser Erwerbstätigkeit in Zusammenhang stehen, und an beruflichen Wettbewerbsveranstaltungen einer Interessenvertretung der Dienstnehmer oder Dienstgeber;

6. bei einer betrieblichen Tätigkeit, wie sie sonst ein nach § 4 Versicherter ausübt, auch wenn dies nur vorübergehend geschieht;

   (BGBl 1996/201, BGBl 1996/411)

7. a) in Ausübung der den Mitgliedern von freiwilligen Feuerwehren (Feuerwehrverbänden), freiwilligen Wasserwehren, des Österreichischen Roten Kreuzes, der freiwilligen Rettungsgesellschaften, der Rettungsflugwacht, des Österreichischen Bergrettungsdienstes, der Österreichischen Wasser-Rettung, der Lawinenwarnkommissionen, der Österreichischen Rettungshunde-Brigade und der Strahlenspür- und -meßtrupps im Rahmen der Ausbildung, der Übungen und des Einsatzfalles obliegenden Pflichten sowie bei Tätigkeiten von freiwilligen Helfern dieser Organisationen und der Pflichtfeuerwehren im Einsatzfall „bzw. bei derartigen Tätigkeiten von bei diesen Organisationen ehrenamtlich tätigen Sanitätern im Sinne des § 14 Abs. 1 Z 1 des Sanitätergesetzes, BGBl. I Nr. 31/2002;“ des weiteren bei Tätigkeiten im Rahmen organisierter Rettungsdienste im Einsatzfall, sofern diese Organisationen nach ihrer Zweckbestimmung auf Einsätze zur Leistung erster ärztlicher Hilfe in Notfällen im Inland ausgerichtet sind und sie die

Erzielung eines Gewinnes nicht bezwecken;

(BGBl 1996/411, BGBl I 2002/31)

b) bei Tätigkeiten, die die Mitglieder der in lit. a genannten Organisationen darüber hinaus im Rahmen ihres gesetzlichen oder satzungsmäßigen Wirkungsbereiches ausüben, wenn sie für diese Tätigkeiten keine Bezüge erhalten, in die Zusatzversicherung in der Unfallversicherung einbezogen sind und einen Antrag gemäß § 22a Abs. 4 erster Satz stellen;

(BGBl 1996/411, BGBl I 1998/138)

8. bei der Inanspruchnahme von Leistungen nach dem Arbeitslosenversicherungsgsetz 1977, BGBl. Nr. 609, dem Karenzgeldgesetz, BGBl. I Nr. 47/1997, dem Arbeitsmarktförderungsgesetz, BGBl. Nr. 31/1969, dem Kinderbetreuungsgeldgesetz, BGBl. I Nr. 103/2001, oder dem Arbeitsmarktservicegesetz, BGBl. Nr. 313/1994, sowie in den Fällen, in denen Personen auf Veranlassung des Arbeitsmarktservice eine Arbeits- oder Ausbildungsstelle aufsuchen oder sich einer Eignungsuntersuchung oder Eignungsprüfung unterziehen;

(BGBl 1994/314, BGBl I 1997/47, BGBl I 2001/103)

9. bei der Ausübung des Wahlrechtes zu einer gesetzlichen beruflichen Vertretung bzw. Betriebsvertretung;
10. in Ausübung der den mit der Sicherung des Schulweges betrauten Personen im Sinne des § 97a der Straßenverkehrsordnung 1960 obliegenden Pflichten;
11. bei Tätigkeiten im Rahmen der Schülermitverwaltung bzw. der Schulgemeinschaftsausschüsse im Sinne der §§ 58, 59, 64 und 65 des Schulunterrichtsgesetzes, BGBl. Nr. 472/1986 sowie im Rahmen der überschulischen Schülervertretung im Sinne des Bundesgesetzes über die Einrichtung einer überschulischen Schülervertretung, BGBl. Nr. 56/1981;
12. bei Tätigkeiten in den Organen der Österreichischen Hochschülerschaft im Sinne des Hochschülerschaftsgesetzes 1973, BGBl. Nr. 309;
13. bei der Teilnahme an Lehrabschlußprüfungen, an Ausbilderprüfungen gemäß § 29a des Berufsausbildungsgesetzes, sowie Meisterprüfungen und sonstigen Befähigungs- und Konzessionsprüfungen, deren Ablegung eine Voraussetzung für die selbständige Erwerbstätigkeit ist, die die Mitgliedschaft nach § 1 Abs. 1 des Handelskammergesetzes begründet, oder bei der Teilnahme an Prüfungen im Bereich der Land- und Forstwirtschaft, die mit der Ausübung dieser Erwerbstätigkeit in Zusammenhang stehen, im Bereich der Land- und Forstwirtschaft, sofern die Teilnahme an diesen Prüfungen nicht in den Anwendungsbereich der Z 5 oder 8 fällt.

(2) Wird durch eine im Abs. 1 angeführte Tätigkeit eine in der Anlage 1 zu diesem Bundesgesetz bezeichnete Krankheit verursacht, so ist sie unter den dort angeführten Voraussetzungen den Berufskrankheiten (§ 177) gleichzustellen.

(3) Den im Sinne des Abs. 1 Z 2, 3, 6 bis 8, 10 und 13 tätig werdenden Personen werden die Leistungen der Unfallversicherung aus einem bei dieser Tätigkeit eingetretenen Unfall auch gewährt, wenn sie nicht unfallversichert sind.

(4) Ein Unfall, der sich bei der Rettung eines Menschen aus tatsächlicher oder vermuteter Lebensgefahr oder dem Versuch einer solchen Rettung ereignet hat, gilt auch dann als den Arbeitsunfällen gleichgestellt, wenn sich der Unfall im Gebiet eines Nachbarstaates der Republik Österreich ereignet hat und die tätig werdende Person österreichischer Staatsbürger ist, die ihren Wohnsitz im Inland hat.

(5) § 175 Abs. 2 Z 1 und Abs. 6 sind entsprechend anzuwenden.

Berufskrankheiten

§ 177. (1) Als Berufskrankheiten gelten die in der Anlage 1 zu diesem Bundesgesetz bezeichneten Krankheiten unter den dort angeführten Voraussetzungen, wenn sie durch Ausübung der die Versicherung begründenden Beschäftigung in einem in Spalte 3 der Anlage bezeichneten Unternehmen verursacht sind. Hautkrankheiten gelten nur dann als Berufskrankheiten, wenn und solange sie zur Aufgabe schädigender Tätigkeiten zwingen. Dies gilt nicht, wenn die Hautkrankheit eine Erscheinungsform einer Allgemeinerkrankung ist, die durch Aufnahme einer oder mehrerer der in der Anlage 1 angeführten schädigenden Stoffe in den Körper verursacht wurde.

(BGBl I 1998/138)

(2) Eine Krankheit, die ihrer Art nach nicht in Anlage 1 zu diesem Bundesgesetz enthalten ist, gilt im Einzelfall als Berufskrankheit, wenn der Träger der Unfallversicherung auf Grund gesicherter wissenschaftlicher Erkenntnisse feststellt, daß diese Krankheit ausschließlich oder überwiegend durch die Verwendung schädigender Stoffe oder Strahlen bei einer vom Versicherten ausgeübten Beschäftigung entstanden ist; diese Feststellung bedarf zu ihrer Wirksamkeit der Zustimmung des Bundesministers für soziale Verwaltung.

(3) In der Unfallversicherung der gemäß § 8 Abs. 1 Z 3 lit. h und i Teilversicherten stehen die Schul(Universitäts)ausbildung (§ 175 Abs. 4) und die in § 175 Abs. 5 und § 176 Abs. 1 Z 11 und 12 angeführten Tätigkeiten einer Beschäftigung im Sinne der Abs. 1 und 2 gleich.

Bemessungsgrundlage für die Geldleistungen; Allgemeines

§ 178. (1) Bei der Ermittlung der Bemessungsgrundlage nach den §§ 179 bis 182 sind alle

Dienstverhältnisse, Erwerbstätigkeiten und sonstigen Tätigkeiten, sofern sie in die Unfallversicherung nach diesem Bundesgesetz oder nach dem Bauern-Sozialversicherungsgesetz einbezogen sind, zu berücksichtigen, auch wenn sie nebeneinander ausgeübt werden.

(2) Die Bemessungsgrundlage beträgt jährlich höchstens das 360fache der täglichen Höchstbeitragsgrundlage in der Unfallversicherung (§ 45 Abs. 1) zuzüglich allfälliger nach § 179 zu berücksichtigender Sonderzahlungen.

Bemessungsgrundlage unter Berücksichtigung der Beitragsgrundlagen

§ 179. (1) In der Unfallversicherung ist Bemessungsgrundlage, soweit sie nicht nach § 181 zu ermitteln ist, die Summe der allgemeinen Beitragsgrundlagen im letzten Jahr vor dem Eintritt des Versicherungsfalles. Dieser Summe sind die im letzten Jahr vor dem Eintritt des Versicherungsfalles angefallenen Sonderzahlungen bis zu dem sich aus § 54 Abs. 1 ergebenden Höchstbetrag zuzuschlagen, soweit für sie Sonderbeiträge fällig geworden sind. Diese Bestimmungen sind auf die gemäß § 7 Z 3 lit. b in der Unfallversicherung Teilversicherten so anzuwenden, als ob für sie Beiträge zur Unfallversicherung wie für Vollversicherte zu entrichten wären.

(2) Hat die Versicherung noch nicht ein Jahr, aber mindestens sechs Wochen gedauert, so ist Bemessungsgrundlage der Betrag, der sich bei entsprechender Anwendung des Abs. 1 ergeben würde, wenn die Versicherung durch ein volles Jahr bestanden hätte.

(3) Hat die Versicherung noch nicht sechs Wochen gedauert, so ist die Bemessungsgrundlage auf Grund der Beitragsgrundlagen zu errechnen, die für Versicherte derselben Art mit ähnlicher Ausbildung in derselben Gegend zutreffen.

Besondere Bemessungsgrundlage für Personen unter 30 Jahren

§ 180. (1) Befand sich der Versicherte zur Zeit des Eintrittes des Versicherungsfalles noch in einer Berufs- oder Schulausbildung, so wird von dem Zeitpunkt ab, in dem die begonnene Ausbildung voraussichtlich abgeschlossen gewesen wäre, die Bemessungsgrundlage jeweils nach der Beitragsgrundlage errechnet, die für Personen gleicher Ausbildung durch Kollektivvertrag festgesetzt ist oder sonst von ihnen in der Regel erreicht wird; hiebei sind solche Erhöhungen der Beitragsgrundlage nicht zu berücksichtigen, die der Versicherte erst nach Vollendung seines 30. Lebensjahres erreicht hätte.

(2) Die Bestimmung des Abs. 1 ist entsprechend für Versicherte anzuwenden, die zur Zeit des Eintrittes des Versicherungsfalles noch nicht 30 Jahre alt waren, sofern die Errechnung der Bemessungsgrundlage auf diese Art für den Versicherten günstiger ist.

Bemessungsgrundlage nach festen Beträgen

§ 181. (1) Für die gemäß § 8 Abs. 1 Z 3 lit. a und b Teilversicherten, die selbständig erwerbstätig sind, gilt als Bemessungsgrundlage ein Betrag von 9 550,66 €[a]) im Kalenderjahr. An die Stelle dieses Betrages tritt ab 1. Jänner eines jeden Jahres der unter Bedachtnahme auf § 108 Abs. 9 mit dem jeweiligen Anpassungsfaktor (§ 108f) vervielfachte Betrag. Hat ein gemäß § 8 Abs. 1 Z 3 lit. a und b Teilversicherter die Höherversicherung gemäß § 20 Abs. 1 in Anspruch genommen, so erhöht sich die Bemessungsgrundlage um die der Beitragszahlung gemäß § 77 Abs. 4 zugrunde gelegten Beträge.

(BGBl 1993/335, BGBl 1996/411, BGBl I 2001/67)

---

[a]) Betrag siehe VO über veränderliche Werte.

(2) Für die gemäß § 3 des Bauern-Sozialversicherungsgesetzes und § 8 Abs. 1 Z 3 lit. d Teilversicherten gilt als Bemessungsgrundlage

1. zur Bemessung der Versehrtenrenten an Schwerversehrte (§ 205 Abs. 4) und der Witwen(Witwer)renten ein Betrag von 9 550,66 €[a]) im Kalenderjahr,
   (BGBl I 2001/67)
2. in allen übrigen Fällen ein Betrag von 4 774,97 €[a]) im Kalenderjahr.
   (BGBl I 2001/67)

An die Stelle dieser Beträge treten ab 1. Jänner eines jeden Jahres die unter Bedachtnahme auf § 108 Abs. 9 mit dem jeweiligen Anpassungsfaktor (§ 108f) vervielfachten Beträge.

(BGBl I 2001/67)

---

[a]) Beträge siehe VO über veränderliche Werte.

(3) Für die gemäß § 11 des Bauern-Sozialversicherungsgesetzes und die gemäß § 19 in der Unfallversicherung Selbstversicherten gilt als Bemessungsgrundlage das 360fache der Beitragsgrundlage gemäß § 76b Abs. 1.

(4) Für die gemäß § 8 Abs. 1 Z 3 lit. c in der Unfallversicherung Teilversicherten gilt als Bemessungsgrundlage das 360fache der Beitragsgrundlage gemäß § 74 Abs. 2.

(BGBl I 1997/139)

(5) Kommen für Versicherte mehrere der in Abs. 1 bis 4 genannten Bemessungsgrundlagen in Betracht, so sind sie unbeschadet der Bestimmungen des § 178 zusammenzurechnen.

(6) Für die gemäß § 8 Abs. 1 Z 3 lit. k in der Unfallversicherung Teilversicherten, für die aus anderen Dienstverhältnissen, Erwerbstätigkeiten und sonstigen Tätigkeiten keine Bemessungsgrundlage ermittelt werden kann, gilt als Bemessungsgrundlage ein Betrag von 4 774,97 €[a]) im Kalenderjahr. An die Stelle dieses Betrages tritt ab 1. Jänner eines jeden Jahres der unter Bedachtnahme auf § 108 Abs. 9 mit dem jeweiligen Anpassungsfaktor (§ 108f) vervielfachte Betrag.

(BGBl 1996/411, BGBl I 2001/67)

---

[a]) Betrag siehe VO über veränderliche Werte.

Bemessungsgrundlage in sonstigen Fällen

§ 181a. (1) Für die gemäß § 8 Abs. 1 Z 3 lit. e, g und k in der Unfallversicherung Teilversicherten ist die Bemessungsgrundlage unter Bedachtnahme auf § 178 nach den §§ 179 bis 181 zu ermitteln.

(BGBl 1996/411)

(2) Abs. 1 gilt entsprechend für die Ermittlung der Bemessungsgrundlage in den Fällen des § 176, wenn der Verletzte oder Getötete zur Zeit des Eintrittes des Versicherungsfalles in der Unfallversicherung versichert war. Wenn der Versicherungsfall in Ausübung der den Mitgliedern der im § 176 Abs. 1 Z 7 genannten Körperschaften (Vereinigungen) obliegenden Pflichten eingetreten ist, gilt im Falle einer zu diesem Zeitpunkt bestehenden Zusatzversicherung gemäß § 22a als Bemessungsgrundlage das 1½fache des sich nach § 181 Abs. 1 jeweils ergebenden Betrages, sofern sich nicht aus der Anwendung der §§ 178 bis 181 eine höhere Bemessungsgrundlage ergibt.

Bemessungsgrundlage in der Unfallversicherung gemäß § 8 Abs. 1 Z 3 lit. h und i

§ 181b. Für die gemäß § 8 Abs. 1 Z 3 lit. h und i in der Unfallversicherung Teilversicherten gilt als Bemessungsgrundlage für Barleistungen,

a) die nach Vollendung des 15., aber vor Vollendung des 18. Lebensjahres gebühren, ein Betrag von 4 774,97 €[a]);

(BGBl I 2001/67)

b) die nach Vollendung des 18., aber vor Vollendung des 24. Lebensjahres gebühren, ein Betrag von 6 367,23 €[a]);

(BGBl I 2001/67)

c) die nach Vollendung des 24. Lebensjahres gebühren, ein Betrag von 9 550,66 €[a]).

(BGBl I 2001/67)

---

[a]) Beträge siehe VO über veränderliche Werte.

An die Stelle dieser Beträge treten ab 1. Jänner eines jeden Jahres die unter Bedachtnahme auf § 108 Abs. 9 mit dem jeweiligen Anpassungsfaktor (§ 108f) vervielfachten Beträge. Die Bemessungsgrundlage nach § 180 hat für die gemäß § 8 Abs. 1 Z 3 lit. h und i in der Unfallversicherung Teilversicherten außer Bedacht zu bleiben.

(BGBl 1993/335)

Festsetzung der Bemessungsgrundlage nach billigem Ermessen

§ 182. Kann die Bemessungsgrundlage nach den §§ 179 bis 181b nicht errechnet werden oder würde ihre Errechnung nach diesen Bestimmungen eine Unbilligkeit bedeuten, so ist sie nach billigem Ermessen festzustellen. Hiebei ist außer den Fähigkeiten, der Ausbildung und der Lebensstellung des Versehrten seine Erwerbstätigkeit zur Zeit des Eintrittes des Versicherungsfalles oder, soweit er nicht gegen Entgelt tätig war, eine gleichartige oder vergleichbare Erwerbstätigkeit zu berücksichtigen.

Ausmaß der monatlichen Rente

§ 182a. Die nach den Bestimmungen der §§ 205, 205a, 207, 215, 218 und 219 ermittelten Renten (Kinderzuschüsse) gebühren monatlich in der Höhe eines Vierzehntels des Jahresbetrages.

Neufeststellung der Rente

§ 183. (1) Bei einer wesentlichen Änderung der Verhältnisse, die für die Feststellung einer Rente maßgebend waren, hat der Träger der Unfallversicherung auf Antrag oder von Amts wegen die Rente neu festzustellen. Als wesentlich gilt eine Änderung der Verhältnisse nur, wenn durch sie die Minderung der Erwerbsfähigkeit des Versehrten durch mehr als drei Monate um mindestens 10 vH geändert wird, durch die Änderung ein Rentenanspruch entsteht oder wegfällt (§§ 203, 210 Abs. 1) oder die Schwerversehrtheit entsteht oder wegfällt (§ 205 Abs. 4).

(2) Sind zwei Jahre nach Eintritt des Versicherungsfalles abgelaufen oder ist innerhalb dieser Frist die Dauerrente (§ 209) festgestellt worden, so kann die Rente immer nur in Zeiträumen von mindestens einem Jahr nach der letzten Feststellung neu festgestellt werden. Diese Frist gilt nicht, wenn in der Zwischenzeit eine Heilbehandlung abgeschlossen oder eine vorübergehende Verschlimmerung der Folgen des Arbeitsunfalles oder der Berufskrankheit wieder behoben wurde.

Abfindung von Renten

§ 184. (1) Versehrtenrenten von nicht mehr als 25 vH der Vollrente (§ 205 Abs. 2 Z 1) können mit Zustimmung des Versehrten durch Gewährung eines dem Werte der Rente entsprechenden Kapitals abgefunden werden.

(2) Auf Antrag des Anspruchsberechtigten kann der Träger der Unfallversicherung auch eine Versehrtenrente von mehr als 25 vH der Vollrente ganz oder teilweise mit dem dem Werte der Rente oder des Rententeiles entsprechenden Kapital abfinden, wenn die zweckmäßige Verwendung des Abfindungsbetrages gesichert ist. Vor der Entscheidung über den Antrag ist der zuständige Träger der Sozialhilfe anzuhören.

(3) Der Anspruch auf Rente besteht trotz der Abfindung, solange die Folgen des Arbeitsunfalles oder der Berufskrankheit nachträglich eine wesentliche Verschlimmerung (§ 183 Abs. 1 zweiter Satz) erfahren. Die neuzubemessende Rente wird um den Betrag gekürzt, der dem Grad der der abgefundenen Rente zugrundegelegten Minderung der Erwerbsfähigkeit entspricht.

(4) Durch die Abfindung werden Ansprüche auf Heilbehandlung und Berufsfürsorge, Ansprüche auf Versorgung mit Körperersatzstücken, orthopädischen Behelfen und anderen Hilfsmitteln, die Kinderzuschüsse und die Ansprüche der Hinterbliebenen nicht berührt.

(BGBl 1993/110)

(5) Das Abfindungskapital ist nach versicherungsmathematischen Grundsätzen zu berechnen. Das Nähere wird durch Verordnung des Bundes-

ministeriums für soziale Verwaltung geregelt. Die Verordnung bedarf der Zustimmung des Hauptausschusses des Nationalrates.

ABSCHNITT II
Unfallverhütung; Vorsorge für eine erste Hilfeleistung

Verpflichtung zur Unfallverhütung und Vorsorge für eine erste Hilfeleistung

§ 185. Die Träger der Unfallversicherung treffen nach Maßgabe der folgenden Bestimmungen Vorsorge für die Verhütung von Arbeitsunfällen und Berufskrankheiten (Unfallverhütung) sowie für eine wirksame erste Hilfe.

Mittel der Unfallverhütung und der Vorsorge für eine erste Hilfeleistung

§ 186. (1) Mittel der Unfallverhütung und der Vorsorge für eine erste Hilfeleistung sind insbesondere:

1. die Werbung für den Gedanken der Unfallverhütung;
2. die Beratung und Schulung der Dienstgeber und Dienstnehmer sowie sonstiger an der Unfallverhütung interessierter Personen und Einrichtungen;
3. die Zusammenarbeit mit den Betrieben (Anstalten, Einrichtungen, Hochschulen, Schulen und dergleichen) zum Zwecke der Einhaltung der der Unfallverhütung dienenden Vorschriften und Anordnungen;
4. die Forschung über die Ursachen der Arbeitsunfälle und Berufskrankheiten und ihre Auswertung für Zwecke der Verhütung;
5. die vorbeugende Betreuung der von Berufskrankheiten bedrohten Versicherten;
6. die Zusammenarbeit mit Einrichtungen und Organisationen, zu deren Aufgaben der Transport von Verletzten (Erkrankten) gehört.

(BGBl 1994/450)

(2) Die Verwendung personenbezogener Daten gemäß § 53 Abs. 9 des ArbeitnehmerInnenschutzgesetzes für Zwecke der Forschung und Auswertung nach Abs. 1 Z 4 darf nur mit Zustimmung der betroffenen Arbeitnehmer erfolgen.

(BGBl 1994/450)

Unfallverhütungsdienst

§ 187. (1) Die Träger der Unfallversicherung haben einen Unfallverhütungsdienst einzurichten und die erforderlichen fachkundigen Organe zu bestellen.

(2) Die fachkundigen Organe des Trägers der Unfallversicherung sind berechtigt, die Betriebe (Anstalten, Einrichtungen, Hochschulen, Schulen und dergleichen) zu betreten und zu besichtigen, sowie alle erforderlichen Auskünfte einzuholen. Das Organ hat sich vor Beginn der Betriebsbesichtigung beim Betriebsinhaber oder seinem Beauftragten unter Hinweis auf seinen Auftrag zu melden. Der Betriebsinhaber oder sein Beauftragter ist berechtigt und auf Verlangen des fachkundigen Organes verpflichtet, an der Betriebsbesichtigung teilzunehmen.

(3) (aufgehoben)

Zusammenarbeit mit Behörden und Körperschaften

§ 188. (1) Die Träger der Unfallversicherung haben in Fragen, die mit der Unfallverhütung zusammenhängen, mit den zuständigen Behörden und den öffentlich-rechtlichen Interessenvertretungen der Dienstnehmer und der Dienstgeber zusammenzuarbeiten. Sie sind vor der Erlassung oder Abänderung von Vorschriften, die der Unfallverhütung dienen, zu hören.

(2) Hinsichtlich der Zusammenarbeit mit den Arbeitsinspektoraten und den Bergbehörden in Fragen der Unfallverhütung gelten die in Betracht kommenden gesetzlichen Bestimmungen über die Arbeitsinspektion.

Vorbeugende Maßnahmen gegen Berufskrankheiten

§ 188a. Zur Abwendung der Gefahr des Entstehens oder Wiederentstehens einer Berufskrankheit bei einem Versicherten kann der Versicherungsträger Leistungen der im § 189 Abs. 2 angeführten Art gewähren.

ABSCHNITT III
Leistungen

1. Unterabschnitt
Leistungen im Falle einer körperlichen Schädigung des Versicherten

Unfallheilbehandlung

§ 189. (1) Die Unfallheilbehandlung hat mit allen geeigneten Mitteln die durch den Arbeitsunfall oder die Berufskrankheit hervorgerufene Gesundheitsstörung oder Körperbeschädigung sowie die durch den Arbeitsunfall oder die Berufskrankheit verursachte Minderung der Erwerbsfähigkeit bzw. der Fähigkeit zur Besorgung der lebenswichtigen persönlichen Angelegenheiten zu beseitigen oder zumindest zu bessern und eine Verschlimmerung der Folgen der Verletzung oder Erkrankung zu verhüten.

(2) Die Unfallheilbehandlung umfaßt insbesondere:

1. ärztliche Hilfe;
2. Heilmittel;
3. Heilbehelfe;
4. Pflege in Kranken-, Kur- und sonstigen Anstalten.

In den Fällen der Z 1 bis 4 sowie im Zusammenhang mit der körpergerechten Anpassung von Körperersatzstücken, orthopädischen Behelfen und anderen Hilfsmitteln können Reise- und Transportkosten nach Maßgabe der Bestimmungen der Satzung unter Bedachtnahme auf die wirtschaftlichen Verhältnisse des Versicherten übernommen werden.

(BGBl 1996/411)

(3)[a]) **(Grundsatzbestimmung)** Gemäß Artikel 12 Abs. 1 Z 1 des Bundes-Verfassungsgesetzes in der Fassung von 1929 gilt als Grundsatz, daß die Unfallversicherungsträger im Rahmen der im § 148 geregelten Beziehungen zu den landesfondsfinanzierten Krankenanstalten den Krankenversicherungsträgern gleichgestellt sind.

(BGBl 1996/764, BGBl I 2001/5)

---

[a]) Tritt mit Ablauf des 31. Dezember 2004 außer Kraft.

(3)[a]) **Grundsatzbestimmung.** Gemäß Artikel 12 Abs. 1 Z 1 des Bundes-Verfassungsgesetzes in der Fassung von 1929 gilt als Grundsatz, daß die Unfallversicherungsträger im Rahmen der im § 148 geregelten Beziehungen zu den öffentlichen Krankenanstalten den Krankenversicherungsträgern gleichgestellt sind.

---

[a]) Tritt mit Ablauf des 31. Dezember 2004 wieder in Kraft.

Dauer der Unfallheilbehandlung

§ 190. Die Unfallheilbehandlung wird so lange und so oft gewährt, als eine Besserung der Folgen des Arbeitsunfalles beziehungsweise der Berufskrankheit oder eine Steigerung der Erwerbsfähigkeit zu erwarten ist oder Heilmaßnahmen erforderlich sind, um eine Verschlimmerung zu verhüten.

Gewährung der Unfallheilbehandlung durch den Träger der Unfallversicherung

§ 191. (1) Anspruch auf Unfallheilbehandlung besteht, wenn und soweit der Versehrte nicht auf die entsprechenden Leistungen aus einer gesetzlichen Krankenversicherung Anspruch hat bzw. für ihn kein solcher Anspruch besteht.

(2) Der Träger der Unfallversicherung kann die Gewährung der sonst vom Träger der Krankenversicherung zu erbringenden Leistungen der im § 189 Abs. 2 bezeichneten Art jederzeit an sich ziehen. Er tritt dann hinsichtlich dieser Leistungen dem Versehrten und seinen Angehörigen gegenüber in alle Pflichten und Rechte des Trägers der Krankenversicherung ein. Der Träger der Unfallversicherung hat in diesen Fällen dem Träger der Krankenversicherung anzuzeigen, daß er von einem bestimmten Tage an die Heilbehandlung gewährt; von diesem Zeitpunkt an hat der Versehrte gegen den Träger der Krankenversicherung keinen Anspruch auf die entsprechenden Leistungen der Krankenversicherung.

Unfallheilbehandlung für selbständig Erwerbstätige, deren mitversicherte Angehörige sowie für Schüler und Studenten

§ 192. Die gemäß § 7 Z 2 lit. b teilversicherten Zwischenmeister (Stückmeister), die gemäß § 7 Z 3 lit. c teilversicherten öffentlichen Verwalter, die gemäß den §§ 8 und 19 Unfallversicherten, die selbständig erwerbstätig sind, sowie ihre im Betrieb tätigen gemäß § 19 Abs. 1 Z 2 versicherten Angehörigen, ferner die gemäß § 8 Abs. 1 Z 3 lit. h und i dieses Bundesgesetzes teilversicherten Schüler und Studenten, die gemäß den §§ 3 und 11 Abs. 1 Z 1 des Bauern-Sozialversicherungsgesetzes Unfallversicherten sowie die gemäß § 11 Abs. 1 Z 2 des Bauern-Sozialversicherungsgesetzes versicherten Angehörigen erhalten die Heilbehandlung gemäß § 191 erst vom Beginn des dritten Monats nach dem Eintritt des Versicherungsfalles an. Der Träger der Unfallversicherung kann unter Bedachtnahme auf seine finanzielle Leistungsfähigkeit durch die Satzung bestimmen, ob, unter welchen Voraussetzungen und inwieweit schon von einem früheren Zeitpunkt an Heilbehandlung nach § 191 oder an deren Stelle Geldleistungen zu gewähren sind.

Durchführung der Unfallheilbehandlung

§ 193. Der Träger der Unfallversicherung kann die Unfallheilbehandlung entweder unmittelbar durch hiezu bestimmte Einrichtungen oder Ärzte gewähren oder einen Krankenversicherungsträger mit der Durchführung der Heilbehandlung gegen Kostenersatz betrauen. Der Träger der Krankenversicherung ist verpflichtet, einem solchen Ersuchen Folge zu leisten und die Behandlung so zu besorgen, wie es der Träger der Unfallversicherung verlangt.

Richtlinien für die Unfallheilbehandlung

§ 194. In den vom Hauptverband „nach § 31 Abs. 5 Z 22" zu erlassenden Richtlinien ist auch die Zusammenarbeit der Träger der Kranken- und der Unfallversicherung bei der Durchführung der Unfallheilbehandlung, insbesondere hinsichtlich eines zweckmäßigen Verfahrens zur rechtzeitigen Erfassung der Verletzten für die Heilbehandlung, deren Zuweisung zu der erforderlichen fachärztlichen Behandlung oder Krankenanstaltspflege zu regeln. Hiebei kann bestimmt werden, daß der in Betracht kommende Facharzt über die weitere Art der Behandlung zu entscheiden hat und bei welcher Art von Verletzungen die Unfallheilbehandlung in besonders bezeichneten Krankenanstalten stattfinden soll.

(BGBl I 2002/1)

Kostenersatz anstelle von Unfallheilbehandlung

§ 194a. Der Träger der Unfallversicherung kann unter Bedachtnahme auf seine finanzielle Leistungsfähigkeit durch die Satzung bestimmen, ob, unter welchen Voraussetzungen und inwieweit Versehrten, für die kein Anspruch auf Leistungen aus einer gesetzlichen Krankenversicherung besteht und die die Unfallheilbehandlung nicht in Anspruch genommen haben, an deren Stelle Geldleistungen zu gewähren sind.

Familien- und Taggeld bei Gewährung von Anstaltspflege

§ 195. (1) Gewährt der Träger der Unfallversicherung als Unfallheilbehandlung Pflege in einer Kranken-, Kur- oder sonstigen Anstalt oder gewährt ein Träger der Krankenversicherung Anstaltspflege wegen der Folgen eines Arbeitsunfalles oder wegen einer Berufskrankheit, so gebührt dem Versehrten Familiengeld für seine Angehörigen (§ 123 Abs. 2, 4 und 7) bzw. Taggeld nach Maßgabe der Abs. 2 bis 6. Das Familiengeld kann unmittelbar den Angehörigen ausgezahlt werden.

(2) Das tägliche Familiengeld beträgt für einen Angehörigen 1,6 vH, für jeden weiteren Angehörigen 0,4 vH, zusammen jedoch nicht mehr als 2,8 vH eines Zwölftels der Bemessungsgrundlage.

(3) Besteht wegen Fehlens von in Betracht kommenden Familienangehörigen kein Anspruch auf Familiengeld, so gebührt Taggeld in der Höhe von 1 vH eines Zwölftels der Bemessungsgrundlage.

(4) Familiengeld und Taggeld gebühren nicht, wenn und solange der (die) Versehrte eine Pension aus der gesetzlichen Pensionsversicherung oder mehr als 50% der vollen Geld- und Sachbezüge (§ 49 Abs. 1) vor dem Eintritt der Arbeitsunfähigkeit (weiter) bezieht. Bezieht der Versehrte 50 vH der vollen Geld- und Sachbezüge weiter, gebührt Familiengeld bzw. Taggeld zur Hälfte. Eine Erhöhung der Geld- und Sachbezüge, die nach dem Beginn der Arbeitsunfähigkeit auf Grund gesetzlicher oder kollektivvertraglicher Regelungen eintritt, hat außer Betracht zu bleiben.

(BGBl I 2000/142)

(5) Bei Versehrten, die nach den Bestimmungen dieses Bundesgesetzes krankenversichert und vom Anspruch auf Krankengeld nicht ausgeschlossen (§ 138 Abs. 2) sind, fällt das Familiengeld bzw. das Taggeld mit Beginn der 27. Woche nach Eintritt des Versicherungsfalles an.

(6) Trifft der Bezug von Krankengeld aus einer gesetzlichen Krankenversicherung mit einem Anspruch auf Familiengeld bzw. Taggeld zusammen, so ruht dieser Anspruch in der Höhe des Bezuges von Krankengeld aus der Krankenversicherung; hiebei ist einem solchen Bezug die Zeit, für die gemäß § 138 Abs. 1 Anspruch auf Krankengeld nicht besteht, sowie die Zeit, für die ein Anspruch auf Krankengeld ruht, gleichzuhalten.

(7) Die in der Unfallversicherung gemäß § 8 Abs. 1 Z 3 lit. h und i Teilversicherten sind vom Anspruch auf Familien- und Taggeld ausgeschlossen.

Besondere Unterstützung

§ 196. Für die Dauer einer Unfallheilbehandlung (§ 191) oder einer Krankenbehandlung (§ 119) kann der Träger der Unfallversicherung dem Versehrten oder seinen Angehörigen in Berücksichtigung der Schwere der Verletzungsfolgen und der langen Dauer der Behandlung eine besondere Unterstützung gewähren; eine solche Unterstützung kann unter Bedachtnahme auf die Familienverhältnisse des Versehrten und die wirtschaftliche Lage desselben bzw. der unterhaltspflichtigen Angehörigen auch zu dem Zweck gewährt werden, die Kosten des Transportes des Versehrten vom Ort der Behandlung an den Ort des Wohnsitzes ganz oder teilweise zu ersetzen.

Versagung der Versehrtenrente und allfälliger Zuschüsse bei Zuwiderhandlung

§ 197. (1) Befolgt der Versehrte eine die Unfallheilbehandlung oder die Krankenbehandlung (§ 119) betreffende Anordnung ohne triftigen Grund nicht und wird dadurch seine Erwerbsfähigkeit ungünstig beeinflußt, so können ihm die Versehrtenrente und allfällige Zuschüsse auf Zeit ganz oder teilweise versagt werden, wenn er vorher auf die Folgen seines Verhaltens schriftlich hingewiesen worden ist.

(2) Für die Dauer der Versagung gebührt den im Inland sich aufhaltenden Angehörigen, die im Falle des Todes des Versicherten infolge des Arbeitsunfalles (der Berufskrankheit) Anspruch auf Hinterbliebenenrenten hätten, eine Rente in der Höhe der Hälfte der versagten Rente beziehungsweise des versagten Teiles der Rente mit Ausnahme allfälliger Kinderzuschüsse. Zu dieser Rente gebühren allfällige Kinderzuschüsse in der Höhe der versagten Kinderzuschüsse beziehungsweise des versagten Teiles dieser Zuschüsse. Der Anspruch steht in folgender Reihenfolge zu: Ehegatte, Kinder, Eltern, Geschwister. Den Leistungsansprüchen der Hinterbliebenen nach dem Ableben des Versicherten wird hiedurch nicht vorgegriffen.

Berufliche Maßnahmen der Rehabilitation

§ 198. (1) Durch die beruflichen Maßnahmen der Rehabilitation soll der Versehrte in die Lage versetzt werden, seinen früheren oder, wenn dies nicht möglich ist, einen neuen Beruf auszuüben.

(2) Die beruflichen Maßnahmen der Rehabilitation umfassen insbesondere:

1. die berufliche Ausbildung zur Wiedergewinnung oder Erhöhung der Erwerbsfähigkeit und, insoweit der Versehrte durch den Arbeitsunfall oder die Berufskrankheit in der Ausübung seines Berufes oder eines Berufes, der ihm zugemutet werden kann, wesentlich beeinträchtigt ist, die Ausbildung für einen neuen Beruf. Die berufliche Ausbildung wird so lange gewährt, als durch sie die Erreichung des angestrebten Zieles (§ 172) zu erwarten ist;
2. die Gewährung von Zuschüssen, Darlehen und/oder sonstigen Hilfsmaßnahmen zur Ermöglichung der Fortsetzung der Erwerbstätigkeit;
3. die Hilfe zur Erlangung einer Arbeitsstelle oder einer anderen Erwerbsmöglichkeit.

(3) Als Maßnahmen im Sinne des Abs. 2 Z 3 kann der Unfallversicherungsträger

1. einem Versehrten, der eine Arbeitsstelle angenommen hat, in der er das volle Entgelt erst nach Erlangung der erforderlichen Fertigkeit erreichen kann, für die Übergangszeit, längstens aber für vier Jahre, einen Zuschuß bis zum vollen Entgelt gewähren;

2. einem Versehrten Zuschüsse und/oder Darlehen zur Beschaffung von Arbeitskleidung oder einer Arbeitsausrüstung gewähren;
3. dem Dienstgeber eines Versehrten, der eine Arbeitsstelle angenommen hat, in der er seine volle Leistungsfähigkeit erst nach Erlangung der erforderlichen Fertigkeit erreichen kann, für die Übergangszeit, längstens aber für vier Jahre, wenn er dem Versehrten das betriebsübliche Entgelt zahlt, einen Zuschuß gewähren.

(4) Bei der Durchführung der Maßnahmen der beruflichen Rehabilitation hat der Träger der Unfallversicherung, soweit er die Durchführung dieser Maßnahmen nicht nach § 200 überträgt, mit dem Arbeitsmarktservice zusammenzuarbeiten.

(BGBl 1994/314)

Übergangsgeld

§ 199. (1) Der Unfallversicherungsträger hat dem Versehrten für die Dauer einer Ausbildung gemäß § 198 Abs. 2 Z 1 ein Übergangsgeld zu leisten.

(2) Das Übergangsgeld gebührt im Ausmaß von 60 vH der Bemessungsgrundlage. Es ist für die Angehörigen von Versehrten (§ 123) zu erhöhen, und zwar für den Ehegatten um 10 vH und für jeden sonstigen Angehörigen um 5 vH der Bemessungsgrundlage. Das Gesamtausmaß des erhöhten Übergangsgeldes darf die Bemessungsgrundlage nicht übersteigen. Es gebührt monatlich in der Höhe eines Zwölftels des Jahresbetrages, gerundet auf Cent.

(BGBl I 2001/67)

(3) Auf das Übergangsgeld sind ein dem Versehrten gebührendes Erwerbseinkommen, eine sonst gebührende Geldleistung aus der Unfallversicherung, eine Pension aus dem Versicherungsfall der geminderten Arbeitsfähigkeit bzw. eine Beihilfe zur Deckung des Lebensunterhaltes durch das Arbeitsmarktservice anzurechnen. Hinsichtlich der Ermittlung des Erwerbseinkommens aus einem land(forst)wirtschaftlichen Betrieb ist § 292 Abs. 5 und 7 entsprechend anzuwenden.

(BGBl 1994/314)

(4) Während der Dauer einer Ausbildung gemäß § 198 Abs. 2 Z 1 kann der Unfallversicherungsträger neben dem Übergangsgeld dem Versehrten einen Beitrag zu den Kosten des Unterhaltes für ihn und seine Angehörigen (§ 123) leisten, soweit billigerweise anzunehmen ist, daß der Versehrte die Kosten der bisherigen Lebensführung aus einem anderen Einkommen nicht decken kann.

Übertragung der Durchführung von beruflichen Maßnahmen der Rehabilitation

§ 200. (1) Der Unfallversicherungsträger kann die Durchführung von beruflichen Maßnahmen der Rehabilitation dem Arbeitsmarktservice übertragen. Er hat dem Arbeitsmarktservice die ausgewiesenen tatsächlichen Kosten soweit zu ersetzen, als sie über das hinausgehen, was dieses an Leistungen gewährt hätte, wäre ein Begehren auf derartige Maßnahmen gestellt worden.

(2) Der Unfallversicherungsträger und das Arbeitsmarktservice können zur Abgeltung der Ersatzansprüche unter Bedachtnahme auf die Zahl der in Betracht kommenden Fälle und auf die Höhe der durchschnittlichen Kosten der in diesen Fällen gewährten beruflichen Maßnahmen der Rehabilitation die Zahlung jährlicher Pauschbeträge vereinbaren.

(BGBl 1994/314)

Soziale Maßnahmen der Rehabilitation

§ 201. (1) Die sozialen Maßnahmen der Rehabilitation umfassen solche Leistungen, die über die Unfallheilbehandlung und die beruflichen Maßnahmen der Rehabilitation hinaus geeignet sind, zur Erreichung des im § 172 angestrebten Zieles beizutragen.

(2) Als Maßnahmen im Sinne des Abs. 1 kann der Unfallversicherungsträger unter Bedachtnahme auf die wirtschaftlichen Verhältnisse des Versehrten insbesondere gewähren:

1. einem Versehrten einen Zuschuß und/oder ein Darlehen zur Adaptierung der von ihm bewohnten oder zu bewohnenden Räumlichkeiten, durch die ihm deren Benutzung erleichtert oder ermöglicht wird;
2. einem Versehrten, dem auf Grund seiner Behinderung die Benützung eines öffentlichen Verkehrsmittels nicht zumutbar ist,
   a) einen Zuschuß zu den Kosten für die Erlangung der Lenkerbefugnis,
   b) einen Zuschuß und/oder ein Darlehen zum Ankauf bzw. zur Adaptierung eines Personenkraftwagens.

(3) Als Maßnahme im Sinne des Abs. 1 kann der Unfallversicherungsträger auch den Versehrtensport, wenn er in Gruppen und unter ärztlicher Betreuung ausgeübt wird, durch die Gewährung von Zuschüssen an die in Betracht kommenden Einrichtungen gegen Nachweis der widmungsgemäßen Verwendung fördern.

(4) Als Maßnahme im Sinne des Abs. 1 kann der Unfallversicherungsträger überdies durch die Gewährung von Zuschüssen an die in Betracht kommenden Einrichtungen einer Gemeinde, einer Gebietskörperschaft, des Arbeitsmarktservice, eines Landesinvalidenamtes, eines Sozialversicherungsträgers sowie einer gesetzlichen beruflichen Vertretung der Dienstgeber und Dienstnehmer die Beschäftigung des Versehrten in einer geschützten Werkstätte bzw. in einer Einrichtung der Beschäftigungstherapie fördern.

(BGBl 1994/314)

(5) Mittel der Unfallversicherung können auch zur Förderung und Unterstützung von gemeinnützigen Einrichtungen, die die Förderung der wirtschaftlichen, sozialen und kulturellen Interessen von Behinderten zum Ziele haben, verwendet werden.

Zustimmung zur Einleitung von Maßnahmen der Rehabilitation des Unfallversicherungsträgers

§ 201a. Die Einleitung von Maßnahmen der Rehabilitation des Unfallversicherungsträgers bedarf der Zustimmung des Versehrten. Vor dessen Entscheidung ist der Versehrte vom Versicherungsträger über das Ziel und die Möglichkeiten der Rehabilitation nachweislich in geeigneter Weise zu informieren und zu beraten. Der Versehrte hat bei der Durchführung der Maßnahmen der Rehabilitation entsprechend mitzuwirken.

Körperersatzstücke, orthopädische Behelfe und andere Hilfsmittel

§ 202. (1) Der Versehrte hat Anspruch auf Versorgung mit Körperersatzstücken, orthopädischen Behelfen und anderen Hilfsmitteln, die erforderlich sind, um den Erfolg der Heilbehandlung zu sichern oder die Folgen des Arbeitsunfalles oder der Berufskrankheit zu erleichtern. Alle diese Hilfsmittel müssen den persönlichen und beruflichen Verhältnissen des Versehrten angepaßt sein.

(2) Wenn bei einem Arbeitsunfall ein Körperersatzstück, ein orthopädischer Behelf oder ein anderes Hilfsmittel schadhaft oder unbrauchbar wird oder verlorengeht, hat der Träger der Unfallversicherung die Kosten für die Beseitigung des eingetretenen Schadens zu übernehmen.

(3) Schadhaft oder unbrauchbar gewordene oder verlorengegangene Hilfsmittel sind auf Kosten des Trägers der Unfallversicherung wieder herzustellen oder zu erneuern. Vor Ablauf einer festgesetzten Gebrauchsdauer besteht der Anspruch auf Ersatz oder Erneuerung nur, wenn der Versehrte glaubhaft macht, daß ihn an der Beschädigung, Unbrauchbarkeit oder dem Verlust des Hilfsmittels kein Verschulden trifft.

(4) Hat der Versehrte die Hilfsmittel selbst beschafft oder instand setzen lassen, so gebührt ihm, wenn die Beschaffung oder Instandsetzung erforderlich und zweckmäßig war, der Ersatz in dem Betrage, den der Träger der Unfallversicherung hätte aufwenden müssen.

Anspruch auf Versehrtenrente

§ 203. (1) Anspruch auf Versehrtenrente besteht, wenn die Erwerbsfähigkeit des Versehrten durch die Folgen eines Arbeitsunfalles oder eine Berufskrankheit über drei Monate nach dem Eintritt des Versicherungsfalles hinaus um mindestens 20 vH vermindert ist; die Versehrtenrente gebührt für die Dauer der Minderung der Erwerbsfähigkeit um mindestens 20 vH.

(2) Wegen Arbeitsunfällen der gemäß § 8 Abs. 1 Z 3 lit. h und i in der Unfallversicherung Teilversicherten sowie wegen einer Berufskrankheit im Sinne des § 177 Abs. 2 und 3 besteht nur dann Anspruch auf Versehrtenrente, wenn die dadurch bewirkte Minderung der Erwerbsfähigkeit über drei Monate nach dem Eintritt des Versicherungsfalles hinaus mindestens 50 vH beträgt; die Versehrtenrente gebührt für die Dauer der Minderung der Erwerbsfähigkeit um mindestens 50 vH.

Anfall der Versehrtenrente

§ 204. (1) Besteht für eine durch einen Arbeitsunfall oder eine Berufskrankheit verursachte Arbeitsunfähigkeit ein Anspruch auf Krankengeld aus der Krankenversicherung, so fällt die Versehrtenrente mit dem Tage nach dem Wegfall des Krankengeldes, spätestens mit der 27. Woche nach dem Eintritt des Versicherungsfalles an.

(2) Den in der Unfallversicherung gemäß § 7 Z 2 lit. a und Z 3 lit. b teilversicherten Personen fällt die Versehrtenrente vom Tage nach dem Wegfall der durch den Arbeitsunfall oder die Berufskrankheit verursachten Arbeitsunfähigkeit, wenn aber der Gehaltsbezug früher eingestellt wird, vom Tage nach dessen Einstellung an.

(3) Bei den im § 192 angeführten Versicherten fällt die Versehrtenrente mit dem Beginn des dritten Monates nach dem Eintritt des Versicherungsfalles an. Die Satzung kann bestimmen, daß die Versehrtenrente bei Gefährdung des Lebensunterhaltes auch zu einem früheren Zeitpunkt nach dem Eintritt des Versicherungsfalles anfällt.

(4) Bei den in der Unfallversicherung gemäß § 8 Abs. 1 Z 3 lit. h und i Teilversicherten fällt die Versehrtenrente mit dem Zeitpunkt an, in dem der Schulbesuch voraussichtlich abgeschlossen gewesen und der Eintritt in das Erwerbsleben erfolgt wäre.

(5) In allen übrigen Fällen fällt die Versehrtenrente mit dem Tage nach dem Eintritt des Versicherungsfalles an.

Bemessung der Versehrtenrente

§ 205. (1) Die Versehrtenrente wird nach dem Grade der durch den Arbeitsunfall oder die Berufskrankheit herbeigeführten Minderung der Erwerbsfähigkeit bemessen.

(2) Die Rente beträgt jährlich, solange der Versehrte infolge des Arbeitsunfalles oder der Berufskrankheit

1. völlig erwerbsunfähig ist, 66 2/3 vH der Bemessungsgrundlage (Vollrente);
2. teilweise erwerbsunfähig ist, den Teil der Vollrente, der dem Grade der Minderung der Erwerbstätigkeit entspricht (Teilrente).

(3) Solange der Versehrte infolge des Arbeitsunfalles oder der Berufskrankheit unverschuldet arbeitslos ist, kann die Teilrente bis zur Vollrente erhöht werden.

(4) Versehrte, die Anspruch auf eine Versehrtenrente von mindestens 50 vH oder auf mehrere Versehrtenrenten nach diesem oder einem anderen Bundesgesetz haben, deren Hundertsätze zusammen die Zahl 50 erreichen, gelten als Schwerversehrte.

Zusatzrente für Schwerversehrte

§ 205a. (1) Schwerversehrten (§ 205 Abs. 4) gebührt eine Zusatzrente

1. bei einer unter 70% verminderten Erwerbsfähigkeit in der Höhe von 20%,
2. bei einer um zumindest 70% verminderten Erwerbsfähigkeit in der Höhe von 50%

ihrer Versehrtenrente oder der Summe ihrer Versehrtenrenten.

(BGBl I 2000/142)

(2) Auf die Zusatzrente sind die Bestimmungen über die Versehrtenrenten entsprechend anzuwenden.

Pflegegeld

§ 206. (aufgehoben)

(BGBl 1993/110)

Kinderzuschuß

§ 207. (1) Schwerversehrten wird für jedes Kind (§ 252) ein Kinderzuschuß im Ausmaß von 10 vH der Versehrtenrente gewährt. Der sich aus der Summe von Versehrtenrente und Zusatzrente (§ 205a) ergebende Betrag des Kinderzuschusses darf den Betrag von 76,31 € nicht übersteigen. Die Rente und die Kinderzuschüsse dürfen zusammen die Bemessungsgrundlage nicht übersteigen.

(BGBl 1993/110, BGBl 1996/411, BGBl I 2001/67)

(2) Nach Vollendung des 18. Lebensjahres wird der Kinderzuschuß nur auf besonderen Antrag gewährt.

Ruhen der Versehrtenrente bei Anstaltspflege

§ 208. Wird einem Versehrten wegen der Folgen eines Arbeitsunfalles oder wegen einer Berufskrankheit Anstaltspflege aus der Krankenversicherung oder Unfallversicherung gewährt, so ruht während dieser Zeit die auf Grund dieses Versicherungsfalles gebührende Versehrtenrente einschließlich allfälliger Kinderzuschüsse. Das Ruhen tritt jedoch in dem Ausmaß nicht ein, in dem die Rente unmittelbar vor der Anstaltspflege bzw. vor Beginn einer die Anstaltspflege verursachenden Arbeitsunfähigkeit gebührte.

Vorläufige Versehrtenrente, Gesamtvergütung

§ 209. (1) Kann die Versehrtenrente während der ersten zwei Jahre nach dem Eintritt des Versicherungsfalles wegen der noch nicht absehbaren Entwicklung der Folgen des Arbeitsunfalles oder der Berufskrankheit ihrer Höhe nach noch nicht als Dauerrente festgestellt werden, so hat der Träger der Unfallversicherung die Versehrtenrente als vorläufige Rente zu gewähren. Spätestens mit Ablauf des zweijährigen Zeitraumes ist die Versehrtenrente als Dauerrente festzustellen; diese Feststellung setzt eine Änderung der Verhältnisse (§ 183 Abs. 1) nicht voraus und ist an die Grundlagen für die Berechnung der vorläufigen Rente nicht gebunden.

(2) Ist zu erwarten, daß nur eine vorläufige Versehrtenrente zu gewähren ist, so kann der Träger der Unfallversicherung den Versehrten durch eine Gesamtvergütung in der Höhe des voraussichtlichen Rentenaufwandes abfinden. Nach Ablauf des dieser Vergütung zugrunde gelegten Zeitraumes ist auf Antrag unter den Voraussetzungen des § 203 die entsprechende Versehrtenrente zu gewähren, und zwar ab dem auf den Ablauf dieses Zeitraumes folgenden Tag, wenn der Antrag innerhalb von zwei Jahren gestellt wird, ansonsten ab dem Tag der Antragstellung.

Entschädigung aus mehreren Versicherungsfällen

§ 210. (1) Wird ein Versehrter neuerlich durch einen Arbeitsunfall oder eine Berufskrankheit geschädigt und erreicht die Gesamtminderung der Erwerbsfähigkeit aus Versicherungsfällen nach diesem Bundesgesetz mindestens 20% (bei den nach § 8 Abs. 1 Z 3 lit. h und i teilversicherten Schülern und Studenten, ferner bei Mitberücksichtigung einer Berufskrankheit im Sinne des § 177 Abs. 2 mindestens 50%), so ist spätestens vom Beginn des dritten Jahres nach dem Eintritt des letzten Versicherungsfalles an eine Gesamtrente festzustellen. Eine abgefundene Versehrtenrente ist bei der Bildung der Gesamtrente so zu berücksichtigen, dass die Gesamtrente um den Betrag gekürzt wird, der dem Grad der der abgefundenen Rente zugrunde gelegten Minderung der Erwerbsfähigkeit entspricht.

(2) Die Gesamtrente ist nach der höchsten für die einzelnen Versicherungsfälle in Betracht kommenden Bemessungsgrundlage zu bestimmen. Sie ist, wenn zur Entschädigung der einzelnen Versicherungsfälle verschiedene Träger der Unfallversicherung nach diesem Bundesgesetz zuständig sind, von dem für den letzten Versicherungsfall zuständigen Versicherungsträger zu erbringen. Der für die Leistung der Gesamtrente zuständige Versicherungsträger hat auch alle anderen in Betracht kommenden Leistungen aus der Unfallversicherung zu erbringen. Ist die Gesamtrente nach dem B-KUVG zu bilden, so gilt § 108 Abs. 4 B-KUVG.

(3) Wird das rentenbegründende Gesamtausmaß der Minderung der Erwerbsfähigkeit für die erstmalige Feststellung einer Dauerrente oder einer Gesamtrente zwar nicht aus Versicherungsfällen nach diesem Bundesgesetz, aber unter Berücksichtigung

a) eines Dienstunfalles oder einer Berufskrankheit nach den §§ 90 bis 92 B-KUVG oder

b) einer anerkannten Schädigung nach dem KOVG 1957 oder nach dem HVG oder nach dem Opferfürsorgegesetz oder

c) einer anerkannten Schädigung nach dem Verbrechensopfergesetz oder

d) eines Unfalles oder einer Krankheit nach § 76 Abs. 2 bis 4 des Strafvollzugsgesetzes oder

e) von Schäden, für die nach Maßgabe des Impfschadengesetzes Entschädigung zu leisten ist, oder

f) von Schädigungen, die von einer auf landesgesetzlichen Vorschriften beruhenden Unfallfürsorgeeinrichtung anerkannt sind, oder

g) eines Arbeitsunfalles oder einer Berufskrankheit nach den §§ 148c bis 148e BSVG

erreicht, so sind solche Versicherungsfälle nach diesem Bundesgesetz auf Antrag ab dem Zeitpunkt, in dem eine Dauerrente (Gesamtrente) spätestens festzustellen gewesen wäre, gesondert zu entschädigen.

(4) Bis zur Feststellung einer Gesamtrente nach Abs. 1 ist der letzte Versicherungsfall gesondert zu entschädigen, wenn und solange er eine Minderung der Erwerbsfähigkeit im rentenbegründenden Ausmaß (§ 203) verursacht hat. Hat der neuerliche Versicherungsfall für sich allein keine Minderung der Erwerbsfähigkeit im rentenbegründenden Ausmaß verursacht, so ist dieser Versicherungsfall rückwirkend unter Bedachtnahme auf § 204 zu entschädigen, wenn er zum Zeitpunkt der Feststellung der Gesamtrente zu einer Erhöhung der Gesamtminderung der Erwerbsfähigkeit um mindestens 5% geführt hat. Dies gilt jeweils auch, wenn nur ein Versicherungsfall (Arbeitsunfall oder Berufskrankheit) vorliegt und diesem eine anerkannte Schädigung nach einer der im Abs. 3 angeführten gesetzlichen Vorschriften vorangegangen ist.

(BGBl I 1998/138, BGBl I 2000/113, BGBl I 2001/99)

Übergangsrente und Übergangsbetrag

§ 211. (1) Versicherten, für die bei der Fortsetzung ihrer bisherigen Beschäftigung die Gefahr besteht, daß eine Berufskrankheit entsteht oder sich verschlechtert, kann, um ihnen den Übergang zu einer anderen Erwerbstätigkeit, die sie dieser Gefahr nicht aussetzt, zu ermöglichen und eine hiedurch verursachte Minderung des Verdienstes oder sonstige wirtschaftliche Benachteiligung auszugleichen, längstens für zwei Jahre eine Übergangsrente bis zur Höhe der Vollrente gewährt werden. An Stelle dieser zeitlichen Rente kann ein dem einzelnen Fall angemessener Übergangsbetrag gewährt werden, der höchstens den Betrag der Jahresvollrente erreichen darf. Der Übergangsbetrag kann auch in Teilbeträgen ausgezahlt werden.

(2) Eine allfällige Versehrtenrente gebührt neben der Übergangsrente.

(3) In den Fällen des Abs. 1 können außerdem berufliche und soziale Maßnahmen der Rehabilitation gewährt werden. Die §§ 198 bis 201a sind entsprechend anzuwenden.

Versehrtengeld aus der Unfallversicherung

§ 212. (1) Der Träger der Unfallversicherung kann bis zum Ablauf eines Jahres nach dem Eintritt des Versicherungsfalles an Stelle der Versehrtenrente Versehrtengeld gewähren, wenn zu erwarten ist, daß über diese Zeit hinaus eine Versehrtenrente nicht gebührt. Besteht kein Anspruch auf Versehrtenrente, kann der Träger der Unfallversicherung für die Dauer der durch den Arbeitsunfall oder die Berufskrankheit verursachten Arbeitsunfähigkeit Versehrtengeld gewähren, wenn und solange der Versehrte keinen Anspruch auf Krankengeld aus der Krankenversicherung hat und keinen Arbeitsverdienst oder keine Einkünfte aus der die Versicherung begründenden Beschäftigung bezieht.

(2) Das Versehrtengeld wird für Personen, die nach diesem Bundesgesetz krankenversichert sind, in der Höhe des sonst dem Versicherten in der Krankenversicherung gemäß § 141 gebührenden Krankengeldes gewährt; das Versehrtengeld ist auf Ersuchen des Unfallversicherungsträgers vom zuständigen Krankenversicherungsträger gegen Ersatz auszuzahlen. Für andere Versehrte beträgt das tägliche Versehrtengeld den 60. Teil eines Zwölftels der Bemessungsgrundlage in der Unfallversicherung. § 208 gilt entsprechend.

(3) Die nach § 8 Abs. 1 Z 3 lit. h und i teilversicherten Schüler und Studenten erhalten als einmalige Leistung ein Versehrtengeld, wenn die Folgen eines Arbeitsunfalles oder einer Berufskrankheit über drei Monate nach dem Eintritt des Versicherungsfalles hinaus eine Minderung der Erwerbsfähigkeit von mindestens 20 vH verursachen. Dieses Versehrtengeld wird nach dem Grad der nach Abschluß der Heilbehandlung bestehenden Minderung der Erwerbsfähigkeit bemessen und beträgt bei einer Minderung der Erwerbsfähigkeit von

20 vH bis unter 30 vH	521,79 €[a]),
30 vH bis unter 40 vH	1 135,00 €[a]),
40 vH	2 095,16 €[a]),
und für je weitere 10 vH	523,68 €[a]).

An die Stelle dieser Beträge treten ab 1. Jänner eines jeden Jahres, erstmals ab 1. Jänner 1984, die unter Bedachtnahme auf § 108 Abs 9 mit dem jeweiligen Anpassungsfaktor (§ 108f) vervielfachten Beträge. Auf eine aus demselben Versicherungsfall anfallende Versehrtenrente ist das Versehrtengeld insoweit anzurechnen, als es den Betrag übersteigt, der bei früherem Anfall dieser Rente für die Zeit bis zu dem im § 204 Abs. 4 bestimmten Zeitpunkt gebührt hätte.

(BGBl 1993/335, BGBl I 2001/67)

[a]) Beträge siehe VO über veränderliche Werte.

Witwen(Witwer)beihilfe

§ 213. (1) Hat die Witwe (der Witwer) eines (einer) Schwerversehrten keinen Anspruch auf Witwen(Witwer)rente, weil der Tod des (der) Versehrten nicht Folge eines Arbeitsunfalles oder einer Berufskrankheit war, so erhält sie (er) als einmalige Witwen(Witwer)beihilfe 40 vH der Bemessungsgrundlage.

(2) Die Witwen(Witwer)beihilfe wird, wenn der (die) Verstorbene zur Zeit seines (ihres) Todes mehrere Versehrtenrenten bezogen hat, von dem Unfallversicherungsträger ohne Anspruch auf Ersatz gegen die anderen Unfallversicherungsträger gewährt, der die Rente nach der höchsten Bemessungsgrundlage zu leisten hatte.

(3) § 217 ist entsprechend anzuwenden.

Integritätsabgeltung

§ 213a. (1) Wurde der Arbeitsunfall oder die Berufskrankheit durch die grob fahrlässige Außerachtlassung von Arbeitnehmerschutzvorschriften verursacht und hat der Versicherte dadurch eine erhebliche und dauernde Beeinträchtigung der körperlichen oder geistigen Integrität erlitten, so gebührt, wenn wegen der Folgen dieses Arbeitsunfalls oder dieser Berufskrankheit auch ein Anspruch auf Versehrtenrente (§ 203 Abs. 1) besteht, eine angemessene Integritätsabgeltung.

(2) Die Integritätsabgeltung wird als einmalige Leistung gewährt; sie darf das Doppelte des bei Eintritt des Versicherungsfalles nach § 178 Abs. 2 jeweils geltenden Betrages nicht überschreiten. Wird die Integritätsabgeltung nicht im Kalenderjahr des Eintrittes des Versicherungsfalles zuerkannt, so ist der nach § 178 Abs. 2 bei Eintritt des Versicherungsfalles jeweils geltende Betrag mit dem sich nach Abs. 3 ergebenden Faktor zu vervielfachen. Die Integritätsabgeltung ist entsprechend der Schwere des Integritätsschadens abzustufen.

(3) Der nach Abs. 2 anzuwendende Faktor ergibt sich aus der Teilung der täglichen Höchstbeitragsgrundlage des Jahres, in dem die Integritätsabgeltung zuerkannt wurde, durch die tägliche Höchstbeitragsgrundlage des Jahres, in dem der Versicherungsfall eingetreten ist.

(4) Die näheren Bestimmungen zur Durchführung der Abs. 1 und 2, insbesondere über das Ausmaß der Leistung, sind in vom Vorstand im Einvernehmen mit der Kontrollversammlung des Versicherungsträgers zu erlassenden Richtlinien zu regeln, die der Zustimmung des Bundesministers für Arbeit und Soziales bedürfen. Die Richtlinien haben auf das wirtschaftliche Bedürfnis der Versicherten sowie auf den Grad der Beeinträchtigung von Körperfunktionen, den Grad der Verunstaltung des äußerlichen Erscheinungsbildes des Versicherten sowie den Grad einer unfall- oder berufskrankheitsbedingten seelischen Störung Bedacht zu nehmen. Die Richtlinien sind im Internet zu verlautbaren.

(BGBl 1994/20, BGBl I 2001/99)

2. Unterabschnitt
Leistungen im Falle des Todes des Versicherten

Teilersatz der Bestattungskosten

§ 214. (1) Wurde durch einen Arbeitsunfall oder eine Berufskrankheit der Tod des Versehrten verursacht, gebührt ein Teilersatz der Bestattungskosten aus der Unfallversicherung.

(2) Der Teilersatz der Bestattungskosten gebührt im Ausmaß des fünfzehnten Teiles der Bemessungsgrundlage, mindestens im Ausmaß des Eineinhalbfachen des jeweiligen Richtsatzes für alleinstehende Pensionsberechtigte aus eigener Pensionsversicherung (§ 293 Abs. 1 lit. a bb).

(3) Der Betrag nach Abs. 2 wird an den gezahlt, der die Kosten der Bestattung getragen hat. Bleibt ein Überschuß, so sind die in Abs. 4 genannten Personen in der dort angeführten Reihenfolge unter den dort bezeichneten Voraussetzungen bezugsberechtigt. Fehlen solche Berechtigte, so verbleibt der Überschuß dem Träger der Unfallversicherung.

(4) Wurden die Bestattungskosten auf Grund gesetzlicher, satzungsmäßiger oder vertraglicher Verpflichtungen von anderen Personen als dem Ehegatten, den leiblichen Kindern, den Wahlkindern, den Stiefkindern, dem Vater, der Mutter, den Geschwistern bestritten, so gebührt der Teilersatz der Bestattungskosten zur Gänze diesen Personen in der angeführten Reihenfolge, wenn sie mit dem Verstorbenen zur Zeit seines Todes in häuslicher Gemeinschaft gelebt haben.

(5) In den Fällen des Abs. 1 kann der Versicherungsträger unter Bedachtnahme auf die Familienverhältnisse des Verstorbenen und die wirtschaftliche Lage der Hinterbliebenen einen Zuschuß zu den Kosten der Überführung des Leichnams an den Ort des Wohnsitzes des Verstorbenen gewähren oder die Überführungskosten in voller Höhe übernehmen.

Witwen(Witwer)rente[a])

[a]) Die Witwerrente tritt etappenweise in Kraft. Beachte Art. II Abs. 5 der 36. Novelle.

§ 215. (1) Wurde der Tod des (der) Versicherten durch einen Arbeitsunfall oder eine Berufskrankheit verursacht, so gebührt der Witwe (dem Witwer) bis zu ihrem (seinem) Tod oder ihrer (seiner) Wiederverheiratung eine Witwen(Witwer)rente von jährlich 20 vH der Bemessungsgrundlage.

(2) Solange die im Abs. 1 genannte anspruchsberechtigte Person durch Krankheit oder andere Gebrechen wenigstens die Hälfte ihrer Erwerbsfähigkeit verloren oder wenn die Witwe das 60., der Witwer das 65. Lebensjahr vollendet hat, beträgt die Witwen(Witwer)rente jährlich 40 vH der Bemessungsgrundlage. Die Erhöhung der Witwen(Witwer)rente wegen Minderung der Erwerbsfähigkeit wird nur gewährt, wenn diese länger als drei Monate bestanden hat.

(3) Die Rente nach Abs. 1 gebührt auch

1. der Frau,
2. dem Mann,

deren (dessen) Ehe mit dem (der) Versicherten für nichtig erklärt, aufgehoben oder geschieden worden ist, wenn ihr (ihm) der (die) Versicherte zur Zeit seines (ihres) Todes Unterhalt (einen Unterhaltsbeitrag) zu leisten hatte bzw. Unterhalt geleistet hat, und zwar

a) auf Grund eines gerichtlichen Urteiles,
b) auf Grund eines gerichtlichen Vergleiches,
c) auf Grund einer vor Auflösung (Nichtigerklärung) der Ehe eingegangenen vertraglichen Verpflichtung,

d) regelmäßig zur Deckung des Unterhaltsbedarfs ab einem Zeitpunkt nach der Rechtskraft der Scheidung bis zu seinem (ihrem) Tod, mindestens während der Dauer des letzten Jahres vor seinem (ihrem) Tod, wenn die Ehe mindestens zehn Jahre gedauert hat,

sofern und solange die Frau (der Mann) nicht eine neue Ehe geschlossen hat. Die Witwen(Witwer)rente nach lit. a bis c wird mit dem Betrag gewährt, der dem gegen den Versicherten (die Versicherte) zur Zeit seines (ihres) Todes bestehenden Anspruch auf Unterhalt (Unterhaltsbeitrag) entspricht; die Witwen(Witwer)rente nach lit. d wird mit dem Betrag gewährt, der dem vom Versicherten bzw. von der Versicherten in dem dort genannten Zeitraum, längstens jedoch während der letzten drei Jahre vor seinem (ihrem) Tod geleisteten durchschnittlichen monatlichen Unterhalt entspricht; die Witwen(Witwer)rente darf 20 vH der Bemessungsgrundlage des (der) Versicherten nicht übersteigen. In den Fällen der lit. a bis c bleibt eine vertraglich oder durch gerichtlichen Vergleich übernommene Erhöhung des Unterhaltes (Unterhaltsbeitrages) außer Betracht, wenn seit dem Abschluß des Vertrages (Vergleiches) bis zum Tod nicht mindestens ein Jahr vergangen ist, in den Fällen der lit. d bleibt eine Erhöhung des Unterhaltes außer Betracht, wenn seit dem Zeitpunkt der Erhöhung bis zum Tod nicht mindestens ein Jahr vergangen ist.

(BGBl 1993/335)

(4) Abs. 3 vorletzter und letzter Satz sind nicht anzuwenden, wenn

a) das auf Scheidung lautende Urteil den Ausspruch nach § 61 Abs. 3 des Ehegesetzes enthält,

b) die Ehe mindestens fünfzehn Jahre gedauert hat,

c) die Frau (der Mann) im Zeitpunkt des Eintrittes der Rechtskraft des Scheidungsurteiles das 40. Lebensjahr vollendet hat und

d) der Arbeitsunfall (die Berufskrankheit), durch den (die) der Tod des (der) Versicherten verursacht wurde, im Zeitpunkt der Rechtskraft des Scheidungsurteiles bereits eingetreten war.

Die unter lit. c genannte Voraussetzung entfällt, wenn

aa) die Frau (der Mann) seit dem Zeitpunkt des Eintrittes der Rechtskraft des Scheidungsurteiles erwerbsunfähig ist oder

bb) nach dem Tod des Mannes (der Frau) eine Waisenrente für ein Kind im Sinne des § 252 Abs. 1 Z 1 und Abs. 2 anfällt, sofern dieses Kind aus der geschiedenen Ehe stammt oder von den Ehegatten gemeinsam an Kindes Statt angenommen worden ist und das Kind in allen diesen Fällen im Zeitpunkt des Todes des in Betracht kommenden Elternteiles ständig in Hausgemeinschaft (§ 252 Abs. 1 letzter Satz) mit dem anderen Elternteil lebt. Das Erfordernis der ständigen Hausgemeinschaft entfällt bei nachgeborenen Kindern.

Abfertigung und Wiederaufleben der Witwen(Witwer)rente

§ 215a. (1) Der Bezieherin (dem Bezieher) einer Witwen(Witwer)rente (§ 215), die (der) sich wiederverehelicht hat, gebührt eine Abfertigung in der Höhe des 35fachen Monatsbetrages einer nach § 215 Abs. 1 zu bemessenden Witwen(Witwer)-rente, in den Fällen des § 215 Abs. 3 in der Höhe des 35fachen Monatsbetrages der nach § 215 Abs. 3 gebührenden Witwen(Witwer)rente.

(2) Wird die neue Ehe durch den Tod des Ehegatten, durch Scheidung oder durch Aufhebung aufgelöst oder wird die neue Ehe für nichtig erklärt, so lebt der Anspruch auf die Witwen(Witwer)rente (Abs. 1) auf Antrag wieder auf, wenn

a) die Ehe nicht aus dem alleinigen oder überwiegenden Verschulden der im Abs. 1 bezeichneten Person aufgelöst worden ist oder

b) bei Nichtigerklärung der Ehe diese Person als schuldlos anzusehen ist.

(3) Der Anspruch lebt in der unter Bedachtnahme auf § 108g sich ergebenden Höhe mit dem der Antragstellung folgenden Monatsersten, frühestens jedoch mit dem Monatsersten wieder auf, der dem Ablauf von zweieinhalb Jahren nach dem seinerzeitigen Erlöschen des Anspruches folgt.

(4) Auf die wiederaufgelebte Witwen(Witwer)rente sind laufende Unterhaltsleistungen und die im § 2 des Einkommensteuergesetzes 1988 angeführten Einkünfte anzurechnen, die der Witwe (dem Witwer) auf Grund aufgelöster oder für nichtig erklärter, vor dem Wiederaufleben der Witwen(Witwer)rente geschlossener Ehen gebühren oder darüber hinaus zufließen, soweit sie eine wiederaufgelebte Witwen(Witwer)pension aus der Pensionsversicherung nach diesem oder einem anderen Bundesgesetz übersteigen. Eine Anrechnung laufender Unterhaltsleistungen erfolgt nur in der Höhe eines Vierzehntels der jährlich tatsächlich zufließenden Unterhaltsleistung. Hinsichtlich der Ermittlung des Erwerbseinkommens aus einem land(forst)wirtschaftlichen Betrieb ist § 292 Abs. 5 und 7 entsprechend anzuwenden. Erhält die Witwe (der Witwer) statt laufender Unterhaltsleistungen eine Kapitalabfindung, so ist auf die Rente ein Vierzehntel des Betrages anzurechnen, der sich bei der Annahme eines jährlichen Ertrages von 4 vH des Abfindungskapitals ergeben würde. Geht das Abfindungskapital ohne vorsätzliches Verschulden der Witwe (des Witwers) unter, so entfällt die Anrechnung.

(BGBl 1996/411)

(5) Werden laufende Unterhaltsleistungen bzw. Einkünfte im Sinne des Abs. 4 bereits im Zeitpunkt des Wiederauflebens der Witwen(Wit-

wer)rente bezogen, wird die Anrechnung ab diesem Zeitpunkt wirksam; in allen anderen Fällen mit dem Beginn des Kalendermonates, der auf den Eintritt des Anrechnungsgrundes folgt.

Witwerrente

§ 216. (aufgehoben)

Eheschließung nach dem Eintritt des Versicherungsfalles

§ 217. Die Witwe (der Witwer) hat keinen Anspruch auf Rente, wenn die Ehe erst nach dem Eintritt des Versicherungsfalles geschlossen worden und der Tod innerhalb des ersten Jahres der Ehe eingetreten ist, es sei denn,

1. daß in dieser Ehe ein Kind geboren oder durch die Ehe legitimiert wurde oder
2. daß die Witwe sich im Zeitpunkt des Todes des Versicherten erwiesenermaßen im Zustand der Schwangerschaft befunden hat.

Waisenrente

§ 218. (1) Den Kindern im Sinne des § 252 Abs. 1 Z 1 bis 4 und Abs. 2 des Versicherten, dessen Tod durch einen Arbeitsunfall oder eine Berufskrankheit verursacht wurde, gebührt eine Waisenrente. Nach Vollendung des 18. Lebensjahres wird die Waisenrente nur auf besonderen Antrag gewährt.

(2) Die Waisenrente beträgt für jedes einfach verwaiste Kind jährlich 20 vH, für jedes doppelt verwaiste Kind jährlich 30 vH der Bemessungsgrundlage.

Eltern- und Geschwisterrente

§ 219. (1) Bedürftige Eltern (Großeltern) und unversorgte Geschwister des Versicherten, dessen Tod durch einen Arbeitsunfall oder eine Berufskrankheit verursacht wurde, haben Anspruch auf Eltern- beziehungsweise Geschwisterrente von zusammen jährlich 20 vH der Bemessungsgrundlage, wenn der Versicherte ihren Lebensunterhalt überwiegend bestritten hat.

(2) Eltern (Großeltern) und Geschwistern gebührt eine Rente nur insoweit, als die Witwen(Witwer)rente und die Waisenrenten den Höchstbetrag der Hinterbliebenenrenten (§ 220) nicht erschöpfen. Der Anspruch der Eltern geht dem der Großeltern, der Anspruch der Großeltern dem der Geschwister vor.

(3) Den Eltern (Großeltern) gebührt die Rente für die Dauer ihrer Bedürftigkeit, den unversorgten Geschwistern bis zum vollendeten 18. Lebensjahr. § 252 Abs. 2 ist entsprechend anzuwenden.

Höchstausmaß der Hinterbliebenenrenten

§ 220. Alle Hinterbliebenenrenten dürfen zusammen 80 vH der Bemessungsgrundlage nicht übersteigen und sind innerhalb dieses Höchstausmaßes verhältnismäßig zu kürzen. Als Bemessungsgrundlage nach festen Beträgen gemäß § 181 Abs. 2 gilt, wenn eine Witwen(Witwer)rente beteiligt ist, die Bemessungsgrundlage gemäß § 181 Abs. 2 Z 1, in allen übrigen Fällen die Bemessungsgrundlage gemäß § 181 Abs. 2 Z 2. Hiebei ist eine Witwen(Witwer)rente gemäß § 215 Abs. 3 und 4 nicht zu berücksichtigen.

Ersatzleistung des Bundes

§ 220a. (aufgehoben)

VIERTER TEIL
Pensionsversicherung

ABSCHNITT I
Gemeinsame Bestimmungen

Aufgaben

§ 221. Die Pensionsversicherung trifft Vorsorge für die Versicherungsfälle des Alters, der geminderten Arbeitsfähigkeit (Invalidität, Berufsunfähigkeit, Dienstunfähigkeit) und des Todes sowie für die Rehabilitation und für Maßnahmen der Gesundheitsvorsorge.

Leistungen der Pensionsversicherung

§ 222. (1) In der Pensionsversicherung der Arbeiter und in der Pensionsversicherung der Angestellten sind zu gewähren:

1. aus den Versicherungsfällen des Alters
   a) die Alterspension (§§ 253, 270),
   b) die vorzeitige Alterspension bei Arbeitslosigkeit (§§ 253a, 270),
   c) die vorzeitige Alterspension bei langer Versicherungsdauer (§§ 253b, 270),
   d) die Gleitpension (§§ 253c, 270);
   (BGBl 1993/335, BGBl I 2000/43)
   e) (aufgehoben)
   (BGBl 1993/335, BGBl I 2000/43)
2. aus den Versicherungsfällen der geminderten Arbeitsfähigkeit
   a) bei Invalidität die Invaliditätspension aus der Pensionsversicherung der Arbeiter (§ 254),
   b) bei Berufsunfähigkeit die Berufsunfähigkeitspension aus der Pensionsversicherung der Angestellten (§ 271);
3. aus dem Versicherungsfall des Todes
   a) die Hinterbliebenenpensionen (§§ 257, 270),
   b) die Abfindung (§§ 269, 270).
4. (aufgehoben)

(2) In der knappschaftlichen Pensionsversicherung sind zu gewähren:

1. aus den Versicherungsfällen des Alters
   a) der Knappschaftssold (§ 275),
   b) die Knappschaftsalterspension (§ 276),

c) die vorzeitige Knappschaftsalterspension bei Arbeitslosigkeit (§ 276),

(BGBl I 2000/92, BGBl I 2001/33)

d) die vorzeitige Knappschaftsalterspension bei langer Versicherungsdauer (§ 276),

(BGBl I 2000/92, BGBl I 2001/33)

e) die Knappschaftsgleitpension (§ 276);

(BGBl 1993/335, BGBl I 2000/43, BGBl I 2000/92, BGBl I 2001/33)

f) (aufgehoben)

(BGBl 1993/335, BGBl I 2000/43)

2. aus den Versicherungsfällen der geminderten Arbeitsfähigkeit

a) bei Dienstunfähigkeit die Knappschaftspension (§ 277),

b) bei Invalidität die Knappschaftsvollpension (§ 279);

3. aus dem Versicherungsfall des Todes

a) die Hinterbliebenenpensionen (§ 282),

b) die Abfindung (§ 291);

4. (aufgehoben)

5. aus einem der Versicherungsfälle nach Z 1 bis 3 auch das Bergmannstreuegeld (§ 281).

(3) Die Pensionsversicherungsträger treffen überdies Maßnahmen der Rehabilitation (§ 301); sie können Maßnahmen der Gesundheitsvorsorge treffen. Nach Maßgabe des § 73 haben sie Beiträge zur Krankenversicherung der Pensionisten zu entrichten bzw. den Aufwand für diese Krankenversicherung zu tragen.

Eintritt des Versicherungsfalles; Stichtag

§ 223. (1) Der Versicherungsfall gilt als eingetreten:

1. bei Leistungen aus den Versicherungsfällen des Alters mit der Erreichung des Anfallsalters;

2. bei Leistungen aus den Versicherungsfällen geminderter Arbeitsfähigkeit, und zwar

a) im Falle der Invalidität, Berufsunfähigkeit oder Dienstunfähigkeit mit deren Eintritt, wenn aber dieser Zeitpunkt nicht feststellbar ist, mit der Antragstellung;

(BGBl 1996/201)

b) im Falle der Invaliditätspension, Berufsunfähigkeitspension oder der Knappschaftsvollpension, die der versicherten Ehegattin nach Vollendung ihres 55. Lebensjahres und nach dem Tode ihres Gatten gewährt wird (§§ 254 Abs. 2, 271 Abs. 2 und 279 Abs. 2), mit dem Tode des Ehegatten, wenn dieser nach Erreichung des Anfallsalters der Ehegattin liegt, sonst mit der Erreichung dieses Alters;

(BGBl 1996/201)

3. bei Leistungen aus dem Versicherungsfall des Todes mit dem Tod.

4. (aufgehoben)

(2) Der Stichtag für die Feststellung, ob der Versicherungsfall eingetreten ist und auch die anderen Anspruchsvoraussetzungen erfüllt sind, sowie in welchem Zweig der Pensionsversicherung und in welchem Ausmaß eine Leistung gebührt, ist bei Anträgen auf eine Leistung nach Abs. 1 Z 1 oder 2 der Tag der Antragstellung, wenn dieser auf einen Monatsersten fällt, sonst der dem Tag der Antragstellung folgende Monatserste. Bei Anträgen auf eine Leistung nach Abs. 1 Z 3 ist der Stichtag der Todestag, wenn dieser auf einen Monatsersten fällt, sonst der dem Todestag folgende Monatserste.

(BGBl 1993/335, BGBl I 1998/138)

(BGBl I 1998/138)

Versicherungszeiten

§ 224. Unter Versicherungszeiten sind die in den §§ 225 und 226 angeführten Beitragszeiten und die in den §§ 227, 227a, 228, 228a und 229 angeführten Ersatzzeiten zu verstehen.

(BGBl I 1998/138)

Beitragszeiten nach dem 31. Dezember 1955

§ 225. (1) Als Beitragszeiten aus der Zeit nach dem 31. Dezember 1955 sind anzusehen:

1. Zeiten einer Pflichtversicherung in der Pensionsversicherung mit Ausnahme der in Z 2 bezeichneten Zeiten, und zwar

a) wenn die Anmeldung zur Pflichtversicherung binnen sechs Monaten nach Beginn der Beschäftigung beziehungsweise des Lehr- oder Ausbildungsverhältnisses erstattet worden ist, vom Tage des Beginnes der Beschäftigung beziehungsweise des Lehr- oder Ausbildungsverhältnisses an,

b) sonst von dem Tag an, an dem die Anmeldung beim Versicherungsträger eingelangt oder die Pflichtversicherung ohne vorhergehende Anmeldung bescheidmäßig festgestellt worden ist; die vor diesem Tag in einer die Pflichtversicherung begründenden Beschäftigung bzw. in einem Lehr- oder Ausbildungsverhältnis zurückgelegten Zeiten gelten als Beitragszeiten nur, soweit die Beiträge für diese Zeiten wirksam (§ 230) entrichtet worden sind und für diese Zeiten das Recht auf Feststellung der Verpflichtung zur Zahlung von Beiträgen noch nicht verjährt war (§ 68);

2. Zeiten einer Pflichtversicherung in der Pensionsversicherung auf Grund einer

selbständigen Erwerbstätigkeit (§ 4 Abs. 3 in der am 31. Dezember 1999 geltenden Fassung), sofern die Beiträge innerhalb von fünf Jahren nach Fälligkeit wirksam (§ 230) entrichtet worden sind;

(BGBl I 1997/139)

3. Zeiten einer freiwilligen Versicherung, wenn die Beiträge innerhalb von zwölf Monaten nach Ablauf des Beitragszeitraumes, für den sie gelten sollen, wirksam (§ 230) entrichtet worden sind;

(BGBl 1993/335)

4. Zeiten einer pensionsversicherungsfreien Beschäftigung, für die ein Überweisungsbetrag an einen Versicherungsträger geleistet worden ist;
5. Zeiten, für die ein Überweisungsbetrag oder erstattete Beiträge nach § 311 dieses Bundesgesetzes, nach § 101d des Gewerblichen Selbständigen-Pensionsversicherungsgesetzes[a]) bzw. nach § 99d des Bauern-Pensionsversicherungsgesetzes[b]) zurückgezahlt worden sind, sofern diese Zeiten in dem Überweisungsbetrag bzw. bei der Erstattung der Beiträge als Beitragszeiten im Sinne dieses Bundesgesetzes berücksichtigt worden waren, sowie Zeiten, für die aus Anlaß der Aufnahme in das pensionsversicherungsfreie Dienstverhältnis vom Dienstnehmer an den Dienstgeber ein besonderer Pensionsbeitrag geleistet worden ist, sofern für diese Zeiten ein Überweisungsbetrag nach § 311 geleistet worden ist;

a) Jetzt: § 175 GSVG.
b) Jetzt: § 167 BSVG.

6. Zeiten, für die ein Überweisungsbetrag nach § 314 bzw. nach § 314a in der vor dem 1. August 1996 geltenden Fassung geleistet worden ist;

(BGBl 1996/411)

7. Zeiten, für die ein Anrechnungsbetrag gemäß § 13 des Bundesbezügegesetzes, BGBl. I Nr. 64/1997, oder ein Überweisungsbetrag gemäß § 49h Abs. 3 des Bezügegesetzes, BGBl. Nr. 273/1972, geleistet worden ist.

(BGBl I 1997/64)

(2) Die im Abs. 1 für die Entrichtung von Beiträgen gesetzten Fristen verlängern sich um die Zeit eines Verfahrens, das zur Entscheidung über die Versicherungspflicht oder über die Versicherungsberechtigung für den Zeitraum, für den die Beiträge entrichtet werden, eingeleitet worden ist.

(3) In Fällen besonderer Härte kann das Bundesministerium für Arbeit und Soziales auch Beiträge als wirksam entrichtet anerkennen, die für Zeiten nach Abs. 1 Z 1 oder 2 nach Ablauf von fünf Jahren seit ihrer Fälligkeit entrichtet werden. Ein Fall besonderer Härte ist insbesondere dann anzunehmen, wenn dem Versicherten ansonst ein Nachteil in seinen versicherungsrechtlichen Verhältnissen erwächst, der unter Berücksichtigung seiner Familien- und Einkommensverhältnisse von wesentlicher Bedeutung ist, und der Versicherte die Unterlassung der Anmeldung zur Versicherung nicht vorsätzlich herbeigeführt hat.

(4) Die Beitragszeiten werden in dem Zweig der Pensionsversicherung erworben, in dem die Pflichtversicherung begründet wurde (Abs. 1 Z 1, 2 und 5) oder zu dem die Beiträge zur freiwilligen Versicherung (Abs. 1 Z 3 und 5) entrichtet worden sind oder der Überweisungsbetrag (Abs. 1 Z 4 und 6) geleistet worden ist.

(5) Abweichend von Abs. 1 Z 1 lit. a sind in den Fällen der Pflichtversicherung gemäß § 4 Abs. 4, wenn Beiträge für volle Kalendermonate gezahlt wurden, und in den Fällen der Pflichtversicherung jener Personen, die gemäß § 5 Abs. 1 Z 2 nicht von der Vollversicherung ausgenommen und auf die die Sonderbestimmungen über die Pflichtversicherung bei doppelter oder mehrfacher geringfügiger Beschäftigung anzuwenden sind, Zeiten der Pflichtversicherung in einem Kalendermonat als Beitragszeiten vom Beginn bis zum Ende dieses Kalendermonates im Ausmaß von 30 Tagen anzusehen.

(BGBl I 1998/138)

Beitragszeiten vor dem 1. Jänner 1956

§ 226. (1) Beitragszeiten aus der Zeit vor dem 1. Jänner 1956 sind die Zeiten, die als Beitragszeiten nach den am 31. Dezember 1955 in Geltung gestandenen Vorschriften anerkannt waren; hiezu gehören auch die vor dem 1. Jänner 1919 in der ehemaligen österreichischen Angestellten(Pensions)versicherung erworbenen durch zwischenstaatliche Übereinkommen dem Versicherungsträger eines anderen Staates zugewiesenen Beitragszeiten unter den Voraussetzungen des § 127 Abs. 2 des Angestelltenversicherungsgesetzes 1928, BGBl. Nr. 232/1928, und des § 346 Abs. 1 Z 2 lit. d des Gewerblichen Sozialversicherungsgesetzes 1938, BGBl. Nr. 1/1938, dagegen nicht die in § 228 Abs. 1 Z 2 bezeichneten Zeiten; Bestimmungen in den am 31. Dezember 1955 in Geltung gestandenen Vorschriften, nach denen Beitragszeiten nicht im vollen tatsächlichen Ausmaß auf die Wartezeit oder für die Bemessung der Leistungen anzurechnen sind, bleiben außer Betracht. Beitragszeiten vor dem 10. April 1945 werden hiebei – unbeschadet anderer zwischenstaatlicher Regelung – als Beitragszeiten nur anerkannt, wenn sie erworben worden sind:

1. in der österreichischen Sozialversicherung für einen Zeitraum vor Einführung der reichsrechtlichen Sozialversicherung in Österreich oder
2. in der reichsrechtlichen Sozialversicherung für einen Zeitraum nach deren Einführung in Österreich, sofern bei Pflichtversicherung der Beschäftigungsort, bei freiwilliger Versicherung der Wohnort im Gebiete der Republik Österreich lag oder

3. in der reichsrechtlichen Sozialversicherung nach dem 12. März 1938 außerhalb des Gebietes der Republik Österreich, sofern der Versicherte unmittelbar vor dem 13. März 1938 seinen Wohnsitz im Gebiete der Republik Österreich gehabt hat und zu den Personen gehört, die gemäß § 1, § 2 oder § 2a des Staatsbürgerschafts-Überleitungsgesetzes 1949, BGBl. Nr. 276, die österreichische Staatsbürgerschaft besitzen.

(BGBl 1996/411)

(2) Als Beitragszeiten aus der Zeit vor dem 1. Jänner 1956 gelten auch

a) Zeiten eines pensions(renten)versicherungsfreien Dienstverhältnisses, für die eine Nachversicherung durchgeführt oder ein Überweisungsbetrag an einen Versicherungsträger geleistet worden ist,

b) Zeiten, für die erstattete Beiträge nach § 311 dieses Bundesgesetzes, nach § 101d des Gewerblichen Selbständigen-Pensionsversicherungsgesetzes[a]) bzw. nach § 99d des Bauern-Pensionsversicherungsgesetzes[b]) zurückgezahlt worden sind, sofern diese Zeiten bei der Erstattung der Beiträge als Beitragszeiten im Sinne dieses Bundesgesetzes berücksichtigt worden waren,

c) Zeiten, für die ein Überweisungsbetrag zurückgezahlt worden ist oder als zurückgezahlt gilt, sofern diese Zeiten in dem Überweisungsbetrag als Beitragszeiten im Sinne dieses Bundesgesetzes berücksichtigt worden waren, sowie Zeiten, für die aus Anlaß der Aufnahme in das pensionsversicherungsfreie Dienstverhältnis vom Dienstnehmer an den Dienstgeber ein besonderer Pensionsbeitrag geleistet worden ist, sofern für diese Zeiten ein Überweisungsbetrag nach § 311 geleistet worden ist,

d) Zeiten, für die ein Überweisungsbetrag nach § 314 bzw. nach § 314a in der vor dem 1. August 1996 geltenden Fassung geleistet worden ist,

(BGBl 1996/411)

e) Zeiten eines pensions(renten)versicherungsfreien Dienstverhältnisses, für die nach § 531 eine Nachversicherung als durchgeführt oder ein Überweisungsbetrag als geleistet gilt.

§ 225 Abs. 4 gilt entsprechend.

(3) In Fällen besonderer Härte kann das Bundesministerium für soziale Verwaltung die Erwerbung von Beitragszeiten durch Nachentrichtung von Beiträgen für eine vor dem 1. Jänner 1956 gelegene Zeit insoweit als wirksam anerkennen, als für diese Zeit nach den für sie in Geltung gestandenen oder nachträglich für sie getroffenen Bestimmungen Beiträge zu entrichten gewesen wären oder hätten entrichtet werden können. Ein Fall besonderer Härte ist insbesondere dann anzunehmen, wenn dem Versicherten ansonst ein Nachteil in seinen versicherungsrechtlichen Verhältnissen erwächst, der unter Berücksichtigung seiner Familien- und Einkommensverhältnisse von wesentlicher Bedeutung ist, und der Versicherte die Unterlassung der Anmeldung zur Versicherung nicht vorsätzlich herbeigeführt hat.

(4) Bei Anwendung der Abs. 1 und 3 gelten Beitragszeiten

1. der Invalidenversicherung nach der Reichsversicherungsordnung als Beitragszeiten der Pensionsversicherung der Arbeiter,

2. der ehemaligen österreichischen Angestellten(Pensions)versicherung und der Angestelltenversicherung nach dem Reichsangestelltenversicherungsgesetz als Beitragszeiten der Pensionsversicherung der Angestellten,

3. der ehemaligen österreichischen Pensionsversicherung der Bergarbeiter und Zeiten vollberechtigter Mitgliedschaft bei einer Bruderlade, ferner die Beitragszeiten der knappschaftlichen Pensionsversicherung nach dem Reichsknappschaftsgesetz und der knappschaftlichen Rentenversicherung nach der Verordnung über die Neuregelung der Rentenversicherung im Bergbau vom 4. Oktober 1942, DRGBl. I S. 569, als Beitragszeiten der knappschaftlichen Pensionsversicherung;

4. der Invalidenversicherung nach der Reichsversicherungsordnung auf Grund einer Beschäftigung als Arbeiter, die in einem im Gebiet der Republik Österreich gelegenen Betrieb seit dem 1. Jänner 1939 bis zu der spätestens am 31. Dezember 1955 erfolgten Einbeziehung der Dienstnehmer dieses Betriebes in die knappschaftliche Rentenversicherung zurückgelegt worden sind, als Beitragszeiten der knappschaftlichen Pensionsversicherung.

Ersatzzeiten nach dem 31. Dezember 1955

§ 227. (1) Als Ersatzzeiten aus der Zeit nach dem 31. Dezember 1955 gelten

1. in dem Zweig der Pensionsversicherung, in dem die erste nachfolgende Beitragszeit vorliegt, die Zeiten, in denen nach Vollendung des 15. Lebensjahres eine inländische öffentliche oder mit dem Öffentlichkeitsrecht ausgestattete mittlere Schule mit mindestens zweijährigem Bildungsgang, eine höhere Schule (das Lycée Français in Wien), Akademie oder verwandte Lehranstalt oder eine inländische Hochschule bzw. Kunstakademie oder Kunsthochschule in dem für die betreffende Schul(Studien)art vorgeschriebenen normalen Aus-

a) Jetzt: § 175 GSVG.

b) Jetzt: § 167 BSVG.

bildungs(Studien)gang besucht wurde, oder eine Ausbildung am Lehrinstitut für Dentisten in Wien oder nach dem Hochschulstudium eine vorgeschriebene Ausbildung für den künftigen, abgeschlossene Hochschulbildung erfordernden Beruf erfolgt ist; hiebei werden höchstens ein Jahr des Besuches des Lehrlingsinstitutes für Dentisten in Wien, höchstens zwei Jahre des Besuches einer mittleren Schule, höchstens drei Jahre des Besuches einer höheren Schule (des Lycée Français in Wien), Akademie oder verwandten Lehranstalt, höchstens zwölf Semester des Besuches einer Hochschule, einer Kunstakademie oder Kunsthochschule und höchstens sechs Jahre der vorgeschriebenen Ausbildung für den künftigen, abgeschlossene Hochschulbildung erfordernden Beruf berücksichtigt, und zwar jedes volle Schuljahr, angefangen von demjenigen, das im Kalenderjahr der Vollendung des 15. Lebensjahres begonnen hat, mit acht Monaten, gerechnet ab dem in das betreffende Schuljahr fallenden 1. November, jedes Studiensemester mit vier Monaten, gerechnet ab dem in das betreffende Semester fallenden 1. Oktober bzw. 1. März, und die Ausbildungszeit mit zwei Drittel ihrer Dauer, zurückgerechnet vom letzten Ausbildungsmonat.

(BGBl I 2000/92, BGBl I 2001/33)

2. die Zeiten
   a) einer aus dem Zweiten Weltkrieg herrührenden Kriegsgefangenschaft,
   b) einer Zivilinternierung im Zusammenhang mit dem Zweiten Weltkrieg,
   c) der Heimkehr aus der Kriegsgefangenschaft (Zivilinternierung) nach Maßgabe der entsprechend anzuwendenden Vorschriften des § 228 Abs. 1 Z 1;
3. in dem Zweige der Pensionsversicherung, in dem die letzte vorangegangene Beitragszeit vorliegt, die Zeiten, während derer eine Versicherte Wochengeld bezog oder während derer dieser Anspruch ruhte;
4. (aufgehoben)

   (BGBl 1993/335, BGBl 1994/20)
5. in dem Zweig der Pensionsversicherung, in dem die letzte vorangegangene Beitragszeit vorliegt, die Zeiten, während derer der Versicherte nach dem 31. Dezember 1970 wegen Arbeitslosigkeit eine Geldleistung aus der Arbeitslosenversicherung nach dem Arbeitslosenversicherungsgesetz 1977, BGBl. Nr. 609, oder Überbrückungshilfe nach dem Überbrückungshilfegesetz, BGBl. Nr. 174/1963, rechtmäßig bezog bzw. die Zeiten, während derer der Anspruch auf Arbeitslosengeld ausschließlich gemäß § 16 Abs. 1 lit. l des Arbeitslosenversicherungsgesetzes 1977 geruht hat; ferner die Zeiten, während derer der Versicherte nach Vollendung des 45. Lebensjahres Weiterbildungsgeld nach dem Arbeitslosenversicherungsgesetz 1977 rechtmäßig bezog; ferner die Zeiten nach § 34 Abs. 1 AlVG;

   (BGBl I 1999/179, BGBl I 2000/92, BGBl I 2001/33)
6. in dem Zweig der Pensionsversicherung, in dem die letzte vorangegangene Beitragszeit vorliegt, die Zeiten, während derer der Versicherte nach dem 31. Dezember 1970 Krankengeld bezog;
7. in dem Zweig der Pensionsversicherung, in dem die letzte vorangegangene Beitragszeit vorliegt, die Zeiten, in denen auf Grund der Bestimmungen des Wehrgesetzes 1990 Präsenz- oder Ausbildungsdienst – ausgenommen Zeiten einer Pflichtversicherung gemäß § 8 Abs. 1 Z 5 – oder auf Grund der Bestimmungen des Zivildienstgesetzes ordentlicher oder außerordentlicher Zivildienst bzw. ein Auslandsdienst (§ 12b des Zivildienstgesetzes) geleistet wird; ein solcher Auslandsdienst ist im Ausmaß von höchstens 14 Monaten zu berücksichtigen;

   (BGBl 1996/411, BGBl I 1998/30)
8. in dem Zweig der Pensionsversicherung, in dem die erste nachfolgende Beitrags- oder Ersatzzeit vorliegt, die Zeiten, in denen auf Grund der Bestimmungen des Wehrgesetzes 1990 Präsenz- oder Ausbildungsdienst – ausgenommen Zeiten einer Pflichtversicherung gemäß § 8 Abs. 1 Z 5 – oder auf Grund der Bestimmungen des Zivildienstgesetzes ordentlicher oder außerordentlicher Zivildienst bzw. ein Auslandsdienst (§ 12b des Zivildienstgesetzes) geleistet wird, sofern nicht Z 7 anzuwenden ist; ein Auslandsdienst gemäß § 12b des Zivildienstgesetzes ist im Ausmaß von höchstens 14 Monaten zu berücksichtigen;

   (BGBl 1996/411, BGBl I 1998/30)
9. in dem Zweig der Pensionsversicherung, in dem die erste nachfolgende Beitragszeit vorliegt, die vor dem 1. Jänner 1973 gelegenen Zeiten, in denen ein Angehöriger eines Ordens oder einer Kongregation der Katholischen Kirche oder einer Anstalt der Evangelischen Diakonie nach Vollendung des 15. Lebensjahres im Gebiete der Republik Österreich in einem Dienstverhältnis zu einer anderen Körperschaft (Person) als seiner Kirche bzw. deren Einrichtungen (Orden, Kongregation, Anstalt der Evangelischen Diakonie) gestanden ist, sofern es sich nicht um ein pensionsversicherungsfreies Dienstverhältnis gehandelt hat;

10. in dem Zweig der Pensionsversicherung, in dem die letzte vorangegangene Beitragszeit vorliegt, Zeiten, während derer der Versicherte Übergangsgeld aus der gesetzlichen Unfall- oder Pensionsversicherung bezog;

    (BGBl I 1998/138)

11. in dem Zweig der Pensionsversicherung, in dem die letzte vorangegangene Versicherungszeit vorliegt, die vor dem 1. Jänner 1973 gelegenen Zeiten einer unentgeltlichen beruflichen Ausbildung eines Beschädigten im Sinne des § 21 des Kriegsopferversorgungsgesetzes 1957.

(2) Die in Abs. 1 Z 1 angeführten Zeiten sind nicht zu berücksichtigen:

1. für die Anspruchsvoraussetzungen und für die Bemessung der Leistungen aus den Versicherungsfällen des Alters und der geminderten Arbeitsfähigkeit;
2. für die Bemessung der Leistungen aus dem Versicherungsfall des Todes.

Sie können jedoch nach Maßgabe der folgenden Bestimmungen durch Beitragsentrichtung ganz oder teilweise anspruchs- bzw. leistungswirksam werden.

(BGBl 1993/335, BGBl 1996/201)

(3) Für jeden Ersatzmonat nach Abs. 1 Z 1, der anspruchs- bzw. leistungswirksam werden soll, ist ein Beitrag in der Höhe von 22,8 vH zu entrichten. Als Beitragsgrundlage gilt

1. für die im Abs. 1 Z 1 genannten Zeiten, ausgenommen die Zeiten des Besuches einer Hochschule, einer Kunstakademie oder Kunsthochschule und der vorgeschriebenen Ausbildung für den künftigen, abgeschlossene Hochschulbildung erfordernden Beruf, das 10fache,

   (BGBl 1996/201)

2. für die im Abs. 1 Z 1 genannten Zeiten des Besuches einer Hochschule, einer Kunstakademie oder Kunsthochschule und der vorgeschriebenen Ausbildung für den künftigen, abgeschlossene Hochschulbildung erfordernden Beruf, das 20fache der im Zeitpunkt der Feststellung der Berechtigung zur Beitragsentrichtung geltenden Höchstbeitragsgrundlage in der Pensionsversicherung (§ 45 Abs. 1).

   (BGBl 1996/201, BGBl 1996/411)

Die Beitragsgrundlage ist im Falle der Entrichtung des Beitrages nach Vollendung des 40. Lebensjahres des (der) Versicherten mit einem Faktor zu vervielfachen, der durch Verordnung des Bundesministers für Arbeit und Soziales nach versicherungsmathematischen Grundsätzen festzusetzen ist.

(BGBl 1996/201)

(4) Die Beitragsentrichtung nach Abs. 3 kann bei jedem Versicherungsträger, bei dem mindestens ein Versicherungsmonat erworben wurde, für alle oder einzelne dieser Ersatzmonate jederzeit bis zum Stichtag beantragt werden. Wenn die Berechtigung zur Beitragsentrichtung erst nach dem Stichtag in einem vor dem Stichtag eingeleiteten Verfahren festgestellt wird, können die Beiträge auch nach dem Stichtag entrichtet werden. Die Entrichtung der Beiträge in Teilbeträgen ist zulässig; hiebei darf die Gesamtzahl der Teilbeträge – unter Berücksichtigung der Einkommens- und Familienverhältnisse des (der) Versicherten – das Dreifache der Anzahl der Ersatzmonate, deren Erwerb beantragt wurde, nicht überschreiten. Die Beitragshöhe ist neu festzusetzen, wenn

1. die Zahlung der Teilbeträge ohne triftigen Grund unterbrochen wird oder
2. der Gesamtbetrag – soweit keine Teilbeträge vereinbart wurden – nicht innerhalb von drei Monaten ab der schriftlichen Verständigung durch den Versicherungsträger über die Berechtigung zur Beitragsentrichtung entrichtet wird.

Die dem eingezahlten Betrag entsprechenden Versicherungszeiten werden mit seinem Einlangen beim Versicherungsträger anspruchs- bzw. leistungswirksam.

(BGBl 1996/201, BGBl 1996/411)

(5) Abs. 2 gilt nicht für Zeiten, für die aus Anlaß der Aufnahme in das pensionsversicherungsfreie Dienstverhältnis vom Dienstnehmer an den Dienstgeber ein besonderer Pensionsbeitrag geleistet worden ist, sofern für diese Zeiten ein Überweisungsbetrag nach § 311 geleistet worden ist.

(6) (aufgehoben)

(BGBl 1994/20)

Ersatzzeiten für Zeiten der Kindererziehung nach dem 31. Dezember 1955

§ 227a. (1) Als Ersatzzeiten aus der Zeit nach dem 31. Dezember 1955 gelten überdies in dem Zweig der Pensionsversicherung, in dem die letzte vorangegangene Beitragszeit bzw. beim Fehlen einer solchen, in dem die erste nachfolgende Beitragszeit vorliegt, bei einer (einem) Versicherten, die (der) ihr (sein) Kind (Abs. 2) tatsächlich und überwiegend erzogen hat, die Zeit dieser Erziehung im Inland im Ausmaß von höchstens 48 Kalendermonaten, gezählt ab der Geburt des Kindes.

(2) Als Kind im Sinne des Abs. 1 gelten:

1. die ehelichen und die legitimierten Kinder des (der) Versicherten;
2. die unehelichen Kinder einer weiblichen Versicherten;
3. die unehelichen Kinder eines männlichen Versicherten, wenn seine Vaterschaft durch Urteil oder durch Anerkenntnis festgestellt ist (§ 163b ABGB);
4. die Stiefkinder;
5. die Wahlkinder;
6. die Pflegekinder, sofern die Übernahme der unentgeltlichen Pflege nach dem 31. Dezember 1987 erfolgte.

(3) Liegt die Geburt (Annahme an Kindes Statt, Übernahme der unentgeltlichen Pflege des Kindes) eines weiteren Kindes vor dem Ablauf der 48-Kalendermonate-Frist, so erstreckt sich diese nur bis zu dieser neuerlichen Geburt (Annahme an Kindes Statt, Übernahme der unentgeltlichen Pflege des Kindes); endet die Erziehung des weiteren Kindes (Abs. 1) vor Ablauf dieser 48-Kalendermonate-Frist, sind die folgenden Kalendermonate bis zum Ablauf wieder zu zählen. Der Erziehung des Kindes im Inland steht eine solche in einem Mitgliedstaat des Abkommens über den Europäischen Wirtschaftsraum (EWR) gleich, wenn für dieses Kind Anspruch auf eine Geldleistung aus dem Versicherungsfall der Mutterschaft nach diesem oder einem anderen Bundesgesetz bzw. auf Betriebshilfe nach dem Betriebshilfegesetz besteht bzw. bestanden hat und die Zeit der Kindererziehung nach dem Inkrafttreten dieses Abkommens liegt.

(4) Anspruch für ein und dasselbe Kind besteht in den jeweiligen Zeiträumen nur für die Personen, die das Kind tatsächlich und überwiegend erzogen hat. Für die Zuordnung zum jeweiligen Elternteil gelten die Abs. 5, 6 und 7.

(5) Für den Elternteil,

1. der im maßgeblichen Zeitraum Kinderbetreuungsgeld, Karenzgeld, Sondernotstandshilfe oder eine Leistung nach dem Betriebshilfegesetz bezogen hat, oder

   (BGBl I 1997/47, BGBl I 2001/103)

2. der im maßgeblichen Zeitraum nicht der Pflichtversicherung in der Pensionsversicherung unterlag, während der andere Elternteil in der Pensionsversicherung pflichtversichert war,

besteht die Vermutung, daß er das Kind tatsächlich und überwiegend erzogen hat. Hinsichtlich der in Z 2 genannten Personen kann der Elternteil, der im maßgeblichen Zeitraum der Pflichtversicherung in der Pensionsversicherung unterlegen ist, diese Vermutung widerlegen.

(6) Waren beide Elternteile in der Pensionsversicherung pflichtversichert oder lag bei keinem der Elternteile eine Pflichtversicherung in der Pensionsversicherung bzw. ein Kinderbetreuungsgeldbezug oder Karenzgeldbezug (Karenzgeld bei Teilzeitbeschäftigung), besteht die Vermutung, daß die weibliche Versicherte das Kind tatsächlich und überwiegend erzogen hat. Der männliche Versicherte kann diese Vermutung widerlegen.

(BGBl I 1997/47, BGBl I 2001/103)

(7) Im Falle der Abs. 5 und 6 ist die Widerlegung der Vermutung bis spätestens zu dem Zeitpunkt zulässig, zu dem der Pensionsantrag eines der beiden Elternteile bescheidmäßig erledigt ist.

(8) Für jeden Ersatzmonat auf Grund der Erziehung eines Wahl- oder Pflegekindes (Abs. 2 Z 5 und 6) ist aus Mitteln des Ausgleichsfonds für Familienbeihilfen ein Beitrag in der Höhe von 22,8% der Beitragsgrundlage zu entrichten. Beitragsgrundlage für den Kalendertag ist der Betrag nach § 76b Abs. 4.

(BGBl I 2000/142, BGBl I 2001/67)

(BGBl 1994/20)

Ersatzzeiten allgemeiner Art aus der Zeit vor dem 1. Jänner 1956

§ 228. (1) Als Ersatzzeiten aus der Zeit vor dem 1. Jänner 1956 gelten

1. Zeiten, in denen ein Versicherter, der am Stichtag (§ 223 Abs. 2) die österreichische Staatsbürgerschaft besitzt,
   a) während des ersten oder zweiten Weltkrieges Kriegsdienst oder einen nach den jeweils in Geltung gestandenen Vorschriften dem Kriegsdienst für die Berücksichtigung in der Rentenversicherung gleichgehaltenen Not- oder Luftschutzdienst geleistet oder sich in Kriegsgefangenschaft befunden hat,
   b) sich in Anstaltspflege befunden hat, die unmittelbar an eine Zeit im Sinne der lit. a anschließt und die im ursächlichen Zusammenhang mit dem Kriegsdienst oder der Kriegsgefangenschaft steht, wenn der Versicherte einen bescheidmäßig zuerkannten Anspruch auf eine Beschädigtenrente nach dem Kriegsopferversorgungsgesetz 1957 auf Grund einer Minderung der Erwerbsfähigkeit von mindestens 70 vH hat;
   c) eine Wehr- oder Arbeitsdienstpflicht nach den jeweils in Geltung gestandenen Vorschriften erfüllt hat;

   diese Zeiten gelten jedoch nur dann als Ersatzzeiten, wenn ihnen eine Beitrags- oder Ersatzzeit vorangeht oder nachfolgt; soweit die Zeiten der Dienstleistung (Kriegsgefangenschaft, Dienstpflicht) vor dem 1. Juli 1927 liegen und vorher oder nachher nur eine zu einem Sechstel für die Wartezeit zählende Ersatzzeit liegt, zählen auch sie für die Wartezeit nur mit einem Sechstel ihres Ausmaßes; sie gelten als Ersatzzeiten in dem Zweig der Pensionsversicherung, in dem die letzte vorangegangene Beitrags- oder Ersatzzeit vorliegt, bzw. beim Fehlen einer solchen in dem Zweig der Pensionsversicherung, in dem die erste nachfolgende Beitrags- oder Ersatzzeit vorliegt;
2. in dem Zweig der Pensionsversicherung; zu dem nach § 31 des 1. Sozialversicherungs-Neuregelungsgesetzes, BGBl. Nr. 86/1952, in der Fassung des Bundesgesetzes BGBl. Nr. 166/1954, Beiträge nachentrichtet worden sind, die durch diese Beiträge gedeckten Zeiten;
3. in dem Zweig der Pensionsversicherung, in dem die erste nachfolgende Beitragszeit

vorliegt, Zeiten der im § 227 Abs. 1 Z 1 angegebenen Art nach Maßgabe der entsprechend anzuwendenden Vorschriften des § 227 Abs. 1 Z 1, Abs. 2 und 3[a]); hiebei ist für die Zeit vor dem 16. Oktober 1918 dem Besuch einer inländischen Schule der Besuch einer gleichartigen, im Gebiet der ehemaligen österreichisch-ungarischen Monarchie gelegenen Schule gleichzuhalten;

[a]) Beachte die Übergangsbestimmung (Art. XXI Abs. 6 33. Novelle) im Anhang.

4. in dem Zweig der Pensionsversicherung, in dem die letzte vorangegangene Beitrags- oder Ersatzzeit vorliegt, Zeiten, während derer der Versicherte infolge einer Freiheitsbeschränkung – sofern es sich nicht um Zeiten einer Freiheitsbeschränkung auf Grund einer Tat handelt, die nach den österreichischen Gesetzen im Zeitpunkt der Begehung strafbar war oder strafbar gewesen wäre, wenn sie im Inland gesetzt worden wäre – an der Verfügung über seine Arbeitskraft gehindert gewesen ist. Diese Zeiten gelten nur dann als Ersatzzeiten, wenn ihnen eine Beitrags- oder Ersatzzeit vorangeht;
5. in dem Zweig der Pensionsversicherung, in dem die letzte vorangegangene Beitrags- oder Ersatzzeit vorliegt, nach dem 31. Dezember 1938 gelegene Zeiten, während derer eine Versicherte Wochengeld bezog oder während derer dieser Anspruch ruhte;
6. in dem Zweig der Pensionsversicherung, in dem die erste nachfolgende Beitragszeit vorliegt, die Zeiten, in denen ein Angehöriger eines Ordens oder einer Kongregation der Katholischen Kirche oder einer Anstalt der Evangelischen Diakonie nach Vollendung des 15. Lebensjahres im Gebiete der Republik Österreich in einem Dienstverhältnis zu einer anderen Körperschaft (Person) als seiner Kirche bzw. deren Einrichtungen (Orden, Kongregation, Anstalt der Evangelischen Diakonie) gestanden ist, sofern es sich nicht um ein nach den jeweils in Geltung gestandenen Vorschriften rentenversicherungsfreies Dienstverhältnis gehandelt hat;
7. in dem Zweig der Pensionsversicherung, in dem die letzte vorangegangene Beitrags- oder Ersatzzeit vorliegt, bzw. beim Fehlen einer solchen in dem Zweig der Pensionsversicherung, in dem die erste nachfolgende Beitrags- oder Ersatzzeit vorliegt, Zeiten der Anstaltspflege, die unmittelbar an den 9. Mai 1945 anschließen und die im ursächlichen Zusammenhang mit einer Gesundheitsschädigung infolge eines der in § 1 Abs. 1 lit. c oder Abs. 2 des Opferfürsorgegesetzes angeführten Gründe stehen, wenn der Versicherte einen bescheidmäßig zuerkannten Anspruch auf eine Beschädigtenrente nach dem Opferfürsorgegesetz auf Grund einer Minderung der Erwerbsfähigkeit von mindestens 70 vH hat. Unmittelbarkeit ist auch gegeben, wenn die Heimkehr aus einem Einsatz im Sinne des § 1 Abs. 1 des Opferfürsorgegesetzes oder aus Haft oder Anhaltung im Sinne des § 1 Abs. 2 erster Satz des Opferfürsorgegesetzes zwar später, jedoch innerhalb des im Abs. 2 bezeichneten Zeitraumes gelegen ist;
8. in dem Zweig der Pensionsversicherung, in dem die letzte vorangegangene Beitrags- oder Ersatzzeit vorliegt, bzw. beim Fehlen einer solchen in dem Zweig der Pensionsversicherung, in dem die erste nachfolgende Beitrags- oder Ersatzzeit vorliegt, die vor dem 1. Jänner 1956 gelegenen Zeiten der im § 227 Abs. 1 Z 11 angegebenen Art nach Maßgabe der jeweils in Geltung gestandenen Vorschriften über die Versorgung der Kriegsopfer;
9. in dem Zweig der Pensionsversicherung, in dem die erste nachfolgende Beitrags- oder Ersatzzeit vorliegt, nach dem 31. Dezember 1938 gelegene, nicht schon als Versicherungszeiten geltende Zeiten eines Lehrverhältnisses;
10. (aufgehoben)

(BGBl 1994/20)

(2) Zur Kriegsgefangenschaft im Sinne des Abs. 1 Z 1 lit. a zählt auch die Heimkehr aus ihr, soweit die Zeit nicht überschritten ist, die der Einberufene bei Berücksichtigung aller Zwischenfälle benötigte, um an seinen letzten Wohnort vor der Einberufung zurückzukehren. Eine Zivilinternierung im Zusammenhang mit dem Ersten oder Zweiten Weltkrieg ist der Kriegsgefangenschaft gleichzuhalten. Für Personen, die am 13. März 1938 die österreichische Staatsbürgerschaft besessen haben, ist Abs. 1 Z 1 mit der Maßgabe anzuwenden, daß das Erfordernis der österreichischen Staatsbürgerschaft entfällt.

Ersatzzeiten für Zeiten der Kindererziehung vor dem 1. Jänner 1956

§ 228a. (1) Als Ersatzzeiten aus der Zeit vor dem 1. Jänner 1956 gelten überdies in dem Zweig der Pensionsversicherung, in dem die letzte vorangegangene Beitragszeit bzw. beim Fehlen einer solchen, in dem die erste nachfolgende Beitragszeit vorliegt, bei einer (einem) Versicherten,

1. die (der) im Zeitpunkt der Geburt ihren (seinen) Wohnsitz im Inland hatte, und
2. die (der) ihr (sein) Kind (§ 227a Abs. 2 Z 1 bis 3) tatsächlich und überwiegend erzogen hat,

die Zeit dieser Erziehung im Inland im Ausmaß von höchstens 48 Kalendermonaten, gezählt ab der Geburt des Kindes.

(2) Liegt die Geburt eines weiteren Kindes vor dem Ablauf der 48-Kalendermonate-Frist, so erstreckt sich diese nur bis zu dieser neuerlichen Geburt; endet die Erziehung des weiteren Kindes (Abs. 1) vor Ablauf dieser 48-Kalendermonate-Frist, sind die folgenden Kalendermonate bis zum Ablauf wieder zu zählen.

(3) Anspruch für ein und dasselbe Kind besteht in den jeweiligen Zeiträumen nur für den Elternteil, der das Kind tatsächlich und überwiegend erzogen hat. Dabei besteht die Vermutung, daß die weibliche Versicherte das Kind tatsächlich und überwiegend erzogen hat. Der männliche Versicherte kann diese Vermutung widerlegen.

(4) Im Falle des Abs. 3 ist die Widerlegung der Vermutung bis spätestens zu dem Zeitpunkt zulässig, zu dem der Pensionsantrag eines der beiden Elternteile bescheidmäßig erledigt ist.

(BGBl 1994/20)

Ersatzzeiten für einzelne Zweige der Pensionsversicherung aus der Zeit vor dem 1. Jänner 1956

§ 229. (1) Als Ersatzzeiten aus der Zeit vor dem 1. Jänner 1956 gelten in den nachstehend angeführten Zweigen der Pensionsversicherung folgende Zeiten:

1. in der Pensionsversicherung der Arbeiter folgende vor dem 1. Jänner 1939 gelegene Zeiten, soweit sie nicht unter Z 3 fallen:
   a) Zeiten einer Beschäftigung als Arbeiter im Gebiete der Republik Österreich, die nach dem Stande der österreichischen Vorschriften am 31. Dezember 1938 die Krankenversicherungspflicht begründet hat oder begründet hätte,
   b) Zeiten einer Beschäftigung als Arbeiter im Gebiete der Republik Österreich, die nach dem Stande der österreichischen Vorschriften am 31. Dezember 1938 krankenversicherungsfrei war, weil dem Arbeiter den gesetzlichen Leistungen der Sozialversicherung gleichwertige Leistungen des Dienstgebers oder einer Fürsorgeeinrichtung des Dienstgebers gesichert waren, sofern nach dem Ausscheiden aus dem Beschäftigungsverhältnis kein Anspruch auf einen Versorgungsbezug anfiel,
   c) Zeiten des Militärdienstes als länger dienende Mannschaftsperson, Angehöriger des Militärassistenzkorps oder zeitverpflichteter Unteroffizier des ehemaligen österreichischen Bundesheeres, sofern nach dem Ausscheiden aus dem Dienstverhältnis kein Anspruch auf einen Versorgungsbezug anfiel;
2. in der Pensionsversicherung der Angestellten, die vor dem 1. Jänner 1939 und nach Vollendung des 15. Lebensjahres gelegenen Zeiten einer Beschäftigung als Angestellter,
   a) während derer nach dem Stande der Vorschriften vom 31. Dezember 1938, abgesehen von der Vorschrift über das Mindestalter von 17 Jahren und der Ausnahme der Lehrlinge von der Versicherungspflicht, die Pflichtversicherung in der Angestellten(Pensions)versicherung begründet wurde, soweit sie nicht schon als Beitragszeiten zählen,
   b) im Sinne des § 1 Abs. 6 des Angestelltenversicherungsgesetzes 1928, BGBl. Nr. 232, bzw. des § 223 Abs. 2 des Bundesgesetzes, betreffend die gewerbliche Sozialversicherung, BGBl. Nr. 1/1938, abgesehen von der Voraussetzung, daß sie im Inland auszuüben war;
3. in der knappschaftlichen Pensionsversicherung
   a) die Zeiten, die vor dem 1. Jänner 1939 in einer nach den Vorschriften der Provisionsversicherung der Bergarbeiter (Bruderladenprovisionsversicherung) versicherungspflichtigen Beschäftigung in dem Gebiete der Republik Österreich als Arbeiter zurückgelegt worden sind,
   b) Zeiten der Beschäftigung als Arbeiter, die in einem im Gebiete der Republik Österreich gelegenen Betriebe seit dem Jahre 1924 bis zu der spätestens am 31. Dezember 1955 erfolgten Einbeziehung der Dienstnehmer dieses Betriebes in die knappschaftliche Rentenversicherung zurückgelegt worden sind, soweit solche Zeiten nicht gemäß § 226 Abs. 4 Z 4 als Beitragszeiten der knappschaftlichen Pensionsversicherung gelten;
4. in der Pensionsversicherung der Arbeiter bzw. der Pensionsversicherung der Angestellten überdies vor dem Zeitpunkt der Einführung der Pflichtversicherung in der Pensions(Renten)versicherung gelegene Zeiten, für die der Versicherte
   a) die Ausübung einer Beschäftigung im Betriebe der Eltern, Großeltern, Wahl- oder Stiefeltern, die bei früherem Wirksamkeitsbeginn der Bestimmungen dieses Bundesgesetzes die Pflichtversicherung in der Pensionsversicherung begründet hätte, oder
   b) die Ausübung einer selbständigen Erwerbstätigkeit der im § 4 Abs. 3 und im § 7 Z 2 lit. b bezeichneten Art

nachweist.

(2) Für die Erfüllung der Wartezeit zählen die im Abs. 1 angeführten Zeiten mit der vollen zu-

rückgelegten Dauer, Zeiten nach Abs. 1 Z 1 oder 2 jedoch, die vor dem 1. Juli 1927 liegen, nur zu einem Sechstel.

(3) Für die Bemessung der Leistungen gelten bei Vorliegen von Ersatzzeiten nach Abs. 1 Z 1 oder 2 – ohne Rücksicht auf die tatsächliche Dauer und Lagerung dieser Zeiten – in jedem zwischen der Vollendung des 15. Lebensjahres und dem 1. Jänner 1939 liegenden vollen Kalenderjahre

bei Versicherten der Geburtsjahrgänge bis 1905	8 Monate
bei Versicherten der Geburtsjahrgänge 1906 bis 1916	7 Monate
bei Versicherten der Geburtsjahrgänge 1917 und später	6 Monate

an Ersatzzeit als erworben; die sich hienach ergebende Versicherungszeit vermindert sich um acht beziehungsweise sieben beziehungsweise sechs Zwölftel der Dauer anderer Versicherungszeiten nach diesem oder einem anderen Bundesgesetz aus dem Zeitraum vor dem 1. Jänner 1939. Beim Vorliegen von Zeiten nach Abs. 1 Z 4 gelten für die Bemessung der Leistung in jedem vollen Kalenderjahr der Ausübung der in Abs. 1 Z 4 genannten Beschäftigung (Erwerbstätigkeit)

bei Versicherten der Geburtsjahrgänge bis 1905	8 Monate
bei Versicherten der Geburtsjahrgänge 1906 bis 1916	7 Monate
bei Versicherten der Geburtsjahrgänge 1917 und später	6 Monate

an Ersatzzeit als erworben. Ein Rest von weniger als 12 Kalendermonaten der Ausübung einer derartigen Erwerbstätigkeit wird in der Weise berücksichtigt, daß für jeden restlichen Monat ein Zwölftel der für ein volles Kalenderjahr anzurechnenden Monate an Ersatzzeit als erworben gilt.

(4) Abs. 3 gilt auch für die Bemessung der Leistungen, wenn in der Zeit vor dem 1. Jänner 1939 in der Pensionsversicherung der Angestellten nur Beitragszeiten vorliegen.

(5) Abs. 3 gilt ferner für die Bemessung der Leistungen, wenn in der Zeit vor dem 1. Jänner 1939 Beitragszeiten in der knappschaftlichen Pensionsversicherung oder Ersatzzeiten nach Abs. 1 Z 3 vorliegen. Hiebei ist auch die sich aus der Anwendung des Abs. 3 ergebende Versicherungszeit um acht beziehungsweise sieben beziehungsweise sechs Zwölftel der Ersatzzeiten nach Abs. 1 Z 3 zu vermindern. Die Zeiten nach Abs. 1 Z 3 sind bei der Bemessung der Leistung mit ihrer vollen Dauer, die Zeiten, für die ein Reserveanteil nach dem Bruderladengesetz, RGBl. Nr. 127/1889, behoben worden ist, unter entsprechender Anwendung des Abs. 3 zu berücksichtigen.

Behandlung in einem Ruhe(Versorgungs)genuß berücksichtigter Versicherungszeiten

§ 229a. (1) Beitragszeiten gemäß § 226 und Ersatzzeiten gemäß §§ 228 und 229, die vor dem 1. Jänner 1939 erworben wurden und die in einem Ruhe(Versorgungs)genuß auf Grund eines öffentlich-rechtlichen oder diesem gleichgestellten Dienstverhältnisses (Anlage 11) zu berücksichtigen sind oder berücksichtigt wurden, gelten nicht als Versicherungszeiten.

(2) Sind unter den im Abs. 1 genannten Versicherungszeiten, auf Grund deren § 229 Abs. 3, 4 oder 5 anzuwenden ist, auch Versicherungszeiten, die nicht in einem Ruhe(Versorgungs)genuß auf Grund eines öffentlich-rechtlichen oder diesem gleichgestellten Dienstverhältnisses (Anlage 11) zu berücksichtigen sind oder berücksichtigt wurden, so vermindert sich die sich nach § 229 Abs. 3 ergebende Versicherungszeit um acht bzw. sieben bzw. sechs Zwölftel der im Ruhe(Versorgungs)genuß für den Zeitraum bis zum 31. Dezember 1938 zu berücksichtigenden oder berücksichtigten Zeiten.

(3) Abs. 1 gilt nicht bei Anwendung der §§ 308 und 529.

Behandlung von Ersatzzeiten als Beitragszeiten der freiwilligen Versicherung

§ 229b. Ersatzzeiten gemäß den §§ 227 Abs. 1 Z 1 und 228 Abs. 1 Z 3, für die ein Beitrag gemäß § 227 Abs. 3 und 4 entrichtet wurde, gelten als Beitragszeiten der freiwilligen Versicherung.

(BGBl I 1998/138)

Unwirksame Beiträge

§ 230. (1) Beiträge, die nach dem Stichtage (§ 223 Abs. 2) für einen anderen Beitragszeitraum als den letzten dem Stichtag zeitlich unmittelbar vorangehenden entrichtet werden, sind für die Leistung aus dem eingetretenen Versicherungsfall unwirksam.

(2) Abs. 1 ist nicht anzuwenden

a) auf Beiträge für Zeiträume, für welche die Versicherungspflicht oder die Berechtigung zur freiwilligen Versicherung erst nach dem Stichtag (§ 223 Abs. 2) in einem schon vorher eingeleiteten Verfahren festgestellt wurde;

b) auf Beiträge, die auf Grund nachträglicher gerichtlicher Entscheidungen oder gerichtlicher Vergleiche über Entgeltansprüche nachzuentrichten sind;

c) auf Beiträge, die nach den Vorschriften der §§ 225 Abs. 3 und 226 Abs. 3 als wirksam entrichtet anerkannt wurden;

d) in den Fällen der §§ 311, 314, 314a und 531 dieses Bundesgesetzes, des § 101d des Gewerblichen Selbständigen-Pensionsversicherungsgesetzes[a]) bzw. des § 99d des Bauern-Pensionsversicherungsgesetzes[b]) sowie des § 13 Abs. 3 des Bundesbezügegesetzes und des § 49h Abs. 3 des Bezügegesetzes;

(BGBl I 1997/64)

[a]) Jetzt: § 175 GSVG.

[b]) Jetzt: § 167 BSVG.

e) auf Beiträge, die wegen Verletzung der

Meldepflicht nachzuzahlen waren, soweit auf sie nicht § 56 Anwendung findet und soweit die Meldepflicht anderen Personen als dem Versicherten selbst obliegt;

f) auf Beiträge, die gemäß § 77 Abs. 6 aus Mitteln des Bundes zu tragen sind, sowie auf Beiträge, die gemäß § 77 Abs. 7 aus Mitteln des Ausgleichsfonds für Familienbeihilfen zu tragen sind;

(BGBl I 1997/139)

g) auf Beiträge, die zur Erhöhung von Leistungen gemäß § 261b führen.

(BGBl 1996/411)

Versicherungsmonate, Begriff

§ 231. Zur Feststellung der Leistungen aus der Pensionsversicherung und der Überweisungsbeträge nach den §§ 308 und 311 sind Versicherungszeiten in Versicherungsmonate zusammenzufassen, wobei in folgender Weise vorzugehen ist:

1. Für alle Versicherungszeiten mit Ausnahme von Ersatzzeiten gemäß den §§ 227 Abs. 1 Z 1 und 228 Abs. 1 Z 3, für die kein Beitrag gemäß § 227 Abs. 3 und 4 entrichtet wurde, sowie mit Ausnahme von Zeiten der Kindererziehung gemäß den §§ 227a und 228a:

   (BGBl 1994/20, BGBl I 1998/138)

   a) Jeder Kalendermonat, in dem mindestens Versicherungszeiten in der Dauer von 15 Tagen oder zwei ganze Beitragswochen, für die der Beitrag nach Beitragsklassen berechnet worden ist, oder eine solche Beitragswoche und acht Tage an sonstigen Versicherungszeiten liegen, ist ein Versicherungsmonat.

   b) Liegen in einem Kalendermonat nicht Versicherungszeiten in dem in lit. a angegebenen Mindestausmaß vor, so sind diese Versicherungszeiten solchen in den nachfolgenden Kalendermonaten desselben Kalenderjahres, die nicht schon nach lit. a Versicherungsmonate sind, so lange zuzuschlagen, bis in einem Kalendermonat Versicherungszeiten in dem in lit. a angegebenen Mindestausmaß vorliegen; dieser Kalendermonat ist sodann ein Versicherungsmonat. Der letzte im Kalenderjahr liegende Kalendermonat, in dem – auch nach dem Zuzählen von Versicherungszeiten aus vorangegangenen Kalendermonaten – Zeiten vorliegen, die das Mindestausmaß nach lit. a nicht erreichen, gilt jedenfalls als Versicherungsmonat.

   Bei Anwendung der lit. a und b sind Versicherungszeiten, die sich zeitlich decken, nur einfach zu zählen, wobei folgende Reihenfolge gilt:

   Beitragszeit der Pflichtversicherung,

   Ersatzzeit,

   Beitragszeit der freiwilligen Versicherung.

   Bei Versicherungszeiten gleicher Art gilt nachstehende Reihenfolge:

   – knappschaftliche Pensionsversicherung;
   – Pensionsversicherung der Angestellten;

     innerhalb der Pensionsversicherung der Angestellten:

     Pensionsversicherungsanstalt der Angestellten[a]),

     Versicherungsanstalt der österreichischen Eisenbahnen;
   – Pensionsversicherung der Arbeiter;

     innerhalb der Pensionsversicherung der Arbeiter:

     Pensionsversicherungsanstalt der Arbeiter[a]),

     Versicherungsanstalt der österreichischen Eisenbahnen.

   Die Bestimmungen des § 244 Abs. 2 und des § 249 Abs. 1 bleiben hievon unberührt.

   (BGBl I 1998/138, BGBl I 2002/1)

[a]) Ab 1. Jänner 2003 „Pensionsversicherungsanstalt“.

2. Für Versicherungszeiten gemäß den §§ 227 Abs. 1 Z 1 und 228 Abs. 1 Z 3, für die kein Beitrag gemäß § 227 Abs. 3 und 4 entrichtet wurde: Ein Kalendermonat gilt nur dann als Versicherungsmonat, wenn kein sonstiger leistungswirksamer Versicherungsmonat nach Z 1 vorliegt.

   (BGBl 1994/20, BGBl I 1998/138)

3. Für Versicherungszeiten gemäß den §§ 227a und 228a (Zeiten der Kindererziehung): Der erste volle Kalendermonat nach der Erfüllung der Voraussetzungen gemäß den §§ 227a oder 228a und die folgenden Kalendermonate sind Versicherungsmonate. Letzter Versicherungsmonat ist der Kalendermonat, in dem die Voraussetzungen gemäß den §§ 227a oder 228a wegfallen.

   (BGBl I 1998/138)

4. Sind für ein und denselben Kalendermonat

   a) die Z 1 und 3 anzuwenden, so ist dieser Monat als Versicherungsmonat sowohl gemäß Z 1 als auch gemäß Z 3 zu zählen;

   b) die Z 2 und 3 anzuwenden, so ist dieser Monat als Versicherungsmonat sowohl gemäß Z 2 als auch gemäß Z 3 zu zählen.

   (BGBl I 1998/138)

(BGBl 1993/335)

Versicherungsmonate, Arten

§ 232. (1) Der einzelne Versicherungsmonat gemäß§ 231 Z 1 gilt als Beitragsmonat der Pflichtversicherung, als Beitragsmonat der freiwilligen Versicherung oder als Ersatzmonat, je nachdem Beitragszeiten der Pflichtversicherung, Beitragszeiten der freiwilligen Versicherung oder Ersatzzeiten in dem betreffenden Monat das zeitliche Übergewicht haben. Hat keine der in dem Versicherungsmonat liegenden Arten von Versicherungszeiten das zeitliche Übergewicht, so bestimmt sich die Art des Versicherungsmonates nach der im § 231 Z 1 drittletzter und vorletzter Satz angegebenen Reihenfolge. Ein Versicherungsmonat gemäß § 231 Z 2 und 3 gilt als Ersatzmonat.

(BGBl 1993/335, BGBl I 1998/138)

(2) Abs. 1 erster Satz ist entsprechend bei der Feststellung anzuwenden, welchem Zweige der Pensionsversicherung ein Versicherungsmonat zugehört. Haben die Versicherungszeiten keines beteiligten Zweiges der Pensionsversicherung das zeitliche Übergewicht, so bestimmt sich die Zugehörigkeit des Versicherungsmonates zu einem Zweige der Pensionsversicherung nach folgender Reihenfolge: knappschaftliche Pensionsversicherung, Pensionsversicherung der Angestellten, Pensionsversicherung der Arbeiter.

(3) Abs. 1 erster Satz ist auch entsprechend anzuwenden, wenn festzustellen ist, bei welchem der mehreren Träger der Pensionsversicherung der Arbeiter oder der Angestellten ein Versicherungsmonat erworben ist. Hiebei gelten als erworben

a) Beitragszeiten vor dem 1. Jänner 1948 bei dem Träger der Pensionsversicherung der Arbeiter oder der Angestellten, der für die damals ausgeübte Beschäftigung nach den Vorschriften dieses Bundesgesetzes zuständig gewesen wäre.

b) Ersatzzeiten nach § 229 Abs. 1 Z 1 bei dem Träger der Pensionsversicherung der Arbeiter oder der Angestellten, der für die während der Ersatzzeit ausgeübte Beschäftigung nach den Vorschriften dieses Bundesgesetzes zuständig gewesen wäre.

c) Ersatzzeiten nach § 228 Abs. 1 Z 1 bei dem Träger der Pensionsversicherung der Arbeiter oder der Angestellten, bei dem die letzte vorangegangene beziehungsweise die erste nachfolgende Versicherungszeit erworben worden ist.

d) Ersatzzeiten nach § 228 Abs. 1 Z 3 bei dem Träger der Pensionsversicherung der Arbeiter oder der Angestellten, bei dem die erste nachfolgende Beitragszeit erworben worden ist oder als erworben gilt.

Haben die bei keinem der beteiligten Träger der Pensionsversicherung der Arbeiter oder der Angestellten erworbenen Versicherungszeiten das zeitliche Übergewicht, so ist der Monat in folgender Reihenfolge zuzuweisen: Pensionsversicherungsanstalt der Arbeiter bzw. der Angestellten[a]), Versicherungsanstalt der österreichischen Eisenbahnen.

(BGBl I 1998/138, BGBl I 2002/1)

---

[a]) Ab 1. Jänner 2003 „Pensionsversicherungsanstalt“.

Berücksichtigung von Versicherungsmonaten

§ 233. (1) Für die Bildung der Bemessungsgrundlagen (§§ 238 und 239), die Berücksichtigung der Bemessungsgrundlagen bei der Berechnung des Steigerungsbetrages (§ 240), die Berücksichtigung der Beitragsgrundlagen in der Bemessungsgrundlage (§ 242), die Feststellung der Leistungszugehörigkeit (§ 245) und für die Bemessung des Steigerungsbetrages (§ 261) sind Versicherungsmonate, die sich zeitlich decken, nur einfach zu zählen, wobei folgende Reihenfolge gilt:

Beitragsmonat der Pflichtversicherung,

leistungswirksamer Ersatzmonat mit Ausnahme von Ersatzmonaten nach den §§ 227a und 228a,

Beitragsmonat der freiwilligen Versicherung,

Ersatzmonat nach den §§ 227a und 228a,

leistungsunwirksamer Ersatzmonat.

(BGBl 1994/20, BGBl I 1998/138, BGBl I 2001/103)

(2) Für die Feststellung und Erfüllung der Wartezeit (§§ 235 und 236) und für die Erfüllung der Anspruchsvoraussetzungen nach den §§ 253a Abs. 1 Z 2, 253b Abs. 1 Z 2 und 253c Abs. 1 Z 1 sind Versicherungsmonate, die sich zeitlich dekken, nur einfach zu zählen, wobei folgende Reihenfolge gilt:

Beitragsmonat der Pflichtversicherung,

Beitragsmonat der freiwilligen Versicherung,

Ersatzmonat nach den §§ 227a und 228a, der als Beitragsmonat (der Pflichtversicherung) zu berücksichtigen ist,

leistungswirksamer Ersatzmonat mit Ausnahme von Ersatzmonaten nach den §§ 227a und 228a,

sonstiger Ersatzmonat nach den §§ 227a und 228a,

leistungsunwirksamer Ersatzmonat.

(BGBl I 2001/103)

(3) Wurden für einen vollen Kalendermonat, der als leistungsunwirksamer Ersatzmonat anzusehen ist, Beiträge einer freiwilligen Versicherung in der Pensionsversicherung ausgenommen die Höherversicherung geleistet, ist dieser Kalendermonat für die Bemessung des Steigerungsbetrages (§ 261) als leistungswirksamer Ersatzmonat zu zählen.

(BGBl I 2001/103)

(BGBl 1993/335)

Neutrale Monate

§ 234. (1) Als neutral sind folgende Zeiten anzusehen, die nicht Versicherungszeiten sind:

1. die Zeit zwischen dem Eintritt des Versicherungsfalles, wenn jedoch der Antrag

auf eine Leistung nach § 223 Abs. 1 Z 1 oder 2 erst nach Eintritt des Versicherungsfalles gestellt wird, zwischen dem Zeitpunkt der Antragstellung und dem Stichtag (§ 223 Abs. 2);

2. Zeiten, während derer der Versicherte einen bescheidmäßig zuerkannten Anspruch auf
   a) eine Leistung aus einem Versicherungsfall des Alters nach diesem oder einem anderen Bundesgesetz oder aus einem Versicherungsfall der geminderten Arbeitsfähigkeit nach diesem Bundesgesetz bzw. aus dem Versicherungsfall der Erwerbsunfähigkeit nach dem Gewerblichen Selbständigen-Pensionsversicherungsgesetz oder dem Bauern-Pensionsversicherungsgesetz,

      (BGBl 1996/201)
   b) eine Versehrtenrente aus der gesetzlichen Unfallversicherung auf Grund einer Erwerbsfähigkeitseinbuße von mindestens 50 vH,
   c) eine Beschädigtenrente nach dem Kriegsopferversorgungsgesetz 1957, dem Heeresversorgungsgesetz oder dem Opferfürsorgegesetz auf Grund einer Minderung der Erwerbsfähigkeit von mindestens 70 vH

   hatte, es sei denn, daß der Anspruch nach lit. a oder b wegen Verbüßung einer Freiheitsstrafe oder einer Anhaltung im Sinne des § 89 Abs. 1 Z 1 dieses Bundesgesetzes bzw. des § 37 Abs. 1 Z 1 des Gewerblichen Selbständigen-Pensionsversicherungsgesetzes[a]) bzw. des § 33 Abs. 1 Z 1 des Bauern-Pensionsversicherungsgesetzes[b]) ruhte;

[a]) Jetzt: § 58 Abs. 1 Z 1 GSVG.

[b]) Jetzt: § 54 Abs. 1 Z 1 BSVG.

3. die Zeit, die zwischen der Erfüllung der Voraussetzungen für den Anspruch auf eine Leistung aus dem Versicherungsfall des Alters und der Antragstellung auf die Leistung liegt;
4. Zeiten eines Dienstes (einer Dienstpflicht) der im § 228 Abs. 1 Z 1 lit. a und b bezeichneten Art, jedoch nur für Personen, die am Stichtag (§ 223 Abs. 2) die österreichische Staatsbürgerschaft besitzen;
5. Zeiten, während derer der Versicherte Krankengeld (Wochengeld) auf Grund gesetzlicher Versicherung bezog, ferner Zeiten einer auf Grund gesetzlicher Versicherung oder der gesetzlichen Fürsorge für die Opfer des Krieges oder des Kampfes um ein freies demokratisches Österreich gewährten Anstalts(Heilstätten)pflege und nach dem 31. Dezember 1945 gelegene Zeiten einer auf Krankheit gegründeten Arbeitsunfähigkeit arbeitsloser als solcher nicht krankenversicherter Personen; den Zeiten des Krankengeld(Wochengeld)bezuges stehen Zeiten des Aufenthaltes in einem Genesungs-, Erholungs- oder Kurheim oder einer Sonderkrankenanstalt auf Rechnung eines Versicherungsträgers sowie die Zeiten, während derer Anspruch auf Ersatz der Verpflegskosten einem Versicherungsträger gegenüber bestanden hat, gleich;
6. Zeiten, während derer der Versicherte
   a) wegen Arbeitslosigkeit eine Geldleistung aus der Arbeitslosenversicherung (Arbeitslosenfürsorge) bezog oder
   b) nach dem 31. Dezember 1945 als arbeitslos gemeldet war, jedoch vom Bezug einer in lit. a genannten Geldleistung aus einem anderen Grund als wegen Arbeitsunwilligkeit, Auflösung des Dienstverhältnisses durch eigenes Verschulden, freiwilliger Lösung des Dienstverhältnisses ohne triftigen Grund oder Unterlassung der Kontrollmeldung ausgeschlossen war;
7. (aufgehoben)
8. Zeiten einer Beschäftigung als Dienstnehmer in der Zeit zwischen dem 1. Jänner 1939 und dem 31. Dezember 1955, die von Gesetzes wegen rentenversicherungsfrei gewesen sind, für die aber nach den Bestimmungen dieses Bundesgesetzes Pensionsversicherungspflicht gegeben wäre;
9. Zeiten einer Untersuchungshaft, wenn das strafgerichtliche Verfahren gemäß § 90 oder § 109 der Strafprozeßordnung eingestellt worden ist oder mit einem Freispruche geendet hat, sowie Zeiten einer Strafhaft, wenn das wiederaufgenommene strafgerichtliche Verfahren eingestellt worden ist oder mit einem Freispruche geendet hat, ferner Zeiten einer Strafhaft auf Grund einer Tat, die nach den österreichischen Gesetzen im Zeitpunkt der Begehung der Tat strafbar war, nach den österreichischen Gesetzen bei Eintritt des Versicherungsfalles jedoch nicht mehr strafbar ist;
10. Zeiten eines Urlaubes gegen Entfall des Arbeitsentgeltes nach den Vorschriften des Mutterschutzrechtes;
11. Zeiten im Sinne des § 18a Abs. 1, die zur Selbstversicherung berechtigt hätten.

    (BGBl 1993/335)

(2) Nach dem 31. Dezember 1970 gelegene Zeiten der im Abs. 1 Z 6 lit. b bezeichneten Art sind nur bis zum Höchstausmaß von 60 Monaten und Zeiten der im Abs. 1 Z 11 lit. b bezeichneten Art nur bis zum Höchstausmaß der letzten 36 solcher Monate als neutrale Zeiten anzusehen.

(3) Die neutralen Zeiten sind als neutrale Monate zu erfassen. Neutraler Monat ist jeder Kalendermonat, in dem mindestens 15 Tage neutraler Zeiten liegen und der nicht Versicherungsmonat ist. Neutrale Zeiten verschiedener Art, die sich zeitlich decken, sind nur einfach zu zählen.

Wartezeit als allgemeine Voraussetzung der Leistungsansprüche

§ 235. (1) Der Anspruch auf jede der im § 222 Abs. 1 und 2 angeführten Leistungen mit Ausnahme der Abfindung nach § 269 Abs. 1 Z 1 ist – abgesehen von den in den Abschnitten II bis IV festgesetzten besonderen Voraussetzungen – an die allgemeine Voraussetzung geknüpft, daß die Wartezeit durch Versicherungsmonate im Sinne des Abs. 2 erfüllt ist (§ 236).

(2) Für die Wartezeit sind die Versicherungsmonate aller Zweige der Pensionsversicherung, ausgenommen Zeiten einer Selbstversicherung nach § 16a, soweit sie zwölf Versicherungsmonate überschreiten, bei der Knappschaftspension und dem Knappschaftssold jedoch nur die Versicherungsmonate der knappschaftlichen Pensionsversicherung zu berücksichtigen.

(BGBl 1993/335)

(3) Die Wartezeit entfällt für eine Leistung aus dem Versicherungsfall der geminderten Arbeitsfähigkeit oder aus dem Versicherungsfall des Todes, wenn

a) der Versicherungsfall die Folge eines Arbeitsunfalles (§§ 175 und 176) oder einer Berufskrankheit (§ 177) ist, der (die) bei einem in der Pensionsversicherung nach diesem oder einem anderen Bundesgesetz Pflichtversicherten oder bei einem nach § 19a Selbstversicherten eingetreten ist, oder

b) (aufgehoben)

(BGBl I 1998/138)

c) der Versicherungsfall die Folge einer anerkannten Dienstbeschädigung im Sinne der für Wehrpflichtige oder für Frauen im Ausbildungsdienst geltenden versorgungsrechtlichen Vorschriften ist.

(BGBl I 1998/30)

Erfüllung der Wartezeit[a])

[a]) Beachte die Übergangsbestimmungen in Art. IV der 40. Novelle.

§ 236. (1) Die Wartezeit ist erfüllt, wenn am Stichtag (§ 223 Abs. 2) Versicherungsmonate im Sinne des § 235 Abs. 2 in folgender Mindestzahl vorliegen:

1. für eine Leistung aus einem Versicherungsfall der geminderten Arbeitsfähigkeit sowie aus dem Versicherungsfall des Todes

   a) wenn der Stichtag vor Vollendung des 50. Lebensjahres liegt, 60 Monate;

   b) wenn der Stichtag nach Vollendung des 50. Lebensjahres liegt, erhöht sich die Wartezeit nach lit. a je nach dem Lebensalter des (der) Versicherten für jeden weiteren Lebensmonat um jeweils einen Monat bis zum Höchstausmaß von 180 Monaten;

2. für eine Leistung aus einem Versicherungsfall des Alters, und zwar

   a) für die Alterspension (Knappschaftsalterspension) 180 Monate;

   b) (aufgehoben)

   (BGBl I 2000/43)

   c) für die vorzeitige Alterspension (Knappschaftsalterspension) bei Arbeitslosigkeit, die vorzeitige Alterspension (Knappschaftsalterspension) bei langer Versicherungsdauer – unbeschadet des § 276 Abs. 2 –, die Gleitpension (Knappschaftsgleitpension) und den Knappschaftssold 240 Monate.

   (BGBl I 2000/92, BGBl I 2001/33)

(BGBl 1996/201)

(BGBl 1993/335)

(2) Die gemäß Abs. 1 für die Erfüllung der Wartezeit erforderliche Mindestzahl von Versicherungsmonaten muß

1. im Falle des Abs. 1 Z 1 innerhalb der letzten 120 Kalendermonate vor dem Stichtag liegen; dieser Zeitraum verlängert sich, wenn der Stichtag nach Vollendung des 50. Lebensjahres liegt, je nach dem Lebensalter des (der) Versicherten für jeden weiteren Lebensmonat um jeweils zwei Kalendermonate bis zum Höchstausmaß von 360 Kalendermonaten;

2. im Falle des Abs. 1 Z 2 lit. a bis c innerhalb der letzten 360 Kalendermonate vor dem Stichtag liegen.

   (BGBl 1996/201)

3. (aufgehoben)

   (BGBl 1996/201)

(BGBl 1993/335)

(3) Fallen in die Zeiträume gemäß Abs. 2 neutrale Monate (§ 234), so verlängern sich die Zeiträume um diese Monate.

(BGBl 1993/335)

(4) Die Wartezeit ist auch erfüllt

1. für die Alterspension (Knappschaftsalterspension) und für Leistungen aus einem Versicherungsfall der geminderten Arbeitsfähigkeit und des Todes, wenn bis zum Stichtag

   a) mindestens 180 Beitragsmonate, ausgenommen Zeiten einer Selbstversicherung gemäß § 16a, soweit sie zwölf Versicherungsmonate überschreiten, oder

b) Beitragsmonate und/oder nach dem 31. Dezember 1955 zurückgelegte sonstige Versicherungsmonate in einem Mindestausmaß von 300 Monaten erworben sind;

2. für die vorzeitige Alterspension (Knappschaftsalterspension) bei Arbeitslosigkeit, die vorzeitige Alterspension (Knappschaftsalterspension) bei langer Versicherungsdauer und die Gleitpension (Knappschaftsgleitpension), wenn bis zum Stichtag mindestens 240 Beitragsmonate der Pflichtversicherung erworben sind;

(BGBl I 1998/138, BGBl I 2000/43)

3. für eine Leistung aus einem Versicherungsfall der geminderten Arbeitsfähigkeit sowie aus dem Versicherungsfall des Todes, wenn der Versicherungsfall vor der Vollendung des 27. Lebensjahres des (der) Versicherten eingetreten ist und bis zu diesem Zeitpunkt mindestens sechs Versicherungsmonate, die nicht auf einer Selbstversicherung gemäß § 16a beruhen, erworben sind.

(BGBl I 1998/138)

(BGBl 1993/335, BGBl 1996/201)

(4a) Als Beitragsmonate für die Erfüllung der Wartezeit nach Abs. 4 sind auch Ersatzmonate nach § 227a dieses Bundesgesetzes oder nach § 116a GSVG oder nach § 107a BSVG im Ausmaß von höchstens 18 Kalendermonaten je Kind zu berücksichtigen, gezählt ab der Geburt des Kindes, wenn

1. für diese Zeiten Anspruch auf Kinderbetreuungsgeld besteht oder der Anspruch darauf ausschließlich nach § 6 Abs. 1 Z 1 KBGG ruht und
2. sich diese Ersatzmonate nicht mit Beitragsmonaten decken.

(BGBl I 2001/103)

(5) Für den Knappschaftssold müssen während der für die Erfüllung der Wartezeit erforderlichen Versicherungsmonate wenigstens durch 120 Monate wesentlich bergmännische oder ihnen gleichgestellte Arbeiten (Abs. 6) verrichtet worden sein. Bei Angestellten müssen für die Knappschaftspension während der für die Erfüllung der Wartezeit erforderlichen Versicherungsmonate wenigstens durch 30 Monate solche Arbeiten verrichtet worden sein. Als Angestellte sind Personen anzusehen, die, wenn nicht ihre Zugehörigkeit zur knappschaftlichen Pensionsversicherung begründet wäre, nach § 14 zur Pensionsversicherung der Angestellten gehören würden.

(6) Als wesentlich bergmännische oder ihnen gleichgestellte Arbeiten gelten die in der Anlage 9 zu diesem Bundesgesetz bezeichneten Arbeiten unter den dort angeführten Voraussetzungen. Eine solche Arbeit gilt für einen nicht dienstunfähigen Versicherten als nicht unterbrochen,

a) wenn er aus betrieblichen Gründen eine sonstige Tätigkeit nicht länger als drei Monate im Kalenderjahr ausübt, oder
b) wenn er als Mitglied des Betriebsrates von diesen Arbeiten freigestellt worden ist.

Dritteldeckung

§ 237. (aufgehoben)

Bemessungsgrundlage

§ 238. (1) Bemessungsgrundlage für die Leistungen aus der Pensionsversicherung ist die Summe der 180 höchsten monatlichen Gesamtbeitragsgrundlagen (§ 242) aus dem Zeitraum vom erstmaligen Eintritt in die Versicherung bis zum Ende des letzten vor dem Stichtag oder dem Bemessungszeitpunkt nach § 261b liegenden Kalenderjahres, geteilt durch 210. Liegen weniger als 180 Beitragsmonate vor, so ist die Bemessungsgrundlage die Summe der monatlichen Gesamtbeitragsgrundlagen aus den vorhandenen Beitragsmonaten, geteilt durch die um ein Sechstel erhöhte Zahl dieser Beitragsmonate. Die Bemessungsgrundlage ist auf Cent aufzurunden.

(BGBl I 1998/138, BGBl I 2000/92, BGBl I 2001/33, BGBl I 2001/67)

(2) Bei der Anwendung des Abs. 1 bleiben außer Betracht:

1. a) Beitragsmonate nach diesem Bundesgesetz, die vor dem 1. Jänner 1956 liegen, es sei denn, daß Beitragsmonate nur in diesem Zeitraum vorhanden sind;

   b) Beitragsmonate nach dem Gewerblichen Sozialversicherungsgesetz, die vor dem 1. Jänner 1958 liegen, es sei denn, daß Beitragsmonate nur in diesem Zeitraum vorhanden sind;

   c) Beitragsmonate nach dem Bauern-Sozialversicherungsgesetz, die vor dem 1. Jänner 1972 liegen, es sei denn, daß Beitragsmonate nur in diesem Zeitraum vorhanden sind;

2. Beitragsmonate der freiwilligen Versicherung, die auch Zeiten enthalten, während welcher Krankengeld, Arbeitslosengeld, Notstandshilfe oder Karenzgeld aus gesetzlicher Versicherung bezogen wurde, wenn es für den Versicherten günstiger ist; dies gilt entsprechend auch für Beitragsmonate der Pflichtversicherung, welche Zeiten enthalten, während welcher berufliche Maßnahmen der Rehabilitation (§§ 198 bzw. 303 dieses Bundesgesetzes sowie § 161 des Gewerblichen Sozialversicherungsgesetzes und § 153 des Bauern-Sozialversicherungsgesetzes) gewährt wurden bzw. Zeiten einer Beschäftigung enthalten, zu deren Ausübung ihn diese Maßnahmen befähigt haben;

(BGBl I 1997/47)

3. Beitragsmonate der Pflichtversicherung, die Zeiten enthalten, während welcher der Versicherte eine Beihilfe zur Deckung des Lebensunterhaltes gemäß § 20 Abs. 2 lit. c in Verbindung mit § 25 Abs. 1 des Arbeitsmarktförderungsgesetzes oder eine Beihilfe zur Deckung des Lebensunterhaltes durch das Arbeitsmarktservice bezogen hat;

   (BGBl 1994/314)
4. Beitragsmonate der Pflichtversicherung, die Zeiten nach den §§ 225 Abs. 1 Z 5 zweiter Halbsatz bzw. 226 Abs. 2 lit. c zweiter Halbsatz enthalten;
5. Beitragsmonate der Pflichtversicherung, die Zeiten des Bezuges einer Lehrlingsentschädigung gemäß § 17 des Berufsausbildungsgesetzes enthalten.

(3) Die Bemessungsgrundlage nach Abs. 1 ist für alle Versicherungsmonate anzuwenden, sofern in diesem Bundesgesetz nichts anderes bestimmt wird.

(BGBl 1994/20, BGBl 1996/201)

(BGBl 1993/335)

§ 238.[a]) (1) Bemessungsgrundlage für die Leistungen aus der Pensionsversicherung ist die Summe der höchsten monatlichen Gesamtbeitragsgrundlagen (§ 242) gemäß Abs. 2 aus dem Zeitraum vom erstmaligen Eintritt in die Versicherung bis zum Ende des letzten vor dem Stichtag oder dem Bemessungszeitpunkt nach § 261b liegenden Kalenderjahres, geteilt durch die um ein Sechstel erhöhte Zahl dieser Gesamtbeitragsgrundlagen. Die Bemessungsgrundlage ist auf Cent aufzurunden. § 122 Abs. 1 vorletzter Satz GSVG ist anzuwenden.

(BGBl I 1997/139, BGBl I 1998/138, BGBl I 2000/92, BGBl I 2001/33, BGBl I 2001/67, BGBl I 2002/1)

(2) Für die Bildung der Bemessungsgrundlage gemäß Abs. 1 sind, wenn der (die) Versicherte am Stichtag (§ 223 Abs. 2) das Regelpensionsalter (§ 253 Abs. 1) bereits erreicht hat, die 180 höchsten monatlichen Gesamtbeitragsgrundlagen heranzuziehen. Liegt der Stichtag vor dem Zeitpunkt der Erreichung des Regelpensionsalters, aber

1. nach Vollendung des 64. Lebensjahres bei Männern bzw. des 59. Lebensjahres bei Frauen, so erhöht sich das Ausmaß von 180 für jeden Kalendermonat, der zwischen dem Stichtag und dem Monatsersten nach Erreichung des Regelpensionsalters liegt, um jeweils 1,
2. vor Vollendung des 64. Lebensjahres bei Männern bzw. des 59. Lebensjahres bei Frauen, so erhöht sich das Ausmaß von 180 um 12 und zusätzlich für je zwei vollendete Kalendermonate, die zwischen dem Stichtag und dem Monatsersten nach Erreichung des 64. Lebensjahres bei Männern bzw. des 59. Lebensjahres bei Frauen liegen, um jeweils 1

bis zum Höchstausmaß von 216. Fällt der Zeitpunkt der Vollendung des 64. Lebensjahres bzw. des 59. Lebensjahres bzw. des Regelpensionsalters auf einen Monatsersten, so gilt dieser Tag als Monatserster im Sinne des zweiten Satzes. Liegen weniger Beitragsmonate vor, so sind die monatlichen Gesamtbeitragsgrundlagen der vorhandenen Beitragsgrundlagen heranzuziehen.

(BGBl I 1997/139, BGBl I 2002/1)

(3) Bei der Anwendung des Abs. 1 bleiben außer Betracht:

1. a) Beitragsmonate nach diesem Bundesgesetz, die vor dem 1. Jänner 1956 liegen, es sei denn, daß Beitragsmonate nur in diesem Zeitraum vorhanden sind;

   b) Beitragsmonate nach dem Gewerblichen Sozialversicherungsgesetz, die vor dem 1. Jänner 1958 liegen, es sei denn, daß Beitragsmonate nur in diesem Zeitraum vorhanden sind;

   c) Beitragsmonate nach dem Bauern-Sozialversicherungsgesetz, die vor dem 1. Jänner 1972 liegen, es sei denn, daß Beitragsmonate nur in diesem Zeitraum vorhanden sind;
2. Beitragsmonate der freiwilligen Versicherung, die auch Zeiten enthalten, während welcher Krankengeld, Arbeitslosengeld, Notstandshilfe oder Karenzgeld aus gesetzlicher Versicherung bezogen wurde, wenn es für den Versicherten günstiger ist; dies gilt entsprechend auch für Beitragsmonate der Pflichtversicherung, welche Zeiten enthalten, während welcher berufliche Maßnahmen der Rehabilitation (§§ 198 bzw. 303 dieses Bundesgesetzes sowie § 161 des Gewerblichen Sozialversicherungsgesetzes und § 153 des Bauern-Sozialversicherungsgesetzes) gewährt wurden bzw. Zeiten einer Beschäftigung enthalten, zu deren Ausübung ihn diese Maßnahmen befähigt haben;

   (BGBl I 1997/47)
3. Beitragsmonate der Pflichtversicherung, die Zeiten enthalten, während welcher der Versicherte eine Beihilfe zur Deckung des Lebensunterhaltes gemäß § 20 Abs. 2 lit. c in Verbindung mit § 25 Abs. 1 des Arbeitsmarktförderungsgesetzes oder eine Beihilfe zur Deckung des Lebensunterhaltes durch das Arbeitsmarktservice bezogen hat;

   (BGBl 1994/314)
4. Beitragsmonate der Pflichtversicherung, die Zeiten nach den §§ 225 Abs. 1 Z 5 zweiter Halbsatz bzw. 226 Abs. 2 lit. c zweiter Halbsatz enthalten;
5. Beitragsmonate der Pflichtversicherung, die Zeiten des Bezuges einer Lehrlingsent-

schädigung gemäß § 17 des Berufsausbildungsgesetzes enthalten.

(BGBl I 1997/139, BGBl I 2002/1)

(4) Die Bemessungsgrundlage nach Abs. 1 ist für alle Versicherungsmonate anzuwenden, sofern in diesem Bundesgesetz nichts anderes bestimmt wird.

(BGBl 1994/20, BGBl 1996/201, BGBl I 997/139, BGBl I 2002/1)

(5) Bei Anwendung des Abs. 2 ist, wenn zum Zeitpunkt der Inanspruchnahme der Leistung bereits ein bescheidmäßig zuerkannter Anspruch auf eine Pension aus einer gesetzlichen Pensionsversicherung mit Ausnahme von Pensionen aus dem Versicherungsfall des Todes bestanden hat, der Stichtag dieser Pension heranzuziehen.

(BGBl I 1997/139, BGBl I 2002/1)

---

[a]) Tritt mit 1. Jänner 2003 in Kraft.

(BGBl 1993/335)

§ 238a. (aufgehoben)

(BGBl 1993/335)

Bemessungsgrundlage für Zeiten der Kindererziehung (§§ 227a, 228a)

§ 239. (1) Bemessungsgrundlage für Zeiten der Kindererziehung ist der Richtsatz[a]) gemäß § 293 Abs. 1 lit. a bb.

(BGBl 1996/201, BGBl I 1997/139)

---

[a]) Betrag siehe VO über veränderliche Werte.

(2) Überschneiden sich Zeiten der Kindererziehung mit Monaten einer Selbstversicherung für die Zeit der Pflege eines behinderten Kindes bis zur Vollendung des 4. Lebensjahres dieses Kindes gemäß § 18a oder einer Ersatzzeit gemäß § 227 Abs. 1 Z 3 und § 228 Abs. 1 Z 5, ist für diese Versicherungsmonate nur die Bemessungsgrundlage gemäß den §§ 238 bzw. 241 anzuwenden. Überschneiden sich Zeiten der Kindererziehung mit Monaten einer leistungsunwirksamen Ersatzzeit, ist für diese Versicherungsmonate nur die Bemessungsgrundlage gemäß Abs. 1 anzuwenden.

(3) Überschneiden sich Zeiten der Kindererziehung und andere Versicherungsmonate mit Ausnahme von Monaten einer Selbstversicherung für die Zeit der Pflege eines behinderten Kindes bis zur Vollendung des 4. Lebensjahres dieses Kindes gemäß § 18a, einer Ersatzzeit gemäß § 227 Abs. 1 Z 3 und § 228 Abs. 1 Z 5 und einer leistungsunwirksamen Ersatzzeit, wird für diese sich überschneidenden Zeiten die Bemessungsgrundlage gemäß den §§ 238 bzw. 241 und die Bemessungsgrundlage gemäß Abs. 1 zusammengezählt.

(4) (aufgehoben)

(BGBl 1996/201)

(BGBl 1993/335, BGBl 1994/20)

Berücksichtigung der Bemessungsgrundlagen bei der Berechnung des Steigerungsbetrages

§ 240. Für die Berechnung des Steigerungsbetrages gemäß den §§ 261 ff. und 284 ff. ist eine Gesamtbemessungsgrundlage zu bilden. Die Gesamtbemessungsgrundlage ist die Summe der Bemessungsgrundlagen (§§ 238 Abs. 1, 239, 241) aller für das Ausmaß der Pension nach diesem Bundesgesetz, dem Gewerblichen Sozialversicherungsgesetz, dem Bauern-Sozialversicherungsgesetz und dem Freiberuflichen-Sozialversicherungsgesetz zu berücksichtigenden Versicherungsmonate geteilt durch die Summe der Versicherungsmonate. Monate, die gemäß § 261 Abs. 3 Versicherungsmonaten gleichzuhalten sind, gelten auch bei Anwendung des ersten und zweiten Satzes als Versicherungsmonate. Die Gesamtbemessungsgrundlage ist auf Cent aufzurunden.

(BGBl 1993/335, BGBl 1996/201, BGBl I 1997/139, BGBl I 2001/67)

Bemessungsgrundlage in besonderen Fällen

§ 241. Läßt sich eine Bemessungsgrundlage nach § 238 Abs. 1 nicht ermitteln, so ist die Bemessungsgrundlage gleich einem Vierzehntel der Bemessungsgrundlage, die für die Leistungen der Unfallversicherung gilt bzw. die bei einem Arbeitsunfall zum Stichtag gegolten hätte; Erhöhungen dieser Bemessungsgrundlage nach § 180 sind hiebei zu berücksichtigen.

(BGBl 1993/335, BGBl 1996/201)

Bemessungsgrundlage für die erhöhte Alterspension (Knappschaftsalterspension)

§ 241a. (aufgehoben)

(BGBl 1993/335)

Berücksichtigung der Beitragsgrundlagen in der Bemessungsgrundlage

§ 242. (1) Die für die Bildung der Bemessungsgrundlage gemäß § 238 heranzuziehenden monatlichen Gesamtbeitragsgrundlagen sind unter Bedachtnahme auf die Abs. 2 bis 7 und 9 zu berechnen.

(2) Tagesbeitragsgrundlage:

1. Aus der Summe aller Beitragsgrundlagen der Pflichtversicherung nach diesem Bundesgesetz (§§ 243, 244 und 251 Abs. 4) in jedem Beitragsjahr (Abs. 10) wird eine durchschnittliche tägliche Beitragsgrundlage (Tagesbeitragsgrundlage) der Pflichtversicherung ermittelt, indem die Summe der Beitragsgrundlagen durch die Zahl der im Beitragsjahr liegenden Beitragstage der Pflichtversicherung nach diesem Bundesgesetz unter Bedachtnahme auf Z 2 und 3 geteilt wird.
2. Bei der Ermittlung der Tagesbeitragsgrundlage der Pflichtversicherung bleiben Beitragstage der Pflichtversicherung, während welcher wegen Arbeitsunfähigkeit infolge Krankheit oder wegen Mutterschaft nur ein Teilentgelt geleistet worden ist

oder während welcher der Versicherte eine Beihilfe zur Deckung des Lebensunterhaltes gemäß § 20 Abs. 2 lit. c in Verbindung mit § 25 Abs. 1 des Arbeitsmarktförderungsgesetzes oder eine Beihilfe zur Deckung des Lebensunterhaltes durch das Arbeitsmarktservice bezogen hat, sowie die auf solche Zeiten entfallenden Beitragsgrundlagen außer Betracht.

3. Im Falle einer durchlaufenden Versicherung ist ein voller Kalendermonat jedenfalls mit 30 Tagen zu zählen ohne Bedachtnahme darauf, nach welchen Beitragszeiträumen die Beiträge bemessen bzw. abgerechnet wurden.

4. Folgende Beitragsgrundlagen nach den §§ 243, 244 und 251 Abs. 4, die gemäß Z 1 heranzuziehen sind, sind zu vervielfachen, und zwar

   a) Beitragsgrundlagen nach § 243 Abs. 1 Z 2 lit. b und d, nach § 244 Abs. 1 letzter Satz und Abs. 2 sowie nach § 250 Abs. 3 aus der Zeit vor dem 1. Jänner 1947 mit dem Faktor, der sich aus der Teilung des für das Jahr 1951 geltenden Aufwertungsfaktors (§ 108 Abs. 4) durch den der zeitlichen Lagerung der Beitragsgrundlagen entsprechenden Aufwertungsfaktor ergibt, aus der Zeit ab 1. Jänner 1951 mit dem Faktor, der sich aus der Teilung des für das Jahr 1954 geltenden Aufwertungsfaktors durch den der zeitlichen Lagerung der Beitragsgrundlagen entsprechenden Aufwertungsfaktor ergibt;

   b) Beitragsgrundlagen nach § 251 Abs. 4, soweit es sich um vorgemerkte Arbeitsverdienste handelt bzw. sie mit 0,51 € für den Kalendertag (15,26 € für den Kalendermonat) festgesetzt sind, mit dem Faktor, der sich aus der Teilung des für das Jahr, in dem der Nachteil in den sozialversicherungsrechtlichen Verhältnissen (§ 500) eingetreten ist, geltenden Aufwertungsfaktors durch den der zeitlichen Lagerung der Beitragsgrundlagen entsprechenden Aufwertungsfaktor ergibt, soweit es sich um Beträge nach § 9 Abs. 1 Z 1 und 2 des Auslandsrenten-Übernahmegesetzes handelt, mit dem Faktor, der sich aus der Teilung des für das Jahr 1946 geltenden Aufwertungsfaktors durch den der zeitlichen Lagerung der Beitragsgrundlagen entsprechenden Aufwertungsfaktor ergibt.

   (BGBl I 2001/67)

Die in Betracht kommenden Faktoren sind auf drei Dezimalstellen zu runden.

(3) Jahresbeitragsgrundlage für Beitragszeiten der Pflichtversicherung nach diesem Bundesgesetz in Beitragsmonaten der Pflichtversicherung:

Die Tagesbeitragsgrundlage (Abs. 2 Z 1) ist mit der Zahl der innerhalb des entsprechenden Kalenderjahres in Beitragsmonaten der Pflichtversicherung (§ 232 Abs. 1 in Verbindung mit § 233 Abs. 1 und § 251a Abs. 7) liegenden Beitragstagen der Pflichtversicherung nach diesem Bundesgesetz unter Bedachtnahme auf Abs. 2 Z 3 zu vervielfachen.

(4) Jahresbeitragsgrundlage für Versicherungszeiten mit Ausnahme von Beitragszeiten der Pflichtversicherung in Beitragsmonaten der Pflichtversicherung:

Die Tagesbeitragsgrundlage ist mit der Zahl der innerhalb des entsprechenden Kalenderjahres in Beitragsmonaten der Pflichtversicherung liegenden Tagen erworbener Versicherungszeiten (Versicherungstage), soweit sie nicht auch Beitragszeiten der Pflichtversicherung nach diesem Bundesgesetz, dem Gewerblichen Sozialversicherungsgesetz und dem Bauern-Sozialversicherungsgesetz sind, unter Bedachtnahme auf Abs. 2 Z 3 zu vervielfachen. Die Tagesbeitragsgrundlage ist dabei mit der im jeweiligen Beitragsjahr geltenden bzw. in Geltung gestandenen Höchstbeitragsgrundlage in der Pensionsversicherung zu begrenzen. Für einen Beitragsmonat der Pflichtversicherung, der auch neutrale Zeiten der im § 234 Abs. 1 Z 5, 6 und 10 genannten Art oder Zeiten enthält, in denen nach § 138 Abs. 1 kein Anspruch auf Krankengeld bestanden hat, gelten die Tage dieser Zeiten als Versicherungstage.

(5) Bei der Ermittlung der Jahresbeitragsgrundlagen gemäß Abs. 3 und 4 bleibt bei der Vervielfachung der Tagesbeitragsgrundlage der unmittelbar vor dem Stichtag liegende Beitragsmonat der Pflichtversicherung außer Betracht. In diesem Fall ist die Jahresbeitragsgrundlage im Verhältnis der Gesamtzahl der Beitragsmonate der Pflichtversicherung im Kalenderjahr zur Zahl der bei der Vervielfachung der Tagesbeitragsgrundlage berücksichtigten Beitragsmonate der Pflichtversicherung zu erhöhen. Ist in einem Kalenderjahr an Beitragsmonaten der Pflichtversicherung nur der unmittelbar vor dem Stichtag liegende vorhanden, ist bei der Ermittlung der Jahresbeitragsgrundlage gemäß Abs. 3 die Tagesbeitragsgrundlage mit 30 zu vervielfachen.

(6) Der Summe der Jahresbeitragsgrundlagen in einem Kalenderjahr gemäß Abs. 3 und 4 sind Sonderzahlungen nach den jeweils in Geltung gestandenen Vorschriften und bis zu dem sich aus § 54 Abs. 1 ergebenden Höchstbetrag zuzuschlagen, soweit für sie Sonderbeiträge fällig geworden sind. Liegen in einem Kalenderjahr auch Beitragsgrundlagen der Pflichtversicherung gemäß § 127c des Gewerblichen Sozialversicherungsgesetzes und (oder) gemäß § 118c des Bauern-Sozialversicherungsgesetzes vor, sind diese ebenfalls zuzuschlagen. Hiebei sind Beitragsgrundlagen gemäß § 118c des Bauern-Sozialversicherungsgesetzes

für Zeiten vor dem 1. Jänner 1971 mit dem Faktor zu vervielfachen, der sich aus der Teilung des für das Jahr 1970 geltenden Aufwertungsfaktors (§ 45 des Bauern-Sozialversicherungsgesetzes) durch den der zeitlichen Lagerung der Beitragsgrundlagen entsprechenden Aufwertungsfaktor ergibt. Der Faktor ist auf drei Dezimalstellen zu runden.

(7) Aus der Summe der Beitragsgrundlagen gemäß Abs. 6 ist für jedes Kalenderjahr eine monatliche Gesamtbeitragsgrundlage zu ermitteln, indem diese Summe durch die Zahl der im Kalenderjahr liegenden Beitragsmonate der Pflichtversicherung geteilt wird. Die monatliche Gesamtbeitragsgrundlage darf den 35fachen Betrag der im jeweiligen Beitragsjahr geltenden bzw. in Geltung gestandenen Höchstbeitragsgrundlage in der Pensionsversicherung nicht übersteigen.

(8) Soweit Beitragsgrundlagen der freiwilligen Versicherung zu berücksichtigen sind, ist unter entsprechender Anwendung der Abs. 2 bis 7 für jedes der in Betracht kommenden Beitrags- bzw. Kalenderjahre eine monatliche Gesamtbeitragsgrundlage der freiwilligen Versicherung zu ermitteln.

(9) Monatliche Gesamtbeitragsgrundlagen (Abs. 7 bzw. Abs. 8) sind mit dem ihrer zeitlichen Lagerung entsprechenden, am Stichtag oder zum Bemessungszeitpunkt nach § 261b in Geltung stehenden Aufwertungsfaktor (§ 108 Abs. 4) aufzuwerten und mit dem ihrer zeitlichen Lagerung entsprechenden Beitragsbelastungsfaktor (§ 108 Abs. 8) zu vervielfachen.

(BGBl I 2000/92, BGBl I 2001/33)

(10) Das Beitragsjahr umfaßt den Beitragszeitraum (§ 44 Abs. 2), in den der 1. Jänner eines Jahres fällt, und die folgenden vollen Beitragszeiträume dieses Jahres.

(11) Wenn innerhalb eines Beitragsjahres die Höchstbeitragsgrundlage mit einem anderen Wirksamkeitsbeginn als dem 1. Jänner bzw. dem Beginn des Beitragszeitraumes Jänner geändert wurde, gilt die jeweils höhere Höchstbeitragsgrundlage für das ganze Jahr.

(BGBl 1993/335, BGBl 1994/314, BGBl I 1998/138)

Beitragsgrundlage in normalen Fällen

§ 243. (1) Beitragsgrundlage ist

1. für Beitragszeiten nach § 225 Abs. 1 Z 1 und 2 die allgemeine Beitragsgrundlage nach den §§ 44 bis 47, für Beitragszeiten nach § 225 Abs. 1 Z 3 die Beitragsgrundlage nach § 76a oder § 76b, für die Beitragszeiten nach § 225 Abs. 1 Z 4 das Entgelt, auf das der Dienstnehmer im pensionsversicherungsfreien Dienstverhältnis jeweils Anspruch hatte, für die Beitragszeiten nach § 225 Abs. 1 Z 6 in den Fällen des § 314 Abs. 4 ein Betrag in der Höhe des in der betreffenden Zeit üblichen Arbeitsverdienstes eines körperlich und geistig gesunden Versicherten von ähnlicher Ausbildung und gleichwertigen Kenntnissen und Fähigkeiten, in den Fällen des § 314a Abs. 5 der danach als Entgelt geltende Betrag, für Beitragszeiten nach § 225 Abs. 1 Z 7 die Beitragsgrundlage gemäß § 12 Abs. 1 des Bundesbezügegesetzes bzw. die der Bemessung der Pensionsbeiträge gemäß den §§ 12, 19a oder 23g des Bezügegesetzes zugrundeliegenden Bezüge, soweit hiefür gemäß § 49h Abs. 3 des Bezügegesetzes ein Überweisungsbetrag geleistet worden ist, für Beitragszeiten in der Versicherung der unständig beschäftigten Arbeiter in der Land- und Forstwirtschaft die Beitragsgrundlage nach § 470 Abs. 3, für gemäß § 96 des Notarversicherungsgesetzes 1972 als Beitragszeiten nach § 225 geltende Zeiten die für die Ermittlung des Überweisungsbetrages nach dem Notarversicherungsgesetz 1972 maßgebende Beitragsgrundlage;

   (BGBl I 1997/64)

2. für vor dem 1. Jänner 1956 gelegene Beitragszeiten

   a) wenn in den Unterlagen für die Bemessung der Steigerungsbeträge nach den vor dem 1. Jänner 1956 in Geltung gestandenen Rechtsvorschriften ein Arbeitsverdienst vorgemerkt ist, dieser Arbeitsverdienst;

   b) wenn in den Unterlagen für die Bemessung der Steigerungsbeträge nach den vor dem 1. Jänner 1956 in Geltung gestandenen Rechtsvorschriften eine Beitrags(Gehalts)klasse vorgemerkt ist, der in der Anlage 2 angegebene Betrag;

   c) abweichend von lit. a in der Pensionsversicherung der Angestellten für Beitragszeiten vor dem 1. Juli 1927 allgemein bei männlichen Versicherten 0,61 €, bei weiblichen Versicherten 0,48 € für den Kalendertag (18,17 € bzw. 14,53 € für den Kalendermonat);

   (BGBl I 2001/67)

   d) ebenfalls abweichend von lit. a in der knappschaftlichen Pensionsversicherung für Beitragszeiten der Arbeiter vor dem 1. April 1939 der in Anlage 2 angegebene Betrag, und zwar für Vollhauer der Beitragsklasse IX, sonstige Arbeiter unter Tag der Beitragsklasse VII, Arbeiter ober Tag der Beitragsklasse VI, weibliche Versicherte der Beitragsklasse IV;

   e) gleichfalls abweichend von lit. a in der Pensionsversicherung der Arbeiter für Beitragszeiten, für die nach den Bestimmungen des § 80a SV-ÜG. 1953, BGBl. Nr. 99, ein Mindestbeitrag zu leisten war, das Zehnfache des Mindestbeitrages;

f) nach § 226 Abs. 2 lit. a und e das Entgelt, auf das der Dienstnehmer im pensionsversicherungsfreien Dienstverhältnis jeweils Anspruch hatte;

g) nach § 226 Abs. 2 lit. d der nach § 314 Abs. 4 bzw. nach § 314a Abs. 5 als Entgelt geltende Betrag;

h) für gemäß § 96 des Notarversicherungsgesetzes 1972 als Beitragszeiten nach § 226 geltende Zeiten die für die Ermittlung des Überweisungsbetrages nach dem Notarversicherungsgesetz 1972 maßgebende Beitragsgrundlage.

(2) Für Beitragszeiten nach den §§ 225 Abs. 1 Z 5 zweiter Halbsatz und 226 Abs. 2 lit. c zweiter Halbsatz sowie für Beitragszeiten der freiwilligen Versicherung nach § 229b ist eine Beitragsgrundlage nicht festzustellen.

(BGBl I 1998/138)

Beitragsgrundlage in besonderen Fällen

§ 244. (1) Falls für eine vor dem 1. Jänner 1956 gelegene Versicherungszeit die Unterlagen für die Bemessung der Steigerungsbeträge nach bisherigem Recht nicht vorhanden sind, hat der Versicherungsträger die Beitragsgrundlagen für Zeiten der Pflichtversicherung nach § 243 Abs. 1 Z 2 lit. a unter Bedachtnahme auf die damals übliche Höhe der Arbeitsverdienste gleichartig Beschäftigter festzusetzen. Für Zeiten freiwilliger Versicherung gilt in solchen Fällen als Beitragsgrundlage für den Kalendertag 0,51 €.

(BGBl I 2001/67)

(2) Wurde für vor dem 1. Jänner 1956 gelegene Beitragszeiten der Beitrag zur Höherversicherung gemeinsam mit dem Beitrag für die Pflichtversicherung oder für die freiwillige Versicherung in einer Beitrags(Gehalts)klasse entrichtet, so gilt als Beitragsgrundlage der in der Anlage 2 angegebene Betrag, wenn jedoch eine höhere Beitragsklasse vorgemerkt ist, der in dieser Anlage für die höchste Beitrags(Gehalts)klasse angegebene Betrag.

(3) Alle in ein Kalenderjahr fallenden Sonderzahlungen, von denen nach § 54 dieses Bundesgesetzes oder nach § 12 Abs. 1 des Rentenbemessungsgesetzes, BGBl. Nr. 151/1954, Beiträge zu entrichten waren, werden zusammengerechnet und bis zu dem im § 242 Abs. 6 bezeichneten Höchstausmaß berücksichtigt.

(BGBl 1993/335, BGBl I 1998/138)

§ 244a. (aufgehoben)

(BGBl 1993/335, BGBl I 1998/138)

Leistungszugehörigkeit des Versicherten in der Pensionsversicherung

§ 245. (1) Hat der Versicherte Versicherungsmonate in mehreren Zweigen der Pensionsversicherung erworben, so kommen für ihn die Leistungen des Zweiges in Betracht, dem er leistungszugehörig ist. Die Leistungszugehörigkeit des Versicherten richtet sich für Leistungen aus den im § 221 angeführten Versicherungsfällen und für Maßnahmen der Rehabilitation in Fällen des § 361 Abs. 1 letzter Satz nach den Abs. 2 bis 5, für sonstige Fälle der Rehabilitation und für Maßnahmen der Gesundheitsvorsorge nach dem Abs. 6.

(BGBl 1996/201)

(2) Liegen in den letzten 15 Jahren vor dem Stichtag (§ 223 Abs. 2) nur Versicherungsmonate eines Zweiges der Pensionsversicherung vor, so ist der Versicherte diesem Zweige leistungszugehörig.

(3) Liegen in den letzten 15 Jahren vor dem Stichtag (§ 223 Abs. 2) Versicherungsmonate aus mehreren Zweigen der Pensionsversicherung vor, so ist der Versicherte dem Zweige, in dem die größere oder größte Zahl von Versicherungsmonaten vorliegt, wenn aber die gleiche Zahl von Versicherungsmonaten vorliegt, dem Zweige leistungszugehörig, in dem der letzte Versicherungsmonat vorliegt. Liegen in den letzten 15 Jahren vor dem Stichtag keine Versicherungsmonate, so ist der Versicherte dem Zweig leistungszugehörig, bei dem der letzte Versicherungsmonat vorliegt.

(4) Für die Anwendung der Abs. 2 und 3 zählen neutrale Monate, während derer ein Leistungsanspruch aus einem Versicherungsfall des Alters oder aus einem Versicherungsfall der geminderten Arbeitsfähigkeit gegeben war, als Versicherungsmonate des Zweiges der Pensionsversicherung, der von dem die Leistung (Gesamtleistung) auszahlenden Versicherungsträger durchgeführt wird. Trifft hiebei jedoch ein Leistungsanspruch aus einem Versicherungsfall des Alters oder aus einem Versicherungsfall der geminderten Arbeitsfähigkeit aus der knappschaftlichen Pensionsversicherung mit Versicherungszeiten aus einem anderen Zweig der Pensionsversicherung zusammen, gelten die vollen Kalendermonate dieses Leistungsanspruches wie Beitragsmonate der Pflichtversicherung in der knappschaftlichen Pensionsversicherung.

(5) Ein Versicherter, der aus der Pensionsversicherung der Arbeiter zur Pensionsversicherung der Angestellten oder zur knappschaftlichen Pensionsversicherung oder aus der Pensionsversicherung der Angestellten zur knappschaftlichen Pensionsversicherung übergetreten war, ist für eine Leistung aus einem Versicherungsfalle der geminderten Arbeitsfähigkeit oder des Todes, wenn der Versicherungsfall durch einen Arbeitsunfall (§§ 175 und 176) oder eine Berufskrankheit (§ 177) herbeigeführt ist, der (die) nach dem Übertritt eingetreten ist, jedenfalls dem Zweige leistungszugehörig, dem er bei Eintritt des Versicherungsfalles für die Unfallversicherung versicherungszugehörig war.

(6) Für die Maßnahmen der Rehabilitation und die Maßnahmen der Gesundheitsvorsorge sind Versicherte dem Zweig der Pensionsversicherung, in dem sie zuletzt versichert waren, Pensionisten dem Zweig leistungszugehörig, aus dem ihnen der Pensionsanspruch zusteht. Ist ein Pensionist

gleichzeitig Versicherter, so gilt er für die Feststellung der Leistungszugehörigkeit für Maßnahmen der Gesundheitsvorsorge als Versicherter. Die Leistungszugehörigkeit der Angehörigen für die Maßnahmen der Rehabilitation und die Maßnahmen der Gesundheitsvorsorge richtet sich nach der Leistungszugehörigkeit des Versicherten bzw. des Pensionisten für derartige Leistungen.

(7) Abweichend von den Abs. 1 bis 6 bleibt ein Versicherter, der

1. mehr als die Hälfte aller Versicherungsmonate nach diesem Bundesgesetz vor dem Stichtag (§ 223 Abs. 2) in der knappschaftlichen Pensionsversicherung erworben hat und
2. wegen Einschränkung oder Stillegung eines knappschaftlichen Betriebes (Zeche, Grube, Revier) oder eines einem solchen gleichgestellten Betriebes (§ 15) nach dem 31. Oktober 1975 aus der knappschaftlichen Pensionsversicherung ausgeschieden ist,

jedenfalls der knappschaftlichen Pensionsversicherung leistungszugehörig.

(BGBl 1993/335)

Leistungszuständigkeit der Versicherungsträger

§ 246. Die Feststellung und Gewährung der Leistung obliegt dem Versicherungsträger des Zweiges der Pensionsversicherung, dem der Versicherte nach § 245 leistungszugehörig ist (leistungszuständiger Versicherungsträger). Bei Leistungszugehörigkeit zur Pensionsversicherung der Arbeiter oder der Angestellten ist, wenn in den letzten 15 Jahren vor dem Stichtag (§ 223 Abs. 2) Versicherungsmonate bei mehreren Trägern dieses Zweiges erworben sind, der leistungszuständige Versicherungsträger unter entsprechender Anwendung des § 245 zu bestimmen.

(BGBl I 1998/138)

Feststellung von Versicherungszeiten der Pensionsversicherung

§ 247. Der Versicherte ist berechtigt, frühestens zwei Jahre vor Vollendung eines für eine Leistung aus einem Versicherungsfall des Alters maßgebenden Lebensalters beim leistungszuständigen Pensionsversicherungsträger einen Antrag auf Feststellung der nach den österreichischen Rechtsvorschriften zu berücksichtigenden Versicherungszeiten zu stellen. Für die Antragstellung und die Feststellung der Leistungszuständigkeit ist § 223 Abs. 2 entsprechend anzuwenden.

(BGBl I 1998/138)

Rückwirkende Herstellung des gesetzlichen Zustandes bei der Feststellung von Versicherungszeiten der Pensionsversicherung

§ 247a. Ergibt sich nachträglich, daß die Feststellung von Versicherungszeiten gemäß § 247 bescheidmäßig infolge eines wesentlichen Irrtums über den Sachverhalt oder eines offenkundigen Versehens zum Nachteil des Versicherten unrichtig war, so ist mit Wirkung vom Tage der Auswirkung des Irrtums oder Versehens der gesetzliche Zustand herzustellen.

Höherversicherung, Berücksichtigung in der Leistung

§ 248. (1) Für Beiträge zur Höherversicherung, die für Versicherungszeiten geleistet wurden oder nach den §§ 70, 248a, 248b, 249 und 250 als geleistet gelten, ist ein besonderer Steigerungsbetrag zu gewähren. Die Höhe des besonderen Steigerungsbetrages errechnet sich bei der Pension aus eigener Pensionsversicherung mit Ausnahme der Knappschaftspension nach Maßgabe der Abs. 2 bis 5. Bei der Knappschaftspension gebührt der besondere Steigerungsbetrag in halber Höhe.

(BGBl 1993/335)

(2) Für die Bemessung des besonderen Steigerungsbetrages sind Beiträge zur Höherversicherung, die für vor dem 1. Jänner 1956 gelegene Versicherungszeiten geleistet wurden oder als geleistet gelten, mit folgenden Beträgen anzusetzen:

a) bei gesonderter Beitragsleistung zur Höherversicherung mit dem in der Anlage 3 angegebenen Betrag;
b) bei Beitragsleistung zur Höherversicherung gemeinsam mit dem Beitrag für die Pflicht- oder freiwillige Versicherung in einer der in Anlage 4 angeführten Beitragsklassen mit dem in dieser Anlage angegebenen Betrag.

Die Beträge der Anlagen 3 und 4 sind, soweit sie die Zeiten vor dem 1. Jänner 1951 betreffen, mit dem für das Jahr 1951 geltenden Aufwertungsfaktor (§ 108c), soweit sie die Zeit ab 1. Jänner 1951 betreffen, mit dem für das Jahr 1954 geltenden Aufwertungsfaktor (§ 108c) aufzuwerten. Der besondere Steigerungsbetrag beträgt für Beiträge zur Höherversicherung für Versicherungszeiten aus der Zeit vor dem 1. Jänner 1956 monatlich 1 vH der Beiträge zur Höherversicherung.

(3) Für die Bemessung des besonderen Steigerungsbetrages sind Beiträge zur Höherversicherung, die für nach dem 31. Dezember 1955, aber vor dem 1. Jänner 1986 gelegene Versicherungszeiten geleistet wurden oder als geleistet gelten, mit den ihrer zeitlichen Lagerung entsprechenden Aufwertungsfaktoren (§ 108c) aufzuwerten. Der besondere Steigerungsbetrag beträgt für Beiträge zur Höherversicherung für Versicherungszeiten aus der Zeit nach dem 31. Dezember 1955 aber vor dem 1. Jänner 1986 monatlich 1 vH der Beiträge zur Höherversicherung.

(4) Für die Bemessung des besonderen Steigerungsbetrages sind Beiträge zur Höherversicherung, die für nach dem 31. Dezember 1985 gelegene Versicherungszeiten geleistet wurden oder als geleistet gelten, mit dem ihrer zeitlichen Lagerung entsprechenden Aufwertungsfaktor (§ 108c) aufzuwerten und mit einem Faktor zu vervielfachen. Dieser Faktor ist durch Verordnung des Bundesministers für soziale Verwaltung nach versiche-

rungsmathematischen Grundsätzen festzusetzen. Die Verordnung bedarf der Zustimmung des Hauptausschusses des Nationalrates.

(5) Der monatlich gebührende besondere Steigerungsbetrag für nach dem 31. Dezember 1985 gelegene Versicherungszeiten ist die Summe der nach Maßgabe des Abs. 4 berechneten Beträge für die jeweiligen Kalenderjahre, in denen Beiträge zur Höherversicherung geleistet wurden oder als geleistet gelten.

Anrechnung von Beiträgen zur freiwilligen Versicherung in der Pensionsversicherung für die Höherversicherung

§ 248a. Beiträge zur freiwilligen Versicherung in der Pensionsversicherung, die für nach dem 31. Dezember 1938 gelegene Monate entrichtet wurden, die zum Stichtag auch Beitragsmonate der Pflichtversicherung nach diesem oder einem anderen Bundesgesetz, Beitragsmonate nach § 115 Abs. 1 Z 2 des Gewerblichen Sozialversicherungsgesetzes oder leistungswirksame Ersatzmonate nach diesem oder einem anderen Bundesgesetz sind, gelten als Beiträge zur Höherversicherung. Dies gilt nicht, wenn es sich um Ersatzmonate gemäß § 227a oder § 228a handelt.

(BGBl 1993/335, BGBl 1994/20)

Anrechnung von Beiträgen zur knappschaftlichen Pensionsversicherung für die Höherversicherung

§ 248b. Für Versicherte, die am Stichtag (§ 223 Abs. 2) wegen Einschränkung oder Stillegung eines knappschaftlichen Betriebes (Zeche, Grube, Revier) oder eines einem solchen gleichgestellten Betriebes (§ 15) nicht der knappschaftlichen Pensionsversicherung leistungszugehörig sind und die Beiträge auf Grund von wesentlich bergmännischen oder ihnen gleichgestellten Arbeiten (§ 236 Abs. 6) entrichtet haben, gelten diese Beiträge im Ausmaß von 5,5 vH der allgemeinen Beitragsgrundlage auf Antrag als zur Höherversicherung entrichtet.

(BGBl 1993/335, BGBl I 1998/138)

Annahme der Höherversicherung bei Versicherungszeiten vor dem 1. Jänner 1956

§ 249. (1) Eine Höherversicherung ist anzunehmen, wenn Versicherungszeiten aus den Jahren 1939 bis 1946 oder aus der Zeit ab dem 1. Jänner 1951 bis zum 31. Dezember 1955 oder wenn Versicherungszeiten der Pensionsversicherung der Angestellten und der knappschaftlichen Pensionsversicherung aus der Zeit vom 1. Juli 1927 bis 31. Dezember 1938 sich zeitlich decken und die Tagesbeitragsgrundlage (§ 242 Abs. 2 Z 1) die jeweils geltende Höchstbeitragsgrundlage in der Pensionsversicherung übersteigt. Hiebei gilt für jeden Beitragstag folgender Hundertsatz des Überschreitungsbetrages als zur Höherversicherung geleisteter Beitrag:

a) 10 vH, wenn sich Versicherungszeiten der Pensionsversicherung der Arbeiter oder der Pensionsversicherung der Angestellten decken,
b) 18,5 vH, bei Angestellten 21,5 vH, wenn sich Versicherungszeiten der knappschaftlichen Pensionsversicherung decken.

Wenn sich Versicherungszeiten der knappschaftlichen Pensionsversicherung mit Versicherungszeiten einer anderen Pensionsversicherung decken, ist der Hundertsatz nach lit. a oder nach lit. b anzuwenden, je nachdem, welche Versicherungszeit bei entsprechender Anwendung des § 232 vorangeht.

(BGBl 1993/335, BGBl I 1998/138)

(2) Abs. 1 ist auf sich deckende Beitragszeiten der Pensionsversicherung der Arbeiter und der knappschaftlichen Pensionsversicherung aus den Jahren 1939 bis 1942, die auf derselben Beschäftigung (Dienstverpflichtung) beruhen, nicht anzuwenden.

(3) Soweit in einem Kalenderjahr Beiträge von Sonderzahlungen entrichtet wurden, die 174,41 € oder zwei Monatsbezüge (acht Wochenbezüge) überschreiten, ist Abs. 1 entsprechend anzuwenden.

(BGBl I 2001/67)

Sonderbestimmungen für ehemalige Versicherte der Sonderversicherungsanstalten und der Pensionsinstitute für Verkehr und öffentliche Einrichtungen

§ 250. (1) Für Versicherte, die am 31. Dezember 1938 mindestens 60 Beitragsmonate bei ehemaligen Sonderversicherungsanstalten (§ 264 Abs. 1 Z 1 und 2 GSVG. 1938 und § 54 AngVG. 1928) erworben hatten, sowie für Versicherte, die am 31. Dezember 1939 mindestens 60 Monate an Mitgliedszeiten bei dem Pensionsinstitut für Verkehr und öffentliche Einrichtungen, dem Pensionsinstitut der Linzer Elektrizitäts- und Straßenbahn-Aktiengesellschaft oder dem Pensionsinstitut der Grazer Tramwaygesellschaft in Graz zurückgelegt hatten, gelten die sich aus den Abs. 2 bis 4 ergebenden Besonderheiten.

(2) Wenn es für den Leistungswerber günstiger ist, tritt an Stelle der Bemessungsgrundlage nach § 238 die im Bescheid zur Feststellung der Anwartschaft zum 31. Dezember 1938 beziehungsweise zum 31. Dezember 1939 festgestellte Bemessungsgrundlage; sie ist mit dem ihrer zeitlichen Lagerung entsprechenden, am Stichtag in Geltung stehenden Aufwertungsfaktor (§ 108c) aufzuwerten. Die so ermittelte Bemessungsgrundlage ist nur auf Grund des auf die Zeit bis zum 31. Dezember 1938 beziehungsweise 31. Dezember 1939 entfallenden Steigerungsbetrag anzuwenden.

(BGBl 1993/335)

(3) Für Beitragsmonate der Pflichtversicherung in der Beitragsklasse J gilt als Beitragsgrundlage nach § 243 Abs. 1 Z 2 lit. b der Betrag von 130,81 €.

(BGBl I 2001/67)

(4) Für Beitragsmonate der Pflichtversicherung, für die der Beitrag in der Beitragsklasse J oder ein Zusatzbeitrag neben dem Beitrag zur Pflichtversicherung entrichtet wurde, wird eine Höherversicherung angenommen; hiebei gilt als zur Höherversicherung geleisteter Beitrag:

a) 4,36 € für jeden Beitrag in der Beitragsklasse J,
(BGBl I 2001/67)

b) 8,72 € für jeden Zusatzbeitrag vor dem 1. Jänner 1947,
(BGBl I 2001/67)

c) 5,81 € für jeden Zusatzbeitrag nach dem 31. Dezember 1946.
(BGBl I 2001/67)

Für die Aufwertung dieser Beiträge ist § 248 Abs. 2 vorletzter Satz entsprechend anzuwenden.

Sonderbestimmungen für Zeiten, für die Beiträge nachentrichtet wurden

§ 251. (1) bis (3) (aufgehoben)

(4) Zeiten, für die nach § 114 Abs. 4 des Sozialversicherungs-Überleitungsgesetzes 1953 in der Fassung der 3. Novelle, BGBl. Nr. 165/1954, oder nach § 502 Abs. 4 oder 5 Beiträge entrichtet oder die auf Grund dieser Bestimmungen beitragsfrei berücksichtigt wurden, gelten als Beitragszeiten der Pflichtversicherung in dem Zweig der Pensionsversicherung, in dem der Versicherte vor der Auswanderung zuletzt Beitrags- oder Ersatzzeiten nachweist; lassen sich auf Grund dieser Bestimmung die Beitragszeiten keinem Zweig der Pensionsversicherung zuordnen, gelten sie als Beitragszeiten der Pensionsversicherung der Angestellten. Als Beitragsgrundlage gilt in jedem Fall 0,51 € für den Kalendertag (15,26 € für den Kalendermonat).

(BGBl I 2001/67)

(5) Die Vorschriften des Abs. 4 gelten auch, wenn der Versicherungsfall schon vor dem 1. Jänner 1956 eingetreten ist.

Leistungszugehörigkeit des Versicherten und Berücksichtigung von Zeiten und Beiträgen bei Erwerb von Versicherungsmonaten auch in anderen Pensionsversicherungen (Wanderversicherung, Mehrfachversicherung)

(BGBl I 1998/138)

§ 251a. (1) Hat ein Versicherter Versicherungsmonate sowohl in der Pensionsversicherung nach diesem Bundesgesetz als auch in der Pensionsversicherung nach dem Gewerblichen Selbständigen-Pensionsversicherungsgesetz und (oder) in der Pensionsversicherung nach dem Bauern-Pensionsversicherungsgesetz erworben, so kommen für ihn die Leistungen aus der Pensionsversicherung in Betracht, der er zugehörig ist. Die Zugehörigkeit des Versicherten richtet sich für Leistungen aus den Versicherungsfällen des Alters, der geminderten Arbeitsfähigkeit und des Todes sowie für Maßnahmen der Rehabilitation in Fällen des § 361 Abs. 1 letzter Satz nach den Abs. 2 bis 5, für sonstige Fälle der Rehabilitation und für Maßnahmen der Gesundheitsvorsorge nach dem Abs. 6.

(BGBl 1996/201)

(2) Liegen in den letzten 15 Jahren vor dem Stichtag (§ 223 Abs. 2) Versicherungsmonate nur in einer der im Abs. 1 genannten Pensionsversicherungen vor, so ist der Versicherte dieser Pensionsversicherung zugehörig.

(3) Liegen in den letzten 15 Jahren vor dem Stichtag (§ 223 Abs. 2) Versicherungsmonate in mehreren der im Abs. 1 genannten Pensionsversicherungen vor, so ist der Versicherte der Pensionsversicherung, in der die größere oder größte Zahl von Versicherungsmonaten vorliegt, wenn aber die gleiche Zahl von Versicherungsmonaten vorliegt, der Pensionsversicherung zugehörig, in der der letzte Versicherungsmonat vorliegt. Liegen in den letzten 15 Jahren vor dem Stichtag keine Versicherungsmonate, so ist der Versicherte der Pensionsversicherung zugehörig, in der der letzte Versicherungsmonat vorliegt. Die Bestimmungen des § 245 Abs. 7 sind anzuwenden.

(BGBl 1993/335)

(4) Für die Anwendung der Abs. 1 bis 3

a) zählen Kalendermonate, während derer ein Anspruch auf eine laufende Leistung aus einer der im Abs. 1 genannten Pensionsversicherungen gegeben war, als Ersatzmonate jener Pensionsversicherung, in der der Anspruch auf die Leistung (Gesamtleistung) bescheidmäßig festgestellt worden war; war der Leistungsanspruch aus der knappschaftlichen Pensionsversicherung gegeben, gelten die vollen Kalendermonate dieses Leistungsanspruches wie Beitragsmonate der Pflichtversicherung in der knappschaftlichen Pensionsversicherung;

b) sind Versicherungsmonate, die sich zeitlich decken, nur einfach zu zählen, wobei folgende Reihenfolge gilt:

Beitragsmonat der Pflichtversicherung und Beitragsmonat nach § 115 Abs. 1 Z 2 des Gewerblichen Sozialversicherungsgesetzes, leistungswirksamer Ersatzmonat mit Ausnahme von Ersatzmonaten gemäß den §§ 227a und 228a,

Beitragsmonat der freiwilligen Versicherung,

Ersatzmonat gemäß den §§ 227a und 228a,

leistungswirksamer Ersatzmonat;

bei Versicherungsmonaten gleicher Art gilt nachstehende Reihenfolge:

Pensionsversicherung nach diesem Bundesgesetz,

Pensionsversicherung nach dem Gewerblichen Sozialversicherungsgesetz,

Pensionsversicherung nach dem Bauern-Sozialversicherungsgesetz.

(BGBl 1993/335, BGBl 1994/20)

(5) Ein Versicherter, der von der Pensionsversicherung nach dem Bauern-Pensionsversicherungsgesetz in die Pensionsversicherung nach dem Gewerblichen Selbständigen-Pensionsversicherungsgesetz oder in die Pensionsversicherung nach diesem Bundesgesetz oder aus der Pensionsversicherung nach dem Gewerblichen Selbständigen-Pensionsversicherungsgesetz in die Pensionsversicherung nach diesem Bundesgesetz übergetreten war, ist für eine Leistung aus einem Versicherungsfall der geminderten Arbeitsfähigkeit (der Erwerbsunfähigkeit) oder des Todes, wenn der Versicherungsfall durch einen Arbeitsunfall (§§ 175 und 176) oder eine Berufskrankheit (§ 177) herbeigeführt worden ist, der (die) nach dem Übertritt eingetreten ist, jedenfalls der Pensionsversicherung zugehörig, in der er bei Eintritt des Versicherungsfalles für die Unfallversicherung versichert war.

(BGBl 1996/201)

(6) Für Maßnahmen der Rehabilitation und der Gesundheitsvorsorge (Abschnitt VI) sind

a) Versicherte jener Pensionsversicherung zugehörig, in der sie zuletzt versichert waren; war ein Versicherter zuletzt in mehreren Pensionsversicherungen versichert, dann gilt für die Feststellung der Zugehörigkeit die Reihenfolge des Abs. 4 lit. b;

b) Pensionisten jener Pensionsversicherung zugehörig, aus der ihnen der Pensionsanspruch zusteht.

Ist ein Pensionist gleichzeitig Versicherter, so gilt er für die Feststellung der Zugehörigkeit in der Rehabilitation und der Gesundheitsvorsorge als Versicherter.

(7) Ist ein Versicherter nach den Abs. 2 bis 5 der Pensionsversicherung nach diesem Bundesgesetz zugehörig, so hat der leistungszuständige Versicherungsträger (§ 246) die Bestimmungen dieses Bundesgesetzes mit folgender Maßgabe anzuwenden:

1. Beitragsmonate nach dem Gewerblichen Sozialversicherungsgesetz und nach dem Bauern-Sozialversicherungsgesetz gelten als Beitragsmonate nach diesem Bundesgesetz. Ersatzmonate nach dem Gewerblichen Sozialversicherungsgesetz und nach dem Bauern-Sozialversicherungsgesetz gelten als Ersatzmonate nach diesem Bundesgesetz. Neutrale Zeiten nach dem Gewerblichen Sozialversicherungsgesetz und nach dem Bauern-Sozialversicherungsgesetz gelten als neutrale Zeiten nach diesem Bundesgesetz.
2. Beiträge zur Höherversicherung nach § 141 Abs. 1 des Gewerblichen Sozialversicherungsgesetzes und nach § 132 Abs. 1 des Bauern-Sozialversicherungsgesetzes gelten als Beiträge zur Höherversicherung im Sinne des § 248.
3. (aufgehoben)

   (BGBl I 2000/92, BGBl I 2001/33)

(BGBl 1993/335, BGBl I 1998/138)

Kinder

§ 252. (1) Als Kinder gelten bis zum vollendeten 18. Lebensjahr:

1. die ehelichen, die legitimierten Kinder und die Wahlkinder der Versicherten;
2. die unehelichen Kinder einer weiblichen Versicherten;
3. die unehelichen Kinder eines männlichen Versicherten, wenn seine Vaterschaft durch Urteil oder durch Anerkenntnis festgestellt ist (§ 163b ABGB);
4. die Stiefkinder;
5. die Enkel.

Die in Z 4 und 5 genannten Personen gelten nur dann als Kinder, wenn sie mit dem Versicherten ständig in Hausgemeinschaft leben, die in Z 5 genannten Personen überdies nur dann, wenn sie gegenüber dem Versicherten im Sinne des § 141 ABGB unterhaltsberechtigt sind und sie und der Versicherte ihren Wohnsitz im Inland haben. Die ständige Hausgemeinschaft besteht weiter, wenn sich das Kind nur vorübergehend oder wegen schulmäßiger (beruflicher) Ausbildung oder zeitweilig wegen Heilbehandlung außerhalb der Hausgemeinschaft aufhält. Das gleiche gilt, wenn sich das Kind auf Veranlassung des Versicherten und überwiegend auf dessen Kosten oder auf Anordnung der Jugendfürsorge oder des „Pflegschaftsgerichtes in Obsorge“ eines Dritten befindet.

(BGBl I 2002/1)

(2) Die Kindeseigenschaft besteht auch nach der Vollendung des 18. Lebensjahres, wenn und solange das Kind

1. sich in einer Schul- oder Berufsausbildung befindet, die seine Arbeitskraft überwiegend beansprucht, längstens bis zur Vollendung des 27. Lebensjahres; die Kindeseigenschaft von Kindern, die eine im § 3 des Studienförderungsgesetzes 1992, BGBl. Nr. 305, genannte Einrichtung besuchen, verlängert sich nur dann, wenn sie ein ordentliches Studium ernsthaft und zielstrebig im Sinne des § 2 Abs. 1 lit. b des Familienlastenausgleichsgesetzes 1967, BGBl. Nr. 376, in der Fassung des Bundesgesetzes BGBl. Nr. 311/1992, betreiben;

   (BGBl 1996/201)
2. seit der Vollendung des 18. Lebensjahres oder seit dem Ablauf des in Z 1 genannten Zeitraumes infolge Krankheit oder Gebrechens erwerbsunfähig ist.

ABSCHNITT II
Pensionsversicherung der Arbeiter

Alterspension

§ 253. (1) Anspruch auf Alterspension hat der Versicherte nach Vollendung des 65. Lebensjahres (Regelpensionsalter), die Versicherte nach Vollendung des 60. Lebensjahres (Regelpensionsalter), wenn die Wartezeit (§ 236) erfüllt ist.

(BGBl I 1997/139)

(2) (aufgehoben)

(BGBl I 2000/92, BGBl I 2001/33)

(3) Ein Antrag auf Alterspension gemäß Abs. 1 ist nicht zulässig, wenn bereits Anspruch auf eine vorzeitige Alterspension bei Arbeitslosigkeit (§ 253a), eine vorzeitige Alterspension bei langer Versicherungsdauer (§ 253b) oder eine Gleitpension (§ 253c) besteht.

(BGBl I 2000/43)

(BGBl 1993/335)

Vorzeitige Alterspension bei Arbeitslosigkeit

§ 253a. (1) Anspruch auf vorzeitige Alterspension bei Arbeitslosigkeit hat der Versicherte nach Vollendung des 738. Lebensmonates, die Versicherte nach Vollendung des 678. Lebensmonates, wenn

1. die Wartezeit (§ 236) erfüllt ist,
2. am Stichtag mindestens 180 Beitragsmonate der Pflichtversicherung erworben sind, wobei die im § 236 Abs. 4a genannten Ersatzzeiten als Beitragszeiten der Pflichtversicherung gelten; hat der (die) Versicherte mindestens 120 Beitragsmonate der Pflichtversicherung erworben, so werden Ersatzmonate nach den §§ 227a und 228a dieses Bundesgesetzes, nach § 116a GSVG und nach § 107a BSVG in vollem Umfang berücksichtigt, und

   (BGBl I 2001/103)
3. der (die) Versicherte am Stichtag (§ 223 Abs. 2) die Voraussetzung des § 253b Abs. 1 Z 4 erfüllt und innerhalb der letzten fünfzehn Monate vor dem Stichtag (§ 223 Abs. 2) mindestens 52 Wochen wegen Arbeitslosigkeit eine Geldleistung aus der Arbeitslosenversicherung bezogen hat,

für die weitere Dauer der Arbeitslosigkeit. Bei der Feststellung der Voraussetzungen für einen solchen Anspruch haben jedoch Beitragsmonate der freiwilligen Versicherung für die Erfüllung der Wartezeit außer Ansatz zu bleiben.

(BGBl 1996/201, BGBl 1996/411, BGBl I 2000/92, BGBl I 2001/33)

(2) Dem Bezug von Geldleistungen aus der Arbeitslosenversicherung stehen gleich

1. das Vorliegen einer neutralen Zeit gemäß § 234 Abs. 1 Z 2, ausgenommen der Bezug einer Gleitpension,

   (BGBl I 1997/139)
2. eine Ersatzzeit gemäß § 227 Abs. 1 Z 6,
3. ein Zeitraum von höchstens neun Monaten, für den eine Vergütung aus Anlaß der Beendigung des Dienstverhältnisses (§ 49 Abs. 3 Z 7) gewährt wird,
4. Zeiten der Arbeitslosigkeit, für die eine Kündigungsentschädigung oder eine Ersatzleistung für Urlaubsentgelt (Urlaubsabfindung, Urlaubsentschädigung) gebührt,

   (BGBl I 2000/44)
5. Zeiten des Bezuges von Überbrückungshilfe nach dem Überbrückungshilfegesetz.

   (BGBl 1996/411)
6. Zeiten des Bezuges einer Beihilfe zur Deckung des Lebensunterhaltes gemäß § 20 Abs. 2 lit. c in Verbindung mit § 25 Abs. 1 des Arbeitsmarktförderungsgesetzes oder einer Beihilfe zur Deckung des Lebensunterhaltes durch das Arbeitsmarktservice,

   (BGBl 1993/314)
7. das Vorliegen einer neutralen Zeit gemäß § 234 Abs. 1 Z 6 lit. b, wenn der (die) Versicherte innerhalb der letzten 300 Kalendermonate vor dem Stichtag mindestens 180 Beitragsmonate der Pflichtversicherung erworben hat.

   (BGBl 1996/153)

(BGBl 1995/297, BGBl 1996/201)

(2a) Fallen in den Zeitraum der letzten 15 Monate vor dem Stichtag gemäß Abs. 1 Z 3 Monate des Bezuges einer Gleitpension, so verlängert sich der Zeitraum um diese Bezugsmonate.

(BGBl I 1997/139)

(3) Die Pension gemäß Abs. 1 fällt mit dem Tag weg, an dem der (die) Versicherte eine Erwerbstätigkeit ausübt, die das Entstehen eines Anspruches gemäß § 253b Abs. 1 Z 4 ausschließen würde. Ist die Pension aus diesem Grund weggefallen und endet die Erwerbstätigkeit, so lebt die Pension auf die dem Träger der Pensionsversicherung erstattete Anzeige über das Ende der Erwerbstätigkeit im früher gewährten Ausmaß mit dem dem Ende der Erwerbstätigkeit folgenden Tag wieder auf. § 253b Abs. 2 letzter Satz und Abs. 3 ist anzuwenden.

(BGBl 1995/297, BGBl 1996/201, BGBl I 1998/138, BGBl I 2000/92, BGBl I 2001/33)

(4) Bei Vollendung des 65. Lebensjahres bei männlichen Versicherten, des 60. Lebensjahres bei weiblichen Versicherten, ist die gemäß § 261 ermittelte Pension zu diesem Zeitpunkt gemäß § 261b zu erhöhen; sie gebührt ab dem folgenden Monatsersten als Alterspension gemäß § 253 Abs. 1.

(BGBl 1993/335, BGBl 1995/297, BGBl 1996/201)

(5) Ein Antrag auf vorzeitige Alterspension bei Arbeitslosigkeit gemäß Abs. 1 ist nicht zulässig, wenn bereits ein bescheidmäßig zuerkannter Anspruch auf eine Pension aus einer gesetzlichen Pensionsversicherung mit Ausnahme von Pensionen aus dem Versicherungsfall des Todes besteht. Dies gilt nicht für einen Anspruch auf Gleitpension gemäß § 253c Abs. 1 Z 1 lit. b.

(BGBl 1996/201, BGBl I 1997/139, BGBl I 1998/138)

Vorzeitige Alterspension bei langer Versicherungsdauer

§ 253b. (1) Anspruch auf vorzeitige Alterspension bei langer Versicherungsdauer hat der Versicherte nach Vollendung des 738. Lebensmonates, die Versicherte nach Vollendung des 678. Lebensmonates, wenn

1. die Wartezeit (§ 236) erfüllt ist,
2. a) am Stichtag 450 für die Bemessung der Leistung zu berücksichtigende Versicherungsmonate oder
   b) 420 Beitragsmonate der Pflichtversicherung erworben sind, wobei die im § 236 Abs. 4a genannten Ersatzzeiten als Beitragszeiten der Pflichtversicherung gelten,
   (BGBl I 2001/103)
   (BGBl 1996/201)
3. (aufgehoben)
   (BGBl 1996/201)
4. der (die) Versicherte am Stichtag (§ 223 Abs. 2) weder der Pflichtversicherung in der Pensionsversicherung nach diesem Bundesgesetz, dem Gewerblichen Sozialversicherungsgesetz, dem Bauern-Sozialversicherungsgesetz und (oder) dem Bundesgesetz über die Sozialversicherung freiberuflich selbständig Erwerbstätiger unterliegt noch aus sonstigen selbständigen oder unselbständigen Erwerbstätigkeiten ein Erwerbseinkommen bezieht, das das gemäß § 5 Abs. 2 jeweils in Betracht kommende Monatseinkommen übersteigt. Eine Pflichtversicherung auf Grund einer Beschäftigung als Hausbesorger im Sinne des Hausbesorgergesetzes bleibt hiebei außer Betracht, sofern das aus dieser Beschäftigung erzielte Entgelt das nach § 5 Abs. 2 jeweils in Betracht kommende Monatseinkommen nicht übersteigt; das gleiche gilt für eine Pflichtversicherung in der Pensionsversicherung nach dem Bauern-Sozialversicherungsgesetz, wenn der Einheitswert des land(forst)wirtschaftlichen Betriebes 2 400 € nicht übersteigt. Eine Pflichtversicherung für die Zeit des Bezuges einer Ersatzleistung für Urlaubsentgelt (Urlaubsabfindung, Urlaubsentschädigung) gemäß § 11 Abs. 2 zweiter Satz bleibt ebenfalls außer Betracht.
   (BGBl 1995/297, BGBl 1996/411, BGBl I 1997/139, BGBl I 2000/44, BGBl I 2001/67)

(BGBl 1993/335, BGBl I 2000/92, BGBl I 2001/33)

(2) Die Pension gemäß Abs. 1 fällt mit dem Tag weg, an dem der (die) Versicherte eine Erwerbstätigkeit ausübt, die das Entstehen eines Anspruches gemäß Abs. 1 Z 4 ausschließen würde. Ist die Pension aus diesem Grund weggefallen und endet die Erwerbstätigkeit, so lebt die Pension auf die dem Träger der Pensionsversicherung erstattete Anzeige über das Ende der Erwerbstätigkeit im früher gewährten Ausmaß mit dem dem Ende der Erwerbstätigkeit folgenden Tag wieder auf. Zeiten, in denen die Pflichtversicherung in der Pensionsversicherung

1. nach § 471h trotz Nichtüberschreitung der Geringfügigkeitsgrenze (§ 5 Abs. 2) oder
2. nach § 2 Abs. 1 Z 4 GSVG trotz Nichtüberschreitung des zwölffachen Betrages nach § 5 Abs. 2 Z 2 bei Einkünften nach § 25 Abs. 1 GSVG aus dieser Erwerbstätigkeit

(weiter)besteht, führen nicht zum Wegfall der Pension; in den Fällen der Z 2 gilt dies jedoch nur dann, wenn sowohl die Aufnahme der Ausübung der Erwerbstätigkeit als auch deren Unterbrechung oder Beendigung rechtzeitig (§ 18 GSVG) gemeldet wird.

(BGBl 1995/297, BGBl I 2000/92, BGBl I 2001/33)

(3) Als Zeiten einer Erwerbstätigkeit im Sinne des Abs. 2 gelten auch Zeiten des Bezuges einer Ersatzleistung für Urlaubsentgelt (Urlaubsabfindung, Urlaubsentschädigung).

(BGBl 1995/297, BGBl 1996/411, BGBl I 2000/44)

(4) Bei Vollendung des 65. Lebensjahres bei männlichen Versicherten, des 60. Lebensjahres bei weiblichen Versicherten, ist die gemäß § 261 ermittelte Pension zu diesem Zeitpunkt gemäß § 261b zu erhöhen; sie gebührt ab dem folgenden Monatsersten als Alterspension gemäß § 253 Abs. 1.

(BGBl 1993/335, BGBl 1995/297)

(5) Ein Antrag auf vorzeitige Alterspension bei langer Versicherungsdauer gemäß Abs. 1 ist nicht zulässig, wenn bereits ein bescheidmäßig zuerkannter Anspruch auf eine Pension aus einer gesetzlichen Pensionsversicherung mit Ausnahme von Pensionen aus dem Versicherungsfall des Todes besteht.

(BGBl 1996/201, BGBl I 1997/139, BGBl I 1998/138)

Gleitpension

§ 253c. (1) Anspruch auf Gleitpension hat der Versicherte nach Vollendung des 738. Lebensmonates, die Versicherte nach Vollendung des 678. Lebensmonates, wenn

1. a) die Voraussetzungen für die vorzeitige Alterspension bei langer Versicherungsdauer – mit Ausnahme der Voraussetzung des Fehlens einer die Pflichtversicherung begründenden unselbständigen Erwerbstätigkeit am Stichtag – erfüllt sind oder
   b) die Wartezeit (§ 236) erfüllt ist, am Stichtag mindestens 300 Versicherungsmonate erworben sind, innerhalb der letzten 180 Kalendermonate vor der Vollendung des 738. Lebensmonates bei Männern oder des

678. Lebensmonates bei Frauen mindestens 108 Beitragsmonate der Pflichtversicherung nach diesem Bundesgesetz vorliegen – wobei die im § 236 Abs. 4a genannten Ersatzzeiten als Beitragszeiten der Pflichtversicherung gelten – und seit der Vollendung des 60. Lebensjahres bei Männern bzw. des 55. Lebensjahres bei Frauen mindestens ein Jahr verstrichen ist;

(BGBl I 2000/92, BGBl I 2001/33, BGBl I 2001/103)

2. die letzten 24 Kalendermonate vor dem Stichtag Beitragsmonate der Pflichtversicherung oder Ersatzmonate auf Grund von Arbeitslosengeldbezug gemäß § 227 Abs. 1 Z 5 oder Ersatzmonate gemäß § 227 Abs. 1 Z 6 sind;
3. der Antrag auf Gleitpension vor dem Zeitpunkt der Erreichung des Regelpensionsalters (§ 253 Abs. 1) gestellt wird und gleichzeitig
   a) im Falle einer im letzten Jahr vor dem Stichtag ausgeübten unselbständigen Erwerbstätigkeit erklärt wird, welches Ausmaß der wöchentlichen Arbeitszeit in diesem Zeitraum zu leisten war, und

   (BGBl I 1998/138)

   b) nachgewiesen wird, daß Teilzeit im Ausmaß von höchstens 28 Wochenstunden oder – im Fall einer Teilzeitbeschäftigung im letzten Jahr vor dem Stichtag – von höchstens 70% der zuletzt geleisteten Arbeitszeit (lit. a) während des Bezuges der Gleitpension ohne Verpflichtung zur Mehrarbeit über diese Höchstgrenzen hinaus vereinbart worden ist bzw. in Anspruch genommen wird.

   (BGBl I 1998/138)

(BGBl I 2000/92, BGBl I 2001/33)

(2) Die Gleitpension gebührt bis zum Zeitpunkt der Erreichung des Regelpensionsalters (§ 253 Abs. 1) als Teilpension, deren Höhe wie folgt ermittelt wird:

1. Zunächst ist das Gesamteinkommen zu ermitteln, das ist die Summe aus der nach § 261 ohne den besonderen Steigerungsbetrag (§ 248) ermittelten Pension und dem Erwerbseinkommen.
2. Wenn das Gesamteinkommen 897,58 €[a]) nicht übersteigt, gebührt die Teilpension
   a) in den Fällen des Abs. 1 Z 1 lit. a im Ausmaß von 80%,
   b) in den Fällen des Abs. 1 Z 1 lit. b im Ausmaß von 60%

   der nach § 261 ohne den besonderen Steigerungsbetrag (§ 248) ermittelten Pension; andernfalls ist die nach § 261 ohne den besonderen Steigerungsbetrag (§ 248) ermittelte Pension um einen Anrechnungsbetrag zu vermindern.

   (BGBl I 2001/67)

3. Der Anrechnungsbetrag gemäß Z 2 setzt sich aus Teilen des Gesamteinkommens zusammen: Für Gesamteinkommensteile von
   a) über 897,58 €[a]) bis 1 196,78 €[a]) sind 30%,
   b) über 1 196,78 €[a]) bis 1 495,97 €[a]) sind 40%,
   c) über 1 495,97 €[a]) bis 1 795,16 €[a]) sind 50% und
   d) über 1 795,16 €[a]) sind 60%

   dieser Gesamteinkommensteile anzurechnen. Der Anrechnungsbetrag darf jedoch das Ausmaß des Erwerbseinkommens nicht überschreiten.

   (BGBl I 2001/67)

4. Die Teilpension gebührt jedoch im Ausmaß von mindestens 50% und
   a) in den Fällen des Abs. 1 Z 1 lit. a von höchstens 80%,
   b) in den Fällen des Abs. 1 Z 1 lit. b von höchstens 60%

   der gemäß § 261 ohne den besonderen Steigerungsbetrag (§ 248) ermittelten Pension.

   (BGBl I 1999/179)

An die Stelle dieser Eurobeträge treten ab 1. Jänner eines jeden Jahres, erstmals ab 1. Jänner 1999, die unter Bedachtnahme auf § 108 Abs. 9 mit dem Anpassungsfaktor (§ 108f) vervielfachten Beträge.

(BGBl I 2001/67)

---

[a]) Beträge siehe VO über veränderliche Werte.

(3) Der Prozentsatz der Teilpension gemäß Abs. 2 ist erstmalig auf Grund des Pensionsantrages festzustellen. Neufeststellungen dieses Prozentsatzes erfolgen sodann

1. aus Anlaß jeder Anpassung von Pensionen gemäß § 108h;
2. bei jeder Neuaufnahme einer Erwerbstätigkeit;
3. auf besonderen Antrag des Gleitpensionisten.

(4) Für das zulässige Höchstausmaß der Arbeitszeit während des Bezuges der Gleitpension ist die im letzten Jahr vor dem Stichtag überwiegende Tätigkeit maßgebend.

(BGBl I 1998/138)

(5) Für unselbständig Erwerbstätige, auf deren Beschäftigungsverhältnis im letzten Jahr vor dem Stichtag keine zwingenden Arbeitszeitbestimmungen Anwendung gefunden haben oder die im letzten Jahr vor dem Stichtag nicht erwerbstätig waren, ist jenes Ausmaß der höchstzulässigen Teilzeitarbeit während des Bezuges der Gleitpension

anzuwenden, das für Versicherte maßgeblich ist, die vor dem Stichtag bei Normalarbeitszeitverpflichtung unselbständig erwerbstätig waren; das gleiche gilt für Zeiten der Ausübung einer versicherungspflichtigen selbständigen Erwerbstätigkeit.

(BGBl I 1998/138)

(6) Wird während des Bezuges von Gleitpension die Arbeitszeit gemäß Abs. 1 Z 3 lit. b auf Grund einer oder mehrerer die Pflichtversicherung begründenden unselbständigen Erwerbstätigkeiten im Durchschnitt eines Kalendermonates überschritten oder besteht eine die Pflichtversicherung begründende selbständige Erwerbstätigkeit, so fällt die Gleitpension in diesem Kalendermonat weg. § 253b Abs. 2 letzter Satz ist anzuwenden.

(BGBl I 2000/92, BGBl I 2001/33)

(7) Stellt der (die) Versicherte in den Fällen des Abs. 1 Z 1 lit. a vor dem Zeitpunkt der Erreichung des Regelpensionsalters (§ 253 Abs. 1) die Erwerbstätigkeit ein und verzichtet er (sie) auf die Gleitpension, so gebührt die nach § 261 ermittelte Pension als vorzeitige Alterspension bei langer Versicherungsdauer. Verzichtet er (sie) nicht, so ist ab dem Zeitpunkt der Einstellung der Erwerbstätigkeit die Gleitpension als Teilpension im Ausmaß von bis zu 80% der gemäß § 261 ohne den besonderen Steigerungsbetrag (§ 248) ermittelten Pension weiterzugewähren. Sonstige Erwerbseinkommen sind hiebei unter Bedachtnahme auf Abs. 2 zu berücksichtigen.

(BGBl I 1998/138, BGBl I 1999/179)

(8) Stellt der (die) Versicherte in den Fällen des Abs. 1 Z 1 lit. b vor dem Zeitpunkt der Erreichung des Regelpensionsalters (§ 253 Abs. 1) die Erwerbstätigkeit ein und verzichtet er (sie) auf die Gleitpension, so besteht Anspruch auf eine vorzeitige Alterspension bei Arbeitslosigkeit erst dann, wenn die Anspruchsvoraussetzungen gemäß § 253a Abs. 1 Z 3 erfüllt sind und bei Anspruch auf Arbeitslosengeld dessen Bezugsdauer erschöpft ist. Die vorzeitige Alterspension bei Arbeitslosigkeit gebührt in der Höhe der für die Gleitpension nach § 261 ermittelten Pension. Verzichtet er (sie) nicht, so ist ab dem Zeitpunkt der Einstellung der Erwerbstätigkeit die Gleitpension als Teilpension im Ausmaß von bis zu 60% der gemäß § 261 ohne den besonderen Steigerungsbetrag (§ 248) ermittelten Pension weiterzugewähren. Sonstige Erwerbseinkommen sind hiebei unter Bedachtnahme auf Abs. 2 zu berücksichtigen.

(BGBl I 1998/138)

(9) Bei einem Verzicht auf die Gleitpension gemäß Abs. 7 oder Abs. 8 oder bei Erreichung des Regelpensionsalters ist die gemäß § 261 ermittelte Pension nach § 261b zu erhöhen. Sie gebührt ab dem folgenden Monatsersten als (vorzeitige) Alterspension.

(BGBl I 1999/179)

(10) Ein Antrag auf Gleitpension ist nicht zulässig, wenn bereits ein bescheidmäßig zuerkannter Anspruch auf eine Pension aus einer gesetzlichen Pensionsversicherung mit Ausnahme von Pensionen aus dem Versicherungsfall des Todes besteht.

(BGBl I 1998/138, BGBl I 1999/179)

(11) (aufgehoben)

(BGBl I 1999/179)

(12) (aufgehoben)

(BGBl I 1998/138)

(BGBl 1993/335, BGBl 1995/297, BGBl 1996/210, BGBl I 1997/139)

§ 253d. (aufgehoben)

(BGBl I 2000/43)

Invaliditätspension

§ 254. (1) Anspruch auf Invaliditätspension hat der (die) Versicherte, wenn

1. die Invalidität (§ 255) voraussichtlich sechs Monate andauert oder andauern würde,
2. die Wartezeit erfüllt ist (§ 236) und
3. er (sie) am Stichtag (§ 223 Abs. 2) noch nicht die Voraussetzungen für eine Alterspension oder eine vorzeitige Alterspension bei langer Versicherungsdauer nach diesem Bundesgesetz oder nach dem Gewerblichen Sozialversicherungsgesetz oder nach dem Bauern-Sozialversicherungsgesetz erfüllt hat.

   (BGBl I 1997/139)

(BGBl 1993/335, BGBl 1996/201)

(2) Anspruch auf Invaliditätspension hat auch, sofern die Wartezeit erfüllt ist, eine versicherte Ehegattin nach dem Tode des Ehegatten, wenn sie das 55. Lebensjahr vollendet und mindestens vier lebende Kinder geboren hat. Das gleiche gilt für eine versicherte Frau, deren Ehe mit dem verstorbenen früheren Ehegatten für nichtig erklärt, aufgehoben oder geschieden worden ist, wenn ihr der verstorbene frühere Ehegatte zur Zeit seines Todes Unterhalt (einen Unterhaltsbeitrag) auf Grund eines gerichtlichen Urteiles, eines gerichtlichen Vergleiches oder einer vor Auflösung (Nichtigerklärung) der Ehe eingegangenen vertraglichen Verpflichtung zu leisten hatte.

(3) Nach Anfall einer Pension aus einem Versicherungsfall des Alters nach diesem Bundesgesetz mit Ausnahme des Knappschaftssoldes, nach dem Gewerblichen Selbständigen-Pensionsversicherungsgesetz oder nach dem Bauern-Pensionsversicherungsgesetz sowie nach Anfall einer Pension aus einem Versicherungsfall der Erwerbsunfähigkeit nach dem Gewerblichen Selbständigen-Pensionsversicherungsgesetz oder nach dem Bauern-Pensionsversicherungsgesetz kann ein Anspruch auf Invaliditätspension nicht mehr entstehen.

(BGBl 1996/201)

(4) Ein Pensionsbezieher, dem Maßnahmen der Rehabilitation gewährt worden sind (§ 300

Abs. 1),[a]) hat Anspruch auf Invaliditätspension, wenn

[a]) Beachte Art. VIII Abs. 9 der 37. Novelle.

1. durch diese Maßnahmen das im § 300 Abs. 3 angestrebte Ziel erreicht wurde,
2. er als invalid im Sinne des § 255 Abs. 5 gilt,
3. er während des Anspruches auf Pension mindestens 36 Beitragsmonate der Pflichtversicherung durch eine Beschäftigung erworben hat, und
4. er zu den in dieser Beschäftigung ausgeübten Berufen durch die Rehabilitation in der Unfallversicherung oder in der Pensionsversicherung befähigt wurde. Für die Feststellung des Eintrittes des Versicherungsfalles gilt § 223 Abs. 1 Z 2 lit. a entsprechend.

(5) Wurden Maßnahmen der Rehabilitation gewährt und wurde durch diese Maßnahmen das im § 300 Abs. 3 angestrebte Ziel erreicht, fällt die Invaliditätspension mit dem Monatsersten weg, ab dem das im Monat gebührende Erwerbseinkommen aus einer Beschäftigung, zu der der Pensionsbezieher durch die Rehabilitation befähigt wurde, das Zweifache der Bemessungsgrundlage und das 30fache der jeweils geltenden Höchstbeitragsgrundlage (§ 45 Abs. 1) übersteigt. Ist die Pension aus diesem Grund weggefallen, so lebt sie auf die dem Träger der Pensionsversicherung erstattete Anzeige mit dem Ersten des Monats wieder auf, in dem das Erwerbseinkommen unter die genannten Grenzbeträge abgesunken ist.

(BGBl 1993/335)

(6) Bezieht eine Person, die Anspruch auf Invaliditätspension hat, in einem Kalendermonat ein Erwerbseinkommen (§ 91), das den Betrag gemäß § 5 Abs. 2 übersteigt, so wandelt sich der Anspruch auf die gemäß § 261 ermittelte Pension für diesen Kalendermonat in einen Anspruch auf Teilpension.

(BGBl I 1997/139)

(7) Die Höhe der Teilpension wird wie folgt ermittelt:

1. Zunächst ist das Gesamteinkommen zu ermitteln, das ist die Summe aus der gemäß § 261 ohne den besonderen Steigerungsbetrag (§ 248) ermittelten Pension und dem Erwerbseinkommen.
2. Die Teilpension gebührt in Höhe der gemäß § 261 ohne den besonderen Steigerungsbetrag (§ 248) ermittelten Pension, wenn das Gesamteinkommen 897,58 €[a]) nicht übersteigt; andernfalls ist die gemäß § 261 ohne den besonderen Steigerungsbetrag (§ 248) ermittelte Pension um einen Anrechnungsbetrag zu vermindern.

   (BGBl I 2001/67)
3. Der Anrechnungsbetrag gemäß Z 2 setzt sich aus Teilen des Gesamteinkommens zusammen: Für Gesamteinkommensteile von
   a) über 897,58 €[a]) bis 1 346,41 €[a]) sind 30%,
   b) über 1 346,41 €[a]) bis 1 795,16 €[a]) sind 40% und
   c) über 1 795,16 €[a]) sind 50%

   dieser Gesamteinkommensteile anzurechnen.

   (BGBl I 2001/67)
4. Der Anrechnungsbetrag darf jedoch weder 50% der gemäß § 261 ohne den besonderen Steigerungsbetrag (§ 248) ermittelten Pension noch das Erwerbseinkommen übersteigen.

An die Stelle dieser Eurobeträge treten ab 1. Jänner eines jeden Jahres, erstmals ab 1. Jänner 1999, die unter Bedachtnahme auf § 108 Abs. 9 mit dem Anpassungsfaktor (§ 108f) vervielfachten Beträge.

(BGBl I 1997/139, BGBl I 2001/67)

[a]) Beträge siehe VO über veränderliche Werte.

(8) Der Prozentsatz der Teilpension gemäß Abs. 7 ist erstmalig auf Grund des Pensionsantrages festzustellen. Neufeststellungen dieses Prozentsatzes erfolgen sodann

1. aus Anlaß jeder Anpassung von Pensionen gemäß § 108h;
2. bei jeder Neuaufnahme einer Erwerbstätigkeit;
3. auf besonderen Antrag des Pensionisten.

(BGBl I 1997/139)

Begriff der Invalidität

§ 255. (1) War der Versicherte überwiegend in erlernten (angelernten) Berufen tätig, gilt er als invalid, wenn seine Arbeitsfähigkeit infolge seines körperlichen oder geistigen Zustandes auf weniger als die Hälfte derjenigen eines körperlich und geistig gesunden Versicherten von ähnlicher Ausbildung und gleichwertigen Kenntnissen und Fähigkeiten in jedem dieser Berufe herabgesunken ist.

(2) Ein angelernter Beruf im Sinne des Abs. 1 liegt vor, wenn der Versicherte eine Tätigkeit ausübt, für die es erforderlich ist, durch praktische Arbeit qualifizierte Kenntnisse oder Fähigkeiten zu erwerben, welche jenen in einem erlernten Berufe gleichzuhalten sind. Als überwiegend im Sinne des Abs. 1 gelten solche erlernte (angelernte) Berufstätigkeiten, wenn sie in mehr als der Hälfte der Beitragsmonate nach diesem Bundesgesetz während der letzten 15 Jahre vor dem Stichtag (§ 223 Abs. 2) ausgeübt wurden.

(3) War der Versicherte nicht überwiegend in erlernten (angelernten) Berufen im Sinne der Abs. 1 und 2 tätig, gilt er als invalid, wenn er infolge seines körperlichen oder geistigen Zustandes nicht mehr imstande ist, durch eine Tätigkeit, die auf dem Arbeitsmarkt noch bewertet wird und die ihm unter billiger Berücksichtigung der von ihm ausgeübten Tätigkeiten zugemutet werden kann, wenigstens die Hälfte des Entgeltes zu erwerben, das ein körperlich und geistig gesunder Versicher-

ter regelmäßig durch eine solche Tätigkeit zu erzielen pflegt.

(4) Als invalid gilt auch der (die) Versicherte, der (die) das 57. Lebensjahr vollendet hat, wenn er (sie) infolge von Krankheit oder anderen Gebrechen oder Schwäche seiner (ihrer) körperlichen oder geistigen Kräfte außer Stande ist, einer Tätigkeit, die er (sie) in den letzten 180 Kalendermonaten vor dem Stichtag mindestens 120 Kalendermonate hindurch ausgeübt hat, nachzugehen. Dabei sind zumutbare Änderungen dieser Tätigkeit zu berücksichtigen.

(BGBl I 2000/43)

(5) Abweichend von Abs. 1 und 2 ist dem (der) Versicherten jedenfalls eine Tätigkeit zumutbar, für die er (sie) unter Berücksichtigung der Dauer und des Umfanges seiner (ihrer) Ausbildung sowie der von ihm (ihr) bisher ausgeübten Tätigkeit durch Leistungen der beruflichen Rehabilitation mit Erfolg ausgebildet oder umgeschult worden ist.

(BGBl 1993/335, BGBl 1996/201, BGBl I 2000/43)

(6) Wurden dem Versicherten Maßnahmen der Rehabilitation gewährt, durch die das im § 300 Abs. 3 angestrebte Ziel erreicht worden ist, so gilt er auch als invalid, wenn seine Arbeitsfähigkeit in den Berufen, zu denen ihn die Rehabilitation befähigt hat, infolge seines körperlichen oder geistigen Zustandes auf weniger als die Hälfte derjenigen eines körperlich und geistig gesunden Versicherten von ähnlicher Ausbildung und gleichwertigen Kenntnissen und Fähigkeiten in jedem dieser Berufe herabgesunken ist.

(BGBl I 2000/43)

Feststellung der Invalidität

§ 255a. (aufgehoben)

(BGBl 1993/335)

Dauer des Anspruchs auf Invaliditätspension

§ 256. (1) Die Invaliditätspension nach § 254 Abs. 1 gebührt längstens für die Dauer von 24 Monaten ab dem Stichtag. Besteht nach Ablauf der Befristung Invalidität weiter, so ist die Pension jeweils für die Dauer von längstens 24 Monaten weiter zuzuerkennen, sofern die Weitergewährung der Pension spätestens innerhalb von drei Monaten nach deren Wegfall beantragt wurde.

(2) Abweichend von Abs. 1 ist die Pension ohne zeitliche Befristung zuzuerkennen, wenn auf Grund des körperlichen oder geistigen Zustandes dauernde Invalidität (Berufsunfähigkeit, Dienstunfähigkeit) anzunehmen ist.

(3) Gegen den Ausspruch, daß die Pension zeitlich befristet zuerkannt oder weitergewährt wird, darf eine Klage an das Landesgericht als Arbeits- und Sozialgericht bzw. das Arbeits- und Sozialgericht Wien nicht erhoben werden.

(BGBl 1996/201)

Hinterbliebenenpensionen

§ 257. Als Hinterbliebenenpensionen gebühren Witwenpensionen, Witwerpensionen und Waisenpensionen, wenn die Wartezeit erfüllt ist (§ 236). Für diese Leistungen gilt die Wartezeit jedenfalls als erfüllt, wenn der Versicherte bis zum Tod Anspruch auf Pension aus der Pensionsversicherung hatte.

Witwen(Witwer)pension[a])

[a]) Die Witwerpension tritt etappenweise in Kraft. Beachte Art. II Abs. 8 der 36. Novelle.

§ 258. (1) Anspruch auf

1. Witwenpension hat die Witwe nach dem Tod des versicherten Ehegatten;
2. Witwerpension hat der Witwer nach dem Tod der versicherten Ehegattin.

(2) Die Pension nach Abs. 1 gebührt bis zum Ablauf von 30 Kalendermonaten nach dem Letzten des Monats des Todes des (der) versicherten Ehegatten (Ehegattin),

1. wenn der überlebende Ehegatte bei Eintritt des Versicherungsfalles des Todes des (der) Versicherten das 35. Lebensjahr noch nicht vollendet hat, es wäre denn, daß die Ehe mindestens zehn Jahre gedauert hat;
2. wenn der überlebende Ehegatte bei Eintritt des Versicherungsfalles des Todes des (der) Versicherten das 35. Lebensjahr bereits vollendet hat und die Ehe in einem Zeitpunkt geschlossen wurde, in dem der andere Ehegatte einen bescheidmäßig zuerkannten Anspruch auf eine Pension aus einem Versicherungsfall des Alters oder der geminderten Arbeitsfähigkeit mit Ausnahme des Knappschaftssoldes und der Knappschaftspension hatte, es wäre denn, daß
   a) die Ehe mindestens drei Jahre gedauert und der Altersunterschied der Ehegatten nicht mehr als 20 Jahre betragen hat oder
   b) die Ehe mindestens fünf Jahre gedauert und der Altersunterschied der Ehegatten nicht mehr als 25 Jahre betragen hat oder
   c) die Ehe mindestens zehn Jahre gedauert und der Altersunterschied der Ehegatten mehr als 25 Jahre betragen hat;
3. wenn der überlebende Ehegatte bei Eintritt des Versicherungsfalles des Todes des (der) Versicherten das 35. Lebensjahr bereits vollendet hat und die Ehe in einem Zeitpunkt geschlossen wurde, in dem der Ehegatte bereits das 65. Lebensjahr (die Ehegattin bereits das 60. Lebensjahr) überschritten und keinen bescheidmäßig zuerkannten Anspruch auf eine in Z 2 bezeichnete Pension hatte, es wäre denn, daß die Ehe zwei Jahre gedauert hat. Wäre der

überlebende Ehegatte im Zeitpunkt des Ablaufs der Frist, für die die Pension zuerkannt wurde, in sinngemäßer Anwendung der §§ 254 Abs. 1 Z 1 und 255 Abs. 3 als invalid anzusehen und wurde die Weitergewährung der Pension spätestens innerhalb von drei Monaten nach deren Wegfall beantragt, so ist die Pension für die weitere Dauer der Invalidität zuzuerkennen. Der Anspruch auf eine befristet zuerkannte bzw. für die Dauer der Invalidität weitergewährte Witwen(Witwer)pension erlischt ohne weiteres Verfahren, wenn sich der Bezieher (die Bezieherin) einer solchen Pension wiederverehelicht.

(BGBl 1996/411, BGBl I 1998/138)

(3) Abs. 2 gilt nicht,

1. wenn in der Ehe ein Kind geboren oder durch die Ehe ein Kind legitimiert wurde oder die Witwe sich im Zeitpunkt des Todes des Ehegatten erwiesenermaßen im Zustand der Schwangerschaft befunden hatte oder in diesem Zeitpunkt dem Haushalt der Witwe (des Witwers) ein Kind des (der) Verstorbenen angehörte, das Anspruch auf Waisenpension hat;
2. wenn die Ehe vor dem 12. Juni 1949 geschlossen worden ist;
3. wenn die Ehe von Personen geschlossen wurde, die bereits früher miteinander verheiratet gewesen sind und bei Fortdauer der früheren Ehe der Witwen(Witwer)pensionsanspruch nicht ausgeschlossen gewesen wäre.

(4) Die Pension nach Abs. 1 gebührt nach Maßgabe der Abs. 2 und 3 auch

1. der Frau,
2. dem Mann,

deren (dessen) Ehe mit dem (der) Versicherten für nichtig erklärt, aufgehoben oder geschieden worden ist, wenn ihr (ihm) der (die) Versicherte zur Zeit seines (ihres) Todes Unterhalt (einen Unterhaltsbeitrag) zu leisten hatte bzw. Unterhalt geleistet hat, und zwar

a) auf Grund eines gerichtlichen Urteiles,
b) auf Grund eines gerichtlichen Vergleiches,
c) auf Grund einer vor Auflösung (Nichtigerklärung) der Ehe eingegangenen vertraglichen Verpflichtung,
d) regelmäßig zur Deckung des Unterhaltsbedarfs ab einem Zeitpunkt nach der Rechtskraft der Scheidung bis zu seinem (ihrem) Tod, mindestens während der Dauer des letzten Jahres vor seinem (ihrem) Tod, wenn die Ehe mindestens zehn Jahre gedauert hat,

sofern und solange die Frau (der Mann) nicht eine neue Ehe geschlossen hat.

(BGBl 1993/335)

§ 259. (aufgehoben)

Waisenpension

§ 260. Anspruch auf Waisenpension haben nach dem Tode des (der) Versicherten die Kinder im Sinne des § 252 Abs. 1 Z 1 bis 4 und Abs. 2. Über das vollendete 18. Lebensjahr hinaus wird Waisenpension nur auf besonderen Antrag gewährt.

Alters(Invaliditäts)pension, Ausmaß

§ 261. (1) Die Leistungen aus den Versicherungsfällen des Alters und die Invaliditätspension bestehen aus dem Steigerungsbetrag, bei Vorliegen einer Höherversicherung auch aus dem besonderen Steigerungsbetrag gemäß § 248 Abs. 1. Der Steigerungsbetrag ist ein Prozentsatz der Gesamtbemessungsgrundlage (§ 240).

(2) Die Höhe des Prozentsatzes gemäß Abs. 1 ist die Summe der erworbenen Steigerungspunkte. Für je zwölf Versicherungsmonate gebühren zwei Steigerungspunkte. Bleibt ein Rest von weniger als zwölf Versicherungsmonaten, so gebührt für jeden Restmonat ein Zwölftel von zwei Steigerungspunkten. Die Summe der Steigerungspunkte ist auf drei Dezimalstellen zu runden.

(3) Bei Inanspruchnahme der Invaliditätspension ist jeder Monat ab dem Stichtag bis zum Monatsersten nach Vollendung des 678. Lebensmonates bei der Berechnung der Steigerungspunkte gemäß Abs. 2 einem Versicherungsmonat gleichzuhalten. Fällt der Zeitpunkt der Vollendung des 678. Lebensmonates selbst auf einen Monatsersten, so gilt dieser Tag als Monatserster im Sinne des ersten Satzes.

(BGBl I 2000/92, BGBl I 2001/33)

(4) Bei Inanspruchnahme einer Leistung vor dem Monatsersten nach der Erreichung des Regelpensionsalters (§ 253 Abs. 1) ist die nach Abs. 2 ermittelte Summe der Steigerungspunkte zu vermindern. Das Ausmaß der Verminderung beträgt für je zwölf Monate der früheren Inanspruchnahme drei Steigerungspunkte. Bleibt ein Rest von weniger als zwölf Monaten, so beträgt das Ausmaß der Verminderung für jeden Restmonat ein Zwölftel von drei Steigerungspunkten. Abs. 2 letzter Satz ist anzuwenden. Das Höchstausmaß der Verminderung beträgt 15% der nach Abs. 2 ermittelten Summe der Steigerungspunkte, höchstens jedoch 10,5 Steigerungspunkte. Fällt der Zeitpunkt der Erreichung des Regelpensionsalters selbst auf einen Monatsersten, so gilt dieser Tag als Monatserster im Sinne des ersten Satzes.

(BGBl I 2000/92, BGBl I 2001/33)

(5) Kommt Abs. 3 zur Anwendung, so darf der Steigerungsbetrag 60% der höchsten zur Anwendung kommenden Bemessungsgrundlage (§§ 238 Abs. 1, 239 Abs. 1, 241) nicht übersteigen, es sei denn, daß der Steigerungsbetrag ohne Berücksichtigung der Monate gemäß Abs. 3 höher ist. In diesem Fall gebührt der Steigerungsbetrag ohne Berücksichtigung der Monate gemäß Abs. 3.

(BGBl I 2000/92, BGBl I 2001/33)

(6) Der Steigerungsbetrag darf 80% der höchsten zur Anwendung kommenden Bemessungsgrundlage (§§ 238 Abs. 1, 239 Abs. 1, 241) nicht übersteigen.

(7) Bei Anwendung des Abs. 4 ist, wenn zum Zeitpunkt der Inanspruchnahme der Leistung bereits ein bescheidmäßig zuerkannter Anspruch auf eine Pension aus einer gesetzlichen Pensionsversicherung mit Ausnahme von Pensionen aus dem Versicherungsfall des Todes bestanden hat, der Stichtag dieser Pension heranzuziehen.

(BGBl 1993/335, BGBl 1994/20, BGBl 1996/201, BGBl I 1997/139)

§ 261a. (aufgehoben)

(BGBl I 1997/139)

Erhöhung von Leistungen aus dem Versicherungsfall des Alters bei Inanspruchnahme einer Teilpension bzw. bei Wegfall der Pension

§ 261b. (1) Wird in den Fällen des § 253c Abs. 9, in denen eine Teilpension gewährt wurde, die neben dem Pensionsbezug ausgeübte Erwerbstätigkeit eingestellt, so gebührt dem (der) Versicherten ein erhöhter Steigerungsbetrag, der nach den Abs. 3 und 4 zu berechnen ist.

(BGBl I 1997/139, BGBl I 1999/179, BGBl I 2000/92, BGBl I 2001/33)

(2) In den Fällen der §§ 253a und 253b, in denen die Pension wegen einer Erwerbstätigkeit weggefallen ist, gebührt dem (der) Versicherten ab dem Erreichen des Anfallsalters für die Alterspension gemäß § 253 Abs. 1 ein erhöhter Steigerungsbetrag, der gemäß Abs. 5 und 6 zu berechnen ist.

(BGBl I 2000/43)

(3) Der Prozentsatz des Steigerungsbetrages der Pension, von der die Teilpension berechnet wurde, ist

1. für je zwölf Kalendermonate des Bezuges der Teilpension
   a) bei einer Teilpension von mehr als 60% mit dem Faktor 1,01,
   (BGBl I 1998/138)
   b) bei einer Teilpension von 40% bis 60% mit dem Faktor 1,02,
2. für je zwölf Kalendermonate des Wegfalles der Teilpension gemäß § 253c Abs. 6 mit dem Faktor 1,04

zu vervielfachen. War ein Jahresausgleich durchzuführen, so ist die gemäß § 92 Abs. 1 ermittelte Teilpension für die Faktorenzuordnung maßgebend. Ein Rest von weniger als zwölf Monaten wird in der Weise berücksichtigt, daß für jeden restlichen Monat ein Zwölftel des um 1 verminderten Faktors zu errechnen und die Summe dieser Beträge aus den restlichen Monaten um 1 erhöht wird. Der sich ergebende Faktor ist auf fünf Dezimalstellen zu runden.

(BGBl 1994/20, BGBl I 1997/139)

(4) Der erhöhte Steigerungsbetrag ist der Hundertsatz gemäß Abs. 3 der zum auf den Zeitpunkt der Einstellung der Erwerbstätigkeit oder des Erreichens des Anfallsalters für die Alterspension gemäß § 253 Abs. 1 folgenden Monatsersten zu ermittelnden Gesamtbemessungsgrundlage. Er darf den jeweiligen zu erhöhenden Steigerungsbetrag nicht unterschreiten. Er darf überdies 80 vH der höchsten zur Anwendung kommenden Bemessungsgrundlage (§§ 238 Abs. 1, 239 Abs. 1, 241) nicht übersteigen.

(BGBl 1994/20, BGBl 1996/201)

(5) Der Hundertsatz des Steigerungsbetrages der Pension ist für je zwölf Kalendermonate des Wegfalls der Pension, in denen eine Pflichtversicherung nach diesem Bundesgesetz, dem Gewerblichen Sozialversicherungsgesetz, dem Sozialversicherungsgesetz der freiberuflich selbständig Erwerbstätigen oder dem Bauern-Sozialversicherungsgesetz bestanden hat, mit dem Faktor 1,015 zu vervielfachen. Abs. 3 dritter und vierter Satz sind anzuwenden.

(BGBl 1994/20)

(6) Der erhöhte Steigerungsbetrag ist der Hundertsatz gemäß Abs. 5 der zum auf die Vollendung des 65. Lebensjahres bei männlichen Versicherten, auf die Vollendung des 60. Lebensjahres bei weiblichen Versicherten folgenden Monatsersten zu ermittelnden Gesamtbemessungsgrundlage. Er darf den jeweiligen zu erhöhenden Steigerungsbetrag nicht unterschreiten. Er darf überdies 80 vH der höchsten zur Anwendung kommenden Bemessungsgrundlage (§§ 238 Abs. 1, 239 Abs. 1, 241) nicht übersteigen.

(BGBl 1994/20, BGBl 1996/201)

(BGBl 1993/335)

Erhöhung der Alterspension bei Aufschub der Geltendmachung des Anspruches

§ 261c. (1) Anspruch auf erhöhte Alterspension haben Versicherte, die die Alterspension nach § 253 Abs. 1 nicht schon mit der Erreichung des Regelpensionsalters, sondern erst zu einem späteren Zeitpunkt in Anspruch nehmen, wenn vor diesem Zeitpunkt nicht schon ein bescheidmäßig zuerkannter Anspruch auf eine Pension aus der gesetzlichen Pensionsversicherung – ausgenommen Pensionen aus dem Versicherungsfall des Todes – besteht oder bestand. Für je zwölf Monate der späteren Inanspruchnahme der Alterspension gebührt frühestens ab dem Zeitpunkt der Erfüllung der Wartezeit (§ 236) zum Steigerungsbetrag nach § 261 eine Erhöhung um 4% der Gesamtbemessungsgrundlage (§ 240). Bleibt ein Rest von weniger als zwölf Monaten, so beträgt das Ausmaß der Erhöhung für jeden Restmonat ein Zwölftel von 4%. Der Prozentsatz ist auf drei Dezimalstellen zu runden. § 261 Abs. 6 ist so anzuwenden, dass sich der Prozentsatz von 80 für je sechs volle Monate der späteren Inanspruchnahme der Alterspension um 1 bis zum Höchstausmaß von 90 erhöht.

(BGBl 1993/335, BGBl I 2000/92, BGBl I 2001/33)

(2) Für die Berechnung der Alterspension gemäß § 261 sind auch die nach der Erreichung des Anfallsalters erworbenen Versicherungszeiten heranzuziehen.

(BGBl 1993/335)

Kinderzuschüsse

§ 262. (1) Zu den Leistungen aus den Versicherungsfällen des Alters und zur Invaliditätspension gebührt für jedes Kind (§ 252) ein Kinderzuschuß. Für die Dauer des Anspruches auf Kinderzuschuß gebührt für ein und dasselbe Kind kein weiterer Kinderzuschuß. Über das vollendete 18. Lebensjahr wird der Kinderzuschuß nur auf besonderen Antrag gewährt.

(2) Der Kinderzuschuß beträgt 29,07 € monatlich.

(BGBl I 2000/142, BGBl I 2001/67)

(BGBl 1993/335)

Hilflosenzuschuß

§ 263. (aufgehoben)

Witwen(Witwer)pension, Ausmaß

§ 264. (1) Das Ausmaß der Witwen(Witwer)pension ergibt sich aus einem Hundertsatz der Pension des (der) Versicherten. Als Pension gilt, wenn der (die) Versicherte im Zeitpunkt des Todes

1. den 738. (678.) Lebensmonat noch nicht vollendet und keinen Anspruch auf Invaliditätspension hatte, die Pension, auf die er (sie) in diesem Zeitpunkt Anspruch gehabt hätte;

   (BGBl 1996/201, BGBl I 2000/92, BGBl I 2001/33)

2. den 738. (678.) Lebensmonat vollendet und keinen Anspruch auf Invaliditäts(Alters)pension hatte, die Alterspension, auf die er (sie) in diesem Zeitpunkt Anspruch gehabt hätte;

   (BGBl 1996/201, BGBl I 2000/92, BGBl I 2001/33)

3. Anspruch auf Invaliditäts(Alters)pension hatte, ohne nach dem Stichtag weitere Beitragszeiten der Pflichtversicherung erworben zu haben, diese Pension;

   (BGBl I 1998/138)

4. Anspruch auf Invaliditätspension und nach deren Anfall weitere Beitragszeiten der Pflichtversicherung nach diesem Bundesgesetz, dem Gewerblichen Sozialversicherungsgesetz oder dem Bauern-Sozialversicherungsgesetz erworben hatte, diese Invaliditätspension; hiebei ist das Ausmaß des in der Invaliditätspension berücksichtigten Steigerungsbetrages (§ 261) um den auf die weiteren Beitragszeiten entfallenden Steigerungsbetrag und das Ausmaß des in der Invaliditätspension berücksichtigten besonderen Steigerungsbetrages (§ 248) unter Berücksichtigung weiterer Höherversicherungsbeiträge zu erhöhen. Wurden gemäß § 261 Abs. 3 Monate bei der Invaliditätspension angerechnet, so sind diese unter Berücksichtigung der weiteren Beitragszeiten entsprechend zu vermindern. Der Steigerungsbetrag der Pension darf 80 vH der höchsten zur Anwendung kommenden Bemessungsgrundlage (§§ 238 Abs. 1, 239 Abs. 1, 241) nicht übersteigen;

   (BGBl I 1997/139, BGBl I 1998/138)

5. Anspruch auf eine Leistung aus den Versicherungsfällen des Alters und nach deren Anfall weitere Beitragszeiten der Pflichtversicherung nach diesem Bundesgesetz, dem Gewerblichen Sozialversicherungsgesetz oder dem Bauern-Sozialversicherungsgesetz erworben hatte, die unter Anwendung des § 261b zum Zeitpunkt des Todes zu ermittelnde Pension.

   (BGBl I 1997/139, BGBl I 1998/138, BGBl I 2000/92, BGBl I 2001/33)

Bei der Bemessung der Witwen(Witwer)pension haben Kinderzuschüsse sowie ein besonderer Steigerungsbetrag (§ 248) außer Ansatz zu bleiben. Zu der so bemessenen Witwen(Witwer)pension sind 60 vH des besonderen Steigerungsbetrages (§ 248) zuzuschlagen.

(BGBl I 1998/138)

(2) Zur Ermittlung des Hundertsatzes wird vorerst der Anteil der Berechnungsgrundlage der Witwe (des Witwers) in Prozent an der Berechnungsgrundlage des (der) Verstorbenen errechnet. Bei einem Anteil von 100% beträgt der Hundertsatz 40. Er erhöht oder vermindert sich für jeden Prozentpunkt des Anteiles, der 100 unterschreitet oder übersteigt, um 0,3. Er ist jedoch nach unten hin mit Null und nach oben hin mit 60 begrenzt. Teile von Prozentpunkten des Anteiles sind verhältnismäßig zu berücksichtigen.

(BGBl I 2000/92, BGBl I 2001/33)

(3) Als Berechnungsgrundlage der Witwe (des Witwers) im Sinne des Abs. 2 gilt für den Fall, daß die Witwe (der Witwer) im Zeitpunkt des Todes des (der) Versicherten

1. keine Pension aus der Pensionsversicherung bezieht, die zu dem durch den Tod ausgelösten Stichtag (§ 223 Abs. 2) zu ermittelnde Bemessungsgrundlage im Sinne des § 238, erhöht um 11 vH, aufgerundet auf Cent;

   (BGBl I 2001/67)

2. eine Pension aus der Pensionsversicherung bezieht, die für diese Pension maßgebliche Bemessungsgrundlage (§§ 238 Abs. 1, 241), erhöht um 11 vH, aufgerundet auf Cent. Die §§ 108h Abs. 4 und 261b sind anzuwenden. Kommen mehrere Bemessungsgrundlagen in Betracht, so ist die höchste heranzuziehen.

   (BGBl 1996/411, BGBl I 2001/67)

Kommen sowohl Berechnungsgrundlagen nach diesem Bundesgesetz als auch solche gemäß Abs. 5 in Betracht, so sind diese zusammenzuzählen, es sei denn, daß die Berechnungsgrundlage nach diesem Bundesgesetz bereits Teil einer Berechnungsgrundlage nach den Bestimmungen einer Altersversorgung gemäß Abs. 5 ist. In diesem Fall gilt als Berechnungsgrundlage die Berechnungsgrundlage nach Abs. 5.

(4) Als Berechnungsgrundlage des (der) Verstorbenen im Sinne des Abs. 2 gilt für den Fall, daß er (sie) im Zeitpunkt des Todes

1. keine Pension aus der Pensionsversicherung bezog, die zu dem durch den Tod ausgelösten Stichtag (§ 223 Abs. 2) zu ermittelnde Bemessungsgrundlage im Sinne des § 238, erhöht um 11 vH, aufgerundet auf Cent;

   (BGBl I 2001/67)

2. eine Pension aus der Pensionsversicherung bezog, die für diese Pension maßgebliche Bemessungsgrundlage (§§ 238 Abs. 1, 241), erhöht um 11 vH, aufgerundet auf Cent. Die §§ 108h Abs. 4 und 261b sind anzuwenden. Kommen mehrere Bemessungsgrundlagen in Betracht, so ist die höchste heranzuziehen.

   (BGBl 1996/411, BGBl I 2001/67)

Abs. 3 vorletzter und letzter Satz sind anzuwenden

(5) Der Versicherung in der Pensionsversicherung oder dem Bezug einer Pension aus der Pensionsversicherung im Sinne der Abs. 3 und 4 sind Anwartschaften oder Ansprüche auf Pensionsversorgung

1. auf Grund des Pensionsgesetzes 1965, BGBl. Nr. 340,
2. auf Grund von landesgesetzlichen Vorschriften, die dem Dienstrecht der Bundesbeamten vergleichbar sind,
3. auf Grund des Landeslehrer-Dienstrechtsgesetzes, BGBl. Nr. 302/1984,
4. auf Grund des Land- und forstwirtschaftlichen Landeslehrer-Dienstrechtsgesetzes, BGBl. Nr. 296/1985,
5. auf Grund des Bezügegesetzes, BGBl. Nr. 273/1972, und vergleichbarer landesgesetzlicher Vorschriften,
6. auf Grund des Verfassungsgerichtshofgesetzes, BGBl. Nr. 85/1953,
7. auf Grund des Bundestheaterpensionsgesetzes, BGBl. Nr. 159/1958,
8. auf Grund des § 163 des Beamten-Dienstrechtsgesetzes 1979, BGBl. Nr. 333,
9. auf Grund der Bundesbahn-Pensionsordnung 1966, BGBl. Nr. 313,
10. auf Grund von Dienst(Pensions)ordnungen für Dienstnehmer und ehemalige Dienstnehmer von
    a) öffentlich-rechtlichen Körperschaften, Fonds, Stiftungen, Anstalten und Betrieben, die von den Organen einer Gebietskörperschaft verwaltet werden, und

       (BGBl 1996/411)

    b) sonstigen öffentlich-rechtlichen Körperschaften,

10a. auf Grund des Abschnittes VII der Bundesforste-Dienstordnung 1986, BGBl. Nr. 298, oder des Kollektivvertrages nach § 13 Abs. 6 des Bundesforstegesetzes 1996, BGBl. Nr. 793,

   (BGBl I 1997/61)

11. auf Grund sonstiger gemäß § 5 Abs. 1 Z 3 pensionsversicherungsfreier Dienstverhältnisse,
12. auf Grund vertraglicher Pensionszusagen einer Gebietskörperschaft

sowie der unbefristete Bezug eines außerordentlichen Versorgungsgenusses gleichzuhalten. Als Berechnungsgrundlage im Sinne der Abs. 3 und 4 für Bezüge gemäß Z 1 gilt die Berechnungsgrundlage gemäß § 15 Abs. 3, 4, 5 oder 6 des Pensionsgesetzes 1965; für Bezüge gemäß den Z 2 bis 12 und den unbefristeten Bezug eines außerordentlichen Versorgungsgenusses sind vergleichbare Berechnungsgrundlagen nach anderen Regelungen heranzuziehen. Kann eine vergleichbare Berechnungsgrundlage nicht ermittelt werden, so ist § 15a Abs. 6 des Pensionsgesetzes 1965 anzuwenden.

(6) Erreicht die Summe aus eigenem Einkommen der Witwe (des Witwers) und der Witwen(Witwer)pension, ausgenommen ein besonderer Steigerungsbetrag (§ 248), nicht den Betrag von 1 465,08 €[a]), so ist, solange diese Voraussetzung zutrifft, der Hundertsatz der Witwen(Witwer)pension soweit zu erhöhen, daß die Summe aus eigenem Einkommen und Witwen(Witwer)pension den genannten Betrag erreicht. Der so ermittelte Hundertsatz darf 60 nicht überschreiten. In den Fällen, in denen eine mit dem Hundertsatz von 60 bemessene Witwen(Witwer)pension, ausgenommen ein besonderer Steigerungsbetrag (§ 248), den Betrag von 1 465,08 € überschreitet, tritt diese an die Stelle des Betrages von 1 465,08 €. An die Stelle des Betrages von 1 465,08 € tritt ab 1. Jänner eines jeden Jahres, erstmals ab 1. Jänner 2001, der unter Bedachtnahme auf § 108 Abs. 9 mit dem jeweiligen Anpassungsfaktor (§ 108f) vervielfachte Betrag. Als eigenes Einkommen gelten:

1. jedes Einkommen aus selbständiger oder unselbständiger Erwerbstätigkeit,
2. die im § 1 Z 4 lit. c des Teilpensionsgesetzes genannten Bezüge,

   (BGBl I 1997/139)

3. wiederkehrende Geldleistungen
   a) aus der gesetzlichen Sozialversicherung (ausgenommen der besondere Steigerungsbetrag zur Höherversicherung) und aus der Arbeitslosenversicherung sowie nach den Bestimmungen über die Arbeitsmarktförde-

rung und die Sonderunterstützung oder

b) auf Grund gleichwertiger landesgesetzlicher oder bundesgesetzlicher Regelungen der Unfallfürsorge,

4. wiederkehrende Geldleistungen auf Grund der im Abs. 5 genannten Vorschriften,
5. außerordentliche Versorgungsbezüge und
6. Pensionen auf Grund ausländischer Versicherungs- oder Versorgungssysteme.

(BGBl I 2000/92, BGBl I 2001/33, BGBl I 2001/67)

[a]) Beträge siehe VO über veränderliche Werte.

(6a) Überschreitet in einem Kalendermonat die Summe aus

1. eigenem Einkommen der Witwe (des Witwers) nach Abs. 6 Z 1 bis 6 und
2. der Witwen-(Witwer-)Pension mit Ausnahme des besonderen Steigerungsbetrages (§ 248)

das 60fache der Höchstbeitragsgrundlage (§ 45), so ist – solange diese Voraussetzung zutrifft – der Hundertsatz der Witwen-(Witwer-)Pension so weit zu vermindern, dass die Summe aus eigenem Einkommen und Witwen-(Witwer-)Pension das 60fache der Höchstbeitragsgrundlage nicht überschreitet. Der so ermittelte Hundertsatz ist nach unten hin mit Null begrenzt.

(BGBl I 2000/92, BGBl I 2001/33)

(7) Die Erhöhung der Witwen(Witwer)pension gemäß Abs. 6 ist erstmalig auf Grund des Pensionsantrages festzustellen. Sie gebührt ab dem Beginn des Monats, in dem die Voraussetzungen für die Erhöhung erfüllt sind. Werden die Voraussetzungen für eine (weitere) Erhöhung zu einem späteren Zeitpunkt erfüllt, so gebührt diese auf besonderen Antrag. Die Erhöhung gebührt bis zum Ablauf des Monats, in dem die Voraussetzungen weggefallen sind. Das gleiche gilt für die Festsetzung eines geringeren Ausmaßes der Erhöhung. Die Erhöhung gebührt längstens bis zum Ablauf des Monats, der einer Anpassung von Pensionen gemäß § 108h vorangeht. Aus Anlaß jeder Anpassung von Pensionen gemäß § 108h ist die Erhöhung der Witwen(Witwer)pension gemäß Abs. 6 neu festzustellen.

(7a) Die Verminderung der Witwen-(Witwer-)-Pension erfolgt ab dem Beginn des Monats, in dem die Voraussetzungen nach Abs. 6a vorliegen. Ihr Ausmaß ist erstmalig auf Grund des Pensionsantrages festzustellen. Umstände, die zu einer Erhöhung oder Herabsetzung dieser Verminderung führen (insbesondere die Aufwertung der Höchstbeitragsgrundlage), sind auch von Amts wegen wahrzunehmen. Die Verminderung erfolgt bis zum Ablauf des Monats, in dem die Voraussetzungen hiefür weggefallen sind.

(BGBl I 2000/92, BGBl I 2001/33)

(8) Die Witwen(Witwer)pension nach § 258 Abs. 4 lit. a bis c darf den gegen den Versicherten (die Versicherte) zur Zeit seines (ihres) Todes bestehenden und mit dem im Zeitpunkt des Pensionsanfalles für das Jahr des Todes geltenden Aufwertungsfaktor (§ 108 Abs. 4) aufgewerteten Anspruch auf Unterhalt (Unterhaltsbeitrag), vermindert um eine der (dem) Anspruchsberechtigten nach dem (der) Versicherten gemäß § 215 Abs. 3 gebührende Witwen(Witwer)rente, nicht übersteigen. Eine vertraglich oder durch gerichtlichen Vergleich übernommene Erhöhung des Unterhaltes (Unterhaltsbeitrages) bleibt außer Betracht, wenn seit dem Abschluß des Vertrages (Vergleiches) bis zum Tod nicht mindestens ein Jahr vergangen ist.

(9) Die Witwen(Witwer)pension nach § 258 Abs. 4 lit. d darf den vom Versicherten bzw. von der Versicherten in dem dort genannten Zeitraum, längstens jedoch während der letzten drei Jahre vor seinem (ihrem) Tod geleisteten durchschnittlichen monatlichen Unterhalt, vermindert um eine der (dem) Anspruchsberechtigten nach dem (der) Versicherten gemäß § 215 Abs. 3 gebührende Witwen(Witwer)rente, nicht übersteigen. Eine Erhöhung des Unterhaltes bleibt außer Betracht, wenn seit dem Zeitpunkt der Erhöhung bis zum Tod nicht mindestens ein Jahr vergangen ist.

(10) Die Abs. 8 und 9 sind nicht anzuwenden, wenn

1. das auf Scheidung lautende Urteil den Ausspruch nach § 61 Abs. 3 des Ehegesetzes enthält,
2. die Ehe mindestens fünfzehn Jahre gedauert und
3. die Frau (der Mann) im Zeitpunkt des Eintrittes der Rechtskraft des Scheidungsurteiles das 40. Lebensjahr vollendet hat.

Die unter Z 3 genannte Voraussetzung entfällt, wenn

a) die Frau (der Mann) seit dem Zeitpunkt des Eintrittes der Rechtskraft des Scheidungsurteiles erwerbsunfähig ist oder

b) nach dem Tod des Mannes (der Frau) eine Waisenpension für ein Kind im Sinne des § 252 Abs. 1 Z 1 und Abs. 2 anfällt, sofern dieses Kind aus der geschiedenen Ehe stammt oder von den Ehegatten gemeinsam an Kindes Statt angenommen worden ist und das Kind in allen diesen Fällen im Zeitpunkt des Todes des in Betracht kommenden Elternteiles ständig in Hausgemeinschaft (§ 252 Abs. 1 letzter Satz) mit dem anderen Eheteil lebt. Das Erfordernis der ständigen Hausgemeinschaft entfällt bei nachgeborenen Kindern.

(BGBl 1995/132)

§ 264a. (aufgehoben)

Abfertigung und Wiederaufleben der Witwen(Witwer)pension

§ 265. (1) Der Bezieherin (dem Bezieher) einer Witwen(Witwer)pension (§ 258), ausgenommen die Bezieherin (der Bezieher) einer Witwen(Witwer)pension nach § 258 Abs. 2, die (der) sich wiederverehelicht hat, gebührt eine Abfertigung in der Höhe des 35fachen der Witwen(Witwer)pension, auf die sie (er) im Zeitpunkt der Schließung der neuen Ehe Anspruch gehabt hat, und ausschließlich einer Ausgleichszulage, die in diesem Zeitpunkt gebührt haben.

(BGBl 1993/110)

(2) Wird die neue Ehe durch den Tod des Ehegatten, durch Scheidung oder durch Aufhebung aufgelöst oder wird die neue Ehe für nichtig erklärt, so lebt der Anspruch auf die Witwen(Witwer)pension (Abs. 1) auf Antrag wieder auf, wenn

a) die Ehe nicht aus dem alleinigen oder überwiegenden Verschulden der in Abs. 1 bezeichneten Person aufgelöst worden ist oder

b) bei Nichtigerklärung der Ehe diese Person als schuldlos anzusehen ist.

(3) Der Anspruch lebt in der unter Bedachtnahme auf § 108h sich ergebenden Höhe mit dem der Antragstellung folgenden Monatsersten, frühestens jedoch mit dem Monatsersten wieder auf, der dem Ablauf von zweieinhalb Jahren nach dem seinerzeitigen Erlöschen des Anspruches folgt.

(4) Auf die wiederaufgelebte Witwen(Witwer)-pension sind laufende Unterhaltsleistungen und die im § 2 des Einkommensteuergesetzes 1988 angeführten Einkünfte anzurechnen, die der Witwe (dem Witwer) auf Grund aufgelöster oder für nichtig erklärter, vor dem Wiederaufleben der Witwen-(Witwer)pension geschlossener Ehen gebühren oder darüber hinaus zufließen. Eine Anrechnung laufender Unterhaltsleistungen erfolgt nur in der Höhe eines Vierzehntels der jährlich tatsächlich zufließenden Unterhaltsleistung. Hinsichtlich der Ermittlung des Erwerbseinkommens aus einem land(forst)wirtschaftlichen Betrieb ist § 292 Abs. 5 und 7 entsprechend anzuwenden. Erhält die Witwe (der Witwer) statt laufender Unterhaltsleistungen eine Kapitalabfindung, so ist auf die Pension ein Vierzehntel des Betrages anzurechnen, der sich bei der Annahme eines jährlichen Ertrages von 4 vH des Abfindungskapitals ergeben würde. Geht das Abfindungskapital ohne vorsätzliches Verschulden der Witwe (des Witwers) unter, so entfällt die Anrechnung.

(BGBl 1996/411)

(5) Werden laufende Unterhaltsleistungen bzw. Einkünfte im Sinne des Abs. 4 bereits im Zeitpunkt des Wiederauflebens der Witwen(Witwer)-pension bezogen, wird die Anrechnung ab diesem Zeitpunkt wirksam, in allen anderen Fällen mit dem Beginn des Kalendermonates, der auf den Eintritt des Anrechnungsgrundes folgt.

Waisenpension, Ausmaß

§ 266. Die Waisenpension beträgt für jedes einfach verwaiste Kind 40 vH, für jedes doppelt verwaiste Kind 60 vH einer nach dem verstorbenen Elternteil mit dem Hundertsatz 60 ermittelten Witwen(Witwer)pension nach § 264 Abs. 1.

(BGBl 1993/335)

§ 267. (aufgehoben)

(BGBl 1995/132)

Ausstattungsbeitrag

§ 268. (aufgehoben)

Abfindung

§ 269. (1) Anspruch auf Abfindung haben im Falle des Todes des (der) Versicherten,

1. sofern Hinterbliebenenpensionen nur mangels Erfüllung der Wartezeit (§ 236) nicht gebühren, jedoch mindestens ein Beitragsmonat vorliegt, die Witwe (der Witwer) und zu gleichen Teilen die Kinder (§ 252);
2. wenn die Wartezeit für den Anspruch auf Hinterbliebenenpensionen erfüllt ist, aber anspruchsberechtigte Hinterbliebene nicht vorhanden sind, der Reihe nach die Kinder, die Mutter, der Vater, die Geschwister des oder der Versicherten, wenn sie mit dem (der) Versicherten zur Zeit seines (ihres) Todes ständig in Hausgemeinschaft gelebt haben, unversorgt sind und überwiegend von ihm (ihr) erhalten worden sind. Eine vorübergehende Unterbrechung der Hausgemeinschaft oder deren Unterbrechung wegen schulmäßiger (beruflicher) Ausbildung oder wegen Heilbehandlung bleibt außer Betracht. Kindern und Geschwistern gebührt die Abfindung zu gleichen Teilen.

(2) Die Abfindung beträgt im Falle des Abs. 1 Z 1 das Sechsfache der Bemessungsgrundlage (§ 238), wenn aber weniger als sechs Versicherungsmonate vorliegen, die Summe der Monatsbeitragsgrundlagen (§ 242 Abs. 1) in diesen Versicherungsmonaten. Im Falle des Abs. 1 Z 2 beträgt die Abfindung das Dreifache der Bemessungsgrundlage (§ 238).

(BGBl 1993/335)

(3) Die Witwe (der Witwer) hat keinen Anspruch auf Abfindung, wenn für sie (ihn) ein Witwen(Witwer)pensionsanspruch aus früherer Ehe nach § 265 Abs. 2 wieder auflebt.

ABSCHNITT III
Pensionsversicherung der Angestellten

Leistungen mit Ausnahme der Berufsunfähigkeitspension

§ 270. In der Pensionsversicherung der Angestellten gelten für die Begründung der Ansprüche auf die Alterspension, die erhöhte Alterspension, die vorzeitige Alterspension bei Arbeitslosigkeit, die vorzeitige Alterspension bei langer Versicherungsdauer, die Gleitpension, die Hinterbliebenenpensionen und die Abfindung sowie für die Bemessung dieser Leistungen, für die Gewährung von Zuschüssen zu diesen und für die Abfertigung der Witwen(Witwer)pension die in Abschnitt II für die bezüglichen Leistungen aus der Pensionsversicherung der Arbeiter getroffenen Bestimmungen entsprechend.

(BGBl 1993/335, BGBl I 2000/43)

Berufsunfähigkeitspension

§ 271. (1) Anspruch auf Berufsunfähigkeitspension hat der (die) Versicherte, wenn

1. die Berufsunfähigkeit (§ 273) voraussichtlich sechs Monate andauert oder andauern würde,
2. die Wartezeit erfüllt ist (§ 236) und
3. er (sie) am Stichtag (§ 223 Abs. 2) noch nicht die Voraussetzungen für eine Alterspension oder eine vorzeitige Alterspension bei langer Versicherungsdauer nach diesem Bundesgesetz oder nach dem Gewerblichen Sozialversicherungsgesetz oder nach dem Bauern-Sozialversicherungsgesetz erfüllt hat.

(BGBl I 1998/138)

(BGBl 1993/335, BGBl 1996/201)

(2) Anspruch auf die Berufsunfähigkeitspension hat auch, sofern die Wartezeit erfüllt ist, eine versicherte Ehegattin nach dem Tode des Ehegatten, wenn sie das 55. Lebensjahr vollendet und mindestens vier lebende Kinder geboren hat. Das gleiche gilt für eine versicherte Frau, deren Ehe mit dem verstorbenen früheren Ehegatten für nichtig erklärt, aufgehoben oder geschieden worden ist, wenn ihr der verstorbene frühere Ehegatte zur Zeit seines Todes Unterhalt (einen Unterhaltsbeitrag) auf Grund eines gerichtlichen Urteiles, eines gerichtlichen Vergleiches oder einer vor Auflösung (Nichtigerklärung) der Ehe eingegangenen vertraglichen Verpflichtung zu leisten hatte.

(3) § 254 Abs. 3 bis 8 und § 256 sind entsprechend anzuwenden.

(BGBl 1993/335, BGBl I 1997/139)

Berufsunfähigkeitspension bei Arbeitslosigkeit

§ 272. (aufgehoben)

Begriff der Berufsunfähigkeit

§ 273. (1) Als berufsunfähig gilt der Versicherte, dessen Arbeitsfähigkeit infolge seines körperlichen oder geistigen Zustandes auf weniger als die Hälfte derjenigen eines körperlich und geistig gesunden Versicherten von ähnlicher Ausbildung und gleichwertigen Kenntnissen und Fähigkeiten herabgesunken ist.

(2) § 255 Abs. 4 bis 6 gilt entsprechend.

(BGBl 1996/201, BGBl I 2000/43)

(3) (aufgehoben)

§ 273a. (aufgehoben)

(BGBl 1993/335)

Berufsunfähigkeitspension, Ausmaß

§ 274. Für die Bemessung der Berufsunfähigkeitspension und die Gewährung von Zuschüssen zu dieser gelten die §§ 261 und 262 entsprechend.

(BGBl 1993/335, BGBl I 1997/139)

ABSCHNITT IV
Knappschaftliche Pensionsversicherung

Knappschaftssold

§ 275. (1) Anspruch auf Knappschaftssold hat der Versicherte, der das 45. Lebensjahr vollendet hat, wenn die Wartezeit erfüllt ist (§ 236).

„(2) Der Anspruch auf Knappschaftssold ruht ab dem Tag des Anfalles einer Leistung aus einem Versicherungsfall der geminderten Arbeitsfähigkeit oder einer vorzeitigen Knappschaftsalterspension, für die Dauer des bescheidmäßig zuerkannten Anspruches auf eine solche Leistung. Er fällt mit dem Anfall der Knappschaftsalterspension weg; § 100 Abs. 2 letzter Satz ist entsprechend anzuwenden."

(BGBl I 2002/1)

Knappschaftsalterspension, vorzeitige Knappschaftsalterspension bei Arbeitslosigkeit, vorzeitige Knappschaftsalterspension bei langer Versicherungsdauer, Knappschaftsgleitpension

§ 276. (1) Für die Begründung der Ansprüche auf Knappschaftsalterspension, vorzeitige Knappschaftsalterspension bei Arbeitslosigkeit, vorzeitige Knappschaftsalterspension bei langer Versicherungsdauer und Knappschaftsgleitpension gelten die §§ 253 bis 253c entsprechend. Bei Anwendung der §§ 261 bis 261c sind die §§ 284 bis 284c zu beachten.

(2) Anspruch auf Knappschaftsalterspension hat ferner der männliche Versicherte nach Vollendung des 60. Lebensjahres, wenn er die Wartezeit (§ 236) für den Knappschaftssold erfüllt hat.

(BGBl 1993/335, BGBl 1995/297, BGBl I 1997/139, BGBl I 2000/43, BGBl I 2000/92, BGBl I 2001/33)

§§ 276a. bis 276d. (aufgehoben)

(BGBl I 2000/43, BGBl I 2000/92, BGBl I 2001/33)

Knappschaftspension

§ 277. (1) Anspruch auf Knappschaftspension hat der (die) Versicherte, wenn

1. die Dienstunfähigkeit (§ 278) voraussichtlich sechs Monate andauert oder andauern würde und
2. die Wartezeit erfüllt ist (§ 236).

(BGBl 1996/201)

(2) § 254 Abs. 3 und § 256 sind entsprechend anzuwenden.

„(3) Der Anspruch auf Knappschaftspension ruht ab dem Tag des Anfalles einer Knappschaftsvoll- oder Invaliditäts- oder Berufsunfähigkeitspension nach diesem Bundesgesetz oder einer Erwerbsunfähigkeitspension nach dem GSVG oder nach dem BSVG, für die Dauer des bescheidmäßig zuerkannten Anspruches auf eine solche Leistung. Er fällt mit dem Anfall der Alterspension weg; § 100 Abs. 2 letzter Satz ist entsprechend anzuwenden."

(BGBl I 2002/1)

Begriff der Dienstunfähigkeit

§ 278. Als dienstunfähig gilt der Versicherte, der infolge seines körperlichen oder geistigen Zustandes weder imstande ist, die von ihm bisher verrichtete Tätigkeit noch andere im wesentlichen gleichartige und nicht erheblich geringer entlohnte Tätigkeiten von Personen mit ähnlicher Ausbildung sowie gleichwertigen Kenntnissen und Fähigkeiten auszuüben.

(BGBl I 1998/138)

Knappschaftsvollpension

§ 279. (1) Anspruch auf Knappschaftsvollpension hat der (die) Versicherte, wenn

1. die Invalidität (§ 280) voraussichtlich sechs Monate andauert oder andauern würde,
2. die Wartezeit erfüllt ist (§ 236) und
3. er (sie) am Stichtag (§ 223 Abs. 2) noch nicht die Voraussetzungen für eine Knappschaftsalterspension oder eine vorzeitige Knappschaftsalterspension bei langer Versicherungsdauer nach diesem Bundesgesetz erfüllt hat.

(BGBl I 1997/139)

(BGBl 1993/335, BGBl 1996/201)

(2) Anspruch auf Knappschaftsvollpension hat auch, sofern die Wartezeit erfüllt ist, eine versicherte Ehegattin nach dem Tode des Ehegatten, wenn sie das 55. Lebensjahr vollendet und mindestens vier lebende Kinder geboren hat. Das gleiche gilt für eine versicherte Frau, deren Ehe mit dem verstorbenen früheren Ehegatten für nichtig erklärt, aufgehoben oder geschieden worden ist, wenn ihr der verstorbene frühere Ehegatte zur Zeit seines Todes Unterhalt (einen Unterhaltsbeitrag) auf Grund eines gerichtlichen Urteiles, eines gerichtlichen Vergleiches oder einer vor Auflösung (Nichtigerklärung) der Ehe eingegangenen vertraglichen Verpflichtung zu leisten hatte.

(3) Die §§ 254 Abs. 3 bis 8 und 256 sind anzuwenden.

(BGBl 1993/335, BGBl I 1997/139)

Begriff der Invalidität

§ 280. Als invalid gilt der Versicherte, der die im § 255 angeführten Voraussetzungen erfüllt.

(BGBl 1993/335)

Bergmannstreuegeld

§ 281. (1) Fällt eine Leistung aus einem Versicherungsfall der geminderten Arbeitsfähigkeit oder des Alters mit Ausnahme des Knappschaftssoldes an, so besteht auch Anspruch auf die einmalige Leistung des Bergmannstreuegeldes, wenn der Versicherte mindestens ein volles Jahr einer Gewinnungshauertätigkeit oder einer ihr gleichgestellten Tätigkeit (Abs. 3) aufweist und während dieses Jahres Knappschaftssold bezogen hat oder beziehen hätte können.

(2) Sind im Zeitpunkt des Todes des Versicherten die Voraussetzungen für den Anspruch auf Bergmannstreuegeld gemäß Abs. 1, mit Ausnahme des Anfalles einer der dort bezeichneten Leistungen, gegeben, so steht dieser Anspruch den Angehörigen, die nach dem Versicherten Anspruch auf Hinterbliebenenpension aus der Pensionsversicherung haben, und zwar im Verhältnis der Höhe ihrer Pensionen zu. Sind solche Angehörige nicht vorhanden, gebührt das Bergmannstreuegeld der Reihe nach folgenden Angehörigen, wenn der Versicherte deren Unterhalt vorwiegend bestritten hat: dem Ehegatten, den übrigen Kindern, den Eltern, den Geschwistern; mehreren hienach anspruchsberechtigten Angehörigen gebührt das Bergmannstreuegeld zu gleichen Teilen.

(3) Als Gewinnungshauertätigkeit oder ihr gleichgestellter Tätigkeit gelten die in der Anlage 10 zu diesem Bundesgesetz bezeichneten Arbeiten unter den dort angeführten Voraussetzungen. Eine solche Arbeit gilt für einen nicht dienstunfähigen Versicherten nicht als unterbrochen,

a) wenn er aus betrieblichen Gründen eine sonstige Tätigkeit nicht länger als drei Monate im Kalenderjahr ausübt, oder
b) wenn er als Mitglied des Betriebsrates von diesen Arbeiten freigestellt worden ist.

Hinterbliebenenpensionen

§ 282. Anspruch auf Hinterbliebenenpensionen besteht nach Maßgabe der entsprechend anzuwendenden §§ 257 bis 260.

Knappschaftssold, Ausmaß

§ 283. Der Knappschaftssold beträgt monatlich 80,30 €[a]). An die Stelle dieses Betrages tritt ab 1. Jänner eines jeden Jahres der unter Bedachtnahme auf § 108 Abs. 9 mit dem jeweiligen Anpassungsfaktor (§ 108f) vervielfachte Betrag.

(BGBl I 2001/67)

[a]) Betrag siehe VO über veränderliche Werte.

Knappschaftsalters-(Knappschaftsvoll-) Pension, Ausmaß

§ 284. Für die Bemessung der Leistungen aus den Versicherungsfällen des Alters mit Ausnahme des Knappschaftssoldes und für die Bemessung der Knappschaftsvollpension gilt § 261 mit folgenden Abweichungen:

1. Als monatlicher Leistungszuschlag gebühren für je zwölf Monate wesentlich bergmännischer Tätigkeit oder ihr gleichgestellter Tätigkeit (§ 236 Abs. 6) 0,3% der Bemessungsgrundlage. Volle Monate, während derer Anspruch auf Knappschafts(voll)pension oder eine Leistung aus den Versicherungsfällen des Alters mit Ausnahme des Knappschaftssoldes bestand, sind dabei nicht zu zählen.
2. An die Stelle der Invaliditätspension tritt die Knappschaftsvollpension.

3. Statt zwei Steigerungspunkten sind jeweils 2,175 Steigerungspunkte und statt drei Steigerungspunkten sind jeweils 3,25 Steigerungspunkte heranzuziehen; das Höchstausmaß der Verminderung ist mit 11,375 Steigerungspunkten begrenzt.
4. An die Stelle von 60% der (Gesamt)Bemessungsgrundlage treten jeweils 66% hievon.
5. Der Steigerungsbetrag ist nach oben hin mit 87% der höchsten zur Anwendung kommenden Bemessungsgrundlage (§§ 238 Abs. 1, 239 Abs. 1, 241) begrenzt.

(BGBl 1993/335, BGBl 1994/20, BGBl 1996/201, BGBl I 1997/139, BGBl I 2000/92, BGBl I 2001/33)

§ 284a. (aufgehoben)

(BGBl I 1997/139)

Erhöhung der Leistungen aus den Versicherungsfällen des Alters bei Inanspruchnahme einer Teilpension oder bei Wegfall der Pension

§ 284b. Für die Erhöhung der Leistungen aus den Versicherungsfällen des Alters bei Inanspruchnahme einer Teilpension oder bei Wegfall der Pension gilt § 261b, jedoch tritt an die Stelle der Alterspension die Knappschaftsalterspension und an die Stelle des Prozentsatzes von 80 der Prozentsatz von 87.

(BGBl 1993/335, BGBl 1994/20, BGBl 1996/201, BGBl I 1997/139, BGBl I 1998/138, BGBl I 1999/179, BGBl I 2000/43, BGBl I 2000/92, BGBl I 2001/33)

Erhöhung der Knappschaftsalterspension bei Aufschub der Geltendmachung des Anspruches

§ 284c. Für die Erhöhung der Knappschaftsalterspension bei Aufschub der Geltendmachung des Anspruches ist § 261c so anzuwenden, dass an die Stelle des Prozentsatzes von 80 der Prozentsatz von 87 und an die Stelle des Prozentsatzes von 90 der Prozentsatz von 97 tritt.

(BGBl 1993/335, BGBl I 2000/92, BGBl I 2001/33)

Knappschaftspension, Ausmaß

§ 285. (1) Die Knappschaftspension besteht aus den in den §§ 261 Abs. 1 und 284 Z 1 angeführten Bestandteilen.

(BGBl 1993/335, BGBl I 2000/92, BGBl I 2001/33)

(2) Die Höhe des Prozentsatzes des Steigerungsbetrages ist die Summe der erworbenen Steigerungspunkte, wobei für jeden Versicherungsmonat ein Zehntel eines Steigerungspunktes gebührt.

(BGBl I 1997/139)

(3) Bei Inanspruchnahme der Knappschaftspension vor Vollendung des 50. Lebensjahres ist jeder Monat ab dem Stichtag (§ 223 Abs. 2) bis zum Monatsersten nach Vollendung des 50. Lebensjahres bei der Berechnung der Steigerungspunkte gemäß Abs. 2 einem Versicherungsmonat mit der Maßgabe gleichzuhalten, daß die Summe der Steigerungspunkte 28 nicht übersteigen darf. Fällt der Zeitpunkt der Vollendung des 50. Lebensjahres selbst auf einen Monatsersten, so gilt dieser Tag als Monatserster im Sinne des ersten Satzes.

(BGBl I 1997/139)

(4) Bei der Bemessung des Steigerungsbetrages und des besonderen Steigerungsbetrages sind nur Versicherungsmonate der knappschaftlichen Pensionsversicherung und Beitragsmonate aus der Angestelltenversicherung gemäß § 235 Abs. 2 bis zum Höchstausmaß von 280 Versicherungsmonaten zu berücksichtigen.

(5) Als monatlicher Leistungszuschlag gebühren für je zwölf Monate wesentlich bergmännischer Tätigkeit oder ihr gleichgestellter Tätigkeit (§ 236 Abs. 6) 0,15% der Bemessungsgrundlage. § 284 Z 1 zweiter Satz ist hiebei anzuwenden.

(BGBl 1996/201, BGBl I 1997/139, BGBl I 2000/92, BGBl I 2001/33)

Kinderzuschüsse

§ 286. Zu den Leistungen aus den Versicherungsfällen des Alters, ausgenommen den Knappschaftssold, und zur Knappschaftsvollpension werden Kinderzuschüsse gewährt. Für sie gilt § 262 entsprechend.

Hilflosenzuschuß

§ 287. (aufgehoben)

Bergmannstreuegeld, Ausmaß

§ 288. (1) Das Bergmannstreuegeld beträgt für jedes volle Jahr einer Gewinnungshauertätigkeit oder ihr gleichgestellten Tätigkeit (§ 281 Abs. 3), während dessen Knappschaftssold bezogen wurde oder hätte bezogen werden können, 1 204,70 €[a]), insgesamt jedoch höchstens das 10fache dieses Betrages. An die Stelle dieser Beträge treten ab 1. Jänner eines jeden Jahres die unter Bedachtnahme auf § 108 Abs. 9 mit dem jeweiligen Anpassungsfaktor (§ 108f) vervielfachten Beträge.

(BGBl I 2001/67)

[a]) Beträge siehe VO über veränderliche Werte.

(2) Auf das Bergmannstreuegeld kann dem Versicherten vor dessen Anfall eine Vorauszahlung einmalig gewährt werden. Diese darf die Hälfte des im Zeitpunkt der Vorauszahlung erworbenen Ausmaßes nicht übersteigen.

Hinterbliebenenpensionen, Ausmaß

§ 289. Für das Ausmaß der Hinterbliebenenpensionen und für die Abfertigung der Witwen(Witwer)pension gelten die §§ 264 bis 267 mit der Maßgabe, daß im § 264 Abs. 1 Z 3 das Gesamtausmaß der Pension 87 vH der Bemessungsgrundlage nicht übersteigen darf und an die Stelle der Invaliditätspension die Knappschaftsvollpension, an die Stelle der Alterspension die Knappschaftsalterspension und an die Stelle der Gleitpension die Knappschaftsgleitpension tritt.

(BGBl 1993/335)

Ausstattungsbeitrag

§ 290. (aufgehoben)

Abfindung

§ 291. § 269 ist entsprechend anzuwenden.

ABSCHNITT V
Ausgleichszulage zu Pensionen aus der Pensionsversicherung und Wertausgleich

(BGBl I 2000/92, BGBl I 2001/33)

Voraussetzungen für den Anspruch auf Ausgleichszulage

§ 292. (1) Erreicht die Pension zuzüglich eines aus übrigen Einkünften des Pensionsberechtigten erwachsenden Nettoeinkommens und der gemäß § 294 zu berücksichtigenden Beträge nicht die Höhe des für ihn geltenden Richtsatzes (§ 293), so hat der Pensionsberechtigte, solange er seinen gewöhnlichen Aufenthalt im Inland hat, nach Maßgabe der Bestimmungen dieses Abschnittes Anspruch auf eine Ausgleichszulage zur Pension. Dies gilt nicht im Falle des Bezuges einer Gleitpension.

(BGBl 1996/411, BGBl I 1997/139)

(2) Bei Feststellung des Anspruches nach Abs. 1 ist auch das gesamte Nettoeinkommen des (der) im gemeinsamen Haushalt lebenden Ehegatten (Ehegattin) unter Bedachtnahme auf § 294 Abs. 4 zu berücksichtigen.

(3) Nettoeinkommen im Sinne der Abs. 1 und 2 ist, soweit im folgenden nichts anderes bestimmt wird, die Summe sämtlicher Einkünfte in Geld oder Geldeswert nach Ausgleich mit Verlusten und vermindert um die gesetzlich geregelten Abzüge. Für die Bewertung der Sachbezüge gilt, soweit nicht Abs. 8 anzuwenden ist, die Bewertung für Zwecke der Lohnsteuer mit der Maßgabe, daß als Wert der vollen freien Station der Betrag von 216,78 €[a]) heranzuziehen ist; an die Stelle dieses Betrages tritt ab 1. Jänner eines jeden Jahres, erstmals ab 1. Jänner 1994, der unter Bedachtnahme auf § 108 Abs. 9 mit dem Anpassungsfaktor (§ 108f) vervielfachte Betrag. Im Falle des Bezuges einer Hinterbliebenenpension (§ 257) vermindert sich dieser Betrag, wenn für die Ermittlung der Ausgleichszulage zur Pension des verstorbenen Ehegatten (Elternteiles) Abs. 8 anzuwenden war oder anzuwenden gewesen wäre und der (die) Hinterbliebene nicht Eigentümer (Miteigentümer) des land(forst)wirtschaftlichen Betriebes war, für Einheitswerte unter 4 400 € im Verhältnis des maßgeblichen Einheitswertes zu dem genannten Einheitswert, gerundet auf Cent; Entsprechendes gilt auch bei der Bewertung von sonstigen Sachbezügen.

(BGBl 1994/20, BGBl I 2001/67)

[a]) Betrag siehe VO über veränderliche Werte.

(4) Bei Anwendung der Abs. 1 bis 3 haben außer Betracht zu bleiben:

a) die Wohnbeihilfe nach dem Wohnbauförderungsgesetz 1968, BGBl. Nr. 280/1967, bzw. nach dem Wohnungsverbesserungsgesetz, BGBl. Nr. 426/1969, und vom Bund, den Ländern oder Gemeinden zur Erleichterung der Tragung des Mietzinsaufwandes (der Mietzinsmehrbelastung) gewährte Beihilfen (Abgeltungsbeträge);

b) die Beihilfen nach den besonderen Vorschriften über den Familienlastenausgleich sowie die Beihilfen nach dem Studienförderungsgesetz 1992 und dem Schülerbeihilfengesetz;

c) die Kinderzuschüsse sowie die Renten(Pensions)sonderzahlungen aus der Sozialversicherung;

d) Einkünfte, die wegen des besonderen körperlichen Zustandes gewährt werden (Pflegegeld, Blindenzulagen, Schwerstbeschädigtenzulagen, Zuschüsse zu den Kosten für Diätverpflegung und dergleichen);

(BGBl 1993/110)

e) Bezüge aus Unterhaltsansprüchen privater Art, die nach § 294 berücksichtigt werden;

f) Bezüge aus Leistungen der Sozialhilfe und der freien Wohlfahrtspflege;

g) einmalige Unterstützungen der gesetzlichen beruflichen Vertretungen, Gewerkschafts- und Betriebsratsunterstützungen und Gnadenpensionen;

(BGBl 1993/335)

h) von Lehrlingsentschädigungen ein Betrag von 149,49 €[a]) monatlich; an die Stelle dieses Betrages tritt ab 1. Jänner eines jeden Jahres der unter Bedachtnahme auf § 108 Abs. 9 mit der jeweiligen Aufwertungszahl (§ 108a Abs. 1) vervielfachte Betrag;

(BGBl 1993/335, BGBl I 2001/67)

[a]) Betrag siehe VO über veränderliche Werte.

i) nach dem Kriegsopferversorgungsgesetz 1957, BGBl. Nr. 152, und dem Opferfürsorgegesetz, BGBl. Nr. 183/1947, gewährte Grund- und Elternrenten, ein Drittel der nach dem Heeresversorgungsgesetz, BGBl. Nr. 27/1964, gewährten Beschädigten- und Witwenrenten sowie die Elternrenten einschließlich einer allfälligen Zusatzrente (§§ 23 Abs. 3, 33 Abs. 1 bzw. 44 Abs. 1 und 45 Heeresversorgungsgesetz), ferner eine nach ausländischen Rechtsvorschriften gewährte Rentenleistung, die aus dem Anlaß des Kampfes oder des Einsatzes gegen den Nationalsozialismus gebührt;

k) Leistungen auf Grund der Bestimmungen des Teiles I des österreichisch-deutschen

Finanz- und Ausgleichsvertrages, BGBl. Nr. 283/1962;

l) Leistungen auf Grund der Aufgabe, Übergabe, Verpachtung oder anderweitigen Überlassung eines land(forst)wirtschaftlichen Betriebes, wenn Abs. 8 bzw. Abs. 9 zur Anwendung gelangt;

m) nach dem Bundesgesetz über die Gewährung von Hilfeleistungen an Opfer von Verbrechen, BGBl. Nr. 288/1972, gewährte Geldleistungen;

(BGBl I 2001/103)

n) das Kinderbetreuungsgeld nach dem Kinderbetreuungsgeldgesetz.

(BGBl I 2001/103)

(5) Der Ermittlung des Nettoeinkommens aus einem land(forst)wirtschaftlichen Betrieb sind 70 vH des Versicherungswertes (§ 12 des Bauern-Pensionsversicherungsgesetzes) dieses Betriebes zugrunde zu legen. § 23 Abs. 10 des Bauern-Sozialversicherungsgesetzes ist hiebei nicht anzuwenden. Dieser Betrag, gerundet auf Cent, gilt als monatliches Nettoeinkommen aus einem land(forst)wirtschaftlichen Betrieb.

(BGBl I 2001/67)

(6) (aufgehoben)

(7) Steht das Recht zur Bewirtschaftung des land(forst)wirtschaftlichen Betriebes auf eigene Rechnung und Gefahr nicht einer einzigen Person zu, so gilt das gemäß Abs. 5 ermittelte Nettoeinkommen nur im Verhältnis der Anteile am land(forst)wirtschaftlichen Betrieb als Nettoeinkommen.

(8) Wurde die Bewirtschaftung eines land(forst)wirtschaftlichen Betriebes aufgegeben, der Betrieb übergeben, verpachtet oder auf andere Weise jemandem zur Bewirtschaftung überlassen, so ist bei Ermittlung des Einkommens des bisherigen Eigentümers (des Verpächters) ohne Rücksicht auf Art und Ausmaß der ausbedungenen Leistungen vom Einheitswert der übergebenen, verpachteten oder zur Bewirtschaftung überlassenen land(forst)wirtschaftlichen Flächen auszugehen, sofern die Übergabe (Verpachtung, Überlassung) nicht mehr als zehn Jahre, gerechnet vom Stichtag, zurückliegt. Bei einer Übergabe (Verpachtung, Überlassung) vor dem Stichtag ist vom durchschnittlichen Einheitswert (Abs. 10), in allen übrigen Fällen von dem auf die übergebenen Flächen entfallenden Einheitswert im Zeitpunkt der Übergabe (Verpachtung, Überlassung) auszugehen. Als monatliches Einkommen gilt für Personen, die mit dem Ehegatten (der Ehegattin) im gemeinsamen Haushalt leben, bei einem Einheitswert von 5 600 € und darüber sowie bei alleinstehenden Personen bei einem Einheitswert von 3 900 € und darüber ein Betrag von „27%" des jeweiligen Richtsatzes, und zwar

1. für alleinstehende Personen und für Pensionsberechtigte auf Witwen(Witwer)pension bzw. auf Waisenpension des Richtsatzes nach § 293 Abs. 1 lit. a bb,
2. für alle übrigen Personen des Richtsatzes nach § 293 Abs. 1 lit. a aa,

gerundet auf Cent. Diese Beträge vermindern sich für Einheitswerte unter 5 600 € und 3 900 € im Verhältnis des maßgeblichen Einheitswertes zu den genannten Einheitswerten, gerundet auf Cent. Abs. 7 ist entsprechend anzuwenden.

(BGBl I 1997/139, BGBl I 2000/92, BGBl I 2001/33, BGBl I 2001/67, BGBl I 2002/1)

(9) Ist die Gewährung von Gegenleistungen (Ausgedingsleistungen) aus einem übergebenen (aufgegebenen) land(forst)wirtschaftlichen Betrieb in Geld oder Güterform (landwirtschaftliche Produkte, unentgeltlich beigestellte Unterkunft) aus Gründen, die der Einflußnahme des Ausgleichszulagenwerbers entzogen sind, am Stichtag zur Gänze ausgeschlossen oder später unmöglich geworden, so hat eine Ermittlung des Einkommens des bisherigen Eigentümers (Verpächters) zu unterbleiben, und zwar so lange, wie diese Voraussetzungen zutreffen und die Unterlassung der Erbringung von Ausgedingsleistungen dem Ausgleichszulagenwerber nicht zugerechnet werden kann.

(10) Soweit ein durchschnittlicher Einheitswert gemäß Abs. 8 heranzuziehen ist, ist er durch eine Teilung der Summe der Einheitswerte, die für den land(forst)wirtschaftlichen Betrieb in den einzelnen der letzten 120 Kalendermonate vor dem Stichtag im Sinne des Abs. 11 in Betracht kommen, durch die Anzahl der Monate während dieses Zeitraumes, in denen der land(forst)wirtschaftliche Betrieb (ein Teil dieses Betriebes) noch nicht übergeben (verpachtet, überlassen) war, zu ermitteln.

(11) Bei der Berücksichtigung der Einheitswerte für jeden nach Abs. 10 in Betracht kommenden Monat ist von dem jeweils für den land(forst)wirtschaftlichen Betrieb bzw. die land(forst)wirtschaftliche Fläche festgestellten Einheitswert unter Hinzurechnung der Einheitswerte der verpachteten, aber ohne die zugepachteten Flächen auszugehen.

(12) Als Einheitswert im Sinne der Abs. 8, 10 und 11 gilt der für Zwecke der Sozialversicherung maßgebliche Einheitswert. Einheitswerte aus der Zeit vor dem 1. Jänner 1983 sind mit dem Faktor 1,1575 zu vervielfachen.

(13) In den Fällen des § 100 Abs. 2 erster Satz bleibt für die Anwendung der Abs. 8, 10 und 11 der Stichtag der erloschenen Pension weiterhin maßgebend. Das gleiche gilt für den Anfall einer Hinterbliebenenpension nach einem Pensionsempfänger, sofern der Anspruchsberechtigte auf Hinterbliebenenpension Eigentümer bzw. Miteigentümer des übergebenen (verpachteten, überlassenen) Betriebes bzw. der Fläche gewesen ist.

Richtsätze

§ 293. (1) Der Richtsatz beträgt unbeschadet des Abs. 2

a) für Pensionsberechtigte aus eigener Pensionsversicherung, aa) wenn sie mit dem Ehegatten (der Ehegattin) im gemeinsamen Haushalt leben .... 874,76 €[a]),

(BGBl I 2001/67)

bb) wenn die Voraussetzungen nach aa) nicht zutreffen................. 613,14 €[a]),

(BGBl I 2001/67)

b) für Pensionsberechtigte auf Witwen-(Witwer)pension............. 613,14 €[a]),

(BGBl I 2001/67)

c) für Pensionsberechtigte auf Waisenpension:

aa) bis zur Vollendung des 24. Lebensjahres .... 228,99 €[a]), falls beide Elternteile verstorben sind .... 343,82 €[a]),

(BGBl I 2001/67)

bb) nach Vollendung des 24. Lebensjahres .... 406,90 €[a]), falls beide Elternteile verstorben sind .... 613,14 €[a]).

(BGBl I 2001/67)

Der Richtsatz nach lit. a erhöht sich um 65,26 €[a]) für jedes Kind (§ 252), dessen Nettoeinkommen den Richtsatz für einfach verwaiste Kinder bis zur Vollendung des 24. Lebensjahres nicht erreicht.

(BGBl 1994/20, BGBl I 2000/1, BGBl I 2001/67)

[a]) Beträge siehe VO über veränderliche Werte.

(2) An die Stelle der Richtsätze und der Richtsatzerhöhung gemäß Abs. 1 treten ab 1. Jänner eines jeden Jahres, erstmals ab 1. Jänner 2001, die unter Bedachtnahme auf § 108 Abs. 9 mit dem Anpassungsfaktor (§ 108f) vervielfachten Beträge. Ist die Erhöhung auf Grund der Anpassung mit dem Anpassungsfaktor niedriger als die Erhöhung der Verbraucherpreise nach § 299a Abs. 2, so ist die Erhöhung der Richtsätze auf Grund der Erhöhung der Verbraucherpreise nach § 299a Abs. 2 vorzunehmen.

(BGBl 1994/20, BGBl I 2000/1, BGBl I 2000/92, BGBl I 2001/33)

(3) Hat eine Person Anspruch auf mehrere Pensionen aus einer Pensionsversicherung nach diesem oder einem anderen Bundesgesetz, so ist der höchste der in Betracht kommenden Richtsätze anzuwenden. In diesem Fall gebührt die Ausgleichszulage zu der Pension, zu der vor Anfall der weiteren Pension Anspruch auf Ausgleichszulage bestanden hat, sonst zur höheren Pension.

(4) Haben beide Ehegatten Anspruch auf eine Pension aus einer Pensionsversicherung nach diesem oder einem anderen Bundesgesetz und leben sie im gemeinsamen Haushalt, so besteht der Anspruch auf Ausgleichszulage bei der Pension, bei der er früher entstanden ist.

(5) (aufgehoben)

(BGBl 1996/411)

Unterhaltsansprüche und Nettoeinkommen

§ 294. (1) Bei Anwendung des § 292 sind Unterhaltsansprüche des Pensionsberechtigten gegen

a) (aufgehoben)

(BGBl I 2000/67)

b) (aufgehoben)

(BGBl I 2001/37)

c) die Eltern, sofern sie mit dem Pensionsberechtigten im gemeinsamen Haushalt leben,

gleichviel ob und in welcher Höhe die Unterhaltsleistung tatsächlich erbracht wird, dadurch zu berücksichtigen, daß dem Nettoeinkommen des Pensionsberechtigten in den Fällen der lit. c 12,5 vH des monatlichen Nettoeinkommens der dort genannten Personen zuzurechnen sind. Der so festgestellte Betrag vermindert sich jedoch in dem Ausmaß, in dem das dem Verpflichteten verbleibende Nettoeinkommen den Richtsatz gemäß § 293 Abs. 1 lit. b unterschreitet.

(BGBl I 2000/67, BGBl I 2001/37)

(2) Ist eine der im Abs. 1 angeführten Personen auch gegenüber anderen Angehörigen als dem Pensionsberechtigten unterhaltspflichtig, so ist der nach Abs. 1 in Betracht kommende Hundertsatz des monatlichen Nettoeinkommens für jeden dieser Unterhaltsberechtigten um 2 vH zu vermindern.

(3) ~~Wenn und solange das Nettoeinkommen des Unterhaltspflichtigen nicht nachgewiesen wird, ist anzunehmen, daß die Höhe der monatlichen Unterhaltsverpflichtung 25 vH des Dreißigfachen der Höchstbeitragsgrundlage in der Pensionsversicherung (§ 45 Abs. 1) beträgt.~~ Eine Zurechnung zum Nettoeinkommen erfolgt nur in der Höhe eines Vierzehntels der jährlich tatsächlich zufließenden Unterhaltsleistung, wenn die nach Abs. 1 und 2 berechnete Unterhaltsforderung der Höhe nach trotz durchgeführter Zwangsmaßnahmen einschließlich gerichtlicher Exekutionsführung uneinbringlich oder die Verfolgung eines Unterhaltsanspruches in dieser Höhe offenbar aussichtslos oder offenbar unzumutbar ist.

(BGBl 1993/335, BGBl I 2000/67, BGBl I 2001/37, BGBl I 2002/1)

(4) Wenn und solange das Nettoeinkommen des (der) im gemeinsamen Haushalt lebenden Ehegatten (Ehegattin) (§ 292 Abs. 2) nicht nachgewiesen wird, ist es in der Höhe des Dreißigfachen der Höchstbeitragsgrundlage in der Pensionsversicherung (§ 45 Abs. 1) anzunehmen.

(5) Eine Anrechnung nach Abs. 1 erfolgt nicht, wenn die Ehe aus dem Verschulden des anderen Ehegatten geschieden wurde, eine Unterhaltsleistung aus dieser Scheidung auf Grund eines Unterhaltsverzichtes nicht erbracht wird und dieser Verzicht spätestens 10 Jahre vor dem Stichtag abgegeben wurde.

(BGBl 1993/335)

Anwendung der Bestimmungen über die Pensionen auf die Ausgleichszulage

§ 295. (1) Soweit in diesem Bundesgesetz nichts anderes bestimmt ist, sind auf die Ausgleichszulage, auf das bei der Feststellung der Ausgleichszulage zu beobachtende Verfahren und auf das Leistungsstreitverfahren über die Ausgleichszulage die Bestimmungen dieses Bundesgesetzes über die Pensionen aus der Pensionsversicherung anzuwenden.

(2) Bei Anwendung der §§ 90, 95 und 96 ist die Ausgleichszulage außer Betracht zu lassen.

Höhe und Feststellung der Ausgleichszulage

§ 296. (1) Die Ausgleichszulage gebührt in der Höhe des Unterschiedes zwischen der Summe aus Pension, Nettoeinkommen (§ 292) und den gemäß § 294 zu berücksichtigenden Beträgen einerseits und dem Richtsatz (§ 293) andererseits.

(2) Die Ausgleichszulage ist erstmalig auf Grund des Pensionsantrages festzustellen. Sie gebührt ab dem Tag, an dem die Voraussetzungen für den Anspruch erfüllt sind. Wird die Ausgleichszulage erst nach dem Zeitpunkt der Erfüllung der Voraussetzungen beantragt, so gebührt sie frühestens ab dem Beginn des vor dem Tag der Antragstellung liegenden vollen Kalendermonates. Der Anspruch auf Ausgleichszulage endet mit dem Ende des Monates, in dem die Voraussetzungen für den Anspruch wegfallen. Das gleiche gilt für die Erhöhung bzw. Herabsetzung der Ausgleichszulage. Ist die Herabsetzung der Ausgleichszulage in einer auf Grund gesetzlicher Vorschriften erfolgten Änderung des Ausmaßes der Pension oder des aus übrigen Einkünften des Pensionsberechtigten erwachsenden Nettoeinkommens (§ 292) begründet, so wird sie mit dem Ende des der Änderung vorangehenden Monates wirksam. Erhöhungen der Ausgleichszulage auf Grund der Bestimmungen der §§ 292 Abs. 4 lit. h und 293 Abs. 2 sind von Amts wegen festzustellen.

(3) Bei einer Änderung der für die Zuerkennung der Ausgleichszulage maßgebenden Sach- und Rechtslage hat der Träger der Pensionsversicherung die Ausgleichszulage auf Antrag des Berechtigten oder von Amts wegen neu festzustellen.

(4) Entsteht durch eine rückwirkende Zuerkennung oder Erhöhung einer Leistung aus einer Pensionsversicherung ein Überbezug an Ausgleichszulage, so ist dieser Überbezug gegen die Pensionsnachzahlung aufzurechnen. Dies gilt auch dann, wenn Anspruchsberechtigter auf die Pensionsnachzahlung der (die) im gemeinsamen Haushalt lebende Ehegatte (Ehegattin) ist.

(5) Hat der Pensionsberechtigte in einem Kalenderjahr sonstige monatliche Nettoeinkünfte weniger als 14mal jährlich oder in unterschiedlicher Höhe bezogen, kann er beim leistungszuständigen Versicherungsträger bis 31. März des folgenden Kalenderjahres die Durchführung eines Jahresausgleiches beantragen. Der Jahresausgleich kann im Verlauf des folgenden Kalenderjahres auch von Amts wegen erfolgen.

(6) Die Durchführung des Jahresausgleiches hat nach folgenden Grundsätzen zu erfolgen:

1. Der Berechnung ist die Summe der in einem Kalenderjahr gemäß § 293 jeweils in Betracht kommenden Richtsätze für die Pensionen und für die Pensionssonderzahlungen zugrunde zu legen. Richtsatz für die Pensionssonderzahlungen ist der für die Monate Mai bzw. Oktober geltende Richtsatz.
2. Für Zeiträume, in denen wegen Auslandsaufenthaltes keine Ausgleichszulage gebührt hat, ist anstelle des Richtsatzes die Pensionshöhe anzusetzen, für Zeiträume, in denen die Pension wegen Haft ruht, die Pension in der den Angehörigen gebührenden Höhe.
3. Die Summe gemäß Z 1 und 2 ist um den Gesamtbetrag der im maßgeblichen Kalenderjahr gebührenden Pensionen einschließlich Sonderzahlungen und Ausgleichszulagen, des sonstigen Nettoeinkommens, der gemäß § 294 anzurechnenden Unterhaltsansprüche und der gemäß § 292 Abs. 5, 7, 8, 10 und 11 anzurechnenden Einkünfte aus land- und forstwirtschaftlichen Betrieben, erhöht um die für die Monate Mai bzw. Oktober anzurechnenden Unterhaltsansprüche bzw. Einkünfte zu vermindern. Ergibt sich dabei ein Mehrbetrag gegenüber dem zur Auszahlung gelangten Betrag an Ausgleichszulage, ist der Mehrbetrag dem Pensionsberechtigten zu erstatten.

(7) Die Bestimmungen der Absätze 5 und 6 gelten entsprechend auch für Fälle, in denen nur für Teile eines Kalenderjahres Anspruch auf die Pension bestanden hat.

Verwaltungshilfe der Träger der Sozialhilfe

§ 297. Der Träger der Pensionsversicherung kann, wenn nicht schon unter Berücksichtigung des ihm bekannten Nettoeinkommens der anzuwendende Richtsatz überschritten wird, zur Feststellung der Ausgleichszulage die Verwaltungshilfe des zuständigen Trägers der Sozialhilfe in Anspruch nehmen. Insbesondere kann der zuständige Träger der Sozialhilfe um die Ermittlung von Sachbezügen ersucht werden.

Verpflichtung zur Anzeige von Änderungen des Nettoeinkommens und des in Betracht kommenden Richtsatzes

§ 298. (1) Der Pensionsberechtigte, der eine Ausgleichszulage bezieht, ist verpflichtet, jede Änderung des Nettoeinkommens oder der Umstände, die eine Änderung des Richtsatzes bedingen, dem Träger der Pensionsversicherung gemäß § 40 anzuzeigen.

(2) Der Träger der Pensionsversicherung hat, beginnend mit dem Jahre 1976, jeden Pensionsberechtigten, der eine Ausgleichszulage bezieht, innerhalb von jeweils drei Jahren mindestens einmal

zu einer Meldung seines Nettoeinkommens und seiner Unterhaltsansprüche sowie aller Umstände, die für die Höhe des Richtsatzes maßgebend sind, zu verhalten. Kommt der Pensionsberechtigte der Aufforderung des Versicherungsträgers innerhalb von zwei Monaten nach ihrer Zustellung nicht nach, so hat der Pensionsversicherungsträger die Ausgleichszulage mit dem dem Ablauf von weiteren zwei Monaten folgenden Monatsersten zurückzuhalten. Die Ausgleichszulage ist, sofern sie nicht wegzufallen hat, unter Bedachtnahme auf die Bestimmungen des § 296 nachzuzahlen, wenn der Pensionsberechtigte seine Meldepflicht erfüllt oder der Pensionsversicherungsträger auf andere Weise von der maßgebenden Sachlage Kenntnis erhalten hat.

(3) Die Träger der Sozialhilfe haben bezüglich aller Bezieher einer Ausgleichszulage, die sich gewöhnlich in ihrem Zuständigkeitsbereich aufhalten, ihnen bekannt gewordene Änderungen des Nettoeinkommens oder der Umstände, die eine Änderung des Richtsatzes bedingen, dem Träger der Pensionsversicherung mitzuteilen.

Tragung des Aufwandes für die Ausgleichszulage

§ 299. (1) Die Ausgleichszulage ist unbeschadet der Bestimmungen des Abs. 2 von dem Land zu ersetzen, in dem der Sitz des Trägers der Sozialhilfe liegt, der für den Empfänger der Ausgleichszulage zuständig ist oder wäre. Der Ersatz für Ausgleichszulagen ist den einzelnen Trägern der Pensionsversicherung monatlich mit einem Betrag in der Höhe des voraussichtlichen Aufwandes der im folgenden Monat zur Auszahlung gelangenden Ausgleichszulagen zu bevorschussen.

(2) Eine Beteiligung des Bundes am Aufwand der ausgezahlten Ausgleichszulagen richtet sich nach dem jeweiligen Finanzausgleichsgesetz.

(3) Das Land hat die von ihm ersetzten Beträge an Ausgleichszulagen auf die Träger der Sozialhilfe des Landes in dem Verhältnis aufzuteilen, das sich aus den Betragssummen an Ausgleichszulage ergibt, die im jeweiligen Jahr an jene Empfänger der Ausgleichszulage überwiesen wurden, die in den verbandsangehörigen Gemeinden ihren ständigen Wohnsitz hatten.

(4) Die näheren Bestimmungen zur Durchführung der Abs. 1 bis 3 trifft der Bundesminister für soziale Verwaltung im Einvernehmen mit dem Bundesminister für Finanzen und dem Bundesminister für Inneres.

Wertausgleich

§ 299a. (1) Zur Wertsicherung der Pensionen kann PensionsbezieherInnen ohne Anspruch auf Ausgleichszulage, die ihren gewöhnlichen Aufenthalt im Inland haben, ein Wertausgleich gewährt werden, wenn die Erhöhung der Pensionen auf Grund der Anpassung mit dem Anpassungsfaktor die Erhöhung der Verbraucherpreise nach Abs. 2 nicht erreicht.

(2) Die Erhöhung der Verbraucherpreise ist auf Grund der durchschnittlichen Erhöhung in zwölf Kalendermonaten bis zum Juni des Jahres, das dem Anpassungsjahr vorangeht, zu ermitteln, wobei der Verbraucherpreisindex 1996 oder ein an seine Stelle tretender Index heranzuziehen ist.

(3) „Der Wertausgleich ist eine Einmalzahlung zur Pension aus der Pensionsversicherung, die nach sozialen Gesichtspunkten in unterschiedlicher Höhe festgesetzt werden kann. Die Gesamtaufwendungen für den Wertausgleich dürfen höchstens die Differenz zwischen den Kosten der Pensionserhöhung mit dem Anpassungsfaktor und den angenommenen Kosten der Pensionserhöhung entsprechend der Erhöhung der Verbraucherpreise (Abs. 2) betragen.“ Die Höhe des Wertausgleiches und der oder die Auszahlungstermine sind durch den Bundesminister für soziale Sicherheit und Generationen durch Verordnung (§ 108 Abs. 5) festzulegen.

(BGBl I 2002/31)

(4) Der Aufwand für den Wertausgleich ist vom Bund zu tragen.

(BGBl I 2000/92, BGBl I 2001/33)

ABSCHNITT VI
Rehabilitation und Maßnahmen der Gesundheitsvorsorge

Aufgaben der Rehabilitation

§ 300. (1) Die Pensionsversicherungsträger treffen Vorsorge für die Rehabilitation von Versicherten und Beziehern einer Pension aus einem Versicherungsfall der geminderten Arbeitsfähigkeit, ausgenommen eine Knappschaftspension, die an einer körperlichen, geistigen oder psychischen Behinderung leiden.

(2) Versicherte gelten als behindert im Sinne des Abs. 1, wenn sie infolge eines Leidens oder Gebrechens ohne Gewährung von Maßnahmen der Rehabilitation die besonderen Voraussetzungen für eine Pension aus dem Versicherungsfall der geminderten Arbeitsfähigkeit, ausgenommen eine Knappschaftspension, wahrscheinlich erfüllen oder in absehbarer Zeit erfüllen werden; vorwiegend altersbedingte Leiden und Gebrechen gelten nicht als Leiden und Gebrechen im Sinne dieses Absatzes.

(3) Die Rehabilitation umfaßt medizinische und berufliche Maßnahmen und, soweit dies zu ihrer Ergänzung erforderlich ist, soziale Maßnahmen mit dem Ziel, Behinderte bis zu einem solchen Grad ihrer Leistungsfähigkeit herzustellen oder wiederherzustellen, der sie in die Lage versetzt, im beruflichen und wirtschaftlichen Leben und in der Gemeinschaft einen ihnen angemessenen Platz möglichst dauernd einnehmen zu können.

(4) Die Gewährung von Maßnahmen zur Festigung der Gesundheit bzw. von Maßnahmen der Gesundheitsvorsorge (§§ 155 und 307d) zählt nicht zu den Aufgaben der Rehabilitation.

Maßnahmen der Rehabilitation

§ 301. (1) Zur Erreichung des im § 300 Abs. 3 angestrebten Zieles dienen die Maßnahmen gemäß den §§ 302 bis 304. Die Pensionsversicherungsträger gewähren diese Maßnahmen nach pflichtgemäßem Ermessen unter Berücksichtigung der Neigung, Eignung und der bisherigen Tätigkeit des Behinderten, bei den im § 300 Abs. 1 bezeichneten Pensionsbeziehern auch unter Berücksichtigung des Alters, des Zustandes des Leidens oder Gebrechens sowie der Dauer des Pensionsbezuges, sofern und solange die Erreichung dieses Zieles zu erwarten ist.

(2) Unter Berücksichtigung der Auslastung der eigenen Einrichtungen können die Pensionsversicherungsträger auch Angehörigen (§ 123) eines Versicherten oder eines Pensionisten oder Beziehern von Waisenpensionen (§ 260), die an einer körperlichen, geistigen oder psychischen Behinderung leiden, Maßnahmen der Rehabilitation gemäß § 302 Abs. 1 Z 1 und § 304 gewähren; ihre Gewährung ist an die Voraussetzung geknüpft, daß ohne diese Maßnahmen dem Versicherten (Pensionisten) Auslagen erwachsen würden, die seine wirtschaftlichen Verhältnisse übersteigen.

(BGBl I 1998/138)

Medizinische Maßnahmen

§ 302. (1) Die medizinischen Maßnahmen der Rehabilitation umfassen:

1. die Unterbringung in Krankenanstalten, die vorwiegend der Rehabilitation dienen;
2. die Gewährung von Körperersatzstücken, orthopädischen Behelfen und anderen Hilfsmitteln einschließlich der notwendigen Änderung, Instandsetzung und Ersatzbeschaffung sowie der Ausbildung im Gebrauch der Hilfsmittel in sinngemäßer Anwendung des § 202;
3. die Gewährung ärztlicher Hilfe sowie die Versorgung mit Heilmitteln und Heilbehelfen, wenn diese Leistungen unmittelbar im Anschluß an eine oder im Zusammenhang mit einer der in Z 1 und 2 genannten Maßnahmen erforderlich sind.
4. (aufgehoben)

   (BGBl 1996/411)

In den Fällen der Z 1 bis 3 sowie im Zusammenhang mit der körpergerechten Anpassung von Körperersatzstücken, orthopädischen Behelfen und anderen Hilfsmitteln können Reise- und Transportkosten nach Maßgabe der Bestimmungen der Satzung unter Bedachtnahme auf die wirtschaftlichen Verhältnisse des Versicherten bzw. Angehörigen übernommen werden.

(BGBl 1996/411)

(2) Die Maßnahmen nach Abs. 1 werden vom Pensionsversicherungsträger gewährt, wenn und soweit sie nicht aus einer gesetzlichen Krankenversicherung gewährt werden. Der Pensionsversicherungsträger kann die Gewährung der von einem Krankenversicherungsträger nach Maßgabe des § 154a zu erbringenden medizinischen Maßnahmen der Rehabilitation jederzeit an sich ziehen. Er tritt hinsichtlich dieser Maßnahmen dem Versicherten gegenüber in alle Pflichten und Rechte des Krankenversicherungsträgers ein, soweit die zu gewährenden Leistungen mit den medizinischen Maßnahmen der Rehabilitation in Zusammenhang stehen. Der Pensionsversicherungsträger hat in diesen Fällen dem Krankenversicherungsträger anzuzeigen, daß er von einem bestimmten Tag an die Gewährung übernimmt; von diesem Zeitpunkt an hat der Versicherte gegen den Krankenversicherungsträger keinen Anspruch auf die entsprechenden Leistungen der Krankenversicherung.

(3)[a]) **(Grundsatzbestimmung)** Gemäß Artikel 12 Abs. 1 Z 1 des Bundes-Verfassungsgesetzes in der Fassung von 1929 gilt als Grundsatz, daß die Pensionsversicherungsträger im Rahmen der im § 148 geregelten Beziehungen zu den landesfondsfinanzierten Krankenanstalten den Krankenversicherungsträgern gleichgestellt sind.

(BGBl 1996/764, BGBl I 2001/5)

---
[a]) Tritt mit Ablauf des 31. Dezember 2004 außer Kraft.

(3)[a]) **(Grundsatzbestimmung)** Gemäß Artikel 12 Abs. 1 Z 1 des Bundes-Verfassungsgesetzes in der Fassung von 1929 gilt als Grundsatz, daß die Pensionsversicherungsträger im Rahmen der im § 148 geregelten Beziehungen zu den öffentlichen Krankenanstalten den Krankenversicherungsträgern gleichgestellt sind.

---
[a]) Tritt mit Ablauf des 31. Dezember 2004 wieder in Kraft.

(4) Werden Versicherte (Pensionisten) für Rechnung des Pensionsversicherungsträgers in einer der in Abs. 1 Z 1 angeführten Einrichtungen untergebracht, so haben diese eine Zuzahlung in der Höhe von 5,81 €[a]) pro Verpflegstag zu leisten. An die Stelle dieses Betrages tritt ab 1. Jänner eines jeden Jahres, erstmals ab 1. Jänner 1997, der unter Bedachtnahme auf § 108 Abs. 9 mit der jeweiligen Aufwertungszahl (§ 108a Abs. 1) vervielfachte Betrag. Der Pensionsversicherungsträger hat bei Vorliegen einer besonderen sozialen Schutzbedürftigkeit des (der) Versicherten von der Einhebung der Zuzahlung abzusehen, und zwar nach Maßgabe der vom Hauptverband hiezu erlassenen Richtlinien (§ 31 Abs. 5 Z 27). Die Zuzahlung ist sogleich bei Antritt des Aufenthaltes im voraus an den Pensionsversicherungsträger zu entrichten und darf für jeden Versicherten für höchstens 28 Kalendertage in jedem Kalenderjahr eingehoben werden.

(BGBl 1996/201, BGBl I 2001/67)

---
[a]) Betrag siehe VO über veränderliche Werte.

Berufliche Maßnahmen

§ 303. Für die Gewährung der beruflichen Maßnahmen der Rehabilitation gilt § 198 entsprechend mit der Maßgabe, daß Zuschüsse im Sinne des § 198 Abs. 2 Z 2 nicht gewährt werden.

Soziale Maßnahmen

§ 304. (1) Die sozialen Maßnahmen der Rehabilitation umfassen solche Leistungen, die über die medizinischen und beruflichen Maßnahmen der Rehabilitation hinaus geeignet sind, zur Erreichung des im § 300 Abs. 3 angestrebten Zieles beizutragen.

(2) Für die Gewährung von Maßnahmen des Pensionsversicherungsträgers gemäß Abs. 1 gilt § 201 Abs. 2 bis 4 entsprechend mit der Maßgabe, daß Zuschüsse im Sinne des § 201 Abs. 2 Z 1 und Z 2 lit. b nicht gewährt werden.

(3) Mittel der Pensionsversicherung können auch zur Förderung und Unterstützung von gemeinnützigen Einrichtungen, die die Förderung der wirtschaftlichen, sozialen und kulturellen Interessen von Sozialversicherten zum Ziele haben, mit der Maßgabe verwendet werden, daß die Träger der Pensionsversicherung für diese Zwecke in jedem Geschäftsjahr bis zu 0,005 vT der Erträge an Versicherungsbeiträgen aufwenden können.

Einleitung von Maßnahmen der Rehabilitation des Pensionsversicherungsträgers

§ 305. Der Behinderte ist vom Versicherungsträger über das Ziel und die Möglichkeiten der Rehabilitation nachweislich in geeigneter Weise zu informieren und zu beraten. Der Behinderte hat bei der Durchführung der Maßnahmen der Rehabilitation entsprechend mitzuwirken.

(BGBl 1996/201)

Übergangsgeld

§ 306. (1) Der Pensionsversicherungsträger hat dem Versicherten für die Dauer der Gewährung von medizinischen Maßnahmen der Rehabilitation oder einer Ausbildung gemäß § 198 Abs. 2 Z 1 ein Übergangsgeld zu leisten. Übergangsgeld für die Dauer der Gewährung von medizinischen Maßnahmen der Rehabilitation gebührt ab Beginn der 27. Woche nach dem letztmaligen Eintritt des Versicherungsfalles der Arbeitsunfähigkeit infolge Krankheit, der mit der Gewährung dieser Maßnahmen der Rehabilitation in Zusammenhang steht. Werden in den Fällen des § 361 Abs. 1 letzter Satz medizinische oder berufliche Maßnahmen der Rehabilitation gewährt, so gebührt Übergangsgeld ab dem Zeitpunkt, in dem die Pension aus den Versicherungsfällen der geminderten Arbeitsfähigkeit mangels dieser Rehabilitationsmaßnahmen angefallen wäre.

(BGBl I 1997/139)

(2) Das Übergangsgeld gebührt monatlich im Ausmaß der Berechnungsgrundlage; Berechnungsgrundlage ist die Pension aus dem Versicherungsfall der geminderten Arbeitsfähigkeit, die zu diesem Zeitpunkt gebührt hätte. Die Berechnungsgrundlage ist für die Angehörigen des Versicherten (§ 123) zu erhöhen, und zwar für den Ehegatten um 10 vH und für jeden sonstigen Angehörigen um 5 vH Die Berechnungsgrundlage darf die Bemessungsgrundlage (§§ 238 Abs. 1 bzw. 241) nicht übersteigen. Das Übergangsgeld ist unter Bedachtnahme auf § 108 Abs. 9 mit Wirksamkeit ab 1. Jänner eines jeden Jahres mit dem Anpassungsfaktor zu vervielfachen.

(BGBl 1993/335, BGBl 1996/201, BGBl 1996/411, BGBl I 1997/139)

(3) Das Übergangsgeld nach Abs. 2 gebührt mindestens im Ausmaß des jeweils in Betracht kommenden Richtsatzes für die Ausgleichszulage; ist das sonst gebührende Krankengeld höher, gebührt das Übergangsgeld mindestens im Ausmaß dieses Betrages.

(4) Auf das Übergangsgeld sind ein dem Versicherten gebührendes Erwerbseinkommen bzw. Arbeitslosengeld nach dem AlVG oder eine Beihilfe zur Deckung des Lebensunterhaltes durch das Arbeitsmarktservice anzurechnen. Hinsichtlich der Ermittlung des Erwerbseinkommens aus einem land(forst)wirtschaftlichen Betrieb ist § 292 Abs. 5 und 7 entsprechend anzuwenden.

(BGBl 1994/314, BGBl I 1998/138)

(5) Während der Dauer einer Ausbildung gemäß § 198 Abs. 2 Z 1 kann der Pensionsversicherungsträger dem Versicherten einen Beitrag zu den Kosten des Unterhaltes für ihn und seine Angehörigen (§ 123) leisten, soweit billigerweise anzunehmen ist, daß der Versicherte die Kosten der bisherigen Lebensführung aus einem anderen Einkommen nicht decken kann.

(6) Der Pensionsversicherungsträger kann für die Dauer der Gewährung der im § 301 Abs. 2 bezeichneten medizinischen Maßnahmen der Rehabilitation an Angehörige (§ 123) dem Versicherten einen Beitrag zu den Kosten des Unterhaltes für ihn und seine Angehörigen gewähren, wenn der Versicherte im Zusammenhang mit der Inanspruchnahme der Rehabilitation durch den Angehörigen in dieser Zeit eine erhebliche finanzielle Mehrbelastung zu tragen hat.

Anspruch auf Pension während der Rehabilitation

§ 307. Für die Dauer der Gewährung von Maßnahmen der Rehabilitation besteht kein Anspruch auf eine Leistung aus einem Versicherungsfall der geminderten Arbeitsfähigkeit, ausgenommen der Anspruch auf Knappschaftspension. Der Anspruch auf eine solche vor der Gewährung von Maßnahmen der Rehabilitation angefallene Leistung wird hiedurch nicht berührt.

Übertragung der Durchführung von Maßnahmen der Rehabilitation

§ 307a. (1) Der Pensionsversicherungsträger kann die Durchführung von medizinischen Maßnahmen der Rehabilitation einem Krankenversicherungsträger übertragen. Er hat dem Krankenversicherungsträger die ausgewiesenen tatsächlichen Kosten zu ersetzen.

(2) Der Pensionsversicherungsträger kann die Durchführung von medizinischen bzw. beruflichen Maßnahmen der Rehabilitation dem Arbeitsmarktservice übertragen. Er hat dem Arbeitsmarktservice die ausgewiesenen tatsächlichen Kosten so-

weit zu ersetzen, als sie über das hinausgehen, was dieses an Leistungen gewährt hätte, wäre ein Begehren auf derartige Maßnahmen gestellt worden.

(BGBl 1994/314)

(3) Die beteiligten Versicherungsträger bzw. der Pensionsversicherungsträger und das Arbeitsmarktservice können zur Abgeltung der Ersatzansprüche unter Bedachtnahme auf die Zahl der in Betracht kommenden Fälle und auf die Höhe der durchschnittlichen Kosten der in diesen Fällen gewährten beruflichen Maßnahmen der Rehabilitation die Zahlung jährlicher Pauschalbeträge vereinbaren.

(BGBl 1994/314)

Versagung

§ 307b. Entzieht sich der Behinderte den Maßnahmen der Rehabilitation oder vereitelt oder gefährdet er durch sein Verhalten ihren Zweck, so sind, wenn ihm diese Maßnahmen unter Berücksichtigung der Dauer und des Umfanges seiner Ausbildung sowie der von ihm bisher ausgeübten Tätigkeit zumutbar sind, das Übergangsgeld und allfällige Zuschüsse und Zulagen zu versagen.

(BGBl 1996/201)

Vereinbarungen zur Durchführung der Rehabilitation

§ 307c. Die Pensionsversicherungsträger haben die von ihnen jeweils zu treffenden Maßnahmen der Rehabilitation mit den in Frage kommenden Versicherungsträgern, Dienststellen und Einrichtungen zu koordinieren und aufeinander abzustimmen. Zu diesem Zweck hat der Hauptverband entsprechende Vereinbarungen herbeizuführen sowie in den gemäß § 31 Abs. 5 Z 20 zu erlassenden Richtlinien insbesondere folgendes zu regeln:

1. Die Abgrenzung des Wirkungsbereiches bei der Gewährung der Maßnahmen der Rehabilitation zwischen den Trägern der Sozialversicherung untereinander und zwischen den Trägern der Sozialversicherung und dem Arbeitsmarktservice sowie den Bundesländern;

   (BGBl 1994/314)
2. das Verfahren zur rechtzeitigen Einleitung der Maßnahmen der Rehabilitation (Früherfassung);
3. die Kostentragung der Träger der Rehabilitation bei der Gewährung von Hilfsmitteln;
4. die Information und Beratung über Ziel und Möglichkeiten der Rehabilitation;
5. die Koordination der Versicherungsträger bei der Errichtung und beim Ausbau von Krankenanstalten, die vorwiegend der Rehabilitation dienen;
6. Grundsätze für die Gewährung der sozialen Maßnahmen der Rehabilitation;
7. Grundsätze für die Bemessung des Beitrages zu den Kosten des Unterhaltes (§§ 199 und 306);
8. Grundsätze für die Gewährung von Maßnahmen der Rehabilitation für die im § 300 Abs. 1 bezeichneten Pensionsbezieher.

(BGBl 1996/411)

Gesundheitsvorsorge der Pensionsversicherungsträger

§ 307d. (1) Die Pensionsversicherungsträger können unter Berücksichtigung des Fortschrittes der medizinischen Wissenschaft, unter Bedachtnahme auf ihre finanzielle Leistungsfähigkeit und auf die Auslastung der zur Verfügung stehenden Einrichtungen Versicherten und Pensionisten geeignete Maßnahmen der Gesundheitsvorsorge gewähren.

(2) Als Maßnahmen im Sinne des Abs. 1 kommen insbesondere in Frage:

1. Fürsorge für Genesende (z. B. durch Unterbringung in einem Genesungsheim);
2. Unterbringung in einem Erholungsheim;
3. Aufenthalt in Kurorten bzw. Kuranstalten oder Zuschüsse zu einem solchen nach Maßgabe der vom Hauptverband hiezu erlassenen Richtlinien (§ 31 Abs. 5 Z 28);

   (BGBl 1996/201)
4. Unterbringung in Krankenanstalten, die vorwiegend der Rehabilitation dienen; § 155 Abs. 3 gilt entsprechend;
5. die Übernahme der Reise- und Transportkosten in den Fällen der Z 1 bis 4 nach Maßgabe der Bestimmungen der Satzung unter Bedachtnahme auf die wirtschaftlichen Verhältnisse des Versicherten bzw. Angehörigen.

(3) Die Pensionsversicherungsträger können Krankenanstalten, die vorwiegend der Rehabilitation dienen, für diagnostische Zwecke zugänglich machen.

(BGBl 1996/411)

(4) Die Pensionsversicherungsträger können Maßnahmen der Gesundheitsvorsorge auch Angehörigen (§ 123) eines Versicherten gewähren, sofern die Gefahr einer tuberkulösen Erkrankung besteht.

(5) Der Pensionsversicherungsträger kann die Durchführung von Maßnahmen der Gesundheitsvorsorge einem Krankenversicherungsträger übertragen. Er hat dem Krankenversicherungsträger die ausgewiesenen tatsächlichen Kosten zu ersetzen.

(6) Werden Versicherte (Pensionisten) für Rechnung des Pensionsversicherungsträgers in einer der in Abs. 2 Z 1 bis 4 angeführten Einrichtungen (ausgenommen die Fälle der Zuschußgewährung durch den Pensionsversicherungsträger) untergebracht, so haben diese eine Zuzahlung in der Höhe von mindestens 5,81 €[a]) und höchstens 14,75 €[a]) pro Verpflegstag zu leisten. An die Stelle

dieser Beträge treten ab 1. Jänner eines jeden Jahres, erstmals ab 1. Jänner 1997, die unter Bedachtnahme auf § 108 Abs. 9 mit der jeweiligen Aufwertungszahl (§ 108a Abs. 1) vervielfachten Beträge. Der Pensionsversicherungsträger hat bei Vorliegen einer besonderen sozialen Schutzbedürftigkeit des (der) Versicherten von der Einhebung der Zuzahlung abzusehen. Die Höhe der im Einzelfall in Betracht kommenden Zuzahlung sowie die Verpflichtung zur Befreiung von diesen Zuzahlungen bestimmt sich nach Maßgabe der vom Hauptverband hiezu erlassenen Richtlinien (§ 31 Abs. 5 Z 27). Die Zuzahlung ist sogleich bei Antritt des Aufenthaltes im voraus an den Pensionsversicherungsträger zu entrichten.

(BGBl 1996/201, BGBl I 2001/67)

---

[a]) Beträge siehe VO über veränderliche Werte.

Geldleistungen während der Gewährung von Maßnahmen der Gesundheitsvorsorge durch den Pensionsversicherungsträger

§ 307e. (1) Für die Dauer der Unterbringung eines Versicherten in einer der im § 307d Abs. 2 genannten Einrichtungen hat der Pensionsversicherungsträger dem Versicherten Familiengeld für seine Angehörigen (§ 123) bzw. Taggeld zu gewähren, wenn ein Krankengeldanspruch gemäß § 139 Abs. 1 bis 4 weggefallen ist. Das Familiengeld kann unmittelbar den Angehörigen ausbezahlt werden.

(BGBl 1993/335)

(2) Die Höhe des Familiengeldes bzw. des Taggeldes ist gemäß § 195 Abs. 2 bis 6 entsprechend zu ermitteln. Bei in der Pensionsversicherung Weiterversicherten sowie bei Personen, die aus der Weiterversicherung gemäß § 17 ausgeschieden sind, bzw. bei gemäß den §§ 16a und 18a Selbstversicherten ist hiebei das Dreißigfache der Beitragsgrundlage (§ 76a Abs. 1 bzw. Abs. 5) als Bemessungsgrundlage heranzuziehen, jedoch höchstens im Ausmaß des Dreißigfachen der um ein Sechstel ihres Betrages erhöhten Höchstbeitragsgrundlage (§ 45 Abs. 1).

(BGBl 1993/335, BGBl I 2001/67)

(3) § 143 Abs. 1 Z 3 erster Halbsatz ist entsprechend anzuwenden.

Pension und Maßnahmen der Gesundheitsvorsorge

§ 307f. Der Anspruch auf Pension wird unbeschadet eines allfälligen Ruhens nach § 90 durch die Unterbringung des Erkrankten in einer der im § 307d Abs. 2 genannten Einrichtungen nicht berührt. Familien- und Taggeld nach § 307e werden Pensionisten aus eigener Versicherung (ausgenommen Pensionsberechtigte, die in der Pensionsversicherung pflichtversichert sind oder deren Pension gemäß § 90 ruht) und Beziehern von Sonderunterstützung nach dem Sonderunterstützungsgesetz nicht gewährt.

ABSCHNITT VII
Aufnahme in ein pensionsversicherungsfreies Dienstverhältnis und Ausscheiden aus einem solchen

1. Unterabschnitt
Aufnahme in ein pensionsversicherungsfreies Dienstverhältnis

Überweisungsbetrag und Beitragserstattung

§ 308. (1) Wird ein Versicherter in ein pensionsversicherungsfreies Dienstverhältnis (Abs. 2) aufgenommen und rechnet der Dienstgeber nach den für ihn geltenden dienstrechtlichen Vorschriften

a) Beitragsmonate nach diesem Bundesgesetz, Ersatzmonate nach § 229, § 228 Abs. 1 Z 1 und 4 bis 6, § 227 Abs. 1 Z 1, soweit sie leistungswirksam sind, Z 2, 3 und 7 bis 9 dieses Bundesgesetzes,

b) Beitragsmonate nach dem Gewerblichen Selbständigen-Pensionsversicherungsgesetz, Ersatzmonate nach § 62 Abs. 1 Z 1 und 2 des Gewerblichen Selbständigen-Pensionsversicherungsgesetzes[a]),

---

[a]) Jetzt: § 116 Abs. 1 Z 1 und 2 GSVG.

c) Beitragsmonate nach dem Bauern-Pensionsversicherungsgesetz, Ersatzmonate nach § 56 Abs. 1 Z 1 und 2 des Bauern-Pensionsversicherungsgesetz[a]),

---

[a]) Jetzt: § 107 Abs. 1 Z 1 und 2 BSVG.

für die Begründung des Anspruches auf einen Ruhe(Versorgungs)genuß bedingt oder unbedingt an, so hat der nach Abs. 5 zuständige Versicherungsträger auf Antrag dem Dienstgeber einen Überweisungsbetrag in der Höhe von je 7 vH der Berechnungsgrundlage nach Abs. 6 für jeden in der Pensionsversorgung bedingt oder unbedingt angerechneten Beitragsmonat und von je 1 vH dieser Berechnungsgrundlage für jeden in der Pensionsversorgung bedingt oder unbedingt angerechneten Ersatzmonat zu leisten. Zur Stellung des Antrages ist sowohl der Dienstgeber als auch der Dienstnehmer berechtigt.

(2) Als pensionsversicherungsfreies Dienstverhältnis ist jedes Dienstverhältnis anzusehen, in dem der Dienstnehmer entweder von der Vollversicherung nach § 5 Abs. 1 Z 3, 4 oder 6 ausgenommen und auch nicht nach § 7 Z 2 lit. a in die Pensionsversicherung einbezogen ist oder in dem er nach § 7 Z 1 lit. a bis d nur in der Kranken- und Unfallversicherung teilversichert ist.

„(3) Ist ein Überweisungsbetrag nach Abs. 1 zu leisten, so hat der zuständige Versicherungsträger dem (der) Versicherten auf Antrag folgende Beiträge, aufgewertet mit dem für das Jahr ihrer Entrichtung geltenden Aufwertungsfaktor, zu erstatten:

1. Beiträge zur Höherversicherung nach diesem Bundesgesetz oder dem GSVG oder dem BSVG, die für Zeiten entrichtet wurden, die vor dem Stichtag nach Abs. 7 lie-

gen, soweit sie nicht nur nach den §§ 70 und 249 als entrichtet gelten;

2. Beiträge nach § 227 Abs. 3 dieses Bundesgesetzes oder nach § 116 GSVG oder nach § 107 BSVG, die für Zeiten entrichtet wurden, die vor dem Stichtag nach Abs. 7 liegen.

Diese Beiträge sind dem (der) Versicherten auf Antrag auch dann zu erstatten, wenn ein Überweisungsbetrag nach Abs. 1 nicht zu leisten ist, weil der Dienstgeber keinen Versicherungsmonat anrechnet. § 107a gilt entsprechend."

(BGBl 1996/201, BGBl I 1999/64, BGBl I 2002/1)

(4) Wurde ein in einem pensionsversicherungsfreien Dienstverhältnis stehender Dienstnehmer gegen Entfall des Entgeltes beurlaubt und wurde mit dem Ende der Beurlaubung nicht gleichzeitig das pensionsversicherungsfreie Dienstverhältnis beendet oder ist mit dem Ende der Beurlaubung ein Übertritt oder eine Versetzung in den Ruhestand erfolgt, so steht hinsichtlich der Leistung eines Überweisungsbetrages nach Abs. 1 für die während der Beurlaubung erworbenen Beitragsmonate die Beendigung der Beurlaubung einer Aufnahme in ein pensionsversicherungsfreies Dienstverhältnis im Sinne des Abs. 1 gleich. Gleiches gilt für einen wegen Mitgliedschaft in einem unabhängigen Verwaltungssenat in den zeitlichen Ruhestand versetzten Richter, wenn

1. das befristete Dienstverhältnis als Mitglied des unabhängigen Verwaltungssenates zu einem Land (zur Gemeinde Wien) endet, sein Bundesdienstverhältnis aber weiter andauert, oder
2. das Bundesdienstverhältnis durch Tod endet.

(BGBl 1994/665)

(5) Zuständig für die Feststellung und Leistung des Überweisungsbetrages nach Abs. 1 „und für die Erstattung der Beiträge nach Abs. 3" ist der Versicherungsträger nach diesem Bundesgesetz, nach dem Gewerblichen Selbständigen-Pensionsversicherungsgesetz oder nach dem Bauern-Pensionsversicherungsgesetz, in dessen Versicherung in den letzten 15 Jahren vor dem Stichtag nach Abs. 7 ausschließlich, mehr oder die meisten Versicherungsmonate erworben wurden. Liegen Versicherungsmonate im gleichen Ausmaß vor, so ist der letzte Versicherungsmonat entscheidend; das gleiche gilt, wenn in den letzten 15 Jahren vor dem Stichtag keine Versicherungsmonate vorliegen. Wurde überhaupt kein Versicherungsmonat erworben, hat jener Versicherungsträger zu entscheiden, bei dem der Antrag eingebracht wurde. § 232a Abs. 3 ist sinngemäß anzuwenden.

(BGBl 1996/201, BGBl I 2002/1)

(6) Grundlage für die Berechnung des Überweisungsbetrages nach Abs. 1 „und für die Erstattung der Beiträge nach Abs. 3" sind die nachstehend angeführten Hundertsätze der am Stichtag (Abs. 7) geltenden monatlichen Höchstbeitragsgrundlage in der Pensionsversicherung (Berechnungsgrundlage):

	Angestellte		Arbeiter	
	männl.	weibl.	männl.	weibl.
Pensionsversicherung der Angestellten	55	40	–	–
Pensionsversicherung der Arbeiter	–	–	45	30
knappschaftlichen Pensionsversicherung	55	40	45	30

(BGBl 1996/201, BGBl I 2002/1)

(7) Stichtag für die Feststellung des nach Abs. 5 zuständigen Versicherungsträgers, der nach Abs. 1 „bzw. Abs. 3" zu berücksichtigenden Versicherungsmonate und der Berechnungsgrundlage nach Abs. 6 ist der Tag der Aufnahme in das pensionsversicherungsfreie Dienstverhältnis (§ 11 Abs. 5), wenn sie an einem Monatsersten erfolgt, sonst der der Aufnahme folgende Monatserste.

(BGBl 1996/201, BGBl I 2002/1)

(8) Bei Anwendung der Abs. 1 und 5 sind Versicherungsmonate nach diesem Bundesgesetz, die auch in der Pensionsversicherung nach dem Gewerblichen Selbständigen-Pensionsversicherungsgesetz und (oder) in der Pensionsversicherung nach dem Bauern-Pensionsversicherungsgesetz als Versicherungsmonate gelten, nur einfach zu zählen und nur einer der in Betracht kommenden Versicherungen, und zwar in folgender Reihenfolge, zuzuordnen: Pensionsversicherung nach dem Allgemeinen Sozialversicherungsgesetz, Pensionsversicherung nach dem Gewerblichen Selbständigen-Pensionsversicherungsgesetz, Pensionsversicherung nach dem Bauern-Pensionsversicherungsgesetz.

Fälligkeit des Überweisungsbetrages

§ 309. Der Überweisungsbetrag nach § 308 Abs. 1 ist binnen 18 Monaten nach Einlangen des Anrechnungsbescheides beim zuständigen Versicherungsträger zu leisten. „Innerhalb der gleichen Frist sind auch die Beiträge nach § 308 Abs. 3 zu erstatten. Im Fall des § 308 Abs. 3 vorletzter Satz tritt an die Stelle des Anrechnungsbescheides der Antrag des (der) Versicherten." Bei verspäteter Flüssigmachung ist der Überweisungsbetrag mit dem für das Jahr, in dem der Anrechnungsbescheid „bzw. der Antrag" beim Versicherungsträger einlangt, geltenden Aufwertungsfaktor nach § 108c aufzuwerten.

(BGBl 1996/201, BGBl I 2002/1)

Wirkung der Leistung des Überweisungsbetrages

„**§ 310.** Mit der Leistung des Überweisungsbetrages nach § 308 Abs. 1 dieses Bundesgesetzes oder nach § 172 Abs. 1 GSVG oder nach § 164 Abs. 1 BSVG bzw. mit der Erstattung der Beiträge nach § 308 Abs. 3 dieses Bundesgesetzes oder nach § 172 Abs. 3 GSVG oder nach § 164 Abs. 3 BSVG erlöschen unbeschadet des § 100 Abs. 1

lit. c alle Ansprüche und Berechtigungen aus der Pensionsversicherung, die aus den Versicherungsmonaten erfließen, für die der Überweisungsbetrag geleistet oder die Beiträge erstattet wurden."

(BGBl 1996/201, BGBl I 2002/1)

2. Unterabschnitt
Ausscheiden aus einem pensionsversicherungsfreien Dienstverhältnis

Überweisungsbeträge

§ 311. (1) Ist ein Dienstnehmer aus einem nach diesem Bundesgesetz pensionsversicherungsfreien oder nach früherem Recht rentenversicherungsfreien Dienstverhältnis ausgeschieden oder scheidet er aus einem solchen Dienstverhältnis aus, ohne daß aus diesem ein Anspruch auf einen laufenden Ruhe(Versorgungs)genuß erwachsen ist und ohne daß ein außerordentlicher Ruhe(Versorgungs)genuß in der Höhe des normalmäßigen Ruhe(Versorgungs)genusses unwiderruflich gewährt wird, so hat der Dienstgeber, soweit in den nachstehenden Abs. 3 und 4 nichts anderes bestimmt wird, dem Pensionsversicherungsträger, der aus dem Dienstverhältnis zuletzt zuständig gewesen wäre, einen Überweisungsbetrag zu leisten. Dies gilt auch für den Fall, daß ein wegen Mitgliedschaft in einem unabhängigen Verwaltungssenat in den zeitlichen Ruhestand versetzter Richter, dem ein Anspruch auf einen laufenden Ruhegenuß erwachsen ist, gemäß § 100 Abs. 1 Z 5 des Richterdienstgesetzes, BGBl. Nr. 305/1961, aus seinem Bundesdienstverhältnis ausscheidet.

(2) Tritt der Dienstnehmer im unmittelbaren Anschluß an das Ausscheiden aus einem pensionsversicherungsfreien Dienstverhältnis in ein anderes pensionsversicherungsfreies Dienstverhältnis über und sind die Voraussetzungen des § 308 Abs. 1 gegeben, so hat der Dienstgeber aus dem früheren Dienstverhältnis den Überweisungsbetrag unmittelbar an den Dienstgeber des neuen Dienstverhältnisses unter Anzeige an den Versicherungsträger zu leisten.

(3) Die Verpflichtung des Dienstgebers nach Abs. 1 entfällt,

a) wenn beim Ausscheiden des Dienstnehmers durch Tod keine im Sinne der pensionsrechtlichen Bestimmungen des Dienstgebers versorgungsberechtigten Hinterbliebenen vorhanden sind oder

b) wenn ein Beamter (eine Beamtin) aus Gründen der Eheschließung oder der Kindererziehung freiwillig aus dem Dienstverhältnis austritt und ihm (ihr) aus diesem Anlaß eine Abfertigung gewährt wird, die mindestens um 20 vH höher ist als die Summe der vom Dienstgeber nach Abs. 5, nach § 175 Abs. 1 des Gewerblichen Sozialversicherungsgesetzes oder nach § 167 Abs. 1 des Bauern-Sozialversicherungsgesetzes zu leistenden bzw. zurückzuzahlenden Überweisungsbeträge oder

(BGBl 1994/20)

c) wenn der Dienstnehmer beim Ausscheiden aus dem pensionsversicherungsfreien Dienstverhältnis nach den Dienst- und Besoldungsvorschriften für seine laufenden Versorgungsansprüche entfertigt wurde.

In den Fällen der lit. b und c kann der Dienstnehmer oder sein anspruchsberechtigter Hinterbliebener innerhalb der im § 312 angegebenen Frist den Überweisungsbetrag in der in Abs. 5 angegebenen Höhe sowie den Überweisungsbetrag, den der Dienstnehmer aus Anlaß der Aufnahme in das pensionsversicherungsfreie Dienstverhältnis erhalten hat, an den Versicherungsträger leisten. Innerhalb der gleichen Frist kann auch ein Dienstnehmer, für den ein Überweisungsbetrag nach Abs. 1 geleistet wird, oder sein anspruchsberechtigter Hinterbliebener einen Überweisungsbetrag, den der Dienstnehmer aus Anlaß der Aufnahme in das pensionsversicherungsfreie Dienstverhältnis erhalten hat, an den Versicherungsträger zurückzahlen. Der vom Dienstnehmer erhaltene Überweisungsbetrag ist mit dem für das Jahr der Zahlung des Überweisungsbetrages geltenden Aufwertungsfaktor (§ 108c) aufzuwerten.

(BGBl 1996/201)

(4) Wurde beim Ausscheiden eines Dienstnehmers aus dem pensions(renten)versicherungsfreien Dienstverhältnis ein widerruflicher oder befristeter außerordentlicher Ruhe(Versorgungs)genuß in der Höhe eines normalmäßigen Ruhe(Versorgungs)genusses gewährt, so besteht die Verpflichtung des Dienstgebers zur Leistung des Überweisungsbetrages nach Abs. 1 erst nach Wegfall dieses außerordentlichen Ruhe(Versorgungs)genusses.

(5) Der Überweisungsbetrag beträgt für jeden in einem nach diesem Bundesgesetz pensionsversicherungsfreien oder nach früherem Recht rentenversicherungsfreien Dienstverhältnis zugebrachten Monat 7 vH des auf den Monat entfallenden Entgeltes (§ 49). Der Berechnung des Überweisungsbetrages für die Monate, in denen Anspruch auf volles Entgelt bestand, ist das letzte volle Monatsentgelt zugrunde zu legen, auf das der Dienstnehmer zum Zeitpunkt seines Ausscheidens aus dem pensionsversicherungsfreien Dienstverhältnis Anspruch hatte oder gehabt hätte; der Berechnung des Überweisungsbetrages für die Monate, in denen gemäß § 13 des Gehaltsgesetzes 1956 oder einer gleichartigen bundes- oder landesgesetzlichen Bestimmung die Monatsbezüge gekürzt waren, ist der entsprechend gekürzte letzte Monatsbezug zugrunde zu legen, auf den der Dienstnehmer im Zeitpunkt seines Ausscheidens aus dem pensionsversicherungsfreien Dienstverhältnis Anspruch hatte oder gehabt hätte. Der Überweisungsbetrag ist jedoch höchstens von dem Betrag von 130,81 €, wenn das Ausscheiden vor dem 1. August 1954 erfolgte bzw. bei späterem Ausscheiden höchstens vom 30fachen der im Zeitpunkt des Ausscheidens in Geltung gestandenen Höchstbeitragsgrundlage in der Pensionsversicherung (§ 45 Abs. 1) zu berechnen. Der Hundertsatz ermäßigt sich auf 1 für Zeiten einer Beschäftigung im Sinne des § 229

Abs. 1 Z 1 lit. a und b, wenn diese Zeiten bei früherem Wirksamkeitsbeginn dieses Bundesgesetzes im Sinne des § 308 Abs. 2 pensionsversicherungsfrei gewesen wären. War der Dienstnehmer unmittelbar vor seinem Ausscheiden aus dem pensionsversicherungsfreien Dienstverhältnis gegen Entfall des Entgeltes beurlaubt, so ist der Berechnung des Überweisungsbetrages das letzte volle Monatsentgelt zugrunde zu legen, auf das der Dienstnehmer vor seiner Beurlaubung Anspruch hatte. Kürzungen des Entgeltes, insbesondere aus Anlaß einer Suspendierung, sind bei der Berechnung des Überweisungsbetrages nicht zu berücksichtigen. Der Überweisungsbetrag erhöht sich unbeschadet der Bestimmungen des § 175 des Gewerblichen Sozialversicherungsgesetzes und des § 167 des Bauern-Sozialversicherungsgesetzes um einen aus Anlaß der Aufnahme in das pensionsversicherungsfreie Dienstverhältnis an den Dienstgeber geleisteten Überweisungsbetrag sowie um aus demselben Anlaß vom Dienstnehmer geleistete besondere Pensionsbeiträge; ein solcher Überweisungsbetrag und solche besonderen Pensionsbeiträge sind mit dem für das Jahr ihrer Zahlung an den Dienstgeber geltenden Aufwertungsfaktor (§ 108c) aufzuwerten. Zeiten, während derer kein Anspruch auf Entgelt aus dem Dienstverhältnis bestanden hat, sind bei der Berechnung des Überweisungsbetrages nur dann zu berücksichtigen, wenn diese Zeiten für die Bemessung des Ruhegenusses angerechnet wurden. Soweit während einer Zeit, die der Berechnung des Überweisungsbetrages zugrunde gelegt wird, vom Dienstgeber Beiträge zur Weiterversicherung in der Pensionsversicherung entrichtet wurden, sind diese auf den Überweisungsbetrag anzurechnen.

(BGBl I 1997/61, BGBl I 2001/67)

Fälligkeit der Überweisungsbeträge

§ 312. Die Überweisungsbeträge sind binnen 18 Monaten nach dem Ausscheiden aus dem pensionsversicherungsfreien Dienstverhältnis zu leisten bzw. zurückzuzahlen. § 309 letzter Satz gilt entsprechend.

(BGBl 1996/201)

Wirkung der Zahlung der Überweisungsbeträge

§ 313. Die in den an einen Versicherungsträger nach § 311 dieses Bundesgesetzes, nach § 175 des Gewerblichen Sozialversicherungsgesetzes bzw. nach § 167 des Bauern-Sozialversicherungsgesetzes geleisteten bzw. zurückgezahlten Überweisungsbeträgen sowie die in den aus Anlaß der Aufnahme in das pensionsversicherungsfreie Dienstverhältnis vom Dienstnehmer geleisteten besonderen Pensionsbeiträgen berücksichtigten vollen Monate gelten als Versicherungsmonate im Sinne dieses Bundesgesetzes, sofern diese Monate in dem Überweisungsbetrag als Versicherungsmonate im Sinne dieses Bundesgesetzes berücksichtigt worden waren.

(BGBl 1996/201)

ABSCHNITT VIII

Überweisungsbeträge für Geistliche und Angehörige von Orden und Kongregationen der Katholischen Kirche

§ 314. (1) Scheidet ein gemäß § 5 Abs. 1 Z 7 von der Vollversicherung ausgenommener Geistlicher der Katholischen Kirche aus dem Geistlichen Stand bzw. ein Angehöriger eines Ordens oder einer Kongregation der Katholischen Kirche aus dem Orden bzw. der Kongregation aus, so hat die Diözese bzw. der Orden (die Kongregation), soweit in den Abs. 2 und 3 nichts anderes bestimmt wird, dem Pensionsversicherungsträger, der auf Grund der vom Geistlichen bzw. vom Angehörigen des Ordens oder der Kongregation ausgeübten Tätigkeit zuletzt zuständig gewesen wäre, einen Überweisungsbetrag zu leisten.

(2) Die Verpflichtung nach Abs. 1 entfällt beim Ausscheiden durch Tod; sie gilt auch nicht für versicherungsfreie Zeiten im Sinne des § 308 Abs. 2 und für Zeiten, für die ein besonderer Pensionsbeitrag nach den pensionsrechtlichen Bestimmungen eines öffentlich-rechtlichen Dienstgebers geleistet wurde.

(3) Wurde beim Ausscheiden eines Geistlichen bzw. eines Angehörigen eines Ordens oder einer Kongregation nach Abs. 1 eine widerrufliche oder befristete Versorgung gewährt, so besteht die Verpflichtung nach Abs. 1 erst nach Wegfall dieser Versorgung.

(4) Der Überweisungsbetrag beträgt für jeden Monat, der im Geistlichen Stand bzw. als Angehöriger eines Ordens oder einer Kongregation verbracht wurde, 7 vH der für Arbeiter in Betracht kommenden Berechnungsgrundlage nach § 308 Abs. 6. Soweit während einer Zeit, die der Berechnung des Überweisungsbetrages zugrunde gelegt wird, Beiträge zur Pensionsversicherung entrichtet wurden, sind diese auf den Überweisungsbetrag anzurechnen.

(5) Der Überweisungsbetrag ist binnen 18 Monaten nach dem Ausscheiden nach Abs. 1 zu leisten; er ist bei verspäteter Flüssigmachung mit dem für das Jahr des Ausscheidens geltenden Aufwertungsfaktor nach § 108c aufzuwerten.

(6) Die in dem nach Abs. 1 geleisteten Überweisungsbetrag berücksichtigten vollen Monate gelten als Beitragsmonate im Sinne dieses Bundesgesetzes.

ABSCHNITT IX

§ 314a. (aufgehoben)

(BGBl 1996/411)

FÜNFTER TEIL
Beziehungen der Versicherungsträger (des Hauptverbandes) zueinander und Ersatzleistungen, Haftung des Dienstgebers bei Arbeitsunfällen

ABSCHNITT I
Beziehungen der Versicherungsträger zueinander

1. Unterabschnitt
Ersatzansprüche im Verhältnis zwischen Kranken- und Unfallversicherung

Ersatzanspruch des Trägers der Krankenversicherung

§ 315. Der Träger der Unfallversicherung hat dem Träger der Krankenversicherung die Aufwendungen, die dieser für die Krankenbehandlung des Versehrten und die wiederkehrenden Geldleistungen aus der Krankenversicherung bei der durch einen Arbeitsunfall verursachten Krankheit oder bei einer Berufskrankheit ab dem ersten Tag der fünften Woche nach dem Arbeitsunfall beziehungsweise nach dem Beginn der Berufskrankheit gemacht hat, nach Maßgabe der Bestimmungen der §§ 317 und 318 zu ersetzen.

Ersatzanspruch des Trägers der Unfallversicherung

§ 316. (1) Der Träger der Krankenversicherung hat dem Träger der Unfallversicherung die Aufwendungen, die dieser für die Krankenbehandlung des Versehrten und die wiederkehrenden Geldleistungen aus der Unfallversicherung bei der durch einen Arbeitsunfall verursachten Krankheit oder bei einer Berufskrankheit in den ersten vier Wochen nach dem Arbeitsunfall beziehungsweise nach dem Beginn der Berufskrankheit gemacht hat, nach Maßgabe der Bestimmungen der §§ 317 und 318 zu ersetzen.

(2) Hat der Träger der Unfallversicherung Aufwendungen für die Heilbehandlung oder für wiederkehrende Geldleistungen aus der Unfallversicherung gemacht und stellt sich nachträglich heraus, daß die Krankheit nicht Folge eines Arbeitsunfalles ist, so hat der Träger der Krankenversicherung die Aufwendungen zu ersetzen, soweit sie nicht über die Aufwendungen für die entsprechenden Leistungen der Krankenversicherung hinausgehen.

Ausmaß des Ersatzanspruches

§ 317. (1) Als Ersatz nach § 315 und § 316 Abs. 1 ist für jeden Kalendertag der Behandlungszeit zu leisten:

a) wenn weder Krankengeld noch Anstaltspflege gewährt wurde, ein Betrag in der Höhe des halben dem Versicherten aus der Krankenversicherung sonst gebührenden Krankengeldes (§ 141 Abs. 1);

b) wenn Krankengeld geleistet wurde, ein Betrag in der Höhe des 1 ½fachen Krankengeldes (§ 141 Abs. 1);

c) wenn Anstaltspflege geleistet wurde, ein Betrag in der Höhe des 1 ¾fachen des dem Versicherten sonst gebührenden Krankengeldes (§ 141 Abs. 1), sofern ein Anspruch auf Krankengeld nicht besteht, ein Betrag in der Höhe der Aufwendungen für diese Anstaltspflege.

(2) Tritt infolge des Arbeitsunfalles Arbeitsunfähigkeit während der Kranken(Heil)behandlung überhaupt nicht ein, so entfällt jede Ersatzpflicht zwischen dem Träger der Krankenversicherung und dem Träger der Unfallversicherung für die Aufwendungen der Kranken(Heil)behandlung.

(3) Die Einzelabrechnung der gegenseitigen Ersatzansprüche nach § 315 und § 316 hat zu unterbleiben, soweit nicht das Bundesministerium für soziale Verwaltung die Einzelabrechnung zwischen Versicherungsträgern wegen der geringen Zahl der Verrechnungsfälle zuläßt. Die Versicherungsträger, zwischen denen eine Abrechnung nicht stattfindet, haben zu vereinbaren, daß die gegenseitigen Ersatzansprüche durch vierteljährlich von den Trägern der Unfallversicherung an die Träger der Krankenversicherung zu leistende Pauschbeträge abgegolten werden. Die Vereinbarungen haben auch sonstige, die Abrechnung der gegenseitigen Ersatzansprüche betreffende Fragen, wie die Fälligkeit der Pauschbeträge, Geltungsdauer der Vereinbarung, Auflösungsgründe, zu regeln.

(4) Die Kostenersatzpflicht des Unfallversicherungsträgers nach § 193 wird durch die Bestimmungen der Abs. 1 bis 3 nicht berührt.

(5) In der Krankenversicherung nach § 472 Abs. 1 und 2 sind von den Bestimmungen des Fünften Teiles die §§ 315 bis 319 mit der Maßgabe entsprechend anzuwenden, daß bei der Berechnung des Ersatzanspruches nach § 317 Abs. 1 an die Stelle des Krankengeldes ein Sechzigstel des Monatsentgeltes tritt.

Festsetzung des Inhaltes der Vereinbarung (§ 317 Abs. 3) durch das Bundesministerium für soziale Verwaltung

§ 318. (1) Das Bundesministerium für soziale Verwaltung bestimmt nach Anhörung des Hauptverbandes den Inhalt der Vereinbarung gemäß § 317 Abs. 3, insbesondere die Höhe des Pauschbetrages, wenn

1. nicht binnen sechs Monaten nach Wirksamkeitsbeginn dieses Bundesgesetzes eine solche Vereinbarung zustande kommt;
2. nicht innerhalb von drei Monaten nach Ablauf der Wirksamkeit einer solchen Vereinbarung eine neue abgeschlossen wird.

(2) Der vom Bundesministerium für soziale Verwaltung gemäß Abs. 1 bestimmte Inhalt der Vereinbarung verliert mit dem Inkrafttreten einer von den Versicherungsträgern gemäß § 317 Abs. 3 abgeschlossenen Vereinbarung seine Wirksamkeit.

Geltendmachung des Ersatzanspruches

§ 319. (1) Ist die Einzelabrechnung der Ersatzansprüche zwischen Versicherungsträgern zugelassen, so sind diese Ersatzansprüche nach Maßgabe der Bestimmungen des Abs. 2 vom ersatzberechtigten Versicherungsträger geltend zu machen.

(2) Der Ersatzanspruch ist ausgeschlossen, wenn er nicht spätestens sechs Monate nach Beendigung der Leistungen bei dem zum Ersatz Verpflichteten geltend gemacht wird. Hat der Ersatzberechtigte ohne sein Verschulden erst nach Ab-

lauf dieser Zeit davon Kenntnis erhalten, daß die Voraussetzungen für einen Ersatzanspruch zutreffen, so kann er noch innerhalb von zwei Wochen nach dem Tage, an dem er diese Kenntnis erlangt hat, den Anspruch geltend machen.

Besonderer Pauschbetrag

§ 319a. (1) Die Ersatzansprüche im Verhältnis zwischen den Gebietskrankenkassen, Betriebskrankenkassen – ausgenommen die Betriebskrankenkasse der Wiener Verkehrsbetriebe – sowie der Versicherungsanstalt des österreichischen Bergbaues zu der Allgemeinen Unfallversicherungsanstalt werden durch die Zahlung eines jährlichen Pauschbetrages abgegolten; zwischen diesen Versicherungsträgern sind die Bestimmungen der §§ 315 bis 319 nicht anzuwenden.

(2) Der Pauschbetrag wird für das Kalenderjahr 1975 mit 255,1 Millionen Schilling festgesetzt. An die Stelle dieses Betrages tritt für jedes folgende Kalenderjahr ein vom Hauptverband festgesetzter Betrag. Bei der Festsetzung des Pauschbetrages sind die Veränderungen der Aufwendungen der im Abs. 1 genannten Krankenversicherungsträger für die Leistungen aus dem Versicherungsfall der Krankheit und aus dem Versicherungsfall der Arbeitsunfähigkeit infolge Krankheit des vorangegangenen Jahres gegenüber dem zweitvorangegangenen Jahr zu berücksichtigen. Dabei sind die Aufwendungen für die Leistungen aus dem Versicherungsfall der Krankheit um die Überweisungen gemäß § 447 f zu vermindern. Desgleichen ist auf die Aufwendungen für die Unfallversicherung der Teilversicherten gemäß § 8 Abs. 1 Z 3 lit. h und i sowie auf die Auswirkungen des Entgeltfortzahlungsgesetzes, BGBl. Nr. 399/1974, auf die Aufwendungen für Leistungen aus dem Versicherungsfall der Arbeitsunfähigkeit infolge Krankheit entsprechend Bedacht zu nehmen. Der Pauschbetrag ist im Internet zu verlautbaren.

(BGBl I 2001/99)

(3) (aufgehoben)

(4) (aufgehoben)

(5) Der Pauschbetrag ist monatlich im vorhinein mit einem Zwölftel dem Hauptverband zu überweisen; dieser hat die einlangenden Beträge nach einem Schlüssel unter Berücksichtigung der Zahl der Versicherten und der eingetretenen Arbeitsunfälle bei den im Abs. 1 genannten Krankenversicherungsträgern auf diese aufzuteilen.

(6) Die Bestimmungen der Abs. 1 und 2 sind auf die Versicherungsanstalt der österreichischen Eisenbahnen, soweit diese Anstalt sowohl Träger der Krankenversicherung als auch Träger der Unfallversicherung ist, mit der Maßgabe entsprechend anzuwenden, daß der aus Mitteln der Unfallversicherung zu leistende jährliche Pauschbetrag für das Kalenderjahr 1975 10,7 Millionen Schilling zu betragen hat. Bei der Festsetzung des Pauschbetrages für die folgenden Kalenderjahre sind die Aufwendungen der von der Versicherungsanstalt durchgeführten Krankenversicherung zu berücksichtigen.

Ersatzanspruch der Landwirtschaftskrankenkassen

§ 319b. (aufgehoben)

Weiterer Ersatzanspruch im Verhältnis zwischen den im § 319a Abs. 1 genannten Versicherungsträgern

§ 319c. (aufgehoben)

2. Unterabschnitt
Ersatzansprüche im Verhältnis zwischen Kranken- und Pensionsversicherung

Ersatz von Kosten des Heilverfahrens

§ 320. (aufgehoben)

§ 320a. (aufgehoben)

3. Unterabschnitt

Sonstige Ersatzansprüche der Versicherungsträger untereinander

§ 320b. Ersatzansprüche der Versicherungsträger untereinander sind, soweit in diesem Bundesgesetz nichts anderes bestimmt ist, bei sonstigem Verlust des Anspruches binnen sechs Jahren von dem Tag an, an dem der Versicherungsträger die letzte Leistung erbracht hat, geltend zu machen.

4. Unterabschnitt
Zusammenarbeit der Versicherungsträger (des Hauptverbandes)

Gegenseitige Verwaltungshilfe

§ 321. (1) Die Versicherungsträger sind verpflichtet, bei Erfüllung ihrer Aufgaben einander zu unterstützen; sie haben insbesondere Ersuchen, die zu diesem Zweck an sie ergehen, im Rahmen ihrer sachlichen und örtlichen Zuständigkeit zu entsprechen und auch unaufgefordert anderen Versicherungsträgern alle Mitteilungen zukommen zu lassen, die für deren Geschäftsbetrieb von Wichtigkeit sind, sowie Anträge und Meldungen fristwahrend weiterzuleiten. Die Verpflichtung zur gegenseitigen Hilfe bezieht sich auch auf die Übermittlung von Daten „im Sinne des § 4 des Datenschutzgesetzes 2000“ im automationsunterstützten Datenverkehr zwischen den Versicherungsträgern, die zur Durchführung des Melde- und Beitragsverfahrens, zur Erbringung von Leistungen sowie zur Durchsetzung von Ersatzansprüchen notwendig sind.

(BGBl 1994/314, BGBl I 2002/1)

(2) Die Bestimmungen des Abs. 1 sind entsprechend auf die Beziehungen der Versicherungsträger zum Hauptverband, zur Sozialversicherungsanstalt der gewerblichen Wirtschaft und zur Sozialversicherungsanstalt der Bauern anzuwenden.

(3) Gewährt ein Träger der Unfallversicherung einem Berechtigten, der eine Pension aus der Pensionsversicherung bezieht, Rente oder Anstaltspflege aus der Unfallversicherung oder treten Änderungen hierin ein, so ist der Träger der Pensionsversicherung unverzüglich zu benachrichtigen.

Verpflegskosten in den Einrichtungen der Sozialversicherungsträger

§ 322. (1) Die Versicherungsträger, die Krankenanstalten, Heil(Kur)anstalten, Erholungs- und Genesungsheime sowie ähnliche Einrichtungen betreiben, sollen mit anderen Versicherungsträgern, die diese Einrichtungen für ihre Versicherten in Anspruch nehmen, über die zu ersetzenden Verpflegskosten Vereinbarungen treffen.

(2) Kommt eine Vereinbarung im Sinne des Abs. 1 nicht zustande, setzt der Hauptverband die Verpflegskosten mit verbindlicher Wirkung fest.

Belastungsausgleich der Krankenversicherungsträger für den Aufwand für Anstalts(Entbindungsheim)pflege[a])

[a]) Beachte die Übergangsbestimmung (Art. XXII Abs. 3 33. Novelle) im Anhang.

§ 322a.[b]) (1) Die sich aus der Durchführung der Vereinbarung gemäß Art. 15a B-VG über die Neustrukturierung des Gesundheitswesens und der Krankenanstaltenfinanzierung ergebenden unterschiedlichen Belastungen der Krankenversicherungsträger werden über ein vom Hauptverband zu führendes Verrechnungskonto nach Maßgabe der folgenden Abs. 2 bis 7 ausgeglichen.

(BGBl 1996/764, BGBl I 2001/5)

(2) Der Hauptverband hat für jeden Krankenversicherungsträger bis Ende Oktober des Folgejahres einen Erhöhungsprozentsatz der Beitragseinnahmen eines Geschäftsjahres gegenüber den Beitragseinnahmen des Jahres 1994 zu errechnen; dieser ist auf zwei Dezimalstellen zu runden. Die Beitragseinnahmen sind dabei ausgehend vom Jahr 1994 jährlich gegenüberzustellen. Für den Gesamterhöhungsprozentsatz ist das Produkt der Erhöhungsprozentsätze über die einzelnen Jahre zu bilden. Die Berechnung der jährlichen Erhöhungsprozentsätze bis zum Jahr 1997 hat unter Berücksichtigung der Bestimmungen des § 28 Abs. 6 und 7 des Krankenanstaltengesetzes in der Fassung des Bundesgesetzes BGBl. Nr. 853/1995 zu erfolgen. Die Berechnung der jährlichen Erhöhungsprozentsätze für die Jahre 1998 bis 2004 hat unter Berücksichtigung der jeweils für diese Jahre geltenden Bestimmungen des § 447f Abs. 1 zu erfolgen. „Bei der Berechnung der Erhöhungsprozentsätze für das Jahr 2001 sind bei der Sozialversicherungsanstalt der Bauern die Beiträge für pflichtversicherte Pensionisten nicht zu berücksichtigen.“

(BGBl 1996/764, BGBl I 2001/5, BGBl I 2002/1)

(3) Der von jedem Krankenversicherungsträger im Jahr 1994 für Anstalts- und Entbindungsheimpflege aufgewendete Betrag ist um den Prozentsatz gemäß Abs. 2 erster Satz zu erhöhen (Sollbetrag).

(BGBl 1996/764)

(4) Der von jedem Krankenversicherungsträger im Jahr 1994 für Anstalts- und Entbindungsheimpflege aufgewendete Betrag ist für das Geschäftsjahr 1997 mit dem Produkt der endgültigen Hundertsätze auf Grund der Bestimmungen des § 28 Abs. 6 und 7 des Krankenanstaltengesetzes in der Fassung des Bundesgesetzes BGBl. Nr. 853/1995 für die Jahre 1995 bis 1997 zu erhöhen. Für jedes weitere Geschäftsjahr bis zum Jahr 2004 sind diese Beträge um jenen Prozentsatz zu erhöhen, um den die Pauschalbeiträge gemäß § 447f Abs. 1 für die jeweiligen Jahre angehoben werden. Die für jeden Krankenversicherungsträger errechneten Beträge sind mit dem Sollbetrag (Abs. 3) zu vergleichen.

(BGBl 1996/764, BGBl I 2001/5)

(5) Liegt der gemäß Abs. 4 ermittelte Betrag über dem Sollbetrag, hat der betreffende Krankenversicherungsträger Anspruch auf Zuweisung aus dem Verrechnungskonto nach Maßgabe der Bestimmungen der Abs. 7 und 8; allfällige Ansprüche sind jeweils bis 15. November eines jeden Folgejahres geltend zu machen.

(BGBl 1996/764)

(6) Liegt der gemäß Abs. 4 ermittelte Betrag unter dem Sollbetrag, hat der Versicherungsträger die Differenz dem Hauptverband bis 15. November eines jeden Folgejahres zu melden.

(BGBl 1996/764)

(7) Übersteigen die Ansprüche nach Abs. 5 die Summe der Differenzbeträge nach Abs. 6, hat der Hauptverband die betreffenden Krankenversicherungsträger aufzufordern, die entsprechenden Beträge auf das Verrechnungskonto bis 30. November eines jeden Folgejahres einzuzahlen; er hat ferner die gemäß Abs. 5 geltend gemachten Ansprüche nach Maßgabe der zur Verfügung stehenden Mittel aus dem Verrechnungskonto anteilig zu befriedigen.

(BGBl 1996/764)

(8) Übersteigen die Differenzbeträge nach Abs. 6 die Summe der Ansprüche nach Abs. 5, hat der Hauptverband die betreffenden Krankenversicherungsträger aufzufordern, nur die dem tatsächlichen Erfordernis entsprechend anteilig gekürzten Differenzbeträge (Abs. 6) bis 30. November eines jeden Folgejahres auf das Verrechnungskonto einzuzahlen; er hat ferner die gemäß Abs. 5 geltend gemachten Ansprüche voll zu befriedigen.

(BGBl 1996/764)

[b]) Tritt mit Ablauf des 31. Dezember 2004 außer Kraft.

ABSCHNITT II
Beziehungen der Versicherungsträger zu den Trägern der Sozialhilfe

Pflichten der Träger der Sozialhilfe

§ 323. Die gesetzlichen Pflichten der Träger der Sozialhilfe zur Unterstützung Hilfsbedürftiger werden durch dieses Bundesgesetz nicht berührt.

Ersatzanspruch des Trägers der Sozialhilfe

§ 324. (1) Unterstützt ein Träger der Sozialhilfe auf Grund einer gesetzlichen Verpflichtung einen

Hilfsbedürftigen für eine Zeit, für die er einen Anspruch auf eine Versicherungsleistung nach diesem Bundesgesetz hat, so hat der Versicherungsträger dem Träger der Sozialhilfe die von diesem geleisteten Unterstützungen gemäß den Bestimmungen der §§ 325 bis 328 zu ersetzen, jedoch bei Geldleistungen nur bis zur Höhe der Versicherungsleistung, auf die der Unterstützte während dieser Zeit Anspruch hat; für Sachleistungen sind, soweit nicht eine Abgeltung nach § 328 Platz greift, dem Träger der Sozialhilfe die erwachsenen Kosten soweit zu ersetzen, als dem Versicherungsträger selbst Kosten für derartige Sachleistungen erwachsen wären. Das gleiche gilt, wenn Angehörige des Berechtigten unterstützt werden, für solche Ansprüche, die dem Berechtigten mit Rücksicht auf diese Angehörigen zustehen.

(2) Der Ersatz nach Abs. 1 gebührt sowohl für Sachleistungen als auch für Geldleistungen, für letztere jedoch nur, wenn sie entweder während des Laufes des Verfahrens zur Feststellung der Versicherungsleistung oder bei nachgewiesener nicht rechtzeitiger Auszahlung einer bereits festgestellten Versicherungsleistung gewährt werden.

(3) Wird ein Renten(Pensions)berechtigter auf Kosten eines Trägers der Sozialhilfe oder auf Kosten eines Trägers der Jugendwohlfahrt in einem Alters(Siechen)heim oder Fürsorgeerziehungsheim, einer Heil- und Pflegeanstalt für Nerven- und Geisteskranke, einer Trinkerheilstätte oder einer ähnlichen Einrichtung bzw. außerhalb einer dieser Einrichtungen im Rahmen eines Familienverbandes oder auf einer von einem Träger der öffentlichen Wohlfahrtspflege oder von einer kirchlichen oder anderen karitativen Vereinigung geführten Pflegestelle verpflegt, so geht für die Zeit dieser Pflege der Anspruch auf Rente bzw. Pension (einschließlich allfälliger Zulagen und Zuschläge) bis zur Höhe der Verpflegskosten, höchstens jedoch bis zu 80 vH, wenn der Renten(Pensions)berechtigte auf Grund einer gesetzlichen Verpflichtung für den Unterhalt eines Angehörigen zu sorgen hat, bis zu 50 vH dieses Anspruches auf den Träger der Sozialhilfe oder auf den Träger der Jugendwohlfahrt über, das gleiche gilt in Fällen, in denen ein Renten(Pensions)berechtigter auf Kosten eines Landes im Rahmen der Behindertenhilfe in einer der genannten Einrichtungen oder auf einer der genannten Pflegestellen untergebracht wird, mit der Maßgabe, daß der vom Anspruchsübergang erfaßte Teil der Rente (Pension) auf das jeweilige Land übergeht. Der vom Anspruchsübergang erfaßte Betrag vermindert sich für jeden weiteren unterhaltsberechtigten Angehörigen um je 10 vH dieses Anspruches. Der vom Anspruchsübergang erfaßte Betrag vermindert sich in dem Maß, als der dem unterhaltsberechtigten Angehörigen verbleibende Teil der Pension (Rente) zuzüglich seines sonstigen Nettoeinkommens (§ 292 Abs. 3) den jeweils geltenden Richtsatz gemäß § 293 Abs. 1 lit. a sublit. bb nicht erreicht. Die dem Renten(Pensions)berechtigten für seine Angehörigen zu belassenden Beträge können vom Versicherungsträger unmittelbar an die Angehörigen ausgezahlt werden.

(BGBl 1993/110, BGBl 1993/335)

(4) Abs. 3 ist in den Fällen, in denen ein Renten(Pensions)berechtigter auf Kosten des Bundes in einer Anstalt für geistig abnorme Rechtsbrecher gemäß § 21 Abs. 1 des Strafgesetzbuches untergebracht ist, mit der Maßgabe sinngemäß anzuwenden, daß der vom Anspruchsübergang erfaßte Betrag dem Bund gebührt.

Ersatzleistungen aus der Krankenversicherung

§ 325. (1) Aus den Leistungen der Krankenversicherung gebührt dem Träger der Sozialhilfe Ersatz nur, wenn die Leistung der Sozialhilfe wegen der Krankheit, der Arbeitsunfähigkeit oder der Mutterschaft gewährt wurde, auf die sich der Anspruch des Unterstützten gegen den Träger der Krankenversicherung gründet.

(2) Leistungen der Sozialhilfe, die wegen Krankheit, Arbeitsunfähigkeit oder Mutterschaft gewährt werden, sind aus den ihnen entsprechenden Leistungen der Krankenversicherung zu ersetzen.

Ersatzleistungen aus der Unfallversicherung

§ 326. (1) Aus den Leistungen der Unfallversicherung gebührt dem Träger der Sozialhilfe Ersatz nur, wenn die Leistung der Sozialhilfe wegen des Arbeitsunfalles (der Berufskrankheit) gewährt wurde, auf den (die) sich der Anspruch des Unterstützten gegen den Träger der Unfallversicherung gründet.

(2) Zu ersetzen sind:

1. Kosten der Bestattung aus dem Teilersatz der Bestattungskosten,
2. Leistungen der Sozialhilfe, die wegen des Arbeitsunfalles (der Berufskrankheit) gewährt werden, aus den ihnen entsprechenden Leistungen der Unfallversicherung.

Ersatzleistungen aus der Pensionsversicherung

§ 327. Aus den Pensionen der Pensionsversicherung gebührt dem Träger der Sozialhilfe Ersatz für jede Leistung der Sozialhilfe im Sinne des § 324, für die nicht schon ein Ersatzanspruch nach § 325 oder nach § 326 besteht. Andere Leistungen der Pensionsversicherung als die Pensionen dürfen zur Befriedigung des Ersatzanspruches nicht herangezogen werden.

Abgeltung des Ersatzanspruches bei Krankenbehandlung

§ 328. Kosten einer mit Arbeitsunfähigkeit verbundenen Krankenbehandlung (§§ 133 bis 137) sind mit einem Betrag abzugelten, der für jeden Tag der Dauer einer solchen Behandlung im Ausmaß des halben Krankengeldes (§ 141 Abs. 1) zu leisten ist.

Abzug von den Geldleistungen der Sozialversicherung

§ 329. Der Versicherungsträger hat die Beträge, die er zur Befriedigung der Ersatzansprüche der Träger der Sozialhilfe (§§ 324 bis 327) aufgewendet hat, von den Geldleistungen der Sozialversicherung abzuziehen, doch darf der Abzug bei wiederkehrenden Geldleistungen jeweils den halben Betrag der einzelnen fälligen Geldleistung nicht übersteigen. Für den Abzug bedarf es nicht der Zustimmung des Unterstützten.

Frist für die Geltendmachung des Ersatzanspruches

§ 330. (1) Der Ersatzanspruch des Trägers der Sozialhilfe für Sachleistungen ist ausgeschlossen, wenn er nicht spätestens sechs Monate nach Ablauf der Leistung der Sozialhilfe beim Versicherungsträger geltend gemacht wird.

(2) Für Geldleistungen kann der Anspruch auf Ersatz vom Träger der Sozialhilfe nur erhoben werden, wenn

1. die Leistung der Sozialhilfe innerhalb von 14 Tagen nach der Zuerkennung, sofern jedoch der Träger der Sozialhilfe erst später vom Anspruch des Versicherten auf die Geldleistungen aus der Sozialversicherung Kenntnis erhält, innerhalb von 14 Tagen nach diesem Zeitpunkt dem Versicherungsträger angezeigt wird und
2. der Anspruch auf Ersatz spätestens innerhalb von zwei Monaten nach dem Tag geltend gemacht wird, an dem der Träger der Sozialhilfe vom Anfall der Geldleistung aus der Sozialversicherung durch den Versicherungsträger benachrichtigt worden ist.

(3) Der Ersatzanspruch des Trägers der Sozialhilfe für Geldleistungen ist für eine Zeit ausgeschlossen, für die eine Geldleistung aus der Sozialversicherung fällig geworden ist, wenn der Träger der Sozialhilfe nach einer gemäß Abs. 2 Z 1 erstatteten Anzeige vom Anfall der Geldleistung aus der Sozialversicherung durch den Versicherungsträger benachrichtigt worden ist.

ABSCHNITT III

Bevorschussung von Pensionen aus der Pensionsversicherung und des Übergangsgeldes aus den Mitteln der Arbeitslosenversicherung

§ 331. Hinsichtlich der Bevorschussung der Pensionen aus der Pensionsversicherung bzw. des Übergangsgeldes aus der Pensions- oder Unfallversicherung aus den Mitteln der Arbeitslosenversicherung, der Rückerstattung solcher Leistungen an die regionale Geschäftsstelle des Arbeitsmarktservice und der Anrechnung auf die nachzuzahlenden Pensionsbeträge gelten die einschlägigen Vorschriften des Arbeitslosenversicherungsgesetzes 1977, in der jeweils geltenden Fassung.

(BGBl 1994/314, BGBl 1996/201, BGBl I 1997/47)

ABSCHNITT IV
Schadenersatz und Haftung

Übergang von Schadenersatzansprüchen auf die Versicherungsträger

§ 332. (1)[a]) Können Personen, denen nach den Bestimmungen dieses Bundesgesetzes Leistungen zustehen oder für die als Angehörige gemäß § 123 Leistungen zu gewähren sind, den Ersatz des Schadens, der ihnen durch den Versicherungsfall erwachsen ist, auf Grund anderer gesetzlicher Vorschriften beanspruchen, geht der Anspruch auf den Versicherungsträger insoweit über, als dieser Leistungen zu erbringen hat. Der Anspruch umfaßt auch die Aufwendungen des Landesfonds, die nach § 148 Z 2 von der Krankenanstalt in Rechnung gestellt werden. Der Versicherungsträger hat dem Landesfonds jenen Teil der Regreßeinnahmen, der nicht durch Mittel der Sozialversicherung gemäß § 447f Abs. 1 gedeckt ist, abzüglich eines anteilsmäßigen Verwaltungskostenersatzes für die Geltendmachung, zu überweisen. Ansprüche auf Schmerzengeld gehen auf den Versicherungsträger nicht über.

(BGBl 1996/764, BGBl I 2001/5)

---

[a]) Tritt mit Ablauf des 31. Dezember 2004 außer Kraft.

(1)[a]) Können Personen, denen nach den Bestimmungen dieses Bundesgesetzes Leistungen zustehen oder für die als Angehörige gemäß § 123 Leistungen zu gewähren sind, den Ersatz des Schadens, der ihnen durch den Versicherungsfall erwachsen ist, auf Grund anderer gesetzlicher Vorschriften beanspruchen, geht der Anspruch auf den Versicherungsträger insoweit über, als dieser Leistungen zu erbringen hat. Wurde Anstaltspflege gewährt, umfaßt der übergehende Anspruch anteilsmäßig auch die zusätzlichen Zahlungen des Versicherungsträgers zur Krankenanstaltenfinanzierung (§ 148 Z 3 lit. d); hiebei ist § 28 Abs. 4 Z 3 KAG sinngemäß anzuwenden. Ansprüche auf Schmerzengeld gehen auf den Versicherungsträger nicht über.

---

[a]) Tritt mit Ablauf des 31. Dezember 2004 wieder in Kraft.

(2) Der Versicherungsträger kann Ersatzbeträge, die der Ersatzpflichtige dem Versicherten (Angehörigen) oder seinen Hinterbliebenen in Unkenntnis des Überganges des Anspruches gemäß Abs. 1 geleistet hat, auf die nach diesem Bundesgesetz zustehenden Leistungsansprüche ganz oder zum Teil anrechnen. Soweit hienach Ersatzbeträge angerechnet werden, erlischt der nach Abs. 1 auf den Versicherungsträger übergegangene Ersatzanspruch gegen den Ersatzpflichtigen.

(3) Ein Schadenersatzanspruch nach § 333 geht auf den Versicherungsträger nicht über.

(4) § 328 ist auf Ersatzansprüche für Krankenbehandlung (§§ 133 bis 137) oder für Unfallheilbehandlung (§§ 135 bis 137 in Verbindung mit § 189) entsprechend anzuwenden.

(5) Der Versicherungsträger kann einen im Sinne der Abs. 1 bis 4 auf ihn übergegangenen Schadenersatzanspruch gegen einen Dienstnehmer, der im Zeitpunkt des schädigenden Ereignisses in demselben Betrieb wie der Verletzte oder Getötete beschäftigt war, nur geltend machen, wenn

a) der Dienstnehmer den Versicherungsfall vorsätzlich oder grob fahrlässig verursacht hat oder
b) der Versicherungsfall durch ein Verkehrsmittel verursacht wurde, für dessen Betrieb auf Grund gesetzlicher Vorschrift eine erhöhte Haftpflicht besteht.

In den Fällen der lit. b kann der Versicherungsträger den Schadenersatzanspruch unbeschadet der Bestimmungen des § 336 über das Zusammentreffen von Schadenersatzansprüchen verschiedener Versicherungsträger und den Vorrang eines gerichtlich festgestellten Schmerzengeldanspruches nur bis zur Höhe der aus einer bestehenden Haftpflichtversicherung zur Verfügung stehenden Versicherungssumme geltend machen, es sei denn, daß der Versicherungsfall durch den Dienstnehmer vorsätzlich oder grob fahrlässig verursacht worden ist.

(6) Abs. 5 gilt entsprechend für Schadenersatzansprüche gegen einen Schüler im Sinne des § 8 Abs. 1 Z 3 lit. h, sofern dieser im Zeitpunkt des Eintrittes des schädigenden Ereignisses dieselbe Schule besucht hat wie der Verletzte oder Getötete.

Einschränkung der Schadenersatzpflicht des Dienstgebers gegenüber dem Dienstnehmer bei Arbeitsunfällen (Berufskrankheiten)

§ 333. (1) Der Dienstgeber ist dem Versicherten zum Ersatz des Schadens, der diesem durch eine Verletzung am Körper infolge eines Arbeitsunfalles oder durch eine Berufskrankheit entstanden ist, nur verpflichtet, wenn er den Arbeitsunfall (die Berufskrankheit) vorsätzlich verursacht hat. Diese Einschränkung gilt auch gegenüber den Hinterbliebenen des Versicherten, wenn dessen Tod auf die körperliche Verletzung infolge des Arbeitsunfalles oder auf die Berufskrankheit zurückzuführen ist.

(2) Hat der Dienstgeber den Arbeitsunfall (die Berufskrankheit) vorsätzlich verursacht, so vermindert sich der Schadenersatzanspruch des Versicherten oder seiner Hinterbliebenen um die Leistungen aus der gesetzlichen Unfallversicherung.

(3) Die Bestimmungen der Abs. 1 und 2 sind, unbeschadet der Bestimmungen des § 477, nicht anzuwenden, wenn der Arbeitsunfall durch ein Verkehrsmittel eingetreten ist, für dessen Betrieb auf Grund gesetzlicher Vorschrift eine erhöhte Haftpflicht besteht. Der Dienstgeber haftet nur bis zur Höhe der aus einer bestehenden Haftpflichtversicherung zur Verfügung stehenden Versicherungssumme, es sei denn, daß der Versicherungsfall durch den Dienstgeber vorsätzlich verursacht worden ist.

(4) Die Bestimmungen der Abs. 1 und 2 gelten auch für Ersatzansprüche Versicherter und ihrer Hinterbliebenen gegen gesetzliche oder bevollmächtigte Vertreter des Unternehmers und gegen Aufseher im Betrieb.

Haftung des Dienstgebers bei Arbeitsunfällen (Berufskrankheiten) gegenüber den Trägern der Sozialversicherung

§ 334. (1) Hat der Dienstgeber oder ein ihm gemäß § 333 Abs. 4 Gleichgestellter den Arbeitsunfall oder die Berufskrankheit vorsätzlich oder durch grobe Fahrlässigkeit verursacht, so hat er den Trägern der Sozialversicherung alle nach diesem Bundesgesetz zu gewährenden Leistungen zu ersetzen. Dies gilt nicht in den Fällen von Leistungen nach § 213a.

(2) § 328 ist auf Ersatzansprüche für Krankenbehandlung (§§ 133 bis 137) oder für Unfallheilbehandlung (§§ 135 bis 137 in Verbindung mit § 189) entsprechend anzuwenden.

(3) Durch ein Mitverschulden des Versicherten wird die Haftung gemäß Abs. 1 weder aufgehoben noch gemindert.

(4) Der Träger der Unfallversicherung kann als Ersatz für eine von ihm zu gewährende Rente deren Kapitalswert (§ 184) fordern.

(5) Hat der Dienstgeber oder ein ihm gemäß § 333 Abs. 4 Gleichgestellter den Arbeitsunfall nicht vorsätzlich herbeigeführt, so kann der Träger der Sozialversicherung auf den Ersatz ganz oder teilweise verzichten, wenn die wirtschaftlichen Verhältnisse des Verpflichteten dies begründen.

Schadenersatzpflicht und Haftung bei juristischen Personen

§ 335. (1) Die Bestimmungen der §§ 333 und 334 sind auch anzuwenden, wenn der Dienstgeber eine juristische Person, eine offene Handelsgesellschaft bzw. offene Erwerbsgesellschaft oder eine Kommanditgesellschaft bzw. Kommandit-Erwerbsgesellschaft ist und der Arbeitsunfall oder die Berufskrankheit vorsätzlich – bei der Anwendung des § 334 auch grob fahrlässig – durch ein Mitglied des geschäftsführenden Organes der juristischen Person oder durch einen persönlich haftenden Gesellschafter einer offenen Handelsgesellschaft bzw. offenen Erwerbsgesellschaft oder einer Kommanditgesellschaft bzw. Kommandit-Erwerbsgesellschaft verursacht worden ist.

(2) Im Falle des Abs. 1 haften mit der juristischen Person als Dienstgeber die Mitglieder des geschäftsführenden Organes oder die zur Geschäftsführung berechtigten Personen zur ungeteilten Hand, sofern die betreffenden Mitglieder des geschäftsführenden Organes beziehungsweise die zur Geschäftsführung berechtigten Personen den Arbeitsunfall vorsätzlich oder im Falle des § 334 auch grob fahrlässig verursacht haben.

(3) Bei den in einem Ausbildungsverhältnis stehenden Pflichtversicherten (§ 4 Abs. 1 Z 4, 5 und 8) sowie bei den gemäß § 8 Abs. 1 Z 3 lit. c, h und i in der Unfallversicherung Teilversicherten steht für die Anwendung der Abs. 1 und 2 sowie der §§ 333 und 334 der Träger der Einrichtung, in der

die Ausbildung beziehungsweise die Rehabilitation oder Gesundheitsvorsorge erfolgt, dem Dienstgeber gleich.

Konkurrenz von Ersatzansprüchen mehrerer Versicherungsträger

§ 336. Treffen Ersatzansprüche verschiedener Versicherungsträger gemäß § 332 aus demselben Ereignis zusammen, welche die aus einer bestehenden Haftpflichtversicherung zur Verfügung stehende Versicherungssumme übersteigen, so sind sie aus dieser unbeschadet der weiteren Haftung des Ersatzpflichtigen im Verhältnis ihrer Ersatzforderungen zu befriedigen. Ein gerichtlich festgestellter Schmerzengeldanspruch geht hiebei den Ersatzansprüchen der Versicherungsträger im Range vor.

Verjährung der Ersatzansprüche

§ 337. (1) Der Ersatzanspruch des Versicherungsträgers gemäß § 334 verjährt in drei Jahren nach der ersten rechtskräftigen Feststellung der Entschädigungspflicht.

(2) Im übrigen gelten für die Verjährung der Ersatzansprüche die Bestimmungen des § 1489 des Allgemeinen Bürgerlichen Gesetzbuches.

SECHSTER TEIL
Beziehungen der Träger der Sozialversicherung (des Hauptverbandes) zu den Ärzten, Dentisten, Hebammen, Apothekern, Krankenanstalten und anderen Vertragspartnern

ABSCHNITT I
Gemeinsame Bestimmungen

Regelung durch Verträge

§ 338. (1) Die Beziehungen der Träger der Sozialversicherung (des Hauptverbandes) zu den freiberuflich tätigen Ärzten, Gruppenpraxen nach den §§ 52a und 52b des Ärztegesetzes 1998, Dentisten, Hebammen, Apothekern, freiberuflich tätigen klinischen Psychologen, freiberuflich tätigen Psychotherapeuten, Pflegepersonen, die medizinische Hauskrankenpflege gemäß § 151 erbringen, und anderen Vertragspartnern werden durch privatrechtliche Verträge nach Maßgabe der folgenden Bestimmungen geregelt. Diese Verträge bedürfen zu ihrer Rechtsgültigkeit der schriftlichen Form.

(BGBl I 2001/99)

(2) Durch die Verträge nach Abs. 1 ist die ausreichende Versorgung der Versicherten und ihrer anspruchsberechtigten Angehörigen mit den gesetzlich und satzungsmäßig vorgesehenen Leistungen sicherzustellen. Eigene Einrichtungen der Versicherungsträger dürfen für die Versorgung mit diesen Leistungen nur nach Maßgabe der hiefür geltenden gesetzlichen Vorschriften herangezogen werden.

(2a)[a]) Die Versicherungsträger haben sich beim Abschluß von Verträgen nach Abs. 1 an einen vom Bund nach Abstimmung mit der Sozialversicherung und im Einvernehmen mit den Ländern festzulegenden Großgeräteplan zu halten. Verträge, die dem widersprechen, sind ungültig.

(BGBl 1996/764, BGBl I 1998/138)

---

[a]) Tritt mit Ablauf des 31. Dezember 2004 außer Kraft.

(3)[a]) Die Abs. 1, 2 und 2a gelten entsprechend für die Regelung der Beziehungen der Träger der Sozialversicherung zu den Krankenanstalten.

(BGBl 1996/764, BGBl I 2001/5)

---

[a]) Tritt mit Ablauf des 31. Dezember 2004 außer Kraft.

(3)[a]) Die Abs. 1 und 2 gelten entsprechend für die Regelung der Beziehungen der Träger der Sozialversicherung zu den Krankenanstalten.

---

[a]) Tritt mit Ablauf des 31. Dezember 2004 wieder in Kraft.

(4) Die Versicherungsträger sind ermächtigt, den Vertragspartnern alle die Versicherten (Angehörigen) betreffenden Informationen zu erteilen, soweit sie für die Erbringung von Leistungen aus dem Vertrag notwendig sind.

Errichtung, Erwerbung oder Erweiterung von Ambulatorien durch die Träger der Krankenversicherung

§ 339. (1) Vor der beabsichtigten Errichtung, Erwerbung oder Erweiterung von Ambulatorien (§ 2 Abs. 1 Z 7 des Krankenanstaltengesetzes) haben die Träger der Krankenversicherung das Einvernehmen mit der in Betracht kommenden örtlich zuständigen Ärztekammer bzw. der Österreichischen Dentistenkammer herzustellen. Kommt ein Einvernehmen innerhalb von drei Monaten nach der diesbezüglichen Anzeige des Krankenversicherungsträgers nicht zustande, so ist über Ersuchen des Krankenversicherungsträgers oder der zuständigen gesetzlichen beruflichen Vertretung innerhalb weiterer drei Monate der Versuch zu unternehmen, das Einvernehmen zwischen dem Hauptverband und der Österreichischen Ärztekammer bzw. der Österreichischen Dentistenkammer herzustellen.

(2) Ein nach Abs. 1 erzieltes Einvernehmen ist schriftlich festzuhalten.

ABSCHNITT II
Beziehungen der Träger der Sozialversicherung (des Hauptverbandes) zu den Ärzten

Ärzteausschüsse

§ 340. (1) Zur Beratung von grundsätzlichen Fragen, welche die Beziehungen zwischen den Trägern der Sozialversicherung und den freiberuflich tätigen Ärzten oder Gruppenpraxen betreffen, insbesondere zur Beratung der Gesamtverträge gemäß § 341, ist ein Bundes-Ärzteausschuß einzurichten, dem in gleicher Zahl Vertreter der Österreichischen Ärztekammer und des Hauptverbandes angehören.

(BGBl I 2001/99)

(2) Zur Beratung von Fragen, die sich bei der Durchführung der abgeschlossenen Verträge im

Bereich der einzelnen Länder ergeben, ist in jedem Bundesland ein Landes-Ärzteausschuß einzurichten, dem in gleicher Zahl Vertreter der Ärztekammer des betreffenden Landes und der in diesem Land tätigen Träger der Krankenversicherung angehören.

(3) Die Aufgaben und die Tätigkeit des Bundes-Ärzteausschusses und der Landes-Ärzteausschüsse regeln Geschäftsordnungen, die zwischen der Österreichischen Ärztekammer und dem Hauptverband vereinbart werden.

„Elektronische Abrechnung

§ 340a. Die Vertragsärzte sind verpflichtet, spätestens ab 1. Jänner 2003 die für die Versicherten (Angehörigen) erbrachten Leistungen mit den Versicherungsträgern nach einheitlichen Grundsätzen elektronisch abzurechnen. Diese Grundsätze sind bis 30. Juni 2002 vom Hauptverband festzulegen."

(BGBl I 2002/1)

Gesamtverträge

§ 341. (1) Die Beziehungen zwischen den Trägern der Krankenversicherung und den freiberuflich tätigen Ärzten sowie den Gruppenpraxen werden jeweils durch Gesamtverträge geregelt. Diese sind für die Träger der Krankenversicherung durch den Hauptverband mit den örtlich zuständigen Ärztekammern abzuschließen. Die Gesamtverträge bedürfen der Zustimmung des Trägers der Krankenversicherung, für den der Gesamtvertrag abgeschlossen wird. Die Österreichische Ärztekammer kann mit Zustimmung der beteiligten Ärztekammer den Gesamtvertrag mit Wirkung für diese abschließen.

(BGBl I 2001/99)

(2) (aufgehoben)

(3) Der Inhalt des Gesamtvertrages ist auch Inhalt des zwischen dem Träger der Krankenversicherung und dem Arzt oder der Gruppenpraxis abzuschließenden Einzelvetrages. Vereinbarungen zwischen dem Träger der Krankenversicherung und dem Arzt oder der Gruppenpraxis im Einzelvertrag sind rechtsunwirksam, insoweit sie gegen den Inhalt eines für den Niederlassungsort des Arztes oder für den Sitz der Gruppenpraxis geltenden Gesamtvertrages verstoßen.

(BGBl I 2001/99)

(4) Für Verträge zwischen den Trägern der Unfall- und Pensionsversicherung und den freiberuflich tätigen Ärzten oder den Gruppenpraxen zum Zwecke der Leistungserbringung (§ 338 Abs. 2 erster Satz) gelten unbeschadet der Bestimmungen des § 343b die Abs. 1 und 3 entsprechend.

(BGBl I 2001/99)

Inhalt der Gesamtverträge

§ 342. (1) Die zwischen dem Hauptverband und den Ärztekammern abzuschließenden Gesamtverträge haben nach Maßgabe der nachfolgenden Bestimmungen insbesondere folgende Gegenstände zu regeln:

1. die Festsetzung der Zahl und der örtlichen Verteilung der Vertragsärzte und Vertrags-Gruppenpraxen mit dem Ziel, daß unter Berücksichtigung der örtlichen- und Verkehrsverhältnisse sowie der Bevölkerungsdichte und -struktur eine ausreichende ärztliche Versorgung im Sinne des § 338 Abs. 2 erster Satz der in der gesetzlichen Krankenversicherung Versicherten und deren Angehörigen gesichert ist; in der Regel soll die Auswahl zwischen mindestens zwei in angemessener Zeit erreichbaren Vertragsärzten oder einem Vertragsarzt und einer Vertrags-Gruppenpraxis freigestellt sein;

   (BGBl I 2001/99)
2. die Auswahl der Vertragsärzte und Vertrags-Gruppenpraxen, Abschluß und Lösung der mit diesen zu treffenden Abmachungen (Einzelverträge);

   (BGBl I 2001/99)
3. die Rechte und Pflichten der Vertragsärzte und Vertrags-Gruppenpraxen, insbesondere auch ihre Ansprüche auf Vergütung der ärztlichen Leistung;

   (BGBl I 2001/99)
4. die Vorsorge zur Sicherstellung einer wirtschaftlichen Behandlung und Verschreibweise;
5. die Ausstellung von Bescheinigungen, die für die Durchführung der Krankenversicherung erforderlich sind;
6. die Zusammenarbeit der Vertragsärzte und Vertrags-Gruppenpraxen mit dem beim Versicherungsträger eingerichteten chef- und kontrollärztlichen Dienst unter Zugrundelegung des Heilmittelverzeichnisses (§ 31 Abs. 3 Z 12) und der Richtlinien gemäß § 31 Abs. 5 Z 10 und 13;

   (BGBl 1996/411, BGBl I 2001/99)
7. die Kündigung und Auflösung des Gesamtvertrages;
8. die Verlautbarung des Gesamtvertrages und seiner Abänderungen;

   (BGBl I 2001/99)
9. Regelungen über die Sicherstellung eines behindertengerechten Zuganges zu Vertrags-Gruppenpraxen nach den Bestimmungen der ÖNORM B 1600 „Barrierefreies Bauen" sowie der ÖNORM B 1601 „Spezielle Baulichkeiten für behinderte und alte Menschen."

   (BGBl I 2001/99)

(2) Die Vergütung der Tätigkeit von Vertragsärzten und Vertrags-Gruppenpraxen ist grundsätzlich nach Einzelleistungen zu vereinbaren. Die Vereinbarungen über die Vergütung der ärztlichen Leistungen sind in Honorarordnungen zusammenzufassen; diese bilden einen Bestandteil der Ge-

samtverträge. Die Gesamtverträge sollen eine Begrenzung der Ausgaben der Träger der Krankenversicherung für die vertragsärztliche Tätigkeit einschließlich der Rückvergütungen bei Inanspruchnahme der wahlärztlichen Hilfe (§ 131) bzw. für die Tätigkeit von Vertrags-Gruppenpraxen einschließlich der Rückvergütungen bei Inanspruchnahme von Wahl-Gruppenpraxen enthalten.

(BGBl I 2001/99)

(3) Die vorherige Zustimmung der Gesamtvertragspartner ist erforderlich, wenn

1. ein oder mehrere Gesellschafter nach dem Zeitpunkt des Vertragsabschlusses mit einer Vertrags-Gruppenpraxis zusätzlich in diese aufgenommen werden oder
2. sich eine Änderung hinsichtlich der medizinischen Fachgebiete, die von der Vertrags-Gruppenpraxis vertreten werden, ergibt.

(BGBl I 2001/99)

Aufnahme der Ärzte in den Vertrag und Auflösung des Vertragsverhältnisses

§ 343. (1) Die Auswahl der Vertragsärzte und der Vertrags-Gruppenpraxen und der Abschluß der Einzelverträge zwischen dem zuständigen Träger der Krankenversicherung und dem Arzt oder der Gruppenpraxis erfolgt nach den Bestimmungen des Gesamtvertrages und im Einvernehmen mit der zuständigen Ärztekammer. Zu diesem Zweck sind auf Vorschlag der Österreichischen Ärztekammer durch Verordnung des Bundesministers für soziale Sicherheit und Generationen verbindliche Kriterien für die Reihung der Bewerber (Bewerberinnen) um Einzelverträge festzulegen (Reihungskriterien). Dabei sind auch die fachliche Eignung der Bewerber (Bewerberinnen) und die zeitliche Reihenfolge der Bewerbungen um Einzelverträge zu berücksichtigen; die Reihungskriterien haben jedenfalls dem Gleichheitsgebot, der Erwerbsausübungs- und Niederlassungsfreiheit sowie den Bestimmungen der Europäischen Menschenrechtskonvention, BGBl. Nr. 210/1958, zu entsprechen. Vor Erlassung dieser Verordnung ist der Hauptverband anzuhören. Diese Einzelverträge sind sodann für alle Gebiets- und Betriebskrankenkassen sowie für die Versicherungsanstalt des österreichischen Bergbaues und für die Sozialversicherungsanstalt der Bauern wirksam. Einzelverträge, die nicht im Rahmen der jeweils nach § 342 Abs. 1 Z 1 vereinbarten Zahl und örtlichen Verteilung abgeschlossen werden, bedürfen zu ihrer Wirksamkeit der Zustimmung des Hauptverbandes und der zuständigen Ärztekammer, bei Nichteinigung der Zustimmung des Hauptverbandes und der Österreichischen Ärztekammer. Mit approbierten Ärzten (§ 44 Abs. 1 des Ärztegesetzes 1998) kann kein Einzelvertrag abgeschlossen werden, es sei denn, der Arzt hat gemäß Artikel 36 Abs. 2 der Richtlinie 93/16/EWG das Recht erworben, den ärztlichen Beruf als Arzt für Allgemeinmedizin im Rahmen eines Sozialversicherungssystems auszuüben.

(BGBl 1996/411, BGBl I 1997/139, BGBl I 2001/99)

(2) Das Vertragsverhältnis zwischen dem Vertragsarzt oder der Vertrags-Gruppenpraxis und dem Träger der Krankenversicherung erlischt ohne Kündigung im Falle:

1. der Auflösung des Trägers der Krankenversicherung;
2. des Wirksamwerdens gesetzlicher Vorschriften, durch die die Tätigkeit des Trägers der Krankenversicherung entweder eine örtliche oder eine sachliche Einschränkung erfährt, in deren Folge die Tätigkeit als Vertragsarzt oder der Vertrags-Gruppenpraxis nicht mehr in Frage kommt;

   (BGBl I 2001/99)
3. des Todes des Vertragsarztes oder der Auflösung der Vertrags-Gruppenpraxis, wobei die bis zu diesem Zeitpunkt erworbenen Honoraransprüche des Arztes auf die Erben, jene der Vertrags-Gruppenpraxis auf die Gesellschafter übergehen;

   (BGBl I 2001/99)
4. der rechtskräftigen Verurteilung des Vertragsarztes oder eines persönlich haftenden Gesellschafters der Vertrags-Gruppenpraxis
   a) wegen einer oder mehrerer mit Vorsatz begangener gerichtlich strafbarer Handlungen zu einer mehr als einjährigen Freiheitsstrafe oder
   b) wegen einer mit Bereicherungsvorsatz begangenen gerichtlich strafbaren Handlung;

   (BGBl I 2001/99)
5. einer im Zusammenhang mit der Ausübung des ärztlichen Berufes wegen groben Verschuldens strafgerichtlichen rechtskräftigen Verurteilung des Vertragsarztes oder eines persönlich haftenden Gesellschafters der Vertrags-Gruppenpraxis;

   (BGBl I 2001/99)
6. eines wiederholten rechtskräftigen zivilgerichtlichen Urteils, in welchem ein Verschulden des Vertragsarztes oder eines persönlich haftenden Gesellschafters der Vertrags-Gruppenpraxis im Zusammenhang mit der Ausübung der vertraglichen Tätigkeit festgestellt wird.

   (BGBl I 2001/99)

In den Fällen der Z 4 bis 6 kann eine Vertrags-Gruppenpraxis das Erlöschen des Einzelvertrages verhindern, wenn sie innerhalb von vier Wochen ab Rechtskraft der gerichtlichen Entscheidung den betroffenen persönlich haftenden Gesellschafter aus der Vertrags-Gruppenpraxis ausschließt. Die Wiederaufnahme eines ausgeschlossenen persönlich haftenden Gesellschafters in eine Vertrags-

Gruppenpraxis kann nur mit Zustimmung der zuständigen Sozialversicherungsträger erfolgen.

(BGBl I 2001/99)

(3) Der Träger der Krankenversicherung ist zur Auflösung des Vertragsverhältnisses mit einem Vertragsarzt oder mit einer Vertrags-Gruppenpraxis verpflichtet, wenn der Arzt oder ein persönlich haftender Gesellschafter einer Vertrags-Gruppenpraxis die Staatsbürgerschaft eines Mitgliedstaates des Europäischen Wirtschaftsraumes oder die Berechtigung zur Ausübung des ärztlichen Berufes verliert oder wenn ihm diese Berechtigung von Anfang an fehlte oder wenn im Einvernehmen mit der zuständigen Ärztekammer festgestellt wird, dass die Voraussetzungen, die zur Bestellung des Vertragsarztes oder der Vertrags-Gruppenpraxis erforderlich sind, von Anfang an nicht gegeben waren. Abs. 2 letzter Satz gilt sinngemäß.

(BGBl 1996/411, BGBl I 2001/99)

(4) Das Vertragsverhältnis kann unbeschadet der Bestimmungen der Abs. 2 und 3 von beiden Teilen unter Einhaltung einer einmonatigen Kündigungsfrist zum Ende eines Kalendervierteljahres gekündigt werden. Kündigt der Träger der Krankenversicherung, so hat er dies schriftlich zu begründen. Der gekündigte Arzt oder die gekündigte Vertrags-Gruppenpraxis kann innerhalb von zwei Wochen die Kündigung bei der Landesschiedskommission mit Einspruch anfechten. Die Landesschiedskommission hat innerhalb von sechs Monaten nach Einlangen des Einspruches über diesen zu entscheiden. Der Einspruch hat bis zum Tag der Entscheidung der Landesschiedskommission aufschiebende Wirkung. Die Landesschiedskommission kann die Kündigung für unwirksam erklären, wenn sie für den Arzt oder für einen persönlich haftenden Gesellschafter der Vertrags-Gruppenpraxis eine soziale Härte bedeutet und nicht eine so beharrliche oder eine so schwerwiegende Verletzung des Vertrages oder der ärztlichen Berufspflichten im Zusammenhang mit dem Vertrag vorliegt, daß die Aufrechterhaltung des Vertragsverhältnisses für den Träger der Krankenversicherung nicht zumutbar ist. Eine Vertrags-Gruppenpraxis kann die Kündigung des Einzelvertrages abwenden, wenn sie innerhalb von acht Wochen ab Rechtskraft der Kündigung jenen persönlich haftenden Gesellschafter, der ausschließlich den jeweiligen Kündigungsgrund gesetzt hat, aus der Vertrags-Gruppenpraxis ausschließt. Eine vom gekündigten Arzt (von der gekündigten Gruppenpraxis) eingebrachte Berufung an die Bundesschiedskommission hat ohne Zustimmung des Krankenversicherungsträgers keine aufschiebende Wirkung.

(BGBl I 2001/99)

(5) Die Tätigkeit der Vertragsärzte und der Vertrags-Gruppenpraxen ist ab dem Zeitpunkt des Vertragsabschlusses fünfjährlich einer Evaluierung nach fachspezifischen Qualitätsstandards zu unterziehen; die Qualitätsstandards sind durch die Österreichische Ärztekammer mit ihren Fachgruppen und der Kurie niedergelassener Ärzte bis längstens 1. Juli 2002 auszuarbeiten und nach Anhörung des Hauptverbandes dem Bundesminister für soziale Sicherheit und Generationen zur Genehmigung vorzulegen. Ein Kündigungsgrund nach Abs. 4 liegt vor, wenn

1. die Evaluierung nicht oder nicht rechtzeitig durchgeführt wird oder
2. sich aus der Evaluierung ergibt, dass die Tätigkeit des Vertragsarztes oder der Vertrags-Gruppenpraxis nicht den Qualitätsstandards entspricht, sofern festgestellte Mängel nicht innerhalb eines Jahres beseitigt werden.

Die Ergebnisse der Evaluierung sind anonymisiert für die Qualitätsberichterstattung des Bundes zur Verfügung zu stellen.

(BGBl I 2001/99)

Gesamtvertrag für die Durchführung der Untersuchungen nach den §§ 132a und 132b sowie der sonstigen Maßnahmen zur Erhaltung der Volksgesundheit nach § 132c

§ 343a. (1) Zwischen dem Hauptverband und der Österreichischen Ärztekammer ist ein für die Vertragsparteien verbindlicher Gesamtvertrag abzuschließen, der die Durchführung der Untersuchungen nach den §§ 132a und 132b sowie der sonstigen Maßnahmen zur Erhaltung der Volksgesundheit nach § 132c Abs. 1 Z 1 regelt und der die Vergütung der ärztlichen Leistungen vorsieht; dieser Gesamtvertrag bedarf der Zustimmung der beteiligten Träger der Krankenversicherung und der beteiligten Ärztekammern.

(2) Jeder freiberuflich tätige Arzt (jede Gruppenpraxis) hat Anspruch auf Abschluß eines Einzelvertrages im Sinne des Gesamtvertrages nach Abs. 1. Der Krankenversicherungsträger kann nach Maßgabe des § 343 Abs. 1 den Abschluß dieses Einzelvertrages davon abhängig machen, daß der Arzt (die Gruppenpraxis) auch einen Vertrag im Sinne des § 343 abschließt. Lehnt der Arzt (die Gruppenpraxis) einen solchen Vertragsabschluß ab, so erlischt sein Anspruch. Der Anspruch erlischt ferner, wenn der Einzelvertrag oder ein nach § 343 abgeschlossener Einzelvertrag wirksam gekündigt wurde, gemäß § 343 Abs. 2 ohne Kündigung erloschen oder gemäß § 343 Abs. 3 aufgelöst worden ist.

(BGBl I 2001/99)

(3) Im übrigen gelten die Bestimmungen der §§ 338 bis 351 sinngemäß, soweit in den Abs. 1 und 2 nichts anderes bestimmt ist.

Gesamtvertrag für die Durchführung der arbeitsmedizinischen Betreuung

§ 343b. (1) Zwischen dem Hauptverband und der Österreichischen Ärztekammer ist ein für die Vertragsparteien verbindlicher Gesamtvertrag abzuschließen, der für die arbeitsmedizinische Betreuung gemäß § 172 Abs. 1 die Tätigkeiten und die Vergütung der freiberuflich tätigen Ärzte regelt; dieser Gesamtvertrag bedarf der Zustimmung der Allgemeinen Unfallversicherungsanstalt sowie der Versicherungsanstalt der österreichischen Eisenbahnen.

(2) Für den Abschluß eines Einzelvertrages im Sinne des Gesamtvertrages nach Abs. 1 kommen nur Ärzte in Betracht, die die im § 79 Abs. 2 des ArbeitnehmerInnenschutzgesetzes – ASchG genannten Voraussetzungen erfüllen.

(BGBl 1994/450)

(3) Im übrigen gelten die Bestimmungen der §§ 338 bis 351 sinngemäß, soweit in den Abs. 1 und 2 nichts anderes bestimmt ist.

(BGBl 1994/450)

Gesamtvertrag über den Tätigkeitsumfang der Zahnambulatorien und über Richttarife für den festsitzenden Zahnersatz

§ 343c. (1) Zwischen dem Hauptverband und der Österreichischen Ärztekammer ist ein Gesamtvertrag abzuschließen, der

1. den Tätigkeitsumfang der Zahnambulatorien, soweit dieser über den in den Satzungen und Verträgen (§ 341) festgesetzten Tätigkeitsumfang hinausgeht, eingrenzt und
2. Richttarife festsetzt, die dem Versicherten von Vertragsärzten (Vertragsdentisten, Vertrags-Gruppenpraxen) für Leistungen des festsitzenden Zahnersatzes in Rechnung gestellt werden dürfen.

(BGBl I 2001/99)

(2) Die gemäß Abs. 1 Z 2 festgesetzten Richttarife sind für alle in einem Vertragsverhältnis stehenden freiberuflich tätigen Ärzte bzw. Dentisten oder Vertrags-Gruppenpraxen verbindlich.

(BGBl I 2001/99)

(BGBl I 1998/138)

Paritätische Schiedskommission

§ 344. (1) Zur Schlichtung und Entscheidung von Streitigkeiten, die in rechtlichem oder tatsächlichem Zusammenhang mit dem Einzelvertrag stehen, ist im Einzelfall in jedem Land eine paritätische Schiedskommission zu errichten. Antragsberechtigt im Verfahren vor dieser Behörde sind die Parteien des Einzelvertrages.

(2) Die paritätische Schiedskommission besteht aus vier Mitgliedern, von denen zwei von der zuständigen Ärztekammer und zwei vom Krankenversicherungsträger, der Partei des Einzelvertrages ist, bestellt werden.

(3) Die paritätische Schiedskommission ist verpflichtet, über einen Antrag ohne unnötigen Aufschub, spätestens aber sechs Monate nach dessen Einlangen, mit Bescheid zu entscheiden. Wird der Bescheid dem Antragsteller innerhalb dieser Frist nicht zugestellt oder wird dem Antragsteller schriftlich mitgeteilt, daß wegen Stimmengleichheit keine Entscheidung zustande kommt, geht auf schriftliches Verlangen einer der Parteien die Zuständigkeit zur Entscheidung an die Landesberufungskommission über. Ein solches Verlangen ist unmittelbar bei der Landesberufungskommission einzubringen. Das Verlangen ist abzuweisen, wenn die Verzögerung nicht auf Stimmengleichheit oder nicht ausschließlich auf ein Verschulden der Behörde (§ 73 AVG 1950) zurückzuführen ist.

(4) Gegen einen Bescheid der paritätischen Schiedskommission kann Berufung an die Landesberufungskommission erhoben werden.

Landesberufungskommission

§ 345. (1) Für jedes Land ist auf Dauer eine Landesberufungskommission zu errichten. Diese besteht aus einem Richter des Dienststandes als Vorsitzendem und aus vier Beisitzern. Der Vorsitzende ist vom Bundesminister für Justiz zu bestellen; der Vorsitzende muß ein Richter sein, der im Zeitpunkt seiner Bestellung bei einem Gerichtshof in Arbeits- und Sozialrechtssachen tätig ist. Je zwei Beisitzer werden von der zuständigen Ärztekammer und dem Hauptverband entsendet.

(2) Die Landesberufungskommission ist zuständig:

1. zur Entscheidung über Berufungen gegen Bescheide der paritätischen Schiedskommission und
2. zur Entscheidung auf Grund von Devolutionsanträgen gemäß § 344 Abs. 3.

(3) § 346 Abs. 3 bis 7 gelten sinngemäß auch für die Landesberufungskommission und deren Mitglieder.

Landesschiedskommission

§ 345a. (1) Für jedes Land ist auf Dauer eine Landesschiedskommission zu errichten. Diese besteht aus einem Richter des Ruhestandes als Vorsitzendem und vier Beisitzern. Der Vorsitzende soll durch längere Zeit hindurch in Arbeits- und Sozialrechtssachen tätig gewesen sein. Er ist vom Bundesminister für Justiz jeweils auf fünf Jahre zu bestellen. Je zwei Beisitzer werden im Einzelfall von der zuständigen Ärztekammer und dem Hauptverband entsendet.

(2) Die Landesschiedskommission ist zuständig:

1. zur Schlichtung und Entscheidung von Streitigkeiten zwischen den Parteien eines Gesamtvertrages über die Auslegung oder die Anwendung eines bestehenden Gesamtvertrages und
2. zur Entscheidung über die Wirksamkeit einer Kündigung gemäß § 343 Abs. 4.

(3) Gegen die Entscheidungen der Landesschiedskommission kann Berufung an die Bundesschiedskommission erhoben werden.

Bundesschiedskommission

§ 346. (1) Zur Entscheidung über Berufungen, die gemäß § 345a Abs. 3 erhoben werden, ist eine Bundesschiedskommission zu errichten.

(2) Die Bundesschiedskommission besteht aus einem aktiven Richter des Obersten Gerichtshofes als Vorsitzenden und aus sechs Beisitzern. Der

Vorsitzende und zwei Beisitzer, die gleichfalls dem Dienststand angehörende Richter des Obersten Gerichtshofes aktive Richter sein müssen, werden vom Bundesminister für Justiz bestellt. Je zwei Beisitzer werden von der Österreichischen Ärztekammer und dem Hauptverband entsendet.

(3) Die Mitglieder der Bundesschiedskommission und ihre Stellvertreter werden vom Bundesminister für Justiz für eine Amtsdauer von fünf Jahren berufen. Sie haben bei Ablauf dieser Amtsdauer ihr Amt bis zu dessen Wiederbesetzung auszuüben. Neuerliche Berufungen sind zulässig.

(4) Der Bundesminister für Justiz hat ein Mitglied der Bundesschiedskommission oder einen Stellvertreter seines Amtes zu entheben, wenn sich ergibt, daß

1. bei einem Mitglied (Stellvertreter) aus dem Richterstand die Voraussetzungen für seine Berufung nicht gegeben waren;
2. sich das Mitglied (der Stellvertreter) einer groben Verletzung oder dauernden Vernachlässigung seiner Amtspflichten schuldig gemacht hat;
3. bei einem Mitglied (Stellvertreter), das (der) von der Österreichischen Ärztekammer oder dem Hauptverband entsendet wurde, ein wichtiger persönlicher Grund zur Enthebung vorliegt, und die Österreichische Ärztekammer oder der Hauptverband seine Enthebung unter Berufung darauf beantragt;
4. das Mitglied (der Stellvertreter) seine Berufstätigkeit durch Übertritt in den Ruhestand beendet oder selbst um seine Amtsenthebung ersucht. Wird ein Mitglied enthoben, ist sein Stellvertreter für die Dauer eines laufenden Verfahrens heranzuziehen, bis ein neues Mitglied durch die hiezu befugte Stelle bestellt (entsendet) und berufen wird.

(5) Wird ein Mitglied (Stellvertreter) seines Amtes enthoben, so hat die hiezu befugte Stelle innerhalb von drei Monaten ein neues Mitglied (Stellvertreter) zu bestellen (entsenden). Die Amtsdauer solcher Mitglieder (Stellvertreter) endet mit dem Ablauf der jeweils laufenden fünfjährigen Amtsdauer. Für die weitere Ausübung des Amtes durch solche Mitglieder (Stellvertreter) oder ihre Wiederbestellung gilt Abs. 3 sinngemäß. Verabsäumt es die Österreichische Ärztekammer, binnen drei Monaten ein neues Mitglied (Stellvertreter) zu entsenden, so hat über Antrag des Hauptverbandes der Bundesminister für Justiz einen Richter (Abs. 2) als Ersatz für das seines Amtes enthobene Mitglied zu bestellen. Verabsäumt es der Hauptverband, binnen drei Monaten ein neues Mitglied (Stellvertreter) zu entsenden, so ist die Österreichische Ärztekammer berechtigt, einen derartigen Antrag zu stellen. Die Amtsdauer eines solcherart bestellten Mitgliedes (Stellvertreters) endet, sobald die hiezu befugte Stelle die Entsendung nachholt.

(6) Die Mitglieder der Bundesschiedskommission sind in Ausübung ihres Amtes unabhängig und an keine Weisungen gebunden.

(7) Entscheidungen der Bundesschiedskommission unterliegen weder der Aufhebung noch der Abänderung im Verwaltungswege.

Allgemeine Bestimmungen über die Kommissionen

§ 347. (1) Für die Vorsitzenden der in den §§ 345, 345a und 346 genannten Kommissionen ist je ein Stellvertreter, für die Mitglieder dieser Kommissionen sind je zwei Stellvertreter von den gleichen Organen und auf die gleiche Weise zu bestellen wie jene. Als Mitglieder der Kommissionen können auch Funktionäre und Arbeitnehmer der jeweiligen gesetzlichen Interessenvertretungen bestellt (entsendet) werden.

(BGBl 1996/411)

(2) Die in den Kommissionen nach den §§ 345, 345a und 346 tätigen Richter des Dienststandes und des Ruhestandes erhalten eine Entschädigung, deren Höhe vom Bundesminister für Justiz im Einvernehmen mit dem Bundesminister für Arbeit und Soziales nach Anhörung der Österreichischen Ärztekammer und des Hauptverbandes festgesetzt wird. Die übrigen Mitglieder dieser Kommissionen und die Mitglieder der Kommissionen nach § 344 üben ihre Tätigkeit ehrenamtlich aus. Diese Regelung gilt sinngemäß auch für die Stellvertreter der Mitglieder der Kommissionen nach den §§ 345, 345a und 346, falls sie in dieser Funktion tätig werden.

(3) Die Gerichte, Verwaltungsbehörden, Versicherungsträger (der Hauptverband), wie auch die Österreichische Ärztekammer und die Ärztekammern in den Bundesländern sind an die innerhalb der Grenzen der Zuständigkeit gefällten Entscheidungen und Beschlüsse der in den §§ 344, 345, 345a und 346 vorgesehenen Kommissionen gebunden.

(4) Die in den §§ 344, 345, 345a und 346 vorgesehenen Kommissionen haben auf das Verfahren das Allgemeine Verwaltungsverfahrensgesetz 1950 anzuwenden, sofern dieses Bundesgesetz nichts anderes anordnet. Sie fassen ihre Beschlüsse mit Stimmenmehrheit; eine Stimmenthaltung ist nicht zulässig. Im übrigen sind die Geschäftsordnungen dieser Kommissionen vom Bundesministerium für soziale Verwaltung nach Anhörung der Österreichischen Ärztekammer und des Hauptverbandes durch Verordnung zu regeln.

(5) Die Parteien haben das Recht, neben ihren Vertretern auch jeweils drei Vertrauenspersonen an der Verhandlung teilnehmen zu lassen.

(6) Die Verhandlungen der Landesberufungskommission (§ 345) und der Landesschiedskommission (§ 345a) sind am Sitz des Landesgerichtes der jeweiligen Landeshauptstadt, im Land Vorarlberg am Sitz des Landesgerichtes Feldkirch, und die Verhandlungen der Bundesschiedskommission (§ 346) am Sitz des Obersten Gerichtshofes durchzuführen. Im übrigen bleibt § 40 Abs. 1 AVG 1950

unberührt. Die Kanzleigeschäfte der in den §§ 344, 345 und 345a vorgesehenen Kommissionen sind kalenderjährlich abwechselnd von den Ärztekammern und den Gebietskrankenkassen jener Länder zu führen, in denen die betreffende Kommission eingerichtet oder im Einzelfall einzurichten ist. Die Kanzleigeschäfte der Bundesschiedskommission (§ 346) sind kalenderjährlich abwechselnd von der Österreichischen Ärztekammer und vom Hauptverband zu führen.

(BGBl 1993/335)

„(7) Die Kosten der Verfahren vor den in den §§ 344, 345, 345a und 346 vorgesehenen Kommissionen tragen je zur Hälfte die in Betracht kommende gesetzliche Interessenvertretung und der beteiligte Versicherungsträger (Hauptverband)."

(BGBl I 2002/1)

Bestimmung des Inhaltes eines Gesamtvertrages durch die Bundesschiedskommission

§ 348. (1) Auf Antrag der Österreichischen Ärztekammer oder des Hauptverbandes setzt die Bundesschiedskommission den Inhalt eines aufgekündigten Gesamtvertrages für höchstens drei Monate – gerechnet vom Tage der Entscheidung – fest. Dieser Antrag kann gestellt werden, wenn sechs Wochen vor Ablauf der Geltungsdauer des Gesamtvertrages ein neuer Gesamtvertrag nicht geschlossen wurde und wenn die Geltungsdauer des aufgekündigten Gesamtvertrages noch nicht abgelaufen ist.

(2) Wenn ein Antrag gemäß Abs. 1 fristgerecht gestellt wird, dann bleibt der aufgekündigte Gesamtvertrag bis zur Entscheidung der Bundesschiedskommission vorläufig in Kraft.

(3) Mit Ablauf der Geltungsdauer des gemäß Abs. 1 festgesetzten Gesamtvertrages erlöschen die von seinem Geltungsbereich erfaßten Einzelverträge.

ABSCHNITT III
Beziehungen der Krankenversicherungsträger (des Hauptverbandes) zu den Apothekern

Gesamtvertrag

§ 348a. (1) Die Beziehungen zwischen den Krankenversicherungsträgern und den Apothekern sind durch einen Gesamtvertrag zu regeln. Dieser Gesamtvertrag ist für die Krankenversicherungsträger durch den Hauptverband und für die Apotheker durch die Österreichische Apothekerkammer abzuschließen; er bedarf der Zustimmung der Krankenversicherungsträger und ist für die Apotheker ohne den Abschluß von Einzelverträgen und ohne gesonderte Zustimmungs- oder Beitrittserklärung wirksam.

(2) Apotheker im Sinne dieses Abschnittes sind alle Mitglieder der Österreichischen Apothekerkammer, die eine Apotheke als Konzessionär, als Pächter oder als sonstiger Apothekenleiter, ausgenommen die Stellvertreter gemäß § 17b Abs. 2 Apothekengesetz, RGBl. Nr. 5/1907, in der jeweils geltenden Fassung, leiten.

(3) Der zwischen dem Hauptverband und der Österreichischen Apothekerkammer abzuschließende Gesamtvertrag hat nach Maßgabe der nachfolgenden Bestimmungen insbesondere folgende Gegenstände zu regeln:

1. die Expedition (Abgabe) von Heilmitteln (§ 136), Heilbehelfen (§ 137) usw. auf Rechnung der Krankenversicherungsträger (§ 350),
2. die Einhebung von Rezeptgebühren und Kostenanteilen,
3. die Verrechnung der Kosten von Heilmitteln, Heilbehelfen usw.,
4. die Kontrolle von Rezepten und Heilmittelabgaben,
5. die Entscheidung von Streitigkeiten durch einen vertraglichen Schlichtungsausschuß (§ 348e Abs. 2 und 3).

(4) Im Gesamtvertrag können auch Beziehungen zwischen den Krankenversicherungsträgern und dem Hauptverband einerseits, der Österreichischen Apothekerkammer und der Pharmazeutischen Gehaltskasse für Österreich andererseits geregelt werden. Soweit der Gesamtvertrag Beziehungen der Pharmazeutischen Gehaltskasse regelt, bedarf er deren Zustimmung.

Auflösung des Gesamtvertrages

§ 348b. (1) Der Gesamtvertrag kann vom Hauptverband mit Zustimmung der Krankenversicherungsträger oder von der Österreichischen Apothekerkammer namens der Apotheker unter Einhaltung einer dreimonatigen Kündigungsfrist zum Ende jedes Kalendervierteljahres schriftlich gekündigt werden.

(2) Regelt der Gesamtvertrag auch Beziehungen zur Pharmazeutischen Gehaltskasse, so kann er insoweit sowohl vom Hauptverband als auch von der Österreichischen Apothekerkammer namens der Pharmazeutischen Gehaltskasse mit deren Zustimmung gesondert nach Abs. 1 gekündigt werden.

(3) Für einen nach Abs. 1 oder Abs. 2 aufgekündigten Gesamtvertrag gilt § 348 sinngemäß.

Beendigung von Vertragsbeziehungen

§ 348c. (1) Der Gesamtvertrag kann durch den Hauptverband namens der Krankenversicherungsträger gegenüber einem Apotheker zum Ende jedes Kalendervierteljahres unter Einhaltung einer einmonatigen Kündigungsfrist teilgekündigt werden, wenn eine so beharrliche oder eine so schwerwiegende Verletzung des Gesamtvertrages vorliegt, daß die Aufrechterhaltung vertraglicher Beziehungen für die hauptsächlich betroffenen Krankenversicherungsträger nicht mehr zumutbar ist. Die Kündigung ist schriftlich auszusprechen und zu begründen.

(2) Der Hauptverband kann den Gesamtvertrag auch noch nach Abschluß eines Verfahrens im Sinne des § 348d Abs. 2 gemäß Abs. 1 teilkündigen.

(3) Der gekündigte Apotheker kann die Teil-

kündigung innerhalb von zwei Wochen bei der Bundesschiedskommission mit Einspruch anfechten. Die Bundesschiedskommission hat die Kündigung für unwirksam zu erklären, wenn die in Abs. 1 genannten Kündigungsgründe nicht vorliegen. Der Einspruch hat bis zur Entscheidung der Bundesschiedskommission aufschiebende Wirkung.

§ 348d. (1) Die Vertragsbeziehungen zwischen den Krankenversicherungsträgern und einem Apotheker enden ohne Kündigung im Falle des

1. Ausscheidens dieses Apothekers aus der Apothekenleitung,
2. Vorliegens eines Sachverhaltes im Sinne des § 343 Abs. 2 oder
3. Einspruches nach Abs. 3.

(2) Wird jedoch in den Fällen des § 343 Abs. 2 Z 4 bis 6 spätestens innerhalb von vier Wochen ab Rechtskraft des Urteiles von Amts wegen oder durch Antrag des betroffenen Apothekers ein Verfahren nach den §§ 18, 19, 20 oder 20a des Apothekengesetzes eingeleitet, so hemmt dies die Beendigung der Vertragsbeziehungen für die Dauer dieses Verfahrens. Der Hauptverband und die Österreichische Apothekerkammer haben in diesem Verfahren Parteistellung. Führt das Verfahren zu keinem Ausscheiden des Apothekers aus der Apothekenleitung, bleiben die Vertragsbeziehungen bestehen.

(3) Die Vertragsbeziehungen eines Apothekers,

1. dessen vertragliche Beziehungen zu den Krankenversicherungsträgern gemäß Abs. 1 Z 2 beendet wurden,
2. der rechtskräftig teilgekündigt wurde,
3. der eine Teilkündigung beeinsprucht hat, solange das Verfahren nicht rechtskräftig beendet wurde,
4. dem gegenüber eine Teilkündigung ausgesprochen wurde,
5. der aus der Leitung einer Apotheke ausgeschieden ist, um dem Ausspruch einer Teilkündigung auszuweichen oder
6. bei dem wegen gerichtlich festgestellter Beteiligung an Vertragsverstößen gemäß § 348c Abs. 1 weitere Vertragsverstöße befürchtet werden müssen,

sind beendet, wenn der Hauptverband innerhalb von sechs Monaten ab der Übernahme einer Apothekenleitung durch diesen Apotheker Einspruch gegen den Weiterbestand vertraglicher Beziehungen mit diesem Apotheker erhebt. Dieser Einspruch ist schriftlich an den Apotheker zu richten und zu begründen. Wenn der Apotheker binnen zwei Wochen bei der Bundesschiedskommission die Aufhebung dieses Einspruches beantragt, bleiben seine Vertragsbeziehungen bis zur Entscheidung der Bundesschiedskommission vorläufig bestehen. Der Hauptverband kann das Verfahren vor der Bundesschiedskommission auch fortsetzen, nachdem der Apotheker wieder aus der Apothekenleitung ausgeschieden ist.

(4) Die Bundesschiedskommission hat bei ihrer Entscheidung über einen Antrag des Apothekers nach Abs. 3 die Zumutbarkeit vertraglicher Beziehungen mit diesem Apotheker für die Krankenversicherungsträger anhand der Umstände, die zu einer vorangegangenen Vertragsauflösung geführt haben, des Ausmaßes der Beteiligung dieses Apothekers an Vertragsverstößen und der Gefahr weiterer Vertragsverstöße zu prüfen. Wenn die Bundesschiedskommission den Einspruch des Hauptverbandes nicht aufhebt, hat sie eine Frist festzusetzen, innerhalb der der Gesamtvertrag für den Apotheker nicht wirksam werden kann. Diese Frist darf fünf Jahre oder eine allenfalls längere Dauer einer Disziplinarstrafe nach § 23 Abs. 1 lit. e des Apothekerkammergesetzes, BGBl. Nr. 152/1947, nicht übersteigen.

(5) Die nach dem Apothekengesetz zuständigen Behörden haben bei Veränderungen in der Leitung einer Apotheke Name und Anschrift jedes Apothekers (§ 348a Abs. 2) sowie den Namen der Apotheke sofort nach Bekanntwerden an den Hauptverband und an die Österreichische Apothekerkammer zu übermitteln.

Verfahren bei Streitigkeiten

§ 348e. (1) Zur Schlichtung und Entscheidung von Streitigkeiten über die Auslegung oder über die Anwendung des bestehenden Gesamtvertrages zwischen dem Hauptverband oder einem Krankenversicherungsträger einerseits, der Österreichischen Apothekerkammer oder der Pharmazeutischen Gehaltskasse andererseits, ist die Bundesschiedskommission zuständig.

(2) Streitigkeiten, die sich aus den Vertragsbeziehungen zwischen einzelnen Apothekern und den Krankenversicherungsträgern ergeben (ausgenommen Streitigkeiten nach § 348c und § 348d), hat ein Schlichtungsausschuß zu entscheiden. Die Bundesschiedskommission kann in solchen Fällen erst nach Entscheidung des Schlichtungsausschusses und nur durch den Hauptverband oder die Österreichische Apothekerkammer innerhalb von sechs Wochen angerufen werden. Trifft der Schlichtungsausschuß nicht innerhalb von sechs Monaten eine Entscheidung, kann die Bundesschiedskommission auch von den Verfahrensparteien angerufen werden.

(3) Organisation und Verfahren des Schlichtungsausschusses sind im Gesamtvertrag unter Berücksichtigung der in den §§ 577 ff. der Zivilprozeßordnung festgelegten Grundsätze zu regeln. Der Vorsitzende des Schlichtungsausschusses muß ein aktiver Richter sein, der vom Präsidenten des Oberlandesgerichtes Wien zu nominieren ist. Entscheidungen des Schlichtungsausschusses in jenen Fällen, in denen die Bundesschiedskommission nicht angerufen wurde, sind Exekutionstitel im Sinne des § 1 Z 16 der Exekutionsordnung.

Verfahren der Bundesschiedskommission

§ 348f. (1) Soweit in diesem Abschnitt nichts anderes bestimmt ist, gelten die §§ 346 und 347 auch für das Verfahren und die Zusammensetzung der Bundesschiedskommission bei ihren Entscheidungen nach diesem Abschnitt. § 38 des Allgemeinen Verwaltungsverfahrensgesetzes ist im Verfahren nach § 348c Abs. 3 allerdings nur mit der Maßgabe anzuwenden, daß die Bundesschiedskommission ihr Verfahren nicht bis zur Entscheidung einer Vorfrage unterbrechen kann. Die Beisitzer der Interessenvertretung in der Bundesschiedskommission sind stets von der Österreichischen Apothekerkammer zu berufen.

(2) Gegen Entscheidungen der Bundesschiedskommission oder im Fall ihrer Säumnis ist in Angelegenheiten gemäß § 348c, § 348d und § 348e Beschwerde an den Verwaltungsgerichtshof zulässig.

ABSCHNITT IV
Beziehungen der Träger der Sozialversicherung (des Hauptverbandes) zu anderen Vertragspartnern

Gesamtverträge

§ 349. (1) Die Beziehungen zwischen den Trägern der Krankenversicherung und den freiberuflich tätigen Dentisten werden durch Gesamtverträge geregelt. Hiebei finden die Bestimmungen der §§ 340 Abs. 1, 341 bis 343a und 343c mit der Maßgabe sinngemäß Anwendung, daß an die Stelle der Ärztekammern die Österreichische Dentistenkammer in Wien tritt.

(BGBl I 1998/138)

(2) Die Beziehungen zwischen den Trägern der Krankenversicherung und den freiberuflich tätigen klinischen Psychologen bzw. den freiberuflich tätigen Psychotherapeuten werden durch je einen Gesamtvertrag mit beruflichen Interessenvertretungen der klinischen Psychologen, deren Leistungsfähigkeit bezüglich der psychosozialen Versorgung unter Bedachtnahme auf ein Gutachten des Psychologenbeirates (§ 20 Abs. 1 Z 8 des Psychologengesetzes), sowie beruflichen Interessenvertretungen der Psychotherapeuten, deren Leistungsfähigkeit bezüglich der psychosozialen Versorgung unter Bedachtnahme auf ein Gutachten des Psychotherapiebeirates (§ 21 Abs. 1 Z 9 des Psychotherapiegesetzes) vom Bundesminister für Gesundheit, Sport und Konsumentenschutz mit Bescheid festgestellt worden ist, geregelt. Hiebei finden die §§ 341, 342 und 343 Abs. 1 bis 3 mit der Maßgabe sinngemäß Anwendung, daß an die Stelle der Ärztekammer die jeweilige freiwillige berufliche Interessenvertretung tritt. Stehen keine Gesamtverträge in Geltung, können für die Träger der Krankenversicherung vom Hauptverband Einzelverträge mit freiberuflich tätigen klinischen Psychologen bzw. mit freiberuflich tätigen Psychotherapeuten nach einheitlichen Grundsätzen abgeschlossen werden. Diese Einzelverträge bedürfen der Zustimmung des Trägers der Krankenversicherung, für den sie abgeschlossen werden.

(2a) Die Beziehungen zwischen den Trägern der Krankenversicherung und den in § 149 Abs. 3 genannten Krankenanstalten werden durch Gesamtverträge geregelt, die für diese Krankenanstalten von der in Betracht kommenden gesetzlichen Interessenvertretung abzuschließen sind.

(BGBl I 2001/5, BGBl I 2001/99)

(2b) Die Beziehungen zwischen den Trägern der Krankenversicherung und jenen Krankenanstalten, die ambulante Untersuchungen mit Großgeräten im Sinne des vom Österreichischen Bundesinstitut für Gesundheitswesen herausgegebenen Großgeräteplanes in der jeweils geltenden Fassung durchführen, werden hinsichtlich dieser Leistungen durch Gesamtverträge geregelt. Diese Gesamtverträge, welche die in § 342 Abs. 1 aufgezählten Gegenstände in sinngemäßer Anwendung zu regeln haben, werden für die genannten Krankenanstalten von der in Betracht kommenden gesetzlichen Interessenvertretung abgeschlossen.

(BGBl I 2001/99)

(3) Die Beziehungen zwischen den Sozialversicherungsträgern und anderen Vertragspartnern als Ärzten, Gruppenpraxen, Dentisten, Apothekern, freiberuflich tätigen klinischen Psychologen bzw. freiberuflich tätigen Psychotherapeuten und Krankenanstalten können durch Gesamtverträge geregelt werden. Hiebei finden die Bestimmungen des § 341 mit der Maßgabe sinngemäß Anwendung, daß an die Stelle der Ärztekammer die zuständige gesetzliche berufliche Vertretung tritt.

(BGBl I 2001/99)

(4) Sieht ein gemäß Abs. 3 abgeschlossener Gesamtvertrag vor, daß ohne Abschluß von Einzelverträgen die im Gesamtvertrag angeführten Verbandsangehörigen die Sachleistungen für Rechnung der Träger der Krankenversicherung zu erbringen haben, dann regelt der Gesamtvertrag selbst mit verbindlicher Wirkung die Beziehungen zwischen den Verbandsangehörigen und den Versicherungsträgern.

Abgabe von Heilmitteln

§ 350. (1) Heilmittel (§ 136) und Heilbehelfe (§ 137) usw. dürfen für Rechnung der Krankenversicherungsträger von Apothekern und Hausapotheken führenden Ärzten nur unter folgenden Voraussetzungen abgegeben werden:

1. Bestehen eines Vertragsverhältnisses mit dem Krankenversicherungsträger,
2. Verordnung durch einen (eine) mit dem Krankenversicherungsträger in einem Vertragsverhältnis stehende(n) Arzt (Gruppenpraxis) und

   (BGBl I 2001/99)
3. freie Verschreibbarkeit nach dem vom Hauptverband herausgegebenen Heilmittelverzeichnis „(§ 31 Abs. 3 Z 12)“ bzw. nach den Richtlinien über die ökonomische Verschreibweise „(§ 31 Abs. 5 Z 13)“ oder bei Vorliegen einer chef- oder kontrollärztlichen Bewilligung.

   (BGBl I 2002/1)

(2) Verschreibungen von Heilmitteln durch Wahlärzte oder Wahl-Gruppenpraxen (§ 131 Abs. 1) sind, wenn die Anspruchsberechtigung ge-

geben und die Verordnung nach den Richtlinien über die ökonomische Verschreibweise zugelassen ist, im Falle der Bestätigung durch den Versicherungsträger den von den Vertragsärzten (Vertrags-Gruppenpraxen) ausgestellten Rezepten gleichzustellen.

(BGBl I 2001/99)

Entscheidung von Streitigkeiten aus dem Einzel- und Gesamtvertrag

§ 351. Die Bestimmungen der §§ 344 bis 348 gelten sinngemäß für das Vertragsverhältnis zwischen den Krankenversicherungsträgern einerseits und den Dentisten, Hebammen und deren gesetzlichen Interessenvertretungen andererseits. Soweit in diesen Bestimmungen den Ärztekammern die Berufung von Beisitzern vorbehalten ist, treten an die Stelle der Ärztekammern die in Betracht kommenden öffentlich-rechtlichen Interessenvertretungen der Vertragspartner.

Verträge für die Durchführung der Untersuchungen nach § 132b mit anderen Vertragspartnern

§ 351a. Zwischen dem Hauptverband und den in Betracht kommenden Bundesländern und Gemeinden sowie sonstigen Rechtsträgern von Krankenanstalten sind Verträge abzuschließen, die die Durchführung der Untersuchungen nach § 132b in den Vorsorge(Gesunden)untersuchungsstellen sowie Spitalsambulanzen und die hiefür zu entrichtenden Vergütungen regeln; diese Verträge bedürfen auch der Zustimmung des beteiligten Trägers der Krankenversicherung.

Verträge zwischen den Trägern der Pensionsversicherung und den Gebietskörperschaften über die Durchführung medizinischer Begutachtung

§ 351b. Zwischen den Trägern der Pensionsversicherung und den in Betracht kommenden Gebietskörperschaften können Verträge abgeschlossen werden, die die Durchführung der medizinischen Begutachtung zur Beurteilung der Voraussetzungen einer Ruhestandsversetzung sowie des Anspruches auf Pflegegeld nach dem Bundespflegegeldgesetz und die hiefür zu entrichtenden Vergütungen regeln.

(BGBl 1995/297)

SIEBENTER TEIL
Verfahren

ABSCHNITT I
Allgemeine Bestimmungen

1. Unterabschnitt
Arten des Verfahrens

Geltungsbereich der Regelung

§ 352. Die Bestimmungen dieses Teiles gelten für das Verfahren zur Durchführung der Bestimmungen dieses Bundesgesetzes sowie der Bestimmungen über die zusätzliche Pensionsversicherung von Bediensteten von Privatbahnunternehmungen (§ 479), soweit nicht

1. die Durchführung durch privatrechtliche Verträge zu erfolgen hat oder die Zuständigkeit der ordentlichen Gerichte gegeben ist oder
2. für die Durchführung in anderen Teilen dieses Bundesgesetzes besondere verfahrensrechtliche Bestimmungen getroffen sind oder
3. Angelegenheiten der Beiträge des Bundes zu den in diesem Bundesgesetze geregelten Versicherungen oder Kostenersätze des Bundes für erbrachte Versicherungsleistungen zu behandeln sind oder
4. in anderen Teilen dieses Bundesgesetzes vorgesehene Straf-, Aufsichts-, Entscheidungs- oder Genehmigungs(Zustimmungs)befugnisse von den hiezu berufenen Behörden ausgeübt werden.

Verfahrensarten

§ 353. Das in diesem Teil geregelte Verfahren gliedert sich in das Verfahren in Leistungssachen (§ 354) und das Verfahren in Verwaltungssachen (§ 355).

Leistungssachen

§ 354. Leistungssachen sind die Angelegenheiten, in denen es sich handelt um

1. die Feststellung des Bestandes, des Umfanges oder des Ruhens eines Anspruches auf eine Versicherungsleistung einschließlich einer Feststellung nach § 367 Abs. 1, soweit nicht hiebei die Versicherungszugehörigkeit (§§ 13 bis 15), die Versicherungszuständigkeit (§§ 26 bis 30), die Leistungszugehörigkeit (§ 245) oder die Leistungszuständigkeit (§ 246) in Frage steht;
2. Feststellung der Verpflichtung zum Rückersatz einer zu Unrecht empfangenen Versicherungsleistung,
3. Streitigkeiten über Ersatzansprüche der Träger der Sozialhilfe gemäß Abschnitt II des Fünften Teiles,
4. Feststellung von Versicherungszeiten der Pensionsversicherung außerhalb des Leistungsfeststellungsverfahrens auf Antrag des Versicherten (§ 247).

(BGBl 1993/335)

Verwaltungssachen

§ 355. Alle nicht gemäß § 354 als Leistungssachen geltenden Angelegenheiten, für die nach § 352 die Bestimmungen dieses Teiles gelten, sind Verwaltungssachen. Insbesondere gehören zu den Verwaltungssachen die

1. Feststellung der Versicherungspflicht, der Versicherungsberechtigung sowie des Beginnes und Endes der Versicherung,
2. Feststellung der Versicherungszugehörigkeit und -zuständigkeit, in der Pensions-

versicherung auch der Leistungszugehörigkeit und -zuständigkeit,

3. Angelegenheiten der Beiträge der Versicherten und ihrer Dienstgeber, einschließlich der Beitragszuschläge nach § 113,
4. Angelegenheiten der Überweisungen in der Pensionsversicherung bei der Aufnahme in ein pensionsversicherungsfreies Dienstverhältnis oder beim Ausscheiden aus einem solchen,
5. Streitigkeiten zwischen den Versicherungsträgern bzw. den Versicherungsträgern und dem Hauptverband aus der Durchführung dieses Bundesgesetzes, insbesondere solche gemäß Abschnitt I des Fünften Teiles.

Zuständigkeit der Gerichte

§ 356. Zur Entscheidung von Streitigkeiten aus Abschnitt IV des Fünften Teiles, betreffend Schadenersatz und Haftung, sind die ordentlichen Gerichte berufen.

2. Unterabschnitt Gemeinsame Bestimmungen für das Verfahren in Verwaltungs- und in Leistungssachen vor den Versicherungsträgern

Anwendung des Allgemeinen Verwaltungsverfahrensgesetzes

§ 357. (1) Für das Verfahren vor den Versicherungsträgern in Leistungssachen und in Verwaltungssachen gelten entsprechend die nachstehenden Bestimmungen des Allgemeinen Verwaltungsverfahrensgesetzes 1950, BGBl. Nr. 172: § 6 über die Wahrnehmung der Zuständigkeit mit der Maßgabe, daß § 361 Abs. 4 des Allgemeinen Sozialversicherungsgesetzes unberührt bleibt, § 7 über die Befangenheit von Verwaltungsorganen, § 8 über Beteiligte, Parteien, § 9 über Rechts- und Handlungsfähigkeit, §§ 10 bis 12 über Vertreter, §§ 13 bis 17a über Anbringen, Rechtsbelehrung, Niederschriften, Aktenvermerke und Akteneinsicht, § 18 Abs. 1, 2 und 4 über Erledigungen, §§ 21 und 22 über Zustellungen, §§ 32 und 33 über Fristen, § 38 über die Beurteilung von Vorfragen, §§ 58, 59 bis 61 und § 62 Abs. 4 über Inhalt und Form der Bescheide, §§ 69 und 70 über Wiederaufnahme des Verfahrens, §§ 71 und 72 über Wiedereinsetzung in den vorigen Stand.

(BGBl I 2001/99)

(2) Die in Abs. 1 angeführte Bestimmung des § 18 Abs. 4 des Allgemeinen Verwaltungsverfahrensgesetzes 1950 ist mit der Maßgabe anzuwenden, daß Ausfertigungen, die mittels elektronischer Datenverarbeitungsanlagen hergestellt werden, weder einer Unterschrift noch einer Beglaubigung bedürfen.

Feststellung des Sachverhaltes

§ 358. (1) Die Versicherungsträger können Parteien, sonstige Beteiligte und Auskunftspersonen zur Feststellung des Sachverhaltes vernehmen. Leistet die einzuvernehmende Person der Ladung keine Folge oder verweigert sie die Aussage, so kann der Versicherungsträger, wenn es sich um eine Verwaltungssache handelt, die für ihren Wohnort örtlich zuständige Bezirksverwaltungsbehörde, wenn es sich um eine Leistungssache handelt, das für ihren Wohnort örtlich zuständige Bezirksgericht um ihre Vernehmung ersuchen.

(2) Die Bezirksverwaltungsbehörde beziehungsweise das Bezirksgericht hat einem Ersuchen nach Abs. 1 zu entsprechen; sie haben hiebei die sonst für sie geltenden Verfahrensvorschriften anzuwenden.

„(3) Für die Feststellung des Geburtsdatums des (der) Versicherten ist die erste schriftliche Angabe des (der) Versicherten gegenüber dem Versicherungsträger heranzuziehen. Von dem so ermittelten Geburtsdatum darf nur abgewichen werden, wenn der zuständige Versicherungsträger feststellt,

1. dass ein offensichtlicher Schreibfehler vorliegt oder
2. sich aus einer Urkunde, deren Original vor dem Zeitpunkt der ersten Angabe des (der) Versicherten gegenüber dem Versicherungsträger ausgestellt worden ist, ein anderes Geburtsdatum ergibt."

(BGBl I 2002/1)

Kosten des Verfahrens

§ 359. (1) Die Kosten des Verfahrens vor dem Versicherungsträger trägt dieser.

(2) Parteien, sonstige Beteiligte und Auskunftspersonen, die von einem Versicherungsträger zum Zwecke der Vernehmung oder einer ärztlichen Untersuchung vorgeladen werden, erhalten den Ersatz der notwendigen Barauslagen, die in § 4 Abs. 1 bezeichneten Personen auch den Ersatz des nachgewiesenen Entganges an Arbeitsverdienst, Krankengeld oder Leistungen nach dem Arbeitslosenversicherungsgesetz 1977.

(3) Wenn ein Anspruchswerber oder Anspruchsberechtigter beantragt, daß ein bestimmter Arzt gutächtlich gehört werde, so kann der Versicherungsträger die Anhörung davon abhängig machen, daß der Antragsteller die Kosten hiefür trägt.

(4) Kosten, die von einer Partei durch Mutwillen, Verschleppung oder Irreführung veranlaßt worden sind, hat ihr der Versicherungsträger zum Ersatz aufzuerlegen.

(5) Lehnt der Versicherungsträger den Kostenersatz gemäß Abs. 2 ganz oder zum Teil ab, so hat er die Ablehnung auf Antrag bescheidmäßig auszusprechen. Ein Kostenersatz gemäß Abs. 4 ist auf jeden Fall bescheidmäßig aufzuerlegen. Gegen Bescheide über Kostenersatz im Verfahren in Verwaltungssachen ist das gegen Bescheide der Versicherungsträger in Verwaltungssachen vorgesehene Rechtsmittel zulässig.

Rechts- und Verwaltungshilfe

§ 360. (1) Die Verwaltungsbehörden und die Gerichte sind verpflichtet, den im Vollzug dieses

Bundesgesetzes an sie ergehenden Ersuchen der Versicherungsträger und des Hauptverbandes im Rahmen ihrer sachlichen und örtlichen Zuständigkeit zu entsprechen. In gleicher Weise haben die Versicherungsträger (der Hauptverband) den Verwaltungsbehörden und den Gerichten Verwaltungshilfe zu leisten.

(2) Barauslagen, die der ersuchten Stelle aus der Hilfeleistung erwachsen, mit Ausnahme von Portokosten, sind von der ersuchenden Stelle zu erstatten.

(3) Die Sozialversicherungsträger und der Hauptverband sind berechtigt, auf automationsunterstütztem Weg Einsicht in das automationsunterstützt geführte Grundbuch, in das zentrale Gewerberegister und in das automationsunterstützt geführte Firmenbuch zu nehmen, soweit dies zur Erfüllung der ihnen übertragenen Aufgaben, insbesondere zur Erbringung von Leistungen und zur Durchführung des Versicherungs-, Melde- und Beitragswesens, notwendig ist. Die Berechtigung zur Einsicht in das Grundbuch umfaßt auch die Einsichtnahme in das Personenverzeichnis. Die Berechtigung zur Einsicht in das Firmenbuch umfaßt auch die bundesweite Suche nach im Zusammenhang mit den Rechtsträgern gespeicherten Personen.

(BGBl 1993/335, BGBl 1996/201)

(4) (aufgehoben)

(BGBl 1996/201, BGBl I 1997/139)

„(5) Die Personenstandsbehörde hat der Gebietskrankenkasse ihres Zuständigkeitsbereiches – möglichst in automationsunterstützter Form – folgende Personenstandsfälle mitzuteilen:

1. Geburten und Vermerke über Annahmen an Kindes statt,
2. Vermerke über verwaltungsbehördliche Namensänderungen sowie Namensänderungen auf Grund zivilrechtlicher Vorgänge,
3. Eheschließungen und Vermerke über Eheauflösungen,
4. Todesfälle.“

(BGBl 1996/411, BGBl I 2002/1)

(6) Die Sozialversicherungsträger und der Hauptverband haben zur Sicherung der Unverwechselbarkeit und Richtigkeit der von ihnen verwendeten Daten sowie zur Durchführung ihrer Verfahren das Recht, das Verfahren der Meldebehörden nach § 14 Abs. 2 des Meldegesetzes 1991 in Anspruch zu nehmen. Sie sind verpflichtet, bei Änderungen (Feststellung, Richtigstellung usw.) von Familiennamen, Vornamen, Geschlechtsangabe, Staatsbürgerschaft und Geburtsdaten sowie der ZMR-Zahl (§ 16 Meldegesetz 1991) mit dem Zentralen Melderegister beim Bundesminister für Inneres zum Zwecke der Führung der Gleichsetzungstabelle (§ 16b Meldegesetz 1991 in der Fassung des Artikels II des Bundesgesetzes BGBl. I Nr. 28/2001) zusammenzuarbeiten und dort geänderte Daten zu verwenden, soweit dies zur eindeutigen Identifizierung einer Person notwendig ist. Leistungsansprüche, Anwartschaften oder deren Veränderungen können aus solchen Änderungen nicht abgeleitet werden.

(BGBl I 2001/28)

ABSCHNITT II
Verfahren in Leistungssachen

1. Unterabschnitt
Feststellung von Leistungsansprüchen durch die Versicherungsträger

Einleitung des Verfahrens

§ 361. (1) Die Leistungsansprüche sind von den Versicherungsträgern im Rahmen ihrer örtlichen und sachlichen Zuständigkeit festzustellen

1. in der Kranken- und in der Pensionsversicherung auf Antrag,
2. in der Unfallversicherung von Amts wegen oder, sofern das Verfahren nicht auf diese Weise eingeleitet wurde, auf Antrag.

Ein Antrag auf eine Pension aus den Versicherungsfällen der geminderten Arbeitsfähigkeit gilt auch als Antrag auf Leistungen der Rehabilitation.

(BGBl 1996/201)

(2)[a]) Zur Stellung eines Antrages nach Abs. 1 ist der Anspruchswerber selbst oder sein gesetzlicher Vertreter berechtigt. Minderjährige, die das 14. Lebensjahr vollendet haben, können auch selbst den Antrag stellen. Der Anspruch auf die Leistungen der Krankenversicherung für Angehörige (§ 123) kann in den Fällen des § 89 Abs. 4 oder wenn der Versicherte die Antragstellung ohne triftigen Grund verweigert, auch vom Angehörigen selbst oder von dessen gesetzlichem Vertreter unmittelbar geltend gemacht werden. Der Kostenersatz nach § 131 Abs. 1 und 3 sowie der Pflegekostenzuschuß nach § 150 kann, wenn der Anspruchsberechtigte vor der Antragstellung verstorben ist, auch von den nach § 107 bezugsberechtigten Personen beantragt werden. Hinsichtlich eines Leistungsanspruches, aus dem ein auf Grund der Bestimmungen des Abschnittes II des Fünften Teiles vom Träger der Sozialhilfe geltend gemachter Ersatzanspruch zu befriedigen ist, ist auch der Träger der Sozialhilfe antragsberechtigt.

(BGBl 1993/335, BGBl 1996/764, BGBl I 2001/5)

---
[a]) Tritt mit Ablauf des 31. Dezember 2004 außer Kraft.

(2)[a]) Zur Stellung eines Antrages nach Abs. 1 ist der Anspruchswerber selbst oder sein gesetzlicher Vertreter berechtigt. Minderjährige, die das 14. Lebensjahr vollendet haben, können auch selbst den Antrag stellen. Der Anspruch auf die Leistungen der Krankenversicherung für Angehörige (§ 123) kann in den Fällen des § 89 Abs. 4 oder wenn der Versicherte die Antragstellung ohne triftigen Grund verweigert, auch vom Angehörigen selbst oder von dessen gesetzlichem Vertreter unmittelbar geltend gemacht werden. Der Kostenersatz nach § 131 Abs. 1 und 3 sowie nach § 150 kann, wenn der Anspruchsberechtigte vor der Antragstellung verstorben ist, auch von den nach § 107 bezugsberechtigten Personen beantragt werden. Hinsichtlich eines Leistungsanspruches, aus dem ein auf Grund der Bestimmungen des Abschnittes II des Fünften Teiles vom Träger der Sozialhilfe geltend gemachter Ersatzanspruch zu befriedigen ist, ist auch der Träger der Sozialhilfe antragsberechtigt.

(BGBl 1993/335)

[a]) Tritt mit Ablauf des 31. Dezember 2004 wieder in Kraft.

(3) Der Antragsteller hat die zur Feststellung des geltend gemachten Anspruches erforderlichen Urkunden und in seinen Händen befindlichen Unterlagen über den Versicherungsverlauf beizubringen. Bei einem Antrag auf eine Leistung der Krankenversicherung, die von der Höhe einer Bemessungsgrundlage abhängig ist, hat der Antragsteller eine Bestätigung des Dienstgebers über die Höhe des Entgeltes beizubringen. Das Nähere über Form und Inhalt der Bestätigung bestimmt die Satzung. Der Dienstgeber ist zur Ausstellung solcher Bestätigungen sowie zur Ausstellung von Krankenscheinen (§ 135 Abs. 3) und Zahnbehandlungsscheinen (§ 153 Abs. 4) für die bei ihm beschäftigten Versicherten und für Angehörige im Sinne des § 123 Abs. 2 Z 2 bis 4 dieser Versicherten verpflichtet. Das Nähere über die Ausstellung der Krankenscheine und der Zahnbehandlungsscheine für sonstige Angehörige des Versicherten bestimmt die Krankenordnung.

(BGBl I 2000/142)

(4) Anträge auf Leistungen sind bei dem örtlich und sachlich zuständigen Versicherungsträger einzubringen. Wird der Antrag

a) bei einem anderen Versicherungsträger oder

b) bei einer Behörde der allgemeinen staatlichen Verwaltung

eingebracht, so ist er ohne unnötigen Aufschub an den zuständigen Versicherungsträger weiterzuleiten. Er gilt mit dem Tage des Einlangens bei der anderen Stelle als bei dem zuständigen Versicherungsträger rechtswirksam eingebracht. Wird der Antrag bei einer Gemeinde eingebracht, ist er je nach dem Begehren ohne unnötigen Aufschub an einen Versicherungsträger weiterzuleiten und gilt, wenn zwischen der Einbringung bei der Gemeinde und dem Einlangen bei einem Versicherungsträger nicht mehr als zwei Monate verstrichen sind, mit dem Tage des Einlangens bei der Gemeinde als beim zuständigen Versicherungsträger eingebracht.

(BGBl 1994/314)

Zurückweisung von Leistungsanträgen in der Unfall- und Pensionsversicherung

§ 362. (1) Ist die Zuerkennung des Anspruches auf eine Versehrtenrente oder der Antrag auf eine Erhöhung der Versehrtenrente mangels einer entsprechenden Einbuße an Erwerbsfähigkeit abgewiesen oder eine solche Rente aus dem gleichen Grunde entzogen worden und wird vor Ablauf eines Jahres nach Rechtskraft der Entscheidung der Antrag auf Zuerkennung (Erhöhung) der Versehrtenrente neuerlich eingebracht, ohne daß eine wesentliche Änderung (§ 183 Abs. 1 zweiter Satz) der zuletzt festgestellten Unfallsfolgen glaubhaft bescheinigt ist oder innerhalb einer vom Versicherungsträger gesetzten angemessenen Frist bescheinigt wird, so ist der Antrag zurückzuweisen.

(2) Abs. 1 ist entsprechend anzuwenden, wenn mangels entsprechender Minderung der Arbeitsfähigkeit ein Antrag auf Zuerkennung einer Invaliditäts-, Berufsunfähigkeits-, Knappschafts- oder Knappschaftsvollpension abgelehnt oder eine solche Pension entzogen worden ist.

(BGBl 1993/110, BGBl 1996/411, BGBl I 2000/43)

Unfallsanzeige

§ 363. (1) Die Dienstgeber und die sonstigen meldepflichtigen Personen oder Stellen (§§ 33 bis 37, 39) haben jeden Arbeitsunfall, durch den eine unfallversicherte Person getötet oder mehr als drei Tage völlig oder teilweise arbeitsunfähig geworden ist, längstens binnen fünf Tagen dem zuständigen Träger der Unfallversicherung auf einem von diesem aufzulegenden Vordruck in dreifacher Ausfertigung anzuzeigen. Auf die gleiche Weise haben die meldepflichtigen Personen (Stellen) die Berufskrankheit eines Unfallversicherten binnen fünf Tagen nach dem Beginn der Krankheit (§ 120 Abs. 1 Z 1) dem zuständigen Träger der Unfallversicherung anzuzeigen.

(2) Der Arzt, der bei einem Versicherten eine Berufskrankheit oder Krankheitserscheinungen feststellt, die den begründeten Verdacht einer solchen Krankheit rechtfertigen, hat diese Feststellung dem zuständigen Träger der Unfallversicherung binnen fünf Tagen auf einem von diesem aufzulegenden Vordruck in dreifacher Ausfertigung anzuzeigen. Der Versicherungsträger hat dem Arzt hiefür eine Vergütung von 5,81 € zu leisten. Ein Arzt, welcher der ihm obliegenden Verpflichtung zur Erstattung der Anzeige nicht oder nicht rechtzeitig nachkommt, begeht eine Verwaltungsübertretung und ist, wenn er nicht nach anderen Vorschriften einer strengeren Strafe unterliegt, von der Bezirksverwaltungsbehörde mit Geld bis zu 440 €, im Falle der Uneinbringlichkeit mit Arrest bis zu zwei Wochen zu bestrafen.

(BGBl I 2001/67)

(3) Der Träger der Unfallversicherung hat eine der bei ihm eingelangten Ausfertigungen der Anzeige über einen Arbeitsunfall oder eine Berufskrankheit unverzüglich weiterzuleiten

1. an das zuständige Arbeitsinspektorat, wenn der Unfall (die Berufskrankheit) den Dienstnehmer eines Betriebes betraf, der nach dem Arbeitsinspektionsgesetz, BGBl. Nr. 194/1947, in der jeweils geltenden Fassung dem Wirkungsbereich der Arbeitsinspektion unterliegt;

2. an das Verkehrs-Arbeitsinspektorat, wenn der Unfall (die Berufskrankheit) den Dienstnehmer eines Betriebes betraf, der nach dem Verkehrs-Arbeitsinspektionsgesetz, BGBl. Nr. 99/1952, in der jeweils geltenden Fassung dem Wirkungsbereich des Verkehrs-Arbeitsinspektorates unterliegt;
3. an die zuständige Land- und Forstwirtschaftsinspektion, wenn der Unfall (die Berufskrankheit) den Dienstnehmer eines Betriebes betraf, der nach dem Landarbeitsgesetz 1984, BGBl. Nr. 287, in der jeweils geltenden Fassung dem Wirkungsbereich der Land- und Forstwirtschaftsinspektion unterliegt.

   (BGBl I 2002/1)

4. ~~an die zuständige Berghauptmannschaft, wenn der Unfall (die Berufskrankheit) den Dienstnehmer eines Betriebes betraf, der nach dem Berggesetz 1975, in der jeweils geltenden Fassung der Aufsicht der Bergbehörde unterliegt.~~

   (BGBl I 2002/1)

Eine weitere Ausfertigung der Anzeige über eine Berufskrankheit hat der Träger der Unfallversicherung dem Arbeitsinspektionsarzt beim Zentralarbeitsinspektorat unverzüglich zu übersenden.

(4) Die im § 8 Abs. 1 Z 3 lit. h und i genannten Schulen, Lehranstalten und Universitäten haben jeden Unfall im Sinne des § 175 Abs. 4 oder 5 bzw. § 176 Abs. 1 Z 11 oder 12, durch den eine nach § 8 Abs. 1 Z 3 lit. h oder i unfallversicherte Person getötet oder körperlich geschädigt worden ist, längstens binnen fünf Tagen dem zuständigen Träger der Unfallversicherung auf einem von diesem aufzulegenden Vordruck in dreifacher Ausfertigung anzuzeigen. Auf die gleiche Weise haben die anzeigepflichtigen Stellen die Berufskrankheit eines nach § 8 Abs. 1 Z 3 lit. h und i in der Unfallversicherung Teilversicherten binnen fünf Tagen nach dem Beginn der Krankheit (§ 120 Z 1) dem zuständigen Träger der Unfallversicherung anzuzeigen.

Erhebung von Arbeitsunfällen durch den Versicherungsträger

§ 364. Der Unfallversicherungsträger läßt nach Einlangen einer Unfallsanzeige unverzüglich die Tatsachen feststellen, welche für die Ermittlung, ob und in welcher Höhe eine Entschädigung in Betracht kommt, erforderlich sind.

Behördliche Erhebung von Arbeitsunfällen

§ 365. (1) Ein Arbeitsunfall ist behördlich zu erheben, wenn es der Träger der Unfallversicherung bei der nach dem Unfallorte zuständigen Bezirksverwaltungsbehörde, sofern es sich aber um Betriebe handelt, die der Aufsicht der Bergbehörde unterstehen, bei der nach dem Unfallorte zuständigen Berghauptmannschaft beantragt.

(2) Unfallserhebungen sind nach Einlangen des Antrages ohne Verzug und in der Regel an Ort und Stelle vorzunehmen. Der Erhebung ist nach Möglichkeit der Versehrte beizuziehen. Außerdem sind von der Vornahme der Erhebung der Träger der Unfallversicherung, das zuständige Arbeitsinspektorat (Verkehrs-Arbeitsinspektorat, Land- und Forstwirtschaftsinspektion) sowie, wenn der Unfall einen Dienstnehmer betroffen hat, der Dienstgeber und der Betriebsrat (die Vertrauensmänner) des Betriebes zu verständigen. Diese Stellen können sich durch Vertreter an der Erhebung beteiligen. Das Ergebnis der Erhebungen ist dem Unfallversicherungsträger sobald wie möglich mitzuteilen.

(3) § 16 des Arbeitsinspektionsgesetzes, BGBl. Nr. 143/1974, und § 15 des Verkehrs-Arbeitsinspektionsgesetzes, BGBl. Nr. 99/1952, beide in der jeweils geltenden Fassung, sowie die auf Grund des § 92 des Landarbeitsgesetzes 1984, BGBl. Nr. 287, in der jeweils geltenden Fassung erlassenen Ausführungsbestimmungen werden durch die Abs. 1 und 2 nicht berührt.

Mitwirkung des Anspruchswerbers oder Anspruchsberechtigten

§ 366. (1) Anspruchswerber und Anspruchsberechtigte sind verpflichtet, sich einer ärztlichen Untersuchung oder einer Beobachtung in einer Krankenanstalt zu unterziehen, die der zuständige Versicherungsträger anordnet, um das Vorliegen und den Grad von gesundheitlichen Schädigungen festzustellen, die Voraussetzung für den Anspruch auf eine Leistung sind.

(2) Wird einer Anordnung des Versicherungsträgers im Sinne des Abs. 1 nicht entsprochen, so kann er der Entscheidung über den Leistungsanspruch den Sachverhalt, soweit er festgestellt ist, zugrunde legen. Dies darf jedoch nur geschehen, wenn die Anordnung unter Androhung der Säumnisfolgen und mit Setzung einer angemessenen Frist vorgenommen wird. Die Anordnung ist aufzuheben, wenn die aufgeforderte Person glaubhaft macht, daß sie durch ein unvorhergesehenes oder unabwendbares Ereignis ohne ihr Verschulden verhindert war, der Anordnung fristgerecht nachzukommen.

(3) Zur Klärung der Frage, ob ein Krankheitszustand ganz oder teilweise als Berufskrankheit anzusehen ist, kann der Träger der Unfallversicherung eine gutächtliche Äußerung des Arbeitsinspektionsarztes beim Zentralarbeitsinspektorat einholen. Einem Antrage des Arbeitsinspektionsarztes auf Vornahme von Ermittlungen, erforderlichenfalls von weiteren ärztlichen Untersuchungen, hat der Versicherungsträger zu entsprechen.

Bescheide der Versicherungsträger in Leistungssachen

§ 367. (1) Über den Antrag auf Zuerkennung einer Leistung aus der Krankenversicherung oder auf Gewährung von Unfallheilbehandlung, von Familien-, Tag-, Versehrten- und Übergangsgeld oder von Körperersatzstücken, orthopädischen Behelfen und anderen Hilfsmitteln aus der Unfallversicherung, ferner bei amtswegiger Feststellung der angeführten Leistungen der Unfallversicherung sowie über den Antrag auf Gewährung von Übergangsgeld aus der Pensionsversicherung ist ein Bescheid zu erlassen, wenn

1. der Versicherungsträger von sich aus ohne Einwilligung des Erkrankten (Versehrten) Anstaltspflege oder Wiederaufnahme der Heilbehandlung verfügt oder wenn
2. die beantragte Leistung ganz oder teilweise abgelehnt wird und der Anspruchswerber ausdrücklich einen Bescheid verlangt.

Über den Antrag auf Zuerkennung oder über die amtswegige Feststellung einer sonstigen Leistung aus der Unfallversicherung, ausgenommen eine Leistung nach § 173 Z 1 lit. c sowie die Feststellung, daß eine Gesundheitsstörung Folge eines Arbeitsunfalls beziehungsweise einer Berufskrankheit ist, auch wenn nach Eintritt einer Gesundheitsstörung eine Leistung aus der Unfallversicherung nicht anfällt, ferner über den Antrag auf eine Leistung gemäß § 222 Abs. 1 und 2 aus der Pensionsversicherung sowie auf Feststellung von Versicherungszeiten der Pensionsversicherung außerhalb des Leistungsfeststellungsverfahrens (§ 247) ist jedenfalls ein Bescheid zu erlassen. Über einen Antrag auf Leistung aus einem Versicherungsfall der geminderten Arbeitsfähigkeit ist, sofern die Wartezeit (§ 236) erfüllt ist, über das Vorliegen der Invalidität, Berufsunfähigkeit oder Dienstunfähigkeit im Bescheid gesondert zu entscheiden.

(2) Abs. 1 ist entsprechend anzuwenden bei Entziehung, Versagung, Neufeststellung, Widerruf, Abfindung, Abfertigung oder Feststellung des Ruhens eines Leistungsanspruches, ferner bei Geltendmachung des Anspruches auf Rückersatz einer unrechtmäßig bezogenen Leistung, bei Aufrechnung auf eine Geldleistung oder Zurückhaltung der Ausgleichszulage.

(3) Abweichend von den Bestimmungen der Abs. 1 und 2 sind Bescheide über die Auswirkung

a) von Renten- oder Pensionsanpassungen gemäß den Bestimmungen des Abschnittes VIa des Ersten Teiles,
b) von Vervielfachungen fester Beträge mit der jeweiligen Aufwertungszahl beziehungsweise mit dem jeweiligen Anpassungsfaktor

nur zu erlassen, wenn der Berechtigte dies bis zum Ablauf des Kalenderjahres verlangt, für das die Anpassung (Vervielfachung) vorgenommen wurde.

Frist für die Bescheiderteilung

§ 368. (1) Bescheide über Anträge auf Zuerkennung von Leistungen aus der Krankenversicherung sind binnen zwei Wochen nach der Einbringung des Antrages, Bescheide über die Feststellung von Leistungen aus der Unfallversicherung binnen sechs Monaten nach dem Einlangen der Unfallsanzeige (nach dem Einlangen des Antrages), Bescheide über Anträge auf Zuerkennung von Leistungen aus der Pensionsversicherung sowie über die Feststellung von Versicherungszeiten der Pensionsversicherung außerhalb des Leistungsfeststellungsverfahrens binnen sechs Monaten nach dem Einlangen des Antrages an den Anspruchswerber zu erlassen. Zeiten, während derer das Verfahren gemäß § 38 zweiter Satz AVG 1950, BGBl. Nr. 172, ausgesetzt ist, werden in diese Fristen nicht eingerechnet.

(2) Hat der Versicherungsträger einen Bescheid zu erlassen, kann er dies aber innerhalb der nach Abs. 1 in Betracht kommenden Frist nicht, weil der Sachverhalt noch nicht genügend geklärt ist, so hat er, wenn seine Leistungspflicht dem Grunde nach feststeht, die Leistung zu bevorschussen. Solche Vorschüsse kann er auch, sobald seine Leistungspflicht dem Grunde nach feststeht, schon vor Ablauf der Frist nach Abs. 1 gewähren.

2. Unterabschnitt

Verfahren über Ersatzansprüche der Träger der Sozialhilfe gemäß Abschnitt II des Fünften Teiles

§ 369. Im Verfahren über Ersatzansprüche der Träger der Sozialhilfe gemäß Abschnitt II des Fünften Teiles steht den Versicherungsträgern ein Bescheidrecht nicht zu.

§§ 370–407. (aufgehoben)

3. Unterabschnitt

Fortsetzung des Verfahrens durch die Angehörigen

§ 408. Ist beim Tode des Anspruchswerbers oder Anspruchsberechtigten das Verfahren zur Feststellung eines Leistungsanspruches durch den Versicherungsträger noch nicht abgeschlossen, so sind zur Fortsetzung des Verfahrens nacheinander der Ehegatte, die leiblichen Kinder, die Wahlkinder, die Stiefkinder, die Eltern, die Geschwister berechtigt, alle diese Personen jedoch nur, wenn sie mit dem Anspruchsberechtigten zur Zeit seines Todes in häuslicher Gemeinschaft gelebt haben. Steht die Berechtigung mehreren Kindern, den Eltern oder mehreren Geschwistern des Anspruchsberechtigten zu, so sind sie nur bezüglich ihres Teiles zur Fortsetzung des Verfahrens berechtigt. Letztlich sind hiezu die Verlassenschaft nach dem Versicherten bzw. dessen Erben berechtigt.

(BGBl 1996/411)

ABSCHNITT III
Verfahren in Verwaltungssachen

1. Unterabschnitt
Verfahren vor den Versicherungsträgern

Zuständigkeit der Versicherungsträger in Verwaltungssachen

§ 409. Die Versicherungsträger sind im Rahmen ihrer örtlichen und sachlichen Zuständigkeit zur Behandlung der Verwaltungssachen berufen. Zur Behandlung der Verwaltungssachen, welche die Versicherungspflicht sowie den Beginn und das Ende der Versicherung von Vollversicherten, von in der Kranken- und Unfallversicherung Teilversicherten (§ 7 Z 1 und § 8 Abs. 1 Z 4) und von in der Unfall- und Pensionsversicherung Teilversicherten (§ 7 Z 2) und von in der Unfallversicherung Teilversicherten (§ 7 Z 3 lit. a) und die Beiträge für solche Versicherte betreffen, soweit deren Einhebung den Trägern der Krankenversicherung obliegt, sind, unbeschadet der Bestimmung des § 411, die Träger der Krankenversicherung berufen. Das gleiche gilt für die Zuständigkeit zur Behandlung von Verwaltungssachen, welche die Versicherungsberechtigung sowie den Beginn und das Ende der Versicherung von in der Kranken- und Pensionsversicherung Selbstversicherten (§ 19a) betreffen.

(BGBl 1994/20)

Bescheide der Versicherungsträger in Verwaltungssachen

§ 410. (1) Der Versicherungsträger hat in Verwaltungssachen, zu deren Behandlung er nach § 409 berufen ist, einen Bescheid zu erlassen, wenn er die sich aus diesem Bundesgesetz in solchen Angelegenheiten ergebenden Rechte und Pflichten von Versicherten und von deren Dienstgebern oder die gesetzliche Haftung Dritter für Sozialversicherungsbeiträge feststellt und nicht das Bescheidrecht der Versicherungsträger in diesem Bundesgesetz ausgeschlossen ist. Hienach hat der Versicherungsträger in Verwaltungssachen insbesondere Bescheide zu erlassen:

1. wenn er die Anmeldung zur Versicherung wegen Nichtbestandes der Versicherungspflicht oder der Versicherungsberechtigung oder die Abmeldung wegen Weiterbestandes der Versicherungspflicht ablehnt oder den Versicherungspflichtigen (Versicherungsberechtigten) mit einem anderen Tag in die Versicherung aufnimmt oder aus ihr ausscheidet, als in der Meldung angegeben ist,
2. wenn er einen nicht oder nicht ordnungsgemäß Angemeldeten in die Versicherung aufnimmt oder einen nicht oder nicht ordnungsgemäß Abgemeldeten aus der Versicherung ausscheidet,
3. wenn er die Entgegennahme von Beiträgen ablehnt,
4. wenn er die Haftung für Beitragsschulden gemäß § 67 ausspricht,
5. wenn er einen Beitragszuschlag gemäß § 113 vorschreibt,
6. wenn er einen gemäß § 98 Abs. 2 gestellten Antrag auf Zustimmung zur Übertragung eines Leistungsanspruches ganz oder teilweise ablehnt,
7. wenn der Versicherte oder der Dienstgeber die Bescheiderteilung zur Feststellung der sich für ihn aus diesem Gesetz ergebenden Rechte und Pflichten verlangt,

   (BGBl I 1998/138)
8. wenn er entgegen einer bereits bestehenden Pflichtversicherung gemäß § 2 Abs. 1 Z 4 GSVG auf Grund ein und derselben Tätigkeit die Versicherungspflicht gemäß § 4 Abs. 4 als gegeben erachtet.

   (BGBl I 1998/138)

(2) In den Fällen des Abs. 1 Z 7 ist über den Antrag des Versicherten (des Dienstgebers) ohne unnötigen Aufschub, spätestens aber sechs Monate nach Einlangen des Antrages, der Bescheid zu erlassen. Wird der Partei innerhalb dieser Frist der Bescheid nicht zugestellt, so geht auf ihr schriftliches Verlangen die Zuständigkeit zur Entscheidung an den Landeshauptmann über. Ein solches Verlangen ist unmittelbar beim Landeshauptmann einzubringen. Das Verlangen ist abzuweisen, wenn die Verzögerung nicht ausschließlich auf ein Verschulden des Versicherungsträgers zurückzuführen ist.

Wirkung der Bescheide der Krankenversicherungsträger in anderen Versicherungen

§ 411. Hat der Träger der Krankenversicherung einen Bescheid in einer Angelegenheit erlassen, welche die Unfall-, Pensions- oder Arbeitslosenversicherung betrifft, so hat der Träger der beteiligten Versicherung beziehungsweise die Landesgeschäftsstelle des Arbeitsmarktservice im Verfahren vor den Verwaltungsbehörden über diese Bescheide Parteistellung.

(BGBl 1994/314)

Einspruch gegen Bescheide der Versicherungsträger

§ 412. (1) Bescheide der Versicherungsträger in Verwaltungssachen können binnen einem Monat nach der Zustellung durch Einspruch an den zuständigen Landeshauptmann angefochten werden. Der Einspruch hat den Bescheid zu bezeichnen, gegen den er sich richtet, und einen begründeten Entscheidungsantrag zu enthalten. Der Einspruch ist beim Versicherungsträger, der den Bescheid erlassen hat, einzubringen. Ein beim Landeshauptmann eingebrachter Einspruch gilt als beim Versicherungsträger eingebracht und ist an diesen unverzüglich weiterzuleiten.

(2) Der Versicherungsträger kann auf Grund des Einspruches und allfälliger weiterer Ermittlungen binnen zwei Monaten nach Einbringung (Einlangen) des Einspruches den Bescheid im Sinne des Einspruchsbegehrens abändern, ergänzen oder aufheben (Einspruchsvorentscheidung).

(3) Binnen zwei Wochen nach Zustellung der Einspruchsvorentscheidung kann beim Versicherungsträger der Antrag gestellt werden, daß der Einspruch dem Landeshauptmann zur Entscheidung vorgelegt werden möge (Vorlageantrag). In der Einspruchsvorentscheidung ist auf die Möglichkeit eines solchen Vorlageantrages hinzuweisen. Mit dem Einlangen eines rechtzeitig eingebrachten Vorlageantrages tritt die Einspruchsvorentscheidung außer Kraft. Die Parteien sind über

das Außerkrafttreten der Einspruchsvorentscheidung zu verständigen.

(4) Ergeht keine Einspruchsvorentscheidung, hat der Versicherungsträger den Einspruch ungesäumt, längstens jedoch binnen zwei Monaten nach Einbringung des Einspruchs, unter Anschluß der Akten und seiner Stellungnahme dem Landeshauptmann vorzulegen.

(5) Tritt eine Einspruchsvorentscheidung auf Grund eines rechtzeitig eingebrachten Vorlageantrages außer Kraft, hat der Versicherungsträger den Vorlageantrag ungesäumt, längstens jedoch binnen zwei Wochen, unter Anschluß der Akten und seiner Stellungnahme dem Landeshauptmann vorzulegen.

(6) Der Einspruch hat keine aufschiebende Wirkung; der Landeshauptmann kann jedoch dem Einspruch auf Antrag aufschiebende Wirkung dann zuerkennen, wenn

1. der Einspruch nach Lage des Falles erfolgversprechend erscheint oder
2. das Verhalten des Einspruchswerbers nicht auf eine Gefährdung der Einbringlichkeit von Sozialversicherungsbeiträgen gerichtet ist.

§ 413 Abs. 5 ist mit der Maßgabe anzuwenden, daß der Landeshauptmann die vorläufige Durchführung und die Erbringung der in Betracht kommenden Leistungen bis zur Rechtskraft der Entscheidung dem Versicherungsträger, der den Bescheid erlassen hat, zu übertragen hat. Der Antrag auf Zuerkennung der aufschiebenden Wirkung des Einspruches ist innerhalb der für die Einbringung des Einspruches vorgesehenen Frist (Abs. 1) beim Versicherungsträger zu stellen. Der Antrag auf Zuerkennung der aufschiebenden Wirkung des Einspruches gilt gleichzeitig als Antrag auf Zuerkennung der aufschiebenden Wirkung bei Einbringung eines Vorlageantrages; dies gilt auch dann, wenn der Vorlageantrag nicht vom Einspruchswerber, sondern von einer anderen Partei gestellt wird.

(BGBl 1993/335, BGBl 1996/411)

2. Unterabschnitt
Verfahren vor den Verwaltungsbehörden

Sachliche Zuständigkeit des Landeshauptmannes

§ 413. (1) Der Landeshauptmann entscheidet

1. über die bei ihm eingebrachten Einsprüche und Vorlageanträge,
2. unter Ausschluß eines Bescheidrechtes der beteiligten Versicherungsträger über die Versicherungszugehörigkeit oder Versicherungszuständigkeit, in der Pensionsversicherung auch über die Leistungszugehörigkeit oder Leistungszuständigkeit auf Antrag eines beteiligten Versicherungsträgers, einer anderen Partei oder eines Gerichts, wenn Zweifel oder Streit darüber bestehen, welcher Versicherung eine Person versicherungs- oder leistungszugehörig ist oder welcher Versicherungsträger für sie versicherungs- oder leistungszuständig ist.

(2) In dem Verfahren nach Abs. 1 Z 1 hat der Versicherungsträger, gegen dessen Bescheid sich der Einspruch richtet, Parteistellung.

(3) Die rechtskräftige Entscheidung nach Abs. 1 Z 2 über die Versicherungszuständigkeit wirkt in der Krankenversicherung nur für künftig fällige Beitragsleistungen und künftig eintretende Versicherungsfälle.

(4) Im Verfahren über Leistungssachen darf über die im Abs. 1 Z 2 bezeichneten Fragen als Vorfrage nicht entschieden werden. Der Versicherungsträger oder das Gericht haben vielmehr die Einleitung des Verfahrens beim Landeshauptmann anzuregen und das eigene Verfahren bis zur Rechtskraft der Entscheidung nach Abs. 1 Z 2 auszusetzen (zu unterbrechen). Einem Rekurs gegen den Unterbrechungsbeschluß kann aufschiebende Wirkung nicht zuerkannt werden.

(5) In den Fällen des Abs. 1 Z 2 hat der Landeshauptmann die vorläufige Durchführung und, wenn ein gerichtliches Verfahren nicht anhängig ist, die Erbringung der in Betracht kommenden Leistungen bis zur Rechtskraft der Entscheidung nach Abs. 1 Z 2 einem Versicherungsträger nach freiem Ermessen zu übertragen. Der mit der vorläufigen Durchführung der Versicherung betraute Versicherungsträger hat darauf Bedacht zu nehmen, daß das Ausmaß der ihm zur Erbringung übertragenen vorläufigen Leistung die voraussichtliche endgültige Leistung nicht übersteigt. Ist ein gerichtliches Verfahren anhängig, so ist, nach der Übertragung der Durchführung der Versicherung an einen Versicherungsträger durch den Landeshauptmann, auch dieser Versicherungsträger Beklagter und ihm gegenüber der § 74 Abs. 2 des Arbeits- und Sozialgerichtsgesetzes sinngemäß anzuwenden. Die vorläufigen Beiträge und Leistungen sind auf die endgültigen Beiträge und Leistungen anzurechnen. Die beteiligten Versicherungsträger haben binnen drei Monaten nach Rechtskraft der Entscheidung über den Zuständigkeits- oder Zugehörigkeitsstreit miteinander abzurechnen.

(6) Die Bestimmungen des Abs. 1 Z 2 und der Abs. 3 bis 5 gelten entsprechend auch im Verhältnis zu den Sonderversicherungen (§ 2 Abs. 2).

Örtliche Zuständigkeit des Landeshauptmannes

§ 414. Die örtliche Zuständigkeit des Landeshauptmannes richtet sich nach dem für die Versicherung maßgebenden Beschäftigungsort, bei selbständig Erwerbstätigen nach dem Standort des Betriebes, bei dem Fehlen eines solchen nach dem im Inland gelegenen Wohnsitz (Sitz) der einschreitenden Partei, wenn auch dieser mangelt, nach dem Sitz der belangten Partei; ist belangte Partei ein Versicherungsträger, bei dem Landesstellen (Landesgeschäftsstellen) eingerichtet sind, so ist der Standort der Landesstelle (Landesgeschäftsstelle) maßgebend.

Rechtszug an das Bundesministerium für soziale Verwaltung

§ 415. (1) Die Berufung an das Bundesministerium für soziale Verwaltung gegen den Bescheid des Landeshauptmannes steht in den Fällen des § 413 Abs. 1 Z 2 allgemein, in den Fällen des § 413 Abs. 1 Z 1 jedoch nur zu, wenn über die Versicherungspflicht, ausgenommen in den Fällen des § 11 Abs. 2, oder die Berechtigung zur Weiter- oder Selbstversicherung entschieden worden ist.

(BGBl I 1998/138)

(2) Der Versicherungsträger, der den Bescheid in erster Instanz erlassen hat, hat die Berufung beim Landeshauptmann einzubringen.

(BGBl I 1998/138)

Sonstige Entscheidungsbefugnisse des Bundesministeriums für soziale Verwaltung

§ 416. Streitigkeiten zwischen Versicherungsträgern in Verwaltungssachen, die nicht die Versicherungs(Leistungs)zugehörigkeit oder Versicherungs(Leistungs)zuständigkeit betreffen, und Streitigkeiten zwischen dem Hauptverband und den Versicherungsträgern entscheidet unter Ausschluß eines Bescheidrechtes der beteiligten Versicherungsträger das Bundesministerium für soziale Verwaltung. Durch die Einleitung eines Verfahrens zur Entscheidung über Zahlungsverpflichtungen betreffende Streitigkeiten werden diese Zahlungsverpflichtungen nicht gehemmt.

(BGBl 1996/764)

Nichtigerklärung von Bescheiden

§ 417. (1) Bescheide der Versicherungsträger in Verwaltungssachen und der Landeshauptmänner, die den gesetzlichen Bestimmungen über die Versicherungspflicht, über die Berechtigung zur Weiter- und Selbstversicherung, über die Versicherungs(Leistungs)zugehörigkeit oder die Versicherungs(Leistungs)zuständigkeit widersprechen, können im Sinne des § 68 Abs. 4 lit. d AVG 1950, BGBl. Nr. 172, als nichtig erklärt werden.

(2) Zur Wahrnehmung der Nichtigkeit der Bescheide der Versicherungsträger ist die unmittelbare Aufsichtsbehörde berufen.

(3) Die zur Wahrnehmung der Nichtigkeit berufene Behörde kann im Falle der Nichtigkeit in der Sache selbst entscheiden.

(4) Im Falle der Nichtigerklärung findet keine Nachzahlung und kein Rückersatz von Versicherungsbeiträgen oder Versicherungsleistungen statt. Zeiten, für die bis zur Zustellung des Bescheides über die Nichtigerklärung Beiträge zur Pensionsversicherung geleistet worden sind, gelten als Beitragszeiten dieser Versicherung.

Zurückverweisung durch den Landeshauptmann und das Bundesministerium für Arbeit, Gesundheit und Soziales

§ 417a. Ist der dem Landeshauptmann bzw. dem Bundesministerium für Arbeit, Gesundheit und Soziales vorliegende entscheidungsrelevante Sachverhalt mangelhaft erhoben und sind aus diesem Grund umfangreiche Ermittlungen notwendig oder ist die Begründung des angefochtenen Bescheides in wesentlichen Punkten unvollständig, so kann der Landeshauptmann bzw. das Bundesministerium für Arbeit, Gesundheit und Soziales den angefochtenen Bescheid beheben und die Angelegenheit zur Ergänzung der Ermittlungen oder der Begründung und zur Erlassung eines neuen Bescheides an den Versicherungsträger oder den Landeshauptmann zurückverweisen.

(BGBl I 1998/138)

ACHTER TEIL
Aufbau der Verwaltung

ABSCHNITT I

(BGBl 1994/20)

Haupt-, Landes- und Außenstellen

§ 418. (1) Die Verwaltung der Versicherungsträger ist durch Hauptstellen, durch Landesstellen nach Maßgabe der Abs. 3, 5 und 6 und, soweit dies nach Abs. 4 vorgesehen ist, durch Außenstellen zu führen.

(2) Die Hauptstelle ist am Sitz des Versicherungsträgers zu errichten. Die Hauptstelle hat die Verwaltung des Versicherungsträgers zu führen, soweit nicht einzelne Aufgaben durch Gesetz den Landesstellen zugewiesen sind.

(3) Die Allgemeine Unfallversicherungsanstalt und die Pensionsversicherungsanstalt der Arbeiter haben Landesstellen in Wien für die Länder Wien, Niederösterreich und Burgenland, in Linz für das Land Oberösterreich, in Salzburg für die Länder Salzburg, Tirol und Vorarlberg sowie in Graz für die Länder Steiermark und Kärnten zu errichten.

„(3)[a]) Die Allgemeine Unfallversicherungsanstalt hat Landesstellen in Wien für die Länder Wien, Niederösterreich und Burgenland, in Linz für das Land Oberösterreich, in Salzburg für die Länder Salzburg, Tirol und Vorarlberg sowie in Graz für die Länder Steiermark und Kärnten zu errichten. Die Pensionsversicherungsanstalt hat in jedem Bundesland eine Landesstelle für das jeweilige Bundesland einzurichten."

(BGBl I 2002/1)

[a]) Tritt mit 1. Jänner 2003 in Kraft.

(4) Die Versicherungsträger können, soweit eine im Verhältnis zu den Versicherten und den Dienstgebern örtlich nahe Verwaltung zweckmäßig ist, Außenstellen einrichten.

(5) Die Landesstellen haben folgende Aufgaben zu besorgen:

1. Entgegennahme von Leistungsanträgen;
2. Mitwirkung an der Durchführung der Rehabilitation im Rahmen der Unfallversicherung und der Pensionsversicherung, Gewährung von Maßnahmen der Gesundheitsvorsorge und ihre Durchführung; Mitwirkung an der Feststellung aller übrigen Leistungen und Vorlage der Leistungsan-

träge an den zur Entscheidung zuständigen Verwaltungskörper;

3. Standesführung und Kontrolle der im Sprengel der Landesstelle wohnenden Renten(Pensions)empfänger;

4. Bestellung von Bevollmächtigten zur Vertretung der Anstalt bei den für ihren Sprengel in Betracht kommenden Landesgerichten als Arbeits- und Sozialgerichte bzw. dem Arbeits- und Sozialgericht Wien, den Oberlandesgerichten und Landeshauptmännern sowie bei anderen Behörden für die in Betracht kommenden Länder;

5. Mitwirkung bei der Durchführung der Unfallverhütungsvorschriften, bei der Überwachung derselben durch Besichtigung der Betriebe und bei der Vorsorge für erste Hilfeleistung bei Arbeitsunfällen;

(BGBl I 2002/1)

~~6.~~[a]) ~~vorläufige Veranlagung der Vermögensbestände aus den Beitragseingängen;~~

(BGBl I 2002/1)

[a]) Die Aufhebung tritt mit 1. Jänner 2003 in Kraft.

~~7.~~[a]) ~~Mitwirkung bei der Durchführung der Personalangelegenheiten der Bediensteten der Landesstelle.~~

(BGBl I 2002/1)

[a]) Die Aufhebung tritt mit 1. Jänner 2003 in Kraft.

„(5a)[a]) Die Landesstellen der Allgemeinen Unfallversicherungsanstalt haben darüber hinaus folgende Aufgaben zu besorgen:

1. vorläufige Veranlagung der Vermögensbestände aus den Beitragseingängen;
2. Mitwirkung bei der Durchführung der Personalangelegenheiten der Bediensteten der Landesstelle."

(BGBl I 2002/1)

[a]) Tritt mit 1. Jänner 2003 in Kraft.

(6) Die örtliche Zuständigkeit der Landesstellen richtet sich bei Versicherten, die in einem Beschäftigungsverhältnis stehen, nach dem Beschäftigungsort (§ 30 Abs. 2), bei selbständig Erwerbstätigen nach dem Standort des Betriebes, in allen anderen Fällen nach dem Wohnsitz des Versicherten.

„(7) Auftraggeber im Sinne des § 4 Z 4 des Datenschutzgesetzes 2000 ist hinsichtlich der im Abs. 5 genannten Aufgaben stets die Hauptstelle des Versicherungsträgers."

(BGBl I 2002/1)

(8) Die den Landesstellen nach den am 31. Dezember 1993 in Geltung stehenden Satzungsbestimmungen übertragenen Aufgaben gelten ab 1. Jänner 1994 als durch den Vorstandgemäß § 434 Abs. 1 übertragene Obliegenheiten.

ABSCHNITT II
Verwaltungskörper der Versicherungsträger

Arten der Verwaltungskörper

§ 419. (1) Die Verwaltungskörper der Versicherungsträger sind

1. der Vorstand;
2. die Generalversammlung;
3. die Kontrollversammlung.

(2) Überdies sind Verwaltungskörper bei der Allgemeinen Unfallversicherungsanstalt und der Pensionsversicherungsanstalt der Arbeiter am Sitz der Landesstellen die Landesstellenausschüsse.

(2)[a]) Überdies sind Verwaltungskörper bei der Allgemeinen Unfallversicherungsanstalt und der „Pensionsversicherungsanstalt" am Sitz der Landesstellen die Landesstellenausschüsse.

(BGBl I 2002/1)

[a]) Tritt mit 1. Jänner 2003 in Kraft.

Versicherungsvertreter

§ 420. (1) Die Verwaltungskörper bestehen aus Vertretern der Dienstnehmer und Vertretern der Dienstgeber (Versicherungsvertreter). Bei der Allgemeinen Unfallversicherungsanstalt sind die gemäß § 8 Abs. 1 Z 3 lit. a pflichtversicherten selbständig Erwerbstätigen, auch wenn sie pflichtversicherte Dienstnehmer nicht beschäftigen, bei der Entsendung der Versicherungsvertreter den Dienstgebern gleichgestellt.

(2) Versicherungsvertreter können nur österreichische Staatsbürger sein, die nicht vom Wahlrecht in die gesetzgebenden Organe ausgeschlossen sind, am Tage der Berufung das 19. Lebensjahr vollendet und ihren Wohnort, Beschäftigungsort oder Betriebssitz im Sprengel des Versicherungsträgers haben. Sie müssen entweder seit mindestens sechs Monaten in Österreich als Dienstnehmer oder Unternehmer tätig sein oder

a) Bevollmächtigte von Dienstgebern oder
b) Vorstandsmitglieder oder Bedienstete öffentlich-rechtlicher Interessenvertretungen oder von Organisationen der Dienstnehmer bzw. Dienstgeber oder
c) Bedienstete von Gebietskörperschaften

sein.

(3) Die Versicherungsvertreter müssen, soweit es sich nicht um Angehörige des im Abs. 2 Z 2 und 3 umschriebenen Personenkreises handelt, im Zeitpunkt ihrer Entsendung dem betreffenden Versicherungsträger beziehungsweise der betreffenden Landesstelle als pflichtversicherter Dienstnehmer oder Dienstgeber von solchen oder als freiwillig Versicherter angehören.

(4) Kein Mitglied eines Verwaltungskörpers darf in diesem mehr als eine Stimme führen.

(5) Die Tätigkeit als Mitglied eines Verwaltungskörpers erfolgt auf Grund einer öffentlichen Verpflichtung und begründet kein Dienstverhältnis

zum Versicherungsträger. Hiefür gebühren Entschädigungen nach folgenden Grundsätzen:

1. Die Mitglieder der Verwaltungskörper haben Anspruch auf Ersatz der Reise- und Aufenthaltskosten nach Maßgabe von Richtlinien gemäß § 31 Abs. 5 Z 31.

   (BGBl 1996/411)

2. Der Präsident, der Vizepräsident und die Mitglieder des Verwaltungsrates, die Obmänner und Obmann-Stellvertreter sowie die Vorsitzenden und die Vorsitzenden-Stellvertreter der Kontrollversammlungen, des Sozial- und Gesundheitsforums Österreich und der Landesstellenausschüsse haben Anspruch auf Funktionsgebühren. Das Nähere hat der Bundesminister für Arbeit, Gesundheit und Soziales nach Anhörung des Hauptverbandes durch Verordnung unter Bedachtnahme auf den örtlichen Wirkungsbereich und die Zahl der Versicherten des jeweiligen Versicherungsträgers zu bestimmen; dabei darf die für ein Jahr zustehende Funktionsgebühr 40 vH des einem Mitglied des Nationalrates jährlich gebührenden Bezuges nicht übersteigen.

   (BGBl I 1997/64, BGBl I 2001/99)

3. Die Mitglieder der Verwaltungskörper, soweit sie nicht unter Z 2 fallen, haben Anspruch auf Sitzungsgeld, dessen Höhe durch Verordnung des Bundesministers für Arbeit und Soziales nach Anhörung des Hauptverbandes festzusetzen ist.

§ 107 Abs. 4 ist anzuwenden.

(6) Bedienstete eines Versicherungsträgers und des Hauptverbandes sowie Personen, die auf Grund einer von ihnen ausgeübten Erwerbstätigkeit mit diesen Stellen in regelmäßigen geschäftlichen Beziehungen stehen, ferner Personen, über deren Vermögen ein Insolvenzverfahren eröffnet ist, sind von der Entsendung in das Amt eines Versicherungsvertreters ausgeschlossen.

Bestellung der Versicherungsvertreter

§ 421. (1) Die Versicherungsvertreter sind von den geschäftsführenden Organen der örtlich und sachlich zuständigen öffentlich-rechtlichen Interessenvertretungen der Dienstnehmer und der Dienstgeber unter Bedachtnahme auf ihre fachliche Eignung und auf die einzelnen von den entsendeberechtigten Stellen jeweils zu vertretenden Berufsgruppen in die Verwaltungskörper der Versicherungsträger zu entsenden. Die Interessenvertretungen haben die Entsendung nach dem Mandatsergebnis der Wahl zu ihrem jeweiligen satzungsgebenden Organ (zB Vollversammlung, Hauptversammlung) auf Vorschlag der jeweils wahlwerbenden Gruppe nach dem System d'Hondt unter sinngemäßer Anwendung von Abs. 2 dritt- und vorletzter Satz vorzunehmen; sind die Interessenvertretungen mehrerer Länder oder eine bundesweite Interessenvertretung zur Entsendung berufen, so sind dabei die jeweiligen (bei bundesweiter Zuständigkeit: sämtliche) Landesmandatsergebnisse zusammenzuzählen. Soweit die Wirtschaftskammern zur Entsendung berechtigt sind, hat die Nominierung der Versicherungsvertreter nach dem Mandatsergebnis der Wahlen zu den Fachorganisationen (Fachvertretungen) zu erfolgen. Bestehen solche Interessenvertretungen nicht, so sind die Versicherungsvertreter der Dienstnehmergruppe vom Österreichischen Gewerkschaftsbund, und zwar von der in Betracht kommenden Gewerkschaft, und die Versicherungsvertreter der Dienstgebergruppe vom Landeshauptmann, wenn sich aber der Sprengel des Versicherungsträgers auf mehr als ein Land erstreckt, vom Bundesminister für Arbeit und Soziales, bei der Allgemeinen Unfallversicherungsanstalt vom gleichen Bundesminister auf Vorschlag der Wirtschaftskammer Österreich, zu entsenden. Die gleichzeitige Entsendung ein und derselben Person als Versicherungsvertreter sowohl in die Kontrollversammlung als auch in die Generalversammlung desselben Versicherungsträgers ist unzulässig.

(BGBl 1996/411, BGBl I 2000/43, BGBl I 2000/142)

(1a) Auf die Versicherungsanstalt der österreichischen Eisenbahnen ist Abs. 1 so anzuwenden, dass die Versicherungsvertreter aus der Gruppe der Dienstnehmer von der Bundesarbeitskammer unter Berücksichtigung der jeweiligen Betriebsratswahl(Personalvertretungswahl)ergebnisse zu entsenden sind. Für die Entsendung der Versicherungsvertreter aus der Gruppe der Dienstgeber hat die Wirtschaftskammer Österreich das Ergebnis der Kammerwahlen der zuständigen Fachverbände zu berücksichtigen.

(BGBl I 2000/43)

(1b) Auf die Betriebskrankenkassen ist Abs. 1 so anzuwenden, dass die Versicherungsvertreter aus der Gruppe der Dienstgeber von der Wirtschaftskammer Österreich, diejenigen aus der Gruppe der Dienstnehmer – unter Berücksichtigung der jeweiligen Betriebsratswahlergebnisse – von der Bundesarbeitskammer zu entsenden sind.

(BGBl I 2000/43)

(1c) Auf die Versicherungsanstalt des österreichischen Bergbaues ist Abs. 1 letzter Satz so anzuwenden, dass die Versicherungsvertreter aus der Gruppe der Dienstnehmer von der Bundesarbeitskammer zu entsenden sind; dabei sind die Mandatsergebnisse nur jener Länder zusammenzuzählen, in denen es Dienstnehmer gibt, für die die Versicherungsanstalt des österreichischen Bergbaues zuständig ist. Abs. 1a letzter Satz ist anzuwenden.

(BGBl I 2000/92, BGBl I 2001/33)

(2) Bei Versicherungsträgern, deren Sprengel sich nicht über mehr als ein Land erstreckt, hat, wenn mehrere entsendeberechtigte Stellen in der Gruppe der Dienstgeber oder der Dienstnehmer in Betracht kommen, der zuständige Landeshauptmann die auf die einzelnen Stellen entfallende Zahl von Versicherungsvertretern unter Bedachtnahme auf die Zahl der pflichtversicherten Dienst-

nehmer in den den einzelnen Stellen zugehörigen Gruppen von Dienstnehmern oder Dienstgebern festzusetzen. Die Zahl der pflichtversicherten Dienstnehmer ist auf Grund einer im Monat Juli des der Neubestellung der Verwaltungskörper zweitvorangegangenen Kalenderjahres durchzuführenden Stichtagserhebung zu ermitteln. Hiebei ist bei Versicherungsträgern, in deren Vollzugszuständigkeit mehrere Versicherungszweige fallen, von jenem Versicherungszweig auszugehen, der die größte Anzahl von pflichtversicherten Dienstnehmern aufweist. Die Berechnung der auf die einzelnen Stellen entfallenden Zahl von Versicherungsvertretern hat unter Berücksichtigung des § 427 Abs. 2 nach dem System d'Hondt zu erfolgen. Die Wahlzahl ist ungerundet zu errechnen. Haben nach dieser Berechnung mehrere Stellen den gleichen Anspruch auf einen Versicherungsvertreter, so entscheidet das Los. Die Aufteilung gilt jeweils für die betreffende Amtsdauer.

(3) Der Landeshauptmann hat die in Betracht kommenden öffentlich-rechtlichen Interessenvertretungen und Gewerkschaften aufzufordern, die Vertreter innerhalb einer angemessenen Frist, die mindestens einen Monat zu betragen hat, zu entsenden. Verstreicht diese Frist ungenützt, so hat der Landeshauptmann selbst die Versicherungsvertreter zu bestellen. Im Falle der Säumigkeit einer öffentlich-rechtlichen Interessenvertretung hat der Landeshauptmann dabei nach dem System d'Hondt unter Zugrundelegung des Mandatsergebnisses der Wahl zum satzungsgebenden Organ dieser Interessenvertretung unter sinngemäßer Anwendung von Abs. 2 dritt- und vorletzter Satz vorzugehen, ohne an einen Vorschlag gebunden zu sein; Abs. 1 zweiter Satz letzter Halbsatz ist anzuwenden.

(BGBl I 2000/43)

(4) Bei Versicherungsträgern, deren Sprengel sich über mehr als ein Land erstreckt, gelten die Bestimmungen der Abs. 2 und 3 mit der Maßgabe, daß

a) in Fällen, in denen der Wirkungsbereich der örtlich und sachlich zuständigen öffentlich-rechtlichen Interessenvertretung der Dienstnehmer sich nicht über mehr als ein Land erstreckt und eine für das gesamte Bundesgebiet zuständige öffentlich-rechtliche Interessenvertretung nicht besteht, der Berechnung der auf diese Gruppe von Dienstnehmern entfallenden Zahl von Versicherungsvertretern die Gesamtzahl der im Bundesgebiet in Betracht kommenden Dienstnehmer zugrunde zu legen ist und

b) die Befugnisse des Landeshauptmannes dem Bundesminister für Arbeit und Soziales zustehen.

In den Fällen der Z 1 sind die Versicherungsvertreter von jener Interessenvertretung zu entsenden, die für sich allein die größte Zahl von Dienstnehmern vertritt. Diese hat hiebei das Einvernehmen mit den übrigen für diese Gruppe von Dienstnehmern in Betracht kommenden Interessenvertretungen herzustellen.

(5) Vor Aufteilung der Zahl der Versicherungsvertreter im Sinne des Abs. 2 ist den in Betracht kommenden öffentlich-rechtlichen Interessenvertretungen und Gewerkschaften, vor Verfügungen im Sinne des Abs. 4 auch den beteiligten Landeshauptmännern Gelegenheit zur Stellungnahme zu geben.

(6) (aufgehoben)

(BGBl I 2000/43)

(7) Für jeden Versicherungsvertreter ist gleichzeitig mit dessen Bestellung und auf dieselbe Art ein Stellvertreter zu bestellen. Der bestellte Stellvertreter hat das Mitglied zu vertreten, wenn es an der Ausübung seiner Funktion in Verwaltungskörpern oder Ausschüssen verhindert ist. Mitglieder von Verwaltungskörpern oder Ausschüssen können ihre Stellvertretung im Einzelfall auch einem Mitglied der Generalversammlung übertragen.

(BGBl I 2001/99)

(8) Scheidet ein Mitglied oder ein Stellvertreter dauernd aus, so hat die Stelle, die den Ausgeschiedenen bestellt hat, für den Rest der Amtsdauer ein neues Mitglied (einen neuen Stellvertreter) zu bestellen. Bis zur Bestellung des neuen Mitgliedes gilt Abs. 7 zweiter Satz. Ist die Bestellung des neuen Mitgliedes (Stellvertreters) durch eine Enthebung des ausgeschiedenen Mitgliedes (Stellvertreters) von seinem Amt (§ 423) erforderlich geworden und tritt nachträglich die Entscheidung über diese Enthebung außer Kraft, so erlöschen mit dem gleichen Zeitpunkt die rechtlichen Wirkungen der Bestellung des neuen Mitgliedes (Stellvertreters).

Ablehnung des Amtes und Recht zur Amtsausübung

§ 422. (1) Das Amt eines Versicherungsvertreters (Stellvertreters) darf nur aus wichtigen Gründen abgelehnt werden. Nach mindestens zweijähriger Amtsführung kann eine Wiederbestellung für die nächste Amtsdauer abgelehnt werden.

(2) Der Versicherungsvertreter (Stellvertreter) hat von der Annahme seiner Bestellung (§ 421) den Versicherungsträger nachweislich in Kenntnis zu setzen und ist unbeschadet des § 425 zweiter Satz ab dem Zeitpunkt des Einlangens dieser Mitteilung beim Versicherungsträger zur Ausübung seines Amtes ab dem Zeitpunkt, ab dem er bestellt ist, berechtigt.

Enthebung von Versicherungsvertretern (Stellvertretern)

§ 423. (1) Ein Versicherungsvertreter (Stellvertreter) ist seines Amtes zu entheben:

1. wenn Tatsachen bekannt werden, die seine Bestellung ausschließen würden;
2. wenn der Versicherungsvertreter (Stellvertreter) seine Pflichten verletzt;
3. a) wenn er als Vertreter der Dienstnehmer entsendet worden ist, aber seit

mehr als drei Monaten dem betreffenden Versicherungsträger nicht mehr als pflichtversicherter Dienstnehmer angehört, oder

b) wenn er als Vertreter der Dienstgeber entsendet worden ist, aber seit mehr als drei Monaten nicht mehr Dienstgeber eines bei dem betreffenden Versicherungsträger pflichtversicherten Dienstnehmers ist,

in beiden Fällen jedoch nur, wenn er nicht zu jenen Personen zählt, die im § 420 Abs. 2 Z 1 bis 3 angeführt sind;

4. wenn ein wichtiger persönlicher Grund zur Enthebung vorliegt und der Versicherungsvertreter (Stellvertreter) seine Enthebung unter Berufung darauf beantragt;

5. wenn einer der im § 420 Abs. 6 genannten Ausschließungsgründe nach der Entsendung eingetreten ist.

Vor der Enthebung des Versicherungsvertreters (Stellvertreters) gemäß Z 4 oder 5 ist die zur Entsendung berufene Stelle anzuhören.

(2) Die Enthebung der Obmänner, der Vorsitzenden der Kontrollversammlungen und der Landesstellenausschüsse sowie deren Stellvertreter steht der Aufsichtsbehörde, die der sonstigen Mitglieder (Stellvertreter) der Kontrollversammlungen dem Vorsitzenden dieser Versammlung, die der sonstigen Versicherungsvertreter (Stellvertreter) dem Obmann zu.

(3) Die Aufsichtsbehörde kann Versicherungsvertreter (Stellvertreter) auf begründeten Antrag der zur Entsendung berufenen Stelle ihres Amtes entheben.

(4) Vor der Enthebung eines Versicherungsvertreters (Stellvertreters) nach Abs. 1 Z 1 bis 3, Abs. 2 und 3 ist diesem Gelegenheit zur Äußerung zu geben und gleichzeitig die entsendeberechtigte Stelle (§ 421) zu verständigen. Dem vom Obmann oder vom Vorsitzenden der Kontrollversammlung Enthobenen steht das Recht der Beschwerde zu. Sie ist binnen zwei Wochen nach Zustellung des Beschlusses über die Enthebung bei der Aufsichtsbehörde einzubringen. Diese entscheidet endgültig.

(5) Die Aufsichtsbehörde hat dem Antrag einer entsendeberechtigten Stelle (§ 421) auf Enthebung der von dieser entsendeten Versicherungsvertreter (Stellvertreter) zu entsprechen, wenn der Antrag aus dem Grunde der Neuwahl in die betreffende Interessenvertretung innerhalb von sechs Monaten nach der Neuwahl gestellt wird. In diesem Fall entfällt die Anhörung der zu enthebenden Versicherungsvertreter (Stellvertreter). Die Bestimmungen des ersten und zweiten Satzes gelten in gleicher Weise für den Antrag der Wirtschaftskammer Österreich auf Enthebung der auf ihren Vorschlag vom Bundesministerium für Arbeit und Soziales entsendeten Versicherungsvertreter (Stellvertreter) bei der Allgemeinen Unfallversicherungsanstalt.

(BGBl 1996/411)

(6) Ist das Mitglied eines Verwaltungskörpers gleichzeitig auch Mitglied eines anderen Verwaltungskörpers bei ein und demselben Versicherungsträger (§ 427 Abs. 2), so erstreckt sich die Enthebung auch auf das Amt in anderen Verwaltungskörpern.

(7) Von einer Enthebung ist die Aufsichtsbehörde in Kenntnis zu setzen, die die entsendeberechtigte Stelle zur Entsendung eines neuen Versicherungsvertreters (Stellvertreters) aufzufordern hat.

(8) Der Beschwerde gegen die Enthebung eines Versicherungsvertreters (Stellvertreters) von seinem Amt kommt keine aufschiebende Wirkung zu. Eine Aufhebung der Entscheidung über die Enthebung eines Versicherungsvertreters (Stellvertreters) wirkt nicht zurück.

Pflichten und Haftung der Versicherungsvertreter

§ 424. Die Mitglieder der Verwaltungskörper der Versicherungsträger und des Hauptverbandes haben bei der Ausübung ihres Amtes die Rechtsvorschriften zu beachten. Sie sind zur Amtsverschwiegenheit sowie zur gewissenhaften und unparteiischen Ausübung ihres Amtes verpflichtet. Sie haften unbeschadet der Bestimmungen des Amtshaftungs- und des Organhaftpflichtgesetzes für jeden Schaden, der dem Versicherungsträger (dem Hauptverband) aus der Vernachlässigung ihrer Pflichten erwächst. Die Versicherungsträger (der Hauptverband) können auf Ansprüche aus der Haftung nur mit Genehmigung der Aufsichtsbehörde verzichten. Macht ein Versicherungsträger (der Hauptverband) trotz mangelnder Genehmigung der Aufsichtsbehörde die Haftung nicht geltend, so kann diese die Haftung an Stelle und auf Kosten des Versicherungsträgers (des Hauptverbandes) geltend machen.

(BGBl 1996/411)

Amtsdauer

§ 425. Die Amtsdauer der Verwaltungskörper währt jeweils fünf Jahre. Nach Ablauf der Amtsdauer hat der alte Verwaltungskörper die Geschäfte solange weiterzuführen, bis der neue Verwaltungskörper zusammentritt. Die Zeit der Weiterführung der Geschäfte durch den alten Verwaltungskörper zählt auf die fünfjährige Amtsdauer des neuen Verwaltungskörpers.

Zusammensetzung der Verwaltungskörper

§ 426. (1) Die Generalversammlung, der Vorstand und die Landesstellenausschüsse der Versicherungsträger werden wie folgt zusammengesetzt:

1. bei der Allgemeinen Unfallversicherungsanstalt je zur Hälfte aus Vertretern der Dienstnehmer und der Dienstgeber;

2. bei der Pensionsversicherungsanstalt der Angestellten, bei der Pensionsversicherungsanstalt der Arbeiter, bei der Versicherungsanstalt der österreichischen Eisen-

bahnen und bei der Versicherungsanstalt des österreichischen Bergbaues zu zwei Dritteln aus Vertretern der Dienstnehmer und zu einem Drittel aus Vertretern der Dienstgeber;

2.[a]) bei der „Pensionsversicherungsanstalt“, bei der Versicherungsanstalt der österreichischen Eisenbahnen und bei der Versicherungsanstalt des österreichischen Bergbaues zu zwei Dritteln aus Vertretern der Dienstnehmer und zu einem Drittel aus Vertretern der Dienstgeber;

(BGBl I 2002/1)

---

[a]) Tritt mit 1. Jänner 2003 in Kraft.

3. bei den Gebiets- und Betriebskrankenkassen zu vier Fünfteln aus Vertretern der Dienstnehmer und zu einem Fünftel aus Vertretern der Dienstgeber.

(2) Die Kontrollversammlung der Allgemeinen Unfallversicherungsanstalt wird im gleichen Verhältnis, die Kontrollversammlungen der übrigen im Abs. 1 genannten Versicherungsträger im umgekehrten Verhältnis wie die im Abs. 1 bezeichneten Verwaltungskörper aus Vertretern der Dienstnehmer und der Dienstgeber zusammengesetzt.

Generalversammlung

§ 427. (1) Die Zahl der Versicherungsvertreter in der Generalversammlung beträgt:

1. bei der Allgemeinen Unfallversicherungsanstalt 60;
2. bei der Pensionsversicherungsanstalt der Angestellten 60;

„2.[a]) bei der Pensionsversicherungsanstalt .... 120;“

(BGBl I 2002/1)

---

[a]) Tritt mit 1. Jänner 2003 in Kraft.

~~3.~~[a]) ~~bei der Pensionsversicherungsanstalt der Arbeiter .... 60;~~

(BGBl I 2002/1)

---

[a]) Die Aufhebung tritt mit Ablauf des 31. Dezember 2002 in Kraft.

4. bei der Versicherungsanstalt der österreichischen Eisenbahnen 45;
5. bei der Versicherungsanstalt des österreichischen Bergbaues 36;
6. bei den Gebietskrankenkassen .... je 30;
7. bei den Betriebskrankenkassen .... je 10.

(2) Die Mitglieder des Vorstandes und der Landesstellenausschüsse gehören gleichzeitig der Generalversammlung an. Ihre Zahl ist auf die Zahl der Versicherungsvertreter in der Generalversammlung in der Gruppe anzurechnen, der sie im Vorstand und in den Landesstellenausschüssen angehören.

Vorstand

§ 428. Die Zahl der Versicherungsvertreter im Vorstand beträgt:

1. bei der Allgemeinen Unfallversicherungsanstalt 14;
2. bei der Pensionsversicherungsanstalt der Angestellten 12;

„2.[a]) bei der Pensionsversicherungsanstalt .... 15;“

(BGBl I 2002/1)

---

[a]) Tritt mit 1. Jänner 2003 in Kraft.

~~3.~~[a]) ~~bei der Pensionsversicherungsanstalt der Arbeiter .... 15;~~

(BGBl I 2002/1)

---

[a]) Die Aufhebung tritt mit 31. Dezember 2002 in Kraft.

4. bei der Versicherungsanstalt der österreichischen Eisenbahnen 12;
5. bei der Versicherungsanstalt des österreichischen Bergbaues 12;
6. bei den Gebietskrankenkassen für die Länder
   a) Wien, Niederösterreich, Oberösterreich und Steiermark .... je 15,
   b) Salzburg, Tirol, Vorarlberg, Burgenland und Kärnten .... je 10;
7. bei den Betriebskrankenkassen .... je 5.

Kontrollversammlung

§ 429. Die Zahl der Versicherungsvertreter in der Kontrollversammlung beträgt:

1. bei der Allgemeinen Unfallversicherungsanstalt 6;
2. bei der Pensionsversicherungsanstalt der Angestellten 9;

„2.[a]) bei der Pensionsversicherungsanstalt .... 9;“

(BGBl I 2002/1)

---

[a]) Tritt mit 1. Jänner 2003 in Kraft.

~~3.~~[a]) ~~bei der Pensionsversicherungsanstalt der Arbeiter .... 9;~~

(BGBl I 2002/1)

---

[a]) Die Aufhebung tritt mit 31. Dezember 2002 in Kraft.

4. bei der Versicherungsanstalt der österreichischen Eisenbahnen 6;
5. bei der Versicherungsanstalt des österreichischen Bergbaues 6;
6. bei den Gebietskrankenkassen .... je 10;
7. bei den Betriebskrankenkassen .... je 5.

Landesstellenausschüsse

§ 430. Die Zahl der Versicherungsvertreter in jedem Landesstellenausschuß beträgt:

1. bei der Allgemeinen Unfallversicherungsanstalt 6;

2. bei der Pensionsversicherungsanstalt der Arbeiter .... 6.

„2.[a]) bei der Pensionsversicherungsanstalt .... 6.“

(BGBl I 2002/1)

[a]) Tritt mit 1. Jänner 2003 in Kraft.

Vorsitz in den Verwaltungskörpern

§ 431. (1) Den Vorsitz im Vorstand und in der Generalversammlung hat der vom Vorstand auf dessen Amtsdauer gewählte Obmann zu führen. Der Obmann ist aus der Mitte des Vorstandes zu wählen. Bei der Allgemeinen Unfallversicherungsanstalt muß der Obmann der Gruppe der Dienstgeber angehören, bei allen anderen Versicherungsträgern der Gruppe der Dienstnehmer. Für die Wahl ist die einfache Mehrheit sowohl aller Versicherungsvertreter im Vorstand als auch jener Gruppe der Versicherungsvertreter im Vorstand, welcher der zu Wählende angehört, erforderlich; bei Stimmengleichheit in der Gruppe der Versicherungsvertreter, welcher der zu Wählende angehört, entscheidet die einfache Mehrheit aller Versicherungsvertreter im Vorstand.

(2) Im Anschluß an die Wahl des Obmannes sind für diesen aus der Mitte des Vorstandes zwei Stellvertreter zu wählen, und zwar in getrennten Wahlgängen der Versicherungsvertreter aus der Gruppe der Dienstnehmer und der Versicherungsvertreter aus der Gruppe der Dienstgeber. Hiebei ist der erste Obmann-Stellvertreter jener Gruppe zu entnehmen, welcher der Obmann nicht angehört, während der zweite Obmann-Stellvertreter jedenfalls ein Versicherungsvertreter aus der Gruppe der Dienstnehmer zu sein hat.

(3) Den Vorsitzenden der Kontrollversammlung hat die Versammlung aus ihrer Mitte zu wählen. Im Anschluß daran ist ein Stellvertreter des Vorsitzenden zu wählen. Er ist jener Gruppe zu entnehmen, welcher der Vorsitzende nicht angehört.

(4) Den Vorsitzenden des Landesstellenausschusses hat dieser Ausschuß aus seiner Mitte zu wählen. Im Anschluß daran ist ein Stellvertreter des Vorsitzenden zu wählen. Abs. 3 letzter Satz ist anzuwenden.

(5) Die gewählten Obmänner und die sonstigen Vorsitzenden von Verwaltungskörpern sowie ihre Stellvertreter sind, wenn sie die Annahme der Wahl dem zur Wahl berufenen Verwaltungskörper ausdrücklich erklärt haben, sofort oder ab einem anläßlich der Wahl vom Verwaltungskörper festgelegten Zeitpunkt zur Ausübung ihrer Funktion berechtigt.

(6) Scheidet ein Vorsitzender (Stellvertreter) eines Verwaltungskörpers infolge einer Enthebung von seinem Amt als Versicherungsvertreter (§ 423) aus und tritt nachträglich die Entscheidung über diese Enthebung außer Kraft, so erlöschen mit dem gleichen Zeitpunkt die rechtlichen Wirkungen einer bereits erfolgten Wahl seines Nachfolgers und es ist neuerlich eine entsprechende Wahl durchzuführen.

Angelobung der Versicherungsvertreter

§ 432. Die Obmänner und die sonstigen Vorsitzenden der Verwaltungskörper sowie ihre Stellvertreter sind von der Aufsichtsbehörde, die übrigen Versicherungsvertreter vom Obmann bzw. vom vorläufigen Verwalter anzugeloben und dabei nachweislich auf ihre Pflichten gemäß § 424 hinzuweisen.

ABSCHNITT III
Aufgaben der Verwaltungskörper

Aufgaben der Generalversammlung

§ 433. (1) Die Generalversammlung des Versicherungsträgers hat jährlich mindestens einmal zusammenzutreten. Sie ist vom Vorstand einzuberufen. Ihr ist vorbehalten:

1. die Beschlußfassung über den Jahresvoranschlag (Haushaltsplan);
2. die Beschlußfassung über den aus dem Rechnungsabschluß und den Statistischen Nachweisungen bestehenden Jahresbericht des Vorstandes und über dessen Entlastung;
3. die Beschlußfassung über allfällige Zuweisungen an den Unterstützungsfonds;
4. die Beschlußfassung über die Satzung und deren Änderung;
5. die Entscheidung über die Verfolgung von Ansprüchen, die dem Versicherungsträger gegen Mitglieder der Verwaltungskörper aus deren Amtsführung erwachsen, und die Bestellung der zur Verfolgung dieser Ansprüche Beauftragten;
6. die Beschlußfassung über die Zahl der Mitglieder der Beiräte und deren Bestellung.

(2) Der Generalversammlung einer Betriebskrankenkasse obliegt auch die Stellung eines Antrages auf Auflösung des Versicherungsträgers an das Bundesministerium für Arbeit und Soziales (§ 23 Abs. 3 vorletzter Satz).

(3) Über die im Abs. 1 Z 2 und 4 und im Abs. 2 genannten Gegenstände kann nur mit einer Mehrheit von zwei Dritteln der abgegebenen Stimmen gültig Beschluß gefaßt werden. Die Aufsichtsbehörde kann eine vorläufige Verfügung treffen, wenn innerhalb einer von ihr festgesetzten Frist ein gültiger Beschluß der Generalversammlung über die Satzung und deren Änderung nicht zustande kommt. Die vorläufige Verfügung der Aufsichtsbehörde tritt außer Kraft, sobald ein gesetzmäßiger gültiger Beschluß der Generalversammlung über die Satzung bzw. deren Änderung gefaßt und der Aufsichtsbehörde zur Kenntnis gebracht worden ist. Bei Ablehnung der Entlastung hat die Aufsichtsbehörde zu entscheiden.

Aufgaben des Vorstandes und Vertretung des Versicherungsträgers

§ 434. (1) Dem Vorstand obliegt die Geschäftsführung, soweit diese nicht durch das Gesetz der Generalversammlung oder einem Landesstellenausschuß zugewiesen ist, sowie die Vertretung des Versicherungsträgers. Er kann unbeschadet seiner eigenen Verantwortlichkeit Ausschüsse aus Mitgliedern der Generalversammlung einsetzen und diesen sowie einem Landesstellenausschuß einzelne seiner Obliegenheiten übertragen; darüber hinaus kann er einzelne seiner Obliegenheiten dem Obmann bzw. dem Vorsitzenden eines Landesstellenausschusses und die Besorgung bestimmter laufender Angelegenheiten dem Büro des Versicherungsträgers übertragen.

(2) In jenen Fällen, in denen der Vorstand die Vertretung des Versicherungsträgers übertragen hat, genügt zum Nachweis der Vertretungsbefugnis eine Bescheinigung der Aufsichtsbehörde.

(3) Der Vorstand ist berechtigt, an den Sitzungen der Kontrollversammlung durch drei Vertreter mit beratender Stimme teilzunehmen. Er ist deshalb von jeder Sitzung der Kontrollversammlung ebenso in Kenntnis zu setzen wie deren Mitglieder; in gleicher Weise ist er auch mit den den Mitgliedern der Kontrollversammlung etwa zur Verfügung gestellten Behelfen (Tagesordnung, Ausweisen, Berichten und anderen Behelfen) zu beteilen.

Aufgaben der Landesstellenausschüsse

§ 435. (1) Den Landesstellenausschüssen obliegt die Geschäftsführung hinsichtlich der den Landesstellen zugewiesenen Aufgaben. Der Landesstellenausschuß kann unbeschadet seiner eigenen Verantwortlichkeit einzelne seiner Obliegenheiten dem Vorsitzenden und die Besorgung bestimmter laufender Angelegenheiten dem Büro der Landesstelle übertragen.

(2) Die Landesstellenausschüsse sind bei ihrer Geschäftsführung an die Weisungen des Vorstandes gebunden. Diese kann auch Beschlüsse der genannten Ausschüsse aufheben oder abändern.

Aufgaben der Kontrollversammlung

§ 436. (1) Die Kontrollversammlung ist berufen, die gesamte Gebarung des Versicherungsträgers ständig zu überwachen, zu diesem Zweck insbesondere die Buch- und Kassenführung und den Rechnungsabschluß zu überprüfen, über ihre Wahrnehmungen Bericht zu erstatten und die entsprechenden Anträge zu stellen. Insbesondere hat sie den Antrag auf Genehmigung des Rechnungsabschlusses und Entlastung des Vorstandes in der Generalversammlung zu stellen.

(2) Der Vorstand und der leitende Angestellte des Versicherungsträgers sind verpflichtet, der Kontrollversammlung alle Aufklärungen zu geben und alle Belege und Behelfe vorzulegen, die sie zur Ausübung ihrer Tätigkeit benötigt. Der Kontrollversammlung ist vor der Beschlußfassung über den Jahresvoranschlag Gelegenheit zur Stellungnahme zu geben.

(3) Die Kontrollversammlung ist berechtigt, an den Sitzungen der Generalversammlung und des Vorstandes durch je drei Vertreter mit beratender Stimme teilzunehmen. Sie ist deshalb von jeder Sitzung der Generalversammlung und des Vorstandes ebenso in Kenntnis zu setzen wie deren Mitglieder; in gleicher Weise ist sie auch mit den den Mitgliedern der Generalversammlung oder des Vorstandes etwa zur Verfügung gestellten Behelfen (Tagesordnung, Ausweisen, Berichten und anderen Behelfen) zu beteilen.

(4) Auf Begehren des Vorstandes hat die Kontrollversammlung ihre Anträge samt deren Begründung dem Vorstand auch schriftlich ausgefertigt zu übergeben. Die Kontrollversammlung ist berechtigt, ihre Ausführungen binnen drei Tagen nach der durch den Vorstand erfolgten Beschlußfassung zu ergänzen. Handelt es sich um Beschlüsse des Vorstandes, die zu ihrem Vollzug der Genehmigung der Aufsichtsbehörde bedürfen, so hat er dem Ansuchen um Erteilung dieser Genehmigung die Ausführungen der Kontrollversammlung beizuschließen.

(5) Die Kontrollversammlung kann mit Zweidrittelmehrheit die Einberufung einer außerordentlichen Generalversammlung beschließen. Der Obmann (Präsident) ist verpflichtet, einen solchen Beschluß der Kontrollversammlung ohne Verzug zu vollziehen.

(6) Beschließt die Generalversammlung ungeachtet eines Antrages der Kontrollversammlung auf Verfolgung von Ansprüchen gegen Mitglieder des Vorstandes von einer Verfolgung abzusehen, so hat die Kontrollversammlung hievon die Aufsichtsbehörde in Kenntnis zu setzen. Diese kann in einem solchen Fall auf Antrag der Kontrollversammlung deren Vorsitzenden beauftragen, die Verfolgung namens des Versicherungsträgers einzuleiten.

Zustimmung der Kontrollversammlung

§ 437. (1) In folgenden Angelegenheiten bedürfen Beschlüsse des Vorstandes zu ihrer Wirksamkeit der Zustimmung der Kontrollversammlung:

1. die dauernde Veranlagung von Vermögensbeständen, soweit sie nicht unter Z 2 fallen;
2. die Beschlußfassung über Veränderungen im Bestand von Liegenschaften, insbesondere über die Erwerbung, Belastung oder Veräußerung von Liegenschaften, ferner über die Errichtung oder Erweiterung von Gebäuden; das gleiche gilt bei der Schaffung von Einrichtungen, die Zwecken der Verwaltung, der Krankenbehandlung, der Zahnbehandlung, der Anstaltspflege, der Jugendlichen- und Vorsorge(Gesunden)-untersuchungen, der Unfallheilbehandlung, der Rehabilitation, der Maßnahmen zur Festigung der Gesundheit, der Krankheitsverhütung oder der Gesundheitsvorsorge dienen sollen, in eigenen oder frem-

den Gebäuden, sowie für Umbauten von Gebäuden, wenn damit eine Änderung des Verwendungszweckes verbunden ist; Erhaltungs- oder Instandsetzungsarbeiten oder die Erneuerung des Inventars bedürfen nicht der Zustimmung der Kontrollversammlung, sofern sie nicht mit diesen Vorhaben in einem ursächlichen Zusammenhang stehen;

3. die Beschlußfassung über eine Beteiligung an fremden Einrichtungen gemäß den §§ 23 Abs. 6, 24 Abs. 2 und 25 Abs. 2;
4. die Beschlußfassung über die Bestellung, Kündigung und Entlassung des leitenden Angestellten und des leitenden Arztes sowie deren ständigen Stellvertreter;
5. die Regelung der dienst-, besoldungs- und pensionsrechtlichen Verhältnisse der Bediensteten und die Erstellung von Dienstpostenplänen;
6. der Abschluß von Verträgen mit den im Sechsten Teil bezeichneten und sonstigen Vertragspartnern, wenn diese Verträge eine wesentliche dauernde Belastung des Versicherungsträgers herbeiführen;
7. die Erlassung von Richtlinien gemäß § 84 Abs. 6 über die Verwendung der Mittel des Unterstützungsfonds;

   (BGBl I 2001/99)
8. die Beschlussfassung über die Errichtung (Gründung) von oder die Beteiligung an Vereinen, Fonds und Gesellschaften mit beschränkter Haftung und die Beschlussfassung über die Beteiligung von natürlichen oder juristischen Personen an Vereinen, Fonds und Gesellschaften mit beschränkter Haftung, die von einem Versicherungsträger (dem Hauptverband) errichtet (gegründet) wurden, nach § 81 Abs. 2.

   (BGBl I 2001/99)

(2) Stimmt die Kontrollversammlung in den in Abs. 1 bezeichneten Angelegenheiten dem Beschluß des Vorstandes nicht zu, so hat eine außerordentliche Generalversammlung hierüber zu beschließen und diesen Beschluß der Kontrollversammlung zu seiner Wirksamkeit zur Zustimmung vorzulegen. Die außerordentliche Generalversammlung ist innerhalb einer angemessenen Frist vom Obmann einzuberufen.

(3) Stimmt die Kontrollversammlung auch dem Beschluß der außerordentlichen Generalversammlung gemäß Abs. 2 nicht zu, so hat sie den Obmann unverzüglich in Kenntnis zu setzen und die Angelegenheit dem Bundesminister für Arbeit und Soziales zur Entscheidung vorzulegen. Dieser hat diesen Beschluß der außerordentlichen Generalversammlung entweder zu bestätigen oder aufzuheben. Ein bestätigter Beschluß der außerordentlichen Generalversammlung ist zu vollziehen.

Sitzungen

§ 438. (1) Die Sitzungen der Verwaltungskörper sind nichtöffentlich. Der leitende Angestellte und seine Stellvertreter sind berechtigt, an den Sitzungen der Verwaltungskörper und ihrer Ausschüsse mit beratender Stimme teilzunehmen. Der Obmann kann die Teilnahme von Bediensteten des Versicherungsträgers verfügen.

(2) Der ordnungsmäßig einberufene Verwaltungskörper ist bei Anwesenheit eines Vorsitzenden und von mindestens der Hälfte der Versicherungsvertreter beschlußfähig. Der Vorsitzende zählt hiebei auf die erforderliche Mindestzahl von anwesenden Versicherungsvertretern.

(3) In den Sitzungen der Verwaltungskörper hat auch der Vorsitzende Stimmrecht, bei Stimmengleichheit gibt seine Stimme den Ausschlag, sofern dieses Bundesgesetz nichts anderes bestimmt.

(4) Verstoßen Beschlüsse eines Verwaltungskörpers gegen eine Rechtsvorschrift oder in einer wichtigen Frage gegen den Grundsatz der Zweckmäßigkeit der Gebarung des Versicherungsträgers, so hat der Obmann oder der Vorsitzende des Verwaltungskörpers ihre Durchführung vorläufig aufzuschieben und unter gleichzeitiger Angabe der Gründe für seine Vorgangsweise die Entscheidung der Aufsichtsbehörde einzuholen.

Teilnahme der Betriebsvertretung an den Sitzungen der Verwaltungskörper der Versicherungsträger

§ 439. (1) An den Sitzungen der Generalversammlung, des Vorstandes und der Landesstellenausschüsse und, insoweit Angelegenheiten zur Erörterung stehen, die Belange der Bediensteten berühren, auch an den Sitzungen der Ausschüsse (§ 434 Abs. 1) ist die Betriebsvertretung des Versicherungsträgers mit zwei Vertretern mit beratender Stimme teilnahmeberechtigt.

(2) Das nach dem Arbeitsverfassungsgesetz, BGBl. Nr. 22/1974, in Betracht kommende Organ der Betriebsvertretung hat dem Obmann des Versicherungsträgers die für die Teilnahme an den Sitzungen der Verwaltungskörper vorgesehenen Vertreter namhaft zu machen. Diese Vertreter sind von jeder Sitzung des Verwaltungskörpers ebenso in Kenntnis zu setzen wie die Mitglieder dieses Verwaltungskörpers; es sind ihnen auch die diesen zur Verfügung gestellten Behelfe (Tagesordnung, Ausweise, Berichte und andere Befehle) zu übermitteln.

ABSCHNITT IV
Beiräte

Aufgaben des Beirates

§ 440. (1) Die Versicherungsträger, ausgenommen die Betriebskrankenkassen, und der Hauptverband haben zur Wahrnehmung sozialversicherungsrechtlicher Anliegen der Versicherten und der Leistungsbezieher (§ 440a) an ihrem Sitz einen Beirat zu errichten.

(2) Der Beirat hat jährlich mindestens einmal zusammenzutreten. Er ist vom Vorsitzenden des Beirates einzuberufen.

(3) Der Beirat kann unter Bedachtnahme auf die Aufgaben des Versicherungsträgers (Hauptverbandes) in Fragen von grundsätzlicher Bedeutung seine Anhörung verlangen, Anträge stellen und Stellungnahmen abgeben. Darüber kann nur mit der absoluten Mehrheit der Stimmen aller Mitglieder des Beirates Beschluß gefaßt werden. Abweichend davon genügt für die Beschlussfassung über Anträge eines Beiratsmitgliedes nach § 440a Abs. 1 Z 1 oder 4 die absolute Stimmenmehrheit der in diesen Ziffern genannten Beiratsmitglieder.

(BGBl I 2000/43)

(4) Das Nähere über die Sitzungen und die Beschlußfassung hat die vom Beirat zu beschließende Geschäftsordnung zu bestimmen. Für die Beschlußfassung der Geschäftsordnung und jede ihrer Änderungen gilt Abs. 3 zweiter Satz.

(5) Der Vorsitzende des Beirates und sein(e) Stellvertreter sind – unbeschadet des Anhörungsrechtes des Beirates in grundsätzlichen Fragen – berechtigt,

1. an den Sitzungen der Generalversammlung (Hauptversammlung) und des Vorstandes (Verwaltungsrates) mit beratender Stimme teilzunehmen;

   (BGBl I 2001/99)

2. die nach Abs. 3 beschlossenen Anträge und Stellungnahmen des Beirates im zuständigen Verwaltungskörper einzubringen.

(6) Auf Antrag des Vorsitzenden hat der Beirat Vertreter in erforderlicher Anzahl zu wählen, die berechtigt sind, an den Sitzungen der Landesstellenausschüsse und der Ausschüsse des Vorstandes mit beratender Stimme teilzunehmen. Sie müssen der Personengruppe nach § 440a Abs. 1 Z 1 oder 4 angehören. Abs. 3 dritter Satz ist anzuwenden.

(BGBl I 2000/43)

Mitglieder des Beirates

§ 440a. (1) Die bei den Versicherungsträgern errichteten Beiräte bestehen aus Vertretern von

1. Beziehern einer Pension (Rente), sofern sie auf Dauer aus dem Erwerbsleben ausgeschieden sind,
2. nach diesem Bundesgesetz pflichtversicherten Dienstnehmern,
3. Dienstgebern der in Z 2 bezeichneten Dienstnehmer,
4. Beziehern einer Leistung nach dem Bundespflegegeldgesetz oder nach einer gleichartigen landesgesetzlichen Vorschrift, sofern sie die Voraussetzungen bezüglich der Altersgrenze für eine Leistung aus einem der Versicherungsfälle des Alters nicht erfüllen.

(2) Die Beiratsmitglieder müssen im Zeitpunkt ihrer Bestellung das 19. Lebensjahr vollendet und ihren Wohnsitz, Beschäftigungsort (ihre Betriebsstätte) im Sprengel des in Betracht kommenden Versicherungsträgers haben. Überdies müssen sie zu diesem Zeitpunkt diesem Versicherungsträger als Leistungsberechtigter, pflichtversicherter Dienstnehmer oder Dienstgeber von solchen angehören. Beiratsmitglieder können auch Vorstandsmitglieder oder Bedienstete von gemäß § 440c Abs. 2 vorschlagsberechtigten Vereinen und deren Verbänden sein.

(3) Der beim Hauptverband errichtete Beirat setzt sich zusammen

1. aus einem Vorsitzenden und zwei Vorsitzenden-Stellvertretern, die vom Bundesminister für soziale Sicherheit und Generationen auf Vorschlag der drei mitgliederstärksten im Bundesseniorenbeirat vertretenen Seniorenorganisationen (§ 3 des Bundes-Seniorengesetzes, BGBl. I Nr. 84/1998) zu entsenden sind,
2. aus einem weiteren Vorsitzenden-Stellvertreter, der vom Bundesminister für soziale Sicherheit und Generationen auf Vorschlag des Bundesbehindertenbeirates (§§ 8 ff. des Bundesbehindertengesetzes, BGBl. Nr. 283/1990) zu entsenden ist, und
3. aus den Vorsitzenden der Beiräte jener Versicherungsträger, die in der Hauptversammlung vertreten sind, wobei der jeweilige Vorsitzende durch ein anderes – aus der Mitte des jeweiligen Beirates zu wählendes – Mitglied vertreten werden kann.

   (BGBl I 2001/99)

Für den Vorsitzenden und die Vorsitzenden-Stellvertreter sind gleichzeitig mit deren Entsendung und auf dieselbe Art Stellvertreter zu entsenden.

(BGBl I 2000/43)

(4) Versicherungsvertreter, Bedienstete eines Versicherungsträgers und des Hauptverbandes sind von der Bestellung als Beiratsmitglied ausgeschlossen.

(5) § 420 Abs. 5 Z 1 ist so anzuwenden, dass Anspruch auf Ersatz der Reise- und Aufenthaltskosten besteht

1. für die Teilnahme an Sitzungen des Beirates nach § 440 Abs. 2 höchstens viermal im Kalenderjahr,
2. für die Teilnahme an Sitzungen der Generalversammlung (Hauptversammlung), des Vorstandes (Verwaltungsrates) und seiner Ausschüsse sowie der Landesstellenausschüsse.

   (BGBl I 2001/99)

(BGBl I 2000/43)

Pflichten der Beiratsmitglieder

§ 440b. (1) Den Mitgliedern des Beirates obliegt es,

1. zum Zwecke der Information und Vertretung im sozialversicherungsrechtlichen Bereich Verbindung zu möglichst vielen

Mitgliedern jenes Personenkreises aufzunehmen, als dessen Vertreter sie bestellt worden sind, und

2. an den Sitzungen des Beirates teilzunehmen und dabei unter Bedachtnahme auf die Aufgaben des Versicherungsträgers die sozialversicherungsrechtlichen Interessen des von ihnen zu vertretenden Personenkreises durch die Anregung von und die Teilnahme an darauf abzielenden Erörterungen sowie die Einbringung entsprechender Anträge an den Beirat wahrzunehmen.

(2) § 424 erster und zweiter Satz ist anzuwenden.

Bestellung der Beiratsmitglieder

§ 440c. (1) Die Mitglieder des bei den Versicherungsträgern errichteten Beirates werden über Vorschlag eines gemäß Abs. 2 in Betracht kommenden Vereins von der Generalversammlung des Versicherungsträgers für die Amtsdauer der Verwaltungskörper (§ 425) bestellt. Für jedes Mitglied des Beirates ist gleichzeitig mit dessen Bestellung auf dieselbe Art ein Stellvertreter zu bestellen. Bei der Bestellung der Beiratsmitglieder ist für jede der im Beirat vertretenen Gruppen im Verhältnis der Zahl der den Vereinen angehörenden Mitgliedern nach dem System d'Hondt vorzugehen und nach Möglichkeit auf regionale, betriebliche oder wirtschaftliche Interessen der Gruppen Bedacht zu nehmen.

(2) Das Vorschlagsrecht steht Vereinen zu, die sich beim Versicherungsträger angemeldet haben und der Generalversammlung glaubhaft machen, daß sie durch die Zahl ihrer Mitglieder und durch die Qualität ihrer Vereinstätigkeit die Interessen des von ihnen vertretenen Personenkreises wirksam vertreten können. Sofern sie diese Voraussetzungen erfüllen, stehen Vorschlagsrechte insbesondere folgenden Vereinen zu:

1. Hinsichtlich der Vertreter von Pensions-(Renten)beziehern jenen Vereinen, zu deren Vereinszwecken die Wahrnehmung oder Förderung der Interessen von Pensions(Renten)beziehern gehört,
2. hinsichtlich der Vertreter von beim Versicherungsträger pflichtversicherten Dienstnehmern jenen Vereinen, zu deren Vereinszwecken die Wahrnehmung oder Förderung der Interessen auch solcher Dienstnehmer gehört,
3. hinsichtlich der Vertreter von Dienstgebern der beim Versicherungsträger pflichtversicherten Dienstnehmer jenen Vereinen, zu deren Vereinszwecken die Wahrnehmung oder Förderung der Interessen auch solcher Dienstgeber gehört,
4. hinsichtlich der Vertreter der im § 440a Abs. 1 Z 4 genannten Leistungsbezieher jenen Vereinen, die von ihrer Tätigkeit her dazu geeignet erscheinen, die Interessen dieses Peronenkreises wahrzunehmen oder zumindest wirksam zu fördern.

(3) Die Bestellungsvorschläge sind spätestens am Tag vor Beginn einer neuen Amtsdauer zugleich mit dem Nachweis der Voraussetzungen nach Abs. 2 beim Versicherungsträger einzubringen.

(4) Scheidet ein Beiratsmitglied vor Ablauf der Amtsdauer der Verwaltungskörper aus seinem Amt, so hat der Vorstand des Versicherungsträgers den vorschlagsberechtigten Verein davon unverzüglich zu verständigen und aufzufordern, binnen vier Wochen ein neues Mitglied vorzuschlagen, das abweichend von Abs. 1 vom Vorstand ehestmöglich zu bestellen ist.

(BGBl I 2000/43)

Enthebung von Beiratsmitgliedern (Stellvertretern)

§ 440d. (1) Ein Mitglied des Beirates (Stellvertreter) ist von seinem Amt zu entheben:

1. wenn die im § 440a Abs. 2 genannten Bedingungen nicht mehr zutreffen;
2. wenn einer der im § 440a Abs. 4 bezeichneten Ausschließungsgründe nach der Bestellung eingetreten ist.

Überdies findet § 423 Abs. 1 Z 1 bis 4 Anwendung.

(2) Die Enthebung des Vorsitzenden des Beirates steht der Generalversammlung, die Enthebung der sonstigen Mitglieder (Stellvertreter) des Beirates dem Vorstand zu.

Zusammensetzung des Beirates

§ 440e. (1) Die Generalversammlung hat unter Berücksichtigung des sachlichen und örtlichen Wirkungskreises des Versicherungsträgers die Zahl der Mitglieder des Beirates festzusetzen; sie muß durch sechs teilbar sein und darf 18 nicht übersteigen.

(2) Die Mitglieder des Beirates setzen sich zusammen zu

1. je zwei Sechsteln aus Vertretern der im § 440a Abs. 1 Z 1 und 2 bezeichneten Gruppen,
2. je einem Sechstel aus Vertretern der im § 440a Abs. 1 Z 3 und 4 bezeichneten Gruppen.

Vorsitz im Beirat, Sitzungen

§ 440f. (1) Den Vorsitz im Beirat hat der vom Beirat aus der Gruppe der im § 440a Abs. 1 Z 1 und 4 genannten Personen und für dessen Amtsdauer gewählte oder nach § 440a Abs. 3 Z 1 entsendete Vorsitzende zu führen. Für die Wahl ist die einfache Mehrheit sowohl aller Beiratsmitglieder als auch jener Gruppe der Beiratsmitglieder, welcher der zu Wählende angehört, erforderlich. Gleichzeitig ist auf dieselbe Art, ausgenommen im Falle des § 440a Abs. 3 Z 1, ein Stellvertreter zu wählen. Der Vorsitzende hat unbeschadet des Abs. 2 zu den Sitzungen einzuberufen.

(2) Die erstmalige Sitzung des Beirates – mit Ausnahme des beim Hauptverband errichteten Beirates – ist vom Obmann des Versicherungsträgers einzuberufen. Er hat dabei auf die Wahl des Vorsitzenden des Beirates hinzuwirken. Bis zu dessen Wahl hat seine Obliegenheiten der Obmann wahrzunehmen.

(3) Die Sitzungen des Beirates sind nicht öffentlich. Der ordnungsgemäß einberufene Beirat ist bei Anwesenheit des Vorsitzenden und von mindestens der Hälfte seiner Mitglieder beschlussfähig.

(4) Der Obmann (Geschäftsführung) oder ein von ihm bestimmter Versicherungsvertreter und der leitende Angestellte oder ein von ihm bestimmter Bediensteter haben an den Sitzungen des Beirates mit beratender Stimme teilzunehmen.

(BGBl I 2001/99)

(BGBl I 2000/43)

ABSCHNITT IVa
Verwaltungskörper des Hauptverbandes

(BGBl 1994/20, BGBl I 2001/99)

Arten der Verwaltungskörper

§ 441. Die Verwaltungskörper des Hauptverbandes sind:

1. die Hauptversammlung,
2. der Verwaltungsrat,
3. die Geschäftsführung,
4. die Controllinggruppe und
5. das Sozial- und Gesundheitsforum Österreich.

(BGBl I 2001/99)

Hauptversammlung

§ 441a. (1) Die Hauptversammlung besteht aus den Obmännern und je einem Obmann-Stellvertreter der in § 427 Abs. 1 Z 1 bis 6 genannten Versicherungsträger, aus dem Obmann und je einem Obmann-Stellvertreter der nach der Versichertenzahl größten Betriebskrankenkasse, dem Obmann und je einem Obmann-Stellvertreter der Sozialversicherungsanstalt der gewerblichen Wirtschaft, dem Obmann und je einem Obmann-Stellvertreter der Sozialversicherungsanstalt der Bauern, dem Obmann und je einem Obmann-Stellvertreter der Versicherungsanstalt öffentlich Bediensteter und dem Obmann und je einem Obmann-Stellvertreter der Versicherungsanstalt des österreichischen Notariates. Bei der Zusammensetzung der Hauptversammlung ist darauf zu achten, dass entweder der Obmann oder der Obmann-Stellvertreter eines entsendenden Versicherungsträgers der Dienstnehmerkurie und der zweite Vertreter des entsendenden Versicherungsträgers der Dienstgeberkurie angehört. Für jeden Obmann bzw. Obmann-Stellvertreter ist vom Vorstand des jeweiligen Versicherungsträgers ein Stellvertreter zu entsenden, der von derselben Kurie der Versicherungsvertreter im Vorstand wie der zu Vertretende zu wählen ist.

(2) Die Hauptversammlung ist beschlussfähig, wenn zumindest die Hälfte ihrer Mitglieder anwesend ist. Ein gültiger Beschluss bedarf der Zustimmung der Mehrheit der abgegebenen gültigen Stimmen.

(3) Die Hauptversammlung wählt aus ihrer Mitte für eine Funktionsdauer von vier Jahren einen Vorsitzenden und zwei Stellvertreter, denen die Vertretung der Hauptversammlung gegenüber den anderen Verwaltungskörpern des Hauptverbandes, gegenüber den Versicherungsträgern und nach außen obliegt. Eine Wiederwahl ist zulässig. Der Vorsitzende hat insbesondere für die rechtzeitige Einberufung der Hauptversammlung Sorge zu tragen, die Hauptversammlung zu leiten und die Sitzungspolizei wahrzunehmen. Die näheren Bestimmungen sind in einer von der Hauptversammlung zu beschließenden „Geschäftsordnung der Hauptversammlung" (§ 456a) zu treffen.

(BGBl I 2001/99)

Verwaltungsrat

§ 441b. (1) Der Verwaltungsrat besteht aus 14 Mitgliedern, die auf vier Jahre entsendet werden. Wiederholte Entsendungen sind zulässig. Je sechs Mitglieder werden von der Wirtschaftskammer Österreich aus dem Kreis der Versicherungsvertreter der Dienstgeber und von der Bundesarbeitskammer aus dem Kreis der Versicherungsvertreter der Dienstnehmer entsendet, wobei neben der fachlichen Eignung der Versicherungsvertreter insbesondere darauf Bedacht zu nehmen ist, dass im Verwaltungsrat ein repräsentativer Querschnitt möglichst aller Dienstnehmer- und Dienstgebergruppen vertreten ist. Je ein Mitglied ist von der Präsidentenkonferenz der Landwirtschaftskammern Österreichs und von der Gewerkschaft Öffentlicher Dienst zu entsenden. Für jedes Mitglied ist ein Ersatzmitglied zu entsenden, das derselben Gruppe wie der zu Vertretende anzugehören hat. Die §§ 420 Abs. 4 bis 6, 422, 423 Abs. 1 sowie Abs. 3 bis 8 und 424 gelten sinngemäß. Werden keine Mitglieder entsendet, so hat der Bundesminister für soziale Sicherheit und Generationen das Recht, für die betreffenden Funktionen Versicherungsvertreter zu bestellen, die so lange im Amt bleiben, bis das entsendende Organ sein Entsendungsrecht ausübt.

(2) Die Wirtschaftskammer Österreich und die Bundesarbeitskammer haben die Bestellung der von ihnen zu entsendenden Mitglieder nach der Summe der Mandate der einzelnen Fraktionen auf Grund der Wahlen zu den Fachgruppen und Fachvertretungen der Wirtschaftskammern bzw. nach der Summe der Mandate der einzelnen Fraktionen auf Grund der Wahlen in die satzungsgebenden Organe der Arbeiterkammern der Länder (Vollversammlungen) auf Vorschlag der jeweils wahlwerbenden Gruppen nach dem System d'Hondt vorzunehmen, wobei jedoch jeweils die drei stimmenstärksten Fraktionen mit zumindest je einem Mitglied im Verwaltungsrat vertreten sein müssen. Die Wahlzahl ist ungerundet zu errechnen. Haben nach dieser Berechnung mehrere Stellen den glei-

chen Anspruch auf ein Mitglied im Verwaltungsrat, so entscheidet das Los.

(3) Der Verwaltungsrat ist beschlussfähig, wenn zumindest die Hälfte seiner Mitglieder anwesend ist. Ein gültiger Beschluss bedarf – sofern gesetzlich nichts anderes bestimmt ist – der Zustimmung der Mehrheit der abgegebenen gültigen Stimmen.

(4) Der Verwaltungsrat wählt aus seiner Mitte für die Dauer seiner Funktionsperiode mit der Mehrheit der gültig abgegebenen Stimmen ein Präsidium, das aus einem Präsidenten und einem Vizepräsidenten besteht. Bei der Wahl ist darauf Bedacht zu nehmen, dass sowohl die Dienstgeberkurie als auch die Dienstnehmerkurie im Präsidium vertreten ist. Nach Ablauf jeweils eines Jahres folgt der Vizepräsident dem Präsidenten ins Amt nach; der Präsident übernimmt gleichzeitig das Amt des Vizepräsidenten.

(5) Jene Fraktionen (Abs. 2), die zwar im Verwaltungsrat, nicht aber im Präsidium vertreten sind, dürfen jeweils ein beratendes Mitglied ins Präsidium kooptieren. Diese beratenden Mitglieder haben die gleichen Informations-, Rede- und – mit Ausnahme des Stimmrechtes – Teilnahmerechte wie Präsident und Vizepräsident.

(6) Dem Präsidenten obliegt die Vertretung des Verwaltungsrates gegenüber den anderen Verwaltungskörpern des Hauptverbandes, gegenüber den Versicherungsträgern und nach außen. Er hat insbesondere für die rechtzeitige Einberufung des Verwaltungsrates Sorge zu tragen, die Sitzungen des Verwaltungsrates zu leiten und die Sitzungspolizei wahrzunehmen. Die näheren Bestimmungen sind in einer vom Verwaltungsrat zu beschließenden „Geschäftsordnung des Verwaltungsrates" (§ 456a) zu treffen.

(7) Dem Verwaltungsrat gehören weiters ein Vertreter des Bundesministers für soziale Sicherheit und Generationen sowie ein Vertreter des Bundesministers für Finanzen an. Diese dürfen zwar an den Sitzungen des Verwaltungsrates in beratender Funktion teilnehmen und sind zu hören; bei Abstimmungen kommt ihnen aber kein Stimmrecht zu. Gegen Beschlüsse des Verwaltungsrates kann der Vertreter des Bundesministers für soziale Sicherheit und Generationen wegen Rechtswidrigkeit oder Unzweckmäßigkeit schriftlich Einspruch erheben; gegen Beschlüsse des Verwaltungsrates, welche die finanziellen Interessen des Bundes berühren, kann der Vertreter des Bundesministers für Finanzen schriftlich Einspruch erheben. Langt ein solcher Einspruch innerhalb von längstens fünf Werktagen nach erweislicher Bekanntgabe des Beschlusses gegenüber dem zuständigen Vertreter schriftlich beim Verwaltungsrat ein, so kommt ihm aufschiebende Wirkung zu. Der Verwaltungsrat kann aber beschließen, die Angelegenheit dem Bundesminister für soziale Sicherheit und Generationen zur endgültigen Entscheidung vorzulegen (Vorlagebeschluss). Wurde der Einspruch vom Vertreter des Bundesministers für Finanzen erhoben, so hat der Bundesminister für soziale Sicherheit und Generationen im Falle eines Vorlagebeschlusses des Verwaltungsrates die endgültige Entscheidung im Einvernehmen mit dem Bundesminister für Finanzen zu treffen. Endgültige Entscheidungen haben durch Bescheid zu erfolgen.

(BGBl I 2001/99)

Geschäftsführung

§ 441c. (1) Die Geschäftsführung besteht aus einem Sprecher der Geschäftsführung und zwei bis vier zusätzlichen Mitgliedern. Sie wird vom Verwaltungsrat im Wege einer öffentlichen Stellenausschreibung für eine Funktionsperiode von vier Jahren bestellt; die Bestimmungen des Stellenbesetzungsgesetzes, BGBl. I Nr. 26/1998, sind anzuwenden. Wiederbestellungen sind zulässig.

(2) Die Geschäftsführer treffen ihre Entscheidungen nach dem Mehrstimmigkeitsprinzip gemeinsam. Bei Stimmengleichheit gibt die Stimme des Sprechers der Geschäftsführung den Ausschlag. § 424 gilt sinngemäß.

(3) Die näheren Bestimmungen, insbesondere hinsichtlich der internen Aufgabenverteilung zwischen den einzelnen Geschäftsführern, sind in einer vom Verwaltungsrat zu beschließenden „Geschäftsordnung der Geschäftsführung" (§ 456a) zu treffen.

(4) Vor Ablauf der Funktionsperiode können Geschäftsführer abberufen werden, wenn dies der Verwaltungsrat mit einer qualifizierten Mehrheit von zwei Dritteln der abgegebenen gültigen Stimmen beschließt.

(BGBl I 2001/99)

Sozial- und Gesundheitsforum Österreich

§ 441d. (1) Zur Beratung der Geschäftsführung, des Verwaltungsrates und des Bundesministers für soziale Sicherheit und Generationen wird das „Sozial- und Gesundheitsforum Österreich" eingerichtet, dessen Mitglieder vom Bundesminister für soziale Sicherheit und Generationen nach Abs. 2 auf vier Jahre bestellt werden.

(2) Für je ein Mitglied steht der Wirtschaftskammer Österreich, der Bundesarbeitskammer, dem Seniorenrat und dem Bundesjugendbeirat das Vorschlagsrecht zu. Dem Österreichischen Gewerkschaftsbund steht das Vorschlagsrecht für zwei Mitglieder zu, von denen eines auf Vorschlag der Gewerkschaft Öffentlicher Dienst zu bestellen ist. Für je ein Mitglied steht der Industriellenvereinigung, der Präsidentenkonferenz der Landwirtschaftskammern Österreichs, der Österreichischen Ärztekammer, der Österreichischen Apothekerkammer, der Bundesstrukturkommission für den Bereich der öffentlichen Spitäler, der Österreichischen Arbeitsgemeinschaft für Rehabilitation, der Österreichischen Bischofskonferenz, „dem Evangelischen Oberkirchenrat" A. und H.B., „der Arbeitsgemeinschaft der Patientenanwälte", dem Fonds Gesundes Österreich, dem Österreichischen Zivilinvalidenverband, „dem Kriegsopfer- und Behindertenverband-Österreich, der ArGe Selbsthilfe Österreich," der Pharmig Vereinigung pharmazeu-

tischer Unternehmen, den medizinischen Fakultäten der österreichischen Universitäten und der Akademie der Wissenschaften das Vorschlagsrecht zu. Weiters haben der Bundesminister für Finanzen, jede Landesregierung, der Österreichische Städtebund, der Österreichische Gemeindebund und jede der im Nationalrat vertretenen politischen Parteien je ein Mitglied vorzuschlagen. Schließlich hat der Bundesminister für soziale Sicherheit und Generationen einen Gesundheitsökonomen und drei weitere Mitglieder unter Berücksichtigung ihrer fachlichen Eignung zu bestellen.

(BGBl I 2002/1)

(3) Das Sozial- und Gesundheitsforum Österreich ist beschlussfähig, wenn zumindest die Hälfte seiner Mitglieder anwesend ist. Ein gültiger Beschluss bedarf der Zustimmung der Mehrheit der abgegebenen gültigen Stimmen. Erreicht die überstimmte Minderheit in inhaltlichen Fragen zumindest die Stärke von einem Viertel der Mitglieder des Sozial- und Gesundheitsforums Österreich, so ist die abweichende begründete Meinung dieser Minderheit dem Beschluss der Mehrheit des Sozial- und Gesundheitsforums Österreich anzuschließen.

(4) Der Bundesminister für soziale Sicherheit und Generationen bestellt auf Vorschlag des Sozial- und Gesundheitsforums Österreich aus dessen Mitte einen Vorsitzenden und einen Stellvertreter. Dem Vorsitzenden obliegt die Vertretung des Sozial- und Gesundheitsforums Österreich gegenüber den anderen Verwaltungskörpern des Hauptverbandes, gegenüber den Versicherungsträgern und nach außen. Insbesondere hat er für die rechtzeitige Einberufung des Sozial- und Gesundheitsforums Österreich Sorge zu tragen, die Sitzungen zu leiten und die Sitzungspolizei wahrzunehmen. Die näheren Bestimmungen sind in einer vom Sozial- und Gesundheitsforum Österreich zu beschließenden „Geschäftsordnung des Sozial- und Gesundheitsforums Österreich" (§ 456a) zu treffen.

(BGBl I 2001/99)

Unvereinbarkeit

§ 441e. (1) Für die Dauer der Ausübung einer Funktion im Verwaltungsrat, in der Geschäftsführung oder in der Controllinggruppe des Hauptverbandes ruht eine allfällige Funktion als Versicherungsvertreter in einem Versicherungsträger.

(2) Die Obmänner und Obmann-Stellvertreter der dem Hauptverband angehörenden Versicherungsträger sind ebenso wie die leitenden Funktionäre kollektivvertragsfähiger Körperschaften und Vereine, auch wenn sie die Kollektivvertragsfähigkeit in fremdem Namen ausüben, von einer Bestellung zum Mitglied des Verwaltungsrates oder zum Mitglied der Geschäftsführung oder zum Mitglied der Controllinggruppe ausgeschlossen.

(3) Kein Mitglied eines Verwaltungskörpers des Hauptverbandes darf gleichzeitig einem anderen Verwaltungskörper des Hauptverbandes als stimmberechtigtes Mitglied angehören.

(4) Mitglieder des Nationalrates, des Bundesrates, eines Landtages, der Bundesregierung, einer Landesregierung oder Arbeitnehmer einer politischen Partei dürfen nicht Mitglieder des Verwaltungsrates, der Geschäftsführung oder der Controllinggruppe sein.

(5) Die Geschäftsführer sind hauptamtlich tätig. In begründeten Ausnahmefällen kann der Verwaltungsrat seine Zustimmung zu nebenberuflichen Tätigkeiten geben.

(BGBl I 2001/99)

Aufgaben der Hauptversammlung

§ 442. (1) Die Hauptversammlung hat mindestens einmal im Jahr beim Hauptverband oder bei einem nach § 441 Abs. 2 in Betracht kommenden Versicherungsträger zusammenzutreten.

(2) Der Hauptversammlung obliegt

1. die Genehmigung der Satzung, der Mustersatzung nach § 455 Abs. 2, der Musterkrankenordnung nach § 456 und der Mustergeschäftsordnung nach § 456a und deren Änderungen;
2. die Beschlussfassung eines Leitbildes für den Hauptverband;
3. die Beschlussfassung einer Geschäftsordnung der Hauptversammlung;
4. die Entscheidung über Anträge auf Verfolgung von Ansprüchen, die dem Hauptverband gegen Mitglieder der Verwaltungskörper aus deren Amtsführung erwachsen, und die Bestellung der zur Verfolgung dieser Ansprüche Beauftragten;
5. die Beschlussfassung über den aus dem Rechnungsabschluss und den statistischen Nachweisungen bestehenden Jahresbericht des Hauptverbandes und der bei ihm errichteten Fonds.

(BGBl I 2001/99)

Aufgaben des Verwaltungsrates

§ 442a. (1) Der Verwaltungsrat hat mindestens einmal im Vierteljahr beim Hauptverband zusammenzutreten. Das Präsidium des Verwaltungsrates tagt in Permanenz.

(2) Dem Verwaltungsrat allein obliegt

1. die Beschlussfassung über den von der Geschäftsführung vorgelegten Jahresvoranschlag (Haushaltsplan einschließlich eines Investitionsplanes); dieser ist dem Bundesminister für soziale Sicherheit und Generationen zur Kenntnis zu bringen;
2. die ständige Überwachung der gesamten Gebarung des Hauptverbandes, insbesondere die Überprüfung der Buch- und Kassenführung und des Rechnungsabschlusses, und die Berichterstattung über die diesbezüglichen Wahrnehmungen gegenüber der Hauptversammlung;
3. die Genehmigung des Rechnungsabschlusses und die Entlastung der Ge-

schäftsführung; diese ist dem Bundesminister für soziale Sicherheit und Generationen zur Kenntnis zu bringen;

4. die Stellung eines Antrags auf Verfolgung von Ansprüchen gegen Mitglieder der Geschäftsführung in der Hauptversammlung;
5. die Stellung eines Antrags auf Genehmigung der Satzung, der Mustersatzung nach § 455 Abs. 2, der Musterkrankenordnung nach § 456 und der Mustergeschäftsordnung nach § 456a und deren Änderungen an die Hauptversammlung;
6. die Beschlussfassung einer Geschäftsordnung des Verwaltungsrates;
7. die Beschlussfassung einer Geschäftsordnung der Geschäftsführung;
8. bei qualifizierter Untätigkeit der Geschäftsführung die Vornahme jener Geschäftsführungstätigkeiten, die vorgenommen werden müssen, um drohende Schäden von Hauptverband, Versicherungsträgern bzw. Versicherten abzuwenden. Solche Beschlüsse sind dem Bundesminister für soziale Sicherheit und Generationen unverzüglich zur Kenntnis zu bringen.

(3) In folgenden Angelegenheiten bedürfen Beschlüsse der Geschäftsführung zu ihrer Wirksamkeit der Zustimmung des Verwaltungsrates:

1. dauernde Veranlagung von Vermögensbeständen, soweit sie nicht unter Z 2 fallen;
2. Beschlussfassung über Veränderungen im Bestand von Liegenschaften, insbesondere über die Erwerbung, Belastung oder Veräußerung von Liegenschaften, ferner über die Errichtung oder Erweiterung von Gebäuden; das Gleiche gilt bei der Schaffung von Einrichtungen, die Zwecken der Verwaltung dienen sollen, in eigenen oder fremden Gebäuden; Erhaltungs- oder Instandsetzungsarbeiten oder die Erneuerung des Inventars bedürfen nicht der Zustimmung des Verwaltungsrates, sofern sie nicht mit diesen Vorhaben in einem ursächlichen Zusammenhang stehen;
3. Beteiligung an fremden Einrichtungen nach den §§ 23 Abs. 6, 24 Abs. 2 und 25 Abs. 2;
4. Beschlussfassung über Angelegenheiten nach § 31 Abs. 3 Z 9 sowie Abs. 5 Z 1, 2 und 13;
5. Beschlussfassung über Angelegenheiten nach § 31 Abs. 3 Z 11;
6. Beschlussfassung über Zuwendungen aus dem Ausgleichsfonds an beitragspflichtige Krankenversicherungsträger nach § 447c;
7. Beschlussfassung betreffend Überschreitungen des Jahresvoranschlages;
8. Übernahme von Haftungen oder Beteiligung an Unternehmen.

(4) Die Geschäftsführung ist verpflichtet, dem Verwaltungsrat alle Aufklärungen zu geben und alle Belege und Behelfe vorzulegen, die dieser zur Ausübung seiner Tätigkeit benötigt.

(5) Die Mitglieder des Verwaltungsrates sind berechtigt, an den Sitzungen der Hauptversammlung mit beratender Stimme teilzunehmen. Die Mitglieder des Verwaltungsrates sind deshalb von jeder Sitzung der Hauptversammlung ebenso in Kenntnis zu setzen wie deren Mitglieder; in gleicher Weise sind sie auch mit den den Mitgliedern der Hauptversammlung etwa zur Verfügung gestellten Behelfen (Tagesordnung, Ausweise, Berichte und andere Behelfe) zu beteilen.

(6) Auf Begehren der Geschäftsführung hat der Verwaltungsrat seine Anträge samt deren Begründung der Geschäftsführung auch schriftlich ausgefertigt zu übergeben. Der Verwaltungsrat ist berechtigt, seine Ausführungen binnen drei Tagen nach der durch die Geschäftsführung erfolgten Beschlussfassung zu ergänzen. Handelt es sich um Beschlüsse der Geschäftsführung, die zu ihrem Vollzug der Genehmigung der Aufsichtsbehörde bedürfen, so hat sie dem Ansuchen um Erteilung dieser Genehmigung die Ausführungen des Verwaltungsrates beizuschließen.

(7) Der Verwaltungsrat kann mit Zweidrittelmehrheit die Einberufung einer außerordentlichen Hauptversammlung beschließen. Der Vorsitzende der Hauptversammlung ist verpflichtet, einen solchen Beschluss des Verwaltungsrates ohne Verzug zu vollziehen.

(8) Beschließt die Hauptversammlung ungeachtet eines Antrages des Verwaltungsrates auf Verfolgung von Ansprüchen gegen Mitglieder der Geschäftsführung, von einer Verfolgung abzusehen, so hat der Verwaltungsrat hievon die Aufsichtsbehörde in Kenntnis zu setzen. Diese kann in einem solchen Fall auf Antrag des Verwaltungsrates dessen Präsidenten beauftragen, die Verfolgung namens des Hauptverbandes einzuleiten.

(9) Der Verwaltungsrat kann abweichend von § 442b Abs. 1 in besonders begründeten Fällen nach vorheriger Befassung des Bundesministers für soziale Sicherheit und Generationen beschließen, dass bestimmte Aufgaben des Hauptverbandes von ihm selbst wahrgenommen werden oder seiner Genehmigung bedürfen.

(BGBl I 2001/99)

Aufgaben der Geschäftsführung

§ 442b. (1) Der Geschäftsführung obliegt die Besorgung jener Aufgaben des Hauptverbandes, die nicht durch Gesetz ausdrücklich anderen Verwaltungskörpern zugewiesen sind. Die Geschäftsführung vertritt den Hauptverband nach außen.

(2) Ergibt sich die Notwendigkeit eines Beschlusses nach § 442a Abs. 3 zu einem Zeitpunkt, in dem der Verwaltungsrat nicht zusammengetreten ist, und kann auf Grund der Dringlichkeit der Sache nicht bis zur nächsten ordentlichen Sitzung des Verwaltungsrates zugewartet werden, so hat das Präsidium den Verwaltungsrat auf Antrag der

Geschäftsführung zu einer außerordentlichen Sitzung einzuberufen.

(BGBl I 2001/99)

Aufgaben des Sozial- und Gesundheitsforums Österreich

§ 442c. Dem Sozial- und Gesundheitsforum Österreich obliegt die Beratung des Verwaltungsrates, der Geschäftsführung und des Bundesministers für soziale Sicherheit und Generationen in Fragen der allgemeinen sozialpolitischen Entwicklungen. Zu den Aufgaben des Sozial- und Gesundheitsforums Österreich zählt es insbesondere, aktuelle und künftige sozialpolitische Entwicklungen zu verfolgen, zu erforschen bzw. durch Vergabe von Forschungsaufträgen erforschen zu lassen, und auf dieser Grundlage Vorschläge zur Verbesserung der sozialen Leistungen oder zur Kostenminimierung bei den Sozialversicherungsträgern und dem Hauptverband zu erstatten. Die Forschungsergebnisse sind in einem jährlich herauszugebenden „Weißbuch der österreichischen Sozialpolitik“ zu veröffentlichen.

(BGBl I 2001/99)

Teilnahme der Betriebsvertretungen an den Sitzungen der Verwaltungskörper des Hauptverbandes

§ 442d. § 439 ist so anzuwenden, dass anstelle der Betriebsvertretung des Versicherungsträgers zwei von den Betriebsvertretungen aller Versicherungsträger namhaft gemachte Vertreter an den Sitzungen der Geschäftsführung und des Verwaltungsrates mit beratender Stimme teilnahmeberechtigt sind.

(BGBl I 2001/99)

ABSCHNITT V
Vermögensverwaltung

„Jahresvoranschlag und Gebarungsvorschaurechnung

§ 443. (1) Die Versicherungsträger und der Hauptverband haben für jedes Geschäftsjahr einen Voranschlag und im Zusammenhang damit vierteljährlich für den Bereich der Kranken- und Unfallversicherung eine rollierende Gebarungsvorschaurechnung zu erstellen.

(2) Geschäftsjahr ist das Kalenderjahr. Der der Gebarungsvorschau zu Grunde zu legende Planungszeitraum sind die dem jeweiligen Geschäftsjahr nächstfolgenden zwei Geschäftsjahre.“

(BGBl I 2002/1)

Rechnungsabschluß und Nachweisungen

§ 444. (1) Die Versicherungsträger und der Hauptverband haben für jedes Geschäftsjahr einen Rechnungsabschluß, der jedenfalls aus einer Erfolgsrechnung und einer Schlußbilanz zum Ende des Jahres bestehen muß, sowie einen Geschäftsbericht zu verfassen und dem Bundesministerium für soziale Verwaltung vorzulegen.

(2) Die Versicherungsträger und der Hauptverband haben statistische Nachweisungen zu verfassen.

(3) In der Unfall-, Pensions- und Krankenversicherung bei der Versicherungsanstalt der österreichischen Eisenbahnen und in der knappschaftlichen Pensions- und Krankenversicherung bei der Versicherungsanstalt des österreichischen Bergbaues haben die Versicherungsträger für jede dieser Versicherungen die Erfolgsrechnung und die statistischen Nachweisungen getrennt zu erstellen. Gemeinsame Erträge und Aufwendungen sind auf die genannten Versicherungen nach den Bestimmungen der Rechnungsvorschriften aufzuteilen.

(4) (aufgehoben)

(5) (aufgehoben)

(6) Der Bundesminister für soziale Verwaltung hat nach Anhörung des Hauptverbandes Weisungen für die Rechnungsführung, Rechnungslegung, die Erstellung des Jahresvoranschlages sowie des Jahresberichtes (Abs. 1) und für die statistischen Nachweisungen (Abs. 2) zu erlassen.

(7) Die Träger der Sozialversicherung haben die von der Generalversammlung beschlossene Erfolgsrechnung binnen vier Monaten nach der Beschlußfassung „im Internet“ zu verlautbaren.

(BGBl 1994/20, BGBl I 2002/1)

Liquiditätsreserve

§ 444a. (aufgehoben)

Sondervorschriften für Betriebskrankenkassen

§ 445. Für Betriebskrankenkassen gelten folgende Sondervorschriften:

1. Der Betriebsunternehmer ist verpflichtet, die zur ordnungsmäßigen Verwaltung der Kasse erforderlichen Kosten zu bestreiten und die hiezu erforderlichen Arbeitskräfte unter eigener Verantwortlichkeit beizustellen.
2. Reichen die Bestände der Betriebskrankenkasse nicht aus, um die laufenden Ausgaben der Krankenkasse zu decken, so hat der Betriebsunternehmer die erforderlichen Vorschüsse zu leisten.
3. Reichen die Beitragseinnahmen selbst unter Heranziehung der Rücklagen zur Deckung der gesetzlichen Mindestleistungen nicht aus, so hat der Betriebsunternehmer die zur Deckung erforderlichen Zuschüsse zu leisten.
4. Ergibt bei Auflösung der Betriebskrankenkasse die Schlußbilanz einen Fehlbetrag, so hat diesen der Betriebsunternehmer zu decken.
5. Unbeschadet der Z 1 kann die Betriebskrankenkasse Sachkosten zur ordnungsgemäßen Verwaltung aus der ordentlichen Gebarung bestreiten, wenn die liquiden Mittel (§ 447b Abs. 6) am Ende eines Geschäftsjahres zur Deckung von mindestens

drei Monatsaufwendungen ausreichen; die so verwendeten Mittel dürfen pro Kalenderjahr nicht mehr als 3 vT der Beitragseinnahmen eines Geschäftsjahres betragen.

(BGBl I 1998/138)

Vermögensanlage

§ 446. (1) Die zur Anlage verfügbaren Mittel der Versicherungsträger (des Hauptverbandes) sind zinsbringend anzulegen. Sie dürfen unbeschadet der Bestimmungen des Abs. 3 und des § 447 nur angelegt werden:

1. in mündelsicheren, inländischen Wertpapieren;
2. in Darlehen, die nach den Bestimmungen des § 230c ABGB zur Anlegung von Mündelgeld geeignet sind;
3. in inländischen Liegenschaften, wenn deren Erwerb nach den Bestimmungen des § 230d ABGB zur Anlegung von Mündelgeld geeignet ist;
4. in Einlagen bei Kreditunternehmen, die nach Art und Umfang ihres Geschäftsbetriebes, dem Verhältnis ihrer Eigenmittel zu den Gesamtverbindlichkeiten oder zufolge einer bestehenden besonderen Haftung ausreichende Sicherheit bieten.

(BGBl 1994/20)

(2) Die Träger der Unfall- und Pensionsversicherung haben die zur Anlage nach Abs. 1 bestimmten Mittel auf die einzelnen Länder entsprechend verteilt anzulegen.

(3) Beschlüsse der Verwaltungskörper über von den Vorschriften der Abs. 1 und 2 abweichende Vermögensanlagen bedürfen zu ihrer Wirksamkeit der Genehmigung des Bundesministers für Arbeit und Soziales im Einvernehmen mit dem Bundesminister für Finanzen. Gegenstand solcher Beschlüsse können sowohl konkrete Vermögensanlagen in einem einzelnen Fall als auch durch gemeinsame Gruppenmerkmale gekennzeichnete und voraussichtlich vorzunehmende Vermögensanlagen sein; letzterenfalls sind die wesentlichen Gruppenmerkmale (z.B. die Art und die sonstigen näheren Umstände der beabsichtigten Vermögensanlagen, insbesondere auch der vorzusehende Mindestertrag) im Beschlußwortlaut festzulegen.

(BGBl 1994/20)

Genehmigung der Beteiligung an fremden Einrichtungen

§ 446a. Beschlüsse der Verwaltungskörper über eine Beteiligung an fremden Einrichtungen gemäß den §§ 23 Abs. 6, 24 Abs. 2 und 25 Abs. 2 bedürfen zu ihrer Wirksamkeit der Genehmigung durch den Bundesminister für Arbeit und Soziales im Einvernehmen mit dem Bundesminister für Finanzen. Das Gleiche gilt für Beschlüsse der Verwaltungskörper über Finanzierungs- und Betreibermodelle im Sinne des § 81 Abs. 2.

(BGBl I 2001/99)

Genehmigung zu Veränderungen von Vermögensbeständen

§ 447. (1) Beschlüsse der Verwaltungskörper über Veränderungen im Bestand von Liegenschaften, insbesondere über deren Erwerbung, Belastung oder Veräußerung, oder über die Errichtung oder Erweiterung von Gebäuden bedürfen – nach Zustimmung des Hauptverbandes gemäß § 31 Abs. 7 Z 1 – zu ihrer Wirksamkeit der Genehmigung des Bundesministers für Arbeit, Gesundheit und Soziales im Einvernehmen mit dem Bundesminister für Finanzen. Das gleiche gilt für den Umbau von Gebäuden, wenn damit eine Änderung des Verwendungszweckes verbunden ist.

(2) Die Genehmigung gemäß Abs. 1 ist nicht erforderlich,

1. wenn dem Beschluß ein Betrag zugrunde liegt, der das Dreitausendfache der Höchstbeitragsgrundlage gemäß § 45 Abs. 1 nicht übersteigt, oder
2. wenn Erhaltungs- oder Instandsetzungsarbeiten mit genehmigungspflichtigen Vorhaben in keinem ursächlichen Zusammenhang stehen.

(3) Beschlüsse der Verwaltungskörper über Angelegenheiten gemäß Abs. 2 sind binnen einem Monat nach Beschlußfassung dem Bundesminister für Arbeit, Gesundheit und Soziales anzuzeigen.

(BGBl 1994/20, BGBl I 1998/138)

Ausgleichsfonds der Krankenversicherungsträger

§ 447a. (1) Der beim Hauptverband errichtete Ausgleichsfonds hat eine ausgeglichene Gebarung bzw. eine ausreichende Liquidität der Gebietskrankenkassen, der Versicherungsanstalt des österreichischen Bergbaues, der Sozialversicherungsanstalt der gewerblichen Wirtschaft und der Sozialversicherungsanstalt der Bauern als Träger der Krankenversicherung zu gewährleisten. Das Vermögen dieses Fonds ist getrennt vom sonstigen Vermögen des Hauptverbandes zu verwalten. Für jedes Jahr ist ein Rechnungsabschluß zu erstellen, der jedenfalls aus einer Erfolgsrechnung und einer Schlußbilanz zum Ende des Jahres bestehen muß. Weiters ist zum Abschluß eines jeden Jahres ein Geschäftsbericht zu verfassen und mit dem Rechnungsabschluß dem Bundesministerium für soziale Verwaltung vorzulegen.

(BGBl I 2000/92, BGBl I 2001/33)

(2) Die Mittel des Ausgleichsfonds werden aufgebracht durch:

1. die Beiträge der Krankenversicherungsträger (Abs. 3);
2. (aufgehoben)
   (BGBl I 2000/101, BGBl I 2001/5)
3. sonstige Einnahmen.
   (BGBl I 2000/92, BGBl I 2001/33)

(3) Die Gebietskrankenkassen, die Versicherungsanstalt des österreichischen Bergbaues, die Sozialversicherungsanstalt der gewerblichen Wirt-

schaft und die Sozialversicherungsanstalt der Bauern als Träger der Krankenversicherung haben einen Beitrag im Ausmaß von 2,0% ihrer Beitragseinnahmen zu entrichten; bei der Versicherungsanstalt des österreichischen Bergbaues, der Sozialversicherungsanstalt der gewerblichen Wirtschaft und der Sozialversicherungsanstalt der Bauern ist hiebei nur von den Beitragseinnahmen des Versicherungsträgers als Träger der Krankenversicherung auszugehen. Dieser Beitrag ist von der Summe der für das vorhergehende Kalenderjahr fällig gewordenen Beiträge zu ermitteln; er ist in zwei gleichen Teilbeträgen jeweils am 1. April und am 1. Oktober eines jeden Kalenderjahres dem Hauptverband zu überweisen.

(BGBl I 2000/92, BGBl I 2001/33)

(4) Von den Jahreseinnahmen (Abs. 2) sind 10 vH[a]) zur Bildung einer Rücklage zu verwenden, die nur zur Deckung eines außerordentlichen Aufwandes aus den im § 447c Abs. 1 lit. a angeführten Gründen herangezogen werden darf. Erreicht diese Rücklage die Höhe von 1 vH der Summe der Beitragseinnahmen der Gebietskrankenkassen, der Versicherungsanstalt des österreichischen Bergbaues, der Sozialversicherungsanstalt der gewerblichen Wirtschaft und der Sozialversicherungsanstalt der Bauern als Träger der Krankenversicherung im vorangegangenen Kalenderjahr, dann ist die Rücklage nicht weiter zu erhöhen. Die Rücklage ist zinsbringend in mündelsicheren inländischen Wertpapieren oder in Einlagen bei Kreditunternehmen anzulegen, auf welche die Voraussetzungen des § 446 Abs. 1 Z 4 zutreffen.

(BGBl 1995/475, BGBl I 2000/92, BGBl I 2001/33)

---
[a]) Beachte Art. IX Abs. 4 38. Novelle.

(5) Zur Deckung einer erhöhten Belastung einer Gebietskrankenkasse aus den im § 447b Abs. 8 angeführten Gründen ist eine besondere Rücklage zu bilden. Dieser Rücklage sind zuzuführen:

1. die Vermögenserträgnisse eines Geschäftsjahres des Ausgleichsfonds für die Krankenanstaltenfinanzierung (§ 447f),
2. 10 vH der Jahreseinnahmen (Abs. 2) des Ausgleichsfonds der Krankenversicherungsträger, erstmals für das Geschäftsjahr 1994,
3.[a]) ein Betrag von jährlich 14 534 566,83 €, erstmals für das Geschäftsjahr 1994. Dieser Betrag wird durch Überweisungen aller dem Hauptverband angehörenden Krankenversicherungsträger nach demselben Schlüssel aufgebracht, der für die Verteilung in § 447 f Abs. 3 Z 2 festgesetzt ist. Der Betrag ist entsprechend der Veränderung der Zusatzbeiträge in der Krankenversicherung gegenüber dem Jahr 1994 jährlich aufzuwerten;

   (BGBl 1996/764, BGBl I 2001/5, BGBl I 2001/67)

---
[a]) Tritt mit Ablauf des 31. Dezember 2004 außer Kraft.

3.[a]) ein Betrag von jährlich 14 534 566,83 €, erstmals für das Geschäftsjahr 1994. Dieser Betrag wird durch Überweisungen aller dem Hauptverband angehörenden Krankenversicherungsträger nach einem Schlüssel aufgebracht, der nach dem Verhältnis der Zusatzbeiträge der einzelnen Krankenversicherungsträger berechnet wird. Der Betrag ist entsprechend der Veränderung der Zusatzbeiträge in der Krankenversicherung gegenüber dem Jahr 1994 jährlich aufzuwerten;

   (BGBl 1996/764, BGBl I 2001/5, BGBl I 2001/67)

---
[a]) Tritt mit Ablauf des 31. Dezember 2004 in Kraft.

4. ein Betrag von jährlich 7 267 283,42 €, erstmals für das Geschäftsjahr 2001, aus Mitteln nach Abs. 4.

   (BGBl I 2001/5, BGBl I 2001/67)

(BGBl 1994/450)

Zuschüsse aus dem Ausgleichsfonds

§ 447b. (1) Den beitragspflichtigen Krankenversicherungsträgern (§ 447a Abs. 3) gebühren nach Maßgabe der Abs. 2 bis 7 für ein Geschäftsjahr Zuschüsse aus dem Ausgleichsfonds, wenn in diesem Geschäftsjahr die durchschnittliche Beitragseinnahme je Pflichtversicherten die Ausgleichsgrenze (Abs. 2) nicht erreicht.

(2) Ausgleichsgrenze ist der Durchschnitt aller Beitragseinnahmen je Pflichtversicherten, die im Rechnungsabschluß des betreffenden Geschäftsjahres bei allen beitragspflichtigen Krankenversicherungsträgern nachgewiesen sind.

(3) Bei der Ermittlung der durchschnittlichen Beitragseinnahme je Pflichtversicherten gemäß Abs. 1 und Abs. 2 ist der sich aus der monatlichen Zählung der Pflichtversicherten ergebende Jahresdurchschnitt heranzuziehen.

(4) In den Fällen des Abs. 1 gebührt der Zuschuß – unbeschadet der Bestimmungen der Abs. 5 und 7 – in der Höhe des Betrages, der sich durch Vervielfachung des Unterschiedsbetrages zwischen der Ausgleichsgrenze und der durchschnittlichen Beitragseinnahme je Pflichtversicherten des in Betracht kommenden Krankenversicherungsträgers mit der Zahl der bei diesem im Jahresdurchschnitt pflichtversicherten Personen ergibt.

(5) Der Zuschuß gebührt für ein Geschäftsjahr höchstens in dem Ausmaß, das erforderlich ist, um die bei dem Krankenversicherungsträger am Ende des Geschäftsjahres vorhandenen liquiden Mittel auf ein Zwölftel der Jahresaufwendungen dieses Versicherungsträgers zu erhöhen. Er gebührt überdies höchstens im Ausmaß des Betrages, um den bei dem in Betracht kommenden Krankenversicherungsträger 101 vH der Aufwendungen des betreffenden Geschäftsjahres die Einnahmen – ausge-

nommen allfällige Zuschüsse und Zuwendungen aus dem Ausgleichsfonds – übersteigen.

(BGBl I 2001/99)

(6) Als liquide Mittel im Sinne des Abs. 5 gelten die Barbestände zuzüglich der Einlagen bei Geldinstituten und der Bilanzwert der Wertpapiere abzüglich der noch nicht abgeführten, für fremde Rechnung eingehobenen Beiträge sowie der am Ende des Geschäftsjahres buchmäßig fälligen unberichtigten Versicherungsleistungen und sonstigen Verbindlichkeiten.

(BGBl I 2001/99)

(7) Die sich aus der Anwendung der Abs. 4 und 5 für ein Geschäftsjahr ergebenden Zuschüsse dürfen zusammen 20 vH der am Ende dieses Geschäftsjahres frei verfügbaren Mittel des Ausgleichsfonds der Krankenversicherungsträger nicht überschreiten und sind innerhalb dieses Höchstausmaßes verhältnismäßig zu kürzen.

(8) Darüber hinaus gebührt Gebietskrankenkassen, die gemäß § 23 Abs. 6 zum Betrieb einer Krankenanstalt im Sinne des § 2 Abs. 1 Z 1 des Krankenanstaltengesetzes, BGBl. Nr. 1/1957, verpflichtet sind, ein Zuschuß, um diese erhöhte Belastung ganz oder teilweise zu decken.

(BGBl 1994/314)

(9) Der Hauptverband hat die gemäß Abs. 1 bzw. Abs. 8 gebührenden Zuschüsse nach Vorliegen der zu ihrer Ermittlung notwendigen Unterlagen den in Betracht kommenden Krankenversicherungsträgern zu überweisen.

(BGBl 1994/314)

(10) Erreichen die liquiden Mittel nach Abs. 6 bei einem der beitragspflichtigen Krankenversicherungsträger am Ende eines Geschäftsjahres nicht ein Zwölftel der Jahresaufwendungen, so hat dieser Krankenversicherungsträger Anspruch auf einen Zuschuss in der Höhe von 30% der Beiträge nach § 447a Abs. 3.

(BGBl I 2000/92, BGBl I 2001/33)

Zuwendungen aus dem Ausgleichsfonds

§ 447c. (1) Aus dem Ausgleichsfonds können Zuwendungen an die beitragspflichtigen Krankenversicherungsträger (§ 447a Abs. 3) unter Bedachtnahme auf ihre Vermögenslage gewährt werden:

a) um einen außerordentlichen Aufwand infolge unvorhergesehener Ereignisse (zum Beispiel Epidemien, Naturkatastrophen) ganz oder teilweise zu decken,

b) um eine unterschiedliche Belastung aus der Gewährung von Sachleistungen, von Maßnahmen zur Festigung der Gesundheit und zur Krankheitsverhütung sowie aus dem Betrieb eigener Gesundheitseinrichtungen ganz oder teilweise auszugleichen; eine unterschiedliche Belastung, die sich dadurch ergibt, daß mit Vertragspartnern erheblich über dem Bundesdurchschnitt liegende Honorare (Tarife) vereinbart wurden, hat hiebei außer Betracht zu bleiben,

c) um eine ungünstige Kassenlage ganz oder teilweise zu beheben oder

d) um einen Beitrag zur Erwerbung, Errichtung oder Erweiterung von Einrichtungen zur Früherkennung von Krankheiten (§§ 132a und 132b), zur Krankheitsverhütung, zur Krankenbehandlung, Zahnbehandlung, Anstaltspflege und Durchführung von Maßnahmen zur Festigung der Gesundheit zu leisten, wenn diese Einrichtungen zur Erfüllung der Aufgaben der Krankenversicherungsträger erforderlich sind.

(BGBl 1994/314)

(2) Zuwendungen dürfen an Krankenversicherungsträger nicht gewährt werden, wenn

a) die ungünstige Kassenlage (Abs. 1 lit. c) durch Außerachtlassung der Grundsätze einer wirtschaftlichen Verwaltung (zum Beispiel Errichtung von Verwaltungsgebäuden oder von eigenen Einrichtungen [§ 23 Abs. 6 dieses Bundesgesetzes, § 7 Abs. 2 des Gewerblichen Selbständigen-Pensionsversicherungsgesetzes][a]) bei ungünstiger Vermögenslage und ohne dringenden Bedarf) vom Versicherungsträger herbeigeführt oder vorwiegend dadurch verursacht wurde, daß Verwaltungsgebäude oder eigene Einrichtungen innerhalb der letzten fünf Jahre vor dem Zeitpunkt der Antragstellung auf Gewährung einer Zuwendung erworben, errichtet oder erweitert wurden oder

b) die Vermögenslage des Krankenversicherungsträgers so günstig ist, daß seine finanzielle Leistungsfähigkeit auch ohne Zuwendung gesichert ist.

(3) Die Zuwendungen nach Abs. 1 sind von den Krankenversicherungsträgern beim Hauptverband unter Vorlage der erforderlichen Nachweise zu beantragen; dem Antrag ist ein Plan über die beabsichtigte Verwendung der beantragten Zuwendung beizuschließen.

(4) Über den Antrag entscheidet die Geschäftsführung mit Zustimmung des Verwaltungsrates (§ 442a Abs. 3). Die Entscheidung der Geschäftsführung für innerhalb eines Kalenderjahres eingelangte Anträge ist bis spätestens 30. Juni des folgenden Kalenderjahres dem Bundesminister für soziale Sicherheit und Generationen zur Genehmigung vorzulegen.

(BGBl 1994/20, BGBl I 2001/99)

(5) Auf die Gewährung einer Zuwendung besteht kein Rechtsanspruch.

Darlehen aus dem Ausgleichsfonds

§ 447d. (1) Aus den Mitteln des Ausgleichsfonds können den beitragspflichtigen Krankenversicherungsträgern auch Darlehen gewährt werden.

[a]) Jetzt: § 15 Abs. 2 GSVG.

Die Bestimmungen des § 447c Abs. 3 bis 5 gelten entsprechend.

(BGBl 1995/853)

(2) Darüber hinaus können aus den Mitteln des Ausgleichsfonds den beitragspflichtigen Krankenversicherungsträgern kurzfristige Darlehen zur (teilweisen) Behebung einer ungünstigen Kassenlage gewährt werden. Auf die Gewährung eines solchen Darlehens besteht kein Rechtsanspruch.

(BGBl 1996/201)

Zweckzuschüsse aus dem Ausgleichsfonds

§ 447e. (1) Um die Errichtung oder Erweiterung der im § 447c Abs. 1 lit. d genannten Einrichtungen zu erleichtern, sind aus dem Ausgleichsfonds Zweckzuschüsse zu leisten. Die Höhe der Zweckzuschüsse beträgt jeweils 25 vH des notwendigen Aufwandes für die Errichtung oder Erweiterung dieser Einrichtungen. Darüber hinausgehende Zweckzuschüsse können unter Bedachtnahme auf die Vermögenslage des in Betracht kommenden Krankenversicherungsträgers gewährt werden. Die Leistung von Zweckzuschüssen schließt die Gewährung von Zuwendungen nach § 447c Abs. 1 lit. d nicht aus.

(2) Zu den Gesamtkosten (Abs. 1) zählen die Bau- und Baunebenkosten (ausgenommen Liegenschaftskosten) und die Kosten für das medizinische und das nichtmedizinische Mobiliar.

(3) Die Zweckzuschüsse sind von den beitragspflichtigen Krankenversicherungsträgern beim Hauptverband zu beantragen. Dem Antrag sind alle zur Beurteilung erforderlichen Unterlagen anzuschließen. Insbesondere sind vorzulegen:

a) Baubescheide, Baubeschreibungen, Baupläne;
b) eine gegliederte Darstellung der Gesamtkosten auf Grund von Kostenvoranschlägen oder Rechnungen;
c) Nachweise darüber, daß bei der Ermittlung der Gesamtkosten die Richtlinien über die Vergebung von Leistungen durch Sozialversicherungsträger und den Hauptverband eingehalten wurden;
d) Nachweise darüber, daß die in den §§ 23 Abs. 6 und 339 geforderten Voraussetzungen für die Errichtung oder Erweiterung der dort genannten Einrichtungen erfüllt sind.

(4) Der Zweckzuschuß wird in Teilbeträgen ausgezahlt. Der erste Teilbetrag ist frühestens nach Inangriffnahme der Errichtungs- oder Erweiterungsarbeiten fällig. Die weiteren Beträge sind nach Maßgabe des Fortschrittes der Errichtungs- oder Erweiterungsarbeiten anzuweisen.

(5) (aufgehoben)

(6) Die sich aus der Anwendung des Abs. 1 für ein Geschäftsjahr ergebenden Zweckzuschüsse dürfen zusammen höchstens 60 vH der am Ende des vorangegangenen Geschäftsjahres frei verfügbaren Mittel des Ausgleichsfonds betragen. Wird diese Grenze überschritten, so sind die Zweckzuschüsse innerhalb des Höchstausmaßes verhältnismäßig zu kürzen.

(7) Nach Vollendung des Vorhabens ist ohne Verzug, längstens jedoch ein Jahr nach Erteilung der Benützungsbewilligung, eine Endabrechnung über die Gesamtkosten vorzulegen.

(8) Die Bestimmungen des § 447c Abs. 4 gelten entsprechend.

Beiträge der Träger der Sozialversicherung für die Krankenanstaltenfinanzierung; Ausgleichsfonds

§ 447f.[a]) (1) Die Träger der Sozialversicherung leisten an die Länder (Landesfonds) für die Jahre 2001 bis 2004 einen Pauschalbeitrag für Leistungen der Krankenanstalten nach § 148 Z 3. Der Pauschalbeitrag für das Jahr 2001 errechnet sich aus dem endgültigen Pauschalbeitrag des Jahres 2000 auf Grund des § 447f Abs. 1 in der am 31. Dezember 2000 geltenden Fassung, erhöht um jenen Prozentsatz, um den die Beitragseinnahmen der Träger der Krankenversicherung im Jahr 2001 gegenüber dem Jahr 2000 gestiegen sind. Die Pauschalbeiträge für die Jahre 2002, 2003 und 2004 errechnen sich aus dem jeweiligen Jahresbeitrag des Vorjahres, erhöht um jenen Prozentsatz, um den die Beitragseinnahmen der Träger der Krankenversicherung gegenüber dem jeweils vorangegangenen Jahr gestiegen sind. Beitragseinnahmen aus dem Zusatzbeitrag für Angehörige und aus den Krankenversicherungsbeiträgen von Zusatzpensionsleistungen sowie Einnahmen aus dem Behandlungsbeitrag-Ambulanz sind bei der Berechnung der Steigerungssätze für die Jahre 2001 bis 2004 nicht zu berücksichtigen.

(2) Für das Jahr 2001 ist der Pauschalbeitrag nach Abs. 1 vorläufig in der Höhe von 41 200 Millionen Schilling zu überweisen. Der vorläufige Pauschalbeitrag für das Jahr 2002 ist bis zum 31. Dezember 2001 aus dem Jahresbetrag des Pauschalbeitrages nach endgültiger Abrechnung für das Jahr 2000 auf Grund des § 447f Abs. 1 in der am 31. Dezember 2000 geltenden Fassung, vervielfacht mit den vorläufigen Prozentsätzen der Jahre 2001 und 2002, zu errechnen. Die vorläufigen Pauschalbeiträge für die Jahre 2003 und 2004 sind bis zum 31. Dezember des jeweiligen Vorjahres aus dem Jahresbetrag des Pauschalbeitrages nach endgültiger Abrechnung für das jeweils zweitvorangegangene Jahr, vervielfacht mit den vorläufigen Prozentsätzen der Folgejahre, zu errechnen. Die vorläufigen Prozentsätze sind die geschätzten prozentuellen Steigerungen der Beitragseinnahmen der Träger der Krankenversicherung gegenüber dem jeweils vorangegangenen Jahr.

(3) Der beim Hauptverband errichtete Ausgleichsfonds für die Krankenanstaltenfinanzierung überweist an die Länder (Landesfonds)

1. 70% des Pauschalbeitrages nach Abs. 1 in zwölf gleich hohen Monatsraten jeweils am Monatszwanzigsten, beginnend mit dem Monat April bis zum Monat März des Folgejahres, und

2. 30% des Pauschalbeitrages nach Abs. 1 in vier gleich hohen Quartalsbeträgen jeweils am 20. April, 20. Juli, 20. Oktober und 20. Jänner des Folgejahres.

Die endgültige Abrechnung des Pauschalbeitrages hat bis zum 31. Oktober des Folgejahres zu erfolgen, wobei Abrechnungsreste unverzüglich zu überweisen sind.

(4) Bei der endgültigen Abrechnung des Pauschalbeitrages sind die tatsächlich eingehobenen Beiträge des zusätzlich zum Spitalskostenbeitrag nach § 27a KAG einzuhebenden Betrages im Ausmaß von jeweils 1,45 € gegenzuverrechnen.

(BGBl I 2001/67)

(5) Die Mittel für die Überweisungen nach Abs. 3 sind unter Berücksichtigung des Abs. 4 auf die Länder (Landesfonds) gemäß folgendem Schlüssel zu verteilen:

Burgenland	2,426210014%
Kärnten	7,425630646%
Niederösterreich	14,377317701%
Oberösterreich	17,448140331%
Salzburg	6,441599507%
Steiermark	14,549590044%
Tirol	7,696467182%
Vorarlberg	4,114811946%
Wien	25,520232629%.

(6) Die Träger der Krankenversicherung leisten an den Bund (Strukturfonds) für die Jahre 2001 bis 2004 einen Pauschalbeitrag in der Höhe von 83 573 759,29 €. Dieser Pauschalbeitrag ist in vier gleich hohen Quartalsbeträgen jeweils am 25. März, 25. Juni, 25. September und 25. Dezember zu überweisen.

(BGBl I 2001/67)

(7) Ausgenommen im ambulanten Bereich hat der (die) Versicherte bei Anstaltspflege eines Angehörigen nach diesem Bundesgesetz und nach dem BSVG und bei Anstaltspflege eines Versicherten nach dem BSVG an das Land (Landesfonds) einen Kostenbeitrag zu leisten. Dieser beträgt für jeden Verpflegstag 10% der am 31. Dezember 1996 in Geltung gestandenen Pflegegebührenersätze, vervielfacht mit dem Prozentsatz für das Jahr 1997 nach § 28 KAG in der Fassung des Bundesgesetzes BGBl. Nr. 853/1995. Diese Beträge sind jährlich anzupassen, wobei die Prozentsätze nach Abs. 1 zweiter und dritter Satz anzuwenden sind. Solange keine endgültigen Prozentsätze vorliegen, sind die vorläufigen Prozentsätze heranzuziehen. Die angepassten Beträge sind auf volle 10 Cent zu runden. Vom Kostenbeitrag ist abzusehen:

1. sobald die Zeiten der Anstaltspflege in einem Kalenderjahr die Dauer von vier Wochen übersteigen,
2. für Anstaltspflege, die aus dem Versicherungsfall der Mutterschaft geleistet wird,
3. für Leistungen nach § 120 Abs. 2 dieses Bundesgesetzes und nach § 76 Abs. 2 BSVG (Organspenden) sowie nach § 80 Abs. 3 lit. b, d und g BSVG.

(BGBl I 2001/67)

(8) Mit den Pauschalbeiträgen der Träger der Sozialversicherung nach Abs. 1 und den Beiträgen der Versicherten nach Abs. 7 an die Länder (Landesfonds) sind alle Leistungen der im § 148 genannten Krankenanstalten insbesondere im stationären, halbstationären, tagesklinischen und spitalsambulanten Bereich einschließlich der aus dem medizinischen Fortschritt resultierenden Leistungen für Versicherte und anspruchsberechtigte Angehörige der Träger der Sozialversicherung nach Maßgabe des § 148 Z 3 zur Gänze abgegolten.

(9) Der beim Hauptverband errichtete Ausgleichfonds für die Krankenanstaltenfinanzierung hat die Überweisungen der Träger der Sozialversicherung nach Maßgabe der Abs. 1 bis 6 und die Aufbringung der dazu benötigten Mittel zu gewährleisten. Das Vermögen dieses Fonds ist getrennt vom sonstigen Vermögen des Hauptverbandes zu verwalten. Allfällige Vermögenserträgnisse eines Geschäftsjahres sind an den Ausgleichsfonds der Krankenversicherungsträger nach § 447a zu überweisen. Für jedes Jahr ist ein Rechnungsabschluss zu erstellen, der jedenfalls aus einer Erfolgsrechnung und einer Schlussbilanz zum Ende des Jahres bestehen muss. Weiters ist zum Abschluss eines jeden Jahres ein Geschäftsbericht zu verfassen und mit dem Rechnungsabschluss dem Bundesministerium für soziale Sicherheit und Generationen vorzulegen.

(10) Die Mittel für die Überweisungen des Ausgleichsfonds nach Abs. 3 Z 1 unter Berücksichtigung des Abs. 4 werden durch Überweisungen der Sozialversicherungsträger nach folgendem Schlüssel aufgebracht:

Wiener Gebietskrankenkasse	17,44201%,
Niederösterreichische Gebietskrankenkasse	11,65468%,
Burgenländische Gebietskrankenkasse	1,94019%,
Oberösterreichische Gebietskrankenkasse	15,08098%,
Steiermärkische Gebietskrankenkasse	10,25023%,
Kärntner Gebietskrankenkasse	5,42866%,
Salzburger Gebietskrankenkasse	4,71656%,
Tiroler Gebietskrankenkasse	5,63745%,
Vorarlberger Gebietskrankenkasse	3,66966%,
Betriebskrankenkasse Austria Tabak	0,09170%,
Betriebskrankenkasse der Wiener Verkehrsbetriebe	0,31496%,
Betriebskrankenkasse Semperit	0,17647%,

Betriebskrankenkasse der Neusiedler AG 0,03778%,
Betriebskrankenkasse Alpine Donawitz 0,23028%,
Betriebskrankenkasse Zeltweg 0,06885%,
Betriebskrankenkasse Kindberg 0,05414%,
Betriebskrankenkasse Kapfenberg 0,20124%,
Betriebskrankenkasse Pengg 0,03432%,
Versicherungsanstalt des österreichischen Bergbaues (als Träger der Krankenversicherung).................... 1,06642%,
Versicherungsanstalt der österreichischen Eisenbahnen (als Träger der Krankenversicherung).................... 4,10008%,
Versicherungsanstalt öffentlich Bediensteter (als Träger der Krankenversicherung).................... 7,70689%,
Sozialversicherungsanstalt der gewerblichen Wirtschaft (als Träger der Krankenversicherung).................... 5,22166%,
Sozialversicherungsanstalt der Bauern (als Träger der Krankenversicherung).................... 4,58485%,
Versicherungsanstalt der österreichischen Eisenbahnen (als Träger der Unfallversicherung).................... 0,01253%,
Versicherungsanstalt öffentlich Bediensteter (als Träger der Unfallversicherung).................... 0,00686%,
Allgemeine Unfallversicherungsanstalt 0,00275%,
Sozialversicherungsanstalt der Bauern (als Träger der Unfallversicherung).................... 0,16929%,
Pensionsversicherungsanstalt der Angestellten .... 0,02451%,[b])
Pensionsversicherungsanstalt der Arbeiter .... 0,06640%,[b])
Versicherungsanstalt des österreichischen Bergbaues (als Träger der Pensionsversicherung).................... 0,00481%,
Sozialversicherungsanstalt der Bauern (als Träger der Pensionsversicherung).................... 0,00279%.

Die Höhe der vorschussweisen Zahlungen sowie deren Fälligkeitstermine sind durch Beschluss des Verwaltungsrates festzulegen.

(BGBl I 2001/99, BGBl I 2002/1)

---

[b]) Ab 1. Jänner 2003 zusammengefasst als: „Pensionsversicherungsanstalt .... 0,09091%,“.

(11) Die Mittel für die Überweisungen des Ausgleichsfonds nach Abs. 3 Z 2 werden aufgebracht

1. durch den Zusatzbeitrag in der Krankenversicherung (§ 51b dieses Bundesgesetzes, § 27a GSVG, § 24a BSVG, § 20a B-KUVG);
2. soweit die Zusatzbeiträge nach Z 1 nicht ausreichen, durch Überweisungen der Krankenversicherungsträger (§ 31 Abs. 1) nach folgendem Schlüssel:

Wiener Gebietskrankenkasse 24,08672%,
Niederösterreichische Gebietskrankenkasse 11,31833%,
Burgenländische Gebietskrankenkasse 1,23684%,
Oberösterreichische Gebietskrankenkasse 13,28656%,
Steiermärkische Gebietskrankenkasse 8,18268%,
Kärntner Gebietskrankenkasse 3,65138%,
Salzburger Gebietskrankenkasse 5,02605%,
Tiroler Gebietskrankenkasse 5,24579%,
Vorarlberger Gebietskrankenkasse 3,44986%,
Betriebskrankenkasse der Österreichischen Staatsdruckerei 0,02426%,
Betriebskrankenkasse Austria Tabak 0,08358%,
Betriebskrankenkasse der Wiener Verkehrsbetriebe 0,37166%,
Betriebskrankenkasse Semperit 0,14598%,
Betriebskrankenkasse der Neusiedler AG 0,05913%,
Betriebskrankenkasse Alpine Donawitz 0,17237%,
Betriebskrankenkasse Zeltweg 0,08233%,
Betriebskrankenkasse Kindberg 0,03685%,
Betriebskrankenkasse Kapfenberg 0,17054%,
Betriebskrankenkasse Pengg 0,01918%,

Versicherungsanstalt des österreichischen Bergbaues
(als Träger der Krankenversicherung) 0,74147%,
Versicherungsanstalt der österreichischen Eisenbahnen, Abteilung A
(als Träger der Krankenversicherung) 0,41862%,
Versicherungsanstalt der österreichischen Eisenbahnen, Abteilung B
(als Träger der Krankenversicherung) 2,29409%,
Versicherungsanstalt öffentlich Bediensteter
(als Träger der Krankenversicherung) 10,57257%,
Sozialversicherungsanstalt der gewerblichen Wirtschaft
(als Träger der Krankenversicherung) 7,44147%,
Sozialversicherungsanstalt der Bauern
(als Träger der Krankenversicherung) .... 1,88169%.

Dieser Schlüssel ist jährlich, erstmals für das Geschäftsjahr 2001, unter Berücksichtigung der Entwicklung der Beitragseinnahmen der einzelnen Krankenversicherungsträger von diesem Geschäftsjahr zum Geschäftsjahr 1999, in weiterer Folge vom laufenden Geschäftsjahr zum vorangegangenen Geschäftsjahr vom Hauptverband neu festzusetzen. Hiebei sind als Beitragseinnahmen die Beiträge für pflichtversicherte Erwerbstätige, für freiwillig Versicherte „und für Arbeitslose" heranzuziehen. Die Zusatzbeiträge nach Z 1 sind außer Betracht zu lassen. Abs. 10 letzter Satz ist anzuwenden.

(BGBl I 2002/1)

(12) Die Mittel für die Überweisungen des Ausgleichsfonds nach Abs. 6 werden aufgebracht

1. durch die Beitragseinnahmen aus dem Zusatzbeitrag für Angehörige und aus den Krankenversicherungsbeiträgen von Zusatzpensionsleistungen;
2. soweit die Beitragseinnahmen nach Z 1 nicht ausreichen, durch Überweisungen der Krankenversicherungsträger nach einem Schlüssel, der sich aus den Gesamtüberweisungen nach Abs. 3 Z 1 und 2 anteilsmäßig für jeden einzelnen Krankenversicherungsträger errechnet. Die Prozentsätze des Schlüssels sind auf fünf Dezimalstellen zu runden. Die Höhe der vorschussweisen Zahlungen sowie deren Fälligkeitstermine sind durch Beschluss der Verbandskonferenz festzulegen, wobei für die Jahre 2001 und 2002 die endgültigen Gesamtbeiträge zur Krankenanstaltenfinanzierung für die Jahre 1999 bzw. 2000 zu Grunde zu legen sind.

Übersteigen die Beitragseinnahmen nach Z 1 die für die Überweisungen des Ausgleichsfonds nach Abs. 6 aufzubringenden Mittel, so ist der Differenzbetrag an die Krankenversicherungsträger unter Anwendung des Schlüssels nach Z 2 rückzuerstatten.

(13) Alle von den Krankenversicherungsträgern an den Ausgleichsfonds für die Krankenanstaltenfinanzierung zu überweisenden Beträge sind so zu überweisen, dass die betreffenden Beträge beim Hauptverband am jeweils letzten Bankarbeitstag vor den Überweisungsterminen nach den Abs. 3 und 6 bereits eingetroffen sind.

(14) Die Sozialversicherungsträger leisten an den Fonds nach § 149 Abs. 3 zweiter Satz für die Jahre 2002 bis 2004 jährlich einen Pauschalbeitrag für Leistungen der Krankenanstalten nach § 149 Abs. 3. Die Höhe des Pauschalbeitrages richtet sich nach § 149 Abs. 3 und 3a. Die Höhe der vorschussweisen Zahlungen durch die Sozialversicherungsträger sowie deren Fälligkeitstermine sind zwischen dem Hauptverband und dem Fonds vertraglich zu vereinbaren.

(15) die Verbandskonferenz hat mit verbindlicher Wirkung im Sinne des § 31 Abs. 6 zu beschließen, zu welchen Teilen die Überweisungen nach Abs. 14 unter Berücksichtigung der Inanspruchnahme der Leistungen nach § 149 Abs. 3 im Jahr 1999 von den einzelnen Sozialversicherungsträgern aufzubringen sind. Weiters sind mit diesem Beschluss der Verbandskonferenz die Höhe der vorschussweisen Zahlungen sowie deren Fälligkeitstermine festzulegen.

(BGBl I 2001/5)

---

[a]) Tritt mit Ablauf des 31. Dezember 2004 außer Kraft.

Ausgleichsfonds der Pensionsversicherungsträger

§ 447g. (1) Beim Hauptverband ist ein Ausgleichsfonds der Träger der Pensionsversicherung nach diesem Bundesgesetz, dem Gewerblichen Sozialversicherungsgesetz, dem Bauern-Sozialversicherungsgesetz und dem Freiberuflichen Sozialversicherungsgesetz zu errichten. Das Vermögen dieses Fonds ist getrennt vom sonstigen Vermögen des Hauptverbandes zu verwalten. Für jedes Geschäftsjahr ist ein Rechnungsabschluß zu erstellen, der jedenfalls aus einer Erfolgsrechnung und einer Schlußbilanz zum Ende des Jahres bestehen muß. Weiters ist zum Abschluß eines jeden Jahres ein Geschäftsbericht zu verfassen und mit dem Rechnungsabschluß dem Bundesministerium für Arbeit und Soziales vorzulegen. Darüber hinaus ist bis zum 30. April des folgenden Jahres der Gesamtbetrag der Überweisungen nach Abs. 5 dem Bundesministerium für Arbeit und Soziales bekanntzugeben.

(2) Die Mittel des Ausgleichsfonds werden aufgebracht durch:

a) die Erträge aus Zusatzbeiträgen (§ 51a) und aus den auf die Pensionsversicherung entfallenden Pauschalbeiträgen (§ 53a);

(BGBl I 1998/138)

b) (aufgehoben)
(BGBl 1996/201, BGBl 1996/411)

c) die Überweisungen gemäß Abs. 3 und 4;
(BGBl 1996/201)

d) sonstige Einnahmen.
(BGBl 1996/201)

(3) An den Ausgleichsfonds gemäß Abs. 1 sind zu überweisen:

1. zur Abgeltung bzw. teilweisen Abgeltung der Aufwendungen, die den Pensionsversicherungsträgern aus der Anrechnung von Ersatzzeiten erwachsen,

   a) für Zeiten des Bezuges einer Geldleistung aus der Arbeitslosenversicherung wegen Arbeitslosigkeit bzw. des Ruhens des Anspruches auf Arbeitslosengeld gemäß § 16 Abs. 1 lit. l des Arbeitslosenversicherungsgesetzes 1977, für Zeiten des Bezuges von Weiterbildungsgeld nach dem Arbeitslosenversicherungsgesetz 1977 nach Vollendung des 45. Lebensjahres und für Zeiten des Bezuges von Sonderunterstützung bzw. des Ruhens des Anspruches auf Sonderunterstützung gemäß § 2 des Sonderunterstützungsgesetzes, BGBl. Nr. 642/1973, aus Mitteln der Arbeitslosenversicherung ein Betrag in der Höhe von 22,8 vH der Aufwendungen für Arbeitslosengeld, Notstandshilfe, Weiterbildungsgeld und Sonderunterstützung nach dem Sonderunterstützungsgesetz, ausgenommen der Aufwand für die Krankenversicherung der Bezieher dieser Geldleistungen;
   (BGBl I 1999/179)

   b) für Zeiten nach § 227a dieses Bundesgesetzes, nach § 116a GSVG und nach § 107a BSVG ein Betrag in der Höhe von 22,8% des Betrages nach § 293 Abs. 1 lit. a sublit. bb für jeden Ersatzmonat der Kindererziehung, in dem Anspruch auf Kinderbetreuungsgeld nach dem KBGG oder auf Karenzgeld oder Teilzeitbeihilfe nach dem KGG besteht, aus Mitteln des Ausgleichsfonds für Familienbeihilfen;
   (BGBl 1996/411, BGBl I 1997/47, BGBl I 1998/138, BGBl I 2001/103)

   c) für Zeiten des Wehrdienstes als Zeitsoldat der Abgeltungsbetrag „nach § 49 Abs. 5 des Heeresgebührengesetzes 2001, BGBl. I Nr. 31“;
   (BGBl I 2002/1)

   d) für Zeiten der Leistung des Ausbildungsdienstes gemäß § 227 Abs. 1 Z 7 und 8 dieses Bundesgesetzes, § 116 Abs. 1 Z 3 des Gewerblichen Sozialversicherungsgesetzes und § 107 Abs. 1 Z 3 des Bauern-Sozialversicherungsgesetzes ein Betrag in der Höhe von 22,8% der Beitragsgrundlage von 425,43 €[a]) für jeden Monat dieser Wehrdienstleistung der in Betracht kommenden Personen aus Mitteln des Bundesministeriums für Landesverteidigung; an die Stelle des Betrages von 425,43 € tritt ab 1. Jänner eines jeden Jahres der unter Bedachtnahme auf § 108 Abs. 9 mit der jeweiligen Aufwertungszahl (§ 108 Abs. 1) vervielfachte Betrag;
   (BGBl I 1998/30, BGBl I 2001/67)

2. zur Abgeltung bzw. teilweisen Abgeltung der Aufwendungen, die den Pensionsversicherungsträgern auf Grund der Gewährung von vorzeitigen Alterspensionen (Knappschaftsalterspensionen) bei Arbeitslosigkeit erwachsen, die im § 6 Abs. 8 AMPFG genannten Beträge.
   (BGBl 1994/20)

(BGBl 1996/201)

(4) Zur Abgeltung der Aufwendungen, die den Pensionsversicherungsträgern aus der Anrechnung der Ersatzzeiten gemäß § 227 Abs. 1 Z 11, § 228 Abs. 1 Z 1 lit. b sowie § 228 Abs. 1 Z 7 und 8 erwachsen, ist an den Ausgleichsfonds nach Abs. 1 aus Mitteln der Kriegsopferversorgung sowie aus Mitteln der Opferfürsorge jeweils ein jährlicher Pauschbetrag zu überweisen. Ausmaß und Fälligkeit dieser Pauschbeträge werden durch ein besonderes Bundesgesetz bestimmt.

(5) Der Hauptverband hat für jedes Geschäftsjahr von den Erträgen an Zusatzbeiträgen (Abs. 2 lit. a) zunächst insgesamt 5 vH an die Sozialversicherungsanstalt der gewerblichen Wirtschaft und an die Sozialversicherungsanstalt der Bauern, beide Anstalten als Träger der Pensionsversicherung, zu überweisen. Die verbleibenden Mittel gemäß Abs. 2 abzüglich der Ersätze gemäß § 70 dieses Bundesgesetzes, gemäß § 127b des Gewerblichen Sozialversicherungsgesetzes und gemäß § 118b des Bauern-Sozialversicherungsgesetzes sowie sonstiger Ausgaben sind an die Träger der Pensionsversicherung nach diesem Bundesgesetz zu überweisen. Die Überweisung an die Pensionsversicherungsträger ist nach den sich gemäß Abs. 7 ergebenden Aufteilungsschlüsseln vorzunehmen.

(6) Der Hauptverband hat am 1., 13. und 23. eines jeden Kalendermonates die Zahlungen nach Abs. 5 nach den Aufteilungsschlüsseln des in Betracht kommenden Geschäftsjahres zu bevorschussen. Für diese Vorschußzahlungen hat der Hauptverband alle beim Ausgleichsfonds jeweils eingelangten Beträge heranzuziehen und an die im Abs. 1 genannten Träger der Pensionsversicherung zu überweisen.

(BGBl I 1998/138, BGBl I 2001/99)

---
[a]) Betrag siehe VO über veränderliche Werte.

(7) Die Aufteilungsschlüssel gemäß Abs. 5 für ein Geschäftsjahr sind – getrennt für die Träger der Pensionsversicherung nach diesem Bundesgesetz bzw. nach dem Gewerblichen Sozialversicherungsgesetz und dem Bauern-Sozialversicherungsgesetz – unter Zugrundelegung des Verhältnisses, in welchem der nicht gedeckte Aufwand des zweitvorangegangenen Geschäftsjahres aller Pensionsversicherungsträger nach diesem Bundesgesetz bzw. der Pensionsversicherungsträger der Selbständigen auf die einzelnen Träger entfällt, festzusetzen. Die Aufteilungsschlüssel sind auf zwei Dezimalstellen zu runden. Die vorläufigen Aufteilungsschlüssel des Geschäftsjahres 2001 gelten für dieses Geschäftsjahr als endgültig.

(BGBl I 2001/99)

(8) Nicht gedeckter Aufwand gemäß Abs. 7 ist der Betrag, um den die Aufwendungen die Erträge übersteigen. Hiebei sind bei den Aufwendungen die Ausgleichszulagen, bei den Erträgen der Bundesbeitrag gemäß § 80 Abs. 1 dieses Bundesgesetzes, gemäß § 34 Abs. 1 und 2 des Gewerblichen Sozialversicherungsgesetzes und gemäß § 31 Abs. 2 und 3 des Bauern-Sozialversicherungsgesetzes, die Ersätze für Ausgleichszulagen und die Überweisung gemäß Abs. 5 außer Betracht zu lassen.

(BGBl 1996/201, BGBl 1996/411, BGBl I 2001/99)

(9) Der Hauptverband hat aus den Mitteln des Ausgleichsfonds jährlich einen Betrag in der Höhe des Aufwandes für Arbeitslosengeld, einschließlich allfälliger Familienzuschläge sowie der Beiträge zur Kranken- und Pensionsversicherung, für Bezieher von Arbeitslosengeld, die die Anspruchsvoraussetzungen für eine Pension aus einem der Versicherungsfälle des Alters erfüllen (§ 23 Abs. 3 AlVG) an die Gebarung Arbeitsmarktpolitik zu überweisen.

(BGBl I 1997/139)

(10) Der Bundesminister für Arbeit, Gesundheit und Soziales hat jährlich bis zum 31. Oktober, erstmals für das Kalenderjahr 1999 bis zum 31. Oktober 2000, der Bundesregierung einen Bericht über

1. das Ausmaß der im abgelaufenen Kalenderjahr erworbenen Ersatzzeiten zur Sichtbarmachung der Aufwendungen, die den Pensionsversicherungsträgern aus der Anrechnung dieser Versicherungszeiten erwachsen, sowie
2. die sich im abgelaufenen Kalenderjahr für die Träger der Pensionsversicherung aus der Wanderversicherung gemäß den §§ 251a dieses Bundesgesetzes, 129 GSVG und 120 BSVG ergebenden Änderungen der Leistungszuständigkeit

vorzulegen.

(BGBl I 1997/139)

(BGBl 1993/335)

Aufteilung der Beiträge zur Krankenversicherung bei mehrfacher Versicherung; Ausgleichsfonds

§ 447h.[a]) (1) Beim Hauptverband ist ein Ausgleichsfonds zur Aufteilung der Beiträge zur Krankenversicherung bei mehrfacher Versicherung (§§ 128 dieses Bundesgesetzes, 87 GSVG, 80a BSVG und 57 B-KUVG) zu errichten. Das Vermögen dieses Fonds ist getrennt vom sonstigen Vermögen des Hauptverbandes zu verwalten. Für jedes Jahr ist ein Rechnungsabschluß zu erstellen, der jedenfalls aus einer Erfolgsrechnung und einer Schlußbilanz zum Ende des Jahres bestehen muß. Weiters ist zum Abschluß eines jeden Jahres ein Geschäftsbericht zu verfassen und mit dem Rechnungsabschluß dem Bundesministerium für Arbeit, Gesundheit und Soziales vorzulegen.

(2) Die Träger der Krankenversicherung haben die bei ihnen in einem Kalenderjahr eingezahlten, auf die Krankenversicherung entfallenden Beiträge bei mehrfacher Versicherung nach den Bestimmungen dieses oder eines anderen Bundesgesetzes über den Ausgleichsfonds gemäß Abs. 1 bis zum 31. März des Folgejahres zu verrechnen.

(3) Die Verrechnung und Aufteilung der Beiträge gemäß Abs. 2 erfolgt gemäß den nach § 31 Abs. 5 Z 33 vom Hauptverband erlassenen Richtlinien.

(BGBl I 1998/138)

(4) Mit den gemäß Abs. 3 erstatteten Beträgen sind alle Leistungen der in Anspruch genommenen Krankenversicherungsträger abgegolten.

(BGBl I 1997/139, BGBl I 2002/1)

[a]) Tritt mit 1. Jänner 2005 in Kraft.

Ausgleich von Änderungen der Einnahmen- und Risikostruktur durch Zuständigkeitswechsel

§ 447i. (aufgehoben)

(BGBl I 1999/10, BGBl I 2001/99)

ABSCHNITT VI
Aufsicht des Bundes

(BGBl 1994/20)

Aufsichtsbehörden

§ 448. (1) Die Versicherungsträger und der Hauptverband samt ihren Anstalten und Einrichtungen unterliegen der Aufsicht des Bundes. Die Aufsicht ist vom Bundesminister für Arbeit und Soziales als oberster Aufsichtsbehörde auszuüben.

(2) Die unmittelbare Handhabung der Aufsicht über die einzelnen Versicherungsträger obliegt, wenn sich der Sprengel des Versicherungsträgers nicht über mehr als ein Land erstreckt, bei Trägern der Krankenversicherung nur, wenn sie nicht mehr als 400 000 Versicherte aufweisen, dem nach dem Sprengel des Versicherungsträgers zuständigen Landeshauptmann. Gegenüber den sonstigen Versicherungsträgern und gegenüber dem Hauptverband ist der Bundesminister für Arbeit und Sozia-

les zur unmittelbaren Ausübung der Aufsicht berufen.

(3) Der Bundesminister für Arbeit und Soziales kann bestimmte Bedienstete der obersten Aufsichtsbehörde mit der Aufsicht über die Versicherungsträger (den Hauptverband) betrauen, die seiner unmittelbaren Aufsicht unterstehen; der Landeshauptmann kann bestimmte Bedienstete der unmittelbaren Aufsichtsbehörde mit der Aufsicht über die Versicherungsträger betrauen, die seiner unmittelbaren Aufsicht unterstehen; der Bundesminister für Finanzen kann zu den Sitzungen der Verwaltungskörper der im § 427 Abs. 1 Z 2 bis 5 genannten Versicherungsträger und des Hauptverbandes einen Vertreter zur Wahrung der finanziellen Interessen des Bundes entsenden. Den mit der Ausübung der Aufsicht bzw. mit der Wahrung der finanziellen Interessen des Bundes betrauten Bediensteten (deren Stellvertretern) sind Aufwandsentschädigungen zu gewähren, deren Höhe 60 vH der niedrigsten Funktionsgebühr (§ 420 Abs. 5) des Vorsitzenden (des Stellvertreters des Vorsitzenden) der Kontrollversammlung des beaufsichtigten Versicherungsträgers (des Verwaltungsrates des Hauptverbandes) entspricht. Bei mehrfacher Aufsichtstätigkeit gebührt nur eine, und zwar die jeweils höhere Aufwandsentschädigung.

(BGBl I 1998/138, BGBl I 2001/99)

(4) Der Vertreter der Aufsichtsbehörde kann gegen Beschlüsse eines Verwaltungskörpers, die gegen eine Rechtsvorschrift verstoßen, der Vertreter des Bundesministers für Finanzen gegen Beschlüsse, welche die finanziellen Interessen des Bundes berühren, Einspruch mit aufschiebender Wirkung erheben. Der Vorsitzende hat die Durchführung des Beschlusses, gegen den Einspruch erhoben worden ist, vorläufig aufzuschieben und die Entscheidung der Aufsichtsbehörde, bei einem Einspruch des Vertreters des Bundesministers für Finanzen die Entscheidung des Bundesministers für Arbeit und Soziales, die dieser im Einvernehmen mit dem Bundesminister für Finanzen zu treffen hat, einzuholen.

(5) Wo in sozialversicherungsrechtlichen Vorschriften von der Aufsichtsbehörde die Rede ist, ist hierunter die unmittelbare Aufsichtsbehörde zu verstehen. Der Bundesminister für Arbeit und Soziales ist jedoch als oberste Aufsichtsbehörde jederzeit berechtigt, eine Aufgabe, die der unmittelbaren Aufsichtsbehörde zukommt, an sich zu ziehen.

Aufgaben der Aufsicht

§ 449. (1) Die Aufsichtsbehörden haben die Gebarung der Versicherungsträger (des Hauptverbandes) zu überwachen und darauf hinzuwirken, daß im Zuge dieser Gebarung nicht gegen Rechtsvorschriften verstoßen wird. Sie können ihre Aufsicht auf Fragen der Zweckmäßigkeit erstrecken; sie sollen sich in diesem Falle auf wichtige Fragen beschränken und in das Eigenleben und die Selbstverantwortung der Versicherungsträger (des Hauptverbandes) nicht unnötig eingreifen. Die Aufsichtsbehörden können in Ausübung des Aufsichtsrechtes Beschlüsse der Verwaltungskörper aufheben.

(2) Der Aufsichtsbehörde sind auf Verlangen alle Bücher, Rechnungen, Belege, Urkunden, Wertpapiere, Schriften und sonstige Bestände vorzulegen und alle zur Ausübung des Aufsichtsrechtes geforderten Mitteilungen zu machen; alle Verlautbarungen sind der Aufsichtsbehörde unverzüglich zur Kenntnis zu bringen. Diese Verpflichtung trifft die im § 427 Abs. 1 Z 2 bis 5 genannten Versicherungsträger, denen der Bund Beiträge gemäß § 80 leistet, auch gegenüber dem Bundesminister für Finanzen. Die oberste Aufsichtsbehörde kann die Satzungen und Krankenordnungen jederzeit überprüfen und Änderungen solcher Bestimmungen verlangen, die mit dem Gesetz in Widerspruch stehen oder dem Zwecke der Versicherung zuwiderlaufen. Wird diesem Verlangen nicht binnen drei Monaten entsprochen, so kann sie die erforderlichen Verfügungen von Amts wegen treffen.

(BGBl I 1998/138)

(3) Die Aufsichtsbehörde kann verlangen, daß die Verwaltungskörper mit einer bestimmten Tagesordnung zu Sitzungen einberufen werden. Wird dem nicht entsprochen, so kann sie die Sitzungen selbst anberaumen und die Verhandlungen leiten. Sie kann zu allen Sitzungen Vertreter entsenden, denen beratende Stimme zukommt. Die Aufsichtsbehörde, der mit der Aufsicht betraute Bedienstete der Aufsichtsbehörde und bei den im § 427 Abs. 1 Z 2 bis 5 genannten Versicherungsträgern und beim Hauptverband auch der Vertreter des Bundesministers für Finanzen sind von jeder Sitzung der Verwaltungskörper ebenso in Kenntnis zu setzen wie die Mitglieder dieser Verwaltungskörper; es sind ihnen auch die diesen zur Verfügung gestellten Behelfe (Tagesordnung, Ausweise, Berichte und andere Behelfe) zu übermitteln.

(BGBl I 1998/138)

(4) Die oberste Aufsichtsbehörde ist berechtigt, die Versicherungsträger (den Hauptverband) amtlichen Untersuchungen zu unterziehen, wobei sie sich bei Untersuchungen der Versicherungsträger der Mitwirkung des Hauptverbandes sowie geeigneter Sachverständiger bedienen kann. Der Bundesminister für Finanzen ist bei den im § 427 Abs. 1 Z 2 bis 5 genannten Versicherungsträgern, denen der Bund Beiträge gemäß § 80 leistet, berechtigt, an der amtlichen Untersuchung des Versicherungsträgers durch einen Vertreter mitzuwirken. Die oberste Aufsichtsbehörde hat eine solche amtliche Untersuchung anzuordnen, wenn der Bundesminister für Finanzen dies zur Wahrung der finanziellen Interessen des Bundes verlangt.

(BGBl I 1998/138)

Entscheidungsbefugnis

§ 450. (1) Die oberste Aufsichtsbehörde hat vorbehaltlich der gesetzlichen Bestimmungen über die Zuständigkeit anderer Stellen und unbeschadet der Rechte Dritter bei Streit über Rechte und Pflichten der Verwaltungskörper und deren Mitglieder sowie über die Auslegung der Satzung zu entscheiden.

(2) Die Aufsichtsbehörde ist berechtigt, wenn ein Träger der Krankenversicherung seiner Verpflichtung zur Abfuhr der anderen Stellen gebührenden Beiträge oder zur Weiterleitung der für fremde Rechnung eingehobenen Beiträge, Umlagen und dergleichen nicht nachkommt, die zur Sicherstellung der pünktlichen Abfuhr erforderlichen Veranlassungen namens des säumigen Trägers der Krankenversicherung selbst zu treffen.

Vorläufiger Verwalter

§ 451. (1) Die oberste Aufsichtsbehörde ist berechtigt, die Verwaltungskörper, wenn sie ungeachtet zweimaliger schriftlicher Verwarnung gesetzliche oder satzungsmäßige Bestimmungen außer acht lassen, aufzulösen und die vorläufige Geschäftsführung und Vertretung vorübergehend einem vorläufigen Verwalter zu übertragen. Diesem ist ein Beirat zur Seite zu stellen, der im gleichen Verhältnis wie der aufgelöste Verwaltungskörper aus Vertretern der Dienstgeber und der Dienstnehmer bestehen soll und dessen Aufgaben und Befugnisse von der Aufsichtsbehörde bestimmt werden; die Vorschriften der §§ 420 Abs. 2 bis 6 und 432 sind auf die Mitglieder des Beirates entsprechend anzuwenden. Der vorläufige Verwalter hat binnen acht Wochen vom Zeitpunkt seiner Bestellung an die nötigen Verfügungen wegen Neubestellung des Verwaltungskörpers nach den Vorschriften des § 421 zu treffen. Ihm obliegt die erstmalige Einberufung der Verwaltungskörper.

(2) Die Bestimmungen des Abs. 1 über die Auflösung eines Verwaltungskörpers und die Übertragung der vorläufigen Geschäftsführung und Vertretung auf einen vorläufigen Verwalter sind entsprechend anzuwenden, solange und soweit ein Verwaltungskörper die ihm obliegenden Geschäfte nicht ausführt.

(3) Verfügungen des vorläufigen Verwalters, die über den Rahmen laufender Geschäftsführung hinausgehen, wie insbesondere derartige Verfügungen über die dauernde Anlage von Vermögensbeständen im Werte von mehr als 14 534,57 €, über den Abschluß von Verträgen, die den Versicherungsträger für länger als sechs Monate verpflichten, und über den Abschluß, die Änderung oder Auflösung von Dienstverträgen mit einer Kündigungsfrist von mehr als drei Monaten oder von unkündbaren Dienstverträgen bedürfen der Genehmigung durch die Aufsichtsbehörde.

(BGBl I 2001/67)

Kosten der Aufsicht

§ 452. Die Kosten der von der Aufsichtsbehörde angeordneten Maßnahmen belasten den Versicherungsträger (Hauptverband). Zur Deckung der durch die Aufsicht erwachsenden sonstigen Kosten haben die Versicherungsträger (der Hauptverband) durch Entrichtung einer Aufsichtsgebühr beizutragen. Deren Höhe hat der Bundesminister für Arbeit und Soziales nach Anhörung des betreffenden Versicherungsträgers (des Hauptverbandes) zu bestimmen.

ABSCHNITT VII
Satzung, Krankenordnung und Geschäftsordnungen

Satzung der Versicherungsträger (des Hauptverbandes)

§ 453. (1) Die Satzung hat, soweit dies gesetzlich vorgesehen und nicht der Regelung durch die Krankenordnung überlassen ist, die Tätigkeit der Versicherungsträger zu regeln und insbesondere Bestimmungen zu enthalten:

1. über Rechte und Pflichten der Versicherten (Anspruchsberechtigten) sowie der Beitragsschuldner;
2. über die Form der Kundmachungen und rechtsverbindlichen Akte;
3. über die in regelmäßigen Abständen abzuhaltenden Informationsveranstaltungen, zu der Versicherte und Dienstgeber einzuladen sind;
4. über die Zahl der Mitglieder der Beiräte und deren Bestellung.

   (BGBl I 2000/43)
5. (aufgehoben)

   (BGBl I 2000/43)

(2) Durch die Satzung des Versicherungsträgers (des Hauptverbandes) kann vorgesehen werden, daß Angelegenheiten, die in den Wirkungsbereich der Generalversammlung (Hauptversammlung) oder des Vorstandes (Verwaltungsrates) fallen, bei Gefahr im Verzug zur Abwendung eines dem Versicherungsträger (dem Hauptverband) drohenden Schadens bzw. zur Sicherung eines dem Versicherungsträger (dem Hauptverband) entgehenden Vorteiles vorläufig durch Verfügung des Obmannes (Präsidenten) des Versicherungsträgers (des Hauptverbandes) zu regeln sind, wenn der in Betracht kommende Verwaltungskörper nicht rechtzeitig zusammentreten kann. Die Verfügungen sind im Einvernehmen mit den Stellvertretern des Obmannes (Präsidenten) zu treffen, bei ihrer Abwesenheit oder ihrer Verhinderung auch ohne deren Mitwirkung. Der Obmann (Präsident) hat in derartigen Fällen vom zuständigen Verwaltungskörper die nachträgliche Genehmigung einzuholen.

(BGBl I 2001/99)

(3) Änderungen der Mustersatzung (§ 455 Abs. 2 und 3), der Satzung des Hauptverbandes (§ 454) oder der Satzungen der Versicherungsträger, die durch Änderungen der Gesetzeslage oder der Vertragslage (§ 338 Abs. 1) erforderlich oder zulässig geworden sind, können rückwirkend mit jenem Zeitpunkt vorgenommen werden, mit dem sich die damit zusammenhängende Gesetzeslage oder Vertragslage (§ 338 Abs. 1) geändert hat.

(BGBl 1996/411)

Satzung des Hauptverbandes

§ 454. Die Satzung des Hauptverbandes hat außer den im § 453 Abs. 1 Einleitung und Abs. 1 Z 2 genannten Bestimmungen auch Bestimmungen über die Aufbringung der Mittel für die Verbandszwecke zu enthalten.

Genehmigungspflicht

§ 455. (1) Die Satzung und jede ihrer Änderungen bedürfen zu ihrer Wirksamkeit der Genehmigung durch den Bundesminister für Arbeit und Soziales und sind unverzüglich nach der Genehmigung im Internet zu verlautbaren. Nach jeder fünften Änderung der Satzung, frühestens am Beginn der Amtsdauer (§ 425), ist diese unverzüglich neu zu beschließen.

(BGBl I 2001/99)

(2) Der Hauptverband hat für den Bereich der Krankenversicherung eine Mustersatzung aufzustellen und Bestimmungen dieser Mustersatzung für alle Versicherungsträger oder bestimmte Gruppen von Versicherungsträgern für verbindlich zu erklären, insoweit dies zur Wahrung der Einheitlichkeit der Durchführung sozialversicherungsrechtlicher Bestimmungen notwendig erscheint. Er hat dabei auch auf das Interesse der Versicherten und der Dienstgeber an einer bundeseinheitlichen Vorgangsweise der Versicherungsträger Bedacht zu nehmen. In der Mustersatzung ist unter Bedachtnahme auf die finanzielle Leistungsfähigkeit der Krankenversicherung nach diesem Bundesgesetz eine für alle Krankenversicherungsträger verbindliche Bandbreite für die über die gesetzlichen Mindestleistungen hinausgehenden Mehrleistungen (§ 121 Abs. 3) festzulegen. Die Erklärung der Verbindlichkeit von Bestimmungen der Mustersatzung und die Mustersatzung selbst bedürfen zu ihrer Wirksamkeit der Genehmigung durch den Bundesminister für Arbeit und Soziales. Abs. 1 ist anzuwenden.

(BGBl I 2000/92, BGBl I 2001/33)

(3) Wird eine verbindliche Bestimmung der Mustersatzung nicht durch eine ihr entsprechende Änderung der Satzung eines Krankenversicherungsträgers in der der Verlautbarung dieser verbindlichen Bestimmung nächstfolgenden Generalversammlung dieses Krankenversicherungsträgers übernommen, so geht die Zuständigkeit zur Änderung der Satzung, die die Übernahme der verbindlichen Bestimmung der Mustersatzung zum Gegenstand hat, auf die Geschäftsführung über. Sobald die Generalversammlung des Krankenversicherungsträgers die Übernahme der verbindlichen Bestimmung der Mustersatzung durch eine ihr entsprechende Satzungsänderung beschlossen hat, tritt der Beschluß der Geschäftsführung mit Wirksamkeitsbeginn der Satzungsänderung außer Kraft.

(BGBl I 2001/99)

Krankenordnung der Träger der Krankenversicherung

§ 456. (1) Die Träger der Krankenversicherung haben eine Krankenordnung aufzustellen, die insbesondere die Pflichten der Versicherten und der Leistungsempfänger im Leistungsfalle, das Verfahren bei Inanspruchnahme von Leistungen der Krankenversicherung und die Kontrolle der Kranken zu regeln hat. § 455 Abs. 1 ist anzuwenden.

(2) Der Hauptverband hat eine Musterkrankenordnung aufzustellen. § 455 Abs. 2 und 3 ist anzuwenden.

(3) Änderungen der Musterkrankenordnung oder der Krankenordnungen, die durch Änderungen der Gesetzeslage oder der Vertragslage (§ 338 Abs. 1) erforderlich oder zulässig geworden sind, können rückwirkend mit jenem Zeitpunkt vorgenommen werden, mit dem sich die damit zusammenhängende Gesetzeslage oder Vertragslage (§ 338 Abs. 1) geändert hat.

(BGBl 1996/411)

Geschäftsordnungen der Verwaltungskörper

§ 456a. (1) Die einzelnen Verwaltungskörper der Versicherungsträger haben zur Regelung der Vorgangsweise bei der Wahrnehmung der ihnen obliegenden Geschäfte für ihre jeweiligen Zuständigkeitsbereiche Geschäftsordnungen zu beschließen, die insbesondere nähere Bestimmungen über die ordnungsgemäße Einberufung und Abwicklung der Sitzungen (Verhandlungsleitung, Berichterstattung, Antragsrechte, Protokollführung usw.) zu enthalten haben.

(BGBl I 2001/99)

(2) Die Geschäftsordnungen der Verwaltungskörper und jede ihrer Änderungen sind innerhalb von vier Wochen nach der Beschlußfassung der Aufsichtsbehörde gesondert zur Kenntnis zu bringen.

(3) Die Geschäftsordnungen der Vorstände haben Anhänge zu enthalten, in denen Zeitpunkt und Wortlaut der Beschlüsse dieser Verwaltungskörper anzuführen sind, mit denen diese einzelne ihrer Obliegenheiten Ausschüssen oder dem Obmann (Präsidenten) oder die Besorgung bestimmter laufender Angelegenheiten dem Büro des Versicherungsträgers übertragen haben. Diese Anhänge sind in ihrer jeweils gültigen Form unverzüglich allen Versicherungsvertretern und dem Vorsitzenden des Beirates des Versicherungsträgers sowie der Aufsichtsbehörde zur Kenntnis zu bringen und Außerdem im Internet zu verlautbaren.

(BGBl I 2001/99)

(4) Der Hauptverband hat für die Hauptversammlung, die Geschäftsführung und den Verwaltungsrat gesonderte Mustergeschäftsordnungen aufzustellen, die der Genehmigung durch den Bundesminister für Arbeit und Soziales bedürfen. § 455 Abs. 2 und 3 ist mit der Maßgabe anzuwenden, daß die Mustergeschäftsordnungen auch für die Träger der Unfallversicherung und die Träger der Pensionsversicherung gelten.

(BGBl 1996/411, BGBl I 2001/99)

ABSCHNITT VIII
Versicherungsunterlagen für die Pensionsversicherung

Führung der Versicherungsunterlagen

§ 457. (1) Die Träger der Krankenversicherung haben, soweit nichts anderes vorgesehen ist, für jeden Versicherten, für den sie Beiträge zu einer Pensionsversicherung einheben, die Versicherungsunterlagen, die zur Feststellung der Leistungen einer Pensionsversicherung erforderlich sind, für Zeiträume bis zum 31. Dezember 1971 genau aufzuzeichnen, diese Aufzeichnungen durch eine im Verordnungsweg zu bestimmende Frist aufzubewahren und auf Verlangen dem Hauptverband sowie dem zuständigen Träger der Pensionsversicherung bekanntzugeben.

(2) Die Aufzeichnungen der Träger der Krankenversicherung haben alle aus der Geschäftsführung des Trägers der Krankenversicherung ermittelbaren Tatsachen zu enthalten, die zur Feststellung eines Leistungsanspruches aus der Pensionsversicherung notwendig sind.

(3) Soweit die Beiträge zur Pensionsversicherung der Arbeiter und Angestellten unmittelbar an den Träger der Pensionsversicherung zu entrichten sind, hat dieser die Aufzeichnungen nach den Abs. 1 und 2 selbst zu führen und auf Verlangen dem Hauptverband bekanntzugeben.

Mitwirkung der Behörden der Arbeitslosenversicherung und der Kriegsopferversorgung

§ 458. Die Behörden der Arbeitslosenversicherung sowie der Kriegsopferversorgung sind verpflichtet, den Trägern der Sozialversicherung und dem Hauptverband alle Tatsachen aus ihrem Geschäftsbereich bekanntzugeben, die für die Pensionsansprüche aus der Pensionsversicherung von Bedeutung sind. Die Träger der Krankenversicherung sind verpflichtet, diese mitgeteilten Tatsachen in ihre Aufzeichnungen gemäß § 457 Abs. 1 einzubeziehen.

Nähere Vorschriften über die Führung der Versicherungsunterlagen

§ 459. Das Bundesministerium für soziale Verwaltung hat nach Anhörung des Hauptverbandes nähere Vorschriften über den Umfang, den Inhalt und die Form der von den Versicherungsträgern nach § 457 zu führenden Aufzeichnungen sowie über die Mitwirkung der Behörden der Arbeitslosenversicherung und der Kriegsopferversorgung nach § 458 zu erlassen.

Mitwirkung der Abgabenbehörden des Bundes

§ 459a. (1) Die Abgabenbehörden des Bundes haben den Trägern der Pensionsversicherung nach Maßgabe des Abs. 3 folgende Daten von land(forst)wirtschaftlichem Vermögen (§ 29 des Bewertungsgesetzes) zu übermitteln:

1. Ordnungsbegriff und Lagebeschreibung der wirtschaftlichen Einheit,
2. Name (Familienname und Vorname) des Eigentümers der wirtschaftlichen Einheit mit Geburtsdatum und Anschrift sowie dessen Eigentumsanteil an der wirtschaftlichen Einheit,
3. Ausmaß des Einheitswertes und die im Bescheid ausgewiesenen Berechnungsgrundlagen,
4. Art und Rechtsgrundlage der Änderung des Einheitswertes, Stichtag der Rechtswirksamkeit sowie Ausfertigungsdatum des Bescheides,
5. Name und Anschrift eines allfälligen Zustellungsbevollmächtigten,
6. Berechnungsgrundlagen bei Gesamtflächenänderungen, die gemäß § 21 Abs. 1 Z 1 lit. a des Bewertungsgesetzes zu keiner Wertfortschreibung führen.

(2) Die übermittelten Daten dürfen nur zur Feststellung des Bestandes und des Umfanges von Leistungen nach diesem Bundesgesetz verwendet werden.

(3) Das Verfahren der Übermittlung und der Zeitpunkt der erstmaligen Übermittlung von in Abs. 1 genannten Daten sind vom Bundesminister für Finanzen im Einvernehmen mit dem Bundesminister für Arbeit und Soziales nach Maßgabe der technisch-organisatorischen Möglichkeiten zu bestimmen.

Mitwirkung der Abgabenbehörden des Bundes hinsichtlich des Bezuges einer Familienbeihilfe

§ 459b. (1) Die Abgabenbehörden des Bundes haben den Trägern der Sozialversicherung nach Maßgabe des Abs. 3 folgende Daten zu übermitteln:

Name (Familienname und Vorname), Versicherungsnummer und Anschrift

„1. der Person, für die Anspruch auf Familienbeihilfe nach § 2 Abs. 1 lit. b, c und f sowie nach § 8 Abs. 4 bis 7 des Familienlastenausgleichsgesetzes 1967 besteht, und“

(BGBl I 2002/1)

2. des Anspruchsberechtigten gemäß § 2 Abs. 2 des Familienlastenausgleichsgesetzes 1967.

(2) Die übermittelten Daten dürfen nur zur Feststellung des Bestandes und des Umfanges von Leistungen nach diesem Bundesgesetz verwendet werden.

(3) Das Verfahren der Übermittlung und der Zeitpunkt der erstmaligen Übermittlung von den in Abs. 1 genannten Daten sind vom Bundesminister für Finanzen im Einvernehmen mit dem Bundesminister für Umwelt, Jugend und Familie und dem Bundesminister für Arbeit und Soziales nach Maßgabe der technisch-organisatorischen Möglichkeiten zu bestimmen.[a])

---

[a]) VO im Anhang

Mitwirkung für Zwecke der Ermittlung der Höhe der Witwen(Witwer)pension

§ 459c. Die zur Durchführung der im § 264 Abs. 5 genannten Rechtsvorschriften zuständigen Stellen gelten für Zwecke der Ermittlung der Höhe der Witwen(Witwer)pension als Versicherungsträger im Sinne des § 321.

(BGBl 1995/132)

§ 459d. (aufgehoben)

(BGBl 1996/600, BGBl I 1997/139)

ABSCHNITT IX

(BGBl 1994/20)

Bedienstete

§ 460. (1) Die dienst-, besoldungs- und pensionsrechtlichen Verhältnisse sind für die Bediensteten der Versicherungsträger (des Hauptverbandes) durch privatrechtliche Verträge unter Beachtung der §§ 460b und 460c zu regeln. In begründeten Fällen können im Dienstvertrag von den Dienstordnungen (§ 31 Abs. 3 Z 9) abweichende Vereinbarungen, ausgenommen solche über die Höhe einer Leitungszulage, getroffen werden. Der Abschluß solcher Vereinbarungen obliegt dem Vorstand (Verwaltungsrat); eine Übertragung dieser Obliegenheit ist nicht zulässig. Dienstverträge mit solchen Vereinbarungen sind als Sonderverträge zu bezeichnen und nur dann gültig, wenn sie schriftlich abgeschlossen werden und der Hauptverband vor dem Abschluß schriftlich zugestimmt hat. Die Versicherungsträger und der Hauptverband haben unter Rücksichtnahme auf ihre wirtschaftliche Lage die Zahl der Dienstposten auf das unumgängliche Maß einzuschränken und darnach für ihren Bereich einen Dienstpostenplan zu erstellen.

(BGBl I 2000/142, BGBl I 2001/99)

(2) Am 31. Dezember 1993 bereits bestehende Sonderverträge über die Höhe einer Leitungszulage bleiben unberührt.

(3) Die Bediensteten der Versicherungsträger (des Hauptverbandes) unterstehen dienstlich dem Vorstand (der Geschäftsführung). Der Obmann (Verwaltungsrat) ist berechtigt, nach Maßgabe der dienstrechtlichen Bestimmungen eine einstweilige Enthebung vom Dienste zu verfügen.

(BGBl I 2001/99)

(4) Der leitende Angestellte und der leitende Arzt der im § 427 Abs. 1 Z 1 bis 6 genannten Versicherungsträger bzw. des Hauptverbandes dürfen erst nach vorher eingeholter Zustimmung des Bundesministers für Arbeit und Soziales bestellt und entlassen werden.

(BGBl 1996/411)

(5) Der Bedienstete hat beim Dienstantritt dem Obmann (dem für Personalangelegenheiten zuständigen Geschäftsführer) durch Handschlag zu geloben, die Gesetze der Republik Österreich unverbrüchlich zu beachten, sich mit ganzer Kraft dem Dienst zu widmen, seine Dienstobliegenheiten gewissenhaft, unparteiisch und uneigennützig zu erfüllen, jederzeit auf die Wahrung der öffentlichen Interessen bedacht zu sein, die dienstlichen Anordnungen seiner Vorgesetzten zu befolgen, das Dienstgeheimnis treu zu bewahren und bei seinem Verhalten in und außer Dienst sich seiner Stellung angemessen zu betragen. Die Angelobung der Bediensteten der Landesstellen kann vom Obmann einem anderen Versicherungsvertreter übertragen werden. Über die Pflichtenangelobung ist eine Niederschrift aufzunehmen, die der Bedienstete zu unterzeichnen hat.

(BGBl I 2001/99)

Verschwiegenheitspflicht der Bediensteten

§ 460a. (1) Die Bediensteten haben über alle ihnen in Ausübung des Dienstes oder mit Beziehung auf ihre Stellung bekanntgewordenen Angelegenheiten, die im Interesse des Versicherungsträgers oder der Versicherten, ihrer Angehörigen oder Dienstgeber Geheimhaltung erfordern oder ihnen ausdrücklich als vertraulich bezeichnet worden sind, gegen jedermann, dem sie über solche Angelegenheiten eine dienstliche Mitteilung zu machen nicht verpflichtet sind, Verschwiegenheit zu beobachten.

(2) Eine Ausnahme von der im Abs. 1 bezeichneten Verpflichtung tritt nur insoweit ein, als ein Bediensteter für einen bestimmten Fall von der Verpflichtung zur Wahrung des Dienstgeheimnisses entbunden wurde.

(3) Über die im Abs. 1 bezeichnete Verpflichtung hinaus haben die fachkundigen Organe der Träger der Unfallversicherung (§ 187) über alle ihnen bei Ausübung ihres Dienstes bekanntgewordenen Geschäfts- und Betriebsgeheimnisse, insbesondere über die ihnen als geheim bezeichneten Betriebseinrichtungen, Betriebsmittel, Arbeitsstoffe, Arbeitsvorgänge oder Arbeitsverfahren sowie sonstige Eigentümlichkeiten der Betriebe Verschwiegenheit zu beobachten.

(4) Die Bestimmungen des Abs. 3 gelten für die gemäß § 42 Abs. 1 mit der Einsicht beauftragten Bediensteten.

(5) Die im Abs. 1, 3 und 4 bezeichneten Bediensteten sind an die Verschwiegenheitspflicht auch im Verhältnis außer Dienst, im Ruhestand sowie nach Auflösung des Dienstverhältnisses gebunden.

Mittel für Pensionen nach den Dienstordnungen

§ 460b. Zur Deckung des Aufwandes für Leistungen auf Grund des Pensionsrechts nach der Dienstordnung A für die Angestellten bei den Sozialversicherungsträgern Österreichs (DO. A), nach der Dienstordnung B für die Ärzte und Dentisten bei den Sozialversicherungsträgern Österreichs (DO. B) und nach der Dienstordnung C für die Arbeiter bei den Sozialversicherungsträgern Österreichs (DO. C) haben die Bediensteten sowohl von den monatlich fällig werdenden Bezügen als auch vom Urlaubszuschuss und von der Weihnachtsremuneration außer ihrem Beitrag zur gesetzlichen Pensionsversicherung einen Pensionsbeitrag zu leisten; dieser beträgt

1. von den Bezügen bis zur Höchstbeitragsgrundlage (§ 45)
   a) für Bedienstete, die zuletzt nach dem 31. Dezember 1995 in den Dienst eingetreten sind............................1,3%,
   b) für Bedienstete, die zuletzt vor dem 1. Jänner 1996 in den Dienst eingetreten sind und – unter Bedachtnahme auf das Bundesverfassungsgesetz über unterschiedliche Altersgrenzen von männlichen und weiblichen Sozialversicherten, BGBl. Nr. 832/1992 – das für den Anspruch auf vorzeitige Alterspension nach § 253b Abs. 1 maßgebende Lebensalter nach dem 1. Juni 2021 erreichen werden 1,3%,
   c) für alle übrigen Bediensteten... 2,3%;
2. von den den Höchstbetrag nach Z 1 übersteigenden Bezügen bis zum Zweifachen dieses Höchstbetrages................. 10,55%,
3. von den den Höchstbetrag nach Z 2 übersteigenden Bezügen...................... 10,8%.

(BGBl I 2000/142, BGBl I 2001/28, BGBl I 2001/99)

Sicherungsbeitrag für Pensionen nach den Dienstordnungen

§ 460c. Bezieher von Leistungen auf Grund des Pensionsrechts nach den Dienstordnungen haben von diesen Leistungen einen Beitrag in der Höhe von 2,3% zu leisten.

(BGBl I 2000/142)

ABSCHNITT X

Elektronische Datenverarbeitung

§ 460d. Die Versicherungsnummer nach „§ 31 Abs. 4 Z 1“ sowie die bei den Sozialversicherungsträgern (Hauptverband) verwendeten personenbezogenen Ordnungsbegriffe (wie beispielsweise Dienstgeberkontonummer und Vertragspartnernummer) können in der elektronischen Datenverarbeitung für Zwecke der Sozialversicherung und des Arbeitsmarktservice verwendet werden. Veränderungen oder Feststellungen der Versicherungsnummer sowie von Familiennamen, Vornamen, Geschlechtsangaben, Staatsbürgerschaft und Geburtsdaten, deren Notwendigkeit sich im Verfahren vor den Sozialversicherungsträgern ergeben hat, sind dem Bundesminister für Inneres zur Verwendung im Rahmen der Gleichsetzungstabelle (§ 16b des Meldegesetzes 1991 in der Fassung des Art. II des Bundesgesetzes BGBl. I Nr. 28/2001) zu übermitteln.

(BGBl 1994/314, BGBl I 2000/142, BGBl I 2001/99, BGBl I 2002/1)

Berechtigung zur Datenverarbeitung

§ 460e. Die Versicherungsträger sind insoweit zur Ermittlung, Verarbeitung und Übermittlung von personenbezogenen Daten im Sinne des „Datenschutzgesetzes 2000“ ermächtigt, als dies zur Erfüllung der ihnen gesetzlich übertragenen Aufgaben eine wesentliche Voraussetzung ist. Zu den ihnen gesetzlich übertragenen Aufgaben zählt auch die Übermittlung der bei der Einhebung der im § 27a des Krankenanstaltengesetzes vorgesehenen Kostenbeiträge und der gemäß § 45a des Arbeiterkammergesetzes 1992 zum Zwecke der Erfassung der Kammerzugehörigen notwendigen Daten.

(BGBl 1995/832, BGBl I 2000/142, BGBl I 2002/1)

NEUNTER TEIL
Sonderbestimmungen

ABSCHNITT I
Versicherung der unständig beschäftigten Arbeiter in der Land- und Forstwirtschaft

Umfang der Versicherung

§ 461. (1) Unständig beschäftigte Arbeiter in der Land- und Forstwirtschaft (§ 27) sind in der Kranken-, Unfall- und Pensionsversicherung nach Maßgabe der Bestimmungen dieses Abschnittes versichert (vollversichert).

(2) Die Versicherung der unständig beschäftigten Arbeiter nach Abs. 1 wird, soweit in diesem Abschnitt nichts anderes bestimmt wird, in der Kranken- und Unfallversicherung nach den sonstigen Vorschriften über diese Versicherungen, in der Pensionsversicherung nach den sonstigen Vorschriften über die Pensionsversicherung der Arbeiter durchgeführt.

Begriff des unständig beschäftigten Arbeiters

§ 462. (1) Als unständig beschäftigter Arbeiter gilt, wer als Arbeiter in wechselnder Folge in mehreren Beschäftigungsverhältnissen, sei es bei mehreren Dienstgebern oder bei ein und demselben Dienstgeber, gegen Entgelt kurzfristig beschäftigt ist.

(2) Kurzfristig ist das einzelne Beschäftigungsverhältnis, wenn es höchstens zwei unmittelbar aufeinanderfolgende Arbeitstage dauert.

(3) Arbeitstag im Sinne des Abs. 1 und 2 ist jeder Kalendertag, an dem der unständig beschäftigte Arbeiter in einem Beschäftigungsverhältnis mindestens vier Stunden tätig ist.

(4) (aufgehoben)

Weiterversicherung

§ 463. (aufgehoben)

Meldungen

§ 464. (1) Jeder gemäß § 462 Abs. 2 kurzfristig beschäftigte Arbeiter hat sich bei Beginn der Pflichtversicherung (§ 10) unverzüglich bei der für ihn örtlich zuständigen Gebietskrankenkasse (Meldestelle) anzumelden.

(BGBl 1996/201)

(2) Die zuständige Gebietskrankenkasse (Meldestelle) hat dem so Beschäftigten auf dessen Mel-

dung oder von Amts wegen einen Ausweis auszustellen.

(3) Der Dienstgeber hat in den ihm vom kurzfristig beschäftigten Arbeiter vorzulegenden Ausweis das genaue Datum der Arbeitstage (§ 462 Abs. 3) bei jeder Lohnzahlung einzutragen. Legt der kurzfristig beschäftigte Arbeiter trotz Aufforderung des Dienstgebers keinen Ausweis vor, so hat der Dienstgeber dies der zuständigen Gebietskrankenkasse (Meldestelle) zu melden. Mit der Eintragung in den Ausweis beziehungsweise mit der Meldung im Sinne des zweiten Satzes hat der Dienstgeber die ihm obliegende Meldepflicht erfüllt. Verweigert der Dienstgeber die Eintragung in den Ausweis, so hat der kurzfristig beschäftigte Arbeiter dies der zuständigen Gebietskrankenkasse (Meldestelle) anzuzeigen. Arbeitstage kurzfristig beschäftigter Arbeiter, die in den Ausweis nicht eingetragen sind und von der zuständigen Gebietskrankenkasse nachträglich festgestellt werden, sind von dieser von Amts wegen in den Ausweis einzutragen.

(4) Der kurzfristig beschäftigte Arbeiter ist verpflichtet, den Ausweis, wenn er mit Eintragungen ausgefüllt oder so beschädigt ist, daß weitere lesbare Eintragungen nicht mehr möglich sind, bei der zuständigen Gebietskrankenkasse (Meldestelle) zum Umtausch einzureichen. Er hat der zuständigen Gebietskrankenkasse oder deren Beauftragten auf Verlangen bei gleichzeitiger Vorlage des Ausweises Auskunft über alle Beschäftigungen zu geben, die in den Ausweis einzutragen sind. Der Verlust des Ausweises ist der zuständigen Gebietskrankenkasse (Meldestelle) unverzüglich anzuzeigen.

(5) Auf Zuwiderhandlungen der kurzfristig beschäftigten Arbeiter und ihrer Dienstgeber gegen die Vorschriften der Abs. 1 bis 4 sind die für die Unterlassung der Meldungen geltenden Strafbestimmungen der §§ 111 bis 113 entsprechend anzuwenden.

Ausweis

§ 465. Das Nähere über Form, Inhalt, Einziehung und Umtausch des Ausweises ist in den Satzungen der zuständigen Gebietskrankenkasse zu regeln. Das Bundesministerium für soziale Verwaltung kann nach Anhörung des Hauptverbandes bindende Richtlinien hierüber erlassen.

Versicherungsbeiträge

§ 466. (1) Für jeden Arbeitstag, der gemäß § 464 in den Ausweis einzutragen ist, sind vom Dienstgeber Beiträge zu entrichten.

(2) Der Beitragsberechnung wird ein Tagesarbeitsverdienst zugrunde gelegt, der entweder einheitlich für alle bei einer Gebietskrankenkasse versicherten, kurzfristig beschäftigten Arbeiter oder nach Geschlecht, Altersstufen oder anderen wesentlichen Merkmalen verschieden in den Satzungen der Gebietskrankenkassen festzusetzen ist. Dieser Tagesarbeitsverdienst hat annähernd dem durchschnittlichen Tagesarbeitsverdienst der sonst vollversicherten ungelernten Arbeiter in der Land- und Forstwirtschaft der betreffenden Gruppe bei der in Betracht kommenden Gebietskrankenkasse zu entsprechen.

(3) Der Dienstgeber ist unbeschadet der Vorschriften des § 51 Abs. 3 Z 2 und des § 53 berechtigt, die Hälfte des Beitrages bei jeder Lohnzahlung vom Barlohn des kurzfristig beschäftigten Arbeiters abzuziehen. Ist der Abzug bei einer Lohnzahlung unterblieben, so darf er bei einer späteren Lohnzahlung nicht mehr nachgeholt werden.

(4) Für Arbeitstage kurzfristig beschäftigter Arbeiter, die der Dienstgeber in den ihm vorgelegten Ausweis nicht eingetragen und die die Gebietskrankenkasse nachträglich festgestellt hat, ist ein Zuschlag zum Beitrag einzuheben, der 20 vH der nachzuzahlenden Beiträge, mindestens 7 Cent für jeden nicht eingetragenen Arbeitstag beträgt. Dieser Zuschlag ist vom Dienstgeber allein zu tragen.

(BGBl I 2001/67)

(5) Wird nachträglich rechtskräftig festgestellt, daß eine Versicherungspflicht als unständig beschäftigter Arbeiter im Sinne des § 462 in einem Kalendermonat nicht bestanden hat, so ist dem unständig beschäftigten Arbeiter der nach Abs. 3 in Abzug gebrachte Anteil am Beitrag auf dessen Antrag rückzuerstatten. Der Antrag ist innerhalb eines Monates nach Eintritt der Rechtskraft der nachträglichen Feststellung bei der zuständigen Gebietskrankenkasse einzubringen. Die Rückerstattung ist ausgeschlossen, wenn dem kurzfristig beschäftigten Arbeiter in einer Versicherung bereits eine Leistung auf Grund der zu Unrecht entrichteten Beiträge bewilligt worden ist.

(6) (aufgehoben)

Abweichende Regelung der Meldungen und Versicherungsbeiträge

§ 467. (1) Auf Antrag des kurzfristig beschäftigten Arbeiters sind die Beiträge fortlaufend für den gesamten Kalendermonat zu berechnen. In solchen Fällen hat der kurzfristig beschäftigte Arbeiter die Beiträge selbst einzuzahlen; es unterbleibt auch die Eintragung in den Ausweis nach § 464 durch die Dienstgeber. Letztere sind jedoch verpflichtet, dem kurzfristig beschäftigten Arbeiter den auf den Dienstgeber entfallenden Beitragsanteil für jeden Arbeitstag auszuzahlen. Der kurzfristig beschäftigte Arbeiter gilt in einem solchen Fall in dem betreffenden Kalendermonat als fortlaufend versichert, wenn er die fällig werdenden Beiträge voll einzahlt.

(2) Die Begünstigung nach Abs. 1 erlischt, wenn der kurzfristig beschäftigte Arbeiter nacheinander für zwei Beitragsperioden die Beiträge innerhalb der Zahlungsfrist nicht gezahlt hat.

Leistungen aus der Krankenversicherung

§ 468. (1) Der Anspruch auf die gesetzlichen Mindestleistungen der Krankenversicherung entsteht für die nach diesem Abschnitt pflichtversicherten unständig beschäftigten Arbeiter erst nach einer Wartezeit von sechs Wochen innerhalb des

Zeitraumes von 26 Wochen, der Anspruch auf die satzungsmäßigen Mehrleistungen der Krankenversicherung nach einer Wartezeit von 26 Wochen innerhalb des Zeitraumes von 52 Wochen unmittelbar vor der Erfüllung der Voraussetzungen für den Anspruch oder nach einer durch die Satzung festzusetzenden längeren Wartezeit innerhalb dieses Zeitraumes. Auf diese Wartezeiten sind alle Zeiten des Bestandes eines Versicherungsverhältnisses nach § 462 sowie alle Zeiten einer sonstigen gesetzlichen Krankenversicherung anzurechnen, sofern sie in die bezeichneten Zeiträume fallen. Die für die Leistungen aus dem Versicherungsfall der Mutterschaft geltende längere Wartezeit bleibt hievon unberührt.

(2) Krankengeld wird, wenn die Wartezeit nach Abs. 1 erfüllt ist, nur gewährt, wenn der unständig Beschäftigte innerhalb der letzten zwei Kalendermonate vor dem Beginn der mit Arbeitsunfähigkeit verbundenen Erkrankung mindestens 20 anrechenbare Arbeitstage oder innerhalb der letzten 52 Wochen vor diesem Zeitpunkt eine Versicherungszeit von mindestens 26 Wochen aufweist.

(3) Für die Erfüllung der Wartezeit nach Abs. 1, der Versicherungszeit von 26 Wochen nach Abs. 2 und die Voraussetzungen gemäß § 122 Abs. 2 Z 2 sind je vier Arbeitstage (§ 462 Abs. 3) als eine Woche und je 15 Arbeitstage als ein Monat zu zählen.

(4) Die Bestimmungen des Abs. 1 gelten entsprechend auch für die Gewährung der Anstaltspflege.

(5) Erkrankt der Versicherte infolge eines Arbeitsunfalles, so ist die Erfüllung der Wartezeit nach Abs. 1 und 2 nicht erforderlich.

(6) Die baren Leistungen der Krankenversicherung werden nach dem Tageswert einer Lohnstufe bemessen, die in den Satzungen der Gebietskrankenkassen entweder einheitlich für alle beim Träger der Krankenversicherung versicherten unständig Beschäftigten oder verschieden für einzelne Gruppen unständig Beschäftigter festzusetzen ist (Mitgliederklassen für unständig Beschäftigte). Bei der Bestimmung der Mitgliederklassen ist die Beitragsgrundlage für unständig Beschäftigte (§ 466 Abs. 2) und der erfahrungsmäßige Gesamtdurchschnitt der Arbeitstage aller bei der betreffenden Gebietskrankenkasse versicherten unständig Beschäftigten der in Betracht kommenden Beschäftigtengruppe in einem Kalendermonat zugrunde zu legen.

Leistungen aus der Unfallversicherung

§ 469. Bei der Ermittlung der Bemessungsgrundlage nach der Beitragsgrundlage in der Unfallversicherung sind für pflichtversicherte unständig Beschäftigte die Beitragsgrundlagen gemäß § 466 zu berücksichtigen. Im übrigen sind die Bestimmungen der §§ 178 bis 180 und 182 entsprechend anzuwenden.

Leistungen aus der Pensionsversicherung

§ 470. (1) Jeder Kalendermonat, für den im Ausweis mindestens 15 Arbeitstage (§ 462 Abs. 3) eingetragen sind, zählt als Beitragsmonat der Pflichtversicherung. Sind in einem Kalendermonat weniger als 15 Arbeitstage im Ausweis eingetragen, so werden diese Arbeitstage den Arbeitstagen in einem nachfolgenden Kalendermonat desselben Kalenderjahres zugeschlagen, wenn in diesem Kalendermonat ebenfalls weniger als 15 Arbeitstage eingetragen sind. Dieser Kalendermonat zählt sodann als Beitragsmonat. Der letzte in diesem Kalenderjahr liegende Kalendermonat, in dem auch nach dem Zuzählen von Arbeitstagen aus vorangegangenen Kalendermonaten weniger als 15 Arbeitstage vorliegen, zählt jedenfalls als Beitragsmonat.

(2) Kalendermonate, für welche die Beiträge nach § 467 Abs. 1 berechnet werden, zählen jedenfalls als Beitragsmonate der Pflichtversicherung.

(3) Bei der Ermittlung der Beitragsgrundlagen zur Bildung der Bemessungsgrundlage sind die Bestimmungen des § 242 mit der Maßgabe anzuwenden, daß die Summe der Beitragsgrundlagen der Pflichtversicherung (§ 242 Abs. 2 Z 1) aus den in Betracht kommenden Tagesarbeitsverdiensten (§ 466 Abs. 2) gebildet wird.

(BGBl 1993/335, BGBl I 1998/138)

Meldestellen

§ 471. (1) Die Gemeinden haben als Meldestellen an der Durchführung der Kranken-, Unfall- und Pensionsversicherung der unständig beschäftigten Arbeiter mitzuwirken, insbesondere die Meldungen der unständig beschäftigten Arbeiter entgegenzunehmen und an die zuständigen Gebietskrankenkassen weiterzuleiten, die Ausweise für unständig beschäftigte Arbeiter auszustellen, umzutauschen und der zuständigen Gebietskrankenkasse vorzulegen sowie die Richtigkeit der Eintragungen in den Ausweisen nachzuprüfen. Auf Verlangen der zuständigen Gebietskrankenkassen haben sie Verzeichnisse über die jeweils in ihrem Amtsbereich unständig beschäftigten Arbeiter zu führen und diese Verzeichnisse der zuständigen Gebietskrankenkasse auf deren Verlangen zu übermitteln.

(2) In Gemeinden mit mehr als 10 000 Einwohnern haben die Gebietskrankenkassen, sofern es die örtlichen Verhältnisse erfordern, zur Durchführung der im Abs. 1 bezeichneten Aufgaben eigene Meldestellen zu errichten. In sonstigen Gemeinden können sie solche eigene Meldestellen errichten. Die Gemeinden haben diese Meldestellen bei der Erfüllung ihrer Aufgaben zu unterstützen.

ABSCHNITT Ia
Versicherung fallweise beschäftigter Personen

Umfang der Versicherung

§ 471a. (1) Fallweise beschäftigte Personen sind in der Kranken-, Unfall- und Pensionsversicherung nach Maßgabe der Bestimmungen dieses Abschnittes versichert (vollversichert), sofern nicht die Bestimmungen über die Versicherung der unständig beschäftigten Arbeiter in der Land- und Forstwirtschaft (Abschnitt I) anzuwenden sind.

(2) Die Versicherung der fallweise beschäftigten Personen wird, soweit in diesem Abschnitt nichts anderes bestimmt wird, in der Kranken-, Unfall- und Pensionsversicherung nach den sonstigen Vorschriften über diese Versicherungen durchgeführt.

Begriff der fallweise beschäftigten Personen

§ 471b. Unter fallweise beschäftigten Personen sind Personen zu verstehen, die in unregelmäßiger Folge tageweise beim selben Dienstgeber beschäftigt werden, wenn die Beschäftigung für eine kürzere Zeit als eine Woche vereinbart ist.

Pflichtversicherung

§ 471c. Die Pflichtversicherung tritt nur ein, wenn das dem Dienstnehmer im betreffenden Beitragszeitraum für einen Arbeitstag im Durchschnitt gebührende Entgelt den nach § 5 Abs. 2 Z 1 geltenden Betrag übersteigt.

(BGBl I 1997/139)

Meldungen

§ 471d. Durch die Satzung des Trägers der Krankenversicherung kann aus Gründen der Verwaltungsvereinfachung bestimmt werden, daß die Frist für die An- und Abmeldung fallweise beschäftigter Personen hinsichtlich der innerhalb des Kalendermonates liegenden Beschäftigungstage spätestens mit dem Ersten des nächstfolgenden Kalendermonates beginnt.

Beitragsgrundlage

§ 471e. Bei fallweise beschäftigten Personen darf die allgemeine Beitragsgrundlage, die innerhalb eines Kalendermonates im Durchschnitt auf jeden Beschäftigungstag dieses Beitragszeitraumes entfällt, die Höchstbeitragsgrundlage nicht überschreiten.

(BGBl I 2001/67)

ABSCHNITT Ib
Sonderbestimmungen über die Pflichtversicherung bei doppelter oder mehrfacher geringfügiger Beschäftigung

(BGBl 1994/314, BGBl I 1998/138)

Geltungsbereich

§ 471f. Diese Sonderbestimmungen gelten für Dienstnehmer und ihnen gemäß § 4 Abs. 4 gleichgestellte Personen, ferner für Heimarbeiter und ihnen gleichgestellte Personen sowie für die im § 4 Abs. 1 Z 6 und 11 genannten Personen, wenn deren monatliche allgemeine Beitragsgrundlagen (§ 44a) aus zwei oder mehreren geringfügigen Beschäftigungsverhältnissen den im § 5 Abs. 2 Z 2 angeführten Betrag übersteigen bzw. voraussichtlich übersteigen werden (§ 471g).

(BGBl 1996/201, BGBl I 1998/138)

Besondere Formalversicherung

§ 471g. Hat eine nach Anwendung des § 44a nicht der Vollversicherung unterliegende Person dem Versicherungsträger glaubhaft mitgeteilt, daß ihre monatlichen allgemeinen Beitragsgrundlagen aus zwei oder mehreren geringfügigen Beschäftigungsverhältnissen den im § 5 Abs. 2 Z 2 angeführten Betrag im monatlichen Durchschnitt voraussichtlich übersteigen werden, so besteht ab dem Zeitpunkt, für den erstmals die Beiträge entrichtet worden sind, eine besondere Formalversicherung. § 21 Abs. 2 und 3 sind mit der Maßgabe anzuwenden, daß die besondere Formalversicherung

1. auch dann endet, wenn die formalversicherte Person die im ersten Satz genannte Mitteilung widerruft;
2. auch der Pflichtversicherung nach diesem Abschnitt gleichzuhalten ist.

Die Mitteilung ist einer Meldung gemäß § 56 gleichzuhalten.

(BGBl 1996/201, BGBl I 1998/138)

Beginn und Ende der Pflichtversicherung

§ 471h. (1) Die Pflichtversicherung beginnt in dem Kalendermonat, in dem die Voraussetzungen hiefür erfüllt sind, und zwar rückwirkend mit jenem Tag, an dem in diesem Kalendermonat erstmalig eine geringfügige Beschäftigung aufgenommen worden ist.

(2) Die Pflichtversicherung endet mit dem Ablauf des Kalendermonates, in dem die Voraussetzungen hiefür wegfallen.

(BGBl 1996/201, BGBl I 1998/138)

Träger der Krankenversicherung

§ 471i. Zur Durchführung der Krankenversicherung ist die nach dem Wohnsitz der versicherten Person örtlich zuständige Gebietskrankenkasse berufen, es sei denn, die versicherte Person ist

1. bereits auf Grund einer Vollversicherung oder
2. unter Bedachtnahme auf § 26 für alle geringfügigen Beschäftigungsverhältnisse im gesamten Kalenderjahr

einem der im § 23 Abs. 1 angeführten Versicherungsträger zugehörig. Sodann ist dieser Träger zur Durchführung der Krankenversicherung zuständig.

(BGBl I 1998/138)

Pensionsversicherungszugehörigkeit

§ 471j. Die versicherte Person ist der Pensionsversicherung der Arbeiter zugehörig, es sei denn, daß sie

1. bereits auf Grund einer Vollversicherung oder
2. auf Grund aller geringfügigen Beschäftigungsverhältnisse im gesamten Kalenderjahr

der Pensionsversicherung der Angestellten oder der knappschaftlichen Pensionsversicherung zugehörig ist. Im Fall der Z 1 ist sie dem Zweig der Pensionsversicherung zugehörig, in dem die Pflichtversicherung auf Grund des Hauptberufes oder der Hauptquelle ihrer Einnahmen besteht. Im Fall der Z 2 bleibt sie der Pensionsversicherung der Angestellten oder der knappschaftlichen Pensionsversicherung zugehörig.

(BGBl I 1998/138)

Beitragsgrundlage für den Versicherten

§ 471k. Solange eine Beitragsgrundlage nicht festgestellt werden kann, gilt vorläufig zumindest der im § 5 Abs. 2 angeführte Monatsbetrag als Beitragsgrundlage. Die Bestimmungen über die Höchstbeitragsgrundlage gemäß § 45 sind anzuwenden.

(BGBl I 1998/138)

Bemessungsgrundlage für Barleistungen

§ 471l. (1) Bemessungsgrundlage für Barleistungen aus dem Versicherungsfall der Arbeitsunfähigkeit infolge Krankheit ist die Summe der Entgelte aus allen die Pflichtversicherung begründenden Beschäftigungsverhältnissen nach diesem Abschnitt.

(2) Der Anspruch auf Krankengeld ruht, solange der Versicherte auf Grund gesetzlicher oder vertraglicher Bestimmungen Anspruch auf Weiterleistung von mehr als 50% der Bemessungsgrundlage im Sinne des Abs. 1 vor dem Eintritt der Arbeitsunfähigkeit hat; besteht Anspruch auf Weiterleistung von 50% dieser Bemessungsgrundlage, so ruht das Krankengeld zur Hälfte.

(BGBl I 1998/138)

ABSCHNITT II
Versicherung der Bediensteten der dem öffentlichen Verkehr dienenden Eisenbahnen

1. Unterabschnitt
Krankenversicherung

Krankenversicherung der unkündbaren Bediensteten der Österreichischen Bundesbahnen und der ihnen gleichgestellten Personen

§ 472. (1) Nach den gesetzlichen Vorschriften über die Krankenversicherung öffentlich Bediensteter sind versichert:

1. Bedienstete der Österreichischen Bundesbahnen mit Anwartschaft auf Ruhe- und Versorgungsgenüsse nach der Bundesbahn-Pensionsordnung 1966, Bedienstete, denen von den Österreichischen Bundesbahnen ein besonderer Kündigungsschutz gewährt wird, sowie Personen, die von den Österreichischen Bundesbahnen eine Pensionsleistung nach der Bundesbahn-Pensionsordnung 1966 oder eine gleichartige Pensionsleistung erhalten;

   (BGBl I 1998/138)
2. die Sondervertragsangestellten der Österreichischen Bundesbahnen, die im Erkrankungsfall Anspruch auf Weiterzahlung ihrer Dienstbezüge durch mindestens sechs Monate haben und denen aus ihrem Dienstverhältnis die Anwartschaft auf eine Pensionsleistung zusteht, sowie Personen, die aus einem solchen Dienstverhältnis eine Pensionsleistung erhalten;
3. Personen, die von den Österreichischen Bundesbahnen einen außerordentlichen Versorgungsgenuß beziehen;
4. die Bediensteten der Versicherungsanstalt der österreichischen Eisenbahnen, sofern sie im Erkrankungsfall Anspruch auf Fortzahlung ihrer Dienstbezüge durch mindestens zwölf Monate haben, sowie Personen, die aus einem solchen Dienstverhältnis eine Pensionsleistung erhalten.

(2) In der Krankenversicherung nach Abs. 1 sind, soweit im folgenden nichts anderes bestimmt wird, die gesetzlichen Bestimmungen über die Krankenversicherung öffentlich Bediensteter mit der Maßgabe entsprechend anzuwenden, daß

1. der Wohnsitz eines Ruhegenußempfängers im Ausland dem Wohnsitz im Inland gleichzusetzen ist, wenn er mit einer früheren Verwendung des Versicherten auf Anschlußstrecken oder in Grenzbahnhöfen des Auslandes in Zusammenhang steht; das gleiche gilt auch für Empfänger von Versorgungsgenüssen, Unterhaltsbeiträgen und gleichartigen Leistungen, wenn der Wohnort im Ausland mit einer früheren Verwendung jener Personen, von denen der Versorgungsgenuß, der Unterhaltsbeitrag oder die gleichartige Leistung abgeleitet wird, auf Anschlußstrecken oder Grenzbahnhöfen des Auslandes in Zusammenhang steht;
2. als Angehörige auch die Großeltern und Stiefeltern des Versicherten gelten, wenn sie mit ihm in Hausgemeinschaft leben und von ihm ganz oder überwiegend erhalten werden;
3. die Höhe des Behandlungsbeitrages (§ 63 Abs. 4 des Bundesgesetzes über die Kranken- und Unfallversicherung öffentlich Bediensteter) durch die Satzung unter Bedachtnahme auf die finanzielle Leistungsfähigkeit der Versicherungsanstalt festzusetzen ist, wobei der Behandlungsbeitrag 25 vH des jeweiligen Vertragstarifes für die in Betracht kommende Leistung nicht übersteigen darf.
4. (aufgehoben)

(BGBl I 1998/138)

Versicherungsbeiträge

§ 472a. (1) In der Krankenversicherung nach § 472 gilt als Grundlage für die Bemessung der Beiträge (Beitragsgrundlage) und der Leistungen der Monatsbezug bzw. die Pensionsleistung. Die Beitragsgrundlage darf die Mindestbeitragsgrundlage nicht unter- und die Höchstbeitragsgrundlage nicht überschreiten. Monatliche Mindest- bzw. Höchstbeitragsgrundlage sind die jeweils gemäß § 19 Abs. 5 des Bundesgesetzes über die Kranken- und Unfallversicherung öffentlich Bediensteter als Mindest- bzw. Höchstbeitragsgrundlage geltenden Beträge. Für die Ermittlung des Monatsbezuges gilt § 49 entsprechend. Die Bestimmungen des § 49 Abs. 2 und des § 54 Abs. 1 über die Sonderzahlungen und Sonderbeiträge sind bei der Bemessung der Beiträge entsprechend mit der Maßgabe anzuwenden, daß die in einem Kalenderjahr fällig werdenden Sonderzahlungen bis zum doppelten Betrag der für Jänner dieses Jahres geltenden Höchstbeitragsgrundlage der Bemessung der Sonderbeiträge zugrunde zu legen sind.

(BGBl 1993/110)

(2) Der Beitrag ist ein einheitlicher Hundertsatz der Beitragsgrundlage (Abs. 1). Der Hundertsatz beträgt ab dem Jahre 1992 7,9. Die Beiträge sind in den Fällen, in denen ein Waisenversorgungsgenuß die Beitragsgrundlage ist, vom Dienstgeber allein, in allen übrigen Fällen vom Versicherten in der Höhe von 4,35 vH und vom Dienstgeber in der Höhe von 3,55 vH zu tragen. Der Dienstgeber hat überdies zur Bestreitung von Ausgaben der erweiterten Heilbehandlung sowie der medizinischen Maßnahmen der Rehabilitation gemäß § 154a dieses Bundesgesetzes bzw. § 65a des Beamten-Kranken- und Unfallversicherungsgesetzes einen Zuschlag zu den Beiträgen in der Höhe von 0,5 vH der Beitragsgrundlage zu entrichten. Erreicht der Bezug des Versicherten nicht den Betrag der Mindestbeitragsgrundlage (Abs. 1), so hat der Dienstgeber den Beitrag, der auf den Unterschiedsbetrag zwischen dem Bezug des Versicherten und der Mindestbeitragsgrundlage entfällt, zur Gänze allein zu tragen.

(BGBl 1993/110, BGBl 1993/335, BGBl 1996/411)

(3) Soweit die Einnahmen aus dem Zuschlag zu den Beiträgen (Abs. 2) die Aufwendungen eines Geschäftsjahres für die erweiterte Heilbehandlung und die medizinischen Maßnahmen der Rehabilitation übersteigen, sind sie einer gesonderten Rücklage zuzuführen. Diese Rücklage darf nur zur Anschaffung oder Herstellung abnutzbarer Wirtschaftsgüter für die Zwecke der erweiterten Heilbehandlung und der medizinischen Maßnahmen der Rehabilitation verwendet werden.

(BGBl 1993/335)

(4) Abweichend von Abs. 2 zweiter und dritter Satz vermindert sich der Beitrag im Jahr 1992 in den Fällen, in denen der Beitrag vom Versicherten und vom Dienstgeber zu gleichen Teilen zu tragen ist, um je 0,7 Prozentpunkte; die Verminderung des Beitrages für den Versicherten im Jahr 1992 um 0,7 Prozentpunkte gilt nicht in den Fällen, in denen der Versicherte Anspruch auf eine Pensionsleistung hat. In den Fällen, in denen der Beitrag vom Versicherten bzw. Dienstgeber allein zu tragen ist, vermindert sich der Beitrag im Jahr 1992 um 1,4 Prozentpunkte.

Anwendung von Bestimmungen des Zweiten, Fünften, Sechsten, Siebenten und Achten Teiles

§ 472b. In der Krankenversicherung nach § 472 sind entsprechend anzuwenden:

1. § 119 über die Gewährung der Leistungen bei Arbeitsunfällen und Berufskrankheiten;
2. die Bestimmungen der §§ 315 bis 319a über die Ersatzansprüche im Verhältnis zwischen Kranken- und Unfallversicherung sowie die Bestimmung des § 320b über sonstige Ersatzansprüche der Versicherungsträger untereinander;
3. die Bestimmungen des Sechsten Teiles über die Beziehungen zu den Vertragspartnern;
4. die Bestimmungen des Siebenten Teiles über das Verfahren;
5. die Bestimmungen des Achten Teiles über den Aufbau der Verwaltung; bei der Entsendung der Versicherungsvertreter in die Verwaltungskörper ist darauf Bedacht zu nehmen, daß die nach § 472 versicherten Dienstnehmer durch eine ihrer Zahl entsprechende Anzahl von Versicherungsvertretern vertreten sind.

Träger der Krankenversicherung

§ 473. (1) Träger der Krankenversicherung für die im § 472 bezeichneten Personen ist die im § 23 Abs. 1 Z 3 genannte Versicherungsanstalt der österreichischen Eisenbahnen.

(2) Im Geschäftsbericht sind die Erfolgsrechnung und die statistischen Nachweisungen für die im Abs. 1 bezeichnete Krankenversicherung und für die Krankenversicherung der übrigen bei der Anstalt Versicherten getrennt aufzustellen. Die Schlußbilanz ist gemeinsam für beide Krankenversicherungen zu erstellen.

(3) Die Satzung und die Krankenordnung der Versicherungsanstalt der österreichischen Eisenbahnen haben je einen besonderen Teil für die Krankenversicherung gemäß § 472 zu enthalten.

Leistungen in der allgemeinen Krankenversicherung der Eisenbahnbediensteten

§ 474. (1) Auf die bei der Versicherungsanstalt der österreichischen Eisenbahnen Versicherten, die nicht zu den im § 472 bezeichneten Personen gehören, sind die Bestimmungen der §§ 55 Abs. 1 und 2, 59 bis 61, 61b, 62 bis 70a, 71, 74 Abs. 1, 76 bis 78, 82 und 83 des Bundesgesetzes über die Kranken- und Unfallversicherung öffentlich Bediensteter mit den sich aus § 472 Abs. 2 Z 1 bis 3 ergebenden Änderungen entsprechend anzuwenden, die Bestimmung des § 70 jedoch nur hinsichtlich der Maßnahmen zur Festigung der Gesundheit und die Bestimmungen des § 74 Abs. 1 nur hinsichtlich der Leistungen des ärztlichen Beistandes und des Hebammenbeistandes, der Heilmittel und Heilbehelfe und Pflege in einer Krankenanstalt.

Die Bestimmungen des § 51 Abs. 1 Z 1 sind auf die im ersten Satz genannten Versicherten, soweit es sich um Personen handelt, die im Erkrankungsfall Anspruch auf Weiterzahlung ihrer Dienstbezüge durch mindestens sechs Wochen haben, mit der Maßgabe anzuwenden, daß der Beitragssatz ab dem Beitragszeitraum Juli 1993 6,8 vH beträgt; für alle übrigen im ersten Satz genannten Versicherten gilt der im § 51 Abs. 1 Z 1 lit. b oder f bezeichnete Beitragssatz. Der Beitragssatz in der Krankenversicherung für Selbstversicherte mit Ausnahme der Selbstversicherten nach § 19a beträgt ab dem Beitragszeitraum Juli 1993 6,8 vH der Beitragsgrundlage.

(BGBl 1993/110, BGBl 1996/201, BGBl I 2000/44)

(2) Durch die Satzung der Versicherungsanstalt kann für die im Abs. 1 bezeichneten Versicherten auch bestimmt werden, daß die laufenden Geldleistungen aus der Krankenversicherung sowie das Versehrten-, Familien- und Taggeld aus der Unfallversicherung für alle diese Versicherten oder für einzelne Versichertengruppen in kürzeren oder längeren Zeitabschnitten als wöchentlich, längstens aber monatlich, im nachhinein ausgezahlt werden.

Regelung aus Anlaß der Aufnahme in ein öffentlich-rechtliches Dienstverhältnis oder beim Ausscheiden aus einem solchen

§ 475. Die Bestimmungen des § 10 Abs. 1 zweiter Satz und des § 11 Abs. 5 über den Wirksamkeitsbeginn des Ausscheidens aus einem öffentlich-rechtlichen Dienstverhältnis beziehungsweise der Aufnahme in ein solches in der Pflichtversicherung sind in der nach den Vorschriften über die Krankenversicherung öffentlich Bediensteter geregelten Krankenversicherung bei der Versicherungsanstalt der österreichischen Eisenbahnen entsprechend anzuwenden.

2. Unterabschnitt Unfallversicherung

Präventionsbeirat

§ 476. Zur Information des Bundesministers für Wissenschaft und Verkehr über Organisation und Tätigkeit des Präventionszentrums der Versicherungsanstalt der österreichischen Eisenbahnen hat diese einen Präventionsbeirat einzurichten.

(BGBl I 1999/12)

Erhöhung der Renten bei Entfall des Schadenersatzanspruches gegen das Eisenbahnunternehmen

§ 477. Die Satzung der Versicherungsanstalt der österreichischen Eisenbahnen kann die dem Verletzten gebührende Versehrtenrente um die Hälfte, die Hinterbliebenenrenten um zwei Drittel erhöhen, wenn dem Anspruchsberechtigten neben der Rente aus der Unfallversicherung ein gesetzlich begründeter Schadenersatzanspruch nach den gesetzlichen Bestimmungen über die erhöhte Haftpflicht der Eisenbahnen bei Dienst- und Arbeitsunfällen gegen ein dem öffentlichen Verkehr dienendes Eisenbahnunternehmen zustünde; im Falle einer solchen Erhöhung entfällt der Schadenersatzanspruch gegen das Unternehmen.

3. Unterabschnitt Pensionsversicherung

Zusätzliche Pensionsversicherung bei der Versicherungsanstalt der österreichischen Eisenbahnen

§ 478. (aufgehoben)

Zusätzliche Pensionsversicherung

§ 479. (1) Das Pensionsinstitut für Verkehr und öffentliche Einrichtungen und das Pensionsinstitut der Linzer Elektrizitäts-, Fernwärme- und Verkehrsbetriebe-Aktiengesellschaft bleiben als Träger der zusätzlichen Pensionsversicherung von in der Pensionsversicherung pflichtversicherten Bediensteten der diesen Instituten angeschlossenen Betriebe weiter bestehen. Die genannten Pensionsinstitute sind Zuschußkassen des öffentlichen Rechtes und unterstehen der Aufsicht des Bundesministeriums für soziale Verwaltung.

(2) Bis zum Inkrafttreten einer besonderen bundesgesetzlichen Regelung ist die zusätzliche Pensionsversicherung unter Bedachtnahme auf die finanzielle Leistungsfähigkeit der Versicherungsträger und auf die wirtschaftlichen Bedürfnisse der Versicherten durch die Satzung der Versicherungsträger zu regeln; nachstehende Bestimmungen sind entsprechend anzuwenden:

1. von den Bestimmungen des Ersten Teiles die §§ 8 Abs. 1 Z 1 lit. b, 10 Abs. 7, 21, 22, 32, 38, 40, 42, 43, 60 Abs. 1 und 3, 61, 62, 64 mit der Maßgabe, daß im Abs. 2 an Stelle des nach § 58 Abs. 6 berufenen Versicherungsträgers der Träger der zusätzlichen Pensionsversicherung tritt, 65 bis 69, 73 Abs. 3 und 4, 79 Abs. 1, 81, 84 Abs. 1, Abs. 3 Z 2 lit. a, Abs. 5 Z 2 lit. a und Abs. 6, 86, 87, 96, 97, 98, 98a, 101, 102 Abs. 3, 103, § 104 Abs. 3 und 5, 107, § 107a, 109 bis 114;

   (BGBl 1993/335, BGBl 1994/20, BGBl 1996/201, BGBl I 1998/138)
2. von den Bestimmungen des Fünften Teiles die §§ 321 und 332 bis 337;
3. die Bestimmungen des Siebenten Teiles;
4. von den Bestimmungen des Achten Teiles die §§ 421 bis 425, 426 Abs. 1 Z 2 und Abs. 2, 431 bis 434 mit der Maßgabe, daß eine gültige Beschlußfassung über die Satzung und deren Änderung, soweit es sich um Beiträge und Leistungen handelt, oder über die Auflösung eines Trägers der zusätzlichen Pensionsversicherung nur mit einer Mehrheit von zwei Dritteln der abgegebenen Stimmen in jeder der beiden Gruppen erfolgen kann, 436 bis 438, 443, 444, 446, 447, 448 bis 453, 455 Abs. 1, 460, 460a und 460e; § 421 für den Bereich

des Pensionsinstitutes der Linzer Elektrizitäts-, Fernwärme- und Verkehrsbetriebe Aktiengesellschaft mit der weiteren Maßgabe, daß die Versicherungsvertreter aus der Gruppe der Dienstgeber vom Betriebsunternehmer Linzer Elektrizitäts-, Fernwärme- und Verkehrsbetriebe Aktiengesellschaft zu entsenden sind.

(BGBl 1994/20, BGBl 1996/411, BGBl I 2000/142)

(3) Die in die Verwaltungskörper der in Abs. 1 bezeichneten Pensionsinstitute berufenen Versicherungsvertreter und die Mitglieder der bei diesen eingerichteten Beiräte unterliegen der Unfallversicherung im Sinne des § 8 Abs. 1 Z 3 lit. e.

(BGBl 1996/411)

(4) Die finanzielle Leistungsfähigkeit der in Abs. 1 bezeichneten Pensionsinstitute ist gegeben, wenn und solange der Abgang in der versicherungstechnischen Bilanz 5% der bilanzierten Summe nicht überschreitet. Bei Überschreiten dieses Betrages sind zur Deckung des Abganges die Versicherungsleistungen zu vermindern oder die Beiträge zu erhöhen.

(BGBl I 1999/173)

ABSCHNITT IIa Krankenversicherung der öffentlich-rechtlich Bediensteten, die der WIENER LINIEN GmbH & Co KG zur Dienstleistung zugewiesen sind

(BGBl I 1999/68)

Pflichtversicherung

§ 479a. (1) Unbeschadet der in § 26 Abs. 1 Z 3 geregelten sachlichen Zuständigkeit der Betriebskrankenkasse der Wiener Verkehrsbetriebe sind bei diesem Versicherungsträger die nachstehend bezeichneten Gruppen von Personen in der Krankenversicherung pflichtversichert:

1. die in einem öffentlich-rechtlichen Dienstverhältnis zur Gemeinde Wien stehenden Bediensteten, die der WIENER LINIEN GmbH & Co KG zur Dienstleistung zugewiesen sind, mit Ausnahme der rechtskundigen Beamten, der im technischen Dienst sowie im Verwaltungs- und Kanzleidienst tätigen Beamten und der Ärzte;

   (BGBl I 1999/68)

2. Personen, die auf Grund einer Tätigkeit bei den Wiener Stadtwerken – Verkehrsbetriebe oder ihrer Zuweisung zur WIENER LINIEN GmbH & Co KG einen Ruhe(Versorgungs)genuß oder eine außerordentliche, nicht auf einem Rechtsanspruch beruhende Zuwendung erhalten, sofern der Ruhe(Versorgungs)genuß beziehungsweise die außerordentliche Zuwendung von einer Beschäftigung abgeleitet wird, welche die Pflichtversicherung nach Z 1 begründet hat oder bei früherem Wirksamkeitsbeginn der Bestimmungen der Z 1 über die Versicherungspflicht begründet hätte.

   (BGBl I 1999/68)

(2) Für die Durchführung der Krankenversicherung der im Abs. 1 genannten Personen und für die sonstigen Rechtsverhältnisse der Betriebskrankenkasse der Wiener Verkehrsbetriebe als Träger dieser Krankenversicherung gelten, soweit im folgenden nichts Abweichendes bestimmt wird, die Vorschriften des Ersten, Zweiten, Fünften, Sechsten, Siebenten, Achten und Zehnten Teiles dieses Bundesgesetzes.

Beginn und Ende der Pflichtversicherung

§ 479b. (1) Die Krankenversicherung der im § 479a Abs. 1 Z 1 genannten Personen beginnt mit der im Rahmen des öffentlich-rechtlichen Dienstverhältnisses erfolgten Zuweisung zur WIENER LINIEN GmbH & Co KG. Die Krankenversicherung der im § 479a Abs. 1 Z 2 genannten Personen beginnt mit dem Anfall des Ruhe(Versorgungs)genusses oder der außerordentlichen, nicht auf einem Rechtsanspruch beruhenden Zuwendung.

(BGBl I 1999/68)

(2) Die Krankenversicherung endet mit dem Ausscheiden aus dem öffentlich-rechtlichen Dienstverhältnis oder mit dem Widerruf der im Rahmen des öffentlich-rechtlichen Dienstverhältnisses erfolgten Zuweisung zur WIENER LINIEN GmbH & Co KG beziehungsweise mit dem Ablauf des Kalendermonates, für den letztmalig ein Ruhe(Versorgungs)genuß oder eine außerordentliche, nicht auf einem Rechtsanspruch beruhende Zuwendung ausgezahlt wird.

(BGBl I 1999/68)

Meldungen und Auskunftspflicht

§ 479c. Die Bestimmungen im Ersten Teil dieses Bundesgesetzes über Meldungen und Auskunftspflicht gelten mit der Maßgabe, daß die Gemeinde Wien auch hinsichtlich der im § 479a Abs. 1 Z 2 angeführten Versicherten die Verpflichtungen eines Dienstgebers zu erfüllen hat.

(BGBl I 1999/68)

Beiträge

§ 479d. (1) Die allgemeine Beitragsgrundlage und die Grundlage zur Berechnung der Sonderbeiträge richten sich nach den Bestimmungen des Ersten Teiles dieses Bundesgesetzes; diese Bestimmungen sind auf die im § 479a Abs. 1 Z 2 angeführten Versicherten mit der Maßgabe anzuwenden, daß der in einem Kalendermonat gebührende Ruhe(Versorgungs)genuß beziehungsweise die außerordentliche, nicht auf einem Rechtsanspruch beruhende Zuwendung als allgemeine Beitragsgrundlage beziehungsweise als Grundlage für die Berechnung der Sonderbeiträge gilt.

(2) Für die Berechnung der allgemeinen Beiträge und der Sonderbeiträge ist heranzuziehen

1. für die im § 479a Abs. 1 Z 1 angeführten Versicherten ein Beitragssatz von 5,5 vH,

wovon 3,15 vH auf die Versicherten und 2,35 vH auf die Gemeinde Wien entfallen,

2. für die im § 479a Abs. 1 Z 2 angeführten Versicherten ein Beitragssatz von 5,75 vH, wovon 3,4 vH auf die Versicherten und 2,35 vH auf die Gemeinde Wien entfallen.

Für die Berechnung der Zusatzbeiträge in der Krankenversicherung gilt der in § 51b Abs. 1 festgesetzte Hundertsatz. Zur Bestreitung der Ausgaben für Maßnahmen zur Festigung der Gesundheit kann die Betriebskrankenkasse der Wiener Verkehrsbetriebe in ihrer Satzung einen Zuschlag zu den Beiträgen im Ausmaß von höchstens 0,45 vH der Beitragsgrundlage festsetzen; dieser Zuschlag ist je zur Hälfte vom Versicherten und von der Gemeinde Wien zu tragen.

(BGBl 1993/110, BGBl 1996/411, BGBl I 1998/138, BGBl I 1999/68)

(3) Durch Verordnung des Bundesministeriums für soziale Verwaltung kann der Beitragssatz für die im § 479a Abs. 1 Z 2 angeführten Versicherten bis auf 7,6 vH erhöht werden, wenn nachgewiesen wird, daß die Summe der Aufwendungen in der Krankenversicherung für diesen Personenkreis bei Anwendung des Beitragssatzes nach Abs. 2 nicht gedeckt erscheint und die allgemeine finanzielle Lage der Betriebskrankenkasse der Wiener Verkehrsbetriebe dies erfordert. Eine solche Erhöhung ist ausschließlich von der Gemeinde Wien zu tragen.

(BGBl 1993/110, BGBl 1996/411, BGBl I 1999/68)

Leistungen

§ 479e. (1) Die Barleistungen aus dem Versicherungsfall der Arbeitsunfähigkeit infolge Krankheit sind unter Anwendung der Bemessungsgrundlage nach § 125 zu bemessen.

(BGBl I 2001/67)

(2) Die im § 479a Abs. 1 Z 2 angeführten Versicherten haben keinen Anspruch auf Leistungen aus dem Versicherungsfall der Arbeitsunfähigkeit infolge Krankheit.

ABSCHNITT III
Sonderbestimmungen über die Notarversicherung

§§ 480 bis 499b. (aufgehoben)

ABSCHNITT IV
Begünstigungen für Geschädigte aus politischen oder religiösen Gründen oder aus Gründen der Abstammung

Begünstigter Personenkreis

§ 500. Personen, die in der Zeit vom 4. März 1933 bis 9. Mai 1945 aus politischen Gründen – außer wegen nationalsozialistischer Betätigung – oder religiösen Gründen oder aus Gründen der Abstammung in ihren sozialversicherungsrechtlichen Verhältnissen einen Nachteil erlitten haben, werden nach Maßgabe der Bestimmungen der §§ 501, 502 Abs. 1 bis 3 und 5 und 506, Personen, die aus den angeführten Gründen ausgewandert sind, nach den §§ 502 Abs. 4 bis 6, 503 und 506 begünstigt.

Wiederaufleben von Rentenansprüchen

§ 501. (1) Ansprüche aus der österreichischen Unfall- und Rentenversicherung (einschließlich der Altersfürsorge), die auf Grund von Ausbürgerungen nach § 10 Abs. 2 des Bundesgesetzes vom 30. Juli 1925, BGBl. Nr. 285, in der Fassung der Verordnung der Bundesregierung vom 16. August 1933, BGBl. Nr. 369, aberkannt worden sind, leben, wenn die Ausbürgerung gemäß § 4 Abs. 1 Staatsbürgerschafts-Überleitungsgesetz 1949, BGBl. Nr. 276, in der Fassung des Bundesgesetzes BGBl. Nr. 12/1952, widerrufen worden ist, beim Zutreffen der gesetzlichen Voraussetzungen wieder auf. Ebenso leben Ansprüche auf Renten, die nach den jeweils in Geltung gestandenen gesetzlichen Vorschriften aus einem der im § 500 genannten Gründe geruht haben oder aberkannt worden sind, wieder auf.

(2) Renten und Pensionen, auf die der Anspruch nach Abs. 1 wieder auflebt, sind, soweit sie nicht nach den bezogenen Vorschriften Angehörigen des Berechtigten überwiesen worden sind, ab dem Zeitpunkt, in dem sie aberkannt oder zum Ruhen gebracht worden sind, frühestens jedoch ab dem 4. März 1933, nachzuzahlen. Zu den Rentennachzahlungen für die Zeit vor dem 10. April 1945 kann der Versicherungsträger, wenn der Rentenberechtigte bedürftig ist, aus den Mitteln des Unterstützungsfonds (§ 84) einen Zuschlag bis zu 500 vH der nachzuzahlenden Rente gewähren.

Begünstigte Erwerbung von Anwartschaften und Ansprüchen

§ 502. (1) Zeiten einer aus den Gründen des § 500 veranlaßten Untersuchungshaft, Verbüßung einer Freiheitsstrafe, Anhaltung oder Arbeitslosigkeit, ferner Zeiten der Ausbürgerung (§ 501 Abs. 1) gelten für Personen, die vorher in der Zeit seit dem 1. Juli 1927 Beitragszeiten gemäß § 226, Ersatzzeiten gemäß §§ 228 oder 229 oder Zeiten nach dem Auslandsrenten-Übernahmegesetz, BGBl. Nr. 290/1961, erworben haben, als Pflichtbeitragszeiten mit der höchstzulässigen Beitragsgrundlage, und zwar in der Pensions(Renten)versicherung, in der der Versicherte vor der Haft, Strafe, Anhaltung, Arbeitslosigkeit oder Ausbürgerung zuletzt Beitrags- oder Ersatzzeiten nachweist; lassen sich auf Grund dieser Bestimmung die Pflichtbeitragszeiten keinem Zweig der Pensionsversicherung zuordnen, gelten sie als Beitragszeiten der Pensionsversicherung der Angestellten. Als Zeiten der Arbeitslosigkeit gelten auch Zeiten einer nachweisbaren Arbeitslosigkeit im Ausland bis zum ersten Antritt einer Beschäftigung im Ausland, soweit sie nicht das Ausmaß von zwei Jahren übersteigen. Solche als Pflichtbeitragszeiten geltende Zeiten sind beitragsfrei zu berücksichtigen. Amtlich bestätigte Zeiten des Militärdienstes in der bewaffneten Macht einer der alliierten Armeen in der Zeit vom 26. August 1939 bis 31. Dezember 1948 sind in sozialversicherungsrechtlicher Hinsicht geleistetem Wehrdienst gleichzustellen. § 228 Abs. 1 Z 1 ist mit der Maßgabe anzuwenden, daß für begünstigte Personen (§ 500) das Erfordernis der österreichischen Staatsbürgerschaft entfällt. Zeiten der Auswanderung gemäß Abs. 4 bis 31. März 1959 gelten ab Vollendung des 15. Lebensjahres der in Betracht kommenden Person als Ersatzzeiten, wenn ihnen eine Beitrags- oder Ersatzzeit vorangeht oder nachfolgt, und zwar in dem Zweig der Pensionsversicherung, in dem die letzte vorangegangene Beitrags- oder Ersatzzeit vorliegt, bzw. beim Fehlen einer solchen in dem Zweig der Pensionsversicherung, in dem die erste nachfolgende Beitrags- oder Ersatzzeit vorliegt.

(1a) Zeiten des Besuches einer österreichischen Pflichtschule, die aus Gründen des § 500 erst nach Vollendung des Pflichtschulalters zurückgelegt werden konnten, gelten, wenn die betreffende Person nicht ausgewandert ist, als Pflichtbeitragszeiten unter Anwendung der höchstzulässigen Beitragsgrundlage. Diese Zeiten sind zuzuordnen:

1. dem Zweig der Pensionsversicherung, in dem die dem Pflichtschulbesuch letztvorangegangene Beitrags- oder Ersatzzeit vorliegt,
2. wenn eine solche Versicherungszeit nicht vorhanden ist, dem Zweig der Pensionsversicherung, in dem die dem Pflichtschulbesuch erstnachfolgende Beitrags- oder Ersatzzeit vorliegt,
3. wenn weder eine Versicherungszeit nach Z 1 noch eine Versicherungszeit nach Z 2 vorhanden ist, der Pensionsversicherung der Angestellten.

(BGBl I 2000/92, BGBl I 2001/33)

(2) Personen, denen in ihren Anwartschaften oder Ansprüchen aus der Pensionsversicherung ein Nachteil dadurch erwächst, daß der früher der Angestelltenversicherung angehörende Versicherte aus einem der im § 500 genannten Gründe nur eine invalidenversicherungspflichtige Beschäftigung ausüben durfte, können für die Zeit einer solchen Beschäftigung, längstens aber für die Zeit bis 31. Dezember 1945, durch Nachzahlung von Beiträgen Steigerungsbeträge in der Pensionsversicherung der Angestellten erwerben. Für die Abstattung der nachzuzahlenden Beiträge sind Teilzahlungen zu bewilligen, wenn dem Antragsteller die Zahlung in einem Betrage nach seiner wirtschaftlichen Lage nicht zugemutet werden kann. Teilbeträge, die bei Eintritt des Versicherungsfalles noch nicht abgestattet sind, können nach diesem Zeitpunkt entrichtet werden; Steigerungsbeträge aus nachentrichteten Beiträgen werden nach Abstattung der Beiträge gewährt. Für Versicherte, die als Pflichtbeitragszeiten geltende Zeiten gemäß Abs. 1 nachweisen, entfällt die Pflicht zur Nachzahlung der Beiträge; die Bestimmungen des Abs. 1 dritter Satz sind entsprechend anzuwenden.

(3) Personen, denen in ihren Anwartschaften oder Ansprüchen aus der Pensionsversicherung der Angestellten dadurch ein Nachteil erwächst, daß sie aus einem der im § 500 genannten Gründe eine angestelltenversicherungspflichtige Beschäftigung mit einer niedrigeren Beitragsgrundlage als in der letzten vorangegangenen angestelltenversicherungspflichtigen Beschäftigung ausgeübt haben, können für die Dauer der ersteren Beschäftigung, längstens jedoch für die Zeit bis 31. Dezember 1945, den Unterschied auf die Beiträge nachzahlen, die zur Angestelltenversicherung bei Fortdauer der vorangegangenen Beschäftigung nach den in dieser zuletzt erzielten Einkommen entfallen wären. Abs. 2 zweiter bis letzter Satz gelten entsprechend.

(4) Personen, die in der im § 500 angeführten Zeit aus einem der dort angeführten Gründe ausgewandert sind und die vorher in der Zeit seit dem 1. Juli 1927 Beitragszeiten gemäß § 226 oder Ersatzzeiten gemäß § 228 oder 229 oder Zeiten nach dem Auslandsrenten-Übernahmegesetz zurückgelegt haben, können für die Zeiten der Auswanderung, längstens aber für die Zeit bis 31. März 1959, Beiträge nachentrichten. Die nachzuentrichtenden Beiträge belaufen sich für jeden Monat der Auswanderung auf 23,76 €[a]); an die Stelle dieses Betrages tritt ab 1. Jänner eines jeden Jahres, erstmals ab 1. Jänner 1989, der unter Bedachtnahme auf § 108 Abs. 9 mit der jeweiligen Aufwertungszahl (§ 108a Abs. 1) vervielfachte Betrag. § 227 Abs. 4 ist sinngemäß mit der Maßgabe anzuwenden, daß die Beitragsentrichtung bei der Pensionsversicherungsanstalt der Angestellten zu erfolgen hat, wenn bei keinem Versicherungsträger Versicherungszeiten erworben worden sind. Für die Abstattung der nachzuzahlenden Beiträge gilt Abs. 2 zweiter bis letzter Satz entsprechend.

(BGBl 1993/335, BGBl I 2001/67)

[a]) Betrag siehe VO über veränderliche Werte.

(4)[a]) Personen, die in der im § 500 angeführten Zeit aus einem der dort angeführten Gründe ausgewandert sind und die vorher in der Zeit seit dem 1. Juli 1927 Beitragszeiten gemäß § 226 oder Ersatzzeiten gemäß § 228 oder 229 oder Zeiten nach dem Auslandsrenten-Übernahmegesetz zurückgelegt haben, können für die Zeiten der Auswanderung, längstens aber für die Zeit bis 31. März 1959, Beiträge nachentrichten. Die nachzuentrichtenden Beiträge belaufen sich für jeden Monat der Auswanderung auf 23,76 €[b]); an die Stelle dieses Betrages tritt ab 1. Jänner eines jeden Jahres, erstmals ab 1. Jänner 1989, der unter Bedachtnahme auf § 108 Abs. 9 mit der jeweiligen Aufwertungszahl (§ 108a Abs. 1) vervielfachte Betrag. § 227 Abs. 4 ist sinngemäß mit der Maßgabe anzuwenden, daß die Beitragsentrichtung bei der „Pensionsversicherungsanstalt" zu erfolgen hat, wenn bei keinem Versicherungsträger Versicherungszeiten erworben worden sind. Für die Abstattung der nachzuzahlenden Beiträge gilt Abs. 2 zweiter bis letzter Satz entsprechend.

(BGBl 1993/335, BGBl I 2001/67, BGBl I 2002/1)

[a]) Tritt mit 1. Jänner 2003 in Kraft.
[b]) Betrag siehe VO über veränderliche Werte.

(5) Abs. 4 gilt entsprechend auch für Personen, die sich nach dem 9. Mai 1945 in Österreich aufgehalten haben und danach ausgewandert sind, sofern diese Auswanderung aus Gründen, auf die der (die) Betreffende keinen Einfluß hatte, nicht früher möglich war und sie nicht später als am 31. Dezember 1949 erfolgt ist.

(6) Abs. 1 und 4 gelten auch für Personen, die vor der Haft, Strafe, Anhaltung, Arbeitslosigkeit, Ausbürgerung oder Auswanderung aus Gründen, auf die der (die) Betreffende keinen Einfluß hatte, keine Beitragszeiten gemäß § 226 oder Ersatzzeiten gemäß §§ 228 und 229 zurückgelegt haben, sofern der (die) Betreffende am 12. März 1938 seinen (ihren) Wohnsitz im Gebiet der Republik Österreich hatte und, in den Fällen des Abs. 4, spätestens am 12. März 1938 geboren wurde. Eine solche Nachentrichtung, soweit sie für die Zeiten der Auswanderung erfolgt ist, ist unbeschadet des Abs. 1 letzter Satz frühestens für Zeiten nach der Vollendung des 15. Lebensjahres der in Betracht kommenden Person zulässig.

(BGBl 1987/609, BGBl 1989/642, BGBl 1993/335, BGBl 1996/411, BGBl I 2001/12)

(7) Bei der Anwendung der Vorschriften der Abs. 1 bis 5 gilt § 228 Abs. 1 Z 3 mit der Maßgabe, daß Schuljahre, die aus einem der im § 500 genannten Gründe abgebrochen werden mußten, als vollendet gelten. Zeiten des Besuches einer mittleren oder höheren Schule oder einer Hochschule im Ausland zwischen dem 4. März 1933 und dem 31. März 1959 sind für begünstigte Personen (§ 500) den Zeiten im Sinne des § 227 Abs. 1 Z 1 bzw. § 228 Abs. 1 Z 3 gleichzustellen.

(8) Die Vorschriften der Abs. 1 bis 7 gelten auch, wenn der Versicherungsfall schon vor dem 1. Jänner 1956 eingetreten ist.

Auslandsaufenthalt

§ 503. (1) Die jeweils in Geltung gestandenen Bestimmungen über das Ruhen der Leistungsansprüche bei Auslandsaufenthalt sind auf Renten- (Pensions)ansprüche mit Ausnahme des Knappschaftssoldes beim Auslandsaufenthalt begünstigter Personen (§ 500) und deren Hinterbliebenen ab 1. Mai 1945 nicht anzuwenden.

(2) Die nach Abs. 1 zu gewährenden Leistungen können in den Aufenthaltsstaat des Berechtigten nur nach Maßgabe der Vorschriften der österreichischen Devisengesetzgebung überwiesen werden.

Erwerb einer fremden Staatsbürgerschaft

§ 504. (aufgehoben)

Weiterversicherung in der Krankenversicherung

§ 505. (aufgehoben)

Verfahren

§ 506. (1) Die Begünstigungen nach den §§ 501 bis 503 werden auf Antrag oder von Amts wegen festgestellt.

(2) Bei Anträgen auf die Begünstigung nach § 503 beginnt die Leistung mit dem Ablauf des Monates, in dem der Versicherungsfall eingetreten und die Leistungsvoraussetzungen erfüllt sind, frühestens jedoch ab 1. Mai 1945, auch wenn erst durch eine Begünstigung nach § 502 die Leistungsvoraussetzungen erfüllt sind.

(3) Wer Begünstigungen nach den §§ 501, 502 Abs. 1 bis 3 und 5 beantragt, hat glaubhaft darzutun, daß ihm aus einem der im § 500 bezeichneten Gründe in seinen sozialversicherungsrechtlichen Verhältnissen ein Nachteil im Sinne der §§ 501 bis 504 erwachsen ist. Zu diesem Zwecke hat er eine Bescheinigung der für seinen Wohnort zuständigen Bezirksverwaltungsbehörde darüber beizubringen, daß der Nachteil durch einen der im § 500 bezeichneten Gründe veranlaßt geworden ist. Personen, die nach dem Opferfürsorgegesetz anspruchsberechtigt sind, erbringen den Nachweis durch Vorlage einer Amtsbescheinigung oder eines Opferausweises nach § 4 des Opferfürsorgegesetzes, BGBl. Nr. 183/1947, in der letztgeltenden Fassung. Die Bescheinigungen des Landeshauptmannes (Amtsbescheinigungen oder Opferausweise nach § 4 des Opferfürsorgegesetzes) sind für die Versicherungsträger bindend.

ABSCHNITT V
Erwerbung von Versicherungszeiten

Erwerbung von Versicherungszeiten bei Gewährung von strafrechtlichen Entschädigungen

§ 506a. Zeiten einer Anhaltung, in Ansehung derer ein österreichisches Gericht rechtskräftig einen Entschädigungsanspruch für strafgerichtliche Anhaltung oder Verurteilung zuerkannt hat, gelten, sofern der Versicherte vor der Anhaltung Beitragszeiten oder Ersatzzeiten in der Pensionsversicherung nach diesem Bundesgesetz erworben hat, als Versicherungszeiten, und zwar die vor dem Zeitpunkt, ab dem von der betreffenden Versichertengruppe erstmals Beiträge entrichtet werden konnten, gelegenen Anhaltungszeiten als Ersatzzeiten und die nach diesem Zeitpunkt gelegenen Anhaltungszeiten als Beitragszeiten der Pflichtversicherung. Die auf diese Beitragszeiten entfallenden Beiträge hat der Bund an den zuständigen Versicherungsträger nach den jeweils in Geltung gestandenen Vorschriften nachzuentrichten. Die Beitragszeiten gelten in dem Zweig der Pensionsversicherung als erworben, in dem der Versicherte zuletzt vor der Anhaltungszeit Beitrags- oder Ersatzzeiten zurückgelegt hat. Als Beitragsgrundlage für die Bemessung der Beiträge und für die Leistungen der Pensionsversicherung gilt das 30fache der Tagesbeitragsgrundlage der Pflichtversicherung (§ 242 Abs. 2 Z 1) des dem Ausscheiden aus der Pflichtversicherung vorangegangenen letzten Beitragsjahres (§ 242 Abs. 10); hat der Versicherte Beitragszeiten der Pflichtversicherung nur im Beitragsjahr des Beginnes der Anhaltung erworben, dann ist dieses Beitragsjahr heranzuziehen.

(BGBl 1993/335, BGBl I 1998/138)

Erwerb von Pensionsversicherungszeiten und Selbstversicherung in der Krankenversicherung nach Beendigung eines Dienstverhältnisses zu einer internationalen Organisation

§ 506b. (1) Beendet eine Person österreichischer Staatsangehörigkeit ein im Interesse der Republik Österreich gelegenes Dienstverhältnis zu einer internationalen Organisation, so haben diese Person oder ihre anspruchsberechtigten Hinterbliebenen das Recht, durch Entrichtung von Beiträgen für die Dauer des Dienstverhältnisses Pflichtbeitragszeiten in der Pensionsversicherung der Angestellten zu erwerben.

(2) Der Erwerb von Versicherungszeiten nach Abs. 1 ist ausgeschlossen, soweit die in Betracht kommende Zeit als Versicherungszeit in der Pensionsversicherung nach diesem Bundesgesetz oder für einen Ruhegenuß (Versorgungsgenuß) zu berücksichtigen ist.

(3) Der Beitrag nach Abs. 1 beträgt für jeden Monat des Dienstverhältnisses zu einer internationalen Organisation 22,8 vH des auf den Monat entfallenden Bruttobezuges, auf den die Person im letzten Monat vor Beendigung des Dienstverhältnisses Anspruch gehabt hat, höchstens vom 30fachen der im Zeitpunkt der Beendigung des Dienstverhältnisses in Geltung gestandenen Höchstbeitragsgrundlage in der Pensionsversicherung (§ 45 Abs. 1).

(4) Für die Ermittlung der Bemessungsgrundlage für Leistungen aus der Pensionsversicherung ist Beitragsgrundlage für Versicherungsmonate, welche die Bemessungszeit bilden, der jeweils nach Abs. 3 in Betracht kommende, auf den Monat entfallende Bruttobezug bzw. das 30fache der jeweils in Geltung gestandenen Höchstbeitragsgrundlage in der Pensionsversicherung.

(5) Für das Recht auf Weiterversicherung in der Pensionsversicherung steht das Ausscheiden aus einem Dienstverhältnis zu einer internationalen Organisation dem Ausscheiden aus der Pflichtversicherung gleich.

(6) Der Antrag auf Entrichtung von Beiträgen nach Abs. 1 ist bei der Pensionsversicherungsanstalt der Angestellten zu stellen.

(6)[a]) Der Antrag auf Entrichtung von Beiträgen nach Abs. 1 ist bei der „Pensionsversicherungsanstalt“ zu stellen.

(BGBl I 2002/1)

[a]) Tritt mit 1. Jänner 2003 in Kraft.

(7) Die Beiträge nach Abs. 1 sind innerhalb von 18 Monaten nach Beendigung des Dienstverhältnisses zu einer internationalen Organisation zu leisten.

(8) Hinsichtlich des Beginnes einer Selbstversicherung in der Krankenversicherung gemäß § 16 und der Erfüllung bzw. des Entfalls der Wartezeit gemäß § 124 gelten Zeiten eines Dienstverhältnisses zu einer internationalen Organisation als Zeiten der Pflichtversicherung in der Krankenversicherung in Österreich.

(BGBl I 1998/138)

(BGBl I 1998/138)

ABSCHNITT VI

Sonderbestimmung für Zollausschlußgebiete

§ 506c. (aufgehoben)

(BGBl I 2001/67)

ZEHNTER TEIL
Übergangs- und Schlußbestimmungen

ABSCHNITT I
Übergangsbestimmungen

1. Unterabschnitt
Übergangsbestimmungen zum Ersten Teil (Allgemeine Bestimmungen) mit Ausnahme des Abschnittes VI

Fortdauer einer nach früherer Vorschrift bestehenden Pflichtversicherung

§ 507. (1) Personen, die am 30. Dezember 1955 nach den in diesem Zeitpunkt geltenden Vorschriften pflichtversichert waren, nach den Vorschriften des Ersten Teiles aber nicht mehr pflichtversichert wären, bleiben pflichtversichert, solange die Beschäftigung, welche die Pflichtversicherung nach den bisherigen Vorschriften begründet hat, weiter ausgeübt wird. Im übrigen sind die Bestimmungen dieses Bundesgesetzes auf eine solche Pflichtversicherung anzuwenden, jedoch kann der Versicherte bis 30. Juni 1956 bei dem für die Einhebung der Beiträge in Betracht kommenden Versicherungsträger den Antrag stellen, aus der Pflichtversicherung ausgeschieden zu werden; einem solchen Antrag hat der Versicherungsträger mit Wirkung von dem auf den Antrag folgenden Monatsersten stattzugeben.

(2) Personen, die bei einer öffentlich-rechtlichen Körperschaft bedienstet und bei Inkrafttreten dieses Bundesgesetzes nach den Bestimmungen des Bundesangestellten-Krankenversicherungsgesetzes 1937 in der geltenden Fassung versichert sind, bleiben für die Dauer dieser Beschäftigung auch weiterhin nach den Bestimmungen des genannten Gesetzes bei dem bisherigen Versicherungsträger versichert. Diese Versicherung ersetzt die Pflichtversicherung in der Krankenversicherung nach diesem Bundesgesetz.

(3) Betriebe, welche nach den Bestimmungen dieses Bundesgesetzes nicht mehr als knappschaftliche oder ihnen gleichgestellte Betriebe anzusehen sind, gelten weiterhin als knappschaftliche Betriebe, solange in diesen Betrieben Bergprodukte gewonnen oder verarbeitet werden. Bis zum 30. Juni 1956 können die zuständigen Interessenvertretungen im Einvernehmen beantragen, daß die Versicherung von den nach den Bestimmungen dieses Bundesgesetzes in Betracht kommenden Versicherungsträgern durchgeführt wird. Einen solchen Antrag haben die zuständigen Versiche-

rungsträger mit Wirkung von dem auf den Antrag folgenden Monatsersten stattzugeben.

Aufkündigung von Versicherungsverträgen

§ 508. Personen, die nach den Bestimmungen dieses Bundesgesetzes als Pflichtversicherte in die Kranken- oder Unfallversicherung einbezogen werden und die am 1. Jänner 1956 bei einem Versicherungsunternehmen vertragsmäßig kranken- oder unter Einschluß der Arbeitsunfälle unfallversichert sind, können den Versicherungsvertrag bis 30. Juni 1956 zum Ablauf des auf die Aufkündigung folgenden Kalendermonates aufkündigen. Für einen Zeitraum nach dem Erlöschen des Versicherungsvertrages bereits entrichtete Versicherungsbeiträge (Prämien) sind vom Versicherungsunternehmen nicht zu erstatten.

Einbeziehung von bisher durch Gewährung der Krankenpflege betreuten Personen in die Krankenversicherung

§ 509. Gruppen von Personen, für welche die Träger der Krankenversicherung auf Grund von Anordnungen, die nach bisherigen Rechtsvorschriften erlassen worden sind, die Krankenpflege zu übernehmen hatten, gelten mit dem 1. Jänner 1956 als gemäß § 9 in die Krankenversicherung einbezogen. Für die Durchführung der Krankenversicherung dieser Personen gelten die Vorschriften des § 10 Abs. 5, des § 12 Abs. 4, des § 36 Abs. 1 Z 4, des § 75 und des Zweiten Teiles dieses Bundesgesetzes.

Befreiung von der bestehenden Meisterkrankenversicherung

§ 510. (aufgehoben)

Einbeziehung bisher versicherungsfreier Dienstnehmer in die Pflichtversicherung

§ 511. (1) Die Dienstgeber haben Dienstnehmer, die am 1. Jänner 1956 in einer nach den Bestimmungen dieses Bundesgesetzes versicherungspflichtigen Beschäftigung stehen und nicht bereits zur Versicherung angemeldet sind, bis 29. Februar 1956 beim zuständigen Versicherungsträger anzumelden. Im übrigen sind die Bestimmungen der §§ 33 bis 36, 41 bis 43, 111 bis 113 entsprechend anzuwenden.

(2) Dienstnehmer, deren Dienstgeber den Sitz in Österreich haben und die vor dem 1. Jänner 1956 ins Ausland entsendet worden sind, gelten als im Inland beschäftigt, sofern sie am 1. Jänner 1956 noch im Ausland beschäftigt sind und diese Beschäftigung die Dauer eines Jahres nicht übersteigt; das Bundesministerium für soziale Verwaltung kann auf einen bis 30. September 1956 zu stellenden Antrag des Dienstgebers die Frist entsprechend verlängern, wenn die Art der Beschäftigung es begründet.

Ausnahme der Bediensteten der Donau-Save-Adria-Eisenbahn-Gesellschaft von der Versicherungspflicht

§ 512. Die ständigen Bediensteten des Zentraldienstes (Generaldirektion) der Donau-Save-Adria-Eisenbahn-Gesellschaft (vormals Südbahn-Gesellschaft) sind hinsichtlich ihrer Beschäftigung in diesem Dienste von der Pflichtversicherung nach diesem Bundesgesetz ausgenommen.

Krankenversicherung von Beziehern einer Rente aus der Unfallversicherung, bei denen der Versicherungsfall vor dem 1. Jänner 1939 eingetreten ist

§ 512a. (1) Die Bezieher einer Rente aus der Unfallversicherung, die als Schwerversehrte gelten, und die Bezieher einer Witwenrente aus der Unfallversicherung sind in der Krankenversicherung der Rentner, solange sie sich ständig im Inland aufhalten, versichert,

a) wenn der dem Rentenanspruch aus der Unfallversicherung zugrunde liegende Versicherungsfall vor dem 1. Jänner 1939 bei einer unselbständigen Erwerbstätigkeit eingetreten ist und
b) wenn sie nicht schon nach § 8 Abs. 1 Z 1 teilversichert sind.

(2) Die Krankenversicherung der im Abs. 1 bezeichneten Personen beginnt am 1. Jänner 1961. Sie endet mit dem Ablauf des Kalendermonates, für den letztmalig die Rente im Inland ausgezahlt wird. Zur Durchführung der Krankenversicherung sind sachlich zuständig:

1. Die Gebietskrankenkassen, soweit nicht der unter Z 2 angeführte Versicherungsträger zuständig ist;
2. die Versicherungsanstalt der österreichischen Eisenbahnen, wenn die Rente aus der Unfallversicherung durch diese Anstalt ausgezahlt wird.

Die örtliche Zuständigkeit der Gebietskrankenkassen richtet sich nach dem Wohnsitz des Rentenempfängers.

(3) Die Mittel für die Krankenversicherung der in Abs. 1 bezeichneten Personen werden durch jährliche Beiträge des für die Auszahlung der Rente zuständigen Trägers der Unfallversicherung aufgebracht. Der für ein Kalenderjahr zu entrichtende Beitrag beträgt 10,5 vH des für das jeweilige Kalenderjahr erwachsenen Aufwandes an Renten für die in Abs. 1 genannten Personen. Der Beitrag ist bis 31. März eines jeden Kalenderjahres für das vorangegangene Kalenderjahr an den Hauptverband zu überweisen. Der Hauptverband hat den Beitrag zusammen mit den Beiträgen zur Krankenversicherung der Pensionisten auf die zuständigen Träger der Krankenversicherung aufzuteilen; § 73 Abs. 4 gilt mit der Maßgabe, daß der jeweilige Jahresbeitrag den Beiträgen nach § 73 Abs. 3 und der jeweilige Rentenaufwand dem Pensionsaufwand zuzuschlagen ist.

(4) Hinsichtlich des Anspruches auf die Leistungen der Krankenversicherung sind die im Abs. 1 bezeichneten Personen den krankenversicherten Beziehern einer Pension aus der Pensionsversicherung (§ 8 Abs. 1 Z 1) gleichgestellt.

(5) Die Allgemeine Unfallversicherungsanstalt und die Sozialversicherungsanstalt der Bauern (§ 7 des Bauern-Krankenversicherungsgesetzes)[a]) haben jede für den Bestand und das Ende der Krankenversicherung bedeutsame Änderung unverzüglich dem Krankenversicherungsträger bekanntzugeben.

[a]) Jetzt: § 13 BSVG.

Erlöschen bisheriger Zusatzversicherungen in der Krankenversicherung

§ 513. Die nach den bisherigen Bestimmungen bestehenden Zusatzversicherungen von Pensionisten, soweit sie am 31. Dezember 1972 noch aufrecht sind, erlöschen mit Ablauf dieses Tages. Die aus dieser Versicherung zustehenden Leistungen sind ohne Rücksicht auf den Eintritt des Leistungsfalles in der Höhe, die sich bei Eintritt des Leistungsfalles am 1. Jänner 1973 ergeben hätte, an die bisher zusatzversicherten Personen auszuzahlen.

Sonderbestimmungen über die Versicherungszugehörigkeit auf Grund der bisherigen Versicherungspflicht in einer Rentenversicherung

§ 514. (1) Personen, die nach den bisherigen gesetzlichen Bestimmungen der Invalidenversicherung unterlagen, nach den Bestimmungen dieses Bundesgesetzes aber auf Grund desselben Beschäftigungsverhältnisses der Pensionsversicherung der Angestellten oder der knappschaftlichen Pensionsversicherung zugehören, sind bis 31. März 1956 bei dem in Betracht kommenden Träger der Krankenversicherung neu anzumelden. Im übrigen sind die Bestimmungen der §§ 33 bis 36, 41 bis 43, 111 bis 113 entsprechend anzuwenden.

(2) Personen, die nach den bisherigen gesetzlichen Bestimmungen der Angestelltenversicherung oder der knappschaftlichen Rentenversicherung unterlagen, nach den Bestimmungen dieses Bundesgesetzes aber auf Grund desselben Beschäftigungsverhältnisses der Pensionsversicherung der Arbeiter zugehören würden, bleiben in der Pensionsversicherung versichert, die der bisherigen Rentenversicherung entspricht, solange die in den bisherigen Bestimmungen für die betreffende Rentenversicherung vorgesehenen Voraussetzungen auf diese Beschäftigung zutreffen.

Fortdauer einer nach früherer Vorschrift bestehenden Weiterversicherung, Selbstversicherung oder Zusatzversicherung der Unternehmer

§ 515. (1) Es gelten die nach den bisherigen Bestimmungen

1. in der Krankenversicherung Weiterversicherten als Selbstversicherte im Sinne des § 16;
2. in der Rentenversicherung Weiterversicherten sowie nach den bisherigen Bestimmungen auf Grund der Selbstversicherung in einer Rentenversicherung Versicherten als Weiterversicherte im Sinne des § 17;
3. in der Krankenversicherung auf Grund der Versicherungsberechtigung Versicherten als Selbstversicherte in sinngemäßer Anwendung der für die Selbstversicherung in der Krankenversicherung nach § 16 geltenden Vorschriften;
4. in der Unfallversicherung freiwillig Versicherten als in der Unfallversicherung Selbstversicherte im Sinne des § 19.

(2) Selbständig Erwerbstätige, deren Ehegatten und Kinder, die sich nach bisher geltender satzungsmäßiger Bestimmung eines Unfallversicherungsträgers über die für sie in der Pflichtversicherung in Betracht kommende Beitragsgrundlage hinaus höherversichert haben (Zusatzversicherung der Unternehmer), bleiben auf dieser Grundlage auch weiterhin höherversichert. Diese Zusatzversicherung kann schriftlich im vorhinein zum 1. Jänner oder 1. Juli eines jeden Kalenderjahres gekündigt oder hinsichtlich der Höhe des Jahresarbeitsverdienstes geändert werden.

Verlängerte Frist für die Weiterversicherung in der Pensionsversicherung in der Übergangszeit

§ 516. Die Weiterversicherung in der Pensionsversicherung ist bis 31. Dezember 1957 für Personen zulässig, die am 31. Dezember 1955 nach bisheriger Vorschrift das Recht zur Weiterversicherung in einer oder mehreren Rentenversicherungen hatten.

Weiterversicherung in der Pensionsversicherung für selbständige bildende Künstler

§ 516a. Selbständige bildende Künstler, die am 31. Dezember 1957 in der Pensionsversicherung nach diesem Bundesgesetz pflichtversichert waren und nicht unter den Personenkreis der in der Pensionsversicherung nach dem Gewerblichen Selbständigen-Pensionsversicherungsgesetz Pflichtversicherten fallen, gelten ab 1. Jänner 1958 als in der Pensionsversicherung gemäß § 17 Weiterversicherte.

Umbenennung bisheriger Versicherungsträger

§ 517. Die bisherige Allgemeine Invalidenversicherungsanstalt besteht als Pensionsversicherungsanstalt der Arbeiter, die bisherige Angestelltenversicherungsanstalt als Pensionsversicherungsanstalt der Angestellten und die bisherige Bergarbeiterversicherungsanstalt als Versicherungsanstalt des österreichischen Bergbaues weiter.

Aufhebung der Eigenunfallversicherung der Gemeinde Wien

§ 518. (1) Die nach diesem Bundesgesetz zur Durchführung der Unfallversicherung bestimmten Versicherungsträger übernehmen unter Bedachtnahme auf ihre sachliche Zuständigkeit ab 1. Jänner 1956 die Entschädigung aus Arbeitsunfällen (Berufskrankheiten), die bis zu diesem Zeitpunkt die Gemeinde Wien als Träger der Eigenunfallversicherung zu gewähren hatte.

(2) Die Gemeinde Wien als bisheriger Träger der Eigenunfallversicherung hat für den Übergang der Versicherungslast auf die Träger der Unfallversicherung gemäß Abs. 1 bis zum 30. Juni 1956 einen Überweisungsbetrag zu leisten, der im gleichen Verhältnis zur übergebenen Rentenlast steht wie die beim übernehmenden Versicherungsträger am 31. Dezember 1955 vorhandene Rücklage zur Rentenlast des Versicherungsträgers an diesem Tage.

Bisherige Zuständigkeit in der Krankenversicherung der Pensionisten

§ 519. In der Krankenversicherung der Bezieher einer Pension tritt eine Änderung in der sachlichen Zuständigkeit des bisherigen Trägers der Krankenversicherung nicht ein, wenn die Pension erstmals vor dem 1. Jänner 1956 festgestellt worden ist. Wäre bei Anwendung der Bestimmungen des § 26 über die sachliche Zuständigkeit die Zuständigkeit eines anderen Trägers der Krankenversicherung gegeben, so ist die Änderung auf Antrag des Beziehers der Pension mit Wirksamkeit von dem auf die Antragsstellung folgenden Monatsersten durchzuführen.

Meldungen der bisherigen Zahlungs(Leistungs)empfänger

§ 520. Die Bestimmungen der §§ 40 und 43 über die Meldungen und die Auskunftspflicht der Zahlungs(Leistungs)empfänger sind auch auf Empfänger von Leistungen anzuwenden, die nach bisheriger Vorschrift festgestellt worden sind oder werden.

Beitragsgrundlage bei bisheriger freiwilliger Rentenversicherung

§ 521. Für Personen, die nach den bisherigen Bestimmungen in einer Rentenversicherung selbst- oder weiterversichert waren und gemäß § 515 Abs. 1 Z 2 als Weiterversicherte gelten, ist die Beitragsgrundlage – unbeschadet des § 76 Abs. 2 – der Betrag, der der Höhe des im letzten Beitragszeitraum vor dem 1. Jänner 1956 entrichteten Beitrages unter Berücksichtigung der Beitragssätze nach § 77 entspricht.

2. Unterabschnitt
Übergangsbestimmungen zum Abschnitt VI des Ersten Teiles, zum Zweiten bis Vierten und Neunten Teil (Leistungen)

Anwendung des Leistungsrechtes

§ 522. (1) Die Bestimmungen dieses Bundesgesetzes über die Leistungen gelten, soweit in den folgenden Vorschriften nichts anderes bestimmt ist, nur

a) für Leistungen aus der Kranken- und Unfallversicherung, wenn der Versicherungsfall nach dem 31. Dezember 1955 eingetreten ist,

b) für Leistungen aus der Pensionsversicherung, wenn der Stichtag (§ 223 Abs. 2) nach dem 31. Dezember 1955 liegt.

Wann der Versicherungsfall als eingetreten anzusehen ist, ist nach den Bestimmungen dieses Bundesgesetzes zu beurteilen.

(2) Die Bestimmungen dieses Bundesgesetzes über die Leistungen aus der Pensionsversicherung gelten nicht für Pensionen aus dem Versicherungsfall des Todes, wenn der Stichtag (§ 223 Abs. 2) zwar nach dem 31. Dezember 1955 liegt, aber im Zeitpunkt des Todes ein Anspruch auf eine Pension aus dem Versicherungsfall der geminderten Arbeitsfähigkeit oder des Alters mit Ausnahme des Knappschaftssoldes und der Knappschaftspension aus der Zeit vor dem 1. Jänner 1956 bestand oder ein solcher Anspruch auf Grund eines vor dem 1. Jänner 1956 eingeleiteten Verfahrens nachträglich für die Zeit bis zum Tode anerkannt wurde.

(3) Folgende Bestimmungen dieses Bundesgesetzes gelten ab 1. Jänner 1957 entsprechend auch für Leistungen, auf die im übrigen nach den Abs. 1 und 2 noch die bisherigen Vorschriften anzuwenden sind:

1. a) im Bereich der Kranken-, Unfall- und Pensionsversicherung die Bestimmungen dieses Bundesgesetzes über das Ruhen von Leistungen,
   b) im Bereich der in Betracht kommenden Versicherung die §§ 86 Abs. 4, 97 bis 101, 102 Abs. 3, 103 bis 107a, 110 Abs. 1 Z 2 lit. a und Abs. 2, 112 Abs. 2;

   (BGBl 1993/335)
2. im Bereich der Krankenversicherung die Bestimmungen dieses Bundesgesetzes über die Sachleistungen, ferner die §§ 126 bis 131;
3. im Bereich der Unfallversicherung die Bestimmungen der §§ 180, 183, 184, 189 bis 191, 193 bis 202, 207 Abs. 2, 211, 215 Abs. 2, 215a, 218 Abs. 1 zweiter Satz, 252;
4. im Bereich der Pensionsversicherung die Bestimmungen der §§ 86 Abs. 3, 87, 88, 222 Abs. 3, 252, 255, 260, 262, 264 Abs. 1, in den Fällen des § 522f jedoch nur der erste Satz, § 264 Abs. 2 und 3, 265 bis 267 sowie die diesen Bestimmungen entsprechenden Bestimmungen im Abschnitt III und IV des Vierten Teiles, außerdem die §§ 292 bis 307.

(4) Die Bestimmungen der §§ 215a Abs. 1 und 265 Abs. 1 sind nur anzuwenden, wenn die Wiederverheiratung nach dem 31. Dezember 1955 erfolgt ist.

(5) In der Unfallversicherung ist, wenn der Versicherungsfall vor dem 1. Jänner 1956 eingetreten ist, die Waisenrente für ein doppelt verwaistes Kind im einundeinhalbfachen Betrag der nach bisheriger Vorschrift gebührenden Waisenrente zu be-

messen. Die erhöhte Waisenrente ist nur auf Antrag zu gewähren, und zwar ab 1. Jänner 1956, wenn die Voraussetzung für die erhöhte Rente vor dem 1. Jänner 1956 eingetreten ist und der Antrag bis 30. Juni 1956 gestellt wird, sonst mit dem Ersten des Kalendermonates, der auf die Erfüllung dieser Voraussetzung folgt.

(6) (aufgehoben)

(7) Die Versicherungsanstalt des Österreichischen Bergbaues kann unter Bedachtnahme auf die Vorschriften des § 121 Abs. 3 durch die Satzung bestimmen, daß Mehrleistungen, die schon bisher in der Satzung vorgesehen waren, weiterhin beibehalten werden.

Bemessung der Altrenten

§ 522a. (1) Die Renten aus der Pensionsversicherung sind, soweit für sie die Bestimmungen des Vierten Teiles dieses Bundesgesetzes über die Leistungen der Pensionsversicherung gemäß § 522 Abs. 1 und 2 nicht gelten (Altrenten), von dem im § 522c bezeichneten Tag ab, wenn die Rente aber erst nach diesem Tag angefallen ist oder anfällt, vom späteren Anfallstag ab, nach Maßgabe der Bestimmungen der Abs. 2 bis 5 zu bemessen.

(2) Die nach den bisherigen Vorschriften gebührenden Renten sind nach Ausscheiden allfälliger Kinderzuschüsse, eines allfälligen Hilflosenzuschusses und der Wohnungsbeihilfe wie folgt zu bemessen:

1. in der Pensionsversicherung der Arbeiter
   a) Versichertenrenten für männliche Versicherte, die nicht auf Grund des 1. Sozialversicherungs-Neuregelungsgesetzes, BGBl. Nr. 86/1952, festgestellt worden sind, mit dem 2,2fachen Betrag der um 18,17 € verminderten Rente,
   (BGBl I 2001/67)
   b) sonstige Versichertenrenten mit dem 1,7fachen der um 18,17 € verminderten Rente,
   (BGBl I 2001/67)
   c) Witwen(Witwer)renten, die nicht auf Grund des 1. Sozialversicherungs-Neuregelungsgesetzes, BGBl. Nr. 86/1952, festgestellt worden sind, mit dem 2,2fachen Betrag der um 9,08 € verminderten Rente,
   (BGBl I 2001/67)
   d) sonstige Witwen(Witwer)renten mit dem 1,7fachen der um 9,08 € verminderten Rente,
   (BGBl I 2001/67)
   e) Waisenrenten, die nicht auf Grund des 1. Sozialversicherungs-Neuregelungsgesetzes, BGBl. Nr. 86/1952, festgestellt worden sind, mit dem 2,2fachen der um 3,63 € verminderten Rente,
   (BGBl I 2001/67)
   f) sonstige Waisenrenten mit dem 1,7fachen der um 3,63 € verminderten Rente;
   (BGBl I 2001/67)

   in allen diesen Fällen jedoch mindestens mit dem 1,1fachen der nach den bisherigen Vorschriften gebührenden Rente;
2. in der Pensionsversicherung der Angestellten
   a) Versichertenrenten mit dem 1,32fachen der um 2,91 € verminderten Rente,
   (BGBl I 2001/67)
   b) Witwen(Witwer)renten mit dem 1,32fachen der um 1,45 € verminderten Rente,
   (BGBl I 2001/67)
   c) Waisenrenten mit dem 1,32fachen der um 0,58 € verminderten Rente,
   (BGBl I 2001/67)

   in allen diesen Fällen jedoch mindestens mit dem 1,1667fachen dieser Rente;
3. in der knappschaftlichen Pensionsversicherung, soweit in den Abs. 4 und 5 nichts anderes bestimmt wird, mit dem 1,1667fachen der Rente.

(3) Als gebührende Rente im Sinne des Abs. 2 gilt die Rente, auf die nach den am 31. Dezember 1955 in Geltung gestandenen Vorschriften vor allfälliger Anwendung von Kürzungs- und Ruhensbestimmungen Anspruch besteht, bei Waisenrenten jedoch nach Abzug eines Betrages von 10,68 €, bei Knappschaftsrenten und beim Knappschaftssold nach Abzug eines Betrages von 17,37 €. In der knappschaftlichen Pensionsversicherung sind hiebei die Kürzungen aus der Anwendung der vor dem 1. April 1952 geltenden Bestimmungen über das Höchstausmaß der Rente außer acht zu lassen. Ferner gilt in dieser Versicherung, soweit es sich nicht um eine Witwenvollrente handelt, als gebührende Witwenrente im Sinne des Abs. 2 das 1 1/3fache ihres Betrages.

(BGBl I 2001/67)

(4) Von den Bemessungen nach Abs. 2 Z 3 sind auszunehmen:

1. der Knappschaftssold; soweit er jedoch weniger als 14,53 € monatlich beträgt, ist er auf 14,53 € zu erhöhen;

(BGBl I 2001/67)

2. die Invalidenprovisionen aus der knappschaftlichen Rentenversicherung; diese sind jedoch, wenn sie wegen Alters oder Invalidität (§ 255) gebühren, auf 50,87 € monatlich, sofern ihnen aber eine Versicherungszeit von mindestens 300 Monaten zugrunde liegt, auf 65,41 € monatlich zu erhöhen.
   (BGBl I 2001/67)

(5) Die nach den bisherigen Vorschriften mit festen Beträgen festgesetzten Waisenrenten und

Waisenprovisionen der knappschaftlichen Rentenversicherung sind auf 10,90 € monatlich zu erhöhen. Witwenprovisionen sind auf 32,70 € monatlich, wenn ihnen aber eine Versicherungszeit von mindestens 300 Monaten zugrunde liegt, auf 39,97 € monatlich zu erhöhen.

(BGBl I 2001/67)

(6) Zu den nach Abs. 1 bis 5 bemessenen Renten (Provisionen) treten allfällige Kinderzuschüsse, ein allfälliger Hilflosenzuschuß und die Wohnungsbeihilfe nach den hiefür geltenden Vorschriften; die Kinderzuschüsse sind hiebei um ein Sechstel zu erhöhen.

§ 522b. (1) In Fällen der Wanderversicherung ist für die Bemessung der Gesamtleistung jene Bemessungsvorschrift des § 522a anzuwenden, die für den Zweig der Pensionsversicherung gilt, deren Träger die Gesamtleistung zu erbringen hat. Der sich ergebende Mehrbetrag an Rente geht im gleichen Verhältnis zu Lasten der beteiligten Versicherungsträger, in dem sie die nach den bisherigen Vorschriften bemessene Rentenleistung getragen haben.

(2) Abs. 1 gilt nicht, wenn in der Gesamtleistung eine Teilleistung enthalten ist, die nach § 522a Abs. 4 von der Bemessung auszunehmen ist. In diesen Fällen ist auf den anderen Teil der Gesamtleistung die Bemessungsvorschrift des § 522a anzuwenden, die für den Zweig der Pensionsversicherung gilt, aus dem die Teilleistung gewährt wird. Der Mehrbetrag an Rente geht zu Lasten des Versicherungsträgers dieses Zweiges.

§ 522c. (1) Die nach den Bestimmungen des § 522a zu bemessenden Renten sind in der Pensionsversicherung der Angestellten und in der knappschaftlichen Pensionsversicherung vom 1. Jänner 1957 an, in der Pensionsversicherung der Arbeiter von dem Tag an zu gewähren, der unter Bedachtnahme auf die Gesamtlage des Bundeshaushaltes, frühestens jedoch mit 1. Jänner 1958, durch Verordnung des Bundesministeriums für soziale Verwaltung im Einvernehmen mit dem Bundesministerium für Finanzen festzusetzen ist; die Verordnung bedarf der Zustimmung des Hauptausschusses des Nationalrates.

(2) In der Pensionsversicherung der Arbeiter sind vom 1. Jänner 1957 an bis zu dem nach Abs. 1 durch Verordnung festzusetzenden Zeitpunkt die nach den bisherigen Vorschriften gebührenden Renten (§ 522a Abs. 3) um zwei Drittel des Mehrbetrages zu erhöhen, der sich bei Anwendung des § 522a Abs. 2 oder des § 522b Abs. 1 ergeben würde; hiezu tritt der sich aus der Erhöhung allfälliger Kinderzuschüsse nach § 522a Abs. 6 ergebende Mehrbetrag.

§ 522d. (1) Die Bemessung der am 1. Jänner 1957 laufenden Renten nach den Bestimmungen der §§ 522a und 522b Abs. 1 und die Neufeststellung der Ausgleichszulagen zu diesen Renten ist von Amts wegen vorzunehmen. Die Erhöhung der Renten aus der Pensionsversicherung der Angestellten ab 1. Jänner 1958 und die Erhöhung der Renten aus der Pensionsversicherung der Arbeiter auf den vollen Mehrbetrag (§ 522c Abs. 1) gilt nicht als Neufeststellung der Rente im Sinne des § 296.

(2) Über die Bemessung der im Abs. 1 bezeichneten Renten ist ein schriftlicher Bescheid nur zu erteilen, wenn die Erteilung eines Bescheides bis 31. Dezember 1957 verlangt wird.

Umrechnung von Altrenten

§ 522e. (1) Die Altrenten aus der Pensionsversicherung (§ 522a Abs. 1) sind nach Maßgabe der Abs. 2 und 3 unter weiterer Anwendung der für sie jeweils in Geltung gestandenen Bemessungsbestimmungen umzurechnen. Ergibt die Umrechnung einen höheren Rentenbetrag als bisher, so ist dieser höhere Rentenbetrag mit Wirkung ab 1. Jänner 1960 zu zahlen; anderenfalls ist bei sonst ungeändertem Tatbestand der bisherige Rentenbetrag weiter auszuzahlen.

(2) Bei der Umrechnung von Altrenten, die ganz oder teilweise auf Anwartschaften aus der Angestelltenversicherung auf Grund von am 31. Dezember 1938 in Geltung gestandenen Bestimmungen beruhen, sind außer Betracht zu lassen:

a) bei den Renten, für die der Versicherungsfall vor dem 1. April 1935 eingetreten ist, die Bestimmungen der §§ 343 Abs. 4 und 347 Abs. 2 dritter bis letzter Satz des Gewerblichen Sozialversicherungsgesetzes 1938, BGBl. Nr. 1,

b) bei den Renten, für die der Versicherungsfall zwischen dem 31. März 1935 und dem 1. April 1952 eingetreten ist oder bei denen der Stichtag nach dem 31. März 1952 liegt, bezüglich des Ausmaßes der Leistung die Bestimmungen des § 254 Abs. 1 erster bis dritter Satz, des § 258 Abs. 3, des § 343 Abs. 4 und des § 346 Abs. 1 Z 2 lit. b des Gewerblichen Sozialversicherungsgesetzes 1938, BGBl. Nr. 1; an Stelle dieser Bestimmungen sind bezüglich des Ausmaßes der Leistung § 28 Abs. 1 erster Halbsatz, § 33 Abs. 3 und § 127 Abs. 1 Z 3 und 4 des Angestelltenversicherungsgesetzes 1928, BGBl. Nr. 232, anzuwenden.

(3) Bei der Umrechnung der im Abs. 2 bezeichneten Renten und bei der Umrechnung sonstiger nach Abs. 1 in Betracht kommender Altrenten aus der Pensionsversicherung haben an die Stelle der im § 1 Abs. 1 des Rentenbemessungsgesetzes, BGBl. Nr. 151/1954, genannten Beträge von 1 800 S (Versichertenrente), 900 S (Hinterbliebenenrente) und 1 080 S (Witwenvollrente aus der knappschaftlichen Rentenversicherung) die Beträge von 159,88 € (Versichertenrente) bzw. 79,94 € (Hinterbliebenenrente) und 95,93 € (Witwenvollrente aus der knappschaftlichen Rentenversicherung) zu treten.

(BGBl I 2001/67)

(4) In Fällen der Wanderversicherung sind die von der Umrechnung nach Abs. 1 und 2 nicht er-

faßten Teilleistungen in der bisherigen Höhe weiter zu gewähren. In der Zuständigkeit für die Feststellung und Zahlung der Leistungen tritt keine Änderung ein.

(5) Die nach § 1 der Zweiten Verordnung über Leistungsverbesserungen in der Rentenversicherung vom 12. Oktober 1943, Deutsches RGBl. I S. 565, und nach dem Bundesgesetz über die Gewährung von Zusatzrenten zu Renten aus der Angestelltenversicherung (Zusatzrentengesetz) vom 19. Mai 1949, BGBl. Nr. 115, gewährten Rententeile dürfen durch die Umrechnung nach Abs. 1 und 2 nicht geändert werden.

(6) Die Umrechnung ist von Amts wegen vorzunehmen. Über die Umrechnung ist ein schriftlicher Bescheid nur zu erteilen, wenn der Berechtigte dies bis 31. Oktober 1961 beantragt.

Neubemessung von Renten aus der Pensionsversicherung der Arbeiter und aus der knappschaftlichen Pensionsversicherung, die nach den vor dem 1. Sozialversicherungs-Neuregelungsgesetz, BGBl. Nr. 86/1952, in Geltung gestandenen Bestimmungen bemessen wurden

§ 522f. (1) Die Renten aus der Pensionsversicherung der Arbeiter und der knappschaftlichen Pensionsversicherung, für die die Bestimmungen des Vierten Teiles dieses Bundesgesetzes über die Leistungen der Pensionsversicherung gemäß § 522 Abs. 1 und 2 nicht gelten, sind, soweit sie nach den vor dem 1. Sozialversicherungs-Neuregelungsgesetz, BGBl. Nr. 86/1952, in Geltung gestandenen Bestimmungen bemessen worden sind, nach Maßgabe der folgenden Bestimmungen neu zu bemessen.

(2) Bei Versichertenrenten wird der am 31. Dezember 1960 gebührende Rentenbetrag erhöht, und zwar

1. in der Pensionsversicherung der Arbeiter
   a) um den Betrag, der sich aus der Vervielfachung des höchstens mit 43,60 € in Rechnung gestellten, um 32,86 € verminderten Rentenbetrages mit dem in Anlage 6 angegebenen, dem Anfallsjahr der Rente entsprechenden Faktor F_1 ergibt, und

      (BGBl I 2001/67)
   b) um den Betrag, der sich aus der Vervielfachung des 43,60 € übersteigenden Rentenbetrages mit dem in Anlage 6 angegebenen, dem Anfallsjahr der Rente entsprechenden Faktor F_2 ergibt,

      (BGBl I 2001/67)
2. in der knappschaftlichen Pensionsversicherung mit Ausnahme des Knappschaftssoldes und der in Abs. 3 genannten Renten um den Betrag, der sich aus der Vervielfachung des um 38,08 € verminderten Rentenbetrages mit dem in Anlage 6 angegebenen, dem Anfallsjahr der Rente entsprechenden Faktor F_3 ergibt.

   (BGBl I 2001/67)

Für die Ermittlung des Erhöhungsbetrages nach Z 1 lit. b und Z 2 sind die Renten höchstens mit den in Anlage 7 angegebenen Beträgen heranzuziehen.

(3) Die den Knappschaftsvoll- und Knappschaftsaltersrenten gleichgestellten Invalidenprovisionen sind, wenn ihnen weniger als 25 Versicherungsjahre zugrunde liegen, auf monatlich 72,67 €, sonst auf monatlich 101,74 € zu erhöhen. Die Knappschaftsrenten und die ihnen gleichgestellten Invalidenprovisionen sind zu erhöhen

bei einem Rentenanfall	um monatlich
vor dem Jahre 1946	7,27 €
in den Jahren 1946 bis 1949	5,81 €
in den folgenden Jahren	3,63 €.

(BGBl I 2001/67)

(4) Hinterbliebenenrenten, ausgenommen Witwenprovisionen, Waisenprovisionen und Waisenrenten mit festen Sätzen, werden in entsprechender Anwendung des Abs. 2 mit der Maßgabe erhöht, daß

a) an die Stelle des Absetzbetrages
   1. von 32,86 € in der Pensionsversicherung der Arbeiter

      bei Witwenrenten der Betrag von .... 18,63 €

      bei Waisenrenten der Betrag von .... 5,60 €,

      (BGBl I 2001/67)
   2. von 38,08 € in der knappschaftlichen Pensionsversicherung

      bei Witwenrenten der Betrag von .... 23,17 €

      bei Waisenrenten der Betrag von .... 7,27 €;

      (BGBl I 2001/67)
b) an die Stelle des Grenzbetrages von 43,60 € in der Pensionsversicherung der Arbeiter

   bei Witwenrenten der Betrag von .... 21,80 €

   bei Waisenrenten der Betrag von .... 8,72 €

   tritt,

(BGBl I 2001/67)

c) in den Fällen, in denen es sich um Hinterbliebenenrenten nach einem Rentenempfänger handelt, die Aufwertungsfaktoren anzuwenden sind, die für die Rente des Verstorbenen gegolten hätten, sonst die Aufwertungsfaktoren, die dem Todesjahr des Versicherten entsprechen.

Witwenprovisionen sind, wenn ihnen weniger als 25 Versicherungsjahre zugrunde liegen, auf monatlich 43,60 €, sonst auf monatlich 58,14 € zu erhöhen. Waisenprovisionen und Waisenrenten mit festen Sätzen werden auf monatlich 14,53 € erhöht. Für die Ermittlung des Erhöhungsbetrages in entsprechender Anwendung des Abs. 2 sind die Witwenrenten in der Pensionsversicherung der Arbeiter höchstens mit 50 vH, in der knappschaftlichen Pensionsversicherung höchstens mit 60 vH, Waisenrenten höchstens mit 20 vH der in Anlage 7 angegebenen Beträge heranzuziehen.

(BGBl I 2001/67)

(5) Für die Ermittlung des Erhöhungsbetrages gemäß Abs. 2 und 4 ist die für den Monat Dezember 1960 gebührende Rente ohne Kinderzuschüsse, Hilflosenzuschuß, Ausgleichszulage und zusätzliche Steigerungsbeträge und vor Anwendung von Kürzungs- und Ruhensbestimmungen heranzuziehen.

(6) Zu den nach den Abs. 1 bis 4 neu bemessenen Renten gebühren die nach Abs. 5 bei der Neubemessung außer Ansatz gelassenen zusätzlichen Steigerungsbeträge im bisherigen Ausmaß.

(7) Bei Anwendung des § 95 gilt als Grundbetrag die Hälfte der nach Abs. 1 bis 5 neu bemessenen Rente ohne die besonderen Steigerungsbeträge für Höherversicherung. Hierunter sind die Steigerungsbeträge aus einer Höherversicherung nach den vor den 1. Jänner 1956 in Geltung gestandenen Vorschriften zuzüglich ihrer Erhöhung in sinngemäßer Anwendung der auf das Anfallsjahr der Rente bezogenen Faktoren nach Anlage 5 zu verstehen.

(8) Bezieher einer Invaliditäts(Knappschaftsvoll)rente, die nach den Bestimmungen der Abs. 1 bis 5 neu bemessen worden und nicht vor dem 1. Jänner 1977 weggefallen ist, können einen Anspruch auf eine Leistung aus einem der Versicherungsfälle des Alters nach diesem Bundesgesetz geltend machen, wenn der Stichtag (§ 223 Abs. 2) nach dem 31. Dezember 1976 liegt. Hiebei gilt die bisherige, nach den Bestimmungen der Abs. 1 bis 5 neu bemessenen Rente als Invaliditäts(Knappschaftsvoll)pension nach den Bestimmungen des Vierten Teiles dieses Bundesgesetzes.

(9) Stirbt ein Rentenberechtigter, dessen Rente aus eigener Pensionsversicherung nach den Bestimmungen der Abs. 1 bis 5 neu bemessen worden und nicht bereits wegen des Anfalles einer Leistung aus einem der Versicherungsfälle des Alters weggefallen ist, nach dem 31. Dezember 1976, ist für die Berechnung der Witwenpension § 264 mit folgender Maßgabe anzuwenden:

a) Als Invaliditätspension gemäß § 264 Abs. 1 lit. c gilt die zum Zeitpunkt des Todes gebührende Leistung, jedoch ohne Berücksichtigung der nach den früheren Vorschriften gewährten zusätzlichen Steigerungsbeträge.

(BGBl 1983/590)

b) Auf Grund der während des Rentenbezuges erworbenen Beitragszeiten erhöht sich der Steigerungsbetrag der Invaliditäts(Alters)pension für je zwölf anrechenbare Beitragsmonate um 15 vT der Bemessungsgrundlage (lit. c). Ein Rest von weniger als zwölf Beitragsmonaten ist in sinngemäßer Anwendung der Bestimmung des § 261 Abs. 3 letzter Satz bzw. § 284 Abs. 3 letzter Satz zu berücksichtigen.

c) Als Bemessungsgrundlage gelten zehn Sechstel der Invaliditätspension nach lit. a.

Neuberechnung von Renten aus der Pensionsversicherung, die nach den vor dem 1. Jänner 1956 in Geltung gestandenen Vorschriften bemessen worden sind und die nicht schon nach den Vorschriften des § 522f neu zu bemessen sind

§ 522g. (1) Die Renten aus der Pensionsversicherung der Angestellten, für die bisher die Bestimmungen des Vierten Teiles dieses Bundesgesetzes über die Leistungen der Pensionsversicherung gemäß § 522 Abs. 1 und 2 nicht gegolten haben, sowie derartige Renten aus der Pensionsversicherung der Arbeiter und der knappschaftlichen Pensionsversicherung, soweit sie nicht nach § 522f neu zu bemessen sind, sind auf Grund der Bestimmungen des Vierten Teiles dieses Bundesgesetzes über die Leistungen der Pensionsversicherung nach Maßgabe der folgenden Bestimmungen neu zu berechnen:

a) Als Bemessungszeitpunkt im Sinne des § 238 Abs. 2 gilt der Anfall der Rente (der Teilleistung in Fällen der Wanderversicherung nach den bis 31. Dezember 1955 in Geltung gestandenen Vorschriften), sofern sie aber nicht an einem Monatsersten angefallen ist, der dem Anfall folgende Monatserste; bei Hinterbliebenenrenten gilt als Bemessungszeitpunkt der Eintritt des Versicherungsfalles, wenn er auf einen Monatsersten fällt, sonst der dem Eintritt des Versicherungsfalles folgende Monatserste;

b) als für die Leistungsbemessung anrechenbare Versicherungsmonate (§ 261 Abs. 3) gelten, unbeschadet der Ersatzzeitenanrechnung nach § 229, die bei der Rentenfeststellung berücksichtigten Versicherungszeiten zuzüglich einer Pauschalabgeltung für sonstige Ersatzzeiten im Ausmaß von zwölf Monaten;

c) der für die Anrechnung von Ersatzzeiten nach § 229 in Betracht kommende Zeitraum endet mit dem Bemessungszeitpunkt (lit. a), wenn dieser vor dem 1. Jänner 1939 liegt;

d) für die Bemessung des besonderen Steigerungsbetrages (§ 261 Abs. 1) ist § 248 Abs. 3 anzuwenden;

e) die gemäß § 230 Gewerbliches Sozialversicherungsgesetz 1938, BGBl. Nr. 1, festgestellte Bemessungsgrundlage gilt als Bemessungsgrundlage im Sinne des § 238, wenn bei der Feststellung der neu zu berechnenden Rente nur Beitragszeiten zu berücksichtigen sind, die vor dem 1. Jänner 1939 liegen; unbeschadet der Bestimmungen des § 243 Abs. 1 Z 2 lit. c ist für Beitragszeiten vor dem 1. Jänner 1939 der Betrag der Bemessungsgrundlage, die bei Ermittlung der neu zu berechnenden Rente herangezogen wurde, als Beitragsgrundlage anzusetzen;

f) eine gemäß § 254 Abs. 2 Gewerbliches Sozialversicherungsgesetz 1938, BGBl. Nr. 1, festgestellte Bemessungsgrundlage gilt als Bemessungsgrundlage im Sinne des § 239.

(2) Die nach den Vorschriften des Gewerblichen Sozialversicherungsgesetzes 1938, BGBl. Nr. 1, festgestellte Bemessungsgrundlage ist mit dem für die Zeit vor 1939 geltenden Aufwertungsfaktor (§ 108c) aufzuwerten.

(3) Auf die nach den Bestimmungen der Abs. 1 und 2 neu berechneten Renten findet § 522 Abs. 2 keine Anwendung.

Neubemessung von Renten aus der Unfallversicherung

§ 522h. Die nicht nach festen Beträgen bemessenen Renten aus der Unfallversicherung sind mit Wirkung ab 1. Jänner 1961 unter Anwendung des Vervielfältigungsfaktors nach Anlage 8 entsprechend dem Jahr, in dem der Versicherungsfall eingetreten ist, neu zu bemessen. Dies gilt entsprechend auch für andere Geldleistungen aus der Unfallversicherung, deren Höhe sich nach der Bemessungsgrundlage (nach dem Jahresarbeitsverdienst) bemißt, sowie bei der Feststellung (Neufeststellung) von Leistungen nach dem 31. Dezember 1960.

Gemeinsame Bestimmungen für die Anwendung der §§ 522f, 522g und 522h

§ 522i. (1) Durch die Anwendung der §§ 522f und 522g wird die bisherige Leistungszugehörigkeit und Leistungszuständigkeit nicht berührt. In Fällen der Wanderversicherung sind für die Bemessung der Gesamtleistung die Bemessungsvorschriften anzuwenden, die für den Zweig der Pensionsversicherung gelten, deren Träger die Gesamtleistung zu erbringen hat. Der sich ergebende Mehrbetrag an Rente geht im gleichen Verhältnis zu Lasten der beteiligten Versicherungsträger, in dem sie die nach den bisherigen Vorschriften bemessene Rentenleistung getragen haben.

(2) Der Mehrbetrag, der sich aus der Anwendung der §§ 522f und 522g ergibt, gebührt zu einem Drittel ab 1. Jänner 1961, zu zwei Dritteln ab 1. Jänner 1962 und ab 1. Jänner 1963 in voller Höhe. Rentenberechtigten der Geburtsjahrgänge 1876 und früher gebührt jedoch schon ab 1. Jänner 1961, Rentenberechtigten des Geburtsjahrganges 1877 ab 1. Jänner 1962 der volle Mehrbetrag.

(3) Hinterbliebenenrenten aus der Pensionsversicherung nach Rentenberechtigten, deren Rente nach den Bestimmungen der §§ 522f und 522g neu zu bemessen beziehungsweise neu zu berechnen sind, sind, wenn der Tod des Rentenberechtigten in den Jahren 1961 oder 1962 eintritt, von der Rente zu bemessen, die dem Rentenberechtigten am 1. Jänner 1963 gebührt hätte.

(4) Zu den neu bemessenen beziehungsweise neu berechneten Renten treten ab 1. Jänner 1961 im vollen Ausmaß allfällige Kinderzuschüsse nach den hiefür geltenden Vorschriften mit der Maßgabe hinzu, daß der Kinderzuschuß zu Renten, die gemäß § 522f neu zu bemessen sind, monatlich 3,63 € beträgt.

(BGBl I 2001/67)

(5) Die Höhe des Hilflosenzuschusses zu Renten aus der Pensionsversicherung bestimmt sich nach dem gemäß Abs. 2 jeweils gebührenden Rentenbetrag.

(6) Auf Grund der Neubemessung beziehungsweise Neuberechnung der Renten aus der Pensionsversicherung gemäß den §§ 522f und 522g sowie der Neubemessung von Renten aus der Unfallversicherung gemäß § 522h ist eine Neufeststellung der Ausgleichszulage im Sinne des § 296 nicht vorzunehmen. Die sich gemäß Abs. 2 und § 522h ergebenden Mehrbeträge vermindern jedoch eine zu der Rente aus der Pensionsversicherung gebührende Ausgleichszulage.

Witwenpension aus der Pensionsversicherung bei Eintritt des Versicherungsfalles vor dem 1. Jänner 1939

§ 522k. (1) Anspruch auf Witwenpension aus der Pensionsversicherung hat auch die Witwe, deren Ehegatte vor dem 1. Jänner 1939 verstorben ist und die nicht schon nach den bisher in Geltung gestandenen Bestimmungen Anspruch auf Witwenpension hat, wenn für den Verstorbenen Beitragszeiten im Sinne des § 226 Abs. 1 oder Ersatzzeiten im Sinne des § 229 in der Mindestdauer von 60 Monaten nachgewiesen werden; hiebei sind die vor dem 1. Juli 1927 liegenden Zeiten mit der vollen zurückgelegten Dauer zu zählen.

(2) Die Witwenpension nach Abs. 1 beträgt 157,85 €[a]) monatlich. An die Stelle dieses Betrages tritt ab 1. Jänner eines jeden Jahres der unter Bedachtnahme auf § 108 Abs. 9 mit dem jeweiligen Anpassungsfaktor (§ 108f) vervielfachte Betrag.

(BGBl 1993/335, BGBl I 2001/67)

---

[a]) Betrag siehe VO über veränderliche Werte.

(3) Die Leistungszugehörigkeit und Leistungszuständigkeit richten sich nach der Art der letzten Versicherungszeit. Der Aufwand gilt zur Gänze als Rentenaufwand des hienach leistungszuständigen Versicherungsträgers.

Witwenpension aus der Pensionsversicherung bei Eintritt des Versicherungsfalles vor dem 1. Mai 1942 und Nichterfüllung der Wartezeit

§ 522l. (1) Anspruch auf Witwenpension aus der Pensionsversicherung hat auch die Witwe, deren Ehegatte vor dem 1. Mai 1942 infolge eines Arbeitsunfalles (einer Berufskrankheit), der (die) aus der Unfallversicherung entschädigt wird, gestorben ist und die nicht schon nach den bisher in Geltung gestandenen Bestimmungen Anspruch auf Witwenpension hat, wenn unmittelbar vor dem Eintritt des Versicherungsfalles in der Unfallversicherung Beitragszeiten im Sinne des § 226 Abs. 1 oder Ersatzzeiten im Sinne des § 229 nachgewiesen sind; die Wartezeit gilt als erfüllt.

(2) § 522k Abs. 2 und 3 gelten entsprechend.

Berücksichtigung von Beitragsmonaten nach diesem Bundesgesetz in Leistungen aus der Pensionsversicherung nach den bisherigen Vorschriften

§ 523. (aufgehoben)

Ausschluß der Anwendung des § 362 Abs. 2

§ 524. (aufgehoben)

Bemessungsgrundlage für Leistungen aus der Unfallversicherung

§ 525. Sind in der Unfallversicherung zur Ermittlung der Bemessungsgrundlage Zeiten vor dem 1. Jänner 1956 heranzuziehen, so sind in diesen Fällen die Bestimmungen der §§ 178 bis 182 über die Bemessungsgrundlage auch auf die vor dem 1. Jänner 1956 zu berücksichtigenden Zeiträume anzuwenden.

Entschädigung nach mehreren Versicherungsfällen in der Unfallversicherung

§ 526. Die Bestimmungen des § 210 über die Entschädigung nach mehreren Versicherungsfällen sind auch anzuwenden, wenn von den gemeinsam zu entschädigenden Versicherungsfällen einer oder mehrere vor dem 1. Jänner 1956 eingetreten sind und der letzte Versicherungsfall nach dem 31. Dezember 1955 eintritt.

Leistungen bei Berufskrankheiten

§ 527. Leidet ein Versicherter beim Inkrafttreten dieses Bundesgesetzes an einer Krankheit, die erst auf Grund dieses Bundesgesetzes (Anlage 1) als Berufskrankheit anerkannt worden ist, so werden ihm die Leistungen der Unfallversicherung gewährt, wenn der Versicherungsfall nach dem 31. Dezember 1952 eingetreten ist und der Antrag innerhalb von sechs Monaten nach Kundmachung dieses Bundesgesetzes gestellt wird. Rechtskräftige Entscheidungen stehen nicht entgegen. Die Leistungen werden frühestens vom Inkrafttreten dieses Bundesgesetzes an gewährt.

Höchstbetrag der Bemessungsgrundlage aus der Pensionsversicherung

§ 528. (aufgehoben)

Ruhen von Leistungsansprüchen bei Auslandsaufenthalt

§ 528a. Werden Renten aus der Pensionsversicherung auf Grund zwischenstaatlicher Übereinkommen nach dem Stande vom 1. Jänner 1956 für Zeiten des Auslandsaufenthaltes des Berechtigten gezahlt, so wird dazu die Ausgleichszulage nicht gewährt, solange nicht durch spätere zwischenstaatliche Übereinkommen anderes bestimmt wird.

Öffentlich-rechtliche Dienstverhältnisse

§ 529. (1) Der im Zeitpunkt der Aufnahme in ein öffentlich-rechtliches oder diesem gleichgestelltes Dienstverhältnis leistungszuständige Versicherungsträger (§§ 245 und 246) hat an den Dienstgeber auf Antrag für jeden Monat (§ 231) einer angerechneten Beitrags- beziehungsweise Ersatzzeit einen Überweisungsbetrag zu leisten, wenn

a) der Dienstnehmer vor dem 1. April 1952 in ein öffentlich-rechtliches oder diesem gleichgestelltes Dienstverhältnis als Angehöriger des Dienststandes aufgenommen worden ist (§ 11 Abs. 5) oder nach dem 31. März 1952 in ein solches Dienstverhältnis aufgenommen worden ist und eine Leistung aus der Pensions(Renten)versicherung vor dem 30. September 1955 angefallen ist,

b) der Dienstgeber nach den für ihn geltenden dienstrechtlichen Vorschriften bereits erworbene Beitrags- beziehungsweise Ersatzzeiten des Dienstnehmers für die Begründung des Anspruches auf einen Ruhe(Versorgungs)genuß und dessen Ausmaß ganz oder teilweise angerechnet hat oder anrechnet,

c) der Dienstnehmer aus dem Dienststand des Dienstgebers mit dem Anspruch auf Ruhe(Versorgungs)genuß nach dem 9. April 1945 ausgeschieden ist oder ausscheidet und

d) ein Anspruch auf eine Leistung nach Abs. 7 beziehungsweise nach Abs. 8 oder nach Abs. 9 nicht besteht.

Zur Stellung des Antrages ist sowohl der Dienstgeber als auch der Dienstnehmer berechtigt.

(2) Als einem öffentlich-rechtlichen Dienstverhältnis nach Abs. 1 gleichgestellte Dienstverhältnisse gelten die in der Anlage 11 zu diesem Bundesgesetz genannten Dienstverhältnisse.

(3) Der Überweisungsbetrag beträgt für jeden zur Gänze bedingt oder unbedingt angerechneten Monat einer Beitragszeit 7 vH, für jeden zur Gänze bedingt oder unbedingt angerechneten Monat einer Ersatzzeit 1 vH einer Bemessungsgrundlage von 72,67 €. Für nur teilweise angerechnete Monate beträgt der Überweisungsbetrag den entsprechenden Teil. Die Bemessungsgrundlage von 72,67 € ist aufzuwerten:

a) wenn der Versorgungsfall vor dem 1. Jänner 1962 eingetreten ist, mit dem Faktor 1,100;

b) wenn der Versorgungsfall nach dem 31. Dezember 1961 eintritt, mit dem im Zeitpunkt des Eintrittes des Versorgungsfalles für das Jahr 1956 geltenden Aufwertungsfaktor (§ 108c).

(BGBl I 2001/67)

(4) Der Antrag auf Leistung eines Überweisungsbetrages nach Abs. 1 ist frühestens anläßlich des Eintrittes des Versorgungsfalles bzw. der Entziehung einer Leistung nach Abs. 7 oder nach Abs. 9 zu stellen.

(5) Ist nach Abs. 1 ein Überweisungsbetrag zu leisten, so hat der leistungszuständige Versicherungsträger dem Versicherten

a) für jeden vor der Aufnahme in das Dienstverhältnis nach Abs. 1 liegenden Monat einer Beitragszeit der Pflichtversicherung, der nicht in der Pensionsversorgung angerechnet worden ist, 7 vH einer Bemessungsgrundlage von 72,67 €, soweit aber eine Teilanrechnung stattgefunden hat, nur den im Überweisungsbetrag nicht berücksichtigten Teilbetrag,

(BGBl I 2001/67)

b) die Beiträge zur Höherversicherung, soweit sie nicht nur als entrichtet gelten, aufgewertet mit dem für das Jahr ihrer Entrichtung geltenden Aufwertungsfaktor (§ 108c), und

c) die vor der Aufnahme in das Dienstverhältnis nach Abs. 1 entrichteten Beiträge zur Weiterversicherung, soweit die durch ihre Entrichtung erworbenen Beitragszeiten nicht nach Abs. 1 lit. b angerechnet worden sind, aufgewertet mit dem für das Jahr ihrer Entrichtung geltenden Aufwertungsfaktor (§ 108c),

zu erstatten. Abs. 3 letzter Satz und § 107a sind anzuwenden. Unabhängig davon, ob ein Überweisungsbetrag nach Abs. 1 zu leisten ist, sind auf Antrag des Versicherten sämtliche nach der Aufnahme in das Dienstverhältnis nach Abs. 1 entrichteten Beiträge zur Weiterversicherung jederzeit, sonst gleichzeitig mit der Leistung des Überweisungsbetrages – es sei denn, diese Beiträge wurden nach einer pensions(renten)versicherungspflichtigen Nebenbeschäftigung entrichtet – aufgewertet mit dem für das Jahr ihrer Entrichtung geltenden Aufwertungsfaktor (§ 108c) zu erstatten.

(BGBl 1993/335)

(6) Der Überweisungsbetrag nach Abs. 1 und die Erstattungsbeträge nach Abs. 5 sind binnen 18 Monaten nach Einlangen des Antrages des Dienstgebers vom leistungszuständigen Versicherungsträger zu bezahlen. § 309 letzter Satz gilt entsprechend.

(7) Leistungsansprüche aus der Pensions(Renten)versicherung, die nach den vor dem 1. Jänner 1961 in Geltung gestandenen Vorschriften in Verbindung mit § 6 beziehungsweise mit § 6 und § 7 des Bundesgesetzes vom 8. Juli 1948, BGBl. Nr. 177, zuerkannt worden sind oder nach dem 31. Dezember 1960 für einen vorher gelegenen Zeitraum noch zuerkannt werden, sind, wenn sie für den Monat Dezember 1960 noch gebühren, mit folgender Maßgabe neu zu bemessen:

a) Die nach § 6 des Bundesgesetzes vom 8. Juli 1948, BGBl. Nr. 177, zuerkannten Leistungen sind auf das 1,3fache des im Monat Dezember 1960 ausgezahlten Betrages zu erhöhen,

b) die nach § 7 des Bundesgesetzes vom 8. Juli 1948, BGBl. Nr. 177, zuerkannten Leistungen sind auf das 1,3fache des nach Aufhebung der Ruhensbestimmungen im Monat Dezember 1960 gebührenden Betrages zu erhöhen.

Die sich ergebenden Mehrbeträge gebühren zu einem Drittel ab 1. Jänner 1961, zu zwei Dritteln ab 1. Jänner 1962 und ab 1. Jänner 1963 in voller Höhe. Pensionsberechtigten der Geburtsjahrgänge 1876 und früher gebührt jedoch schon ab 1. Jänner 1961, Pensionsberechtigten des Geburtsjahrganges 1877 ab 1. Jänner 1962 der volle Mehrbetrag.

(8) Für das Ausmaß der Hinterbliebenenpensionen nach Beziehern von Pensionen nach Abs. 7 gelten die Vorschriften des Vierten Teiles dieses Bundesgesetzes über das Ausmaß der Hinterbliebenenpensionen mit der Maßgabe, daß

a) als Invaliditäts(Alters)pension die nach Abs. 7 im Zeitpunkt des Todes gebührenden Leistungen gelten,

b) wenn keine Bemessungsgrundlage vorhanden ist, zehn Sechstel der Invaliditätspension nach lit. a als Bemessungsgrundlage gelten und von dieser Bemessungsgrundlage für die während des Pensionsbezuges erworbenen Beitragszeiten ein Steigerungsbetrag von 15 vT für je zwölf Beitragsmonate zu gewähren ist; ein Rest von weniger als zwölf Beitragsmonaten ist in sinngemäßer Anwendung der Bestimmung des § 261 Abs. 3 letzter Satz bzw. § 284 Abs. 3 letzter Satz zu berücksichtigen. Hinterbliebenenrenten nach Rentenberechtigten sind, wenn der Tod des Rentenberechtigten in den Jahren 1961 oder 1962 eintritt, von der Rente zu berechnen, die dem Rentenberechtigten am 1. Jänner 1963 gebührt hätte.

(9) In den Fällen, in denen für eine Leistung nach § 6 beziehungsweise nach § 6 und § 7 des Bundesgesetzes vom 8. Juli 1948, BGBl. Nr. 177, der Stichtag (§ 223 Abs. 2) nach dem 31. Dezember 1960, aber vor dem 1. Februar 1962 liegt, sind diese Leistungen nach den vor dem 1. Jänner 1961 in Geltung gestandenen Vorschriften festzustellen und nach Abs. 7 beziehungsweise nach Abs. 8 mit der Maßgabe neu zu bemessen, daß die sich ergebenden Mehrbeträge in voller Höhe gebühren.

(10) Bei Anwendung der Bestimmungen des § 95 gilt als Grundbetrag die Hälfte der nach Abs. 7 lit. b, Abs. 8 und Abs. 9 dem Rentner beziehungsweise seinen Hinterbliebenen gebührenden Leistung.

(11) Auf den Überweisungsbetrag nach Abs. 1 und die Beitragserstattung nach Abs. 5 ist § 310 anzuwenden.

(12) Die Bestimmungen des Abs. 1 lit. a, b und d, der Abs. 2 bis 6 und des Abs. 11 sind auch auf

Personen anzuwenden, die sich am 12. März 1938 als Angehörige des Dienststandes in einem öffentlich-rechtlichen oder diesem gleichgestellten Dienstverhältnis befunden haben und bei denen der Versorgungsfall nach dem 9. April 1945 eingetreten ist.

(13) Eine nach § 6 des Bundesgesetzes vom 8. Juni 1948, BGBl. Nr. 177, zuerkannte und nach Abs. 7 erhöhte Leistung steht der den Ruhe(Versorgungs)genuß anweisenden Stelle so lange zu, als der Ruhe(Versorgungs)genuß läuft; um den Betrag dieser Leistung verringert sich eine dem Pensionisten bzw. seinen Hinterbliebenen gebührende Pension.

Behandlung von Versicherungszeiten, die beim ehemaligen Arbeiter-Kranken- und Renteninstitut der Stadtgemeinde Graz erworben wurden

§ 529a. Bei Versicherten, die dem ehemaligen Arbeiter-Kranken- und Renteninstitut der Stadtgemeinde Graz beziehungsweise der Arbeiter-Pensionskasse der Stadtgemeinde als Mitglieder angehört haben, gelten Zeiten, die nach den Überleitungsbestimmungen vom Arbeiter-Kranken- und Renteninstitut der Stadtgemeinde Graz in die Rentenversicherung nach der Reichsversicherungsordnung bei der Bemessung der Rentenleistung zu berücksichtigen sind und gemäß Punkt 17 der angeführten Überleitungsbestimmungen von der Landesversicherungsanstalt Graz mittels Bescheides anerkannt wurden, als Versicherungszeiten im Sinne des § 226.

Zusammentreffen eines Ruhe(Versorgungs)-genußanspruches aus einem pensionsversicherungsfreien Dienstverhältnis mit einem Rentenanspruch aus der Pensionsversicherung

§ 530. (aufgehoben)

Nachversicherung; Leistung von Überweisungsbeträgen für versicherungsfreie Dienstverhältnisse bei reichsdeutschen Dienststellen; Rückzahlung von Überweisungsbeträgen[a])

[a]) Vgl. die Übergangsbestimmung Art. III 30. Nov. im Anhang.

§ 531. (1) Zeiten eines pensions(renten)versicherungsfreien Dienstverhältnisses, die nicht schon als Versicherungszeiten gelten und für die nach bisher in Geltung gestandenen Vorschriften eine Nachversicherung durchzuführen gewesen wäre, gelten als nachversichert.

(2) Für Zeiten eines pensions(renten)versicherungsfreien Dienstverhältnisses, für die nach § 311 Abs. 1 ein Überweisungsbetrag zu leisten gewesen wäre bzw. zu leisten ist, gilt, soweit für die Zeit der Besetzung der Republik Österreich in der Zeit vom 13. März 1938 bis 30. April 1945 reichsdeutsche Dienststellen (§ 1 des Behörden-ÜG, StGBl. Nr. 94/1945) als Dienstgeber in Betracht kommen, der Überweisungsbetrag als geleistet.

(3) Wenn aus Anlaß des Eintrittes in das pensions(renten)versicherungsfreie Dienstverhältnis, dessen Zeiten nachversichert worden sind oder nach Abs. 1 als nachversichert gelten, an den Dienstgeber oder an den Dienstnehmer ein Überweisungsbetrag geleistet wurde, so gilt dieser Überweisungsbetrag als an den zuständigen Versicherungsträger zurückgezahlt. Die der Berechnung des Überweisungsbetrages zugrunde gelegten Beitrags- und Ersatzzeiten sind für den Anfall und das Ausmaß der Leistungen aus der Pensionsversicherung sowie für die Berechnung eines Überweisungsbetrages oder einer Beitragserstattung nach den §§ 308 und 529 dieses Bundesgesetzes, nach § 101a des Gewerblichen Selbständigen-Pensionsversicherungsgesetzes[a]) oder nach § 99a des Bauern-Pensionsversicherungsgesetzes[b]) so zu berücksichtigen, wie wenn seinerzeit der Überweisungsbetrag nicht geleistet worden wäre.

[a]) Jetzt: § 172 GSVG.
[b]) Jetzt: § 164 BSVG.

Anrechenbarkeit von Versicherungszeiten in der Pensionsversicherung

§ 532. (1) In der Pensionsversicherung der Arbeiter ist für Männer der Geburtsjahrgänge 1890 und früher und für Frauen der Geburtsjahrgänge 1895 und früher abweichend von den Bestimmungen des § 233 Abs. 1 unter dem Anrechnungszeitraum der längste, unmittelbar vor dem Stichtage (§ 223 Abs. 2), jedoch nach dem 31. Dezember 1938 gelegene Zeitraum zu verstehen, der noch zu einem Drittel durch Versicherungszeiten gedeckt ist.

(2) In der Pensionsversicherung der Angestellten und der knappschaftlichen Pensionsversicherung sind Versicherungszeiten, auch wenn die Voraussetzungen für deren Anrechenbarkeit nach § 233 nicht gegeben sind, unter der Bedingung anrechenbar, daß am Stichtage der Zeitraum seit dem Beginn des ersten Versicherungsmonates mindestens zu drei Vierteln mit Versicherungszeiten ausgefüllt ist. § 233 Abs. 3 ist entsprechend anzuwenden.

(3) Waren in der österreichischen Angestellten(Pensions)versicherung am 31. Dezember 1938 mindestens 180 Beitragsmonate erworben, so sind die bis dahin in dieser Versicherung erworbenen Beitragsmonate, auch wenn die Voraussetzungen für deren Anrechenbarkeit weder nach § 233 noch nach Abs. 2 gegeben sind, anrechenbar, sofern diese Zeiten bei Berücksichtigung der vor dem 1. Jänner 1939 gelegenen, nach § 233 Abs. 3 außer Betracht bleibenden Zeiten den Zeitraum zwischen dem Beginn der ersten Versicherungszeit und der Vollendung des 60., bei Frauen des 55. Lebensjahres mindestens zu drei Vierteln ausfüllen.

Außerordentliche Nachentrichtung von Beiträgen

§ 533. Für das Ausmaß und die Fälligkeit von Beiträgen, die auf Grund des § 31 Abs. 1 des 1. Sozialversicherungs-Neuregelungsgesetzes in der Fassung des Bundesgesetzes BGBl. Nr. 166/1954, nach § 114 Abs. 4 des Sozialversicherungs-Überleitungsgesetzes 1953 in der Fassung der 2. Novelle, BGBl. Nr. 97/1954, oder nach § 502 Abs. 4 nach dem 31. Dezember 1955 nachentrichtet werden, gelten die Bestimmungen des § 31 des 1. Sozialversicherungs-Neuregelungsgesetzes auch weiterhin.

3. Unterabschnitt
Übergangsbestimmungen zum Sechsten Teil

Regelung der Beziehungen der Träger der Sozialversicherung und ihrer Verbände zu den im Sechsten Teil genannten Vertragspartnern

§ 534. (1) Bis zum Inkrafttreten der auf Grund der Bestimmungen dieses Bundesgesetzes abgeschlossenen Verträge mit den Ärzten und anderen Vertragspartnern zur Erbringung der Sachleistungen der Krankenversicherung sind für die Regelung dieser Beziehungen die im Zeitpunkt der Kundmachung dieses Bundesgesetzes geltenden Verträge maßgebend, soweit diese Verträge nicht den Bestimmungen des § 343 über die Auflösung des Vertragsverhältnisses widersprechen.

(2) Die Bestimmungen über die Entscheidung von Streitigkeiten aus Verträgen mit den Vertragspartnern sind auch bei Streitigkeiten aus Verträgen, die vor dem 1. Jänner 1956 abgeschlossen worden sind, entsprechend anzuwenden.

4. Unterabschnitt
Übergangsbestimmungen
zum Siebenten Teil (Verfahren) und
zum Achten Teil (Aufbau der Verwaltung)

Anwendung der Verfahrensbestimmungen

§ 535. (aufgehoben)

Amtsdauer der Verwaltungskörper

§ 536. (aufgehoben)

Dienst-, besoldungs- und pensionsrechtliche Verhältnisse der Bediensteten der Sozialversicherungsträger (Verbände)

§ 537. (1) Soweit am 1. Jänner 1956 eine Neuregelung der dienst-, besoldungs- und pensionsrechtlichen Verhältnisse (§ 31 Abs. 3 Z 3) für Bedienstete von Sozialversicherungsträgern (Verbänden) noch nicht getroffen ist, sind die bisherigen tarif- und dienstordnungsmäßigen Bestimmungen weiter anzuwenden.

(2) Die Bestimmungen des Beamten-Überleitungsgesetzes, StGBl. Nr. 134/1945, sind nach Maßgabe der Bestimmungen des § 46 Abs. 1 Z 2, 3 und 5, Abs. 3 und Abs. 5 des Sozialversicherungs-Überleitungsgesetzes 1953, BGBl. Nr. 99, auf Bedienstete von Sozialversicherungsträgern (Verbänden) weiterhin anzuwenden, die in den im § 4 Abs. 1 des Beamten-Überleitungsgesetzes genannten Zeiträumen aus einem der dort bezeichneten Gründe aus dem Dienstverhältnis entlassen oder sonst aus dem Dienststand ausgeschieden worden sind, wenn ihr Dienstverhältnis am 1. Jänner 1956 noch nicht einer dienstrechtlichen Neuregelung im Sinne des § 9 Abs. 3 lit. c des Sozialversicherungs-Überleitungsgesetzes 1953 unterzogen worden ist. Dies gilt auch für Bedienstete von Sozialversicherungsträgern (Verbänden), die in Kriegsgefangenschaft geraten sind und erst nach dem 31. Dezember 1955 heimkehren.

(3) Die bis zum 31. Dezember 1955 vom Hauptverband erlassenen Richtlinien zur Regelung der dienst-, besoldungs- und pensionsrechtlichen Verhältnisse der Sozialversicherungsträger (Verbände) und die auf Grund dieser Richtlinien abgeschlossenen Kollektivverträge sind an die Bestimmungen dieses Bundesgesetzes anzupassen.

Vermögensanlagen

§ 538. Aus der Zeit vor dem 1. Jänner 1956 stammende Vermögensanlagen, die nach den Bestimmungen dieses Bundesgesetzes nicht oder nur mit Genehmigung zugelassen sind, nach bisheriger Vorschrift aber zulässig waren, sind dem Bundesministerium für soziale Verwaltung binnen acht Wochen nach Kundmachung dieses Bundesgesetzes zu melden. Solange dieses im Einvernehmen mit dem Bundesministerium für Finanzen nichts anderes bestimmt, können diese Anlagen beibehalten werden. Verfügungen über derartige Anlagen sind jedenfalls nur mit Genehmigung des Bundesministeriums für soziale Verwaltung im Einvernehmen mit dem Bundesministerium für Finanzen zulässig.

„5. Unterabschnitt
Zusammenführung der Pensionsversicherungsanstalt der Arbeiter und der Pensionsversicherungsanstalt der Angestellten

Pensionsversicherungsanstalt – Errichtung

§ 538a. (1) Die Pensionsversicherungsanstalt der Arbeiter und die Pensionsversicherungsanstalt der Angestellten werden ab 1. Jänner 2002 mit Wirksamkeit vom 1. Jänner 2003 zur Pensionsversicherungsanstalt zusammengeführt. Die Pensionsversicherungsanstalt ist Versicherungsträger im Sinne des § 32.

(2) Alle Rechte und Verbindlichkeiten der Pensionsversicherungsanstalt der Arbeiter und der Pensionsversicherungsanstalt der Angestellten gehen mit 1. Jänner 2003 auf die Pensionsversicherungsanstalt über. Sie ist ab 1. Jänner 2003 zur Durchführung der Verwaltungs- und Leistungssachen zuständig, die nach den am 31. Dezember 2002 geltenden Vorschriften von der Pensionsversicherungsanstalt der Arbeiter oder der Pensionsversicherungsanstalt der Angestellten zu besorgen sind. Der Pensionsversicherungsanstalt obliegt die Erstellung der Rechnungsabschlüsse, der Geschäftsberichte (§ 444 Abs. 1) und der statistischen Nachweisungen (§ 444 Abs. 2) für das Jahr 2002 für die Pensionsversicherungsanstalt der Arbeiter und die Pensionsversicherungsanstalt der Angestellten.

(3) Der im Rahmen der Zusammenführung entstehende Verwaltungs- und Verrechnungsaufwand,

Sachaufwendungen, der in § 538c Abs. 5 genannte Aufwand sowie Investitionen sind bei der Rückführung des Verwaltungs- und Verrechnungsaufwandes nach § 588 Abs. 14 außer Acht zu lassen.

(BGBl I 2002/1)

Pensionsversicherungsanstalt – Versicherungsvertreter und Konstituierung der Verwaltungskörper

§ 538b. (1) Die Versicherungsvertreter (Stellvertreter) der Pensionsversicherungsanstalt sind gemäß §§ 420 bis 426 erstmals bis 30. September 2002 in die Kontrollversammlung, in die Generalversammlung und in die Landesstellenausschüsse zu entsenden. Dabei ist § 421 mit der Maßgabe anzuwenden, dass sowohl das Mandatsergebnis (§ 421 Abs. 1) als auch das Ergebnis der Stichtagserhebung (§ 421 Abs. 2 in Verbindung mit Abs. 4), das der letztmaligen Entsendung in Verwaltungskörper der Pensionsversicherungsanstalt der Arbeiter und der Pensionsversicherungsanstalt der Angestellten zu Grunde zu legen war, auch für die erstmalige Entsendung in die Verwaltungskörper der Pensionsversicherungsanstalt heranzuziehen ist. § 427 Abs. 2 ist auf die Mitglieder des Überleitungsausschusses gemäß § 538c Abs. 6 sinngemäß anzuwenden. Die am 31. Dezember 2002 amtierenden Mitglieder des Überleitungsausschusses bilden ab 1. Jänner 2003 den Vorstand der Pensionsversicherungsanstalt.

(2) Die Mitglieder des Vorstandes und der Kontrollversammlung (§ 419 Abs. 1) der Pensionsversicherungsanstalt werden erstmals vom Bundesminister für soziale Sicherheit und Generationen zu den konstituierenden Sitzungen in der Weise eingeladen, dass die genannten Verwaltungskörper ab 1. Jänner 2003 ihre Aufgaben und Obliegenheiten nach § 434 bzw. nach § 436 wahrnehmen können. Mit ihrem ersten Zusammentreten sind die genannten Verwaltungskörper konstituiert. Der Vorsitzende des Überleitungsausschusses und seine beiden Stellvertreter übernehmen ab 1. Jänner 2003 die Funktionen des Obmannes und seiner Stellvertreter der Pensionsversicherungsanstalt. In der konstituierenden Sitzung der Kontrollversammlung ist die Wahl des Vorsitzenden und seines Stellvertreters durchzuführen (§ 431 Abs. 3); der Vorsitzende des Überleitungsausschusses (§ 538c Abs. 6) führt dabei den Vorsitz. Ab der Konstituierung übernehmen die genannten Verwaltungskörper alle ihnen nach diesem Bundesgesetz zugeordneten Aufgaben und Obliegenheiten. Die Mitglieder der Landesstellenausschüsse (§ 419 Abs. 2) werden erstmals vom Obmann zur konstituierenden Sitzung eingeladen. Mit ihrem ersten Zusammentreten sind die Landesstellenausschüsse konstituiert. In der konstituierenden Sitzung ist die Wahl des Vorsitzenden und seines Stellvertreters (§ 431 Abs. 4) durchzuführen; der Obmann führt hiebei den Vorsitz. Die Generalversammlung (§ 419 Abs. 1) ist vom Vorstand erstmals nach dessen Konstituierung einzuberufen. Hinsichtlich der Angelobung der Versicherungsvertreter gilt § 432 sinngemäß.

(3) Die Amtsdauer der Verwaltungskörper der Pensionsversicherungsanstalt endet mit Ablauf des 31. Dezember 2005.

(BGBl I 2002/1)

Überleitungsausschuss – Errichtung

§ 538c. (1) Der Überleitungsausschuss wird für den Zeitruam[a]) 1. Jänner 2002 bis 30. Juni 2002 aus den Mitgliedern der Vorstände der Pensionsversicherungsanstalt der Arbeiter und der Pensionsversicherungsanstalt der Angestellten gebildet. Er kann unbeschadet seiner eigenen Verantwortlichkeit Ausschüsse aus seiner Mitte bilden und diesen einzelne seiner Aufgaben und Obliegenheiten übertragen. Im Übrigen finden die Bestimmungen der §§ 448 und 449 hinsichtlich der Sitzungen des Überleitungsausschusses, die dieser in seiner Eigenschaft als geschäftsführendes Organ der Pensionsversicherungsanstalt durchführt, sinngemäß Anwendung. Kommt ein gültiger Beschluss des Überleitungsausschusses in seiner Eigenschaft als geschäftsführendes Organ der Pensionsversicherungsanstalt nicht zustande, so kann der Vorsitzende, wenn wichtige Interessen des Versicherungsträgers gefährdet scheinen, die Angelegenheit dem Bundesminister für soziale Sicherheit und Generationen zur Entscheidung vorlegen.

[a]) Redaktionelles Versehen.

(2) Die in Abs. 1 genannten Versicherungsvertreter werden im Fall ihrer Verhinderung von den nach § 421 Abs. 7 bestellten Stellvertretern vertreten. Im Übrigen finden auf die Mitglieder des Überleitungsausschusses und ihre Stellvertreter die Bestimmungen dieses Bundesgesetzes über Versicherungsvertreter sinngemäß Anwendung.

(3) Die Mitglieder des Überleitungsausschusses werden erstmals vom Bundesminister für soziale Sicherheit und Generationen zur konstituierenden Sitzung in der Weise eingeladen, dass der Überleitungsausschuss ab 1. Jänner 2002 seine Aufgaben und Obliegenheiten nach § 538d wahrnehmen kann. Mit seinem ersten Zusammentreten ist der Überleitungsausschuss konstituiert. In der konstituierenden Sitzung wählen die Mitglieder des Ausschusses aus ihrer Mitte einen Vorsitzenden und zwei Vorsitzenden-Stellvertreter; das an Lebensjahren älteste Mitglied führt hiebei den Vorsitz. Der Vorsitzende hat der Gruppe der Dienstnehmer anzugehören; je einer der Stellvertreter hat der Gruppe der Dienstgeber bzw. der Gruppe der Dienstnehmer anzugehören. Der Ausschuss ist bei Anwesenheit der Hälfte der Mitglieder (Stellvertreter) beschlussfähig. Er fasst seine Beschlüsse mit einfacher Mehrheit. Der Ausschuss wird vom Vorsitzenden, bei dessen Verhinderung vom Vorsitzenden-Stellvertreter, einberufen. Der Überleitungsausschuss kann sich zur zweckmäßigen Erfüllung seiner Aufgaben eine Geschäftsordnung geben; diese kann vorsehen, dass Aufgaben im Sinne des § 538d Abs. 2 von Ausschüssen nach Abs. 1 zweiter Satz wahrzunehmen sind.

(4) Die Organisation der Bürogeschäfte des Überleitungsausschusses obliegt im ersten Halb-

jahr 2002 dem leitenden Angestellten der Pensionsversicherungsanstalt der Angestellten, im zweiten Halbjahr 2002 dem leitenden Angestellten der Pensionsversicherungsanstalt der Arbeiter. Dabei hat im ersten Halbjahr 2002 der leitende Angestellte der Pensionsversicherungsanstalt der Arbeiter, im zweiten Halbjahr 2002 der leitende Angestellte der Pensionsversicherungsanstalt der Angestellten den jeweils für die Bürogeschäfte Verantwortlichen zu unterstützen.

(5) Der zur Ausübung der Tätigkeit des Überleitungsausschusses erforderliche Aufwand ist je zur Hälfte von der Pensionsversicherungsanstalt der Arbeiter und der Pensionsversicherungsanstalt der Angestellten zu tragen.

(6) der[a]) Überleitungsausschuss besteht ab 1. Juli 2002 aus 15 Mitgliedern, die gemäß §§ 420 bis 426 bis 30. April 2002 neu zu entsenden sind. Dabei ist § 421 mit der Maßgabe anzuwenden, dass sowohl das Mandatsergebnis (§ 421 Abs. 1) als auch das Ergebnis der Stichtagserhebung (§ 421 Abs. 2 in Verbindung mit Abs. 4), das der letztmaligen Entsendung in die Verwaltungskörper der Pensionsversicherungsanstalt der Arbeiter und der Pensionsversicherungsanstalt der Angestellten zu Grunde zu legen war, auch für die erstmalige Entsendung in die Verwaltungskörper der Pensionsversicherungsanstalt heranzuziehen ist. Auf die Wahl des Vorsitzenden bzw. seiner Stellvertreter ist Abs. 3 sinngemäß anzuwenden, soweit diese dem Überleitungsausschuss auf Grund der Neuentsendung nicht mehr angehören.

(BGBl I 2002/1)

---

[a]) Redaktionelles Versehen.

Überleitungsausschuss – Aufgaben

§ 538d. (1) Der Überleitungsausschuss hat zur Vorbereitung der Zusammenführung nach § 538a aus seinen Mitgliedern jedenfalls zwei Ausschüsse einzusetzen, und zwar einen Strukturausschuss und einen Organisationsentwicklungsausschuss. Der Strukturausschuss hat dem Bundesminister für soziale Sicherheit und Generationen bis längstens 30. Juni 2002 einen Bericht über den Fortgang der Zusammenführung zu erstatten; der Organisationsentwicklungsausschuss hat dem Bundesminister für soziale Sicherheit und Generationen bis längstens 31. August 2002 einen Bericht über die Personalstruktur der zusammenzuführenden Pensionsversicherungsanstalten zu erstatten.

(2) Folgende Beschlüsse der Verwaltungskörper der Pensionsversicherungsanstalt der Arbeiter und der Pensionsversicherungsanstalt der Angestellten bedürfen, unbeschadet der aufsichtsbehördlichen Genehmigungsrechte, zu ihrer Wirksamkeit der Zustimmung des Überleitungsausschusses:

1. sämtliche Beschlüsse, für deren Wirksamkeit die Zustimmung der Kontrollversammlung erforderlich ist;
2. Beschlüsse betreffend EDV und Informatik, mit welchen Verfügungen über einen 200 000 € übersteigenden Betrag getroffen werden;
3. sämtliche Beschlüsse betreffend Bedienstete im leitenden (DO. A/Gehaltsgruppe G), höheren (DO. A/Gehaltsgruppe F) oder gehobenen Dienst (DO. A/Gehaltsgruppe E);
4. sämtliche Beschlüsse betreffend Bedienstete der kollegialen Führung im Sinne des § 6a des Krankenanstaltengesetzes, soweit diese Personen nicht unter Z 3 Berücksichtigung finden.

(3) Die nach Abs. 2 zustimmungsbedürftigen Beschlüsse sind dem Überleitungsausschuss unverzüglich vorzulegen. Die Zustimmung gilt als erteilt, wenn der vorgelegte Beschluss nicht innerhalb von vier Wochen ab Vorlage mit Beschluss abgelehnt wird. Die Ablehnung ist zu begründen. Ist strittig, ob ein Beschluss nach Abs. 2 zustimmungsbedürftig ist, so entscheidet darüber der Bundesminister für soziale Sicherheit und Generationen auf Antrag des Ausschusses oder eines Versicherungsträgers. Durch einen solchen Antrag wird die vierwöchige Entscheidungsfrist bis zur Entscheidung durch den Bundesminister für soziale Sicherheit und Generationen gehemmt.

(4) Der Überleitungsausschuss bestellt bis zum 30. Juni 2002 mit Wirkung ab 1. Jänner 2003 den leitenden Angestellten und leitenden Arzt sowie ihre ständigen Stellvertreter und erlässt für die Pensionsversicherungsanstalt bis zum 31. Dezember 2002 eine vorläufige Satzung. Diese tritt unter Bedachtnahme auf § 455 Abs. 1 frühestens mit 1. Jänner 2003 in Kraft.

(5) Die Pensionsversicherungsanstalt der Arbeiter und die Pensionsversicherungsanstalt der Angestellten haben dem Überleitungsausschuss auf sein Verlangen sämtliche zur Ausübung des Zustimmungsrechtes erforderlichen Mitteilungen zu machen. Der Ausschuss kann die notwendigen Erhebungen durch eines oder mehrere seiner Mitglieder (Stellvertreter) auch unmittelbar bei den einzelnen Versicherungsträgern durchführen.

(6) Der Überleitungsausschuss kann zu allen Sitzungen der Verwaltungskörper der Pensionsversicherungsanstalt der Arbeiter und der Pensionsversicherungsanstalt der Angestellten Vertreter entsenden, denen beratende Funktion zukommt. Er ist von jeder Sitzung der Verwaltungskörper ebenso in Kenntnis zu setzen wie die Mitglieder dieser Verwaltungskörper; es sind ihm auch die diesen zur Verfügung gestellten Behelfe (Sitzungsprotokolle, Tagesordnungen, Ausweise, Berichte und andere Behelfe) zu übermitteln.“

(BGBl I 2002/1)

ABSCHNITT II
Schlußbestimmungen

Rechtsunwirksame Vereinbarungen

§ 539. Vereinbarungen, wonach die Anwendung der Bestimmungen dieses Bundesgesetzes zum Nachteil der Versicherten (ihrer Angehörigen) im voraus ausgeschlossen oder beschränkt wird, sind ohne rechtliche Wirkung.

Grundsätze der Sachverhaltsfeststellung

§ 539a. (1) Für die Beurteilung von Sachverhalten nach diesem Bundesgesetz ist in wirtschaftlicher Betrachtungsweise der wahre wirtschaftliche Gehalt und nicht die äußere Erscheinungsform des Sachverhaltes (z.B. Werkvertrag, Dienstvertrag) maßgebend.

(2) Durch den Mißbrauch von Formen und durch Gestaltungsmöglichkeiten des bürgerlichen Rechtes können Verpflichtungen nach diesem Bundesgesetz, besonders die Versicherungspflicht, nicht umgangen oder gemindert werden.

(3) Ein Sachverhalt ist so zu beurteilen, wie er bei einer den wirtschaftlichen Vorgängen, Tatsachen und Verhältnissen angemessenen rechtlichen Gestaltung zu beurteilen gewesen wäre.

(4) Scheingeschäfte und andere Scheinhandlungen sind für die Feststellung eines Sachverhaltes nach diesem Bundesgesetz ohne Bedeutung. Wird durch ein Scheingeschäft ein anderes Rechtsgeschäft verdeckt, so ist das verdeckte Rechtsgeschäft für die Beurteilung maßgebend.

(5) Die Grundsätze, nach denen

1. die wirtschaftliche Betrachtungsweise,
2. Scheingeschäfte, Formmängel und Anfechtbarkeit sowie
3. die Zurechnung

nach den §§ 21 bis 24 der Bundesabgabenordnung für Abgaben zu beurteilen sind, gelten auch dann, wenn eine Pflichtversicherung und die sich daraus ergebenden Rechte und Pflichten nach diesem Bundesgesetz zu beurteilen sind.

(BGBl 1996/201)

Zusätzliche Aufgaben der Versicherungsträger (Verbände)

§ 540. Soweit den Trägern der Sozialversicherung (Verbänden) auf Grund anderer Bundesgesetze oder auf Grund von Vereinbarungen Aufgaben übertragen sind, bleiben diese Aufgaben, soweit in diesem Bundesgesetz nichts anderes ausdrücklich angeordnet wird, auch weiterhin bestehen.

Einstellung von Leistungen und Unwirksamerklärung des Nachlasses von Verbindlichkeiten aus der Sozialversicherung auf Grund des Verbotsgesetzes 1947

§ 541. (1) Sind nach § 23 des Verbotsgesetzes 1947, BGBl. Nr. 25, Leistungen aus der Sozialversicherung ganz oder teilweise einzustellen oder der Nachlaß von Verbindlichkeiten aus der Sozialversicherung unwirksam zu erklären, so hat der zuständige Versicherungsträger dies bescheidmäßig festzustellen. Das gleiche gilt, wenn bescheidmäßig festgestellte Anwartschaften im Sinne der angeführten Bestimmung ganz oder teilweise aufzuheben sind. Zu erstattende Beträge sind im Bescheid ziffernmäßig anzuführen.

(2) Rechtsmittel gegen Bescheide nach Abs. 1 haben keine aufschiebende Wirkung.

(3) Zur Hereinbringung der nach Abs. 1 zu erstattenden Beträge kann mangels anderweitiger ausreichender Deckung auf rückständige Rentenbeträge und auf solche für die Zeit des vollständigen Unterhalts in einer Anstalt bis zu ihrer vollen Höhe, auf andere Rentenbeträge bis zu ihrer halben Höhe gegriffen werden. Kinderzuschüsse und Waisenrenten dürfen nicht herangezogen werden.

Übergangsbestimmungen für begünstigte Personen

§ 542. Weibliche Versicherte, denen in der Renten(Pensions)versicherung aus Anlaß der Eheschließung Beiträge erstattet worden sind und die aus einem der im § 500 angeführten Gründe einen sozialversicherungsrechtlichen Nachteil erlitten haben, können durch zinsenlose Rückzahlung des sechsfachen Erstattungsbetrages die durch die erstatteten Beiträge seinerzeit erworbenen Anwartschaften zurückerwerben. Teilzahlungen sind nach Maßgabe des § 502 Abs. 2 zweiter und dritter Satz zu bewilligen.

Aufhebung bisheriger Vorschriften

§ 543. (1) Mit dem Wirksamkeitsbeginn dieses Bundesgesetzes treten, soweit nichts anderes bestimmt wird, für dessen Wirksamkeitsbereich alle bis dahin geltenden Bestimmungen, die diesem Bundesgesetz widersprechen, außer Kraft.

(2) Insbesondere werden vom Wirksamkeitsbeginn dieses Bundesgesetzes an für dessen Wirkungsbereich unbeschadet der Bestimmungen des Abs. 6 alle am Vortag noch in Geltung stehenden Vorschriften, die gemäß § 1 Abs. 1 des Sozialversicherungs-Überleitungsgesetzes 1953, BGBl. Nr. 99, auf dem Gebiet der Sozialversicherung als vorläufiges österreichisches Recht weiter in Geltung gelassen worden sind, aufgehoben. Ferner werden vom Wirksamkeitsbeginn dieses Bundesgesetzes an für dessen Wirkungsbereich folgende Bestimmungen des neuen österreichischen Rechtes samt allen Vorschriften, die zu ihrer Ergänzung, Änderung und Durchführung erlassen worden sind – unbeschadet der Bestimmungen der Abs. 3 bis 5 – außer Kraft gesetzt, soweit sie nicht schon durch frühere gesetzliche Vorschriften aufgehoben wurden:

1. das Bundesgesetz vom 21. April 1948, BGBl. Nr. 80, über die Herabsetzung der Altersgrenze für weibliche Versicherte und Witwen in der gesetzlichen Rentenversicherung, in der Fassung des Bundesgesetzes vom 3. April 1952, BGBl. Nr. 88;
2. das Bundesgesetz vom 8. Juli 1948, BGBl. Nr. 177, über die Regelung sozialversicherungsrechtlicher Verhältnisse aus Anlaß der Aufnahme in ein öffentlich-rechtliches Dienstverhältnis oder beim Ausscheiden aus einem solchen;

3. § 10 des Hochschulassistentengesetzes 1948, BGBl. Nr. 32/1949, mit Ausnahme des Abs. 2 zweiter Satz und Abs. 4;
4. § 57 Abs. 3 des Ärztegesetzes vom 30. März 1949, BGBl. Nr. 92;
5. § 9 Abs. 2 des Krankenpflegegesetzes vom 30. März 1949, BGBl. Nr. 93;
6. das Bundesgesetz vom 19. Mai 1949, BGBl. Nr. 112, über die Änderung einiger Vorschriften in der Invalidenversicherung, in der Fassung der Bundesgesetze vom 3. April 1952, BGBl. Nr. 86 und 88;
7. das Zusatzrentengesetz vom 19. Mai 1949, BGBl. Nr. 115;
8. das knappschaftliche Zusatzrentengesetz vom 14. Juli 1949, BGBl. Nr. 175;
9. das Bundesgesetz vom 14. Juli 1949, BGBl. Nr. 194, womit die Bestimmungen über die Beitragsklassen, Beiträge und Steigerungsbeträge in der Invalidenversicherung abgeändert werden;
10. das Bundesgesetz vom 14. Juli 1949, BGBl. Nr. 196, betreffend einige Bestimmungen über die Sozialversicherung der Bediensteten der dem öffentlichen Verkehr dienenden Eisenbahnen, in der Fassung des Bundesgesetzes vom 14. März 1951, BGBl. Nr. 76;
11. das Sozialversicherungs-Anpassungsgesetz 1951 vom 25. Juli 1951, BGBl. Nr. 189;
12. das 1. Sozialversicherungs-Neuregelungsgesetz vom 3. April 1952, BGBl. Nr. 86, in der Fassung des Bundesgesetzes vom 30. Juni 1954, BGBl. Nr. 166;
13. das Sozialversicherungs-Überleitungsgesetz 1953, BGBl. Nr. 99, in der Fassung des Bundesgesetzes vom 3. Dezember 1953, BGBl. Nr. 13/1954, der 2. Novelle vom 7. April 1954, BGBl. Nr. 97, und der 3. Novelle vom 30. Juni 1954, BGBl. Nr. 165;
14. § 11 Abs. 5 letzter Satz des Verwaltergesetzes 1952, BGBl. Nr. 100/1953;
15. das Rentenbemessungsgesetz vom 6. Juli 1954, BGBl. Nr. 151;
16. das Bundesgesetz vom 30. Juni 1955, BGBl. Nr. 137, über die Erhöhung der Beiträge zur Invalidenversicherung und zur Angestelltenversicherung und die Gewährung einer Sonderzahlung für das Jahr 1955.

(3) Satzungen, die auf Grund der bisher in Geltung gestandenen gesetzlichen Vorschriften zur Durchführung der Sozialversicherung des dem Anwendungsbereich dieses Bundesgesetzes unterliegenden Personenkreises erlassen worden sind, bleiben, soweit sie zu den Bestimmungen dieses Bundesgesetzes nicht in Widerspruch stehen und auch in ihm für den gleichen Gegenstand satzungsmäßige Regelungen vorgesehen sind, unbeschadet der Bestimmungen des § 522 Abs. 7 und 8, bis zur vorgesehenen Neuregelung nach den Bestimmungen dieses Bundesgesetzes in Kraft.

(4) Bisherige Vorschriften über die Abwicklung der Geschäfte aufgelöster Versicherungsträger sind noch so weit anzuwenden, als im Zeitpunkt des Wirksamkeitsbeginnes dieses Bundesgesetzes die Abwicklung noch nicht abgeschlossen war.

(5) Soweit auf Grund des § 5 des im Abs. 2 Z 2 bezogenen Bundesgesetzes die Durchführung der Unfallfürsorge nach einer dienstrechtlichen Regelung einem Träger der Unfallversicherung übertragen worden ist, hat es hiebei solange zu verbleiben, bis die Übertragung durch eine Änderung der dienstrechtlichen Regelung widerrufen wird.

(6) Durch die Bestimmungen dieses Bundesgesetzes bleiben insbesondere unberührt:

1. die Bestimmungen des Geschlechtskrankheitengesetzes vom 22. August 1945, StGBl. Nr. 152, über die Leistungspflicht der Träger der Sozialversicherung;
2. die Bestimmungen des Opferfürsorgegesetzes vom 4. Juli 1947, BGBl. Nr. 183, in der letztgeltenden Fassung über die Leistungspflicht der Träger der Sozialversicherung;
3. die die Sozialversicherung betreffenden Bestimmungen des Kriegsopferversorgungsgesetzes vom 14. Juli 1949, BGBl. Nr. 197, in der letztgeltenden Fassung;
4. die Bestimmungen der Verordnung vom 23. Feber 1950, BGBl. Nr. 79, betreffend die Regelung der Arzneipreise in Apotheken, in der Fassung der Verordnung vom 22. Feber 1954, BGBl. Nr. 48;
5. (aufgehoben)
6. die Bestimmungen des Art. II Abs. 2 des Bundesgesetzes vom 9. Juli 1953, BGBl. Nr. 141, womit das Bundesgesetz über die Beschäftigung von Kindern und Jugendlichen abgeändert wird.

(7) Bis zur Neuregelung der Behandlung der Beiträge im Ausgleichs- und Konkursverfahren in der Ausgleichs- und der Konkursordnung ist die Verordnung über die Rangstellung der Beitragsrückstände in der Sozialversicherung im Konkursverfahren vom 7. Mai 1942, Deutsches RGBl. I S. 330, weiter anzuwenden.

§ 544. Soweit in diesem Bundesgesetz auf Bestimmungen anderer Bundesgesetze verwiesen wird, sind diese, wenn nicht ausdrücklich anderes bestimmt wird, in ihrer jeweils geltenden Fassung anzuwenden.

Vollzug des Bundesgesetzes

§ 545. (1) Mit der Vollziehung dieses Bundesgesetzes ist, soweit darin nichts anderes angeordnet ist, hinsichtlich der Bestimmungen der §§ 370 bis 407 das Bundesministerium für Justiz im Einvernehmen mit dem Bundesministerium für soziale Verwaltung, ~~hinsichtlich der Bestimmungen des § 110, soweit sie eine Befreiung von den Gerichts-~~

~~und Justizverwaltungsgebühren vorsehen, das Bundesministerium für Justiz im Einvernehmen mit den Bundesministerien für soziale Verwaltung und für Finanzen,~~ hinsichtlich aller übrigen Bestimmungen das Bundesministerium für soziale Verwaltung im Einvernehmen mit den beteiligten Bundesministerien betraut.

(BGBl I 2001/131)

(2) Mit der Vollziehung der §§ 148, 149 Abs. 2, 189 Abs. 4 und 301 Abs. 4, die gemäß Art. 12 Abs. 1 Z 2 des Bundes-Verfassungsgesetzes in die Kompetenz der Länder fallen, ist die zuständige Landesregierung, mit der Wahrnehmung der Rechte des Bundes gemäß Art. 15 Abs. 8 des Bundes-Verfassungsgesetzes das Bundesministerium für soziale Verwaltung betraut.

(3) Mit der Vollziehung des § 446a in der Fassung des Bundesgesetzes BGBl. Nr. 676/1991 ist der Bundesminister für Arbeit und Soziales im Einvernehmen mit dem Bundesminister für Finanzen betraut.

(4) Mit der Vollziehung des § 349 Abs. 2 in der Fassung des Bundesgesetzes BGBl. Nr. 676/1991 ist, soweit es sich um die Feststellung der Leistungsfähigkeit bezüglich der psychosozialen Versorgung handelt, der Bundesminister für Gesundheit, Sport und Konsumentenschutz betraut.

(5) Mit der Vollziehung des § 459b in der Fassung des Bundesgesetzes BGBl. Nr. 474/1992 ist der Bundesminister für Finanzen im Einvernehmen mit dem Bundesminister für Umwelt, Jugend und Familie und dem Bundesminister für Arbeit und Soziales betraut.

(6) Mit der Vollziehung des § 37d in der Fassung des Bundesgesetzes BGBl. Nr. 411/1996 ist der Bundesminister für Arbeit und Soziales im Einvernehmen mit dem Bundesminister für Inneres betraut.

(BGBl 1996/411)

Wirksamkeitsbeginn

§ 546. (1) Dieses Bundesgesetz tritt, soweit im § 536 und im folgenden nichts anderes bestimmt wird, am 1. Jänner 1956 in Kraft.

(2) Es treten in Kraft

a) rückwirkend mit dem 1. April 1952 die Bestimmungen der §§ 308 bis 313 über die Aufnahme in ein pensionsversicherungsfreies Dienstverhältnis und das Ausscheiden aus einem solchen, wenn der Tag der Aufnahme oder des Ausscheidens nach dem 31. März 1952 liegt und nicht vor der Kundmachung dieses Bundesgesetzes eine Leistung aus der Pensionsversicherung angefallen ist;

b) mit dem Beginn der Beitragsperiode Jänner 1956 die Bestimmungen der §§ 44 bis 47, 49, 51 bis 59 über die Beiträge zur Pflichtversicherung auf Grund des Arbeitsverdienstes (Erwerbseinkommens);

c) mit dem 1. Jänner 1959 die Bestimmung des § 431 Abs. 1 letzter Satz;

d) mit dem Ablauf des Tages der Kundmachung dieses Bundesgesetzes die §§ 148, 149 Abs. 2, 189 Abs. 4 und 301 Abs. 4 gegenüber den Ländern für die Ausführungsgesetzgebung.

(3) Die Bestimmungen der §§ 48 und 62 bis 64 sind auch auf Beiträge anzuwenden, die vor dem Beginn der Beitragsperiode Jänner 1956 fällig geworden sind, aber in diesem Zeitpunkt noch als Rückstände aushaften.

(4) Die Bestimmungen des § 69 über die Rückforderung ungebührlich entrichteter Beiträge gelten entsprechend für noch nicht verjährte Rückforderungen, die vor dem Beginn der Beitragsperiode Jänner 1956 entstanden sind.

(5) Die nach den bisherigen Bestimmungen festgesetzten Werte der Sachbezüge bleiben bis zur Neufestsetzung (§ 50) in Geltung.

(6) Die Ausführungsgesetze der Länder zu den grundsatzgesetzlichen Bestimmungen sind binnen sechs Monaten ab Kundmachung dieses Bundesgesetzes zu erlassen.

(7) Bei rückwirkender Anwendung der §§ 308 bis 313 ist der Antrag des Dienstgebers gemäß § 308 Abs. 1 bis zum 31. Dezember 1958 zu stellen. Bis zum gleichen Zeitpunkt sind die Überweisungsbeträge (Beitragsrückzahlungen) gemäß § 311 zu leisten.

(8) Durchführungsverordnungen zu diesem Bundesgesetz können von dem der Kundmachung folgenden Tag an erlassen werden. Sie treten jedoch frühestens mit den ihnen zugrunde liegenden Gesetzesbestimmungen in Kraft.

Schlußbestimmungen zum Bundesgesetz BGBl. Nr. 676/1991 (50. Novelle)

§ 547. (1) Es treten in Kraft:

1. mit 1. Jänner 1992 die §§ 5 Abs. 1 Z 3 lit. a, 16a, 17 Abs. 1, 4, 5 und 6, 18 Abs. 7, 18a Abs. 7, 31 Abs. 2, 3, 5 und 8, 33 Abs. 3, 40, 41 Abs. 1, 56a Abs. 2, 63b, 68 Abs. 1, 69 Abs. 1, 73 Abs. 4, 76a Abs. 1, 76b Abs. 5, 77 Abs. 1 und 2, 80a, 82 Abs. 3, 86 Abs. 4, 90 Abs. 1, 108a Abs. 1, 3, 4 und 5, 108b Abs. 2, 108c Abs. 1, 108d, 108e Abs. 10, 108l, 116 Abs. 1 bis 5, 117 Z 1 bis 3, 120 Abs. 1, 122 Abs. 2 und 3, 123 Abs. 5, 125 Abs. 1, 131b, 135 Abs. 1, 140 Z 1, 141 Abs. 3, 143 Abs. 1 und 3, 144 Abs. 1 und 3, 151, 152, 154 Abs. 1, 154a, 154b, 155 Abs. 1, 2 und 5, 156 Abs. 1, 157, 158 Abs. 3, 159, 162 Abs. 1, 3 und 5, 166 Abs. 1 und 3, 175 Abs. 2, 183 Abs. 2, 195 Abs. 6, 199 Abs. 3, 225 Abs. 1 Z 3, 227 Abs. 1 und 3, 235 Abs. 2 und 3, 236 Abs. 4, 238 Abs. 4 Z 1, 253a Abs. 1, 261 Abs. 5, 276a Abs. 1, 293 Abs. 1 und 2, 302 Abs. 2, 306 Abs. 4, 307d Abs. 2, 307e Abs. 2, 324 Abs. 3, 338 Abs. 1, 342 Abs. 1, 349 Abs. 2 bis 4, 350 Abs. 1, 352, 367 Abs. 1, 412, 413 Abs. 1, 422, 424, 431 Abs. 5 bis 7, 432, 433 Abs. 6, 434 Abs. 1 bis 3, 446a, 451 Abs. 1,

459a, 468 Abs. 2, 472a Abs. 2 und 4, 474 Abs. 1, 506b Abs. 3, 544 sowie in der Anlage 1 die Nrn. 6, 10, 15, 25, 30, 45 und 46 in der Fassung des Bundesgesetzes BGBl. Nr. 676/1991;

2. rückwirkend mit 1. Jänner 1985 § 73 Abs. 9 in der Fassung des Bundesgesetzes BGBl. Nr. 676/1991;
3. rückwirkend mit 1. Jänner 1988 die §§ 225 Abs. 1 Z 5, 226 Abs. 2, 227 Abs. 5 und 6, 238 Abs. 4 Z 3, 242 Abs. 2 und 3, 243 Abs. 2, 244 Abs. 1, 250 Abs. 3 und 313 in der Fassung des Bundesgesetzes BGBl. Nr. 676/1991 sowie § 311 Abs. 5 siebenter Satz in der Fassung des Bundesgesetzes BGBl. Nr. 294/1990;
4. rückwirkend mit 3. September 1990 § 228 Abs. 2 in der Fassung des Bundesgesetzes BGBl. Nr. 676/1991;
5. rückwirkend mit 1. April 1991 § 276 Abs. 3 in der Fassung des Bundesgesetzes BGBl. Nr. 676/1991;
6. mit dem Beginn des Beitragszeitraumes Jänner 1992 die §§ 51 Abs. 1 Z 1, 51b, 54 Abs. 5 und 479d Abs. 2 in der Fassung des Bundesgesetzes BGBl. Nr. 676/1991;
7. mit 1. September 1992 die §§ 76 Abs. 1 und 4 und 124 Abs. 1 in der Fassung des Bundesgesetzes BGBl. Nr. 676/1991.

(2) Personen, die nach den am 31. Dezember 1991 in Geltung gestandenen Vorschriften des § 17 Abs. 1 lit. b zur Weiterversicherung in der Pensionsversicherung nach diesem Bundesgesetz berechtigt waren, es aber nach den Bestimmungen des § 17 Abs. 1 Z 1 lit. b in der Fassung des Bundesgesetzes BGBl. Nr. 676/1991 nicht mehr gewesen wären, können das Recht auf freiwillige Weiterversicherung in der Pensionsversicherung noch bis zum 30. Juni 1992 geltend machen.

(3) Abweichend von den Bestimmungen des § 51 Abs. 1 Z 2 beträgt ab Beginn des Beitragszeitraumes Jänner 1993 bis zum 31. Dezember 1995 der Beitragssatz in der Unfallversicherung 1,3 vH der allgemeinen Beitragsgrundlage.

(BGBl 1993/335, BGBl 1995/43)

(4) § 86 Abs. 4 in der Fassung des Bundesgesetzes BGBl. Nr. 676/1991 gilt auch für Versicherungsfälle, die nach dem 31. Dezember 1955 eingetreten sind. Die Rechtskraft bereits ergangener Entscheidungen steht dem nicht entgegen.

(5) Die §§ 162 Abs. 5 und 199 Abs. 3 in der Fassung des Bundesgesetzes BGBl. Nr. 676/1991 sind nur dann anzuwenden, wenn der Versicherungsfall nach dem 31. Dezember 1991 eingetreten ist.

(6) Ist eine Person am 1. Dezember 1991 auf Grund der Folgen eines Unfalles, der erst gemäß § 175 Abs. 2 Z 2 bzw. Z 10 in der Fassung des Bundesgesetzes BGBl. Nr. 676/1991 als Arbeitsunfall anerkannt wird, völlig erwerbsunfähig, so sind ihr die Leistungen aus der Unfallversicherung zu gewähren, wenn der Versicherungsfall nach dem 31. Dezember 1955 eingetreten ist und der Antrag bis 31. Dezember 1992 gestellt wird. Die Leistungen sind frühestens ab 1. Jänner 1992 zu gewähren. Wird der Antrag später gestellt, so gebühren die Leistungen ab dem auf die Antragstellung folgenden Monatsersten.

(7) Im Falle des durch einen Unfall verursachten Todes des Versicherten, der erst gemäß § 175 Abs. 2 Z 2 bzw. 10 in der Fassung des Bundesgesetzes BGBl. Nr. 676/1991 als Arbeitsunfall anerkannt wird, sind die Leistungen der Unfallversicherung an die Hinterbliebenen zu gewähren, wenn der Versicherungsfall nach dem 31. Dezember 1955 eingetreten ist und der Antrag bis 31. Dezember 1992 gestellt wird. Die Leistungen sind frühestens ab 1. Jänner 1992 zu gewähren. Wird der Antrag später gestellt, so gebühren die Leistungen ab dem auf die Antragstellung folgenden Monatsersten.

(8) Personen, die gemäß § 225 Abs. 1 Z 3 lit. b in der am 31. Dezember 1991 in Geltung gestandenen Fassung Beiträge wirksam entrichten konnten, es aber nach den Bestimmungen des § 225 Abs. 1 Z 3 lit. b in der Fassung des Bundesgesetzes BGBl. Nr. 676/1991 nicht mehr können, können diese Beiträge bis 31. Dezember 1992 wirksam entrichten.

(9) Die §§ 227 Abs. 1 Z 6 und 238 Abs. 4 Z 1 in der am 31. Dezember 1991 in Geltung gestandenen Fassung sind auf Versicherungsfälle weiterhin anzuwenden, in denen der Stichtag nach dem 31. Dezember 1991 liegt, wenn der Anspruch auf Krankengeld ausschließlich gemäß § 143 Abs. 1 Z 2 vor dem 1. Jänner 1992 ruhte.

(10) § 228 Abs. 2 letzter Satz in der Fassung des Bundesgesetzes BGBl. Nr. 676/1991 ist auf Versicherungsfälle anzuwenden, in denen der Stichtag nach dem 2. September 1990 liegt.

(11) Die §§ 253a Abs. 1 und 276a Abs. 1 in der Fassung des Bundesgesetzes BGBl. Nr. 676/1991 sind nur auf Versicherungsfälle anzuwenden, in denen der Stichtag nach dem 31. Dezember 1991 liegt.

(12) Leidet ein Versicherter am 1. Dezember 1991 an einer Krankheit, die erst auf Grund des Bundesgesetzes BGBl. Nr. 676/1991 als Berufskrankheit anerkannt wird, so sind ihm die Leistungen der Unfallversicherung zu gewähren, wenn der Versicherungsfall nach dem 31. Dezember 1955 eingetreten ist und der Antrag bis 31. Mai 1992 gestellt wird. Die Leistungen sind frühestens ab 1. Dezember 1991 zu gewähren. Wird der Antrag später gestellt, so gebühren die Leistungen ab dem Tag der Antragstellung.

(13) Im Falle des durch eine Krankheit verursachten Todes des Versicherten, die erst auf Grund des Bundesgesetzes BGBl. Nr. 676/1991 als Berufskrankheit anerkannt wird, sind die Leistungen der Unfallversicherung an die Hinterbliebenen zu gewähren, wenn der Versicherungsfall nach dem 31. Dezember 1955 eingetreten ist und der Antrag bis 31. Mai 1992 gestellt wird. Die Leistungen sind frühestens ab 1. Dezember 1991 zu gewähren.

Wird der Antrag später gestellt, so gebühren die Leistungen ab dem Tag der Antragstellung.

(BGBl I 1998/138)

Schlußbestimmungen zu Art. I des Sozialrechts-Änderungsgesetzes 1992, BGBl. Nr. 474

§ 548. (1) Die §§ 8 Abs. 1 Z 3 lit. i, 16 Abs. 2 Z 1, 76 Abs. 1 Z 2 lit. a, 76 Abs. 1 Z 2 lit. b, 76 Abs. 1 Z 2 lit. c, 123 Abs. 4 Z 1, 252 Abs. 2 Z 1, 292 Abs. 4 lit. b, 459b und 545 Abs. 5 treten mit 1. September 1992 in Kraft.

(2) Der Anspruch auf die Leistungen der Krankenversicherung für Personen, die am 31. August 1992 als Angehörige galten, nach den Bestimmungen des Bundesgesetzes BGBl. Nr. 474/1992 aber nicht mehr als Angehörige gelten, bleibt auch über das Ende der Angehörigeneigenschaft aufrecht, solange die Voraussetzungen für einen am 31. August 1992 bestandenen Leistungsanspruch gegeben sind.

(3) § 252 Abs. 2 Z 1 in der Fassung des Bundesgesetzes BGBl. Nr. 474/1992 ist in allen Fällen anzuwenden, in denen das Kind das 18. Lebensjahr nach dem 31. Dezember 1987 vollendet.

(4) Für Selbstversicherte in der Krankenversicherung gemäß § 16 Abs. 2, für deren Beitragsgrundlage am 31. August 1992 § 76 Abs. 1 Z 2 erster Halbsatz anzuwenden ist, nach den Bestimmungen des Bundesgesetzes BGBl. Nr. 474/1992 aber nicht mehr anzuwenden wäre, ist die bisherige Beitragsgrundlage längstens bis 30. September 1992 weiter anzuwenden.

(5) § 252 Abs. 2 Z 1 erster Halbsatz in der vor dem 1. September 1992 geltenden Fassung, ist in allen Fällen weiter anzuwenden, in denen das Kind das 18. Lebensjahr vor dem 1. September 1992 vollendet hat und eine im § 1 des Studienförderungsgesetzes 1983, BGBl. Nr. 436, genannte Einrichtung besucht hat.

(BGBl I 1998/138)

Schlußbestimmung zu Art. IV des Arbeitsrechtlichen Begleitgesetzes, BGBl. Nr. 833/1992

§ 549. § 5 Abs. 2 zweiter Satz dieses Bundesgesetzes in der Fassung des Bundesgesetzes BGBl. Nr. 833/1992 tritt mit 1. Jänner 1993 in Kraft.

(BGBl I 1998/138)

Schlußbestimmung zu Art. I des 2. Sozialrechts-Änderungsgesetzes 1992, BGBl. Nr. 17/1993

§ 550. Die Abs. 1 und 2 des § 293 in der Fassung des Bundesgesetzes BGBl. Nr. 17/1993 treten mit 1. Jänner 1993 in Kraft.

(BGBl I 1998/138)

Schlußbestimmungen zu Art. I des Sozialrechts-Änderungsgesetzes 1993, BGBl. Nr. 335 (51. Novelle)

§ 551. (1) Es treten in Kraft:

1. mit 1. Juli 1993 die §§ 14 Abs. 1 Z 2, 15 Abs. 1 und 2, 21 Abs. 2, 29, 49 Abs. 3 Z 9, 86 Abs. 3 Z 1, 135 Abs. 1 Z 1, 143 Abs. 1 Z 3, 151 Abs. 2, 166 Abs. 1 Z 2, 215 Abs. 3, 245 Abs. 7, 248 Abs. 1, 248b, 251a Abs. 3, 258 Abs. 4, 292 Abs. 3, 294 Abs. 3 und 5, 307e Abs. 1, 324 Abs. 3, 347 Abs. 6, 360 Abs. 3, 412 Abs. 6, 434 Abs. 1, 502 Abs. 6, 547 Abs. 3 sowie in der Anlage 9 die Z 4, 7 und 8 in der Fassung des Bundesgesetzes BGBl. Nr. 335/1993;
2. mit 1. Juli 1993 weiters die §§ 5 Abs. 2, 18, 40 Abs. 2, 44 Abs. 6, 45 Abs. 1, 56a Abs. 2, 70, 74 Abs. 1, 76a Abs. 1 und 3, 76b Abs. 1 und 3, 77 Abs. 2 und 4, 78 Abs. 3, 95 Abs. 1, 99 Abs. 3 Z 2 und 3 und Abs. 4, 107 Abs. 5, 107a, 108 bis 108l, 122 Abs. 4, 136 Abs. 3, 137 Abs. 2, 141 Abs. 3, 154 Abs. 1, 181 Abs. 1, 181b, 212 Abs. 3, 222 Abs. 1 Z 1 und Abs. 2 Z 1, 223 Abs. 2, 225 Abs. 1 Z 3, 227 Abs. 1 Z 4 und Abs. 2, 228 Abs. 1 Z 10, 231, 232 Abs. 1, 233, 234 Abs. 1 Z 11, 235 Abs. 2, 236 Abs. 1 bis 4, 238, 238a, 239, 240, 241, 241a, 242, 243 Abs. 1 Z 3, 244 Abs. 3, 248a, 249 Abs. 1, 250 Abs. 2, 251a Abs. 4 lit. b und c, Abs. 7 Z 3, 4 und 7, 253, 253a Abs. 3, 253b Abs. 1 und 4, 253c, 253d, 254 Abs. 1 und 5, 255 Abs. 4, 255a, 261, 261a, 261b, 261c, 262, 264 in der Fassung des Art. I Z 93, 266, 267 in der Fassung des Art. I Z 96, 269 Abs. 2, 270, 271 Abs. 1 und 3, 273 Abs. 3, 273a, 274, 276, 276a Abs. 3, 276b Abs. 1 und 4, 276c, 276d, 279 Abs. 1 und 3, 280, 283, 284, 284a, 284b, 284c, 285 Abs. 1, 288 Abs. 1, 289, 292 Abs. 4 lit. h, 293 Abs. 2, 306 Abs. 2, 307e Abs. 2, 308 Abs. 3, 354 Z 4, 361 Abs. 2, 447f Abs. 5 Z 4, 470 Abs. 3, 479 Abs. 2 Z 1, 502 Abs. 4, 506a, 522 Abs. 3 Z 1 lit. b, 522k Abs. 2 und 529 Abs. 5 in der Fassung des Bundesgesetzes BGBl. Nr. 335/1993;

   (BGBl 1994/20)
3. mit dem Beginn des Beitragszeitraumes Juli 1993 § 44 Abs. 1 Z 7 in der Fassung des Bundesgesetzes BGBl. Nr. 335/1993;
4. mit 1. Jänner 1994 die §§ 33 Abs. 2, 37, 79a, 80, 80a und 447g in der Fassung des Bundesgesetzes BGBl. Nr. 335/1993;
5. (aufgehoben)

   (BGBl 1995/132)
6. rückwirkend mit 1. Jänner 1992 die §§ 447a Abs. 5, 447c Abs. 1 lit. e, 447f Abs. 1 und 8 und 472a Abs. 2 und 3 in der Fassung des Bundesgesetzes BGBl. Nr. 335/1993;
7. rückwirkend mit 1. Juli 1992 § 421 Abs. 2 in der Fassung des Bundesgesetzes BGBl. Nr. 335/1993;
8. rückwirkend mit 1. September 1992 die

§§ 4 Abs. 1 Z 5 und 16 Abs. 2 Z 1 in der Fassung des Bundesgesetzes BGBl. Nr. 335/1993;

9. rückwirkend mit 1. Jänner 1993 die §§ 104 Abs. 2, 244a und 292 Abs. 4 lit. g in der Fassung des Bundesgesetzes BGBl. Nr. 335/1993;

(BGBl 1994/20)

10. rückwirkend mit 1. März 1993 § 67 Abs. 9 in der Fassung des Bundesgesetzes BGBl. Nr. 335/1993.

(2) Die §§ 447a Abs. 5, 447c Abs. 1 lit. e und 447f Abs. 1 und 8 in der Fassung des Bundesgesetzes BGBl. Nr. 335/1993 treten gemeinsam mit der Vereinbarung gemäß Art. 15a B-VG über die Krankenanstaltenfinanzierung für die Jahre 1991 bis einschließlich 1994, BGBl. Nr. 863/1992, außer Kraft.

(3) Bei der Anwendung des § 95 in der Fassung des Bundesgesetzes BGBl. Nr. 335/1993 auf Leistungen mit einem vor dem 1. Juli 1993 liegenden Stichtag ist der Zurechnungszuschlag und der Kinderzuschlag nach den vor dem 1. Juli 1993 in Geltung gestandenen Vorschriften heranzuziehen.

(4) Personen, die erst auf Grund der §§ 215 Abs. 3 lit. d bzw. 258 Abs. 4 lit. d in der Fassung des Bundesgesetzes BGBl. Nr. 335/1993 Anspruch auf eine Leistung aus der Unfall- bzw. Pensionsversicherung nach dem Allgemeinen Sozialversicherungsgesetz erhalten, gebührt diese Leistung ab 1. Juli 1993, wenn der Antrag bis zum 30. Juni 1994 gestellt wird, sonst ab dem auf die Antragstellung folgenden Monatsersten. Art. II Abs. 4 und 5 der 36. Novelle zum Allgemeinen Sozialversicherungsgesetz, BGBl. Nr. 282/1981, ist anzuwenden.

(5) Als Beitragszeiten im Sinne des § 225 in der Fassung des Bundesgesetzes BGBl. Nr. 335/1993 sind auch anzusehen Zeiten der Weiterversicherung sowie Zeiten der Selbstversicherung gemäß § 225 Abs. 1 Z 3 lit. a in der am 30. Juni 1993 geltenden Fassung, wenn die Entbindung vor dem 1. Juli 1993 erfolgt ist und die Beiträge bis längstens 30. Juni 1999 wirksam (§ 230) entrichtet werden.

(6) Die §§ 227a, 228a, 236 Abs. 1 bis 3, 238, 239, 242, 244a, 251a Abs. 7 Z 3, 253, 253a Abs. 3, 253b Abs. 1 und 4, 253c, 253d, 254 Abs. 1 und 5, 255 Abs. 3 und 4, 261, 261a, 261b, 271 Abs. 1 und 3, 273 Abs. 3, 274, 276, 276a Abs. 3, 276b Abs. 1 und 4, 276c, 276d, 279 Abs. 1 und 3, 284, 284a und 284b in der Fassung des Bundesgesetzes BGBl. Nr. 335/1993 sind nur auf Versicherungsfälle anzuwenden, in denen der Stichtag nach dem 30. Juni 1993 liegt.

(BGBl 1994/20)

(7) Bei Personen mit Stichtag 1. Jänner 1993 bis 1. Juni 1993, bei denen Zeiten gemäß § 227a bzw. § 228a nach der am 1. Juli 1993 geltenden Rechtslage für die Pension zu berücksichtigen gewesen wären, wenn diese Rechtslage bereits am 1. Jänner 1993 in Kraft getreten wäre, ist die Pension von Amts wegen auf Grund der am 1. Juli 1993 geltenden Rechtslage (gesamtes Bemessungsrecht) neu zu bemessen. § 227a Abs. 7 bzw. § 228a Abs. 4 ist nicht anzuwenden. Wenn es für sie günstiger ist, gebührt die neu bemessene Pension rückwirkend ab Pensionsbeginn.

(BGBl 1994/20)

(8) Abweichend von Abs. 6 bleiben, wenn dies für den Versicherten günstiger ist, die Bestimmungen über die Anspruchsvoraussetzungen mit Ausnahme der Voraussetzung der §§ 253 Abs. 1 Z 2 und 253b Abs. 1 lit. e bzw. der §§ 276 Abs. 1 Z 2 und 276b Abs. 1 lit. e und die Bestimmungen über die Bemessung einer Pension – unter Berücksichtigung einer allfälligen Erhöhung der Alterspension (Knappschaftsalterspension) beim Aufschub der Geltendmachung des Anspruches und unter Außerachtlassung eines allfälligen Kinderzuschusses und Hilflosenzuschusses (Pflegegeldes) – in der am 30. Juni 1993 geltenden Fassung für Versicherungsfälle, deren Stichtag in den Zeitraum vom 1. Juli 1993 bis 1. Dezember 1996 fällt, mit der Maßgabe weiterhin anwendbar, daß für die Ermittlung der Bemessungsgrundlage anstelle der letzten 120 Versicherungsmonate bei einem Stichtag

1. vom 1. Jänner 1995 bis 1. Dezember 1995 die letzten 132 Versicherungsmonate,
2. vom 1. Jänner 1996 bis 1. Dezember 1996 die letzten 156 Versicherungsmonate

aus allen Zweigen der Pensionsversicherung heranzuziehen sind. Dies gilt bei Anwendung des § 238 Abs. 2 Z 1 und 2 in der am 30. Juni 1993 geltenden Fassung in den Fällen der Z 1, wenn der Stichtag vor bzw. nach Vollendung des 51. Lebensjahres liegt, in den Fällen der Z 2, wenn der Stichtag vor bzw. nach Vollendung des 53. Lebensjahres liegt. Dabei ist § 108c in der am 30. Juni 1993 in Geltung gestandenen Fassung mit der Maßgabe weiter anzuwenden, daß bei der Festsetzung der Aufwertungsfaktoren für die Jahre 1994 bis 1996 anstelle des Richtwertes der jeweils geltende Anpassungsfaktor des zweitvorangegangenen Kalenderjahres tritt.

(BGBl 1994/20)

(9) Eine Pension, die gemäß Abs. 8 nach dem am 30. Juni 1993 geltenden Recht gewährt wird, setzt sich aus zwei Bestandteilen zusammen:

1. der Pension, die auf Grund der ab 1. Juli 1993 geltenden Rechtslage gebühren würde und
2. einem Ergänzungsbetrag, der sich aus der Differenz der Höhe der Pension gemäß Abs. 8 und der Pension gemäß Z 1 ergibt.

Die Pension gemäß Z 1 unterliegt sämtlichen Bestimmungen des ab 1. Juli 1993 geltenden Rechtes. Der Ergänzungsbetrag gemäß Z 2 unterliegt nur der Anpassung gemäß § 108h. Er gebührt nur in Verbindung mit der Pension gemäß Z 1.

(BGBl 1994/20)

(10) Bei einem Antrag auf eine vorzeitige Alterspension gemäß § 253a, § 253b, § 276a oder § 276b oder auf eine Alterspension gemäß § 253

oder § 276 ist das am 30. Juni 1993 geltende Recht weiter anzuwenden, wenn bereits ein rechtskräftig zuerkannter Anspruch auf eine Pension aus dem Versicherungsfall der geminderten Arbeitsfähigkeit nach diesem Bundesgesetz oder aus dem Versicherungsfall der dauernden Erwerbsunfähigkeit nach dem Gewerblichen Sozialversicherungsgesetz oder dem Bauern-Sozialversicherungsgesetz, deren Stichtag vor dem 1. Juli 1993 liegt, besteht oder bestanden hat und nicht entzogen wurde. Ein Antrag auf eine vorzeitige Alterspension gemäß § 253c, § 253d, § 276c oder § 276d ist in diesem Fall unzulässig. Dasselbe gilt bei einem Antrag auf Alterspension gemäß § 253 oder § 276, wenn bereits ein rechtskräftig zuerkannter Anspruch auf eine vorzeitige Alterspension bei Arbeitslosigkeit oder bei langer Versicherungsdauer nach diesem Bundesgesetz, dem Gewerblichen Sozialversicherungsgesetz oder dem Bauern-Sozialversicherungsgesetz, deren Stichtag vor dem 1. Juli 1993 liegt, besteht oder bestanden hat. Wird bei einer Invaliditäts- oder Berufsunfähigkeitspension nach diesem Bundesgesetz, bei einer Erwerbsunfähigkeitspension nach dem Gewerblichen Sozialversicherungsgesetz oder dem Bauern-Sozialversicherungsgesetz oder bei einer vorzeitigen Alterspension bei langer Versicherungsdauer oder bei Arbeitslosigkeit nach diesem Bundesgesetz, dem Gewerblichen Sozialversicherungsgesetz oder dem Bauern-Sozialversicherungsgesetz, deren Stichtag vor dem 1. Juli 1993 liegt, bei Vollendung des 65. Lebensjahres bei Männern bzw. des 60. Lebensjahres bei Frauen kein Antrag auf eine Alterspension gemäß § 253 oder § 276 gestellt, so ist das am 30. Juni 1993 geltende Recht weiter anzuwenden.

(BGBl 1994/20, BGBl 1996/411)

(11) Ein am 30. Juni 1993 bestandener Anspruch auf Kinderzuschuß gemäß den §§ 262 bzw. 286 in der am 30. Juni 1993 geltenden Fassung bleibt auch über diesen Zeitpunkt hinaus solange weiter bestehen, solange die Voraussetzungen für den Anspruch nach der am 30. Juni 1993 geltenden Rechtslage gegeben sind. „Die bis 30. Juni 1993 den Kinderzuschuss betreffenden Bestimmungen sind dabei weiter anzuwenden, und zwar so, dass der Kinderzuschuss ab 1. Jänner 2002 mindestens 29,07 € beträgt.“

(BGBl 1994/20, BGBl I 2002/1)

(12) § 262 in der Fassung des Bundesgesetzes BGBl. Nr. 335/1993 ist nur auf Leistungen anzuwenden, die nach dem 30. Juni 1993 anfallen.

(BGBl 1994/20)

(13) In den Fällen des Bezuges einer Sonderunterstützung ist Abs. 8 sinngemäß anzuwenden.

(BGBl 1994/20)

(14) § 264 in der Fassung des Art. I Z 93 des Bundesgesetzes BGBl. Nr. 335/1993 ist auf alle Versicherungsfälle des Todes, in denen der Stichtag nach dem 30. Juni 1993 liegt, anzuwenden; in den Fällen des § 264 Abs. 1 Z 3 und 4 ist § 264 Abs. 1 in der am 30. Juni 1993 geltenden Fassung weiterhin anzuwenden, wenn der Stichtag der Pension des (der) Verstorbenen vor dem 1. Juli 1993 liegt. Art. II Abs. 7 und 8 der 36. Novelle zum Allgemeinen Sozialversicherungsgesetz, BGBl. Nr. 282/1981, ist anzuwenden.

(BGBl 1994/20)

(15) (aufgehoben)

(BGBl 1995/132)

(16) Ein Versicherter (eine Versicherte), der (die) am 30. Juni 1993 in der knappschaftlichen Pensionsversicherung versichert ist, bleibt auch für die nach diesem Zeitpunkt liegenden Zeiten einer Beschäftigung in einem knappschaftlichen Betrieb in der knappschaftlichen Pensionsversicherung versichert. Die Bestimmungen des Abschnittes IV des Vierten Teiles dieses Bundesgesetzes finden Anwendung. Dies gilt auch für jene Personen, die am 30. Juni 1993 eine Leistung aus der Arbeitsmarktverwaltung beziehen und unmittelbar vor Inanspruchnahme dieser Leistung in der knappschaftlichen Pensionsversicherung versichert waren.

(BGBl 1994/20)

(17) Personen, die erst auf Grund des § 502 Abs. 6 in der Fassung des Bundesgesetzes BGBl. Nr. 335/1993 Anspruch auf eine Leistung aus der Pensionsversicherung nach dem Allgemeinen Sozialversicherungsgesetz erhalten, gebührt diese Leistung ab 1. Juli 1993, wenn der Antrag bis zum 30. Juni 1994 gestellt wird, sonst ab dem auf die Antragstellung folgenden Monatsersten. Befindet sich der Antragsteller im Zeitpunkt der Antragstellung in Auswirkung einer aus den Gründen des § 500 Abs. 1 erfolgten Auswanderung noch im Ausland, ist das Zutreffen der Voraussetzungen für den Leistungsanspruch abweichend von § 223 Abs. 2 zum Zeitpunkt des Eintrittes des Versicherungsfalles zu prüfen.

(BGBl 1994/20)

(18) § 502 Abs. 6 in der Fassung des Bundesgesetzes BGBl. Nr. 335/1993 ist auf Antrag auch auf Leistungsansprüche anzuwenden, die am 30. Juni 1993 bereits bestehen. Eine sich daraus ergebende Erhöhung der Leistungsansprüche gebührt ab 1. Juli 1993, wenn der Antrag bis 30. Juni 1994 gestellt wird, sonst ab dem der Antragstellung folgenden Monatsersten.

(BGBl 1994/20)

(19) Abweichend von § 304 Abs. 3 können die Träger der Pensionsversicherung für die dort genannten Zwecke im Geschäftsjahr 1993 bis zu 0,06 vT der Erträge an Versicherungsbeiträgen aufwenden.

(BGBl 1994/20)

(BGBl 1993/335, BGBl I 1998/138)

Schlußbestimmung zu Art. VI der Beschäftigungssicherungsnovelle 1993, BGBl. Nr. 502

§ 552. § 122 Abs. 2 Z 2 lit. c in der Fassung des Bundesgesetzes BGBl. Nr. 502/1993 tritt mit 1. August 1993 in Kraft.

(BGBl 1993/502, BGBl I 1998/138)

Schlußbestimmungen zum Bundesgesetz BGBl. Nr. 20/1994 (52. Novelle)

§ 553. (1) Es treten in Kraft:

1. mit 1. Jänner 1994 die §§ 3a, 23 Abs. 3, 24 Abs. 2, 31, 41 Abs. 1 und 3, 58 Abs. 3 und 6, 76 Abs. 6, 80, 80a Abs. 3 und 4, 84 Abs. 6, 108e Abs. 10, 213a Abs. 4, 293 Abs. 1 und 2, 311 Abs. 3 lit. b, 409, 418 bis 442, 442a bis 442e, 444 Abs. 7, 446 Abs. 1 und 3, 447, 447c Abs. 4, 448 bis 456, 456a, 460, 460a, 479 Abs. 2 Z 1 und Z 4 und 553 Abs. 2 bis 10 in der Fassung des Bundesgesetzes BGBl. Nr. 20/1994;
2. rückwirkend mit 1. Juli 1993 die §§ 17 Abs. 5 lit. b, 18a Abs. 2 Z 3, 70 Abs. 1 und 2, 73 Abs. 1, 227 Abs. 1 Z 4 und Abs. 6, 227a, 228 Abs. 1 Z 10, 228a, 231 Z 1 und 2, 233 Abs. 1, 238 Abs. 3, Überschrift zu 239, 248a, 251a Abs. 4 lit. b, 261 Abs. 2 und 4, 261a Abs. 2 und 3, 261b Abs. 3 bis 6, 284 Abs. 2 und 4, 284a Abs. 2 und 3, 284b Abs. 3 bis 6, 292 Abs. 3, 447g Abs. 3 Z 2 und 551 Abs. 1 Z 2 und Z 9 und Abs. 6 bis 19 in der Fassung des Bundesgesetzes BGBl. Nr. 20/1994;
3. rückwirkend mit 1. Oktober 1993 die §§ 8 Abs. 1 Z 3 lit. i und 16 Abs. 2 Z 1 und Z 3 in der Fassung des Bundesgesetzes BGBl. Nr. 20/1994.

(2) Die Amtsdauer der am 31. Dezember 1993 bestehenden Verwaltungskörper verlängert sich bis zum Zusammentreten der Verwaltungskörper nach den am 1. Jänner 1994 geltenden Vorschriften; die alten Verwaltungskörper haben die Geschäfte nach den am 31. Dezember 1993 geltenden Bestimmungen zu führen. Die Entsendung der Versicherungsvertreter in die neuen Verwaltungskörper hat bis 31. März 1994 zu erfolgen.

(3) Der Hauptverband hat seine Kompetenzen zur Erlassung der Richtlinien gemäß § 31 in der Fassung des Bundesgesetzes BGBl. Nr. 20/1994 innerhalb eines angemessenen Zeitraumes und in einer durch die Dringlichkeit des Regelungsbedarfes angezeigten Reihenfolge auszuüben.

(4) Präsident und Vizepräsidenten des Hauptverbandes, Obmänner, Obmann-Stellvertreter sowie Vorsitzende und Vorsitzenden-Stellvertreter der Überwachungsausschüsse und der Landesstellenausschüsse, die nach dem 31. Dezember 1993 weiterhin eine solche Funktion ausüben, haben weiterhin Anspruch auf Anwartschaften (Pension) nach den Bestimmungen des § 420 Abs. 5 und den darauf beruhenden Rechtsvorschriften in der am 31. Dezember 1993 in Geltung gestandenen Fassung.

(5) Den in Abs. 4 genannten Personen, deren Anwartschaften zum 31. Dezember 1993 nach den Bestimmungen des § 420 Abs. 5 und den darauf beruhenden Rechtsvorschriften in der zu diesem Zeitpunkt in Geltung gestandenen Fassung erfüllt sind, bleibt der Anspruch auf Anwartschaften (Pension) nach diesen Bestimmungen gewahrt.

(6) Die Stellvertreter der Vorsitzenden der Landesstellenausschüsse, soweit sie nicht unter Abs. 4 oder 5 fallen, haben weiterhin Anspruch auf Anwartschaften (Pension) nach den Bestimmungen des § 420 Abs. 5 und den darauf beruhenden Rechtsvorschriften in der am 31. Dezember 1993 in Geltung gestandenen Fassung, wenn sie

1. nach dem 31. Dezember 1993 weiterhin Versicherungsvertreter sind und
2. vor dem Beginn der neuen Amtsdauer mindestens während einer vollen Amtsdauer die Funktion eines Stellvertreters des Vorsitzenden eines Landesstellenausschusses ausgeübt haben.

Die Anwartschaft (Pension) darf das im § 420 Abs. 5 und den darauf beruhenden Rechtsvorschriften in der am 31. Dezember 1993 in Geltung gestandenen Fassung festgesetzte Mindestausmaß nicht übersteigen.

(7) Die Bestimmungen des § 420 Abs. 5 in der am 31. Dezember 1993 in Geltung gestandenen Fassung und die darauf beruhenden Rechtsvorschriften sind, soweit sie sich auf Entschädigungsleistungen an ausgeschiedene Funktionäre und deren Hinterbliebene beziehen, auf die im Abs. 4 angeführten, aber aus ihrer Funktion bis spätestens zum Ende der Amtsdauer der alten Verwaltungskörper ausgeschiedenen Personen sowie deren Hinterbliebene weiterhin anzuwenden.

(8) Abweichend von § 7 des Arbeitsverfassungsgesetzes sind die im Hauptverband zusammengefaßten Versicherungsträger (§ 31 Abs. 1) mit Ausnahme der Versicherungsanstalt der österreichischen Eisenbahnen nicht kollektivvertragsfähig. Die Kollektivvertragsfähigkeit der Versicherungsanstalt der österreichischen Eisenbahnen bezieht sich nur auf die vor dem 1. Jänner 1996 in den Dienst der Anstalt getretenen Verwaltungsangestellten; sie besteht so lange weiter, als auf Grund des Bundesbahngesetzes 1992, BGBl. Nr. 825, die vor dem Inkrafttreten dieses Gesetzes bzw. längstens vor dem 1. Jänner 1995 wirksam gewordenen Bestimmungen über das Dienst-, Besoldungs- und Pensionsverhältnis der Bediensteten der Österreichischen Bundesbahnen unberührt bleiben. Die von der Versicherungsanstalt der österreichischen Eisenbahnen abgeschlossenen Kollektivverträge dürfen in Abweichung von den Richtlinien des Hauptverbandes gemäß § 31 Abs. 3 Z 9 an das für die Bediensteten der Österreichischen Bundesbahnen geltende Recht angepaßt werden.

(BGBl I 1997/139)

(9) § 80 Abs. 2 lit. a in der am 31. Dezember 1993 geltenden Fassung ist für eine vor dem 1. Jänner 1994 gemäß § 447 genehmigten Erwerbung von Liegenschaften, ferner für eine vor dem 1. Jänner 1994 gemäß § 447 genehmigten Errichtung, Erweiterung oder einen vor dem 1. Jänner 1994 gemäß § 447 genehmigten Umbau von Gebäuden nur insoweit anzuwenden, als die zur Finanzierung vorgesehenen Mittel bis 31. Dezember 1993 aufgewendet wurden. Für zur Finanzierung

dieser Vorhaben nach dem 31. Dezember 1993 aufgewendete Mittel gebührt kein Bundesbeitrag.

(10) Der Bundesbeitrag gemäß § 80 Abs. 2 lit. b gebührt letztmalig als Zuschuß zu den vor dem 1. Jänner 1993 aufgewendeten Mitteln für den Umbau von Gebäuden, der gemäß § 447 in Verbindung mit § 31 Abs. 6 lit. a in der am 31. Dezember 1993 in Geltung gestandenen Fassung deshalb nicht genehmigungspflichtig ist, weil damit keine Änderung des Verwendungszwecks verbunden ist.

(BGBl 1994/20, BGBl I 1998/138)

Schlußbestimmungen zu Art. 1 des Arbeitsmarktservice-Begleitgesetzes, BGBl. Nr. 314/1994

§ 554. Die §§ 2 Abs. 2 Z 12, 8 Abs. 1 Z 3 lit. c, 25 Abs. 2, 33, 41 Abs. 2, 69 Abs. 5, 82 Abs. 3, 176 Abs. 1 Z 8, 198 Abs. 4, 199 Abs. 3, 200, 201 Abs. 4, 238 Abs. 2 Z 3, 242 Abs. 1 Z 2, 253a Abs. 1 Z 6, 276a Abs. 1 Z 6, 306 Abs. 4, 307a Abs. 2 und 3, 307c Z 1, 321 Abs. 1, 361 Abs. 4, 411 und 460b in der Fassung des Bundesgesetzes BGBl. Nr. 314/1994 treten mit 1. Juli 1994 in Kraft.

(BGBl 1994/314, BGBl I 1997/47, BGBl I 1998/138)

Schlußbestimmungen zu Art. II des Bundesgesetzes BGBl. Nr. 450/1994

§ 555. (1) Die §§ 23 Abs. 6, 447a Abs. 5, 447b Abs. 8 und 9, 447c Abs. 1 lit. d und e und 471f bis 471h in der Fassung des Bundesgesetzes BGBl. Nr. 450/1994 treten mit 1. Juli 1994 in Kraft.

(2) Die §§ 24 Abs. 2, 172 Abs. 1, 186 und 343b in der Fassung des Bundesgesetzes BGBl. Nr. 450/1994 treten mit 1. Jänner 1995 in Kraft.

(BGBl 1994/450, BGBl I 1998/138)

§ 556. (wurde nicht vergeben)

Schlußbestimmung zu Art. XVII des Bundesgesetzes BGBl. Nr. 665/1994

§ 557. § 308 Abs. 4 Satz 1 in der Fassung des Bundesgesetzes BGBl. Nr. 665/1994 tritt mit 1. Jänner 1995 in Kraft.

(BGBl 1994/665, BGBl I 1998/138)

Schlußbestimmungen zu Art. I des Bundesgesetzes BGBl. Nr. 132/1995

§ 558. (1) Die §§ 264 und 459c in der Fassung des Bundesgesetzes BGBl. Nr. 132/1995 sowie die Aufhebung der §§ 267 und 551 Abs. 1 Z 5 und Abs. 15 treten am 1. Jänner 1995 in Kraft.

(2) § 264 in der Fassung des Bundesgesetzes BGBl. Nr. 132/1995 ist anzuwenden:

1. auf alle Versicherungsfälle des Todes, in denen der Stichtag nach dem 31. Dezember 1994 liegt. In den Fällen des § 264 Abs. 1 Z 4 und 5 ist, sofern der Stichtag der Pension des (der) Verstorbenen vor dem 1. Juli 1993 liegt, § 264 Abs. 1 in der am 30. Juni 1993 geltenden Fassung mit der Maßgabe anzuwenden, daß der Hundertsatz von 60 durch den im § 264 Abs. 1 erster Satz in der ab 1. Jänner 1995 geltenden Fassung genannten Hundertsatz ersetzt wird;
2. auf die gemäß § 258 des Allgemeinen Sozialversicherungsgesetzes in der Fassung des Art. I Z 14 der 36. Novelle zum Allgemeinen Sozialversicherungsgesetz, BGBl. Nr. 282/1981, gebührenden Witwerpensionen, in denen der Versicherungsfall nach dem 31. Mai 1981 eingetreten ist, mit Ausnahme der im Art. II Abs. 9 der 36. Novelle zum Allgemeinen Sozialversicherungsgesetz bezeichneten Pensionen.

(BGBl 1995/132, BGBl I 1998/138)

Schlußbestimmungen zu Art. XXIX des Strukturanpassungsgesetzes, BGBl. Nr. 297/1995

§ 559. (1) Es treten in Kraft:

1. rückwirkend mit 1. Jänner 1995 § 80a Abs. 4 in der Fassung des Bundesgesetzes BGBl. Nr. 297/1995;
2. mit 1. Juli 1995 § 351b in der Fassung des Bundesgesetzes BGBl. Nr. 297/1995;
3. mit 1. Jänner 1996 die §§ 253 Abs. 2, 253a Abs. 1 bis 3, 253b Abs. 1 Z 4 und Abs. 2 bis 4, 253c Abs. 7 und 8, 253d Abs. 2 und 3, 276 Abs. 2, 276a Abs. 1 bis 3, 276b Abs. 1 Z 4 und Abs. 2 bis 4, 276c Abs. 7 und 8, 276d Abs. 2 und 3 und 559 Abs. 2 und 3 in der Fassung des Bundesgesetzes BGBl. Nr. 297/1995.

(2) Die in Abs. 1 Z 3 genannten Bestimmungen sind ab dem Inkrafttreten nur auf Versicherungsfälle anzuwenden, in denen der Stichtag nach dem 30. Juni 1995 liegt.

(BGBl 1995/832)

(3) Die §§ 253b Abs. 3 und 276b Abs. 3 in der am 31. Dezember 1995 geltenden Fassung sind für das Kalenderjahr 1995 anzuwenden.

(BGBl 1995/287, BGBl I 1998/138)

Schlußbestimmung zu Art. VI des Sozialrechts-Änderungsgesetzes 1995, BGBl. Nr. 832

§ 560. Die §§ 34b, 82 Abs. 4, 460c und 559 Abs. 2 in der Fassung des Bundesgesetzes BGBl. Nr. 832/1995 treten mit 1. Jänner 1996 in Kraft.

(BGBl 1995/832, BGBl I 1998/138)

Schlußbestimmung zu Art. II des Antimißbrauchsgesetzes, BGBl. Nr. 895/1995

§ 560a. § 111 in der Fassung des Bundesgesetzes BGBl. Nr. 895/1995 tritt mit 1. Jänner 1996 in Kraft.

(BGBl 1995/895, BGBl 1996/411, BGBl I 1998/138)

§ 561. Für das Jahr 1996 sind den Gebietskrankenkassen, der Versicherungsanstalt des österreichischen Bergbaues als Träger der Krankenversicherung und der Sozialversicherungsanstalt der gewerblichen Wirtschaft als Träger der Krankenversicherung aus der gesonderten Rücklage gemäß § 447a Abs. 4 Zuwendungen zu gewähren, wenn durch die Überweisungen gemäß § 447f Abs. 8 die Zahlungsfähigkeit des Krankenversicherungsträgers gefährdet wäre.

(BGBl 1995/853)

Schlußbestimmung zu Art. 4 des Arbeitsmarktpolitikgesetzes 1996, BGBl. Nr. 153

§ 562. Die §§ 253a Abs. 1 Z 7 und 276a Abs. 1 Z 7 in der Fassung des Bundesgesetzes BGBl. Nr. 153/1996 treten am 1. April 1996 in Kraft.

(BGBl 1996/153, BGBl I 1998/138)

Schlußbestimmungen zu Art. 34 des Strukturanpassungsgesetzes 1996, BGBl. Nr. 201

§ 563. (1) Es treten in Kraft:

1. rückwirkend mit 1. Jänner 1996 § 80 in der Fassung des Art. 34 Z 44 sowie die §§ 80a Abs. 5, 80b und 447g Abs. 3 und Abs. 8, jeweils in der Fassung des Bundesgesetzes BGBl. Nr. 201/1996;
2. mit 1. April 1996 § 31 Abs. 5 Z 27 bis 30 in der Fassung des Bundesgesetzes BGBl. Nr. 201/1996;
3. mit 1. Mai 1996 die §§ 11 Abs. 2, 26 Abs. 1 Z 5 lit. f, 29 Abs. 3, 30 Abs. 1, 49 Abs. 3 Z 7, 122 Abs. 2 Z 2 bis 4, 134 Abs. 3 und 447d in der Fassung des Bundesgesetzes BGBl. Nr. 201/1996 und die Aufhebung der §§ 471f bis 471h;
4. mit 1. Juli 1996 die §§ 3 Abs. 3, 4 Abs. 3 Z 12 und Abs. 4, 5 Abs. 1 Z 2 und 13 bis 15, 5a, 10 Abs. 2, 10a, 12 Abs. 1, 33 Abs. 3, 35, 36 Abs. 3, 42 Abs. 4, 44 Abs. 1 Z 1, 44a, 45 Abs. 3, 49 Abs. 1, 51 Abs. 1, 2 und 5, 51a Abs. 3, 51b Abs. 3, 52 Abs. 2, 53 Abs. 3 lit. b, 55, 58 Abs. 3 bis 7, 59 Abs. 3, 64 Abs. 2, 66, 86 Abs. 3 Z 2, 100 Abs. 1 lit. c, 123 Abs. 4 Z 1, 138 Abs. 2 lit. f, 154a Abs. 7, 155 Abs. 3 und 4, 162 Abs. 5, 176 Abs. 1 Z 6, 223 Abs. 1 Z 2, 227 Abs. 2 bis 4, 234 Abs. 1 Z 2 lit. a, 245 Abs. 1, 251a Abs. 1 und 5, 252 Abs. 2 Z 1, 253a Abs. 5, 253b Abs. 5, 253c Abs. 9, 254 Abs. 1 und 3, 255 Abs. 4, 256, 271 Abs. 1, 273 Abs. 2, 276a Abs. 5, 276b Abs. 5, 276c Abs. 9, 277 Abs. 1, 279 Abs. 1, 302 Abs. 4, 305, 306 Abs. 2, 307b, 307d Abs. 2 Z 3 und Abs. 6, 308 Abs. 5 bis 7, 309, 310, 311 Abs. 3, 312, 313, 331 Abs. 2, 360 Abs. 3, 361 Abs. 1, 447g Abs. 2 lit. b bis d, 474 Abs. 1, 479 Abs. 2 Z 1 und 539a in der Fassung des Bundesgesetzes BGBl. Nr. 201/1996 und die Aufhebung des § 308 Abs. 3;

   (BGBl 1996/411)
5. mit 1. September 1996 die §§ 95 Abs. 1, 236 Abs. 1 Z 2, Abs. 2 Z 2 und Abs. 4, 238 Abs. 3, 239 Abs. 1, 240, 241, 253a Abs. 1 bis 4, 253d Abs. 1, 261 Abs. 1 bis 6, 261a Abs. 2, 261b Abs. 4 und 6, 264 Abs. 1 Z 1 und 2, 276a Abs. 1 bis 4, 276d Abs. 1, 284 Abs. 1 bis 7, 284a Abs. 2, 284b Abs. 4 und 6 und 285 Abs. 5 in der Fassung des Bundesgesetzes BGBl. Nr. 201/1996 und die Aufhebung der §§ 236 Abs. 2 Z 3 und 239 Abs. 4;
6. mit 1. Jänner 1997 die §§ 33 Abs. 1, 34 Abs. 1, 41, 86 Abs. 2 und 3 Z 1, 100 Abs. 1 lit. b, 104 Abs. 2, 253b Abs. 1 Z 2, 276b Abs. 1 Z 2 und 464 Abs. 1 in der Fassung des Bundesgesetzes BGBl. Nr. 201/1996 und die Aufhebung der §§ 253b Abs. 1 Z 3 und 276b Abs. 1 Z 3;
7. mit 1. Jänner 1998 § 80 in der Fassung des Art. 34 Z 45 sowie § 360 Abs. 4 in der Fassung des Bundesgesetzes BGBl. Nr. 201/1996.

   (BGBl 1996/411)

(1a) § 447g Abs. 8 in der Fassung des Bundesgesetzes BGBl. Nr. 201/1996 tritt mit Ablauf des 31. Dezember 1997 außer Kraft. Zu diesem Zeitpunkt tritt § 447g Abs. 8 in der am 31. Dezember 1995 geltenden Fassung in Kraft.

(2) (aufgehoben)

(BGBl 1996/411)

(3) Anstelle des verhältnismäßigen Teiles der Pension (Rente) gemäß § 100 Abs. 1 lit. b letzter Satz in der Fassung des Bundesgesetzes BGBl. Nr. 201/1996 gebührt Personen, die im Dezember 1996 eine Pension (Rente) beziehen und bei denen der Leistungsanspruch am 31. Dezember 1996 aufrecht ist, für den Kalendermonat, in dem der Grund des Wegfalles der Pension (Rente) eintritt, eine Vorschußzahlung. Die Vorschußzahlung ist in der Höhe der im Dezember 1996 ausgezahlten Pension (Rente) einschließlich der Zuschüsse und Ausgleichszulage spätestens am 1. Jänner 1997 flüssig zu machen. Alle auf die Pension (Rente) anzuwendenden Bestimmungen gelten auch für die Vorschußzahlung.

(4) Abweichend von § 86 Abs. 2 und 3 Z 1 in der Fassung des Bundesgesetzes BGBl. Nr. 201/1996 fallen Hinterbliebenenrenten (Hinterbliebenenpensionen) nach dem Tode eines Renten(Pensions)empfängers, der eine Vorschußzahlung gemäß Abs. 3 bezogen hat, mit Beginn des Kalendermonats, der dem Tod des Renten(Pensions)empfängers folgt, an. Für den Kalendermonat, in dem der Grund des Wegfalls der Hinterbliebenenrente (Hinterbliebenenpension) eintritt, gebührt anstelle des verhältnismäßigen Teiles der Hinterbliebenenrente (Hinterbliebenenpension) gemäß § 100 Abs. 1 lit. b letzter Satz in der Fassung des Bundesgesetzes BGBl. Nr. 201/1996 eine Vorschußzahlung. Die Vorschußzahlung ist in der Höhe der erstmalig zur Auszahlung gelangenden Hinterbliebenenrente (Hinterbliebenenpension) einschließlich der Zu-

schüsse und Ausgleichszulage spätestens am Ersten des Kalendermonats, der dem Tod des Renten(Pensions)empfängers folgt, flüssig zu machen. Zu Vorschußzahlungen, die spätestens am 1. Mai oder am 1. Oktober flüssig zu machen sind, gebührt eine Sonderzahlung. Alle auf die Pension (Rente) anzuwendenden Bestimmungen gelten auch für die Vorschußzahlung.

(BGBl 1996/764)

(5) Die §§ 154a Abs. 7, 155 Abs. 3, 302 Abs. 4 und 307d Abs. 6 in der Fassung des Bundesgesetzes BGBl. Nr. 201/1996 sind nur auf Fälle anzuwenden, in denen die Unterbringung nach dem 30. Juni 1996 beginnt.

(6) Versicherte, die am 31. Dezember 1996 das 40. Lebensjahr bereits vollendet und bis zu diesem Zeitpunkt einen Antrag auf Erwerb von Ersatzzeiten gemäß § 227 Abs. 1 Z 1 oder § 228 Abs. 1 Z 3 gestellt haben, können diese auf Grund der Beitragsgrundlage gemäß § 227 Abs. 3 Z 1 und 2 in der Fassung des Bundesgesetzes BGBl. Nr. 201/1996 erwerben, wobei § 227 Abs. 3 letzter Satz in der Fassung des Bundesgesetzes BGBl. Nr. 201/1996 keine Anwendung findet. Die Entrichtung der Beiträge in Teilbeträgen ist zulässig; hiebei darf die Gesamtzahl der Teilbeträge – unter Berücksichtigung der Einkommens- und Familienverhältnisse des (der) Versicherten – das Dreifache der Anzahl der Ersatzmonate, deren Erwerb beantragt wurde, nicht überschreiten. Die Beitragshöhe ist neu festzusetzen, wenn

1. die Zahlung der Teilbeträge ohne triftigen Grund unterbrochen wird oder
2. der Gesamtbetrag – soweit keine Teilbeträge vereinbart wurden – nicht innerhalb von drei Monaten ab der schriftlichen Verständigung durch den Versicherungsträger über die Berechtigung zur Beitragsentrichtung entrichtet wird.

(BGBl 1996/411)

(7) Versicherte, die vor dem 1. Juli 1996 bereits einen Antrag auf Erwerb von Ersatzzeiten gemäß § 227 Abs. 1 Z 1 oder § 228 Abs. 1 Z 3 gestellt haben, können diese auf Grund der Beitragsgrundlage gemäß § 227 Abs. 3 in der am 30. Juni 1996 geltenden Fassung erwerben. Die Entrichtung der Beiträge in Teilbeträgen ist zulässig; hiebei darf die Gesamtzahl der Teilbeträge – unter Berücksichtigung der Einkommens- und Familienverhältnisse des (der) Versicherten – das Dreifache der Anzahl der Ersatzmonate, deren Erwerb beantragt wurde, nicht überschreiten. Die Beitragshöhe ist neu festzusetzen, wenn

1. die Zahlung der Teilbeträge ohne triftigen Grund unterbrochen wird oder
2. der Gesamtbetrag – soweit keine Teilbeträge vereinbart wurden – nicht innerhalb von drei Monaten ab der schriftlichen Verständigung durch den Versicherungsträger über die Berechtigung zur Beitragsentrichtung entrichtet wird.

(BGBl 1996/411)

(8) Abweichend von § 227 Abs. 2 in der Fassung des Bundesgesetzes BGBl. Nr. 201/1996 sind die in den §§ 227 Abs. 1 Z 1 und 228 Abs. 1 Z 3 genannten Zeiten mit folgender Maßgabe weiterhin ohne Beitragsentrichtung anspruchswirksam, und zwar

1. bei männlichen Versicherten der Geburtsjahrgänge bis 1936 im vollen Ausmaß,
   bei männlichen Versicherten des Geburtsjahrganges 1937 mit fünf Sechsteln ihres Ausmaßes,
   bei männlichen Versicherten des Geburtsjahrganges 1938 mit zwei Dritteln ihres Ausmaßes,
   bei männlichen Versicherten des Geburtsjahrganges 1939 im halben Ausmaß,
   bei männlichen Versicherten des Geburtsjahrganges 1940 mit einem Drittel ihres Ausmaßes,
   bei männlichen Versicherten des Geburtsjahrganges 1941 mit einem Sechstel ihres Ausmaßes;
2. bei weiblichen Versicherten der Geburtsjahrgänge bis 1941 im vollen Ausmaß,
   bei weiblichen Versicherten des Geburtsjahrganges 1942 mit fünf Sechsteln ihres Ausmaßes,
   bei weiblichen Versicherten des Geburtsjahrganges 1943 mit zwei Dritteln ihres Ausmaßes,
   bei weiblichen Versicherten des Geburtsjahrganges 1944 im halben Ausmaß,
   bei weiblichen Versicherten des Geburtsjahrganges 1945 mit einem Drittel ihres Ausmaßes,
   bei weiblichen Versicherten des Geburtsjahrganges 1946 mit einem Sechstel ihres Ausmaßes.

(9) Verordnungen gemäß § 227 Abs. 3 in der Fassung des Bundesgesetzes BGBl. Nr. 201/1996 können bereits nach Ablauf des Tages seiner Kundmachung erlassen werden; sie dürfen frühestens mit 1. Juli 1996 in Kraft gesetzt werden.

(9a) Die §§ 236 Abs. 1 Z 2 lit. b und Abs. 4 Z 2 sowie 253a Abs. 1 Z 2, 253b Abs. 1 Z 2 lit. b, 253d Abs. 1 Z 2, 276a Abs. 1 Z 2, 276b Abs. 1 Z 2 lit. b und 276d Abs. 1 Z 2 in der Fassung des Bundesgesetzes BGBl. Nr. 201/1996 gelten für die gemäß

1. § 189 des Gewerblichen Selbständigen-Pensionsversicherungsgesetzes,
2. Art. II Abs. 14 lit. b der 25. Novelle zum Gewerblichen Selbständigen-Pensionsversicherungsgesetz, BGBl. Nr. 619/1977,
3. § 141 des Bauern-Pensionsversicherungsgesetzes sowie
4. § 16 Z 2 des Bundesgesetzes über die Sozialversicherung freiberuflich selbständig Erwerbstätiger von der Pflichtversicherung in der jeweiligen Pensionsversicherung befreiten Personen mit der Maßgabe,

daß an die Stelle der Beitragsmonate der Pflichtversicherung Beitragsmonate der freiwilligen Weiterversicherung nach diesem Bundesgesetz treten, sofern während dieser Zeit eine Erwerbstätigkeit ausgeübt wurde, die an sich die Pflichtversicherung nach dem Gewerblichen Selbständigen-Pensionsversicherungsgesetz, dem Bauern-Pensionsversicherungsgesetz, dem Gewerblichen Sozialversicherungsgesetz, dem Bauern-Sozialversicherungsgesetz oder dem Sozialversicherungsgesetz der freiberuflich selbständig Erwerbstätigen begründet hätte.

(BGBl 1996/411)

(10) Die §§ 253b Abs. 1 Z 2 lit. a und 276b Abs. 1 Z 2 lit. a in der Fassung des Bundesgesetzes BGBl. Nr. 201/1996 sind nur auf Versicherungsfälle anzuwenden, in denen der Stichtag nach dem 31. Dezember 1996 liegt, und zwar mit der Maßgabe, daß das Ausmaß von 450 Versicherungsmonaten

1. bei männlichen Versicherten, die vor dem 1. Jänner 1937 geboren sind, durch 420 Versicherungsmonate,

   bei männlichen Versicherten, die nach dem 31. Dezember 1936 und vor dem 1. Juli 1937 geboren sind, durch 423 Versicherungsmonate,

   bei männlichen Versicherten, die nach dem 30. Juni 1937 und vor dem 1. Jänner 1938 geboren sind, durch 426 Versicherungsmonate,

   bei männlichen Versicherten, die nach dem 31. Dezember 1937 und vor dem 1. Juli 1938 geboren sind, durch 429 Versicherungsmonate,

   bei männlichen Versicherten, die nach dem 30. Juni 1938 und vor dem 1. Jänner 1939 geboren sind, durch 432 Versicherungsmonate,

   bei männlichen Versicherten, die nach dem 31. Dezember 1938 und vor dem 1. Juli 1939 geboren sind, durch 435 Versicherungsmonate,

   bei männlichen Versicherten, die nach dem 30. Juni 1939 und vor dem 1. Jänner 1940 geboren sind, durch 438 Versicherungsmonate,

   bei männlichen Versicherten, die nach dem 31. Dezember 1939 und vor dem 1. Juli 1940 geboren sind, durch 441 Versicherungsmonate,

   bei männlichen Versicherten, die nach dem 30. Juni 1940 und vor dem 1. Jänner 1941 geboren sind, durch 444 Versicherungsmonate,

2. bei weiblichen Versicherten, die vor dem 1. Jänner 1942 geboren sind, durch 420 Versicherungsmonate,

   bei weiblichen Versicherten, die nach dem 31. Dezember 1941 und vor dem 1. Juli 1942 geboren sind, durch 423 Versicherungsmonate,

   bei weiblichen Versicherten, die nach dem 30. Juni 1942 und vor dem 1. Jänner 1943 geboren sind, durch 426 Versicherungsmonate,

   bei weiblichen Versicherten, die nach dem 31. Dezember 1942 und vor dem 1. Juli 1943 geboren sind, durch 429 Versicherungsmonate,

   bei weiblichen Versicherten, die nach dem 30. Juni 1943 und vor dem 1. Jänner 1944 geboren sind, durch 432 Versicherungsmonate,

   bei weiblichen Versicherten, die nach dem 31. Dezember 1943 und vor dem 1. Juli 1944 geboren sind, durch 435 Versicherungsmonate,

   bei weiblichen Versicherten, die nach dem 30. Juni 1944 und vor dem 1. Jänner 1945 geboren sind, durch 438 Versicherungsmonate,

   bei weiblichen Versicherten, die nach dem 31. Dezember 1944 und vor dem 1. Juli 1945 geboren sind, durch 441 Versicherungsmonate,

   bei weiblichen Versicherten, die nach dem 30. Juni 1945 und vor dem 1. Jänner 1946 geboren sind, durch 444 Versicherungsmonate

zu ersetzen ist.

(11) Für Personen, die vor dem 1. Juli 1996 in ein pensionsversicherungsfreies Dienstverhältnis aufgenommen worden sind, ist § 308 Abs. 3 in der am 30. Juni 1996 geltenden Fassung weiterhin anzuwenden. Gemäß der genannten Bestimmung erstattete Beiträge können auch nach dem 30. Juni 1996 weiterhin gemäß den §§ 311 bis 313 in der am 30. Juni 1996 geltenden Fassung an den Versicherungsträger zurückgezahlt werden.

(BGBl I 1997/139)

(12) § 108 Abs. 5, mit Ausnahme des letzten Satzes, und Abs. 7 ASVG sind für das Kalenderjahr 1997 nicht anzuwenden. Der Anpassungsfaktor gemäß § 108 Abs. 5 ASVG beträgt 1,000 für das Kalenderjahr 1997. § 108d Abs. 1 dritter und vierter Satz ist für die Jahre 1993 bis 1998 nicht anzuwenden.

(13) Personen, die im Jänner 1997 bzw. Juli 1997

1. eine Ausgleichszulage gemäß § 293 Abs. 1 lit. a aa beziehen oder
2. mit dem Ehegatten (der Ehegattin) im gemeinsamen Haushalt leben und deren Gesamteinkommen (Pension zuzüglich eines aus übrigen Einkünften des Pensionsberechtigten erwachsenden Nettoeinkommens und der gemäß § 294 zu berücksichtigenden Beträge) unter Anwendung der

§§ 292 ff. nicht die Höhe von 12 752 S übersteigt oder

3. eine Ausgleichszulage gemäß § 293 Abs. 1 lit. a bb, b bzw. c beziehen oder
4. nicht mit dem Ehegatten (der Ehegattin) in einem gemeinsamen Haushalt leben und deren Gesamteinkommen (Pension zuzüglich eines aus übrigen Einkünften des Pensionsberechtigten erwachsenden Nettoeinkommens und der gemäß § 294 zu berücksichtigenden Beträge unter Anwendung der §§ 292 ff. nicht die Höhe von 8 886 S übersteigt,

gebührt zu der im Jänner 1997 bzw. Juli 1997 auszuzahlenden Pension eine zusätzliche Ausgleichszulage.

(14) Die zusätzliche Ausgleichszulage beträgt für Personen gemäß Abs. 13 Z 1 und 2 jeweils 1 500 S, für Personen gemäß Abs. 13 Z 3 und 4 jeweils 1 000 S. Falls beide Ehegatten Anspruch auf eine Pension mit Ausgleichszulage haben und im gemeinsamen Haushalt leben, gebührt die zusätzliche Ausgleichszulage zur jeweils höheren Pension. Die zusätzliche Ausgleichszulage gebührt nicht, wenn im gleichen Haushalt eine andere Person Anspruch auf die zusätzliche Ausgleichszulage zu einer Witwen(Witwer)pension hat.

(15) Der gemäß Abs. 14 gebührende Betrag vermindert sich für je 250 S, um die das Gesamteinkommen den anzuwendenden Richtsatz gemäß § 293 Abs. 1 übersteigt, um je 250 S. Hiebei ist für Waisenpensionen jedenfalls der Richtsatz gemäß § 293 Abs. 1 lit. b anzuwenden.

(16) Bei der Ermittlung des Nettoeinkommens (§ 292 Abs. 3) haben die Beträge gemäß Abs. 14 und die Vorschußzahlungen gemäß Abs. 3 und 4 außer Betracht zu bleiben.

Abs. 17 fehlt! Hier liegt wahrscheinlich ein Druckfehler in BGBl. 201/1996 Art. 34 Z 164 vor.

(18) § 299 ist für die zusätzliche Ausgleichszulage nicht anzuwenden. Der Aufwand ist vom Bund zu tragen.

(19) Für Personen, die am 1. September 1996 das 60. Lebensjahr (bei Männern) bzw. das 55. Lebensjahr (bei Frauen) bereits vollendet haben, sind die Bestimmungen über die Pensionsberechnung nach der am 31. August 1996 geltenden Rechtslage weiterhin anzuwenden, sofern dies für den Versicherten (die Versicherte) günstiger ist.

(BGBl I 2000/2)

(20) Bei Versicherungsfällen mit einem Stichtag vom 1. September 1996 bis zum 1. Dezember 1996 ist § 551 Abs. 8 in der Fassung des Bundesgesetzes BGBl. Nr. 335/1993 mit der Maßgabe anzuwenden, daß an die Stelle der für die Bemessung der Pension maßgeblichen Bestimmungen, die ab 1. Juli 1993 gegolten haben, jene Bestimmungen treten, die am 1. September 1996 gemäß dem Bundesgesetz BGBl. Nr. 201/1996 in Kraft treten; § 551 Abs. 9 in der Fassung des Bundesgesetzes BGBl. Nr. 335/1993 ist mit der Maßgabe anzuwenden, daß anstelle der Pension, die auf Grund der ab 1. Juli 1993 geltenden Rechtslage gebühren würde, jene Pension tritt, die ab 1. September 1996 gebühren würde.

(21) (aufgehoben)

(BGBl I 2001/99)

(22) Für Personen, denen vor dem 1. Jänner 1996 ein Arbeitslosengeld gemäß § 18 Abs. 2 lit. c des Arbeitslosenversicherungsgesetzes 1977 in der am 31. Juli 1993 geltenden Fassung zuerkannt wurde, ist § 253d Abs. 1 in der am 31. August 1996 geltenden Fassung weiterhin anzuwenden.

(BGBl 1996/600)

(BGBl 1996/201, BGBl I 1998/138)

Schlußbestimmungen zu Art. I des Sozialrechts-Änderungsgesetzes 1996, BGBl. Nr. 411 (53. Novelle)

§ 564. (1) Es treten in Kraft:

1. mit 1. August 1996 die §§ 3 Abs. 2 lit. d und e, 4 Abs. 1 Z 5 und Z 13 sowie Abs. 3 Z 1 und 11, 5 Abs. 1 Z 7 und Z 11, 7 Z 4, 8 Abs. 1 Z 1 lit. c, Z 3 lit. b, e, g und k sowie Z 4 lit. d, 10 Abs. 1, Abs. 2 in der Fassung des Art. I Z 27 und Abs. 3, 12 Abs. 6, 14 Abs. 1 Z 7, 17 Abs. 5 lit. d und e, 19 Abs. 1 Z 4, 20 Abs. 1, 28 Z 2 lit. d, 31 Abs. 3 Z 2, 31 Abs. 4 Z 3 lit. a, 31 Abs. 5 Z 16 und Z 31, 31 Abs. 8, 36 Abs. 1 Z 9, 37, 37d, 42 Abs. 1, 43 Abs. 1, 44 Abs. 2, 49 Abs. 6, 52 Abs. 2, 56a Abs. 1, 59 Abs. 1 zweiter und dritter Satz, 67 Abs. 5, 73 Abs. 1, 2 und 4, 74 Abs. 1, Abs. 3 Z 1 und Z 3 sowie Abs. 6, 74a Abs. 1, 82 Abs. 1 und 2, 89a, 90, 91, 102 Abs. 3, 107a Abs. 1, 108e Abs. 2, 122 Abs. 2 Z 2 lit. a, 123 Abs. 9 lit. c und d und Abs. 11, 129 Abs. 1, 3 und 4, 131 Abs. 1 und 3, 135 Abs. 3, 4 und 5, 136 Abs. 3, 139 Abs. 1 und 5, 140, 143 Abs. 1 Z 5 und 6, 153 Abs. 4, 154a Abs. 2, 176 Abs. 1 Z 7 lit. b, 181 Abs. 1 und 6, 181a Abs. 1, 189 Abs. 2, 207 Abs. 1, 210 Abs. 3, 215a Abs. 4, 225 Abs. 1 Z 6, 226 Abs. 1 Z 3 und Abs. 2 lit. d, 227 Abs. 1 Z 7 und Z 8, 265 Abs. 4, 292 Abs. 1, 302 Abs. 1, 307d Abs. 3, 343 Abs. 3, 347 Abs. 1, 362 Abs. 2, 408, 420 Abs. 5 Z 1, 421 Abs. 1, 423 Abs. 5, 424, 442 Abs. 1, 442a Abs. 3 bis 6, 453 Abs. 3, 456 Abs. 3, 456a Abs. 4, 479 Abs. 3, 479d Abs. 2 und 3, 545 Abs. 6, 560 und die Nrn. 39 und 47 der Anlage 1 in der Fassung des Bundesgesetzes BGBl. Nr. 411/1996 und die Aufhebung der §§ 7 Z 1 lit. f, 293 Abs. 5 und 314a;
2. mit 1. September 1996 die §§ 253a Abs. 1 und 2, 264 Abs. 3 Z 2 und Abs. 4 Z 2, 276a Abs. 1 und 2 sowie 563 Abs. 9a in der Fassung des Bundesgesetzes BGBl. Nr. 411/1996;

2.a) mit 1. November 1996 die §§ 253b Abs. 3, 253d Abs. 2, 276b Abs. 3 und 276d Abs. 2

in der Fassung des Bundesgesetzes BGBl. Nr. 411/1996;

3. mit 1. Jänner 1997 die §§ 4 Abs. 3 Z 3 und 104 Abs. 2 in der Fassung des Bundesgesetzes BGBl. Nr. 411/1996;
4. rückwirkend mit 1. Juli 1996 die §§ 3 Abs. 3, 4 Abs. 4 bis 6, 5 Abs. 1 Z 2 und Z 13 bis 15, 5a, 10 Abs. 2 in der Fassung des Art. I Z 26, 10a, 33 Abs. 3, 35 Abs. 2, 36 Abs. 3, 43 Abs. 2, 44 Abs. 1 Z 1 und Abs. 8, 44a, 45 Abs. 3, 51 Abs. 1 Einleitung und Z 1 lit. d und Abs. 5, 55 Abs. 2, 58 Abs. 3, 59 Abs. 1 erster Satz, 86 Abs. 3 Z 2, 108a Abs. 2, 138 Abs. 2 lit. f, 168, 176 Abs. 1 Z 6, 227 Abs. 3 und 4, 258 Abs. 2, 306 Abs. 2 und 563 Abs. 1 Z 4 und Z 7 sowie Abs. 6 und 7 in der Fassung des Bundesgesetzes BGBl. Nr. 411/1996 und die Aufhebung der §§ 4 Abs. 3 Z 12, 51 Abs. 2, 51a Abs. 3, 51b Abs. 3, 447g Abs. 2 lit. b und 563 Abs. 2;
5. rückwirkend mit 1. Mai 1996 die §§ 29 Abs. 3, 253b Abs. 1 Z 4 und 276b Abs. 1 Z 4 in der Fassung des Bundesgesetzes BGBl. Nr. 411/1996;
6. rückwirkend mit 1. Jänner 1996 § 447g Abs. 3 Z 1 lit. b in der Fassung des Bundesgesetzes BGBl. Nr. 411/1996;
7. rückwirkend mit 1. Jänner 1995 die §§ 4 Abs. 1 Z 12, 10 Abs. 5, 14 Abs. 1 Z 10, 30 Abs. 3, 36 Abs. 1 Z 8, 44 Abs. 1 Z 9, 51 Abs. 1 Z 1 lit. a, 131 Abs. 5, 264 Abs. 5 Z 10 lit. a und 343 Abs. 1 in der Fassung des Bundesgesetzes BGBl. Nr. 411/1996;
8. rückwirkend mit 1. Jänner 1994 die §§ 82 Abs. 3, 307c, 342 Abs. 1 Z 6, 442a Abs. 2 Z 4 und 5, 460 Abs. 4, 479 Abs. 2 Z 4 und 551 Abs. 10 in der Fassung des Bundesgesetzes BGBl. Nr. 411/1996 und die Änderung des § 447g Abs. 8 in der am 31. Dezember 1995 geltenden Fassung;
9. rückwirkend mit 1. Juli 1993 die §§ 95 Abs. 1, 108g Abs. 6, 230 Abs. 2 lit. g, 412 Abs. 6, 472a Abs. 2 und 502 Abs. 6 in der Fassung des Bundesgesetzes BGBl. Nr. 411/1996;

(2) § 360 Abs. 5 in der Fassung des Bundesgesetzes BGBl. Nr. 411/1996 tritt rückwirkend mit 1. Juli 1996 in Kraft.

(BGBl I 1997/139)

(3) § 4 Abs. 5 in der Fassung des Bundesgesetzes BGBl. Nr. 411/1996 ist nur auf vertragliche Vereinbarungen anzuwenden, die nach dem 30. Juni 1996 abgeschlossen werden.

(4) Bei der Prüfung der Regelmäßigkeit der Beschäftigung gemäß § 4 Abs. 5 in der Fassung des Bundesgesetzes BGBl. Nr. 411/1996 ist auch auf Vereinbarungen Bedacht zu nehmen, die vor dem 1. Juli 1996 abgeschlossen wurden.

(5) Für Versicherte gemäß § 4 Abs. 4

1. ist § 4 Abs. 2 Z 3 des Gewerblichen Sozialversicherungsgesetzes,
2. sind die §§ 2a, 2b und 5 Abs. 2 Z 3 bis 6 des Bauern-Sozialversicherungsgesetzes

nicht anzuwenden.

(BGBl I 1998/138)

(6) Für Versicherte gemäß § 4 Abs. 4 ist § 33 in der Fassung des Bundesgesetzes BGBl. Nr. 411/1996 mit der Maßgabe anzuwenden, daß Meldungen auch dann als fristgerecht erstattet gelten, wenn sie unverzüglich ab dem 1. November 1996 erfolgen.

(BGBl 1996/600)

(7) Für Versicherte gemäß § 4 Abs. 5 ist § 33 in der Fassung des Bundesgesetzes BGBl. Nr. 411/1996 mit der Maßgabe anzuwenden, daß zwischen dem 1. Juli 1996 und dem 30. September 1996 zu erstattende Meldungen auch dann als fristgerecht erstattet gelten, wenn sie unverzüglich ab dem 1. November 1996 erfolgen.

(BGBl 1996/600)

(7a) Die Bestimmungen über die Pflichtversicherung der im § 4 Abs. 4 und 5 in der Fassung des Bundesgesetzes BGBl. Nr. 411/1996 genannten Personen sind auf Kunstschaffende erst mit Ablauf des 31. Dezember 1997 anzuwenden.

(BGBl 1996/600)

(7b) Die Gebühr gemäß den §§ 135 Abs. 3 und 153 Abs. 4 in der Fassung des Bundesgesetzes BGBl. Nr. 411/1996 ist erstmalig für Krankenscheine (Zahnbehandlungsscheine) einzuheben, die für das erste Kalendervierteljahr 1997 ausgestellt werden.

(8) Ist eine Person am 1. August 1996 auf Grund der Folgen eines Unfalles, der erst gemäß § 176 Abs. 1 Z 7 lit. b in der Fassung des Bundesgesetzes BGBl. Nr. 411/1996 als Arbeitsunfall anerkannt wird, völlig erwerbsunfähig, so sind ihr die Leistungen aus der Unfallversicherung zu gewähren, wenn der Versicherungsfall nach dem 31. Dezember 1955 eingetreten ist und der Antrag bis 31. Juli 1997 gestellt wird. Die Leistungen sind frühestens ab 1. August 1996 zu gewähren. Wird der Antrag später gestellt, so gebühren die Leistungen ab dem auf die Antragstellung folgenden Monatsersten.

(9) Im Falle des durch einen Unfall verursachten Todes des Versicherten, der erst gemäß § 176 Abs. 1 Z 7 lit. b in der Fassung des Bundesgesetzes BGBl. Nr. 411/1996 als Arbeitsunfall anerkannt wird, sind die Leistungen der Unfallversicherung an die Hinterbliebenen zu gewähren, wenn der Versicherungsfall nach dem 31. Dezember 1955 eingetreten ist und der Antrag bis 31. Juli 1997 gestellt wird. Die Leistungen sind frühestens ab 1. August 1996 zu gewähren. Wird der Antrag später gestellt, so gebühren die Leistungen ab dem auf die Antragstellung folgenden Monatsersten.

(10) Leidet ein Versicherter am 1. August 1996 an einer Krankheit, die erst auf Grund des Bundesgesetzes BGBl. Nr. 411/1996 als Berufskrankheit

anerkannt wird, so sind ihm die Leistungen der Unfallversicherung zu gewähren, wenn der Versicherungsfall nach dem 31. Dezember 1955 eingetreten ist und der Antrag bis 31. Juli 1997 gestellt wird. Die Leistungen sind frühestens ab 1. August 1996 zu gewähren. Wird der Antrag später gestellt, so gebühren die Leistungen ab dem Tag der Antragstellung.

(11) Im Falle des durch eine Krankheit verursachten Todes des Versicherten, die erst auf Grund des Bundesgesetzes BGBl. Nr. 411/1996 als Berufskrankheit anerkannt wird, sind die Leistungen der Unfallversicherung an die Hinterbliebenen zu gewähren, wenn der Versicherungsfall nach dem 31. Dezember 1955 eingetreten ist und der Antrag bis 31. Juli 1997 gestellt wird. Die Leistungen sind frühestens ab 1. August 1996 zu gewähren. Wird der Antrag später gestellt, so gebühren die Leistungen ab dem Tag der Antragstellung.

(12) Den im § 4 Abs. 1 Z 13 in der Fassung des Bundesgesetzes BGBl. Nr. 411/1996 genannten Personen bzw. ihren Hinterbliebenen, die am 1. August 1996 eine Leistung nach den versorgungsrechtlichen Bestimmungen der Evangelischen Kirchen beziehen, gebührt ab diesem Zeitpunkt eine Pension aus der Pensionsversicherung. Die Pension ist nach den Bestimmungen dieses Bundesgesetzes zu ermitteln, wobei folgende Besonderheiten gelten:

1. ab dem Zeitpunkt der Ordination (Bestellung) bis zum Ausscheiden aus dem Amt zurückgelegte Zeiten gelten als Beitragszeiten der Pensionsversicherung, wenn hiefür Beiträge gemäß Abs. 16 entrichtet werden;
2. für die letzten 180 vor dem Ausscheiden aus dem Amt gelegenen Beitragsmonate nach Z 1 gilt als Beitragsgrundlage gemäß § 244 das monatliche Einkommen aus einer Tätigkeit, die die Pflichtversicherung gemäß § 4 Abs. 1 Z 13 in der Fassung des Bundesgesetzes BGBl. Nr. 411/1996 begründet hätte;
3. § 70 findet keine Anwendung;
4. bei der Berechnung der Bemessungsgrundlage zum 1. August 1996 ist § 108h Abs. 4 anzuwenden;
5. Stichtag ist der dem Tag des Ausscheidens aus dem Amt folgende Monatserste.

(13) Für Zeiten, die von den gemäß § 4 Abs. 1 Z 13 in der Fassung des Bundesgesetzes BGBl. Nr. 411/1996 in die Vollversicherung einbezogenen Personen ab dem Zeitpunkt der Ordination (Bestellung) bis zum 1. August 1996 zurückgelegt worden sind, gilt folgendes:

1. diese Zeiten gelten als Beitragszeiten der Pensionsversicherung, wenn hiefür Beiträge gemäß Abs. 16 entrichtet werden;
2. für die letzten 180 vor dem 1. August 1996 gelegenen Beitragsmonate nach Z 1 gilt als Beitragsgrundlage gemäß § 244 das monatliche Einkommen aus einer Tätigkeit, die die Pflichtversicherung gemäß § 4 Abs. 1 Z 13 in der Fassung des Bundesgesetzes BGBl. Nr. 411/1996 begründet hätte; von der Kirche erhaltene Sachbezüge bleiben hiebei bis zum Ablauf des 31. Dezember 1997 unberücksichtigt;

   (BGBl I 1997/139)
3. § 70 findet keine Anwendung.

(14) Beziehen die im § 4 Abs. 1 Z 13 in der Fassung des Bundesgesetzes BGBl. Nr. 411/1996 genannten Personen bzw. ihre Hinterbliebenen am 1. August 1996 bereits eine Pension aus der Pensionsversicherung nach diesem Bundesgesetz, so ist diese Pension zu diesem Zeitpunkt unter Berücksichtigung des Abs. 12 neu zu berechnen.

(15) Beziehen die im § 4 Abs. 1 Z 13 in der Fassung des Bundesgesetzes BGBl. Nr. 411/1996 genannten Personen bzw. ihre Hinterbliebenen am 1. August 1996 bereits eine Pension aus der Pensionsversicherung nach diesem Bundesgesetz, aber noch keine Leistung nach den versorgungsrechtlichen Bestimmungen der Evangelischen Kirchen, so ist die Pension nach dem Ausscheiden aus dem Amt neu zu berechnen; Stichtag ist der dem Tag des Ausscheidens aus dem Amt folgende Monatserste.

(16) Die für die Berücksichtigung der Zeiten gemäß Abs. 12 und 13 als Beitragszeiten erforderlichen Beiträge sind mit einem Pauschalbetrag in der Höhe von 75 Millionen Schilling abzugelten. Dieser Betrag ist von der Evangelischen Kirche AB. an die Pensionsversicherungsanstalt der Angestellten in drei Teilbeträgen wie folgt zu überweisen:

1. am 1. September 1996 in der Höhe von 30 Millionen Schilling abzüglich der gemäß § 314a bereits geleisteten Überweisungsbeträge in der Höhe von 8,8 Millionen Schilling;
2. am 1. Juli 1997 in der Höhe von 25 Millionen Schilling;
3. am 1. Juli 1998 in der Höhe von 20 Millionen Schilling.

(17) Die Evangelischen Kirchen haben die für die Einbeziehung in die Pensionsversicherung bzw. für die Pensionsberechnung gemäß den Abs. 12 und 13 bedeutsamen Angaben (z. B. Zeitpunkt der Ordination, zurückliegende Einkommen) der Pensionsversicherungsanstalt der Angestellten zu melden.

(18) § 314a in der am 31. Juli 1996 geltenden Fassung ist bei der Anwendung der §§ 230 und 243 weiterhin gültig.

(BGBl 1996/411, BGBl I 1998/138)

Schlußbestimmung zu Art. IV des Bundesgesetzes BGBl. Nr. 417/1996

§ 565. § 11 Abs. 2a in der Fassung des Bundesgesetzes BGBl. Nr. 417/1996 tritt mit 1. Juli 1996 in Kraft.

(BGBl 1996/417, BGBl I 1998/138)

Schlußbestimmungen zu Art. I des Bundesgesetzes BGBl. Nr. 600/1996

§ 566. (1) Es treten in Kraft:

1. mit 1. Jänner 1997 die §§ 4 Abs. 7, 5 Abs. 2, 5a Abs. 2 Z 2 und 3, 51 Abs. 2, 70a und 459d in der Fassung des Bundesgesetzes BGBl. Nr. 600/1996;
2. rückwirkend mit 1. Juli 1996 die §§ 5a Abs. 1 und Abs. 2 Z 1, 33 Abs. 1, 3 und 4, 44a Abs. 1 und 2, 59 Abs. 1 Z 2 und § 564 Abs. 6, 7 und 7a in der Fassung des Bundesgesetzes BGBl. Nr. 600/1996 sowie die Aufhebung des § 44a Abs. 3 und 4;
3. rückwirkend mit 1. September 1996 § 563 Abs. 22 in der Fassung des Bundesgesetzes BGBl. Nr. 600/1996.

(2) Eine bis zur Kundmachung des Bundesgesetzes BGBl. Nr. 600/1996 gemeldete Pflichtversicherung auf Grund des § 4 Abs. 4 oder 5 in der Fassung des Bundesgesetzes BGBl. Nr. 411/1996 bleibt bis zum Ablauf des Kalendermonates der Kundmachung aufrecht, wenn dies der Versicherte wünscht. Auf nach der Kundmachung gemeldete Pflichtversicherungen gemäß § 4 Abs. 4 und 5 sind die Bestimmungen des Bundesgesetzes BGBl. Nr. 600/1996 anzuwenden.

(BGBl 1996/600, BGBl I 1998/138)

Schlußbestimmungen zu Art. I des 2. Sozialrechts-Änderungsgesetzes 1996, BGBl. Nr. 764

§ 567. (1) Es treten in Kraft:

1. mit 1. Jänner 1997 die §§ 33 Abs. 1, 58 Abs. 6 letzter Satz, 105 Abs. 1, 3 und 4, 416 und 563 Abs. 4 in der Fassung des Bundesgesetzes BGBl. Nr. 764/1996;

1a. rückwirkend mit 1. November 1996 § 44 Abs. 3 und 4 in der Fassung des Bundesgesetzes BGBl. Nr. 764/1996;

2. rückwirkend mit 1. August 1996 die §§ 28 Z 3, 131 Abs. 6, 135 Abs. 3 Z 2 und 136 Abs. 3 in der Fassung des Bundesgesetzes BGBl. Nr. 764/1996;
3. rückwirkend mit 1. Juli 1996 § 58 Abs. 6 erster Satz in der Fassung des Bundesgesetzes BGBl. Nr. 764/1996.

(2) Die §§ 107a Abs. 2, 121 Abs. 4 Z 3 lit. d, 122 Abs. 2 Z 1 lit. d, 124 Abs. 2 Z 1, 130 Abs. 3, 144 Überschrift, 144 Abs. 1, 145 Überschrift, 145 Abs. 1 und 2, 148, 149, 150, 189 Abs. 3, 302 Abs. 3, 322a, 332 Abs. 1, 338 Abs. 2a und 3, 361 Abs. 2, 447a Abs. 5 Z 3 zweiter Satz und 447f in der Fassung des Bundesgesetzes BGBl. Nr. 764/1996 treten mit 1. Jänner 1997 in Kraft.

(BGBl I 2001/5)

(3) (aufgehoben)

(BGBl I 2001/5)

(4) Die landesgesetzlichen Ausführungsbestimmungen zu den §§ 148, 149 Abs. 2, 189 Abs. 3 und 302 Abs. 3 in der Fassung des Bundesgesetzes BGBl. Nr. 764/1996 sind innerhalb von sechs Monaten zu erlassen und rückwirkend mit 1. Jänner 1997 in Kraft zu setzen.

(5) Die am 31. Dezember 1996 in Kraft stehenden privatrechtlichen Verträge mit Krankenanstalten, die ab 1. Jänner 1997 landesfondsfinanziert sind, gelten ab diesem Zeitpunkt als privatrechtliche Verträge gemäß § 148 Z 10 in der Fassung des Bundesgesetzes BGBl. Nr. 764/1996.

(6) Die Ausgaben für die Verpflegskosten gemäß § 149 Abs. 3 in der Fassung des Art. I Z 15 des Bundesgesetzes BGBl. Nr. 764/1996 (§ 98 Abs. 1 des Gewerblichen Sozialversicherungsgesetzes in der Fassung des Art. 11 Z 9, § 92 Abs. 1 des Bauern-Sozialversicherungsgesetzes in der Fassung des Art. III Z 12 und § 68 Abs. 3 des Beamten-Kranken- und Unfallversicherungsgesetzes in der Fassung des Art. IV Z 10 jeweils des Bundesgesetzes BGBl. Nr. 764/1996) und für die Pflegekostenzuschüsse gemäß § 150 Abs. 2 in der Fassung des Art. I Z 16 des Bundesgesetzes BGBl. Nr. 764/1996 (§ 98a des Gewerblichen Sozialversicherungsgesetzes in der Fassung des Art. II Z 10, § 93 Abs. 2 des Bauern-Sozialversicherungsgesetzes in der Fassung des Art. III Z 13 und § 68a des Beamten-Kranken- und Unfallversicherungsgesetzes in der Fassung des Art. IV Z 11 jeweils des Bundesgesetzes BGBl. Nr. 764/1996) haben sich im Durchschnitt der Jahre 1997 bis 2000 in einem Rahmen zu bewegen, der dem Finanzvolumen für die entsprechenden Leistungen im Jahre 1994, valorisiert mit den Beitragseinnahmen bis zum Jahre 2000, entspricht.

(7) Für eine Anstaltspflege vor dem 1. Jänner 1997, die nach Verpflegstagen abgerechnet wird, ist § 332 in der am 31. Dezember 1996 geltenden Fassung weiterhin anzuwenden.

(8) Abweichend von den Bestimmungen des § 447f Abs. 9 wird der Gesamtteilbetrag der Überweisung unter Berücksichtigung der Beitragseinnahmen für die Kalenderjahre 1998 bis 2000 aufgebracht durch

1. die Zusatzbeiträge in der Krankenversicherung (§ 51b des Allgemeinen Sozialversicherungsgesetzes, § 27a des Gewerblichen Sozialversicherungsgesetzes, § 24a des Bauern-Sozialversicherungsgesetzes, § 20a des Beamten-Kranken- und Unfallversicherungsgesetzes);
2. soweit die Zusatzbeiträge nach Z 1 nicht ausreichen, durch Überweisungen der Krankenversicherungsträger (§ 31 Abs. 1) nach folgendem Schlüssel:

   Wiener Gebietskrankenkasse 24,33426%,
   Niederösterreichische Gebietskrankenkasse 11,27709%,
   Burgenländische Gebietskrankenkasse 1,22081%,
   Oberösterreichische Gebietskrankenkasse 13,34493%,
   Steiermärkische Gebietskrankenkasse 8,13824%,

Kärntner Gebietskrankenkasse 3,72204%,
Salzburger Gebietskrankenkasse 5,15325%,
Tiroler Gebietskrankenkasse 5,24571%,
Vorarlberger Gebietskrankenkasse 3,51715%,
Betriebskrankenkasse der Österreichischen Staatsdruckerei 0,04847%,
Betriebskrankenkasse Austria Tabak.......................... 0,08286%,
Betriebskrankenkasse der Wiener Verkehrsbetriebe 0,38132%,
Betriebskrankenkasse Semperit................................. 0,16554%,
Betriebskrankenkasse der Neusiedler AG 0,06205%,
Betriebskrankenkasse Alpine Donawitz 0,18032%,
Betriebskrankenkasse Zeltweg..................................... 0,08630%,
Betriebskrankenkasse Kindberg............................... 0,05073%,
Betriebskrankenkasse Kapfenberg............................ 0,19403%,
Betriebskrankenkasse Pengg...................................... 0,02105%,
Versicherungsanstalt des österreichischen Bergbaues (als Träger der Krankenversicherung) 0,86075%,
Versicherungsanstalt der österreichischen Eisenbahnen, Abteilung A (als Träger der Krankenversicherung) 0,49018%,
Versicherungsanstalt der österreichischen Eisenbahnen, Abteilung B (als Träger der Krankenversicherung) 2,35496%,
Versicherungsanstalt öffentlich Bediensteter (als Träger der Krankenversicherung) 10,37015%,
Sozialversicherungsanstalt der gewerblichen Wirtschaft (als Träger der Krankenversicherung)......................... 6,46282%,
Sozialversicherungsanstalt der Bauern (als Träger der Krankenversicherung) .... 2,23499%.

Dieser Schlüssel ist jährlich, erstmals für das Geschäftsjahr 1998, unter Berücksichtigung der Entwicklung der Beitragseinnahmen der einzelnen Krankenversicherungsträger von diesem Geschäftsjahr zum Geschäftsjahr 1996, in weiterer Folge vom laufenden Geschäftsjahr zum vorangegangenen Geschäftsjahr vom Hauptverband der österreichischen Sozialversicherungsträger neu festzusetzen. Hiebei sind als Beitragseinnahmen die Beiträge für pflichtversicherte Erwebstätige, für freiwillig Versicherte, für Arbeitslose und der Bundesbeitrag zur Krankenversicherung der Bauern heranzuziehen. Zusatzbeiträge gemäß Z 1 sind außer Betracht zu lassen.

3. Die Summe der auf die einzelnen Träger entfallenden Beträge nach Z 1 und 2 sind mit Ausnahme der Summe für die Betriebskrankenkasse Kapfenberg im Verhältnis des Gesamtteilbetrages zum Betrag des um 15 Millionen Schilling verminderten Gesamtteilbetrages zu erhöhen. Die Summe für die Betriebskrankenkasse Kapfenberg ist um 15 Millionen Schilling zu vermindern.

4. Die Wiener Gebietskrankenkasse, die Oberösterreichische Gebietskrankenkasse, die Salzburger Gebietskrankenkasse, die Tiroler Gebietskrankenkasse, die Vorarlberger Gebietskrankenkasse und die Sozialversicherungsanstalt der gewerblichen Wirtschaft (als Träger der Krankenversicherung) erhalten aus der Rücklage gemäß § 447a Abs. 4 Stützbeträge, und zwar die

Wiener Gebietskrankenkasse 307,3 Millionen Schilling,
Oberösterreichische Gebietskrankenkasse 25,3 Millionen Schilling,
Salzburger Gebietskrankenkasse 29,1 Millionen Schilling,
Tiroler Gebietskrankenkasse 0,6 Millionen Schilling,
Vorarlberger Gebietskrankenkasse 15,9 Millionen Schilling,
Sozialversicherungsanstalt der gewerblichen Wirtschaft (als Träger der Krankenversicherung) 21,8 Millionen Schilling.

Diese Beträge sind spätestens bis zum 31. Dezember 2000 zu überweisen, wobei Teilbeträge von den einzelnen Gebietskrankenkassen jeweils zum 1. Oktober eines jeden Jahres angefordert werden können.

(BGBl I 1998/138)

(9) § 63b ist für Zusatzbeiträge in der Krankenversicherung (§ 51b), die für die Jahre 1997 bis 2000 geleistet werden, nicht anzuwenden.

(BGBl 1996/764, BGBl I 1998/138)

Schlußbestimmungen zu Art. 7 des Bundesgesetzes BGBl. I Nr. 47/1997

§ 568. (1) Die §§ 2 Abs. 2 Z 11, 5 Abs. 2, 122 Abs. 2 Z 3 und 4 und Abs. 3, 166 Abs. 1 Z 2, 176

Abs. 1 Z 8, 227a Abs. 5 Z 1 und Abs. 6, 238 Abs. 2 Z 2, 331 Abs. 1, 447g Abs. 3 Z 1 lit. b und 554 Abs. 1 in der Fassung des Bundesgesetzes BGBl. I Nr. 47/1997 treten mit 1. Juli 1997 in Kraft.

(2) Die §§ 331 Abs. 2 und 554 Abs. 2 treten mit Ablauf des 30. Juni 1997 außer Kraft.

(3) Für Ansprüche auf Grund von Geburten vor dem 1. Juli 1997 sind die §§ 2 Abs. 2 Z 11, 5 Abs. 2, 122 Abs. 2 Z 3 und 4 und Abs. 3, 176 Abs. 1 Z 8, 227a Abs. 5 Z 1 und Abs. 6, 238 Abs. 2 Z 2 und 447g Abs. 3 Z 1 lit. b weiterhin in der am 30. Juni 1997 geltenden Fassung anzuwenden.

(BGBl I 1997/47, BGBl I 1998/138)

Schlußbestimmung zu Art. 20 des Bezügebegrenzungsgesetzes, BGBl. I Nr. 64/1997

§ 569. Die §§ 70 Abs. 4, 225 Abs. 1 Z 6 und 7, 230 Abs. 2 lit. d, 243 Abs. 1 Z 1 und 420 Abs. 5 Z 2 in der Fassung des Bundesgesetzes BGBl. I Nr. 64/1997 treten mit 1. August 1997 in Kraft. Bei ihrer Anwendung sind die auf Grund der Ermächtigung gemäß § 2 Abs. 3 des Bundesverfassungsgesetzes über die Begrenzung von Bezügen öffentlicher Funktionäre erlassenen landesgesetzlichen Regelungen den Bestimmungen des 4. Abschnittes des Bundesbezügegesetzes sowie des § 49h Abs. 3 des Bezügegesetzes, jeweils in der Fassung des Bezügebegrenzungsgesetzes, BGBl. I Nr. 64/1997, gleichzuhalten.

(BGBl I 1997/64, BGBl I 1998/138)

Schlußbestimmungen zu Art. XXVIII des Bundesgesetzes BGBl. I Nr. 61/1997

§ 570. Es treten in Kraft:

1. § 264 Abs. 5 Z 10a in der Fassung des Bundesgesetzes BGBl. I Nr. 61/1997 mit 1. Jänner 1997,
2. § 311 Abs. 5 2. Satz in der Fassung des Bundesgesetzes BGBl. I Nr. 61/1997 mit 1. Juli 1997.

(BGBl I 1997/61, BGBl I 1998/138)

Schlußbestimmungen zu Art. II des Bundesgesetzes BGBl. I Nr. 79/1997

§ 571. (1) Die §§ 51c und 57a in der Fassung des Bundesgesetzes BGBl. I Nr. 79/1997 treten mit 1. Juli 1997 in Kraft.

(2) Die §§ 51 Abs. 2 und 53 Abs. 2 zweiter Satz treten mit Ablauf des 30. Juni 1997 außer Kraft.

(BGBl I 1997/79, BGBl I 1998/138)

Schlußbestimmungen zu Art. 7 des Arbeits- und Sozialrechts-Änderungsgesetzes 1997, BGBl. I Nr. 139 (54. Novelle)

§ 572. (1) Es treten in Kraft:

1. mit 1. Jänner 1998 die §§ 3 Abs. 3, 4 Abs. 1 Z 13 und 14 sowie Abs. 2 und 4, 5 Abs. 1 Z 2 und Abs. 2, 8 Abs. 1 Z 3 lit. a, 10 Abs. 2 in der Fassung der Z 22, 12 Abs. 1, 16a Abs. 1, 19a, 31 Abs. 5 Z 31 und 32, 33 Abs. 1, 35 Überschrift und Abs. 4 lit. b, 43 Abs. 1, 44 Abs. 1 Z 1 und Abs. 2 sowie Abs. 7, 44a Abs. 1, 49 Abs. 1 und 7, 53 Abs. 3 lit. b, 53a, 58 Abs. 2, 59 Abs. 1 Z 2, 76 Abs. 1 Z 2, 76b Abs. 2, 77 Abs. 1, 2 und 5 bis 7, 90, 91 Abs. 1, 91 Abs. 2 in der Fassung der Z 89, 92, 103 Abs. 1 Z 3 und 4, 108b erster Satz, 123 Abs. 9 lit. a, 230 Abs. 2 lit. f, 253 Abs. 1 und 2, 253a Abs. 2 Z 1, Abs. 2a und Abs. 5, 253b Abs. 1 Z 4 und Abs. 5, 253c, 253d Abs. 1 Z 2 bis 5, 254 Abs. 1 Z 3, 261b Abs. 1 und 3, 264 Abs. 1 Z 5 und Abs. 6 Z 2, 276 Abs. 1 und Abs. 2, 276a Abs. 2 Z 1, Abs. 2a und Abs. 5, 276b Abs. 1 Z 4 und Abs. 5, 276c, 276d Abs. 1 Z 2 bis 5, 279 Abs. 1 Z 3, 284b Abs. 1 und 3, 292 Abs. 1 und 8, 447g Abs. 9 und 10, 471c, 553 Abs. 8 sowie 564 Abs. 2 in der Fassung des Bundesgesetzes BGBl. I Nr. 139/1997;

1a. mit 1. Juli 1998 die §§ 31 Abs. 6 und 343 Abs. 1 in der Fassung des Bundesgesetzes BGBl. I Nr. 139/1997;

2. mit 1. August 1999 die §§ 8 Abs. 1 Z 3 lit. i und 16 Abs. 2 Z 3 in der Fassung des Bundesgesetzes BGBl. I Nr. 139/1997;

3. mit 1. Jänner 2000 die §§ 3 Abs. 2 lit. e, 4 Abs. 1 Z 6, 8 Abs. 1 Z 3 lit. g und Z 4, 10 Abs. 2 in der Fassung der Z 23, 10 Abs. 3 und 5, 30 Abs. 3, 31 Abs. 5 Z 33, 36 Abs. 1 Z 5 und 9 sowie Abs. 3, 44 Abs. 1 Z 3 und 6 sowie Abs. 4 und Abs. 6 lit. a, 51 Abs. 5, 52 Abs. 1 und 2, 70a Abs. 1, 74 Abs. 2 und 3 Z 1, 95 Abs. 1, 162 Abs. 3, 181 Abs. 4, 225 Abs. 1 Z 2, 239 Abs. 1, 240, 261, 264 Abs. 1 Z 4, 274, 284, 285 Abs. 2, 3 und 5 sowie 306 Abs. 2 in der Fassung des Bundesgesetzes BGBl. I Nr. 139/1997;

   (BGBl I 2000/2)

4. mit 1. Jänner 2001 die §§ 91 Abs. 2 in der Fassung der Z 90, 254 Abs. 6 bis 8, 271 Abs. 3 und 279 Abs. 3 in der Fassung des Bundesgesetzes BGBl. I Nr. 139/1997;

4a. (aufgehoben)

   (BGBl I 2000/2, BGBl I 2001/99)

5. mit 1. Jänner 2003 „§ 238 Abs. 1 bis 5“ in der Fassung des Bundesgesetzes BGBl. I Nr. 139/1997;

   (BGBl I 2001/99, BGBl I 2002/1)

„5a. mit 1. Jänner 2005 die §§ 128 und 447h in der Fassung des Bundesgesetzes BGBl. I Nr. 139/1997;“

   (BGBl I 2002/1)

6. rückwirkend mit 23. April 1997 die §§ 44 Abs. 8, 44a Überschrift, 45 Abs. 3, 51 Abs. 1 Einleitung und Z 1 lit. d, 108a Abs. 2 und 138 Abs. 2 lit. f in der Fassung des Bundesgesetzes BGBl. I Nr. 139/1997;

7. rückwirkend mit 1. August 1996 § 564 Abs. 13 Z 2 in der Fassung des Bundesgesetzes BGBl. I Nr. 139/1997;
8. rückwirkend mit 1. Juli 1996 die §§ 8 Abs. 1 Z 1 lit. a, 10 Abs. 6, 12 Abs. 5 erster Satz, 73 Überschrift sowie Abs. 1 und 2, 86 Abs. 3 Z 2 letzter Satz, 306 Abs. 1 und 563 Abs. 11 in der Fassung des Bundesgesetzes BGBl. I Nr. 139/1997.

(2) Es treten außer Kraft:

1. mit Ablauf des 22. April 1997 § 459d;
2. mit Ablauf des 31. Dezember 1997 die §§ 5 Abs. 1 Z 13 bis 15, 5a, 33 Abs. 3 und 4, 43 Abs. 2, 58 Abs. 3 und 78 Abs. 4;
3. mit Ablauf des 31. Juli 1999 die §§ 5 Abs. 1 Z 5 und 7 Z 3 lit. d;
4. mit Ablauf des 31. Dezember 1999 die §§ 4 Abs. 3, 8 Abs. 1 Z 1 lit. d, Z 3 lit. f sowie Abs. 2 lit. b, 14 Abs. 1 Z 5, 28 Z 2 lit. b, 36 Abs. 1 Z 2, 44 Abs. 1 Z 5, 138 Abs. 2 lit. e, 261a und 284a.

(3) Die Aufhebung des § 360 Abs. 4 tritt mit Ablauf des 31. Dezember 1997 in Kraft.

(4) Die im § 4 Abs. 3 genannten Personen, die am 31. Dezember 1999 nach diesem Bundesgesetz pflichtversichert sind, bleiben weiterhin nach den zu diesem Zeitpunkt auf sie anzuwendenden Bestimmungen dieses Bundesgesetzes in der Krankenversicherung und in der Unfallversicherung pflichtversichert, und zwar so lange, als die selbständige Erwerbstätigkeit, die diese Pflichtversicherung begründet hat, ausgeübt wird und keine Änderung des maßgeblichen Sachverhaltes eintritt. Dabei gilt der Anfall einer Pension nach diesem oder einem anderen Bundesgesetz nicht als Änderung des maßgeblichen Sachverhaltes.

(4a) Der Pflichtversicherungstatbestand des § 4 Abs. 4 in der Fassung des Bundesgesetzes BGBl. I Nr. 139/1997 wird für Personen hinsichtlich ihrer Tätigkeit als Kunstschaffende erst mit 1. Jänner 2001 wirksam.

(BGBl I 1998/138, BGBl I 1999/173)

(4b) Der Hauptverband hat seine Kompetenz zur Erlassung der Richtlinien gemäß § 31 Abs. 5 Z 32 in der Fassung des Bundesgesetzes BGBl. I Nr. 139/1997 bis 31. Jänner 1998 auszuüben.

(5) Verordnungen gemäß § 49 Abs. 7 in der Fassung des Bundesgesetzes BGBl. I Nr. 139/1997 können bereits ab dem seiner Kundmachung folgenden Tag erlassen werden; sie dürfen frühestens mit 1. Jänner 1998 in Kraft gesetzt werden.

(6) § 73 Abs. 2 erster Satz in der Fassung des Bundesgesetzes BGBl. I Nr. 139/1997 ist für das Kalenderjahr 1998 mit der Maßgabe anzuwenden, daß an die Stelle des Prozentsatzes von 203 ein Prozentsatz von 202 tritt.

(7) § 77 Abs. 6 in der Fassung des Bundesgesetzes BGBl. I Nr. 139/1997 ist anzuwenden

1. auf Personen, die den Antrag auf Weiterversicherung gemäß § 17 nach Ablauf des 31. Dezember 1997 stellen;
2. auf Personen, die bereits am 31. Dezember 1997 in der Pensionsversicherung weiterversichert sind und einen nahen Angehörigen im Sinne der genannten Bestimmung pflegen, wenn sie dies bis zum Ablauf des 31. Dezember 1998 beim zuständigen Pensionsversicherungsträger beantragen. Diesfalls wird der auf den Dienstgeber entfallende Beitragsteil ab dem 1. Jänner 1998 aus Mitteln des Bundes getragen; die zuviel gezahlten Beiträge sind den Weiterversicherten zu erstatten. Wird der Antrag später gestellt, so erfolgt die Beitragstragung aus Mitteln des Bundes erst ab dem der Antragstellung folgenden Monatsersten.

(8) § 91 Abs. 1 dritter Satz in der Fassung des Bundesgesetzes BGBl. I Nr. 139/1997 ist mit der Maßgabe anzuwenden, daß Bezüge, die nicht schon von § 23 Abs. 2 des Bezügegesetzes, BGBl. Nr. 273/1972, in der am 31. Juli 1997 geltenden Fassung umfaßt waren, nur dann als Erwerbseinkommen gelten, wenn die jeweilige Funktion, auf Grund deren diese Bezüge gebühren, nach dem 31. Dezember 2000 erstmals oder neuerlich angetreten wird.

(9) Die §§ 91 Abs. 2 in der Fassung der Z 90, 254 Abs. 6 bis 8, 271 Abs. 3 und 279 Abs. 3 in der Fassung des Bundesgesetzes BGBl. I Nr. 139/1997 sind nur auf Versicherungsfälle anzuwenden, in denen der Stichtag nach dem 31. Dezember 2000 liegt. Auf Bezieher einer Invaliditäts(Berufsunfähigkeits)pension bzw. einer Knappschaftsvollpension mit Stichtag vor dem 1. Jänner 2001 sind die §§ 91 Abs. 2 in der Fassung der Z 89, 95 Abs. 1, 261, 261a, 264 Abs. 1 Z 4, 274, 284, 284a und 285 Abs. 3 in der am 31. Dezember 1999 geltenden Fassung weiterhin anzuwenden; auf Personen, die am 31. Dezember 2000 Anspruch auf Übergangsgeld haben, ist § 306 Abs. 2 in der an diesem Tag geltenden Fassung weiterhin anzuwenden.

(BGBl I 1998/138)

(10) § 238 Abs. 2 in der Fassung des Bundesgesetzes BGBl. I Nr. 139/1997 ist nur auf Versicherungsfälle anzuwenden, in denen der Stichtag nach dem 31. Dezember 2002 liegt, und zwar mit der Maßgabe, daß das Höchstausmaß von 216 monatlichen Gesamtbeitragsgrundlagen

im Jahr 2003 durch 182,
im Jahr 2004 durch 184,
im Jahr 2005 durch 186,
im Jahr 2006 durch 188,
im Jahr 2007 durch 190,
im Jahr 2008 durch 192,
im Jahr 2009 durch 194,
im Jahr 2010 durch 196,
im Jahr 2011 durch 198,
im Jahr 2012 durch 200,
im Jahr 2013 durch 202,
im Jahr 2014 durch 204,

im Jahr 2015 durch 206,

im Jahr 2016 durch 208,

im Jahr 2017 durch 210,

im Jahr 2018 durch 212 und

im Jahr 2019 durch 214

monatliche Gesamtbeitragsgrundlagen zu ersetzen ist.

(10a) Bei Pensionen mit Stichtag nach dem 31. Dezember 2002 und vor dem 1. Jänner 2020 ist § 238 Abs. 2 in der Fassung des Bundesgesetzes BGBl. I Nr. 139/1997 mit der Maßgabe anzuwenden, daß für Zwecke einer Vergleichsrechnung jene Bemessungsgrundlage zu ermitteln ist, die heranzuziehen wäre, wenn der (die) Versicherte am Stichtag das Regelpensionsalter bereits erreicht hätte (Vergleichsbemessungsgrundlage). Bei einer Vergleichsbemessungsgrundlage von 726,73 € und weniger darf die gemäß § 238 Abs. 2 zweiter Satz in der Fassung des Bundesgesetzes BGBl. I Nr. 139/1997 zu ermittelnde Bemessungsgrundlage die Vergleichsbemessungsgrundlage nicht unterschreiten. Bei einer Vergleichsbemessungsgrundlage von 2 906,91 € und mehr darf die gemäß § 238 Abs. 2 zweiter Satz in der Fassung des Bundesgesetzes BGBl. I Nr. 139/1997 zu ermittelnde Bemessungsgrundlage die Vergleichsbemessungsgrundlage um nicht mehr als 7% unterschreiten. Bei einer Vergleichsbemessungsgrundlage zwischen 726,73 € und 2 906,91 € vermindert sich dieser Prozentsatz im Verhältnis der um 726,73 € verminderten Vergleichsbemessungsgrundlage zu 2 180,19 €. Der so ermittelte Prozentsatz ist auf drei Dezimalstellen zu runden. Die gemäß § 238 Abs. 2 zweiter Satz in der Fassung des Bundesgesetzes BGBl. I Nr. 139/1997 zu ermittelnde Bemessungsgrundlage darf in diesem Fall die Vergleichsbemessungsgrundlage um nicht mehr als diesen Prozentsatz unterschreiten. Die Bundesregierung hat zur Vermeidung unverhältnismäßiger Härten jedes Jahr für das folgende Kalenderjahr einen Anpassungsfaktor zu ermitteln und kundzumachen, um den die im zweiten, dritten und vierten Satz genannten Eurobeträge anzupassen sind. Die Höhe dieses Anpassungsfaktors hat sich am Anpassungsfaktor gemäß § 108f zu orientieren. Der Bundesminister für Arbeit, Gesundheit und Soziales hat den Vorschlag für die Anpassung jedes Jahr bis spätestens 10. November in der Bundesregierung einzubringen. Die Verordnung über die Anpassung ist erstmals im Jahr 2003 zu erlassen.

(BGBl I 2001/67)

(11) Abweichend von § 254 Abs. 7 Z 4 in der Fassung des Bundesgesetzes BGBl. I Nr. 139/1997 darf der Anrechnungsbetrag

1. im Jahr 2001 10%,
2. im Jahr 2002 20%,
3. im Jahr 2003 30% und
4. im Jahr 2004 40%

der gemäß § 261 ohne den besonderen Steigerungsbetrag (§ 248) ermittelten Pension nicht übersteigen.

(12) Die §§ 261 Abs. 4 zweiter Satz und Abs. 5 erster Satz sowie 284 Abs. 4 zweiter Satz und Abs. 5 erster Satz in der bis zum Ablauf des 31. Dezember 1999 geltenden Fassung sind rückwirkend ab 1. September 1996 mit der Maßgabe anzuwenden, daß Versicherungsmonate für Zeiten der Kindererziehung von den in diesen Bestimmungen genannten 360 bzw. 480 Versicherungsmonaten ausgenommen sind. Für Personen mit bescheidmäßig zuerkannter Pension ist die Pension im Sinne des ersten Satzes neu zu bemessen; ist die neubemessene Pension höher als die bereits bescheidmäßig zuerkannte, so gebührt die neubemessene Pension rückwirkend ab Pensionsbeginn.

(13) Die §§ 261 Abs. 5 letzter Satz und 284 Abs. 5 letzter Satz in der bis zum Ablauf des 31. Dezember 1999 geltenden Fassung sind rückwirkend ab 1. September 1996 mit der Maßgabe anzuwenden, daß sich

– der in der erstzitierten Bestimmung genannte Prozentsatz um 0,152500 und
– der in der zweitzitierten Bestimmung genannte Prozentsatz um 0,166667

für jeden Versicherungsmonat für Zeiten der Kindererziehung erhöht. Abs. 12 zweiter Satz ist anzuwenden.

(BGBl I 1998/138)

(14) Auf Bezieher einer Gleitpension bzw. Knappschaftsgleitpension mit Stichtag vor dem 1. Jänner 1998 sind die §§ 253a Abs. 2 Z 1 und Abs. 5, 253c, 261b, 276a Abs. 2 Z 1 und Abs. 5, 276c und 284b in der am 31. Dezember 1997 geltenden Fassung weiterhin anzuwenden.

(15) § 108 Abs. 5, mit Ausnahme des letzten Satzes, ist für das Kalenderjahr 1998 nicht anzuwenden. Der Anpassungsfaktor gemäß § 108 Abs. 5 beträgt 1,0133 für das Kalenderjahr 1998.

(16) Personen, die im Jänner 1998 bzw. Juli 1998

1. eine Ausgleichszulage gemäß § 293 Abs. 1 lit. a aa beziehen oder
2. mit dem Ehegatten (der Ehegattin) im gemeinsamen Haushalt leben und deren Gesamteinkommen (Pension zuzüglich eines aus übrigen Einkünften des Pensionsberechtigten erwachsenden Nettoeinkommens und der gemäß § 294 zu berücksichtigenden Beträge) unter Anwendung der §§ 292 ff. nicht die Höhe von 12 920,90 S übersteigt oder
3. eine Ausgleichszulage gemäß § 293 Abs. 1 lit. a bb, b bzw. c beziehen oder
4. nicht mit dem Ehegatten (der Ehegattin) in einem gemeinsamen Haushalt leben und deren Gesamteinkommen (Pension zuzüglich eines aus übrigen Einkünften des Pensionsberechtigten erwachsenden Nettoeinkommens und der gemäß § 294 zu

berücksichtigenden Beträge unter Anwendung der §§ 292 ff. nicht die Höhe von 9 003,90 S übersteigt, gebührt zu der im Jänner 1998 bzw. Juli 1998 auszuzahlenden Pension eine zusätzliche Ausgleichszulage.

(17) Die zusätzliche Ausgleichszulage beträgt für Personen gemäß Abs. 16 Z 1 und 2 jeweils 975 S, für Personen gemäß Abs. 16 Z 3 und 4 jeweils 650 S. Falls beide Ehegatten Anspruch auf eine Pension mit Ausgleichszulage haben und im gemeinsamen Haushalt leben, gebührt die zusätzliche Ausgleichszulage zur jeweils höheren Pension. Die zusätzliche Ausgleichszulage gebührt nicht, wenn im gleichen Haushalt eine andere Person Anspruch auf die zusätzliche Ausgleichszulage zu einer Witwen(Witwer)pension hat.

(18) Der gemäß Abs. 17 gebührende Betrag vermindert sich für je 253 S, um die das Gesamteinkommen den anzuwendenden Richtsatz gemäß § 293 Abs. 1 übersteigt, um je 162,50 S. Hiebei ist für Waisenpensionen jedenfalls der Richtsatz gemäß § 293 Abs. 1 lit. b anzuwenden.

(19) Bei der Ermittlung des Nettoeinkommens (§ 292 Abs. 3) haben die Beträge gemäß Abs. 17 außer Betracht zu bleiben.

(20) § 299 ist für die zusätzliche Ausgleichszulage nicht anzuwenden. Der Aufwand ist vom Bund zu tragen.

(BGBl I 1997/139, BGBl I 1998/138)

Schlußbestimmungen zu Art. 3 des Bundesgesetzes BGBl. I Nr. 6/1998

§ 573. (1) § 122 Abs. 2 Z 3 und 4 in der Fassung des Bundesgesetzes BGBl. I Nr. 6/1998 tritt mit 1. Jänner 1998 in Kraft.

(2) § 162 Abs. 3 dritter Satz in der Fassung des Bundesgesetzes BGBl. I Nr. 6/1998 tritt rückwirkend mit 1. Juli 1997 in Kraft.

(BGBl I 1998/6, BGBl I 1998/138)

Schlußbestimmung zu Art. 8 des Gesetzes über die Ausbildung von Frauen im Bundesheer, BGBl. I Nr. 30/1998

§ 574. Die §§ 8 Abs. 1 Z 1 lit. c, 12 Abs. 6, 17 Abs. 5 lit. d, 30 Abs. 4, 37c samt Überschrift, 56a samt Überschrift, 86 Abs. 5, 89a samt Überschrift, 122 Abs. 2 Z 2 lit. a, 227 Abs. 1 Z 7 und 8, 235 Abs. 3 lit. c sowie 447g Abs. 3 Z 1 lit. d in der Fassung des Bundesgesetzes BGBl. I Nr. 30/1998 treten mit 1. Jänner 1998 in Kraft.

(BGBl I 1998/30, BGBl I 1998/138)

Schlußbestimmungen zum Bundesgesetz BGBl. I Nr. 138/1998 (55. Novelle)

§ 575. (1) Es treten in Kraft:

1. mit 1. August 1998 die §§ 4 Abs. 1 Z 5 und Abs. 3 Z 2, 7 Z 3 lit. b, 8 Abs. 1 Z 3 lit. g und i, 10 Abs. 1a, 10 Abs. 2 in der Fassung der Z 12, 14 Abs. 1 Z 10 und 11, 16 Abs. 2 Z 1 und Abs. 6 Z 3, 17 Abs. 3, 19a Abs. 1, 22a Abs. 1 Z 1 bis 3 sowie Abs. 4, 25 Abs. 1 Z 2, 29 Abs. 2 Z 1 bis 3, 43, 58 Abs. 3, 59 Abs. 1, 73 Abs. 2, 74a Abs. 1, 122 Abs. 2 Z 1, 124 Abs. 1, 132a Abs. 6, 135 Abs. 3 Z 6, 149 Abs. 5, 151 Abs. 2 und 3, 162 Abs. 3 lit. b, 175 Abs. 4, 176 Abs. 1 Z 7 lit. b, 177 Abs. 1, 224, 229b samt Überschrift, 231 Z 1 bis 4, 232 Abs. 1 und 3, 236 Abs. 4 Z 2 und 3, 243 Abs. 2, 246, 247, 248b, 253a Abs. 3, 253c Abs. 1 Z 3 lit. a und b sowie Abs. 4, 253c Abs. 5 in der Fassung der Z 105, 258 Abs. 2, 264 Abs. 1 Z 3 und 4, 276a Abs. 3, 276c Abs. 1 Z 3 lit. a und b sowie Abs. 4, 276c Abs. 5 in der Fassung der Z 120, 278, 301 Abs. 2, 306 Abs. 4, 338 Abs. 2a, 343c samt Überschrift, 349 Abs. 1, 410 Abs. 1 Z 7 und 8, 415, 417a samt Überschrift, 441 Abs. 2, 445 Z 5, 447 samt Überschrift, 447g Abs. 6, 448 Abs. 3, 449 Abs. 2 bis 4, 472 Überschrift und Abs. 1 Z 1, 479 Abs. 2 Z 1, 479d Abs. 2, 506b Überschrift und Abs. 8, 547 Überschrift, 548 Überschrift, 549 Überschrift, 550 Überschrift, 551 Überschrift, 552 Überschrift, 553 Überschrift, 554 Überschrift, 555 Überschrift, 557 Überschrift, 558 Überschrift, 559 Überschrift, 560 Überschrift, 560a Überschrift, 562 Überschrift, 563 Überschrift, 564 Überschrift, 565 Überschrift, 566 Überschrift, 567 Überschrift, 568 Überschrift, 569 Überschrift, 570 Überschrift, 571 Überschrift, 572 Überschrift, 573 Überschrift, 574 Überschrift sowie in der Anlage 1 die Nrn. 2 bis 14, 19, 27b, 32, 38, 39, 46 und 48 bis 52 in der Fassung des Bundesgesetzes BGBl. I Nr. 138/1998;
2. mit 1. Jänner 1999 die §§ 4 Abs. 2 zweiter Satz, 153 Abs. 3, 210 Abs. 1 bis 3, 227 Abs. 1 Z 10 und 447f Abs. 6 Z 1 in der Fassung des Bundesgesetzes BGBl. I Nr. 138/1998;
3. mit 1. Jänner 2000 die §§ 5 Abs. 2, 10 Abs. 2 in der Fassung der Z 13, 44 Abs. 6, 56a Abs. 2, 70 Abs. 1, 76a Abs. 1, 233 Abs. 1, 238 Abs. 1, 242, 244 Abs. 3, 249 Abs. 1, 251a Überschrift und Abs. 7, 470 Abs. 3 und 506a in der Fassung des Bundesgesetzes BGBl. I Nr. 138/1998;
4. mit 1. Jänner 2001 § 264 Abs. 1 in der Fassung der Z 115 in der Fassung des Bundesgesetzes BGBl. I Nr. 138/1998;
5. rückwirkend mit 1. Jänner 1998 die §§ 4 Abs. 4, 8 Abs. 1 Z 3 lit. a, 10 Abs. 2 in der Fassung der Z 14, 44 Abs. 2, 44a samt Überschrift, 53a samt Überschrift, 54 Abs. 5, 58 Überschrift und Abs. 8, 70 Abs. 2, 70a Abs. 3, 76b Abs. 2, 77 Abs. 1, 2 und 2a, 123 Abs. 9 lit. a bis e, 141 Abs. 5, 162 Abs. 3a und Abs. 5 Z 1, 253a Abs. 5, 253b Abs. 5, 253c Abs. 5 in der Fassung der Z 106, 253c Abs. 7, 8 und 12, 253d Abs. 4, 261b Abs. 3 Z 1 lit. a, 264 Abs. 1 Z 5, 271 Abs. 1 Z 3, 276a Abs. 5,

276b Abs. 5, 276c Abs. 5 in der Fassung der Z 121, 276c Abs. 7, 8 und 12, 276d Abs. 4, 284b Abs. 3 Z 1 lit. a, 447f Abs. 9, 447g Abs. 2 lit. a, 471f bis 471l samt Überschriften, 564 Abs. 5 und 567 Abs. 8 in der Fassung des Bundesgesetzes BGBl. I Nr. 138/1998;

6. rückwirkend mit 30. Dezember 1997 § 572 Abs. 4a, 9 und 13 in der Fassung des Bundesgesetzes BGBl. I Nr. 138/1998;
7. rückwirkend mit 1. August 1997 § 569 in der Fassung des Bundesgesetzes BGBl. I Nr. 138/1998;
8. rückwirkend mit 1. Juli 1997 die §§ 120 Abs. 1 Z 3, 162 Abs. 1 und 447g Abs. 3 Z 1 lit. b in der Fassung des Bundesgesetzes BGBl. I Nr. 138/1998;
9. rückwirkend mit 15. Februar 1997 § 108e Abs. 2 in der Fassung des Bundesgesetzes BGBl. I Nr. 138/1998;
10. rückwirkend mit 1. Jänner 1997 die §§ 148 Z 3 lit. c und d sowie 150 Abs. 3 in der Fassung des Bundesgesetzes BGBl. I Nr. 138/1998;
11. rückwirkend mit 1. September 1996 § 223 Überschrift und Abs. 2 in der Fassung des Bundesgesetzes BGBl. I Nr. 138/1998;
12. rückwirkend mit 1. Juli 1996 die §§ 58 Abs. 1 und 225 Abs. 5 in der Fassung des Bundesgesetzes BGBl. I Nr. 138/1998.

(2) Es treten außer Kraft:

1. mit Ablauf des 31. Juli 1998 § 235 Abs. 3 lit. b;
2. mit Ablauf des 31. Dezember 1999 § 244a.

(3) § 4 Abs. 2 zweiter Satz in der Fassung des Bundesgesetzes BGBl. I Nr. 138/1998 ist so lange nicht auf jene zu Geschäftsführern bestellten Gesellschafter einer Gesellschaft mit beschränkter Haftung, die am 31. Dezember 1998 gemäß § 2 Abs. 1 Z 3 GSVG pflichtversichert sind, anzuwenden, als die Tätigkeit als geschäftsführender Gesellschafter, die die Pflichtversicherung nach dem GSVG begründet hat, weiter ausgeübt wird und keine Änderung des maßgeblichen Sachverhaltes eintritt.

(4) Die §§ 14 Abs. 1 Z 2a und 51 Abs. 1 Z 1 lit. a in der Fassung des Bundesgesetzes BGBl. I Nr. 138/1998 treten zu dem Zeitpunkt in Kraft, zu dem der Bundesminister für Arbeit, Gesundheit und Soziales durch Verordnung feststellt, daß die nach den dienstrechtlichen Bestimmungen eines Landes als Landes- oder Gemeindeangestellte geltenden Personen – soweit sie in handwerklicher Verwendung stehen – den übrigen Vertragsbediensteten gleichgestellt sind.

(5) Vor dem 1. August 1998 in der Pensionsversicherung der Angestellten zurückgelegte Zeiten einer Beschäftigung bei einem Unternehmen im Sinne des Eisenbahngesetzes 1957, BGBl. Nr. 60, oder bei der Versicherungsanstalt der österreichischen Eisenbahnen sind hinsichtlich der Leistungszugehörigkeit und der Leistungszuständigkeit gemäß den §§ 245 und 246 so zu behandeln, wie wenn die §§ 14 Abs. 1 Z 10 und 11, 25 Abs. 1 Z 2 sowie 29 Abs. 2 Z 1 bis 3 in der Fassung des Bundesgesetzes BGBl. I Nr. 138/1998 bereits seit dem 1. Jänner 1956 in Kraft stünden. Dies gilt auch für bereits zuerkannte und bestehende Pensionsleistungen.

(6) Für Personengruppen gemäß § 22a Abs. 1, die bereits am 31. Juli 1998 in die Zusatzversicherung in der Unfallversicherung einbezogen sind und für die im Kalenderjahr 1998 gemäß § 74a Abs. 1 ein Beitrag von 24 S zu entrichten ist, können die antragsberechtigten Körperschaften bis zum 31. Dezember 1998 erklären, mit Wirksamkeit ab 1. August 1998 auf den erweiterten Unfallversicherungsschutz gemäß § 176 Abs. 1 Z 7 lit. b zu verzichten.

(7) Abweichend von § 51 Abs. 3 Z 2 ist für Personen, die nach dem 30. Juni 1998 und vor dem 1. Jänner 2004 in ein Lehrverhältnis (§ 4 Abs. 1 Z 2) eintreten, für die Dauer des ersten Lehrjahres der allgemeine Beitrag zur Unfallversicherung aus Mitteln der Unfallversicherung zu zahlen.

(BGBl I 2000/2, BGBl I 2000/92, BGBl I 2001/33)

(8) Die §§ 70 Abs. 2 und 70a Abs. 3 in der Fassung des Bundesgesetzes BGBl. I Nr. 138/1998 sind erstmals für das Beitragsjahr 1998 anzuwenden.

(9) § 70a Abs. 1 in der bis zum Ablauf des 31. Dezember 1999 geltenden Fassung ist in den Kalenderjahren 1997, 1998 und 1999 mit der Maßgabe anzuwenden, daß eine Pflichtversicherung auf Grund eines Pensionsbezuges einer Krankenversicherung auf Grund einer Erwerbstätigkeit gleichzuhalten ist.

(10) § 90 in der Fassung des Bundesgesetzes BGBl. I Nr. 139/1997 ist auf Alterspensionen gemäß den §§ 253 bzw. 276 mit Stichtag vor dem 1. Juli 1993 nicht anzuwenden. Hat irgendwann in der Zeit zwischen dem 1. Juli 1993 und dem 31. Juli 1998 eine solche Pension auf Grund gleichzeitigen Bezuges von Krankengeld geruht, so kann der (die) Pensionsbezieher(in) beantragen, daß die ruhendgestellten Beträge erstattet werden; ein solcher Antrag ist bis zum 31. Dezember 1998 beim zuständigen Pensionsversicherungsträger zu stellen.

(11) Leidet der (die) Versicherte am 1. August 1998 an einer Krankheit, die erst auf Grund des Bundesgesetzes BGBl. I Nr. 138/1998 als Berufskrankheit gilt, oder ist er (sie) vor dem 1. August 1998 an einer solchen Krankheit gestorben, so sind an ihn (sie) oder an seine (ihre) Hinterbliebenen die Leistungen der Unfallversicherung zu erbringen, wenn der Versicherungsfall nach dem 31. Dezember 1955 eingetreten ist; die Leistungen sind frühestens ab 1. August 1998 zu erbringen, wenn der Antrag bis zum Ablauf des 31. Juli 1999 gestellt wird; wird der Antrag nach dem 31. Juli 1999

gestellt, so gebühren die Leistungen frühestens ab dem Tag der Antragstellung.

(12) Die §§ 233 Abs. 1, 242, 244a und 251a Abs. 7 in der Fassung des Bundesgesetzes BGBl. I Nr. 138/1998 sind nur auf Versicherungsfälle anzuwenden, in denen der Stichtag nach dem 31. Dezember 1999 liegt.

(13) Abweichend von den §§ 253 Abs. 3 und 253b Abs. 5 ist bis zum Ablauf des 31. Dezember 1999 ein Antrag auf Alterspension dann zulässig, wenn der (die) Versicherte nicht länger als sechs Monate im Leistungsbezug einer vorzeitigen Alterspension gemäß § 253a oder § 253b gestanden ist und die bezogenen Pensionsleistungen einschließlich allfälliger Zulagen und Zuschüsse an den Versicherungsträger zurückgezahlt hat.

(14) Die §§ 253c, 261b, 276c und 284b in der am 31. Dezember 1997 geltenden Fassung sind auf (Knappschafts)Gleitpensionen mit einem nach dem 31. Dezember 1997 und vor dem 1. August 1998 liegenden Stichtag weiterhin anzuwenden, wenn dies bis zum 31. Dezember 1998 beantragt wird. Die neubemessene (Knappschafts)Gleitpension gebührt rückwirkend ab Pensionsbeginn.

(15) § 264 Abs. 1 in der am 31. Dezember 1999 geltenden Fassung gilt weiterhin für die Ermittlung von Witwen(Witwer)pensionen mit Stichtag vor dem 1. Jänner 2001.

(16) § 278 in der bis zum Ablauf des 31. Juli 1998 geltenden Fassung ist auf jene Personen weiter anzuwenden, die zum Zeitpunkt der Antragstellung der knappschaftlichen Pensionsversicherung zugehörig sind.

(16a) Besteht am 1. Jänner 1999 kein Gesamtvertrag gemäß § 343c Abs. 1 Z 1 und 2, so dürfen die Zahnambulatorien ab diesem Zeitpunkt Leistungen des festsitzenden Zahnersatzes so lange erbringen, als kein solcher Gesamtvertrag besteht. Die Krankenversicherungsträger haben sich bei der Leistungserbringung des festsitzenden Zahnersatzes auf ständige Ambulatoriumspatienten, auf Patienten mit besonderen medizinischen Indikationen sowie auf Patienten in geringen Einkommens- bzw. Vermögensverhältnissen zu konzentrieren. Die Krankenversicherungsträger dürfen in den Zahnambulatorien im Bereich des festsitzenden Zahnersatzes keine kosmetischen Luxusleistungen, ebenso keine umfangreichen festsitzenden Zahnersatzkonstruktionen erbringen, die als Gesamtarbeit wegen ihrer Größe ein außergewöhnliches Risiko darstellen.

(BGBl I 1999/15)

(17) § 447f Abs. 6 Z 1 in der Fassung des Bundesgesetzes BGBl. I Nr. 138/1998 ist bis zum Ablauf des 31. Dezember 1999 mit der Maßgabe anzuwenden, daß vom Kostenbeitrag auch dann abzusehen ist, wenn von einem solchen nach § 447f Abs. 6 Z 1 in der bis zum Ablauf des 31. Dezember 1998 geltenden Fassung abzusehen gewesen wäre.

(BGBl I 1998/138)

Schlußbestimmung zu Art. III des Bundesgesetzes BGBl. I Nr. 12/1999

§ 576. § 476 samt Überschrift in der Fassung des Bundesgesetzes BGBl. I Nr. 12/1999 tritt mit 1. Jänner 1999 in Kraft.

(BGBl I 1999/12)

Zusätzliche Ausgleichszulage 1999

§ 577. (1) Personen, die im Jänner 1999 Anspruch haben auf

1. eine Ausgleichszulage gemäß § 293 Abs. 1 lit. a sublit. aa oder
2. eine Ausgleichszulage gemäß § 293 Abs. 1 lit. a sublit. bb oder lit. b oder lit. c,

gebührt zu der für Jänner 1999 auszuzahlenden Pension eine zusätzliche Ausgleichszulage; diese beträgt für Personen gemäß Z 1 900 S und für Personen gemäß Z 2 600 S. Bei der Ermittlung des Nettoeinkommens (§ 292 Abs. 3) haben die genannten Beträge außer Betracht zu bleiben. § 299 ist für die zusätzliche Ausgleichszulage nicht anzuwenden; der Aufwand ist vom Bund zu tragen.

(2) Wenn beide Ehegatten Anspruch auf eine Ausgleichszulage haben und im gemeinsamen Haushalt leben, gebührt die zusätzliche Ausgleichszulage zur jeweils höheren Pension. Die zusätzliche Ausgleichszulage gebührt jedoch nicht, wenn im gleichen Haushalt eine andere Person Anspruch auf die zusätzliche Ausgleichszulage zu einer Witwen(Witwer)pension hat.

(BGBl I 1999/16)

Besondere Pensionszulage 1999

§ 578. (1) Personen, die im Juni 1999 Anspruch auf eine oder mehrere Pensionen haben, gebührt zu der (höchsten) für Juni 1999 auszuzahlenden Pension eine besondere Pensionszulage; diese beträgt bei Anspruch auf eine Ausgleichszulage 300 S, sonst 3,5% des Gesamtpensionseinkommens, höchstens jedoch 300 S.

(2) Als Gesamtpensionseinkommen im Sinne des Abs. 1 gilt die Summe aller Pensionen aus der gesetzlichen Pensionsversicherung.

(BGBl I 1999/16)

Schlußbestimmung zu Art. X des Vertragsbedienstetenreformgesetzes, BGBl. I Nr. 10/1999

§ 579. Die §§ 5 Abs. 1 Z 3a, 7 Z 4, 8 Abs. 1 Z 1 lit. a, 14 Abs. 1 Z 2, 73 Abs. 1 und 2 und 447i samt Überschrift in der Fassung des Bundesgesetzes BGBl. I Nr. 10/1999 treten mit 1. Jänner 1999 in Kraft.

(BGBl I 1999/10)

Schlußbestimmungen zu Art. II des Bundesgesetzes BGBl. I Nr. 68/1999

§ 580. (1) Die §§ 26 Abs. 1 Z 3 lit. a, 479a Abs. 1 Z 1 und 2, 479b Abs. 1 und 2, 479c, 479d Abs. 2 und 3 sowie die Überschrift zu den Bestimmungen des Abschnittes IIa des Neunten Teiles in der Fassung des Bundesgesetzes BGBl. I Nr. 68/

1999 treten mit dem Zeitpunkt der Betriebsaufnahme der WIENER LINIEN GmbH & Co KG in Kraft.

(2) Für die der WIENER STADTWERKE Holding AG zur Dienstleistung in dem im Abs. 1 genannten Zeitpunkt zugewiesenen, in einem durch Vertrag begründeten Dienstverhältnis zur Gemeinde Wien stehenden Beschäftigten bleibt die Zuständigkeit hinsichtlich der Durchführung der Krankenversicherung gemäß § 26 Abs. 1 der Betriebskrankenkasse der Wiener Verkehrsbetriebe, hinsichtlich der Durchführung der Unfallversicherung gemäß § 28 Z 3 bzw. der Pensionsversicherung gemäß § 29 Abs. 1 und 2 der Versicherungsanstalt der österreichischen Eisenbahnen bis zum Ausscheiden aus dem Dienstverhältnis zur Gemeinde Wien oder bis zum Widerruf der Zuweisung zur WIENER STADTWERKE Holding AG gewahrt.

(BGBl I 1999/68)

Schlußbestimmungen zum Bundesgesetz BGBl. I Nr. 173/1999 (57. Novelle)

§ 581. (1) Es treten in Kraft:

1. mit 1. Juli 1999 die §§ 16 Abs. 3, 176 Abs. 1 Z 1 und 479 Abs. 4 in der Fassung des Bundesgesetzes BGBl. I Nr. 173/1999;

1a. mit 1. August 1999 die §§ 8 Abs. 1 Z 1 lit. a, 73 Abs. 1 Z 2 und Abs. 2 sowie 175 Abs. 2 Z 2 in der Fassung des Bundesgesetzes BGBl. I Nr. 173/1999;

2. mit 1. Jänner 2000 § 16a Abs. 1 in der Fassung des Bundesgesetzes BGBl. I Nr. 173/1999;

3. mit 1. Jänner „2005“ § 128 Abs. 1 und 3 in der Fassung des Bundesgesetzes BGBl. I Nr. 173/1999.

(BGBl I 2000/2, BGBl I 2001/99, BGBl I 2002/1)

(1a) Die im § 4 Abs. 3 Z 3 in der am 31. Dezember 1999 geltenden Fassung genannten selbständigen Musiker, Artisten und Kabarettisten sowie die im § 8 Abs. 1 Z 4 lit. a in der am 31. Dezember 1999 geltenden Fassung genannten freiberuflich tätigen bildenden Künstler sind jedenfalls bis zum Ablauf des 31. Dezember 2000 nach den für sie jeweils geltenden Bestimmungen dieses Bundesgesetzes pflichtversichert. § 572 Abs. 4 ist auf die im § 4 Abs. 3 Z 3 genannten selbständigen Musiker, Artisten und Kabarettisten mit der Maßgabe anzuwenden, daß an die Stelle des 31. Dezember 1999 der 31. Dezember 2000 tritt.

(2) War eine Selbstversicherung nach § 18a ausschließlich auf Grund des Vorliegens einer Ersatzzeit nach § 227a ausgeschlossen, so tritt – zum Zweck der Pensionsberechnung – auf Antrag des (der) Versicherten für die Zeit dieses Ausschlusses die Beitragsgrundlage nach § 76b Abs. 4 als Bemessungsgrundlage an die Stelle der Bemessungsgrundlage nach § 239 Abs. 1, wenn und solange diese Bemessungsgrundlage niedriger ist als die Beitragsgrundlage nach § 76b Abs. 4.

(2a) Personen, die am 31. Dezember 1999 Anspruch auf eine Zuschußleistung des Pensionsinstitutes für Verkehr und öffentliche Einrichtungen haben, gebührt ein besonderer Steigerungsbetrag im Sinne des § 248 Abs. 5 nach Maßgabe der folgenden Sätze. Die Beiträge, die der Bemessung dieses besonderen Steigerungsbetrages zugrunde zu legen sind, gelten als zur Höherversicherung geleistet. Über den besonderen Steigerungsbetrag hat das Pensionsinstitut für Verkehr und öffentliche Einrichtungen einen Bescheid zum Stichtag 31. Dezember 1999 zu erlassen. Der besondere Steigerungsbetrag gebührt

1. im Ausmaß der Ruhegenuß-Zuschußleistung zum 31. Dezember 1999, wenn diese Leistung vor dem 1. Jänner 1983 angefallen ist;

2. im Ausmaß der Hinterbliebenenversorgungsgenuß-Zuschußleistung zum 31. Dezember 1999, wenn diese Leistung auf eine Ruhegenuß-Zuschußleistung zurückgeht, die vor dem 1. Jänner 1983 angefallen ist;

3. im Ausmaß der Ruhegenuß-Zuschußleistung zum 31. Dezember 1999, wenn
   a) diese Leistung nach dem 31. Dezember 1982 angefallen ist und
   b) die Ruhegenuß-Zuschußleistung zum 31. Dezember 1999, die aus Leistungsteilen für Beitragsgrundlagen unter der jeweils geltenden Höchstbeitragsgrundlage entstanden ist, nicht um mehr als 175 S monatlich höher ist als bei Neuberechnung dieser Leistung unter Anwendung des am 1. Jänner 1999 geltenden Leistungsrechtes;

4. im Ausmaß der Hinterbliebenenversorgungsgenuß-Zuschußleistung zum 31. Dezember 1999, wenn
   a) diese Leistung auf eine Ruhegenuß-Zuschußleistung zurückgeht, die nach dem 31. Dezember 1982 angefallen ist, und
   b) die Hinterbliebenenversorgungsgenuß-Zuschußleistung zum 31. Dezember 1999, die aus Leistungsteilen für Beitragsgrundlagen unter der jeweils geltenden Höchstbeitragsgrundlage entstanden ist, nicht um mehr als 175 S monatlich höher ist als bei Neuberechnung dieser Leistung unter Anwendung des am 1. Jänner 1999 geltenden Leistungsrechtes.

Leistungsteile für Beitragsgrundlagen über der jeweils geltenden Höchstbeitragsgrundlage sind der Bemessung des besonderen Steigerungsbetrages nicht zugrunde zu legen, wenn sich dieser dadurch um mehr als 100 S monatlich erhöhen würde.

(3) § 248b ist auch auf Pensionen mit einem nach dem 30. Juni 1993 und vor dem 1. August

1998 liegenden Stichtag anzuwenden, wenn dies bis zum 31. Dezember 1999 beantragt wird. Die neubemessene Pension gebührt rückwirkend ab Pensionsbeginn.

(4) Abweichend von § 479 Abs. 4 erster Satz in der Fassung des Bundesgesetzes BGBl. I Nr. 173/1999 gilt bis zum Ablauf des Jahres 2013 folgendes:

1. im Jahr 1999 tritt an die Stelle des Prozentsatzes von 5 ein Prozentsatz von 20;
2. an die Stelle des Prozentsatzes von 20 tritt ab 1. Jänner eines jeden Jahres, erstmals ab 1. Jänner 2000, ein um jeweils einen Prozentpunkt verminderter Prozentsatz.

(5) § 551 Abs. 10 ist ab 1. Jänner 2000 mit folgenden Maßgaben anzuwenden:

1. § 253 Abs. 2 oder § 276 Abs. 2 in der am 30. Juni 1993 geltenden Fassung ist weiterhin maßgebend, sofern nach dem Stichtag der weggefallenen Leistung kein weiterer Beitragsmonat der Pflichtversicherung erworben worden ist.
2. Abweichend von § 261 oder § 284 in der am 30. Juni 1993 geltenden Fassung ist der Steigerungsbetrag nach den Z 3 bis 5 zu ermitteln, sofern mindestens ein Beitragsmonat der Pflichtversicherung nach dem Stichtag der weggefallenen Leistung erworben worden ist (§ 253 Abs. 3 oder § 276 Abs. 4).
3. Die Summe der Hundertsätze nach § 261 Abs. 2 oder § 284 Abs. 2 in der am 30. Juni 1993 geltenden Fassung bzw. nach § 261 Abs. 2 und 3 oder § 284 Abs. 2 und 3 in der am 31. Dezember 1984 geltenden Fassung der weggefallenen Leistung ist mit einem Faktor zu vervielfachen, der sich aus der Teilung der Versicherungsmonate zum Stichtag der neu anfallenden Leistung durch die Versicherungsmonate zum Stichtag der weggefallenen Leistung errechnet. Dabei ist die Zahl der Versicherungsmonate der neu anfallenden Leistung auf Grund der am Stichtag der neu anfallenden Leistung geltenden Rechtslage zu ermitteln.
4. Die für die Ermittlung des Steigerungsbetrages der neu anfallenden Leistung zu berücksichtigende Bemessungsgrundlage ergibt sich aus der Teilung des Steigerungsbetrages der weggefallenen Leistung durch die Summe der für diesen Steigerungsbetrag maßgebenden Hundertsätze unter Anwendung des § 108h Abs. 4. Ist die Bemessungsgrundlage nach § 238 zu der am Stichtag der neu anfallenden Leistung geltenden Rechtslage jedoch höher, so ist für die Berechnung des Steigerungsbetrages ausschließlich diese Bemessungsgrundlage heranzuziehen.
5. Der Steigerungsbetrag nach Z 4 ist nach oben hin mit 80% der zur Anwendung kommenden Bemessungsgrundlage begrenzt.
6. Die Z 3 bis 5 sind auch bei einem Antrag auf vorzeitige Alterspension nach § 253a oder § 253b bzw. nach § 276a oder § 276b anzuwenden, wenn bereits ein rechtskräftig zuerkannter Anspruch auf eine Pension aus einem Versicherungsfall der geminderten Arbeitsfähigkeit nach diesem Bundesgesetz oder aus dem Versicherungsfall der dauernden Erwerbsunfähigkeit nach dem GSVG oder nach dem BSVG, deren Stichtag vor dem 1. Juli 1993 liegt, besteht oder bestanden hat und nicht entzogen wurde.

(BGBl I 1999/173)

Schlußbestimmungen zu Art. XVIII des Bundesgesetzes BGBl. I Nr. 106/1999

§ 582. (1) Die §§ 58 Abs. 6, 103 Abs. 1 Z 1 und 110 Abs. 1 in der Fassung des Bundesgesetzes BGBl. I Nr. 106/1999 treten mit 1. Oktober 1999 in Kraft.

(2) § 110 Abs. 2 tritt mit Ablauf des 30. September 1999 außer Kraft.

(3) § 110 Abs. 1 und 2 in der am 30. September 1999 geltenden Fassung ist dann weiterhin auf zivilgerichtliche Verfahren oder auf Exekutionsverfahren (§ 10 Abs. 3 des Gerichtsgebührengesetzes „in der am 31. Dezember 2001 geltenden Fassung“) anzuwenden, wenn die Klage, der verfahrenseinleitende Antrag, die Rechtsmittelschrift oder der Exekutionsantrag vor dem 1. Oktober 1999 bei Gericht angebracht wurde.

(BGBl I 1999/106, BGBl I 2001/131)

Schlußbestimmung zu Art. 6 des Bundesgesetzes BGBl. I Nr. 179/1999

§ 583. Die §§ 44 Abs. 1, 227 Abs. 1 Z 5, 253c Abs. 2 Z 4, Abs. 7 und Abs. 9 bis 12, 261b Abs. 1, 276c Abs. 2 Z 4, Abs. 7 und Abs. 9 bis 12, 284b Abs. 1 und 447g Abs. 3 Z 1 lit. a in der Fassung des Bundesgesetzes BGBl. I Nr. 179/1999 treten mit 1. Jänner 2000 in Kraft.

(BGBl I 1999/179, BGBl I 2000/1)

Schlussbestimmungen zu Art. 1 des Sozialrechts-Änderungsgesetzes 1999, BGBl. I Nr. 1/2000

§ 584. (1) § 293 Abs. 1 und 2 in der Fassung des Bundesgesetzes BGBl. I Nr. 1/2000 tritt mit 1. Jänner 2000 in Kraft.

(2) § 108 Abs. 5 vorletzter Satz ist im Kalenderjahr 1999 nicht anzuwenden.

(3) Beträgt das Gesamtpensionseinkommen einer Person (Abs. 4) nicht mehr als 10 400 S monatlich, so ist die Pensionserhöhung für das Kalenderjahr 2000 abweichend von § 108h nicht mit dem Anpassungsfaktor, sondern wie folgt vorzunehmen: Das Gesamtpensionseinkommen ist zu erhöhen

1. wenn es nicht mehr als 7 000 S monatlich beträgt, um 1,5%;

2. wenn es über 7 000 S bis zu 8 000 S monatlich beträgt, um jenen Prozentsatz, der sich aus der Summe des Betrages des Prozentsatzes nach Z 1 und jenem Betrag ergibt, der sich im Verhältnis des um 7 000 verminderten Gesamtpensionseinkommenswertes zur Zahl 1 000 errechnet;
3. wenn es über 8 000 S bis zu 9 750 S monatlich beträgt, um 200 S;
4. wenn es über 9 750 S bis zu 10 400 S monatlich beträgt, um jenen Betrag, der sich aus der Verminderung des Erhöhungsbetrages nach Z 3 um zehn Groschen für jeden Schilling, der 9 750 S übersteigt, ergibt.

Beträgt das Gesamtpensionseinkommen mehr als 10 400 S monatlich, so ist es jedenfalls um mindestens 135 S zu erhöhen.

(4) Das Gesamtpensionseinkommen einer Person ist die Summe aller ihrer Pensionen aus der gesetzlichen Pensionsversicherung, auf die nach den am 31. Dezember 1999 in Geltung gestandenen Vorschriften Anspruch bestand, jedoch mit Ausnahme der Kinderzuschüsse, der Ausgleichszulage und des besonderen Steigerungsbetrages und vor Anwendung von Ruhensbestimmungen.

(5) Bezieht eine Person zwei oder mehrere Pensionen aus der gesetzlichen Pensionsversicherung, so ist der Erhöhungsbetrag nach Abs. 3 auf die einzelne Pension im Verhältnis der Pensionen zueinander aufzuteilen.

(BGBl I 2000/1)

Schlussbestimmung zu Art. 1 des Sozialversicherungs-Änderungsgesetzes 1999, BGBl. I Nr. 2/2000

§ 585. § 44 Abs. 1 Z 10 in der Fassung des Bundesgesetzes BGBl. I Nr. 2/2000 tritt mit 1. Jänner 2000 in Kraft und mit 30. Juni 2010 außer Kraft.

(BGBl I 2000/2, BGBl I 2000/92, BGBl I 2001/33)

Schlussbestimmung zu Art. 25 des Bundesgesetzes BGBl. I Nr. 26/2000

§ 585a. § 80a Abs. 6 in der Fassung des Bundesgesetzes BGBl. I Nr. 26/2000 tritt mit 1. Juni 2000 in Kraft.

(BGBl I 2000/26, BGBl I 2000/92, BGBl I 2001/33)

Schlussbestimmung zum Bundesgesetz BGBl. I Nr. 35/2000

§ 585b. § 7 Z 1 lit. f in der Fassung des Bundesgesetzes BGBl. I Nr. 35/2000 tritt mit 1. Juli 2000 in Kraft.

(BGBl I 2000/35, BGBl I 2000/92, BGBl I 2001/33, BGBl I 2001/99)

Schlussbestimmung zu Art. 12 des Bundesgesetzes BGBl. I Nr. 44/2000

§ 586. Die §§ 11 Abs. 2, 51 Abs. 1 Z 1 lit. b, d, e und f sowie Abs. 3, 52 Abs. 2, 253a Abs. 2 Z 4, 253b Abs. 1 Z 4 und Abs. 3, 276a Abs. 2 Z 4, 276b Abs. 1 Z 4 und Abs. 3 sowie 474 Abs. 1 in der Fassung des Bundesgesetzes BGBl. I Nr. 44/2000 treten mit 1. Jänner 2001 in Kraft.

(BGBl I 2000/44)

Schlussbestimmungen zu Art. 1 des Sozialversicherungs-Änderungsgesetzes 2000, BGBl. I Nr. 43

§ 587. (1) Die §§ 222 Abs. 1 Z 1 lit. d und Abs. 2 Z 1 lit. e, 236 Abs. 4 Z 2, 253 Abs. 3, 255 Abs. 4 bis 6, 261b Abs. 2, 270, 273 Abs. 2, 276 Abs. 4, 284b Abs. 2, 362 Abs. 2, 421 Abs. 1, 1a, 1b und 3, 440 Abs. 3, 5 und 6, 440a Abs. 3 und 5, 440c Abs. 4, 440f samt Überschrift sowie 453 Abs. 1 Z 4 in der Fassung des Bundesgesetzes BGBl. I Nr. 43/2000 treten mit 1. Juli 2000 in Kraft.

(2) Die §§ 222 Abs. 1 Z 1 lit. e und Abs. 2 Z 1 lit. f, 236 Abs. 1 Z 2 lit. b, 253d, 276d, 421 Abs. 6 und 453 Abs. 1 Z 5 treten mit Ablauf des 30. Juni 2000 außer Kraft.

(3) Die §§ 222 Abs. 1 Z 1 lit. d und e und Abs. 2 Z 1 lit. e und f, 236 Abs. 1 Z 2 lit. b und Abs. 4 Z 2, 253 Abs. 3, 253d, 261b Abs. 2, 270, 276 Abs. 4, 276d, 284b Abs. 2 und 362 Abs. 2 in der am 30. Juni 2000 geltenden Fassung sind auf Personen, die Anspruch auf vorzeitige Alterspension wegen geminderter Arbeitsfähigkeit (vorzeitige Knappschaftsalterspension wegen geminderter Arbeitsfähigkeit) mit Stichtag vor dem 1. Juli 2000 haben, weiterhin anzuwenden.

(4) Anträge auf vorzeitige Alterspension wegen geminderter Arbeitsfähigkeit (vorzeitige Knappschaftsalterspension wegen geminderter Arbeitsfähigkeit), die nach dem 23. Mai 2000 und vor dem 2. Juni 2000 gestellt wurden, sind als Anträge auf Invaliditäts-(Berufunfähigkeits-)Pension mit Stichtag 1. Juni 2000 zu werten, wobei § 255 Abs. 4 in der Fassung des Sozialversicherungs-Änderungsgesetzes 2000, BGBl. I Nr. 43, anzuwenden ist.

(BGBl I 2000/92, BGBl I 2001/33)

(5) § 255 Abs. 4 in der Fassung des Bundesgesetzes BGBl. I Nr. 43/2000 ist nur auf Versicherungsfälle anzuwenden, in denen der Stichtag nach dem 30. Juni 2000 liegt.

(6) Alle Versicherungsvertreter sind nach § 421 in der Fassung des Bundesgesetzes BGBl. I Nr. 43/2000 bis längstens 31. Dezember 2000 neu zu bestellen; mit dem Tag der Neubestellung gilt jedes amtierende Mitglied als seines Amtes enthoben.

(BGBl I 2000/142)

(7) Die Amtsdauer der am 31. Dezember 2000 bestehenden Verwaltungskörper verlängert sich bis zum Ablauf des 31. Dezember 2005.

(8) Der Vorsitzende und die Vorsitzenden-Stellvertreter des beim Hauptverband errichteten Beirates sind nach § 440a Abs. 3 Z 1 und 2 in der Fassung des Bundesgesetzes BGBl. I Nr. 43/2000 bis längstens 31. Dezember 2000 neu zu bestellen; mit dem Tag der Neubestellung gelten der amtierende

Vorsitzende und sein Stellvertreter als ihres Amtes enthoben.

(BGBl I 2000/43)

Schlussbestimmungen zu Art. 1 des Sozialrechts-Änderungsgesetzes 2000, BGBl. I Nr. 92

§ 588. (1) Es treten in Kraft:

1. mit 1. Oktober 2000 die §§ 31 Abs. 5 Z 16, 31b Abs. 2, 32a bis 32e samt Überschriften, 91 Abs. 2 in der Fassung der Z 2, 92 Abs. 1, 108 Abs. 5 und 7, 108d Abs. 1, 108e samt Überschrift, 108f Abs. 1, 2 und 5, 135 Abs. 6, 136 Abs. 3, 222 Abs. 2 Z 1 lit. c bis e, 227 Abs. 1 Z 5, 236 Abs. 1 Z 2 lit. c, 238 Abs. 1, 242 Abs. 9, 253a Abs. 1, 253b Abs. 1, 253c Abs. 1, 261 Abs. 4 und 5, 261b Abs. 1, 261c Abs. 1, 264 Abs. 1 Z 1 und 2 sowie Abs. 2, 6, 6a und 7a, 276 samt Überschrift, 284 samt Überschrift, 284b samt Überschrift, 284c samt Überschrift, 285 Abs. 1 und 5, 293 Abs. 2, 299a samt Überschrift, 441 Abs. 1 Z 2 lit. b sowie Z 3 und 4 sowie 442b in der Fassung des Bundesgesetzes BGBl. I Nr. 92/2000;
2. mit 1. August 2000 § 575 Abs. 7 in der Fassung des Bundesgesetzes BGBl. I Nr. 92/2000;
3. mit 1. Jänner 2001 die §§ 91 Abs. 2 in der Fassung der Z 3, 135a samt Überschrift, 261 Abs. 3, 292 Abs. 8 und 447a Abs. 1 bis 4 sowie 447b Abs. 10 in der Fassung des Bundesgesetzes BGBl. I Nr. 92/2000;
4. mit 1. Jänner 2003 § 81 in der Fassung des Bundesgesetzes BGBl. I Nr. 92/2000;
5. rückwirkend mit 1. Juli 2000 die §§ 264 Abs. 1 Z 5, 421 Abs. 1c und 455 Abs. 2 in der Fassung des Bundesgesetzes BGBl. I Nr. 92/2000;
6. rückwirkend mit 1. Jänner 2000 die §§ 31 Abs. 12 und 502 Abs. 1a in der Fassung des Bundesgesetzes BGBl. I Nr. 92/2000;
7. rückwirkend mit 1. Juli 1996 § 227 Abs. 1 Z 1 in der Fassung des Bundesgesetzes BGBl. I Nr. 92/2000.

(2) Die §§ 108f Abs. 3, 251a Abs. 7 Z 3, 253 Abs. 2 und 276a bis 276c treten mit Ablauf des 30. September 2000 außer Kraft.

(3) § 108d Abs. 1 in der Fassung des Bundesgesetzes BGBl. I Nr. 92/2000 gilt erstmals für die Ermittlung des Anpassungsrichtwertes für das Kalenderjahr 2001.

(4) Die Anpassungsfaktoren für die Jahre 2001 bis 2003 hat der Bundesminister für soziale Sicherheit und Generationen abweichend von den Bestimmungen des § 108f Abs. 2 in den einzelnen Jahren unter Bedachtnahme auf die Erhöhung der Verbraucherpreise nach § 299a Abs. 2 so festzusetzen, dass in den Jahren 2001 und 2002 der Abstand der Anpassungsfaktormesszahl zur Anpassungsrichtwertmesszahl schrittweise verringert und im Jahr 2003 der Gleichstand von Anpassungsfaktormesszahl und Anpassungsrichtwertmesszahl erreicht wird. „Zur Vervielfachung der letzten Anpassungsfaktormesszahl nach § 108f Abs. 4 ist für das Jahr 2000 anstelle des Anpassungsfaktors der Faktor 1,011 heranzuziehen."

(BGBl I 2001/99, BGBl I 2002/31)

(4a) (aufgehoben)

(BGBl I 2001/33)

(5) § 227 Abs. 1 in der Fassung des Bundesgesetzes BGBl. I Nr. 92/2000 gilt auch für Fälle, in denen über einen nach dem 30. Juni 1996 gestellten Antrag auf Beitragsentrichtung nach § 227 Abs. 3 bis 5 bereits entschieden worden ist, wenn eine neuerliche Entscheidung über die Beitragsentrichtung beantragt wird. Die Rechtskraft der ergangenen Entscheidung steht dem nicht entgegen.

(6) Die §§ 253a Abs. 1, 253b Abs. 1, 253c Abs. 1 und 264 Abs. 1 Z 1 und 2 in der Fassung des Bundesgesetzes BGBl. I Nr. 92/2000 sind nur auf Versicherungsfälle anzuwenden, in denen der Stichtag nach dem 30. September 2000 liegt, jedoch tritt jeweils

1. an die Stelle des 738. Lebensmonates, wenn der Versicherte das 60. Lebensjahr vollendet
   bis einschließlich 30. September 2000 .... der 720. Lebensmonat,
   im Oktober oder November oder Dezember 2000 .... der 722. Lebensmonat,
   im Jänner oder Februar oder März 2001 .... der 724. Lebensmonat,
   im April oder Mai oder Juni 2001 .... der 726. Lebensmonat,
   im Juli oder August oder September 2001 .... der 728. Lebensmonat,
   im Oktober oder November oder Dezember 2001 ....der 730. Lebensmonat,
   im Jänner oder Februar oder März 2002 .... der 732. Lebensmonat,
   im April oder Mai oder Juni 2002 .... der 734. Lebensmonat,
   im Juli oder August oder September 2002 .... der 736. Lebensmonat;
2. an die Stelle des 678. Lebensmonates, wenn die Versicherte das 55. Lebensjahr vollendet
   bis einschließlich 30. September 2000 ....der 660. Lebensmonat,
   im Oktober oder November oder Dezember 2000 .... der 662. Lebensmonat,
   im Jänner oder Februar oder März 2001 .... der 664. Lebensmonat,
   im April oder Mai oder Juni 2001 .... der 666. Lebensmonat,
   im Juli oder August oder September 2001 .... der 668. Lebensmonat,
   im Oktober oder November oder Dezember 2001 .... der 670. Lebensmonat,
   im Jänner oder Februar oder März 2002 .... der 672. Lebensmonat,
   im April oder Mai oder Juni 2002 .... der 674. Lebensmonat,
   im Juli oder August oder September 2002 .... der 676. Lebensmonat.

(7) Auf männliche Versicherte, die vor dem 1. Oktober 1945 geboren sind, und auf weibliche Versicherte, die vor dem 1. Oktober 1950 geboren sind, sind die §§ 253a Abs. 1, 253b Abs. 1 und 253c Abs. 1 in der Fassung des Bundesgesetzes BGBl. I Nr. 92/2000 so anzuwenden, dass

1. an die Stelle des 738. Lebensmonates das 60. Lebensjahr tritt, wenn und sobald der Versicherte 540 Beitragsmonate erworben hat,
2. an die Stelle des 678. Lebensmonates das 55. Lebensjahr tritt, wenn und sobald die Versicherte 480 Beitragsmonate erworben hat;

dabei sind auch zu berücksichtigen:

- bis zu 60 Ersatzmonate nach den §§ 227a oder 228a dieses Bundesgesetzes oder nach den §§ 116a oder 116b GSVG oder nach den §§ 107a oder 107b BSVG, wenn sie sich nicht mit Beitragsmonaten decken,
- bis zu zwölf Ersatzmonate nach § 227 Abs. 1 Z 7 und 8 dieses Bundesgesetzes oder nach § 116 Abs. 1 Z 3 GSVG oder nach § 107 Abs. 1 Z 3 BSVG, soweit es sich um Zeiten des Präsenz- oder Zivildienstes handelt.

§ 261 Abs. 4 ist so anzuwenden, dass das Höchstausmaß der Verminderung höchstens zehn Steigerungspunkte beträgt.

(7a) Die Pensionsversicherungsträger werden in den Jahren 2001 und 2002 ermächtigt, in den Richtlinien nach § 84 Abs. 6 zum Ausgleich besonderer Härten durch die Anhebung des Pensionsanfallsalters vorzusehen, dass dem (der) Versicherten auf Antrag eine Unterstützung nach pflichtgemäßem Ermessen des Versicherungsträgers und durch Beschluss der Selbstverwaltung zuerkannt wird. Die Höhe dieser Unterstützung ist im Einzelfall unter sinngemäßer Anwendung des § 306, die Dauer mit dem Zeitraum, der sich jeweils aus der Anhebung des Anfallsalters nach Abs. 6 ergibt, zu begrenzen. Abweichend von § 84 Abs. 3 können in diesen Jahren zusätzliche Mittel an den Unterstützungsfonds im Höchstausmaß von 0,5 vT der Erträge an Beiträgen für Versicherte überwiesen werden.

(8) § 261 Abs. 4 in der Fassung des Bundesgesetzes BGBl. I Nr. 92/2000 ist nur auf Versicherungsfälle anzuwenden, in denen der Stichtag nach dem 30. September 2000 liegt. Für männliche Versicherte, die das 60. Lebensjahr, für weibliche Versicherte, die das 55. Lebensjahr vor dem 1. Oktober 2002 vollenden, ist das Ausmaß der Verminderung (§ 261 Abs. 4 erster bis vierter Satz) in jenem Verhältnis zu kürzen, das sich aus der Gegenüberstellung von zehn Steigerungspunkten zur Zahl der Steigerungspunkte ergibt, die sich als Ausmaß der Verminderung beim jeweils frühestmöglichen Antritt einer vorzeitigen Alterspension nach Abs. 6 ohne Berücksichtigung eines Höchstausmaßes errechnet. Das Höchstausmaß der Verminderung beträgt 15% der nach § 261 Abs. 2 ermittelten Summe der Steigerungspunkte.

(9) § 261 Abs. 5 in der Fassung des Bundesgesetzes BGBl. I Nr. 92/2000 ist so anzuwenden, dass die Invaliditätspension für je zwölf Versicherungsmonate mindestens im Ausmaß von

1. 1,78% bei Stichtagen im Jahr 2001,
2. 1,76% bei Stichtagen im Jahr 2002,
3. 1,74% bei Stichtagen im Jahr 2003,
4. 1,72% bei Stichtagen im Jahr 2004

der Gesamtbemessungsgrundlage begrenzt mit 60% der Gesamtbemessungsgrundlage gebührt. § 261 Abs. 2 dritter und vierter Satz sind anzuwenden.

(10) § 264 in der Fassung des Bundesgesetzes BGBl. I Nr. 92/2000 ist nur auf Versicherungsfälle anzuwenden, in denen der Stichtag nach dem 30. September 2000 liegt. Auf Witwen-(Witwer-)-Pensionen mit Stichtag vor dem 1. Oktober 2000 ist § 264 in der vor dem 1. Oktober 2000 geltenden Fassung weiterhin anzuwenden.

(11) § 284 in der Fassung des Bundesgesetzes BGBl. I Nr. 92/2000 ist so anzuwenden, dass die Knappschaftsvollpension für je zwölf Versicherungsmonate mindestens im Ausmaß von

1. 1,95% bei Stichtagen im Jahr 2001,
2. 1,925% bei Stichtagen im Jahr 2002,
3. 1,90% bei Stichtagen im Jahr 2003,
4. 1,875% bei Stichtagen im Jahr 2004

der Gesamtbemessungsgrundlage begrenzt mit 66% der Gesamtbemessungsgrundlage gebührt. § 261 Abs. 2 dritter und vierter Satz sind anzuwenden.

(12) Der Hauptverband hat die Befugnis nach § 455 Abs. 2 in der Fassung des Bundesgesetzes BGBl. I Nr. 92/2000 bis zum 1. Oktober 2000 wahrzunehmen. Die Krankenversicherungsträger haben sodann die entsprechenden Satzungsänderungen bis zum 31. Jänner 2001 zu beschließen.

(13) § 502 Abs. 1a in der Fassung des Bundesgesetzes BGBl. I Nr. 92/2000 ist auf Antrag auch auf bereits zuerkannte und bestehende Pensionen anzuwenden. Die neubemessene Pension gebührt ab 1. Jänner 2000, wenn der Antrag bis zum Ablauf des 31. Dezember 2000 gestellt wird, sonst ab dem der Antragstellung folgenden Monatsersten.

(14) Der auf die Krankenversicherung, Unfallversicherung und Pensionsversicherung jeweils entfallende Verwaltungs- und Verrechnungsaufwand der Versicherungsträger nach diesem Bundesgesetz, dem GSVG, dem BSVG, dem B-KUVG und des Hauptverbandes ist ab dem Geschäftsjahr 2001 bis zum Geschäftsjahr 2003 auf die Höhe des jeweiligen Verwaltungs- und Verrechnungsaufwandes des Geschäftsjahres 1999 in der Krankenversicherung, Unfallversicherung und Pensionsversicherung zurückzuführen. Dabei sind

1. die Entwicklungs- und Implementierungskosten für Standardprodukte sowie die Verwaltungskostenersätze hiefür,

2. die Entwicklungs- und Implementierungskosten für das ELSY nach den §§ 31a ff.,
(BGBl I 2001/103)
3. die Vergütung für die Mitwirkung an fremden Aufgaben nach § 82 dieses Bundesgesetzes und nach § 250 Abs. 2 GSVG und
(BGBl I 2001/99, BGBl I 2001/103)
4. die Entwicklungs- und Implementierungskosten für die Einrichtung der Niederösterreichischen Gebietskrankenkasse als Kompetenzzentrum nach § 26 Abs. 3 KBGG, soweit diese Kosten nicht nach § 38 Abs. 3 KBGG abgegolten werden.
(BGBl I 2001/103)

jeweils außer Acht zu lassen. Ferner ist auf die Veränderung des Versichertenstandes ab dem Geschäftsjahr 1999 bis zum Geschäftsjahr 2003 Bedacht zu nehmen. Der 6. Unterabschnitt des Abschnittes III des Ersten Teiles ist anzuwenden.

(15) Auf Versicherte, die nach der am 30. September 2000 geltenden Rechtslage Anspruch auf vorzeitige Alterspension nach § 253b mit Stichtag 1. Oktober 2000 oder 1. November 2000 oder 1. Dezember 2000 oder 1. Jänner 2001 oder 1. Februar 2001 hätten und deren Arbeitsverhältnis nachweislich bis zum 30. Juni 2000 zu einem Termin zwischen dem 31. August 2000 und dem 31. Dezember 2000 nachweislich wegen Inanspruchnahme der Pension gelöst wurde, ist § 253b Abs. 1 in der am 30. September 2000 geltenden Fassung anzuwenden.
(BGBl I 2000/92, BGBl I 2001/33)

Schlussbestimmungen zu Art. 66 des Budgetbegleitgesetzes 2001, BGBl. I Nr. 142/2000

§ 589. (1) Die §§ 4 Abs. 2 zweiter Satz, 31 Abs. 5 Z 16a, 43 Abs. 3, 44 Abs. 6 lit. a, b und c, 51 d samt Überschrift, 70a Abs. 1, 73 Abs. la, 2 und 4, 76b Abs. 4, 77 Abs. 6, 195 Abs. 4, 205a Abs. 1, 227a Abs. 8, 262 Abs. 2 und 361 Abs. 3 in der Fassung des Bundesgesetzes BGBl. I Nr. 142/ 2000 treten mit 1. Jänner 2001 in Kraft.

(2) Die §§ 31 Abs. 3 Z 9, 460 Abs. 1, 460b samt Überschrift, 460c samt Überschrift, 460d, 460e und 479 Abs. 2 Z 4 in der Fassung des Bundesgesetzes BGBl. I Nr. 142/2000 treten mit 1. März 2001 in Kraft, es sei denn, dass bis zu diesem Zeitpunkt in den Dienstordnungen (§ 31 Abs. 3 Z 9) den §§ 460b und 460c in der Fassung des Bundesgesetzes BGBl. I Nr. 142/2000 gleichwertige Regelungen getroffen werden. Der Bundesminister für soziale Sicherheit und Generationen hat durch Verordnung festzustellen, ob eine derartige Gleichwertigkeit vorliegt, wenn diesbezügliche Änderungen der Dienstordnungen bis zum Ablauf des 28. Februar 2001 nach § 31 Abs. 8 vorgelegt werden.

(3) Die §§ 421 Abs. 1 und 587 Abs. 6 in der Fassung des Bundesgesetzes BGBl. I Nr. 142/ 2000 treten rückwirkend mit 1. Juli 2000 in Kraft.

(4) § 77 Abs. 6 in der Fassung des Bundesgesetzes BGBl. I Nr. 142/2000 ist auch auf Personen anzuwenden, die bereits am 31. Dezember 2000 in der Pensionsversicherung weiterversichert sind und einen nahen Angehörigen (eine nahe Angehörige) mit Anspruch auf Pflegegeld in Höhe der Stufe 4 im Sinne der genannten Bestimmung pflegen, wenn sie dies bis zum Ablauf des 31. Dezember 2001 beim zuständigen Pensionsversicherungsträger beantragen. Diesfalls wird der auf den Dienstgeber entfallende Beitragsteil ab dem 1. Jänner 2001 aus Mitteln des Bundes getragen; die zu viel gezahlten Beiträge sind den Weiterversicherten zu erstatten. Wird der Antrag später gestellt, so erfolgt die Beitragstragung aus Mitteln des Bundes erst ab dem der Antragstellung folgenden Monatsersten.

(5) § 77 Abs. 6 in der Fassung des Bundesgesetzes BGBl. I Nr. 142/2000 ist ferner auf Personen sinngemäß anzuwenden, die in der Pensionsversicherung nach § 16a selbstversichert sind und einen nahen Angehörigen (eine nahe Angehörige) mit Anspruch auf Pflegegeld zumindest in Höhe der Stufe 4 im Sinne der genannten Bestimmung pflegen, wenn sie

1. dies bis zum Ablauf des 31. Dezember 2001 beantragen und
2. in den letzten 120 Kalendermonaten vor der Antragstellung mindestens 60 Versicherungsmonate erworben haben.

(6) Die §§ 460b und 460c in der Fassung des Bundesgesetzes BGBl. I Nr. 142/2000 sind im Falle ihres Inkrafttretens auch auf Bedienstete, die vor dem 1. März 2001 in den Dienst eines Versicherungsträgers (des Hauptverbandes) eingetreten sind, und auf vor dem 1. März 2001 angefallene Leistungen auf Grund des Pensionsrechts nach den Dienstordnungen anzuwenden.
(BGBl I 2000/142)

Schlussbestimmungen zu Art. 3 des Bundesgesetzes BGBl. I Nr. 5/2001

§ 590. (1) Es treten in Kraft:

1. mit 1. Jänner 2001 die §§ 148, 149 Abs. 5 in der Fassung der Z 9 und Abs. 6, 150 Abs. 3 in der Fassung der Z 11, 322a Abs. 1, 2 und 4, 447a Abs. 5 Z 3 und 4 sowie 447f samt Überschrift in der Fassung des Bundesgesetzes BGBl. I Nr. 5/2001;

1a. mit 1. Jänner 2002 die §§ 149 Abs. 3, 3a, 3b und 5 in der Fassung der Z 9a, 150 Abs. 1 Z 1, Abs. 2 und 3 in der Fassung der Z 11a und 349 Abs. 2a in der Fassung des Bundesgesetzes BGBl. I Nr. 5/2001;

2. rückwirkend mit 1. Oktober 2000 § 567 Abs. 2 in der Fassung des Bundesgesetzes BGBl. I Nr. 5/2001;

(2) § 447a Abs. 2 Z 2 tritt mit 1. Jänner 2001 außer Kraft.

(3) Die §§ 63b und 567 Abs. 3 treten mit Ablauf des 31. Dezember 2000 außer Kraft.

(4) Der Behandlungsbeitrag-Ambulanz ist für das Jahr 2001 erst für Behandlungsfälle ab dem 1. März 2001 einzuheben. Die landesgesetzlichen

Ausführungsbestimmungen zu § 148 in der Fassung des Bundesgesetzes BGBl. I Nr. 5/2001 sind innerhalb von sechs Monaten zu erlassen und rückwirkend mit 1. März 2001 in Kraft zu setzen.

(4a) Am 31. Dezember 2000 geltende, nach § 149 vertraglich festgelegte Verpflegskosten pro Tag für Privatkrankenanstalten, die vom Vertrag zwischen Hauptverband und Wirtschaftskammer Österreich erfasst sind, sind für das Jahr 2001 um 3,3% zu erhöhen.

(5) Mit Ablauf des 31. Dezember 2004 treten die in § 567 Abs. 2 genannten Bestimmungen in der am 31. Dezember 2004 geltenden Fassung außer Kraft und in der am 31. Dezember 1996 in Geltung gestandenen Fassung – mit Ausnahme der lit. d des § 148 Z 3 sowie der §§ 322a und 447f – wieder in Kraft.

(BGBl I 2001/5)

Zusätzliche Ausgleichszulage 2001

§ 591. Personen, die im Februar 2001 Anspruch haben auf

1. eine Ausgleichszulage nach § 293 Abs. 1 lit. a sublit. aa oder
2. eine Ausgleichszulage nach § 293 Abs. 1 lit. a sublit. bb oder lit. b oder lit. c,

gebührt zu der für Februar 2001 auszuzahlenden Pension eine zusätzliche Ausgleichszulage; diese beträgt 500 S für Personen nach Z 1 und 350 S für Personen nach Z 2. Bei der Ermittlung des Nettoeinkommens (§ 292 Abs. 3) haben die genannten Beträge außer Betracht zu bleiben. § 299 ist für die zusätzliche Ausgleichszulage nicht anzuwenden; der Aufwand ist vom Bund zu tragen.

(BGBl I 2001/5)

Schlussbestimmungen zu Art. 2 des Bundesgesetzes BGBl. I Nr. 12/2001

§ 592. (1) § 502 Abs. 6 in der Fassung des Bundesgesetzes BGBl. I Nr. 12/2001 tritt mit dem Monatsersten in Kraft, der auf den von der Bundesregierung gemäß § 44 Entschädigungsfondsgesetz, BGBl. I Nr. 12/2001, kundgemachten Tag folgt.

(2) **(Verfassungsbestimmung)** Für Personen, die erst auf Grund des § 502 Abs. 6 in der Fassung des Bundesgesetzes BGBl. I Nr. 12/2001 Beiträge für die Zeit der Auswanderung nachentrichten können, ist § 502 Abs. 4 mit der Maßgabe anzuwenden, dass auch für die Zeit nach dem 31. März 1959 Beiträge für insgesamt höchstens 180 Versicherungsmonate nachentrichtet werden können.

(3) Personen, die erst auf Grund des § 502 Abs. 6 in der Fassung des Bundesgesetzes BGBl. I Nr. 12/2001 Anspruch auf eine Leistung aus der Pensionsversicherung nach diesem Bundesgesetz erhalten, gebührt diese Leistung ab dem Monat des In-Kraft-Tretens dieses Bundesgesetzes, wenn der Antrag innerhalb eines Jahres nach In-Kraft-Treten dieses Bundesgesetzes gestellt wird, sonst ab dem auf die Antragstellung folgenden Monatsersten. Befindet sich der Antragsteller im Zeitpunkt der Antragstellung in Auswirkung einer aus den Gründen des § 500 Abs. 1 erfolgten Auswanderung noch im Ausland, ist das Zutreffen der Voraussetzungen für den Leistungsanspruch abweichend von § 223 Abs. 2 zum Zeitpunkt des Eintrittes des Versicherungsfalles zu prüfen.

(BGBl I 2001/12, BGBl I 2001/99)

Schlussbestimmungen zum Bundesgesetz BGBl. I Nr. 99/2001 (58. Novelle)

§ 593. (1) Es treten in Kraft:

1. mit 1. August 2001 die §§ 4 Abs. 4, 5 Abs. 1 Z 3b und 14, 7 Z 1 lit. e sowie Z 4 lit. c und d, 8 Abs. 4, 14 Abs. 1 Z 2, 16 Abs. 6 Z 3, 31b Abs. 2 in der Fassung der Z 16, 32b Abs. 2 in der Fassung der Z 18 und Abs. 3, 32c in der Fassung der Z 20, 34 Abs. 2, 54a samt Überschrift, 58 Abs. 4, 59 Abs. 1, 81, 104 Abs. 7, 116 Abs. 3, 123 Abs. 4 Z 2 und 3 sowie Abs. 10, 131 Abs. 3 und 5, 131a samt Überschrift, 132a Abs. 1, 132b Abs. 2, 135 Abs. 1 bis 3, 153 Abs. 3 und 4, 210 samt Überschrift, 338 Abs. 1, 340 Abs. 1, 341 Abs. 1, 3 und 4, 342 Abs. 1 bis 3, 343 Abs. 1 bis 5, 343a Abs. 2, 343c Abs. 1 Z 2 und Abs. 2, 349 Abs. 3, 350 Abs. 1 Z 2 und Abs. 2, 357 Abs. 1, 437 Abs. 1, 446a, 447b Abs. 5 und 6, 447g Abs. 6 bis 8, 572 Abs. 1 Z 5, 581 Abs. 1 Z 3 sowie 588 Abs. 4 und 14 Z 3 in der Fassung des Bundesgesetzes BGBl. I Nr. 99/2001; 1a. mit 1. September 2001 die §§ 31 Abs. 3 Z 13, 31b Abs. 2 in der Fassung der Z 15a, 32a Abs. 1 und 2, 32a Abs. 3, 32b Abs. 2 und 3 in der Fassung der Z 17c, 32c in der Fassung der Z 19a, 32d Abs. 2, 420 Abs. 5 Z 2, 421 Abs. 7, 440 Abs. 5 Z 1, 440a Abs. 3 Z 3, 440a Abs. 5 Z 2, 440f Abs. 4, 441 bis 442d, 447c Abs. 4, 447f Abs. 10 in der Fassung der Z 90a, 448 Abs. 3, 453 Abs. 2, 455 Abs. 3, 456a Abs. 1, 3 und 4 sowie 460 Abs. 1, 3 und 5 in der Fassung des Bundesgesetzes BGBl. I Nr. 99/2001; 1b. mit 1. Oktober 2001 die §§ 8 Abs. 1 Z 2, 10 Abs. 5, 14 Abs. 1 Z 11 und 12, 36 Abs. 1 Z 9 und 10, 44 Abs. 1 Z 10 und 11 sowie 52 Abs. 4 in der Fassung des Bundesgesetzes BGBl. I Nr. 99/2001;
2. mit 1. Jänner 2002 die §§ 5 Abs. 1 Z 15, 7 Z 1 lit. g, 31 Abs. 4 Z 6, Abs. 8, 9 und 9a, 31b Abs. 4, 49 Abs. 4, 213a Abs. 4, 319a Abs. 2, 349 Abs. 2a und 2b, 455 Abs. 1 und 456a Abs. 3 in der Fassung des Bundesgesetzes BGBl. I Nr. 99/2001;
3. rückwirkend mit 31. März 2001 die §§ 460b und 460d in der Fassung des Bundesgesetzes BGBl. I Nr. 99/2001;
4. rückwirkend mit 1. März 2001 § 447f Abs. 10 in der Fassung der Z 90 in der Fassung des Bundesgesetzes BGBl. I Nr. 99/2001;

5. rückwirkend mit 1. Jänner 2001 die §§ 4 Abs. 2 und 80 Abs. 1 in der Fassung des Bundesgesetzes BGBl. I Nr. 99/2001;
6. rückwirkend mit 1. Oktober 2000 die §§ 90 und 135 Abs. 6 in der Fassung des Bundesgesetzes BGBl. I Nr. 99/2001;
7. rückwirkend mit 1. Juli 2000 die §§ 5 Abs. 1 Z 13, 7 Z 1 lit. f und 585b Überschrift in der Fassung des Bundesgesetzes BGBl. I Nr. 99/2001;
8. rückwirkend mit 1. August 1998 § 26 Abs. 1 Z 3 lit. c und d in der Fassung des Bundesgesetzes BGBl. I Nr. 99/2001.

(2) Es treten außer Kraft:
1. mit Ablauf des 31. Juli 2001 die §§ 447i und 572 Abs. 1 Z 4a;
2. rückwirkend mit Ablauf des 30. Juni 2000 § 563 Abs. 21.

(3) Alle vor Beginn des Jahres 2002 in der Fachzeitschrift „Soziale Sicherheit" vorgenommenen Verlautbarungen, denen ihrem Inhalt nach rechtsverbindliche Kraft zukommt, treten spätestens mit Ablauf des 31. Dezember 2005 außer Kraft, sofern sie nicht nach § 31 Abs. 9 im Internet wiederverlautbart wurden. Sie sind jedoch auf Sachverhalte, die sich vor ihrem Außer-Kraft-Treten ereignet haben, weiterhin anzuwenden. Eine Wiederverlautbarung nach der genannten Bestimmung erfolgt unabhängig vom ursprünglichen Normerzeugungsverfahren durch Beschluss des Vorstandes (Verbandsvorstandes) mit einfacher Stimmenmehrheit, der der Aufsichtsbehörde (§ 448) zur Kenntnis zu bringen ist. Anlässlich der Wiederverlautbarung können die in Art. 49a Abs. 2 B-VG genannten Änderungen vorgenommen werden. Ab dem fünften Tag nach der Kundmachung sind alle Gerichte und Verwaltungsbehörden an die wiederverlautbarten Texte gebunden.

(4) § 447b Abs. 5 und 6 in der Fassung des Bundesgesetzes BGBl. I Nr. 99/2001 ist erstmals für das Geschäftsjahr 2000 anzuwenden.

(5) Im Geschäftsjahr 2001 sind der Rücklage zur Deckung eines außerordentlichen Aufwandes aus den im § 447c Abs. 1 lit. a angeführten Gründen keine Mittel nach § 447a Abs. 4 zuzuführen.

(6) Die entsendenden Organe sind verpflichtet, die Mitglieder des Verwaltungsrates nach § 441b in der Fassung des Bundesgesetzes BGBl. I Nr. 99/2001 so zeitgerecht zu bestimmen, dass sich dieser Verwaltungskörper bis längstens 15. September 2001 konstituieren kann. Ist dies nicht möglich, so hat der Bundesminister für soziale Sicherheit und Generationen das Recht, einen provisorischen Verwaltungsrat aus Versicherungsvertretern zu bestellen, der so lange im Amt bleibt, bis sich der ordentliche Verwaltungsrat vollzählig konstituiert hat. Die erste Sitzung des Verwaltungsrates ist von dem an Lebensjahren ältesten Mitglied des Verwaltungsrates einzuberufen und zu leiten.

(7) Der Verwaltungsrat nach § 441b in der Fassung des Bundesgesetzes BGBl. I Nr. 99/2001 hat bis längstens 31. Dezember 2001 eine Geschäftsführung zu bestellen. Bis längstens 30. September 2001 hat der Verwaltungsrat die vier von der Verbandskonferenz zu entsendenden Mitglieder der Controllinggruppe neu zu bestellen. Ist eine Bestellung innerhalb der gesetzlichen Frist nicht möglich, so bestellt der Bundesminister für soziale Sicherheit und Generationen die Geschäftsführer und die neu zu entsendenden Mitglieder der Controllinggruppe.

(8) Bis zur Konstituierung der Geschäftsführung nach § 441c in der Fassung des Bundesgesetzes BGBl. I Nr. 99/2001 führen der bisherige leitende Angestellte und seine Stellvertreter als einstimmig entscheidendes Kollegialorgan die Geschäfte des Hauptverbandes. Die Verbandskonferenz hat bis zur Konstituierung der Hauptversammlung, die Kontrollversammlung bis zur Konstituierung des Verwaltungsrates die ihr gesetzlich übertragenen Aufgabenbereiche weiter zu besorgen.

(BGBl I 2001/99)

Schlussbestimmungen zu Art. 1 des Sozialversicherungs-Währungsumstellungs-Begleitgesetzes, BGBl. I Nr. 67/2001

§ 594. (1) Die §§ 5 Abs. 2, 16 Abs. 1, 44 Abs. 1 und 6, 49 Abs. 3 Z 3, 18 lit. a und 19, 54 Abs. 1, 56a Abs. 2 Z 1 und 2, 59 Abs. 1, 64 Abs. 4, 74 Abs. 1, 2 und 6, 74a Überschrift und Abs. 1, 76 Abs. 1 und 2, 76a Abs. 3 und 6, 76b Abs. 1 und 4, 77 Abs. 2a und 4, 108 Abs. 3 und 9, 108a Abs. 2 bis 4, 108d Abs. 9 bis 11, 108l Abs. 3, 111, 116 Abs. 5, 122 Abs. 4, 125 Abs. 1, 135 Abs. 3, 135a Abs. 1, 136 Abs. 3, 137 Abs. 2 und 5, 141 Abs. 3 und 5, 149 Abs. 3, 153 Abs. 4, 154 Abs. 1, 154a Abs. 7, 155 Abs. 3, 181 Abs. 1, 2 und 6, 181b lit. a bis c, 199 Abs. 2, 207 Abs. 1, 212 Abs. 3, 227a Abs. 8, 238 Abs. 1, 240, 242 Abs. 2 Z 4 lit. b, 243 Abs. 1 Z 2 lit. c, 244 Abs. 1, 249 Abs. 3, 250 Abs. 3 und 4 lit. a bis c, 251 Abs. 4, 253b Abs. 1 Z 4, 253c Abs. 2, 254 Abs. 7, 262 Abs. 2, 264 Abs. 3 Z 1 und 2 sowie Abs. 4 Z 1 und 2 und Abs. 6, 283, 288 Abs. 1, 292 Abs. 3, Abs. 4 lit. h sowie Abs. 5 und 8, 293 Abs. 1, 302 Abs. 4, 307d Abs. 6, 307e Abs. 2, 311 Abs. 5, 363 Abs. 2, 447a Abs. 5 Z 3 und 4, 447f Abs. 4, 6 und 7, 447g Abs. 3 Z 1 lit. d, 451 Abs. 3, 466 Abs. 4, 471e, 479e Abs. 1, 502 Abs. 4, 522a Abs. 2 Z 1 und 2, Abs. 3, 4 Z 1 und 2 sowie Abs. 5, 522e Abs. 3, 522f Abs. 2 Z 1 lit. a und b und Z 2 sowie Abs. 3 und 4, 522i Abs. 4, 522k Abs. 2, 529 Abs. 3 und 5 lit. a sowie 572 Abs. 10a und die Anlagen 2, 3, 4 und 7 in der Fassung des Bundesgesetzes BGBl. I Nr. 67/2001 treten mit 1. Jänner 2002 in Kraft.

(2) Die §§ 46, 58 Abs. 5, 104 Abs. 4 und 108b sowie Abschnitt VI des Neunten Teiles treten mit Ablauf des 31. Dezember 2001 außer Kraft.

(3) Schillingbeträge, die am 31. Dezember 2001 zur Bemessung einer (künftigen) Geldleistung bei den Versicherungsträgern (beim Hauptverband) gespeichert sind, sind mit Wirksamkeit vom 1. Jänner 2002 in Euro umzurechnen.

(4) Die Verordnung des Bundesministers für Arbeit und Soziales über die Durchführung der Sozialversicherung in den Zollausschlussgebieten der Gemeinden Jungholz und Mittelberg, BGBl. Nr. 396/1993, gilt ab 1. Jänner 2002 – mit Ausnahme der §§ 1 bis 3, 4 Abs. 2 und 5 Abs. 1 und 2 sowie des § 6, die mit Ablauf des 31. Dezember 2001 aufgehoben werden – als Bundesgesetz für jene Personen weiter, die vor dem 1. Jänner 2002 auf Grund einer Tätigkeit in den Gemeinden Jungholz und Mittelberg Beitragsmonate erworben haben, die bei der Bemessung der Leistungen aus der gesetzlichen Unfall- oder Pensionsversicherung zu berücksichtigen sind. Dabei tritt

1. an die Stelle der Leistungsfeststellung in Schilling die Leistungsfeststellung in Euro und
2. an die Stelle des am Tag der Antragstellung geltenden Wechselkurses (K) der Wechselkurs von 7,04 S je 1 DM.

(BGBl I 2001/67)

Schlussbestimmung zu Art. 3 des Bundesgesetzes BGBl. I Nr. 103/2001

§ 595. (1) Die §§ 8 Abs. 1 Z 1 lit. e und f, 10 Abs. 6a, 12 Abs. 5a, 120 Abs. 1, 138 Abs. 2 lit. f und g, 162 Abs. 1, 3a sowie 5 Z 2 und 3, 176 Abs. 1 Z 8, 227a Abs. 5 Z 1 und Abs. 6, 233, 236 Abs. 4a, 253a Abs. 1 Z 2, 253b Abs. 1 Z 2 lit. b, 253c Abs. 1 Z 1 lit. b, 292 Abs. 4, 447g Abs. 3 Z 1 lit. b und § 588 Abs. 14 in der Fassung des Bundesgesetzes BGBl. I Nr. 103/2001 treten mit 1. Jänner 2002 in Kraft.

(2) Abweichend von § 447g Abs. 3 Z 1 lit. b in der Fassung des Bundesgesetzes BGBl. I Nr. 103/2001 sind für das Kalenderjahr 2002 123,54 Millionen €, für das Kalenderjahr 2003 130,81 Millionen € und für das Kalenderjahr 2004 196,22 Millionen € aus Mitteln des Ausgleichsfonds für Familienbeihilfen zu zahlen.

(BGBl I 2001/103)

„Schlussbestimmungen zu Art. 7 des Bundesgesetzes BGBl. I Nr. 131/2001

§ 596. (1) Die §§ 110 Abs. 1, 545 Abs. 1 und 582 Abs. 3 in der Fassung des Bundesgesetzes BGBl. I Nr. 131/2001 treten mit 1. Jänner 2002 in Kraft.

(2) § 110 Abs. 1 in der Fassung des Bundesgesetzes BGBl. I Nr. 131/2001 ist auf alle Schriften und Amtshandlungen anzuwenden, bezüglich deren der Anspruch auf die Gebühr nach dem 31. Dezember 2001 begründet wird.“

(BGBl I 2001/131)

„Schlussbestimmungen zum Bundesgesetz BGBl. I Nr. 1/2002 (59. Novelle)

§ 597. (1) Es treten in Kraft:

1. mit 1. Jänner 2002 die §§ 10 Abs. 7, 16 Abs. 2 Z 1 und Abs. 6 Z 3, 18a Abs. 3 Z 1 bis 3, 31 Abs. 11 und 12, 31a, 31b Abs. 2, 44 Abs. 1 Z 7 und Abs. 3, 49 Abs. 3 Z 18 lit. a, 19, 25 und 26, 51d Abs. 2, 53a Abs. 4, 76 Abs. 1 Z 2 und Abs. 3, 81a samt Überschrift, 86 Abs. 3 Z 1, 104 Abs. 6, 106 Abs. 2, 108 Abs. 3, 123 Abs. 2, 125 Abs. 1, 129 Abs. 5, 130 Abs. 1, 144 Abs. 4, 194, 252 Abs. 1, 275 Abs. 2, 277 Abs. 3, 292 Abs. 8, 294 Abs. 3, 308 Abs. 3 und 5 bis 7, 309, 310, 321 Abs. 1, 340a samt Überschrift, 347 Abs. 7, 350 Abs. 1 Z 3, 358 Abs. 3, 360 Abs. 5, 363 Abs. 3 Z 3, 418 Abs. 7, 441d Abs. 2, 443 samt Überschrift, 444 Abs. 7, 447g Abs. 3 Z 1 lit. c, 459b Abs. 1 Z 1, 460d, 460e, 538a bis 538d samt Überschriften, 551 Abs. 11, 572 Abs. 1 Z 5 und 5a sowie 581 Abs. 1 Z 3 in der Fassung des Bundesgesetzes BGBl. I Nr. 1/2002;
2. mit 1. Jänner 2003 die §§ 16a Abs. 3 Z 2, 17 Abs. 3, 25 Abs. 1, 29 Abs. 1 und 2, 73 Abs. 2, 84 Abs. 3 und 5, 231 Z 1, 232 Abs. 3, 418 Abs. 3, Abs. 5 Z 5 und Abs. 5a, 419 Abs. 2, 426 Abs. 1 Z 2, 427 Abs. 1 Z 2, 428 Z 2, 429 Z 2, 430 Z 2, 447f Abs. 10, 502 Abs. 4 und 506b Abs. 6 in der Fassung des Bundesgesetzes BGBl. I Nr. 1/2002;
3. rückwirkend mit 1. Jänner 2001 die §§ 322a Abs. 2 und 447f Abs. 11 in der Fassung des Bundesgesetzes BGBl. I Nr. 1/2002.

(2) Es treten außer Kraft:

1. mit Ablauf des 31. Dezember 2001 § 363 Abs. 3 Z 4;
2. mit Ablauf des 31. Dezember 2002 die §§ 418 Abs. 5 Z 6 und 7, 427 Abs. 1 Z 3, 428 Z 3 und 429 Z 3.

(3) Als ausdrücklich verlangte Barzahlungen im Sinne des § 104 Abs. 6 erster Satz in der Fassung des Bundesgesetzes BGBl. I Nr. 1/2002 gelten auch Barzahlungen von Leistungen, die bereits vor dem 1. Jänner 2002 im Wege der Barzahlung erbracht wurden und nach diesem Zeitpunkt weiter zu erbringen sind.

(4) § 308 Abs. 3 in der Fassung des Bundesgesetzes BGBl. I Nr. 1/2002 gilt auch für Personen, die vor dem 1. Jänner 2002 in ein pensionsversicherungsfreies Dienstverhältnis aufgenommen wurden. Die Rechtskraft bereits ergangener Entscheidungen steht dem nicht entgegen.

(5) Der Hauptverband und der Österreichische Bundesverband für Psychotherapie haben zur Vorbereitung des Abschlusses eines Gesamtvertrages im Sinne des § 349 Abs. 2 ein Psychotherapiekonzept zu erstellen, das eine umfassende volkswirtschaftliche Kosten-Nutzen-Analyse zu enthalten hat. Die Gültigkeit bereits bestehender Verträge über die Erbringung psychotherapeutischer Leistungen wird dadurch nicht berührt.

(6) Alle für geringfügig beschäftigte Personen und geringfügige Beschäftigungsverhältnisse nach diesem Bundesgesetz geltenden Bestimmungen sind bis zum Ablauf des 31. Dezember 2004 auch

auf Personen anzuwenden, die nach § 203 Abs. 2 B-KUVG von der Kranken- und Unfallversicherung nach dem B-KUVG ausgenommen sind.

(7) Für die Sitzungen des Überleitungsausschusses und der Verwaltungskörper der Pensionsversicherungsanstalt bis 31. Dezember 2005 gilt § 439 mit der Maßgabe, dass die nach dem Arbeitsverfassungsgesetz in Betracht kommende Betriebsvertretung der Pensionsversicherungsanstalt der Arbeiter und der Pensionsversicherungsanstalt der Angestellten je zwei teilnahmeberechtigte Vertreter mit beratender Stimme namhaft zu machen hat.

(8) Für die Sitzungen des Überleitungsausschusses und der Verwaltungskörper der Pensionsversicherungsanstalt gilt § 440 Abs. 5 Z 1 bis zur Konstituierung des Beirates der Pensionsversicherungsanstalt mit der Maßgabe, dass die Vorsitzenden und je ein Stellvertreter des bei der Pensionsversicherungsanstalt der Arbeiter und des bei der Pensionsversicherungsanstalt der Angestellten errichteten Beirates berechtigt sind, teilzunehmen.“

(BGBl I 2002/1)

Anlage 1
Liste der Berufskrankheiten (§ 177)

Lfd. Nr.	Berufskrankheit	Unternehmen
1	Erkrankungen durch Blei, seine Legierungen oder Verbindungen	
2	Erkrankungen durch Phosphor und seine Verbindungen	
3	Erkrankungen durch Quecksilber, seine Legierungen oder Verbindungen	
4	Erkrankungen durch Arsen oder seine Verbindungen	
5	Erkrankungen durch Mangan oder seine Verbindungen	Alle Unternehmen
6	Erkrankungen durch Cadmium oder seine Verbindungen	
7	Erkrankungen durch Beryllium oder seine Verbindungen	
8	Erkrankungen durch Chrom oder seine Verbindungen	
9	Erkrankungen durch Benzol oder seine Homologe oder durch Styrol	
10	Erkrankungen durch Nitro- und Aminoverbindungen des Benzols oder seiner Homologe und deren Abkömmlinge	
11	Erkrankungen durch Halogen-Kohlenwasserstoffe	
12	Erkrankungen durch Salpetersäureester	
13	Erkrankungen durch Schwefelkohlenstoff	
14	Erkrankungen durch Schwefelwasserstoff	
15	Erkrankungen durch Kohlenmonoxid	
16	Erkrankungen durch ionisierende Strahlen	
17	Hautkrebs oder zur Krebsbildung neigende Hautveränderungen durch Ruß, Rohparaffin, Dunkelöle, Teer, Anthrazen, Pech, Mineralöle, Erdpech und ähnliche Stoffe	
18	Krebs oder andere Neubildungen sowie Schleimhautveränderungen der Harnwege durch aromatische Amine	
19	Hauterkrankungen	
20	Erkrankungen durch Erschütterung bei der Arbeit mit Preßluftwerkzeugen und gleichartig wirkenden Werkzeugen und Maschinen (wie z.B. Motorsägen) sowie durch Arbeit an Anklopfmaschinen	
21	Erkrankungen durch Arbeit in Druckluft	
22	Drucklähmungen der Nerven	
23	Chronische Erkrankungen der Schleimbeutel der Knie- oder Ellbogengelenke durch ständigen Druck oder ständige Erschütterung	
24	Abrißbrüche der Wirbeldornfortsätze	
25	Meniskusschäden bei Bergleuten nach mindestens dreijähriger regelmäßiger Tätigkeit unter Tag und bei anderen Personen nach mindestens dreijähriger regelmäßiger Tätigkeit in knieender oder hockender Stellung	Alle Unternehmen

Lfd. Nr.	Berufskrankheit	Unternehmen
26	a) Staublungenerkrankungen (Silikose oder Silikatose) mit objektiv feststellbarer Leistungsminderung von Atmung oder Kreislauf b) Staublungenerkrankung in Verbindung mit aktiv-fortschreitender Lungentuberkulose (Siliko-Tuberkulose)	
27	a) Asbeststaublungenerkrankung (Abestose) mit objektiv feststellbarer Leistungsminderung von Atmung oder Kreislauf b) Bösartige Neubildungen des Kehlkopfes, der Lunge, des Rippenfelles und des Bauchfelles durch Asbest	Alle Unternehmen
28	Erkrankungen der tieferen Luftwege und der Lunge durch Aluminium oder seine Verbindungen	Alle Unternehmen
29	Erkrankungen der tieferen Luftwege und der Lunge durch Thomasschlackenmehl	Thomasschlackenmühlen, Düngemittelmischereien und Betriebe, die Thomasschlackenmehl lagern, befördern oder verwenden
30	Durch allergiesierende Stoffe verursachte Erkrankungen an Asthma bronchiale, wenn und solange sie zur Aufgabe schädigender Tätigkeiten zwingen	Alle Unternehmen
31	Erkrankungen der Knochen, Gelenke und Bänder durch Fluorverbindungen (Fluorose)	Alle Unternehmen
32	Erkrankungen der Zähne durch Säuren	Alle Unternehmen
33	Durch Lärm verursachte Schwerhörigkeit	Alle Unternehmen
34	Hornhautschädigungen des Auges durch Benzochinon	Chemische Industrie
35	Grauer Star	Herstellung, Bearbeitung und Verarbeitung von Glas, Eisenhütten, Metallschmelzereien
36	Wurmkrankheit der Bergleute, verursacht durch Ankylostoma duodenale oder Strogyloides stercoralis	Unternehmen des Bergbaues, Stollen- oder Tunnelbau
37	Tropenkrankheiten, Fleckfieber	Alle Unternehmen
38	Infektionskrankheiten	Krankenhäuser, Heil- und Pflegeanstalten, Entbindungsheime und sonstige Anstalten, die Personen zur Kur und Pflege aufnehmen, öffentliche Apotheken, ferner Einrichtungen und Beschäftigungen in der öffentlichen und privaten Fürsorge, in Schulen, Kindergärten und Säuglingskrippen und im Gesundheitsdienst sowie in Laboratorien für wissenschaftliche und medizinische Untersuchungen und Versuche sowie in Justizanstalten und Hafträumen der Verwaltungsbehörden bzw. in Unternehmen, in denen eine vergleichbare Gefährdung besteht
39	Von Tieren auf Menschen übertragbare Krankheiten	Tätigkeiten, die durch Umgang oder Berührung mit Tieren, tierischen Teilen, Erzeugnissen, Abgängen und mit kontaminiertem Material zur Erkrankung Anlaß geben, bzw. Tätigkeiten, bei denen eine vergleichbare Gefährdung besteht

Lfd. Nr.	Berufskrankheit	Unternehmen
40	Erkrankungen an Lungenfibrose durch Hartmetallstaub	Herstellung und Bearbeitung von Hartmetallen
41	Durch chemisch-irritativ oder toxisch wirkende Stoffe verursachte Erkrankungen der tieferen Atemwege und der Lunge mit objektivem Nachweis einer Leistungsminderung von Atmung oder Kreislauf	Alle Unternehmen
42	Erkrankungen durch Dimethylformamid	Alle Unternehmen
43	Exogen-allergische Alveolitis mit objektiv nachweisbarem Funktionsverlust der Lunge, sofern das als ursächlich festgestellte Antigen tierischer oder pflanzlicher Abkunft bei der Erwerbstätigkeit von einem objektiv feststellbar bestimmenden Einfluß gewesen ist	Alle Unternehmen
44	Erkrankungen der tieferen Atemwege und der Lunge durch Rohbaumwoll- oder Flachsstaub	Alle Unternehmen
45	Adenokarzinome der Nasenhaupt- und Nasennebenhöhlen durch Staub von Buchen- oder Eichenholz	Holzbearbeitende und holzverarbeitende Industrie
46	Durch Zeckenbiß übertragbare Krankheiten (z.B. Frühsommermeningoencephalitis oder Borreliose)	Unternehmen der Land- und Forstwirtschaft sowie auf Tätigkeiten in Unternehmen, bei denen eine ähnliche Gefährdung besteht
47	Erkrankungen durch Butyl-, Methyl- und Isopropylalkohol	Alle Unternehmen
48	Erkrankungen durch Phenole und Katechole	Alle Unternehmen
49	Erkrankungen durch Nickel oder seine Verbindungen	Alle Unternehmen
50	Erkrankungen durch Vanadium oder seine Verbindungen	Alle Unternehmen
51	Erkrankungen durch halogenierte Alkyl-, Akryl- oder Alkylaryloxide	Alle Unternehmen
52	Polyneuropathie oder Enzephalopathie durch organische Lösungsmittel oder deren Gemische, wenn eine regelmäßige Exposition bestanden hat, die im Hinblick auf Dauer und Ausmaß erheblich war	Alle Unternehmen

(BGBl 1996/411, BGBl I 1998/138)

Anlage 2

Beitragsgrundlage im Sinne der §§ 243 Abs. 1 Z 2 lit. b und d sowie 244 Abs. 2

Im Bereich der Pensionsversicherung der Arbeiter beträgt die Beitragsgrundlage für die Kalenderwoche

Für die Zeit	wenn in den Unterlagen die Beitragsklasse … vorgemerkt ist													
	I	II	III	IV	V	VI	VII	VIII	IX	X	XI	XII	XIII	XIV
	Euro													
bis Dezember 1946	1,38	4,07	6,76	9,52	12,21	14,97	17,66	20,35	23,11	–	–	–	–	–
ab Jänner 1951	0,80	2,47	4,14	5,81	7,41	9,08	10,76	12,43	14,03	15,70	17,37	18,97	20,64	22,24

Im Bereich der Pensionsversicherung der Angestellten beträgt die Beitragsgrundlage für den Kalendermonat

Für die Zeit	wenn in den Unterlagen die Gehaltsklasse … vorgemerkt ist						
	A	B	C	D	E	F	G
	Euro						
bis Dezember 1946	8,72	17,44	34,88	52,32	69,77	87,21	109,01
ab Jänner 1951	–	10,61	21,22	–	42,44	53,05	66,35

Im Bereich der knappschaftlichen Pensionsversicherung beträgt die Beitragsgrundlage für den Kalendermonat

wenn in den Unterlagen die Beitragsklasse … vorgemerkt ist								
I	II	III	IV	V	VI	VII	VIII	IX
Euro								
27,25	38,15	49,05	59,96	70,86	81,76	92,66	103,56	114,46

wenn in den Unterlagen die Gehaltsklasse … vorgemerkt ist						
A	B	C	D	E	F	G
Euro						
16,35	32,70	65,41	109,01	152,61	174,41	174,41

(BGBl I 2001/67)

Anlage 3

Beitrag zur Höherversicherung im Sinne des § 248 Abs. 2 lit. a

Im Bereich der Pensionsversicherung der Arbeiter gilt als Beitrag zur Höherversicherung für die Kalendermonate

Für die Zeit	wenn in den Unterlagen die Beitragsklasse … vorgemerkt ist														
	I	II	III	IV	V	VI	VII	VIII	IX	X	XI	XII	XIII	XIV	XV
	Euro														
bis 29. Dez. 1946	0,14	0,41	0,68	0,95	1,22	1,50	1,77	2,03	2,31	2,58	–	–	–	–	–
ab 30. Dez. 1946	0,09	0,27	0,45	0,63	0,81	1,00	1,18	1,36	1,54	1,72	1,90	2,09	2,26	2,43	2,62

Im Bereich der Pensionsversicherung der Angestellten gilt als Beitrag zur Höherversicherung für den Kalendermonat

Für die Zeit	wenn in den Unterlagen die Gehalts(Beitrags)klasse ... vorgemerkt ist									
	A	B	C	D	E	F	G	H	J	K
	Euro									
bis Dezember 1946	0,87	1,74	3,49	5,23	6,98	8,72	10,90	13,08	17,44	21,80
ab Jänner 1947	0,58	1,16	2,33	3,49	4,65	5,81	7,27	8,72	11,63	14,53

(BGBl I 2001/67)

Anlage 4
Beitrag zur Höherversicherung
im Sinne des § 248 Abs. 2 lit. b

Im Bereiche der Pensionsversicherung der Arbeiter gilt als Beitrag zur Höherversicherung für die Kalenderwoche

wenn in den Unterlagen bis 29. Dezember 1946 die Beitragsklasse X vorgemerkt ist, 0,27 €,

wenn in den Unterlagen zwischen dem 30. Dezember 1946 und dem 29. Mai 1949 die Beitragsklasse X beziehungsweise nach dem 29. Mai 1949 die Beitragsklasse XV vorgemerkt ist, ... 0,18 €.

Im Bereiche der Pensionsversicherung der Angestellten gilt als Beitrag zur Höherversicherung für den Kalendermonat

wenn in den Unterlagen die Beitragsklasse H vorgemerkt ist, für die Zeit bis Dezember 1946 .... 2,18 €,

ab Jänner 1947 .... 1,45 €,

wenn in den Unterlagen die Beitragsklasse J vorgemerkt ist, für die Zeit bis Dezember 1946 .... 6,54 €,

ab Jänner 1947 .... 4,36 €,

wenn in den Unterlagen die Beitragsklasse K vorgemerkt ist, für die Zeit bis Dezember 1946 .... 10,90 €,

ab Jänner 1947 .... 7,27 €.

(BGBl I 2001/67)

Anlage 5
Aufwertungsfaktoren
(aufgehoben)

Anlage 6
Aufwertungsfaktoren im Sinne des § 522f

Die Aufwertungsfaktoren betragen, wenn die Rente angefallen ist

im Jahre	F_1	F_2	F_3
1939 und früher	1,80	7,00	1,80
1940	1,70	6,00	1,70
1941	1,60	5,50	1,60
1942	1,50	5,00	1,50
1943	1,40	3,20	1,40
1944	1,30	2,50	1,30
1945	1,20	2,20	1,20
1946	1,20	1,90	1,10
1947	1,20	1,60	1,00
1948	1,20	1,40	0,90
1949	1,25	1,20	0,80
1950	1,30	1,00	0,70
1951	1,35	0,80	0,60
1952	1,40	0,60	0,50

Anlage 7

Höchstbeträge der Renten für die Ermittlung des Erhöhungsbetrages nach § 522f

Für die Ermittlung des Erhöhungsbetrages sind höchstens heranzuziehen, wenn die Rente angefallen ist

im Jahr	in der Pensionsversicherung der Arbeiter	in der knappschaftlichen Pensionsversicherung
	€	€
1939 und früher	47,24	79,94
1940	50,87	79,94
1941	54,50	79,94
1942	54,50	79,94
1943	58,14	79,94
1944	58,14	79,94
1945	61,77	83,57
1946	65,41	87,21
1947	72,67	94,47
1948	72,67	98,11
1949	72,67	105,38
1950	79,94	116,28
1951	83,57	127,18
1952	98,11	145,35

(BGBl I 2001/67)

Anlage 8
Aufwertungsfaktoren im Sinne des § 522h

Der Aufwertungsfaktor beträgt, wenn der Versicherungsfall eingetreten ist

im Jahre	F
1951 und früher	1,500
1952	1,425
1953	1,300
1954	1,225
1955	1,175
1956	1,125
1957	1,075
1958	1,038
1959	1,013

Anlage 9
Liste der Arbeiten, die als wesentlich bergmännische oder ihnen gleichgestellte Arbeiten anzusehen sind (§ 236 Abs. 3)

Wesentlich bergmännische oder ihnen gleichgestellte Arbeiten sind folgende in knappschaftlichen Betrieben ständig verrichtete Arbeiten:

1. die Tätigkeit aller in Grubenbetrieben ausschließlich oder überwiegend unter Tage beschäftigten Arbeiter;
2. die Tätigkeit aller in Tagbaubetrieben ausschließlich oder überwiegend in Betriebspunkten unter Tage (Entwässerungsstrekken, Stollen, Sturzschächten) beschäftigten Arbeiter, wobei das Begehen und Durchfahren von Untertagebauen nicht als Arbeit unter Tage zählt;
3. die Tätigkeit aller in Tagbaubetrieben in Gebirgslagen mit dem Aufschluß oder der Gewinnung von Bergbauprodukten oder mit deren Förderung bis zu den Verlade-Verarbeitungspunkten oder mit dem Stürzen ausschließlich oder überwiegend befaßten Arbeiter; ferner die Arbeiten an Förderwegen sowie die Bedienung, Wartung und Instandsetzung der im Freien gelegenen maschinellen Gewinnungs- und Fördereinrichtungen. Die ausschließlich oder überwiegend in geschützten Räumen (festen Gebäuden) verrichteten Tätigkeiten bleiben hiebei außer Betracht;
4. die Tätigkeit aller ausschließlich oder überwiegend mit der Beaufsichtigung der in den Ziffern 1 bis 3, 7 und 8 genannten Personen beauftragten technischen Aufsichtspersonen;

   (BGBl 1993/335)
5. die Tätigkeit aller technischen Angestellten, die zwecks Leitung, Planung und Vermessung regelmäßig Befahrungen im Arbeitsbereiche der in den Z 1 bis 4 genannten Personen durchzuführen haben, wenn sie damit die überwiegende Zahl der Arbeitstage innerhalb eines Kalendermonates befaßt sind;
6. in Grubenbetrieben die Tätigkeit der Anschläger über Tage bei Hauptförderschächten, Wetter- bzw. Lieferschächten mit täglicher Mannsfahrt;
7. in Tagbaubetrieben die Tätigkeit der Hauer im engeren Sinne, soweit sie ausschließlich oder überwiegend mit Bohren, Schießen, Abräumen, Ablauten und Sichern befaßt sind, wobei in Betrieben, in denen der Hauerschein noch nicht eingeführt ist, die Anerkennung als Hauer durch den Betrieb maßgebend ist;

   (BGBl 1993/335)
8. in Betrieben der Erdöl- und Erdgasgewinnung die Tätigkeit der unmittelbar mit dem Aufschluß und der Gewinnung beschäftigten Personen.

Anlage 10
Liste der Arbeiten, die als Gewinnungshauertätigkeit oder ihr gleichgestellte Tätigkeit anzusehen sind (§ 281 Abs. 3)

Für den Anspruch auf Bergmannstreuegeld kommen unter den angegebenen Voraussetzungen ausschließlich folgende Tätigkeiten in Betracht, sofern sie während einer in der knappschaftlichen Pensionsversicherung zu berücksichtigenden Beitragszeit von Personen verrichtet werden, die im Besitze eines Hauerscheines sind. Soweit der Hauerschein noch nicht eingeführt ist, tritt an seine Stelle die Anerkennung als Hauer durch den Betrieb.

A. In Grubenbetrieben unter Tage die ständige Tätigkeit:

1. im Abbau als Hauer
   a) bei der Gewinnung,
   b) bei Ausbau- oder Raubarbeiten,
   c) beim Umbau der Fördermittel,
   d) beim Gewinnen und Einbringen des Versatzes;
2. im sonstigen Grubenbetrieb als Hauer
   a) beim Schachtabteufen und bei der Schachtreparatur einschließlich Schrägschächte,
   b) in der Aus- und Vorrichtung;
3. in einem der unter Z 1 oder 2 angeführten Arbeitsbereiche
   a) als Schießhauer mit überwiegender selbst getätigter Schießarbeit in der Grube,
   b) als Meisterhauer im Lehrbetrieb,
   c) als in der Kür mittätiger, nicht überwiegend mit Aufsicht befaßter Oberhauer (Paßführer),
   d) als Erhalthauer, der mit Instandsetzungsarbeiten (z.B. nach Wasser- und Schwimmsandeinbrüchen, Bränden u. ä.), mit Aufbrucharbeiten sowie mit dem Erweitern und Nachreisen von Strecken und Stollen beschäftigt ist.

B. In Tagbaubetrieben in Gebirgslagen:

Die ständige Tätigkeit der Tagbauhauer im engeren Sinne, soweit sie ausschließlich oder überwiegend mit Bohren, Schießen, Abräumen, Ablauten und Sichern befaßt sind, sowie Meisterhauer in Lehrbetrieben.

Die Tätigkeiten unter A Z 1 lit. b, c und d, Z 2 und Z 3 sowie unter B setzen ferner eine vorangegangene Tätigkeit als Gewinnungshauer und den Besitz der Arbeitskraft eines vollwertigen Hauers vor Ort voraus, sofern sie für die Durchführung der Arbeiten nach den örtlichen Verhältnissen notwendig ist.

Anlage 11
Bei der Anwendung des § 529 einem öffentlich-rechtlichen Dienstverhältnis gleichgestellte Dienstverhältnisse

Die Dienstverhältnisse nachstehender Personen sind öffentlich-rechtlichen Dienstverhältnissen gleichgestellt:

1. Personen, die auf Grund des § 1 der Besoldungsordnung für die Beamten der Österreichischen Bundesbahnen (Kundmachung des Bundesministeriums für Verkehr vom 14. November 1947, betreffend die Besoldungsordnung für die Beamten der Österreichischen Bundesbahnen, BGBl. Nr. 263) in einem vertraglichen Dienstverhältnis zu den Österreichischen Bundesbahnen stehen;
2. Personen, die auf Grund der vor der im Punkt 1 genannten Besoldungsordnung bestandenen Besoldungsordnungen mit Anspruch auf Ruhe(Versorgungs)genuß von den Österreichischen Bundesbahnen angestellt worden waren;
3. Bahnärzte der Österreichischen Bundesbahnen, die mit Anspruch auf Ruhe(Versorgungs)genuß unter die Bestimmungen der bestehenden Besoldungsordnung für die Bahnärzte (Dienstanweisung Nr. 121 im 19. Stück des Amtsblattes der Generaldirektion der Österreichischen Bundesbahnen, Jahrgang 1948, vom 10. Juni 1948) oder der vorher bestandenen Besoldungsordnungen fallen;
4. Personen, die in einem vertraglichen Dienstverhältnis zu den Steiermärkischen Landesbahnen stehen, auf das gemäß dem Beschluß der Steiermärkischen Landesregierung vom 5. Februar 1948, Z 1-332 Ste 2/37-1948, die in der Kundmachung des Bundesministeriums für Verkehr vom 14. November 1947, BGBl. Nr. 263, für die Beamten der Österreichischen Bundesbahnen kundgemachte Besoldungsordnung analoge Anwendung zu finden hat;
5. Personen, die bei der Post- und Telegraphenverwaltung in einem vertraglichen Dienstverhältnis stehen und Teilnehmer am ehemaligen Provisionsfonds für Postboten und ihrer Hinterbliebenen, BGBl. Nr. 375/1926, waren, sofern sie in die Provisionsanwartschaft des Bundes rückübernommen werden;
6. vertragsmäßig vollbeschäftigte in ständiger Verwendung stehende oder ehemalige Bedienstete der Bundestheater und ihre Hinterbliebenen, die auf Grund des Bundestheaterpensionsgesetzes, BGBl. Nr. 159/1958, Anwartschaft auf Ruhe- und Versorgungsgenüsse aus Bundesmitteln hatten oder haben;

7. ständige Salinenarbeiter (Statut über die Provisionen des Salinenarbeiters und die Versorgungsgenüsse ihrer Witwen und Waisen, genehmigt mit dem Erlasse des Bundesministeriums für Finanzen vom 15. Oktober 1925, Z 65.055-24, in der jeweiligen Fassung);
8. ständige Arbeiter des Hauptmünzamtes (Vorschrift über die Ruhe- und Versorgungsgenüsse der Arbeiterschaft des Hauptmünzamtes Wien, genehmigt mit dem Erlaß des Bundesministeriums für Finanzen vom 4. Jänner 1929, Z 39.751/1927, in der jeweiligen Fassung);
9. Personen, die als definitive Warte- und Dienstpersonen (definitive Anstaltsbedienstete) auf Grund des § 5 Abs. 1 lit. b der Dienstordnung für das weltliche Warte- und Dienstpersonal des Landeskrankenhauses in Graz (genehmigt mit Beschluß der Steiermärkischen Landesregierung vom 1. Mai 1926, Zl. 4-183, Gk 6/1, in der Fassung des Beschlusses vom 6. Dezember 1927, Zl. 1-66 Allg. 43/3-1927) an Landesanstalten in Dienstverwendung stehen oder als solche aufgenommen werden;
10. Personen, auf die gemäß § 6 Abs. 1 und 2 des Gesetzes vom 17. Juli 1930, LGBl. für das Land Steiermark Nr. 21/1931, betreffend die Errichtung einer Landes-Hypothekenanstalt für Steiermark, die für die Landesbeamten des Landes Steiermark jeweils geltenden Bestimmungen einschließlich der Dienstpragmatik, Einrechnung und Vorrückung sinngemäß Anwendung finden, sofern diese Personen nicht überhaupt dem Stande der Landesbeamten entnommen sind;
11. Personen, die als Landesstraßenwärter in ein unkündbares Vertragsverhältnis zum Land Oberösterreich mit Anwartschaft auf die Versorgungsleistungen im Sinne der Versorgungsvorschrift für die oberösterreichischen Landesstraßenwärter und ihre Hinterbliebenen (Landtagsbeschluß vom 13. Dezember 1928, Ldtg.-Zl. 317/1927, wieder in Kraft gesetzt durch Landtagsbeschluß vom 15. Oktober 1946, Ldtg.-Zl. 32/1946) übernommen wurden;
12. die Angelobten Arbeiter der Österreichischen Staatsdruckerei, die der für diese Arbeiter geltenden Vorschrift über die Ruhe- und Versorgungsgenüsse in der jeweils geltenden Fassung unterstellt sind;
13. Angestellte des Dorotheums, die nach dem 9. April 1945 in ein Dienstverhältnis der im § 5 Abs. 1 Z 4 bezeichneten Art aufgenommen worden sind;
14. im Dienste der Oesterreichischen Nationalbank Beschäftigte, die auf Grund der Pensionsordnung der Oesterreichischen Nationalbank Anwartschaft auf Ruhe- und Hinterbliebenenversorgung (Renten) haben;
15. Dienstnehmer der Zentralsparkasse der Gemeinde Wien und der Salzburger Sparkasse, wenn ihnen aus ihrem Dienstverhältnis die Anwartschaft auf Ruhe- und Versorgungsgenüsse, die den Leistungen der betreffenden Unfall- und Pensionsversicherung gleichwertig sind, zusteht.

1/1. BUNDESVERFASSUNGSGESETZ ALTERSGRENZEN

Bundesverfassungsgesetz über unterschiedliche Altersgrenzen von männlichen und weiblichen Sozialversicherten, BGBl 1992/832

Der Nationalrat hat beschlossen:

§ 1. Gesetzliche Regelungen, die unterschiedliche Altersgrenzen von männlichen und weiblichen Versicherten der gesetzlichen Sozialversicherung vorsehen, sind zulässig.

§ 2. Beginnend mit 1. Jänner 2019 ist für weibliche Versicherte die Altersgrenze für die vorzeitige Alterspension jährlich bis 2028 mit 1. Jänner um sechs Monate zu erhöhen.

§ 3. Beginnend mit 1. Jänner 2024 ist für weibliche Versicherte die Altersgrenze für die Alterspension jährlich bis 2033 mit 1. Jänner um sechs Monate zu erhöhen.

§ 4. Dieses Bundesverfassungsgesetz tritt mit 1. Jänner 1993 in Kraft und hinsichtlich des § 2 mit Ablauf des 31. Dezember 2028, hinsichtlich der §§ 1 und 3 mit Ablauf des 31. Dezember 2033 außer Kraft.

§ 5. Mit der Vollziehung dieses Bundesverfassungsgesetzes ist die Bundesregierung betraut.

Klestil

Vranitzky

1/2. VERORDNUNGEN ZUM ASVG

Verordnung des Bundesministers für Arbeit und Soziales über die Feststellung des Faktors zur Erhöhung der Grundlage für die Bemessung der Beiträge zur Erlangung der Anspruchs- bzw. Leistungswirksamkeit von Schul- und Studienzeiten als Ersatzzeiten nach dem Allgemeinen Sozialversicherungsgesetz, dem Gewerblichen Sozialversicherungsgesetz und dem Bauern-Sozialversicherungsgesetz (Risikozuschlagsverordnung 1996), BGBl 1996/369

Auf Grund

1. des § 227 Abs. 3 in Verbindung mit § 227 Abs. 4 des Allgemeinen Sozialversicherungsgesetzes, BGBl. Nr. 189/1955, zuletzt geändert durch das Bundesgesetz BGBl. Nr. 201/1996;
2. des § 116 Abs. 9 in Verbindung mit § 116 Abs. 10 des Gewerblichen Sozialversicherungsgesetzes, BGBl. Nr. 560/1978, zuletzt geändert durch das Bundesgesetz BGBl. Nr. 201/1996;
3. des § 107 Abs. 9 in Verbindung mit § 107 Abs. 10 des Bauern-Sozialversicherungsgesetzes, BGBl. Nr. 559/1978, zuletzt geändert durch das Bundesgesetz BGBl. Nr. 201/1996, wird verordnet:

§ 1. Der Faktor, mit dem die Beitragsgrundlagen im Falle der Entrichtung des Beitrages nach Vollendung des 40. Lebensjahres des (der) Versicherten zu vervielfachen sind, wird mit 1,12 festgesetzt. An die Stelle dieses Betrages tritt

nach Vollendung des	der Betrag von
45. Lebensjahres	1,34;
50. Lebensjahres	1,66;
55. Lebensjahres	2,22;
60. Lebensjahres	2,34.

§ 2. Als Zeitpunkt der Beitragsentrichtung gemäß § 1 gilt der Zeitpunkt der Antragstellung, wenn unverzüglich ab dem Zeitpunkt der Feststellung der Berechtigung zur Beitragsentrichtung die Zahlung der Teilbeträge aufgenommen wird oder der Gesamtbetrag – soweit keine Teilbeträge vereinbart wurden – innerhalb von drei Monaten ab der schriftlichen Verständigung durch den Versicherungsträger über die Berechtigung zur Beitragsentrichtung entrichtet wird.

Hums

Verordnung des Bundesministers für soziale Sicherheit und Generationen über den Aufteilungsschlüssel in der Krankenversicherung der Pensionisten, BGBl II 2001/376

Auf Grund des § 73 Abs. 5 des Allgemeinen Sozialversicherungsgesetzes, BGBl. Nr. 189/1955, zuletzt geändert durch das Bundesgesetz BGBl. I Nr. 103/2001, wird verordnet:

Für das Kalenderjahr 2000 wird für die Aufteilung der Beiträge in der Krankenversicherung der Pensionisten (Rentner) auf die Krankenversicherungsträger folgender endgültiger Aufteilungsschlüssel festgesetzt:

Wiener Gebietskrankenkasse	24,84721
Niederösterreichische Gebietskrankenkasse	20,00474
Burgenländische Gebietskrankenkasse	3,55545
Oberösterreichische Gebietskrankenkasse	16,54243
Steiermärkische Gebietskrankenkasse	12,48274
Kärntner Gebietskrankenkasse	6,27315
Salzburger Gebietskrankenkasse	4,89284
Tiroler Gebietskrankenkasse	5,50094
Vorarlberger Gebietskrankenkasse	3,24795
Betriebskrankenkasse der Österreichischen Staatsdruckerei	0,07183
Betriebskrankenkasse Austria Tabak	0,23450
Betriebskrankenkasse der Wiener Verkehrsbetriebe	0,00530
Betriebskrankenkasse Semperit	0,64823
Betriebskrankenkasse Neusiedler	0,09003
Betriebskrankenkasse VOEST-ALPINE Donawitz	0,63277
Betriebskrankenkasse Zeltweg	0,14197
Betriebskrankenkasse Kindberg	0,13429
Betriebskrankenkasse Kapfenberg	0,61646
Betriebskrankenkasse Pengg	0,07571
Versicherungsanstalt des österreichischen Bergbaues	0,00196
Versicherungsanstalt der österreichischen Eisenbahnen	0,00000

Haupt

Kundmachung des Bundesministers für soziale Sicherheit und Generationen über die Aufwertung und Anpassung nach dem Allgemeinen Sozialversicherungsgesetz, dem Gewerblichen Sozialversicherungsgesetz, dem Bauern-Sozialversicherungsgesetz und dem Beamten-Kranken- und Unfallversicherungsgesetz für das Kalenderjahr 2002, BGBl II 2001/475

Artikel I

Auf Grund

1. § 108 Abs. 1 des Allgemeinen Sozialversicherungsgesetzes (ASVG), BGBl. Nr. 189/1955, zuletzt geändert durch das Bundesgesetz BGBl. I Nr. 103/2001,

wird kundgemacht:

§ 1. Für das Kalenderjahr bzw. Beitragsjahr 2002 wurden ermittelt:

1. die Aufwertungszahl auf Grund des § 108 Abs. 2 ASVG in Verbindung mit § 108a ASVG mit 1,018;
2. die tägliche Höchstbeitragsgrundlage auf Grund des § 108 Abs. 3 ASVG mit 109,00 €;
3. die Aufwertungsfaktoren auf Grund des § 108 Abs. 4 ASVG

für die Jahre	mit dem Faktor
1938 und früher	76,197
1939 bis 1946	67,731
1947	38,091
1948	22,864
1949	19,184
1950	15,225
1951	11,278
1952	10,150
1953	9,593
1954	9,026
1955	8,735
1956	8,344
1957	7,999
1958	7,782
1959	7,615
1960	7,052
1961	6,540
1962	6,034
1963	5,634
1964	5,264
1965	4,871
1966	4,578
1967	4,274
1968	4,056
1969	3,787
1970	3,526
1971	3,236
1972	2,929
1973	2,670
1974	2,406
1975	2,259
1976	2,125
1977	2,004
1978	1,905
1979	1,822
1980	1,741
1981	1,658
1982	1,602
1983	1,558
1984	1,506
1985	1,450
1986	1,419
1987	1,387
1988	1,362
1989	1,328
1990	1,274
1991	1,218
1992	1,169
1993	1,124
1994	1,097
1995	1,067
1996	1,042
1997	1,042
1998	1,029
1999	1,014
2000	1,008

§ 2. Für das Kalenderjahr 2002 werden die festen Beträge nach dem ASVG auf Grund des § 108 Abs. 9 ASVG wie folgt festgestellt:

1. im § 5 Abs. 2 Z 1 statt 313 S mit 23,16 €,
2. im § 5 Abs. 2 statt 4 076 S mit jeweils 301,54 €,
3. im § 44 Abs. 6 lit. a statt 689 S mit 50,97 €,
4. im § 44 Abs. 6 lit. b statt 360 S mit 26,63 €,
5. im § 44 Abs. 6 lit. c statt 256 S mit 18,93 €,
6. im § 56a Abs. 2 Z 1 statt 662 S mit 48,98 €,
7. im § 56a Abs. 2 Z 2 statt 53 S mit 3,92 €,
8. im § 74 Abs. 1 Z 1 statt 1 072 S mit 79,31 €,
9. im § 74 Abs. 1 Z 2 statt 271 S mit 20,04 €,
10. im § 74 Abs. 6 statt 226 473 S mit 16 754,68 €,
11. im § 76 Abs. 1 Z 1 statt 125,00 € mit 127,25 €,
12. im § 76 Abs. 1 Z 2 statt 17,44 € mit 17,75 €,
13. im § 76a Abs. 3 statt 249 S mit 18,43 €,
14. im § 76b Abs. 1 statt 169 S mit 12,50 €,
15. im § 76b Abs. 4 statt 27,62 € mit 28,12 €,
16. im § 77 Abs. 2a statt 575 S mit 42,54 €,
17. im § 77 Abs. 4 statt 131 420 S mit 9 655,72 €,
18. im § 77 Abs. 4 statt 198 100 S mit 14 554,85 €,
19. im § 77 Abs. 4 statt 1 072 S mit 79,31 €,
20. im § 77 Abs. 4 statt 1 610 S mit 119,11 €,
21. im § 122 Abs. 4 statt 4 885 S mit 361,40 €,
22. im § 136 Abs. 3 statt 56 S mit 4,14 €,
23. im § 141 Abs. 3 statt 4 885 S mit 361,40 €,
24. im § 141 Abs. 5 statt 1 464 S mit 108,31 €,
25. im § 154a Abs. 7 statt 80 S mit 5,91 €,
26. im § 155 Abs. 3 statt 80 S mit 5,91 €,
27. im § 155 Abs. 3 statt 203 S mit 15,02 €,

28. im § 162 Abs. 3a Z 1 statt 6,83 € mit 6,91 €,
29. im § 181 Abs. 1 statt 131 420 S mit 9 655,72 €,
30. im § 181 Abs. 2 statt 131 420 S mit 9 655,72 €,
31. im § 181 Abs. 2 statt 65 705 S mit 4 827,49 €,
32. im § 181 Abs. 6 statt 65 705 S mit 4 827,49 €,
33. im § 181b lit. a statt 65 705 S mit 4 827,49 €,
34. im § 181b lit. b statt 87 615 S mit 6 437,27 €,
35. im § 181b lit. c statt 131 420 S mit 9 655,72 €,
36. im § 212 Abs. 3 statt 7 180 S mit 527,53 €,
37. im § 212 Abs. 3 statt 15 618 S mit 1 147,49 €,
38. im § 212 Abs. 3 statt 28 830 S mit 2 118,21 €
39. im § 212 Abs. 3 statt 7 206 S mit 529,44 €,
40. im § 253c Abs. 2 statt 12 351 S mit jeweils 907,45 €,
41. im § 253c Abs. 2 statt 16 468 S mit jeweils 1 209,94 €,
42. im § 253c Abs. 2 statt 20 585 S mit jeweils 1 512,43 €,
43. im § 253c Abs. 2 statt 24 702 S mit jeweils 1 814,91 €,
44. im § 254 Abs. 7 statt 12 351 S mit jeweils 907,45 €,
45. im § 254 Abs. 7 statt 18 527 S mit jeweils 1 361,22 €,
46. im § 254 Abs. 7 statt 24 702 S mit jeweils 1 814,91 €,
47. im § 264 Abs. 6 statt 20 160 S mit jeweils 1 481,20 €,
48. im § 283 statt 1 105 S mit 81,18 €,
49. im § 288 Abs. 1 statt 16 577 S mit 1 217,95 €
50. im § 292 Abs. 3 statt 2 983 S mit 219,16 €,
51. im § 292 Abs. 4 lit. h statt 2 057 S mit 152,18 €,
52. im § 293 Abs. 1 lit. a) aa) statt 12 037 S mit 900,13 €,
53. im § 293 Abs. 1 lit. a) bb) statt 8 437 S mit 630,92 €,
54. im § 293 Abs. 1 lit. b) statt 8 437 S mit 630,92 €,
55. im § 293 Abs. 1 lit. c) aa) statt 3 151 S mit 235,63 €,
56. im § 293 Abs. 1 lit. c) aa) statt 4 731 S mit 353,79 €,
57. im § 293 Abs. 1 lit. c) bb) statt 5 599 S mit 418,70 €,
58. im § 293 Abs. 1 lit. c) bb) statt 8 437 S mit 630,92 €,
59. im § 293 Abs. 1 statt 898 S mit 67,15 €,
60. im § 302 Abs. 4 statt 80 S mit 5,91 €,
61. im § 307d Abs. 6 statt 80 S mit 5,91 €,
62. im § 307d Abs. 6 statt 203 S mit 15,02 €,
63. im § 447g Abs. 3 Z 1 lit. d statt 5 854 S mit 433,09 €,
64. im § 502 Abs. 4 statt 327 S mit 24,19 €,
65. im § 522k Abs. 2 statt 2 172 S mit 159,59 €.

§ 3. Für das Kalenderjahr 2001 wurde der Beitragsbelastungsfaktor auf Grund des § 108 Abs. 8 ASVG mit 0,99662 ermittelt.

§ 4. Für das Kalenderjahr 2000 wurde der endgültige Anpassungsrichtwert auf Grund des § 108 Abs. 6 ASVG mit 1,018 ermittelt.

Artikel II

Auf Grund

1. des § 108 Abs. 1 in Verbindung mit den §§ 563 Abs. 19 und 588 Abs. 10 des Allgemeinen Sozialversicherungsgesetzes (ASVG), BGBl. Nr. 189/1955, zuletzt geändert durch das Bundesgesetz BGBl. I Nr. 103/2001,

wird kundgemacht:

§ 1. Für das Kalenderjahr 2002 wird die Bemessungsgrundlage für Zeiten der Kindererziehung nach den §§ 239 Abs. 1 ASVG, 123 Abs. 1 GSVG und 114 Abs. 1 BSVG in der am 31. August 1996 in Geltung gestandenen Fassung statt mit 6 521 S mit 479,11 € festgestellt.

§ 2. Für das Kalenderjahr 2002 wird der Grenzbetrag nach den §§ 264 Abs. 6 ASVG, 145 Abs. 6 GSVG und 136 Abs. 6 BSVG in der am 30. September 2000 in Geltung gestandenen Fassung statt mit 17 071 S mit 1 254,25 € festgestellt.

Haupt

Verordnung des Bundesministers für soziale Sicherheit und Generationen, mit der der Anpassungsfaktor, die Anpassungsfaktormesszahl, die Anpassungsrichtwertmesszahl sowie der Wertausgleich für das Jahr 2002 festgesetzt werden, BGBl II 2001/439

Auf Grund des § 108 Abs. 5 in Verbindung mit § 108f Abs. 1, 4 und 5 sowie § 299a des Allgemeinen Sozialversicherungsgesetzes (ASVG), BGBl. Nr. 189/1955, zuletzt geändert durch das Bundesgesetz BGBl. I Nr. 103/2001, wird mit Zustimmung der Bundesregierung verordnet:

§ 1. Der Anpassungsfaktor für die Anpassung der in den §§ 108g und 108h ASVG angeführten Renten und Pensionen wird für das Jahr 2002 mit 1,011 festgesetzt; die Anpassungsfaktormesszahl wird für das Jahr 2002 mit 118,78, die Anpassungsrichtwertmesszahl wird für das Jahr 2002 mit 118,65 festgesetzt.

§ 2. (1) Allen Personen mit gewöhnlichem Aufenthalt im Inland und ohne Anspruch auf Ausgleichszulage, die im Februar 2002 Anspruch auf eine oder mehrere Pensionen haben, auf die § 1 anzuwenden ist, gebührt zu der (höchsten) für Februar 2002 auszuzahlenden Pension als Wertausgleich eine Einmalzahlung. Diese beträgt für Personen mit einem Gesamtpensionseinkommen von nicht mehr als 10 525,17 € 1,8% des Gesamtpensionseinkommens. Für Personen mit einem höheren Gesamtpensionseinkommen als 10 525,17 € gebührt die Einmalzahlung im Ausmaß der Differenz von 305,23 € und der Erhöhung des Gesamtpensionseinkommens aus der Anpassung mit dem Anpassungsfaktor. Unterschreitet die so ermittelte Einmalzahlung den Betrag von 1 €, so ist sie nicht auszuzahlen.

(2) Als Gesamtpensionseinkommen im Sinne des Abs. 1 gilt das Vierzehnfache der Summe aller Pensionen aus der gesetzlichen Pensionsversicherung, auf die § 1 anzuwenden ist und auf die im Februar 2002 Anspruch besteht, jedoch ohne Berücksichtigung der Anpassung nach § 1.

Haupt

Verordnung der Bundesministerin für Arbeit, Gesundheit und Soziales über beitragsfreie pauschalierte Aufwandsentschädigungen, BGBl II 1998/41

Auf Grund des § 49 Abs. 7 des Allgemeinen Sozialversicherungsgesetzes (ASVG), BGBl. Nr. 189/1955, zuletzt geändert durch das Bundesgesetzblatt BGBl. I Nr. 30/1998, wird verordnet:

§ 1. Aufwandsentschädigungen gelten bis zur Höhe von 7 400 S im Kalendermonat nicht als Entgelt im Sinne des § 49 Abs. 1 ASVG, soweit sie an Dienstnehmer oder diesen gleichgestellte Personen gemäß § 4 Abs. 4 ASVG (freie Dienstnehmer) geleistet werden, die nicht im Hauptberuf tätig sind als

1. Sportler(innen), Trainer(innen) und Schieds(Wettkampf)richter(innen) im Rahmen eines Sportvereines oder -verbandes,
2. Mitglieder gemäß § 1 Abs. 1 des Schauspielergesetzes 1922, BGBl. Nr. 441, in einem Theaterunternehmen,
3. Musiker(innen),
4. Filmschauspieler(innen),
5. Lehrer(innen) für die im § 1 Abs. 1 des Schauspielergesetzes 1922 angeführten Kunstgattungen.

§ 2. Fahrt- und Reisekostenvergütungen für die Teilnahme an Veranstaltungen (Wettkämpfen) sind im Pauschalbetrag gemäß § 1 nicht berücksichtigt.

Hostasch

Verordnung der Bundesministerin für Arbeit, Gesundheit und Soziales über beitragsfreie pauschalierte Aufwandsentschädigungen für Lehrende an Erwachsenenbildungseinrichtungen, BGBl II 1999/248

Auf Grund des § 49 Abs. 7 des Allgemeinen Sozialversicherungsgesetzes (ASVG), BGBl. Nr.189/1955, zuletzt geändert durch das Bundesgesetz BGBl. I Nr. 68/1999, wird verordnet:

§ 1. Nicht als Entgelt im Sinne des § 49 Abs.1 ASVG gelten Aufwandsentschädigungen bis zur Höhe von 7 400 S (537,78 Euro) im Kalendermonat, soweit sie an Dienstnehmer oder diesen nach §4 Abs. 4 ASVG gleichgestellte Personen (freie Dienstnehmer) geleistet werden, die als Lehrende an Einrichtungen, die vorwiegend Erwachsenenbildung im Sinne des § 1 Abs. 2 des Bundesgesetzes über die Förderung der Erwachsenenbildung und des Volksbüchereiwesens aus Bundesmitteln, BGBl. Nr. 171/1973, betreiben, tätig sind, sofern diese Tätigkeit nicht den Hauptberuf und die Hauptquelle ihrer Einnahmen bildet.

§ 2. Fahrt- und Reisekostenvergütungen für die Teilnahme an Veranstaltungen sind im Pauschalbetrag nach § 1 nicht berücksichtigt.

§ 3. Diese Verordnung tritt mit 1. August 1999 in Kraft.

Hostasch

Verordnung des Bundesministers für soziale Verwaltung vom 17. Dezember 1985 über die Festsetzung der Faktoren für die Bemessung des besonderen Steigerungsbetrages bzw. der Höherversicherungspension in der Pensionsversicherung, BGBl 1985/577

Auf Grund des § 248 Abs. 4 des Allgemeinen Sozialversicherungsgesetzes, BGBl. Nr. 189/1955, in der Fassung des Bundesgesetzes BGBl. Nr. 484/1984, des § 141 Abs. 6 des Gewerblichen Sozialversicherungsgesetzes, BGBl. Nr. 560/1978, in der Fassung des Bundesgesetzes BGBl. Nr. 485/1984 und des § 132 Abs. 6 des Bauern-Sozialversicherungsgesetzes, BGBl. Nr. 559/1978, in der Fassung des Bundesgesetzes BGBl. Nr. 486/1984, wird mit Zustimmung des Hauptausschusses des Nationalrates verordnet:

§ 1. Als Faktoren im Sinne des § 248 Abs. 4 des Allgemeinen Sozialversicherungsgesetzes, des § 141 Abs. 6 des Gewerblichen Sozialversicherungsgesetzes und des § 132 Abs. 6 des Bauern-Sozialversicherungsgesetzes werden die in den Anlagen genannten Werte festgesetzt.

§ 2. Die Verordnung tritt mit 1. Jänner 1986 in Kraft.

Dallinger

Anlagen siehe nächste Seiten.

Faktoren für die Berechnung der Höherversicherungspension

Die Beiträge zur Höherversicherung wurden im Kalenderjahr (gelten für das Kalenderjahr) entrichtet, in dem der (die) Versicherte das ... Lebensjahr vollendet hat	Der Faktor beträgt für Männer	für Frauen
20. und früher	0,02230	0,01616
21.	0,02164	0,01569
22.	0,02099	0,01523
23.	0,02038	0,01479
24.	0,01980	0,01436
25.	0,01923	0,01394
26.	0,01868	0,01354
27.	0,01815	0,01315
28.	0,01764	0,01277
29.	0,01715	0,01241
30.	0,01667	0,01205
31.	0,01621	0,01171
32.	0,01576	0,01137
33.	0,01533	0,01105
34.	0,01491	0,01073
35.	0,01451	0,01042
36.	0,01411	0,01012
37.	0,01373	0,00982
38.	0,01336	0,00954
39.	0,01300	0,00926
40.	0,01264	0,00899
41.	0,01230	0,00873
42.	0,01196	0,00847
43.	0,01163	0,00822
44.	0,01132	0,00798
45.	0,01101	0,00774
46.	0,01071	0,00751
47.	0,01042	0,00729
48.	0,01015	0,00707
49.	0,00988	0,00686
50.	0,00962	0,00665
51.	0,00937	0,00645
52.	0,00913	0,00625
53.	0,00890	0,00606
54.	0,00867	0,00586
55.	0,00846	0,00566
56.	0,00825	0,00548
57.	0,00803	0,00525
58.	0,00778	0,00500
59.	0,00751	0,00475
60.	0,00719	0,00453
61.	0,00676	
62.	0,00636	
63.	0,00600	
64.	0,00568	
65.	0,00539	

Faktoren für die Berechnung des besonderen Steigerungsbetrages für männliche Versicherte

Die Beiträge zur Höherversicherung wurden im Kalenderjahr (gelten für das Kalenderjahr) entrichtet, in dem der Versicherte das ... Lebensjahr vollendet hatte		Der Faktor beträgt, wenn der Stichtag					
		vor oder in dem Kalenderjahr liegt,	in dem Kalenderjahr liegt,				in oder nach dem Kalenderjahr liegt,
		in dem der Versicherte das ... Lebensjahr vollendet hat oder vollendet hätte					
	Lebensjahr	60.	61.	62.	63.	64.	65.
	Faktor	FBS60	FBS61	FBS62	FBS63	FBS64	FBS65
20. und früher		0,01420	0,01557	0,01707	0,01870	0,02043	0,02230
21.		0,01378	0,01511	0,01656	0,01814	0,01982	0,02164
22.		0,01337	0,01466	0,01607	0,01760	0,01923	0,02099
23.		0,01298	0,01424	0,01560	0,01709	0,01867	0,02038
24.		0,01261	0,01383	0,01515	0,01660	0,01814	0,01980
25.		0,01225	0,01343	0,01472	0,01612	0,01762	0,01923
26.		0,01190	0,01305	0,01430	0,01567	0,01712	0,01868
27.		0,01156	0,01268	0,01390	0,01522	0,01663	0,01815
28.		0,01124	0,01232	0,01351	0,01479	0,01617	0,01764
29.		0,01092	0,01198	0,01313	0,01438	0,01571	0,01715
30.		0,01062	0,01164	0,01276	0,01398	0,01527	0,01667
31		0,01033	0,01132	0,01241	0,01359	0,01485	0,01621
32.		0,01004	0,01101	0,01207	0,01322	0,01444	0,01576
33.		0,00977	0,01071	0,01174	0,01285	0,01405	0,01533
34.		0,00950	0,01042	0,01142	0,01250	0,01366	0,01491
35.		0,00924	0,01013	0,01110	0,01216	0,01329	0,01451
36.		0,00899	0,00986	0,01080	0,01183	0,01293	0,01411
37.		0,00875	0,00959	0,01051	0,01151	0,01258	0,01373
38.		0,00851	0,00933	0,01023	0,01120	0,01224	0,01336
39.		0,00828	0,00908	0,00995	0,01090	0,01191	0,01300
40.		0,00805	0,00883	0,00968	0,01060	0,01158	0,01264
41		0,00783	0,00895	0,00941	0,01031	0,01127	0,01230
42.		0,00762	0,00835	0,00916	0,01003	0,01096	0,01196
43.		0,00741	0,00813	0,00891	0,00975	0,01066	0,01163
44.		0,00721	0,00790	0,00866	0,00949	0,01037	0,01132
45.		0,00701	0,00769	0,00843	0,00923	0,01009	0,01101
46.		0,00682	0,00748	0,00820	0,00898	0,00981	0,01071
47.		0,00664	0,00728	0,00798	0,00874	0,00955	0,01042
48.		0,00646	0,00709	0,00777	0,00851	0,00930	0,01015
49.		0,00629	0,00690	0,00757	0,00829	0,00905	0,00988
50.		0,00613	0,00672	0,00737	0,00807	0,00882	0,00962
51.		0,00597	0,00655	0,00718	0,00786	0,00859	0,00937
52.		0,00582	0,00638	0,00699	0,00766	0,00837	0,00913
53.		0,00567	0,00621	0,00681	0,00746	0,00815	0,00890
54.		0,00553	0,00606	0,00664	0,00727	0,00795	0,00867
55.		0,00539	0,00591	0,00648	0,00709	0,00775	0,00846
56.		0,00525	0,00576	0,00631	0,00692	0,00756	0,00825
57.		0,00511	0,00561	0,00614	0,00673	0,00735	0,00803
58.		0,00496	0,00544	0,00596	0,00652	0,00713	0,00778
59.		0,00478	0,00524	0,00575	0,00629	0,00688	0,00751
60.		0,00458	0,00502	0,00551	0,00603	0,00659	0,00719
61.			0,00472	0,00518	0,00567	0,00619	0,00676
62.				0,00487	0,00534	0,00583	0,00636
63.					0,00503	0,00550	0,00600
64.						0,00520	0,00568
65.							0,00539

Faktoren für die Berechnung des besonderen Steigerungsbetrages für weibliche Versicherte

Die Beiträge zur Höherversicherung wurden im Kalenderjahr (gelten für das Kalenderjahr) entrichtet, in dem die Versicherte das ... Lebensjahr vollendet hatte		Der Faktor beträgt, wenn der Stichtag					
		vor oder in dem Kalenderjahr liegt,	in dem Kalenderjahr liegt,				in oder nach dem Kalenderjahr liegt,
		in dem die Versicherte das ... Lebensjahr vollendet hat oder vollendet hätte					
	Lebensjahr	55.	56.	57.	58.	59.	60
	Faktor	FBS55	FBS56	FBS57	FBS58	FBS59	FBS60
20. und früher		0,01137	0,01201	0,01285	0,01386	0,01499	0,01616
21.		0,01103	0,01165	0,01247	0,01346	0,01455	0,01569
22.		0,01071	0,01131	0,01211	0,01306	0,01412	0,01523
23.		0,01040	0,01098	0,01175	0,01268	0,01371	0,01479
24.		0,01010	0,01067	0,01141	0,01231	0,01331	0,01436
25.		0,00980	0,01036	0,01108	0,01196	0,01293	0,01394
26.		0,00952	0,01006	0,01076	0,01161	0,01255	0,01354
27.		0,00925	0,00977	0,01045	0,01128	0,01219	0,01315
28.		0,00898	0,00949	0,01015	0,01095	0,01184	0,01277
29.		0,00873	0,00922	0,00986	0,01064	0,01151	0,01241
30.		0,00848	0,00895	0,00958	0,01034	0,01118	0,01205
31		0,00823	0,00870	0,00931	0,01004	0,01086	0,01171
32.		0,00800	0,00845	0,00904	0,00975	0,01055	0,01137
33.		0,00777	0,00821	0,00878	0,00947	0,01024	0,01105
34.		0,00754	0,00797	0,00853	0,00920	0,00995	0,01073
35.		0,00733	0,00774	0,00828	0,00894	0,00966	0,01042
36.		0,00711	0,00752	0,00804	0,00868	0,00938	0,01012
37.		0,00691	0,00730	0,00781	0,00843	0,00911	0,00982
38.		0,00671	0,00709	0,00758	0,00818	0,00884	0,00954
39.		0,00651	0,00688	0,00736	0,00794	0,00859	0,00926
40.		0,00632	0,00668	0,00715	0,00771	0,00834	0,00899
41.		0,00614	0,00648	0,00694	0,00748	0,00809	0,00873
42.		0,00596	0,00629	0,00673	0,00726	0,00785	0,00847
43.		0,00578	0,00611	0,00653	0,00705	0,00762	0,00822
44.		0,00561	0,00593	0,00634	0,00684	0,00740	0,00798
45.		0,00544	0,00575	0,00615	0,00664	0,00718	0,00774
46.		0,00528	0,00558	0,00597	0,00644	0,00696	0,00751
47.		0,00512	0,00541	0,00579	0,00625	0,00676	0,00729
48.		0,00497	0,00525	0,00562	0,00606	0,00655	0,00707
49.		0,00482	0,00509	0,00545	0,00588	0,00636	0,00686
50.		0,00468	0,00494	0,00529	0,00570	0,00617	0,00665
51.		0,00454	0,00479	0,00513	0,00553	0,00598	0,00645
52.		0,00440	0,00465	0,00497	0,00536	0,00580	0,00625
53.		0,00426	0,00450	0,00482	0,00520	0,00562	0,00606
54.		0,00412	0,00435	0,00466	0,00503	0,00544	0,00586
55.		0,00398	0,00420	0,00449	0,00485	0,00524	0,00566
56.			0,00407	0,00436	0,00470	0,00508	0,00548
57.				0,00417	0,00450	0,00487	0,00525
58.					0,00429	0,00463	0,00500
59.						0,00441	0,00475
60.							0,00453

VO Einbeziehung in die Krankenversicherung nach § 9 ASVG

Verordnung des Bundesministers für soziale Verwaltung vom 28. November 1969 über die Durchführung der Krankenversicherung für die gemäß § 9 ASVG in die Krankenversicherung einbezogenen Personen, BGBl 1969/420 idF BGBl II 1999/148

Auf Grund der §§ 9, 10 Abs. 5, 12 Abs. 4, 36 Abs. 1 Z 4 und § 75 des Allgemeinen Sozialversicherungsgesetzes, BGBl. Nr. 189/1955, wird, hinsichtlich der Bestimmungen der §§ 1, 2 und 4 mit Zustimmung des Hauptausschusses des Nationalrates, verordnet:

Personenkreis

§ 1. Nachstehend bezeichnete Gruppen von Personen sind gemäß § 9 ASVG in die Krankenversicherung einbezogen, wenn diese Personen ihren Wohnsitz im Inland haben und nicht schon nach anderer gesetzlicher Vorschrift in der Krankenversicherung pflichtversichert sind:

1. Personen, die mit Förderung durch Dienststellen der Arbeitsmarktverwaltung an Lehrgängen bzw. Kursen zur beruflichen Aus- und Fortbildung (Ein-, Um- oder Nachschulung), zur Berufsvorbereitung, zur Arbeitserprobung oder für ein Arbeitstraining teilnehmen;
2. Bezieher von Provisionen aus dem ehemaligen österreichischen Provisionsfonds für Postboten;
3. Arbeiterpensionisten der Österreichischen Staatsdruckerei und die nach den Vorschriften für die angelobten Arbeiter in den Ruhestand versetzten Vertragsbediensteten;
4. (aufgehoben)

   (BGBl 1988/761)
5. (aufgehoben)

   (BGBl 1988/761)
6. Angehörige der Schwesternvereinigung „Caritas Socialis", Sitz in Wien IX, Pramergasse 9;
7. Empfänger von Vorschüssen auf Renten aus einer fremdstaatlichen Rentenversicherung;
8. die Schülerinnen der Städtischen Vorschule für soziale Frauenberufe in Wien, das sind weibliche Personen, die vor Vollendung des 18. Lebensjahres an einer zweijährigen theoretischen und praktischen Vorschulung für den Beruf einer Fürsorgerin, Krankenschwester oder Kinderkranken- und Säuglingsschwester teilnehmen;
9. die Vorschülerinnen des Vereines Evangelische Diakonissen-Anstalt Gallneukirchen, das sind weibliche Personen, die an einer Berufsvorschulung zur praktischen Ausbildung für Frauenberufe, wie Kindergärtnerinnen, Krankenschwestern und sonstige Pflegeberufe, für die Dauer von höchstens drei Jahren teilnehmen;
10. die in dem in Ungarn gelegenen Bergwerk Brennberg ehemals beschäftigt gewesenen Dienstnehmer österreichischer Staatsbürgerschaft sowie deren Hinterbliebene, wenn sie am 1. Jänner 1960 eine laufende Leistung aus der ungarischen Rentenversicherung bezogen haben;
11. die Schülerinnen im Säuglingsheim der Stadt Graz in Mariagrün, das sind weibliche Personen, die eine Ausbildung in der Pflege und Betreuung von Säuglingen und Kleinkindern in der Dauer von 24 Monaten erhalten;
12. Personen, die von der Ersten Donau-Dampfschiffahrts-Gesellschaft auf Grund des Pensionsstatutes dieser Gesellschaft eine Pension oder Witwenpension beziehen, wenn ihnen ein Anspruch auf eine laufende Leistung aus der gesetzlichen Pensionsversicherung aus den Versicherungsfällen des Alters oder des Todes nicht zusteht, es sei denn, daß sie einen Anspruch auf eine Leistung aus den Versicherungsfällen des Alters nur deshalb nicht erworben haben, weil sie das für das Entstehen eines solchen Anspruches erforderliche Lebensalter noch nicht vollendet haben;
13. Personen, die auf Grund des Kleinrentnergesetzes, BGBl. Nr. 251/1929, eine monatliche Leistung beziehen;
14. Personen im Sinne des § 3 des Auslandsrenten-Übernahmegesetzes, BGBl. Nr. 290/1961, die nur eine italienische Rente beziehen und die seit 1950 in Österreich wohnhaft sind, wenn sie im Zeitpunkt ihrer Einbeziehung ihren Wohnsitz in Tirol, Steiermark oder Salzburg haben und solange der Wohnsitz in einem dieser Bundesländer gelegen ist;
15. Arbeiterpensionisten, denen Pensionsleistungen nach dem Pensionsstatut für die ständigen Arbeiter der Austria Tabakwerke AG gebühren;
16. Pensionisten des Fonds der Wiener Kaufmannschaft, denen Ruhegenüsse nach der Dienstordnung für die Angestellten des Fonds der Wiener Kaufmannschaft gebühren;
17. Asylwerber, die nach dem Bundesgesetz BGBl. Nr. 405/1991 in die Bundesbetreuung aufgenommen sind;
18. aus dem Kosovo vertriebene Personen, die vorübergehend in Österreich aufgenommen werden.

    (BGBl II 1999/148)

Beginn und Ende der Pflichtversicherung

§ 2. (1) Die Pflichtversicherung beginnt, soweit sie nicht schon auf Grund der bisher geltenden Vorschriften bestanden hat,

a) für die im § 1 Z 1 genannten Personen mit dem Tag des Beginnes des Lehrganges,

b) für die im § 1 Z 3 und 16 genannten Personen mit dem Tag der Versetzung in den Ruhestand.

c) (aufgehoben)

d) (aufgehoben)

e) für die im § 1 Z 6 genannten Personen mit dem Tag des Eintrittes in die Schwesternvereinigung,

f) für die im § 1 Z 7 genannten Personen mit der Zuerkennung des Vorschusses auf die Rentenleistung,

g) für die im § 1 Z 8, 9 und 11 genannten Personen mit dem Tag des Beginnes des Ausbildungsverhältnisses,

h) für die im § 1 Z 12 genannten Personen mit der Übernahme in den Pensionsstand nach dem Pensionsstatut der Ersten Donau-Dampfschiffahrts-Gesellschaft,

i) für die im § 1 Z 13 genannten Personen mit der Zuerkennung einer monatlichen Leistung nach dem Kleinrentnergesetz, BGBl. Nr. 251/1929,

j) für die im § 1 Z 14 genannten Personen mit der Zuerkennung der italienischen Rentenleistung, frühestens mit dem 1. September 1975, wenn sie jedoch ihren Wohnsitz in Salzburg haben, frühestens mit dem 1. September 1976,

k) für die im § 1 Z 15 genannten Personen mit dem Anfall der Pensionsleistung, frühestens mit dem 1. Juli 1980,

l) für die im § 1 Z 17 genannten Personen mit dem Tag der Aufnahme in die Bundesbetreuung, frühestens mit dem 1. Jänner 1992,

m) für die im § 1 Z 18 genannten Personen mit dem Tag der Ankunft im Bundesgebiet.

(BGBl II 1999/148)

(2) Die Pflichtversicherung endet, soweit sie nicht schon auf Grund des Beginnes einer Pflichtversicherung in der Krankenversicherung nach anderer gesetzlicher Vorschrift geendet hat:

a) für die im § 1 Z 1 genannten Personen mit dem Tag der Beendigung des Lehrganges,

b) für die im § 1 Z 2 genannten Personen mit dem Tag, an dem der Provisionsbezug eingestellt wird,

c) für die im § 1 Z 3, 15 und 16 genannten Personen mit dem Ablauf des Monates, in dem der Anspruch auf die Pensionsleistung bzw. den Ruhegenuß erlischt,

d) (aufgehoben)

e) (aufgehoben)

f) für die im § 1 Z 6 genannten Personen mit dem Ende der Zugehörigkeit zu der Schwesternvereinigung,

g) für die im § 1 Z 7, 10, 12 bis 14 genannten Personen mit Ablauf des Monates, in dem die betreffende laufende Leistung eingestellt wird,

h) für die im § 1 Z 8, 9 und 11 genannten Personen mit dem Tag des Ausscheidens aus dem Ausbildungsverhältnis,

i) für die im § 1 Z 17 genannten Personen mit dem Ende der Bundesbetreuung,

j) für die im § 1 Z 18 genannten Personen mit dem Tag des Verlassens des Bundesgebietes.

(BGBl II 1999/148)

Zuständigkeit

§ 3. Zur Durchführung der Krankenversicherung sind zuständig:

a) für die im § 1 Z 1 genannten Personen die für den Ort des Lehrganges örtlich zuständige Gebietskrankenkasse, Aus- und Fortbildung, die örtlich zuständige Landwirtschaftskrankenkasse,

b) für die im § 1 Z 2 genannten Personen die nach ihrem Wohnsitz örtlich zuständige Gebietskrankenkasse,

c) für die im § 1 Z 3 genannten Personen die Betriebskrankenkasse der Österreichischen Staatsdruckerei,

d) (aufgehoben)

e) für die im § 1 Z 6 genannten Personen die nach dem Tätigkeitsgebiet der Station der Schwesternvereinigung, innerhalb deren die Angehörige der Schwesternvereinigung verwendet wird, örtlich zuständige Gebietskrankenkasse,

f) für die im § 1 Z 7 genannten Personen bei Vorschüssen der Pensionsversicherungsanstalt der Angestellten und der Pensionsversicherungsanstalt der Arbeiter die Gebietskrankenkassen, in deren Wirkungsbereich der Vorschußempfänger wohnt, bei Vorschüssen der Versicherungsanstalt der österreichischen Eisenbahnen oder der Versicherungsanstalt des österreichischen Bergbaues die betreffende Anstalt; bei Bezug von mehreren Vorschüssen richtet sich die Zuständigkeit nach dem höheren (höchsten) Bezug,

g) für die im § 1 Z 8 genannten Personen die Wiener Gebietskrankenkasse,

h) für die im § 1 Z 9 genannten Personen die Oberösterreichische Gebietskrankenkasse,

i) für die im § 1 Z 10 genannten Personen die Burgenländische Gebietskrankenkasse für Arbeiter und Angestellte,

j) für die im § 1 Z 11 genannten Personen die Steiermärkische Gebietskrankenkasse,

k) für die im § 1 Z 12 bis 14 und 16 genannten Personen die nach ihrem Wohnsitz örtlich zuständige Gebietskrankenkasse,

l) für die im § 1 Z 15 genannten Personen die Betriebskrankenkasse der Austria Tabakwerke AG,

m) für die im § 1 Z 17 und 18 genannten Personen die nach dem zugewiesenen Quartier örtlich zuständige Gebietskrankenkasse.

(BGBl II 1999/148)

Meldungen

§ 4. (1) Für die Meldungen der im § 1 Z 1 bis 6 und 8 bis 18 genannten Gruppen von Personen gelten die Bestimmungen der §§ 33 und 34 ASVG, für die Meldungen der im § 1 Z 7 genannten Personen die Bestimmungen des § 38 ASVG entsprechend.

(BGBl II 1999/148)

(2) Die in den §§ 33 und 34 ASVG angeführten Pflichten obliegen:

a) für die im § 1 Z 1 genannten Personen dem örtlich zuständigen Landesarbeitsamt,

b) für die im § 1 Z 2 und 3 genannten Personen dem Bundesrechenamt,

c) (aufgehoben)

d) für die im § 1 Z 6 genannten Personen der Schwesternvereinigung „Caritas Socialis“,

e) für die im § 1 Z 8 genannten Personen der Stadt Wien,

f) für die im § 1 Z 9 genannten Personen dem Verein Evangelische Diakonissen-Anstalt Gallneukirchen,

g) für die im § 1 Z 10 genannten Personen dem Bezirksfürsorgeverband Oberpullendorf,

h) für die im § 1 Z 11 genannten Personen der Stadt Graz,

i) für die im § 1 Z 12 genannten Personen der Ersten Donau-Dampfschiffahrts-Gesellschaft,

j) für die im § 1 Z 13 genannten Personen dem Bundesministerium für soziale Verwaltung,

k) für die im § 1 Z 14 genannten Personen dem Bundesland, in dessen Bereich der Wohnsitz des Versicherten gelegen ist,

l) für die im § 1 Z 15 genannten Personen, soweit der Pensionsaufwand vom Bund zu tragen ist, dem Bundesrechenamt, ansonsten der Austria Tabakwerke AG,

m) für die im § 1 Z 16 genannten Personen der Fonds der Wiener Kaufmannschaft,

n) für die im § 1 Z 17 genannten Personen der jeweils zuständigen Bundesbetreuungsstelle;

o) für die im § 1 Z 18 genannten Personen dem Bundesministerium für Inneres.

(BGBl II 1999/148)

Beiträge

§ 5. (1) Als Beitragsgrundlage je Kalendertag gilt für die im § 1 Z 1 bis 18 genannten Personen ein Betrag in der halben Höhe, wie er gemäß § 44 Abs. 6 des Allgemeinen Sozialversicherungsgesetzes für die im § 44 Abs. 6 lit. a dieses Gesetzes bezeichneten Personen im jeweiligen Beitragsjahr als täglicher Arbeitsverdienst anzunehmen ist.

(BGBl II 1999/148)

(2) Die Beiträge für die im § 1 Z 1, 6, 8, 9 und 11 genannten Personen sind mit dem Hundertsatz der Beitragsgrundlage zu bemessen, der im § 51 Abs. 1 Z 1 lit. a des Allgemeinen Sozialversicherungsgesetzes festgesetzt ist.

(3) Für die im § 1 Z 17 und 18 genannten Personen sind die Beiträge mit dem Hundertsatz zu bemessen, der im § 51 Abs. 1 Z 1 lit. e des Allgemeinen Sozialversicherungsgesetzes festgesetzt ist.

(BGBl II 1999/148)

(4) Für die im § 1 Z 2, 3, 7, 10, 12 bis 16 genannten Personen beträgt der Beitrag 10,5 vH der Beitragsgrundlage.

(5) Beitragszeitraum ist der Kalendermonat, er ist einheitlich mit 30 Kalendertagen anzunehmen.

Entrichtung der Beiträge

§ 6. (1) Die Beiträge sind für die im § 1 Z 1 genannten Personen aus den Mitteln der Arbeitslosenversicherung, für die im § 1 Z 6 genannten Personen von der Schwesternvereinigung „Caritas Socialis“, für die im § 1 Z 8 genannten Personen von der Stadt Wien, für die im § 1 Z 9 genannten Personen vom Verein Evangelische Diakonissen-Anstalt Gallneukirchen und für die im § 1 Z 11 genannten Personen von der Stadt Graz zur Gänze zu tragen.

(2) Die Beiträge sind zu entrichten:

a) für die im § 1 Z 2 genannten Personen von der Dienststelle, die die Provisionen auszahlt,

b) für die im § 1 Z 3 genannten Personen vom Bundesrechenamt,

c) für die im § 1 Z 7 genannten Personen vom auszahlenden Pensionsversicherungsträger,

d) für die im § 1 Z 12 genannten Personen von der Ersten Donau-Dampfschifffahrtsgesellschaft,

e) für die im § 1 Z 15 genannten Personen, soweit der Pensionsaufwand vom Bund zu tragen ist, von diesem und soweit der Pensionsaufwand von der Austria Tabakwerke AG zu tragen ist, von dieser,

f) für die im § 1 Z 16 genannten Personen vom Fonds der Wiener Kaufmannschaft.

(3) Die zur Entrichtung der Beiträge nach Abs. 2 verpflichteten Stellen haben von jeder an eine der im § 1 Z 2, 3, 12 und 15 genannten Personen zur Auszahlung gelangenden Leistung mit Ausnahme von Sonderzahlungen einen Betrag in

der Höhe von 3 vH der Beitragsgrundlage (§ 5 Abs. 1) einzubehalten, wenn und solange sich der in Betracht kommende Leistungsempfänger ständig im Inland aufhält. Diese Beitragsanteile des Versicherten sind gemeinsam mit den übrigen Beitragsanteilen an die zuständige Gebietskrankenkasse bzw. an die Betriebskrankenkasse der Österreichischen Staatsdruckerei bzw. an die Betriebskrankenkasse der Austria Tabakwerke AG abzuführen.

(4) Für die im § 1 Z 10, 13, 17 und 18 genannten Personen sind die Beiträge zur Gänze vom Bund zu tragen.

(BGBl II 1999/148)

(5) Für die im § 1 Z 14 genannten Personen sind die Beiträge zur Gänze von dem Bundesland zu tragen, in dessen Bereich der Wohnsitz des Versicherten gelegen ist.

(6) Der Fonds der Wiener Kaufmannschaft hat von jedem an eine der im § 1 Z 16 genannten Personen zur Auszahlung gelangenden Ruhegenuß einen Betrag in der Höhe von 5,25 vH der Beitragsgrundlage (§ 5 Abs. 1) einzubehalten. Der Beitragsanteil des Versicherten ist gemeinsam mit dem übrigen Beitragsanteil an die zuständige Gebietskrankenkasse abzuführen.

Aufhebung von Verordnungen

§ 7. Mit dem Inkrafttreten dieser Verordnung treten außer Kraft:

1. die Verordnung BGBl. Nr. 11/1958 über Änderungen in der Durchführung der Krankenversicherung für die gemäß § 509 ASVG als in diese Versicherung einbezogen geltenden Personen, in der Fassung der Verordnungen BGBl. Nr. 252/1958, 39/1961, 170/1964 und 177/1968;
2. die Verordnung BGBl. Nr. 287/1959 über die Einbeziehung weiterer Gruppen von Personen in die Krankenversicherung, in der Fassung der Verordnungen BGBl. Nr. 40/1961, 178/1968 und 74/1969;
3. die Verordnung BGBl. Nr. 90/1962 über die Einbeziehung weiterer Gruppen von Personen in die Krankenversicherung, in der Fassung der Verordnungen BGBl. Nr. 172/1964 und 179/1968.

Wirksamkeitsbeginn

§ 8. Diese Verordnung tritt mit 1. Jänner 1970 in Kraft.

Rehor

Verordnung des Bundesministers für Finanzen betreffend die Datenübermittlung an den Hauptverband der Sozialversicherungsträger, BGBl 1995/525

Gemäß § 459b des Allgemeinen Sozialversicherungsgesetzes, § 229b des Gewerblichen Sozialversicherungsgesetzes, § 217a des Bauern-Sozialversicherungsgesetzes sowie § 159d des Beamten-Kranken- und Unfallversicherungsgesetzes wird im Einvernehmen mit der Bundesministerin für Jugend und Familie und dem Bundesminister für Arbeit und Soziales verordnet:

§ 1. Die Daten betreffend den Bezug von Familienbeihilfe sind dem Hauptverband der österreichischen Sozialversicherungsträger zu übermitteln. Die Übermittlung ist wöchentlich mittels maschinell lesbarer Datenträger durchzuführen.

§ 2. Die erstmalige Übermittlung ist ab Veröffentlichung durchzuführen.

Staribacher

2. ARBEITSLOSENVERSICHERUNGSGESETZ

2. ARBEITSLOSENVERSICHERUNGSGESETZ (AlVG)

2. Arbeitslosenversicherungsgesetz 1977 (AlVG), BGBl 1977/609 idF

1 BGBl 1977/648	2 BGBl 1978/380	3 BGBl 1978/546
4 BGBl 1979/109	5 BGBl 1980/563	6 BGBl 1981/286
7 BGBl 1981/588	8 BGBl 1982/638	9 BGBl 1983/61
10 BGBl 1983/594	11 BGBl 1983/617	12 BGBl 1985/55
13 BGBl 1986/388	14 BGBl 1986/466	15 BGBl 1987/290
16 BGBl 1987/615	17 BGBl 1988/232	18 BGBl 1988/283
19 BGBl 1989/364	20 BGBl 1989/649	21 BGBl 1989/651
22 BGBl 1990/299	23 BGBl 1990/408	24 BGBl 1990/412
25 BGBl 1990/579	26 BGBl 1990/717	27 BGBl 1991/245
28 BGBl 1991/264	29 BGBl 1991/277	30 BGBl 1991/461
31 BGBl 1991/594	32 BGBl 1991/614	33 BGBl 1991/681
34 BGBl 1991/682	35 BGBl 1991/628	36 BGBl 1992/271
37 BGBl 1992/416	38 BGBl 1992/737	39 BGBl 1992/753
40 BGBl 1992/833	41 BGBl 1993/18	42 BGBl 1993/257
43 BGBl 1993/461	44 BGBl 1993/502	45 BGBl 1993/792
46 BGBl 1993/817	47 BGBl 1994/25	49 BGBl 1994/314
50 BGBl 1994/450	51 BGBl 1994/977	52 BGBl 1995/133
53 BGBl 1995/297	54 BGBl 1995/329	55 BGBl 1996/153
56 BGBl 1996/201	57 BGBl 1996/411	58 BGBl 1996/417
59 BGBl 1996/600	60 BGBl 1996/677	61 BGBl 1996/757
62 BGBl 1996/764	63 BGBl I 1997/47	64 BGBl I 1997/78
65 BGBl I 1997/126	66 BGBl I 1997/139	67 BGBl II 1997/364
68 BGBl I 1998/6	69 BGBl I 1998/16	70 BGBl I 1998/30
71 BGBl I 1998/54	72 BGBl I 1998/55	73 BGBl I 1998/56
74 BGBl I 1998/148	75 BGBl I 1998/167	76 BGBl I 1998/172
77 BGBl II 1998/417	78 BGBl I 1999/87	79 BGBl I 1999/142
80 BGBl I 1999/153	81 BGBl I 1999/179	82 BGBl I 1999/193
83 BGBl I 2000/15	84 BGBl I 2000/44	85 BGBl I 2000/92
86 BGBl I 2000/102	87 BGBl I 2000/103	88 BGBl I 2000/142
89 BGBl I 2001/33	90 BGBl I 2001/47	91 BGBl I 2001/81
92 BGBl I 2001/103		

GLIEDERUNG:

2. ARBEITSLOSENVERSICHERUNGSGESETZ (AlVG)

Arbeitslosenversicherungsgesetz 1977 (AlVG)

ARTIKEL I

Umfang der Versicherung

§ 1. (1) Für den Fall der Arbeitslosigkeit versichert (arbeitslosenversichert) sind

a) Dienstnehmer, die bei einem oder mehreren Dienstgebern beschäftigt sind,

b) Lehrlinge im letzten Lehrjahr der vorgeschriebenen oder vereinbarten Lehrzeit sowie Lehrlinge, die auf Grund eines Kollektivvertrages Anspruch auf eine Lehrlingsentschädigung mindestens in der Höhe des niedrigsten Hilfsarbeiterlohnes haben,

c) Heimarbeiter,

d) Personen, die zum Zwecke der vorgeschriebenen Ausbildung für den künftigen, abgeschlossene Hochschulbildung erfordernden Beruf nach Abschluß dieser Hochschulbildung beschäftigt sind, wenn die Ausbildung nicht im Rahmen eines Dienst- oder Lehrverhältnisses erfolgt, jedoch mit Ausnahme der Volontäre, die kein Entgelt beziehen,

(BGBl 1995/297)

e) Personen mit österreichischer Staatsbürgerschaft, die von einer Entwicklungshilfeorganisation gemäß § 1 Abs. 2 des Entwicklungshilfegesetzes, BGBl. Nr. 474/1974, im Rahmen der Entwicklungshilfe als Entwicklungshelfer oder Experte beschäftigt bzw. ausgebildet werden,

(BGBl 1978/380)

f) selbständige Pecher, das sind Personen, die, ohne auf Grund eines Dienst- oder Lehrverhältnisses beschäftigt zu sein, durch Gewinnung von Harzprodukten in fremden Wäldern eine saisonmäßig wiederkehrende Erwerbstätigkeit ausüben, sofern sie dieser Erwerbstätigkeit in der Regel ohne Zuhilfenahme familienfremder Arbeitskräfte nachgehen,

g) Personen, die an einer Eignungsausbildung im Sinne der §§ 2b bis 2d des Vertragsbedienstetengesetzes 1948, BGBl. Nr. 86, teilnehmen,

(BGBl 1986/388)

h) Zeitsoldaten, soweit sie Anspruch auf berufliche Bildung haben (§§ 33 bzw. 41 Abs. 4 des Wehrgesetzes 1978, BGBl. Nr. 150), im letzten Jahr ihres Wehrdienstes als Zeitsoldaten,

(BGBl 1989/364)

i) Personen, denen im Rahmen beruflicher Maßnahmen der Rehabilitation nach den §§ 198 oder 303 des Allgemeinen Sozialversicherungsgesetzes berufliche Ausbildung gewährt wird, wenn die Ausbildung nicht auf Grund eines Dienst- oder Lehrverhältnisses erfolgt,

(BGBl 1992/416)

j) Personen, die in einem Ausbildungsverhältnis zur Evangelischen Kirche A. B. oder zur Evangelischen Kirche H. B. stehen (Lehrvikare und Pfarramtskandidaten), sowie nicht definitiv bestellt geistliche Amtsträger dieser Kirchen,

(BGBl I 1998/148, BGBl I 1999/179)

soweit sie in der Krankenversicherung auf Grund gesetzlicher Vorschriften pflichtversichert sind oder Anspruch auf Leistungen einer Krankenfürsorgeanstalt haben und nicht nach Maßgabe der folgenden Bestimmungen versicherungsfrei sind.

(BGBl 1993/817, BGBl I 1997/139)

(2) Ausgenommen von der Arbeitslosenversicherungspflicht sind

a) Personen, die die allgemeine Schulpflicht noch nicht beendet haben, sowie Personen, die der allgemeinen Schulpflicht nicht unterliegen oder von ihr befreit sind, bis zum 1. Juli des Kalenderjahres, in dem sie das 15. Lebensjahr vollenden;

(BGBl 1987/615)

b) Dienstnehmer, die in einem öffentlichrechtlichen Dienstverhältnis zum Bund, zu einem Land, einem Gemeindeverband oder einer Gemeinde sowie zu einem von diesen Körperschaften verwalteten Betrieb, einer solchen Unternehmung, Anstalt, Stiftung oder einem solchen Fonds stehen, sofern sie gemäß § 5 Abs. 1 Z 3, 4 und 12 des Allgemeinen Sozialversicherungsgesetzes von der Vollversicherung nach § 4 des Allgemeinen Sozialversicherungsgesetzes ausgenommen sind;

(BGBl 1991/245)

c) Personen, die nach § 2 Abs. 1 Z 2 des Bauern-Sozialversicherungsgesetzes, BGBl. Nr. 559/1978, pflichtversichert sind;

(BGBl 1994/25)

d) Dienstnehmer, Heimarbeiter und selbständige Pecher, die nach der Höhe des Entgelts geringfügig beschäftigt sind.

(BGBl 1994/25, BGBl I 1997/139)

e) (aufgehoben)

(BGBl I 1997/139)

(3) Die Versicherungsfreiheit nach Abs. 2 ist bei Dienstnehmern, die bei demselben Dienstgeber zu versicherungspflichtiger und versicherungsfreier Beschäftigung herangezogen werden, nur dann gegeben, wenn sie überwiegend in versicherungsfreier Beschäftigung tätig sind.

(4) Bei der Beurteilung der Frage, ob eine Beschäftigung als geringfügig gilt, ist § 5 Abs. 2

ASVG sinngemäß anzuwenden. Eine Beschäftigung als Hausbesorger im Sinne des Hausbesorgergesetzes, BGBl. Nr. 16/1970, gilt jedoch dann als geringfügig, wenn das Entgelt die im § 5 Abs. 2 ASVG angeführten Beträge nicht überschreitet.

(BGBl I 1997/139)

(5) Abs. 4 erster Satz gilt sinngemäß für Heimarbeiter und selbständige Pecher.

(BGBl. Nr. 289/1976, Art. I Z 1)

(6) Für Beginn und Ende der Arbeitslosenversicherungspflicht gelten die §§ 10 und 11 des Allgemeinen Sozialversicherungsgesetzes.

(BGBl 1987/615, BGBl 1995/297)

(7) Abs. 1 (Arbeitslosenversicherungspflicht) ist auf Eisenbahnbedienstete, für deren arbeitsrechtliche Ansprüche der Bund haftet und die unkündbar sind, ab 1. Jänner 2000 anzuwenden.

(BGBl I 1998/16)

§ 2. Für die Versicherung der in Heimarbeit beschäftigten Personen gilt § 1 Abs. 1 nur insoweit, als nicht durch Verordnung abweichende, die Eigenart dieser Beschäftigungsverhältnisse berücksichtigende Bestimmungen getroffen werden. Diese können sich auf die Meldungen, den Beginn und das Ende der Versicherungspflicht, die Berechnung, Einhebung und Einzahlung der Versicherungsbeiträge sowie auf die Voraussetzungen des Anspruches auf die Versicherungsleistungen beziehen.

*(BGBl. Nr. 17/1962, Art. I Z 7;
BGBl. Nr. 289/1976, Art. I Z 2)*

§ 3. (1) Personen, die in einer Grenzzone Österreichs ihren ständigen Wohnsitz oder gewöhnlichen Aufenthalt haben und zur Ausübung einer Beschäftigung als Dienstnehmer im Gebiet eines Nachbarstaates mindestens einmal wöchentlich die Grenze hin und zurück überschreiten (Grenzgänger), können durch Verordnung des Bundesministers für soziale Verwaltung in die Arbeitslosenversicherung einbezogen werden, wenn die von ihnen ausgeübte Beschäftigung ihrer Art nach im Inland arbeitslosenversicherungspflichtig wäre und die Einbeziehung in die Arbeitslosenversicherung im Interesse des sozialpolitischen Schutzes der Dienstnehmer geboten erscheint.

(BGBl. Nr. 289/1976, Art. I Z 3)

(2) Für die Arbeitslosenversicherung der Grenzgänger gilt dieses Bundesgesetz nach Maßgabe der folgenden Bestimmungen:

a) Bei Ermittlung der Anwartschaftszeit sind auch Dienstverhältnisse im Nachbarstaat, soweit sie dem Abs. 1 entsprechen, zu berücksichtigen.

b) Die Arbeitslosenversicherungspflicht beginnt jeweils mit der Aufnahme einer Beschäftigung gemäß Abs. 1, soweit jedoch eine solche Beschäftigung vor Inkrafttreten der Verordnung, mit der die Grenzgänger in die Arbeitslosenversicherungspflicht einbezogen worden sind, aufgenommen wurde, mit dem Tage des Inkrafttretens dieser Verordnung. Die Arbeitslosenversicherungspflicht endet mit dem Ende des Beschäftigungsverhältnisses. Den Beitrag zur Arbeitslosenversicherung haben die Versicherten selbst zu tragen.

c) Die in die Arbeitslosenversicherung einbezogenen Grenzgänger haben den Antritt und die Beendigung einer Beschäftigung gemäß Abs. 1 dem nach ihrem Wohnort oder dem Ort ihres gewöhnlichen Aufenthaltes örtlich zuständigen Träger der gesetzlichen Krankenversicherung zu melden, die zur Durchführung der Arbeitslosenversicherung erforderlichen Unterlagen beizubringen und den Arbeitslosenversicherungsbeitrag an den Träger der gesetzlichen Krankenversicherung zu entrichten.

d) Sind für Grenzgänger die Meldung zur gesetzlichen Krankenversicherung und die Einhebung des Beitrages zu dieser anders geregelt als für im Inland beschäftigte Dienstnehmer, so kann durch Verordnung angeordnet werden, daß diese Regelung auch für die Durchführung der Arbeitslosenversicherung gilt.

(3) Der Bundesminister für Arbeit und Soziales kann durch Verordnung Personengruppen von österreichischen Staatsbürgern, die im Interesse Österreichs Hilfe im Ausland leisten, zur freiwilligen Selbstversicherung in der Arbeitslosenversicherung zulassen. Die Selbstversicherung beginnt mit Antragstellung, frühestens ab Beginn der Tätigkeit, und endet mit Ende der Tätigkeit. Für die freiwillige Selbstversicherung in der Arbeitslosenversicherung ist die für das Land Wien bestehende Gebietskrankenkasse örtlich zuständig. Hinsichtlich des Arbeitslosenversicherungsbeitrages gelten die §§ 2 bis 4 des Arbeitsmarktpolitik-Finanzierungsgesetzes (AMPFG), BGBl. Nr. 315/1994. Liegt kein Entgelt im Sinne des § 49 des Allgemeinen Sozialversicherungsgesetzes vor, so ist als täglicher Arbeitsverdienst der dreifache Betrag des im § 44 Abs. 6 lit. b des Allgemeinen Sozialversicherungsgesetzes angeführten Betrages als Berechnungs- und Beitragsgrundlage (§ 21 und § 2 Abs. 1 und 2 AMPFG) anzunehmen.

(BGBl 1989/364, BGBl 1995/297)

§ 4. (1) Dienstgeber und selbständige Pecher sind verpflichtet, dem Träger der Krankenversicherung alle für die Durchführung der Arbeitslosenversicherung maßgebenden Daten mitzuteilen.

(2) Der Versicherte hat die gemäß Abs. 1 vorgeschriebenen Meldungen selbst zu erstatten,

a) wenn der Dienstgeber die Vorrechte der Exterritorialität genießt oder wenn dem Dienstgeber im Zusammenhang mit einem zwischenstaatlichen Vertrag oder der Mitgliedschaft Österreichs bei einer internationalen Organisation besondere Privilegien oder Immunitäten eingeräumt sind,

b) wenn der Dienstgeber im Inland keine Betriebsstätte (Niederlassung, Geschäftsstelle, Niederlage) hat oder
c) wenn er nach den Vorschriften des Allgemeinen Sozialversicherungsgesetzes selbstversichert ist.

(3) Die An- und Abmeldungen arbeitslosenversicherungspflichtiger Personen zur gesetzlichen Krankenversicherung sowie die An- und Abmeldungen zur Selbstversicherung in der Krankenversicherung nach dem Allgemeinen Sozialversicherungsgesetz (§ 19a ASVG) gelten auch als Meldungen zur Arbeitslosenversicherung.

(BGBl. Nr. 17/1962, Art. I Z 8)

§ 5. (1) Unter Dienstgebern im Sinne dieses Bundesgesetzes sind auch Auftraggeber im Sinne des Heimarbeitsgesetzes 1960, BGBl. Nr. 105/1961, Träger von Ausbildungseinrichtungen und Besitzer von Wäldern, in denen von selbständigen Pechern Harzprodukte gewonnen werden, zu verstehen.

(2) Unter Dienstverhältnis im Sinne dieses Bundesgesetzes ist auch die Erwerbstätigkeit als selbständiger Pecher zu verstehen.

(3) Unter Entgelt im Sinne dieses Bundesgesetzes ist auch das Erwerbseinkommen als selbständiger Pecher zu verstehen.

(BGBl. Nr. 17/1962, Art. I Z 9)

ARTIKEL II

Leistungen

§ 6. (1) Als Leistungen der Arbeitslosenversicherung werden gewährt:

1. Arbeitslosengeld;
2. Notstandshilfe;
3. Bevorschussung von Leistungen aus der Pensionsversicherung;
4. Weiterbildungsgeld;
5. Altersteilzeitgeld.

(2) Die Bezieher der Leistungen nach Abs. 1 Z 1 bis 4 sind krankenversichert.

(BGBl. Nr. 289/1976, Art. I Z 4, BGBl 1990/408, BGBl 1995/297, BGBl I 1997/47, BGBl I 1997/139, BGBl I 1999/179, BGBl I 2001/103)

Abschnitt 1
Arbeitslosengeld

Voraussetzungen des Anspruches

§ 7. (1) Anspruch auf Arbeitslosengeld hat, wer

1. der Arbeitsvermittlung zur Verfügung steht,
2. die Anwartschaft erfüllt und
3. die Bezugsdauer noch nicht erschöpft hat.

(BGBl 1990/412, BGBl 1996/201)

(2) Der Arbeitsvermittlung steht zur Verfügung, wer eine Beschäftigung aufnehmen kann und darf (Abs. 3) und arbeitsfähig (§ 8), arbeitswillig (§ 9) und arbeitslos (§ 12) ist.

(BGBl 1996/201)

(3) Eine Beschäftigung aufnehmen kann und darf eine Person,

1. die sich zur Aufnahme und Ausübung einer auf dem Arbeitsmarkt üblicherweise angebotenen, den gesetzlichen und kollektivvertraglichen Vorschriften entsprechenden zumutbaren versicherungspflichtigen Beschäftigung bereithält,
2. der die Ausübung einer unselbständigen Beschäftigung auf Grund der gesetzlichen Vorschriften nicht verwehrt ist und
3. die nicht den Tatbestand des § 34 Abs. 3 Z 2 des Fremdengesetzes 1997 (FrG), BGBl. I Nr. 75, unter Berücksichtigung des § 34 Abs. 4 FrG erfüllt.

(BGBl I 1997/78, BGBl I 1999/179)

(BGBl 1996/201)

(4) Von der Voraussetzung der Arbeitsfähigkeit ist bei Arbeitslosen abzusehen, denen Maßnahmen der beruflichen Rehabilitation gewährt wurden, die das Ziel dieser Maßnahmen (§ 300 Abs. 1 und 3 des Allgemeinen Sozialversicherungsgesetzes) erreicht und die erforderliche Anwartschaft nach dieser Maßnahme zurückgelegt haben.

(BGBl 1990/412, BGBl 1996/201, BGBl I 1997/78)

(5) Während des Bezuges von Kinderbetreuungsgeld liegt die Voraussetzung des Abs. 3 Z 1 nur dann vor, wenn das Kind von einer anderen geeigneten Person oder in einer geeigneten Einrichtung betreut wird.

(BGBl I 2001/103)

Arbeitsfähigkeit

§ 8. (1) Arbeitsfähig ist, wer nicht invalid beziehungsweise nicht berufsunfähig im Sinne der für ihn in Betracht kommenden Vorschriften der §§ 255, 273 beziehungsweise 280 des Allgemeinen Sozialversicherungsgesetzes ist.

(BGBl. Nr. 17/1962, Art. I Z 10)

(2) Der Arbeitslose ist, wenn sich Zweifel über die Arbeitsfähigkeit ergeben, verpflichtet, sich auf Anordnung der regionalen Geschäftsstelle ärztlich untersuchen zu lassen. Weigert er sich, dieser Anordnung Folge zu leisten, so erhält er für die Dauer der Weigerung kein Arbeitslosengeld.

(BGBl. Nr. 17/1962, Art. I Z 11)

(BGBl 1994/314)

(3) Die ärztlichen Gutachten der regionalen Geschäftsstellen einerseits und der Sozialversicherungsträger anderseits sind, soweit es sich um die Beurteilung der Arbeitsfähigkeit handelt, gegenseitig anzuerkennen. Die erforderlichen Maßnahmen trifft der Bundesminister für soziale Verwal-

tung nach Anhörung des Hauptverbandes der österreichischen Sozialversicherungsträger.

(BGBl. Nr. 17/1962, Art. I Z 11)

(BGBl 1994/314)

Arbeitswilligkeit

§ 9. (1) Arbeitswillig ist, wer bereit ist,

– eine durch die regionale Geschäftsstelle vermittelte zumutbare Beschäftigung anzunehmen oder

(BGBl 1994/314)

– sich zum Zwecke beruflicher Ausbildung nach- und umschulen zu lassen oder

– an einer Maßnahme zur Wiedereingliederung in den Arbeitsmarkt teilzunehmen oder

– von einer sonst sich bietenden Arbeitsmöglichkeit Gebrauch zu machen und

– auch sonst alle gebotenen Anstrengungen von sich aus unternimmt, eine Beschäftigung zu erlangen, soweit ihm dies nach seinen persönlichen Fähigkeiten zumutbar ist.

(2) Zumutbar ist eine Beschäftigung, die den körperlichen Fähigkeiten des Arbeitslosen angemessen ist, seine Gesundheit und Sittlichkeit nicht gefährdet, angemessen entlohnt ist und dem Arbeitslosen eine künftige Verwendung in seinem Beruf nicht wesentlich erschwert. Die letzte Voraussetzung bleibt bei der Beurteilung, ob die Beschäftigung zumutbar ist, außer Betracht, wenn der Anspruch auf den Bezug des Arbeitslosengeldes erschöpft ist und keine Aussicht besteht, daß der Arbeitslose in absehbarer Zeit in seinem Beruf eine Beschäftigung findet.

(3) Eine Beschäftigung außerhalb des Wohn- oder Aufenthaltsortes des Arbeitslosen ist zumutbar, wenn hiedurch die Versorgung seiner Familienangehörigen, zu deren Unterhalt er verpflichtet ist, nicht gefährdet wird und am Orte der Beschäftigung, wenn eine tägliche Rückkehr an den Wohnort nicht möglich ist, entsprechende Unterkunftsmöglichkeiten bestehen.

(4) Als zumutbar gilt nicht die Beschäftigung in einem von Streik oder Aussperrung betroffenen Betrieb.

(5) Zumutbar ist eine von der regionalen Geschäftsstelle vermittelte Beschäftigung auch dann, wenn dem Arbeitslosen eine Wiedereinstellungszusage von einem früheren Arbeitgeber erteilt wurde oder sich der Arbeitslose schon zur Aufnahme einer Beschäftigung in Zukunft verpflichtet hat (Einstellungsvereinbarung).

(BGBl 1991/682, BGBl 1994/314)

(6) Der Arbeitslose ist zum Ersatz eines allfälligen Schadens der aus der Nichterfüllung der Einstellungsvereinbarung wegen Antritt einer anderen Beschäftigung entstanden ist, nicht verpflichtet. Er soll dem früheren Arbeitgeber sein Abstandnehmen vom Wiederantritt der Beschäftigung vor dem Wiederantrittstermin bekanntgeben. Ansprüche aus einem früheren Arbeitsverhältnis, auf die der Arbeitslose anläßlich der Beendigung nur wegen der erteilten Wiedereinstellungszusage oder nur wegen der geschlossenen Wiedereinstellungsvereinbarung verzichtet hat, leben wieder auf, wenn der Arbeitslose dem früheren Arbeitgeber sein Abstandnehmen vom Wiederantritt der Beschäftigung vor dem Wiederantrittstermin bekanntgibt.

(BGBl 1991/682)

(7) Wenn infolge eines Wiedereinstellungsvertrages oder einer Wiedereinstellungszusage Ansprüche aus dem beendeten Arbeitsverhältnis nicht oder nicht zur Gänze erfüllt worden sind, so werden diese spätestens zu jenem Zeitpunkt fällig, zu dem der Arbeitnehmer seine Beschäftigung gemäß dem Wiedereinstellungsvertrag (Wiedereinstellungszusage) hätte aufnehmen müssen, sofern durch Gesetz nicht anderes bestimmt ist. Verjährungs- und Verfallsfristen verlängern sich um den Zeitraum zwischen Beendigung des Arbeitsverhältnisses und dem vereinbarten Zeitpunkt der Wiederaufnahme der Beschäftigung.

(BGBl 1991/682)

(8) Die regionale Geschäftsstelle hat dafür zu sorgen, dass Personen, deren Eingliederung in den Arbeitsmarkt erschwert ist, binnen vier Wochen eine zumutbare Beschäftigung angeboten oder, falls dies nicht möglich ist, die Teilnahme an einer Ausbildungs- oder Wiedereingliederungsmaßnahme ermöglicht wird. Dies gilt insbesondere für Personen, die während des Bezuges von Kinderbetreuungsgeld oder nach einer Zeit der Kinderbetreuung eine Beschäftigung anstreben.

(BGBl I 2001/103)

(BGBl 1993/502)

§ 10. (1) Wenn der Arbeitslose

– sich weigert, eine ihm von der regionalen Geschäftsstelle zugewiesene zumutbare Beschäftigung anzunehmen oder die Annahme einer solchen Beschäftigung vereitelt, oder

(BGBl 1994/314)

– sich ohne wichtigen Grund weigert, einem Auftrag zur Nach(Um)schulung zu entsprechen oder durch sein Verschulden den Erfolg der Nach(Um)schulung vereitelt, oder

– ohne wichtigen Grund die Teilnahme an einer Maßnahme zur Wiedereingliederung in den Arbeitsmarkt verweigert oder den Erfolg der Maßnahme vereitelt, oder

– auf Aufforderung durch die regionale Geschäftsstelle nicht bereit oder in der Lage ist, ausreichende Anstrengungen zur Erlangung einer Beschäftigung glaubhaft zu machen,

(BGBl 1994/314)

verliert er für die Dauer der Weigerung, jedenfalls aber für die Dauer der auf die Weigerung folgenden sechs Wochen, den Anspruch auf Arbeitslosengeld. Liegt im Zeitraum eines Jahres vor dem Beginn eines Anspruchsverlustes bereits ein früherer Anspruchsverlust, so beträgt der im ersten Satz genannte Zeitraum acht Wochen. Die Zeiten des Anspruchsverlustes verlängern sich um die in ihnen liegenden Zeiträume, während derer Krankengeld bezogen wurde.

(BGBl 1996/201)

(2) Der Ausschluß vom Bezug des Arbeitslosengeldes ist in berücksichtigungswürdigen Fällen, wie z.B. Aufnahme einer anderen Beschäftigung, ganz oder teilweise nachzusehen. Vor dieser Nachsicht sowie vor Erlassung einer Entscheidung gemäß Abs. 1 ist der Regionalbeirat anzuhören.

(BGBl 1983/61, BGBl 1987/615, BGBl 1994/314)

(BGBl 1993/502)

§ 11. Arbeitslose, deren Dienstverhältnis infolge eigenen Verschuldens beendet worden ist oder die ihr Dienstverhältnis freiwillig gelöst haben, erhalten für die Dauer von vier Wochen, gerechnet vom Tage der Beendigung des Dienstverhältnisses an, kein Arbeitslosengeld. § 10 Abs. 2 gilt sinngemäß.

(BGBl I 2000/142)

Arbeitslosigkeit

§ 12. (1) Arbeitslos ist, wer nach Beendigung seines Beschäftigungsverhältnisses keine neue Beschäftigung gefunden hat.

(2) Ein selbständiger Pecher gilt in der Zeit der saisonmäßigen Erwerbsmöglichkeit, das ist vom dritten Montag im März bis einschließlich dritten Sonntag im November eines jeden Jahres, nicht als arbeitslos. In der übrigen Zeit des Jahres gilt der selbständige Pecher als arbeitslos, wenn er keine andere Beschäftigung gefunden hat.

(3) Als arbeitslos im Sinne der Abs. 1 und 2 gilt insbesondere nicht:

a) wer in einem Dienstverhältnis steht;

b) wer selbständig erwerbstätig ist;

c) wer ein Urlaubsentgelt nach dem Bauarbeiter-Urlaubsgesetz 1972, BGBl. Nr. 414, in der jeweils geltenden Fassung bezieht, in der Zeit, für die das Urlaubsentgelt gebührt;

d) wer, ohne in einem Dienstverhältnis zu stehen, im Betrieb des Ehegatten, der Eltern oder Kinder tätig ist;

e) wer eine Freiheitsstrafe verbüßt oder auf behördliche Anordnung in anderer Weise angehalten wird;

(BGBl 1986/466, BGBl 1987/615)

f) wer in einer Schule oder einem geregelten Lehrgang – so als ordentlicher Hörer einer Hochschule, als Schüler einer Fachschule oder einer mittleren Lehranstalt – ausgebildet wird oder, ohne daß ein Dienstverhältnis vorliegt, sich einer praktischen Ausbildung unterzieht;

g) wer an mehr als 16 Tagen im Kalendermonat vorübergehend erwerbstätig ist oder aus vorübergehender Erwerbstätigkeit im Kalendermonat ein Nettoeinkommen (§ 21a Abs. 2) erzielt, welches den Höchstbetrag (das ist der mit der Anzahl der Tage im Kalendermonat vervielfachte höchstmögliche tägliche Grundbetrag zuzüglich der Hälfte des der Geringfügigkeitsgrenze für den Kalendermonat gemäß § 5 Abs. 2 ASVG entsprechenden Betrages, bei Anspruch auf Familienzuschläge überdies zuzüglich den mit der Anzahl der Tage im Kalendermonat vervielfachten Familienzuschlägen) übersteigt, für diesen Kalendermonat;

(BGBl 1994/25, BGBl 1995/297, BGBl 1996/201, BGBl 1996/411, BGBl I 1997/139, BGBl I 1998/6, BGBl I 2000/142)

h) ein Lehrbeauftragter in den Semester- und Sommerferien;

(BGBl 1994/25)

i) wer beim selben Dienstgeber eine Beschäftigung aufnimmt, deren Entgelt die im § 5 Abs. 2 ASVG angeführten Beträge nicht übersteigt, es sei denn, daß zwischen der vorhergehenden Beschäftigung und der neuen geringfügigen Beschäftigung ein Zeitraum von mindestens einem Monat gelegen ist.

(BGBl 1996/201, BGBl I 1997/139)

(4) Abweichend von Abs. 3 lit. f gilt als arbeitslos, wer

1. während eines Zeitraumes von zwölf Monaten vor der Geltendmachung mindestens 39 Wochen, davon 26 Wochen durchgehend, oder mindestens die Hälfte der Ausbildungszeit, wenn diese kürzer als zwölf Monate ist, arbeitslosenversicherungspflichtig beschäftigt war,

2. zugleich dem Studium oder der praktischen Ausbildung nachgegangen ist und

3. die letzte Beschäftigung vor Eintritt der Arbeitslosigkeit nicht selbst zwecks Fortsetzung des Studiums oder der praktischen Ausbildung freiwillig gelöst hat.

(BGBl 1994/25, BGBl 1994/314, BGBl 1996/201, BGBl I 2000/142)

(5) Die Teilnahme an Maßnahmen der Nach- und Umschulung sowie zur Wiedereingliederung in den Arbeitsmarkt, die im Auftrag des Arbeitsmarktservice erfolgt, gilt nicht als Beschäftigung im Sinne des Abs. 1.

(BGBl 1996/201)

(6) Als arbeitslos gilt jedoch,

a) wer aus einer oder mehreren Beschäftigungen ein Entgelt erzielt, das die im § 5 Abs. 2 ASVG angeführten Beträge nicht übersteigt, wobei bei einer Beschäftigung als Hausbesorger im Sinne des Hausbesorgergesetzes, BGBl. Nr. 16/1970, der Entgeltwert für die Dienstwohnung und der pauschalierte Ersatz für Materialkosten unberücksichtigt bleiben;

(BGBl 1990/412, BGBl 1995/297, BGBl I 1997/139)

b) wer einen land(forst)wirtschaftlichen Betrieb auf eigene Rechnung und Gefahr führt, dessen Einheitswert von 4 700 € nicht übersteigt;

(BGBl 1981/286, BGBl 1995/297, BGBl I 1998/148, BGBl I 2001/103)

c) wer auf andere Art selbständig erwerbstätig ist bzw. selbständig arbeitet und daraus ein Einkommen gemäß § 36a erzielt oder im Zeitraum der selbständigen Erwerbstätigkeit bzw. der selbständigen Arbeit einen Umsatz gemäß § 36b erzielt, wenn weder das Einkommen zuzüglich Sozialversicherungsbeiträge, die als Werbungskosten geltend gemacht wurden, noch 11,1 vH des Umsatzes die im § 5 Abs. 2 ASVG angeführten Beträge übersteigt;

(BGBl 1987/290, BGBl 1987/615, BGBl 1994/25, BGBl 1995/297, BGBl 1996/201, BGBl I 1997/139)

d) wer, ohne in einem Dienstverhältnis zu stehen, im Betrieb des Ehegatten, der Eltern oder Kinder tätig ist, sofern das Entgelt aus dieser Tätigkeit, würde sie von einem Dienstnehmer ausgeübt, die im § 5 Abs. 2 ASVG angeführten Beträge nicht übersteigen würde;

(BGBl 1988/232, BGBl I 1997/139)

e) wer als geschäftsführender Gesellschafter aus dieser Tätigkeit ein Einkommen gemäß § 36a oder einen Umsatz gemäß § 36b erzielt, wenn weder das Einkommen zuzüglich Sozialversicherungsbeiträge, die als Werbungskosten geltend gemacht wurden, noch 11,1 vH des auf Grund seiner Anteile aliquotierten Umsatzes der Gesellschaft die im § 5 Abs. 2 ASVG angeführten Beträge übersteigt.

(BGBl 1995/297, BGBl 1996/201, BGBl I 1997/139)

(7) Unbeschadet des Abs. 3 lit. a gilt als arbeitslos auch eine Frau (ein Mann), bei der (dem) die Voraussetzung für den Anspruch auf Karenzgeld nach dem Karenzgeldgesetz vor Ablauf des Karenzurlaubes deswegen weggefallen ist, weil ihr (sein) Kind, dessen Geburt Anlaß für die Gewährung des Karenzurlaubes war, gestorben ist und der Dienstgeber einer vorzeitigen Beendigung des Karenzurlaubes nicht zugestimmt hat, und zwar so lange, als während der restlichen Dauer des Karenzurlaubes kein Dienstverhältnis mit einem anderen Dienstgeber besteht. Dies gilt auch, wenn die Voraussetzungen für den Bezug von Karenz(urlaubs)geld deshalb weggefallen sind, weil die Pflege bzw. Betreuung des Kindes rechtlich oder faktisch unmöglich ist.

(BGBl I 1997/47, BGBl I 1998/6)

(8) Ebenso gilt als arbeitslos, wer auf Grund eines allenfalls auch ungerechtfertigten Ausspruches über die Lösung seines einen Kündigungs- oder Entlassungsschutz genießenden Dienstverhältnisses nicht beschäftigt wird, und zwar bis zu dem Zeitpunkt, in dem durch die zuständige Behörde das allfällige Weiterbestehen des Beschäftigungsverhältnisses rechtskräftig entschieden oder vor der zuständigen Behörde ein Vergleich geschlossen wurde.

(BGBl. Nr. 289/1976, Art. I Z 5)

(9) Der im Abs. 6 lit. b genannte Betrag ist mit Wirkung ab 1. Jänner des Jahres 2003 und jedes darauffolgenden Jahres mit der Aufwertungszahl (§ 108a ASVG) des jeweiligen Kalenderjahres zu vervielfachen und kaufmännisch auf einen vollen Eurobetrag zu runden.

(BGBl 1981/286, BGBl 1987/615, BGBl 1989/364, BGBl 1993/817, BGBl 1994/25, BGBl 1995/297, BGBl I 1998/56, BGBl I 1998/148, BGBl I 2001/103)

(10) (aufgehoben)

(BGBl I 1998/148)

(11) (aufgehoben)

(BGBl 1995/297)

§ 13. Wenn die Arbeitslosigkeit die unmittelbare Folge eines durch Streik verursachten Betriebsstillstandes ist, gebührt während dessen Dauer kein Arbeitslosengeld; das gleiche gilt für den Fall einer Aussperrung in einem Betrieb, sofern sie als Abwehrmaßnahme gegen einen Teilstreik, eine passive Resistenz oder eine sonstige die Fortführung der Arbeiten in diesem Betrieb vereitelnde Kampfmaßnahmen erfolgt.

Anwartschaft

§ 14. (1) Bei der erstmaligen Inanspruchnahme des Arbeitslosengeldes ist die Anwartschaft erfüllt, wenn der Arbeitslose in den letzten 24 Monaten vor Geltendmachung des Anspruches (Rahmenfrist) insgesamt 52 Wochen im Inland arbeitslosenversicherungspflichtig beschäftigt war. Handelt es sich jedoch um einen Arbeitslosen, der das Arbeitslosengeld vor Vollendung des 25. Lebensjahres beantragt, ist die Anwartschaft erfüllt, wenn

1. der Arbeitslose in den letzten zwölf Monaten vor Geltendmachung des Anspruches (Rahmenfrist) insgesamt 26 Wochen im Inland arbeitslosenversicherungspflichtig beschäftigt war, wobei höchstens 16 Wochen arbeitslosenversicherungspflichtige Zeiten nach § 35 Abs. 2 des Arbeitsmarktservicegesetzes, BGBl. Nr. 313/1994, herangezogen werden dürfen, und

   (BGBl 1991/682, BGBl 1994/314)

2. ihm das Arbeitsmarktservice auch unter weitestmöglichem Einsatz von Förderungsmitteln binnen vier Wochen weder eine Arbeitsaufnahme noch den Eintritt in

eine geeignete arbeitsmarktpolitische Maßnahme ermöglicht.

(BGBl 1994/314, BGBl I 2000/142)

(2) Bei jeder weiteren Inanspruchnahme des Arbeitslosengeldes ist die Anwartschaft erfüllt, wenn der Arbeitslose in den letzten zwölf Monaten vor Geltendmachung des Anspruches (Rahmenfrist) insgesamt 28 Wochen im Inland arbeitslosenversicherungspflichtig beschäftigt war. Die Anwartschaft ist im Falle einer weiteren Inanspruchnahme auch dann erfüllt, wenn der Arbeitslose die Anwartschaft gemäß § 14 Abs. 1 erster Satz erfüllt.

(BGBl 1995/297, BGBl I 2000/142)

(3) In Zeiten empfindlicher Arbeitslosigkeit kann durch Verordnung des Bundesministers für soziale Verwaltung für einzelne Berufsgruppen, in denen die Beschäftigungslage besonders ungünstig ist, bestimmt werden, daß die Anwartschaft auch dann erfüllt ist, wenn der Arbeitslose in den letzten 24 Monaten vor Geltendmachung des Anspruches auf Arbeitslosengeld im Inland insgesamt 26 Wochen arbeitslosenversicherungspflichtig beschäftigt war.

(4) Auf die Anwartschaft sind folgende im Inland zurückgelegte oder auf Grund inländischer Rechtsvorschriften erworbene Zeiten anzurechnen:

a) Zeiten, die der Arbeitslosenversicherungspflicht unterlagen, sowie Zeiten der Selbstversicherung in der Arbeitslosenversicherung;

b) die Zeit des Präsenz- oder Ausbildungs- oder Zivildienstes, wenn innerhalb der Rahmenfrist mindestens 13 Wochen sonstige Anwartschaftszeiten liegen;

(BGBl I 1998/30)

c) Zeiten des Bezuges von Wochengeld oder Krankengeld aus einer Krankenversicherung auf Grund eines arbeitslosenversicherungspflichtigen Beschäftigungsverhältnisses;

d) bei Dienstverhältnissen von Arbeitern, die mindestens eine volle Woche gedauert haben und an einem Freitag oder Samstag enden, der darauffolgende Samstag und Sonntag oder darauffolgende Sonntag;

e) Zeiten einer krankenversicherungspflichtigen Beschäftigung als Lehrling;

(BGBl I 2000/101)

f) Zeiten, für die ein Sicherungsbeitrag gemäß § 5d AMPFG in der Fassung des Bundesgesetzes BGBl. I Nr. 148/1998 entrichtet wurde.

(BGBl I 2000/92)

(BGBl 1989/364)

(5) Ausländische Beschäftigungs- oder Versicherungszeiten sind auf die Anwartschaft anzurechnen, soweit dies durch zwischenstaatliche Abkommen oder internationale Verträge geregelt ist. Bei dieser Berücksichtigung ausländischer Beschäftigungs- oder Versicherungszeiten ist die Zurücklegung einer Mindestbeschäftigungszeit im Inland vor der Geltendmachung des Arbeitslosengeldes nicht erforderlich, wenn der Arbeitslose

1. vor seiner letzten Beschäftigung im Ausland insgesamt mindestens 15 Jahre seinen Wohnsitz oder gewöhnlichen Aufenthalt in Österreich gehabt hat oder

2. zwecks Familienzusammenführung nach Österreich übersiedelt ist und sein hier lebender Ehegatte insgesamt mindestens 15 Jahre seinen Wohnsitz oder gewöhnlichen Aufenthalt in Österreich hat und

in beiden Fällen innerhalb von drei Monaten nach dem Ende der Beschäftigung oder der Versicherungspflicht im Ausland sich in Österreich arbeitslos meldet.

(BGBl 1992/416)

(6) Die in den Abs. 4 und 5 angeführten Zeiten dürfen bei der Ermittlung der Anwartschaft nur einmal berücksichtigt werden.

(7) Wird nach einem Bezug von Weiterbildungsgeld Arbeitslosengeld in Anspruch genommen, so gilt dies als weitere Inanspruchnahme im Sinne des Abs. 2.

(BGBl 1992/833, BGBl I 1997/47, BGBl I 2001/103)

(8) bis (9) (aufgehoben)

(BGBl I 2001/103)

(BGBl 1989/364)

§ 15. (1) Die Rahmenfrist (§ 14 Abs. 1 bis 3) verlängert sich um höchstens drei Jahre um Zeiträume, in denen der Arbeitslose im Inland

1. in einem arbeitslosenversicherungsfreien Dienstverhältnis gestanden ist;

2. arbeitsuchend bei der regionalen Geschäftsstelle gemeldet gewesen ist oder Sondernotstandshilfe (§ 39) bezogen hat;

(BGBl I 2000/92)

3. eine Abfertigung aus einem Dienstverhältnis bezogen hat;

(BGBl I 2000/92)

4. sich einer Ausbildung oder beruflichen Maßnahme der Rehabilitation unterzogen hat, durch die er überwiegend in Anspruch genommen wurde;

(BGBl I 2000/92)

5. Präsenz- oder Ausbildungs- oder Zivildienst geleistet hat;

(BGBl I 2000/92)

6. einen Karenzurlaub im Sinne der gesetzlichen Vorschriften zurückgelegt oder Karenzgeld oder Weiterbildungsgeld bezogen hat;

(BGBl I 2000/92)

7. ein außerordentliches Entgelt im Sinne des § 17 des Hausgehilfen- und Hausangestell-

tengesetzes, BGBl. Nr. 235/1962, bezogen hat;

(BGBl I 2000/92)

8. eine Sonderunterstützung nach den Bestimmungen des Sonderunterstützungsgesetzes, BGBl. Nr. 642/1973, bezogen hat;

(BGBl I 2000/92)

9. auf behördliche Anordnung angehalten worden ist.

(BGBl I 2000/92)

(2) Die Rahmenfrist verlängert sich um höchstens drei Jahre um Zeiträume, in denen der Arbeitslose im Ausland

1. sich einer Ausbildung unterzogen hat, durch die er überwiegend in Anspruch genommen wurde;
2. eine der in Abs. 1 angeführten vergleichbaren Leistungen wegen Arbeitslosigkeit oder Kindererziehung bezogen hat, soweit mit dem betreffenden Staat zwischenstaatliche Regelungen über Arbeitslosenversicherung getroffen wurden oder dies in internationalen Verträgen festgelegt ist.

(3) Die Rahmenfrist verlängert sich weiters um Zeiträume, in denen der Arbeitslose im Inland

1. Krankengeld bzw. Wochengeld bezogen hat oder in einer Heil- oder Pflegeanstalt untergebracht gewesen ist;
2. nach Erschöpfung des Anspruches auf Krankengeld aus der gesetzlichen Krankenversicherung nachweislich arbeitsunfähig gewesen ist;
3. wegen Invalidität, Berufsunfähigkeit oder Minderung der Erwerbsfähigkeit, die nach ihrem Ausmaß der Arbeitsunfähigkeit gemäß § 8 gleichkommt, eine Pension aus der gesetzlichen Pensionsversicherung bezogen hat;
4. einen nahen Angehörigen (eine nahe Angehörige) mit Anspruch auf Pflegegeld in Höhe der Stufe 4, 5, 6 oder 7 gemäß § 5 des Bundespflegegeldgesetzes (BPGG), BGBl. Nr. 110/1993, oder nach den Bestimmungen der Landespflegegeldgesetze in häuslicher Umgebung gepflegt hat und gemäß § 77 Abs. 6 ASVG oder § 28 Abs. 6 BSVG oder § 33 Abs. 9 GSVG in der Pensionsversicherung weiterversichert war;

   (BGBl I 2001/142, BGBl I 2001/103)
5. Kinderbetreuungsgeld bezogen hat.

   (BGBl I 2001/103)

(4) Die Rahmenfrist verlängert sich weiters um Zeiträume, in denen der Arbeitslose im Ausland eine der in Abs. 3 angeführten vergleichbaren Leistungen wegen Invalidität, Berufsunfähigkeit oder Minderung der Erwerbsfähigkeit oder Krankheit bezogen hat, soweit mit dem betreffenden Staat zwischenstaatliche Regelungen über Arbeitslosenversicherung getroffen wurden oder dies in internationalen Verträgen festgelegt ist.

(5)[a]) Die Rahmenfrist verlängert sich weiters um Zeiträume einer krankenversicherungspflichtigen Erwerbstätigkeit nach dem GSVG oder BSVG.

(BGBl I 2000/92)

[a]) Tritt mit Ablauf des 31. Dezember 2003 außer Kraft.

(6) Der Bundesminister für Arbeit, Gesundheit und Soziales kann, wenn sich die Notwendigkeit hiezu herausstellt, durch Verordnung bestimmen, daß auch andere Tatbestände eine Verlängerung der Rahmenfrist bewirken.

(7) Zeiten, die gemäß § 14 anwartschaftsbegründend sind, können zur Rahmenfristerstreckung nicht mehr herangezogen werden.

(BGBl 1976/289, BGBl 1983/594, BGBl 1987/615, BGBl 1990/412, BGBl 1992/416, BGBl 1994/314, BGBl 1996/201, BGBl I 1997/47, BGBl I 1997/139, BGBl I 1998/30, BGBl I 1998/148)

Ruhen des Arbeitslosengeldes

§ 16. (1) Der Anspruch auf Arbeitslosengeld ruht während

a) des Bezuges von Kranken- oder Wochengeld sowie bei Nichtgewährung von Krankengeld gemäß § 142 Abs. 1 des Allgemeinen Sozialversicherungsgesetzes,

   (BGBl 1994/25)

b) des Bezuges von Sonderunterstützung nach den Bestimmungen des Mutterschutzgesetzes,

c) der Unterbringung des Arbeitslosen in einer Heil- oder Pflegeanstalt,

d) des Zeitraumes, für den Schadenersatz nach § 25 Abs. 2 der Konkursordnung (KO), RGBl. Nr. 337/1914, gebührt,

   (BGBl 1990/412, BGBl I 1998/6)

e) des Zeitraumes, für den Schadenersatz nach § 20d der Ausgleichsordnung (AO), BGBl. II Nr. 221/1934, gebührt,

   (BGBl 1986/466, BGBl 1987/615, BGBl I 1998/6)

f) des Bezuges von Entgelt gemäß § 5 des Entgeltfortzahlungsgesetzes, BGBl. Nr. 399/1974,

g) des Aufenthaltes im Ausland, soweit nicht Abs. 3 oder Regelungen auf Grund internationaler Verträge anzuwenden sind,

   (BGBl 1992/416)

h) des Präsenz- oder Ausbildungs- oder Zivildienstes,

   (BGBl I 1998/30)

i) des Bezuges von Karenzgeld oder Teilzeitbeihilfe

   (BGBl 1976/289, BGBl I 1997/47, BGBl I 2001/103)

j) des Bezuges von Weiterbildungsgeld,
(BGBl 1983/594, BGBl I 1998/148)

k) des Zeitraumes, für den Kündigungsentschädigung gebührt,
(BGBl 1983/594)

l) des Zeitraumes, für den Anspruch auf eine Ersatzleistung für Urlaubsentgelt (Urlaubsabfindung, Urlaubsentschädigung) nach dem Urlaubsgesetz, BGBl. Nr. 390/1976, in der jeweils geltenden Fassung besteht oder eine Urlaubsabfindung nach dem Bauarbeiter-Urlaubs- und Abfertigungsgesetz (BUAG), BGBl. Nr. 414/1972, in der jeweils geltenden Fassung gewährt wird, nach Maßgabe des Abs. 4,
(BGBl 1987/615, BGBl I 2000/44)

m) des Bezuges von Leistungen nach dem Bundesgesetz über die Gewährung von Überbrückungshilfen an ehemalige Bundesbedienstete, BGBl. Nr. 174/1963 in der jeweils geltenden Fassung,
(BGBl 1993/461, BGBl I 2000/101)

n) des Bezuges einer Beihilfe zur Deckung des Lebensunterhaltes gemäß § 35 des Arbeitsmarktservicegesetzes (AMSG), BGBl. Nr. 313/1994.
(BGBl I 2000/101)

(2) Ist der Anspruch auf Kündigungsentschädigung strittig, oder wird Kündigungsentschädigung aus sonstigen Gründen nicht bezahlt, wird das Arbeitslosengeld (die Notstandshilfe) für diesen Zeitraum als Vorschuß auf die Kündigungsentschädigung gewährt. Wird der Arbeitgeber von der Gewährung des Vorschusses verständigt, so geht der Anspruch des Arbeitslosen auf die fällige Kündigungsentschädigung für denselben Zeitraum auf den Bund zugunsten der Arbeitslosenversicherung in der Höhe des als Arbeitslosengeld (Notstandshilfe) gewährten Vorschusses über und ist vom Arbeitgeber unbeschadet von Übertragungen, Verpfändungen oder Pfändungen der Kündigungsentschädigung vorrangig zu befriedigen. Das Recht auf gerichtliche Durchsetzung dieses Anspruches verbleibt jedoch beim Arbeitnehmer. Wird Insolvenz-Ausfallgeld nach dem Insolvenz-Entgeltsicherungsgesetz, BGBl. Nr. 324/1977, für die Kündigungsentschädigung beantragt, so gilt das Gleiche hinsichtlich dieses Anspruches auf Insolvenz-Ausfallgeld und der Insolvenz-Ausfallgeld-Fonds tritt an die Stelle des Arbeitgebers. Findet der Übergang statt, so ist der Anspruch auf Arbeitslosengeld unter Bedachtnahme auf Abs. 1 lit. k neu zu bemessen. Dem Anspruch auf Kündigungsentschädigung steht der Anspruch auf Schadenersatz nach § 25 Abs. 2 KO bzw. nach § 20d AO gleich, wobei der Anspruch auf Arbeitslosengeld unter Bedachtnahme auf Abs. 1 lit. d bzw. Abs. 1 lit. e neu zu bemessen ist.

(BGBl 1983/594, BGBl 1990/412, BGBl I 1998/6)

(3) Auf Antrag des Arbeitslosen ist das Ruhen des Arbeitslosengeldes gemäß Abs. 1 lit. g bei Vorliegen berücksichtigungswürdiger Umstände nach Anhörung des Regionalbeirates bis zu drei Monate während eines Leistungsanspruches (§ 18) nachzusehen. Berücksichtigungswürdige Umstände sind Umstände, die im Interesse der Beendigung der Arbeitslosigkeit gelegen sind, insbesondere wenn sich der Arbeitslose ins Ausland begibt, um nachweislich einen Arbeitsplatz zu suchen oder um sich nachweislich beim Arbeitgeber vorzustellen oder um sich einer Ausbildung zu unterziehen, oder Umstände, die auf zwingenden familiären Gründen beruhen.

(BGBl 1978/380, BGBl 1983/61, BGBl 1987/615, BGBl 1989/364, BGBl 1994/314, BGBl 1995/297)

(4) Besteht Anspruch auf eine Ersatzleistung für Urlaubsentgelt (Urlaubsabfindung, Urlaubsentschädigung) im Zeitpunkt der Auflösung des Beschäftigungsverhältnisses, beginnt der Ruhenszeitraum mit dem Ende des anspruchsbegründenden Beschäftigungsverhältnisses, besteht jedoch auch Anspruch auf Kündigungsentschädigung mit dem Ende des Zeitraumes, für den Kündigungsentschädigung gebührt. Ist der Anspruch auf eine Ersatzleistung für Urlaubsentgelt (Urlaubsabfindung, Urlaubsentschädigung) strittig oder wird eine Ersatzleistung für Urlaubsentgelt (Urlaubsabfindung, Urlaubsentschädigung) aus sonstigen Gründen (zB Konkurs des Arbeitgebers) nicht bezahlt, so ist Abs. 2 sinngemäß anzuwenden. Wird hingegen eine Urlaubsabfindung nach dem BUAG gewährt, beginnt der Ruhenszeitraum mit dem achten Tag, der auf die Zahlbarstellung durch die Urlaubs- und Abfertigungskasse folgt. Ansprüche auf Tagesteile bleiben immer außer Betracht.

(BGBl 1987/615, BGBl I 2000/44)

(5) Der Bundesminister für Wirtschaft und Arbeit kann durch Verordnung für bestimmte Wirtschaftszweige festlegen, dass das Arbeitslosengeld im Anschluss an die Beendigung des Dienstverhältnisses für längstens 14 Tage ruht, wenn beschäftigungsverlängernde Maßnahmen zum Ausgleich von Saisonschwankungen durch den Verbrauch eines Teiles der im laufenden Urlaubsjahr erworbenen Urlaubsanspruches und den Ausgleich eines Teiles der geleisteten Überstunden jeweils am Ende des Dienstverhältnisses möglich sind und eine Aufwands-/Ertragsrechnung im Periodenvergleich keine oder nur eine unzureichende Erhöhung des Deckungsgrades zwischen Auszahlungen und Beitragseinnahmen in der Gebarung Arbeitsmarktpolitik ergibt. In der Verordnung ist weiters festzulegen, dass sich der Ruhenszeitraum um zur Verlängerung des Dienstverhältnisses herangezogene Urlaubs- und Zeitausgleichstage und um einen allfälligen Ruhenszeitraum gemäß Abs. 1 lit. l verringert. Bei der Umrechnung von Überstunden in Tage ist davon auszugehen, dass acht Überstunden einem Tag entsprechen und Teile von Tagen außer Betracht bleiben. Der Ruhenszeitraum hat mit dem Ende des Dienstverhältnisses, bei Vorliegen anderer Ruhensgründe nach

dem Ende der anderen Ruhenszeiträume, zu beginnen.

(BGBl I 2000/142)

Beginn des Bezuges

§ 17. (1) Sofern sämtliche Voraussetzungen für den Anspruch auf Arbeitslosengeld erfüllt sind und der Anspruch auf Arbeitslosengeld nicht gemäß § 16 ruht, gebührt das Arbeitslosengeld ab dem Tag der Geltendmachung. Ruht der Anspruch oder ist der Bezug des Arbeitslosengeldes unterbrochen, gebührt das Arbeitslosengeld ab dem Tag der persönlichen Wiedermeldung oder neuerlichen persönlichen Geltendmachung nach Maßgabe des § 46 Abs. 5.

(BGBl 1995/297)

(2) Waren jedoch die Voraussetzungen für den Anspruch auf Arbeitslosengeld bereits ab einem Samstag, Sonntag oder gesetzlichen Feiertag erfüllt und hat der Anspruch während dieses Samstages, Sonntages oder gesetzlichen Feiertages gemäß § 16 nicht geruht, so gebührt das Arbeitslosengeld rückwirkend ab dem betreffenden Samstag, Sonntag bzw. gesetzlichen Feiertag, sofern der Arbeitslose seinen Anspruch am darauffolgenden Werktag geltend gemacht hat.

(BGBl 1976/289)

Dauer des Bezuges

§ 18. (1) Das Arbeitslosengeld wird für 20 Wochen gewährt. Es wird für 30 Wochen gewährt, wenn in den letzten fünf Jahren vor Geltendmachung des Anspruches arbeitslosenversicherungspflichtige Beschäftigungen in der Dauer von 156 Wochen nachgewiesen werden.

(2) Die Bezugsdauer erhöht sich

a) auf 39 Wochen, wenn in den letzten zehn Jahren vor Geltendmachung des Anspruches arbeitslosenversicherungspflichtige Beschäftigungen von 312 Wochen nachgewiesen werden und der Arbeitslose bei Geltendmachung des Anspruches das 40. Lebensjahr vollendet hat,

   (BGBl 1989/364)

b) auf 52 Wochen, wenn in den letzten 15 Jahren vor der Geltendmachung des Anspruches arbeitslosenversicherungspflichtige Beschäftigungen von 468 Wochen nachgewiesen werden und der Arbeitslose bei Geltendmachung des Anspruches das 50. Lebensjahr vollendet hat,

   (BGBl 1989/364, BGBl I 2000/44)

c) auf 78 Wochen, wenn in den letzten 25 Jahren vor der Geltendmachung des Anspruches arbeitslosenversicherungspflichtige Beschäftigungen von 780 Wochen nachgewiesen werden und der Arbeitslose im Jahr 2000 dem Jahrgang 1940, im Jahr 2001 dem Jahrgang 1940 oder 1941 und im Jahr 2002 dem Jahrgang 1940, 1941 oder 1942 angehört und die Arbeitslose im Jahr 2000 dem Jahrgang 1945, im Jahr 2001 dem Jahrgang 1945 oder 1946 und im Jahr 2002 dem Jahrgang 1945, 1946 oder 1947 angehört.

   (BGBl I 2000/44)

(3) Bei der Festsetzung der Bezugsdauer sind die im § 14 Abs. 4 angeführten Zeiten zu berücksichtigen.

(BGBl 1989/364)

(4)[a]) Die Bezugsdauer für Personen, die das 45. Lebensjahr vollendet haben, verlängert sich um die Dauer der Teilnahme an Maßnahmen gemäß § 12 Abs. 5.

(BGBl 1993/502, BGBl I 2000/92)

[a]) Tritt mit Ablauf des 31. Dezember 2003 außer Kraft.

(5) Die Bezugsdauer verlängert sich um höchstens 156 Wochen um Zeiten, in denen der Arbeitslose an einer Maßnahme im Sinne des Abs. 6 teilnimmt. Diese Verlängerung kann um höchstens insgesamt 209 Wochen erfolgen,

1. wenn die Maßnahme in einer Ausbildung besteht, für die gesetzliche oder auf gesetzlicher Grundlage erlassene Vorschriften eine längere Dauer vorsehen, für die Zeit dieser Ausbildung;
2. wenn der Arbeitslose das 50. Lebensjahr vollendet hat und trotz Teilnahme an Maßnahmen im Sinne des Abs. 6 die Arbeitslosigkeit noch immer fortdauert oder wieder eingetreten ist.

Für Maßnahmen im Sinne des Abs. 6 kann das Ruhen des Arbeitslosengeldes wegen Ausbildung im Ausland (§ 16 Abs. 3) in besonders gelagerten Fällen über drei Monate hinaus nachgesehen werden.

*(BGBl 1993/502, BGBl 1996/201,
BGBl I 1998/6)*

(6) Eine Maßnahme im Sinne des Abs. 5 ist von der Landesgeschäftsstelle anzuerkennen, wenn

a) ein oder mehrere Unternehmen für arbeitslos gewordene Arbeitnehmer eine Einrichtung bereitstellen, die für die Planung und Durchführung von Maßnahmen der in lit. b genannten Art nach einem einheitlichen Konzept verantwortlich ist und diesem Konzept von den für den Wirtschaftszweig in Betracht kommenden kollektivvertragsfähigen Körperschaften der Dienstgeber und Dienstnehmer zugestimmt worden ist,
b) es sich um Maßnahmen handelt, die dem Arbeitslosen die Wiedererlangung eines Arbeitsplatzes insbesondere durch eine Ausbildung oder Weiterbildung im Rahmen des Unternehmens, der Einrichtung oder von anderen Schulungseinrichtungen erleichtern sollen und nach dem Inhalt und nach den angestrebten Zielen den arbeitsmarktpolitischen Erfordernissen dienen,
c) die Maßnahme eine Vollauslastung des Arbeitslosen gleich einem Arbeitnehmer unter Berücksichtigung von Freizeiten, üblichen Urlaubsansprüchen u. dgl. be-

wirkt, oder bei Arbeitslosen, die das 50. Lebensjahr vollendet haben, an die Stelle der Vollauslastung eine intensive Betreuung durch die Einrichtung mit dem Ziel der Beendigung der Arbeitslosigkeit tritt,

d) die Realisierung des Konzeptes unter Bedachtnahme auf lit. a und b durch ausreichende Bereitstellung der finanziellen, organisatorischen, sachlichen und personellen Voraussetzungen von der Einrichtung sichergestellt ist, und

e) dem Arbeitslosen eine Zuschußleistung vom Träger der Einrichtung während seiner Zugehörigkeit zu ihr gewährt wird.

Die Maßnahme ist mit Bescheid anzuerkennen, wobei nur das betreffende Unternehmen oder die Einrichtung, sofern sie Rechtspersönlichkeit besitzt, Parteistellung hat.

(BGBl 1994/314)

(7) Die Voraussetzungen nach Abs. 6 lit. a und e sind auch erfüllt, wenn

a) die Einrichtung, falls ein Unternehmen infolge von Insolvenztatbeständen im Sinne des § 1 Abs. 1 des Insolvenz-Entgeltsicherungsgesetzes, BGBl. Nr. 324/1977, dazu nicht in der Lage ist, durch eine Gebietskörperschaft oder eine andere geeignete juristische Person bereitgestellt wird oder

b) die Einrichtung durch die gesetzliche Interessenvertretung der Arbeitgeber im Zusammenhang mit Auswirkungen des EU-Beitritts auf einen gesamten Wirtschaftszweig, die bis 31. Dezember 2001 eintreten, für den Zeitraum bis zum Ablauf des 31. Dezember 2004 bereitgestellt wird und

(BGBl I 1997/126, BGBl I 1998/148, BGBl I 2000/15, BGBl I 2001/47)

c) dem Arbeitslosen in den Fällen der lit. a und b eine Zuschußleistung vom Träger der Einrichtung während seiner Zugehörigkeit zu ihr gewährt wird. Vor Festsetzung dieser Zuschußleistung sind die in Betracht kommenden kollektivvertragsfähigen Körperschaften der Dienstgeber und Dienstnehmer anzuhören.

(BGBl 1995/133)

(8) (aufgehoben)

(BGBl I 2001/103)

(9) An die gemäß Abs. 6 lit. a in Verbindung mit Abs. 7 lit. b zu errichtende Einrichtung für die Nahrungs- und Genußmittelbranche sind von der Wirtschaftskammer Österreich für zuletzt in Betrieben mit höchstens 20 Arbeitnehmern beschäftigte Arbeitslose insgesamt 12,5 Millionen Schilling und für zuletzt in Betrieben mit mehr als 20 Arbeitnehmern beschäftigte Arbeitslose insgesamt 60 Millionen Schilling bis 31. Oktober 1995 einzuzahlen. Die Einrichtung für die Nahrungs- und Genußmittelbranche hat der Wirtschaftskammer Österreich von dem für zuletzt in Betrieben mit höchstens 20 Arbeitnehmern beschäftigte Arbeitslose geleisteten Betrag insgesamt 2 Millionen Schilling und von dem für zuletzt in Betrieben mit mehr als 20 Arbeitnehmern beschäftigte Arbeitslose geleisteten Betrag insgesamt 10 Millionen Schilling bis spätestens 31. Dezember 2000 zurück zu erstatten. Der Eintritt in Maßnahmen der Einrichtung für die Nahrungs- und Genußmittelbranche kann bis 31. Dezember 2001 erfolgen. Die Bezugsdauer gemäß Abs. 5 wird durch das Ende der Bereitstellung gemäß Abs. 7 lit. b nicht berührt.

(BGBl 1995/133, BGBl I 1997/126, BGBl I 1998/148, BGBl I 2000/15, BGBl I 2001/47)

(10) Arbeitslosengeld mit Verlängerung der Bezugsdauer gemäß Abs. 5 ist zu gewähren, wenn der Arbeitslose an einer von der Landesgeschäftsstelle anerkannten Maßnahme einer Einrichtung der beruflichen Rehabilitation teilnimmt. Die Maßnahme ist bei Erfüllung der Voraussetzungen des Abs. 6 lit. b und c mit Bescheid anzuerkennen, wobei nur die Einrichtung, die sie durchführt, Parteistellung hat.

(BGBl I 1998/148)

(BGBl 1988/232, BGBl 1989/364)

Fortbezug

§ 19. (1) Arbeitslosen, die das zuerkannte Arbeitslosengeld nicht bis zur zulässigen Höchstdauer in Anspruch nehmen, ist der Fortbezug des Arbeitslosengeldes für die restliche zulässige Bezugsdauer zu gewähren,

a) wenn die Geltendmachung innerhalb eines Zeitraumes von drei Jahren gerechnet vom Tag des letzten Bezuges des Arbeitslosengeldes, erfolgt und

(BGBl 1992/416)

b) wenn, abgesehen von der Anwartschaft, die Voraussetzungen für den Anspruch erfüllt sind.

Die Frist nach lit. a verlängert sich darüber hinaus um Zeiträume gemäß § 15 Abs. 3 bis 5.

(BGBl 1990/412, BGBl 1992/416, BGBl 1996/201, BGBl I 1998/148, BGBl I 2000/142)

(2) Der Anspruch auf Fortbezug des Arbeitslosengeldes ist nicht gegeben, wenn der Arbeitslose die Voraussetzungen für eine neue Anwartschaft erfüllt.

(BGBl I 2000/142)

(3) Durch den Bezug von Karenzgeld ist ein allfälliger Anspruch auf Fortbezug von Arbeitslosengeld nicht mehr gegeben, es sei denn, daß das Kind, dessen Geburt Anlaß für die Gewährung des Karenzgeldes war, während des Bezuges des Karenzgeldes gestorben ist.

(BGBl. Nr. 289/1976, Art. I Z 11 lit. b)

(BGBl I 1997/47)

Ausmaß des Arbeitslosengeldes

§ 20. (1) Das Arbeitslosengeld besteht aus dem Grundbetrag und den Familienzuschlägen sowie einem allfälligen Ergänzungsbetrag.

(BGBl I 2000/142)

(2) Familienzuschläge sind für Ehegatten (Lebensgefährten), Kinder und Enkel, Stiefkinder, Wahlkinder und Pflegekinder (zuschlagsberechtigte Personen) zu gewähren, wenn der Arbeitslose zum Unterhalt dieser Personen tatsächlich wesentlich beiträgt und

1. für den Angehörigen ein Anspruch auf Familienbeihilfe besteht und dieser kein Arbeitseinkommen, ausgenommen die Lehrlingsentschädigung, erzielt, das die Geringfügigkeitsgrenze des § 5 Abs. 2 ASVG für den Kalendermonat übersteigt, oder

   (BGBl I 1997/139)

2. für den Angehörigen kein Anspruch auf Familienbeihilfe besteht und dieser kein Einkommen erzielt, das die Geringfügigkeitsgrenze des § 5 Abs. 2 ASVG für den Kalendermonat übersteigt.

   (BGBl I 1997/139)

Der Familienzuschlag gebührt nicht, wenn den zuschlagsberechtigten Personen zugemutet werden kann, den Aufwand für ihren Lebensunterhalt aus eigenen Kräften, insbesondere durch eigene Arbeit, zu bestreiten. Der Familienzuschlag gebührt nur für Angehörige, die ihren Hauptwohnsitz (§ 1 Abs. 7 des Meldegesetzes 1991, BGBl. Nr. 9/1992, in der Fassung des Hauptwohnsitzgesetzes, BGBl. Nr. 505/1994) in Österreich haben, soweit nicht zwischenstaatliche Abkommen oder internationale Verträge anderes bestimmen.

(BGBl 1989/364, BGBl 1995/297, BGBl 1996/201, BGBl I 1997/47)

(3) Für eine zuschlagsberechtigte Person ist der Familienzuschlag nur einmal zu gewähren. Tragen mehr als ein Arbeitsloser zum Unterhalt dieser Person tatsächlich wesentlich bei, so gebührt der Familienzuschlag jenem Arbeitslosen, in dessen Haushalt die zuschlagsberechtigte Person wohnt bzw. jenem Arbeitslosen, der die zuschlagsberechtigte Person überwiegend betreut.

(BGBl 1987/615)

(4) Der Familienzuschlag beträgt für jede zuschlagsberechtigte Person täglich ein Dreißigstel des Kinderzuschusses gemäß § 262 Abs. 2 ASVG, kaufmännisch gerundet auf einen Cent.

(BGBl 1983/594, BGBl 1987/615, BGBl 19994/25, BGBl I 2000/142)

(5) Familienzuschläge für Ehegatten (Lebensgefährten) gebühren jedenfalls nur dann, wenn auch Familienzuschläge für minderjährige Kinder, Enkel, Stiefkinder, Wahl- oder Pflegekinder gebühren. Der Familienzuschlag für Ehegatten (Lebensgefährten) gebührt jedoch, wenn für das volljährige Kind, den Enkel, das Stiefkind, Wahl- oder Pflegekind eine Familienbeihilfe wegen Behinderung gebührt.

(BGBl 1995/297, BGBl 1996/201, BGBl I 2000/142)

§ 21. (1) Für die Festsetzung des Grundbetrages des Arbeitslosengeldes ist bei Geltendmachung bis 30. Juni das Entgelt des vorletzten Kalenderjahres aus den beim Hauptverband der Sozialversicherungsträger gespeicherten Jahresbeitragsgrundlagen aus arbeitslosenversicherungspflichtigem Entgelt, mangels solcher aus anderen für Zwecke der Sozialversicherung gespeicherten Jahresbeitragsgrundlagen heranzuziehen. Bei Geltendmachung nach dem 30. Juni ist das Entgelt des letzten Kalenderjahres heranzuziehen. Liegen die nach den vorstehenden Sätzen heranzuziehenden Jahresbeitragsgrundlagen nicht vor, so sind jeweils die letzten vorliegenden Jahresbeitragsgrundlagen eines vorhergehenden Jahres heranzuziehen. Durch Teilung des Entgelts der maßgeblichen Jahresbeitragsgrundlagen durch zwölf ergibt sich das monatliche Bruttoeinkommen. Zeiten, in denen der Arbeitslose infolge Erkrankung (Schwangerschaft) nicht das volle Entgelt oder wegen Beschäftigungslosigkeit kein Entgelt bezogen hat, sowie Zeiten des Bezuges einer Lehrlingsentschädigung, wenn es für den Arbeitslosen günstiger ist, bleiben bei der Heranziehung der Beitragsgrundlagen außer Betracht. In diesem Fall ist das Entgelt durch die Zahl der Versicherungstage zu teilen und mit 30 zu vervielfachen. Jahresbeitragsgrundlagen, die einen Zeitraum enthalten, in dem Karenz(urlaubs)geld oder Kinderbetreuungsgeld bezogen wurde, bleiben außer Betracht, wenn diese niedriger als die sonst heranzuziehenden Jahresbeitragsgrundlagen sind. Sind die heranzuziehenden Jahresbeitragsgrundlagen zum Zeitpunkt der Geltendmachung älter als vier Jahre, so sind diese mit den Aufwertungsfaktoren gemäß § 108 Abs. 4 ASVG der betreffenden Jahre aufzuwerten.

(BGBl I 2001/103)

(2) Liegen noch keine Jahresbeitragsgrundlagen vor, so ist für die Festsetzung des Grundbetrages des Arbeitslosengeldes das Entgelt der letzten sechs Kalendermonate vor der Geltendmachung des Arbeitslosengeldes heranzuziehen. Sonderzahlungen im Sinne der gesetzlichen Sozialversicherung (§ 49 ASVG) sind anteilsmäßig zu berücksichtigen. Durch Teilung des Entgelts der letzten sechs Kalendermonate durch sechs ergibt sich das monatliche Bruttoeinkommen. Abs. 1 fünfter und sechster Satz ist anzuwenden.

(3) Als Grundbetrag des Arbeitslosengeldes gebühren täglich 55 vH des täglichen Nettoeinkommens, kaufmännisch gerundet auf einen Cent. Zur Ermittlung des täglichen Nettoeinkommens ist das nach Abs. 1 oder Abs. 2 ermittelte monatliche Bruttoeinkommen um die zum Zeitpunkt der Geltendmachung für einen alleinstehenden Angestellten maßgeblichen sozialen Abgaben und die maßgebliche Einkommensteuer unter Berücksichtigung der ohne Antrag gebührenden Freibeträge zu vermindern und sodann mit zwölf zu vervielfachen

und durch 365 zu teilen. Das monatliche Einkommen ist nur bis zu der drei Jahre vor der Geltendmachung des Arbeitslosengeldes für den Arbeitslosenversicherungsbeitrag maßgeblichen Höchstbeitragsgrundlage (§ 2 Abs. 1 AMPFG) zu berücksichtigen.

(4) Das tägliche Arbeitslosengeld gebührt einschließlich eines allenfalls erforderlichen Ergänzungsbetrages mindestens in der Höhe eines Dreißigstels des Betrages, der dem Richtsatz gemäß § 293 Abs. 1 lit. a lit. bb ASVG entspricht, soweit dadurch die Obergrenzen gemäß Abs. 5 nicht überschritten werden, kaufmännisch gerundet auf einen Cent.

(5) Das tägliche Arbeitslosengeld gebührt Arbeitslosen mit Anspruch auf Familienzuschläge höchstens in der Höhe von 80 vH des täglichen Nettoeinkommens, kaufmännisch gerundet auf einen Cent. Das tägliche Arbeitslosengeld gebührt Arbeitslosen ohne Anspruch auf Familienzuschläge höchstens in der Höhe von 60 vH des täglichen Nettoeinkommens, kaufmännisch gerundet auf einen Cent.

(6) Eine Beihilfe zur Deckung des Lebensunterhaltes des Arbeitsmarktservice ist zur Festsetzung des Grundbetrages des Arbeitslosengeldes nur heranzuziehen, wenn kein Entgelt aus vorhergehender Beschäftigung vorliegt, das eine Festsetzung nach Abs. 1 ermöglicht, oder dieses niedriger als das für die Bemessung der Beihilfe herangezogene Bruttoentgelt ist. In diesem Fall ist die Beihilfe einem Nettoentgelt gleichzuhalten und der Festsetzung des Grundbetrages des Arbeitslosengeldes ein diesem Nettoentgelt entsprechendes Bruttoentgelt zu Grunde zu legen.

(7) Wird die Anwartschaft auf Arbeitslosengeld durch Heranziehung von Zeiten im Ausland gemäß § 14 Abs. 5 erfüllt, so gilt für die Festsetzung des Grundbetrages des Arbeitslosengeldes:

1. War der Arbeitslose nach seiner Beschäftigung im Ausland mindestens vier Wochen im Inland beschäftigt, so ist das im Inland erzielte Entgelt maßgeblich.
2. War der Arbeitslose nach seiner Beschäftigung im Ausland weniger als vier Wochen im Inland beschäftigt, so ist das Entgelt maßgeblich, das am Wohnort oder Aufenthaltsort des Arbeitslosen für eine Beschäftigung üblich ist, die der Beschäftigung, die er zuletzt im Ausland ausgeübt hat, gleichwertig oder vergleichbar ist.
3. War der Arbeitslose Grenzgänger, so ist das im Ausland erzielte Entgelt maßgeblich.

(8) Hat ein Arbeitsloser das 45. Lebensjahr vollendet, so ist abweichend von Abs. 1 ein für die Bemessung des Grundbetrages des Arbeitslosengeldes herangezogenes monatliches Bruttoentgelt auch bei weiteren Ansprüchen auf Arbeitslosengeld so lange für die Festsetzung des Grundbetrages des Arbeitslosengeldes heranzuziehen, bis ein höheres monatliches Bruttoentgelt vorliegt.

(BGBl 1978/380, BGBl 1987/290, BGBl 1987/615, BGBl 1989/364, BGBl 1990/408, BGBl 1990/412, BGBl 1991/594, BGBl 1992/416, BGBl 1994/25, BGBl 1994/314, BGBl 1994/977, BGBl 1995/297, BGBl 1996/153, BGBl 1996/201, BGBl 1996/411, BGBl 1996/677, BGBl I 1997/139, BGBl II 1997/364, BGBl I 1998/148, BGBl II 1998/417, BGBl I 1999/179, BGBl I 2000/92, BGBl I 2000/142)

Anrechnung von Einkommen aus vorübergehender Erwerbstätigkeit

§ 21a. (1) Das aus vorübergehender Erwerbstätigkeit erzielte Nettoeinkommen in einem Kalendermonat ist auf das Arbeitslosengeld in diesem Kalendermonat anzurechnen.

(2) Als Nettoeinkommen im Sinne des Abs. 1 gilt das auf der Lohnbestätigung bzw. auf der Honorarnote ausgewiesene Einkommen abzüglich der abgeführten Steuern und Sozialversicherungsbeiträge.

(3) Bei der Anwendung des Abs. 1 ist der tägliche Anrechnungsbetrag in der Weise zu ermitteln, daß das Nettoeinkommen um den der Geringfügigkeitsgrenze für den Kalendermonat gemäß § 5 Abs. 2 ASVG entsprechenden Betrag zu vermindern und 90 vH des verbleibenden Betrages durch die Zahl der Tage im Kalendermonat zu teilen ist.

(4) Die Summe aus dem Nettoeinkommen und dem Leistungsanspruch im Kalendermonat darf den Höchstbetrag (§ 12 Abs. 3 lit. g) nicht übersteigen. Übersteigt die Summe aus dem Nettoeinkommen und dem nach der Anrechnung verbleibenden Leistungsanspruch im Kalendermonat den Höchstbetrag, so vermindert sich der Leistungsanspruch entsprechend.

(BGBl I 1998/6)

§ 22. (1) Arbeitslose, die eine Leistung aus einem der Versicherungsfälle des Alters aus „der Pensionsversicherung nach dem Allgemeinen Sozialversicherungsgesetz,“[a]) dem Gewerblichen Sozialversicherungsgesetz, BGBl. Nr. 560/1978, oder dem Bauern-Sozialversicherungsgesetz, bzw. dem Bundesgesetz über die Sozialversicherung freiberuflich selbständig Erwerbstätiger, BGBl. Nr. 624/1978, ein Sonderruhegeld nach dem Nachtschicht-Schwerarbeitsgesetz, BGBl. Nr. 354/1981, oder einen Ruhegenuß aus einem Dienstverhältnis zu einer öffentlich-rechtlichen Körperschaft beziehen „bzw. die Anspruchsvoraussetzungen für eine Pension aus einem der Versicherungsfälle des Alters erfüllen“[a]), haben keinen Anspruch auf Arbeitslosengeld.

(BGBl 1983/594, BGBl 1992/416, BGBl 1993/502, BGBl I 2001/81)

[a]) Die gekennzeichneten Wortfolgen treten mit Ablauf des 30.6.2002 außer Kraft.

(2) Das gleiche gilt für die Zeit eines laufenden Verfahrens auf Zuerkennung einer im Abs. 1 genannten Leistung. Wird ein derartiger Antrag

AlVG
VO
Krankenvers.
Strafgefangene
Arbeitsbeschein.
Auszahlung
Notstand
Selbstvers.

rechtskräftig abgelehnt, ist eine allfällige gemäß § 23 Abs. 1 gewährte Leistung in Arbeitslosengeld bzw. Notstandshilfe umzuwandeln.

(BGBl. Nr. 179/1974, Art. I Z 5)

Bevorschussung von Leistungen aus der Pensionsversicherung

§ 23. (1) Arbeitslosen, die die Zuerkennung

1. einer Leistung aus dem Versicherungsfall der geminderten Arbeitsfähigkeit oder der Erwerbsunfähigkeit oder eines Übergangsgeldes aus der gesetzlichen Pensions- oder Unfallversicherung oder

   (BGBl I 2000/92)

2. einer Leistung aus einem der Versicherungsfälle des Alters aus der Pensionsversicherung nach dem Allgemeinen Sozialversicherungsgesetz, dem Gewerblichen Sozialversicherungsgesetz, dem Bauern-Sozialversicherungsgesetz oder eines Sonderruhegeldes nach dem Nachtschwerarbeitsgesetz

   (BGBl I 2000/92)

beantragt haben, kann bis zur Entscheidung über ihren Antrag auf diese Leistungen vorschußweise Arbeitslosengeld oder Notstandshilfe gewährt werden.

(2) Für die vorschußweise Gewährung von Arbeitslosengeld oder Notstandshilfe ist erforderlich, daß

1. abgesehen von der Arbeitsfähigkeit, Arbeitswilligkeit und Arbeitsbereitschaft gemäß § 7 Abs. 3 Z 1, die übrigen Voraussetzungen für die Inanspruchnahme dieser Leistungen vorliegen,
2. im Hinblick auf die vorliegenden Umstände mit der Zuerkennung der Leistungen aus der Sozialversicherung zu rechnen ist und
3. im Falle des Abs. 1 Z 2 überdies eine Bestätigung des Pensionsversicherungsträgers vorliegt, daß voraussichtlich eine Leistungspflicht dem Grunde nach binnen zwei Monaten nach dem Stichtag für die Pension nicht festgestellt werden kann.

(3) Arbeitslosigkeit ist bei Beantragung einer Leistung nach Abs. 1 Z 1 auch anzunehmen, wenn aus einem aufrechten Dienstverhältnis kein Entgeltanspruch mehr besteht und der Anspruch auf Krankengeld erschöpft ist.

(4) Der Vorschuss ist in der Höhe des gebührenden Arbeitslosengeldes (der gebührenden Notstandshilfe) bis zur Obergrenze eines Dreißigstels der durchschnittlichen Höhe der Leistungen einschließlich der Kinderzuschüsse nach Abs. 1 Z 1 bzw. nach Abs. 1 Z 2 zu gewähren. Sofern der regionalen Geschäftsstelle des Arbeitsmarktservice auf Grund einer schriftlichen Mitteilung des Sozialversicherungsträgers bekannt ist, daß die zu erwartende Leistung niedriger sein wird, ist die Vorschußleistung entsprechend zu vermindern. Der Vorschuß ist im Falle des Abs. 1 Z 2 rückwirkend ab dem Stichtag für die Pension zu gewähren, sofern der Pensionswerber den Antrag binnen 14 Tagen nach Ausstellung der Bestätigung gemäß Abs. 2 Z 3 gestellt hat.

(BGBl I 2000/92)

(5) Hat eine regionale Geschäftsstelle einen Vorschuß nach Abs. 1 oder Arbeitslosengeld bzw. Notstandshilfe gewährt, so geht ein Anspruch des Arbeitslosen auf eine Leistung gemäß Abs. 1 Z 1 oder Abs. 1 Z 2 für denselben Zeitraum auf den Bund zugunsten der Gebarung Arbeitsmarktpolitik in der Höhe der von der regionalen Geschäftsstelle gewährten Leistung, mit Ausnahme der Krankenversicherungsbeiträge, über, sobald die regionale Geschäftsstelle beim Träger der Sozialversicherung den Übergang des Anspruches geltend macht (Legalzession). Der Übergang des Anspruches wird nur bis zur Höhe der nachzuzahlenden Beträge wirksam und ist vorrangig zu befriedigen.

(6) Die Krankenversicherungsbeiträge, die aus den Mitteln der Arbeitslosenversicherung (§ 42 Abs. 3) für den im Abs. 5 bezeichneten Zeitraum geleistet wurden, sind von den Trägern der gesetzlichen Krankenversicherung im Wege des Hauptverbandes der österreichischen Sozialversicherungsträger zu erstatten, und zwar mit dem nach § 73 Abs. 2 ASVG festgelegten Prozentsatz von jenen Beträgen, die von den Pensionsversicherungsträgern gemäß Abs. 5 rückerstattet wurden.

(7) Wird eine Pension gemäß Abs. 1 nicht zuerkannt, so gilt der Vorschuß in der geleisteten Dauer und Höhe als Arbeitslosengeld bzw. Notstandshilfe, dh. daß insbesondere keine allfällige Differenznachzahlung erfolgt und die Bezugsdauer gemäß § 18 verkürzt wird.

(BGBl I 1998/148)

(BGBl. Nr. 17/1962, BGBl. Nr. 124/1973, BGBl. Nr. 289/1976, BGBl 1987/615, BGBl 1994/314, BGBl 1996/201, BGBl I 1997/47)

Einstellung und Berichtigung des Arbeitslosengeldes

§ 24. (1) Wenn eine der Voraussetzungen für den Anspruch auf Arbeitslosengeld wegfällt, ist es einzustellen; wenn sich eine für das Ausmaß des Arbeitslosengeldes maßgebende Voraussetzung ändert, ist es neu zu bemessen.

(2) Wenn sich die Zuerkennung oder die Bemessung des Arbeitslosengeldes nachträglich als gesetzlich nicht begründet herausstellt, ist die Zuerkennung zu widerrufen oder die Bemessung rückwirkend zu berichtigen.

§ 25. (1) Bei Einstellung, Herabsetzung, Widerruf oder Berichtigung einer Leistung ist der Empfänger des Arbeitslosengeldes zum Ersatz des unberechtigt Empfangenen zu verpflichten, wenn er den Bezug durch unwahre Angaben oder durch Verschweigung maßgebender Tatsachen herbeigeführt hat oder wenn er erkennen mußte, daß die Leistung nicht oder nicht in dieser Höhe gebührte. Die Verpflichtung zum Ersatz des empfangenen Arbeitslosengeldes besteht auch dann, wenn im Falle des § 12 Abs. 8 das Weiterbestehen des Beschäftigungsverhältnisses festgestellt wurde, sowie in allen Fällen, in denen rückwirkend das Bestehen eines Beschäftigungsverhältnisses festgestellt oder vereinbart wird. Der Empfänger einer Leistung nach diesem Bundesgesetz ist auch dann zum Ersatz des unberechtigt Empfangenen zu verpflichten, wenn sich ohne dessen Verschulden auf Grund eines nachträglich vorgelegten Einkommensteuer- oder Umsatzsteuerbescheides ergibt, daß die Leistung nicht oder nicht in diesem Umfang gebührte; in diesem Fall darf jedoch der Rückforderungsbetrag das erzielte Einkommen nicht übersteigen. Ebenso ist der Empfänger des Arbeitslosengeldes (der Notstandshilfe) zum Ersatz des unberechtigt Empfangenen zu verpflichten, wenn nachträglich festgestellt wird, daß der Empfänger nicht arbeitslos im Sinne des § 12 Abs. 3 lit. g war. Die Verpflichtung zum Rückersatz besteht auch hinsichtlich jener Leistungen, die wegen Zuerkennung der aufschiebenden Wirkung eines Rechtsmittels weiter gewährt wurden, wenn das Verfahren mit der Entscheidung geendet hat, daß die Leistungen nicht oder nicht in diesem Umfang gebührten.

(BGBl 1989/364, BGBl 1992/416, BGBl 1993/817, BGBl 1995/289, BGBl 1995/297, BGBl 1995/529 BGBl I 1998/148, BGBl I 1998/172, BGBl I 1999/179)

(2) Wird ein Empfänger von Arbeitslosengeld (Notstandshilfe) bei einer Tätigkeit gemäß § 12 Abs. 3 lit. a, b, d oder g betreten, die er nicht unverzüglich der zuständigen regionalen Geschäftsstelle angezeigt hat (§ 50), so gilt die unwiderlegliche Rechtsvermutung, daß diese Tätigkeit über der Geringfügigkeitsgrenze entlohnt ist. Das Arbeitslosengeld (die Notstandshilfe) für zumindest zwei Wochen ist rückzufordern. Erfolgte in einem solchen Fall keine zeitgerechte Meldung durch den Dienstgeber an den zuständigen Träger der Krankenversicherung, so ist dem Dienstgeber von der regionalen Geschäftsstelle des Arbeitsmarktservice ein Sonderbeitrag in der doppelten Höhe des Dienstgeber- und des Dienstnehmeranteiles zur Arbeitslosenversicherung (§ 2 des Arbeitsmarktpolitik-Finanzierungsgesetzes, BGBl. Nr. 315/1994) für die Dauer von sechs Wochen vorzuschreiben. Als Bemessungsgrundlage dient der jeweilige Kollektivvertragslohn bzw., falls kein Kollektivvertrag gilt, der Anspruchslohn. Die Vorschreibung gilt als vollstreckbarer Titel und ist im Wege der gerichtlichen Exekution eintreibbar.

(BGBl 1993/502, BGBl 1996/201, BGBl 1996/411, BGBl I 2000/103)

(3) Wenn eine dritte Person eine ihr nach diesem Bundesgesetz obliegende Anzeige vorsätzlich oder aus grober Fahrlässigkeit unterlassen oder falsche Angaben gemacht und hiedurch einen unberechtigten Bezug verursacht hat, kann sie zum Ersatz verpflichtet werden.

(BGBl 1993/502)

(4) Rückforderungen, die gemäß Abs. 1 vorgeschrieben wurden, können auf die zu erbringenden Leistungen aus der Arbeitslosenversicherung mit der Maßgabe aufgerechnet werden, daß dem Leistungsbezieher die Hälfte des Leistungsbezuges freibleiben muß; sie vermindern den Anspruch auf die zu erbringenden Leistungen, auch wenn er gepfändet ist. Die regionalen Geschäftsstellen können anläßlich der Verschreibung von Rückforderungen Ratenzahlungen gewähren, wenn auf Grund der wirtschaftlichen Verhältnisse des Schuldners die Hereinbringung der Forderung in einem Betrag nicht möglich ist. Die Höhe der Raten ist unter Berücksichtigung der wirtschaftlichen Verhältnisse des Schuldners festzusetzen.

(BGBl 1973/124, BGBl 1976/289, BGBl 1991/628, BGBl 1993/502, BGBl 1994/314)

(5) Werden Rückforderungen gestundet oder Raten bewilligt, so sind keine Stundungszinsen auszubedingen.

(BGBl 1993/502)

(6) Eine Verpflichtung zum Ersatz des unberechtigt Empfangenen einschließlich der Aberkennung des Anspruches auf Arbeitslosengeld gemäß Abs. 2 oder eine Verfügung zur Nachzahlung ist für Zeiträume unzulässig, die länger als fünf Jahre, gerechnet ab Kenntnis des maßgeblichen Sachverhaltes durch die regionale Geschäftsstelle, zurückliegen. Ebenso tritt ein Bescheid über die Aberkennung des Anspruches auf Arbeitslosengeld nach Ablauf von fünf Jahren ab Eintritt der Rechtskraft außer Kraft, wenn er bis zu diesem Zeitpunkt nicht vollzogen wurde.

(BGBl 1993/502, BGBl 1994/314)

(7) Abs. 4 gilt auch für Forderungen auf Ersatz unberechtigt bezogener Beihilfen des Arbeitsmarktservice.

(BGBl 1993/502, BGBl 1994/314)

(8) Rückforderungen von Karenzgeld oder Teilzeitbeihilfe gemäß § 39 des Karenzgeldgesetzes (KGG), BGBl. I Nr. 47/1997, können auf die zu erbringenden Leistungen aus der Arbeitslosenversicherung bis zur Hälfte derselben aufgerechnet werden; sie vermindern den Anspruch auf die zu erbringenden Leistungen, auch wenn er gepfändet ist.

(BGBl I 1997/47)

Abschnitt 2
Leistungen zur Beschäftigungsförderung

(BGBl I 1997/47, BGBl I 1997/139)

Weiterbildungsgeld

§ 26. (1) Personen, die eine Bildungskarenz gemäß § 11 oder eine Freistellung gegen Entfall des Arbeitsentgeltes gemäß § 12 des Arbeitsvertragsrechts-Anpassungsgesetzes (AVRAG), BGBl. Nr. 459/1993, in Anspruch nehmen, und die Anwartschaft erfüllen, gebührt für diese Zeit ein Weiterbildungsgeld in der Höhe des Karenzgeldes gemäß § 7 KGG bei Erfüllung der nachstehenden Voraussetzungen:

1. Bei einer Bildungskarenz gemäß § 11 AVRAG muß die Teilnahme an einer Weiterbildungsmaßnahme nachgewiesen werden.
2. Bei einer Freistellung gegen Entfall des Arbeitsentgeltes gemäß § 12 AVRAG muß die Einstellung einer nicht nur geringfügig beschäftigten Ersatzarbeitskraft, die zuvor Arbeitslosengeld oder Notstandshilfe bezogen hat, nachgewiesen werden.

(2) Zeiten, die für die Beurteilung der Anwartschaft auf Arbeitslosengeld oder Karenzgeld herangezogen wurden, können bei der Beurteilung der Anwartschaft nicht nochmals berücksichtigt werden.

(BGBl I 2000/142)

(3) Bei Vorliegen einer Beschäftigung oder einer selbständigen Erwerbstätigkeit gebührt kein Weiterbildungsgeld, es sei denn, daß § 12 Abs. 6 lit. a, b, c, d oder e (Geringfügigkeit) zutrifft.

(4) Die Lösung des Dienstverhältnisses durch den Arbeitgeber während der Inanspruchnahme einer Bildungskarenz steht der Gewährung von Weiterbildungsgeld nicht entgegen.

(BGBl I 1998/148)

(5) Eine Bildungskarenz nach gleichartigen bundes- oder landesgesetzlichen Regelungen ist wie eine Bildungskarenz gemäß § 11 AVRAG zu behandeln. Eine Freistellung gegen Entfall des Arbeitsentgeltes nach gleichartigen bundes- oder landesgesetzlichen Regelungen ist wie eine Freistellung gegen Entfall des Arbeitsentgeltes gemäß § 12 AVRAG zu behandeln. Die Zahlung eines Zuschusses zu den Weiterbildungskosten durch den Arbeitgeber steht der Gewährung von Weiterbildungsgeld nicht entgegen.

(BGBl I 1999/179)

(6) Wer nicht arbeitsfähig ist, eine Freiheitsstrafe verbüßt oder auf behördliche Anordnung in anderer Weise angehalten wird, hat keinen Anspruch auf Weiterbildungsgeld.

(BGBl I 1999/179)

(7) § 16 (Ruhen des Anspruches) mit Ausnahme des Abs. 1 lit. g (Auslandsaufenthalt), § 17 (Beginn des Anspruches), § 19 Abs. 1 erster Satz (Fortbezug), § 24 (Berichtigung), § 25 Abs. 1 erster Satz, Abs. 3 mit der Maßgabe, daß die Ersatzpflicht auch bei leichter Fahrlässigkeit eintritt, und Abs. 4 bis 8 (Rückforderung) sowie Artikel III (Verfahren) mit Ausnahme des § 49 (Kontrollmeldungen), sind mit der Maßgabe, daß an die Stelle des Arbeitslosengeldes das Weiterbildungsgeld tritt, anzuwenden. Werden Ersatzkräfte aus Verschulden des Arbeitgebers nicht beschäftigt, so hat dieser dem Arbeitsmarktservice die dadurch entstehenden Aufwendungen zu ersetzen.

(BGBl I 1999/179)

(8) Das Weiterbildungsgeld gilt als Ersatzleistung gemäß § 3 Abs. 1 Z 5 lit. a des Einkommensteuergesetzes 1988, BGBl. Nr. 400.

(BGBl I 1999/179)

§ 26a.[a]) Personen, die das 45. Lebensjahr vollendet haben, gebührt ein Weiterbildungsgeld gemäß § 26 in der Höhe des Arbeitslosengeldes, mindestens jedoch in der Höhe des Karenzgeldes.

(BGBl I 2000/92)

---

[a]) Tritt mit Ablauf des 31. Dezember 2003 außer Kraft.

Altersteilzeitgeld

§ 27.[a]) (1) Ein Arbeitgeber, der ältere ArbeitnehmerInnen beschäftigt, die ihre Arbeitszeit verringern, und diesen einen Lohnausgleich gewährt, hat Anspruch auf Altersteilzeitgeld.

(2) Altersteilzeitgeld gebührt längstens sechseinhalb Jahre für Frauen ab Vollendung des 50. Lebensjahres und für Männer ab Vollendung des 55. Lebensjahres, die

1. in den letzten 25 Jahren vor der Geltendmachung des Anspruches 780 Wochen arbeitslosenversicherungspflichtig beschäftigt waren,
2. auf Grund einer vertraglichen Vereinbarung ihre der gesetzlichen oder kollektivvertraglich geregelten Normalarbeitszeit entsprechende oder diese höchstens um 20 vH unterschreitende Normalarbeitszeit auf 40 bis 60 vH der Normalarbeitszeit verringert haben,
3. auf Grund eines Kollektivvertrages, einer Betriebsvereinbarung oder einer vertraglichen Vereinbarung
   a) bis zur Höchstbeitragsgrundlage gemäß § 45 ASVG einen Lohnausgleich in der Höhe von mindestens 50 vH des Unterschiedsbetrages zwischen dem vor der Herabsetzung der Normalarbeitszeit gebührenden Entgelt und dem der verringerten Arbeitszeit entsprechenden Entgelt erhalten und
   b) für die der Arbeitgeber die Sozialversicherungsbeiträge entsprechend der Beitragsgrundlage vor der Herabsetzung der Normalarbeitszeit entrichtet und
4. auf Grund eines Kollektivvertrages, einer Betriebsvereinbarung oder einer vertraglichen Vereinbarung Anspruch auf Berechnung einer zustehenden Abfertigung auf der Grundlage der Arbeitszeit vor der Herabsetzung der Normalarbeitszeit haben; für die Berechnung einer Abfertigung nach dem BUAG gilt § 13d Abs. 3 BUAG.

(3) Für Personen, die eine Leistung aus der gesetzlichen Pensionsversicherung, ein Sonderruhegeld nach dem Nachtschwerarbeitsgesetz, BGBl. Nr. 354/1981, oder einen Ruhegenuss aus einem Dienstverhältnis zu einer öffentlich-rechtlichen Körperschaft beziehen oder die Anspruchsvoraus-

setzungen für eine dieser Leistungen erfüllen, gebührt kein Altersteilzeitgeld.

(4) Das Altersteilzeitgeld hat dem Arbeitgeber den zusätzlichen Aufwand abzugelten, der durch einen Lohnausgleich bis zur Höchstbeitragsgrundlage in der Höhe von 50 vH des Unterschiedsbetrages zwischen dem vor der Herabsetzung der Normalarbeitszeit gebührenden Entgelt und dem der verringerten Arbeitszeit entsprechenden Entgelt sowie durch die Entrichtung der Sozialversicherungsbeiträge entsprechend der Beitragsgrundlage vor der Herabsetzung der Normalarbeitszeit entsteht. Als zusätzlicher Aufwand für die Entrichtung der Sozialversicherungsbeiträge ist der Unterschiedsbetrag zwischen den entsprechend der Beitragsgrundlage vor der Herabsetzung der Normalarbeitszeit entrichteten Dienstgeber- und Dienstnehmerbeiträgen zur Sozialversicherung (Pensions-, Kranken-, Unfall- und Arbeitslosenversicherung) und den dem Entgelt (einschließlich Lohnausgleich) entsprechenden Dienstgeber- und Dienstnehmerbeiträgen zur Sozialversicherung abzugelten.

(5) Sieht die Vereinbarung über die Altersteilzeitarbeit unterschiedliche wöchentliche Normalarbeitszeiten oder eine unterschiedliche Verteilung der wöchentlichen Normalarbeitszeit vor, so ist die Voraussetzung nach Abs. 2 Z 2 auch dann erfüllt, wenn

1. die wöchentliche Normalarbeitszeit in einem Durchrechnungszeitraum im Durchschnitt die vereinbarte verringerte Arbeitszeit nicht überschreitet und
2. das Entgelt für die Altersteilzeitarbeit fortlaufend gezahlt wird.

(6) Der Arbeitgeber hat jede für das Bestehen oder für das Ausmaß des Anspruches auf Altersteilzeitgeld maßgebliche Änderung unverzüglich der zuständigen regionalen Geschäftsstelle des Arbeitsmarktservice anzuzeigen.

(7) Das Altersteilzeitgeld stellt kein Entgelt im Sinne des Umsatzsteuergesetzes 1994 (UStG 1994), BGBl. Nr. 663, dar.

(8) Wenn eine der Voraussetzungen für den Anspruch auf Altersteilzeitgeld wegfällt, ist es einzustellen; wenn sich eine für das Ausmaß des Altersteilzeitgeldes maßgebende Voraussetzung ändert, ist es neu zu bemessen. Wenn sich die Zuerkennung oder die Bemessung des Altersteilzeitgeldes nachträglich als gesetzlich nicht begründet herausstellt, ist die Zuerkennung zu widerrufen oder die Bemessung rückwirkend zu berichtigen. Bei Einstellung, Herabsetzung, Widerruf oder Berichtigung einer Leistung ist der Empfänger des Altersteilzeitgeldes zum Ersatz des unberechtigt Empfangenen zu verpflichten, wenn er den Bezug durch unwahre Angaben oder durch Verschweigung maßgebender Tatsachen herbeigeführt hat oder wenn er erkennen musste, dass die Leistung nicht oder nicht in dieser Höhe gebührte. Die Verpflichtung zum Rückersatz besteht auch hinsichtlich jener Leistungen, die wegen Zuerkennung der aufschiebenden Wirkung eines Rechtsmittels weiter gewährt wurden, wenn das Verfahren mit der Entscheidung geendet hat, dass die Leistungen nicht oder nicht in diesem Umfang gebührten.

(BGBl I 1997/139, BGBl I 1999/179, BGBl I 2000/15, BGBl I 2000/92)

---

[a]) Tritt mit Ablauf des 31. Dezember 2003 außer Kraft.

Ruhen des Anspruches auf Altersteilzeitgeld

§ 28.[a]) Leistet der Arbeitnehmer über die Altersteilzeitarbeit hinaus Mehrarbeit, die üblicherweise zu einem Einkommen führt, welches die Geringfügigkeitsgrenze für den Kalendermonat gemäß § 5 Abs. 2 ASVG überschreitet, so gebührt für diesen Zeitraum kein Altersteilzeitgeld.

(BGBl I 1998/6, BGBl I 1999/179)

---

[a]) Tritt mit Ablauf des 31. Dezember 2003 außer Kraft.

§§ 29 bis 32a. (aufgehoben)

(BGBl I 1997/47)

Abschnitt 3
Notstandshilfe

Voraussetzungen des Anspruches

§ 33. (1) Arbeitslosen, die den Anspruch auf Arbeitslosengeld erschöpft haben, kann auf Antrag Notstandshilfe gewährt werden.

(BGBl I 1997/47, BGBl I 2001/103)

(2) Notstandshilfe ist nur zu gewähren, wenn der (die) Arbeitslose der Vermittlung zur Verfügung steht (§ 7 Abs. 2 und 3) und sich in Notlage befindet.

(BGBl 1992/416, BGBl I 1997/78, BGBl I 1998/54, BGBl I 1998/55, BGBl I 1999/179)

(3) Notlage liegt vor, wenn dem Arbeitslosen die Befriedigung der notwendigen Lebensbedürfnisse unmöglich ist.

(BGBl 1992/416)

(4) Notstandshilfe kann nur gewährt werden, wenn sich der Arbeitslose innerhalb dreier Jahre nach Erschöpfung des Anspruches auf Arbeitslosengeld um die Notstandshilfe bewirbt. Die vorstehende Frist verlängert sich darüber hinaus um Zeiträume gemäß § 15 Abs. 3 bis 5.

(BGBl 1992/416, BGBl 1996/201, BGBl I 1997/47, BGBl I 1998/148, BGBl I 2001/103)

(5) (aufgehoben)

(BGBl I 2001/103)

Sicherung der Ersatzzeiten in der Pensionsversicherung

§ 34. (1) Wer wegen der Berücksichtigung des Einkommens des Ehepartners (des Lebensgefährten bzw. der Lebensgefährtin) mangels Notlage keinen Anspruch auf Notstandshilfe hat und als Arbeitsloser im Jahr 2000 dem Jahrgang 1940, im Jahr 2001 dem Jahrgang 1940 oder 1941 und im Jahr 2002 dem Jahrgang 1940, 1941 oder 1942 angehört und als Arbeitslose im Jahr 2000 dem Jahrgang 1945, im Jahr 2001 dem Jahrgang 1945 oder 1946 und im Jahr 2002 dem Jahrgang 1945, 1946 oder 1947 angehört, erwirbt für die Dauer der Erfüllung der übrigen Voraussetzungen für die Notstandshilfe eine Ersatzzeit und eine Anspruchsvoraussetzung für die vorzeitige Alterspension bei Arbeitslosigkeit in der Pensionsversicherung aus dem Titel einer Geldleistung aus der Arbeitslosenversicherung.

(2) Zur Abgeltung der Wirkung als Ersatzzeit in der Pensionsversicherung ist für jede Arbeitslose bzw. für jeden Arbeitslosen an den Ausgleichsfonds der Pensionsversicherungsträger für jeden Tag eines solchen Anspruches ein Beitrag in der Höhe von 22,8 vH des durchschnittlichen Tagsatzes der Notstandshilfe des Vorjahres zu überweisen.

(BGBl I 2001/103)

(BGBl 1987/615, BGBl 1992/416, BGBl 1993/18, BGBl I 1997/47 BGBl I 1997/78, BGBl I 1998/54, BGBl I 1998/55, BGBl I 1998/167, BGBl I 1999/179, BGBl I 1999/193, BGBl I 2000/92)

Dauer und Ausmaß

§ 35. (1) Die Notstandshilfe wird jeweils für einen bestimmten, jedoch 52 Wochen nicht übersteigenden Zeitraum gewährt.

(2) Wurde die Notstandshilfe im Jahre 1992 für die Dauer von 39 Wochen zuerkannt und liegt das Höchstausmaß im Jahre 1993, so verlängert sich die Dauer ohne Antrag auf 52 Wochen.

(BGBl 1987/615)

(BGBl 1987/615, BGBl 1993/18)

§ 36. (1) Der Bundesminister für Wirtschaft und Arbeit erlässt nach Anhörung der gesetzlichen Interessenvertretungen der Dienstgeber und der Dienstnehmer Richtlinien über das Ausmaß der Notstandshilfe. In diesen Richtlinien kann das Ausmaß insbesondere nach Familienstand, Sorgepflichten, Alter des Arbeitslosen und Dauer der Arbeitslosigkeit abgestuft werden. Die Notstandshilfe darf jedoch mit keinem höheren Betrag als dem des Arbeitslosengeldes festgesetzt werden und unbeschadet der Bestimmungen des Abs. 2 nicht unter 75 vH des Arbeitslosengeldes sinken.

(BGBl 1987/615, BGBl 1996/201, BGBl I 1997/139, BGBl I 2000/142)

(2) In den nach Abs. 1 zu erlassenden Richtlinien sind auch die näheren Voraussetzungen im Sinne des § 33 Abs. 4 festzulegen, unter denen Notlage als gegeben anzusehen ist. Bei der Beurteilung der Notlage sind die gesamten wirtschaftlichen Verhältnisse des (der) Arbeitslosen selbst sowie des mit dem Arbeitslosen (der Arbeitslosen) im gemeinsamen Haushalt lebenden Ehepartners (des Lebensgefährten bzw. der Lebensgefährtin) zu berücksichtigen. Durch eine vorübergehende Abwesenheit (Kur-, Krankenhausaufenthalt, Arbeitsverrichtung an einem anderen Ort u.a.) wird der gemeinsame Haushalt nicht aufgelöst. Weiters sind unter Beachtung der vorstehenden Grundsätze Bestimmungen darüber zu treffen, inwieweit für den Fall, daß das der Beurteilung zugrunde liegende Einkommen nicht ausreicht, um die Befriedigung der notwendigen Lebensbedürfnisse des Arbeitslosen sicherzustellen, Notstandshilfe unter Anrechnung des Einkommens mit einem Teilbetrag gewährt werden kann. Bei der Anrechnung von Notstandshilfe auf Notstandshilfe ist sicherzustellen, daß die Anrechnung nicht wechselseitig erfolgt.

(BGBl 1989/364, BGBl 1994/314, BGBl 1995/297)

(3) Im einzelnen ist bei der Erlassung der Richtlinien folgendes zu beachten:

A. Berücksichtigung des Einkommens des Arbeitslosen:

Das in einem Kalendermonat erzielte und ohne Auswirkung auf den Leistungsanspruch in diesem Kalendermonat gebliebene Einkommen des Arbeitslosen ist im Folgemonat nach Abzug des zur Erzielung des Einkommens notwendigen Aufwandes auf die Notstandshilfe anzurechnen. Ausgenommen ist ein Einkommen aus einer Erwerbstätigkeit, das den der Geringfügigkeitsgrenze gemäß § 5 Abs. 2 ASVG für den Kalendermonat entsprechenden Betrag nicht übersteigt.

(BGBl 1987/615, BGBl 1990/412, BGBl 1994/25, BGBl 1995/297, BGBl 1996/411, BGBl I 1997/139, BGBl I 1998/6)

B. Berücksichtigung des Einkommens des Ehepartners (des Lebensgefährten bzw. der Lebensgefährtin):

a) Vom Einkommen des Ehepartners (des Lebensgefährten bzw. der Lebensgefährtin) ist bei der Anrechnung ein zur Bestreitung des Lebensunterhaltes notwendiger Betrag (Freibetrag) freizulassen, der nach der Größe der Familie verschieden bemessen werden kann.

b) Der Freibetrag nach sublit. a ist um 100 vH zu erhöhen, wenn der Arbeitslose nach dem 50. Lebensjahr einen Anspruch auf Arbeitslosengeld für die Dauer von 52 Wochen (§ 18 Abs. 2 lit. b) oder länger erschöpft hat. Der Freibetrag nach sublit. a ist um 200 vH zu erhöhen, wenn der Arbeitslose bei Eintritt der Arbeitslosigkeit nach dem 55. Lebensjahr einen Anspruch auf Arbeitslosengeld für die Dauer von 52 Wochen (§ 18 Abs. 2 lit. b) oder länger erschöpft und auf die Anwartschaft anrechenbare Zeiten (§ 14 Abs. 4) von mindestens 240 Monaten oder von 1040 Wochen nachgewiesen hat. In beiden Fällen ist eine Freibetragserhöhung nur zulässig, wenn das Arbeitsmarktservice dem Arbeitslosen auch unter weitestmöglichem Einsatz von Beihilfen des Arbeitsmarktservice keine zumutbare Beschäftigung vermitteln konnte.

(BGBl 1993/502, BGBl 1994/314, BGBl I 2000/142)

c) Der Freibetrag nach sublit. a ist unbeschadet sublit. b um 200 vH zu erhöhen, wenn eine Arbeitslose das 54. Lebensjahr vollendet hat und in den letzten 25 Jahren vor Vollendung des 54. Lebensjahres mindestens 180 Monate arbeitslosenversicherungspflichtig beschäftigt war. Der letzte Satz der sublit. b ist anzuwenden.

(BGBl 1996/153, BGBl 1996/411)

d) Hat der Ehepartner (Lebensgefährte bzw. die Lebensgefährtin) ein schwankendes Einkommen, wie z.B. Akkordverdienste, regelmäßige, aber ungleiche Überstundenleistungen, so kann der Anrechnung jeweils das durchschnittliche Erwerbseinkommen der letzten drei vollen Monate für den Anspruch auf Notstandshilfe für die darauffolgenden 52 Wochen zugrunde gelegt werden. Zwischenzeitige Erhöhungen oder Verminderungen des schwankenden Einkommens bewirken keine Änderung der zuerkannten Notstandshilfe. Fällt das schwankende Erwerbseinkommen zur Gänze weg, ist der Anspruch auf Notstandshilfe neu zu bemessen.

(BGBl 1992/416, BGBl 1993/502, BGBl 1995/297, BGBl 1996/153)

(4) Wird Einkommen auf die Notstandshilfe angerechnet, so ist der anzurechnende Betrag kaufmännisch auf einen vollen Eurobetrag zu runden.

(BGBl I 2001/103)

(5) Eine Erhöhung der im Abs. 3 lit. B lit. a angeführten Freibeträge in berücksichtigungswürdigen Fällen, wie z. B. Krankheit, Schwangerschaft, Niederkunft, Todesfall, Hausstandsgründung und dgl. kann im Rahmen der vom Arbeitsmarktservice festgelegten Richtlinien erfolgen.

(BGBl 1995/297, BGBl I 2000/142)

(6) Abweichend von Abs. 1 ist bei der Festsetzung des Betrages der Notstandshilfe für Zuerkennungen auf Notstandshilfe bzw. Verlängerungen der Notstandshilfe ab 1. Mai 1996 wie folgt vorzugehen:

Wenn die Notstandshilfe an einen Bezug des Arbeitslosengeldes in der Dauer von 20 Wochen (§ 18 Abs. 1 erster Satz) anschließt, darf der Grundbetrag der Notstandshilfe nach Einkommensanrechnung mit keinem höheren Betrag als dem Ausgleichszulagenrichtsatz (§ 293 Abs. 1 lit. a lit. bb ASVG) festgelegt werden; wenn die Notstandshilfe an einen Bezug des Arbeitslosengeldes in der Dauer von 30 Wochen (§ 18 Abs. 1 zweiter Satz) anschließt, darf der Grundbetrag der Notstandshilfe nach Einkommensanrechnung mit keinem höheren Betrag als dem Existenzminimum gemäß § 291a Abs. 3 der Exekutionsordnung, RGBl. Nr. 79/1896, festgelegt werden. Bei Anschluß von Notstandshilfe an Karenzgeld oder Arbeitslosengeld gemäß § 18 Abs. 8 ist jenes Ausmaß des Arbeitslosengeldes maßgeblich, das gebührt hätte, wenn anstelle des Karenzgeldes Arbeitslosengeld oder anstelle des Arbeitslosengeldes gemäß § 18 Abs. 8 Arbeitslosengeld gemäß § 18 Abs. 1 beantragt worden wäre. Bei erstmaligen Anträgen auf Notstandshilfe im Anschluß an den Bezug von Arbeitslosengeld bzw. Karenzgeld ist diese Bestimmung erst ab dem ersten Tag des Monats, der auf den Zeitraum von sechs Monaten nach dem Anfallstag folgt, anzuwenden. Der Beurteilung der Bezugsdauer des zugrundeliegenden Arbeitslosengeldes ist § 18 Abs. 1 bis 3 in der Fassung des Bundesgesetzes BGBl. Nr. 364/1989 zugrunde zu legen. Hat der Arbeitslose das 45. Lebensjahr vollendet, so ist der Bemessung der Notstandshilfe die längste zuerkannte Bezugsdauer von Arbeitslosengeld zu Grunde zu legen.

(BGBl 1996/201, BGBl 1996/411, BGBl I 1997/47, BGBl I 1998/6, BGBl I 2000/92)

(7) § 21a ist mit der Maßgabe anzuwenden, daß an die Stelle des Arbeitslosengeldes die Notstandshilfe tritt.

(BGBl I 1998/6)

Einkommen

§ 36a. (1) Bei der Feststellung des Einkommens für die Beurteilung des Vorliegens von Arbeitslosigkeit (§ 12 Abs. 6 lit. a bis e), des Anspruchs auf Familienzuschlag (§ 20 Abs. 2 und 5), und für die Anrechnung auf die Notstandshilfe ist nach den folgenden Absätzen vorzugehen.

(BGBl I 1997/47, BGBl I 1998/6)

(2) Einkommen im Sinne dieses Bundesgesetzes ist das Einkommen gemäß § 2 Abs. 2 des Einkommensteuergesetzes 1988 (EStG 1988), BGBl. Nr. 400, in der jeweils geltenden Fassung, zuzüglich den Hinzurechnungen gemäß Abs. 3 und dem Pauschalierungsausgleich gemäß Abs. 4. Einkommensteile, die mit dem festen Satz des § 67 des Einkommensteuergesetzes 1988 zu versteuern sind, bleiben außer Betracht. Die Winterfeiertagsvergütung gemäß § 13j Bauarbeiter-Urlaubs- und Abfertigungsgesetz, BGBl. Nr. 414/1972, in der jeweils geltenden Fassung, bleibt außer Betracht. Bezüge aus einer gesetzlichen Unfallversorgung sowie aus einer Unfallversorgung der Versorgungs- und Unterstützungseinrichtungen der Kammern der selbständig Erwerbstätigen sind nur zur Hälfte zu berücksichtigen.

(BGBl 1996/201, BGBl 1996/417, BGBl I 2001/47)

(3) Dem Einkommen nach § 2 Abs. 2 EStG 1988 sind die folgenden Beträge hinzuzurechnen:

1. Steuerfreie Bezüge gemäß § 3 Abs. 1 Z 3 lit. b bis e, Z 4 lit. a und lit. e, Z 5 lit. a bis d, Z 8 bis 12, Z 15 lit. a, Z 15 lit. b, Z 22 bis 24, sowie § 29 Z 1 zweiter Satz und § 112 Z 1 EStG 1988;

   (BGBl I 1999/87, BGBl I 2001/47)

2. die Beträge nach den §§ 10, 10a, 12, 18 Abs. 1 Z 4 sowie Abs. 6 und 7, 24 Abs. 4, 27 Abs. 3, 31 Abs. 3, 36, 41 Abs. 3 sowie 112 Z 5, Z 7 und Z 8 EStG 1988, soweit sie bei der Ermittlung des Einkommens abgezogen wurden;

   (BGBl 1996/411)

3. Sonderunterstützungen nach dem Sonderunterstützungsgesetz, BGBl. Nr. 642/1973, und die besondere Schulbeihilfe nach dem Schülerbeihilfengesetz 1983, BGBl. Nr. 455.

(4) Bei der Ermittlung des Einkommens aus einem land(forst)wirtschaftlichen Betrieb gelten 4 vH des Einheitswertes als monatliches Einkommen. Werden bei Einkünften aus einer anderen selbständigen Erwerbstätigkeit Gewinne nicht nach Führung ordnungsgemäßer Bücher oder Aufzeichnungen, sondern nach Durchschnittssätzen (§ 17 EStG 1988) ermittelt, sind diese Einkünfte um 10 vH zu erhöhen.

(BGBl I 1998/148)

(5) Das Einkommen ist wie folgt nachzuweisen:

1. bei Personen, die zur Einkommensteuer veranlagt werden, durch die Vorlage des Einkommensteuerbescheides für das Kalenderjahr, in dem die Leistung nach diesem Bundesgesetz bezogen wird, und bis zum Vorliegen dieses Bescheides auf Grund einer jeweils monatlich im nachhinein abzugebenden Erklärung des selbständig Erwerbstätigen und geeigneter Nachweise;

   (BGBl I 1998/56, BGBl I 1998/148)

2. bei Einkünften aus nicht selbständiger Arbeit durch die Vorlage einer aktuellen Lohnbestätigung;

   (BGBl I 1998/6)

3. bei Einkünften aus Land- und Forstwirtschaft durch Vorlage des zuletzt ergangenen Einheitswertbescheides;

   (BGBl I 1998/6, BGBl I 1998/148)

4. bei steuerfreien Bezügen durch eine Bestätigung der bezugsliquidierenden Stelle.

(BGBl 1996/411)

(6) Über Sonderausgaben, allfällige steuerfreie Bezüge und Beträge gemäß Abs. 3 Z 2 ist eine Erklärung abzugeben.

(7) Als monatliches Einkommen gilt bei durchgehender selbständiger Erwerbstätigkeit ein Zwölftel des sich ergebenden Jahreseinkommens, bei nur vorübergehender selbständiger Erwerbstätigkeit das anteilsmäßige Einkommen in den Monaten, in denen selbständige Erwerbstätigkeit vorlag. Bis zum Vorliegen des Einkommensteuerbescheides für das betreffende Kalenderjahr ist das Einkommen in einem bestimmten Kalendermonat jeweils durch Zusammenrechnung des für diesen Kalendermonat nachgewiesenen Einkommens mit den für frühere Kalendermonate desselben Kalenderjahres nachgewiesenen Einkommen geteilt durch die Anzahl der Monate im Kalenderjahr, für die eine Einkommenserklärung vorliegt, zu ermitteln.

(BGBl I 1998/148)
(BGBl 1995/297)

Umsatz

§ 36b. (1) Der Umsatz wird auf Grund des Umsatzsteuerbescheides für das Kalenderjahr, in dem die Leistung nach diesem Bundesgesetz bezogen wird, festgestellt. Bis zum Vorliegen dieses Bescheides ist der Umsatz auf Grund einer jeweils monatlich im nachhinein abzugebenden Erklärung des selbständig Erwerbstätigen und geeigneter Nachweise festzustellen.

(2) Als monatlicher Umsatz gilt bei durchgehender selbständiger Erwerbstätigkeit ein Zwölftel des sich ergebenden Jahresumsatzes, bei nur vorübergehender selbständiger Erwerbstätigkeit der anteilsmäßige Umsatz in den Monaten, in denen selbständige Erwerbstätigkeit vorlag. Bis zum Vorliegen des Umsatzsteuerbescheides für das betreffende Kalenderjahr ist der Umsatz in einem bestimmten Kalendermonat jeweils durch Zusammenrechnung des für diesen Kalendermonat nachgewiesenen Umsatzes mit den für frühere Kalendermonate desselben Kalenderjahres nachgewiesenen Umsätzen geteilt durch die Anzahl der Monate im Kalenderjahr, für die eine Umsatzerklärung vorliegt, zu ermitteln.

*(BGBl 1995/297, BGBl 1996/411,
BGBl I 1998/56, BGBl I 1998/148)*

Mitwirkungspflicht

§ 36c. (1) Personen, deren Einkommen oder Umsatz zur Feststellung des Anspruches auf Leistungen nach diesem Bundesgesetz heranzuziehen ist, haben die erforderlichen Erklärungen und Nachweise auf Verlangen der regionalen Geschäftsstelle abzugeben bzw. vorzulegen.

(2) Arbeitgeber, bezugsliquidierende und sonstige Stellen, die Beträge im Sinne des § 36a Abs. 2 und 3 anweisen, haben alle Angaben, die zur Feststellung des Einkommens notwendig sind, binnen vier Wochen ab Aufforderung durch die regionale Geschäftsstelle mitzuteilen.

(3) Die gemäß Abs. 1 und 2 bescheidmäßig festgestellten Verpflichtungen können von den Vollstreckungsbehörden nach dem Verwaltungsvollstreckungsgesetz 1991 (VVG), BGBl. Nr. 53, erzwungen werden.

(4) Die Abgabenbehörden haben für Personen, deren Einkommen bzw. Umsatz zur Feststellung des Anspruches auf Leistungen nach diesem Bundesgesetz heranzuziehen ist, im Rahmen ihres Wirkungsbereiches im Ermittlungsverfahren festgestellte und für die Abgabenfestsetzung bedeutsame Daten über Anfrage den regionalen Geschäftsstellen bekanntzugeben, wenn die obgenannten Personen ihrer Mitwirkungspflicht im Verfahren nicht oder nicht ausreichend nachgekommen sind oder begründete Zweifel an der

Richtigkeit der Angaben bestehen. Die abgabenrechtliche Geheimhaltungspflicht des § 48a der Bundesabgabenordnung, BGBl. Nr. 194/1961, gilt sinngemäß.

(5) Personen, deren Einkommen oder Umsatz aus selbständiger Erwerbstätigkeit für die Beurteilung des Anspruches auf eine Leistung nach diesem Bundesgesetz herangezogen wurde, sind verpflichtet, den Einkommen- bzw. den Umsatzsteuerbescheid für das Kalenderjahr, in dem die Leistung bezogen wurde, binnen zwei Wochen nach dessen Erlassung der zuständigen regionalen Geschäftsstelle vorzulegen.

(6) Wenn der Leistungsbezieher oder dessen Angehöriger (Lebensgefährte) keine Nachweise nach § 36a Abs. 5 und § 36b Abs. 2 vorlegt bzw. keine Erklärung nach § 36a Abs. 6 und § 36b Abs. 2 abgibt, so ist für den Leistungsbezieher kein geringfügiges Einkommen anzunehmen bzw. kein Anspruch des Leistungsbeziehers auf Familienzuschlag und auf Notstandshilfe gegeben.

(BGBl I 1997/47)

(BGBl 1995/297)

Fortbezug der Notstandshilfe

§ 37. Wenn der Arbeitslose den Bezug der Notstandshilfe unterbricht, kann ihm innerhalb von drei Jahren, gerechnet vom Tag des letzten Bezuges der Notstandshilfe, der Fortbezug der Notstandshilfe gewährt werden, sofern er die sonstigen Bedingungen für die Gewährung der Notstandshilfe erfüllt. Die vorstehende Frist verlängert sich darüber hinaus um Zeiträume gemäß § 15 Abs. 3 bis 5.

(BGBl 1992/416, BGBl 1996/201, BGBl I 1998/148)

Allgemeine Bestimmungen

§ 38. Soweit in diesem Abschnitt nichts anderes bestimmt ist, sind auf die Notstandshilfe die Bestimmungen des Abschnittes 1 sinngemäß anzuwenden.

Sondernotstandshilfe für Mütter oder Väter

§ 39. (aufgehoben)

(BGBl I 2001/103)

Abschnitt 4

(BGBl I 2001/103)

Krankenversicherung der Leistungsbezieher

§ 40. (1) Die Bezieher von Leistungen nach § 6 Z 1 bis 5 sind während des Leistungsbezuges bei der Gebietskrankenkasse ihres Wohnortes krankenversichert. Für diese Versicherung gelten die Vorschriften des Allgemeinen Sozialversicherungsgesetzes über die gesetzliche Krankenversicherung für Pflichtversicherte, soweit sich nicht aus den folgenden Bestimmungen Abweichendes ergibt.

(BGBl. Nr. 289/1976, Art. I Z 18, BGBl I 1999/179)

(2) Abweichend von Abs. 1 sind während der Bezugsdauer von Arbeitslosengeld gemäß § 18 Abs. 2 lit. b oder c und eines auf diesem Arbeitslosengeldbezug beruhenden Notstandshilfebezuges sowie während der Bezugsdauer von Arbeitslosengeld gemäß § 18 Abs. 5 Bezieher, die während ihres letzten anspruchsbegründenden Dienstverhältnisses bei der Versicherungsanstalt des österreichischen Bergbaues krankenversichert waren, bei dieser Versicherungsanstalt, Bezieher, die während des letzten anspruchsbegründenden Dienstverhältnisses bei einer Betriebskrankenkasse krankenversichert waren, bei dieser Betriebskrankenkasse krankenversichert.

(BGBl 1988/232, BGBl 1991/682, BGBl 1994/450)

Unfallversicherung

§ 40a. Während einer Bezugsdauer gemäß § 18 Abs. 5 infolge Teilnahme an einer vom Arbeitsmarktservice anerkannten Maßnahme oder gemäß § 18 Abs. 8 infolge Teilnahme an einer Ausbildung im Rahmen der Arbeitsmarktförderung gelten die Bezieher von Arbeitslosengeld als Teilnehmer von Ausbildungslehrgängen im Sinne des § 8 Abs. 1 Z 3 lit. c des Allgemeinen Sozialversicherungsgesetzes. Gleiches gilt für Bezieher von Arbeitslosengeld (Notstandshilfe) während der Teilnahme an Maßnahmen gemäß § 12 Abs. 5. Abweichend von § 74 Abs. 2 des Allgemeinen Sozialversicherungsgesetzes gilt als Beitragsgrundlage das bezogene Arbeitslosengeld (Notstandshilfe). Abweichend von § 74 Abs. 3 Z 2 des Allgemeinen Sozialversicherungsgesetzes werden die Beiträge aus den Mitteln der Arbeitslosenversicherung bestritten. Im übrigen gilt § 42 Abs. 4 sinngemäß. Die vorstehenden Bestimmungen gelten für Bezieher von Weiterbildungsgeld gemäß § 26 Abs. 1 Z 1 mit der Maßgabe, daß als Beitragsgrundlage das bezogene Weiterbildungsgeld gilt.

(BGBl 1992/833, BGBl 1994/314, BGBl 1996/201, BGBl I 1997/139)

§ 41. (1) Das Krankengeld gebührt in der Höhe des letzten Leistungsbezuges nach diesem Bundesgesetz. Als Wochengeld gebührt ein Betrag in der Höhe des um 80 vH erhöhten Leistungsbezuges nach diesem Bundesgesetz, bei Beziehern von Weiterbildungsgeld jedoch in der Höhe, die sich gemäß § 162 Abs. 3 und 4 ASVG aus dem Arbeitsverdienst ergibt, der dem Bezug von Weiterbildungsgeld vorangeht. Die §§ 126 Abs. 1 und 139 Abs. 3 des Allgemeinen Sozialversicherungsgesetzes gelten sinngemäß.

(BGBl 1989/364, BGBl I 1997/139)

(2) Wenn Ansprüche auf Leistungen der Krankenversicherung davon abhängen, ob der Leistungsbezieher seinen Angehörigen aus seinem Entgelt Unterhalt geleistet hat, gelten die Leistungen nach diesem Bundesgesetz als Entgelt.

(3) Leistungsbeziehern, die während des Bezuges von Leistungen nach diesem Bundesgesetz erkranken oder sich in Anstaltspflege befinden, gebührt, wenn sie in den ersten drei Tagen auf Grund

der für die Krankenversicherung maßgebenden Bestimmungen kein Krankengeld erhalten, die bisher bezogene Leistung für diese Zeit.

(BGBl 1992/416)

(4) Leistungen der Krankenversicherung werden direkt getragen, wenn

1. einem Antragsteller auf Leistungen nach diesem Bundesgesetz von der regionalen Geschäftsstelle nach der Abgabe des Antrages zur Bearbeitung ein Krankenschein ausgestellt wurde,

   (BGBl 1994/314)
2. der Antragsteller Leistungen der Krankenversicherung in Anspruch genommen hat,
3. der Antrag aber abgelehnt wird,
4. kein Krankenversicherungsschutz auf Grund sonstiger gesetzlicher Bestimmungen besteht und
5. der Antragsteller vom Krankenversicherungsträger oder einem Spital bzw. Spitalserhalter zum Ersatz der Kosten in Anspruch genommen wird.

Die Entscheidung darüber trifft die zuständige Landesgeschäftsstelle. Antragsberechtigt ist der Arbeitslose oder der Krankenversicherungsträger. Die Zahlung erfolgt an die Stelle, welche den Kostenersatz begehrt.

(BGBl 1992/416, BGBl 1994/314, BGBl I 1997/47)

§ 42. (1) Zur Abgeltung der Aufwendungen der Träger der Krankenversicherung für Leistungsbezieher nach diesem Bundesgesetz ist in den Jahren 2002 bis 2004 jeweils ein Pauschalbetrag in der Höhe der Summe der im Jahr 2001 für Bezieher von Arbeitslosengeld, Notstandshilfe und Weiterbildungsgeld entrichteten Krankenversicherungsbeiträge einschließlich der für das Jahr 2001 zu entrichtenden Beträge gemäß § 43a Abs. 1 und 2 zu leisten. § 43a ist für diesen Zeitraum nicht anzuwenden.

(2) Die Aufwendungen der Träger der Krankenversicherung für Sachleistungen an Leistungsbezieher nach diesem Bundesgesetz sind ab dem Jahr 2005 durch einen Krankenversicherungsbeitrag in der Höhe von 6,8 vH der bezogenen Leistung abzugelten.

(3) Zur Abgeltung der von den Trägern der Krankenversicherung zu tragenden Aufwendungen für Krankengeld und Wochengeld an Leistungsbezieher nach diesem Bundesgesetz sind die Träger der Krankenversicherung ab dem Jahr 2005 zum Abzug der entsprechenden Beträge von den eingehobenen Beiträgen zur Arbeitslosenversicherung auf der Grundlage einer entsprechenden Kostenrechnung berechtigt.

(4) Die Beiträge zur Krankenversicherung werden aus den Mitteln der Arbeitslosenversicherung bestritten.

(5) Meldungen, die nach den Vorschriften der gesetzlichen Krankenversicherung dem Dienstgeber obliegen, hat die regionale Geschäftsstelle zu erstatten. Der Bundesminister für Wirtschaft und Arbeit kann durch Verordnung Bestimmungen über die Vereinfachung des Meldewesens und über die Art der Entrichtung der Beiträge erlassen.

(BGBl 1976/289, BGBl 1994/314, BGBl 1995/297, BGBl 1996/411, BGBl I 2000/44, BGBl I 2001/103)

§ 43. Die Bestimmungen über die Krankenversicherung beim Ausscheiden aus einer durch eine Beschäftigung begründeten Pflichtversicherung und anschließender Erwerbslosigkeit sind auf Leistungsbezieher, die aus dem Bezug von Leistungen nach diesem Bundesgesetz ausscheiden, anzuwenden.

(BGBl 1978/380, BGBl 1996/411)

§ 43a. (1) Zur Abgeltung des Aufwandes der Träger der Krankenversicherung auf Grund des § 122 Abs. 2 Z 2 lit. b des Allgemeinen Sozialversicherungsgesetzes ist aus Mitteln der Arbeitslosenversicherung für jeweils ein Kalenderjahr bis spätestens Ende Feber des darauffolgenden Jahres an den jeweils zuständigen Träger der Krankenversicherung ein Betrag zu entrichten, der vom Bundesministerium für Arbeit und Soziales unter Heranziehung folgender Kriterien zu berechnen ist:

1. Zahl der Tage gemäß § 122 Abs. 2 Z 2 lit. b ASVG auf der Grundlage der Bescheide nach §§ 10, 11 und 25 Abs. 2,

   (BGBl 1996/201)
2. tägliche Beitragsgrundlage gemäß § 44 Abs. 6 lit. b des Allgemeinen Sozialversicherungsgesetzes und
3. davon der Beitrag gemäß § 51 Abs. 1 Z 1 lit. f des Allgemeinen Sozialversicherungsgesetzes.

   (BGBl I 1998/6, BGBl I 2000/44)

(BGBl 1989/364)

(2) Abs. 1 gilt sinngemäß zur Abgeltung des Aufwandes der Träger der Krankenversicherung auf Grund des § 122 Abs. 2 Z 3 des Allgemeinen Sozialversicherungsgesetzes.

(BGBl 1989/364, BGBl 1996/201, BGBl I 1998/6)

ARTIKEL III
Verfahren

Zuständigkeit

§ 44. (1) Die Zuständigkeit der regionalen Geschäftsstellen des Arbeitsmarktservice (in den übrigen Bestimmungen regionale Geschäftsstellen genannt) und der Landesgeschäftsstellen des Arbeitsmarktservice (in den übrigen Bestimmungen Landesgeschäftsstellen genannt) richtet sich

1. soweit Rechte und Pflichten des Arbeitgebers betroffen sind, nach dem Sitz des Betriebes;
2. soweit Rechte und Pflichten des Arbeitnehmers betroffen sind,

   a) in Angelegenheiten der Sondernotstandshilfe nach dem Hauptwohnsitz (§ 1 Abs. 7 des Meldegesetzes 1991, BGBl. Nr. 9/1992, in der Fassung des Hauptwohnsitzgesetzes, BGBl. Nr. 505/1994) und

b) in den übrigen Angelegenheiten nach dessen Wohnsitz, mangels eines solchen nach dessen gewöhnlichem Aufenthaltsort.

3. (aufgehoben)

(BGBl I 1999/179)

(2) Ist auf Grund internationaler Verträge bei einem Wohnsitz im Ausland der Bezug von Arbeitslosengeld oder Notstandshilfe im Inland zulässig, so ist die regionale Geschäftsstelle zuständig, in deren Bezirk der Arbeitslose zuletzt beschäftigt war. Dies gilt auch für die Geltendmachung des Anspruches (§ 46), die Einhaltung der Kontrollmeldungen (§ 49) und die Erfüllung der Meldepflicht (§ 50). Das gleiche gilt für den Bezug eines Pensionsvorschusses gemäß § 23. Für die Krankenversicherung des Leistungsbeziehers (§ 40 Abs. 1) ist die nach dem Sitz der regionalen Geschäftsstelle örtlich zuständige Gebietskrankenkasse zuständig.

(BGBl 1992/416, BGBl 1994/314, BGBl 1996/201, BGBl I 1997/47)

§ 45. Streitigkeiten über die Arbeitslosenversicherungspflicht oder über Beiträge zur Arbeitslosenversicherung sind in dem für die gesetzliche Krankenversicherung geltenden Verfahren zu entscheiden. In diesem Verfahren kommt den Landesgeschäftsstellen Parteistellung zu.

(BGBl 1994/314)

Geltendmachung des Anspruches auf Arbeitslosengeld

§ 46. (1) Der Anspruch auf Arbeitslosengeld ist vom Arbeitslosen persönlich bei der zuständigen regionalen Geschäftsstelle geltend zu machen. Für die Geltendmachung des Anspruches ist das hiefür bundeseinheitlich aufgelegte Antragsformular zu verwenden. Der Anspruch gilt erst dann als geltend gemacht, wenn das Antragsformular innerhalb der von der regionalen Geschäftsstelle festgesetzten Frist bei der regionalen Geschäftsstelle persönlich abgegeben wurde. Hat der Arbeitslose die von der regionalen Geschäftsstelle festgesetzte Frist zur Abgabe des Antrages ohne triftigen Grund versäumt, so ist der Anspruch erst ab dem Tag zu beurteilen, an dem der Antrag bei der regionalen Geschäftsstelle abgegeben wurde. Über die Abgabe des Antrages ist dem Antragsteller eine Bestätigung auszustellen. Die Abgabe des Antrages kann auch durch einen Vertreter erfolgen, wenn der Arbeitslose aus zwingenden Gründen, wie Arbeitsaufnahme oder Krankheit, verhindert ist, den Antrag persönlich abzugeben. Die Solidaritätsprämie kann jedenfalls durch einen Vertreter beantragt werden.

(BGBl 1973/124, BGBl 1977/648, BGBl 1978/380, BGBl 1978/546, BGBl 1983/617, BGBl 1986/466, BGBl 1987/615, BGBl 1988/283, BGBl 1990/408, BGBl 1994/314, BGBl I 1997/139)

(2) Die Landesgeschäftsstelle kann auch andere Stellen bezeichnen, bei denen der Arbeitslose den Anspruch geltend machen kann.

(BGBl 1994/314)

(3) Abweichend von Abs. 1 gilt:

1. Hat der Arbeitslose zwecks Geltendmachung von Arbeitslosengeld bei einer regionalen Geschäftsstelle vorgesprochen und stellt sich später heraus, daß hiefür nicht diese, sondern eine andere regionale Geschäftsstelle zuständig ist, so gilt als Tag der Geltendmachung der Tag der Vorsprache bei der erstgenannten regionalen Geschäftsstelle, sofern der Arbeitslose seinen Antrag binnen angemessener Frist bei der an sich zuständigen regionalen Geschäftsstelle einbringt.

   (BGBl 1994/314)

2. Hat der Arbeitslose zwecks Geltendmachung von Arbeitslosengeld bei einem Amtstag der regionalen Geschäftsstelle vorgesprochen, so gebührt das Arbeitslosengeld bei Erfüllung der sonstigen Voraussetzungen ab dem ersten Tag der Arbeitslosigkeit, sofern die Vorsprache an dem auf den Eintritt der Arbeitslosigkeit nächstfolgenden Amtstag erfolgt ist.

   (BGBl 1994/314)

3. Hat der Arbeitslose seinen Wohnsitz (Aufenthaltsort) nach Eintritt der Arbeitslosigkeit in den Zuständigkeitsbereich einer anderen regionalen Geschäftsstelle verlegt, so gebührt das Arbeitslosengeld bei Erfüllung der sonstigen Voraussetzungen ab dem ersten Tag der Arbeitslosigkeit, sofern der Arbeitslose binnen angemessener Frist bei der nunmehr zuständigen regionalen Geschäftsstelle zwecks Geltendmachung des Arbeitslosengeldes vorspricht.

   (BGBl 1994/314)

(BGBl 1987/615)

(4) Der Arbeitslose hat seinen Anspruch bei der regionalen Geschäftsstelle nachzuweisen. Er hat eine Bestätigung des Dienstgebers über die Dauer und Art des Dienstverhältnisses, die Art der Lösung des Dienstverhältnisses und erforderlichenfalls über die Höhe des Entgeltes beizubringen. Die Bestätigung über die Höhe des Entgeltes ist über Aufforderung durch die regionale Geschäftsstelle beizubringen, wenn keine Jahresbemessungsgrundlage (§ 21 Abs. 1) vorliegt. Der Dienstgeber ist zur Ausstellung dieser Bestätigung verpflichtet. Die näheren Bestimmungen hierüber erläßt der Bundesminister für soziale Verwaltung durch Verordnung. Wenn die regionale Geschäfts-

stelle dem Arbeitslosen keine zumutbare Arbeit vermitteln kann, hat es über den Anspruch zu entscheiden.[a])

(BGBl 1976/289, BGBl 1994/314, BGBl 1996/201, BGBl I 1997/139)

---

[a]) VO siehe im Anhang zum AlVG.

(5) Wird der Bezug von Arbeitslosengeld unterbrochen oder ruht der Anspruch (§ 16), wobei der regionalen Geschäftsstelle das Ende des Unterbrechungs- bzw. Ruhenszeitraumes im vorhinein nicht bekannt ist, so ist der Anspruch auf das Arbeitslosengeld bzw. auf den Fortbezug neuerlich persönlich geltend zu machen. Wenn der Unterbrechungs- bzw. Ruhenszeitraum 62 Tage nicht übersteigt, so genügt für die Geltendmachung die persönliche Wiedermeldung bei der regionalen Geschäftsstelle. Ist aber der regionalen Geschäftsstelle das Ende des Unterbrechungs- bzw. Ruhenszeitraumes im vorhinein bekannt und überschreitet die Unterbrechung bzw. das Ruhen den Zeitraum von 62 Tagen nicht, so ist von der regionalen Geschäftsstelle ohne gesonderte Geltendmachung und ohne persönliche Wiedermeldung über den Anspruch zu entscheiden. Der Arbeitslose ist in diesem Fall im Sinne des § 50 Abs. 1 verpflichtet, den Eintritt in ein Arbeitsverhältnis oder sonstige maßgebende Änderungen, die im Unterbrechungs- bzw. Ruhenszeitraum eintreten, der regionalen Geschäftsstelle zu melden. In allen übrigen Fällen ist der Anspruch neuerlich persönlich geltend zu machen.

(BGBl 1986/388, BGBl 1987/290, BGBl 1988/232, BGBl 1990/412, BGBl 1994/314, BGBl 1995/297)

§ 47. (1) Wird der Anspruch auf Arbeitslosengeld bzw. Notstandshilfe anerkannt, so ist dem Leistungsbezieher eine Mitteilung auszustellen, aus der insbesondere Beginn, Ende und Höhe des Leistungsanspruches hervorgehen. Wird der Anspruch nicht anerkannt, so ist darüber dem Antragsteller ein Bescheid auszufolgen. Ausfertigungen, die im Wege der automationsunterstützten Datenverarbeitung erstellt wurden, bedürfen weder einer Unterschrift noch einer Beglaubigung.

(BGBl 1992/416, BGBl I 1997/47)

(2) Personen, die Kontrollmeldungen einzuhalten haben, ist von der regionalen Geschäftsstelle eine Meldekarte auszustellen, in der insbesondere die Zahl, die Zeit und der Ort der einzuhaltenden Kontrollmeldungen anzugeben sowie die eingehaltenen Kontrollmeldungen zu bestätigen sind.

(BGBl 1973/124, BGBl 1994/314)

§ 48. (1) Wenn in Fällen von Streik oder Aussperrung im Sinne des § 13 die Frage strittig ist, ob die Arbeitslosigkeit die Folge eines durch Streik oder Aussperrung verursachten Betriebsstillstandes ist, entscheidet über diese Frage der Ausschuß für Leistungsangelegenheiten des Landesdirektoriums. Gegen die Entscheidung des Ausschusses für Leistungsangelegenheiten ist eine Berufung nicht zulässig.

(BGBl 1983/61, BGBl 1993/257, BGBl 1994/314)

(2) Die Entscheidung nach Abs. 1 ist von der regionalen Geschäftsstelle ihre Entscheidung über den Leistungsanspruch zugrunde zu legen.

(BGBl 1976/289, BGBl 1994/314)

Kontrollmeldungen

§ 49. (1) Zur Sicherung des Anspruches auf den Bezug von Arbeitslosengeld bzw. Notstandshilfe hat sich der Arbeitslose wöchentlich mindestens einmal bei der nach seinem Wohnort zuständigen regionalen Geschäftsstelle unter Vorweisung der Meldekarte persönlich zu melden. Je nach der Situation auf dem Arbeitsmarkt kann die regionale Geschäftsstelle die Einhaltung von Kontrollmeldungen gänzlich nachsehen, die Zahl der einzuhaltenden Kontrollmeldungen herabsetzen oder öftere Kontrollmeldungen vorschreiben. Die regionale Geschäftsstelle kann auch öftere Kontrollmeldungen vorschreiben, wenn der begründete Verdacht besteht, daß das Arbeitslosengeld bzw. die Notstandshilfe nicht gebührt. Die näheren Bestimmungen über die Kontrollmeldungen trifft die Landesgeschäftsstelle. Die Landesgeschäftsstelle kann auch andere Stellen als Meldestellen bezeichnen.

(BGBl 1989/364, BGBl 1994/314, BGBl I 2000/142)

(2) Ein Arbeitsloser, der trotz Belehrung über die Rechtsfolgen eine Kontrollmeldung unterläßt, ohne sich mit triftigen Gründen zu entschuldigen, verliert vom Tage der versäumten Kontrollmeldung an bis zur Geltendmachung des Fortbezuges den Anspruch auf Arbeitslosengeld bzw. Notstandshilfe. Liegen zwischen dem Tag der versäumten Kontrollmeldung und der Geltendmachung mehr als 62 Tage, so erhält er für den übersteigenden Zeitraum kein Arbeitslosengeld bzw. keine Notstandshilfe. Der Zeitraum des Anspruchsverlustes verkürzt sich um die Tage einer arbeitslosenversicherungspflichtigen Beschäftigung, die er in diesem Zeitraum ausgeübt hat. Ist die Frage strittig, ob ein triftiger Grund für die Unterlassung der Kontrollmeldung vorliegt, so ist der Regionalbeirat anzuhören.

(BGBl 1989/364, BGBl 1994/314, BGBl 1996/201, BGBl 1996/411)

Anzeigen

§ 50. (1) Wer Leistungen aus der Arbeitslosenversicherung bezieht, ist verpflichtet, die Aufnahme einer Tätigkeit gemäß § 12 Abs. 3 unverzüglich der zuständigen regionalen Geschäftsstelle anzuzeigen. Darüber hinaus ist jede andere für das Fortbestehen und das Ausmaß des Anspruches maßgebende Änderung der wirtschaftlichen Verhältnisse des Arbeitslosen sowie jede Wohnungsänderung der regionalen Geschäftsstelle ohne Verzug, spätestens jedoch binnen einer Woche seit dem Eintritt des Ereignisses anzuzeigen. Bei Bezug von Arbeitslosengeld gemäß § 18 Abs. 5 trifft die Anzeigepflicht auch den Träger der Einrichtung. Bei Bezug von Weiterbildungsgeld trifft die Anzeigepflicht auch den Arbeitgeber.

(BGBl 1989/364, BGBl 1994/314, BGBl 1996/201, BGBl I 1997/139, BGBl I 1999/179)

(2) Die regionale Geschäftsstelle ist berechtigt, das Vorliegen der Anspruchsvoraussetzungen durch zweckdienliche Erhebungen zu überprüfen.

(BGBl 1973/124, BGBl 1994/314)

Auszahlung der Leistungen

§ 51. (1) Die Mitwirkung bei der Berechnung und die Zahlbarstellung der Leistungen nach diesem Bundesgesetz (§ 6 Abs. 1) obliegen nach Maßgabe des § 2 Abs. 1 bis 4 des Bundesgesetzes über die Bundesrechenzentrum GmbH, BGBl. Nr. 757/1996, der Bundesrechenzentrum GmbH. Generelle Änderungen in der Höhe dieser Leistungen sind auf Mitteilung des Arbeitsmarktservice von der Bundesrechenzentrum GmbH vorzunehmen, sofern sie automationsunterstützt durchführbar sind.

(2) Die Auszahlung der Leistungen nach diesem Bundesgesetz erfolgt jeweils an einem bestimmten Tag im Monat für einen Monat bar im nachhinein über die Österreichische Postsparkasse. In besonders berücksichtigungswürdigen Fällen kann die regionale Geschäftsstelle eine Sonder-(Zwischen-)auszahlung veranlassen. Auf Antrag des Leistungsbeziehers können die Geldleistungen an Stelle der Barzahlung auf ein Scheckkonto des Leistungsbeziehers bei der Österreichischen Postsparkasse oder auf ein Girokonto des Leistungsbeziehers bei einer anderen inländischen Kreditunternehmung überwiesen werden. Auszahlungen im Überweisungsverkehr sind nur zulässig, wenn sichergestellt ist, daß die Auszahlung der Leistungen ordnungsgemäß erfolgt und zweckentsprechende Vorsorge gegen mißbräuchliche Bezüge getroffen wurde.

(3) In besonders berücksichtigungswürdigen Fällen, wie zB im Falle einer besonderen finanziellen Notlage oder einer Rückbuchung, kann die regionale Geschäftsstelle eine Barauszahlung unter Bedachtnahme auf die vorliegenden Anspruchstage vornehmen. Diese kann auch vor der Zuerkennung des Anspruches erfolgen, sofern mit der Zuerkennung gerechnet werden kann. Eine wiederholte Barauszahlung ist jedoch nicht vorzunehmen, wenn sie in der Absicht begehrt wird, die im Abs. 2 festgelegte monatliche Auszahlung zu umgehen.

(BGBl 1973/124, BGBl 1983/61, BGBl 1987/615, BGBl 1994/314, BGBl 1994/450, BGBl 1996/757, BGBl 1996/764, BGBl I 1997/47)

§ 52. Alle Zahlungen sind kaufmännisch auf volle Eurobeträge zu runden.

(BGBl. Nr. 124/1973, Art. 1 Z 20, BGBl I 2001/103)

§ 53. (1) Solange ein zuschlagsberechtigter Angehöriger nicht in die häusliche Gemeinschaft des Arbeitslosen aufgenommen wird oder wenn ein Arbeitsloser seiner gesetzlichen Unterhaltspflicht gegenüber einem zuschlagsberechtigten Angehörigen nicht nachkommt, kann die regionale Geschäftsstelle anordnen, daß ein angemessener Teil des Arbeitslosengeldes dem Angehörigen oder der Person, Anstalt oder Behörde ausgezahlt wird, in deren Obhut er sich befindet.

(BGBl 1994/314)

(2) Ist der Bezugsberechtigte handlungsunfähig, so ist die Leistung dessen gesetzlichem Vertreter oder dessen Bevollmächtigtem zur Verwendung für den Bezugsberechtigten auszuzahlen.

(3) Ist der Bezugsberechtigte trunksüchtig oder rauschgiftsüchtig, so kann die Leistung verläßlichen Familienangehörigen oder der Aufenthaltsgemeinde zur Verwendung für den Bezugsberechtigten ausgezahlt werden.

§ 54. Die näheren Bestimmungen über die Auszahlung der Leistungen nach diesem Bundesgesetz werden durch Verordnung des Bundesministers für Arbeit, Gesundheit und Soziales im Einvernehmen mit dem Bundesminister für Finanzen erlassen.

(BGBl 1983/61, BGBl 1994/314, BGBl I 1997/47)

Mitwirkung der Gemeinden

§ 55. (1) Die Gemeinden sind auf Verlangen der Landesgeschäftsstellen verpflichtet, bei der Geltendmachung des Anspruches, bei der Kontrollmeldung und bei der Auszahlung des Arbeitslosengeldes mitzuwirken.

(BGBl 1994/314)

(2) Den Gemeinden kann der ihnen aus der Mitwirkung nach Abs. 1 erwachsende Verwaltungsmehraufwand vergütet werden. Das gleiche gilt, wenn Gemeinden zu Zahlstellen im Sinne des § 51 Abs. 1 bestellt werden. Das Ausmaß der Vergütung bestimmt der Bundesminister für soziale Verwaltung im Einvernehmen mit dem Bundesminister für Finanzen.

Rechtsmittel

§ 56. (1) Gegen Bescheide der regionalen Geschäftsstelle ist die Berufung an die Landesgeschäftsstelle zulässig. Gegen die Entscheidung der Landesgeschäftsstelle ist keine weitere Berufung zulässig.

(BGBl I 1999/179)

(2) Die Berufung hat keine aufschiebende Wirkung; die Landesgeschäftsstelle kann der Berufung jedoch aufschiebende Wirkung zuerkennen, wenn

1. der Antrag auf aufschiebende Wirkung der Berufung innerhalb der Berufungsfrist gestellt wird,
2. die Berufung nicht von vornherein aussichtlos erscheint und
3. keine begründeten Zweifel an der Ein-

bringlichkeit allfälliger Rückforderungen bestehen.

(BGBl I 1999/142, BGBl I 1999/179)

(3) Die Landesgeschäftsstelle trifft die Entscheidung in einem Ausschuß des Landesdirektoriums.

(4) Das Landesdirektorium bei jeder Landesgeschäftsstelle hat einen Ausschuß zur Behandlung von Berufungen gemäß Abs. 1 einzurichten (Ausschuß für Leistungsangelegenheiten).

(5) Der Ausschuß für Leistungsangelegenheiten besteht aus folgenden drei Mitgliedern:

1. dem Vorsitzenden,
2. einem Arbeitnehmervertreter und
3. einem Arbeitgebervertreter.

(6) Den Vorsitz des Ausschusses für Leistungsangelegenheiten hat der Landesgeschäftsführer oder ein von ihm damit beauftragter Bediensteter der Landesgeschäftsstelle zu führen.

(7) Der Arbeitnehmervertreter wird durch die Arbeitnehmervertreter des Landesdirektoriums, der Arbeitgebervertreter durch die Arbeitgebervertreter des Landesdirektoriums entsendet. Die Entsendung erfolgt durch einstimmigen Beschluß der jeweiligen Kurie und für die Dauer von sechs Jahren. Die neuerliche Entsendung ist möglich. Für den Arbeitnehmer- und den Arbeitgebervertreter ist die erforderliche Anzahl von Stellvertretern in gleicher Weise zu entsenden. Die Ausschußmitglieder und deren Stellvertreter müssen nicht Mitglieder des Landesdirektoriums sein.

(8) Stimmberechtigt sind die Mitglieder (Stellvertreter) des Ausschusses. Der Ausschuß ist beschlußfähig, wenn alle drei Mitglieder anwesend sind. Der Ausschuß faßt seine Beschlüsse mit einfacher Mehrheit der abgegebenen Stimmen.

(BGBl 1994/314)

§ 57. Bescheide der regionalen Geschäftsstellen und der Landesgeschäftsstellen, die zu diesem Bundesgesetz oder zu einer auf Grund dieses Bundesgesetzes erlassenen Verordnung im Widerspruch stehen oder mit denen ein dem Sinne dieses Bundesgesetzes widersprechender Ermessensakt gesetzt wurde, leiden an einem mit Nichtigkeit bedrohten Fehler (§ 68 Abs. 4 Z 4 AVG).

(BGBl. Nr. 92/1959, Art. 6 lit. b)

(BGBl 1994/314, BGBl I 1998/6)

Verfahren in Angelegenheiten der Notstandshilfe

§ 58. Auf das Verfahren in Angelegenheiten der Notstandshilfe ist dieser Artikel mit der Maßgabe anzuwenden, daß an die Stelle des Arbeitslosengeldes die Notstandshilfe tritt.

(BGBl 1994/314, BGBl I 1997/47)

Verfahren in Angelegenheiten des Karenzurlaubsgeldes und der Teilzeitbeihilfe für unselbständig erwerbstätige Mütter

§ 59. (aufgehoben)

(BGBl I 1997/47)

ARTIKEL IV
Finanzielle Bestimmungen

§§ 60–65a. (aufgehoben)

(BGBl 1994/314)

ARTIKEL V

Sonderbestimmungen für Zollausschlußgebiete

§ 66. (aufgehoben)

(BGBl I 1998/6)

Sonderbestimmungen für Strafgefangene

§ 66a. (1) Personen, die sich auf Grund eines gerichtlichen Urteils in Strafhaft oder in einer mit Freiheitsentziehung verbundenen vorbeugenden Maßnahme nach den §§ 21 Abs. 2, 22 und 23 des Strafgesetzbuches befinden und ihrer Arbeitspflicht gemäß § 44 des Strafvollzugsgesetzes, BGBl. Nr. 144/1969, in der jeweils geltenden Fassung nachkommen, sind nach Maßgabe der folgenden Bestimmungen für den Fall der Arbeitslosigkeit versichert.

(2) Die Versicherungspflicht beginnt mit dem Tag, an dem der Strafgefangene oder Untergebrachte seiner Arbeitspflicht nachkommt, und endet mit dem Tag, an dem er seiner Arbeitspflicht letztmalig nachkommt. Die Arbeitspflicht gilt insbesondere auch dann als erfüllt, wenn der Strafgefangene oder Untergebrachte wegen des Besuches eines Lehrganges zur Berufsausbildung oder -fortbildung oder wegen Krankheit nicht gearbeitet hat. Als Anwartschaftszeiten zählen nur drei Viertel der versicherungspflichtigen Zeiträume.

(3) Als Bemessungsgrundlage gemäß § 21 gilt die nach Abs. 5 versicherte Arbeitsvergütung. Wenn jedoch die Anwartschaft auf Arbeitslosengeld ohne Heranziehung der Versicherungszeit nach Abs. 1 und 2 erfüllt wird, ist die Arbeitsvergütung bei der Bemessung des Arbeitslosengeldes außer Betracht zu lassen.

(4) Die Bestätigung gemäß § 46 Abs. 4 ist von der Justizanstalt auszustellen und hat die Dauer der Freiheitsstrafe, die Dauer der Arbeitslosenversicherungspflicht und die Höhe der Beitragsgrundlage zu enthalten. Die Justizanstalt ist zur Ausstellung dieser Bestätigung verpflichtet. Die näheren Bestimmungen hierüber erläßt der Bundesminister für Arbeit und Soziales im Einvernehmen mit dem Bundesminister für Justiz durch Verordnung.

(5) Als Beitragsgrundlage gemäß § 2 des Arbeitsmarktpolitikfinanzierungsgesetzes, BGBl. Nr. 315/1994, gilt die gemäß § 52 des Strafvollzugsgesetzes festgesetzte, um 25 vH erhöhte Arbeitsvergütung, die bei einer wöchentlichen Normalarbeitszeit nach dem Kollektivvertrag für die eisen- und metallerzeugende und -verarbeitende Industrie erzielt wird. Für versicherungspflichtige Zeiträume, in denen keine Arbeitsvergütung erzielt werden kann, ist als Beitragsgrundlage die letzte Beitragsgrundlage oder, wenn eine solche nicht vorliegt, die niedrigste mögliche Beitragsgrundlage heranzuziehen; für solche Zeit-

räume entrichtet der Bund (Bundesministerium für Justiz) den gesamten Betrag.

(BGBl 1994/314)

(6) Für Strafgefangene sind die Beiträge zur Arbeitslosenversicherung an die Niederösterreichische Gebietskrankenkasse zu entrichten. Hiebei ist der Bund (Bundesministerium für Justiz) einem Dienstgeber gleichzuhalten. Die Meldung zur Arbeitslosenversicherung und die Beitragsabfuhr wird durch Verordnung des Bundesministers für Arbeit und Soziales im Einvernehmen mit dem Bundesminister für Justiz geregelt.

(7) Bei Anwendung des § 69 (Rechtshilfe- und Auskunftspflicht) stehen die nach Abs. 1 und 2 der Arbeitslosenversicherungspflicht unterliegenden Personen den Arbeitnehmern und die Justizanstalten den Betriebsinhabern gleich.

(BGBl 1993/817)

ARTIKEL VI
Allgemeine Bestimmungen

Übergang von Ansprüchen

§ 67. Hat ein Sozialhilfeträger einen Arbeitslosen für einen Zeitraum unterstützt und wird dem Arbeitslosen das Arbeitslosengeld (die Notstandshilfe) später für diese Zeit bewilligt, so hat die regionale Geschäftsstelle dem Sozialhilfeträger die Sozialhilfeleistung zu erstatten, jedoch nicht über den Betrag des Arbeitslosengeldes (der Notstandshilfe) hinaus. Die regionale Geschäftsstelle kann dafür dem Arbeitslosen die Beträge, zu deren Erstattung es verpflichtet ist, auf das Arbeitslosengeld (die Notstandshilfe) anrechnen. Die regionale Geschäftsstelle kann die Erstattung dem Sozialhilfeträger insoweit verweigern, als es das Arbeitslosengeld (die Notstandshilfe) bereits ausgezahlt hat, ohne die Vorleistung des Sozialhilfeträgers gekannt zu haben.

(BGBl 1994/314)

Exekutions- und Verfügungsbeschränkungen

§ 68. (1) Die pfändbaren Ansprüche auf Leistungen nach diesem Bundesgesetz können nur zur Deckung gesetzlicher Unterhaltsansprüche gegen den Anspruchsberechtigten mit der Maßgabe, daß § 291b der Exekutionsordnung, RGBl. Nr. 79/1896, sinngemäß anzuwenden ist, rechtswirksam übertragen und verpfändet werden.

(2) Die Exekutionsordnung regelt, inwieweit Ansprüche auf Leistungen nach diesem Bundesgesetz pfändbar sind.

(BGBl 1991/628, BGBl 1994/314)

Rechtshilfe und Auskunftspflicht

§ 69. (1) Alle Behörden und Ämter, die Träger der Sozialversicherung, die Urlaubskasse der Arbeiter in der Bauwirtschaft, die gesetzlichen Interessenvertretungen sowie die Berufsvereinigungen der Dienstgeber und der Dienstnehmer sind verpflichtet, die Landesgeschäftsstellen und die regionalen Geschäftsstellen in der Erfüllung ihrer Aufgaben zu unterstützen. Die Träger der Sozialversicherung und der Hauptverband der österreichischen Sozialversicherungsträger sind verpflichtet, auf automationsunterstütztem Weg gespeicherte Daten (§ 31 Abs. 3 Z 15 ASVG) über die Versicherungszeiten der Arbeitnehmer und die Beträge, mit denen sie versichert waren, an die regionalen Geschäftsstellen, Landesgeschäftsstellen sowie an das Bundesministerium für Arbeit und Soziales zu übermitteln, die für diese Stellen eine wesentliche Voraussetzung zur Durchführung ihrer Aufgaben nach diesem Bundesgesetz bilden. § 321 des Allgemeinen Sozialversicherungsgesetzes gilt auch zwischen den regionalen Geschäftsstellen bzw. Landesgeschäftsstellen und den Versicherungsträgern (dem Hauptverband).

(BGBl 1987/290, BGBl 1989/364, BGBl 1994/314)

(2) Die Betriebsinhaber sind verpflichtet, den Landesgeschäftsstellen und den regionalen Geschäftsstellen alle zur Durchführung dieses Bundesgesetzes erforderlichen Auskünfte zu erteilen.

(BGBl 1994/314)

(3) Die Finanzämter haben den regionalen Geschäftsstellen die Daten, die für diese zur Wahrnehmung der ihnen durch dieses Gesetz übertragenen Aufgaben eine wesentliche Voraussetzung bilden, im Wege automationsunterstützter Datenübermittlung mitzuteilen.

(BGBl I 2001/103)

Stempel- und Gebührenfreiheit

§ 70. (1) Die im Verfahren nach diesem Bundesgesetz erforderlichen Eingaben und deren Beilagen, Ausfertigungen, Niederschriften, Entscheidungen, Vollmachten und Zeugnisse sind von den Stempel- und Rechtsgebühren befreit.

(BGBl 1967/261)

(2) Die §§ 76 bis 78 des AVG 1950 und die auf Grund dieser Bestimmungen erlassenen Verordnungen sind im Verfahren nach diesem Bundesgesetz nicht anzuwenden.

Strafbestimmungen

§ 71. (1) Sofern die Tat weder den Tatbestand einer in die Zuständigkeit der Gerichte fallenden strafbaren Handlung bildet, noch nach anderen Verwaltungsstrafbestimmungen mit strengerer Strafe bedroht ist, begeht eine Verwaltungsübertretung und ist von der Bezirksverwaltungsbehörde mit Geldstrafe von 200 Euro bis zu 2 000 Euro, im Wiederholungsfall von 400 Euro bis zu 4 000 Euro zu bestrafen, wer als Dienstgeber oder dessen Beauftragter die Ausstellung der im § 46 Abs. 4 vorgesehenen Bestätigungen grundlos verweigert, in diesen Bestätigungen wissentlich unwahre Angaben macht oder der ihm nach § 69 Abs. 2 obliegenden Auskunftspflicht nicht nachkommt.

(2) Sofern die Tat weder den Tatbestand einer in die Zuständigkeit der Gerichte fallenden strafbaren Handlung bildet, noch nach anderen Verwaltungsstrafbestimmungen mit strengerer Strafe bedroht ist, begeht eine Verwaltungsübertretung und

ist von der Bezirksverwaltungsbehörde mit Geldstrafe von 200 Euro bis zu 2 000 Euro, im Wiederholungsfall von 400 Euro bis zu 4 000 Euro zu bestrafen, wer vorsätzlich Leistungen der Arbeitslosenversicherung in Anspruch nimmt oder genießt, ohne dazu berechtigt zu sein, oder zu solchen Missbräuchen anstiftet oder Hilfe leistet.

(BGBl 1989/364, BGBl 1996/153, BGBl I 2000/142)

Pauschalierter Aufwandsersatz

§ 72. (1) Beziehern von Leistungen der Arbeitslosenversicherung, die eine ihnen nach diesem Bundesgesetz obliegende Anzeige unterlassen oder unwahre Angaben machen, kann die regionale Geschäftsstelle des Arbeitsmarktservice, unbeschadet des § 71, einen pauschalierten Aufwandsersatz bis zu 200 Euro vorschreiben.

(2) Ein pauschalierter Aufwandsersatz gemäß Abs. 1 kann durch Abzug von einer nach diesem Bundesgesetz zu erbringenden Geldleistung eingebracht werden.

(BGBl 1959/92, BGBl 1967/261, BGBl 1994/314, BGBl 1996/153, BGBl I 2000/142)

Zufluss der Mittel

§ 73. Die Eingänge aus den gemäß § 71 verhängten Geldstrafen und den gemäß § 72 vorgeschriebenen pauschalierten Aufwandsersätzen fließen dem Arbeitsmarktservice zu.

(BGBl 1991/681, BGBl 1994/314, BGBl I 2000/142)

ARTIKEL VII
Übergangs- und Schlußbestimmungen

Übergangsbestimmungen bei Erhöhung der Geringfügigkeitsgrenzen

§ 74. Personen, die am Tag vor dem Inkrafttreten des jeweiligen Bundesgesetzes, mit dem die Beträge im § 5 Abs. 2 lit. a bis c des Allgemeinen Sozialversicherungsgesetzes (Geringfügigkeitsgrenzen) erhöht werden, nach den in diesem Zeitpunkt geltenden Vorschriften in der Arbeitslosenversicherung pflichtversichert waren, nach dem jeweiligen Bundesgesetz, mit dem die Geringfügigkeitsgrenzen erhöht werden, aber nicht mehr pflichtversichert wären, bleiben pflichtversichert, solange sie auf Grund der Beschäftigung, welche die Pflichtversicherung nach den bisherigen Vorschriften begründet hat, in der Krankenversicherung pflichtversichert bleiben.

(BGBl 1976/289)

§ 75. Sofern die im § 74 genannten Personen Hausbesorger im Sinne des Hausbesorgergesetzes, BGBl. Nr. 16/1970, sind, können sie bis zum 30. Juni des Jahres, in dem die Geringfügigkeitsgrenze erhöht werden, bei dem für die Einhebung der Beiträge in Betracht kommenden Krankenversicherungsträger den Antrag stellen, aus der Arbeitslosenversicherung ausgeschieden zu werden. Einem solchen Antrag hat der Versicherungsträger mit Wirkung von dem auf den Antrag folgenden Monatsersten stattzugeben.

(BGBl 1976/289)

Anhörung des Regionalbeirates

§ 76. (1) Soweit nach diesem Bundesgesetz der Regionalbeirat anzuhören ist, kann dieser unter Bedachtnahme auf die Arbeitsmarktlage einhellig bestimmen, daß bei bestimmten Gruppen von Geschäftsfällen an die Stelle der Anhörung die nachträgliche Berichterstattung durch den Leiter der regionalen Geschäftsstelle oder einen von ihm damit betrauten Bediensteten der regionalen Geschäftsstelle treten kann.

(2) Ist eine besondere Geschäftsstelle für Versicherungsdienste eingerichtet, so hat die Anhörung des Regionalbeirates der nach dem Wohnsitz (Aufenthaltsort) oder nach beruflichen (fachlichen) Merkmalen des Arbeitslosen zuständigen regionalen Geschäftsstelle des Arbeitsmarktservice zu erfolgen.

(BGBl 1994/314)

Anhörungsrecht

§ 76a. Die gesetzlichen Interessenvertretungen der Arbeitnehmer und Arbeitgeber sind vor Erlassung von grundsätzlichen Durchführungserlässen zu diesem Bundesgesetz anzuhören.

Aufhebung von Vorschriften

§ 77. (1) Mit dem Inkrafttreten dieses Bundesgesetzes treten außer Kraft:

1. das Bundesgesetz vom 15. Mai 1946, BGBl. Nr. 97, über vorläufige Maßnahmen auf dem Gebiete der Arbeitslosenfürsorge (Arbeitslosenfürsorgegesetz) sowie alle reichsrechtlichen Vorschriften, soweit sie sich auf Materien erstrecken, die in diesem Bundesgesetz geregelt sind;
2. das Bundesgesetz vom 15. Oktober 1948, BGBl. Nr. 221, betreffend die Herabsetzung der Arbeitslosenversicherungsbeiträge und Verwendung eines Teiles des Arbeitslosenversicherungsbeitrages der Arbeiter zugunsten der Invalidenversicherung.

(2) Die gemäß Abs. 1 Z 1 außer Kraft getretenen reichsrechtlichen Vorschriften werden durch Kundmachung des Bundesministers für soziale Verwaltung verlautbart.

Vollziehung

§ 78. (1) Mit der Vollziehung dieses Bundesgesetzes ist der Bundesminister für soziale Verwaltung betraut.

(2) Mit der Vollziehung des § 60 Abs. 2 lit. b ist der Bundesminister für Familie, Jugend und Konsumentenschutz betraut.

(BGBl 1983/617)

Inkrafttreten

§ 79. (1) § 14 Abs. 7, § 18 Abs. 8, § 31a Abs. 10 bis 12, § 40a erster Satz und § 60 Abs. 2 lit. b in der Fassung des Bundesgesetzes BGBl. Nr. 833/1992 treten mit 1. Jänner 1993 in Kraft.

(2) § 35 in der Fassung des Bundesgesetzes BGBl. Nr. 18/1993 tritt mit 1. Jänner 1993 in Kraft.

(BGBl 1993/18)

(3) § 48 Abs. 1 in der Fassung des Bundesgesetzes BGBl. Nr. 257/1993 tritt mit 1. Juli 1993 in Kraft. Auf zu diesem Zeitpunkt anhängige Verfahren ist er jedoch noch nicht anzuwenden.

(BGBl 1993/257)

(4) Der mit Bundesgesetz BGBl. Nr. 799/1993 eingefügte § 66a tritt mit 1. Jänner 1994 in Kraft. Verordnungen auf Grund dieses Bundesgesetzes können bereits von dem seiner Kundmachung folgenden Tag an erlassen werden; sie dürfen jedoch erst mit 1. Jänner 1994 in Kraft treten.

(BGBl 1993/817)

(5) § 9 Abs. 1, § 10 Abs. 1, § 18 Abs. 5 und 6, § 25 Abs. 2 bis 7, § 36 Abs. 3 lit. B sublit. b, c und e sowie § 76 Abs. 3 in der Fassung des Bundesgesetzes BGBl. Nr. 502/1993 treten mit 1. August 1993 in Kraft.

(BGBl 1993/502)

(6) Verordnungen auf Grund des Bundesgesetzes BGBl. Nr. 502/1993 können bereits von dem seiner Kundmachung folgenden Tag an erlassen werden; sie dürfen jedoch erst mit dem im Abs. 5 bezeichneten Zeitpunkt in Kraft treten.

(BGBl 1993/502)

(7) § 12 Abs. 3 lit. g und h, Abs. 4, Abs. 6 lit. c, § 12 Abs. 9 bis 11, § 16 Abs. 1 lit. a, § 20 Abs. 4 erster Satz, § 21 Abs. 3, Abs. 4 Z 1 lit. a und b, § 25 Abs. 1 letzter Satz, § 26 Abs. 3 lit. e, Abs. 4 lit. d, § 27 Abs. 1 bis 4, § 32, § 32a und § 36 Abs. 3 lit. A sublit. f und lit. B sublit. d erster Satz in der Fassung des Bundesgesetzes BGBl. Nr. 817/1993 treten mit 1. Jänner 1994 in Kraft. Die Änderung der Höhe des Familienzuschlages im § 20 Abs. 4 erster Satz und der Lohnklasse im § 21 Abs. 3 gilt für alle Neuansprüche, die ab 1. Jänner 1994 geltend gemacht werden. Für die übrigen Fälle ist der Familienzuschlag von 22,60 S täglich und die Lohnklassentabelle gemäß § 21 Abs. 3 in der Fassung der Bundesgesetze BGBl. Nr. 364/1989 und 412/1990 sowie der Verordnung, BGBl. Nr. 717/1990, 594/1991 und 753/1992 weiter anzuwenden.

(BGBl 1994/25)

(8) § 1 Abs. 1 und 2 in der Fassung des Bundesgesetzes BGBl. Nr. 817/1993 tritt mit 1. Jänner 1995 in Kraft.

(BGBl 1994/25)

(9) §§ 60, 64, 64a sowie 65 in der Fassung des Bundesgesetzes BGBl. Nr. 25/1994 treten mit 1. Jänner 1994 in Kraft.

(BGBl 1994/314)

(10) Die §§ 8 Abs. 2 und 3, 9 Abs. 1 und 5, 10 Abs. 1 und 2, 12 Abs. 4 und 10, 14 Abs. 1 Z 2, 15 Abs. 1 Z 1 lit. b, 16 Abs. 3, 18 Abs. 6 und 8 lit. d, 21 Abs. 6, 25 Abs. 4, 6 und 7, 32a Abs. 1 und 2, 36 Abs. 2 und 3, 40a, 41 Abs. 5, 42 Abs. 4, 44 Abs. 1 Z 1 und Abs. 2, 45, 46, 47 Abs. 2, 48 Abs. 1 und 2, 49 Abs. 1 und 2, 50, 51 Abs. 2 und 3, 53 Abs. 1, 55 Abs. 1, 56, 57, 67, 69, 72 Abs. 1 und 76 in der Fassung des Bundesgesetzes BGBl. Nr. 314/1994 treten mit 1. Juli 1994 in Kraft.

(BGBl 1994/314)

(11) bis (13) (aufgehoben)

(BGBl I 1997/47)

(14) § 40 Abs. 2 in der Fassung des Bundesgesetzes BGBl. Nr. 450/1994 tritt mit 1. Juli 1994 in Kraft und ist auf Neuansprüche ab 1. Juli 1994 anzuwenden.

(BGBl 1994/450)

(15) § 51 Abs. 1 in der Fassung des Bundesgesetzes BGBl. Nr. 450/1994 tritt mit 1. Juli 1994 in Kraft.

(BGBl 1994/450)

(16) § 66a Abs. 5 in der Fassung des Bundesgesetzes BGBl. Nr. 314/1994 tritt mit 1. Jänner 1995 in Kraft.

(BGBl 1994/450)

(17) § 18 Abs. 7 und 9 in der Fassung des Bundesgesetzes BGBl. Nr. 133/1995 treten mit dem auf die Kundmachung folgenden Tag in Kraft.

(BGBl 1995/133)

(18) § 1, § 3 Abs. 3, § 6 Abs. 1, § 16 Abs. 3, § 17 Abs. 1, § 21 Abs. 4, § 25 Abs. 1, § 42 Abs. 1 und § 46 Abs. 5 in der Fassung des Bundesgesetzes BGBl. Nr. 297/1995 treten mit 1. Mai 1995 in Kraft.

(BGBl 1995/297)

(19) § 12, § 14 Abs. 2, § 20 Abs. 2 und 5, § 21 Abs. 3, § 26 Abs. 3 und 4, § 36, § 36a, § 36b, § 36c und § 39 Abs. 3 und 5 in der Fassung des Bundesgesetzes BGBl. Nr. 297/1995 treten mit 1. Mai 1995 in Kraft und gelten für Ansprüche, deren Anfallstag nach dem 30. April 1995 liegt; wobei § 14 Abs. 2 im Zusammenhang mit § 26 erst auf Fälle anzuwenden ist, deren Anfallstag nach dem 31. Dezember 1995 liegt. Für die übrigen Fälle gelten diese Bestimmungen weiterhin in der Fassung des Bundesgesetzes BGBl. Nr. 133/1995 und der Verordnung BGBl. Nr. 977/1994. § 12, § 26 Abs. 3 und 4, § 36, § 36a, § 36b und § 36c sind jedoch ab 1. Jänner 1996 auf alle Fälle anzuwenden.

(BGBl 1995/297)

(20) § 26 Abs. 2, § 27, § 31a, § 31b und § 32 treten mit 1. Jänner 1996 in Kraft und gelten für Ansprüche, deren Anfallstag nach dem 31. Dezember 1995 liegt. Für die übrigen Fälle gelten diese Bestimmungen weiterhin in der Fassung des Bundesgesetzes BGBl. Nr. 133/1995.

(BGBl 1995/297)

(21) Verordnungen auf Grund dieses Bundesgesetzes in der Fassung des Bundesgesetzes BGBl. Nr. 297/1995 können bereits von dem seiner Kundmachung folgenden Tag an erlassen werden;

sie dürfen jedoch erst mit Inkrafttreten der jeweiligen Gesetzesbestimmungen in Kraft treten.

(BGBl 1995/297)

(22) § 21 Abs. 4 Z 1 lit. a und b in der Fassung des Bundesgesetzes BGBl. Nr. 153/1996 tritt mit 1. Jänner 1996 in Kraft.

(BGBl 1996/153)

(23) § 36 Abs. 3 lit. B, § 71 und § 72 Abs. 1 in der Fassung des Bundesgesetzes BGBl. Nr. 153/1996 treten mit 1. April 1996 in Kraft.

(BGBl 1996/153)

(24) § 26 Abs. 1 Z 2 und Z 3 in der Fassung des Bundesgesetzes BGBl. Nr. 201/1996 tritt mit 1. Jänner 1996 in Kraft.

(BGBl 1996/201)

(25) § 7 Abs. 1 bis 3 Z 1 und Abs. 5, § 10 Abs. 1, § 12 Abs. 3 bis 6, § 15, § 18 Abs. 5, § 19 Abs. 1, § 20 Abs. 5, § 23, § 25 Abs. 2, § 26 Abs. 3 lit. e, § 33 Abs. 4, § 36a Abs. 2, § 37, § 39, § 40a, § 43a, § 44 Abs. 1 Z 1, § 49 Abs. 2 und § 50 Abs. 1 in der Fassung des Bundesgesetzes BGBl. Nr. 201/1996 treten mit 1. Mai 1996 in Kraft. § 23 ist auf alle Fälle der Bevorschussung von Leistungen aus der Pensionsversicherung anzuwenden, die nach dem 30. April 1996 beim Pensionsversicherungsträger beantragt werden.

(BGBl 1996/201)

(26) § 26 Abs. 1 Z 1 und Abs. 3, § 26a Abs. 1 Z 3 lit. a, § 27, § 28, § 31, § 31a und § 31b in der Fassung des Bundesgesetzes BGBl. Nr. 201/1996 treten mit 1. Juli 1996 in Kraft und gelten für Geburten nach dem 30. Juni 1996. Für die übrigen Fälle gelten diese Bestimmungen weiterhin in der Fassung des Bundesgesetzes BGBl. Nr. 297/1995.

(BGBl 1996/201)

(27) § 36 Abs. 1 in der Fassung des Bundesgesetzes BGBl. Nr. 201/1996 tritt mit 1. Mai 1996 in Kraft und mit 31. Dezember 1997 außer Kraft. Damit treten die früheren Bestimmungen wieder in Kraft.

(BGBl 1996/201)

(28) § 7 Abs. 3 Z 2 und Abs. 4, § 20 Abs. 2 und § 36 Abs. 6 in der Fassung des Bundesgesetzes BGBl. Nr. 201/1996 treten mit 1. Mai 1996 in Kraft und gelten für Ansprüche, deren Anfallstag nach dem 30. April 1996 liegt.

(BGBl 1996/201)

(29) § 21 Abs. 1 und 2 und § 46 Abs. 4 in der Fassung des Bundesgesetzes BGBl. Nr. 201/1996 treten mit 1. Juli 1996 in Kraft.

(BGBl 1996/201)

(30) (aufgehoben)

(BGBl I 1998/6)

(31) § 21 Abs. 10 tritt mit Ablauf des 30. April 1996 außer Kraft.

(BGBl 1996/201)

(32) § 36 Abs. 3 lit. B sublit. c in der Fassung des Bundesgesetzes BGBl. Nr. 411/1996 tritt mit 1. April 1996 in Kraft.

(BGBl 1996/411)

(33) § 12 Abs. 3 lit. g, § 21 Abs. 1, § 25 Abs. 2, § 36 Abs. 3 lit. A und 6, § 42 Abs. 1, § 43, § 49 Abs. 2 und § 81 Abs. 2 in der Fassung des Bundesgesetzes BGBl. Nr. 411/1996 treten mit 1. Mai 1996 in Kraft.

(BGBl 1996/411)

(34) § 36a Abs. 3 und 5 und § 36b Abs. 2 in der Fassung des Bundesgesetzes BGBl. Nr. 411/1996 treten mit 1. August 1996 in Kraft.

(BGBl 1996/411)

(35) § 36a Abs. 2 in der Fassung des Bundesgesetzes BGBl. Nr. 417/1996 tritt mit 1. Juli 1996 in Kraft.

(BGBl 1996/417)

(36) § 1 Abs. 2 lit. e in der Fassung des Bundesgesetzes BGBl. Nr. 600/1996 tritt mit 1. Jänner 1997 in Kraft.

(BGBl 1996/600)

(37) § 81 Abs. 3 in der Fassung des Bundesgesetzes BGBl. Nr. 600/1996 tritt mit 1. Mai 1995 in Kraft.

(BGBl 1996/600)

(38) § 51 Abs. 4 in der Fassung des Bundesgesetzes BGBl. Nr. 764/1996 tritt mit 1. Jänner 1997 in Kraft.

(BGBl 1996/764)

(39) Die §§ 6, 12 Abs. 7, 14 Abs. 7 bis 9, 15 Abs. 1, 16 Abs. 1, 18 Abs. 8, 19 Abs. 3, 20 Abs. 2, 23, 25 Abs. 8, 33 Abs. 1 und 4, 34 Abs. 4, 36 Abs. 6, 36a Abs. 1, 36c Abs. 6, 39, 41, 44, 47 Abs. 1, 51, 54 und 58 in der Fassung des Bundesgesetzes BGBl. I Nr. 47/1997 treten mit 1. Juli 1997 in Kraft. Für Ansprüche auf Grund von Geburten vor dem 1. Juli 1997 ist dieses Bundesgesetz weiterhin in der am 30. Juni 1997 geltenden Fassung anzuwenden. Bei Mehrlingsgeburten ist § 20 Abs. 5 für Zeiträume nach dem 31. Dezember 1997 jedoch nicht mehr anzuwenden. § 31a Abs. 1 in der am 30. Juni 1997 geltenden Fassung ist mit der Maßgabe anzuwenden, daß an die Stelle des Ausdruckes „Anwartschaft“ der Ausdruck „Voraussetzungen“ tritt. § 26 Abs. 3 lit. e in der am 30. Juni 1997 geltenden Fassung ist auf nach dem 31. Dezember 1997 liegende Zeiträume nicht mehr anzuwenden. Statt dessen sind § 2 Abs. 3 bis 5 und § 45 Abs. 3 KGG in der Fassung des Bundesgesetzes BGBl. I Nr. 6/1998 mit der Maßgabe anzuwenden, daß an die Stelle des Karenzgeldes das Karenzurlaubsgeld tritt. § 43 Abs. 2 KGG in der Fassung des Bundesgesetzes BGBl. I Nr. 6/1998 ist mit der Maßgabe anzuwenden, daß an die Stelle des Karenzgeldes das Karenzurlaubsgeld tritt und der Antrag auch bei der zuständigen regionalen Geschäftsstelle des Arbeitsmarktservice gestellt werden kann.

(BGBl I 1997/47, BGBl I 1998/6)

(40) § 7 in der Fassung des Bundesgesetzes BGBl. I Nr. 78/1997 tritt mit 1. Jänner 1998 in Kraft und gilt für Zuerkennungen ab 1. Jänner 1998. Für die übrigen Fälle ist diese Bestimmung weiterhin in der am 31. Dezember 1997 geltenden Fassung anzuwenden. Die §§ 33 Abs. 2 und 34 in der Fassung des Bundesgesetzes BGBl. I Nr. 78/1997 treten mit 1. April 1998 in Kraft und gelten für Fälle, deren Arbeitslosengeld- oder Karenz(urlaubs)geldanspruch frühestens mit Ablauf des 31. März 1998 erschöpft war. Für die übrigen Fälle sind diese Bestimmungen weiterhin in der am 31. März 1998 geltenden Fassung anzuwenden. § 51 Abs. 4 in der Fassung des Bundesgesetzes BGBl. Nr. 764/1996 tritt mit 1. Juli 1997 in Kraft.

(BGBl I 1997/78, BGBl I 1998/55)

(41) § 1 Abs. 1, 2 und 4, § 6 Abs. 1, § 12 Abs. 3 und 6, § 14 Abs. 8, § 15 Abs. 1 Z 1 lit. f und Abs. 2 Z 1, § 20 Abs. 2, § 21 Abs. 1 und 2, § 26, § 27, § 28, § 36 Abs. 1 und Abs. 3 lit. A, § 40a, § 41 Abs. 1, § 44 Abs. 1, § 46 Abs. 1 und 4 sowie § 50 Abs. 1 in der Fassung des Bundesgesetzes BGBl. I Nr. 139/1997 treten mit 1. Jänner 1998 in Kraft.

(BGBl I 1997/139)

(42) Die §§ 12 Abs. 7, 16 Abs. 1 und 2, 18 Abs. 5, 28, 33 Abs. 5, 36 Abs. 3 lit. A und Abs. 6, 36a Abs. 1 und Abs. 5, 43a und 57 in der Fassung des Bundesgesetzes BGBl. I Nr. 6/1998 treten mit 1. Jänner 1998 in Kraft. § 12 Abs. 3 lit. g und § 21a in der Fassung des Bundesgesetzes BGBl. I Nr. 6/1998 treten mit 1. Jänner 1998 in Kraft und sind auf Zeiträume nach dem 31. Dezember 1997 anzuwenden. § 36 Abs. 6 in der Fassung des Bundesgesetzes BGBl. I Nr. 6/1998 tritt mit 1. Jänner 1998 in Kraft und gilt für die Auszahlung von Notstandshilfe für Zeiträume nach dem 31. Dezember 1997.

(BGBl I 1998/6)

(43) § 18 Abs. 7 und Abs. 9 in der Fassung des Bundesgesetzes BGBl. I Nr. 126/1997 tritt mit 1. Jänner 1998 in Kraft.

(BGBl I 1997/126)

(44) Die §§ 14 Abs. 4 lit. b, 15 Abs. 1 Z 1 lit. e und 16 Abs. 1 lit. h in der Fassung des Bundesgesetzes BGBl. I Nr. 30/1998 treten mit 1. Jänner 1998 in Kraft.

(BGBl I 1998/30)

(45) § 18 Abs. 10 in der Fassung des Bundesgesetzes BGBl. I Nr. 148/1998 tritt mit 1. August 1998 in Kraft.

(BGBl I 1998/148)

(46) § 1 Abs. 1, § 12, § 15, § 16 Abs. 1, § 18 Abs. 7, 8 und 9, § 19 Abs. 1, § 21 Abs. 1 und 10, § 23, § 25 Abs. 1, § 26 Abs. 4, § 33 Abs. 4, § 36a, § 36b und § 37 in der Fassung des Bundesgesetzes BGBl. I Nr. 148/1998 treten mit 1. Oktober 1998 in Kraft.

(BGBl I 1998/148)

(47) § 34 in der Fassung des Bundesgesetzes BGBl. I Nr. 167/1998 tritt mit 1. April 1998 in Kraft und gilt bei erstmaliger Zuerkennung von Notstandshilfe nach Erschöpfung des Anspruches auf Arbeitslosengeld, Karenz(urlaubs)geld oder Notstandshilfe gemäß § 34 Abs. 4 in der Fassung vor dem 1. April 1998. § 33 Abs. 2 lit. a in der Fassung vor dem 1. April 1998 ist in diesen Fällen nicht anzuwenden. Wurde die Gewährung von Notstandshilfe auf Grund des Abs. 40 versagt, hat auf Antrag eine neuerliche Beurteilung zu erfolgen.

(BGBl I 1998/167)

(48) § 18 und § 27 in der Fassung des Bundesgesetzes BGBl. I Nr. 15/2000 treten mit 1. Jänner 2000 in Kraft.

(BGBl I 2000/15)

(49) § 39 Abs. 6 in der Fassung des Bundesgesetzes BGBl. I Nr. 153/1999 tritt mit 1. Jänner 1999 in Kraft.

(BGBl I 1999/153)

(50) Die §§ 18 Abs. 8 Z 2, 33 Abs. 5 und 39 Abs. 2 in der Fassung des Bundesgesetzes BGBl. I Nr. 153/1999 treten mit 1. Jänner 2000 in Kraft und gelten für Ansprüche auf Grund von Geburten nach dem 31. Dezember 1999.

(BGBl I 1999/153)

(51) § 1 Abs. 1 lit. j, § 25 und § 56 in der Fassung des Bundesgesetzes BGBl. I Nr. 179/1999 treten mit 1. Juli 1999 in Kraft.

(BGBl I 1999/179)

(52) § 7 Abs. 3 in der Fassung des Bundesgesetzes BGBl. I Nr. 179/1999 tritt mit 1. August 1999 in Kraft und gilt für Geltendmachungen nach dem 31. Juli 1999.

(BGBl I 1999/179)

(53) § 6, § 21 Abs. 1 und 8, § 26 Abs. 5 bis 8, § 27, § 28, § 40 Abs. 1, § 44 Abs. 1 und § 50 Abs. 1 in der Fassung des Bundesgesetzes BGBl. I Nr. 179/1999 treten mit 1. Jänner 2000 in Kraft.

(BGBl I 1999/179)

(54) § 16 Abs. 1 und 4, § 42 Abs. 1 und § 43a Abs. 1 Z 3 in der Fassung des Bundesgesetzes BGBl. I Nr. 44/2000 treten mit 1. Jänner 2001 in Kraft.

(BGBl I 2000/44)

(55) § 18 Abs. 2 lit. c in der Fassung des Bundesgesetzes BGBl. I Nr. 44/2000 tritt mit 1. Juli 2000 in Kraft und gilt auch für Personen, die am 30. Juni 2000 im Bezug von Arbeitslosengeld gemäß § 18 Abs. 2 lit. b stehen oder deren Anspruch auf eine solche Leistung an diesem Tag gemäß § 16 Abs. 1 ruht.

(BGBl I 2000/44)

(56) § 23 Abs. 1 in der Fassung des Bundesgesetzes BGBl. I Nr. 92/2000 tritt mit 1. Juli 2000 in Kraft; auf vor diesem Tag zuerkannte oder beantragte Vorschüsse ist § 23 in der Fassung des Bundesgesetzes BGBl. I Nr. 47/1997 weiterhin anzuwenden.

(BGBl I 2000/92)

(57) Die §§ 26a und 27 in der Fassung des Bundesgesetzes BGBl. I Nr. 92/2000 treten mit 1. Oktober 2000 in Kraft und gelten für Vereinbarungen,

deren Laufzeit nach dem 30. September 2000 beginnt. Für die übrigen Fälle gelten die §§ 26 und 27 in der Fassung vor diesem Bundesgesetz.

(BGBl I 2000/92)

(58) Die §§ 16 Abs. 1, 18 Abs. 4, 34 und 36 Abs. 6 in der Fassung des Bundesgesetzes BGBl. I Nr. 92/2000 treten mit 1. Oktober 2000 in Kraft.

(BGBl I 2000/92)

(59) Die §§ 14 Abs. 4, 15 Abs. 1 und 5 sowie 21 in der Fassung des Bundesgesetzes BGBl. I Nr. 92/2000 treten mit 1. Oktober 2000 in Kraft und gelten für Neuansprüche ab 1. Oktober 2000, wobei Zeiten, für die ein Sicherungsbeitrag gemäß § 5d AMPFG in der Fassung des Bundesgesetzes BGBl. I Nr. 148/1998 entrichtet wurde, nur dann auf die Anwartschaft anzurechnen sind, wenn sie nicht bereits gemäß § 15 Abs. 5 in der Fassung des Bundesgesetzes BGBl. I Nr. 148/1998 zur Rahmenfristerstreckung herangezogen wurden.

(BGBl I 2000/92)

(60) § 23 Abs. 4 in der Fassung des Bundesgesetzes BGBl. I Nr. 92/2000 tritt mit 1. Jänner 2001 in Kraft; für Vorschüsse auf eine Leistung gemäß § 23 Abs. 1 Z 1 mit einem Pensionsstichtag vor dem 1. Jänner 2001 gilt jedoch weiterhin die bisherige Obergrenze, wenn diese höher als die neue Obergrenze ist.

(BGBl I 2000/92)

(61) Die §§ 15 Abs. 3 Z 4, 16 Abs. 5, 20 Abs. 4 und 5, 36 Abs. 1, 3 und 5 sowie 49 Abs. 1 in der Fassung des Bundesgesetzes BGBl. I Nr. 142/2000 treten mit 1. Jänner 2001 in Kraft.

(BGBl I 2000/142)

(62) Die §§ 11, 12 Abs. 4, 14 Abs. 1 und 2, 19 Abs. 1 und 2, 20 Abs. 1, 21 und 26 in der Fassung des Bundesgesetzes BGBl. I Nr. 142/2000 treten mit 1. Jänner 2001 in Kraft und gelten für neue Ansprüche auf Arbeitslosengeld oder Weiterbildungsgeld und Zuerkennungen von Notstandshilfe, die nach Ablauf des 31. Dezember 2000 anfallen. § 21 in der Fassung des Bundesgesetzes BGBl. I Nr. 142/2000 gilt überdies bei Geltendmachung eines Anspruches auf Fortbezug von Arbeitslosengeld gemäß § 19 nach einem Unterbrechungs- oder Ruhenszeitraum von mehr als 62 Tagen ab 1. Jänner 2002.

(BGBl I 2000/142, BGBl I 2001/47)

(63) Die §§ 71, 72 und 73 in der Fassung des Bundesgesetzes BGBl. I Nr. 142/2000 treten mit 1. Jänner 2001 in Kraft und sind auf Sachverhalte anzuwenden, die sich nach Ablauf des 31. Dezember 2000 ereignen.

(BGBl I 2000/142)

(64) Die §§ 18 Abs. 7 lit. b und Abs. 9 sowie 36a Abs. 2 und 3 in der Fassung des Bundesgesetzes BGBl. I Nr. 47/2001 treten mit 1. Jänner 2001 in Kraft.

(BGBl I 2001/47)

(65) Die §§ 6, 7, 9, 12, 14, 15, 18, 21, 33, 36, 42, 52 und 69 in der Fassung des Bundesgesetzes BGBl. I Nr. 103/2001 treten mit 1. Jänner 2002 in Kraft.

(BGBl I 2001/103)

Außerkrafttreten

§ 80. (1) § 18 Abs. 2 lit. c und Abs. 4 sowie die Verordnung des Bundesministers für Arbeit, Gesundheit und Soziales, mit der Regionen festgelegt werden, in denen ältere Arbeitnehmer einen längeren Arbeitslosengeldbezug haben, BGBl. Nr. 635/1991, treten mit Ablauf des 31. Juli 1993 außer Kraft. Vor dem Außerkrafttreten dieser Bestimmung geltend gemachte Ansprüche (§ 46) werden nicht berührt. Eine Geltendmachung liegt auch vor, wenn der Anspruch ruht.

(2) § 1 Abs. 2 lit. c tritt mit Ablauf des 31. Dezember 1994 außer Kraft.

(BGBl 1994/25, BGBl 1994/25, BGBl 1994/314, BGBl 1994/314, BGBl 1995/297, BGBl 1996/153)

(3) § 65 Abs. 4 bis 11 treten mit Ablauf des 31. Dezember 1993 außer Kraft.

(4) Artikel IV tritt mit Ablauf des 31. Dezember 1994 außer Kraft.

(5) § 32a ist auf Neuansprüche, die ab 1. Jänner 1996 geltend gemacht werden, nicht mehr anzuwenden und tritt mit Ablauf des 31. Dezember 1997 außer Kraft.

(6) Abschnitt 2 (§§ 26 bis 32) und § 59 treten mit Ablauf des 30. Juni 1997 außer Kraft; sie sind jedoch für Ansprüche auf Grund von Geburten vor dem 1. Juli 1997 in der am 30. Juni 1997 geltenden Fassung mit Ausnahme des § 32 weiterhin anzuwenden. Soweit § 79 Abs. 39 Abweichendes bestimmt, gilt dieses.

(BGBl I 1997/139, BGBl I 1998/6)

(7) § 34 in der Fassung des Bundesgesetzes BGBl. I Nr. 179/1999 tritt mit Ablauf des 31. Juli 1999 außer Kraft.

(BGBl I 1999/179)

(8) Die §§ 6, 27, 28, 40 Abs. 1, 44 Abs. 1 Z 3 und 50 Abs. 1 in der Fassung des Bundesgesetzes BGBl. I Nr. 139/1997 treten mit Ablauf des 31. Dezember 1999 außer Kraft; sie sind jedoch auf laufende Fälle weiter anzuwenden. Für die Bemessung des Grundbetrages des Arbeitslosengeldes nach dem Bezug einer Solidaritätsprämie gilt § 21 Abs. 1 in der Fassung des Bundesgesetzes BGBl. I Nr. 139/1997.

(BGBl I 1999/179, BGBl I 2000/15)

(9) Die §§ 26a und 27 in der Fassung des Bundesgesetzes BGBl. I Nr. 92/2000 und § 28 in der Fassung des Bundesgesetzes BGBl. I Nr. 179/1999 treten mit Ablauf des 31. Dezember 2003 außer Kraft; sie sind jedoch auf laufende Fälle weiter anzuwenden.

(BGBl I 1999/179, BGBl I 2000/92)

(10) Die §§ 15 Abs. 5 und 18 Abs. 4 in der Fassung des Bundesgesetzes BGBl. I Nr. 92/2000 treten mit Ablauf des 31. Dezember 2003 außer

Kraft; sie sind jedoch auf laufende Fälle weiter anzuwenden

(BGBl I 2000/92)

(11) Abschnitt 4 in der Fassung des Bundesgesetzes BGBl. I Nr. 142/2000 tritt mit 31. Dezember 2001 außer Kraft; auf Ansprüche auf Sondernotstandshilfe, die bereits vor dem 1. Jänner 2002 zuerkannt wurden oder Elternteile betreffen, deren Kind vor dem 1. Juli 2000 geboren wurde, sind die §§ 6 und 39 in der Fassung des Bundesgesetzes BGBl. I Nr. 142/2000 weiter anzuwenden.

(BGBl I 2001/103)

(BGBl 1993/502, BGBl I 1997/47)

Übergangsrecht

§ 81. (1) Dienstnehmer, die ihren Anspruch auf Arbeitslosengeld nach Ablauf des 31. Juli 1993 geltend machen, haben Anspruch auf Arbeitslosengeld gemäß § 18 Abs. 2 lit. c in der Fassung des Bundesgesetzes BGBl. Nr. 682/1991 und der auf Grund des § 18 Abs. 4 in der Fassung des Bundesgesetzes BGBl. Nr. 232/1988 erlassenen Verordnung des Bundesministers für Arbeit und Soziales, mit der Regionen festgelegt werden, in denen ältere Arbeitnehmer einen längeren Arbeitslosengeldbezug haben, BGBl. Nr. 635/1991, wenn

1. ihr Dienstverhältnis vor dem 1. August 1993 gekündigt und auf Grund von Kündigungsfristen oder auch Kündigungsterminen, die auf Gesetz, Normen der kollektiven Rechtsgestaltung oder Vereinbarungen im Arbeitsvertrag beruhen, erst am 31. Juli 1993 oder später beendet wurde oder
2. ihr Dienstverhältnis vor dem 1. August 1993 im Rahmen eines Sozialplanes einvernehmlich aufgelöst und auf Grund der Berücksichtigung von Kündigungsfristen oder auch Kündigungsterminen, die auf Gesetz, Normen der kollektiven Rechtsgestaltung oder Vereinbarungen im Arbeitsvertrag beruhen, welche im Falle einer Kündigung einzuhalten gewesen wären, erst am 31. Juli 1993 oder später beendet wurde, oder
3. ihr Dienstverhältnis auf Grund eines vor dem 1. August 1993 geschlossenen gerichtlichen Vergleiches erst später beendet wurde.

(BGBl 1996/201)

(2) Abweichend von § 19 ist ein erstmaliger Fortbezug des Arbeitslosengeldes gemäß Abs. 1 nicht zulässig, wenn der Arbeitslose nach einer Bezugsdauer von bis zu einem Monat wieder beim selben Dienstgeber wie vor der Arbeitslosigkeit in ein Dienstverhältnis eingetreten ist. In solch einem Fall gebührt lediglich der restliche Bezug gemäß § 18 Abs. 2 lit. b.

(BGBl 1996/201, BGBl 1996/411)

(3) Freiwillige Zuwendungen des Dienstgebers an ehemalige Dienstnehmer, die auf Grund eines Sozialplanes, der vor dem 1. Mai 1995 abgeschlossen wurde, gewährt werden, gelten nicht als Einkommen im Sinne des § 36a.

(BGBl 1996/600)

(4) § 66 in der am 31. Dezember 1994 geltenden Fassung ist auf die ehemaligen Zollausschlußgebiete Jungholz und Mittelberg bis zur Herstellung der Währungsunion weiter anzuwenden.

(BGBl I 1998/6)

(5) Ansprüche auf Grund des § 36a Abs. 3 in der Fassung vor dem Bundesgesetzblatt BGBl. I Nr. 87/1999 können geltend gemacht werden, wenn dies vor dem 23. April 1999 beantragt und noch nicht rechtskräftig entschieden worden ist.

(BGBl I 1999/87)

(6) Für die Festsetzung der Lohnklasse gemäß § 21 in der Fassung des Bundesgesetzes BGBl. I Nr. 101/2000 vor Ablauf des 31. Dezember 2000 angewendete Bemessungsgrundlagen bleiben für die Festsetzung des Grundbetrages gemäß § 21 in der Fassung des Bundesgesetzes BGBl. I Nr. 142/2000 bis zur Erfüllung einer neuen Anwartschaft gewahrt. Wenn das Zuerkennungsjahr der Notstandshilfe vor dem Jahr 1998 liegt, sind die gewahrten Bemessungsgrundlagen mit Wirkung ab 1. Jänner 2001 mit dem für das Zuerkennungsjahr der Notstandshilfe geltenden Aufwertungsfaktor gemäß § 1 Z 3 der Kundmachung BGBl. II Nr. 513/1999 aufzuwerten und für die Bemessung des Grundbetrages des Arbeitslosengeldes heranzuziehen.

(BGBl I 2000/142, BGBl I 2001/47)

(7) Im Jahr 2001 sind die Beträge gemäß § 20 Abs. 4 sowie gemäß § 21 Abs. 3, 4 und 5 kaufmännisch nicht auf einen Cent, sondern auf volle zehn Groschen zu runden.

(BGBl I 2000/142)

(8) Bei Geltendmachung von Arbeitslosengeld oder Notstandshilfe nach einem Bezug von Karenzgeld sind § 14 Abs. 7 bis 9, § 18 Abs. 8 und § 33 in der Fassung des Bundesgesetzes BGBl. I Nr. 142/2000 weiterhin anzuwenden.

(BGBl I 2001/103)

(9) Bei der Geltendmachung eines Anspruches auf

1. Fortbezug von Arbeitslosengeld gemäß § 19 nach einem Unterbrechungs- oder Ruhenszeitraum von mehr als 62 Tagen oder
2. Zuerkennung von Notstandshilfe oder Fortbezug von Notstandshilfe gemäß § 37 nach einem Unterbrechungs- oder Ruhenszeitraum von mehr als 62 Tagen

nach dem 31. Dezember 2001, ist der gemäß § 21 Abs. 3 in der Fassung des Bundesgesetzes BGBl. I Nr. 142/2000 im Jahr 2001 festgesetzte Grundbetrag des Arbeitslosengeldes neu festzusetzen. Dabei ist von dem im Jahr 2001 herangezogenen monatlichen Bruttoeinkommen und den zum Zeitpunkt der Geltendmachung nach dem 31. Dezember 2001 maßgeblichen steuer- und abgabenrechtlichen Bestimmungen auszugehen.

(BGBl I 2001/103)

(BGBl 1996/201)

2/1. VERORDNUNGEN ZUM AlVG

Verordnung des Bundesministers für Arbeit und Soziales vom 8. Jänner 1988 über die Vereinfachung des Meldewesens und über die Art der Entrichtung der Beiträge zur Krankenversicherung der Leistungsbezieher nach dem Arbeitslosenversicherungsgesetz 1977, BGBl 1988/44 idF BGBl 1994/931

Auf Grund des § 42 Abs. 4 des Arbeitslosenversicherungsgesetzes 1977, BGBl. Nr. 609, wird verordnet:

§ 1. Für die nach § 40 des Arbeitslosenversicherungsgesetzes 1977 der Krankenversicherungspflicht unterliegenden Leistungsbezieher hat die An- und Abmeldung an den zuständigen Träger der Krankenversicherung mindestens einmal wöchentlich vom Bundesrechenamt im Wege des automationsunterstützten Datenaustausches zu erfolgen. Hiebei sind dem zuständigen Träger jene Daten zu übermitteln, die eine wesentliche Voraussetzung zur Durchführung der Aufgaben der Krankenversicherung bilden.

§ 2. Das Arbeitsmarktservice hat Beiträge zur Krankenversicherung im Sinne des § 42 Abs. 1 und 2 des Arbeitslosenversicherungsgesetzes 1977 auf der Grundlage der Monatserfolgsnachweisungen des Bundes zu übermitteln. Die Bekanntgabe der Ermittlungsergebnisse hat bis zum Ende des Ermittlungsmonates zu erfolgen.

(BGBl 1994/931)

§ 3. Der zuständige Träger der Krankenversicherung ist berechtigt, die nach § 2 ermittelten Beiträge zur Krankenversicherung der Leistungsbezieher von den Beiträgen zur Arbeitslosenversicherung bei ihrer Abfuhr einzubehalten.

§ 4. Mit dem Inkrafttreten dieser Verordnung tritt die Verordnung, BGBl. Nr. 10/1979, über die Berechnung und Entrichtung der Beiträge zur Krankenversicherung der Leistungsbezieher nach dem Arbeitslosenversicherungsgesetz 1977 außer Kraft.

Verordnung des Bundesministers für Arbeit und Soziales über die Abfuhr der Beiträge zur Arbeitslosenversicherung für Strafgefangene, BGBl 1994/6

Auf Grund des § 66a Abs. 6 des Arbeitslosenversicherungsgesetzes 1977 (AlVG), BGBl. Nr. 609, in der Fassung des Bundesgesetzes BGBl. Nr. 799/1993, wird im Einvernehmen mit dem Bundesminister für Justiz verordnet:

§ 1. Die Dienststellen der Justiz haben die Beiträge zur Arbeitslosenversicherung über eine zentrale Stelle monatlich summarisch auf Grund der in den einzelnen Vergütungsstufen zurückgelegten Versicherungszeiten mit der Niederösterreichischen Gebietskrankenkasse abzurechnen.

§ 2. Das Bundesministerium für Justiz hat die Beiträge zur Arbeitslosenversicherung im Sinne des § 66a Abs. 1 und 2 AlVG bis zum 20. eines jeden Monates für die im Vormonat versicherungspflichtigen Strafgefangenen zu überweisen.

§ 3. Die Überweisung für den Zeitraum von Jänner bis März 1994 hat spätestens bis zum 20. April 1994 zu erfolgen.

Verordnung des Bundesministers für Arbeit und Soziales über die Arbeitsbescheinigung zur Geltendmachung von Arbeitslosengeld (Arbeitsbescheinigungsverordnung – ABVO), BGBl 1996/301

Auf Grund des § 46 Abs. 4 des Arbeitslosenversicherungsgesetzes 1977 (AlVG), BGBl. Nr. 609, zuletzt geändert durch das Bundesgesetz BGBl. Nr. 201/1996, wird verordnet:

§ 1. (1) Zum Nachweis der arbeitslosenversicherungspflichtigen Beschäftigung, auf die der Anspruch auf Arbeitslosengeld gestützt wird, hat der Arbeitslose eine Bestätigung des Arbeitgebers beizubringen.

(2) Die Bestätigung gemäß Abs. 1 hat zu enthalten:

1. den Familien- und Vornamen des Arbeitnehmers, seine Wohnungsanschrift, seine Versicherungsnummer und die Staatsbürgerschaft;
2. die Dauer der tatsächlichen Beschäftigung des Arbeitnehmers (Tag des Beginnes und der Beendigung des Arbeitsverhältnisses);
3. die Art der Verwendung des Arbeitnehmers;
4. Unterbrechungen der voll entlohnten Beschäftigung durch Kurzarbeit oder Erkrankung (Schwangerschaft);
5. die Zeit eines Karenzurlaubes;
6. die vorgeschriebene bzw. vereinbarte Lehrzeit;
7. den Träger der gesetzlichen Krankenversicherung, bei welchem der Arbeitnehmer versichert war;
8. die Art der Lösung des Arbeitsverhältnisses (durch Zeitablauf, durch Kündigung durch den Arbeitgeber oder den Arbeitnehmer, im beiderseitigen Einverständnis, durch vorzeitigen Austritt, durch Entlassung, kraft Gesetz oder Lösung in der Probezeit);
9. ob und für welchen Zeitraum der Arbeitnehmer Kündigungsentschädigung erhielt bzw. ob die Kündigungsentschädigung nicht gezahlt wurde, weil der Anspruch strittig ist oder weil der Arbeitgeber insolvent ist;
10. ob und für wie viele Werktage der Arbeitnehmer Urlaubsentschädigung oder Urlaubsabfindung erhielt bzw. ob die Urlaubsentschädigung oder Urlaubsabfindung nicht gezahlt wurde, weil der Anspruch strittig ist oder weil der Arbeitgeber insolvent ist;
11. den Namen (die Firma) des Arbeitgebers und den Standort des Betriebes.

(3) Die Bestätigung gemäß Abs. 1 hat zusätzlich zu den im Abs. 2 genannten Angaben, wenn die regionale Geschäftsstelle des Arbeitsmarktservice dazu auffordert, weil keine Jahresbemessungsgrundlage (§ 21 Abs. 1 AlVG) beim Hauptverband vorliegt, die Höhe des Bruttoverdienstes während der letzten sechs Kalendermonate der tatsächlichen Beschäftigung einschließlich der auf die einzelnen Monate (Wochen bzw. Tage) entfallenden Anteile von Sonderzahlungen und allfälligen Sachbezügen zu enthalten.

§ 2. Die Arbeitsbescheinigung ist auf dem vom Arbeitsmarktservice aufgelegten und bei den regionalen Geschäftsstellen des Arbeitsmarktservice erhältlichen Vordruck zu erstellen. Arbeitsbescheinigungen, die im Wege der automationsunterstützten Datenverarbeitung erstellt wurden, sind zulässig, sofern sie inhaltlich mit dem amtlichen Vordruck übereinstimmen.

§ 3. Die Arbeitsbescheinigung ist vom Arbeitgeber oder dessen Beauftragten zu fertigen. Zweitausfertigungen der Arbeitsbescheinigung sind als solche zu bezeichnen.

§ 4. Die Träger der Krankenversicherung sind verpflichtet, auf Ersuchen der regionalen Geschäftsstelle des Arbeitsmarktservice auf der Arbeitsbescheinigung anzugeben, ob und in welcher Zeit der Arbeitnehmer arbeitslosenversichert war, welcher Arbeitsverdienst der Versicherung zugrunde gelegt wurde, soweit die Berechnung der Beiträge nicht nach dem Lohnsummenverfahren erfolgt, und in welcher Zeit allenfalls Krankengeld bezogen wurde.

§ 5. Mit dem Inkrafttreten dieser Verordnung tritt die Verordnung des Bundesministers für soziale Verwaltung vom 21. Dezember 1978, BGBl. Nr. 11/1979, über die Arbeitsbescheinigung zur Geltendmachung von Arbeitslosengeld, zuletzt geändert durch die Verordnung BGBl. Nr. 930/1994, außer Kraft.

§ 6. Diese Verordnung tritt mit 1. Juli 1996 in Kraft.

Hums

Verordnung der Bundesministerin für Arbeit und Soziales über die Auszahlung der Leistungen nach dem Arbeitslosenversicherungsgesetz 1977 (AlVG-Auszahlungsverordnung – AZV), BGBl II 1999/470

Auf Grund des § 54 des Arbeitslosenversicherungsgesetzes 1977 (AlVG), BGBl Nr. 609, in der Fassung des Bundesgesetzes BGBl. I Nr. 179/1999 und des § 2 Abs. 1 des Überbrückungshilfengesetzes (ÜHG), BGBl. Nr. 174/1963, in der Fassung des Bundesgesetzes BGBl. I Nr. 47/1997 wird im Einvernehmen mit dem Bundesminister für Finanzen verordnet:

§ 1. Die nachstehenden Vorschriften finden Anwendung auf die Auszahlung folgender Leistungen:

1. Arbeitslosengeld,
2. Notstandshilfe,
3. Sondernotstandshilfe,
4. Bevorschussung von Leistungen aus der Pensionsversicherung,
5. Weiterbildungsgeld,
6. Altersteilzeitgeld,
7. Überbrückungshilfe,
8. erweiterte Überbrückungshilfe,
9. sonstige Leistungen, die auf Grund von Übergangsregelungen vom Arbeitsmarktservice zu gewähren sind.

§ 2. Die Anweisung der im § 1 angeführten Leistungen obliegt der örtlich zuständigen regionalen Geschäftsstelle des Arbeitsmarktservice.

§ 3. (1) Die Anweisung und Zahlbarstellung der Leistungen hat gemäß der Vorschrift für das automatisierte Verfahren auf dem Gebiet der Arbeitslosenversicherung (AlVV) zu erfolgen.

(2) Die Mitwirkung bei der Zahlbarstellung obliegt nach Maßgabe des § 2 Abs. 1 bis 4 des Bundesgesetzes über die Bundesrechenzentrum GmbH, BGBl. Nr. 757/1996, der Bundesrechenzentrum GmbH. Die monatlichen Auszahlungstage gemäß § 51 Abs. 2 AlVG sind vom Arbeitsmarktservice im Einvernehmen mit der Bundesrechenzentrum GmbH jährlich im Voraus festzusetzen.

§ 4. Die Kosten der Auszahlung, ausgenommen solche, die durch die Kontoführung bei den Kreditunternehmungen für die Leistungsbezieher anfallen, trägt der Bund.

§ 5. Soweit in dieser Verordnung auf Bestimmungen anderer Bundesgesetze verwiesen wird, sind diese in ihrer jeweils geltenden Fassung anzuwenden.

§ 6. Mit dem Inkrafttreten dieser Verordnung tritt die Verordnung des Bundesministers für Arbeit und Soziales über die Auszahlung der Leistungen nach dem Arbeitslosenversicherungsgesetz 1977 (AlVG-Auszahlungsverordnung), BGBl. Nr. 60/1994 außer Kraft.

§ 7. Diese Verordnung tritt mit 1. Jänner 2000 in Kraft.

Verordnung des Bundesministers für soziale Verwaltung vom 10. Juli 1973 betreffend Richtlinien für die Gewährung der Notstandshilfe (Notstandshilfeverordnung), BGBl 1973/352 idF BGBl II 2001/490

Auf Grund des § 36 des Arbeitslosenversicherungsgesetzes 1977 (AlVG), BGBl. Nr. 609, zuletzt geändert durch das Bundesgesetz BGBl. Nr. 297/1995, wird verordnet:

(BGBl 1995/329)

Artikel I

Ausmaß der Notstandshilfe

§ 1. (1) Das Ausmaß der Notstandshilfe beträgt:

(BGBl 1988/319)

1. 95 vH des in Betracht kommenden Grundbetrages des Arbeitslosengeldes, wenn der tägliche Grundbetrag 1/30 des Richtsatzes gemäß § 293 Abs. 1 lit. a sublit. bb des Allgemeinen Sozialversicherungsgesetzes nicht übersteigt;
2. 92 vH des in Betracht kommenden Grundbetrages des Arbeitslosengeldes in den übrigen Fällen, wobei 95 vH des Richtsatzes nach Z 1 nicht unterschritten werden darf; zuzüglich gebühren Familienzuschläge gemäß § 20 AlVG.

(BGBl 1989/388)

(BGBl 1996/240)

(2) Für die Ermittlung des täglichen Grundbetrages der Notstandshilfe bei der Begrenzung gemäß § 36 Abs. 6 AlVG ist der jeweils anzuwendende Monatsbetrag durch 30 zu teilen.

(BGBl 1996/240)

Beurteilung der Notlage

§ 2. (1) Notlage liegt vor, wenn das Einkommen des (der) Arbeitslosen und das seines Ehepartners (Lebensgefährten bzw. seiner Lebensgefährtin) zur Befriedigung der notwendigen Lebensbedürfnisse des (der) Arbeitslosen nicht ausreicht.

(2) Bei der Beurteilung der Notlage sind die gesamten wirtschaftlichen Verhältnisse des (der) Arbeitslosen selbst sowie des mit dem Arbeitslosen (der Arbeitslosen) im gemeinsamen Haushalt lebenden Ehepartners (Lebensgefährten bzw. der Lebensgefährtin) zu berücksichtigen. Durch eine vorübergehende Abwesenheit (Kur-, Krankenhausaufenthalt, Arbeitsverrichtung an einem anderen Ort u.ä.) wird der gemeinsame Haushalt nicht aufgelöst. Gleiches gilt, wenn der (die) Arbeitslose die Hausgemeinschaft mit dem Ehepartner (Lebensgefährte bzw. der Lebensgefährtin) nur deshalb aufgegeben hat oder ihr ferngeblieben ist, um der Anrechnung des Einkommens zu entgehen.

(BGBl 1989/388)

§ 3. (aufgehoben)

(BGBl 1989/388)

§ 4. (1) Notlage ist nicht anzunehmen, wenn der Arbeitslose eine Leistung aus einem der Versicherungsfälle des Alters aus der Pensionsversicherung nach dem Allgemeinen Sozialversicherungsgesetz, BGBl. Nr. 189/1955, dem Gewerblichen Sozialversicherungsgesetz, BGBl. Nr. 560/1978, dem Bauern-Sozialversicherungsgesetz, BGBl. Nr. 559/1978, bzw. dem Bundesgesetz über die Sozialversicherung freiberuflich selbständig Erwerbstätiger, BGBl. Nr. 624/1978, oder einen Ruhegenuß aus einem Dienstverhältnis zu einer öffentlich-rechtlichen Körperschaft bezieht. Diesen Leistungen ist eine ausländische Alterspension bzw. Altersrente mindestens in der Höhe des Ausgleichszulagenrichtsatzes (§ 293 Abs. 1 lit. a ASVG) gleichgestellt.

(BGBl 1989/388)

(2) (aufgehoben)

(BGBl 1990/580)

(3) (aufgehoben)

(BGBl 1989/625)

(BGBl 1988/319)

Anrechnung von Einkommen

A. Anrechnung des Einkommens des Arbeitslosen

§ 5. (1) Das Einkommen des Arbeitslosen, das er innerhalb eines Monats erzielt, ist nach Abzug der Steuern und sozialen Abgaben sowie des zur Erwerbung dieser Einkommen notwendigen Aufwandes auf die Notstandshilfe, die im Folgemonat gebührt, unter Bedachtnahme auf die folgenden Bestimmungen anzurechnen. Eine Anrechnung von Einkommen aus einer Beschäftigung, ausgenommen nach Abs. 2, sowie von Einkommen gemäß § 3 Abs. 1 Z 4 lit. a und Z 5 lit. a bis d EStG 1988 findet nicht statt.

(2) Ein Einkommen, das den im § 5 Abs. 2 lit. c ASVG angeführten Betrag nicht übersteigt, ist auf die Notstandshilfe nicht anzurechnen.

(BGBl 1996/240)

(3) Bei der Ermittlung des Einkommens aus Einkünften im Sinne des § 2 Abs. 3 Z 1 bis 3 und 5 bis 7 EStG 1988 ist vom Gesamtbetrag der Einkünfte die darauf entfallende Einkommensteuer abzuziehen.

(4) Sachbezüge sind mit dem entsprechenden Geldwert zu veranschlagen.

(BGBl 1995/329)

B. Anrechnung des Einkommens des Ehepartners (Lebensgefährten bzw. der Lebensgefährtin)

§ 6. (1) Bei Heranziehung des Einkommens des Ehepartners (Lebensgefährten bzw. der Lebensgefährtin) des (der) Arbeitslosen für die Beurteilung der Notlage ist wie folgt vorzugehen: Von dem Einkommen ist ein Betrag freizulassen, der zur Bestreitung des notwendigen Lebensunterhaltes des Ehepartners (Lebensgefährten bzw. der Lebensgefährtin) und der allenfalls von ihm zu versorgenden Familienmitglieder bestimmt ist (Freigrenze). Der die Freigrenze übersteigende Teil des Einkommens ist auf die Notstandshilfe anzurechnen.

„(2) Die Freigrenze beträgt pro Monat 430 Euro für den das Einkommen beziehenden Ehepartner (Lebensgefährten bzw. die Lebensgefährtin) und die Hälfte dieses Betrages für jede Person, für deren Unterhalt der Ehepartner (Lebensgefährte bzw. die Lebensgefährtin) auf Grund einer rechtlichen oder sittlichen Pflicht tatsächlich wesentlich beiträgt.

(3) Die Freigrenze beträgt das Doppelte des jeweils maßgeblichen Betrages gemäß Abs. 2, wenn der Arbeitslose nach dem 50. Lebensjahr einen Anspruch auf Arbeitslosengeld für die Dauer von 52 Wochen (§ 18 Abs. 2 lit. b Arbeitslosenversicherungsgesetz) oder länger erschöpft hat.

(4) Die Freigrenze beträgt das Dreifache des jeweils maßgeblichen Betrages gemäß Abs. 2, wenn der Arbeitslose bei Eintritt der Arbeitslosigkeit nach dem 55. Lebensjahr einen Anspruch auf Arbeitslosengeld für die Dauer von 52 Wochen oder länger erschöpft und auf die Anwartschaft anrechenbare Zeiten (§ 14 Abs. 4 AlVG) von mindestens 240 Monaten oder von 1 040 Wochen nachgewiesen hat. Das Gleiche gilt, wenn eine Arbeitslose das 54. Lebensjahr vollendet hat und in den letzten 25 Jahren vor Vollendung des 54. Lebensjahres mindestens 180 Monate arbeitslosenversicherungspflichtig beschäftigt war.

(BGBl 1996/240)

(5) Die im Abs. 3 und 4 genannten höheren Freigrenzen sind jeweils nur anzuwenden, wenn das Arbeitsmarktservice dem Arbeitslosen auch unter weitestmöglichem Einsatz von Beihilfen keine zumutbare Beschäftigung vermitteln konnte.“

(BGBl II 2001/490)

(6) Wenn der Arbeitslose oder sein Ehepartner (Lebensgefährte bzw. Lebensgefährtin) das 50. Lebensjahr vollendet hat und einen Grad der Behinderung von mindestens 50 vH aufweist oder ein Pension wegen geminderter Arbeitsfähigkeit bezieht, so ist in jedem Fall eine Erhöhung der Einkommensgrenzen um 50 vH vorzunehmen; der Nachweis der Behinderung hat gemäß § 14 des Behinderteneinstellungsgesetzes, BGBl. Nr. 22/1970, zu erfolgen.

(7) Bei der Anrechnung ist § 5 Abs. 1 erster Satz und Abs. 4 sinngemäß anzuwenden. Bei der Anrechnung von Notstandshilfe als Einkommen ist nur die niedrigere Notstandshilfe auf die höhere Notstandshilfe anzurechnen. Bei der Ermittlung des Einkommens aus einer selbständigen Erwerbstätigkeit – ausgenommen einem Einkommen aus einem land(forst)wirtschaftlichen Betrieb – ist § 5 Abs. 3 anzuwenden.

(8) Hat der Ehepartner (Lebensgefährte bzw. die Lebensgefährtin) ein schwankendes Einkommen, wie z.B. Akkordverdienste, regelmäßige, aber ungleiche Überstundenleistungen, so ist der Anrechnung jeweils das durchschnittliche Erwerbseinkommen der letzten drei vollen Monate für den Anspruch auf Notstandshilfe für die dar-

auffolgenden 52 Wochen zugrunde zu legen. Zwischenzeitliche Erhöhungen oder Verminderungen des schwankenden Einkommens bewirken keine Änderung der zuerkannten Notstandshilfe. Fällt das schwankende Erwerbseinkommen zur Gänze weg, ist der Anspruch auf Notstandshilfe neu zu bemessen.

(9) Bei der Anwendung des Abs. 8 ist eine Neubemessung des Anspruches auf Notstandshilfe auf Antrag des Leistungsbeziehers auch dann vorzunehmen, wenn die Methoden der Entgeltfindung geändert werden, z.B. Übergang von Akkord- zu Prämienentlohnung, oder durch Neubewertung der Entgeltfindung der mittlere Verdienst im Beurteilungszeitraum nach unten absinkt.

(BGBl 1995/329)

„**§ 7.** Der im § 6 Abs. 2 genannte Betrag ist mit Wirkung ab 1. Jänner des Jahres 2002 und jedes darauf folgenden Jahres mit dem Anpassungsfaktor (§ 108f ASVG) des jeweiligen Kalenderjahres zu vervielfachen und kaufmännisch auf einen vollen Eurobetrag zu runden.“

(BGBl 1995/329, BGBl II 2001/490)

§ 8. Soweit in dieser Verordnung auf Bestimmungen anderer Bundesgesetze verwiesen wird, sind diese in ihrer jeweils geltenden Fassung anzuwenden.

(BGBl 1993/533)

Artikel II

Mit dem Inkrafttreten dieser Verordnung tritt die Verordnung des Bundesministeriums für soziale Verwaltung vom 15. September 1956, BGBl. Nr. 190, womit Richtlinien für die Gewährung der Notstandshilfe erlassen werden (9. Durchführungsverordnung zum Arbeitslosenversicherungsgesetz) in der Fassung der Verordnungen BGBl. Nr. 3/1958, BGBl. Nr. 136/1961, BGBl. Nr. 301/1961 und BGBl. Nr. 163/1971 außer Kraft. Die auf Grund der vorstehenden Verordnungen erworbenen Ansprüche bleiben gewahrt.

Artikel III

(1) Diese Verordnung tritt am 1. Juli 1973 in Kraft.

(BGBl 1993/553)

(2) Die §§ 3 lit. a und e, 6 Abs. 3 und 8 sowie 8 in der Fassung der Verordnung BGBl. Nr. 533/1993 treten mit 1. August 1993 in Kraft.

(BGBl 1993/553)

(3) § 6 Abs. 3 und 6 in der Fassung der Verordnung BGBl. Nr. 431/1994 tritt mit 1. Juli 1994 in Kraft.

(BGBl 1994/431)

(4) Die §§ 5 bis 7 und der Entfall des § 3 in der Fassung der Verordnung BGBl. Nr. 329/1995 treten mit 1. Mai 1995 in Kraft und gelten für Ansprüche, deren Anfallstag nach dem 30. April 1995 liegt. Für die übrigen Ansprüche gelten diese Bestimmungen bis 31. Dezember 1995 weiterhin in der Fassung der Verordnung BGBl. Nr. 431/1994 und ab 1. Jänner 1996 in der Fassung der Verordnung BGBl. Nr. 329/1995.

(BGBl 1995/329)

„(5) § 6 Abs. 2 bis 5 und § 7 in der Fassung der Verordnung BGBl. II Nr. 490/2001 treten mit 1. Jänner 2002 in Kraft.“

(BGBl II 2001/490)

Verordnung des Bundesministers für Arbeit und Soziales vom 17. Oktober 1989 über die Zulassung von Personen, die im Interesse Österreichs Hilfe im Ausland leisten, zur freiwilligen Selbstversicherung in der Arbeitslosenversicherung, BGBl 1989/519

Auf Grund des § 3 Abs. 3 des Arbeitslosenversicherungsgesetzes 1977, BGBl. Nr. 609, in der Fassung des Bundesgesetzes BGBl. Nr. 364/1989 wird verordnet:

Personen, die gemäß dem Bundesverfassungsgesetz vom 30. Juni 1965 über die Entsendung österreichischer Einheiten zur Hilfeleistung in das Ausland auf Ersuchen internationaler Organisationen, BGBl. Nr. 173, einer in das Ausland entsandten Einheit angehören, sind, soweit sie nicht auf Grund anderer Vorschriften der Arbeitslosenversicherungspflicht unterliegen, nach Maßgabe des § 3 Abs. 3 des Arbeitslosenversicherungsgesetzes 1977, BGBl. Nr. 609, in der Fassung des Bundesgesetzes BGBl. Nr. 364/1989 zur freiwilligen Selbstversicherung in der Arbeitslosenversicherung zugelassen. § 16 Abs. 6 Z 2 des Allgemeinen Sozialversicherungsgesetzes, BGBl. Nr. 189/1955, gilt sinngemäß.

3. KARENZGELDGESETZ

3. KARENZGELDGESETZ*

3. Bundesgesetz über das Karenzgeld, BGBl I 1997/47 idF

1 BGBl I 1997/139	2 BGBl I 1998/6	3 BGBl I 1998/30
4 BGBl I 1998/148	5 BGBl I 1999/153	6 BGBl I 1999/174
7 BGBl I 2000/142	8 BGBl I 2001/103	

GLIEDERUNG

* Zum Anwendungsbereich vgl. § 60 KGG.

3. KARENZGELDGESETZ

47. Bundesgesetz, mit dem ein Karenzgeldgesetz erlassen wird

Der Nationalrat hat beschlossen:

Abschnitt 1
Leistungsarten

§ 1. Als Karenzgeldleistungen werden nach Maßgabe dieses Bundesgesetzes gewährt:

1. das Karenzgeld;
2. die Teilzeitbeihilfe für unselbständig erwerbstätige Mütter;
3. der Zuschuß zum Karenzgeld oder zur Teilzeitbeihilfe;
4. die Wiedereinstellungsbeihilfe.

Abschnitt 2
Karenzgeld

Anspruch der Mutter

§ 2. (1) Anspruch auf Karenzgeld hat eine Frau, deren Kind (Adoptivkind, Pflegekind), abgesehen von einer allfälligen Pflege in einer Krankenanstalt, mit ihr im gemeinsamen Haushalt lebt und von ihr selbst betreut wird, wenn sie

1. die Anwartschaft (§ 3) erfüllt und
   a) sich aus Anlaß der Mutterschaft in einem Karenzurlaub befindet oder
   b) auf Grund eines Dienst-, freien Dienst-, Ausbildungs- oder Lehrverhältnisses einen Anspruch auf Wochengeld erworben hat oder
   c) während der Schutzfrist gemäß den §§ 3 und 5 des Mutterschutzgesetzes 1979 (MSchG), BGBl. Nr. 221, keinen Anspruch auf Wochengeld hatte, weil die diesbezüglichen krankenversicherungsrechtlichen Vorschriften einen solchen Anspruch nicht vorsehen oder
2. Wochengeld aus der Krankenversicherung nach diesem Bundesgesetz oder dem Arbeitslosenversicherungsgesetz 1977 (AlVG), BGBl. Nr. 609, bezogen hat oder
3. binnen zwölf Wochen nach dem Ende des Bezuges von Leistungen nach dem AlVG oder Karenzgeld oder der Krankenversicherung nach diesem Bundesgesetz einen Anspruch auf Wochengeld erworben hat oder
4. während des Bezuges von Leistungen nach dem AlVG oder Karenzgeld oder binnen zwölf Wochen nach dem Ende des Bezuges von Leistungen nach dem AlVG oder Karenzgeld oder der Krankenversicherung nach diesem Bundesgesetz ein Kind an Kindes Statt angenommen oder in Pflege genommen hat.

(BGBl I 1998/6, BGBl I 1999/153, BGBl I 2001/103)

(2) Vom Anspruch auf Karenzgeld ausgeschlossen ist, wer

1. in einem oder mehreren Dienstverhältnissen steht und hieraus ein Entgelt erzielt, das die Geringfügigkeitsgrenzen gemäß § 5 Abs. 2 des Allgemeinen Sozialversicherungsgesetzes (ASVG), BGBl. Nr. 189/1955, übersteigt, wobei bei einer Beschäftigung als Hausbesorger im Sinne des Hausbesorgergesetzes, BGBl. Nr. 16/1970, der Entgeltwert für die Dienstwohnung und der pauschalierte Ersatz für Materialkosten unberücksichtigt bleiben;
   (BGBl I 1997/139)
2. selbständig erwerbstätig ist bzw. selbständig arbeitet, wenn
   a) der Einheitswert des auf eigene Rechnung und Gefahr geführten land-(forst)wirtschaftlichen Betriebes 4 700 € übersteigt oder
      (BGBl I 1998/148, BGBl I 2001/103)
   b) das Einkommen gemäß § 40 zuzüglich Sozialversicherungsbeiträgen, die als Werbungskosten geltend gemacht wurden, die Geringfügigkeitsgrenzen übersteigt oder
   c) 11,1 vH des im Zeitraum der selbständigen Erwerbstätigkeit (Arbeit) erzielten Umsatzes gemäß § 41 die Geringfügigkeitsgrenzen übersteigt;
3. Anspruch auf Geldleistungen an öffentlich Bedienstete während des Karenzurlaubes aus Anlaß der Mutterschaft nach dem Karenzurlaubsgeldgesetz (KUG), BGBl. Nr. 395/1974, oder auf gleichartige Leistungen auf Grund landesgesetzlicher Vorschriften hat;
4. ohne in einem Dienstverhältnis zu stehen, im Betrieb des Ehegatten, der Eltern oder Kinder tätig ist, wenn das Entgelt aus dieser Tätigkeit, würde sie von einem Dienstnehmer ausgeübt, die Geringfügigkeitsgrenzen überstiege;
5. als geschäftsführender Gesellschafter tätig ist, wenn
   a) das aus dieser Tätigkeit erzielte Einkommen gemäß § 40 zuzüglich Sozialversicherungsbeiträgen, die als Werbungskosten geltend gemacht wurden, oder
   b) 11,1 vH des aus dieser Tätigkeit erzielten, auf Grund ihrer Anteile aliquotierten Umsatzes der Gesellschaft gemäß § 41

   die Geringfügigkeitsgrenzen übersteigt.
6. (aufgehoben)
   (BGBl I 1997/139, BGBl 1998/6)

(3) Das aus vorübergehender Erwerbstätigkeit erzielte Nettoeinkommen in einem Kalendermonat ist auf das Karenzgeld in diesem Kalendermonat anzurechnen.

(BGBl I 1998/6)

(4) Als Nettoeinkommen im Sinne des Abs. 3 gilt das auf der Lohnbestätigung bzw. auf der Honorarnote ausgewiesene Einkommen abzüglich der abgeführten Steuern und Sozialversicherungsbeiträge.

(BGBl I 1998/6)

(5) Bei der Anwendung des Abs. 3 ist der tägliche Anrechnungsbetrag in der Weise zu ermitteln, daß das Nettoeinkommen um den der Geringfügigkeitsgrenze für den Kalendermonat gemäß § 5 Abs. 2 ASVG entsprechenden Betrag zu vermindern und 50 vH des verbleibenden Betrages durch die Zahl der Tage im Kalendermonat zu teilen ist.

(BGBl I 1998/6)

(6) Für Ansprüche auf Grund von Geburten vom 1. Juli 2000 bis 31. Dezember 2001 gilt ab 1. Jänner 2002, dass abweichend von Abs. 2 bis 5 vom Anspruch auf Karenzgeld ausgeschlossen ist, wer ein Einkommen gemäß § 8 des Kinderbetreuungsgeldgesetzes (KBGG), BGBl. I Nr. 103/2001, erzielt, das den Grenzbetrag gemäß § 2 Abs. 1 Z 3 KBGG übersteigt.

(BGBl I 2001/103)

Anwartschaft

§ 3. (1) Die Anwartschaft ist erfüllt, wenn die Antragstellerin (der Antragsteller gemäß § 5) innerhalb der letzten 24 Monate vor der Geltendmachung des Anspruches (Rahmenfrist) insgesamt 52 Wochen im Inland arbeitslosenversicherungspflichtig beschäftigt war.

(2) Wenn die Antragstellerin (der Antragsteller) bereits einmal Karenzgeld oder Weiterbildungsgeld oder Arbeitslosengeld bezogen hat, ist die Anwartschaft bereits dann erfüllt, wenn sie (er) innerhalb der letzten zwölf Monate vor der Geltendmachung des Anspruches (Rahmenfrist) insgesamt 26 Wochen im Inland arbeitslosenversicherungspflichtig beschäftigt war.

(BGBl I 1998/148)

(3) Die Antragstellerin (der Antragsteller), die (der) im Zeitpunkt der Geburt des Kindes das 25.Lebensjahr noch nicht vollendet hat, erfüllt die Anwartschaft bereits dann, wenn sie (er) innerhalb der letzten zwölf Monate vor der Geltendmachung des Anspruches (Rahmenfrist) insgesamt 20 Wochen im Inland arbeitslosenversicherungspflichtig beschäftigt war (Jugendanwartschaft). Auf die Jugendanwartschaft sind die im Abs. 4 angeführten Zeiten mit der Maßgabe, daß mindestens 16 Wochen Zeiten gemäß Abs. 4 Z 1 oder 3 bis 5 oder 7 vorliegen müssen, anzurechnen.

(BGBl I 1998/30)

(4) Auf die Anwartschaft sind folgende im Inland zurückgelegte oder auf Grund inländischer Rechtsvorschriften erworbene Zeiten anzurechnen:

1. Zeiten der Pflichtversicherung in der Arbeitslosenversicherung sowie Zeiten der Selbstversicherung in der Arbeitslosenversicherung;
2. Zeiten des Bezuges von Wochen- oder Krankengeld aus einer Krankenversicherung auf Grund eines arbeitslosenversicherungspflichtigen Beschäftigungs- oder Ausbildungsverhältnisses sowie eines krankenversicherungspflichtigen Lehrverhältnisses;
3. bei Dienstverhältnissen von Arbeitern, die mindestens eine volle Woche gedauert haben und an einem Freitag oder Samstag enden, der darauffolgende Samstag und Sonntag oder der darauffolgende Sonntag;
4. Zeiten der Pflichtversicherung in der Krankenversicherung als Lehrling;
5. Zeiten der Pflichtversicherung in der Krankenversicherung als Schüler in Ausbildung zum gehobenen Dienst für Gesundheits- und Krankenpflege im Sinne des Gesundheits- und Krankenpflegegesetzes, BGBl. I Nr. 108/1997, oder zum medizinisch-technischen Fachdienst im Sinne des Bundesgesetzes über die Regelung des medizinischtechnischen Fachdienstes und der Sanitätsdienste, BGBl. Nr. 102/1961, oder als Studierende an einer medizinisch-technischen Akademie nach dem MTD-Gesetz, BGBl. Nr. 460/1992, oder an einer Hebammenakademie nach dem Hebammengesetz, BGBl. Nr. 310/1994;

   (BGBl I 1998/148)
6. Zeiten des Präsenz(Zivil)dienstes, wenn innerhalb der Rahmenfrist mindestens 13Wochen sonstige Anwartschaftszeiten liegen;
7. Zeiten des Ausbildungsdienstes gemäß § 46a des Wehrgesetzes 1990, BGBl. Nr. 305.

   (BGBl I 1998/30)

(5) Ausländische Beschäftigungs- oder Versicherungszeiten sind auf die Anwartschaft anzurechnen, soweit dies durch zwischenstaatliche Abkommen oder internationale Verträge geregelt ist.

(6) Von Versicherungszeiten gemäß § 66a des Arbeitslosenversicherungsgesetzes 1977 (AlVG), BGBl. Nr. 609, die Strafgefangene durch Erfüllung ihrer Arbeitspflicht erworben haben, sind drei Viertel auf die Anwartschaft anzurechnen.

(7) Die in den Abs. 4 bis 6 genannten Zeiten dürfen jeweils nur einmal auf die Anwartschaft angerechnet werden.

Verlängerung der Rahmenfrist

§ 4. (1) Die Rahmenfrist (§ 3 Abs. 1 bis 3) verlängert sich um höchstens drei Jahre um Zeiträume, in denen die Antragstellerin (der Antragsteller) im Inland

1. in einem arbeitslosenversicherungsfreien Dienstverhältnis gestanden ist;
2. arbeitsuchend bei der regionalen Geschäftsstelle des Arbeitsmarktservice gemeldet war oder Sondernotstandshilfe (§ 39 AlVG) bezogen hat;
3. eine Abfertigung aus einem Dienstverhältnis bezogen hat;
4. sich einer Ausbildung oder beruflichen Maßnahme der Rehabilitation unterzogen hat, durch die sie (er) überwiegend in Anspruch genommen wurde;
5. Präsenz- oder Ausbildungs- oder Zivildienst geleistet hat;

   (BGBl I 1998/30)
6. einen Karenzurlaub im Sinne der gesetzlichen Vorschriften zurückgelegt oder Karenzgeld oder Weiterbildungsgeld bezogen hat;

   (BGBl I 1997/139)
7. ein außerordentliches Entgelt im Sinne des § 17 des Hausgehilfen- und Hausangestelltengesetzes, BGBl. Nr. 235/1962, bezogen hat;
8. nach Erschöpfung des Anspruches auf Krankengeld aus der gesetzlichen Krankenversicherung nachweislich arbeitsunfähig gewesen ist;
9. auf behördliche Anordnung angehalten worden ist;
10. selbständig erwerbstätig gewesen ist.

(2) Die Rahmenfrist verlängert sich um höchstens drei Jahre um Zeiträume, in denen die Antragstellerin (der Antragsteller) im Ausland

1. sich einer Ausbildung unterzogen hat, durch die sie (er) überwiegend in Anspruch genommen wurde;
2. eine der in Abs. 1 angeführten vergleichbaren Leistungen wegen Arbeitslosigkeit oder Kindererziehung bezogen hat, soweit dies in zwischenstaatlichen Abkommen oder in internationalen Verträgen festgelegt ist.

(3) Die Rahmenfrist verlängert sich weiters um Zeiträume, in denen die Antragstellerin (der Antragsteller) im Inland

1. Krankengeld oder Wochengeld bezogen oder sich in Anstaltspflege befunden hat;
2. wegen Invalidität, Berufsunfähigkeit oder Minderung der Erwerbsfähigkeit, die nach ihrem Ausmaß der Arbeitsunfähigkeit gemäß § 8 AlVG gleichkommt, eine Pension aus der gesetzlichen Pensionsversicherung bezogen hat;
3. einen nahen Angehörigen (eine nahe Angehörige) mit Anspruch auf Pflegegeld in Höhe der Stufe 4, 5, 6 oder 7 gemäß § 5 des Bundespflegegeldgesetzes (BPGG), BGBl. Nr. 110/1993, oder nach den Bestimmungen der Landespflegegeldgesetze in häuslicher Umgebung gepflegt hat und gemäß § 77 Abs. 6 ASVG oder § 28 Abs. 6 BSVG oder § 33 Abs. 9 GSVG in der Pensionsversicherung weiterversichert war.

   (BGBl I 1997/139, BGBl I 2000/142)

(4) Die Rahmenfrist verlängert sich weiters um Zeiträume, in denen die Antragstellerin (der Antragsteller) im Ausland eine der in Abs. 3 angeführten vergleichbaren Leistungen wegen Invalidität, Berufsunfähigkeit, Minderung der Erwerbsfähigkeit oder Krankheit bezogen hat, soweit dies in zwischenstaatlichen Abkommen oder in internationalen Verträgen festgelegt ist.

(5) Die Rahmenfrist verlängert sich weiters um Zeiträume, für die die Antragstellerin (der Antragsteller) einen Sicherungsbeitrag gemäß § 5d AMPFG entrichtet hat.

(BGBl I 1998/148)

(6) Der Bundesminister für Arbeit, Gesundheit und Soziales kann, wenn sich die Notwendigkeit hiezu herausstellt, durch Verordnung bestimmen, daß auch andere Tatbestände eine Verlängerung der Rahmenfrist bewirken.

(BGBl I 1998/148)

(7) Zeiten, die gemäß § 3 anwartschaftsbegründend wirken, können zur Rahmenfristerstreckung nicht mehr herangezogen werden.

(BGBl I 1998/148)

Anspruch des Vaters

§ 5. (1) Anspruch auf Karenzgeld hat ein Mann, dessen Kind (Adoptivkind, Pflegekind), abgesehen von einer allfälligen Pflege in einer Krankenanstalt, mit ihm im gemeinsamen Haushalt lebt und von ihm selbst betreut wird, wenn er

1. die Anwartschaft (§ 3) erfüllt und
   a) sich aus Anlaß der Elternschaft in einem Karenzurlaub befindet oder
   b) als Mutter auf Grund eines Dienst-, freien Dienst-, Ausbildungs- oder Lehrverhältnisses einen Anspruch auf Wochengeld erworben hätte oder
   c) als Mutter während der Schutzfrist gemäß den § § 3 und 5 des Mutterschutzgesetzes 1979 (MSchG), BGBl. Nr. 221, keinen Anspruch auf Wochengeld erworben hätte, weil die diesbezüglichen krankenversicherungsrechtlichen Vorschriften einen solchen Anspruch nicht vorsehen oder
2. Leistungen nach dem AlVG oder Karenzgeld bezieht oder
3. binnen zwölf Wochen nach dem Ende des Bezuges von Leistungen nach dem AlVG oder Karenzgeld oder der Krankenversicherung nach diesem Bundesgesetz als Mutter einen Anspruch auf Wochengeld erworben hätte oder
4. während des Bezuges von Leistungen nach dem AlVG oder Karenzgeld oder

binnen zwölf Wochen nach dem Ende des Bezuges von Leistungen nach dem AlVG oder Karenzgeld oder der Krankenversicherung nach diesem Bundesgesetz ein Kind an Kindes Statt angenommen oder in Pflege genommen hat.

(BGBl I 2001/103)

(2) In allen Fällen ist weiters Voraussetzung, daß die Mutter (§ 2 Abs. 1), wenn auch sie Anspruch auf Karenz(urlaubs)geld nach bundes- oder landesgesetzlichen Vorschriften oder auf Teilzeitbeihilfe nach diesem Bundesgesetz oder nach dem Gewerblichen Sozialversicherungsgesetz (GSVG), BGBl. Nr. 560/1978, oder nach dem Bauern-Sozialversicherungsgesetz (BSVG), BGBl. Nr. 559/1978, hat, auf die vorrangige (alleinige) Inanspruchnahme zur Gänze oder für einen bestimmten Zeitraum verzichtet hat und daß keine Ausschließungsgründe gemäß § 2 Abs. 2 bis 6 vorliegen.

(BGBl I 2001/103)

(BGBl I 1997/139, BGBl I 1999/153)

Wechsel in der Anspruchsberechtigung

§ 6. Ein Wechsel in der Anspruchsberechtigung kann jeweils nur unter Berücksichtigung der Mindestdauer jeder einzelnen Inanspruchnahme gemäß § 11 Abs. 5 erfolgen, es sei denn, daß der im Bezug stehende Elternteil durch ein unvorhersehbares und unabwendbares Ereignis für eine nicht bloß verhältnismäßig kurze Zeit verhindert ist, das Kind zu betreuen. Bei Wechsel der Betreuung kann das Karenzgeld längstens 31 Tage von beiden Elternteilen gleichzeitig bezogen werden, wenn beide Elternteile das Kind betreuen.

(BGBl I 1999/153)

Höhe des Karenzgeldes

§ 7. Das Karenzgeld beträgt, soweit im Folgenden nicht anderes bestimmt ist, 14,53 € täglich.

(BGBl I 2001/103)

Zuschläge

§ 8. (1) Zum Karenzgeld gebühren Zuschläge für die in den Abs. 2 und 3 angeführten Personen, ausgenommen für das neugeborene Kind, sofern der anspruchsberechtigte Elternteil zum Unterhalt dieser Personen wesentlich beiträgt und diesen Personen nicht zugemutet werden kann, den Aufwand für ihren Lebensunterhalt aus eigenen Kräften, insbesondere durch eigene Arbeit, zu bestreiten. Bei Mehrlingsgeburten gebührt für das zweite und jedes weitere Kind je ein Zuschlag.

(BGBl I 1998/6, BGBl I 2000/142)

(2) Zuschläge gebühren für Kinder und Enkel, Stiefkinder, Wahlkinder und Pflegekinder, wenn sie kein Arbeitseinkommen, ausgenommen die Lehrlingsentschädigung, erzielen, das die Geringfügigkeitsgrenze gemäß § 5 Abs. 2 ASVG für den Kalendermonat übersteigt.

(BGBl I 1998/6)

(3) Zuschläge gebühren überdies für Ehegatten (Lebensgefährten), die kein Einkommen erzielen, das die Geringfügigkeitsgrenze gemäß § 5 Abs. 2 ASVG für den Kalendermonat übersteigt, wenn Zuschläge für Kinder, Enkel, Stiefkinder, Wahl- oder Pflegekinder gebühren und diese minderjährig sind oder für sie eine Familienbeihilfe wegen Behinderung gebührt.

(BGBl I 1998/6)

(4) Zuschläge gebühren nur für Angehörige, deren Hauptwohnsitz (§ 1 Abs. 7 des Meldegesetzes 1991, BGBl. Nr. 9/1992, in der Fassung des Hauptwohnsitzgesetzes, BGBl. Nr. 505/1994) in Österreich liegt, soweit nicht zwischenstaatliche Abkommen oder internationale Verträge anderes bestimmen.

(5) Für eine Person ist ein Zuschlag nur einmal zu gewähren. Beziehen beide Elternteile Karenzgeld und tragen beide zum Unterhalt dieser Person wesentlich bei, so gebührt der Zuschlag jenem Elternteil, der die Familienbeihilfe bezieht.

(BGBl I 1999/153)

(6) Der Zuschlag beträgt täglich ein Dreißigstel des Kinderzuschusses gemäß § 262 Abs. 2 ASVG, kaufmännisch gerundet auf einen Cent.

(BGBl I 2000/142, BGBl I 2001/103)

(7) bis (8) (aufgehoben)

(BGBl I 2000/142)

Ruhen des Karenzgeldes

§ 9. (1) Der Anspruch auf Karenzgeld ruht während

1. des Bezuges von Kranken- oder Wochengeld sowie während der Dauer der Versagung des Krankengeldes gemäß § 142 Abs. 1 ASVG und des Ruhens des Krankengeldanspruches gemäß § 143 Abs. 6 ASVG;
2. der Unterbringung des Leistungsbeziehers in Anstaltspflege;
3. der Verbüßung einer Freiheitsstrafe sowie während einer anderweitigen auf behördlicher Anordnung beruhenden Anhaltung;
4. des Bezuges von Entgelt gemäß § 5 des Entgeltfortzahlungsgesetzes (EFZG), BGBl. Nr. 399/1974, § 9 Abs. 1 des Angestelltengesetzes (AngG), BGBl. Nr. 292/1929, § 9 Abs. 1 des Gutsangestelltengesetzes (GAngG), BGBl. Nr. 538/1923, § 12 Abs. 1 dritter Satz des Schauspielergesetzes (SchSpG), BGBl. Nr. 441/1922, § 25 Abs. 13 des Heimarbeitsgesetzes 1960 (HeimArbG), BGBl. Nr. 105/1961, oder § 24 des Landarbeitsgesetzes 1984 (LAG), BGBl. Nr. 287;
5. des Bezuges von Übergangsgeld aus der gesetzlichen Pensions- oder Unfallversicherung;
6. eines Auslandsaufenthaltes, soweit er drei Monate übersteigt;
7. des Bezuges von Kinderbetreuungsgeld.

(BGBl I 2001/103)

(2) Abs. 1 Z 6 findet keine Anwendung

1. auf österreichische Staatsbürger(innen), die im Ausland beschäftigt und nach dem AlVG arbeitslosenversichert waren, sofern sie sich während des Karenzgeldbezuges im Ausland aufhalten;
2. soweit die Gebietskrankenkasse auf Antrag des Leistungsbeziehers das Ruhen aus berücksichtigungswürdigen Gründen, wie insbesondere aus gesundheitlichen, familiären oder partnerschaftlichen Gründen, nachsieht.

Beginn des Anspruches

§ 10. (1) Das Karenzgeld gebührt der Mutter auf vorherigen Antrag

1. ab dem Beginn des Karenzurlaubes;
2. bei Auflösung des Dienst-, freien Dienst-, Ausbildungs- oder Lehrverhältnisses ab dem der Auflösung folgenden Tag, frühestens jedoch im unmittelbaren Anschluß an den Bezug von Wochengeld;
3. bei Adoptiv- und Pflegekindern frühestens ab dem Tag, ab dem das Kind in Pflege genommen wird.

(2) Das Karenzgeld gebührt dem Vater auf vorherigen Antrag ab dem Tag, ab dem die Mutter auf die vorrangige (alleinige) Inanspruchnahme verzichtet, frühestens jedoch

1. im unmittelbaren Anschluß an den Bezug von Wochengeld oder Betriebshilfe der Mutter;
2. nach Ablauf von acht bzw. bei Früh-, Mehrlings- oder Kaiserschnittgeburten zwölf Wochen nach der Geburt, wenn kein Anspruch auf Wochengeld oder Betriebshilfe besteht;
3. ab dem Tag, ab dem das Adoptiv- oder Pflegekind in Pflege genommen wird.

(3) Ist ein Elternteil durch ein unvorhersehbares und unabwendbares Ereignis für eine nicht bloß verhältnismäßig kurze Zeit verhindert, das Kind zu betreuen, so gebührt dem anderen Elternteil das Karenzgeld ab dem Tag nach dem Eintritt des Ereignisses, jedoch nicht vor dem Ende des Bezuges von Wochengeld oder Betriebshilfe der Mutter.

(4) Wird der Antrag erst später gestellt, so gebührt das Karenzgeld rückwirkend bis zum Höchstausmaß von drei Monaten.

(BGBl I 1999/153)

Dauer des Anspruches

§ 11. (1) Das Karenzgeld wird, soweit im folgenden nicht anderes bestimmt ist, im Höchstausmaß von 549 Tagen gewährt.

(2) Die Anspruchsdauer gemäß Abs. 1 verlängert sich bis zu einem Höchstausmaß von 731 Tagen, wenn

1. der zweite Elternteil mindestens drei Monate lang Karenzgeld in Anspruch nimmt oder genommen hat, um die Dauer dieses Bezuges;
2. der zweite Elternteil durch Unterbringung in Anstaltspflege, schwere Erkrankung oder Tod verhindert ist, das Kind zu betreuen;
3. der zweite Elternteil auf Grund einer schweren körperlichen, geistigen, psychischen oder Sinnesbehinderung außerstande ist, das Kind ohne fremde Hilfe zu betreuen.

(3) Das Höchstausmaß nach den Abs. 1 und 2 erhöht sich für Ansprüche auf Grund von Geburten ab 1. Juli 2000 um 365 Tage. Vom Höchstausmaß sind die Tage vom Tag der Geburt des Kindes bis zum Tag vor Beginn des Anspruches gemäß § 10 Abs. 1 Z 1 bis 3 oder Abs. 2 Z 1 bis 3 und Abs. 4 abzuziehen. Wird ein vor dem 1. Juli 2000 geborenes Kind im zweiten Lebensjahr an Kindes Statt angenommen oder in Pflege genommen, sind 365 Tage abzuziehen; wird ein ab dem 1. Juli 2000 geborenes Kind im dritten Lebensjahr an Kindes Statt angenommen oder in Pflege genommen, sind 730 Tage abzuziehen. Dadurch ergibt sich die höchstmögliche Bezugsdauer für einen bestimmten Elternteil und für beide Elternteile (Karenzgeldkonto).

(BGBl I 2000/142, BGBl I 2001/103)

(4) Von der höchstmöglichen Bezugsdauer gemäß Abs. 3 können bis zu 183 Tage für den Verbrauch nach Vollendung des dritten Lebensjahres des Kindes aufgespart und im Zeitraum bis zum Ablauf des siebenten Lebensjahres des Kindes und darüber hinaus bis drei Monate nach Schuleintritt des Kindes in Anspruch genommen werden. Wird ein vor dem 1. Juli 2000 geborenes Kind nach Ablauf des zweiten Lebensjahres, ein ab dem 1. Juli 2000 geborenes Kind nach Ablauf des dritten Lebensjahres, jedenfalls jedoch vor Ablauf des siebenten Lebensjahres des Kindes an Kindes Statt angenommen oder in Pflege genommen, endet der Anspruch auf Karenzgeld sechs Monate nach der Adoption oder Übernahme in Pflege.

(BGBl I 2001/103)

(5) Das Karenzgeld kann jeweils nur in Blökken von mindestens drei Monaten, nach Vollendung des 18. Lebensmonates des Kindes von mindestens einem Monat, beansprucht werden. Die Anspruchsberechtigung für die Dauer der Verhinderung des anderen Elternteils gemäß § 6 und der Verbrauch eines kürzeren Restanspruches werden dadurch nicht berührt.

(6) Für jeden Tag des vollen Karenzgeldbezuges durch einen Elternteil ist vom Karenzgeldkonto (Abs. 3) ein voller Tag, für jeden Tag des Karenzgeldbezuges bei Teilzeitbeschäftigung durch einen Elternteil ein halber Tag abzubuchen. Bei gleichzeitiger Inanspruchnahme des Karenzgeldes ist jeweils für jeden Elternteil der entsprechende Anteil an Tagen abzubuchen. Für jeden Tag des Ruhens des Karenzgeldes gemäß § 9 ist bei vollem Karenzgeldbezug ein voller und bei Karenzgeldbe-

zug bei Teilzeitbeschäftigung ein halber Tag abzubuchen; dies gilt jedoch nicht, wenn ein Elternteil wegen der Verhinderung des anderen Elternteils Karenzgeld bezieht. Bei Ruhen des Karenzgeldes wegen des Bezuges von Kinderbetreuungsgeld gemäß § 9 Abs. 1 Z 7 sind keine weiteren Tage vom Karenzgeldkonto abzubuchen, wenn eine Abbuchung bereits wegen des Bezuges von Karenzgeld durch den anderen Elternteil oder des Ruhens des Bezuges des anderen Elternteils erfolgt oder nicht mehr als 183 Tage vorhanden sind.

(BGBl I 2001/103)

(7) Bei einem neuen Anspruch auf Karenzgeld für ein weiteres Kind erhöht sich die höchstmögliche Bezugsdauer für einen Elternteil gemäß Abs. 3 um Restansprüche auf Karenzgeld für ältere Kinder im Ausmaß von jeweils höchstens 183 Tagen.

(BGBl I 1999/153)

Karenzgeld bei Teilzeitbeschäftigung

§ 12. (1) Für den Anspruch auf Karenzgeld bei Teilzeitbeschäftigung muß der betreffende Elternteil, wenn er nicht bereits Karenzgeld aus Anlaß der Geburt des Kindes, wegen der die Teilzeitbeschäftigung aufgenommen wird, bezogen hat, die Voraussetzungen gemäß § 2 oder § 5 erfüllen. Der Bezug von Karenzgeld bei Teilzeitbeschäftigung ist ausgeschlossen, wenn ein Elternteil, außer bei Wechsel der Betreuung für längstens 31 Tage, Karenzgeld, Karenzurlaubsgeld nach dem KUG oder eine entsprechende Leistung nach gleichartigen österreichischen Rechtsvorschriften in voller Höhe bezieht.

(BGBl I 1998/6, BGBl I 1999/153)

(2) Als Teilzeitbeschäftigung im Sinne der nachstehenden Bestimmungen gelten eine Teilzeitbeschäftigung gemäß den §§ 15g und 15h MSchG oder den §§ 8 und 8a EKUG oder gleichartigen österreichischen Rechtsvorschriften sowie eine Teilzeitbeschäftigung (mehrere Teilzeitbeschäftigungen), deren Arbeitszeit insgesamt drei Fünftel der für die Beschäftigung maßgeblichen gesetzlichen oder in einem Kollektivvertrag festgesetzten wöchentlichen Normalarbeitszeit nicht übersteigt, wenn das Entgelt aus der Teilzeitbeschäftigung (den Teilzeitbeschäftigungen) die Geringfügigkeitsgrenzen (§ 5 Abs. 2 ASVG) übersteigt. § 2 Abs. 2 Z 1 und Abs. 6 ist auf diese Teilzeitbeschäftigungen nicht anzuwenden.

(BGBl I 1997/139, BGBl I 1999/153, BGBl I 2001/103)

(3) Bei Karenzgeldbezug bei Teilzeitbeschäftigung gebühren, gegebenenfalls für jeden Elternteil, 50 vH des Karenzgeldes gemäß § 7.

(BGBl I 1999/153)

Dauer des Karenzgeldanspruches bei Teilzeitbeschäftigung

§ 13. (aufgehoben)

(BGBl I 1999/153)

Abschnitt 3
Teilzeitbeihilfe für unselbständig erwerbstätige Mütter

§ 14. (1) Anspruch auf Teilzeitbeihilfe hat eine Frau, die mangels Erfüllung der Anwartschaft keinen Anspruch auf Karenzgeld hat, wenn infolge der Entbindung auf Grund eines Dienst-, freien Dienst-, Ausbildungs- oder Lehrverhältnisses ein Anspruch auf Wochengeld entstanden ist oder wegen Weiterzahlung der für Frauen im Ausbildungsdienst nach dem Heeresgebührengesetz 1992 (HGG 1992), BGBl. Nr. 422, vorgesehenen Bezüge kein solcher Anspruch entstanden ist.

(BGBl I 1998/30, BGBl I 1999/153)

(2) Die Teilzeitbeihilfe gebührt in der halben Höhe des Karenzgeldes gemäß § 7. Die § § 2 Abs. 2 Z 3, 6, 10 Abs. 1 und 4 sowie 11 gelten mit der Maßgabe, daß an die Stelle des Karenzgeldes die Teilzeitbeihilfe und an die Stelle des vollen Karenzgeldbezuges der Teilzeitbeihilfebezug tritt.

(BGBl I 1999/153)

(3) Die Teilzeitbeihilfe ruht unter den gemäß § 9 für das Karenzgeld geltenden Voraussetzungen.

(BGBl I 2001/103)

(4) Bei der Beurteilung des Anspruches des Vaters auf Karenzgeld gemäß § 5 steht die Teilzeitbeihilfe dem Anspruch der Mutter auf Karenzgeld gleich.

(5) Für Ansprüche auf Grund von Geburten vom 1. Juli 2000 bis 31. Dezember 2001 gilt ab 1. Jänner 2002, dass abweichend von Abs. 2 die Teilzeitbeihilfe auf Antrag in der Höhe des Karenzgeldes gebührt, wenn kein Einkommen gemäß § 8 KBGG erzielt wird, das den Grenzbetrag gemäß § 2 Abs. 1 Z 3 KBGG übersteigt.

(BGBl I 2001/103)

Abschnitt 4
Zuschuß zum Karenzgeld oder zur Teilzeitbeihilfe

Anspruch auf Zuschuß

§ 15. (1) Anspruch auf Zuschuß zum Karenzgeld oder zur Teilzeitbeihilfe haben

1. alleinstehende Elternteile (§ 16),
2. verheiratete Mütter oder verheiratete Väter nach Maßgabe des § 17,
3. nicht alleinstehende Mütter oder Väter nach Maßgabe des § 18 und
4. Frauen oder Männer, die allein oder mit ihrem Ehegatten ein Kind, welches das zweite Lebensjahr noch nicht vollendet hat, an Kindes Statt angenommen oder in Pflege genommen haben, nach Maßgabe des § 17 Abs. 3.

(2) Voraussetzung für die Gewährung des Zuschusses ist, daß Karenzgeld oder Teilzeitbeihilfe für unselbständig erwerbstätige Mütter nach diesem Bundesgesetz oder Teilzeitbeihilfe nach dem

BSVG oder nach dem GSVG zuerkannt worden ist.

(BGBl I 1997/139)

(3) Für Ansprüche auf Grund von Geburten vom 1. Juli 2000 bis 31. Dezember 2001 gilt ab 1. Jänner 2002, dass vom Anspruch auf Zuschuss ausgeschlossen ist, wer ein Einkommen gemäß § 8 KBGG erzielt, das den Grenzbetrag gemäß § 9 Abs. 3 KBGG übersteigt.

(BGBl I 2001/103)

Alleinstehende

§ 16. (1) Alleinstehende Elternteile sind Mütter oder Väter, die ledig, geschieden oder verwitwet sind und nicht unter § 18 fallen. Ferner gelten Mütter und Väter als alleinstehend, wenn der Ehepartner erwiesenermaßen für den Unterhalt des Kindes nicht sorgt.

(2) Alleinstehende Elternteile haben nur Anspruch auf Zuschuß zum Karenzgeld oder zur Teilzeitbeihilfe, wenn sie eine Urkunde vorlegen, aus der der andere Elternteil des Kindes hervorgeht. In Ermangelung einer derartigen Urkunde haben sie eine entsprechende Erklärung abzugeben.

(3) Alleinstehende Elternteile, die die Voraussetzungen gemäß Abs. 2 nicht erfüllen, haben dann Anspruch auf Zuschuß zum Karenzgeld oder zur Teilzeitbeihilfe, wenn sie sich selbst zur Rückzahlung des Zuschusses verpflichten.

(BGBl I 1999/153)

Ehegatten

§ 17. (1) Verheiratete Mütter bzw. Väter erhalten einen Zuschuß, sofern ihr Ehegatte kein oder nur ein Einkommen bis 427 € im Monat (Freigrenze) erzielt. Die Freigrenze ist für jede weitere Person, für deren Unterhalt der Ehepartner auf Grund einer rechtlichen oder sittlichen Pflicht tatsächlich wesentlich beiträgt, um 215 € zu erhöhen.

(BGBl I 2001/103)

(2) Übersteigt das Einkommen des Ehegatten die Freigrenze, so ist der Unterschiedsbetrag auf den Zuschuß anzurechnen.

(3) Die Abs. 1 und 2 sind auch im Falle des § 15 Abs. 1 Z 4 anzuwenden.

(4) Für Ansprüche auf Grund von Geburten vom 1. Juli 2000 bis 31. Dezember 2001 gilt ab 1. Jänner 2002, dass an die Stelle des Einkommens gemäß § 40 das Einkommen gemäß § 8 KBGG und an die Stelle der Freigrenzen gemäß Abs. 1 die Freigrenzen gemäß § 12 Abs. 1 KBGG treten.

(BGBl I 2001/103)

Nicht Alleinstehende

§ 18. Unter den Voraussetzungen des § 17 erhalten einen Zuschuß nicht alleinstehende Mütter bzw. Väter, das sind Mütter bzw. Väter, die ledig, geschieden oder verwitwet sind und mit dem Vater bzw. der Mutter des Kindes nach den Vorschriften des Meldegesetzes 1991 an derselben Adresse angemeldet sind oder anzumelden wären (Lebensgemeinschaft).

Dauer

§ 19. Der Zuschuß gebührt, solange die im § 15 Abs. 2 genannten Leistungen gewährt werden. Stehen diese Leistungen nur für einzelne Tage eines Monates zu, gebührt der Zuschuß nur anteilig. Der Zuschuß gebührt jedoch ungekürzt, sofern der Anspruch auf diese Leistungen wegen Kranken- oder Wochengeldbezug ruht.

Höhe

§ 20. Der Zuschuß beträgt 6,06 € täglich, soweit im folgenden nicht anderes bestimmt ist.

Teilzeitbeschäftigung

§ 21. Der Zuschuß bei Anspruch auf Karenzgeld bei Teilzeitbeschäftigung beträgt 50 vH des Zuschusses gemäß § 20.

(BGBl I 1999/153)

Teilzeitbeihilfe für unselbständig erwerbstätige Mütter

§ 22. Der Zuschuß bei Anspruch auf Teilzeitbeihilfe gemäß § 14 beträgt bei Anspruch auf Teilzeitbeihilfe in Höhe des Karenzgeldes 100 vH des Zuschusses gemäß § 20 und bei Anspruch auf Teilzeitbeihilfe in halber Höhe des Karenzgeldes 50 vH des Zuschusses gemäß § 20.

(BGBl I 2001/103)

Teilzeitbeihilfe für selbständig erwerbstätige Mütter

§ 23. Der Zuschuß bei Anspruch auf Teilzeitbeihilfe gemäß § 99 BSVG oder § 102b GSVG beträgt bei Anspruch auf Teilzeitbeihilfe in Höhe des Karenzgeldes 100 vH des Zuschusses gemäß § 20 und bei Anspruch auf Teilzeitbeihilfe in halber Höhe des Karenzgeldes 50 vH des Zuschusses gemäß § 20.

(BGBl I 1997/139, BGBl I 2001/103)

Erklärung

§ 24. Im Falle des Antrags auf Gewährung eines Zuschusses gemäß den § § 17 und 18 haben beide Elternteile eine Erklärung zu unterfertigen, mit der sie sich zur Leistung der Abgabe gemäß § 27 verpflichten.

Anpassung

§ 25. (1) Soweit die gemäß § 12 Abs. 3 und gemäß § 14 Abs. 2 gebührende Hälfte des Karenzgeldes gemäß § 7 Bruchteile eines Cents enthält, sind diese kaufmännisch auf einen Cent zu runden.

(2) Der im § 2 Abs. 2 Z 2 lit. a genannte Betrag ist mit Wirkung ab 1. Jänner des Jahres 2003 und jedes darauffolgenden Jahres mit der Aufwertungszahl (§ 108a ASVG) des jeweiligen Kalenderjahres zu vervielfachen und kaufmännisch auf einen vollen Eurobetrag zu runden.

(BGBl I 1998/148, BGBl I 2001/103)

Datenübermittlung

§ 26. Die Gebietskrankenkassen und die für die Gewährung des Zuschusses zur Teilzeitbeihilfe nach dem BSVG oder nach dem GSVG zuständigen Träger der Krankenversicherung haben den Finanzämtern die Daten, die für die Finanzämter zur Wahrnehmung der ihnen durch dieses Gesetz übertragenen Aufgaben eine wesentliche Voraussetzung bilden, im Wege automationsunterstützter Datenübermittlung mitzuteilen.

(BGBl I 1998/148)

Abschnitt 5
Rückzahlung ausbezahlter Zuschüsse zum Karenzgeld oder zur Teilzeitbeihilfe

Abgabepflichtige

§ 27. (1) Eine Rückzahlung ausbezahlter Zuschüsse zum Karenzgeld oder zur Teilzeitbeihilfe haben zu leisten:

1. Der Elternteil des Kindes, wenn an den anderen Elternteil ein Zuschuß gemäß § 15 Abs. 1 Z 1 ausbezahlt wurde.
2. Die Eltern des Kindes, wenn an einen der beiden Elternteile ein Zuschuß gemäß § 15 Abs. 1 Z 2, 3 oder 4 ausbezahlt wurde.
3. Der Elternteil des Kindes, der sich gemäß § 16 Abs. 3 zur Rückzahlung des Zuschusses verpflichtet hat.

(BGBl I 1999/153)

(2) Leben die Eltern in den Fällen des Abs. 1 Z 2 im Zeitpunkt der Entstehung des Abgabenanspruchs (§ 30) dauernd getrennt, so ist die Rückzahlung bei den Elternteilen insoweit zu erheben, als dies bei dem jeweiligen Elternteil billig ist. Dabei ist insbesondere auf die jeweiligen Einkommensverhältnisse der Elternteile sowie auf die Tragung der mit der Haushaltszugehörigkeit des Kindes verbundenen Lasten Bedacht zu nehmen.

(3) Die Rückzahlung ist eine Abgabe im Sinne des § 1 der Bundesabgabenordnung (BAO), BGBl. Nr. 194/1961.

Höhe der Abgabe

§ 28. (1) Die Abgabe beträgt jährlich

1. in den Fällen des § 27 Abs. 1 Z 1 und 3 bei einem jährlichen Einkommen von
   mehr als 10 175 € 3%
   mehr als 12 720 € 5%
   mehr als 16 355 € 7%
   mehr als 19 990 € 9%
   des Einkommens,
   (BGBl I 1999/153, BGBl I 2001/103)
2. in den Fällen des § 27 Abs. 1 Z 2 bei einem Gesamteinkommen der beiden Elternteile von
   mehr als 25 440 € 5%
   mehr als 29 070 € 7%
   mehr als 32 705 € 9%
   des Einkommens.
   (BGBl I 2001/103)

(2) Als Einkommen für Zwecke der Rückzahlung ausbezahlter Zuschüsse zum Karenzurlaubsgeld oder zur Teilzeitbeihilfe gilt abweichend von § 40 das Einkommen gemäß § 2 Abs. 2 EStG 1988 zuzüglich steuerfreier Einkünfte im Sinne des § 3 Abs. 1 Z 5 lit. a bis d EStG 1988 und Beträge nach den § § 10 und 12 EStG 1988, soweit sie bei der Ermittlung des Einkommens abgezogen wurden. Werden Gewinne nicht nach Führung ordnungsgemäßer Bücher und Aufzeichnungen, sondern nach Durchschnittssätzen (§ 17 EStG 1988) ermittelt, sind diese Einkünfte zu erhöhen. Die Erhöhung beträgt

1. bei Einkünften aus Land- und Forstwirtschaft 40 vH des Einheitswertes des land- und forstwirtschaftlichen Vermögens,
2. bei Einkünften aus Gewerbebetrieben 10vH dieser Einkünfte.

§ 29. Die Abgabe ist höchstens im Ausmaß von 115% des Zuschusses, der für den jeweiligen Anspruchsfall ausbezahlt wurde, zu erheben.

Entstehung des Abgabenanspruchs

§ 30. Der Abgabenanspruch entsteht mit Ablauf des Kalenderjahres, in dem die Einkommensgrenze gemäß § 28 erreicht wird, frühestens mit Ablauf des Kalenderjahres der Geburt des Kindes, letztmals mit Ablauf des auf die Geburt des Kindes folgenden 15. Kalenderjahres.

Zuständigkeit zur Erhebung

§ 31. Die Erhebung der Abgabe obliegt in den Fällen des § 27 Abs. 1 Z 1 dem für die Erhebung der Abgaben vom Einkommen zuständigen Finanzamt des Elternteiles, in den Fällen des § 27 Abs. 1 Z 2 dem für die Erhebung der Abgaben vom Einkommen des Vaters des Kindes, nach dem Tod des Vaters dem für die Erhebung der Abgaben vom Einkommen der Mutter des Kindes zuständigen Finanzamt.

Erklärungspflicht

§ 32. Jeder Abgabepflichtige (§ 27) ist verpflichtet, eine Abgabenerklärung über sein im Kalenderjahr erzieltes Einkommen im Sinne des § 28 Abs. 2 bis zum Ende des Monates März des Folgejahres einzureichen. § 134 Abs. 1 zweiter Satz BAO ist anzuwenden.

Abschnitt 6
Wiedereinstellungsbeihilfe

§ 33. (1) Wird Karenzgeld nach diesem Bundesgesetz oder Karenzurlaubsgeld nach dem AlVG bis zur Vollendung des 18. Lebensmonates des Kindes oder darüber hinaus nur von einem Elternteil in Anspruch genommen, erhält der Arbeitgeber nach Maßgabe der folgenden Bestimmungen eine Wiedereinstellungsbeihilfe.

(2) Beschäftigt der Arbeitgeber zum Zeitpunkt der Wiedereinstellung

1. bis zu zehn Arbeitnehmerinnen (Arbeitnehmer), beträgt die Beihilfe 66 vH,
2. elf bis 50 Arbeitnehmerinnen (Arbeitnehmer), beträgt die Beihilfe 40 vH

des der wiedereingestellten Arbeitnehmerin (dem wiedereingestellten Arbeitnehmer) zustehenden Bruttolohnes für die ersten drei Monate.

(3) Endet das Arbeitsverhältnis, das Anlaß für eine Beihilfe nach Abs. 2 war, nach der Wiedereinstellung durch Verschulden oder durch Kündigung des Arbeitgebers vor Ablauf eines Jahres nach dem Ende des gesetzlichen Kündigungsschutzes (vier Wochen), ist die Beihilfe nach Abs. 2 zur Gänze zurückzuzahlen.

(4) Der Antrag auf Wiedereinstellungsbeihilfe ist spätestens innerhalb von fünf Monaten nach der erfolgten Wiedereinstellung (Abs. 2) zu stellen.

(5) Die Abs. 1 bis 4 gelten nicht für den Bund, die Länder, die Gemeindeverbände und die Gemeinden, die von diesen Körperschaften verwalteten Betriebe, Unternehmungen, Anstalten, Stiftungen oder Fonds und für Körperschaften des öffentlichen Rechts.

Abschnitt 7
Verfahren

Zuständigkeit

§ 34. (1) In Angelegenheiten des Karenzgeldes, der Teilzeitbeihilfe für unselbständig erwerbstätige Mütter und des Zuschusses zu diesen Leistungen sind die Gebietskrankenkassen (§ 26 Abs. 1 Z 1 ASVG) zuständig. Die örtliche Zuständigkeit richtet sich nach dem Wohnsitz, mangels eines solchen nach dem gewöhnlichen Aufenthaltsort oder nach dem letzten Beschäftigungsort der Antragstellerin (des Antragstellers). In den Fällen des § 9 Abs. 2 Z 1 ist die Wiener Gebietskrankenkasse zuständig. Änderungen in der örtlichen Zuständigkeit werden mit dem dem Tag der Meldung der Wohnsitzänderung folgenden Monatsersten wirksam.

(BGBl I 1999/153)

(2) Für den Anspruch auf Zuschuß zur Teilzeitbeihilfe nach dem BSVG oder nach dem GSVG ist der für die Gewährung dieser Teilzeitbeihilfe zuständige Träger der Krankenversicherung zuständig.

(BGBl I 1997/139)

(3) In Angelegenheiten der Wiedereinstellungsbeihilfe ist die gemäß den §§ 26 und 30 ASVG zuständige Gebietskrankenkasse zuständig.

(4) Die Gebietskrankenkassen haben die in den Absätzen 1 und 3 genannten Angelegenheiten im übertragenen Wirkungsbereich zu vollziehen.

(BGBl I 1999/153)

Geltendmachung und Prüfung des Anspruches

§ 35. (1) Für die Geltendmachung des Anspruches ist ein hiefür bundeseinheitlich aufgelegtes Antragsformular zu verwenden. Der Krankenversicherungsträger hat dem Antragsteller bzw. seinem Vertreter das Einlangen des Antrages zu bestätigen.

(2) Wird der Bezug einer Leistung nach diesem Bundesgesetz unterbrochen oder ruht der Anspruch und ist das Ende des Unterbrechungs- bzw. Ruhenszeitraumes ungewiß, so ist der Fortbezug des Anspruches durch Wiedermeldung geltend zu machen. § 10 Abs. 4 gilt auch für die Wiedermeldung.

(3) Die Krankenversicherungsträger sind berechtigt, die Erfüllung der Anspruchsvoraussetzungen durch zweckdienliche Erhebungen zu überprüfen.

(4) In Angelegenheiten des Karenzgeldes, der Teilzeitbeihilfe für unselbständig erwerbstätige Mütter, des Zuschusses zu diesen Leistungen und der Wiedereinstellungsbeihilfe sind, soweit in diesem Bundesgesetz nicht anderes bestimmt ist, die für Leistungssachen in der Krankenversicherung geltenden verfahrensrechtlichen Bestimmungen des ASVG anzuwenden.

Entscheidung

§ 36. (1) Wird der Anspruch auf eine Leistung nach diesem Bundesgesetz anerkannt, so ist dem Leistungsbezieher eine Mitteilung auszustellen, aus der insbesondere Beginn, Ende und Höhe des Leistungsanspruches hervorgehen.

(2) Wird der Anspruch nicht oder nicht im begehrten Ausmaß anerkannt, so ist darüber dem Antragsteller ein Bescheid auszufolgen.

Abschnitt 8
Allgemeine Bestimmungen

Mitteilungspflichten

§ 37. (1) Wer Leistungen nach diesem Bundesgesetz bezieht, ist verpflichtet, die Aufnahme einer Tätigkeit gemäß § 2 Abs. 2 Z 1, 2, 4 und 5 unverzüglich anzuzeigen. Darüber hinaus hat der Leistungsbezieher jede andere für das Fortbestehen und das Ausmaß des Anspruches bedeutsame Änderung, insbesondere jede Änderung der wirtschaftlichen Verhältnisse und des Wohnsitzes, ohne Verzug, spätestens jedoch eine Woche nach dem Eintritt des Ereignisses, anzuzeigen.

(2) Die Krankenversicherungsträger haben im Wege des Hauptverbandes der österreichischen Sozialversicherungsträger dem Bundesminister für Arbeit, Gesundheit und Soziales und dem Arbeitsmarktservice statistische Daten über die Anträge und Leistungen nach diesem Bundesgesetz zur Verfügung zu stellen.

Berichtigung

§ 38. (1) Wenn eine der Voraussetzungen für den Anspruch auf eine Leistung nach diesem Bundesgesetz wegfällt, ist die Leistung einzustellen; wenn sich eine für das Ausmaß des Leistungsanspruches maßgebende Voraussetzung ändert, ist die Leistung neu zu bemessen.

(2) Wenn sich die Zuerkennung oder die Bemessung einer Leistung nach diesem Bundesgesetz nachträglich als gesetzlich nicht begründet herausstellt, ist mit Bescheid die Zuerkennung zu widerrufen oder die Bemessung rückwirkend zu berichtigen.

Rückforderung

§ 39. (1) Bei Einstellung, Herabsetzung, Widerruf oder Berichtigung einer Leistung ist der Leistungsbezieher zum Ersatz des unberechtigt Empfangenen zu verpflichten, wenn er den Bezug durch unwahre Angaben oder durch Verschweigung maßgebender Tatsachen herbeigeführt hat oder wenn er erkennen mußte, daß die Leistung nicht oder nicht in dieser Höhe gebührte.

(2) Die Verpflichtung zum Ersatz der empfangenen Leistung besteht auch dann, wenn rückwirkend eine Tatsache festgestellt wurde, bei deren Vorliegen gemäß § 2 Abs. 2 kein Anspruch besteht. Der Empfänger einer Leistung nach diesem Bundesgesetz ist auch dann zum Ersatz des unberechtigt Empfangenen zu verpflichten, wenn sich ohne dessen Verschulden auf Grund eines nachträglich vorgelegten Einkommensteuer- oder Umsatzsteuerbescheides ergibt, daß die Leistung nicht oder nicht in diesem Umfang gebührte; in diesem Fall darf jedoch der Rückforderungsbetrag das erzielte Einkommen nicht übersteigen.

(BGBl I 1998/148)

(3) Wenn eine dritte Person eine ihr obliegende Anzeige vorsätzlich oder grob fahrlässig unterlassen oder falsche Angaben gemacht und hiedurch einen unberechtigten Bezug verursacht hat, kann sie zum Ersatz verpflichtet werden.

(4) Rückforderungen, die gemäß den Abs. 1 bis 3 vorgeschrieben wurden, können auf die zu erbringenden Leistungen bis zur Hälfte derselben aufgerechnet werden; sie vermindern den Leistungsanspruch entsprechend.

(5) Der Krankenversicherungsträger kann bei Vorliegen berücksichtigungswürdiger Umstände, insbesondere in Berücksichtigung der Familien-, Einkommens- und Vermögensverhältnisse des Empfängers,

1. die Erstattung des zu Unrecht gezahlten Betrages in Teilbeträgen (Ratenzahlungen) zulassen;
2. die Rückforderung stunden;
3. auf die Rückforderung verzichten.

(6) Anläßlich der Vorschreibung von Rückforderungen sind Ratenzahlungen zu gewähren, wenn auf Grund der wirtschaftlichen Verhältnisse des Schuldners die Hereinbringung der Forderung in einem Betrag nicht möglich ist. Die Höhe der Raten ist unter Berücksichtigung der wirtschaftlichen Verhältnisse des Schuldners festzusetzen.

(7) Werden Ratenzahlungen bewilligt oder Rückforderungen gestundet, so dürfen keine Zinsen ausbedungen werden.

(8) Eine Verpflichtung zum Ersatz des unberechtigt Empfangenen einschließlich der Aberkennung des Anspruches auf Karenzgeld oder Teilzeitbeihilfe oder eine Verfügung zur Nachzahlung ist für Zeiträume unzulässig, die länger als fünf Jahre, gerechnet ab der Kenntnis des maßgeblichen Sachverhaltes durch den Krankenversicherungsträger, zurückliegen. Ebenso tritt ein Bescheid über eine Rückforderung von Karenzgeld oder Teilzeitbeihilfe nach Ablauf von fünf Jahren ab dem Eintritt der Rechtskraft außer Kraft, wenn er bis zu diesem Zeitpunkt nicht vollzogen wurde.

Einkommen

§ 40. (1) Bei der Feststellung des Einkommens nach diesem Bundesgesetz ist nach den folgenden Absätzen vorzugehen.

(2) Einkommen im Sinne dieses Bundesgesetzes ist das Einkommen gemäß § 2 Abs. 2 des Einkommensteuergesetzes 1988 (EStG 1988), BGBl. Nr. 400, zuzüglich den Hinzurechnungen gemäß Abs. 3 und dem Pauschalierungsausgleich gemäß Abs. 4. Einkommensteile, die mit dem festen Satz des § 67 EStG 1988 zu versteuern sind, bleiben außer Betracht. Die Winterfeiertagsvergütung gemäß § 13j des Bauarbeiter-Urlaubs- und Abfertigungsgesetzes 1972 (BUAG), BGBl. Nr. 414, bleibt außer Betracht. Bezüge aus einer gesetzlichen Unfallversorgung sowie aus einer Unfallversorgung der Versorgungs- und Unterstützungseinrichtungen der Kammern der selbständig Erwerbstätigen sind nur zur Hälfte zu berücksichtigen.

(BGBl I 2002/103)

(3) Dem Einkommen gemäß § 2 Abs. 2 EStG 1988 sind folgende Beträge hinzuzurechnen:

1. steuerfreie Bezüge gemäß § 3 Abs. 1 Z 3 lit. b bis e, Z 4 lit. a und lit. e, Z 5 lit. a, c und d, Z 8 bis 12, Z 15 lit. a, Z 15 lit. b, Z 22 bis 24 und § 112 Z 1 EStG 1988;

   (BGBl I 2002/103)
2. die Beträge gemäß den § § 10, 10a, 12, 18 Abs. 1 Z 4 sowie Abs. 6 und 7, 24 Abs. 4, 27 Abs. 3, 31 Abs. 3, 36, 41 Abs. 3 sowie 112 Z 5, Z 7 und Z 8 EStG 1988, soweit sie bei der Ermittlung des Einkommens abgezogen wurden;
3. Sonderunterstützungen nach dem SUG und die besondere Schulbeihilfe nach dem Schülerbeihilfengesetz 1983, BGBl. Nr. 455.

(4) Bei der Ermittlung des Einkommens aus einem land(forst)wirtschaftlichen Betrieb gelten 4 vH des Einheitswertes als monatliches Einkommen. Werden bei Einkünften aus einer anderen selbständigen Erwerbstätigkeit Gewinne nicht nach Führung ordnungsgemäßer Bücher oder Aufzeichnungen, sondern nach Durchschnittssätzen (§ 17 EStG 1988) ermittelt, sind diese Einkünfte um 10vH zu erhöhen.

(BGBl I 1998/148)

(5) Das Einkommen ist wie folgt nachzuweisen:

1. bei Personen, die zur Einkommensteuer veranlagt werden, durch die Vorlage des Einkommensteuerbescheides für das Kalenderjahr, in dem die Leistung nach diesem Bundesgesetz bezogen wird, und bis zum Vorliegen dieses Bescheides auf Grund einer jeweils monatlich im nachhinein abzugebenden Erklärung des selbständig Erwerbstätigen und geeigneter Nachweise;

   (BGBl I 1998/148)

2. bei Einkünften aus nicht selbständiger Arbeit durch die Vorlage einer aktuellen Lohnbestätigung;

   (BGBl I 1998/6)

3. bei Einkünften aus Land- und Forstwirtschaft durch Vorlage des zuletzt ergangenen Einheitswertbescheides;

   (BGBl I 1998/6, BGBl I 1998/148)

4. bei steuerfreien Bezügen durch eine Bestätigung der bezugsliquidierenden Stelle.

   (BGBl I 1998/6)

(6) Über Sonderausgaben, allfällige steuerfreie Bezüge und Beträge gemäß Abs. 3 Z 2 ist eine Erklärung abzugeben.

(7) Als monatliches Einkommen gilt bei durchgehender selbständiger Erwerbstätigkeit ein Zwölftel des sich ergebenden Jahreseinkommens, bei nur vorübergehender selbständiger Erwerbstätigkeit das anteilsmäßige Einkommen in den Monaten, in denen selbständige Erwerbstätigkeit vorlag. Bis zum Vorliegen des Einkommensteuerbescheides für das betreffende Kalenderjahr ist das Einkommen in einem bestimmten Kalendermonat jeweils durch Zusammenrechnung des für diesen Kalendermonat nachgewiesenen Einkommens mit den für frühere Kalendermonate desselben Kalenderjahres nachgewiesenen Einkommen geteilt durch die Anzahl der Monate im Kalenderjahr, für die eine Einkommenserklärung vorliegt, zu ermitteln.

(BGBl I 1998/148)

Umsatz

§ 41. (1) Der Umsatz wird auf Grund des Umsatzsteuerbescheides für das Kalenderjahr, in dem die Leistung nach diesem Bundesgesetz bezogen wird, festgestellt. Bis zum Vorliegen dieses Bescheides ist der Umsatz auf Grund einer jeweils monatlich im nachhinein abzugebenden Erklärung des selbständig Erwerbstätigen und geeigneter Nachweise festzustellen.

(2) Als monatlicher Umsatz gilt bei durchgehender selbständiger Erwerbstätigkeit ein Zwölftel des sich ergebenden Jahresumsatzes, bei nur vorübergehender selbständiger Erwerbstätigkeit der anteilsmäßige Umsatz in den Monaten, in denen selbständige Erwerbstätigkeit vorlag. Bis zum Vorliegen des Umsatzsteuerbescheides für das betreffende Kalenderjahr ist der Umsatz in einem bestimmten Kalendermonat jeweils durch Zusammenrechnung des für diesen Kalendermonat nachgewiesenen Umsatzes mit den für frühere Kalendermonate desselben Kalenderjahres nachgewiesenen Umsätzen geteilt durch die Anzahl der Monate im Kalenderjahr, für die eine Umsatzerklärung vorliegt, zu ermitteln.

(BGBl I 1998/148)

Mitwirkungspflicht

§ 42. (1) Die Antragsteller haben bei der Feststellung des für den Anspruch auf Leistungen nach diesem Bundesgesetz maßgeblichen Sachverhaltes mitzuwirken.

(2) Dienstgeber (§ 35 ASVG) und sonstige meldepflichtige Personen und Stellen (§ 36 ASVG) sind verpflichtet, den Krankenversicherungsträgern alle zur Erfüllung ihrer Aufgaben nach diesem Bundesgesetz erforderlichen Auskünfte zu erteilen.

(3) Personen, deren Einkommen oder Umsatz zur Feststellung des Anspruches auf Leistungen nach diesem Bundesgesetz heranzuziehen ist, haben die erforderlichen Erklärungen und Nachweise auf Verlangen des gemäß § 34 zuständigen Krankenversicherungsträgers abzugeben bzw. vorzulegen.

(4) Dienstgeber, bezugsliquidierende und sonstige Stellen, die Beträge im Sinne des § 40 Abs. 2 und 3 anweisen, haben alle Angaben, die zur Feststellung des Einkommens notwendig sind, binnen vier Wochen ab Aufforderung dem Krankenversicherungsträger mitzuteilen.

(5) Die gemäß Abs. 3 und 4 bescheidmäßig festgestellten Verpflichtungen können von den Vollstreckungsbehörden nach dem Verwaltungsvollstreckungsgesetz 1991 (VVG), BGBl. Nr. 53, erzwungen werden.

(6) Personen, deren Einkommen oder Umsatz aus selbständiger Erwerbstätigkeit für die Beurteilung des Anspruches auf eine Leistung nach diesem Bundesgesetz herangezogen wurde, sind verpflichtet, den Einkommen- bzw. den Umsatzsteuerbescheid für das Kalenderjahr, in dem die Leistung bezogen wurde, binnen zwei Wochen nach dessen Erlassung dem Krankenversicherungsträger vorzulegen.

(7) Wenn der Leistungsbezieher oder dessen Angehöriger (Lebensgefährte) keine Nachweise nach § 40 Abs. 5 und § 41 Abs. 2 vorlegt bzw. keine Erklärung nach § 40 Abs. 6 und § 41 Abs. 2 abgibt, so ist für den Leistungsbezieher kein geringfügiges Einkommen anzunehmen bzw. kein Anspruch des Leistungsbeziehers auf Zuschlag gegeben.

Abschnitt 9
Krankenversicherung

Krankenversicherung der Leistungsbezieher

§ 43. (1) Die Bezieher von Karenzgeld und Teilzeitbeihilfe nach diesem Bundesgesetz sind in der Krankenversicherung nach dem ASVG teilversichert, wobei die Bestimmungen des ASVG über die Krankenversicherung Pflichtversicherter anzuwenden sind, soweit sich aus den folgenden Bestimmungen nicht anderes ergibt.

(2) Bezieher, die den Bezug von Karenzgeld oder Teilzeitbeihilfe nach Vollendung des ersten oder während des zweiten Lebensjahres des Kindes beendet (unterbrochen) haben, sind darüber hinaus für insgesamt längstens sechs Monate für jene Zeiträume, in denen keine Pflichtversicherung in der gesetzlichen Krankenversicherung vorliegt, gemäß Abs. 1 teilversichert, wenn sie dies

für Zeiträume bis zur Vollendung des zweiten Lebensjahres des Kindes binnen neun Monaten nach Ende des Bezuges und für spätere Zeiträume eines Karenzurlaubes aus Anlaß der Mutter- oder Elternschaft binnen drei Monaten nach Ende des jeweiligen Karenzurlaubes bei der zuständigen Gebietskrankenkasse (§ 34 Abs. 1) beantragen. § 11 Abs. 3 lit. a und § 53 Abs. 3 lit. c ASVG sind in einem solchen Fall nicht anzuwenden. Einer Pflichtversicherung in der gesetzlichen Krankenversicherung steht eine Erwerbstätigkeit im Ausland gleich, die, würde sie im Inland ausgeübt werden, eine Pflichtversicherung in der gesetzlichen Krankenversicherung begründet.

(BGBl I 1998/148, BGBl I 1999/153)

(3) Für Bedienstete des Bundes gemäß § 1 Abs. 1 Z 17 B-KUVG gilt abweichend von Abs. 1, daß diese in der Krankenversicherung nach dem B-KUVG teilversichert sind; auf diese Teilversicherung sind die Bestimmungen des B-KUVG anzuwenden, soweit sich aus den folgenden Bestimmungen nicht anderes ergibt. Abs. 2 ist für diesen Personenkreis mit der Maßgabe anzuwenden, daß der Antrag bei der Versicherungsanstalt öffentlich Bediensteter zu stellen ist. Die Gebietskrankenkassen haben die für die Teilversicherten nach dem B-KUVG einbehaltenen Krankenversicherungsbeiträge an die Versicherungsanstalt öffentlich Bediensteter abzuführen.

(BGBl I 1999/174)

(BGBl I 1998/6)

Leistungen der Krankenversicherung

§ 44. (1) Das Krankengeld gebührt in der Höhe des zuletzt bezogenen Karenzgeldes oder der zuletzt bezogenen Teilzeitbeihilfe einschließlich allfälliger Zuschläge.

(2) Als Wochengeld gebührt ein Betrag in der Höhe des um 80 vH erhöhten Leistungsbezuges nach Abs. 1.

(3) Wenn Ansprüche auf Leistungen der Krankenversicherung davon abhängen, ob der Leistungsbezieher seinen Angehörigen aus einem Entgelt Unterhalt geleistet hat, so gelten die Leistungen nach diesem Bundesgesetz als Entgelt.

(4) Erhalten erkrankte oder in Anstaltspflege befindliche Bezieher von Karenzgeld oder Teilzeitbeihilfe in den ersten drei Tagen auf Grund der für die Krankenversicherung maßgebenden Bestimmungen kein Krankengeld, so gebührt ihnen für diese Zeit Karenzgeld bzw. Teilzeitbeihilfe.

Höhe des Krankenversicherungsbeitrages

§ 45. Die Höhe des Krankenversicherungsbeitrages richtet sich nach § 39j Abs. 3 bis 6 des Familienlastenausgleichsgesetzes 1967, BGBl. Nr. 376.

(BGBl I 1998/6, BGBl I 2001/103)

Ausscheiden aus der Pflichtversicherung

§ 46. Die Bestimmungen über das Ausscheiden aus einer durch eine Beschäftigung begründeten Pflichtversicherung bei anschließender Erwerbslosigkeit sind auf Leistungsbezieher, die aus dem Bezug von Leistungen nach diesem Bundesgesetz ausscheiden, anzuwenden.

Abschnitt 10
Auszahlung der Leistungen

Art der Auszahlung

§ 47. (1) Die Auszahlung der Leistungen nach diesem Bundesgesetz erfolgt jeweils monatlich im nachhinein auf ein Konto bei einem inländischen Geldinstitut oder per Post bis zum Zehnten des Folgemonats.

(2) In besonders berücksichtigungswürdigen Fällen, wie zB im Falle einer besonderen finanziellen Notlage oder einer Rückbuchung, kann eine vorzeitige Auszahlung unter Bedachtnahme auf die vorliegenden Anspruchstage erfolgen. Diese kann auch vor der Zuerkennung des Anspruches erfolgen, sofern mit der Zuerkennung gerechnet werden kann. Eine wiederholte Vorauszahlung ist jedoch nicht vorzunehmen, wenn sie in der Absicht begehrt wird, die im Abs. 1 festgelegte monatliche Auszahlung zu umgehen.

(3) Die von den Leistungsbeziehern zu entrichtende Gebühr für Krankenscheine (§ 135 Abs. 3 ASVG) und Zahnbehandlungsscheine (§ 153 Abs. 4 ASVG) ist vom auszuzahlenden Betrag einzubehalten.

Besondere Umstände

§ 48. (1) Solange ein zuschlagsberechtigter Angehöriger nicht in die häusliche Gemeinschaft des Karenzgeldbeziehers aufgenommen wird oder wenn ein Karenzgeldbezieher seiner gesetzlichen Unterhaltspflicht gegenüber einem zuschlagsberechtigten Angehörigen nicht nachkommt, kann der Krankenversicherungsträger anordnen, daß ein angemessener Teil des Karenzgeldes dem Angehörigen oder der Person, Anstalt oder Behörde, in deren Obhut er sich befindet, ausgezahlt wird.

(2) Ist der Bezugsberechtigte handlungsunfähig, so ist die Leistung dessen gesetzlichem Vertreter oder dessen Bevollmächtigtem zur Verwendung für den Bezugsberechtigten auszuzahlen.

(3) Ist der Bezugsberechtigte trunk- oder rauschgiftsüchtig, so kann die Leistung verläßlichen Familienangehörigen oder der Aufenthaltsgemeinde zur Verwendung für den Bezugsberechtigten ausgezahlt werden.

Abschnitt 11
Finanzierung

Deckung des Aufwandes bei Änderungen

§ 49. Der Ausgleichsfonds für Familienbeihilfen hat der Niederösterreichischen Gebietskrankenkasse den nachgewiesenen, für die Herstellung der Voraussetzungen zur Vollziehung dieses Bundesgesetzes im Falle von Gesetzesänderungen unter Berücksichtigung der Grundsätze der Sparsamkeit, Wirtschaftlichkeit und Zweckmäßigkeit erforderlichen einmaligen Aufwand zu ersetzen. Die

Höhe des zustehenden Ersatzes der einmaligen Aufwendungen und die Fälligkeit ist jeweils vom Bundesminister für soziale Sicherheit und Generationen auf der Grundlage der von der Niederösterreichischen Gebietskrankenkasse vorzulegenden Nachweise zu ermitteln und durch Verordnung festzusetzen.

(BGBl I 1998/6, BGBl I 2002/103)

Deckung des laufenden Aufwandes

§ 50. Der Ausgleichsfonds für Familienbeihilfen hat der Niederösterreichischen Gebietskrankenkasse die nach den Rechnungsvorschriften für die Sozialversicherungsträger nachgewiesenen Aufwendungen der Gebietskrankenkassen für die Leistungen, die Beiträge zur Krankenversicherung, die Verfahrenskosten, die Zustellgebühren, den entsprechenden Anteil an den Verwaltungsaufwendungen sowie die sonstigen Aufwendungen nach diesem Bundesgesetz zu ersetzen. Die anteiligen Verwaltungsaufwendungen können pauschal ermittelt und in der Höhe der festgesetzten Pauschalbeträge ersetzt werden. Der Bundesminister für soziale Sicherheit und Generationen hat die Pauschalbeträge nach Anhörung des Hauptverbandes der österreichischen Sozialversicherungsträger im Einvernehmen mit dem Bundesminister für Finanzen festzusetzen. Bis zur Festsetzung neuer Pauschalbeträge gelten weiterhin die durch die KGG-Pauschalbeträgeverordnung, BGBl. II Nr. 197/1997, und die KGG-Pauschalbetragsverordnung-WEB, BGBl. II Nr. 45/1998, festgesetzten Pauschalbeträge. Die Pauschalbeträge sind neu festzusetzen, wenn die anteiligen Verwaltungsaufwendungen, insbesondere auf Grund von Gesetzesänderungen, um mehr als 5 vH zu- oder abnehmen. Mit Wirkung ab 1. Jänner jeden Jahres sind die Pauschalbeträge mit der Aufwertungszahl des jeweiligen Kalenderjahres (§ 108a ASVG) zu vervielfachen. Die vervielfachten Beträge sind kaufmännisch auf einen Cent zu runden.

(BGBl I 1998/30, BGBl I 2001/103)

Vorauszahlung des Leistungsaufwandes

§ 51. Der Ausgleichsfonds für Familienbeihilfen hat der Niederösterreichischen Gebietskrankenkasse die Aufwendungen der Gebietskrankenkassen für die Leistungen und die Beiträge zur Krankenversicherung monatlich auf der Grundlage der entsprechenden Aufwendungen im vorletzten Monat zu bevorschussen. Die Endabrechnung ist jährlich im Nachhinein vorzunehmen.

(BGBl I 2001/103)

Aufwendungen für Zuschüsse

§ 52. (1) Die Aufwendungen für Zuschüsse zum Karenzgeld oder zur Teilzeitbeihilfe nach diesem Bundesgesetz sind im selben Verhältnis zu tragen wie die dem Zuschuß zugrundeliegende Leistung (Grundleistung).

(2) Die Abgabe für Zuschüsse zum Karenzgeld oder zur Teilzeitbeihilfe nach diesem Bundesgesetz fließt im Verhältnis der Tragung der Aufwendungen dem Ausgleichsfonds für Familienbeihilfen und der Gebarung Arbeitsmarktpolitik gemäß § 1 Abs. 1 Z 5 AMPFG zu.

Abschnitt 12
Schlußbestimmungen

Rechtshilfe

§ 53. (1) Die Verwaltungsbehörden, das Arbeitsmarktservice und die Gerichte sind verpflichtet, den in Vollziehung dieses Bundesgesetzes an sie ergehenden Ersuchen der Krankenversicherungsträger und des Hauptverbandes der österreichischen Sozialversicherungsträger im Rahmen ihrer sachlichen und örtlichen Zuständigkeit zu entsprechen.

(2) Barauslagen, die der ersuchten Stelle aus der Hilfeleistung erwachsen, mit Ausnahme von Portokosten, sind von der ersuchenden Stelle zu erstatten.

(3) Die Krankenversicherungsträger und der Hauptverband der österreichischen Sozialversicherungsträger sind berechtigt, auf automationsunterstütztem Weg Einsicht in das automationsunterstützt geführte Grundbuch, in das zentrale Gewerberegister und in das automationsunterstützt geführte Firmenbuch zu nehmen, soweit dies zur Erfüllung der Aufgaben nach diesem Bundesgesetz notwendig ist. Die Berechtigung zur Einsicht in das Grundbuch umfaßt auch die Einsichtnahme in das Personenverzeichnis. Die Berechtigung zur Einsicht in das Firmenbuch umfaßt auch die bundesweite Suche nach im Zusammenhang mit den Rechtsträgern gespeicherten Personen.

(4) Die Abgabenbehörden haben für Personen, deren Einkommen bzw. Umsatz zur Feststellung des Anspruches auf Leistungen nach diesem Bundesgesetz heranzuziehen ist, im Rahmen ihres Wirkungsbereiches im Ermittlungsverfahren festgestellte und für die Abgabenfestsetzung bedeutsame Daten über Anfrage den Krankenversicherungsträgern bekanntzugeben, wenn die obgenannten Personen ihrer Mitwirkungspflicht im Verfahren nicht oder nicht ausreichend nachgekommen sind oder begründete Zweifel an der Richtigkeit der Angaben bestehen. Die abgabenrechtliche Geheimhaltungspflicht des § 48a BAO ist zu beachten.

(5) Die Finanzämter haben den Gebietskrankenkassen und den für die Gewährung des Zuschusses zur Teilzeitbeihilfe nach dem BSVG oder nach dem GSVG zuständigen Trägern der Krankenversicherung die Daten, die für diese Träger der Krankenversicherung zur Wahrnehmung der ihnen durch dieses Gesetz übertragenen Aufgaben eine wesentliche Voraussetzung bilden, im Wege automationsunterstützter Datenübermittlung mitzuteilen.

(BGBl I 2001/103)

Gebührenfreiheit

§ 54. (1) Die im Verfahren nach diesem Bundesgesetz erforderlichen Eingaben, Vollmachten und Ausfertigungen sind von den Stempelgebühren und Verwaltungsabgaben des Bundes befreit. Die § § 76 bis 78 AVG 1991 sind im Verfahren nach diesem Bundesgesetz nicht anzuwenden.

(2) Der Ersatz des Aufwandes gemäß § 50 stellt kein Entgelt im Sinne des Umsatzsteuergesetzes 1994 (UStG 1994), BGBl. Nr. 663, dar.

Verweisungen

§ 55. (1) Soweit in diesem Bundesgesetz auf Bestimmungen anderer Bundesgesetze verwiesen wird, sind diese in der jeweils geltenden Fassung anzuwenden.

(2) Soweit in anderen Bundesgesetzen auf Karenzurlaubsgeld oder Teilzeitbeihilfe nach dem AlVG verwiesen wird, tritt an deren Stelle Karenzgeld bzw. Teilzeitbeihilfe nach diesem Bundesgesetz.

(3) Soweit in anderen Bundesgesetzen auf die Wiedereinstellungsbeihilfe nach Art. XXI des Karenzurlaubserweiterungsgesetzes, BGBl. Nr. 408/1990, verwiesen wird, tritt an deren Stelle für Anträge auf Wiedereinstellungsbeihilfe ab 1. Jänner 1998 und den daraus entstehenden Aufwand die Wiedereinstellungsbeihilfe nach diesem Bundesgesetz.

Vollziehung

§ 56. Mit der Vollziehung dieses Bundesgesetzes ist betraut

1. hinsichtlich des Abschnittes 5 der Bundesminister für Finanzen,
2. hinsichtlich der übrigen Bestimmungen der Bundesminister für Arbeit, Gesundheit und Soziales.

Inkrafttreten

§ 57. (1) Dieses Bundesgesetz tritt mit Ausnahme des Abschnittes 6 und des § 50 mit 1. Juli 1997 in Kraft und gilt für Ansprüche auf Karenzgeld, Teilzeitbeihilfe und Zuschüsse zu diesen Leistungen auf Grund von Geburten nach dem 30. Juni 1997.

(2) Abschnitt 6 dieses Bundesgesetzes tritt mit 1. Jänner 1998 in Kraft.

(3) § 2 Abs. 2, § 4 Abs. 1 Z 6 und Abs. 3, § 5 Abs. 2, § 8 Abs. 2 und 3, § 12 Abs. 2, § 15 Abs. 2, § 23 und § 34 Abs. 2 in der Fassung des Bundesgesetzes BGBl. I Nr. 139/1997 treten mit 1. Jänner 1998 in Kraft.

(BGBl I 1997/139)

(4) § 3 Abs. 3 und 4 Z 7, § 4 Abs. 1 Z 5, § 14 Abs. 1 und § 50 Abs. 3 in der Fassung des Bundesgesetzes BGBl. I Nr. 30/1998 treten mit 1. Jänner 1998 in Kraft.

(BGBl I 1998/30)

(5) § 12 Abs. 1 und § 49 in der Fassung des Bundesgesetzes BGBl. I Nr. 6/1998 treten rückwirkend mit 1. Juli 1997 in Kraft.

(BGBl I 1998/6)

(6) § 2 Abs. 1, § 40 Abs. 5, § 43 und § 45 in der Fassung des Bundesgesetzes BGBl. I Nr. 6/1998 treten mit 1. Jänner 1998 in Kraft.

(BGBl I 1998/6)

(7) § 2 Abs. 2 bis 5 und § 8 in der Fassung des Bundesgesetzes BGBl. I Nr. 6/1998 treten mit 1. Jänner 1998 in Kraft und sind auf Zeiträume nach dem 31. Dezember 1997 anzuwenden.

(BGBl I 1998/6)

(8) § 3 Abs. 2 und 4, § 26 und § 43 Abs. 2 in der Fassung des Bundesgesetzes BGBl. I Nr. 148/1998 treten mit 1. Jänner 1998 in Kraft.

(BGBl I 1998/148)

(9) § 2 Abs. 2 Z 2 lit. a, § 4, § 25, § 39 Abs. 2, § 40 und § 41 in der Fassung des Bundesgesetzes BGBl. I Nr. 148/1998 treten mit 1. Oktober 1998 in Kraft.

(BGBl I 1998/148)

(10) § 10 Abs. 4 und § 34 in der Fassung des Bundesgesetzes BGBl. I Nr. 153/1999 treten mit 1. Juli 1999 in Kraft.

(BGBl I 1999/153)

(11) Die § § 2 Abs. 1 und 2 Z 1, 5, 6, 8 Abs. 5, 10 Abs. 1 bis 3, 11, 12, 14 Abs. 1 und 2, 16 Abs. 3, 21, 27 Abs. 1, 28 Abs. 1 und 43 Abs. 2 in der Fassung des Bundesgesetzes BGBl. I Nr. 153/1999 treten mit 1. Jänner 2000 in Kraft und gelten für Ansprüche auf Grund von Geburten nach dem 31. Dezember 1999.

(BGBl I 1999/153)

(12) § 43 Abs. 3 in der Fassung des Bundesgesetzes BGBl. I Nr. 174/1999 tritt mit 1. August 1999 in Kraft.

(BGBl I 1999/174)

(13) Die §§ 4 Abs. 3 Z 3 und 8 in der Fassung des Bundesgesetzes BGBl. I Nr. 142/2000 treten mit 1. Jänner 2001 in Kraft.

(BGBl I 2000/142)

(14) § 11 Abs. 3 in der Fassung des Bundesgesetzes BGBl. I Nr. 142/2000 tritt mit 1. Jänner 2001 in Kraft und gilt für Ansprüche auf Grund von Geburten nach dem 31. Dezember 1999.

(BGBl I 2000/142)

(15) § 40 Abs. 2 und 3 in der Fassung des Bundesgesetzes BGBl. I Nr. 103/2001 tritt mit 1. Jänner 2001 in Kraft.

(BGBl I 2000/103)

(16) § 49 in der Fassung des Bundesgesetzes BGBl. I Nr. 103/2001 tritt mit 1. September 2001 in Kraft.

(BGBl I 2000/103)

(17) Die §§ 2, 5, 7, 8, 9, 11, 12, 14, 15, 17, 20, 22, 23, 25, 28, 45 und 53 in der Fassung des Bundesgesetzes BGBl. I Nr. 103/2001 treten mit 1. Jänner 2002 in Kraft.

(BGBl I 2000/103)

(18) Die §§ 50 und 51 in der Fassung des Bundesgesetzes BGBl. I Nr. 103/2001 treten mit

1. Jänner 2002 in Kraft und gelten für Leistungen, die ab 1. Jänner 2002 anfallen.

(BGBl I 2000/103)

Sonderbestimmung für 1998 und 1999

§ 58. In den Jahren 1998 und 1999 sind nicht anzuwenden:

1. § 7 Abs. 2,
2. § 25, soweit die Beträge gemäß den § § 20, 22 und 23 betroffen sind,
3. § 18 des Karenzurlaubszuschußgesetzes, BGBl. Nr. 297/1995, soweit die Beträge gemäß den § § 6 und 8 betroffen sind.

(BGBl I 1997/139)

Außerkrafttreten

§ 59. § 13 tritt mit Ablauf des 31. Dezember 1999 außer Kraft; er ist jedoch auf Ansprüche auf Grund von Geburten vor dem 1. Jänner 2000 weiter anzuwenden.

(BGBl I 1998/6, BGBl I 1999/153)

Anwendungsbereich

§ 60. Dieses Bundesgesetz gilt für Ansprüche auf Grund von Geburten vor dem 1. Jänner 2002. Für Ansprüche auf Grund von Geburten ab dem 1. Jänner 2002 gilt das Kinderbetreuungsgeldgesetz (KBGG).

(BGBl I 2001/103)

3/1. KINDERBETREUUNGSGELDGESETZ

3/1. Kinderbetreuungsgeldgesetz (KBGG), BGBl I 2001/103 idF

1 BGBl I 2002/20

Abschnitt 1
Leistungsarten

§ 1. Als Leistungen werden nach Maßgabe dieses Bundesgesetzes gewährt:

1. das Kinderbetreuungsgeld;
2. der Zuschuss zum Kinderbetreuungsgeld.

Abschnitt 2
Kinderbetreuungsgeld

Anspruchsberechtigung

§ 2. (1) Anspruch auf Kinderbetreuungsgeld hat ein Elternteil (Adoptivelternteil, Pflegeelternteil) für sein Kind (Adoptivkind, Pflegekind), sofern

1. für dieses Kind Anspruch auf Familienbeihilfe nach dem Familienlastenausgleichsgesetz 1967, BGBl. Nr. 376, besteht oder für dieses Kind nur deswegen nicht besteht, weil Anspruch auf eine gleichartige ausländische Leistung besteht,
2. der Elternteil mit diesem Kind im gemeinsamen Haushalt lebt und
3. der maßgebliche Gesamtbetrag der Einkünfte (§ 8) des Elternteiles im Kalenderjahr den Grenzbetrag von 14 600 € nicht übersteigt.

(2) Unbeschadet des Abs. 1 Z 1 hat Anspruch auf Kinderbetreuungsgeld ein Elternteil, für dessen Kind kein Anspruch auf Familienbeihilfe besteht, der

1. die Anwartschaft gemäß § 3 in Verbindung mit § 4 des Karenzgeldgesetzes (KGG), BGBl. I Nr. 47/1997 in der Fassung des Bundesgesetzes BGBl. I Nr. 142/2000, erfüllt oder
2. die Voraussetzungen für den Anspruch auf Teilzeitbeihilfe gemäß § 14 KGG in der Fassung des Bundesgesetzes BGBl. I Nr. 142/2000 erfüllt oder
3. die Voraussetzungen für den Anspruch auf Teilzeitbeihilfe gemäß § 102b Gewerbliches Sozialversicherungsgesetz (GSVG), BGBl. Nr. 560/1978 in der Fassung des Bundesgesetzes BGBl. I Nr. 100/2001 oder gemäß § 99 Bauern-Sozialversicherungsgesetz (BSVG), BGBl. Nr. 559/1978 in der Fassung des Bundesgesetzes BGBl. I Nr. 101/2001 erfüllt.

Vom Erfordernis der Erfüllung der Anwartschaft gemäß Z 1 ist abzusehen, wenn die Voraussetzungen gemäß § 2 Abs. 1 Z 2 bis 4 oder § 5 Abs. 1 Z 2 bis 4 KGG in der Fassung des Bundesgesetzes BGBl. I Nr. 142/2000 erfüllt sind. Kein Anspruch auf Kinderbetreuungsgeld besteht für Kinder, die sich ständig im Ausland aufhalten.

(3) Zeiten der Pflichtversicherung in der Krankenversicherung nach dem GSVG bzw. nach dem BSVG sind Zeiten gemäß Abs. 2 Z 1 gleichzuhalten.

(4) Für ein Kind ist ein gleichzeitiger Bezug von Kinderbetreuungsgeld durch beide Elternteile ausgeschlossen.

(5) In Zweifelsfällen hat das Vorrecht auf Kinderbetreuungsgeld derjenige Elternteil, der die Betreuung des Kindes, für das Kinderbetreuungsgeld bezogen wird, überwiegend durchführt.

(6) Bei Mehrlingsgeburten gebührt Kinderbetreuungsgeld nur für ein Kind.

(7) Auf den Anspruch auf Kinderbetreuungsgeld kann verzichtet werden (§ 5 Abs. 6), wodurch sich der Anspruchszeitraum (§ 8) um den Zeitraum des Verzichts verkürzt. Ein Verzicht ist nur für ganze Kalendermonate möglich.

Höhe

§ 3. (1) Das Kinderbetreuungsgeld beträgt 14,53 € täglich.

(2) Werden die im § 7 Abs. 2 vorgesehenen Mutter-Kind-Pass-Untersuchungen nicht nachgewiesen, so beträgt das Kinderbetreuungsgeld ab dem 21. Lebensmonat des Kindes 7,27 € täglich.

Bezugsbeginn

§ 4. (1) Das Kinderbetreuungsgeld gebührt auf Antrag, frühestens ab dem Tag der Geburt des Kindes, bei Adoptiv- und Pflegekindern frühestens ab dem Tag, ab dem das Kind in Pflege genommen wird.

(2) Wird der Antrag erst später gestellt, so gebührt das Kinderbetreuungsgeld rückwirkend bis zum Höchstausmaß von sechs Monaten.

Anspruchsdauer

§ 5. (1) Das Kinderbetreuungsgeld gebührt längstens bis zur Vollendung des 36. Lebensmonates des Kindes, soweit im Folgenden nicht anderes bestimmt ist.

(2) Nimmt nur ein Elternteil Kinderbetreuungsgeld in Anspruch, gebührt dieses längstens bis zur Vollendung des 30. Lebensmonates des Kindes. „Nimmt auch der zweite Elternteil Kinderbetreuungsgeld in Anspruch, so verlängert sich die Anspruchsdauer über die Vollendung des 30. Lebensmonates hinaus um jenen Zeitraum, den der zweite Elternteil Kinderbetreuungsgeld beansprucht,

höchstens jedoch bis zur Vollendung des 36. Lebensmonates des Kindes.“

(BGBl I 2002/20)

(3) Der Bezug von Kinderbetreuungsgeld kann abwechselnd durch beide Elternteile erfolgen, wobei ein zweimaliger Wechsel pro Kind zulässig ist.

(4) Das Kinderbetreuungsgeld kann jeweils nur in Blöcken von mindestens drei Monaten beansprucht werden, es sei denn, dass der beziehende Elternteil durch ein unvorhersehbares und unabwendbares Ereignis für eine nicht bloß verhältnismäßig kurze Zeit verhindert ist, das Kind zu betreuen. In diesem Fall kann ein Wechsel über das in Abs. 3 angeführte Ausmaß erfolgen.

(5) Der Anspruch auf Kinderbetreuungsgeld endet spätestens mit einem neuen Anspruch für ein weiteres Kind. Endet der Anspruch für das weitere Kind vorzeitig, lebt der Anspruch für jenes Kind, für welches davor Kinderbetreuungsgeld bezogen wurde, wieder auf.

(6) Der Anspruch auf Kinderbetreuungsgeld endet vorübergehend bzw. vorzeitig mit einem für einen bestimmten Zeitraum ausgesprochenen Verzicht (§ 2 Abs. 7). Zeitpunkt und Dauer müssen im Vorhinein zu Beginn eines Kalendermonats bekanntgegeben werden.

Ruhen

§ 6. (1) Der Anspruch auf Kinderbetreuungsgeld ruht,

1. sofern ein Anspruch auf Wochengeld gemäß § 162 des Allgemeinen Sozialversicherungsgesetzes (ASVG), BGBl. Nr. 189/1955 oder gleichartige Leistungen nach anderen österreichischen oder ausländischen Rechtsvorschriften oder ein Anspruch auf Wochengeld gemäß § 102a GSVG oder § 98 BSVG besteht, in der Höhe des Wochengeldes oder
2. während eines Auslandsaufenthaltes eines Leistungsbeziehers gem. § 2 Abs. 2, soweit er drei Monate übersteigt.

„Der Anspruch auf Kinderbetreuungsgeld für ein Kind ruht nicht, sofern ein Anspruch gemäß Z 1 anlässlich der Geburt eines weiteren Kindes besteht.“

(BGBl I 2002/20)

(2) Abs. 1 Z 2 findet keine Anwendung, soweit der Krankenversicherungsträger auf Antrag des Leistungsbeziehers das Ruhen aus berücksichtigungswürdigen Gründen, wie insbesondere aus gesundheitlichen, familiären oder partnerschaftlichen Gründen, nachsieht.

Mutter-Kind-Pass-Untersuchungen

§ 7. (1) Im Zusammenhang mit der Geburt eines Kindes sowie der Gewährung des Kinderbetreuungsgeldes hat der Bundesminister für soziale Sicherheit und Generationen ein Mutter-Kind-Pass-Untersuchungsprogramm für die Schwangere und das Kind mittels Verordnung festzulegen und einen Mutter-Kind-Pass aufzulegen. Die Verordnung hat den Umfang, die Art und den Zeitpunkt der ärztlichen Untersuchungen zu bestimmen, wobei auf den jeweiligen Stand der medizinischen Erkenntnisse zur Sicherung der Gesundheit der Schwangeren und des Kindes Bedacht zu nehmen ist. In der Verordnung sind Untersuchungen der Schwangeren und weitere Untersuchungen des Kindes bis zur Vollendung des 62. Lebensmonats vorzusehen. Für den Nachweis der ärztlichen Untersuchungen hat der Mutter-Kind-Pass einen entsprechenden Vordruck zu enthalten.

(2) Anspruch auf Kinderbetreuungsgeld gemäß § 3 Abs. 1 ab dem 21. Lebensmonat besteht, sofern fünf Untersuchungen während der Schwangerschaft und weitere fünf Untersuchungen des Kindes bis zum 14. Lebensmonat nach der im Abs. 1 genannten Verordnung vorgenommen und spätestens bis zum Ende des 18. Lebensmonates des Kindes durch Vorlage der entsprechenden Untersuchungsbestätigungen nachgewiesen werden.

(3) Ungeachtet des Abs. 2 besteht der Anspruch auf Kinderbetreuungsgeld gemäß § 3 Abs. 1, wenn die Vornahme der Untersuchungen aus Gründen, die nicht von den Kindeseltern zu vertreten sind, unterbleibt.

Gesamtbetrag der Einkünfte

§ 8. (1) Der maßgebliche Gesamtbetrag der Einkünfte (§ 2 Abs. 1 Z 3) ist wie folgt zu ermitteln:

1. Soweit im Gesamtbetrag der Einkünfte gemäß § 2 Abs. 2 des Einkommensteuergesetzes 1988 (EStG 1988), BGBl. Nr. 400, solche aus nichtselbstständiger Arbeit (§ 25 EStG 1988) enthalten sind, ist von jenen Einkünften auszugehen, die während der Kalendermonate mit Anspruch auf Auszahlung des Kinderbetreuungsgeldes (Anspruchszeitraum) zugeflossen sind. Sonstige Bezüge im Sinne des § 67 EStG 1988 bleiben außer Ansatz. Der danach ermittelte Betrag ist um 30% zu erhöhen und sodann auf einen Jahresbetrag umzurechnen. Besteht der Anspruch auf die Auszahlung des Kinderbetreuungsgeldes für mehr als die Hälfte des Kalendermonates, zählt dieser Kalendermonat zur Gänze zum Anspruchszeitraum, andernfalls ist dieser Kalendermonat nicht in den Anspruchszeitraum einzubeziehen. Das Arbeitslosengeld und die Notstandshilfe gelten als Einkünfte aus nichtselbständiger Arbeit, abweichend vom vorletzten Satz ist der ermittelte Betrag um 15% zu erhöhen.
2. Andere Einkünfte (§§ 21 bis 23 sowie §§ 27 bis 29 EStG 1988) einschließlich jener, die der Steuerabgeltung nach § 97 EStG 1988 unterliegen, sind mit jenem Betrag zu berücksichtigen, der in die Ermittlung des Einkommens für das betreffende Kalenderjahr eingeht. Einkünfte aus Betätigungen, die Grundlage für Pflicht-

beiträge in der gesetzlichen Sozialversicherung darstellen, sind um die darauf entfallenden vorgeschriebenen Beiträge zur gesetzlichen Sozialversicherung zu erhöhen. Wird eine Betätigung vor Beginn des Anspruchszeitraumes (Z 1) beendet oder nach Ablauf des Anspruchszeitraumes begonnen, bleiben die aus einer solchen Betätigung bezogenen Einkünfte außer Ansatz. Wird nachgewiesen, in welchem Ausmaß Einkünfte vor Beginn oder nach Ende des Anspruchszeitraumes angefallen sind, sind nur jene Einkünfte zu berücksichtigen, die während des Anspruchszeitraumes angefallen sind. Im Falle eines derartigen Nachweises sind die während des Anspruchszeitraumes angefallenen Einkünfte auf einen Jahresbetrag umzurechnen. Z 1 vorletzter Satz ist anzuwenden.

(2) Wird auf den Anspruch auf Kinderbetreuungsgeld verzichtet (§ 2 Abs. 7), so bleiben die während der Dauer des Verzichtes erzielten Einkünfte bei der Ermittlung des maßgeblichen Gesamtbetrages der Einkünfte gemäß Abs. 1 außer Ansatz.

Abschnitt 3
Zuschuss zum Kinderbetreuungsgeld

Anspruch auf Zuschuss

§ 9. (1) Anspruch auf Zuschuss zum Kinderbetreuungsgeld haben

1. alleinstehende Elternteile (§ 11),
2. verheiratete Mütter oder verheiratete Väter nach Maßgabe des § 12,
3. nicht alleinstehende Mütter oder Väter nach Maßgabe des § 13 und
4. Frauen oder Männer, die allein oder mit ihrem Ehegatten ein Kind, welches das dritte Lebensjahr noch nicht vollendet hat, an Kindes Statt angenommen oder in Pflege genommen haben, sofern sie verheiratet sind, nach Maßgabe der §§ 12 und 13.

(2) Voraussetzung für die Gewährung des Zuschusses ist, dass Kinderbetreuungsgeld zuerkannt worden ist.

(3) Ausgeschlossen vom Zuschuss sind Personen, deren maßgeblicher Gesamtbetrag der Einkünfte (§ 8) einen Grenzbetrag von 3 997 € übersteigt.

Höhe Zuschuss

§ 10. Der Zuschuss beträgt 6,06 € täglich.

Alleinstehende

§ 11. (1) Alleinstehende Elternteile im Sinne dieses Bundesgesetzes sind Mütter oder Väter, die ledig, geschieden oder verwitwet sind und nicht unter § 13 fallen. Ferner gelten Mütter und Väter als alleinstehend, wenn der Ehepartner erwiesenermaßen für den Unterhalt des Kindes nicht sorgt.

(2) Alleinstehende Elternteile haben nur Anspruch auf Zuschuss zum Kinderbetreuungsgeld, wenn sie eine Urkunde vorlegen, aus der der andere Elternteil des Kindes hervorgeht. In Ermangelung einer derartigen Urkunde haben sie eine entsprechende Erklärung abzugeben.

(3) Alleinstehende Elternteile, die die Voraussetzungen gemäß Abs. 2 nicht erfüllen, haben dann Anspruch auf Zuschuss zum Kinderbetreuungsgeld, wenn sie sich selbst zur Rückzahlung des Zuschusses verpflichten.

Ehegatten

§ 12. (1) Verheiratete Mütter bzw. Väter erhalten einen Zuschuss, sofern ihr Ehegatte kein Einkommen erzielt oder der maßgebliche Gesamtbetrag der Einkünfte (§ 8) nicht mehr als 7 200 € (Freigrenze) beträgt. Die Freigrenze erhöht sich für jede weitere Person, für deren Unterhalt der Ehepartner auf Grund einer rechtlichen oder sittlichen Pflicht tatsächlich wesentlich beiträgt, um 3 600 €.

(2) Übersteigt das Einkommen des Ehegatten die Freigrenze, so ist der Unterschiedsbetrag auf den Zuschuss anzurechnen.

Nicht Alleinstehende

§ 13. Einen Zuschuss erhalten nicht alleinstehende Mütter bzw. Väter, das sind Mütter bzw. Väter, die ledig, geschieden oder verwitwet sind und mit dem Vater bzw. der Mutter des Kindes nach den Vorschriften des Meldegesetzes 1991 an derselben Adresse angemeldet sind oder anzumelden wären. Hinsichtlich des Einkommens gilt § 12 entsprechend.

Dauer

§ 14. Der Zuschuss gebührt, solange auf die im § 9 Abs. 2 genannte Leistung Anspruch besteht. Steht diese Leistung nur für einzelne Tage eines Monates zu, gebührt der Zuschuss nur anteilig.

Erklärung

§ 15. Im Falle des Antrags auf Gewährung eines Zuschusses gemäß den §§ 12 und 13 haben beide Elternteile eine Erklärung zu unterfertigen, mit der sie sich zur Leistung der Abgabe gemäß § 18 verpflichten.

Informationspflicht

§ 16. Von der Gewährung eines Zuschusses zum Kinderbetreuungsgeld an einen alleinstehenden Elternteil gemäß § 11 Abs. 2 sowie von der Einstellung oder Rückforderung (§ 31) dieses Zuschusses hat der zuständige Krankenversicherungsträger den anderen, zur Rückzahlung gemäß § 18 verpflichteten Elternteil zu verständigen.

Datenübermittlung

§ 17. Die Krankenversicherungsträger haben den Abgabenbehörden die Daten, die für die Finanzämter zur Wahrnehmung der ihnen durch dieses Gesetz übertragenen Aufgaben eine wesentliche Voraussetzung bilden, im Wege automationsunterstützter Datenübermittlung mitzuteilen. Dies sind insbesondere Name, Sozialversicherungsnummer, Geschlecht und Adresse der bezugsberechtigten Person, Name und Sozialversicherungsnummer des Kindes, für welches Kinderbetreuungsgeld bezogen wird, Anspruchsvoraussetzung gemäß § 9, die Höhe des Auszahlungsbetrages, die Länge des Bezugszeitraumes dieser Leistung sowie Name, Geschlecht und Sozialversicherungsnummer des zweiten Elternteils bei Abgabepflicht gemäß § 18 Abs. 1 Z 1 und 2.

Abschnitt 4
Rückzahlung ausbezahlter Zuschüsse zum Kinderbetreuungsgeld

Abgabepflichtige

§ 18. (1) Eine Rückzahlung ausbezahlter Zuschüsse zum Kinderbetreuungsgeld haben zu leisten:

1. Der Elternteil des Kindes, wenn an den anderen Elternteil ein Zuschuss gemäß § 9 Abs. 1 Z 1 ausbezahlt wurde.
2. Die Eltern des Kindes, wenn an einen der beiden Elternteile ein Zuschuss gemäß § 9 Abs. 1 Z 2, 3 oder 4 ausbezahlt wurde.
3. Der Elternteil des Kindes, der sich gemäß § 11 Abs. 3 zur Rückzahlung des Zuschusses verpflichtet hat.

(2) Leben die Eltern in den Fällen des Abs. 1 Z 2 im Zeitpunkt der Entstehung des Abgabenanspruchs (§ 21) dauernd getrennt, so ist die Rückzahlung bei den Elternteilen insoweit zu erheben, als dies bei dem jeweiligen Elternteil billig ist. Dabei ist insbesondere auf die jeweiligen Einkommensverhältnisse der Elternteile sowie auf die Tragung der mit der Haushaltszugehörigkeit des Kindes verbundenen Lasten Bedacht zu nehmen.

(3) Die Rückzahlung ist eine Abgabe im Sinne des § 1 der Bundesabgabenordnung (BAO), BGBl. Nr. 194/1961.

Höhe der Abgabe

§ 19. (1) Die Abgabe beträgt jährlich

1. in den Fällen des § 18 Abs. 1 Z 1 und 3 bei einem jährlichen Einkommen von

   mehr als 10 175 € 3%
   mehr als 12 720 € 5%
   mehr als 16 355 € 7%
   mehr als 19 990 € 9%
   des Einkommens,

2. in den Fällen des § 18 Abs. 1 Z 2 bei einem Gesamteinkommen der beiden Elternteile von

   mehr als 25 440 € 5%
   mehr als 29 070 € 7%
   mehr als 32 705 € 9%
   des Einkommens.

(2) Als Einkommen für Zwecke der Rückzahlung ausbezahlter Zuschüsse zum Kinderbetreuungsgeld gilt das Einkommen gemäß § 2 Abs. 2 EStG 1988 zuzüglich steuerfreier Einkünfte im Sinne des § 3 Abs. 1 Z 5 lit. a bis d EStG 1988 und Beträge nach den §§ 10 und 12 EStG 1988, soweit sie bei der Ermittlung des Einkommens abgezogen wurden. Werden Gewinne nicht nach Führung ordnungsgemäßer Bücher und Aufzeichnungen, sondern nach Durchschnittssätzen (§ 17 EStG 1988) ermittelt, sind diese Einkünfte zu erhöhen. Die Erhöhung beträgt

1. bei Einkünften aus Land- und Forstwirtschaft 40 vH des Einheitswertes des land- und forstwirtschaftlichen Vermögens,
2. bei Einkünften aus Gewerbebetrieben 10 vH dieser Einkünfte.

§ 20. Die Abgabe ist höchstens im Ausmaß von 115% des Zuschusses, der für den jeweiligen Anspruchsfall ausbezahlt wurde, zu erheben.

Entstehung des Abgabenanspruchs

§ 21. Der Abgabenanspruch entsteht mit Ablauf des Kalenderjahres, in dem die Einkommensgrenze gemäß § 19 erreicht wird, frühestens mit Ablauf des Kalenderjahres der Geburt des Kindes, letztmals mit Ablauf des auf die Geburt des Kindes folgenden 15. Kalenderjahres.

Zuständigkeit zur Erhebung

§ 22. Die Erhebung der Abgabe obliegt in den Fällen des § 18 Abs. 1 Z 1 und 3 dem für die Erhebung der Abgaben vom Einkommen zuständigen Finanzamt des Elternteiles, in den Fällen des § 18 Abs. 1 Z 2 dem für die Erhebung der Abgaben vom Einkommen des Vaters des Kindes, nach dem Tod des Vaters dem für die Erhebung der Abgaben vom Einkommen der Mutter des Kindes zuständigen Finanzamt.

Erklärungspflicht

§ 23. Jeder Abgabepflichtige (§ 18) ist verpflichtet, eine Abgabenerklärung über sein im Kalenderjahr erzieltes Einkommen im Sinne des § 19 Abs. 2 bis zum Ende des Monates März des Folgejahres einzureichen. § 134 Abs. 1 zweiter Satz BAO ist anzuwenden.

Abschnitt 5
Zuständigkeit und Verfahren

Zuständigkeit

§ 24. (1) In Angelegenheiten des Kinderbetreuungsgeldes sowie des Zuschusses zu dieser Leistung ist jener Krankenversicherungsträger zuständig, bei dem der Antragsteller versichert ist oder zuletzt versichert war, sonst jene Gebietskrankenkasse, bei der der Antrag auf Kinderbetreuungsgeld gestellt wurde. Als versichert im Sinne des ersten Satzes gelten auch Angehörige, für die Anspruch auf Leistungen der Krankenversicherung besteht oder bestanden hat oder die selbst anspruchsberechtigt sind oder selbst anspruchsberechtigt waren.

(2) Die Krankenversicherungsträger haben die im Abs. 1 genannten Angelegenheiten im übertragenen Wirkungsbereich zu vollziehen.

(3) Für die finanzielle Abwicklung und die Koordinierung der Krankenversicherungsträger in Angelegenheiten der Leistungen nach diesem Bundesgesetz wird die Niederösterreichische Gebietskrankenkasse als Kompetenzzentrum unter Bedachtnahme auf Abs. 4 eingerichtet. Der Niederösterreichischen Gebietskrankenkasse obliegt auch die Auszahlung dieser Leistungen. Die Durchführung des Verfahrens obliegt dem nach Abs. 1 zuständigen Krankenversicherungsträger.

(4) Der Hauptverband der österreichischen Sozialversicherungsträger hat den Betrieb eines entsprechenden Datennetzes bis längstens 1. Oktober 2001 sicherzustellen.

Verfahren

§ 25. In Angelegenheiten des Kinderbetreuungsgeldes sowie des Zuschusses zu dieser Leistung sind, soweit in diesem Bundesgesetz nichts anderes bestimmt ist, die für Leistungssachen in der Krankenversicherung geltenden verfahrensrechtlichen Bestimmungen des ASVG, GSVG, BSVG und Beamten-Kranken- und Unfallversicherungsgesetzes (B-KUVG), BGBl. Nr. 200/1967, anzuwenden.

Geltendmachung und Prüfung des Anspruches

§ 26. (1) Für die Geltendmachung des Anspruches ist ein bundeseinheitliches Antragsformular zu verwenden. Der Krankenversicherungsträger hat dem Antragsteller oder seinem Vertreter auf deren Verlangen das Einlangen des Antrages zu bestätigen.

(2) Wird der Bezug einer Leistung nach diesem Bundesgesetz unterbrochen oder ruht der Anspruch und ist das Ende des Unterbrechungs- oder Ruhenszeitraumes ungewiss, so ist der Fortbezug der Leistung durch Wiedermeldung geltend zu machen. § 4 Abs. 2 gilt auch für die Wiedermeldung.

Entscheidung

§ 27. (1) Besteht Anspruch auf eine Leistung nach diesem Bundesgesetz, so ist dem Antragsteller eine Mitteilung auszustellen, aus der insbesondere Beginn, voraussichtliches Ende und Höhe des Leistungsanspruches hervorgehen. Die Mitteilung hat eine Aufschlüsselung der Leistungen zu enthalten.

(2) Der Mitteilung gemäß Abs. 1 ist eine vom Bundesminister für soziale Sicherheit und Generationen zu erstellende Information, aus der insbesondere Rechte und Pflichten der Bezugsberechtigten hervorgehen, anzuschließen.

(3) Ein Bescheid ist auszustellen,

1. wenn ein Anspruch auf eine Leistung gar nicht oder nur teilweise anerkannt wird oder
2. bei Rückforderung einer Leistung gemäß § 31 oder
3. bei Widerruf oder rückwirkender Berichtigung einer Leistung gemäß § 30 Abs. 2, wenn die Bescheiderstellung ausdrücklich verlangt wird.

Abschnitt 6
Krankenversicherung

Krankenversicherung der Leistungsbezieher

§ 28. (1) Die Bezieher von Kinderbetreuungsgeld sind in der gesetzlichen Krankenversicherung teilversichert, sofern nicht eine Leistungszugehörigkeit zu einer Krankenfürsorgeeinrichtung im Sinne des § 2 Abs. 1 Z 2 B-KUVG besteht. Zur Durchführung der Krankenversicherung sind in folgender Reihenfolge zuständig:

1. jener Krankenversicherungsträger, der dem Kinderbetreuungsgeldbezieher Wochengeld oder Betriebshilfe leistet oder geleistet hat;
2. jener Krankenversicherungsträger, bei dem der Kinderbetreuungsgeldbezieher versichert ist oder zuletzt versichert war;
3. sonst jene Gebietskrankenkasse, bei der der Antrag auf Kinderbetreuungsgeld gestellt wird.

Als versichert im Sinne der Z 2 gelten auch Angehörige, für die Anspruch auf Leistungen der Krankenversicherung besteht oder bestanden hat oder die selbst anspruchsberechtigt sind oder selbst anspruchsberechtigt waren.

(2) Unterliegt ein Kinderbetreuungsgeldbezieher der Krankenversicherung nach zwei oder mehreren Bundesgesetzen, so ist jener Krankenversicherungsträger zuständig, bei dem der Antrag auf Kinderbetreuungsgeld gestellt wird.

(3) Ist die Zuständigkeit eines Krankenversicherungsträgers begründet, dann besteht sie so lange, als Kinderbetreuungsgeld bezogen wird.

Abschnitt 7
Allgemeine Bestimmungen

Mitteilungspflichten

§ 29. Der Leistungsbezieher hat jede für das Fortbestehen und das Ausmaß des Anspruches bedeutsame Änderung ohne Verzug, spätestens jedoch zwei Wochen nach dem Eintritt des Ereignisses, dem zuständigen Krankenversicherungsträger anzuzeigen.

Berichtigung

§ 30. (1) Wenn eine der Voraussetzungen für den Anspruch auf eine Leistung nach diesem Bundesgesetz wegfällt, ist die Leistung einzustellen; wenn sich eine für das Ausmaß des Leistungsanspruches maßgebende Voraussetzung ändert, ist die Leistung neu zu bemessen.

(2) Wenn sich die Zuerkennung oder die Bemessung einer Leistung nach diesem Bundesgesetz nachträglich als gesetzlich nicht begründet herausstellt, ist die Zuerkennung zu widerrufen oder die Bemessung rückwirkend zu berichtigen.

Rückforderung

§ 31. (1) Bei Einstellung, Herabsetzung, Widerruf oder Berichtigung einer Leistung ist der Leistungsbezieher zum Ersatz des unberechtigt

Empfangenen zu verpflichten, wenn er den Bezug durch unwahre Angaben oder durch Verschweigung maßgebender Tatsachen herbeigeführt hat oder wenn er erkennen musste, dass die Leistung nicht oder nicht in dieser Höhe gebührte.

(2) Die Verpflichtung zum Ersatz der empfangenen Leistung besteht auch dann, wenn rückwirkend eine Tatsache festgestellt wurde, bei deren Vorliegen kein Anspruch besteht. Der Empfänger einer Leistung nach diesem Bundesgesetz ist auch dann zum Ersatz des unberechtigt Empfangenen zu verpflichten, wenn sich ohne dessen Verschulden auf Grund des von der Abgabenbehörde an die Niederösterreichische Gebietskrankenkasse übermittelten Gesamtbetrages der Einkünfte ergibt, dass die Leistung nicht oder nicht in diesem Umfang gebührt hat.

(3) Wenn eine dritte Person eine ihr obliegende Anzeige vorsätzlich oder grob fahrlässig unterlassen oder falsche Angaben gemacht und hiedurch einen unberechtigten Bezug verursacht hat, kann sie zum Ersatz verpflichtet werden.

(4) Rückforderungen, die gemäß den Abs. 1 bis 3 vorgeschrieben wurden, können auf die zu erbringenden Leistungen bis zur Hälfte derselben aufgerechnet werden; sie vermindern den Leistungsanspruch entsprechend. Der Krankenversicherungsträger kann bei Vorliegen berücksichtigungswürdiger Umstände (Härtefälle), insbesondere in Berücksichtigung der Familien-, Einkommens- und Vermögensverhältnisse des Empfängers,

1. die Erstattung des zu Unrecht gezahlten Betrages in Teilbeträgen (Ratenzahlungen) zulassen,
2. die Rückforderung stunden,
3. auf die Rückforderung verzichten.

Der Bundesminister für soziale Sicherheit und Generationen wird ermächtigt, im Einvernehmen mit dem Bundesminister für Finanzen durch Verordnung die Kriterien für Härtefälle sowie Art und Weise der Rückforderung festzulegen.

(5) Anlässlich der Vorschreibung von Rückforderungen sind Ratenzahlungen zu gewähren, wenn auf Grund der wirtschaftlichen Verhältnisse des Schuldners die Hereinbringung der Forderung in einem Betrag nicht möglich ist. Die Höhe der Raten ist unter Berücksichtigung der wirtschaftlichen Verhältnisse des Schuldners festzusetzen.

(6) Werden Ratenzahlungen bewilligt oder Rückforderungen gestundet, so dürfen keine Zinsen ausbedungen werden.

(7) Eine Verpflichtung zum Ersatz des unberechtigt Empfangenen einschließlich der Aberkennung des Anspruches auf Kinderbetreuungsgeld oder eine Verfügung zur Nachzahlung ist für Zeiträume unzulässig, die länger als fünf Jahre, gerechnet ab der Kenntnis des maßgeblichen Sachverhaltes durch den Krankenversicherungsträger, zurückliegen. Ebenso tritt ein Bescheid über eine Rückforderung von Kinderbetreuungsgeld nach Ablauf von fünf Jahren ab dem Eintritt der Rechtskraft außer Kraft, wenn er bis zu diesem Zeitpunkt nicht vollzogen wurde.

Mitwirkungspflichten

§ 32. (1) Die Antragsteller haben bei der Feststellung des für den Anspruch auf Leistungen nach diesem Bundesgesetz maßgeblichen Sachverhaltes mitzuwirken.

(2) Dienstgeber (§ 35 ASVG, § 13 B-KUVG) und sonstige meldepflichtige Personen und Stellen (§ 36 ASVG) sind verpflichtet, den Krankenversicherungsträgern alle zur Feststellung des Gesamtbetrages der Einkünfte im Sinne des § 8 erforderlichen Auskünfte zu erteilen.

Abschnitt 8
Auszahlung der Leistungen

Art der Auszahlung

§ 33. (1) Die Auszahlung der Leistungen nach diesem Bundesgesetz erfolgt jeweils monatlich im Nachhinein auf ein Konto bei einem inländischen Geldinstitut oder per Post bis zum Zehnten des Folgemonats.

(2) In besonders berücksichtigungswürdigen Fällen, wie zB im Falle einer besonderen finanziellen Notlage oder einer Rückbuchung, kann eine vorzeitige Auszahlung im Höchstausmaß von einem Monatsbetrag unter Bedachtnahme auf die vorliegenden Anspruchstage erfolgen. Diese kann auch vor der Zuerkennung des Anspruches erfolgen, sofern mit der Zuerkennung gerechnet werden kann. Eine wiederholte Vorauszahlung ist jedoch nicht vorzunehmen, wenn sie in der Absicht begehrt wird, die im Abs. 1 festgelegte monatliche Auszahlung zu umgehen.

Besondere Umstände

§ 34. (1) Ist der Bezugsberechtigte handlungsunfähig, so ist die Leistung dessen gesetzlichem Vertreter oder dessen Bevollmächtigtem zur Verwendung für das Kind, für welches Kinderbetreuungsgeld bezogen wird, auszuzahlen.

(2) Ist der Bezugsberechtigte trunk-, spiel- oder rauschgiftsüchtig, so kann die Leistung verlässlichen Familienangehörigen oder der Aufenthaltsgemeinde zur Verwendung für das Kind, für das Kinderbetreuungsgeld bezogen wird, ausgezahlt werden.

Abschnitt 9
Mutter-Kind-Pass-Verfahren

§ 35. (1) Die gemäß § 7 vorgesehenen ärztlichen Untersuchungen sind von den Trägern der gesetzlichen Krankenversicherung durchzuführen, und zwar

1. bei Personen, die in der gesetzlichen Krankenversicherung pflichtversichert oder freiwillig versichert sind, vom Träger dieser Krankenversicherung, bei mehrfacher Krankenversicherung von dem Versicherungsträger, der zuerst in Anspruch genommen wird;

2. bei Personen, für die als Angehörige ein Anspruch auf Leistungen der gesetzlichen Krankenversicherung besteht, von dem Versicherungsträger, gegen den sich dieser Leistungsanspruch richtet;
3. bei allen übrigen Personen von der nach dem Wohnsitz zuständigen Gebietskrankenkasse.

(2) Für die Durchführung der Untersuchungen kommen insbesondere Vertragsärzte, Einrichtungen der Vertragsärzte oder sonstige Vertragspartner, Schwangeren- oder Mütter- und Elternberatungsstellen der Länder oder eigene Einrichtungen der Krankenversicherungsträger in Betracht.

(3) Zwischen dem Hauptverband der österreichischen Sozialversicherungsträger und der Österreichischen Ärztekammer mit Vollmacht und mit Zustimmung der Ärztekammern in den Bundesländern ist ein Gesamtvertrag abzuschließen, der die Durchführung der gemäß § 7 vorgesehenen ärztlichen Untersuchungen und die Vergütung der ärztlichen Leistungen regelt. Der Gesamtvertrag bedarf nicht der Zustimmung der Träger der gesetzlichen Krankenversicherung. Die Bestimmungen der §§ 338 bis 351 ASVG, des § 181 BSVG, des § 193 GSVG und des § 128 B-KUVG gelten sinngemäß. Der Gesamtvertrag bedarf zu seiner Gültigkeit der Genehmigung des Bundesministers für soziale Sicherheit und Generationen. Die Genehmigung ist zu versagen, wenn die im Vertrag vorgesehene Vergütung der ärztlichen Leistungen, gemessen an der Vergütung vergleichbarer Leistungen in der gesetzlichen Krankenversicherung, unangemessen ist. Bis zum Abschluss eines neuen Vertrages gilt der bezugnehmend auf § 39e Abs. 6 FLAG 1967 in der am 31. Dezember 2001 geltenden Fassung abgeschlossene Gesamtvertrag weiter.

(4) Die Kosten für die gemäß § 7 vorgesehenen ärztlichen Untersuchungen sind für die im Abs. 1 Z 3 genannten Personen zur Gänze vom Ausgleichsfonds für Familienbeihilfen zu tragen; für die übrigen Personen sind die Untersuchungskosten zu zwei Dritteln vom Ausgleichsfonds für Familienbeihilfen und zu einem Drittel von den Trägern der gesetzlichen Krankenversicherung zu tragen. Die vom Ausgleichsfonds für Familienbeihilfen zu tragenden Kosten sind gegen Rechnungslegung dem Hauptverband der österreichischen Sozialversicherungsträger zu überweisen, welcher die Aufteilung auf die einzelnen Träger der gesetzlichen Krankenversicherung vorzunehmen hat. Der vom Ausgleichsfonds für Familienbeihilfen zu leistende Kostenersatz kann pauschaliert werden. Auf den Kostenersatz können angemessene Vorschüsse geleistet werden.

(5) Die gemäß § 7 vorgesehenen ärztlichen Untersuchungen können bei den im § 2 Abs. 1 Z 2 B-KUVG genannten Personen und deren Angehörigen, für die Krankenfürsorge seitens einer Krankenfürsorgeeinrichtung eines öffentlich-rechtlichen Dienstgebers vorgesehen ist, auch von dieser durchgeführt werden. Die Kosten für die Untersuchungen werden den Krankenfürsorgeeinrichtungen zu zwei Dritteln vom Ausgleichsfonds für Familienbeihilfen ersetzt, soweit sie die zwischen dem Hauptverband der österreichischen Sozialversicherungsträger und der Österreichischen Ärztekammer vereinbarten Untersuchungskosten nicht überschreiten (Abs. 3). Der vom Ausgleichsfonds für Familienbeihilfen zu leistende Kostenersatz kann pauschaliert werden. Auf den Kostenersatz können angemessene Vorschüsse geleistet werden.

(6) Die Kosten für den Mutter-Kind-Pass (§ 7) sind vom Ausgleichsfonds für Familienbeihilfen zu tragen.

(7) Der Bundesminister für soziale Sicherheit und Generationen oder von diesem beauftragte Experten sind im Sinne des Datenschutzgesetzes 2000, BGBl. I Nr. 165/1999, zur Ermittlung und Verarbeitung von persönlichen gesundheitsbezogenen Daten von Müttern und Kindern im Zusammenhang mit dem Mutter-Kind-Pass-Untersuchungsprogramm ermächtigt. Dabei können zum ausschließlichen Zweck der Evaluierung Auskünfte über die Mutter-Kind-Pass-Untersuchungen einschließlich der Vorlage des Mutter-Kind-Passes verlangt werden. Eine Weitergabe personenbezogener Daten ist untersagt.

(8) Der Hauptverband der österreichischen Sozialversicherungsträger hat auf Verlangen die in seinem Wirkungsbereich befindlichen Daten betreffend das Mutter-Kind-Pass-Untersuchungsprogramm dem Bundesminister für soziale Sicherheit und Generationen oder von diesem Bundesminister beauftragten Experten für den ausschließlichen Zweck der Evaluierung des Mutter-Kind-Pass-Untersuchungsprogrammes zur Verfügung zu stellen. Eine Weitergabe personenbezogener Daten ist untersagt.

Abschnitt 10
Datenerhebung

§ 36. (1) Im Verfahren zur Gewährung von Kinderbetreuungsgeld sind die Krankenversicherungsträger berechtigt, die hiefür notwendigen personenbezogenen Daten der antragstellenden Personen (des Kinderbetreuungsgeldempfängers), der im gemeinsamen Haushalt lebenden Ehegatten oder Lebensgefährten und der Kinder automationsunterstützt zu ermitteln und zu verarbeiten; das sind folgende Daten:

1. Namen, Titel, Anschrift und Telefonnummer;
2. Geburtsdatum und Sozialversicherungsnummer;
3. Staatsbürgerschaft;
4. Familienstand und Geschlecht;
5. Beruf bzw. Tätigkeit;
6. Firmenbuchnummern, Namen und Anschrift des Dienstgebers;
7. Anspruchs- und Berechnungsgrundlagen;
8. Art, Umfang und Stand der Verfahren;
9. Bescheide;

10. Bankverbindung und Kontonummer;
11. Vertreter, Zahlungsempfänger sowie die Art und Dauer der Vollmacht;
12. Zahlungsbeträge.

(2) Die mit der Vollziehung betrauten Krankenversicherungsträger sind verpflichtet, im Wege der Niederösterreichischen Gebietskrankenkasse dem Bundesminister für soziale Sicherheit und Generationen insbesondere folgende Daten zur automationsunterstützten Besorgung der Statistik zu übermitteln:

1. Anzahl der Bezieher aufgegliedert nach Geschlecht;
2. Dauer des Bezuges;
3. Häufigkeit des Wechsels;
4. Anzahl der Bezieher von Zuschuss;
5. Anzahl der Personen mit Anspruch auf Kinderbetreuungsgeld gemäß § 3 Abs. 2.

Datenübermittlung

§ 37. (1) Die Abgabenbehörden haben den Krankenversicherungsträgern jene Daten, die eine wesentliche Voraussetzung zur Wahrnehmung der ihnen durch dieses Bundesgesetz übertragenen Aufgaben darstellen, elektronisch zu übermitteln. Der Bundesminister für Finanzen im Einvernehmen mit dem Bundesminister für soziale Sicherheit und Generationen wird ermächtigt, Art und Weise des Verfahrens der elektronischen Übermittlung durch Verordnung festzulegen.

(2) Im Sinne des Abs. 1 haben die Abgabenbehörden für Personen, deren Einkommen zur Feststellung des Anspruches auf Leistungen nach diesem Bundesgesetz heranzuziehen ist, im Rahmen ihres Wirkungsbereiches im Ermittlungsverfahren festgestellte Daten gemäß § 8 sowie jene Daten, aus denen Ansprüche auf Familienbeihilfe hervorgehen, auf Anfrage den Krankenversicherungsträgern bekannt zu geben. Die abgabenrechtliche Geheimhaltungspflicht des § 48a BAO ist zu beachten.

(3) Die Krankenversicherungsträger sind verpflichtet, den anderen Krankenversicherungsträgern auf deren Ersuchen die für die ordnungsgemäße Vollziehung dieses Bundesgesetzes erforderlichen Daten gemäß Abs. 1 und 2 sowie § 36 im Wege automationsunterstützter Datenübermittlung zur Verfügung zu stellen.

Abschnitt 11
Finanzierung

Deckung des Aufwandes

§ 38. (1) Für die finanzielle Abwicklung dieses Bundesgesetzes sind eigene Rechnungskreise einzurichten, die eine Zuordnung des erforderlichen Aufwandes der Krankenversicherungsträger unter Berücksichtigung der Grundsätze der Sparsamkeit, Wirtschaftlichkeit und Zweckmäßigkeit eindeutig ermöglichen. Der Ausgleichsfonds für Familienbeihilfen hat der Niederösterreichischen Gebietskrankenkasse die nachgewiesenen, erforderlichen und zuordenbaren Aufwendungen für die Leistungen, die Verfahrenskosten, die Zustellgebühren, den entsprechenden Anteil an den Verwaltungsaufwendungen sowie die sonstigen Aufwendungen nach diesem Bundesgesetz zu ersetzen.

(2) Die anteiligen Verwaltungsaufwendungen einschließlich der Kosten für den Betrieb des Kompetenzzentrums gemäß § 24 Abs. 3 können pauschal ermittelt und in der Höhe der festgesetzten Pauschalbeträge ersetzt werden. Der Bundesminister für soziale Sicherheit und Generationen hat die Pauschalbeträge nach Anhörung des Hauptverbandes der österreichischen Sozialversicherungsträger im Einvernehmen mit dem Bundesminister für Finanzen durch Verordnung festzusetzen. Die Pauschalbeträge sind neu festzusetzen, wenn die anteiligen Verwaltungsaufwendungen, insbesondere auf Grund von Gesetzesänderungen, um mehr als 5 vH zu- oder abnehmen. Mit Wirkung ab 1. Jänner eines jeden Jahres sind die Pauschalbeträge mit der Aufwertungszahl des jeweiligen Kalenderjahres (§ 108a ASVG) zu vervielfachen und auf einen Cent zu runden.

(3) Der Ausgleichsfonds für Familienbeihilfen hat der Niederösterreichischen Gebietskrankenkasse den nachgewiesenen, für die Herstellung der Voraussetzungen zur Vollziehung dieses Bundesgesetzes, auch im Falle von Gesetzesänderungen, unter Berücksichtigung der Grundsätze der Sparsamkeit, Wirtschaftlichkeit und Zweckmäßigkeit erforderlichen einmaligen Aufwand einschließlich der Implementierungskosten aller Krankenversicherungsträger zu ersetzen. Die Höhe des zustehenden Ersatzes der einmaligen Aufwendungen nach diesem Absatz und die Fälligkeit ist jeweils vom Bundesminister für soziale Sicherheit und Generationen auf der Grundlage der von der Niederösterreichischen Gebietskrankenkasse vorzulegenden Nachweise zu ermitteln und durch Verordnung festzusetzen. Die anteiligen erforderlichen und zuordenbaren Errichtungs- und Entwicklungskosten des Datennetzes sind dem Hauptverband der Sozialversicherungsträger zu ersetzen.

(4) Für nachträgliche Anpassungen oder Investitionen insbesondere technischer Natur, die anlässlich der Vollziehung oder von Änderungen dieses Bundesgesetzes erforderlich werden, ist Abs. 3 sinngemäß anzuwenden.

Verrechnung

§ 39. Der Ausgleichsfonds für Familienbeihilfen kann der Niederösterreichischen Gebietskrankenkasse die Aufwendungen aller zuständigen Krankenversicherungsträger für die Leistungen nach diesem Bundesgesetz bevorschussen. Die Endabrechnung ist jährlich im Nachhinein vorzunehmen.

Abgabe für Zuschüsse

§ 40. Die Abgabe für Zuschüsse zum Kinderbetreuungsgeld fließt dem Ausgleichsfonds für Familienbeihilfen zu.

Abschnitt 12
Schlussbestimmungen

Rechtshilfe

§ 41. (1) Die Verwaltungsbehörden, das Arbeitsmarktservice und die Gerichte sind verpflichtet, den in Vollziehung dieses Bundesgesetzes an sie ergehenden Ersuchen der Krankenversicherungsträger im Rahmen ihrer sachlichen und örtlichen Zuständigkeit zu entsprechen.

(2) Barauslagen, die der ersuchten Stelle aus der Hilfeleistung erwachsen, mit Ausnahme von Portokosten, sind von der ersuchenden Stelle zu erstatten.

(3) Die Krankenversicherungsträger sind berechtigt, auf automationsunterstütztem Weg Einsicht in das automationsunterstützt geführte Grundbuch, in das zentrale Gewerberegister und in das automationsunterstützt geführte Firmenbuch zu nehmen, soweit dies zur Erfüllung der Aufgaben nach diesem Bundesgesetz notwendig ist. Die Berechtigung zur Einsicht in das Grundbuch umfasst auch die Einsichtnahme in das Personenverzeichnis. Die Berechtigung zur Einsicht in das Firmenbuch umfasst auch die bundesweite Suche nach im Zusammenhang mit den Rechtsträgern gespeicherten Personen.

Unterhaltsanspruch

§ 42. Das Kinderbetreuungsgeld gilt nicht als eigenes Einkommen des Kindes und mindert nicht dessen Unterhaltsanspruch.

Pfändungsverbot und Steuerbefreiung

§ 43. (1) Der Anspruch auf Kinderbetreuungsgeld ist gemäß § 290 der Exekutionsordnung, RGBl. Nr. 79/1896, nicht pfändbar.

(2) Kinderbetreuungsgeld ist von der Einkommensteuer befreit und gehört auch nicht zur Bemessungsgrundlage für sonstige Abgaben und öffentlich-rechtliche Beiträge.

Gebührenfreiheit

§ 44. (1) Die im Verfahren nach diesem Bundesgesetz erforderlichen Eingaben, Vollmachten und Ausfertigungen sind von den Stempelgebühren und Verwaltungsabgaben des Bundes befreit. Die §§ 76 bis 78 des Allgemeinen Verwaltungsverfahrensgesetzes 1991 (AVG 1991), BGBl. Nr. 51, sind im Verfahren nach diesem Bundesgesetz nicht anzuwenden.

(2) Der Ersatz des Aufwandes gemäß § 38 stellt kein Entgelt im Sinne des Umsatzsteuergesetzes 1994 (UStG 1994), BGBl. Nr. 663, dar.

Verwaltungsstrafbestimmung

§ 45. Personen, die grob fahrlässig oder vorsätzlich unwahre Angaben gemacht oder maßgebliche Tatsachen verschwiegen und dadurch zu Unrecht Kinderbetreuungsgeld bezogen haben, sind von der Bezirksverwaltungsbehörde mit einer Geldstrafe bis zu 2 000 € zu bestrafen.

Sprachliche Gleichbehandlung

§ 46. Soweit in diesem Bundesgesetz personenbezogene Bezeichnungen nur in männlicher Form angeführt sind, beziehen sie sich auf Frauen und Männer in gleicher Weise. Bei der Anwendung auf bestimmte Personen ist die jeweils geschlechtsspezifische Form zu verwenden.

Verweisungen

§ 47. Soweit in diesem Bundesgesetz auf Bestimmungen anderer Bundesgesetze verwiesen wird, sind diese, soweit nicht ausdrücklich anderes bestimmt ist, in der jeweils geltenden Fassung anzuwenden.

Vollzug

§ 48. Mit der Vollziehung dieses Bundesgesetzes sind betraut

1. hinsichtlich des Abschnittes 4 sowie des § 37 Abs. 1 und 2 der Bundesminister für Finanzen,
2. hinsichtlich der übrigen Bestimmungen der Bundesminister für soziale Sicherheit und Generationen.

In-Kraft-Treten

§ 49. (1) Dieses Bundesgesetz tritt – mit Ausnahme der §§ 24 Abs. 4 und 38 Abs. 3 – am 1. Jänner 2002 in Kraft und ist für Geburten nach dem 31. Dezember 2001 anzuwenden.

(2) Auf Geburten zwischen dem 1. Jänner 2002 und 30. Juli 2002 ist § 3 Abs. 2 mit der Maßgabe anzuwenden, dass vom Nachweis der Untersuchungen während der Schwangerschaft abgesehen wird.

(3) § 24 Abs. 4 tritt mit dem der Kundmachung dieses Gesetzes folgenden Tag in Kraft.

(4) § 38 Abs. 3 tritt mit 1. September 2001 in Kraft.

3/2. VERORDNUNGEN ZUM KGG

Verordnung der Bundesministerin für Arbeit, Gesundheit und Soziales, mit der ein Pauschalbetrag für die anteiligen Verwaltungsaufwendungen der Gebietskrankenkassen für die Vollziehung der Wiedereinstellungsbeihilfe nach dem Karenzgeldgesetz festgesetzt wird (KGG-Pauschalbetragsverordnung-WEB), BGBl II 1998/45

Auf Grund des § 50 Abs. 1 des Karenzgeldgesetzes (KGG), BGBl. I Nr. 47/1997, wird im Einvernehmen mit dem Bundesminister für Finanzen verordnet:

§ 1. Als Pauschalbetrag für die anteiligen Verwaltungsaufwendungen der Gebietskrankenkassen für die Vollziehung der Wiedereinstellungsbeihilfe nach dem Karenzgeldgesetz wird für jeden neuen Fall ein Betrag in der Höhe von 440 S festgesetzt.

§ 2. Als neuer Fall gilt die Antragstellung eines Arbeitgebers auf Wiedereinstellungsbeihilfe gemäß § 33 KGG.

§ 3. Der Pauschalbetrag gemäß § 1 ist ab 1. Jänner 1999 jeweils mit Wirkung ab 1. Jänner jeden Jahres mit der Aufwertungszahl des jeweiligen Kalenderjahres (§ 108a ASVG) zu vervielfachen. Der vervielfachte Betrag ist jeweils auf volle zehn Groschen zu runden, wobei Beträge unter fünf Groschen zu vernachlässigen sind.

§ 4. Diese Verordnung tritt mit 1. Jänner 1998 in Kraft.

Hostasch

Verordnung der Bundesministerin für Arbeit, Gesundheit und Soziales, mit der Pauschalbeträge für die anteiligen Verwaltungsaufwendungen der Gebietskrankenkassen nach dem Karenzgeldgesetz festgesetzt werden (KGG-Pauschalbeträgeverordnung), BGBl II 1997/197

Auf Grund des § 50 Abs. 1 des Karenzgeldgesetzes (KGG), BGBl. I Nr. 47/1997, wird im Einvernehmen mit dem Bundesminister für Finanzen verordnet:

§ 1. Als Pauschalbetrag für die anteiligen Verwaltungsaufwendungen der Gebietskrankenkassen nach dem Karenzgeldgesetz für jeden neuen Fall wird festgesetzt:

1. für Bearbeitungsaufwand ein Betrag in der Höhe von 775 S,
2. für Barauszahlungs- und Portokosten ein Betrag in der Höhe von 117 S.

§ 2. (1) Als neuer Fall gilt die erstmalige Antragstellung eines Elternteiles auf eine Leistung nach dem Karenzgeldgesetz wegen Betreuung eines bestimmten Kindes (mehrerer bestimmter Kinder bei Mehrlingen).

(2) Als neuer Fall gilt auch die erstmalige Antragstellung des anderen Elternteiles auf eine Leistung nach dem Karenzgeldgesetz wegen Betreuung eines bestimmten Kindes (mehrerer bestimmter Kinder bei Mehrlingen).

(3) Sonstige Änderungen gelten nicht als neuer Fall.

§ 3. Der Pauschalbetrag für Bearbeitungsaufwand gemäß § 1 Z 1 ist mit Wirkung ab 1. Jänner 1998 zunächst mit der Aufwertungszahl für 1997 (1,039) und sodann mit der Aufwertungszahl für 1998 zu vervielfachen. In der Folge ist dieser Pauschalbetrag jeweils mit Wirkung ab 1. Jänner jeden Jahres mit der Aufwertungszahl des jeweiligen Kalenderjahres (§ 108a ASVG) zu vervielfachen. Der vervielfachte Betrag ist jeweils auf volle zehn Groschen zu runden, wobei Beträge unter fünf Groschen zu vernachlässigen sind.

§ 4. Diese Verordnung tritt mit 1. Juli 1997 in Kraft.

Hostasch

3/3. VERORDNUNGEN ZUM KBGG

Verordnung des Bundesministers für soziale Sicherheit und Generationen, mit der Kriterien für Härtefälle nach dem Kinderbetreuungsgeldgesetz festgelegt werden (KBGG-Härtefälle-Verordnung), BGBl II 2001/405

Auf Grund des § 31 Abs. 4, letzter Satz des Kinderbetreuungsgeldgesetzes, BGBl. I Nr. 103/2001, wird im Einvernehmen mit dem Bundesminister für Finanzen verordnet:

§ 1. Als Härtefälle gelten:

a) Fälle einer geringfügigen, unvorhersehbaren Überschreitung der Zuverdienstgrenze. Eine geringfügige, unvorhersehbare Überschreitung liegt nur dann vor, wenn die Grenzbeträge gemäß den §§ 2 Abs. 1 Z 3 und 9 Abs. 3 KBGG um nicht mehr als 10% überstiegen werden. In solch einem Falle ist auf die Rückforderung zu verzichten.

b) Fälle, in denen die Voraussetzungen für eine Rückforderung dem Grunde nach erfüllt sind, jedoch auf Grund der individuellen Familien-, Einkommens- und Vermögensverhältnisse des/der Verpflichteten eine Rückforderung ganz oder teilweise oder zum gegebenen Zeitpunkt als unbillig erscheint.

§ 2. Die konkrete Ausgestaltung einer Rückforderung nach § 1 lit. b richtet sich mit folgender Ausnahme nach den Bestimmungen der §§ 60 bis 62 Bundeshaushaltsgesetz:

Werden Ratenzahlungen bewilligt oder Rückforderungen gestundet, so dürfen keine Zinsen ausbedungen werden.

§ 3. Liegt ein laufender Bezug einer Leistung gemäß § 1 Kinderbetreuungsgeldgesetz vor, können Rückforderungen bis zur Hälfte des laufenden Leistungsbezuges aufgerechnet werden.

Haupt

Verordnung des Bundesministers für soziale Sicherheit und Generationen über die Festlegung eines Mutter-Kind-Pass-Untersuchungsprogrammes, die Voraussetzungen zur Weitergewährung des Kinderbetreuungsgeldes in voller Höhe sowie über den Mutter-Kind-Pass (Mutter-Kind-Pass-Verordnung 2002 – MuKi-PassV), BGBl II 2001/470

Auf Grund § 7 Abs. 1 Kinderbetreuungsgeldgesetz (KBGG), BGBl. I Nr. 103/2001, wird verordnet:

Inhaltsübersicht

**1. Abschnitt
Allgemeines**

Zielbestimmung

§ 1. (1) Zur Sicherstellung der medizinischen Grundbetreuung der Schwangeren und des Kindes wird ein Mutter-Kind-Pass-Untersuchungsprogramm festgelegt.

(2) Das Mutter-Kind-Pass-Untersuchungsprogramm umfasst jedenfalls fünf Untersuchungen der Schwangeren sowie neun Untersuchungen des Kindes bis zu dessen 62. Lebensmonat.

Kinderbetreuungsgeld

§ 2. Die zur Weitergewährung des Kinderbetreuungsgeldes in voller Höhe gemäß § 7 KBGG erforderlichen ärztlichen Untersuchungen haben, sofern § 6 Abs. 2 und 3 nichts anderes bestimmt, aus fünf ärztlichen Untersuchungen der Schwangeren und fünf ärztlichen Untersuchungen des Kindes zu bestehen.

2. Abschnitt
Untersuchungsprogramm für Schwangere

Untersuchungen der Schwangeren

§ 3. (1) Während der Schwangerschaft sind fünf ärztliche Untersuchungen der Schwangeren vorgesehen.

(2) Die erste Untersuchung ist bis zum Ende der 16. Schwangerschaftswoche vorzunehmen. Sie hat folgende Blutuntersuchungen einzuschließen:

1. Test auf Vorliegen einer Luesinfektion,
2. Bestimmung der Blutgruppe und des Rhesusfaktors, ausgenommen bei Vorliegen eines Originalbefundes,
3. Bestimmung des Hämoglobinwertes und des Hämatokrits (oder der Erythrozytenzahl),
4. Toxoplasmosetest mit Wiederholungsuntersuchungen bei negativem bzw. abklärungsbedürftigem Titer, ausgenommen bei Vorliegen eines Originalbefundes über einen eindeutig positiven Titer,
5. Bestimmung des Rötelnantikörpertiters.

(3) Die zweite Untersuchung ist in der 17., 18., 19. oder 20. Schwangerschaftswoche vorzunehmen. Sie hat eine interne Untersuchung einzuschließen.

(4) Die dritte Untersuchung ist in der 25., 26., 27. oder 28. Schwangerschaftswoche vorzunehmen. Sie hat die Bestimmung des Hämatokrits und des Hämoglobinwerts sowie eine Hepatitis-B-Untersuchung (HBS-Antigen-Bestimmung) einzuschließen.

(5) Die vierte Untersuchung ist in der 30., 31., 32., 33. oder 34. Schwangerschaftswoche vorzunehmen.

(6) Die fünfte Untersuchung ist in der 35., 36., 37. oder 38. Schwangerschaftswoche vorzunehmen.

Untersuchungsumfang

§ 4. Die Untersuchungen gemäß § 3 haben jedenfalls

1. eine ausführliche Anamneseerhebung,
2. eine gynäkologische Untersuchung (Vaginalbefund),
3. die Erhebung von mütterlichen und kindlichen Risikofaktoren und
4. die Beurteilung der Notwendigkeit weiterer Untersuchungen

einzuschließen.

Ultraschalluntersuchungen der Schwangeren

§ 5. (1) Zusätzlich zu den im § 3 Abs. 2 bis 6 genannten Untersuchungen der Schwangeren werden entsprechend dem Stand der medizinischen Wissenschaft jeweils eine Ultraschalluntersuchung der Schwangeren in der 18., 19., 20., 21. oder 22. und in der 30., 31., 32., 33. oder 34. Schwangerschaftswoche empfohlen.

(2) Ultraschalluntersuchungen sind nicht Voraussetzung für die Weitergewährung des Kinderbetreuungsgeldes in voller Höhe.

Verspätete Feststellung der Schwangerschaft

§ 6. (1) Eine Überschreitung der im § 3 Abs. 2 bis 6 angeführten Untersuchungstermine hat zur Weitergewährung des Kinderbetreuungsgeldes in voller Höhe außer Betracht zu bleiben, wenn sie aus einem von der Schwangeren nicht zu vertretenden Grund erfolgt. Die erste Untersuchung der Schwangeren hat jedoch spätestens bis Ende der 20. Schwangerschaftswoche zu erfolgen.

(2) War die Schwangerschaft trotz ärztlicher Untersuchung erst nach der 20. Schwangerschaftswoche feststellbar, oder kann die Schwangere glaubhaft machen, dass für sie kein Anlass zu einer solchen Untersuchung bestand, auf Grund deren sie Kenntnis von ihrer Schwangerschaft erhalten hätte können, genügen für die Weitergewährung des Kinderbetreuungsgeldes in voller Höhe die nachstehend angeführten Untersuchungen:

1. Bei Feststellung der Schwangerschaft bis Ende der 28. Schwangerschaftswoche
   a) die Untersuchungen der Schwangeren gemäß § 3 Abs. 4, 5 und 6, die im § 3 Abs. 2 Z 1 bis 4 genannten Blutuntersuchungen sowie die interne Untersuchung gemäß § 3 Abs. 3 und
   b) die Untersuchungen des Kindes gemäß § 7 Abs. 2 bis 6,
2. bei Feststellung der Schwangerschaft nach der 28. bis Ende der 34. Schwangerschaftswoche
   a) die Untersuchungen der Schwangeren gemäß § 3 Abs. 5 und 6, die im § 3 Abs. 2 Z 1 bis 4 genannten Blutuntersuchungen sowie die interne Untersuchung gemäß § 3 Abs. 3 und
   b) die Untersuchungen des Kindes gemäß § 7 Abs. 2 bis 6,
3. bei Feststellung der Schwangerschaft nach der 34. Schwangerschaftswoche
   a) die Untersuchung der Schwangeren gemäß § 3 Abs. 6, die im § 3 Abs. 2 Z 1 bis 4 genannten Blutuntersuchungen sowie die interne Untersuchung gemäß § 3 Abs. 3 und
   b) die Untersuchungen des Kindes gemäß § 7 Abs. 2 bis 6,
4. bei Feststellung der Schwangerschaft erst unmittelbar vor der Geburt die Untersu-

chungen des Kindes gemäß § 7 Abs. 2 bis 6.

(3) Falls die Geburt vor dem im § 3 Abs. 4, 5 oder 6 angeführten Untersuchungstermin erfolgt, genügt für die Weitergewährung des Kinderbetreuungsgeldes in voller Höhe die Vornahme der bis zur Geburt vorgesehenen Untersuchungen sowie der Untersuchungen des Kindes gemäß § 7 Abs. 2 bis 6.

3. Abschnitt
Untersuchungsprogramm für Kinder

Untersuchungen des Kindes

§ 7. (1) In den ersten vierzehn Lebensmonaten sind fünf ärztliche Untersuchungen des Kindes vorgesehen.

(2) Die erste Untersuchung ist in der ersten Lebenswoche vorzunehmen.

(3) Die zweite Untersuchung ist in der vierten, fünften, sechsten oder siebenten Lebenswoche vorzunehmen. Sie hat eine orthopädische Untersuchung einzuschließen.

(4) Die dritte Untersuchung ist im dritten, vierten oder fünften Lebensmonat vorzunehmen.

(5) Die vierte Untersuchung ist im siebenten, achten oder neunten Lebensmonat vorzunehmen. Sie hat eine Untersuchung des Hals-, Nasen- und Ohrenbereiches einzuschließen.

(6) Die fünfte Untersuchung ist im 10., 11., 12., 13. oder 14. Lebensmonat vorzunehmen. Sie hat eine Augenuntersuchung einzuschließen.

Überschreitung der Untersuchungstermine

§ 8. (1) Eine Überschreitung der im § 7 Abs. 2 und 3 angeführten Untersuchungstermine hat zur Weitergewährung des Kinderbetreuungsgeldes in voller Höhe außer Betracht zu bleiben, wenn sie aus einem vom Anspruchsberechtigten (§ 7 Abs. 3 KBGG) nicht zu vertretenden Grund erfolgt. Die erste Untersuchung des Kindes hat jedoch spätestens in der dritten Lebenswoche zu erfolgen.

(2) Ferner hat zur Weitergewährung des Kinderbetreuungsgeldes in voller Höhe eine Überschreitung der im § 7 Abs. 4 bis 6 angeführten Untersuchungstermine jeweils bis zur Höchstdauer eines Monats außer Betracht zu bleiben, wenn sie aus einem vom Anspruchsberechtigten (§ 7 Abs. 3 KBGG) nicht zu vertretenden Grund erfolgt.

Weitere vorgesehene Untersuchungen

§ 9. (1) Bis zum zweiundsechzigsten Lebensmonat sind vier weitere ärztliche Untersuchungen des Kindes vorgesehen. Diese sind nicht Voraussetzung für die Weitergewährung des Kinderbetreuungsgeldes in voller Höhe.

(2) Die sechste Untersuchung ist für den 22., 23., 24., 25. oder 26. Lebensmonat vorgesehen und sollte eine Augenuntersuchung durch einen/eine Facharzt/Fachärztin für Augenheilkunde und Optometrie einschließen.

(3) Die siebente Untersuchung ist für den 34., 35., 36., 37. oder 38. Lebensmonat vorgesehen.

(4) Die achte Untersuchung ist für den 46., 47., 48., 49. oder 50. Lebensmonat vorgesehen.

(5) Die neunte Untersuchung ist für den 58., 59., 60., 61. oder 62. Lebensmonat vorgesehen.

Untersuchungsumfang

§ 10. (1) Die Untersuchungen gemäß §§ 7 und 9 haben

1. die Feststellung von Körpergewicht und Körperlänge,
2. die Erhebung von Beobachtungen der Mutter und eine Krankheitsanamnese,
3. eine ärztliche Untersuchung des Kindes und
4. die Beurteilung der Notwendigkeit weiterer Untersuchungen

einzuschließen.

(2) Bei den Untersuchungen gemäß §§ 7 Abs. 2 bis 6 und 9 Abs. 2 bis 5 ist auf die in dem jeweiligen Alter erreichte Entwicklung Bedacht zu nehmen.

Ultraschalluntersuchungen des Kindes

§ 11. (1) In der ersten und in der sechsten, siebenten oder achten Lebenswoche des Kindes wird entsprechend dem Stand der medizinischen Wissenschaft jeweils eine Hüftultraschalluntersuchung empfohlen.

(2) Hüftultraschalluntersuchungen sind nicht Voraussetzung für die Weitergewährung des Kinderbetreuungsgeldes in voller Höhe.

4. Abschnitt
Mutter-Kind-Pass

Form und Inhalt des Mutter-Kind-Passes

§ 12. (1) Art und Umfang der im Rahmen des Mutter-Kind-Pass-Untersuchungsprogrammes vorgesehenen ärztlichen Untersuchungen sowie die Voraussetzungen zur Weitergewährung des Kinderbetreuungsgeldes in voller Höhe sind im Mutter-Kind-Pass festzuhalten.

(2) Der Mutter-Kind-Pass ist vom Bundesministerium für soziale Sicherheit und Generationen aufzulegen.

(3) Der Mutter-Kind-Pass hat aus gehefteten Blättern in einem dauerhaften Umschlag zu bestehen.

(4) Im Mutter-Kind-Pass sind Vordrucke für folgende Eintragungen vorzusehen:

1. Personaldaten der Mutter und des Kindes,
2. für den Gesundheitszustand der Mutter und des Kindes erhebliche Daten, insbesondere die Untersuchungsergebnisse gemäß §§ 3 bis 11,
3. Bestätigungen zur Vorlage beim Krankenversicherungsträger über die Durchführung der ärztlichen Untersuchungen zur Weitergewährung des Kinderbetreuungsgeldes in voller Höhe.

(5) Der Mutter-Kind-Pass ist insbesondere den Trägern der gesetzlichen Krankenversicherung, deren Vertragsärzten/Vertragsärztinnen und sonstigen Vertragspartnern, die Untersuchungen im Sinne dieser Verordnung durchführen, den Schwangeren- oder Mütter- und Elternberatungsstellen sowie den Bezirksverwaltungsbehörden zur Ausfolgung an die in Betracht kommenden Personen zur Verfügung zu stellen.

Einsichtnahme in den Mutter-Kind-Pass

§ 13. (1) Der Mutter-Kind-Pass ist bei der Durchführung der Untersuchungen dem/der untersuchenden Arzt/Ärztin zum Zweck der Eintragungen zu übergeben.

(2) Die Einsichtnahme in den Mutter-Kind-Pass ist nur mit Zustimmung der Mutter und des/der Erziehungsberechtigten oder auf Grund ausdrücklicher gesetzlicher Ermächtigung zulässig.

5. Abschnitt
Übergangs- und In-Kraft-Tretens-Bestimmungen

Übergangsbestimmungen

§ 14. (1) Bis zum 1. Jänner 2004 kann die im § 5 Abs. 1 empfohlene erste Ultraschalluntersuchung auch in der 16., 17., 18. 19. oder 20. Schwangerschaftswoche durchgeführt werden.

(2) Bis zum 1. Jänner 2004 kann die im § 7 Abs. 5 vorgesehene Untersuchung des Hals-, Nasen- und Ohrenbereiches auch im Rahmen der dritten Untersuchung im dritten, vierten oder fünften Lebensmonat vorgenommen werden.

(3) Bis zum 1. Jänner 2004 kann die zweite Hüftultraschalluntersuchung des Kindes gemäß § 11 Abs. 1 auch in der 12., 13., 14., 15. oder 16. Lebenswoche durchgeführt werden.

In-Kraft-Treten

§ 15. (1) Diese Verordnung tritt mit 1. Jänner 2002 in Kraft.

(2) Die Mutter-Kind-Pass-Verordnung – MuKiPassV, BGBl. II Nr. 24/1997, tritt mit Ablauf des 31. Dezember 2001 außer Kraft. Sie ist jedoch für Kinder, die vor dem 1. Jänner 2002 geboren sind, mit der Maßgabe weiterhin anzuwenden, dass die Fristverlängerung für die Untersuchung gemäß § 7 Abs. 3, die Verschiebung der Untersuchungen gemäß § 7 Abs. 5 und § 11 Abs. 1 sowie die zusätzliche Kindesuntersuchung gemäß § 9 Abs. 5 bereits in Anspruch genommen werden können.

Haupt

Verordnung des Bundesministers für Finanzen betreffend die Datenübermittlung nach dem Kinderbetreuungsgeldgesetz, BGBl II 2002/47

Auf Grund von § 37 Abs. 1 Kinderbetreuungsgeldgesetz (KBGG) wird im Einvernehmen mit dem Bundesminister für soziale Sicherheit und Generationen verordnet:

§ 1. (1) Die gemäß § 37 Abs. 1 KBGG angeordnete Übermittlung jener Daten, aus denen Ansprüche auf Familienbeihilfe und Ausgleichszahlung hervorgehen, erfolgt online im Weg des Verfahrens FinanzOnline (FinanzOnline-Verordnung – FOnV 2002, BGBl. II Nr. 46/2002).

(2) Teilnehmer im Sinne des § 3 FOnV 2002 sind:

- die Wiener Gebietskrankenkasse,
- die Niederösterreichische Gebietskrankenkasse,
- die Burgenländische Gebietskrankenkasse,
- die Oberösterreichische Gebietskrankenkasse,
- die Steiermärkische Gebietskrankenkasse,
- die Kärntner Gebietskrankenkasse,
- die Salzburger Gebietskrankenkasse,
- die Tiroler Gebietskrankenkasse,
- die Vorarlberger Gebietskrankenkasse,
- die Sozialversicherungsanstalt der gewerblichen Wirtschaft,
- die Versicherungsanstalt der österreichischen Eisenbahnen,
- die Versicherungsanstalt des österreichischen Bergbaues,
- die Versicherungsanstalt der öffentlich Bediensteten,
- die Sozialversicherungsanstalt der Bauern.

(3) Die §§ 2 und 6 FOnV 2002 gelten sinngemäß.

§ 2. Die nach § 1 durch die Abgabenbehörde zu übertragenden Daten, die eine wesentliche Voraussetzung zur Wahrnehmung der den Krankenversicherungsträgern durch das KBGG übertragenen Aufgaben darstellen, sind:

1. hinsichtlich des Kindes
   - die Versicherungsnummer einschließlich des Geburtsdatums laut Versicherungsnummer,
   - das echte Geburtsdatum,
   - Vor- und Zunamen,
   - Wohnort und Adresse (einschließlich Staatencode zur Postleitzahl);
2. hinsichtlich der Person, die Anspruch auf Familienbeihilfe (FB) oder auf Ausgleichszahlung (AZ) hat,
   - die Versicherungsnummer einschließlich des Geburtsdatums laut Versicherungsnummer,
   - das echte Geburtsdatum,
   - Vor- und Zunamen,

– Geschlecht,
– Wohnort und Adresse (inklusive Staatencode zur Postleitzahl),
– die Information, ob zur Person Fall „in Bearbeitung“;

3. hinsichtlich des Anspruchs auf Familienbeihilfe (FB) oder auf Ausgleichszahlung (AZ)
   – den Anspruchscode (FB oder AZ),
   – den Anspruchszeitraum (Beginn und Ende);
4. hinsichtlich des Antrages auf Familienbeihilfe (FB) oder auf Ausgleichszahlung (AZ)
   – die Art der beantragten Beihilfe (FB oder AZ),
   – das Datum der Antragstellung (Datum der Anmerkung).

§ 3. Die Krankenversicherungsträger haben bei ihrer Anfrage die Versicherungsnummer einschließlich des Geburtsdatums laut Versicherungsnummer des Kindes anzugeben. Anstelle dessen können sie das echte Geburtsdatum oder die Vor- und Zunamen des Kindes angeben, diesfalls aber jeweils verbunden mit zumindest einer der folgenden Angaben:

1. zum Kind
   – Adresse;
2. zu der Person, die Anspruch auf Familienbeihilfe (FB) oder auf Ausgleichszahlung (AZ) hat,
   – Versicherungsnummer einschließlich des Geburtsdatums laut Versicherungsnummer,
   – echtes Geburtsdatum,
   – Vor- und Zunamen,
   – Adresse.

Grasser

4. SONDERUNTERSTÜTZUNGSGESETZ (SUG)

4. SONDERUNTERSTÜTZUNGSGESETZ (SUG)

4. Sonderunterstützungsgesetz (SUG) BGBl 1973/642 idF

1 BGBl 1979/109	2 BGBl 1983/596	3 BGBl 1985/568
4 BGBl 1987/609	5 BGBl 1990/412	6 BGBl 1992/416
7 BGBl 1993/335	8 BGBl 1993/502	9 BGBl 1994/25
10 BGBl 1994/314	11 BGBl 1995/297	12 BGBl 1996/153
13 BGBl 1996/201	14 BGBl 1996/411	15 BGBl 1996/764
16 BGBl I 1997/107	17 BGBl I 1998/7	18 BGBl I 1998/35
19 BGBl I 2000/44	20 BGBl I 2000/142	

4. SONDERUNTERSTÜTZUNGSGESETZ (SUG)

642. Bundesgesetz vom 30. November 1973 über die Gewährung einer Sonderunterstützung an Personen, die in bestimmten, von Betriebseinschränkung oder Betriebsstillegung betroffenen Betrieben beschäftigt waren (Sonderunterstützungsgesetz – SUG)

Der Nationalrat hat beschlossen:

Artikel I

Voraussetzungen des Anspruches

§ 1. (1) Anspruch auf Sonderunterstützung nach diesem Bundesgesetz haben Personen, denen das Arbeitsmarktservice auch unter weitestmöglichem Einsatz von Förderungsmaßnahmen keine zumutbare Beschäftigung vermitteln kann und die

1. (aufgehoben)

(BGBl 1996/153)

a) im Zeitpunkt der Beendigung des Dienstverhältnisses bis zum 31. Dezember 1995 das 51. Lebensjahr und nach dem 31. Dezember 1995 das 52. Lebensjahr vollendet haben und

b) vor Eintritt der Arbeitslosigkeit mindestens zehn Jahre in knappschaftlichen Betrieben gemäß § 15 Abs. 2 des Allgemeinen Sozialversicherungsgesetzes (ASVG), BGBl. Nr. 189/1955, in der jeweils geltenden Fassung, welche an ihrem Standort eine produktionstechnische Einheit im Sinne des § 34 des Arbeitsverfassungsgesetzes, BGBl. Nr. 22/1974, bilden, beschäftigt waren und durch mindestens 60 Monate die in Anlage 9 oder 10 zum ASVG angeführten Arbeiten verrichteten.

(BGBl 1995/297, BGBl 1996/153)

2. (aufgehoben)

(BGBl 1985/568, BGBl 1996/153)

Weiters ist Voraussetzung für den Anspruch auf Sonderunterstützung, daß die Personen arbeitsfähig, arbeitswillig und arbeitslos sind und an dem der Beendigung des Dienstverhältnisses folgenden Monatsersten (Stichtag) die Wartezeit für eine Leistung aus einem Versicherungsfall des Alters, ausgenommen den Knappschaftssold, gemäß § 236 des Allgemeinen Sozialversicherungsgesetzes, BGBl. Nr. 189/1955, bzw. gemäß § 120 des Gewerblichen Sozialversicherungsgesetzes, BGBl. Nr. 560/1978, bzw. gemäß § 111 des Bauern-Sozialversicherungsgesetzes, BGBl. Nr. 559/1978, erfüllen; hiebei gelten § 251a Abs. 7 Z 1 des Allgemeinen Sozialversicherungsgesetzes, § 129 Abs. 7 Z 1 des Gewerblichen Sozialversicherungsgesetzes und § 120 Abs. 7 Z 1 des Bauern-Sozialversicherungsgesetzes sinngemäß.

(BGBl 1979/109, BGBl 1985/568, BGBl 1994/314)

(2) Zumutbar im Sinne dieses Bundesgesetzes ist eine Beschäftigung, die den körperlichen Fähigkeiten des Arbeitslosen angemessen ist, seine Gesundheit und Sittlichkeit nicht gefährdet und angemessen entlohnt ist. Bei der Beurteilung der Zumutbarkeit einer Beschäftigung ist weiters auf das Alter des Arbeitslosen, auf die noch zu erwartende Dauer der Berufstätigkeit, auf die allfällige Notwendigkeit zu übersiedeln oder zu pendeln sowie auf die Dauer einer allfälligen Arbeitsmarktausbildung Bedacht zu nehmen. Im übrigen finden die Bestimmungen des § 9 Abs. 3 und 4 des Arbeitslosenversicherungsgesetzes 1977 sinngemäß Anwendung.

(BGBl 1985/568)

(3) (aufgehoben)

(BGBl 1985/568, BGBl 1995/297, BGBl 1996/153)

(4) (aufgehoben)

(BGBl 1985/568, BGBl 1995/297)

(5) (aufgehoben)

(BGBl 1985/568, BGBl 1995/297)

(6) (aufgehoben)

(BGBl 1995/297)

Ruhen des Anspruches

§ 2. Hinsichtlich des Ruhens der Sonderunterstützung bei Haft und Auslandsaufenthalt gilt § 89 des Allgemeinen Sozialversicherungsgesetzes. Weiters ruht die Sonderunterstützung während des Zeitraumes, für den Kündigungsentschädigung oder eine Ersatzleistung für Urlaubsentgelt (Urlaubsabfindung, Urlaubsentschädigung) gebührt.

(BGBl 1985/568, BGBl 1994/314, BGBl 1996/411, BGBl I 2000/44)

§ 3. Der Bezug der Sonderunterstützung schließt den Bezug einer Leistung aus der Arbeitslosenversicherung aus.

§ 4. Die Sonderunterstützung gebührt ab dem Tag der Antragstellung bis zum Anfall einer Pension aus den Versicherungsfällen der geminderten Arbeitsfähigkeit – ausgenommen die Knappschaftspension – oder der dauernden Erwerbsunfähigkeit bzw. bis zur Erfüllung der Anspruchsvoraussetzungen für eine Pension aus einem der Versicherungsfälle des Alters – ausgenommen den Knappschaftssold – nach den in Betracht kommenden Bestimmungen des Allgemeinen Sozialversicherungsgesetzes, des Gewerblichen Sozialversicherungsgesetzes bzw. des Bauern-Sozialversicherungsgesetzes.

(BGBl 1987/609)

Ausmaß der Sonderunterstützung

§ 5. (1) Die Sonderunterstützung ist je nach der Versicherungszugehörigkeit der in Betracht kommenden Personen in der Höhe der Invaliditätspension, der Berufsunfähigkeitspension, der Knappschaftsvollpension bzw. der Erwerbsunfähigkeitspension nach den bezüglichen Bestimmungen des Allgemeinen Sozialversicherungsgesetzes, des Gewerblichen Sozialversicherungsgesetzes bzw. des Bauern-Sozialversicherungsgesetzes zu gewähren, auf die der Arbeitslose an dem der Beendigung des Dienstverhältnisses folgenden Monatsersten (Stichtag) Anspruch gehabt hätte, wenn dauernde Invalidität bzw. Berufsunfähigkeit bzw. Erwerbsunfähigkeit vorgelegen wäre. Hiebei ist anzunehmen, daß der Versicherungsfall der geminderten Arbeitsfähigkeit bzw. der dauernden Erwerbsunfähigkeit mit der Beendigung des Dienstverhältnisses eingetreten ist. Bei Erfüllung der Voraussetzungen des § 262 ASVG gebührt die Sonderunterstützung einschließlich der jeweils zustehenden Kinderzuschüsse.

(BGBl 1985/568, BGBl 1996/201)

(2) Bestünde bei Anspruch auf eine Invaliditätspension, Berufsunfähigkeitspension, Knappschaftsvollpension bzw. Erwerbsunfähigkeitspension Anspruch auf eine Ausgleichszulage, so ist die Sonderunterstützung mit dem Betrag festzusetzen, der sich aus der Anwendung der §§ 292 bis 296 des Allgemeinen Sozialversicherungsgesetzes, der §§ 149 bis 156 des Gewerblichen Sozialversicherungsgesetzes bzw. der §§ 140 bis 147 des Bauern-Sozialversicherungsgesetzes ergäbe.

(BGBl 1985/568)

(3) Jedes Einkommen des Arbeitslosen ist auf die Sonderunterstützung anzurechnen, ausgenommen die im § 292 Abs. 4 des Allgemeinen Sozialversicherungsgesetzes angeführten Einkommen, die Geldleistungen der Unfallversicherung sowie Witwen(Witwer)pensionen. Einkommen, die bereits bei der Festsetzung der Sonderunterstützung gemäß Abs. 2 berücksichtigt wurden, sind nicht anzurechnen.

(BGBl 1985/568)

(4) Zu den Sonderunterstützungen für die Monate April und September gebührt je eine Sonderzahlung in der Höhe der für diese Monate ausgezahlten Sonderunterstützung. § 105 des Allgemeinen Sozialversicherungsgesetzes, § 73 des Gewerblichen Sozialversicherungsgesetzes bzw. § 69 des Bauern-Sozialversicherungsgesetzes sind entsprechend anzuwenden.

(BGBl I 1997/107)

(5) Die Sonderunterstützung ist mit Wirksamkeit ab 1. Jänner eines jeden Jahres nach Maßgabe der Bestimmungen des § 108h des Allgemeinen Sozialversicherungsgesetzes, des § 50 des Gewerblichen Sozialversicherungsgesetzes bzw. des § 46 des Bauern-Sozialversicherungsgesetzes mit dem Anpassungsfaktor zu vervielfachen. Artikel VII (Schlußbestimmungen) der 49. Novelle zum Allgemeinen Sozialversicherungsgesetz, BGBl. Nr. 294/1990, gilt, soweit er Pensionen aus der Pensionsversicherung betrifft, sinngemäß auch für die Sonderunterstützungen gemäß § 1 Abs. 1 Z 1 des Sonderunterstützungsgesetzes.

(BGBl 1985/568, BGBl 1990/412)

(6) Hinsichtlich des Anspruches auf Familienbeihilfe ist der Bezug der Sonderunterstützung dem Bezug einer Geldleistung aus der Arbeitslosenversicherung gleichzuhalten. Ausmaß der Sonderunterstützung für den Personenkreis gemäß § 1 Abs. 1 Z 2.

(BGBl 1979/109, BGBl 1983/596)

(7) Für die Bemessung der Sonderunterstützung finden die Bestimmungen der §§ 20 und 21 des Arbeitslosenversicherungsgesetzes 1977 (AlVG), BGBl. Nr. 609, sinngemäß Anwendung. Hierzu gebührt ein Zuschlag in der Höhe von 25 vH des Grundbetrages im Sinne des § 21 Abs. 3 AlVG. Hinsichtlich des Anspruches auf Familienbeihilfe ist der Bezug der Sonderunterstützung dem Bezug einer Geldleistung aus der Arbeitslosenversicherung gleichzuhalten.

(8) (aufgehoben)

(BGBl 1996/153)

(9) (aufgehoben)

(BGBl 1996/153)

(10) (aufgehoben)

(BGBl 1996/153)

(BGBl 1979/109, BGBl 1996/153)

Fortbezug der Sonderunterstützung

§ 6. Arbeitslosen, die Sonderunterstützung bereits bezogen haben, ist auf Antrag der Fortbezug der Sonderunterstützung zu gewähren, sofern nicht die Anspruchsvoraussetzungen für die Gewährung einer im § 4 genannten Pension erfüllt sind.

Krankenversicherung

§ 7. (1) Die Bezieher von Sonderunterstützung sind gemäß Artikel II Abschnitt 5 des Arbeitslosenversicherungsgesetzes 1977 mit der Maßgabe krankenversichert, daß

1. Dienstnehmer, die während ihres letzten Dienstverhältnisses bei der Versicherungsanstalt des österreichischen Bergbaues krankenversichert waren, bei dieser Versicherungsanstalt, Dienstnehmer, die während des letzten Dienstverhältnisses bei einer Betriebskrankenkasse krankenversichert waren, bei dieser Betriebskrankenkasse, alle übrigen Dienstnehmer bei der Gebietskrankenkasse ihres Wohnortes versicherungszuständig sind,
2. der Beitrag zur Krankenversicherung 7,25 vH beträgt,

   (BGBl 1995/297, BGBl 1996/411)
3. als Beitragsgrundlage die Sonderunterstützung einschließlich der Sonderzahlungen (§ 5 Abs. 4) bzw. bei deren Ruhen gemäß § 2 die sich aus § 89 ASVG ergebende Leistung gilt und

   (BGBl 1996/201)

4. für die Leistungen aus der Krankenversicherung der Anspruch auf Sonderunterstützung dem Bezug einer Pension gleichsteht.

(2) Für die Zeit von der Antragstellung auf Zuerkennung der Sonderunterstützung bis zum Erhalt der darüber ergangenen Erledigung sind die §§ 10 Abs. 7, 12 Abs. 5 zweiter Satz und 79 Abs. 1 des Allgemeinen Sozialversicherungsgesetzes, der § 6 Abs. 2 des Gewerblichen Sozialversicherungsgesetzes bzw. der § 6 Abs. 2 des Bauern-Sozialversicherungsgesetzes über die vorläufige Krankenversicherung anzuwenden.

(BGBl 1994/314)

(3) Abweichend von § 42 Abs. 3 des Arbeitslosenversicherungsgesetzes 1977 ist der Krankenversicherungsbeitrag gemäß Abs. 1 Z 2 im Ausmaß von 3,75 vH von der Sonderunterstützung einzubehalten. Dies gilt jedoch nicht für Ansprüche gemäß Art. IV Abs. 3.

(BGBl 1995/297, BGBl 1996/153, BGBl 1996/411)

(BGBl 1985/568)

§ 8. Über Anträge auf Zuerkennung der Sonderunterstützung entscheidet die Versicherungsanstalt des österreichischen Bergbaues. Bei Streit über den Anspruch auf Sonderunterstützung oder ihre Höhe sind die Bestimmungen über das Verfahren in Leistungssachen nach dem siebenten Teil Abschnitt II des Allgemeinen Sozialversicherungsgesetzes sinngemäß anzuwenden.

(BGBl 1992/416, BGBl 1994/314, BGBl 1996/201)

§ 9. Die Versicherungsanstalt des österreichischen Bergbaues hat die gemäß § 44 des Arbeitslosenversicherungsgesetzes 1977 zuständige regionale Geschäftsstelle des Arbeitsmarktservice bei Erfüllung der übrigen Anspruchsvoraussetzungen, allenfalls mit Ausnahme der Wartezeit, gemäß § 1 um Mitteilung zu ersuchen, ob das Arbeitsmarktservice dem Antragsteller eine zumutbare Beschäftigung (§ 1 Abs. 2) vermitteln kann. Das Arbeitsmarktservice hat die Anfrage unverzüglich zu beantworten und den Antragsteller, wenn es ihm auch unter weitestmöglichem Einsatz von Förderungsmaßnahmen keine zumutbare Beschäftigung vermitteln kann, zur Arbeitsvermittlung vorzumerken.

(BGBl 1985/568, BGBl 1996/201)

§ 10. (1) Das Arbeitsmarktservice hat für Bezieher von Sonderunterstützung bei Vorliegen einer im Sinne des § 1 Abs. 2 zumutbaren Beschäftigungsmöglichkeit eine Kontrollmeldung gemäß § 49 Abs. 1 des Arbeitslosenversicherungsgesetzes 1977 vorzuschreiben. Das Arbeitsmarktservice hat die Versicherungsanstalt des österreichischen Bergbaues unverzüglich zu verständigen, wenn ein Bezieher von Sonderunterstützung eine Kontrollmeldung versäumt oder sich weigert, eine zumutbare Beschäftigung anzunehmen, oder die Annahme einer derartigen Beschäftigung vereitelt.

(2) Hat ein Bezieher von Sonderunterstützung trotz Belehrung über die Rechtsfolgen eine Kontrollmeldung unterlassen, ohne hiefür einen triftigen Grund glaubhaft zu machen, gebührt ab dem Tag der versäumten Kontrollmeldung bis zur Geltendmachung des Fortbezuges keine Sonderunterstützung.

(3) Hat ein Bezieher von Sonderunterstützung sich geweigert, eine zumutbare Beschäftigung anzunehmen oder die Annahme einer derartigen Beschäftigung vereitelt, ist § 10 des Arbeitslosenversicherungsgesetzes 1977 mit der Maßgabe anzuwenden, daß an die Stelle des Arbeitslosengeldes die Sonderunterstützung tritt.

(BGBl 1985/568, BGBl 1994/314, BGBl 1996/201)

§ 11. Personen, die Sonderunterstützung beantragt haben und hiefür mit Ausnahme der Wartezeit gemäß § 1 Abs. 1 die Voraussetzungen erfüllen, ist von der Versicherungsanstalt des österreichischen Bergbaues bis zur Leistungsfeststellung ein Vorschuß gemäß § 368 Abs. 2 ASVG zu gewähren. Dieser Vorschuß ist auf die später gewährte Sonderunterstützung anzurechnen.

(BGBl 1985/568, BGBl 1994/314, BGBl 1996/201)

§ 12. (1) Der Bund hat der Versicherungsanstalt des österreichischen Bergbaues aus der Gebarung Arbeitsmarktpolitik (§ 1 des Arbeitsmarktpolitik-Finanzierungsgesetzes, BGBl. Nr. 315/1994) die in der nach den Rechnungsvorschriften für die Sozialversicherungsträger zu erstellenden gesonderten Erfolgsrechnung nachgewiesenen Aufwendungen für die Sonderunterstützung, die Zustellgebühren, den entsprechenden Anteil an den Verwaltungsaufwendungen sowie die sonstigen Aufwendungen nach diesem Bundesgesetz zu ersetzen. Die anteiligen Verwaltungsaufwendungen können pauschal ermittelt und vom Bund in der Höhe des festgesetzten Pauschalbetrages ersetzt werden. Der Bundesminister für Arbeit und Soziales hat den Pauschalbetrag im Einvernehmen mit dem Bundesminister für Finanzen und nach Anhörung des Hauptverbandes der österreichischen Sozialversicherungsträger festzusetzen.

(2) Der Bund hat der Versicherungsanstalt des österreichischen Bergbaues den gemäß Abs. 1 gebührenden Kostenersatz jeweils monatlich in der Höhe der zu erwartenden anteiligen Aufwendungen zu bevorschussen.

(BGBl 1979/109, BGBl 1994/25, BGBl 1996/201)

§ 13. Die §§ 8, 9 Abs. 1, 11, 12, 17 Abs. 2 und 22 Abs. 1 des Arbeitslosenversicherungsgesetzes 1977 sind sinngemäß anzuwenden.

(BGBl 1985/568, BGBl 1996/201, BGBl I 1998/7, BGBl I 1998/35)

Anwendung des Allgemeinen Sozialversicherungsgesetzes

§ 14. (1) Die §§ 40, 98, 98a, 104 Abs. 2, 107, 110, 111, 112 Abs. 2, 321, 361 Abs. 4 und 368

Abs. 2 des Allgemeinen Sozialversicherungsgesetzes sind sinngemäß anzuwenden.

(2) Hinsichtlich der Aufsicht des Bundes gilt Abschnitt VI des Achten Teiles des Allgemeinen Sozialversicherungsgesetzes.

(BGBl 1994/314, BGBl 1996/201)

Berücksichtigung der Zeiten des Bezuges von Sonderunterstützung in der gesetzlichen Pensionsversicherung

§ 15. Fällt unmittelbar im Anschluß an den Bezug von Sonderunterstützung eine Leistung aus dem Versicherungsfall der geminderten Arbeitsfähigkeit bzw. der dauernden Erwerbsunfähigkeit oder aus einem der Versicherungsfälle des Alters mit Ausnahme des Knappschaftssoldes oder aus dem Versicherungsfall des Todes nach den in Betracht kommenden Bestimmungen des Allgemeinen Sozialversicherungsgesetzes, des Gewerblichen Sozialversicherungsgesetzes bzw. des Bauern-Sozialversicherungsgesetzes an, so ist der Wegfall der Sonderunterstützung im Bereich einer gesetzlichen Pensionsversicherung dem Wegfall einer Pension aus der Pensionsversicherung gleichzuhalten.

(BGBl 1985/568, BGBl 1987/609, BGBl 1996/201)

§ 16. Der Bezug der Sonderunterstützung ist der Anwendung der §§ 253a bzw. 276a des Allgemeinen Sozialversicherungsgesetzes dem Bezug einer Geldleistung aus der Arbeitslosenversicherung gleichzuhalten.

§ 17. Für den Anspruch auf die einmalige Leistung des Bergmannstreuegeldes (§ 281 des Allgemeinen Sozialversicherungsgesetzes) ist der Anfall der Sonderunterstützung dem Anfall einer Leistung aus der Pensionsversicherung aus einem Versicherungsfall der geminderten Arbeitsfähigkeit oder des Alters gleichzuhalten.

§ 18. (1) Zeiten des Bezuges von Sonderunterstützung gelten als Ersatzzeiten im Sinne des § 227 Abs. 1 Z 5 des Allgemeinen Sozialversicherungsgesetzes.

(BGBl 1996/201)

(2) Zeiten des Bezuges einer Sonderunterstützung sind bei Anwendung des § 2a Abs. 2 Z 1 des Bauern-Sozialversicherungsgesetzes Zeiten des Bezuges einer Leistung aus der Pensionsversicherung gleichzuhalten.

(BGBl 1985/568, BGBl 1996/201)

(3) Von Ansprüchen auf Sonderunterstützung ist ein Beitrag von 3 vH für die anteilige Tragung der gemäß § 447g Abs. 3 Z 1 des Allgemeinen Sozialversicherungsgesetzes für die Ersatzzeiten in der Pensionsversicherung zu überweisenden teilweisen Aufwandsabgeltung einzubehalten. Dies gilt nicht für Ansprüche gemäß Art. IV Abs. 3, deren Geltendmachung vor dem 1. April 1996 liegt. Für Ansprüche gemäß Art. IV Abs. 3, deren Geltendmachung nach dem 31. März 1996 liegt, beträgt dieser Beitrag 10,25 vH.

(BGBl 1996/153)

(4) Der Arbeitgeber des knappschaftlichen Betriebes, bei dem der Sonderunterstützungsbezieher vor Eintritt der Arbeitslosigkeit beschäftigt war, hat einen Beitrag in der Höhe von 12,55 vH der ausbezahlten Sonderunterstützung zu zahlen. Dieser Beitrag ist für die anteilige Tragung der gemäß § 447g Abs. 3 Z 1 des Allgemeinen Sozialversicherungsgesetzes für die Ersatzzeiten in der Pensionsversicherung zu überweisenden teilweisen Aufwandsabgeltung zu verwenden. Die Vorschreibung erfolgt quartalsweise durch die auszahlende Stelle, wobei das für die Beitragseinhebung zur Krankenversicherung maßgebende Verfahren gilt.

(BGBl 1996/153)

Verweisungen

§ 19. Soweit in diesem Bundesgesetz auf Bestimmungen anderer Bundesgesetze verwiesen wird, sind diese in ihrer jeweils geltenden Fassung anzuwenden.

(BGBl 1985/568, BGBl 1996/201)

ARTIKEL IV
Schlußbestimmungen

(1) Mit dem Inkrafttreten dieses Bundesgesetzes tritt das Bundesgesetz vom 10. März 1967, BGBl. Nr. 117, über die Gewährung einer Sonderunterstützung an im Kohlenbergbau beschäftigte Personen im Falle ihrer Arbeitslosigkeit in der Fassung der Novellen BGBl. Nr. 262/1967, BGBl. Nr. 238/1969 und BGBl. Nr. 166/1972 außer Kraft.

(BGBl 1993/502)

(2) § 12 tritt mit Ablauf des 31. Dezember 1993 außer Kraft.

(BGBl 1994/25, BGBl 1994/314)

(3) § 1 Abs. 1 Z 2 und § 5 Abs. 7 bis 10 in der Fassung des Bundesgesetzes BGBl. Nr. 297/1995 treten mit Ablauf des 31. März 1996 außer Kraft. Sie sind für Ansprüche, deren Anfallstag vor dem 1. April 1996 liegt, weiter anzuwenden. Sie gelten weiterhin für Personen, die am 31. März 1996 im Bezug des Arbeitslosengeldes gemäß § 18 Abs. 2 lit. b oder gemäß § 18 Abs. 4 in Verbindung mit § 81 AlVG oder eines auf einem solchen Arbeitslosengeldbezug beruhenden Notstandshilfebezuges stehen oder deren Anspruch gemäß § 16 Abs. 1 AlVG ruht, wenn

1. der Anfallstag vor dem 1. Jänner 1996 liegt oder die Person nachweist, daß ihr Dienstverhältnis vor dem 1. Jänner 1996 gekündigt oder einvernehmlich aufgelöst oder durch gerichtlichen Vergleich beendet wurde und auf Grund von Kündigungsfristen oder Kündigungsterminen, die auf Gesetz oder Normen der kollektiven Rechtsgestaltung beruhen, oder auf Grund des Vergleichs erst am 31. Dezember 1995 oder später beendet wurde,
2. während des Bezuges des Arbeitslosengeldes oder eines auf einem solchen Arbeitslosengeldbezug beruhenden Notstandshil-

febezuges weibliche Arbeitslose das 54. Lebensjahr und männliche Arbeitslose das 59. Lebensjahr vollenden, wobei ein Ruhen des Anspruches dem Bezug gleichsteht und

3. der Anfallstag der Sonderunterstützung spätestens am 31. Dezember 1998 liegt.

Gleiches gilt in den Fällen der Z 1 auch wenn die Personen am 31. März 1996 nicht im Bezug des Arbeitslosengeldes stehen, weil das Dienstverhältnis am 31. März 1996 noch nicht beendet ist, wenn im Anschluß an die Beendigung die Voraussetzungen für Arbeitslosengeld gemäß § 18 Abs. 2 lit. b oder gemäß § 18 Abs. 4 in Verbindung mit § 81 AlVG oder die Voraussetzungen der Z 2 und 3 erfüllt sind. Bei der Prüfung der Anspruchsvoraussetzungen ist § 15 Abs. 1 des Arbeitslosenversicherungsgesetzes 1977 in der Fassung des Bundesgesetzes BGBl. Nr. 153/1996 anzuwenden.

(BGBl 1996/153, BGBl 1996/201, BGBl 1996/411)

(4) § 1 Abs. 3 in der Fassung des Bundesgesetzes BGBl. Nr. 297/1995 und die Sonderunterstützungsverordnung, BGBl. Nr. 360/1995, treten mit 1. April 1996 außer Kraft. Für Ansprüche, deren Anfallstag vor dem 1. April 1996 liegt, ist § 1 Abs. 1 Z 1 und Abs. 3 in der Fassung des Bundesgesetzes BGBl. Nr. 297/1995 und die Sonderunterstützungsverordnung weiter anzuwenden.

(BGBl 1996/153)

(5) Der Bund hat der Versicherungsanstalt des österreichischen Bergbaues aus der Gebarung Arbeitsmarktpolitik den Aufwand für die Herstellung der Voraussetzungen zur Vollziehung dieses Bundesgesetzes in der Höhe von 1 764 764 Schilling abzüglich der Beträge gemäß dem zweiten Satz mit Fälligkeit am 30. April 1996 zu ersetzen. Von vorgenannter Summe sind die Pensionsversicherungsbeiträge (§ 18 Abs. 4), die von den Arbeitgebern für den Monat April 1996 geleistet wurden, abzuziehen.

(BGBl 1996/201)

ARTIKEL V
Wirksamkeitsbeginn

(1) Dieses Bundesgesetz tritt mit dem auf die Kundmachung folgenden Monatsersten in Kraft.

(BGBl 1993/502)

(2) Artikel IV Abs. 2 und 3 in der Fassung des Bundesgesetzes BGBl. Nr. 502/1993 tritt mit 1. August 1993 in Kraft.

(BGBl 1993/502)

(3) § 1 in der Fassung des Bundesgesetzes BGBl. Nr. 314/1994 tritt mit 1. Juli 1994 in Kraft.

(4) § 14 in der Fassung des Bundesgesetzes BGBl. Nr. 25/1994 tritt mit Ablauf des 30. Juni 1994 außer Kraft.

(BGBl 1996/201)

(5) Die §§ 2 und 7 Abs. 2 in der Fassung des Bundesgesetzes BGBl. Nr. 314/1994 treten mit 1. Mai 1996 in Kraft. § 11 in der Fassung des Bundesgesetzes BGBl. Nr. 25/1994 tritt mit Ablauf des 30. April 1996 außer Kraft. Vom 1. Juli 1994 bis zu diesem Zeitpunkt sind die §§ 2, 7 Abs. 2, 8, 10 erster Satz und 11 in der Fassung des Bundesgesetzes BGBl. Nr. 25/1994 mit der Maßgabe weiterhin anzuwenden, daß ab 1. Juli 1994 die Aufgaben und Befugnisse des Arbeitsamtes der jeweiligen regionalen Geschäftsstelle des Arbeitsmarktservice obliegen.

(BGBl 1996/201)

(6) Mit dem Inkrafttreten des § 8 gehen auf die Versicherungsanstalt des österreichischen Bergbaues alle hoheitlichen Rechte und Pflichten über, die vor diesem Zeitpunkt im Bereich der Sonderunterstützung gemäß § 1 Abs. 1 oder Art. V Abs. 7 in der Fassung des Arbeitsmarktpolitikgesetzes 1996, BGBl. Nr. 153/1996, von den Arbeitsämtern bzw. regionalen Geschäftsstellen des Arbeitsmarktservice ausgeübt wurden. Insbesondere sind Leistungen weiter zu gewähren, noch nicht rechtskräftig abgeschlossene Verfahren fortzuführen und wirken Verpfändungen und Übertragungen der Leistungen sowie Aufrechnungen in bisheriger Weise weiter.

(BGBl 1994/314, BGBl 1996/201)

(7) § 1 und Artikel IV in der Fassung des Bundesgesetzes BGBl. Nr. 297/1995 treten mit 1. April 1995 in Kraft und gelten nach Maßgabe der folgenden Bestimmungen für Neuansprüche ab 1. April 1995. § 1 und Artikel IV in der Fassung des Bundesgesetzes BGBl. Nr. 314/1994 gelten weiterhin für Dienstnehmer, die ihren Anspruch auf Sonderunterstützung nach dem 31. März 1995 geltend machen, wenn

1. ihr Dienstverhältnis auf Grund eines vor dem 1. Jänner 1995 abgeschlossenen Sozialplanes nach dem 31. März 1995 endet oder

2. ihr Dienstverhältnis vor dem 1. April 1995 gekündigt und auf Grund von Kündigungsfristen oder auch Kündigungsterminen, die auf Gesetz, Normen der kollektiven Rechtsgestaltung oder Vereinbarungen im Arbeitsvertrag beruhen, erst am 31. März 1995 oder später beendet wurde oder

3. ihr Dienstverhältnis vor dem 1. April 1995 im Rahmen eines Sozialplanes einvernehmlich aufgelöst und auf Grund der Berücksichtigung von Kündigungsfristen oder auch Kündigungsterminen, die auf Gesetz, Normen der kollektiven Rechtsgestaltung oder Vereinbarungen im Arbeitsvertrag beruhen, welche im Falle einer Kündigung einzuhalten gewesen wären, erst am 31. März 1995 oder später beendet wurde, oder

4. ihr Dienstverhältnis auf Grund eines vor dem 1. April 1995 geschlossenen gerichtlichen Vergleiches erst später beendet wurde.

„(7a) Abs. 7 Z 1 ist bei Anträgen ab 1. Jänner 2001 nur anzuwenden, wenn der Dienstnehmer zuletzt nicht nur vorübergehend in einem Dienstverhältnis zu einem knappschaftlichen Betrieb im Sinne des § 15 Abs. 1 und 2 ASVG stand.“

(BGBl I 2000/142)

(8) § 7 Abs. 1 und 3 in der Fassung des Bundesgesetzes BGBl. Nr. 297/1995 treten mit 1. Mai 1995 in Kraft.

(BGBl 1995/297)

(9) § 1 Abs. 1, § 5, § 7 Abs. 3, § 18 Abs. 3 und 4, § 19 und Art. IV Abs. 3 in der Fassung des Bundesgesetzes BGBl. Nr. 153/1996 treten mit 1. April 1996 in Kraft. Art. IV Abs. 4 zweiter Satz ist anzuwenden. Art. V Abs. 7 gilt für § 1 Abs. 1 in der Fassung des Bundesgesetzes BGBl. Nr. 297/1955 mit der Maßgabe, daß in § 1 Abs. 1 anstelle des Ausdruckes „Geltungsbereich dieses Bundesgesetzes“ der Ausdruck „Geltungsbereich des ASVG“ und im Art. V Abs. 7 anstelle des Ausdruckes „1995“ jeweils der Ausdruck „1996“ tritt. § 18 Abs. 4 gilt nur bei Ansprüchen, deren Anfallstag nach dem 31. März 1996 liegt.

(BGBl 1996/153)

(10) Die §§ 5 Abs. 1, 7 Abs. 1 Z 3, 8 bis 14 und 19 in der Fassung des Bundesgesetzes BGBl. Nr. 201/1996 treten mit 1. Mai 1996 in Kraft. Art. IV Abs. 3 in der Fassung des Bundesgesetzes BGBl. Nr. 201/1996 tritt mit 1. April 1996 in Kraft.

(BGBl 1996/201)

(11) Für Ansprüche auf Sonderunterstützung gemäß Art. IV Abs. 3 in der Fassung des Arbeitsmarktpolitikgesetzes 1996, BGBl. Nr. 153/1996, ist das Sonderunterstützungsgesetz in der Fassung des Arbeitsmarktpolitikgesetzes 1996 weiter anzuwenden. Dabei ist § 51 Abs. 4 des Arbeitslosenversicherungsgesetzes 1977 in der Fassung des Bundesgesetzes BGBl. Nr. 764/1996 anzuwenden.

(BGBl 1996/201, BGBl 1996/764)

(12) Es treten in Kraft:

1. mit 1. April 1996 § 2 und Art. IV Abs. 3 in der Fassung des Bundesgesetzes BGBl. Nr. 411/1996;
2. mit 1. August 1996 § 7 Abs. 1 Z 2 und Abs. 3 in der Fassung des Bundesgesetzes BGBl. Nr. 411/1996.

(BGBl 1996/411)

(13) Abs. 11 in der Fassung des Bundesgesetzes BGBl. Nr. 764/1996 tritt mit 1. Jänner 1997 in Kraft.

(BGBl 1996/764)

(14)* § 5 Abs. 4 in der Fassung des Bundesgesetzes BGBl. I Nr. 107/1997 tritt mit 1. April 1997 in Kraft.

(BGBl I 1997/107)

(14)* § 13 zweiter Satz in der Fassung des Bundesgesetzes BGBl. I Nr. 7/1998 tritt mit 1. Jänner 1998 in Kraft und mit Ablauf des 31. Dezember 1999 außer Kraft.

(BGBl I 1998/7)

* Idente Absatzbezeichnung Redaktionsversehen.

(15) § 2 in der Fassung des Bundesgesetzes BGBl. I Nr. 44/2000 tritt mit 1. Jänner 2001 in Kraft.

(BGBl I 2000/44)

„(16) Art. V Abs. 7a in der Fassung des Bundesgesetzes BGBl. I Nr. 142/2000 tritt mit 1. Jänner 2001 in Kraft.“

(BGBl I 2000/142)

ARTIKEL VI
Vollziehung

(1) Mit der Vollziehung dieses Bundesgesetzes ist der Bundesminister für soziale Verwaltung betraut.

(2) Mit der Wahrung der sich aus Artikel II ergebenden Rechte des Bundes als Träger von Privatrechten ist der Bundesminister für soziale Verwaltung betraut.

Kreisky Jonas Häuser

4/1. SUG-PAUSCHALBETRAGSVERORDNUNG

Verordnung der Bundesministerin für Arbeit, Gesundheit und Soziales, mit der ein Pauschalbetrag für die anteiligen Verwaltungsaufwendungen der Versicherungsanstalt des österreichischen Bergbaues für die Vollziehung der Sonderunterstützung nach dem Sonderunterstützungsgesetz festgesetzt wird (SUG-Pauschalbetragsverordnung), BGBl II 1998/46

Auf Grund des § 12 Abs. 1 des Sonderunterstützungsgesetzes (SUG), BGBl. Nr. 642/1973, wird im Einvernehmen mit dem Bundesminister für Finanzen verordnet:

§ 1. Als Pauschalbetrag für die anteiligen Verwaltungsaufwendungen der Versicherungsanstalt des österreichischen Bergbaues für die Vollziehung der Sonderunterstützung nach dem Sonderunterstützungsgesetz wird ein Betrag in der Höhe von 98 500 S monatlich festgesetzt.

§ 2. (1) An die Stelle des Pauschalbetrages gemäß § 1 treten ab 1. Jänner eines jeden Jahres, erstmals ab 1. Jänner 1999, der mit der Vervielfachungszahl nach Abs. 2 vervielfachte Betrag. Eine Erhöhung darf jedoch den auf Grund einer Vervielfachung des Pauschalbetrages des vorangegangenen Jahres mit der Aufwertungszahl des jeweiligen Kalenderjahres (§ 108a ASVG) sich ergebenden Betrag nicht übersteigen.

(2) Die Vervielfachungszahl ergibt sich durch Teilung der Verwaltungskosten für den Bereich der Sonderunterstützung des zweitvorangegangenen Kalenderjahres durch die entsprechenden Verwaltungskosten des drittvorangegangenen Kalenderjahres; soweit das Kalenderjahr 1996 heranzuziehen ist, sind für die Berechnung der Vervielfachungszahl die angefallenen Verwaltungskosten für acht Monate auf zwölf Monate hochzurechnen. Die Verwaltungskosten für den Bereich der Sonderunterstützung sind dabei nach den Ergebnissen der Kostenrechnung zu berücksichtigen.

§ 3. Diese Verordnung tritt mit 1. Jänner 1998 in Kraft.

Hostasch

5. NACHTSCHWERARBEITSGESETZ

5. Nachtschwerarbeitsgesetz 1981, BGBl 1981/354 idF

1 BGBl 1982/544	2 BGBl 1983/666	3 BGBl 1987/609
4 BGBl 1990/414	5 BGBl 1992/473	6 BGBl 1992/662
7 BGBl I 1998/7	8 BGBl I 1999/181	9 BGBl I 2001/7

354. Bundesgesetz über Schutzmaßnahmen für Nachtschwerarbeiter durch Änderung des Urlaubsgesetzes, des Arbeitszeitgesetzes und des Arbeitsverfassungsgesetzes sowie durch Maßnahmen zur Sicherung der gesetzlichen Abfertigung, der Gesundheitsvorsorge und Einführung eines Sonderruhegeldes (Nachtschwerarbeitsgesetz – NSchG)

(BGBl 1992/473)

Der Nationalrat hat beschlossen:

Artikel I
Schutzmaßnahmen

Für Arbeitnehmer, die Nachtschwerarbeit leisten, sind nach Maßgabe der folgenden Artikel besondere Schutzmaßnahmen zur Verhinderung, Beseitigung oder Milderung der mit diesen Arbeiten verbundenen Erschwernisse oder zum Ausgleich von Belastungen vorgesehen:

Zusatzurlaub (Art. II, Art. XII a),

Ruhepausen (Art. III),

Abfertigung (Art. IV),

Novellierung des Arbeitsverfassungsgesetzes (Art. VI),

Maßnahmen der Gesundheitsvorsorge und Sonderruhegeld (Art. VII bis XII)

(BGBl 1992/473)

Artikel II

Änderung des Urlaubsgesetzes.

Artikel III

Änderung des Arbeitszeitgesetzes.

Artikel IV

Betrifft Angestelltengesetz und Arbeiter-Abfertigungsgesetz.

Artikel V

Betraf das Arbeitnehmerschutzgesetz.

(BGBl 1982/544)

Artikel VI

Änderung des Arbeitsverfassungsgesetzes.

Artikel VII
Nachtarbeit und Nachtschwerarbeit

(1) Nachtarbeit im Sinne dieses Bundesgesetzes leistet ein Arbeitnehmer, der in der Zeit zwischen 22 Uhr und 6 Uhr mindestens sechs Stunden arbeitet, sofern nicht in die Arbeitszeit regelmäßig und in erheblichem Ausmaß Arbeitsbereitschaft fällt.

(2) Nachtschwerarbeit leistet ein Arbeitnehmer im Sinne des Abs. 1, der unter einer der folgenden Bedingungen arbeitet:

1. a) in Bergbaubetrieben ausschließlich oder überwiegend unter Tage,

   b) in Bergbaubetrieben über Tage bei Mehrfachbelastung durch Erschütterung und Lärm, wobei der in der Verordnung gemäß Abs. 3 Z 2 festgelegte Grenzwert um 10 vH tiefer anzusetzen ist und der Schallpegelwert im Sinne der Z 4 mindestens 83 dB (A) erreichen muß,

   c) im Stollen- und Tunnelbau oder

   d) im Bohrlochbergbau im Freien ab einer Tiefe von mehr als 100 Metern bei Mehrfachbelastung durch Erschütterung und Lärm oder Hitze oder der Gefahr der Einwirkung gesundheitsschädlicher Stoffe, wobei der in Z 2 festgelegte belastungsadäquate Grenzwert sowie der in der Verordnung gemäß Abs. 3 Z 2 festgelegte Grenzwert um 10 vH tiefer anzusetzen sind und der Schallpegelwert im Sinne der Z 4 mindestens 83 dB (A) erreichen muß.

2. bei den Organismus besonders belastender Hitze. Eine solche liegt bei einem durch Arbeitsvorgänge bei durchschnittlicher Außentemperatur verursachten Klimazustand vor, der eine Belastung durch Arbeit während des überwiegenden Teils der Arbeitszeit bei 30 Grad Celsius und 50 % relativer Luftfeuchtigkeit bei einer Luftgeschwindigkeit von 0,1 m pro Sekunde wirkungsgleich oder ungünstiger ist;

3. bei überwiegendem Aufenthalt in begehbaren Kühlräumen, wenn die Raumtemperatur niedriger als –21 Grad Celsius ist, oder wenn der Arbeitsablauf einen ständigen Wechsel zwischen solchen Kühlräumen und sonstigen Arbeitsräumen erfordert;

4. bei andauernd starkem Lärm, sofern ein Schallpegelwert von 85 dB (A), oder bei nicht andauerndem Lärm, sofern ein äquivalenter Pegelwert überschritten wird;

5. bei Verwendung von Arbeitsgeräten, Maschinen und Fahrzeugen, die durch gesundheitsgefährdende Erschütterung auf den Körper einwirken;
6. wenn regelmäßig oder mindestens während vier Stunden der Arbeitszeit Atemschutzgeräte (Atemschutz-, Filter- oder Behältergeräte) oder während zwei Stunden Tauchgeräte getragen werden müssen;
7. bei Arbeit an Bildschirmarbeitsplätzen (das sind Arbeitsplätze, bei denen das Bildschirmgerät und die Dateneingabetastatur sowie gegebenenfalls ein Informationsträger eine funktionale Einheit bilden), sofern die Arbeit mit dem Bildschirmgerät und die Arbeitszeit an diesem Gerät für die gesamte Tätigkeit bestimmend sind. Sonstige Steuerungseinheiten sind Dateneingabetastaturen gleichgestellt, wenn die Voraussetzungen des ersten Satzes erfüllt sind und die Bedingung dieser Steuerungseinheiten durch die Vielfältigkeit und Menge der je Zeiteinheit zu verarbeitenden Informationen und die Häufigkeit und Dichte aufeinanderfolgender Teilaufgaben oder sonstige Arbeitsbedingungen (z.B. Störeinflüsse, Beleuchtung) für die dort beschäftigten Arbeitnehmer eine entsprechende Erschwernis darstellen;
8. bei ständigem gesundheitsschädlichen Einwirken von inhalativen Schadstoffen, die zu einer Berufskrankheit im Sinne der Anlage 1 zum Allgemeinen Sozialversicherungsgesetz führen können;
9. feuerungstechnische Spezial-Bauarbeiten in heißen Öfen;
10. wenn schwere körperliche Arbeit bei gleichzeitiger besonders belastender Hitzeexposition geleistet wird, wobei der in Z 2 festgelegte belastungsadäquate Grenzwert um 10 vH tiefer anzusetzen ist. Schwere körperliche Arbeit ist gegeben, wenn bei einer achtstündigen Arbeitszeit mindestens 2000 Arbeitskilokalorien verbraucht werden;
11. bei der optischen Endkontrolle der angeregten Bildröhre, sofern diese Tätigkeit für die Gesamttätigkeit bestimmend ist.

(3) Der Bundesminister für Arbeit und Soziales hat nach Anhörung der gesetzlichen Interessensvertretungen der Arbeitgeber und Arbeitnehmer durch Verordnung festzulegen:

1. Kriterien, bei deren Erfüllung eine Gesundheitsbelastung gemäß Abs. 2 Z 2 gegeben ist sowie Zeitpunkt, Art und Weise der Temperaturmessung;
2. Kriterien, bei deren Erfüllung eine Gesundheitsbelastung gemäß Abs. 2 Z 5 gegeben ist;
3. die Konzentrationswerte von Schadstoffen in der Luft am Arbeitsplatz, bei deren Erreichen ein gesundheitsschädliches Einwirken gemäß Abs. 2 Z 8 gegeben ist.

(4) Für Arbeiten in Betrieben, die der bergbehördlichen Aufsicht unterliegen, hat der Bundesminister für wirtschaftliche Angelegenheiten im Einvernehmen mit dem Bundesminister für Arbeit und Soziales Verordnungen im Sinne des Abs. 3 zu erlassen.

(5) Die zuständigen Krankenversicherungsträger haben auf Antrag des Arbeitgebers, des Arbeitnehmers oder des zuständigen Organs der Arbeitnehmerschaft durch Bescheid im Einzelfall die erschwerenden Arbeitsbedingungen im Sinne des Abs. 2, einer Verordnung nach Abs. 3 oder 4 oder eines Kollektivvertrages gemäß Abs. 6 festzustellen. An einem solchen Verfahren hat der Krankenversicherungsträger das zuständige Arbeitsinspektorat (die Bezirkshauptmannschaft) zu beteiligen.

(6) Durch Kollektivvertrag können sonstige Arbeiten im Sinne des Abs. 1 der Nachtschwerarbeit gleichgestellt werden, wenn sie eine außergewöhnliche Beanspruchung mit sich bringen oder wenn Arbeitnehmer der Einwirkung durch Schadstoffe oder Strahlen ausgesetzt sind.

(BGBl 1992/473)

Artikel VIII
Meldungen

(1) Die Dienstgeber haben jeden von ihnen beschäftigten Dienstnehmer, der Nachtschwerarbeit im Sinne des Art. VII Abs. 2, einer Verordnung nach Art. VII Abs. 3 und 4 oder eines Kollektivvertrages gemäß Art. VII Abs. 6 sowie des Art. XI Abs. 6 leistet, gesondert zu melden.

(BGBl 1992/473)

(2) Für die Meldepflicht gelten die Bestimmungen des Allgemeinen Sozialversicherungsgesetzes über die Meldungen und Auskunftspflicht mit der Maßgabe, daß

a) die Meldungen auf dem hiefür vorgesehenen Vordruck zu erstatten sind und
b) die im § 33 Abs. 1 des Allgemeinen Sozialversicherungsgesetzes festgesetzte Frist von drei Tagen erst nach dem Ende des Kalendermonates, in dem die Nachtschwerarbeit geleistet worden ist, zu laufen beginnt.

Der Dienstgeber hat je eine Kopie der Meldung dem Versicherten und dem nach dem Arbeitsverfassungsgesetz, BGBl. Nr. 22/1974, in Betracht kommenden Organ der Betriebsvertretung zu übermitteln. Die Meldungen haben alle für die Durchführung dieses Bundesgesetzes erforderlichen Angaben zu enthalten. Bei Verstößen gegen die Melde- und Auskunftspflicht gelten die Strafbestimmungen des Allgemeinen Sozialversicherungsgesetzes entsprechend.

(BGBl 1992/473)

Artikel IX
Maßnahmen der Gesundheitsvorsorge

Die Pensionsversicherungsträger gewähren den Versicherten, die Nachtschwerarbeit im Sinne des Art. VII Abs. 2, einer Verordnung nach Art. VII Abs. 3 und 4 oder eines Kollektivvertrages gemäß Art. VII Abs. 6 sowie des Art. IX Abs. 6 leisten, nach pflichtgemäßem Ermessen Maßnahmen der Gesundheitsvorsorge gemäß § 307 d des Allgemeinen Sozialversicherungsgesetzes mit dem Ziele, den Eintritt dauernder Schädigungen durch die Nachtschwerarbeit hintanzuhalten. Hiebei ist auf die Art und Dauer der Tätigkeit sowie den allgemeinen Gesundheitszustand des Betroffenen Bedacht zu nehmen.

(BGBl 1992/473)

Artikel X
Sonderruhegeld

(1) Anspruch auf Sonderruhegeld hat der Versicherte nach Vollendung des 57. Lebensjahres, die Versicherte nach Vollendung des 52. Lebensjahres, wenn

1. der Zeitraum von 360 Kalendermonaten vor dem Stichtag mindestens zur Hälfte mit Beitragsmonaten im Sinne der §§ 225 und 226 des Allgemeinen Sozialversicherungsgesetzes gedeckt ist, für die Beiträge gemäß Art. XI Abs. 3 entrichtet worden sind oder vor dem Stichtag mindestens 240 Beitragsmonate im Sinne der §§ 225 und 226 des Allgemeinen Sozialversicherungsgesetzes vorliegen, für die Beiträge gemäß Art. XI Abs. 3 entrichtet worden sind, und
2. am Stichtag weder eine selbständige noch eine unselbständige Erwerbstätigkeit ausgeübt wird; eine Erwerbstätigkeit, auf Grund derer ein Erwerbseinkommen bezogen wird, das das nach § 5 Abs. 2 lit. c des Allgemeinen Sozialversicherungsgesetzes jeweils in Betracht kommende Monatseinkommen nicht übersteigt, bleibt hiebei unberücksichtigt; hinsichtlich der Ermittlung des Erwerbseinkommens aus einem land(forst)- wirtschaftlichen Betrieb ist § 292 Abs. 5 und 7 des Allgemeinen Sozialversicherungsgesetzes entsprechend anzuwenden.

(BGBl 1983/666, BGBl 1992/473)

(2) (aufgehoben)

(BGBl 1987/609, BGBl 1990/414, BGBl 1992/473)

(3) Das Sonderruhegeld gebührt in der Höhe der Invaliditätspension (Berufsunfähigkeitspension, Knappschaftsvollpension) nach dem Allgemeinen Sozialversicherungsgesetz, auf die am Stichtag bei Erfüllung aller erforderlichen Voraussetzungen Anspruch bestanden hätte. Es ist von dem Pensionsversicherungsträger festzustellen und auszuzahlen, der gemäß § 246 des Allgemeinen Sozialversicherungsgesetzes für die Gewährung einer Invaliditätspension (Berufsunfähigkeitspension, Knappschaftsvollpension) leistungszuständig wäre.

(4) Für den Bereich der Sozialversicherung, des Arbeitslosenversicherungsgesetzes 1977, BGBl. Nr. 609, des Sonderunterstützungsgesetzes, BGBl. Nr. 642/1973, des Familienlastenausgleichsgesetzes 1967, BGBl. Nr. 376, und des Einkommensteuergesetzes 1972, BGBl. Nr. 440, ist das Sonderruhegeld einer vorzeitigen Alterspension (Knappschaftsalterspension) bei langer Versicherungsdauer nach dem Allgemeinen Sozialversicherungsgesetz gleichzuhalten. Hiebei sind die in Betracht kommenden Bestimmungen des Allgemeinen Sozialversicherungsgesetzes mit folgender Maßgabe anzuwenden:

1. An die Stelle des Eintrittes des Versicherungsfalles tritt die Vollendung des Anfallsalters.
2. Wenn
   a) der (die) Versicherte bereits am Stichtag gemäß Abs. 1 die Voraussetzungen gemäß § 253 b Abs. 1 lit. a bis d bzw. § 276 b Abs. 1 lit. a bis d des Allgemeinen Sozialversicherungsgesetzes erfüllt hat,
   b) in dem Kalendermonat, in dem der (die) Versicherte das 60. (55.) Lebensjahr vollendet hat, oder in einem späteren Kalendermonat das Sonderruhegeld nicht weggefallen ist und
   c) der (die) Versicherte am nächsten Monatsersten die Voraussetzungen des § 253b Abs. 1 lit. d bzw. § 276b Abs. 1 lit. d des Allgemeinen Sozialversicherungsgesetzes erfüllt,

   gebührt ab diesem Monatsersten anstelle des Sonderruhegeldes die vorzeitige Alterspension bzw. Knappschaftsalterspension bei langer Versicherungsdauer gemäß § 253b bzw. § 276b des Allgemeinen Sozialversicherungsgesetzes.

   (BGBl 1983/666)
3. Wenn
   a) der Versicherte bereits am Stichtag gemäß Abs. 1 die allgemeinen Voraussetzungen für den Knappschaftssold (§ 235 des Allgemeinen Sozialversicherungsgesetzes) erfüllt hat,
   b) in dem Kalendermonat, in dem der Versicherte das 60. Lebensjahr vollendet hat, oder in einem späteren Kalendermonat das Sonderruhegeld nicht weggefallen ist und
   c) der Versicherte am nächsten Monatsersten in der Pensionsversicherung nicht pflichtversichert ist, gebührt ab diesem Monatsersten anstelle des Sonderruhegeldes die Knappschafts-

alterspension gemäß § 276 Abs. 3 des Allgemeinen Sozialversicherungsgesetzes.

4. Wenn
   a) in dem Kalendermonat, in dem der (die) Versicherte das 65. (60.) Lebensjahr vollendet hat, oder in einem späteren Kalendermonat das Sonderruhegeld nicht weggefallen ist und
   b) der (die) Versicherte am nächsten Monatsersten die Voraussetzungen des § 253 Abs. 1 bzw. § 276 Abs. 1 des Allgemeinen Sozialversicherungsgesetzes erfüllt,

   gebührt ab diesem Monatsersten anstelle des Sonderruhegeldes die Alterspension bzw. Knappschaftsalterspension gemäß § 253 bzw. 276 des Allgemeinen Sozialversicherungsgesetzes, wobei die allgemeinen Voraussetzungen für den Anspruch (§ 253 des Allgemeinen Sozialversicherungsgesetzes) jedenfalls als erfüllt gelten.
5. Die vorzeitige Alterspension (Knappschaftsalterspension) bei langer Versicherungsdauer gemäß Z 2, die Knappschaftsalterspension gemäß Z 3 und die Alterspension (Knappschaftsalterspension) gemäß Z 4 gebühren mindestens in der Höhe des Anspruches auf Sonderruhegeld.
6. Die allgemeinen Voraussetzungen für den Anspruch auf Hinterbliebenenpension gelten auch dann als erfüllt, wenn das Sonderruhegeld bei Eintritt des Versicherungsfalles des Todes weggefallen ist.

(BGBl 1990/414)

Artikel XI
Finanzielle Maßnahmen

(1) Die Pensionsversicherungsträger haben die Aufwendungen und Erträge nach diesem Bundesgesetz für jedes Geschäftsjahr in einer gesonderten Erfolgsrechnung nachzuweisen.

(2) Als Aufwendungen nach Abs. 1 sind hiebei der Aufwand für Sonderruhegeld, der Beitrag für die Krankenversicherung der Empfänger von Sonderruhegeld und die Leistungen der Gesundheitsvorsorge gemäß Art. IX zu erfassen. Der Bund ersetzt den Pensionsversicherungsträgern diese Aufwendungen, höchstens jedoch 110 vH des Aufwandes für Sonderruhegeld. Diese Ersatzleistung des Bundes gilt als Ertrag nach Abs. 1. Ein allfälliger nachgewiesener Fehlbetrag (Gebarungsabgang) ist aus der ordentlichen Gebarung der Pensionsversicherungsträger zu decken. Die gebührende Ersatzleistung des Bundes ist monatlich im erforderlichen Ausmaß nach Tunlichkeit unter Bedachtnahme auf den voraussichtlichen Aufwand zu bevorschussen.

(3) Zur Deckung des Aufwandes des Bundes nach Abs. 2 haben die Dienstgeber für jeden von ihnen im Sinne des Art. VII Abs. 2, einer Verordnung nach Art. VII Abs. 3 und 4 oder eines Kollektivvertrages gemäß Art. VII Abs. 6 sowie des Art. XI Abs. 6 beschäftigten Dienstnehmer für jeden Nachtschwerarbeitsmonat (Abs. 6) einen gesonderten Beitrag (Nachtschwerarbeits-Beitrag) im Ausmaß von 2 vH der allgemeinen Beitragsgrundlage in der nach dem Allgemeinen Sozialversicherungsgesetz geregelten Pensionsversicherung zu leisten. Dieser Beitrag ist auch von den Sonderzahlungen im Sinne des § 54 des Allgemeinen Sozialversicherungsgesetzes zu entrichten.

(BGBl 1992/473)

(4) Für den Nachtschwerarbeits-Beitrag gelten die Bestimmungen des Allgemeinen Sozialversicherungsgesetzes über Beiträge zur Pflichtversicherung auf Grund des Arbeitsverdienstes mit der Maßgabe, daß

1. die Beiträge an den Bund abzuführen sind und
2. die Krankenversicherungsträger eine Vergütung erhalten, deren Höhe in sinngemäßer Anwendung des § 82 des Allgemeinen Sozialversicherungsgesetzes festzusetzen ist.

(BGBl 1987/609, BGBl 1992/473)

(5) Der Bundesminister für soziale Verwaltung hat im Einvernehmen mit dem Bundesminister für Finanzen den im Abs. 3 genannten Hundertsatz unter Bedachtnahme auf die Ergebnisse der gesonderten Erfolgsrechnungen gemäß Abs. 1 – ausgenommen die für das Geschäftsjahr 1981 – durch Verordnung so zu ändern, daß der Nachtschwerarbeits-Beitrag 75 vH der Ersatzleistung des Bundes voraussichtlich deckt. Änderungen dieses Hundertsatzes um weniger als fünf Prozentpunkte bleiben hiebei außer Betracht. Eine Änderung des Beitragssatzes wird erst mit dem ersten Beitragszeitraum des folgenden Geschäftsjahres wirksam.[a])

(BGBl 1992/473)

[a]) Art. XI Abs. 5 findet in den Kalenderjahren 1997 bis 2001 keine Anwendung (vgl. Art. XIII Abs. 11).

(6) Ein Nachtschwerarbeitsmonat liegt vor, wenn ein in der Pensionsversicherung nach dem Allgemeinen Sozialversicherungsgesetz pflichtversicherter Dienstnehmer innerhalb eines Kalendermonates an mindestens sechs Arbeitstagen Nachtschwerarbeit im Sinne des Art. VII Abs. 2 oder einer Verordnung nach Art. VII Abs. 3 oder 4 oder eines Kollektivvertrages gemäß Art. VII Abs. 6 erbringt; erbringt der Dienstnehmer innerhalb eines Kalendermonates an weniger als sechs Arbeitstagen Nachtschwerarbeit, so gilt dieser Kalendermonat als Nachtschwerarbeitsmonat, wenn der Dienstnehmer in diesem Kalendermonat und in dem unmittelbar vorangegangenen Kalendermonat wenigstens an zwölf Arbeitstagen bzw. in diesem Kalendermonat und in den zwei unmittelbar vorangegangenen Kalendermonaten wenigstens an 18 Arbeitstagen bzw. bei Durchrechnung der Normalarbeitszeit im Rahmen eines Durchrechnungszeiteraumes von mehr als drei

Monaten in diesem Kalendermonat und in den fünf unmittelbar vorangegangenen Kalendermonaten wenigstens an 36 Arbeitstagen Nachtschwerarbeit erbracht hat. Arbeitsunterbrechungen bleiben hiebei außer Betracht, solange die Pflichtversicherung in der Pensionsversicherung weiterbesteht. Ein Nachtschwerarbeitsmonat liegt auch dann vor, wenn die im Kalendermonat erforderlichen und sich aus der für den Dienstnehmer maßgeblichen Arbeitszeiteinteilung ergebenden sechs Nachtschwerarbeitstage nur deswegen nicht erreicht werden, weil diese Arbeit nicht am Ersten des Kalendermonates begonnen bzw. am Letzten des Kalendermonates geendet hat.

(BGBl 1992/473, BGBl I 1999/181)

Artikel XII
Verfahren

(1) Feststellungsverfahren im Sinne des Art. VII Abs. 5 und Streitigkeiten über das Vorliegen der Voraussetzungen nach Art. VII Abs. 2, einer Verordnung nach Art. VII Abs. 3 und 4 oder eines Kollektivvertrages gemäß Art. VII Abs. 6, über den Beginn und das Ende der Nachtschwerarbeit sowie über den Nachtschwerarbeits-Beitrag gelten als Verwaltungssachen im Sinne des § 409 des Allgemeinen Sozialversicherungsgesetzes.

(2) Die Bestimmungen des Siebenten Teiles des Allgemeinen Sozialversicherungsgesetzes über das Verfahren sind auf die Verwaltungssachen im Sinne des Abs. 1 mit der Maßgabe anzuwenden, daß gegen den Bescheid des Versicherungsträgers die Berufung an den Bundesminister für Arbeit und Soziales zusteht. Die Berufung hat keine aufschiebende Wirkung; der Bundesminister für Arbeit und Soziales kann der Berufung auf Antrag aufschiebende Wirkung zuerkennen, wenn durch die vorzeitige Vollstreckung ein nicht wieder gutzumachender Schaden einträte und nicht öffentliche Interessen die sofortige Vollstreckung gebieten. Der Antrag auf Zuerkennung der aufschiebenden Wirkung ist innerhalb der für die Einbringung der Berufung vorgesehenen Frist beim Versicherungsträger zu stellen.

(3) Im Verfahren über Leistungssachen darf über das Vorliegen der Voraussetzungen nach Art. VII Abs. 2, einer Verordnung nach Art. VII Abs. 3 und 4 oder eines Kollektivvertrages gemäß Art. VII Abs. 6 als Vorfrage nicht entschieden werden. Der Versicherungsträger oder der nach dem Arbeits- und Sozialgerichtsgesetz zuständige Gerichtshof hat vielmehr die Einleitung des Verfahrens beim zuständigen Krankenversicherungsträger zu beantragen und das eigene Verfahren bis zur Rechtskraft der Entscheidung im Verwaltungsverfahren auszusetzen (zu unterbrechen).

(BGBl 1992/473)

Artikel XIIa
Zusatzurlaub für Arbeitnehmer, die dem Bauarbeiter-Urlaubs- und Abfertigungsgesetz unterliegen

Wird für Arbeitnehmer, die dem Bauarbeiter-Urlaubs- und Abfertigungsgesetz (BUAG), BGBl. Nr. 414/1972, in der jeweils geltenden Fassung unterliegen, ein Kollektivvertrag über einen Zusatzurlaub im Sinne des Art. I geschlossen und ist darin die Abwicklung dieses Anspruches über die Bauarbeiter-Urlaubs- und Abfertigungskasse vorgesehen, so kann im Kollektivvertrag der Arbeitgeber zur Leistung von Zuschlägen an die Bauarbeiter-Urlaubs- und Abfertigungskasse verpflichtet werden, die der Deckung dieses Aufwandes dienen. Für die Entrichtung solcher Zuschläge gelten die §§ 25 ff. BUAG.

(BGBl 1992/473)

Artikel XIII
Übergangsbestimmungen

(1) Ansprüche auf Zusatzurlaub in Kollektivverträgen, Arbeits(Dienst)ordnungen oder Betriebsvereinbarungen werden auf den nach diesem Bundesgesetz zustehenden Zusatzurlaub angerechnet, wenn sie als Abgeltung für Schichtarbeit, Schwerarbeit oder Nachtarbeit gewährt werden.

(2) Der Anspruch auf Zusatzurlaub gemäß Art. II besteht erstmals für jenes Arbeitsjahr, in das der 1. Jänner 1982 fällt.

(3) Bestehende Kurzpausen im Sinne des § 11 Abs. 3 des Arbeitszeitgesetzes sind auf die Kurzpausen im Sinne des § 11 Abs. 4 des Arbeitszeitgesetzes anzurechnen. Ansprüche auf Kurzpausen in Kollektivverträgen, Arbeits (Dienst)ordnungen oder Betriebsvereinbarungen werden auf die nach diesem Bundesgesetz zustehenden Kurzpausen angerechnet, wenn sie als Abgeltung für Nachtschwerarbeit im Sinne des Art. VII Abs. 2, einer Verordnung nach Art. VII Abs. 3 und 4 oder eines Kollektivvertrages gemäß Art. VII Abs. 6 gewährt werden.

(BGBl 1992/473)

(4) Der Arbeitgeber hat Meldungen gemäß § 11 Abs. 8 des Arbeitszeitgesetzes für Arbeitnehmer, die im Zeitpunkt des Inkrafttretens dieses Bundesgesetzes mit Arbeiten im Sinne des § 11 Abs. 4 beschäftigt sind, binnen zwei Monaten zu erstatten. Arbeitgeber und deren Bevollmächtigte, welche dieser Bestimmung zuwiderhandeln, sind nach § 28 des Arbeitszeitgesetzes zu bestrafen.

(BGBl 1992/473)

(5) Die erstmalige Meldung von Personen, die bereits am 1. Juli 1981 als Versicherte gemeldet sind und eine Tätigkeit im Sinne des Art. VII Abs. 2 ausüben, ist bis 31. Oktober 1981 zu erstatten.

(6) Sind zur Begründung des Anspruches auf Sonderruhegeld auch vor dem 1. Juli 1981 liegende Beitragsmonate im Sinne der §§ 225 und 226 des Allgemeinen Sozialversicherungsgesetzes heranzuziehen, so gelten nur jene Beitragsmonate als Beitragsmonate im Sinn des Art. XI Abs. 3, für die bei früherem Inkrafttreten dieses Bundesgesetzes der Nachtschwerarbeits-Beitrag zu entrichten gewesen wäre. Der Pensionsversicherungsträger hat bei Prüfung dieser Behauptung auf entsprechende

Nachweise des Dienstgebers, des nach dem Arbeitsverfassungsgesetz in Betracht kommenden Organes der Betriebsvertretung, der gesetzlichen beruflichen Vertretung oder des zuständigen Arbeitsinspektorates (der Berghauptmannschaft) Bedacht zu nehmen.

(BGBl 1983/666, BGBl 1992/473)

(7) Im Bundesfinanzgesetz 1981 sind der Titel 1/165 Bundesministerium; Leistungen nach dem Nachtschicht-Schwerarbeitsgesetz – NSchG mit den Ansätzen

1/16507 Ersatz der Aufwendungen für das Sonderruhegeld und

1/16517 Vergütung für die Einhebung des Nachtschicht-Schwerarbeiter-Beitrages sowie der Ansatz

2/16504 Bundesministerium; Nachtschicht-Schwerarbeiter-Beitrag

zu eröffnen. Der Bundesminister für Finanzen ist ermächtigt, die bei den Ansätzen 1/16507 und 1/16517 im Jahr 1981 anfallenden Mehrausgaben bis zu einem Betrag von 237 Mill. S zu überschreiten und in Mehreinnahmen beim Ansatz 2/16504 und in Mehreinnahmen bis zu einem Betrag von 97 Mill. S beim Ansatz 2/54074 zu bedecken.

(8) Sind zur Begründung des Anspruches auf Sonderruhegeld für Arbeitnehmer, die durch die Erweiterungen des Art. VII auf Grund des Bundesgesetzes BGBl. Nr. 473/1992 neu einbezogen werden, auch vor dem 1. Jänner 1993 liegende Beitragsmonate im Sinne der §§ 225 und 226 des Allgemeinen Sozialversicherungsgesetzes heranzuziehen, so gelten nur jene Beitragsmonate im Sinne des Art. XI Abs. 3, für die bei früherem Inkrafttreten des Bundesgesetzes BGBl. Nr. 473/1992 der Nachtschwerarbeiter-Beitrag zu entrichten gewesen wäre. Abs. 6 letzter Satz ist anzuwenden.

(BGBl 1992/473)

(9) Die erstmalige Meldung von Personen, die am 1. Jänner 1993 als Versicherte gemeldet sind und Tätigkeiten im Sinne des Art. VII Abs. 2, einer Verordnung nach Art. VII Abs. 3 und 4 oder eines Kollektivvertrages gemäß Art. VII Abs. 6 sowie des Art. XI Abs. 6 auszuüben, die durch Art. I des Bundesgesetzes BGBl. Nr. 473/1992 neu einbezogen wurden, ist bis 30. April 1993 zu erstatten.

(BGBl 1992/473)

(10) Verordnungen auf Grund der Änderungen durch das Bundesgesetz BGBl. Nr. 473/1992 können vor Inkrafttreten dieses Bundesgesetzes erlassen werden. Sie treten jedoch erst mit Inkrafttreten dieses Bundesgesetzes in Kraft.

(BGBl 1992/473)

„(11) Art. XI Abs. 5 ist in den Kalenderjahren 1997, 1998, 1999, 2000 und 2001 nicht anzuwenden.“

(BGBl I 1998/7, BGBl I 1999/181, BGBl I 2001/7)

Artikel XIV
Inkrafttreten

(1) Dieses Bundesgesetz tritt, soweit im folgenden nicht anderes bestimmt wird, am 1. Juli 1981 in Kraft.

(1a) Die Art. VII bis XIII in der Fassung des Bundesgesetzes BGBl. Nr. 473/1992 treten mit 1. Jänner 1993 in Kraft.

(BGBl 1992/473)

(2) Art. XI Abs. 3 und 4 treten mit Beginn des Beitragszeitraumes Juli 1981 in Kraft.

(3) Anträge auf Gewährung des Sonderruhegeldes gemäß Art. X, die vor dem 1. Juli 1981 oder nach dem 1. Juli 1981, aber vor dem 1. Oktober 1981 gestellt werden, gelten als am 1. Juli 1981 gestellt.

(4) Die Art. XI Abs. 6 und XIII Abs. 11 in der Fassung des Bundesgesetzes BGBl. I Nr. 181/1999 treten mit 1. Jänner 1999 in Kraft.

(BGBl I 1999/181)

„(5) Art. XIII Abs. 11 in der Fassung des Bundesgesetzes BGBl. I Nr. 7/2001 tritt mit 1. Jänner 2000 in Kraft.“

(BGBl I 2001/7)

Artikel XV
Vollziehung

(1) Mit der Vollziehung der Art. III, VII, VIII und XIII sind betraut:

a) hinsichtlich der Arbeitnehmer in Betrieben, die der bergbehördlichen Aufsicht unterstehen, der Bundesminister für Handel, Gewerbe und Industrie im Einvernehmen mit dem Bundesminister für soziale Verwaltung,

b) hinsichtlich der Arbeitnehmer in Betrieben, die dem Verkehrs-Arbeitsinspektionsgesetz unterliegen, der Bundesminister für Verkehr im Einvernehmen mit dem Bundesminister für soziale Verwaltung,

c) hinsichtlich aller anderen Arbeitnehmer der Bundesminister für soziale Verwaltung.

(2) Mit der Vollziehung des Art. XI Abs. 5 ist der Bundesminister für soziale Verwaltung im Einvernehmen mit dem Bundesminister für Finanzen betraut.

(3) Mit der Vollziehung des Art. XIII Abs. 7 ist der Bundesminister für Finanzen betraut.

(4) Mit der Vollziehung aller übrigen Bestimmungen ist der Bundesminister für soziale Verwaltung betraut.

6. BUNDESPFLEGEGELDGESETZ

6. BUNDESPFLEGEGELDGESETZ

6. Bundespflegegeldgesetz (BPGG), BGBl 1993/110 idF

1 BGBl 1993/457	2 BGBl 1994/27	3 BGBl 1994/314
4 BGBl 1995/131	5 BGBl 1996/201	6 BGBl 1996/757
7 BGBl 1996/758	8 BGBl I 1998/111	9 BGBl I 2001/69

Bundesgesetz, mit dem ein Pflegegeld eingeführt wird (Bundespflegegeldgesetz – BPGG) und das Allgemeine Sozialversicherungsgesetz, das Gewerbliche Sozialversicherungsgesetz, das Bauern-Sozialversicherungsgesetz, das Notarversicherungsgesetz 1972, das Beamten-Kranken- und Unfallversicherungsgesetz, das Strafvollzugsgesetz, das Pensionsgesetz 1965, das Bezügegesetz, das Salinenarbeiter-Pensionsgesetz 1967, das Post- und Telegraphen-Pensionsgesetz 1967, das Bundesgesetz vom 1. Juli 1967 über die Pensionsansprüche der Zivilbediensteten der ehemaligen k. u. k. Heeresverwaltung und ihrer Hinterbliebenen, das Kriegsopferversorgungsgesetz 1957, das Heeresversorgungsgesetz, das Opferfürsorgegesetz, das Verbrechensopfergesetz und das Arbeits- und Sozialgerichtsgesetz geändert werden

Der Nationalrat hat beschlossen:

Inhaltsverzeichnis

1. Teil
Bundesgesetz, mit dem ein Pflegegeld eingeführt wird (Bundespflegegeldgesetz – BPGG)

Artikel I
(Verfassungsbestimmung)

Die Erlassung, Änderung und Aufhebung von Vorschriften, wie sie im Artikel II des Bundespflegegeldgesetzes enthalten sind, sowie die Vollziehung dieser Vorschriften sind auch in jenen Belangen Bundessache, hinsichtlich derer das Bundes-Verfassungsgesetz in der Fassung von 1929 etwas anderes vorsieht. Die Angelegenheiten des Artikels II können im Sinne des Artikels 102 Abs. 2 B-VG unmittelbar von Bundesbehörden versehen werden.

Artikel II

1. Abschnitt
Allgemeine Bestimmungen

Zweck des Pflegegeldes

§ 1. Das Pflegegeld hat den Zweck, in Form eines Beitrages pflegebedingte Mehraufwendungen pauschaliert abzugelten, um pflegebedürftigen Personen soweit wie möglich die notwendige Betreuung und Hilfe zu sichern sowie die Möglichkeit zu verbessern, ein selbstbestimmtes, bedürfnisorientiertes Leben zu führen.

Sprachliche Gleichbehandlung

§ 2. Soweit im folgenden personenbezogene Bezeichnungen nur in männlicher Form angeführt sind, beziehen sie sich auf Frauen und Männer in gleicher Weise. Bei der Anwendung auf bestimmte Personen ist die jeweils geschlechtsspezifische Form zu verwenden.

2. Abschnitt
Anspruchsberechtigte Personen

Personenkreis

§ 3. (1) Anspruch auf Pflegegeld nach Maßgabe der Bestimmungen dieses Bundesgesetzes besteht für nachstehende Personen, sofern sie ihren gewöhnlichen Aufenthalt im Inland haben:

1. Bezieher einer Vollrente, deren Pflegebedarf durch den Arbeits(Dienst)unfall oder die Berufskrankheit verursacht wurde, oder einer Pension (ausgenommen die Knappschaftspension) nach dem
   a) Allgemeinen Sozialversicherungsgesetz (ASVG), BGBl Nr. 189/1955;
   b) Gewerblichen Sozialversicherungsgesetz (GSVG), BGBl. Nr. 560/1978;
   c) Freiberuflichen Sozialversicherungsgesetz (FSVG), BGBl. Nr. 624/1978;
   d) Bauern-Sozialversicherungsgesetz (BSVG), BGBl. Nr. 559/1978;
   e) Notarversicherungsgesetz 1972 (NVG 1972), BGBl. Nr. 66;

f) Beamten-Kranken- und Unfallversicherungsgesetz (B-KUVG), BGBl. Nr. 200/1967;
g) § 80 des Strafvollzugsgesetzes (StVG), BGBl. Nr. 144/1969;

2. die nach § 8 Abs. 1 Z 3 lit. h und i ASVG teilversicherten Schüler und Studenten, deren Pflegebedarf durch den Arbeitsunfall oder die Berufskrankheit verursacht wurde, in der Zeit vom Tag nach Abschluß der Heilbehandlung bis zu dem Zeitpunkt, in dem der Schulbesuch voraussichtlich abgeschlossen gewesen und der Eintritt in das Erwerbsleben erfolgt wäre;
3. Personen, deren Rente nach den sozialversicherungsrechtlichen Vorschriften abgefunden worden ist, wenn deren Pflegebedarf durch den Arbeits(Dienst)unfall oder die Berufskrankheit verursacht wurde;
4. Bezieher eines Ruhe- oder Versorgungsgenusses, Übergangsbeitrages, Versorgungsgeldes, Unterhaltsbeitrages oder Emeritierungsbezuges nach
   a) dem Pensionsgesetz 1965 (PG 1965), BGBl. Nr. 340;
   b) dem Landeslehrer-Dienstrechtsgesetz (LDG 1984), BGBl. Nr. 302;
   c) dem Land- und forstwirtschaftlichen Landeslehrer-Dienstrechtsgesetz (LLDG 1985), BGBl. Nr. 296;
   d) dem Bezügegesetz, BGBl. Nr. 273/1972;
   e) dem Verfassungsgerichtshofgesetz (VerfGG 1953), BGBl. Nr. 85;
   f) dem Dorotheumsgesetz, BGBl. Nr. 66/1979;
   g) dem Bundestheaterpensionsgesetz (BThPG), BGBl. Nr. 159/1958;
   h) dem Epidemiegesetz 1950, BGBl. Nr. 186;
   i) Entschließungen des Bundespräsidenten, mit denen außerordentliche Versorgungsgenüsse gewährt wurden;
   j) der Bundesbahn-Pensionsordnung 1966, BGBl. Nr. 313;
   k) Artikel V des Bundesgesetzes BGBl. Nr. 148/1988 und nach § 163 des Beamten-Dienstrechtsgesetzes 1979 (BDG 1979), BGBl. Nr. 333, in der bis 28. Februar 1998 geltenden Fassung;
   l) dem Bundesbahn-Pensionsgesetz (BB-PG), BGBl. I Nr. 95/2000;

   (BGBl I 2001/69)

   (BGBl 1993/457, BGBl I 1998/111)
5. Bezieher von Renten, Beihilfen oder Ausgleichen nach dem
   a) Kriegsopferversorgungsgesetz 1957 (KOVG 1957), BGBl. Nr. 152;
   b) Heeresversorgungsgesetz (HVG), BGBl. Nr. 27/1964;
   c) Opferfürsorgegesetz (OFG), BGBl. Nr. 183/1947;
   d) Impfschadengesetz, BGBl. Nr. 371/1973;
6. Personen, deren Rente gemäß
   a) § 56 KOVG 1957;
   b) § 61 HVG;
   c) § 2 OFG umgewandelt wurde;
7. Bezieher eines Sonderruhegeldes nach Art. X des Nachtschwerarbeitsgesetzes (NSchG), BGBl. Nr. 354/1981;
8. Bezieher einer Hilfeleistung nach § 2 Z 1 des Verbrechensopfergesetzes (VOG), BGBl. Nr. 288/1972, oder von gleichartigen Ausgleichen nach § 14a VOG.

   (BGBl I 1998/111)

(2) Als Bezieher nach Abs. 1 gelten auch Personen, denen ein Anspruch auf eine Grundleistung rechtskräftig zuerkannt wurde, die Grundleistung jedoch zur Gänze ruht, noch nicht angefallen ist oder auf Grund von Anrechnungsbestimmungen zur Gänze nicht ausgezahlt wird.

(BGBl I 1998/111)

(3) Der Bundesminister für Arbeit, Gesundheit und Soziales ist ermächtigt, mit Zustimmung des Bundesministers für Finanzen nach Anhörung der für das Bundesgebiet jeweils in Betracht kommenden gesetzlichen beruflichen Vertretung mit Verordnung folgende Personen in den anspruchsberechtigten Personenkreis nach Abs. 1 einzubeziehen, wenn sie keinen Anspruch auf eine Pension oder eine gleichartige Leistung nach bundes- oder landesgesetzlichen Vorschriften haben:

1. Bezieher von wiederkehrenden Versorgungsleistungen gemäß § 64 Abs. 1 Z 1, 2, 4 und 5 des Ärztegesetzes 1984 (ÄrzteG), BGBl. Nr. 373;
2. Bezieher von wiederkehrenden Versorgungsleistungen gemäß § 50 der Rechtsanwaltsordnung, RGBl. Nr. 96/1868;
3. Bezieher von wiederkehrenden Leistungen gemäß § 29 des Ziviltechnikerkammergesetzes 1993, BGBl. Nr. 157/1994.

(BGBl I 1998/111)

(4) Der Bundesminister für Arbeit und Soziales ist ermächtigt, mit Zustimmung des Bundesministers für Finanzen nach Anhörung der in Betracht kommenden Interessenvertretungen mit Verordnung weitere Personengruppen, die nicht der gesetzlichen Pensionsversicherung unterliegen, in den anspruchsberechtigten Personenkreis nach Abs. 1 einzubeziehen, sofern der Anspruch auf eine Pension, einen Ruhe(Versorgungs)genuß oder eine gleichartige Leistung auf einer privatrechtlichen Vereinbarung beruht.

(BGBl I 1998/111)

(5) Voraussetzung für die Erlassung einer Verordnung gemäß Abs. 3 oder 4 ist das Vorliegen

eines der Gesamtfinanzierung dieses Bundesgesetzes vergleichbaren Beitrages der einzubeziehenden Personengruppen zu dem durch die Einbeziehung entstehenden Mehraufwand.

(BGBl I 1998/111)

(6) In der gemäß Abs. 3 oder 4 erlassenen Verordnung ist der Entscheidungsträger (§ 22) zu bezeichnen, dem die Durchführung des Bundespflegegeldgesetzes hinsichtlich der einbezogenen Personengruppen obliegt.

(BGBl I 1998/111)

Anspruchsvoraussetzungen

§ 4. (1) Das Pflegegeld gebührt bei Zutreffen der übrigen Anspruchsvoraussetzungen, wenn auf Grund einer körperlichen, geistigen oder psychischen Behinderung oder einer Sinnesbehinderung der ständige Betreuungs- und Hilfsbedarf (Pflegebedarf) voraussichtlich mindestens sechs Monate andauern wird oder würde.

(BGBl 1996/201, BGBl I 2001/69)

(2) Anspruch auf Pflegegeld besteht in Höhe der

Stufe 1:

für Personen, deren Pflegebedarf nach Abs. 1 durchschnittlich mehr als 50 Stunden monatlich beträgt;

Stufe 2:

für Personen, deren Pflegebedarf nach Abs. 1 durchschnittlich mehr als 75 Stunden monatlich beträgt;

Stufe 3:

für Personen, deren Pflegebedarf nach Abs. 1 durchschnittlich mehr als 120 Stunden monatlich beträgt;

Stufe 4:

für Personen, deren Pflegebedarf nach Abs. 1 durchschnittlich mehr als 160 Stunden monatlich beträgt;

Stufe 5:

für Personen, deren Pflegebedarf nach Abs. 1 durchschnittlich mehr als 180 Stunden monatlich beträgt, wenn ein außergewöhnlicher Pflegeaufwand erforderlich ist;

Stufe 6:

für Personen, deren Pflegebedarf nach Abs. 1 durchschnittlich mehr als 180 Stunden monatlich beträgt, wenn

1. zeitlich unkoordinierbare Betreuungsmaßnahmen erforderlich sind und diese regelmäßig während des Tages und der Nacht zu erbringen sind oder
2. die dauernde Anwesenheit einer Pflegeperson während des Tages und der Nacht erforderlich ist, weil die Wahrscheinlichkeit einer Eigen- oder Fremdgefährdung gegeben ist;

Stufe 7:

für Personen, deren Pflegebedarf nach Abs. 1 durchschnittlich mehr als 180 Stunden monatlich beträgt, wenn

1. keine zielgerichteten Bewegungen der vier Extremitäten mit funktioneller Umsetzung möglich sind oder
2. ein gleichzuachtender Zustand vorliegt.

(BGBl 1995/131, BGBl I 1998/111)

(3) Bei der Beurteilung des Pflegebedarfes von Kindern und Jugendlichen ist nur jenes Ausmaß an Pflege zu berücksichtigen, das über das erforderliche Ausmaß von gleichaltrigen nicht behinderten Kindern und Jugendlichen hinausgeht.

(BGBl 1995/131, BGBl I 1998/111)

(4) Der Bundesminister für Arbeit, Gesundheit und Soziales ist ermächtigt, nach Anhörung des Bundesbehindertenbeirates (§ 8 des Bundesbehindertengesetzes, BGBl. Nr. 283/1990) nähere Bestimmungen für die Beurteilung des Pflegebedarfes durch Verordnung festzulegen. Die Verordnung kann insbesondere festlegen:

1. eine Definition der Begriffe „Betreuung“ und „Hilfe“,
2. Richtwerte für den zeitlichen Betreuungsaufwand, wobei verbindliche Mindestwerte zumindest für die tägliche Körperpflege, die Zubereitung und das Einnehmen von Mahlzeiten sowie für die Verrichtung der Notdurft festzulegen sind und
3. verbindliche Pauschalwerte für den Zeitaufwand der Hilfsverrichtungen, wobei der gesamte Zeitaufwand für alle Hilfsverrichtungen mit höchstens 50 Stunden pro Monat festgelegt werden darf.

(BGBl 1995/131, BGBl I 1998/111)

Mindesteinstufungen

§ 4a. (1) Bei Personen, die das 14. Lebensjahr vollendet haben und auf Grund einer Querschnittlähmung, einer beidseitigen Beinamputation, einer genetischen Muskeldystrophie, einer Encephalitis disseminata oder einer infantilen Cerebralparese zur eigenständigen Lebensführung überwiegend auf den selbständigen Gebrauch eines Rollstuhles oder eines technisch adaptierten Rollstuhles angewiesen sind, ist mindestens ein Pflegebedarf entsprechend der Stufe 3 anzunehmen.

(BGBl I 2001/69)

(2) Liegt bei Personen gemäß Abs. 1 eine Stuhl- oder Harninkontinenz bzw. eine Blasen- oder Mastdarmlähmung vor, ist mindestens ein Pflegebedarf entsprechend der Stufe 4 anzunehmen.

(3) Liegt bei Personen gemäß Abs. 1 ein deutlicher Ausfall von Funktionen der oberen Extremitäten vor, ist mindestens ein Pflegebedarf entsprechend der Stufe 5 anzunehmen.

(4) Bei hochgradig sehbehinderten Personen ist mindestens ein Pflegebedarf entsprechend der Stufe 3 anzunehmen. Als hochgradig sehbehindert

gilt, wer am besseren Auge mit optimaler Korrektur eine Sehleistung mit

- einem Visus von kleiner oder gleich 0,05 (3/60) ohne Gesichtsfeldeinschränkung hat oder
- einem Visus von kleiner oder gleich 0,1 (6/60) in Verbindung mit einer Quadrantenanopsie hat oder
- einem Visus von kleiner oder gleich 0,3 (6/20) in Verbindung mit einer Hemianopsie hat oder
- einem Visus von kleiner oder gleich 1,0 (6/6) in Verbindung mit einer röhrenförmigen Gesichtsfeldeinschränkung hat.

(5) Bei blinden Personen ist mindestens ein Pflegebedarf entsprechend der Stufe 4 anzunehmen. Als blind gilt, wer am besseren Auge mit optimaler Korrektur eine Sehleistung mit

- einem Visus von kleiner oder gleich 0,02 (1/60) ohne Gesichtsfeldeinschränkung hat oder
- einem Visus von kleiner oder gleich 0,03 (2/60) in Verbindung mit einer Quadrantenanopsie hat oder
- einem Visus von kleiner oder gleich 0,06 (4/60) in Verbindung mit einer Hemianopsie hat oder
- einem Visus von kleiner oder gleich 0,1 (6/60) in Verbindung mit einer röhrenförmigen Gesichtsfeldeinschränkung hat.

(6) Bei taubblinden Personen ist mindestens ein Pflegebedarf entsprechend der Stufe 5 anzunehmen. Als taubblind gelten Blinde, deren Hörvermögen so hochgradig eingeschränkt ist, daß eine verbale und akustische Kommunikation mit der Umwelt nicht möglich ist.

(7) Liegen zusätzliche Behinderungen vor, so ist der Pflegebedarf gemäß § 4 festzustellen. Ergibt diese Beurteilung eine höhere Einstufung, so gebührt das entsprechende Pflegegeld.

(BGBl I 1998/111)

3. Abschnitt
Pflegegeld

Höhe des Pflegegeldes

§ 5. Das Pflegegeld gebührt zwölfmal jährlich und beträgt monatlich in

Stufe 1	145,40 Euro,
Stufe 2	268,00 Euro,
Stufe 3	413,50 Euro,
Stufe 4	620,30 Euro,
Stufe 5	842,40 Euro,
Stufe 6	1 148,70 Euro und in
Stufe 7	1 531,50 Euro.

(BGBl 1996/201, BGBl I 2001/69)

Zusammentreffen gleichartiger Ansprüche

§ 6. (1) Bei Zusammentreffen mehrerer Ansprüche auf Pflegegeld nach diesem Bundesgesetz wird das Pflegegeld nur einmal geleistet.

(2) In den Fällen des Abs. 1 richtet sich die Zuständigkeit zur Entscheidung und Leistung nach folgender Rangordnung:

1. Träger der Unfallversicherung;
2. Träger der Pensionsversicherung;
3. Entscheidungsträger gemäß § 22 Abs. 1 Z 3 bis 6 und 7a;
   (BGBl 1993/457)
4. Bundesamt für Soziales und Behindertenwesen;
5. Landeshauptmann oder Landesschulrat.
   (BGBl I 1998/111)

(3) Bei gleichrangigen Ansprüchen gemäß Abs. 2 Z 1, 2 oder 3 ist zuständig:

1. der Träger, gegenüber dem ein Eigenanspruch besteht, vor dem, gegenüber dem ein Hinterbliebenenanspruch besteht;
2. subsidiär der Träger, gegenüber dem der höchste Leistungsanspruch besteht.

(4) Die Zuständigkeit zur Gewährung des Pflegegeldes gemäß Abs. 2 und 3 wird durch eine später erworbene zusätzliche Anspruchsberechtigung gemäß § 3 nicht berührt.

(5) Bestehen über die Zuständigkeit zur Entscheidung und Leistung Zweifel, bestimmt der Bundesminister für Arbeit und Soziales, welcher Entscheidungsträger zuständig ist; § 413 Abs. 1 Z 2 und Abs. 3 bis 5 ASVG sind sinngemäß anzuwenden.

Anrechnung

§ 7. Geldleistungen, die wegen Pflegebedürftigkeit nach anderen bundesgesetzlichen oder ausländischen Vorschriften gewährt werden, sind auf das Pflegegeld nach diesem Bundesgesetz anzurechnen. Von der Erhöhung der Familienbeihilfe für erheblich behinderte Kinder gemäß § 8 Abs. 4 des Familienlastenausgleichsgesetzes 1967, BGBl. Nr. 376, ist ein Betrag von 60,00 Euro monatlich anzurechnen.

(BGBl I 1998/111, BGBl I 2001/69)

Vorschüsse

§ 8. (1) Auf Antrag können vor Abschluß des Ermittlungsverfahrens Vorschüsse auf das Pflegegeld gewährt werden, wenn die Leistungspflicht dem Grunde nach feststeht.

(2) Die nach Abs. 1 gewährten Vorschüsse sind auf das gebührende Pflegegeld anzurechnen.

(3) Zu Unrecht empfangene Vorschüsse sind dem Entscheidungsträger nach § 11 zu ersetzen.

Beginn, Änderung und Ende des Anspruches

§ 9. (1) Das Pflegegeld gebührt mit Beginn des auf die Antragstellung oder die Einleitung des amtswegigen Verfahrens zur Feststellung der Anspruchsvoraussetzungen gemäß §§ 4 und 4a durch einen Unfallversicherungsträger folgenden Monats. Das Pflegegeld gebührt, wenn die Leistungszuständigkeit des Landes entfällt, weil der Bund gemäß § 3 für die Leistung des Pflegegeldes zuständig wird, bei Zutreffen der Voraussetzungen mit Beginn des auf den Zeitpunkt des Entfalles der Leistungszuständigkeit des Landes folgenden Monats; das Verfahren zur Feststellung der Anspruchsvoraussetzungen gemäß §§ 4 und 4a ist in diesem Fall von Amts wegen einzuleiten.

(2) Das Pflegegeld ist nur dann befristet zuzuerkennen, wenn im Zeitpunkt der Entscheidung der Wegfall einer Voraussetzung für die Gewährung eines Pflegegeldes mit Sicherheit oder sehr hoher Wahrscheinlichkeit festgestellt werden kann. Liegen im Falle einer befristeten Zuerkennung die Voraussetzungen für die Gewährung eines Pflegegeldes auch nach Ablauf der Frist vor, so ist das Pflegegeld mit Beginn des auf den Ablauf der Frist folgenden Monats zuzuerkennen, sofern die Gewährung des Pflegegeldes innerhalb von drei Monaten nach dessen Wegfall beantragt wurde.

(3) Der Anspruch auf Pflegegeld erlischt mit dem Todestag des Anspruchsberechtigten. In diesem Kalendermonat gebührt nur der verhältnismäßige Teil des Pflegegeldes, wobei der Kalendermonat einheitlich mit 30 Tagen anzunehmen ist.

(4) Wenn eine Voraussetzung für die Gewährung von Pflegegeld wegfällt, ist das Pflegegeld zu entziehen; wenn eine für die Höhe des Pflegegeldes wesentliche Veränderung eintritt, ist das Pflegegeld neu zu bemessen.

(5) Die Entziehung oder Neubemessung des Pflegegeldes wird mit dem auf die wesentliche Veränderung folgenden Monat wirksam. Von diesem Grundsatz gelten, abgesehen von den Bestimmungen des § 48 Abs. 2, folgende Ausnahmen:

1. die Entziehung oder Herabsetzung des Pflegegeldes wegen einer Veränderung im Ausmaß des Pflegebedarfes wird mit Ablauf des Monats wirksam, der auf die Zustellung des Bescheides folgt, mit dem die Entziehung oder Herabsetzung ausgesprochen wurde;
2. die Erhöhung des Pflegegeldes wegen einer Veränderung im Ausmaß des Pflegebedarfes wird mit Beginn des Monats wirksam, der auf die Geltendmachung der wesentlichen Veränderung oder die amtswegige ärztliche Feststellung folgt;
3. die Neubemessung des Pflegegeldes, die sich auf Grund von gesetzlichen Änderungen oder der alljährlichen Anpassung der nach § 7 auf das Pflegegeld anzurechnenden Leistungen ergibt, wird mit Beginn des Monats wirksam, in dem diese Änderung eingetreten ist.

(BGBl 1995/131, BGBl 1996/201, BGBl I 1998/111)

Anzeigepflicht

§ 10. Anspruchsberechtigte, Anspruchswerber, gesetzliche Vertreter und Sachwalter, zu deren Wirkungsbereich die Antragstellung auf Gewährung oder die Empfangnahme von Pflegegeld gehört, sind verpflichtet, jede ihnen bekannte Veränderung in den Voraussetzungen für den Pflegegeldbezug, die den Verlust, eine Minderung, das Ruhen des Anspruches oder eine Anrechnung auf das Pflegegeld begründet, binnen vier Wochen dem zuständigen Entscheidungsträger anzuzeigen.

Ersatz zu Unrecht empfangener Pflegegelder

§ 11. (1) Wurden Pflegegelder zu Unrecht empfangen, so sind sie dem Entscheidungsträger zu ersetzen, wenn der Zahlungsempfänger den Bezug durch bewußt unwahre Angaben, bewußte Verschweigung wesentlicher Tatsachen oder Verletzung der Anzeigepflicht (§ 10) herbeigeführt hat oder wenn der Zahlungsempfänger erkennen mußte, daß das Pflegegeld nicht oder nicht in dieser Höhe gebührte.

(BGBl 1995/131)

(2) Die Ersatzpflicht (Abs. 1) ist eingeschränkt auf Pflegegelder, die für einen Zeitraum von höchstens drei Jahren vor dem Ersten des Monates, in dem der Entscheidungsträger vom Ersatzgrund Kenntnis erlangt hat, geleistet wurden, es sei denn, die Leistungen wurden durch eine Handlung im Sinne des § 69 Abs. 1 Z 1 des Allgemeinen Verwaltungsverfahrensgesetzes 1991 (AVG), BGBl. Nr. 51, herbeigeführt. Auf das Aufrechnungs- und Rückforderungsrecht ist § 107 Abs. 2 ASVG anzuwenden.

(3) Sind Pflegegelder gemäß Abs. 1 und 2 zu ersetzen, so ist der Ersatz durch Aufrechnung zu bewirken. Kann der Ersatz nicht oder nicht zur Gänze durch Aufrechnung mit dem Pflegegeld bewirkt werden, so kann der Ersatz unter Bedachtnahme auf die wirtschaftlichen Verhältnisse durch Aufrechnung mit der Grundleistung (§ 3), jedoch höchstens bis zu deren Hälfte, vorgenommen werden.

(BGBl 1995/131, BGBl I 1998/111)

(4) Kann keine Aufrechnung stattfinden, so sind zu Unrecht empfangene Pflegegelder zurückzufordern.

(BGBl 1995/131)

(5) Ist die sofortige Hereinbringung durch Aufrechnung oder Rückzahlung auf Grund der wirtschaftlichen Verhältnisse des Ersatzpflichtigen oder nach der Lage des Falles nicht möglich oder unbillig, ist die Abstattung in Raten zu bewilligen oder kann die Forderung vom Entscheidungsträger gestundet werden. Stundungszinsen sind nicht vorzuschreiben.

(6) Wenn die Verpflichtung zum Ersatz zu Unrecht empfangener Pflegegelder eine besondere Härte bedeuten würde oder wenn das Verfahren mit Kosten oder Weiterungen verbunden wäre, die in keinem Verhältnis zum zu Unrecht empfange-

nen Betrag stehen würden, kann der Entscheidungsträger von der Hereinbringung absehen.

(7) Pflegegelder, die für einen nach dem Zeitpunkt des Todes liegenden Zeitraum ausgezahlt wurden, sind zu ersetzen. Empfang in gutem Glauben kann nicht eingewendet werden. Abs. 5 und 6 gelten sinngemäß.

(BGBl 1995/131, BGBl I 2001/69)

Ruhen des Anspruches

§ 12. (1) Der Anspruch auf Pflegegeld ruht

1. während eines stationären Aufenthaltes in einer Krankenanstalt oder einer stationären Einrichtung für medizinische Maßnahmen der Rehabilitation, Maßnahmen der Gesundheitsvorsorge, zur Festigung der Gesundheit oder der Unfallheilbehandlung im In- oder Ausland ab dem Tag, der auf die Aufnahme folgt, wenn ein in- oder ausländischer Träger der Sozialversicherung, ein Landesfonds im Sinne der Vereinbarung gemäß Art. 15a B-VG über die Reform des Gesundheitswesens und der Krankenanstaltenfinanzierung für die Jahre 1997 bis 2000, BGBl. I Nr. 111/1997, der Bund oder eine Krankenfürsorgeanstalt für die Kosten der Pflege der allgemeinen Gebührenklasse oder des Aufenthaltes in einer stationären Einrichtung überwiegend aufkommt,
2. für die Dauer der Rentenumwandlung gemäß § 56 KOVG 1957, § 61 HVG oder § 2 OFG sowie einer Unterbringung gemäß § 2 Abs. 2 lit. c des Impfschadengesetzes,
3. für die Dauer der Verbüßung einer Freiheitsstrafe,
4. für die Dauer der Unterbringung des Anspruchsberechtigten auf Kosten des Bundes in einer Anstalt für geistig abnorme Rechtsbrecher gemäß § 21 des Strafgesetzbuches (StGB), BGBl. Nr. 60/1974, für entwöhnungsbedürftige Rechtsbrecher gemäß § 22 StGB oder für gefährliche Rückfallstäter gemäß § 23 StGB.

(2) Die Träger der Kranken- und Unfallversicherung sowie die Krankenfürsorgeanstalten sind verpflichtet, dem zuständigen Entscheidungsträger einen stationären Aufenthalt gemäß Abs. 1 Z 1 eines Pflegegeldbeziehers umgehend zu melden.

(3) Das Pflegegeld ist auf Antrag weiter zu leisten

1. für die Dauer von höchstens drei Monaten des stationären Aufenthaltes gemäß Abs. 1 Z 1 in dem Umfang, in dem pflegebedingte Aufwendungen nachgewiesen werden, die sich aus einem der Pflichtversicherung nach dem ASVG unterliegenden Dienstverhältnis (Vollversicherung oder Teilversicherung in der Unfallversicherung) eines Pflegegeldbeziehers mit einer Pflegeperson oder der Erfüllung des Tatbestandes gemäß § 2 Abs. 1 Z 4 GSVG ergeben. Das Pflegegeld ist jedoch über diesen Zeitraum hinaus weiter zu leisten, wenn damit für den Pflegebedürftigen eine besondere Härte vermieden wird;
2. für die Dauer des stationären Aufenthaltes gemäß Abs. 1 Z 1 in dem Umfang der Beitragshöhe für die Weiterversicherung einer Pflegeperson gemäß § 77 Abs. 6 ASVG, § 33 Abs. 9 GSVG, § 8 FSVG oder § 28 Abs. 6 BSVG oder der Beitragshöhe für die Selbstversicherung einer Pflegeperson gemäß § 589 Abs. 5 ASVG;

   (BGBl I 2001/69)
3. während des stationären Aufenthaltes gemäß Abs. 1 Z 1, wenn und solange auch die Pflegeperson als Begleitperson stationär aufgenommen wurde, weil der Aufenthalt ohne diese nicht möglich wäre oder bei Kindern, unmündigen Minderjährigen oder geistig Behinderten in deren Interesse erforderlich ist.

(4) Wird das Pflegegeld aliquotiert, so ist der Kalendermonat einheitlich mit 30 Tagen anzunehmen. Für die Zeit des Ruhens des Anspruches auf Pflegegeld gemäß Abs. 1 Z 2 gebührt ein Taschengeld in Höhe von 10 vH des Pflegegeldes der Stufe 3.

(5) Bescheide über das Ruhen des Pflegegeldes gemäß Abs. 1 Z 1 sind nur dann zu erlassen, wenn dies der Pflegegeldbezieher innerhalb einer Frist von drei Monaten nach dem Wegfall des Ruhensgrundes beantragt.

(BGBl I 2001/69)

(6) Hat der Entscheidungsträger Pflegegelder angewiesen, die gemäß Abs. 1 nicht mehr auszuzahlen waren, so sind diese Pflegegelder auf das Taschengeld oder künftig auszuzahlendes Pflegegeld anzurechnen.

(BGBl 1996/201, BGBl I 1998/111)

Ersatzansprüche des Trägers der Sozialhilfe

§ 13. (1) Wird eine pflegebedürftige Person auf Kosten oder unter Kostenbeteiligung eines Landes, einer Gemeinde oder eines Sozialhilfeträgers

1. in einem Pflege-, Wohn-, Alten- oder Erziehungsheim,
2. in einer Sonderkrankenanstalt für Psychiatrie oder in einer ähnlichen Einrichtung,
3. außerhalb einer der in Z 1 und 2 angeführten Einrichtungen im Rahmen eines Familienverbandes,
4. auf einer von einem Träger der öffentlichen Wohlfahrtspflege, einer kirchlichen oder anderen karitativen Vereinigung geführten Pflegestelle oder
5. in einer Krankenanstalt, sofern der Aufenthalt nicht durch die Notwendigkeit ärztlicher Behandlung bedingt ist (Asylierung),

stationär gepflegt, so geht für die Zeit dieser Pflege der Anspruch auf Pflegegeld bis zur Höhe der Verpflegskosten, höchstens jedoch bis zu 80 vH, auf den jeweiligen Kostenträger über. Im Fall der Z 5 erfolgt der Anspruchsübergang höchstens für die Dauer von drei Monaten. Für die Dauer des Anspruchsüberganges gebührt der pflegebedürftigen Person ein Taschengeld in Höhe von 10 vH des Pflegegeldes der Stufe 3; im übrigen ruht der Anspruch auf Pflegegeld. Übersteigt die Summe aus Taschengeld und übergehendem Anspruch die gebührende Pflegegeldleistung, so ist der übergehende Anspruch entsprechend zu kürzen.

(BGBl 1996/201)

(2) Der Anspruchsübergang tritt mit dem auf das Einlangen der Verständigung beim Entscheidungsträger folgenden Monat ein.

(3) Abs. 1 ist nur anzuwenden, wenn und insoweit die Verpflegskosten nicht auf Grund anderer bundesgesetzlicher Ersatzansprüche der Kostenträger gedeckt sind.

(4) Hat der Entscheidungsträger Pflegegelder angewiesen, die gemäß Abs. 1 und 2 nicht mehr auszuzahlen waren, so sind diese Pflegegelder auf das Taschengeld oder auf künftig auszuzahlendes Pflegegeld anzurechnen.

§ 14. (1) Erbringt ein Träger der Sozialhilfe auf Grund einer gesetzlichen Verpflichtung eine dem Pflegegeld gleichartige Geldleistung für einen Zeitraum, in dem der Pflegebedürftige Anspruch auf Pflegegeld nach diesem Bundesgesetz hat, so hat der Entscheidungsträger dem Träger der Sozialhilfe die von diesem erbrachte Leistung bis zur Höhe des nach diesem Bundesgesetz nachzuzahlenden Pflegegeldes zu ersetzen, sofern die Voraussetzungen des Abs. 2 erfüllt sind.

(2) Der Anspruch des Pflegebedürftigen auf das Pflegegeld nach Abs. 1 geht auf den Träger der Sozialhilfe über, wenn dem Entscheidungsträger die Erbringung der dem Pflegegeld gleichartigen Geldleistung vor Abschluß des Verfahrens nach diesem Bundesgesetz angezeigt und der Anspruch auf Ersatz innerhalb von vier Wochen nach dem Tag geltend gemacht wird, an dem der Träger der Sozialhilfe vom Entscheidungsträger von der Gewährung des Pflegegeldes benachrichtigt worden ist.

Ersatzansprüche der Entscheidungsträger

§ 14a. (1) Hat ein Entscheidungsträger für einen Zeitraum ein Pflegegeld gewährt, in dem der Pflegebedürftige einen Anspruch auf die nach bundesgesetzlichen Vorschriften gewährte und gemäß § 7 anrechenbare Geldleistung hat, so geht der Anspruch auf diese wegen Pflegebedürftigkeit gewährte Leistung auf den Bund oder den Träger der Sozialversicherung über, wenn der Entscheidungsträger den Anspruchsübergang innerhalb der im Abs. 2 bestimmten Frist geltend gemacht hat. Der Anspruch geht in Höhe des Betrages über, der sich auf Grund der durch die Anrechnung der pflegebezogenen Geldleistung bedingten Minderung oder Einstellung des Pflegegeldes ergibt, jedoch nur bis zur Höhe des nachzuzahlenden Betrages.

(2) Der für die Gewährung einer gemäß § 7 anrechenbaren Geldleistung zuständigen Behörden haben die Anspruchswerber bei Einleitung des Verfahrens zu befragen, ob sie auch ein Pflegegeld nach diesem Bundesgesetz beziehen oder beantragt haben; zutreffendenfalls haben sie den zuständigen Entscheidungsträger von der Einleitung des Verfahrens unverzüglich zu verständigen. der Entscheidungsträger hat innerhalb von vier Wochen nach Einlangen dieser Verständigung den Übergang des Anspruches dem Grunde nach geltend zu machen.

(BGBl 1996/201)

Pfändung und Verpfändung

§ 15. Die Exekutionsordnung, RGBl. Nr. 79/1896, regelt, inwieweit Pflegegelder nach diesem Bundesgesetz verpfändet und gepfändet werden können.

Übergang von Schadenersatzansprüchen

§ 16. (1) Kann ein Bezieher von Pflegegeld den Ersatz des Schadens, der ihm durch einen Unfall oder ein sonstiges Ereignis entstanden ist, auf Grund anderer Rechtsvorschriften beanspruchen, so geht dieser Anspruch insoweit auf den Bund oder den Träger der Sozialversicherung über, als dieser aus diesem Anlaß Pflegegeld zu leisten hat. Dies gilt nicht für den Anspruch auf Schmerzengeld.

(2) Der Entscheidungsträger hat Ersatzbeträge, die der Ersatzpflichtige dem Bezieher von Pflegegeld in Unkenntnis des Anspruchsüberganges gemäß Abs. 1 geleistet hat, auf das Pflegegeld anzurechnen. Im Ausmaß der Anrechnung erlischt der auf den Bund oder Träger der Sozialversicherung übergegangene Ersatzanspruch gegen den Ersatzpflichtigen.

(3) § 332 Abs. 3, 5 und 6, §§ 333 bis 335 ASVG, § 190 Abs. 3 GSVG, § 3 FSVG, § 178 Abs. 3 BSVG, § 125 Abs. 3 und 4 B-KUVG sowie § 94 Abs. 3 und 4 HVG sind anzuwenden.

(4) Der Bezieher von Pflegegeld, sein gesetzlicher Vertreter oder Sachwalter, zu dessen Wirkungsbereich die Empfangnahme von Pflegegeld gehört, ist verpflichtet, dem Entscheidungsträger über alle für die Prüfung bzw. Durchsetzung von Ansprüchen nach den Abs. 1 bis 3 maßgebenden Umstände binnen vier Wochen wahrheitsgemäß Auskunft zu erteilen.

(BGBl I 2001/69)

(5) Zur Entscheidung von Streitigkeiten betreffend Schadenersatz sind die ordentlichen Gerichte berufen.

(BGBl I 2001/69)

Auszahlung

§ 17. Bezüglich der Auszahlung des Pflegegeldes gelten, soweit dieses Bundesgesetz nichts anderes bestimmt, die beim jeweiligen Entscheidungsträger in Vollziehung der im § 3 genannten Normen anzuwendenden Bestimmungen.

(BGBl 1996/201)

§ 18. (1) Das Pflegegeld wird an den Anspruchsberechtigten ausgezahlt. Ist der Anspruchsberechtigte geschäftsunfähig oder beschränkt geschäftsfähig, so ist das Pflegegeld dem gesetzlichen Vertreter auszuzahlen. Ist für einen Anspruchsberechtigten ein Sachwalter bestellt, so ist diesem das Pflegegeld auszuzahlen, wenn die Angelegenheiten, mit deren Besorgung er betraut worden ist, die Empfangnahme dieser Leistung umfassen.

(2) Erhält eine pflegebedürftige Person auf Kosten oder unter Kostenbeteiligung eines Landes, einer Gemeinde oder eines Sozialhilfeträgers ambulante oder teilstationäre Pflegeleistungen, für die sie zum gänzlichen oder teilweisen Kostenersatz verpflichtet ist, so kann das Pflegegeld bis zur Höhe der Kostenersatzforderung von Amts wegen dem Empfänger des Kostenersatzes mit schuldbefreiender Wirkung gegenüber der pflegebedürftigen Person ausgezahlt werden, sofern die pflegebedürftige Person mit der Zahlung des Kostenersatzes mindestens zwei Monate ab Rechnungslegung im Verzug ist. Bescheide sind nur dann zu erlassen, wenn dies die pflegebedürftige Person innerhalb einer Frist von drei Monaten ab Änderung der Auszahlung beantragt. Nach Ablauf eines Jahres ab Änderung der Auszahlung oder wenn die Pflegeleistungen vom Erbringer zur Gänze eingestellt werden, ist das Pflegegeld auf Antrag oder von Amts wegen wieder an den Anspruchsberechtigten auszuzahlen.

(BGBl I 1998/111)

(3) Die Entscheidungsträger haben die Auszahlung in der Weise zu veranlassen, daß das Pflegegeld von einer allfälligen anderen Geldleistung getrennt ausgewiesen wird.

(BGBl I 1998/111)

(4) Die nach diesem Bundesgesetz gebührenden Geldleistungen sind auf Beträge von vollen 10 Cent zu runden; dabei sind Beträge unter 5 Cent zu vernachlässigen und Beträge von 5 Cent an auf 10 Cent zu ergänzen.

(BGBl I 1998/111, BGBl I 2001/69)

Bezugsberechtigung und Fortsetzung des Verfahrens

§ 19. (1) Ist im Zeitpunkt des Todes der pflegebedürftigen Person eine fällige Geldleistung noch nicht ausgezahlt, so sind, sofern in diesem Bundesgesetz nichts anderes bestimmt ist, auf Antrag in folgender Rangordnung bezugsberechtigt:

1. die Person, die den Pflegebedürftigen in dem Zeitraum, für den die fällige Geldleistung gebührt, überwiegend und ohne angemessenes Entgelt gepflegt hat;
2. die Person, die für den Zeitraum, für den die fällige Geldleistung gebührt, überwiegend für die Pflege aufgekommen ist.

Liegt ein Überwiegen im Sinne der Z 1 oder 2 nicht vor, besteht die Bezugsberechtigung zu gleichen Teilen.

(2) Wird innerhalb von sechs Monaten nach dem Tod der pflegebedürftigen Person von bezugsberechtigten Personen gemäß Abs. 1 kein Antrag auf Auszahlung gestellt oder sind keine solchen Personen vorhanden, fällt die noch nicht ausgezahlte Geldleistung in den Nachlaß.

(3) Ist im Zeitpunkt des Todes des Anspruchswerbers oder Anspruchsberechtigten ein Verfahren auf Gewährung oder Neubemessung des Pflegegeldes noch nicht abgeschlossen, sind die im Abs. 1 genannten Personen in der dort festgelegten Rangordnung auf Antrag zur Fortsetzung des Verfahrens berechtigt. Wird von diesen Personen innerhalb von sechs Monaten nach dem Tod des Anspruchswerbers oder Anspruchsberechtigten kein Antrag auf Fortsetzung gestellt oder sind keine zur Fortsetzung berechtigten Personen vorhanden, sind hiezu die Verlassenschaft nach dem Verstorbenen beziehungsweise dessen Erben berechtigt.

Ersatz von Geldleistungen durch Sachleistungen

§ 20. (1) Wird der durch das Pflegegeld angestrebte Zweck (§ 1) nicht erreicht, sind anstelle des gesamten oder eines Teils des Pflegegeldes Sachleistungen mit Wirkung ab Zustellung des Bescheides zu gewähren, wenn und insoweit die Möglichkeit besteht, den Pflegebedarf durch Sachleistungen abzudecken. Die Sachleistungen sind im Gegenwert der einbehaltenen Geldleistung zu gewähren. Ist der Ersatz nicht möglich, weil die Annahme dieser Sachleistungen ohne triftigen Grund verweigert wird, ruht der entsprechende Anspruch auf Pflegegeld für die Dauer der Weigerung.

(BGBl I 1998/111)

(2) Wurden Sachleistungen gemäß Abs. 1 zu Unrecht gewährt, findet kein Rückersatz statt und ist das einbehaltene Pflegegeld nachzuzahlen.

(3) Der Anspruchsberechtigte kann nach Ablauf eines Jahres ab Zuerkennung der Sachleistungen den Antrag stellen, daß anstelle aller oder eines Teils der zuerkannten Sachleistungen eine Geldleistung erbracht werde; diesem Antrag ist stattzugeben, wenn die Voraussetzungen des Abs. 1 nicht mehr gegeben sind.

(4) Bei der vergleichenden Beurteilung der Wirksamkeit von Geld- und Sachleistungen ist auf die nach der Art der Behinderung unterschiedlichen Bedürfnisse Rücksicht zu nehmen.

(5) Bei Ersatz von Geld- durch Sachleistungen ist das Pflegegeld zur Bedeckung der Sachleistungen zu verwenden und an den Erbringer der Sachleistungen insoweit auszuzahlen, als dieser Leistungen bereitstellt.

Einkommensteuer- und Gebührenfreiheit

§ 21. (1) Das Pflegegeld unterliegt nicht der Einkommensteuer.

(2) Die zur Durchführung dieses Bundesgesetzes erforderlichen Amtshandlungen, Eingaben und Vollmachten sind von den Stempelgebühren, Verwaltungsabgaben sowie Gerichts- und Justizverwaltungsgebühren befreit.

(3) Die Gebühren für die Zustellung der nach diesem Bundesgesetz gewährten Pflegegelder im Inland trägt der Bund bzw. der zuständige Unfallversicherungsträger.

4. Abschnitt

Entscheidungsträger

§ 22. (1) Zur Entscheidung in Angelegenheiten nach diesem Bundesgesetz sind zuständig:

Für Personen nach

1. § 3 Abs. 1 Z 1 lit. a bis f und Z 7 der für die Gewährung der Vollrente, Pension oder des Sonderruhegeldes zuständige Sozialversicherungsträger;
2. § 3 Abs. 1 Z 2 und 3 der zuständige Unfallversicherungsträger;
3. § 3 Abs. 1 Z 4 lit. a und i, ausgenommen im Bereich der Österreichischen Post Aktiengesellschaft, der Telekom Austria Aktiengesellschaft und der Österreichischen Postbus Aktiengesellschaft, sowie lit. f, g, h und k das Bundespensionsamt;

   (BGBl 1996/758, BGBl I 1998/111, BGBl I 2001/69)
4. § 3 Abs. 1 Z 4 lit. d gemäß
   a) (Verfassungsbestimmung) Art. VI des Bezügegesetzes der Präsident des Nationalrates,
   b) Art. V des Bezügegesetzes die Bundesregierung,
   c) (Verfassungsbestimmung) Art. VI des Bezügegesetzes der Präsident des Nationalrates, sofern die Ansprüche auf ein Mitglied der Volksanwaltschaft, den Präsidenten oder Vizepräsidenten des Rechnungshofes zurückgehen,
   d) Art. VI des Bezügegesetzes die Bundesregierung, sofern die Ansprüche auf ein Mitglied der Bundesregierung, einen Staatssekretär oder einen Landeshauptmann zurückgehen;
5. § 3 Abs. 1 Z 4 lit. a und i im Bereich der Österreichischen Post Aktiengesellschaft und der Telekom Austria Aktiengesellschaft die gemäß § 17 Abs. 3 des Poststrukturgesetzes (PTSG), BGBl. Nr. 201/1996, eingerichteten nachgeordneten Personalämter, sowie im Bereich der Österreichischen Postbus Aktiengesellschaft das gemäß § 17 Abs. 2 PTSG eingerichtete Personalamt;

   (BGBl I 1998/111, BGBl I 2001/69)
6. § 3 Abs. 1 Z 4 lit. e der Bundeskanzler;

   (BGBl I 1998/111)
7. § 3 Abs. 1 Z 1 lit. g, Z 5 lit. a, b und d, Z 6 lit. a und b sowie Z 8 das Bundesamt für Soziales und Behindertenwesen;

   (BGBl I 1998/111)

7a. § 3 Abs. 1 Z 4 lit. j und l die Österreichischen Bundesbahnen;

   (BGBl 1993/457, BGBl I 1998/111, BGBl I 2001/69)

8. § 3 Abs. 1 Z 5 lit. c sowie Z 6 lit. c der Landeshauptmann;

   (BGBl I 1998/111)

9. § 3 Abs. 1 Z 4 lit. b und c der Landeshauptmann; im Bereich des Landes Oberösterreich für Personen nach § 3 Abs. 1 Z 4 lit. b der Landesschulrat.

   (BGBl I 1998/111)

(2) Bezüglich der örtlichen Zuständigkeit gelten die beim jeweiligen Entscheidungsträger in Vollziehung der im § 3 genannten Normen anzuwendenden Bestimmungen.

(3) Der Bundesminister für Arbeit und Soziales ist ermächtigt, durch Verordnung die Durchführung des Bundespflegegeldgesetzes einem Entscheidungsträger zu entziehen und einem anderen Entscheidungsträger zu übertragen, wenn dies im Interesse der Zweckmäßigkeit, Raschheit, Einfachheit und Kostenersparnis gelegen ist.

5. Abschnitt

Kostenersatz

§ 23. (1) Der Bund hat den Trägern der gesetzlichen Pensionsversicherung die in der nach den Rechnungsvorschriften für die Sozialversicherungsträger zu erstellenden gesonderten Erfolgsrechnung nach diesem Bundesgesetz nachgewiesenen Aufwendungen für das Pflegegeld, die Sachleistungen, die Reisekosten, den vertrauensärztlichen Dienst und die sonstige Betreuung, die Zustellgebühren, den entsprechenden Anteil an den Verwaltungsaufwendungen sowie die sonstigen Aufwendungen zu ersetzen. Dabei sind Ersätze für Leistungsaufwendungen sowie sonstige Erträge in Abzug zu bringen. Die anteiligen Verwaltungsaufwendungen können pauschal ermittelt und vom Bund in der Höhe des festgesetzten Pauschalbetrages ersetzt werden. Der Bundesminister für Arbeit und Soziales hat die Pauschalbeträge nach Anhörung des Hauptverbandes der österreichischen Sozialversicherungsträger im Einvernehmen mit dem Bundesminister für Finanzen festzusetzen.

(BGBl 1995/131)

(2) Der Bund hat den Trägern der gesetzlichen Unfallversicherung den Aufwand für das auf Grund akausaler Behinderungen geleistete Pflegegeld und den entsprechenden Anteil an den Verwaltungsaufwendungen hiefür zu ersetzen, wobei Ersätze für das auf Grund akausaler Behinderungen geleistete Pflegegeld in Abzug zu bringen

sind. Im übrigen ist Abs. 1 dritter und vierter Satz anzuwenden.

(BGBl 1995/131)

(3) Der Bund hat den Österreichischen Bundesbahnen die in der Erfolgsrechnung analog den für die Sozialversicherungsträger geltenden Bestimmungen nachgewiesenen Aufwendungen für das Pflegegeld sowie die den in Abs. 1 erster Satz angeführten weiteren Aufwendungen entsprechenden Aufwendungen zu ersetzen, soweit diese den Anteil des Beitragsaufkommens für Versicherte gemäß § 472a ASVG, den einem Beitragssatz von 0,8 vH entspricht, übersteigen.

(4) Der Bund hat den Trägern der gesetzlichen Pensions- und Unfallversicherung und den Österreichischen Bundesbahnen den nach Abs. 1 bis 3 gebührenden Kostenersatz monatlich im erforderlichen Ausmaß unter Bedachtnahme auf seine Kassenlage zu bevorschussen.

(BGBl 1993/457)

6. Abschnitt
Verfahren

Allgemeine Bestimmungen

§ 24. Auf das Verfahren finden, soweit dieses Bundesgesetz nichts anderes bestimmt, vor den Sozialversicherungsträgern die Bestimmungen der §§ 354, 357 bis 361, 363 bis 367 und 412 ASVG und vor den übrigen Entscheidungsträgern die Vorschriften des AVG mit Ausnahme der §§ 45 Abs. 3 und 68 Abs. 2 AVG Anwendung.

(BGBl I 1998/111)

Antragstellung

§ 25. (1) Die Leistungen nach diesem Bundesgesetz sind, ausgenommen bei Einleitung eines amtswegigen Verfahrens zur Feststellung der Anspruchsvoraussetzungen gemäß §§ 4 und 4a durch einen Unfallversicherungsträger oder im Falle der Einleitung eines amtswegigen Verfahrens gemäß § 9 Abs. 1 zweiter Satz, durch Antrag beim zuständigen Entscheidungsträger geltend zu machen. Wird der Antrag bei einer anderen Behörde, einem anderen Sozialversicherungsträger, einem Gericht oder einem Gemeindeamt eingebracht, so ist der Antrag unverzüglich an den zuständigen Entscheidungsträger weiterzuleiten und gilt als ursprünglich richtig eingebracht.

(BGBl 1996/201, BGBl I 1998/111)

(2) Antragsberechtigt gemäß Abs. 1 sind der Anspruchswerber selbst, sein gesetzlicher Vertreter oder sein Sachwalter, wenn er mit der Besorgung dieser Angelegenheit betraut worden ist. Überdies kann ein Antrag auf Zuerkennung oder Erhöhung des Pflegegeldes auch durch Familienmitglieder oder Haushaltsangehörige ohne Nachweis der Bevollmächtigung gestellt werden, wenn kein Zweifel über Bestand und Umfang der Vertretungsbefugnis besteht.

(BGBl 1995/131, BGBl I 1998/111)

(3) Bei Vorliegen der Voraussetzungen für den Anspruchsübergang gemäß § 13 ist auch der Kostenträger antragsberechtigt; die Antragstellung begründet keine Parteistellung des Kostenträgers, die über den Ersatzanspruch gemäß § 13 hinausgeht. Die Antragstellung gilt als Verständigung gemäß § 13 Abs. 2.

(BGBl I 1998/111)

(4) Anträge auf Zuerkennung oder Erhöhung des Pflegegeldes sind ohne Durchführung eines Ermittlungsverfahrens zurückzuweisen, wenn seit Rechtskraft der letzten Entscheidung noch kein Jahr verstrichen ist und keine wesentliche Änderung der Anspruchsvoraussetzungen glaubhaft bescheinigt ist.

(BGBl I 1998/111)

Begutachtung

§ 25a. (1) Auf Wunsch des Pflegebedürftigen, seines gesetzlichen Vertreters oder Sachwalters ist bei der Untersuchung die Anwesenheit und Anhörung einer Person seines Vertrauens zu ermöglichen. Hieraus entstehende Kosten werden nicht ersetzt.

(2) Bei der Begutachtung von pflegebedürftigen Personen in stationären Einrichtungen sind zur Beurteilung der konkreten Pflegesituation auch Informationen des Pflegepersonals einzuholen und die Pflegedokumentation zu berücksichtigen.

(3) Bei pflegebedürftigen Personen, die durch ambulante Dienste betreut werden, sind bei der Begutachtung zur Verfügung gestellte Pflegedokumentationen zu berücksichtigen.

(BGBl I 1998/111)

Mitwirkungspflicht

§ 26. (1) Die Leistung des Pflegegeldes kann abgelehnt, gemindert oder entzogen werden, wenn und solange der Anspruchsberechtigte oder Anspruchswerber ohne triftigen Grund

1. einer schriftlichen Aufforderung zum Erscheinen zu einer ärztlichen Untersuchung nicht entspricht oder
2. eine für die Entscheidungsfindung unerläßliche ärztliche Untersuchung verweigert oder
3. sich weigert, die zur Durchführung des Verfahrens unerläßlichen Angaben zu machen.

(2) Voraussetzung für eine bescheidmäßige Verfügung nach Abs. 1 ist jedoch, daß der Anspruchsberechtigte oder Anspruchswerber auf die Folgen seines Verhaltens nachweislich aufmerksam gemacht worden ist. Eine Nachzahlung für die Zeit der Ablehnung, Minderung oder Entziehung des Pflegegeldes hat zu unterbleiben.

Bescheide

§ 27. (1) Bescheide nach diesem Bundesgesetz sind schriftlich zu erlassen.

(2) Bescheide haben auf die Möglichkeit, eine Klage beim zuständigen Gerichtshof erster Instanz als Arbeits- und Sozialgericht bzw. beim Arbeits- und Sozialgericht Wien einzubringen, auf die da-

bei einzuhaltende Frist, die Form der Einbringung und auf das Erfordernis des hinreichend bestimmten Klagebegehrens gemäß § 82 des Arbeits- und Sozialgerichtsgesetzes (ASGG), BGBl. Nr. 104/1985, hinzuweisen.

(3) Im Falle der Neubemessung des Pflegegeldes als Folge von Änderungen dieses Bundesgesetzes oder der Anpassung des Pflegegeldes besteht keine Verpflichtung zur Erlassung eines Bescheides.

(4) Im Verfahren gemäß §§ 13, 14 und 18 Abs. 2 haben die Entscheidungsträger gegenüber den Trägern der Sozialhilfe oder den Empfängern des Kostenersatzes keinen Bescheid zu erlassen.

(BGBl I 1998/111)

(5) Ergibt sich nachträglich, daß eine Geldleistung bescheidmäßig infolge eines wesentlichen Irrtums über den Sachverhalt oder eines offenkundigen Versehens zu Unrecht abgelehnt, entzogen, eingestellt, zu niedrig bemessen oder zum Ruhen gebracht wurde, so ist mit Wirkung vom Tage der Auswirkung des Irrtums oder Versehens der gesetzliche Zustand herzustellen.

(BGBl I 1998/111)

§ 28. (1) Bescheide über Anträge auf Zuerkennung des Pflegegeldes sind binnen sechs Monaten nach dem Einlangen des Antrages zu erlassen. Zeiten, während derer das Verfahren gemäß § 38 zweiter Satz AVG ausgesetzt ist, sind in diese Frist nicht einzurechnen.

(2) Hat der Entscheidungsträger einen Bescheid zu erlassen, kann er dies aber innerhalb der Frist nach Abs. 1 nicht, weil der Sachverhalt noch nicht genügend geklärt ist, so hat er, wenn seine Leistungspflicht dem Grunde nach feststeht, die Leistung zu bevorschussen; § 8 Abs. 2 und 3 sind anzuwenden.

Information und Kontrolle

§ 29. (aufgehoben)

(BGBl I 2001/69)

Ersatz von Reisekosten

§ 30. Reisekosten, die dem Anspruchsberechtigten oder Anspruchswerber für sich und eine notwendige Begleitperson auf Grund einer schriftlichen Aufforderung zum Erscheinen zu einer ärztlichen Untersuchung zur Durchführung dieses Bundesgesetzes entstehen, sind nach den beim jeweiligen Entscheidungsträger in Vollziehung der im § 3 genannten Normen anzuwendenden Bestimmungen zu ersetzen; subsidiär gilt § 37 PG 1965.

Sachverständige

§ 31. Bezüglich der Bestellung, Enthebung und Honorierung der freien ärztlichen Sachverständigen gelten beim jeweiligen Entscheidungsträger in Vollziehung der im § 3 genannten Normen anzuwendenden Bestimmungen.

Ermittlung und Verarbeitung von Daten

§ 32. Die Entscheidungsträger und Gerichte sind ermächtigt, die auf Grund der im § 3 genannten Normen verarbeiteten Daten von Anspruchsberechtigten oder Anspruchswerbern nach diesem Bundesgesetz betreffend Generalien, Versicherungsnummer, Art und Einschätzung der Gesundheitsschädigung, das sind Daten aus ärztlichen Befunden und Sachverständigengutachten, sowie Art und Höhe von pflegebezogenen Geldleistungen zur Feststellung der Gebührlichkeit und Höhe des Pflegegeldes zu ermitteln und zu verarbeiten.

(BGBl 1996/201)

Mitwirkung

§ 33. (1) Die Entscheidungsträger und die übrigen Träger der Sozialversicherung, die Bezirksverwaltungsbehörden und Ämter der Landesregierungen sind verpflichtet, auf Verlangen einander sowie den Gerichten die zur Feststellung der Gebührlichkeit und Höhe des Pflegegeldes erforderlichen Daten im Sinne des Datenschutzgesetzes betreffend Generalien der Anspruchsberechtigten oder Anspruchswerber, Versicherungsnummer, Zugehörigkeit zum anspruchsberechtigten Personenkreis (§ 3), Art und Einschätzung der Gesundheitsschädigung, das sind Daten aus ärztlichen Befunden und Sachverständigengutachten, sowie Art und Höhe von pflegebezogenen Geldleistungen zu übermitteln.

(2) Die Entscheidungsträger (§ 22) sind verpflichtet, dem Hauptverband der österreichischen Sozialversicherungsträger auf Verlangen folgende Daten im Sinne des Datenschutzgesetzes zur automationsunterstützten Besorgung der Statistik der Pflegevorsorge im Einzelfall zu übermitteln:

1. Versicherungsnummer der Bezieher von Pflegegeld und Ordnungsbegriff des Entscheidungsträgers
2. Geschlecht der Bezieher von Pflegegeld
3. Postleitzahl und Bundesland des Wohnsitzes der Pflegegeldbezieher
4. Art der Grundleistung, zu der das Pflegegeld gewährt wird
5. Stufe des Pflegegeldes
6. Art der Behinderung
7. Art und Höhe der anrechenbaren Geldleistung gemäß § 7
8. Ruhen des Pflegegeldes und Ruhensgrund gemäß § 12
9. Übergang, Übergangsgrund und Höhe der übergehenden Leistung gemäß § 13
10. Höhe des Betrages, mit dem das Pflegegeld gemäß § 20 durch Sachleistungen ersetzt wurde
11. Höhe und Grund der Ausgleichszahlungen gemäß § 44
12. Höhe der Leistungen bei Auslandsaufenthalt gemäß § 46 bzw. § 500 ASVG und Aufenthaltsstaat

13. Auszahlungsbetrag der Pflegegelder
14. Datum und Art der Anträge
15. Datum und Art der Erledigung.

(BGBl 1995/131)

(3) Die Gemeinden, die Abgabenbehörden des Bundes, die öffentlichen und privaten Krankenanstalten, die Krankenfürsorgeanstalten und die gesetzlichen beruflichen Vertretungen der Rechtsanwälte sind verpflichtet, auf begründetes Ersuchen der Entscheidungsträger oder der Gerichte im Ermittlungsverfahren zur Durchführung dieses Bundesgesetzes mitzuwirken, wenn dies im Interesse der Einfachheit, Zweckmäßigkeit und Kostenersparnis gelegen ist. Die Mitwirkungspflicht umfasst auch die Übermittlung von Daten im Sinne des Abs. 1.

(BGBl 1995/131, BGBl I 2001/69)

(4) Sind in Angelegenheiten nach diesem Bundesgesetz die im § 22 Abs. 1 Z 3, 4, 6, 7 und 8 genannten Entscheidungsträger zuständig, so obliegen die Mitwirkung an der Berechnung und Zahlbarstellung des Pflegegeldes sowie die Mitwirkung an der Durchführung von Verfahren nach diesem Bundesgesetz der Bundesrechenzentrum GmbH.

(BGBl 1995/131, BGBl 1996/757, BGBl I 1998/111)

6a. Abschnitt
Qualitätssicherung

(BGBl I 2001/69)

Qualitätssicherung

§ 33a. Die Entscheidungsträger (§ 22) können Maßnahmen zur Qualitätssicherung durchführen. Insbesondere können sie in Form von Hausbesuchen überprüfen, ob eine den Bedürfnissen der pflegebedürftigen Person entsprechende Pflege gegeben ist, und erforderlichenfalls durch Information und Beratung zu deren Verbesserung beitragen. Dabei sollen nach Möglichkeit auch die an der konkreten Pflegesituation beteiligten Personen einbezogen werden.

(BGBl I 2001/69)

Information und Kontrolle

§ 33b. (1) Die Entscheidungsträger haben den Anspruchsberechtigten, seinen gesetzlichen oder bevollmächtigten Vertreter bzw. den Sachwalter über den Zweck des Pflegegeldes (§ 1) zu informieren.

(2) Die Entscheidungsträger sind berechtigt, die zweckgemäße Verwendung des Pflegegeldes zu kontrollieren; die im Abs. 1 genannten Personen haben die dazu erforderlichen Auskünfte zu erteilen. Wenn Hinweise auf eine drohende Unterversorgung vorliegen, ist auch der Zutritt zu den Wohnräumen des Pflegebedürftigen zu gewähren.

(3) Wenn die im Abs. 1 genannten Personen ihren Verpflichtungen gemäß Abs. 2 nicht oder nicht ausreichend nachkommen, kann das Pflegegeld für die Dauer der Weigerung gemindert, entzogen oder durch Sachleistungen ersetzt werden (§ 20).

(BGBl I 2001/69)

Förderung von Projekten der Pflegevorsorge

§ 33c. (1) Der Bundesminister für soziale Sicherheit und Generationen kann Projekte gemeinnütziger Organisationen der freien Wohlfahrtspflege auf Ansuchen fördern, wenn diese Belange der Pflegevorsorge beinhalten und von überregionaler Bedeutung sind. Solche Projekte sind insbesondere:

1. Maßnahmen zur Qualitätssicherung;
2. Öffentlichkeitsarbeit zur Bewusstseinsbildung für Probleme pflegebedürftiger Menschen;
3. Herausgabe fachspezifischer Informationen.

(2) Auf die Gewährung von Förderungen gemäß Abs. 1 besteht kein Rechtsanspruch. Sie erfolgen in Form von Zuschüssen im Rahmen der jeweils im Bundesfinanzgesetz für diesen Zweck verfügbaren Mittel.

(3) Vor der Gewährung eines Zuschusses hat sich der Förderungswerber dem Bund gegenüber zu verpflichten, über die widmungsgemäße Verwendung Bericht zu erstatten, Rechnung zu legen und zum Zweck der Überprüfung der widmungsgemäßen Verwendung des Zuschusses Organen des Bundes die erforderlichen Auskünfte zu erteilen sowie Einsicht in die Bücher und Belege und Besichtigungen an Ort und Stelle zu gestatten. Ferner hat sich der Förderungswerber zu verpflichten, bei widmungswidriger Verwendung von Zuschüssen oder Nichteinhaltung der erwähnten Verpflichtungen die Zuschüsse an den Bund zurückzuzahlen, wobei der zurückzuzahlende Betrag für die Zeit von der Auszahlung bis zur Rückzahlung mit einem Zinsfuß zu verzinsen ist, der 3 vH über dem Basiszinssatz (Art. I § 1 des 1. Euro-Justiz-Begleitgesetzes, BGBl. I Nr. 125/1998) liegt.

(BGBl I 2001/69)

7. Abschnitt

Aufsicht des Bundes

§ 34. (1) Die Bestimmungen der im § 3 dieses Bundesgesetzes genannten Sozialversicherungsgesetze betreffend die Aufsicht des Bundes über die Versicherungsträger und den Hauptverband samt ihren Anstalten und Einrichtungen sind anzuwenden.

(BGBl 1993/457)

(2) In Angelegenheiten nach diesem Bundesgesetz obliegt die Aufsicht über die Österreichischen Bundesbahnen dem Bundesminister für Finanzen. Dabei sind die in den Sozialversicherungsgesetzen festgelegten Grundsätze für die Aufsicht des Bundes zu beachten.

(BGBl 1993/457)

8. Abschnitt

Verweisungen

§ 35. Soweit in diesem Bundesgesetz auf Bestimmungen anderer Bundesgesetze verwiesen wird, sind diese in ihrer jeweils geltenden Fassung anzuwenden.

§ 36. Soweit in anderen Gesetzen auf bisherige pflegebezogene Geldleistungen, die durch dieses Bundesgesetz geändert oder aufgehoben werden, verwiesen wird, gelten diese Verweisungen als Verweisungen auf das Pflegegeld nach diesem Bundesgesetz.

Inkrafttreten von Verordnungen

§ 37. Verordnungen auf Grund dieses Bundesgesetzes können bereits ab dem auf seine Kundmachung folgenden Tag erlassen werden; sie dürfen frühestens mit 1. Juli 1993 in Kraft gesetzt werden.

9. Abschnitt

Übergangsrecht

§ 38. (1) Personen, denen zum 30. Juli 1993 ein Hilflosenzuschuß, eine Hilflosenzulage oder ein Pflegegeld nach den im § 3 angeführten Normen rechtskräftig zuerkannt ist (bisherige pflegebezogene Leistung) und die zum anspruchsberechtigten Personenkreis gemäß § 3 zählen, ist von Amts wegen mit Wirkung vom 1. Juli 1993 nach den Vorschriften dieses Bundesgesetzes ein Pflegegeld in Höhe der Stufe 2 zu gewähren. Diesen Personen gilt ein Pflegegeld in Höhe der Stufe 2 als rechtskräftig zuerkannt. Werden bis 30. Juni 1994 Anträge auf Erhöhung dieses Pflegegeldes eingebracht, ist § 25 Abs. 2 nicht anzuwenden.

(2) Bei Zusammentreffen mehrerer Ansprüche auf Pflegegeld gemäß Abs. 1 gelten die Bestimmungen des § 6. Bei Zusammentreffen von mehreren Ansprüchen auf pflegebezogene Leistungen, für deren Auszahlung bisher nur ein Entscheidungsträger zuständig war, obliegt diesem auch die Gewährung des Pflegegeldes.

§ 39. (1) Die bisherigen pflegebezogenen Geldleistungen gelten mit 30. Juni 1993 als rechtskräftig eingestellt.

(2) Wenn solche Geldleistungen noch für Zeiträume nach dem 30. Juni 1993 ausbezahlt werden, sind diese auf das Pflegegeld anzurechnen.

§ 40. (1) Bringen Bezieher bisheriger pflegebezogener Leistungen bis 31. Dezember 1993 einen Antrag auf Erhöhung des Pflegegeldes ein, kann das höhere Pflegegeld ab Vorliegen der Voraussetzungen – frühestens ab 1. Juli 1993 – geleistet werden.

(2) Die Entscheidung in Verfahren nach Abs. 1 hat ohne neuerliche ärztliche Untersuchung zu erfolgen, wenn durch die aktenkundigen Tatsachen und die in früheren Verfahren eingeholten Gutachten der Sachverhalt ausreichend geklärt ist.

§ 41. Für den Ersatz zu Unrecht bezogener bisheriger pflegebezogener Geldleistungen, die sich auf Zeiträume vor dem 1. Juli 1993 beziehen, gelten die jeweiligen Bestimmungen der im § 3 genannten Normen in der bis zum 30. Juni 1993 geltenden Fassung.

§ 42. § 13 Abs. 2 ist nicht anwendbar, wenn zum 30. Juni 1993 der Anspruch auf die bisherige pflegebezogene Leistung auf einen Kostenträger übergegangen ist; in diesen Fällen bezieht sich dieser Anspruchsübergang ab 1. Juli 1993 auf das Pflegegeld.

§ 43. (1) Die am 1. Juli 1993 noch nicht rechtskräftig abgeschlossenen Verfahren betreffend bisherige pflegebezogene Leistungen sind nach den bisherigen Verfahrensvorschriften zu Ende zu führen, wenn das Datum der ersten erstinstanzlichen Entscheidung einer Verwaltungsbehörde vor dem 1. Juli 1993 liegt. Wird die erste derartige Entscheidung nach dem 30. Juni 1993 gefällt, gelten die Verfahrensvorschriften dieses Bundesgesetzes.

(2) Allen am 1. Juli 1993 noch nicht rechtskräftig abgeschlossenen Verfahren sind für die Zeit bis zum 30. Juni 1993 die bis zu diesem Zeitpunkt jeweils für die Beurteilung des Anspruches geltenden Bestimmungen der im § 3 genannten Normen zugrunde zu legen; § 38 Abs. 1 erster Satz und Abs. 2 gelten sinngemäß. Dies gilt auch für gerichtliche Verfahren.

(BGBl 1995/131)

§ 44. (1) Ab 1. Juli 1993 ist ein Ausgleich zu leisten, wenn

1. das Pflegegeld gemäß § 38 oder § 40 betragsmäßig geringer ist als die bisherige pflegebezogene Geldleistung (einschließlich allfälliger Sonderzahlungsanteile),
2. sich auf Grund der Anrechnung gemäß § 7 ein Betrag ergibt, der unter dem Betrag der bisherigen pflegebezogenen Leistungen liegt oder
3. auf Grund der Anrechnung gemäß § 7 kein Pflegegeld ausgezahlt wird.

Der Ausgleich nach Z 1 und 2 ist in Höhe des Unterschiedsbetrages zwischen dem gebührenden Pflegegeld und den bisherigen pflegebezogenen Geldleistungen und der Ausgleich nach Z 3 in Höhe jener Leistung zu erbringen, die auf Grund des Inkrafttretens dieses Bundesgesetzes mit 1. Juli 1993 entfallen ist.

(2) Auf die gemäß Abs. 1 gewährten Ausgleiche sind Erhöhungen des Pflegegeldes auf Grund einer Einordnung in eine höhere Stufe entsprechend anzurechnen. Gleiches gilt für die gemäß Abs. 1 Z 3 gewährten Ausgleiche bei Erhöhungen der gemäß § 7 anrechenbaren pflegebezogenen Leistungen, die sich auf Grund einer höheren Einreihung ergeben. Ausgleiche gebühren nicht, wenn die Höhe des Ausgleiches 1,50 Euro monatlich nicht erreicht.

(BGBl 1993/457, BGBl I 2001/69)

(3) Tritt eine Änderung in der Sachlage ein, die nach den bis zum 30. Juni 1993 geltenden gesetzlichen Regelungen die Minderung oder Entziehung jener pflegebezogenen Leistung, an deren Stelle der Ausgleich gewährt wird, zur Folge hätte, ist

der Ausgleich entsprechend zu mindern oder zu entziehen.

(4) Soweit in den Abs. 1 bis 3 nichts anderes bestimmt ist, sind auf Ausgleiche die für das Pflegegeld geltenden Regelungen sinngemäß anzuwenden.

§ 45. Zum Zwecke der Anrechnung gemäß § 7 dürfen die Daten von Anspruchsberechtigten nach den Versorgungsgesetzen von den Bundesämtern für Soziales und Behindertenwesen bzw. Ämtern der Landesregierungen an die Entscheidungsträger nach diesem Bundesgesetz übermittelt werden. Diejenigen Daten, die von den Entscheidungsträgern nicht zur Feststellung der Anrechnung nach § 7 benötigt werden, sind nach Durchführung des Abgleichs zu löschen.

§ 46. (1) Personen, denen zum 30. Juni 1993 eine bisherige pflegebezogene Leistung rechtskräftig zuerkannt ist und die am 1. Juli 1993 ihren gewöhnlichen Aufenthalt im Ausland haben, sind diese Leistungen für die Dauer dieses Aufenthaltes im bisherigen Ausmaß weiterhin zu erbringen; diese Leistungen gelten als rechtskräftig zuerkannt. Die Beträge sind mit Wirkung vom 1. Jänner 2002 und in weiterer Folge mit Wirkung vom 1. Jänner jeden Jahres mit dem Anpassungsfaktor des § 108f ASVG zu vervielfachen und gemäß § 18 Abs. 4 auf Beträge von vollen 10 Cent zu runden. Der Vervielfachung sind die für das jeweils vorangegangene Jahr ermittelten und gerundeten Beträge zugrunde zu legen. Im übrigen gelten die jeweiligen Bestimmungen der im § 3 genannten Normen in der bis zum 30. Juni 1993 geltenden Fassung.

(BGBl I 2001/69)

(2) Allen am 1. Juli 1993 noch nicht rechtskräftig abgeschlossenen Verfahren auf bisherige pflegebezogene Leistungen jener Personen, die am 1. Juli 1993 ihren gewöhnlichen Aufenthalt im Ausland haben, sind für die Zeit bis zum 30. Juni 1993 die bis zu diesem Zeitpunkt jeweils geltenden Bestimmungen der im § 3 genannten Normen zugrunde zu legen. Wird festgestellt, daß zum 30. Juni 1993 eine bisherige pflegebezogene Leistung gebührt, gilt Abs. 1 sinngemäß.

§ 47. (1) § 5 in der Fassung des Bundesgesetzes BGBl. Nr. 201/1996 ist nicht anzuwenden, wenn die Antragstellung oder die Einleitung des amtswegigen Verfahrens vor dem 1. Mai 1996 erfolgt ist und das Verfahren noch nicht rechtskräftig abgeschlossen ist. Dies gilt auch für gerichtliche Verfahren. Personen, denen vor dem 1. Mai 1996 ein Pflegegeld in Höhe der Stufe 1 bereits rechtskräftig zuerkannt wurde, ist dieses weiterhin im Betrag von monatlich 191,50 Euro zu erbringen.

(BGBl I 2001/69)

(2) § 9 Abs. 1 erster Satz und Abs. 3 Z 2 in der Fassung des Bundesgesetzes BGBl. Nr. 201/1996 sind nicht anzuwenden, wenn die Antragstellung oder die Einleitung des amtswegigen Verfahrens vor dem 1. Mai 1996 erfolgt ist und das Verfahren noch nicht rechtskräftig abgeschlossen ist. Dies gilt auch für gerichtliche Verfahren.

(3) § 12 Abs. 6 und § 13 Abs. 1 in der Fassung des Bundesgesetzes BGBl. Nr. 201/1996 sind nicht anzuwenden, wenn die Rentenumwandlung, die Unterbringung in einer Anstalt für geistig abnorme Rechtsbrecher oder der Anspruchsübergang bereits vor dem 1. Mai 1996 erfolgt sind.

(4) Ist in den in Vollziehung der im § 3 genannten Normen eine Vorschußzahlung zur Pension (Rente) gesetzlich angeordnet, so ist Personen, die im Dezember 1996 ein Pflegegeld beziehen und bei denen der Leistungsanspruch am 31. Dezember 1996 aufrecht ist, auch ein Vorschuß an Pflegegeld zu leisten. Dieser Vorschuß gebührt anstelle des verhältnismäßigen Teiles des Pflegegeldes gemäß § 9 Abs. 1 letzter Satz in der Fassung des Bundesgesetzes BGBl. Nr. 201/1996 für den Kalendermonat, in dem der Anspruch auf Pflegegeld erlischt. Die Vorschußzahlung ist in der Höhe des für Dezember 1996 ausgezahlten Pflegegeldes spätestens am 1. Jänner 1997 flüssig zu machen. Alle auf das Pflegegeld anzuwendenden Bestimmungen gelten auch für die Vorschußzahlung.

(BGBl 1996/201)

§ 47a. Bezüglich der Umrechnung auf Euro-Beträge für vor dem 1. Jänner 2002 gebührende Geldleistungen gelten die beim jeweiligen Entscheidungsträger in Vollziehung der im § 3 genannten Normen anzuwendenden Bestimmungen.

(BGBl I 2001/69)

Inkrafttreten

§ 48. (1) Allen am 1. Jänner 1999 noch nicht bescheidmäßig abgeschlossenen Verfahren sind für die Zeit bis zum 31. Dezember 1998 die bis zu diesem Zeitpunkt für die Beurteilung des Anspruches geltenden Bestimmungen des § 4 und der Einstufungsverordnung zum Bundespflegegeldgesetz, BGBl. Nr. 314/1993, zugrunde zu legen. Dies gilt sinngemäß auch für gerichtliche Verfahren.

(2) Personen, denen zum 31. Dezember 1998 ein Pflegegeld in Höhe der Stufe 3 rechtskräftig zuerkannt ist, ist von Amts wegen mit Wirkung vom 1. Jänner 1999 ein Pflegegeld in Höhe der Stufe 4 zu gewähren, sofern die dafür erforderlichen Anspruchsvoraussetzungen gemäß § 4 Abs. 2 in der Fassung des Bundesgesetzes BGBl. I Nr. 111/1998 erfüllt sind.

(3) Die Entscheidung in Verfahren nach Abs. 2 hat ohne neuerliche ärztliche Untersuchung zu erfolgen, wenn durch die aktenkundigen Tatsachen und die in früheren Verfahren eingeholten Gutachten der Sachverhalt ausreichend geklärt ist.

(4) Eine Minderung eines rechtskräftig zuerkannten Pflegegeldes wegen der gesetzlichen Änderung der Anspruchsvoraussetzungen gemäß § 4 Abs. 2 oder wegen des Außerkrafttretens der §§ 7 und 8 der Einstufungsverordnung ist nur dann zulässig, wenn auch eine wesentliche Veränderung im Ausmaß des Pflegebedarfes eingetreten ist. Dies gilt sinngemäß auch für Fälle, in denen die Antragstellung oder die Einleitung des amtswegigen Verfahrens vor dem 1. Jänner 1999 erfolgt ist und das Verfahren noch nicht rechtskräftig ab-

geschlossen ist. Diese Bestimmungen sind auch im gerichtlichen Verfahren anzuwenden.

(5) In den Fällen des § 9 Abs. 1 zweiter Satz ist eine niedrigere Einstufung gegenüber der Einstufung nach dem jeweiligen Landespflegegeldgesetz wegen der gesetzlichen Änderung der Anspruchsvoraussetzungen gemäß § 4 Abs. 2 oder wegen des Außerkrafttretens der §§ 7 und 8 der Einstufungsverordnung nur dann zulässig, wenn auch eine wesentliche Veränderung im Ausmaß des Pflegebedarfes eingetreten ist. Dies gilt sinngemäß auch für Fälle, in denen die Antragstellung oder die Einleitung des amtswegigen Verfahrens vor dem 1. Jänner 1999 erfolgt ist und das Verfahren noch nicht rechtskräftig abgeschlossen ist. Diese Bestimmungen sind auch im gerichtlichen Verfahren anzuwenden.

(BGBl 1996/201, BGBl I 1998/111)

Inkrafttreten

§ 49. (1) § 4 Abs. 1, § 5, § 9 Abs. 1 und Abs. 3 Z 2, § 12, § 13 Abs. 1, § 14a, § 17, § 25 Abs. 1, § 32 und § 47 in der Fassung des Bundesgesetzes BGBl. Nr. 201/1996 treten mit 1. Mai 1996 in Kraft.

(BGBl I 1998/111)

(2) § 3 Abs. 1 Z 4 und 8, § 3 Abs. 2 bis 6, § 4 Abs. 2 bis 4, § 4a samt Überschrift, § 6 Abs. 2 Z 5, § 7 zweiter Satz, § 9, § 11 Abs. 3, § 12, § 18 Abs. 2 bis 4, § 20 Abs. 1, § 22 Abs. 1 Z 3, 5 bis 9, § 24, § 25, § 25a samt Überschrift, § 27 Abs. 4 und 5, § 33 Abs. 4 und § 48 in der Fassung des Bundesgesetzes BGBl. I Nr. 111/1998 treten mit 1. Jänner 1999 in Kraft.

(BGBl I 1998/111)

(3) Es treten in Kraft:

1. mit 1. Juli 2001 die §§ 3 Abs. 1 Z 4 lit. 1, 4 Abs. 1, 4a Abs. 1, 11 Abs. 7, 12 Abs. 3 Z 2 und Abs. 5, 16 Abs. 4 und 5, 22 Abs. 1 Z 3 und 5 und 7a, 33 Abs. 3 und der 6a. Abschnitt samt Überschrift in der Fassung des BGBl. I Nr. 69/2001;
2. mit 1. Jänner 2002 die §§ 5, 7, 18 Abs. 4, 44 Abs. 2, 46 Abs. 1, 47 Abs. 1 und 47a in der Fassung des BGBl. I Nr. 69/2001.

(BGBl I 2001/69)

(4) § 29 samt Überschrift tritt mit Ablauf des 30. Juni 2001 außer Kraft.

(BGBl I 2001/69)

(BGBl 1996/201)

2. Teil
Änderung von Bundesgesetzen
(nicht aufgenommen)

3. Teil
Schlußbestimmungen

1. Abschnitt
Inkrafttreten

1. Dieses Bundesgesetz tritt, soweit im folgenden nichts anderes bestimmt ist, mit 1. Juli 1993 in Kraft.

2. § 51 Abs. 1 Z 1 lit. a, b, c und d des Allgemeinen Sozialversicherungsgesetzes in der Fassung des Bundesgesetzes BGBl. Nr. 110/1993 treten mit dem Beginn des Beitragszeitraumes Juli 1993 in Kraft.

3. § 447g Abs. 3 lit. a des Allgemeinen Sozialversicherungsgesetzes in der Fassung des Bundesgesetzes BGBl. Nr. 110/1993 und die §§ 31 Abs. 1 und 31b des Bauern-Sozialversicherungsgesetzes in der Fassung des Bundesgesetzes BGBl. Nr. 110/1993 treten mit 1. Jänner 1993 in Kraft.

4. Organisatorische und personelle Maßnahmen sowie ärztliche Begutachtungen im Zusammenhang mit der Einführung des Pflegegeldes können bereits von dem der Kundmachung dieses Bundesgesetzes folgenden Tag an durchgeführt werden.

5. Mit Inkrafttreten des § 479d Abs. 3 des Allgemeinen Sozialversicherungsgesetzes in der Fassung des Bundesgesetzes BGBl. Nr. 110/1993 tritt die Verordnung des Bundesministeriums für soziale Verwaltung vom 14. August 1967, BGBl. Nr. 303, außer Kraft.

2. Abschnitt
Vollziehung

Mit der Vollziehung dieses Bundesgesetzes sind betraut:

1. hinsichtlich 1. Teil Art. II §§ 23 und 33 Abs. 3 der Bundesminister für Arbeit und Soziales im Einvernehmen mit dem Bundesminister für Finanzen;
2. hinsichtlich 1. Teil Art. II § 21 der Bundesminister für Justiz und der Bundesminister für Finanzen;
3. hinsichtlich aller übrigen Bestimmungen jener Bundesminister, dessen Wirkungsbereich die betreffenden Angelegenheiten umfaßt und die Bundesregierung.

Artikel II

(1) Allen Verfahren in bezug auf Pflegegeld in Höhe der Stufen 3 bis 7 sind für die Zeit bis zum 30. Juni 1995 die bis zu diesem Zeitpunkt geltenden Bestimmungen des Bundespflegegeldgesetzes, BGBl. Nr. 110/1993, zugrunde zu legen. Der Rechtsweg ist in bezug auf Pflegegeld in Höhen der Stufen 3 bis 7 für die Zeit vor dem 1. Juli 1995 ausgeschlossen.

(2) Wurde in der Zeit vom 1. Juli 1994 bis 30. Juni 1995 mittels Mitteilung ein Pflegegeld in Höhe der Stufen 3 bis 6 gewährt, ist § 25 Abs. 2 des Bundespflegegeldgesetzes nicht anzuwenden.

(BGBl 1995/131)

Artikel III

Dieses Bundesgesetz tritt mit 1. Juli 1995, § 23 Abs. 1 und 2 in der Fassung des Bundesgesetzes BGBl. Nr. 131/1995 mit 1. Jänner 1995 in Kraft.

(BGBl 1995/131)

Klestil

Vranitzky

6/1. RICHTLINIEN FÜR DIE EINHEITLICHE ANWENDUNG DES BPGG

Richtlinien des Hauptverbandes der österreichischen Sozialversicherungsträger für die einheitliche Anwendung des Bundespflegegeldgesetzes (BPGG) nach § 31 Abs. 5 Z 23 ASVG (kundgemacht in SozSi 1999, 360 ff.)

Gliederung

1. Abschnitt – Allgemeines

Rechtsgrundlagen

§ 1. Grundlagen für die Beurteilung der Pflegebedürftigkeit sind

1. § 4 Abs. 1 bis 5 und § 4a des Bundespflegegeldgesetzes (BPGG), BGBl. Nr. 110/1993, zuletzt geändert durch das Bundesgesetz BGBl. I Nr. 111/1998,
2. die Verordnung der Bundesministerin für Arbeit, Gesundheit und Soziales, BGBl. II Nr. 37/1999, über die Beurteilung des Pflegebedarfes nach dem Bundespflegegeldgesetz (Einstufungsverordnung zum Bundespflegegeldgesetz, im folgenden „Verordnung" genannt).

§ 2. Diese Richtlinien gelten für alle Pensions- und Unfallversicherungsträger. Bei ihrer Anwendung ist zu beachten, daß das Pflegegeld

1. als Beitrag für pflegebedingte Mehraufwendungen zur Sicherung der notwendigen Betreuung und Hilfe zu verstehen ist und
2. zur Verbesserung eines selbstbestimmten, bedürfnisorientierten Lebens führen soll.

2. Abschnitt – Betreuung

Zeitaufwand

§ 3. (1) Die in §§ 1 und 4 der Verordnung genannten Zeitansätze der Betreuung sind in

– Richtwerte (§ 1 Abs. 3 sowie § 4 Abs. 2) und
– Mindestwerte (§ 1 Abs. 4)

unterteilt.

(2) Die in § 1 Abs. 3 sowie in § 4 Abs. 2 der Verordnung genannten Richtwerte sind allgemeine Durchschnittswerte, die unter Berücksichtigung der konkreten Umstände im Einzelfall sowohl über- als auch unterschritten werden können.

(3) Abweichungen nach § 1 Abs. 4 der Verordnung sind bei der Feststellung des zeitlichen Betreuungskalküls zu berücksichtigen. Wird der Mindestwert nicht ausgelöst (der Betreuungsbedarf liegt deutlich unter der Hälfte des Mindestwertes) und kann dieser daher nicht angerechnet werden, so ist dennoch der tatsächäche Betreuungsaufwand zu berücksichtigen und gesondert anzuführen.

Zubereitungen von Mahlzeiten

§ 4. (1) Es kommt bei der Zubereitung von Mahlzeiten lediglich auf die körperliche, geistige und psychische Fähigkeit zur täglichen Zubereitung einer einfachen gekochten warmen Hauptmahlzeit und gegebenenfalls auf die Zumutbarkeit des Umganges mit gefährlichen Brennstoffen an.

(2) Die Herstellung einer einfachen gekochten warmen Hauptmahlzeit ist täglich vorauszusetzen. Die ausschließliche Verköstigung mit aufgewärmten Speisen (Tiefkühlkost oder Konserven) ist auch dann nicht zumutbar, wenn sie mit verhältnismäßig geringem Zeitaufwand möglich wäre.

(3) Im Zusammenhang mit der Nahrungszubereitung ist nicht nur die Bedienung der (konkreten) Kochstelle zu berücksichtigen, sondern auch die notwendige Reinigung der verwendeten Geräte (Koch- und Eßgeschirr, Kochstelle). Der Betreuungsbedarf bei der Zubereitung der Nahrung ist allerdings nur dann für die Beurteilung des Pflegebedarfes heranzuziehen, wenn diese Betreuung nicht nur aufgrund mangelnder Kochkenntnisse erforderlich ist.

(4) Vorschneiden oder Passieren von Teilen der Mahlzeit oder der gesamten Mahlzeit sind durch den vorgesehenen Mindestwert (eine Stunde täglich) abgedeckt.

Einnahme von Mahlzeiten

§ 5. Wenn eine vorgeschnittene oder breiige Nahrung selbständig, d. h. ohne Anleitung, wiederholte Aufforderung und/oder Beaufsichtigung aufgenommen werden kann, ist kein Pflegebedarf anzurechnen.

Verrichtung der Notdurft

§ 6. (1) Die Frage, ob jemand außerstande ist, seine Notdurft zu verrichten, ist danach zu beantworten, ob der Betreffende imstande ist, eine ordnungsgemäß installierte Toilette aufzusuchen, sie vollständig bestimmungsgemäß zu benützen und sich nach den Stoffwechselverrichtungen ausreichend zu reinigen.

(2) Bei vorliegender Unfähigkeit zur selbständigen Reinigung ist in Fällen, in denen Stuhl- und Harninkontinenz vorliegt, sowohl der Pflegebedarf für die „Reinigung bei Inkontinenz", für die „tägliche Körperpflege" als auch für die „Verrichtung der Notdurft" anzurechnen.

(3) Falls die Notdurft unter Verwendung eines Leibstuhles ordnungsgemäß durchgeführt werden kann, die Entleerung und Reinigung des Leibstuhles jedoch nur mit Unterstützung einer Pflegeperson bewerkstelligt werden kann, ist für die Entsorgung des Leibstuhles durch eine Pflegeperson ein Zeitbedarf von 10 Stunden pro Monat anzurechnen, jedoch kein Pflegebedarf für die Verrichtung der Notdurft selbst.

An- und Auskleiden

§ 7. (1) Der für die Betreuung beim An- und Auskleiden vorgesehene Richtwert ist für das vollständige An- und Auskleiden mit üblicher Kleidung (einmal täglich auch mit Mantel, Ausgehschuhen und Kopfbedeckung) zu verstehen. Dabei ist zu prüfen, ob einfache Hilfsmittel verwendet werden können (z. B. langer Schuhlöffel).

(2) Benötigt der Pflegebedürftige aufgrund einer psychischen oder geistigen Behinderung Anleitung zum An- und Auskleiden, ist der Richtwert von 20 Stunden pro Monat als Pflegebedarf ebenfalls für das komplette An- und Auskleiden anzurechnen. Falls der Kleiderwechsel selbständig

durchgeführt werden kann, jedoch der Pflegebedürftige

- der Anleitung bei der Auswahl einer adäquaten Kleidung oder
- der Anleitung zum regelmäßigen Wäschewechsel

bedarf, ist für diese teilweise Anleitung ein jeweils geringerer Pflegebedarf heranzuziehen.

Anleitung, Beaufsichtigung und Motivationsgespräch

§ 8. (1) Die Anleitung sowie die Beaufsichtigung von Menschen mit geistiger oder psychischer Behinderung bei der Durchführung der in §§ 1 und 2 der Verordnung angeführten Verrichtungen ist der Betreuung und Hilfe gleichzusetzen.

(2) Das Motivationsgespräch ist eine eigene Betreuungshandlung, die als Beziehungsarbeit für geistig oder psychisch Behinderte oft eine unerläßliche Basis für deren Aktivierung ist, die einen entsprechenden zeitlichen Aufwand erfordert. Für die Motivationsgespräche der Betreuungspersonen mit geistig oder psychisch behinderten Pflegebedürftigen im Sinne des § 4 Abs. 2 der Verordnung ist von einem zeitlichen Richtwert von insgesamt 10 Stunden pro Monat für diese Betreuungsmaßnahme auszugehen.

(3) Wird bei der ärztlichen Begutachtung das Motivationsgespräch im Sinne des Abs. 2 als Betreuungsbedarf angerechnet, so ist dies im ärztlichen Sachverständigengutachten zu begründen.

Einnahme von Medikamenten

§ 9. Bei üblicher Medikation sind 3 Stunden pro Monat als Pflegebedarf anzurechnen. Bei Notwendigkeit besonders häufiger Verabreichung kann der Pflegebedarf mit 5 Stunden pro Monat angerechnet werden.

Mobilitätshilfe im engeren Sinn

§ 10. (1) Mobilitätshilfe im engeren Sinn umfaßt die notwendige Unterstützung z. B. beim Aufstehen und Zubettgehen, Umlagern, Gehen, Stehen und Treppensteigen, sowie bei allen gewöhnlichen und regelmäßig wiederkehrenden Ortswechseln im eigenen (inneren) Wohnbereich und bei allen im Ablauf des täglichen Lebens vorkommenden Lagewechseln. Weiters ist darunter die Hilfe beim An- und Ablegen von Körperersatzstücken, die der Förderung der Mobilität dienen, zu verstehen. Als Richtwert für den hiefür erforderlichen Betreuungsaufwand durch eine Pflegeperson sind gemäß § 1 Abs. 3 der Verordnung 15 Stunden pro Monat zu berücksichtigen.

(2) Notwendige Unterstützung im Sinne des Abs. 1 ist auch gegeben, wenn die Begleitung im eigenen Wohnbereich aufgrund eines Orientierungsverlustes oder zwecks Verhinderung einer Verletzung (z. B. bei Schwindelzuständen, die wiederholt zu Stürzen geführt haben) erforderlich ist.

3. Abschnitt – Hilfe

Herbeischaffung von Nahrungsmitteln, Bedarfsgütern des täglichen Lebens und Medikamenten

§ 11. Die Lage der Wohnung (Stockwerk) und die Wegstrecke zur nächsten Einkaufsmöglichkeit sind für den Hilfebedarf bei der Herbeischaffung von Nahrungsmitteln, Bedarfsgütern des täglichen Lebens und Medikamenten zu berücksichtigen.

Reinigung der Wohnung und der persönlichen Gebrauchsgegenstände

§ 12. (1) Unter Wohnungsreinigung ist die laufend notwendige Wohnungsreinigung, allenfalls unter Verwendung zumutbarer technischer Hilfsmittel, das Aufbetten der Schlafstelle und das Staubabwischen zu verstehen.

(2) Ein Hilfsbedarf liegt vor, wenn das für eine Einzelperson übliche Mindestausmaß an Wohnraum (Küche, Wohnzimmer, Schlafzimmer, Bad und etwaige dazugehörige Nebenräume) ohne fremde Hilfe nicht mehr gereinigt werden kann.

Beheizung des Wohnraumes einschließlich Herbeischaffung von Heizmaterial

§ 13. Bei der Prüfung, ob der Wohnraum ordnungsgemäß beheizt werden kann, ist generell von der konkreten Heizeinrichtung der Wohnung auszugehen. Es ist nicht nur auf die Bedienung der vorhandenen Heizmöglichkeit Bedacht zu nehmen, sondern auch auf deren Reinigung. Bei vorhandener Zentralheizung kann kein Hilfsbedarf berücksichtigt werden, wenn die Wartung und Temperatursteuerung nicht vom Pflegebedürftigen vorgenommen werden muß (z. B. Fernwärme, Gasetagenheizung).

Mobilitätshilfe im weiteren Sinn

§ 14. (1) Mobilitätshilfe im weiteren Sinn umfaßt Hilfeleistungen außerhalb des Wohnbereiches bei allen Abläufen, die zur Führung eines menschenwürdigen Lebens erforderlich sind. Sie umfaßt insbesondere die Begleitung zum Arzt, zur Therapie, zu Behörden oder Banken sowie zu kulturellen Veranstaltungen. Für die Mobilitätshilfe im weiteren Sinn gilt nach § 2 Abs. 3 der Verordnung ein fixer Zeitwert von 10 Stunden pro Monat.

(2) Die mangelnde Fähigkeit zur Manipulation mit Geld kann für sich allein keinen anrechenbaren Pflegebedarf bewirken.

4. Abschnitt – Differenzierung der Pflegestufen 4, 5, 6 und 7

Koordinierte Pflege

§ 15. Koordinierte Pflege ist möglich, wenn die Pflege entsprechend einem Pflegeplan erfolgen kann.

Einstufung

§ 16. Liegt ein Pflegebedarf von durchschnittlich mehr als 180 Stunden pro Monat vor, gebührt Pflegegeld

1. in der Höhe der Stufe 4:
   wenn eine koordinierte Pflege tagsüber möglich ist und im Regelfall während der Nacht keine Betreuungsmaßnahmen zu erbringen sind.
2. in der Höhe der Stufe 5:
   wenn eine dauernde Bereitschaft einer Pflegeperson erforderlich ist. Dies ist beispielsweise dann der Fall, wenn regelmäßig koordinierte Betreuungsmaßnahmen auch während der Nachtstunden notwendig sind.
3. in der Höhe der Stufe 6:
   wenn
   a) zeitlich unkoordinierbare Betreuungsmaßnahmen erforderlich sind und diese regelmäßig während des Tages und der Nacht zu erbringen sind oder
   b) die dauernde Anwesenheit einer Pflegeperson während des Tages und der Nacht erforderlich ist, weil die Wahrscheinlichkeit einer Eigen- oder Fremdgefährdung gegeben ist.
4. in der Höhe der Stufe 7:
   wenn
   a) keine zielgerichteten Bewegungen der vier Extremitäten mit funktioneller Umsetzung möglich sind oder
   b) ein gleichzuachtender Zustand (z. B. dauernder Einsatz technischer Hilfsmittel zur Aufrechterhaltung lebensnotwendiger Funktionen ist erforderlich) vorliegt.

5. Abschnitt – geistige oder psychische Behinderung

Unterlagen

§ 17. Bei der Beurteilung des Pflegebedarfes von geistig oder psychisch Behinderten sind insbesondere Pflegedokumentationen und Pflegeberichte zu berücksichtigen und im ärztlichen Gutachten anzuführen. Erforderlichenfalls sind zur Begutachtung Fachärzte für Neurologie und/oder Psychiatrie beizuziehen.

Psychotische Zustandsbilder

§ 18. Akute Psychosen sind für die Begutachtung nach dem BPGG nicht relevant, weil es sich um akut behandlungsbedürfige Geschehen handelt.

6. Abschnitt – diagnosebezogene Mindesteinstufungen

§ 19. (1) Diagnosebezogene Mindesteinstufungen sind nach § 4 a BPGG vorzunehmen. Wenn aktuelle ärztliche Befunde in diesen Fällen vorhanden sind, aus denen zweifelsfrei der Grad der Pflegebedürftigkeit (Pflegestufe) abgeleitet werden kann, so kann von einer weiteren (fach)ärztlichen Begutachtung abgesehen werden.

(2) Eine funktionelle Begutachtung, um den tatsächlichen Pflegebedarf festzustellen, hat zu erfolgen, wenn zusätzlich vorliegende komplizierende Faktoren eine rein diagnosebezogene Einstufung in eine Pflegestufe nicht zulassen. Für den Fall, daß die funktionell erhobene Pflegestufe die diagnosebezogene Pflegestufe nicht erreicht, ist die diagnosebezogene Stufe der Einstufung zugrundezulegen.

7. Abschnitt – weitere Bestimmungen

Alter

§ 20. (1) Das Alter eines Menschen allein ist für die Beurteilung der Pflegebedürftigkeit nicht bedeutsam.

(2) Bei der Beurteilung des Pflegebedarfes von Kindern und Jugendlichen ist nur jenes Ausmaß an Pflege zu berücksichtigen, das über das altersmäßig erforderliche Ausmaß bei einem nicht behinderten Kind (Jugendlichen) hinausgeht.

Heimpflege

§ 21. (1) Die Pflegebedürftigkeit eines Menschen, der in einem Heim (z. B. Pflegeheim, Sanatorium) untergebracht ist, ist nach den gleichen Kriterien zu beurteilen wie die Pflegebedürftigkeit von Menschen, die außerhalb eines Heimes leben.

(2) Bei der Begutachtung von pflegebedürftigen Menschen in stationären Einrichtungen sind

– vom Pflegepersonal Informationen einzuholen
– die vorhandenen Dokumentationen zu berücksichtigen

und im Sachverständigengutachten anzuführen.

Pflege durch ambulante Dienste

§ 22. Bei pflegebedürftigen Personen, die durch ambulante Dienste betreut werden, haben die Vertrauensärzte die Pflegedokumentationen dieser Dienste nachzufragen und gegebenenfalls bei der Beurteilung der Pflegebedürftigkeit zu berücksichtigen und im Sachverständigengutachten anzuführen.

Verstorbene Antragsteller

§ 23. Ist der Antragsteller vor der ärztlichen Untersuchung verstorben, hat die Einstufung aufgrund der vorhandenen Unterlagen zu erfolgen. Der Entscheidungsträger ist verpflichtet, nach Möglichkeit entsprechende medizinische Unterlagen zu beschaffen (§ 10 Abs. 1 Z 4 Bundes-Krankenanstaltengesetz und Ausführungsgesetze der Länder).

8. Abschnitt – Administration

Erhöhte Familienbeihilfe

§ 24. Wenn für den Bezieher einer Waisenpension Pflegegeld beantragt wird, hat der Entscheidungsträger zu erheben, ob für diesen Leistungsbezieher erhöhte Familienbeihilfe (§ 8 Abs. 4 Familienlastenausgleichsgesetz 1967) geleistet wird (§ 33 Abs. 3 BPGG).

Antragstellung

§ 25. (1) Zur Stellung eines Antrages auf Gewährung von Pflegegeld ist der Pflegebedürftige selbst, sein gesetzlicher oder bevollmächtigter Vertreter bzw. Sachwalter berechtigt.

(2) Überdies kann ein Antrag auf Gewährung von Pflegegeld auch ohne Nachweis der Bevollmächtigung durch den Pflegebedürftigen für diesen durch dessen Familienmitglieder und Haushaltsangehörige bzw. durch eine ihm nahestehende Person gestellt werden.

(3) Anträge, die vom Betroffenen nicht gewollt sind, gelten als nicht gestellt. Ob ein Antrag gewollt ist, ist gegebenenfalls unabhängig von Wünschen allfälliger Begleitpersonen durch direkten Kontakt mit dem Betroffenen festzustellen.

(4) Ein Sozialhilfeträger hat unabhängig von Abs. 3 das Recht, einen Antrag zu stellen, wenn die Voraussetzungen für den Anspruchsübergang nach § 13 Abs. 1 BPGG bestehen. Diese Voraussetzungen sind im Antrag zu bescheinigen.

(5) Die amtswegige Leistungsfeststellung in der Unfallversicherung umfaßt auch das Pflegegeld (§ 25 BPGG).

Ärztliche Begutachtung

§ 26. Außer den Erfordernissen des § 8 der Verordnung soll von den Vertrauensärzten der Entscheidungsträger folgende Vorgangsweise bei der ärztlichen Begutachtung eingehalten werden:

a) Hausbesuche bei Antragstellern (Pflegebedürftigen) sind binnen einer angemessenen Frist anzukündigen und zum angegebenen Untersuchungstermin durchzuführen.

b) Bei Verständigung über den Hausbesuch soll auf das Recht des Pflegebedürftigen hingewiesen werden, auf seine Kosten eine Vertrauensperson zur Untersuchung durch den ärztlichen Sachverständigen beiziehen zu können.

c) Die Angaben der Vertrauensperson sind in angemessener Weise vom ärztlichen Sachverständigen im Sinne der Außenanamnese zu erheben und im Sachverständigengutachten anzuführen.

Ersatzansprüche des Trägers der Sozialhilfe

§ 27. (1) Der Anspruchsübergang tritt nach § 13 BPGG aufgrund einer Verständigung ohne weiteres Verfahren ein. Er muß nicht gesondert geltend gemacht werden.

(2) Ergeben sich für den Entscheidungsträger Anhaltspunkte (z. B. durch Änderung der Anschrift), daß eine stationäre Pflege in einer der im § 13 Abs. 1 Z 1 bis 5 BPGG genannten Einrichtung vorliegt, sind Erhebungen durchzuführen, ob die pflegebedürftige Person auf Kosten oder unter Kostenbeteiligung eines Sozialhilfeträgers untergebracht ist und somit die Voraussetzungen für den Anspruchsübergang gemäß § 13 BPGG vorliegen.

(3) Die Bestätigung des Sozialhilfeträgers, daß die Kosten übernommen werden oder eine Kostenbeteiligung erfolgt, gilt als Verständigung nach § 13 Abs. 2 BPGG. Der Anpruchsübergang und ein anfälliges Ruhen treten mit dem Monat ein, der auf das Einlangen der Verständigung folgt.

(4) Ein Aufenthalt in einer Tagesheimstätte ist keine Pflege, auch wenn er regelmäßig erfolgt. § 13 BPGG ist in diesen Fällen nicht anzuwenden.

Bezugsberechtigung und Fortsetzung des Verfahrens

§ 28. (1) Die Bestimmung des § 19 Abs. 1 Z 1 BPGG ist auf juristische Personen nicht anzuwenden.

(2) Die Bestimmung des § 19 Abs. 1 Z 2 BPGG gilt auch für juristische Personen. Ein Land, eine Gemeinde oder ein Sozialhilfeträger ist bei Zutreffen der in dieser Bestimmung genannten Voraussetzungen berechtigt, nach dem Tod der pflegebedürftigen Person das Verfahren fortzusetzen.

Sachleistungen statt Geldleistungen

§ 29. Wenn ein Entscheidungsträger feststellt, daß

– Pflegegeld nicht widmungsgemäß verwendet wird, oder

– eine entsprechende Kontrolle (§ 29 Abs. 2 BPGG) verweigert wird,

ist im Sinne des § 20 Abs. 1 BPGG nach Befassung des zuständigen Sozialhilfeträgers die Geldleistung durch die Sachleistung zu ersetzen, damit eine dem Zweck des Pflegegeldes (§ 1 BPGG) entsprechende Gesamtbetreuung und Hilfe sichergestellt wird.

Qualitätssicherung

§ 30. (1) Die Entscheidungsträger haben Maßnahmen zur Qualitätssicherung vor allem bei der Feststellung des Gesundheitszustandes des Pflegebedürftigen und bei der Durchführung des Pflegegeldverfahrens zu treffen.

(2) Die Entscheidungsträger haben das Recht zu überprüfen, ob eine im Rahmen der Voraussetzungen des § 1 BPGG und der §§ 1, 2 und 4 der Verordnung entsprechende sachgerechte Pflege gegeben ist.

Inkrafttreten

§ 31. (1) Diese Richtlinien treten mit 1. April 1999 in Kraft.

(2) Mit dem gleichen Zeitpunkt werden die bisher geltenden Richtlinien aufgehoben.

Diese Richtlinien wurden von der Verbandskonferenz am 22. März 1999 beschlossen. Die Bundesministerin für Arbeit, Gesundheit und Soziales hat mit Bescheid vom 1. April 1999, GZ 43.010/19-9/99, das gesetzmäßige Zustandekommen beurkundet.

Der leitende Angestellte: **i. V. Mandl**

Der Präsident: **Sallmutter**

6/2. VERORDNUNGEN ZUM BPGG

Verordnung der Bundesministerin für Arbeit, Gesundheit und Soziales über die Beurteilung des Pflegebedarfes nach dem Bundespflegegeldgesetz (Einstufungsverordnung zum Bundespflegegeldgesetz – EinstV), BGBl II 1999/37

Auf Grund des § 4 des Bundespflegegeldgesetzes, BGBl. Nr. 110/1993, zuletzt geändert durch das Bundesgesetz BGBl. I Nr. 111/1998, wird verordnet:

Betreuung

§ 1. (1) Unter Betreuung sind alle in relativ kurzer Folge notwendigen Verrichtungen anderer Personen zu verstehen, die vornehmlich den persönlichen Lebensbereich betreffen und ohne die der pflegebedürftige Mensch der Verwahrlosung ausgesetzt wäre.

(2) Zu den im Abs. 1 genannten Verrichtungen zählen insbesondere solche beim An- und Auskleiden, bei der Körperpflege, der Zubereitung und Einnahme von Mahlzeiten, der Verrichtung der Notdurft, der Einnahme von Medikamenten und der Mobilitätshilfe im engeren Sinn.

(3) Bei der Feststellung des zeitlichen Betreuungsaufwandes ist von folgenden – auf einen Tag bezogenen – Richtwerten auszugehen:

An- und Auskleiden:	2×20 Minuten
Reinigung bei inkontinenten Patienten:	4×10 Minuten
Entleerung und Reinigung des Leibstuhles:	4×5 Minuten
Einnehmen von Medikamenten:	6 Minuten
Anus-praeter-Pflege:	15 Minuten
Kanülen-Pflege:	10 Minuten
Katheter-Pflege:	10 Minuten
Einläufe:	30 Minuten
Mobilitätshilfe im engeren Sinn:	30 Minuten

(4) Für die nachstehenden Verrichtungen werden folgende – auf einen Tag bezogene – zeitliche Mindestwerte festgelegt:

Tägliche Körperpflege:	2×25 Minuten
Zubereitung von Mahlzeiten:	1 Stunde
Einnehmen von Mahlzeiten:	1 Stunde
Verrichtung der Notdurft:	4×15 Minuten

Abweichungen von diesen Zeitwerten sind nur dann zu berücksichtigen, wenn der tatsächliche Betreuungsaufwand diese Mindestwerte erheblich überschreitet.

Hilfe

§ 2. (1) Unter Hilfe sind aufschiebbare Verrichtungen anderer Personen zu verstehen, die den sachlichen Lebensbereich betreffen und zur Sicherung der Existenz erforderlich sind.

(2) Hilfsverrichtungen sind die Herbeischaffung von Nahrungsmitteln, Medikamenten und Bedarfsgütern des täglichen Lebens, die Reinigung der Wohnung und der persönlichen Gebrauchsgegenstände, die Pflege der Leib- und Bettwäsche, die Beheizung des Wohnraumes einschließlich der Herbeischaffung von Heizmaterial und die Mobilitätshilfe im weiteren Sinn.

(3) Für jede Hilfsverrichtung ist ein – auf einen Monat bezogener – fixer Zeitwert von zehn Stunden anzunehmen.

Hilfsmittel

§ 3. (1) Pflegebedarf ist insoweit nicht anzunehmen, als die notwendigen Verrichtungen vom Anspruchswerber durch die Verwendung einfacher Hilfsmittel selbständig vorgenommen werden können oder könnten und ihm der Gebrauch dieser Hilfsmittel mit Rücksicht auf seinen physischen und psychischen Zustand zumutbar ist.

(2) Die Verwendung anderer Hilfsmittel ist zu berücksichtigen, wenn diese vorhanden sind oder deren Finanzierung zur Gänze oder zumindest überwiegend durch den Entscheidungsträger oder einen öffentlichen Kostenträger sichergestellt ist.

Anleitung, Beaufsichtigung und Motivationsgespräch

§ 4. (1) Die Anleitung sowie die Beaufsichtigung von Menschen mit geistiger oder psychischer Behinderung bei der Durchführung der in §§ 1 und 2 angeführten Verrichtungen ist der Betreuung und Hilfe gleichzusetzen.

(2) Sind mit geistig oder psychisch behinderten Menschen zur selbständigen Durchführung von in den §§ 1 und 2 angeführten Verrichtungen Motivationsgespräche zu führen, so ist für diese Betreuungsmaßnahme von einem – auf einen Monat bezogenen – zeitlichen Richtwert von insgesamt zehn Stunden auszugehen.

Ständiger Pflegebedarf

§ 5. Ständiger Pflegebedarf liegt vor, wenn dieser täglich oder zumindest mehrmals wöchentlich regelmäßig gegeben ist.

Außergewöhnlicher Pflegeaufwand

§ 6. Ein außergewöhnlicher Pflegeaufwand liegt vor, wenn die dauernde Bereitschaft, nicht jedoch die dauernde Anwesenheit einer Pflegeperson erforderlich ist.

Zeitlich unkoordinierbare Betreuungsmaßnahmen

§ 7. Zeitlich unkoordinierbare Betreuungsmaßnahmen liegen dann vor, wenn ein Pflegeplan wegen einer körperlichen, geistigen oder psychischen Behinderung oder einer Sinnesbehinderung des pflegebedürftigen Menschen nicht eingehalten werden kann und die Betreuungsmaßnahme unverzüglich erbracht werden muß.

Sachverständigengutachten

§ 8. (1) Die Grundlage der Entscheidung bildet ein ärztliches Sachverständigengutachten. Erforderlichenfalls sind zur ganzheitlichen Beurteilung der Pflegesituation Personen aus anderen Bereichen, beispielsweise dem gehobenen Dienst für Gesundheits- und Krankenpflege, der Heil- und Sonderpädagogik, der Sozialarbeit, der Psychologie sowie der Psychotherapie beizuziehen.

(2) Das Sachverständigengutachten hat jedenfalls zu enthalten:

1. die Anamnese, die Diagnose und die voraussichtliche Entwicklung der Behinderung,
2. den Befund über die Funktionsausfälle und die zumutbare Verwendung von Hilfsmitteln bzw. die Beschreibung der Defizite auf Grund der geistigen oder psychischen Behinderung,
3. die Angabe, zu welchen Verrichtungen ständige Betreuung und Hilfe benötigt wird,
4. eine Begründung für eine Abweichung von den in den §§ 1 Abs. 3 und 4 sowie 4 Abs. 2 festgelegten Richtwerten und Mindestwerten,
5. begründete Angaben, ob die zusätzlichen Kriterien für die Stufen 5, 6 oder 7 vorliegen, wenn der Pflegebedarf durchschnittlich mehr als 180 Stunden monatlich beträgt.

Inkrafttreten

§ 9. (1) Diese Verordnung tritt mit 1. Februar 1999 in Kraft.

(2) Die Einstufungsverordnung zum Bundespflegegeldgesetz, BGBl. Nr. 314/1993, wird mit Ablauf des 31. Jänner 1999 aufgehoben.

Verordnung der Bundesministerin für Arbeit, Gesundheit und Soziales betreffend die Einbeziehung weiterer Personengruppen in den anspruchsberechtigten Personenkreis des Bundespflegegeldgesetzes (Einbeziehungsverordnung 1999), BGBl II 1999/466

Auf Grund des § 3 Abs. 3 des Bundespflegegeldgesetzes, BGBl. Nr. 110/1993, zuletzt geändert durch das Bundesgesetz BGBl. I Nr. 111/1998, wird mit Zustimmung des Bundesministers für Finanzen verordnet:

§ 1. Nachstehende Personen zählen zum anspruchsberechtigten Personenkreis gemäß § 3 Abs. 1 des Bundespflegegeldgesetzes:

1. BezieherInnen wiederkehrender Versorgungsleistungen gemäß § 98 Abs. 1 Z 1, 2, 4 und 5 des Ärztegesetzes 1998, BGBl. I Nr. 169/1998;
2. BezieherInnen wiederkehrender Versorgungsleistungen gemäß § 50 der Rechtsanwaltsordnung, RGBl. Nr. 96/1868;
3. BezieherInnen wiederkehrender Leistungen gemäß § 29 des Ziviltechnikerkammergesetzes 1993, BGBl. Nr. 157/1994.

§ 2. Die Entscheidung in Angelegenheiten nach dem Bundespflegegeldgesetz obliegt hinsichtlich der im § 1 genannten Personen der Sozialversicherungsanstalt der gewerblichen Wirtschaft.

§ 3. Bringen die im § 1 genannten Personen bis 30. Juni 2000 einen Antrag auf Zuerkennung des Pflegegeldes ein, ist dieses ab Vorliegen der Voraussetzungen – frühestens ab 1. Jänner 2000 – zu leisten.

§ 4. Diese Verordnung tritt mit 1. Jänner 2000 in Kraft.

Hostasch
Hesoun

Verordnung des Bundesministers für soziale Sicherheit und Generationen betreffend die Einbeziehung einer weiteren Personengruppe in den anspruchsberechtigten Personenkreis des Bundespflegegeldgesetzes (Einbeziehungsverordnung 2001), BGBl II 2001/481

Auf Grund des § 3 Abs. 4 des Bundespflegegeldgesetzes, BGBl. Nr. 110/1993, zuletzt geändert durch das Bundesgesetz BGBl. I Nr. 69/2001, wird mit Zustimmung des Bundesministers für Finanzen verordnet:

§ 1. Nachstehende Personen zählen zum anspruchsberechtigten Personenkreis gemäß § 3 Abs. 1 des Bundespflegegeldgesetzes:

Bezieher eines Ruhe- oder Versorgungsgenusses auf Grund der Pensionsordnung 1982 für die Angestellten der Wiener Börsekammer.

§ 2. Die Entscheidung in Angelegenheiten nach dem Bundespflegegeldgesetz obliegt hinsichtlich der im § 1 genannten Personen dem Bundespensionsamt.

§ 3. Bringen die im § 1 genannten Personen bis 30. Juni 2002 einen Antrag auf Zuerkennung des Pflegegeldes ein, ist dieses ab Vorliegen der Voraussetzungen – frühestens ab 1. Jänner 2002 – zu leisten.

§ 4. Diese Verordnung tritt mit 1. Jänner 2002 in Kraft.

Haupt

Verordnung des Bundesministers für soziale Sicherheit und Generationen betreffend die Einbeziehung einer weiteren Personengruppe in den anspruchsberechtigten Personenkreis des Bundespflegegeldgesetzes (Einbeziehungsverordnung 2002), BGBl II 2002/72

Auf Grund des § 3 Abs. 4 des Bundespflegegeldgesetzes, BGBl. Nr. 110/1993, zuletzt geändert durch das Bundesgesetz BGBl. I Nr. 69/2001, wird mit Zustimmung des Bundesministers für Finanzen verordnet:

§ 1. Nachstehende Personen zählen zum anspruchsberechtigten Personenkreis gemäß § 3 Abs. 1 des Bundespflegegeldgesetzes:

Weltpriester der Katholischen Kirche, welche in einer ihren Sitz im Bundesgebiet habenden Diözese inkardiniert oder vorläufig aufgenommen sind und Anspruch auf Bezüge gegen eine dieser Diözesen haben.

§ 2. Die Entscheidung in Angelegenheiten nach dem Bundespflegegeldgesetz obliegt hinsichtlich der im § 1 genannten Personen der Pensionsversicherungsanstalt der Angestellten.

§ 3. Bringen die im § 1 genannten Personen bis 31. August 2002 einen Antrag auf Zuerkennung des Pflegegeldes ein, ist dieses ab Vorliegen der Voraussetzungen – frühestens ab 1. März 2002 – zu leisten.

§ 4. Diese Verordnung tritt mit 1. März 2002 in Kraft.

Haupt

7. AUSLANDSRENTEN-ÜBERNAHMEGESETZ (ARÜG)

7. Auslandsrenten-Übernahmegesetz (ARÜG), BGBl 1961/290 idF

1 BGBl 1962/114

GLIEDERUNG:

7. AUSLANDSRENTEN-ÜBERNAHMEGESETZ (ARÜG)

290. Bundesgesetz vom 22. November 1961 über Leistungsansprüche und Anwartschaften in der Pensions(Renten)versicherung und Unfallversicherung auf Grund von Beschäftigungen im Ausland (Auslandsrenten-Übernahmegesetz – ARÜG)

Der Nationalrat hat beschlossen:

ABSCHNITT I
Gemeinsame Bestimmungen

Sachlicher Geltungsbereich

§ 1. (1) Dieses Bundesgesetz regelt unbeschadet zwischenstaatlicher Vereinbarungen, ob und inwieweit zu berücksichtigen sind

1. in der österreichischen Pensions(Renten)versicherung
   a) Rentenansprüche und Versicherungszeiten, die vor dem 27. November 1961 in Rentenversicherungen anderer Staaten (§ 1 Abs. 3) nach dem Recht dieser Staaten erworben worden sind,
   b) nicht als Versicherungszeiten nach lit. a geltende Zeiten einer Beschäftigung, die vor dem 27. November 1961 in Gebieten anderer Staaten (§ 1 Abs. 3) zurückgelegt worden sind, und vor diesem Zeitpunkt zurückgelegte sonstige Zeiten;
2. in der österreichischen Unfallversicherung Leistungsansprüche aus Arbeitsunfällen (Berufskrankheiten), die vor dem 27. November 1961 in Gebieten anderer Staaten (§ 1 Abs. 3) eingetreten sind.

(BGBl 1962/114)

(2) Rentenansprüche und Zeiten nach Abs. 1 Z 1 sowie Leistungsansprüche aus Arbeitsunfällen (Berufskrankheiten) nach Abs. 1 Z 2 sind in der österreichischen Pensions(Renten)versicherung beziehungsweise in der österreichischen Unfallversicherung nur insoweit zu berücksichtigen, als sie nicht von Versicherungsträgern in der Bundesrepublik Deutschland zu übernehmen sind.

(3) Als Gebiete anderer Staaten nach Abs. 1 gelten Gebiete, die am 31. Dezember 1937 zum Territorium der nachstehenden Staaten gehört haben: Albanien, Bulgarien, Freie Stadt Danzig, Deutsches Reich, Estland, Jugoslawien, Lettland, Litauen, Polen, Rumänien, Tschechoslowakei, Ungarn, Union der Sozialistischen Sowjetrepubliken.

(4) Als Zeiten nach Abs. 1 Z 1 lit. a gelten auch Zeiten, die im Zusammenhang mit einer Beschäftigung in einem Gebiet im Sinne des Abs. 3, aber außerhalb dieses Gebietes zurückgelegt worden sind, wenn die Beschäftigung einer Rentenversicherung unterlegen ist.

(5) Als Arbeitsunfälle (Berufskrankheiten) nach Abs. 1 Z 2 gelten auch Arbeitsunfälle (Berufskrankheiten), die im Zusammenhang mit einer Beschäftigung in einem Gebiet im Sinne des Abs. 3 außerhalb dieses Gebietes eingetreten sind, wenn die Beschäftigung einer Unfallversicherung unterlegen ist.

Persönlicher Geltungsbereich

§ 2. (1) Die Regelung nach § 1 gilt, soweit nichts anderes bestimmt ist, für Personen,

a) die sich am 11. Juli 1953, am 1. Jänner 1961 oder am 27. November 1961 im Gebiete der Republik Österreich nicht nur vorübergehend aufgehalten haben und an dem danach in Betracht kommenden Tag entweder österreichische oder deutsche Staatsangehörige waren oder als Volksdeutsche (Personen deutscher Sprachzugehörigkeit, die staatenlos sind oder deren Staatsangehörigkeit ungeklärt ist) anzusehen sind,
b) die als deutsche Staatsangehörige oder Volksdeutsche im Sinne der lit. a anzusehen sind, wenn ihnen die Einreise nach Österreich bis zum 27. November 1961 bewilligt wurde, und die nachweislich ohne ihr Verschulden erst später in das Gebiet der Republik Österreich einreisen konnten,
c) die als österreichische Staatsangehörige nachweislich ohne ihr Verschulden ihren Wohnsitz erst nach dem 27. November 1961 in das Gebiet der Republik Österreich verlegen konnten,
d) die als österreichische oder deutsche Staatsangehörige oder als Volksdeutsche im Sinne der lit. a nach dem 27. November 1961 aus der Kriegsgefangenschaft oder Zivilinternierung in die Republik Österreich entlassen wurden.

Eine nur vorübergehende Unterbrechung des Inlandsaufenthaltes bis zur Dauer von neun Monaten hat außer Betracht zu bleiben.

(BGBl 1962/114)

(2) Bei der Anwendung der Bestimmungen des Abs. 1 sind Bestimmungen in zwischenstaatlichen Vereinbarungen der Republik Österreich über die Behandlung als österreichischer Staatsbürger nicht zu berücksichtigen.

Sonderbestimmungen für Umsiedler und gleichgestellte Personen aus Italien

§ 3. Die Bestimmungen der §§ 1 und 2 gelten auch für Personen, die

a) unter das Abkommen vom 21. Oktober 1939 zwischen dem Deutschen Reich und Italien über die wirtschaftliche Durchführung der Umsiedlung von Volksdeutschen und deutschen Reichsangehörigen aus Italien in das Deutsche Reich gefallen sind, oder

b) aus Gründen, die sich aus ihrer nichtitalienischen Sprachzugehörigkeit ergeben haben, aus Italien abgewandert sind,

soweit es sich um Versicherungszeiten, Beschäftigungszeiten oder sonstige Zeiten handelt, die in einem Gebiet zurückgelegt worden sind, das am 31. Dezember 1937 zum Territorium von Italien gehört hat.

Versicherungs(Leistungs)zugehörigkeit, Versicherungs(Leistungs)zuständigkeit

§ 4. (1) Es entspricht

a) der österreichischen Pensions(Renten)versicherung der Angestellten die Rentenversicherung des anderen Staates (§ 1 Abs. 3, § 3), für die Fälle der Berufsunfähigkeit (Invalidität), des Alters oder des Todes, die im wesentlichen nur Angestellte erfaßte,

b) der österreichischen knappschaftlichen Pensions(Renten)versicherung die Rentenversicherung des anderen Staates (§ 1 Abs. 3, § 3) für die Fälle der Invalidität (Berufsunfähigkeit, Dienstunfähigkeit), des Alters oder des Todes, die im wesentlichen nur Beschäftigte im Bergbau erfaßte,

c) der österreichischen Pensions(Renten)versicherung der Arbeiter die Rentenversicherung des anderen Staates (§ 1 Abs. 3, § 3) für die Fälle der Invalidität, des Alters oder des Todes, die nicht unter lit. a und b fällt,

d) der österreichischen Unfallversicherung die Versicherung des anderen Staates (§ 1 Abs. 3, § 3) gegen Arbeitsunfälle (Berufskrankheiten).

(2) Erfaßt eine Rentenversicherung des anderen Staates (§ 1 Abs. 3, § 3) für die Fälle der Invalidität (Berufsunfähigkeit), des Alters oder des Todes gemeinsam Arbeiter und Angestellte, sieht sie jedoch für die Angestellten eine besondere Versicherungsgruppe vor, so entspricht die Versicherung in dieser Gruppe der österreichischen Pensions(Renten)versicherung der Angestellten.

(3) Für die Feststellung der Versicherungs(Leistungs)zuständigkeit ist, wenn dies nicht schon aus der Art der Versicherung (Abs. 1) hervorgeht, die Beschäftigung so zu berücksichtigen, als ob sie im Gebiet der Republik Österreich ausgeübt worden wäre. Dies gilt entsprechend auch für Zeiten eines Rentenbezuges aus dem Versicherungsfall des Alters oder einem Versicherungsfall der geminderten Arbeitsfähigkeit aus der Rentenversicherung anderer Staaten (§ 1 Abs. 3, § 3).

(4) Läßt sich die Versicherungs(Leistungs)zuständigkeit nach Abs. 3 hinsichtlich der Art der maßgebenden Beschäftigung für einen bestimmten Zeitraum nicht mehr feststellen, so werden die auf dieser Beschäftigung beruhenden Zeiten so berücksichtigt, als ob sie auf einem Versicherungsverhältnis beruht hätten, für das die Pensionsversicherungsanstalt der Arbeiter zuständig gewesen wäre.

ABSCHNITT II
Pensionsversicherung

Berücksichtigung von Rentenansprüchen

§ 5. (1) Ein Rentenanspruch im Sinne des Abschnittes I ist in der österreichischen Pensions(Renten)versicherung zu berücksichtigen, wenn vor dem 27. November 1961 die Rente aus der Versicherung in dem anderen Staate (§ 1 Abs. 3, § 3) zuerkannt war

a) auf Grund des Versicherungsfalles des Alten, jedoch erst von dem Tage an, an dem das Anfallsalter für eine Altersrente aus der österreichischen Pensions(Renten)versicherung vollendet ist,

b) auf Grund eines Versicherungsfalles der geminderten Arbeitsfähigkeit, wenn diese geminderte Arbeitsfähigkeit bis zur Einbringung des Antrages auf Feststellung der auf Grund dieses Leistungsanspruches aus der österreichischen Versicherung zu gewährenden Rente oder bis zu dem vor der Antragstellung eingetretenen Tod des Versicherten gedauert hat,

c) auf Grund des Versicherungsfalles des Todes, wenn anspruchsberechtigte Hinterbliebene nach den Bestimmungen der österreichischen Pensionsversicherung vorhanden sind.

Für die Feststellung der Rente gelten die allgemeinen Voraussetzungen für die entsprechenden Renten der österreichischen Pensionsversicherung als erfüllt.

(BGBl 1962/114)

(2) Für die Bemessung der Rente sind die Zeiten nach § 6 zu berücksichtigen. Erreichen diese Zeiten nicht das Ausmaß der für die Rente in der österreichischen Pensions(Renten)versicherung erforderlichen Wartezeit, so sind der Rentenbemessung Zeiten in diesem Ausmaß zugrunde zu legen.

Berücksichtigung von Zeiten als Versicherungszeiten

§ 6. (1) Versicherungszeiten im Sinne des § 1 Abs. 1 Z 1 lit. a und Abs. 4 sind bei der Feststellung der Rente in der österreichischen Pensions(Renten)versicherung als Beitragszeiten im Sinne der jeweiligen österreichischen Vorschriften zu übernehmen. In der Pensionsversicherung der Arbeiter gelten jedoch solche Versicherungszeiten, wenn sie vor dem 1. Jänner 1939 erworben worden sind, als Ersatzzeiten (Vordienstzeiten) nach Maßgabe der österreichischen Vorschriften.

(2) Zeiten im Sinne des § 1 Abs. 1 Z 1 lit. b sind, soweit im Abs. 3 nichts anderes bestimmt wird, bei der Feststellung der Rente in der österreichischen Pensions(Renten)versicherung nach den jeweiligen österreichischen Vorschriften in der gleichen Weise zu berücksichtigen wie auf öster-

reichischem Gebiet zurückgelegte Zeiten im Sinne des § 1 Abs. 1 Z 1 lit. b, für die nach den jeweils in Geltung gestandenen österreichischen Vorschriften keine Pensions(Renten)versicherung bestanden hat.

(3) Zeiten nach Abs. 2, für welche die Versicherungspflicht in der Rentenversicherung des anderen Staates (§ 1 Abs. 3, § 3) nur aus dem Grunde nicht bestanden hat, weil durch eine dienstrechtliche Versorgungseinrichtung für die Versicherungsfälle der Invalidität (Berufsunfähigkeit), des Alters und des Todes bereits vorgesorgt war, gelten bei der Feststellung der Rentenansprüche in der österreichischen Pensions(Renten)versicherung als Zeiten im Sinne des Abs. 1.

(4) Zeiten nach Abs. 1 bis 3 sind in der österreichischen Pensions(Renten)versicherung so weit nicht zu berücksichtigen, als sie

a) von einer österreichischen Gebietskörperschaft, einem anderen österreichischen öffentlich-rechtlichen Dienstgeber oder von solchen verwalteten Anstalten, Betrieben, Stiftungen oder Fonds beitragsfrei für die Bemessung eines Ruhe(Versorgungs)genusses angerechnet oder bei der Bemessung eines Ruhe(versorgungs)genusses berücksichtigt werden, oder

b) von einem Träger der Sozialversicherung oder einer anderen Stelle eines Staates berücksichtigt werden, mit dem die Republik Österreich eine zwischenstaatliche Vereinbarung über Pensions(Renten)versicherung abgeschlossen hat.

Berücksichtigung von Zeiten als neutrale Zeiten

§ 7. Bei der Feststellung der Anrechenbarkeit von Versicherungszeiten in der österreichischen Pensions(Renten)versicherung sind folgende Zeiten als neutrale Zeiten anzusehen:

a) die nach anderen österreichischen Vorschriften als neutrale Zeiten geltenden Zeiten, auch wenn sie im anderen Staat (§ 1 Abs. 3, § 3) zurückgelegt wurden,

b) Zeiten, die nach dem vollendeten 65. Lebensjahr des Versicherten, bei Frauen nach dem vollendeten 60. Lebensjahr, liegen,

c) Zeiten, während welcher eine Invalidität (Berufsunfähigkeit) vorlag,

d) Zeiten des Aufenthaltes außerhalb des Gebietes der Republik Österreich, während welcher der Versicherte durch behördliche Anordnung von der Aufnahme eines Beschäftigungsverhältnisses ausgeschlossen war,

e) nach dem 31. Dezember 1938 zurückgelegte Zeiten einer Beschäftigung als Dienstnehmer in einem im § 1 Abs. 3 und § 3 bezeichneten Gebiete, für die nach den Vorschriften des in Betracht kommenden Staates in der Rentenversicherung keine Pflichtversicherung bestanden hat, aber bei Zurücklegung im Gebiete der Republik Österreich nach den jeweiligen österreichischen Vorschriften eine Pflichtversicherung in der Pensions(Renten)versicherung bestanden hätte.

Sonderregelung für die Bemessung der Renten, auf welche die Bestimmungen des Vierten Teiles des Allgemeinen Sozialversicherungsgesetzes nicht anzuwenden sind

§ 8. Bei der Bemessung der Renten, auf welche die Bestimmungen des Vierten Teiles des Allgemeinen Sozialversicherungsgesetzes nicht anzuwenden sind, sind die jeweils in Geltung gestandenen oder in Geltung stehenden österreichischen Vorschriften mit der Maßgabe anzuwenden, daß als jährlicher Steigerungsbetrag nach dem Stand der Rechtsvorschriften vom 31. Dezember 1946 gilt

a) bei der Invalidenrente für jede anrechenbare Woche bei Männern 40 g, bei Frauen 25 g,

b) für das Ruhegeld bei Männern 2,70 S, bei Frauen 1,90 S für jeden anrechenbaren Monat,

c) für die Knappschaftsvollrente bei Männern 4,60 S, bei Frauen 3 S für jeden anrechenbaren Monat,

d) für die Knappschaftsrente bei Männern 2,90 S und bei Frauen 1,90 S für jeden anrechenbaren Monat.

Die Sätze der Steigerungsbeträge erhöhen sich für anrechenbare Wochen über 1 560 Wochen und für anrechenbare Monate über 360 Monate um 50 vH.

Sonderregelung für die Bemessung der Renten, auf welche die Bestimmungen des Vierten Teiles des Allgemeinen Sozialversicherungsgesetzes anzuwenden sind

§ 9. (1) Bei der Bemessung der Renten, auf welche die Bestimmungen des Vierten Teiles des Allgemeinen Sozialversicherungsgesetzes anzuwenden sind, gelten für Zeiten, die nach § 6 zu übernehmen oder zu berücksichtigen sind, die nachstehenden Beitragsgrundlagen:

1. in der Pensionsversicherung der Arbeiter mit Ausnahme der Zeiten freiwilliger Versicherung
   a) für gelernte Facharbeiter in Industrie und Handwerk .... 235 S monatlich,
   b) für Arbeiter in der Landwirtschaft........ 120 S monatlich,
   c) für sonstige Arbeiter einschließlich der Arbeiter in der Forstwirtschaft........ 170 S monatlich,
   d) für Hausgehilfen .... 65 S monatlich,
   e) für Hausbesorger ...... 30 S monatlich;
2. in der Pensionsversicherung der Ange-

stellten mit Ausnahme der Zeiten freiwilliger Versicherung

a) für Angestellte mit einfacher oder schematischer Tätigkeit, für die eine besondere Berufsausbildung nicht erforderlich ist (Hilfskräfte), für die Zeit

bis Juni 1942 .... 160 S monatlich,

ab Juli 1942 .... 200 S monatlich;

b) für Angestellte mit einer Tätigkeit, die Fachkenntnisse und Erfahrungen voraussetzt, wie sie in der Regel durch mehrjährige Tätigkeit oder durch eine abgeschlossene Berufsausbildung erworben werden, für die Zeit

bis Juni 1942 .... 200 S monatlich,

ab Juli 1942 .... 260 S monatlich;

c) für Angestellte mit schwieriger und selbständiger Tätigkeit, die umfangreiche Kenntnisse und mehrjährige praktische Erfahrungen, ferner gutes theoretisches Wissen erfordert, für die Zeit

bis Juni 1927

für männliche Angestellte .... 281,50 S monatlich,

für weibliche Angestellte .... 225,– S monatlich;

ab Juli 1927 bis Dezember 1938 .... 300,– S monatlich,

ab Jänner 1939 bis Juni 1942 .... 250,– S monatlich,

ab Juli 1942 .... 300,– S monatlich;

(BGBl 1962/114)

3. in der knappschaftlichen Pensionsversicherung mit Ausnahme der Zeiten freiwilliger Versicherung

a) für Vollhauer .... 245 S monatlich,

b) für sonstige Arbeiter unter Tage .... 220 S monatlich,

c) für männliche Arbeiter über Tage .... 203 S monatlich,

d) für wesentlich bergmännisch tätige Angestellte .... 300 S monatlich,

e) für sonstige Dienstnehmer die ihrer Tätigkeit entsprechenden Beitragsgrundlagen nach Z 1 und 2.

Soweit Beitragsgrundlagen nach Z 2 in Betracht kommen, gehören

zu Gruppe a): insbesondere Lohnrechner, einfache Stenotypisten, Hilfszeichner und Pauser;

zu Gruppe b): insbesondere Buchhalter, Rechnungsprüfer, fremdsprachliche Stenotypisten, Expedienten, Werkstattechniker, technische Revisoren, Zeichner, Werkmeister, Platzmeister, Lagermeister;

zu Gruppe c): insbesondere fremdsprachliche Korrespondenten (mehrsprachig), Gruppenführer, erste Einkäufer, Konstrukteure und Werkstattingenieure.

(2) Bei der Ermittlung der gemäß § 238 Abs. 2 ASVG für die Bemessungszeit in Betracht kommenden Versicherungsmonate sind Monate der freiwilligen Versicherung, die nach § 6 Abs. 1 als Beitragszeiten zu übernehmen sind, nicht zu berücksichtigen.

(3) Bei der Anwendung der Aufwertungsfaktoren gemäß § 242 Abs. 3 ASVG (Anlage 5) sind die Beitragsgrundlagen nach Abs. 1 ungeachtet ihrer zeitlichen Lagerung mit dem für das Jahr 1946 geltenden Faktor aufzuwerten. Die aufgewertete Beitragsgrundlage darf jedoch für die Zeit ab 1. Jänner 1939 nicht höher sein als die jeweils in Geltung gestandene gemäß § 242 Abs. 3 ASVG ihrer zeitlichen Lagerung entsprechend aufgewertete Höchstbeitragsgrundlage.

(4) Sind nach § 6 Zeiten zu übernehmen oder zu berücksichtigen, für welche im Abs. 1 verschiedene Beitragsgrundlagen festgesetzt sind, so ist für diese Zeiten bei der Ermittlung der Bemessungsgrundlage die Beitragsgrundlage anzusetzen, welche für die innerhalb der Bemessungszeit nach der angeführten Bestimmung überwiegende Zeit gilt.

Zusammentreffen von Zeiten

§ 10. Fallen nach § 6 zu übernehmende beziehungsweise zu berücksichtigende Zeiten mit Versicherungszeiten der österreichisch Pensions(Renten)versicherung zusammen, so sind nur die Zeiten zu berücksichtigen, die in der österreichischen Versicherung erworben worden sind.

Besondere Leistungsansprüche

§ 11. Für den Ausstattungsbeitrag, die Abfindung, den Leistungszuschlag, das Bergmannstreuegeld und den Überweisungsbetrag in der österreichischen Pensions(Renten)versicherung sind Zeiten im Sinne des § 6 nicht zu berücksichtigen.

Zwischenstaatliche Vereinbarungen

§ 12. Die in der österreichischen Pensions(Renten)versicherung nach diesem Abschnitt berücksichtigten Rentenansprüche und Zeiten in anderen Staaten (§ 1 Abs. 3, § 3) gelten als solche der österreichischen Pensions(Renten)versicherung auch für zwischenstaatliche Vereinbarungen der Republik Österreich, soweit solche Vereinbarungen sozialversicherungsrechtliche Bestimmungen enthalten und in den Vereinbarungen nichts anderes bestimmt ist.

ABSCHNITT III
Unfallversicherung

Anwendung von österreichischen Rechtsvorschriften

§ 13. (1) Auf die Feststellung von Leistungsansprüchen aus Arbeitsunfällen (Berufskrankheiten) im Sinne des § 1 Abs. 1 Z 2 und Abs. 5 finden, unbeschadet der Bestimmungen des § 14 über die Bemessungsgrundlagen, die jeweiligen österreichischen Vorschriften Anwendung. Die Vorschriften über die Gewährung von Zuschlägen zu Leistungen sowie die §§ 4 und 5 Abs. 2 der Verordnung vom 9. November 1944 (Deutsches Reichsgesetzblatt I S. 324) und die zu deren Durchführung und Ergänzung erlassenen Vorschriften sind nicht anzuwenden.

(2) Abs. 1 gilt auch für Arbeitsunfälle (Berufskrankheiten) im Sinne des § 1 Abs. 1 Z 2 und Abs. 5, die einen Entschädigungsanspruch nach den jeweiligen Vorschriften der österreichischen Unfallversicherung begründen würden, wenn sie im Gebiete der Republik Österreich entstanden wären.

Sonderregelung über die Bemessungsgrundlagen

§ 14. (1) Als Bemessungsgrundlagen gelten, sofern nach der Art der Beschäftigung im Zeitpunkt des Unfalles der Versicherte

a) zur Pensions(Renten)versicherung der Arbeiter zugehörig gewesen wäre, 19 080 S, bei Frauen und bei Beschäftigung als Arbeiter in der Landwirtschaft 12 402 S,

b) zur Pensions(Renten)versicherung der Angestellten zugehörig gewesen wäre, 28 620 S, bei Frauen 19 080 S,

c) zur knappschaftlichen Pensions(Renten)-versicherung zugehörig gewesen wäre, 23 850 S, bei Frauen 16 218 S.

(2) Bei selbständiger Erwerbstätigkeit in der Landwirtschaft oder in der Forstwirtschaft im Zeitpunkt des Unfalles gelten als Bemessungsgrundlage 7 200 S, bei sonstiger selbständiger Erwerbstätigkeit in diesem Zeitpunkt 9 000 S.

Zwischenstaatliche Vereinbarungen

§ 15. Die in der österreichischen Unfallversicherung nach diesem Abschnitt berücksichtigten Arbeitsunfälle (Berufskrankheiten) in anderen Staaten (§ 1 Abs. 3, § 3) sowie die Leistungsansprüche aus solchen Unfällen gelten als solche der österreichischen Unfallversicherung auch für zwischenstaatliche Vereinbarungen der Republik Österreich, soweit solche Vereinbarungen sozialversicherungsrechtliche Bestimmungen enthalten und in den Vereinbarungen nichts anderes bestimmt ist.

ABSCHNITT IV
Sonstige Bestimmungen

Ruhen von Leistungen

§ 16. (1) Leistungen der Pensionsversicherung, die unter Berücksichtigung der Bestimmungen dieses Bundesgesetzes gewährt werden, ruhen mit dem Betrag, der von einem Träger der Sozialversicherung oder einer anderen Stelle außerhalb des Gebietes der Republik Österreich an den Leistungsberechtigten gezahlt wird, vorausgesetzt, daß es sich um denselben die Leistung bewirkenden Grund handelt und daß die Leistung nicht auf Grund einer mit der Republik Österreich abgeschlossenen zwischenstaatlichen Vereinbarung über Pensions(Renten)versicherung erbracht wird; hiebei sind die Fälle der geminderten Arbeitsfähigkeit den Fällen des Alters gleichzusetzen.

(2) Leistungen der Unfallversicherung nach diesem Bundesgesetz ruhen mit dem Betrag, der von einem Träger der Sozialversicherung oder einer anderen Stelle außerhalb des Gebietes der Republik Österreich oder von einer im § 6 Abs. 4 lit. a genannten Stelle wegen eines Arbeitsunfalles oder einer Berufskrankheit an den Leistungsberechtigten gezahlt wird, vorausgesetzt, daß es sich um denselben die Leistung bewirkenden Grund handelt.

(3) Der Anspruchsberechtigte hat dem die Leistung nach diesem Bundesgesetz erbringenden Versicherungsträger die Gewährung einer Leistung von einer anderen Stelle im Sinne der Abs. 1 und 2 zu melden.

Neufeststellung von Ansprüchen

§ 17. Werden Zeiten nach § 6 Abs. 1 bis 3, die bereits einer Leistung der Pensionsversicherung zugrunde gelegt sind, bei der Feststellung eines Ruhe(Versorgungs)genusses durch eine der im § 6 Abs. 4 lit. a genannten Stellen beitragsfrei angerechnet oder sonst berücksichtigt, so ist der Anspruch aus der Pensionsversicherung unter Außerachtlassung der im Ruhe(Versorgungs)genuß berücksichtigten Zeiten neu festzustellen. Die Neufeststellung wird mit Ablauf des zweiten auf die Zustellung des Bescheides folgenden Kalendermonates wirksam.

Vorschüsse auf Rentenansprüche aus einer Rentenversicherung und auf Leistungsansprüche aus einer Unfallversicherung

§ 18. (1) Auf Rentenansprüche aus einer ausländischen Rentenversicherung und auf Leistungsansprüche aus einer ausländischen Unfallversicherung können die Versicherungsträger an österreichische Staatsbürger in Fällen einer besonderen sozialen Berücksichtigungswürdigkeit Vorschüsse gewähren, wenn der Berechtigte im Falle seines Wohnsitzes im Gebiete des betreffenden Staates Anspruch auf eine solche Leistung hätte, die Leistung aber mit Rücksicht auf den Wohnsitz des Berechtigten in der Republik Österreich nicht gewährt wird und sich aus der Anwendung dieses Bundesgesetzes kein Leistungsanspruch ergibt.

(2) Vorschüsse nach Abs. 1 dürfen den Betrag nicht überschreiten, der im einzelnen Fall bei Anwendung der Vorschriften über die Gewährung von Ausgleichszulagen als Richtsatz gelten würde.

(3) Die Empfänger von Vorschüssen nach Abs. 1 auf Rentenansprüche aus einer Rentenversicherung im Ausland unterliegen den Bestimmungen über die Krankenversicherung der Rentner; die Empfänger von Vorschüssen auf Ren-

tenansprüche aus einer Unfallversicherung im Ausland unterliegen den Bestimmungen über die Krankenversicherung von Beziehern einer Rente aus der Unfallversicherung.

(4) Die Gewährung von Vorschüssen nach Abs. 1 bedarf der vorherigen Zustimmung des Bundesministeriums für soziale Verwaltung im Einvernehmen mit dem Bundesministerium für Finanzen.

(5) Der Aufwand an Vorschüssen gemäß Abs. 1 und der die Pensions- und die Unfallversicherungsträger belastende Aufwand für die Krankenversicherung der Vorschußempfänger gemäß Abs. 3 ist den Versicherungsträgern vom Bund zu ersetzen.

ABSCHNITT V
Übergangs- und Schlußbestimmungen

Sonderbestimmungen über Beitragsgrundlagen

§ 19. Bei Bemessung von Renten für die Zeit vor dem 1. Jänner 1961, auf welche die Bestimmungen des Vierten Teiles des Allgemeinen Sozialversicherungsgesetzes anzuwenden sind, gilt als Beitragsgrundlage für die nach Art. 10 des Zweiten Abkommens zwischen der Republik Österreich und der Bundesrepublik Deutschland über Sozialversicherung, BGBl. Nr. 250/1954, vorgemerkten Versicherungszeiten das Sechsfache der im § 9 angeführten Beitragsgrundlagen.

Wahrung von Leistungsansprüchen

§ 20. (1) Ist der Anspruch, der sich aus der Anwendung dieses Bundesgesetzes ergeben würde, geringer als der, welcher am 31. Dezember 1960 gegeben ist, so gilt der Anspruch an dem genannten Tage als Anspruch nach diesem Bundesgesetz.

(2) Abs. 1 ist entsprechend anzuwenden, wenn der sich nach den Bestimmungen dieses Bundesgesetzes ergebende Anspruch niedriger ist als die bisher gewährte vorläufige Leistung.

Überleitung von Leistungen in Vorschüsse nach § 18

§ 21. Sind Leistungen für einen vor dem Inkrafttreten dieses Bundesgesetzes gelegenen Zeitraum von den Trägern der Pensionsversicherung und der Unfallversicherung tatsächlich erbracht worden und steht ihnen nach den Bestimmungen dieses Bundesgesetzes kein Anspruch gegenüber, so können auch in solchen Fällen Vorschüsse gemäß § 18 gewährt werden. Bis zur Entscheidung über die Gewährung eines Vorschusses gemäß § 18 ist die bisherige Leistung weiterzugewähren.

Gewährung, Feststellung und Neufeststellung von Leistungen

§ 22. (1) Die Bestimmungen dieses Bundesgesetzes gelten auch für Versicherungsfälle, die vor seinem Inkrafttreten eingetreten sind.

(2) Leistungen, die am Tage des Inkrafttretens des im § 23 bezeichneten Finanz- und Ausgleichsvertrages bereits beantragt, aber noch nicht festgestellt sind, sind nach Maßgabe dieses Bundesgesetzes von dem Zeitpunkt an, in dem die Voraussetzungen erfüllt sind, jedoch spätestens vom 1. Jänner 1961 an, soweit aber Leistungen auf Grund der Bestimmungen des § 19 festzustellen sind, jedenfalls von dem Zeitpunkt an, in dem die Voraussetzungen erfüllt sind, zu gewähren. Leistungen, die am Tage des Inkrafttretens des Finanz- und Ausgleichsvertrages bereits festgestellt sind, sind nach Maßgabe dieses Bundesgesetzes auf Antrag neu festzustellen; sie können auch von Amts wegen neu festgestellt werden. Wird der Antrag auf Neufeststellung binnen einem Jahr nach dem Inkrafttreten des Finanz- und Ausgleichsvertrages gestellt, so ist die Leistung ab dem Tage, an dem die Voraussetzungen erfüllt sind, frühestens ab 1. Jänner 1961 zu gewähren. Wird der Antrag auf Neufeststellung erst nach Ablauf dieser Frist gestellt, so ist die Leistung mit Wirksamkeit von dem der Antragstellung folgenden Monatsersten an neu festzustellen. Im Falle der Neufeststellung von Amts wegen gilt der Tag, an dem der Versicherungsträger das Verfahren einleitet, als Tag der Antragstellung.

(3) Werden Leistungen binnen einem Jahr nach dem Inkrafttreten des Finanz- und Ausgleichsvertrages beantragt, so werden sie ab dem Zeitpunkt, in dem die Voraussetzungen erfüllt sind, frühestens vom 1. Jänner 1961 an, gewährt, es sei denn, daß ein Anspruch auf die Leistung schon nach den bisherigen Bestimmungen gegeben gewesen wäre.

(4) Der Anwendung der Abs. 2 und 3 sowie des § 17 steht die Rechtskraft früherer Entscheidungen nicht entgegen.

(5) Bei der Durchführung der Abs. 1 bis 4 kann der Ablauf von Verjährungs- oder Ausschlußfristen nicht geltend gemacht werden, wenn die erforderlichen Anträge innerhalb einer Frist von einem Jahr nach dem Inkrafttreten des Finanz- und Ausgleichsvertrages gestellt werden.

(6) Die Bestimmungen der Abs. 1 bis 5 gelten in der Unfallversicherung nur für Renten.

(7) Der Mehrbetrag, der sich in der Pensionsversicherung aus der Anwendung der Bestimmungen dieses Bundesgesetzes gegenüber der Leistung am 31. Dezember 1960 ergibt, jedoch mit Ausnahme des Mehrbetrages aus der Anwendung der Bestimmung des § 19, gebührt zu einem Drittel ab 1. Jänner 1991, zu zwei Dritteln ab 1. Jänner 1962 und ab 1. Jänner 1963 in voller Höhe. Rentenberechtigten der Geburtsjahrgänge 1876 und früher gebührt jedoch schon ab 1. Jänner 1961, Rentenberechtigten des Geburtsjahrganges 1877 ab 1. Jänner 1962 der volle Mehrbetrag. Rentenberechtigten, die vor dem 1. Jänner 1961 noch keine Leistung erhielten, ist die nach diesem Bundesgesetz gebührendc Leistung ab 1. Jänner 1961 in voller Höhe auszuzahlen.

Wirksamkeitsbeginn

§ 23. Dieses Bundesgesetz tritt am Tage des Inkrafttretens des Finanz- und Ausgleichsvertrages zwischen der Republik Österreich und der Bundesrepublik Deutschland rückwirkend in Kraft, und zwar hinsichtlich

a) der Bestimmung des § 19 mit 1. Jänner 1956,

b) der übrigen Bestimmungen mit 1. Jänner 1961.

Vorläufige Leistungen

§ 24. Die Versicherungsträger können schon ab dem Tage der Kundmachung dieses Bundesgesetzes in Fällen einer besonderen sozialen Berücksichtigungswürdigkeit vorläufige Leistungen bis zur Höhe der Leistung gewähren, die nach den Bestimmungen dieses Bundesgesetzes gebühren würde. Diese vorläufigen Leistungen sind auf die gebührenden Leistungen anzurechnen.

Vollziehung

§ 25. Mit der Vollziehung dieses Bundesgesetzes ist das Bundesministerium für soziale Verwaltung, hinsichtlich der Bestimmungen der §§ 18 und 21 das Bundesministerium für soziale Verwaltung im Einvernehmen mit dem Bundesministerium für Finanzen betraut.

Schärf

Gorbach **Proksch** **Klaus**

8. SOZIALVERSICHERUNGS-ERGÄNZUNGSGESETZ

Bundesgesetz betreffend ergänzende Regelungen im Bereich der sozialen Sicherheit im Verhältnis zur Europäischen Union und anderen Vertragsstaaten (Sozialversicherungs-Ergänzungsgesetz – SV-EG), BGBl 1994/154 idF

1 BGBl 1996/602	2 BGBl 1996/764	3 BGBl I 2000/93
4 BGBl I 2001/5	5 BGBl I 2001/67	

Der Nationalrat hat beschlossen:

Begriffsbestimmungen

§ 1. (1) In diesem Bundesgesetz bedeuten die Ausdrücke

1. „Verordnung"

   die Verordnung (EWG) Nr. 1408/71 des Rates über die Anwendung der Systeme der sozialen Sicherheit auf Arbeitnehmer und Selbständige sowie deren Familienangehörige, die innerhalb der Gemeinschaft zu- und abwandern, in der für Österreich jeweils geltenden Fassung;
2. „Durchführungsverordnung"

   die Verordnung (EWG) Nr. 574/72 des Rates über die Durchführung der Verordnung (EWG) Nr. 1408/71 über die Anwendung der Systeme der sozialen Sicherheit für Arbeitnehmer und Selbständige sowie deren Familienangehörige, die innerhalb der Gemeinschaft zu- und abwandern, in der für Österreich jeweils geltenden Fassung;
3. „ASVG"

   das Allgemeine Sozialversicherungsgesetz, BGBl. Nr. 189/1955, in der jeweils geltenden Fassung;
4. „GSVG"

   das Gewerbliche Sozialversicherungsgesetz, BGBl. Nr. 560/1978, in der jeweils geltenden Fassung;
5. „BSVG"

   das Bauern-Sozialversicherungsgesetz, BGBl. Nr. 559/1978, in der jeweils geltenden Fassung;
6. „NVG 1972"

   das Notarversicherungsgesetz 1972, BGBl. Nr. 66/1972, in der jeweils geltenden Fassung;
7. „Abkommen"

   ein von Österreich geschlossenes Abkommen im Bereich der sozialen Sicherheit.

   (BGBl 1996/764)

(2) In diesem Bundesgesetz haben andere Ausdrücke die Bedeutung, die ihnen nach der Verordnung und der Durchführungsverordnung zukommt.

Berücksichtigung einer ausländischen selbständigen Erwerbstätigkeit

§ 2. Führt die Anwendung des Titels II der Verordnung dazu, daß eine Person, die im Gebiet eines anderen Staates, für den die Verordnung gilt, eine selbständige Tätigkeit ausübt, den österreichischen Rechtsvorschriften unterliegt, so ist für die Ermittlung der Beitragsgrundlage die jeweilige steuerbehördliche Entscheidung über die Einkünfte aus dieser im Ausland ausgeübten selbständigen Tätigkeit maßgebend. Der in dieser Entscheidung ausgewiesene Betrag gilt

a) für die Anwendung des GSVG oder BSVG als für die Bemessung der Einkommensteuer nach den österreichischen Vorschriften heranzuziehende Einkünfte;

b) für die Anwendung des NVG 1972 als nach den Vorschriften über die Einkommensteuer versteuerbare Einkünfte.

Schutz bestehender Rechte in der Krankenversicherung der Rentner

§ 3. Führt die Anwendung der Art. 28 oder 28 a der Verordnung dazu, daß ein Bezieher einer Rente nach den österreichischen Rechtsvorschriften, der im Gebiet eines anderen Staates wohnt, für den die Verordnung gilt, der ihm nach einem von Österreich geschlossenen Abkommen über Soziale Sicherheit eingeräumten Anspruch auf Leistungen bei Krankheit oder Mutterschaft verliert, so ist diese Person für die Anwendung der Verordnung weiterhin so zu behandeln, als bestünde für sie ein Anspruch auf Leistungen nach den österreichischen Rechtsvorschriften, solange sie im Gebiet dieses anderen Staates wohnt.

Berechnung der Rente bei sich zeitlich deckenden Zeiten einer Pflichtversicherung und einer freiwilligen Versicherung

§ 4. (1) Bei Anwendung des Art. 46 zweiter Unterabsatz der Durchführungsverordnung in bezug auf Zeiten einer freiwilligen Versicherung oder freiwilligen Weiterversicherung nach den österreichischen Rechtsvorschriften ist der nach Art. 46 Abs. 2 der Verordnung errechnete tatsächlich geschuldete Betrag um jenen Betrag zu erhöhen, der sich aus der Anwendung eines Hundertsatzes auf die Bemessungsgrundlage ergibt, die aus diesen Zeiten einer freiwilligen Versicherung oder freiwilligen Weiterversicherung zu ermitteln ist.

(2) Der Hundertsatz gemäß Abs. 1 beträgt für je zwölf Monate der freiwilligen Versicherung oder freiwilligen Weiterversicherung 2 Prozentpunkte. Ein Rest von weniger als zwölf solcher Versicherungsmonate wird in der Weise berücksichtigt, daß für jeden restlichen Monat ein Zwölftel dieses Hundertsatzes heranzuziehen ist; der sich ergebende Hundertsatz ist auf drei Dezimalstellen zu runden. Der sich ergebende Hundertsatz vermindert oder erhöht sich in dem Verhältnis, in dem die Leistung wegen Inanspruchnahme vor oder nach Erreichung des Regelpensionsalters zu vermindern oder zu erhöhen ist.

(BGBl 1996/602, BGBl I 2000/93)

Berechnung der Rente bei sich zeitlich deckenden Kindererziehungszeiten und ausländischen Versicherungszeiten

§ 5. Führt Art. 15 der Durchführungsverordnung dazu, daß Zeiten der Kindererziehung nach §§ 227a oder 228a ASVG, § 116a GSVG oder § 107a BSVG durch in einem anderen Staat, für den die Verordnung gilt, zurückgelegte Zeiten verdrängt werden, so ist der nach Art. 46 Abs. 2 Buchstabe a der Verordnung errechnete theoretische Betrag um jenen Betrag zu erhöhen, der nach den österreichischen Rechtsvorschriften bei Berücksichtigung dieser Kindererziehungszeiten für diese Zeiten gebühren würde.

(BGBl 1996/602)

Zulage zu Leistungen für unterhaltsberechtigte Kinder von Rentnern und für Waisen

§ 6. Ist bei Anwendung des Kapitels 8 des Titels III der Verordnung von den österreichischen Trägern eine Zulage zu den von einem anderen Staat, für den die Verordnung gilt, zu erbringenden Leistungen nach den Art. 77 oder 78 der Verordnung zu gewähren, so gilt folgendes:

1. Bei der Aufteilung der Zulage auf die jeweils für Familienbeihilfen, Kinderzuschüsse oder Waisenrenten zuständigen Träger sind zunächst die einander entsprechenden österreichischen und ausländischen Leistungsbeträge gegenüberzustellen. Als Zulage ist von dem in Betracht kommenden Träger die so errechnete Differenz, höchstens jedoch die Differenz zwischen der Summe der in Betracht kommenden österreichischen und ausländischen Leistungen zu gewähren.
2. Der nach den österreichischen Rechtsvorschriften für die Gewährung des Kinderzuschusses oder der Waisenrente zuständige Träger hat die für die Feststellung der Zulage erforderlichen Verfahrensschritte zu koordinieren.

§ 6a. Besteht bei Anwendung eines Abkommens ein Leistungsanspruch nach den österreichischen Rechtsvorschriften nur unter Zusammenrechnung der Versicherungszeiten und ist die Leistung ausschließlich auf Grund der österreichischen Versicherungszeiten festzustellen, so beträgt

a) die Verminderung der Leistung wegen Inanspruchnahme vor Erreichung des Regelpensionsalters für je zwölf Monate der früheren Inanspruchnahme höchstens 5% der Summe der Steigerungspunkte,
b) die Erhöhung der Leistung wegen Inanspruchnahme nach Erreichung des Regelpensionsalters für je zwölf Monate der späteren Inanspruchnahme 5% der Summe der Steigerungspunkte.

Bleibt ein Rest von weniger als zwölf Monaten, so wird für jeden Restmonat ein Zwölftel von 5% berücksichtigt. Der Prozentsatz ist auf drei Dezimalstellen zu runden.

(BGBl I 2000/93)

§ 6b. Entsteht ein Leistungsanspruch ausschließlich unter Zusammenrechnung der Versicherungszeiten in Anwendung eines Abkommens, so ist die Wartezeit für die Inanspruchnahme der erhöhten Alterspension frühestens mit dem Zeitpunkt des Inkrafttretens dieses Abkommens erfüllt.

(BGBl I 2000/93)

Ergänzende Regelungen betreffend Kostenerstattungen

§ 7. In jenen Fällen, in denen anstelle der nach den Art. 93 bis 96 der Durchführungsverordnung vorgesehenen Kostenerstattung eine Erstattung auf der Grundlage eines Pauschbetrages oder ein Verzicht auf eine Erstattung vereinbart wird, hat der Bundesminister für Arbeit und Soziales erforderlichenfalls folgendes zu regeln:

a) Bezeichnung des Trägers des Wohnortes als zuständiger Träger;
b) Maßnahmen zur Vermeidung einer außergewöhnlichen Belastung, die sich für einen österreichischen Träger oder für die österreichische Verbindungsstelle aus der Erstattung auf der Grundlage eines Pauschbetrages oder aus dem Verzicht auf eine Erstattung ergeben würde.

Beziehungen der Träger zu den Landesfonds und dem Fonds nach § 149 Abs. 3 zweiter Satz ASVG in zwischenstaatlichen Fällen

(BGBl I 2001/5)

§ 7a. (1) Die den Landesfonds auf Grund der Vereinbarung gemäß Art. 15a B-VG über die Neustrukturierung des Gesundheitswesens und der Krankenanstaltenfinanzierung für die Jahre 2001 bis 2004 als Träger des Aufenthalts- oder Wohnortes entstehenden Kosten für eine Behandlung von Personen, die Leistungsansprüche nach der Verordnung oder einem Abkommen haben, werden gegenüber den zuständigen ausländischen Trägern im Wege der örtlich jeweils in Betracht kommenden Gebietskrankenkasse geltend gemacht. Die Gebietskrankenkassen reichen diese Forderungen wie entsprechende eigene zwischenstaatliche Forderungen weiter und überweisen den Landesfonds die von den zuständigen ausländischen Trägern erstatteten Kosten, soweit Abs. 2 nichts anderes bestimmt, sobald diese bei ihnen eingelangt sind.

(BGBl I 2001/5)

(2) In Fällen einer pauschalen Kostenerstattung oder eines Kostenerstattungsverzichtes überweisen die Gebietskrankenkassen den Landesfonds die diesen als Träger des Aufenthalts- oder Wohnortes erwachsenden Kosten mit Ende des Jahres der Geltendmachung, wobei eine generelle Kürzung des Pauschbetrages entsprechend zu berücksichtigen ist.

(2a) Die Abs. 1 und 2 gelten entsprechend für die dem Fonds nach § 149 Abs. 3 zweiter Satz ASVG als Träger des Aufenthalts- oder Wohnortes entstehenden Kosten für eine Behandlung von Personen, die Leistungsansprüche nach der Verordnung oder einem Abkommen haben.

(BGBl I 2001/5)

(3) Für die Behandlung von aus der österreichischen Sozialversicherung anspruchsberechtigten Personen auf Grund der Verordnung oder eines Abkommens in ausländischen Krankenanstalten gelten die Träger der Sozialversicherung weiterhin als zuständige Träger.

(4) Die Kosten einer Anstaltspflege im Ausland, die die österreichischen Träger der Sozialversicherung auf Grund des innerstaatlichen Rechts oder auf Grund der Verordnung oder eines Abkommens aufzuwenden oder zu erstatten haben, weil die betreffende Person

1. aus medizinischen Gründen aus einer inländischen in eine ausländische Krankenanstalt verlegt wurde oder
2. die ihrem Zustand angemessene Behandlung im Inland nicht oder nicht in einem Zeitraum erhalten konnte, der für diese Behandlung normalerweise erforderlich ist,

sind den Trägern der Sozialversicherung aus Mitteln des Bundes gemäß Art. 12 Abs. 4 Z 4 der im Abs. 1 genannten Vereinbarung in dem Ausmaß zu ersetzen, in dem die insgesamt von den Trägern der Sozialversicherung in einem Jahr für diese Fälle aufgewendeten Beträge den Betrag von 4 915 663,18 € übersteigen. Dieser Betrag ist für die Jahre 2002 bis 2004 entsprechend Art. 13 Abs. 2 und 3 dieser Vereinbarung zu valorisieren. Die Träger der Sozialversicherung haben die Aufwendungen in diesen Fällen jeweils unverzüglich an den Hauptverband der österreichischen Sozialversicherungsträger zu melden. Der Hauptverband der österreichischen Sozialversicherungsträger hat laufend die Entwicklung der Aufwendungen zu überwachen und gegebenenfalls die Erstattung aus den Mitteln des Bundes im Namen der betroffenen Träger geltend zu machen. Die Erstattungen aus den Mitteln des Bundes sind am Ende des Jahres der Geltendmachung an die betroffenen Träger im Verhältnis der insgesamt in diesen Fällen aufgewendeten Beträge zu überweisen.

(BGBl I 2001/5, BGBl I 2001/67)

(BGBl 1996/764)

Währungsumrechnung

§ 8. In jenen Fällen, in denen die Verordnung nicht anzuwenden ist, gilt für die Umrechnung der Landeswährung eines Staates, für den die Verordnung gilt, Art. 107 der Durchführungsverordnung entsprechend.

Schlußbestimmungen

§ 9. Dieses Bundesgesetz tritt an dem Tag in Kraft, an dem die Verordnung für Österreich wirksam wird.

§ 9a. Es treten in Kraft:

1. rückwirkend mit 1. Jänner 1994 § 5 in der Fassung des Bundesgesetzes BGBl. Nr. 602/1996,
2. mit 1. September 1996 § 4 Abs. 2 in der Fassung des Bundesgesetzes BGBl. Nr. 602/1996.

(BGBl 1996/602)

§ 9b. § 1 Abs. 1 Z 7 und § 7a in der Fassung des Bundesgesetzes BGBl. Nr. 764/1996 treten gleichzeitig mit der Vereinbarung gemäß Art. 15a B-VG über die Reform des Gesundheitswesens und der Krankenanstaltenfinanzierung für die Jahre 1997 bis 2000 in Kraft.

(BGBl 1996/764, BGBl I 2001/5)

§ 9c. (1) Die §§ 4 Abs. 2 und 6a mit Ausnahme der lit. b in der Fassung des Bundesgesetzes BGBl. I Nr. 93/2000 treten rückwirkend mit 1. Jänner 2000 in Kraft.

(2) § 6a lit. b in der Fassung des Bundesgesetzes BGBl. I Nr. 93/2000 tritt mit 1. Oktober 2000 in Kraft.

(3) Soweit für die Berechnung der Leistung bei Invalidität die am 31. Dezember 1999 geltenden Rechtsvorschriften weiterhin anzuwenden sind, ist auch dieses Bundesgesetz in der an diesem Tag geltenden Fassung weiterhin anzuwenden.

(4) Wurde eine Leistung, auf die die §§ 4 Abs. 2 und 6a in der Fassung des Bundesgesetzes BGBl. I Nr. 93/2000 anzuwenden sind, bereits vor dem Inkrafttreten dieses Bundesgesetzes bescheidmäßig festgestellt, so ist die Leistung auf Antrag neu festzustellen.

(BGBl I 2000/93)

§ 9d. (1) § 7a in der Fassung des Bundesgesetzes BGBl. I Nr. 5/2001 tritt mit 1. Jänner 2001 in Kraft.

(2) § 9b in der Fassung des Bundesgesetzes BGBl. I Nr. 5/2001 tritt mit 31. Dezember 2000 in Kraft.

(BGBl I 2001/5)

§ 9e. Die Überschrift zu § 7a sowie § 7a Abs. 2a in der Fassung des Bundesgesetzes BGBl. I Nr. 5/2001 treten mit 1. Jänner 2002 in Kraft.

(BGBl I 2001/5)

§ 9f. § 7a Abs. 4 erster Satz in der Fassung des Bundesgesetzes BGBl. I Nr. 67/2001 tritt mit 1. Jänner 2002 in Kraft.

(BGBl I 2001/67)

§ 10. Mit der Vollziehung dieses Bundesgesetzes sind betraut:

1. hinsichtlich der §§ 6 und 8 der Bundesminister für Arbeit und Soziales und der Bundesminister für Umwelt, Jugend und Familie;
2. hinsichtlich aller übrigen Bestimmungen der Bundesminister für Arbeit und Soziales.

Klestil

Vranitzky

9. Verzeichnis der Abkommen über Soziale Sicherheit

1. EU und EWR

Verordnung (EWG) Nr. 1408/71 des Rates vom 14.6.1971 zur Anwendung der Systeme der sozialen Sicherheit auf Arbeitnehmer, Selbständige und deren Familienangehörige die innerhalb der Gemeinschaft zu- und abwandern und Verordnung (EWG) Nr. 574/72 des Rates vom 21. März 1972 über die Durchführung der Verordnung (EWG) Nr. 1408/71 in der zuletzt mit Verordnung (EWG) Nr. 1399/1999 vom 30.6.1999 geänderten Fassung.

Bundesgesetz betreffend ergänzende Regelungen im Verhältnis zur Europäischen Union und anderen Vertragsstaaten (Sozialversicherungs-Ergänzungsgesetz – SV-EG) im Bereich der sozialen Sicherheit BGBl 1994/154 idF der Bundesgesetze BGBl 1996/602, 1996/764, I 2000/93 und I 2001/5.

2. Zweiseitige Abkommen

Australien

Abk vom 1.4.1992 (BGBl 1992/656) mit Durchführungsvereinbarung vom 1.4.1992 (BGBl 1992/657).

Belgien

Abk vom 4.4.1977 (BGBl 1978/612) mit Durchführungsvereinbarung vom 1.12.1977 (BGBl 1978/613).

Bosnien-Herzegowina

Abk vom 12.2.1999 (BGBl III 2001/229) mit Durchführungsvereinbarung vom 12.2.1999 (BGBl III 2001/230).

Chile

Abk vom 19.6.1997 (BGBl III 1999/200) mit Durchführungsvereinbarung vom 19.6.1997 (BGBl III 1999/224).

Dänemark

Abk vom 16.6.1987 (BGBl 1988/76) mit Durchführungsvereinbarung vom 16.6.1987 (BGBl 1988/77).

Kostenerstattungsvereinbarung vom 13.2.1995 (BGBl 1995/171).

Deutschland

Abk vom 4.10.1995 (BGBl III 1998/138).

Abk über Arbeitslosenversicherung vom 19.7.1978 (BGBl 1979/392) mit Durchführungsvereinbarung vom 2.8.1978 (BGBl 1979/393).

Kostenerstattungsvereinbarung vom 21.4.1999 (BGBl III 2000/58).

Finnland

Abk vom 11.12.1985 (BGBl 1987/349) idF des Zusatzabk vom 9.3.1993 (BGBl 1994/15) mit Durchführungsvereinbarung vom 15.6.1987 (BGBl 1987/350).

Kostenerstattungsvereinbarung vom 23.6.1994 (BGBl 1994/898).

Frankreich

Abk vom 28.5.1971 (BGBl 1972/383) idF des Zusatzabk vom 9.6.1980 (BGBl 1983/515) mit Durchführungsvereinbarung vom 1.9.1972 (BGBl 1972/384) idF der Zusatzvereinbarung vom 5.7.1984 (BGBl 1984/383).

Griechenland

Abk vom 14.12.1979 (BGBl 1981/420) idF des Zusatzabk vom 21.5.1986 (BGBl 1987/381) mit Durchführungsvereinbarung vom 17.1.1980 (BGBl 1981/421).

Großbritannien

Abk vom 22.7.1980 (BGBl 1981/117) idF der Zusatzabk vom 9.12.1985 (BGBl 1987/436) und 13.10.1992 (BGBl 1993/50) mit Durchführungsvereinbarung vom 10.11.1980 (BGBl 1981/118) idF der Zusatzvereinbarungen vom 26.3.1986 (BGBl 1987/437) und 4.6.1993 (BGBl 1993/477).

Kostenerstattungsvereinbarung vom 30.11.1994 (BGBl 1995/67).

Irland

Abk vom 30.9.1988 (BGBl 1989/486) mit Durchführungsvereinbarung vom 9.6.1989 (BGBl 1989/487).

Kostenerstattungsvereinbarung vom 25.4.2000 (BGBl III 2000/99).

Island

Abk vom 18.11.1993 (BGBl 1996/62).

Kostenerstattungsvereinbarung vom 21.6.1995 (BGBl 1995/551)

Israel

Abk vom 28.11.1973 (BGBl 1975/6) idF des Zusatzabk vom 13.1.2000 (BGBl III 2002/30) mit Durchführungsvereinbarung vom 28.11.1973 (BGBl 1975/7).

Italien

Abk vom 21.2.1981 (BGBl 1983/307) mit Durchführungsvereinbarung vom 21.1.1981 (BGBl 1983/308).

Jugoslawien

Abk vom 19.11.1965 (BGBl 1966/289) idF der Zusatzabk vom 19.3.1979 (BGBl 1980/81) und 11.5.1988 (BGBl 1989/269) mit Durchführungsvereinbarung vom 17.12.1965 (BGBl 1966/290) idF der Zusatzvereinbarungen vom 24.4.1975 (BGBl 1975/354) und 11.5.1988 (BGBl 1989/270).

Kanada

Abk vom 24.2.1987 (BGBl 1987/451) idF des Zusatzabk vom 12.9.1995 (BGBl 1995/570) mit Durchführungsvereinbarung vom 24.2.1987 (BGBl 1987/464).

Vereinbarung mit der Provinz Quebec vom 9.12.1993 (BGBl 1993/551 und 1994/464) idF der Zusatzvereinbarung vom 27.3.1997 (BGBl I

1997/28) mit Durchführungsvereinbarung vom 9.12.1993 (BGBl 1994/464).

Kroatien

Abk vom 16.1.1997 (BGBl III 1998/162) mit Durchführungsvereinbarung vom 11.4.1997 (BGBl III 1998/163).

Liechtenstein

Abk vom 23.9.1996 (BGBl III 1998/151).

Abk über die Arbeitslosenversicherung vom 24.7.1981 (BGBl 1982/76) mit Durchführungsvereinbarung vom 16.6.1991 (BGBl 1982/77).

Kostenerstattungsvereinbarung vom 14.12.1995 (BGBl 1996/61).

Luxemburg

Abk vom 31.7.1997 (BGBl III 1999/156).

Kostenerstattungsvereinbarung vom 22.6.1995 (BGBl 1995/552).

Mazedonien

Abk vom 28.2.1997 (BGBl III 1998/46) mit Durchführungsvereinbarung vom 31.7.1998 (BGBl III 1998/142)

Niederlande

Abk vom 9.12.1998 (BGBl III 2000/47).

Kostenerstattungsvereinbarung vom 17.11.1993 (BGBl 1994/896).

Norwegen

Abk vom 18.10.1996 (BGBl III 1998/202).

Kostenerstattungsvereinbarung vom 17.12.1996 (BGBl III 1997/10).

Philippinen

Abk vom 1.12.1980 (BGBl 1982/116) mit Durchführungsvereinbarung vom 14.1.1982 (BGBl 1982/117).

Polen

Abk vom 7.9.1998 (BGBl III 2000/212) mit Durchführungsvereinbarung vom 19.9.2000 (BGBl III 2000/213).

Portugal

Abk vom 16.12.1998 (BGBl III 2000/205)

Schweden

Abk vom 5.6.1997 (BGBl III 1997/72)

Kostenerstattungsvereinbarung vom 22.12.1993 (BGBl 1994/897).

Schweiz

Abk vom 15.11.1967 (BGBl 1969/4) idF der Zusatzabk vom 17.5.1973 (BGBl 1974/341), 30.11.1977 (BGBl 1979/448), 14.12.1987 (BGBl 1989/545) und 11.12.1996 (BGBl III 1998/203) mit Durchführungsvereinbarung vom 1.10.1968 (BGBl 1969/5) idF der Zusatzvereinbarungen vom 2.5.1974 (BGBl 1974/492), 1.2.1979 (BGBl 1979/449) und 12.12.1989 (BGBl 1990/48).

Abk über die Arbeitslosenversicherung vom 14.12.1978 (BGBl 1979/515) mit Durchführungsvereinbarung vom 5.10.1979 (BGBl 1979/516).

Slowenien

Abk. vom 10.3.1997 (BGBl III 1998/103) mit Durchführungsvereinbarung vom 23.5.1997 (BGBl III 1998/104).

Spanien

Abk vom 6.11.1981 (BGBl 1983/305) mit Durchführungsvereinbarung vom 8.4.1983 (BGBl 1983/306).

Tschechische Republik

Abk vom 20.7.1999 (BGBl III 2001/95) mit Durchführungsvereinbarung vom 28.6.2001 (BGBl III 2001/144).

Tunesien

Abk vom 23.6.1999 (BGBl III 2000/197) mit Durchführungsvereinbarung vom 9.5.2000 (BGBl III 2000/198).

Türkei

Abk vom 28.10.1999 (BGBl III 2000/219) mit Durchführungsvereinbarung vom 15.11.2000 (BGBl III 2000/220).

Ungarn

Abk vom 31.3.1999 (BGBl III 2000/199) mit Durchführungsvereinbarung vom 31.3.1999 (BGBl III 2000/200).

Vereinigte Staaten von Amerika

Abk vom 13.7.1990 (BGBl 1991/511) idF des Zusatzabk vom 5.10.1995 (BGBl 1996/779) mit Durchführungsvereinbarung vom 3.7.1990 (BGBl 1991/512).

Zypern

Abk vom 5.11.1991 (BGBl 1992/670) mit Durchführungsvereinbarung vom 25.9.1992 (BGBl 1992/671).

3. Mehrseitige Abkommen

Europäisches Abkommen

Abk und Zusatzvereinbarung vom 14.12.1972 (BGBl 1977/428) idF BGBl 1980/564, 1983/281, 1984/51, 1986/666 bis 668, 1988/160, 1990/268 und 658 sowie BGBl III 2001/257 bis 260.

Bundesverfassungsgesetz vom 20.2.1986 (BGBl 1986/139).

Vierseitiges Übereinkommen

(Deutschland, Liechtenstein, Schweiz)

Übereinkommen vom 9.12.1977 (BGBl 1980/464) idF des Zusatzabk vom 8.10.1982 (BGBl 1984/28) mit Durchführungsvereinbarung vom 28.3.1979 (BGBl 1980/465).

4. Abkommen mit internationalen Organisationen

Cern

Abk vom 1.6.1973 (BGBl 1974/217) idF des Zusatzabk vom 13.12.1988 (BGBl 1989/592).

Flüchtlingshochkommissär

Abk vom 6.8.1976 (BGBl 1977/355) und Notenwechsel vom 20.12.1985 (BGBl 1986/418).

IAEO

Abk vom 2.12.1999 (BGBl III 2000/187).

OPEC

Abk vom 20.7.1998 (BGBl III 1999/143).

UNIDO

Abk vom 15.2.1970 (BGBl 1971/424) und Notenwechsel vom 20.12.1985 (BGBl 1986/419).

Vereinte Nationen

Notenwechsel vom 27.7.1982 (BGBl 1983/340) und Notenwechsel vom 20.12.1985 (BGBl 1986/418).

---

[a]) Für zweckdienliche Anregungen wird Herrn MR Dr. Helmut SIEDL gedankt.

10. NEUGRÜNDUNGS-FÖRDERUNGSGESETZ

10. NEUGRÜNDUNGS-FÖRDERUNGSGESETZ

10. Bundesgesetz, mit dem die Neugründung von Betrieben gefördert wird (Neugründungs-Förderungsgesetz – NEUFÖG), BGBl I 1999/106

Bundesgesetz, mit dem die Neugründung von Betrieben gefördert wird (Neugründungs-Förderungsgesetz – NEUFÖG)

Förderung der Neugründung

§ 1. Zur Förderung der Neugründung von Betrieben werden nach Maßgabe der §§ 2 bis 6 nicht erhoben:

1. Stempelgebühren und Bundesverwaltungsabgaben für die durch eine Neugründung unmittelbar veranlaßten Schriften und Amtshandlungen;
2. Grunderwerbsteuer für die Einbringung von Grundstücken auf gesellschaftsvertraglicher Grundlage unmittelbar im Zusammenhang mit der Neugründung der Gesellschaft, soweit Gesellschaftsrechte oder Anteile am Vermögen der Gesellschaft als Gegenleistung gewährt werden;
3. Gerichtsgebühren für die Eintragungen in das Fimenbuch (Tarifpost 10 Z I des Gerichtsgebührengesetzes) unmittelbar im Zusammenhang mit der Neugründung des Betriebes;
4. Gerichtsgebühren für die Eintragungen in das Grundbuch zum Erwerb des Eigentums (Tarifpost 9 lit. a und lit. b des Gerichtsgebührengesetzes) für die Einbringung von Grundstücken auf gesellschaftsvertraglicher Grundlage unmittelbar im Zusammenhang mit der Neugründung der Gesellschaft, soweit Gesellschaftsrechte oder Anteile am Vermögen der Gesellschaft als Gegenleistung gewährt werden;
5. Gesellschaftsteuer für den Erwerb von Gesellschaftsrechten unmittelbar im Zusammenhang mit der Neugründung der Gesellschaft durch den ersten Erwerber;
6. Börsenumsatzsteuer für die Einbringung von Wertpapieren auf gesellschaftsvertraglicher Grundlage unmittelbar im Zusammenhang mit der Neugründung der Gesellschaft, soweit Gesellschaftsrechte oder Anteile am Vermögen der Gesellschaft als Gegenleistung gewährt werden;
7. die im Kalendermonat der Neugründung sowie in den darauffolgenden elf Kalendermonaten für beschäftigte Arbeitnehmer (Dienstnehmer) anfallenden Dienstgeberbeiträge zum Familienlastenausgleichsfonds (§§ 41 ff des Familienlastenausgleichsgesetzes 1967), Wohnbauförderungsbeiträge des Dienstgebers oder Auftraggebers (§ 3 Abs. 2 des Bundesgesetzes über die Einhebung eines Wohnbauförderungsbeitrages), Beiträge zur gesetzlichen Unfallversicherung (§ 51 Abs. 1 Z 2, § 52 und § 53a des Allgemeinen Sozialversicherungsgesetzes) unbeschadet des Bestandes der Pflichtversicherung in der gesetzlichen Unfallversicherung sowie die in diesem Zeitraum für beschäftigte Arbeitnehmer anfallende Kammerumlage nach § 122 Abs. 7 und 8 des Wirtschaftskammergesetzes 1998.

Begriff der Neugründung

§ 2. Die Neugründung eines Betriebes liegt unter folgenden Voraussetzungen vor:

1. Es wird durch Schaffung einer bisher nicht vorhandenen betrieblichen Struktur ein Betrieb neu eröffnet, der der Erzielung von Einkünften im Sinne des § 2 Abs. 3 Z 1 bis 3 des Einkommensteuergesetzes 1988 dient.
2. Die die Betriebsführung beherrschende Person (Betriebsinhaber) hat sich bisher nicht in vergleichbarer Art beherrschend betrieblich betätigt.
3. Es liegt keine bloße Änderung der Rechtsform in Bezug auf einen bereits vorhandenen Betrieb vor.
4. Es liegt kein bloßer Wechsel in der Person des Betriebsinhabers in Bezug auf einen bereits vorhandenen Betrieb durch eine entgeltliche oder unentgeltliche Übertragung des Betriebes vor.
5. Es wird im Kalendermonat der Neugründung und in den folgenden elf Kalendermonaten die geschaffene betriebliche Struktur nicht durch Erweiterung um bereits bestehende andere Betriebe oder Teilbetriebe verändert.

Zeitpunkt der Neugründung

§ 3. Als Kalendermonat der Neugründung gilt jener, in dem der Betriebsinhaber erstmals werbend nach außen in Erscheinung tritt.

Erklärung der Neugründung

§ 4. Die Wirkungen nach § 1 treten unter den Voraussetzungen der Abs. 1 bis 4 ein.

(1) Die Wirkungen nach § 1 Z 1 bis 6 treten nur dann ein, wenn der Betriebsinhaber bei den in Betracht kommenden Behörden einen amtlichen Vordruck vorlegt, in dem die Neugründung erklärt wird. Auf dem amtlichen Vordruck sind zu erklären:

1. das Vorliegen der Voraussetzungen nach § 2,
2. der Kalendermonat nach § 3,
3. jene Abgaben, Gebühren und Beiträge, bei denen die Wirkungen nach § 1 Z 1 bis 6 eintreten sollen.

(2) Die Wirkungen nach § 1 Z 7 treten nur dann ein, wenn der Betriebsinhaber ein amtliches Formular im Sinne des Abs. 1 erstellt.

(3) Auf dem amtlichen Vordruck muß in den Fällen des Abs. 1 und 2 bestätigt sein, daß die Erklärung der Neugründung unter Inanspruchnahme der Beratung jener gesetzlichen Berufsvertretung, der der Betriebsinhaber zuzurechnen ist, erstellt worden ist. Kann der Betriebsinhaber keiner gesetzlichen Berufsvertretung zugerechnet werden, ist eine Beratung durch die Sozialversicherungsanstalt der gewerblichen Wirtschaft in Anspruch zu nehmen. Der Bundesminister für Finanzen ist ermächtigt, das Verfahren der Bestätigung sowie die Voraussetzungen, unter denen in Bagatellfällen ein solches Verfahren unterbleiben kann, mit Verordnung festzulegen.

(4) Konnten die Wirkungen des § 1 zunächst nur deshalb nicht eintreten, weil der amtliche Vordruck zur Erklärung der Neugründung noch nicht aufgelegt war, so treten bei nachträglicher Vorlage (Abs. 1) oder bei Ausstellung (Abs. 2) des amtlichen Vordrucks die Wirkungen des § 1 nachträglich (rückwirkend) ein. Abgaben und Gebühren im Sinne des § 1 Z 1 bis 6 sind in einem solchen Fall zu erstatten.

Meldeverpflichtung

§ 5. Wird der neugegründete Betrieb im Sinne des § 2 Z 5 erweitert, so entfällt nachträglich (rückwirkend) der Eintritt der Wirkungen des § 1. Der Betriebsinhaber ist verpflichtet, diesen Umstand allen vom Wegfall der Wirkungen betroffenen Behörden unverzüglich mitzuteilen.

Zeitlicher Anwendungsbereich

§ 6. Dieses Bundesgesetz ist auf Neugründungen von Betrieben anzuwenden, die nach dem 1. Mai 1999 und vor dem 1. Jänner 2003 erfolgen.

Amtshilfe

§ 7. (1) Die gesetzlichen Berufsvertretungen und die Sozialversicherungsanstalt der gewerblichen Wirtschaft sind verpflichtet, Abschriften der amtlichen Vordrucke, auf denen Bestätigungen im Sinne des § 4 angebracht worden sind, herzustellen und sieben Jahre ab Ende des Jahres, in dem die Bestätigung angebracht worden ist, aufzubewahren.

(2) Die gesetzlichen Berufsvertretungen und die Sozialversicherungsanstalt der gewerblichen Wirtschaft sind verpflichtet, den für die Erhebung der in § 1 genannten Abgaben, Gebühren und Beiträge zuständigen Institutionen auf Verlangen Auskünfte zu erteilen, die zur Vollziehung dieses Gesetzes erforderlich sind.

(3) Die für die Erhebung der in § 1 genannten Abgaben, Gebühren und Beiträge zuständigen Institutionen sind berechtigt, den jeweils zuständigen Institutionen Umstände mitzuteilen, die dafür sprechen, daß die Voraussetzungen für eine geltend gemachte Befreiung nicht oder nicht mehr vorliegen.

Vollziehung

§ 8. Mit der Vollziehung dieses Bundesgesetzes sind betraut

a) der Bundesminister für Finanzen, soweit die Gebühren nach dem Gebührengesetz, die Bundesverwaltungsabgaben, die Grunderwerbsteuer, die Gesellschaftsteuer und die Börsenumsatzsteuer betroffen sind,
b) der Bundesminister für Justiz im Einvernehmen mit dem Bundesminister für Finanzen, soweit die Gerichtsgebühren betroffen sind,
c) der Bundesminister für Umwelt, Jugend und Familie, soweit die Dienstgeberbeiträge zum Familienlastenausgleichsfonds betroffen sind,
d) der Bundesminister für Arbeit und Soziales, soweit die Wohnbauförderungsbeiträge des Dienstgebers oder Auftraggebers, die Beiträge zur gesetzlichen Unfallversicherung sowie die Mitwirkung im Sinne des § 4 betroffen sind,
e) der Bundesminister für wirtschaftliche Angelegenheiten, soweit die Kammerumlage sowie die Mitwirkung im Sinne des § 4 betroffen ist,
f) der für die gesetzliche Berufsvertretung jeweils zuständige Bundesminister, soweit die Mitwirkung im Sinne des § 4 betroffen ist, wenn sich keine Zuständigkeit aus lit. d oder e ergibt,
g) der Bundesminister für Finanzen in den übrigen Bereichen.

10/1. VERORDNUNG ZUM NEUFÖG

Verordnung des Bundesministers für Finanzen, des Bundesministers für Justiz, des Bundesministers für Umwelt, Jugend und Familie, des Bundesministers für Arbeit, Gesundheit und Soziales und des Bundesministers für wirtschaftliche Angelegenheiten zum Bundesgesetz, mit dem die Neugründung von Betrieben gefördert wird (Neugründungs-Förderungsgesetz – NEUFÖG), BGBl II 1999/278

Förderung der Neugründung

§ 1. (1) Schriften und Amtshandlungen sind im Sinne des § 1 Z 1 NEUFÖG unmittelbar durch eine Neugründung veranlaßt, wenn sie in einem konkreten Zusammenhang mit der Neugründung eines Betriebes (§ 2 NEUFÖG) stehen. Fallen Schriften und Amtshandlungen im Zusammenhang mit allgemeinen persönlichen Qualifikationserfordernissen oder allgemeinen sachlichen Erfordernissen an, sind sie nicht unmittelbar durch die Neugründung veranlaßt, und zwar auch dann nicht, wenn sie im Vorfeld einer Neugründung erforderlich sind.

(2) Gesellschaften im Sinne des § 1 Z 2 und 4 NEUFÖG sind Kapitalgesellschaften, Personengesellschaften des Handelsrechts, eingetragene Erwerbsgesellschaften sowie vergleichbare ausländische Gesellschaften und Europäische wirtschaftliche Interessenvereinigungen (EWIV), nicht aber Gesellschaften bürgerlichen Rechts.

(3) Arbeitnehmer (Dienstnehmer) im Sinne des § 1 Z 7 NEUFÖG sind

- Arbeitnehmer im Sinne des § 47 Abs. 1 EStG 1988,
- Personen, die in § 4 Abs. 1 ASVG in der ab 1. Jänner 2000 geltenden Fassung genannt sind sowie
- Personen, die an Kapitalgesellschaften im Sinne des § 22 Z 2 EStG 1988 beteiligt sind.

Begriff der Neugründung

§ 2. (1) Unter einem Betrieb im Sinne des § 2 Z 1 NEUFÖG ist die Zusammenfassung menschlicher Arbeitskraft und sachlicher Betriebsmittel in einer organisatorischen Einheit zu verstehen. Ein Betrieb wird neu eröffnet, wenn die für den konkreten Betrieb wesentlichen Betriebsgrundlagen neu geschaffen werden. Der Betrieb muß der Erzielung von Einkünften aus Land- und Forstwirtschaft, Einkünften aus selbständiger Arbeit (einschließlich Einkünften aus sonstiger selbständiger Arbeit) oder von Einkünften aus Gewerbebetrieb dienen. Keine Neugründung eines Betriebes liegt bei Aufnahme einer Betätigung im Sinne des § 1 Abs. 2 der Liebhabereiverordnung, BGBl. Nr. 33/1993, vor.

(2) Betriebsinhaber ist die die Betriebsführung beherrschende natürliche oder juristische Person. Betriebsinhaber im Sinne des § 2 Z 2 NEUFÖG sind ungeachtet allfälliger gesellschaftsvertraglicher Sonderbestimmungen:

- Einzelunternehmer,
- persönlich haftende Gesellschafter von Personengesellschaften,
- nicht persönlich haftende Gesellschafter von Personengesellschaften, wenn sie entweder zu mindestens 50% am Vermögen der Gesellschaft beteiligt sind oder wenn sie zu mehr als 25% am Vermögen der Gesellschaft beteiligt und zusätzlich zur Geschäftsführung befugt sind,
- Gesellschafter von Kapitalgesellschaften, wenn sie entweder zu mindestens 50% am Vermögen der Gesellschaft beteiligt sind oder wenn sie zu mehr als 25% am Vermögen der Gesellschaft beteiligt und zusätzlich zur Geschäftsführung befugt sind.

(3) Keine Neugründung liegt vor, wenn sich der Betriebsinhaber (Abs. 2) innerhalb der letzten 15 Jahre vor dem Zeitpunkt der Neugründung als Betriebsinhaber (Abs. 2) eines Betriebes vergleichbarer Art betätigt hat. Vergleichbare Betriebe sind solche der selben Klasse im Sinne der Systematik der Wirtschaftstätigkeiten, ÖNACE 1995 (herausgegeben vom Österreichischen Statistischen Zentralamt).

Zeitpunkt der Neugründung

§ 3. Der Betriebsinhaber tritt erstmals nach außen werbend in Erscheinung (Zeitpunkt der Neugründung), wenn die für den Betrieb typischen Leistungen am Markt angeboten werden.

Erklärung der Neugründung

§ 4. (1) Der amtliche Vordruck über die Erklärung der Neugründung wird mit 1. September 1999 aufgelegt (**Anhang** zur Verordnung). Ab 1. September 1999 treten die Wirkungen des § 1 Z 1 bis 6 NEUFÖG nur dann ein, wenn der Betriebsinhaber bei den in Betracht kommenden Behörden den amtlichen Vordruck, in dem die Neugründung erklärt wird, vorlegt. Für Zeiträume vor dem 1. September 1999 treten die Wirkungen des § 1 NEUFÖG nachträglich (rückwirkend) ein. Abgaben und Gebühren im Sinne des § 1 Z 1 bis 6 NEUFÖG sind in diesen Fällen bei nachträglicher Vorlage des amtlichen Vordrucks zu erstatten (zurückzuzahlen). Abgaben und Beiträge im Sinne des § 1 Z 7 NEUFÖG sind nachträglich festzusetzen bzw. zu verrechnen.

(2) Auf dem amtlichen Vordruck muß bestätigt sein, daß die Erklärung der Neugründung unter Inanspruchnahme der Beratung jener gesetzlichen Berufsvertretung, der der Betriebsinhaber zuzurechnen ist, erstellt worden ist. Kann der Betriebsinhaber keiner gesetzlichen Berufsvertretung zugerechnet werden, ist eine Beratung durch die So-

zialversicherungsanstalt der gewerblichen Wirtschaft in Anspruch zu nehmen.

(3) Die Bestätigung über die Beratung durch die Sozialversicherungsanstalt der gewerblichen Wirtschaft kann entfallen, wenn ausschließlich die Wirkungen des § 1 Z 1 NEUFÖG eintreten.

Edlinger Michalek Bartenstein Hostasch Farnleitner

Sehr geehrte Betriebsinhaberin! Sehr geehrter Betriebsinhaber!
Zur Förderung der Neugründung von Betrieben ab 2. Mai 1999 werden bestimmte Abgaben, Beiträge und Gebühren, die unmittelbar im Zusammenhang mit der Neugründung stehen, nicht erhoben. Für die Inanspruchnahme der Begünstigungen müssen Sie die folgende Erklärung unterschreiben und bei den jeweils in Betracht kommenden Behörden (zB Finanzamt, Gericht, Bezirkshauptmannschaft, Magistrat, Landeshauptmann) bzw. Parteienvertretern (zB Notar bei Selbstberechnung der Grunderwerbsteuer) vorlegen.
Für die Befreiung von bestimmten Lohnabgaben (Dienstgeberbeiträge zum Familienlastenausgleichsfonds, Zuschläge zum Dienstgeberbeitrag, Wohnbauförderungsbeiträge, Beiträge zur gesetzlichen Unfallversicherung) im Kalendermonat der Neugründung und in den folgenden elf Kalendermonaten ist die Erklärung zu den Aufzeichnungen zu nehmen und dem Finanzamt bzw. der Gebietskrankenkasse zur Kenntnis zu bringen.

Erklärung der Neugründung (§ 4 Neugründungs-Förderungsgesetz)

Zutreffendes bitte ankreuzen ☒!

Angaben zum Betrieb

Name bzw. Firmenbezeichnung und Anschrift	Geburtsdatum (bei natürlichen Personen)

1. **Die folgenden Voraussetzungen für die Neugründung eines Betriebes liegen vor:**
- Es wird durch Schaffung einer bisher nicht vorhandenen betrieblichen Struktur ein Betrieb neu eröffnet.
- Die die Betriebsführung beherrschende Person (Betriebsinhaber) hat sich bisher nicht in vergleichbarer Art beherrschend betrieblich betätigt.
- Es liegt keine bloße Änderung der Rechtsform in Bezug auf einen bereits vorhandenen Betrieb vor.
- Es liegt kein bloßer Wechsel in der Person des Betriebsinhabers in Bezug auf einen bereits vorhandenen Betrieb vor.
- Es wird im Kalendermonat der Neugründung und in den folgenden elf Kalendermonaten die geschaffene betriebliche Struktur nicht durch Erweiterung um bereits bestehende andere Betriebe oder Teilbetriebe verändert.

2. **Der Kalendermonat der Neugründung ist (voraussichtlich) der Monat/Jahr** ➢

Kalendermonat der Neugründung	Jahr

3. **Ich beanspruche, dass die folgenden Abgaben, Gebühren und Beiträge für die unmittelbar durch die Gründung veranlassten Vorgänge nicht erhoben werden:**

☐ Stempelgebühren und Bundesverwaltungsabgaben
☐ Gerichtsgebühren für die Eintragungen in das Firmenbuch
☐ Gesellschaftsteuer für den Erwerb von Gesellschaftsrechten
☐ Grunderwerbsteuer für die Einbringung von Grundstücken auf gesellschaftsvertraglicher Grundlage
☐ Gerichtsgebühren für die Eintragungen in das Grundbuch zum Erwerb des Eigentums für die Einbringung von Grundstücken auf gesellschaftsvertraglicher Grundlage
☐ Börsenumsatzsteuer für die Einbringung von Wertpapieren auf gesellschaftsvertraglicher Grundlage

4. **Diese Erklärung wird (voraussichtlich) bei folgenden Behörden vorgelegt werden:**

☐ Finanzamt für ______________ ☐ ______________
☐ Gericht ______________ ☐ ______________
☐ Bezirkshauptmannschaft ______________ ☐ ______________
☐ Magistrat ______________ ☐ ______________
☐ Landeshauptmann für ______________ ☐ ______________

Ich nehme zur Kenntnis, dass die Erweiterung des neu gegründeten Betriebes im Kalendermonat der Neugründung und in den folgenden elf Kalendermonaten um bereits bestehende Betriebe oder Teilbetriebe den betroffenen Behörden unverzüglich mitzuteilen ist.

Ich versichere, dass ich die Angaben nach bestem Wissen und Gewissen richtig und vollständig gemacht habe. Mir ist bekannt, dass die Angaben überprüft werden und dass unrichtige oder unvollständige Angaben strafbar sind.

____
Datum, Unterschrift des Betriebsinhabers

Bestätigung der gesetzlichen Berufsvertretung/Sozialversicherungsanstalt der gewerblichen Wirtschaft (§ 4 Abs. 3 Neugründungs-Förderungsgesetz)

Die Erklärung der Neugründung wurde unter Inanspruchnahme der Beratung erstellt.
Gesetzliche Berufsvertretung bzw. Sozialversicherungsanstalt der gewerblichen Wirtschaft

Bezeichnung und Anschrift

____
Datum, Stempel und Unterschrift

NeuFö 1 **Aufgelegt mit 1. September 1999**

11. IN-VITRO-FERTILISATION-FONDS-GESETZ

11. In-vitro-Fertilisation-Fonds-Gesetz (IVF-Fonds-Gesetz), BGBl I 1999/180

180. Bundesgesetz, mit dem ein Fonds zur Finanzierung der In-vitro-Fertilisation eingerichtet wird (IVF-Fonds-Gesetz)

Der Nationalrat hat beschlossen:

Gegenstand

§ 1. Der Bund trägt nach Maßgabe der folgenden Bestimmungen Kosten der In-vitro-Fertilisation (§ 1 Abs. 2 Z 2 bis 4 des Fortpflanzungsmedizingesetzes, BGBl. Nr. 275/1992).

IVF-Fonds

§ 2. (1) Beim Bundesministerium für Arbeit, Gesundheit und Soziales ist ein Fonds zur Mitfinanzierung der In-vitro-Fertilisation (im folgenden kurz „Fonds" genannt) einzurichten. Der Fonds hat Rechtspersönlichkeit und wird vom Bundesminister für Arbeit, Gesundheit und Soziales im Einvernehmen mit dem Bundesminister für Umwelt, Jugend und Familie vertreten.

(2) Der Fonds hat bei Vorliegen der Voraussetzungen nach § 4 70% der Kosten der In-vitro-Fertilisation zu tragen, wenn diese in Vertragskrankenanstalten nach § 5 durchgeführt wird.

(3) Der Fonds hat für jedes Geschäftsjahr einen Voranschlag und einen Rechnungsabschluß, der jedenfalls aus einer Erfolgsrechnung und einer Schlußbilanz zum Ende des Jahres bestehen muß, sowie einen Geschäftsbericht zu verfassen und den Bundesministern für Arbeit, Gesundheit und Soziales sowie für Umwelt, Jugend und Familie vorzulegen. Geschäftsjahr ist das Kalenderjahr.

Mittel des Fonds

§ 3. (1) Die Mittel des Fonds werden aufgebracht durch Überweisungen

1. aus dem Ausgleichsfonds für Familienbeihilfen und
2. der Krankenversicherungsträger.

(2) Der Fonds hat ausgeglichen zu gebaren. Die Mittel zur Kostentragung nach § 2 Abs. 2 sind

1. zu 50% aus dem Ausgleichsfonds für Familienbeihilfen und
2. zu 50% durch die Krankenversicherungsträger unter Anwendung des Schlüssels nach § 567 Abs. 8 Z 2 des Allgemeinen Sozialversicherungsgesetzes, BGBl. Nr. 189/1955,

aufzubringen.

(3) Die Überweisung durch den Ausgleichsfonds für Familienbeihilfen und die Krankenversicherungsträger hat innerhalb von vier Wochen nach Antragstellung durch den Fonds zu erfolgen. Der Antrag hat den Nachweis über die Angemessenheit allfällig zu leistender Vorschüsse an den Fonds bzw. über die Fälligkeit der mit dem Fonds abgerechneten Beträge zu enthalten.

(4) Die Mittel des Fonds sind derart anzulegen, daß sie zur Deckung des Aufwandes jederzeit herangezogen werden können.

(5) Der Fonds ist von allen Abgaben und Gebühren befreit.

Anspruchsberechtigung

§ 4. (1) Anspruch auf Kostentragung nach § 2 Abs. 2 besteht für höchstens vier Versuche pro Paar und angestrebter Schwangerschaft in den Fällen von Sterilität tubaren Ursprungs bei der Frau oder in den Fällen von Sterilität beim Mann, sofern

1. zum Zeitpunkt des Beginns eines Versuches einer In-vitro-Fertilisation die Frau das 40. Lebensjahr und der Mann das 50. Lebensjahr noch nicht vollendet hat,
2. die Leistungszuständigkeit der gesetzlichen Krankenversicherung oder einer Krankenfürsorgeeinrichtung im Krankheitsfall vorliegt und
3. bei Personen, die nicht österreichische Staatsbürger sind, die Voraussetzungen des § 3 Abs. 1 des Familienlastenausgleichsgesetzes 1967, BGBl. Nr. 376, erfüllt sind.

(2) Die Kostentragung nach § 2 Abs. 2 setzt weiters voraus, daß der Träger der Krankenanstalt

1. eine Zulassung nach § 5 Abs. 2 des Fortpflanzungsmedizingesetzes besitzt,
2. über einen rechtsgültigen Vertrag mit dem Fonds (§ 5) verfügt und
3. einen Behandlungsvertrag mit den in Abs. 1 genannten Personen geschlossen hat, dem die in Abs. 1 genannten Anspruchsvoraussetzungen zugrunde liegen.

Vertragskrankenanstalten; Qualitätssicherung

§ 5. (1) Der Hauptverband der österreichischen Sozialversicherungsträger schließt für den Fonds mit Trägern von Krankenanstalten, die In-vitro-Fertilisationen durchführen, Verträge ab. Durch diese Verträge wird die Berechtigung zur Durchführung der In-vitro-Fertilisationen unter Kostentragung des Fonds (§ 2 Abs. 2) begründet. Sie bedürfen zu ihrer Rechtsgültigkeit der Zustimmung des Fonds.

(2) Die Verträge nach Abs. 1 haben bundeseinheitlich zu sein und zumindest folgenden Inhalt aufzuweisen:

1. Leistungsumfang und Honorierung;
2. Dokumentation;
3. Rechte und Pflichten der Vertragspartner;
4. Maßnahmen der Qualitätssicherung;

5. Modalitäten der Rechnungslegung;
6. Modalitäten der Kündigung.

(3) Ein Vertrag nach Abs. 1 setzt voraus, daß der Träger der Krankenanstalt eine Zulassung nach § 5 Abs. 2 des Fortpflanzungsmedizingesetzes besitzt und in Erfüllung der sich aus den Grundsätzen und anerkannten Methoden der medizinischen Wissenschaft ergebenden Anforderungen insbesondere kontinuierlich spezifische Maßnahmen der Qualitätssicherung durchführt. Dabei ist im Sinn einer qualitätsgesicherten Durchführung von Maßnahmen nach § 1 Abs. 2 Z 2 bis 4 des Fortpflanzungsmedizingesetzes insbesondere auf die Relation von erreichten Schwangerschaften pro durchgeführten Zyklen sowie die Zahl von Zyklen zu achten. Überdies ist beim Abschluß von Verträgen auf eine ausreichende Versorgung Bedacht zu nehmen.

(4) Das Bundesministerium für Arbeit, Gesundheit und Soziales hat in Zusammenarbeit mit den einschlägigen Fachgesellschaften für die Ausarbeitung eines umfassenden Konzeptes für Qualitätssicherung auf dem Gebiet der In-vitro-Fertilisation zu sorgen.

(5) Bei Wegfall von Voraussetzungen nach Abs. 2 oder nach Abs. 3 ist der Fonds verpflichtet, den Vertrag zu kündigen.

Rechtsschutz

§ 6. (1) Über die Ablehnung der Kostentragung nach § 2 Abs. 2 hat der Fonds unter Anwendung des Allgemeinen Verwaltungsverfahrensgesetzes 1991, BGBl. Nr. 51, einen Bescheid zu erlassen, wenn der (die) Anspruchswerber(in) dies ausdrücklich verlangt.

(2) Streitigkeiten über die Ablehnung einer Kostentragung nach § 2 Abs. 2 gelten als Sozialrechtssachen im Sinne des § 65 des Arbeits- und Sozialgerichtsgesetzes, BGBl. Nr. 104/1985.

Register

§ 7. (1) Das Bundesministerium für Arbeit, Gesundheit und Soziales hat ein Register über die Vertragskrankenanstalten nach § 5 zu führen, das hinsichtlich Namen und Anschrift der Vertragskrankenanstalten öffentlich zugänglich ist. Überdies sind dem Register die dem Bundesministerium für Arbeit, Gesundheit und Soziales nach dem Fortpflanzungsmedizingesetz und der auf seiner Grundlage erlassenen Durchführungsverordnung erstatteten Berichte anzuschließen.

(2) Der Fonds führt für Verrechnungszwecke Aufzeichnungen darüber, wieviele Versuche einer In-vitro-Fertilisation bei einer Person durchgeführt wurden, für die eine Kostentragung nach diesem Bundesgesetz (§ 2 Abs. 2) erfolgte. Auf Grund dieser Meldungen ermittelt der Fonds, wieviele Versuche von den einzelnen Vertragskrankenanstalten mit welchem Erfolg durchgeführt wurden und übermittelt diese Daten an das beim Bundesministerium für Arbeit, Gesundheit und Soziales geführte Register. Die übermittelten Daten dürfen keine identifizierbaren Angaben über die behandelten Personen enthalten.

(3) Das Register hat jedenfalls gesondert für jede Vertragskrankenanstalt die Anzahl der Versuche, für die eine Kostentragung nach diesem Bundesgesetz (§ 2 Abs. 2) erfolgte, und die dabei erreichten Schwangerschaften auszuweisen. Diese Aufzeichnungen sind auch Grundlage für Qualitätssicherung und -kontrolle, die durch den Bundesminister für Arbeit, Gesundheit und Soziales vorzunehmen sind. Dem Bundesminister für Umwelt, Jugend und Familie ist auch der nichtöffentliche Teil des Registers zugänglich zu machen.

Verweisungen

§ 8. Soweit in diesem Bundesgesetz auf Bestimmungen anderer Bundesgesetze verwiesen wird, sind diese in der jeweils geltenden Fassung anzuwenden.

Vollziehung

§ 9. Mit der Vollziehung dieses Bundesgesetzes ist der Bundesminister für Arbeit, Gesundheit und Soziales, hinsichtlich der §§ 2 und 3 im Einvernehmen mit dem Bundesminister für Umwelt, Jugend und Familie, betraut.

Inkrafttreten

§ 10. Dieses Bundesgesetz tritt mit 1. Jänner 2000 in Kraft.

Klestil

Klima

12. ARBEITSMARKTPOLITIK-FINANZIERUNGSGESETZ

12. Arbeitsmarktpolitik-Finanzierungsgesetz, BGBl 1994/315 idF

1 BGBl 1995/297	2 BGBl 1996/153	3 BGBl 1996/201
4 BGBl 1996/411	5 BGBl 1996/417	6 BGBl I 1997/47
7 BGBl I 1997/93	8 BGBl I 1997/107	9 BGBl I 1997/139
10 BGBl I 1998/16	11 BGBl I 1998/30	12 BGBl I 1998/148
13 BGBl I 1999/179	14 BGBl I 2000/26	15 BGBl I 2000/92
16 BGBl I 2000/101	17 BGBl I 2000/102	18 BGBl I 2000/142
19 BGBl I 2001/33	20 BGBl I 2001/47	21 BGBl I 2001/103

315. Bundesgesetz über die Finanzierung der Arbeitsmarktpolitik (Arbeitsmarktpolitik-Finanzierungsgesetz – AMPFG)
(BGBl 1995/297)

Der Nationalrat hat beschlossen:

Gebarung Arbeitsmarktpolitik

§ 1. (1) Durch die Einnahmen aus

1. den Beiträgen der Dienstgeber und Versicherten gemäß § 2 in Verbindung mit § 3,
2. vom Bundesminister für Wirtschaft und Arbeit bereitgestellten Mitteln des Europäischen Sozialfonds für Gemeinschaftsinitiativen,
3. den Beiträgen der Dienstgeber gemäß den §§ 5b und 5c,
4. einem Beitrag der Bauarbeiter-Urlaubs- und Abfertigungskasse gemäß § 13j Abs. 3 des Bauarbeiter-Urlaubs- und Abfertigungsgesetzes (BUAG), BGBl. Nr. 414/1972,
5. einem jährlich zu überweisenden Beitrag des Bundes zur Abgeltung der Aufwendungen für Frauen im Ausbildungsdienst gemäß § 50 Abs. 3 KGG und
6. einem Beitrag des Arbeitsmarktservice an den Bund gemäß § 6 Abs. 4

sind die Ausgaben gemäß Abs. 2 zu bestreiten.

(BGBl I 2001/103)

(2) Die Einnahmen gemäß Abs. 1 sind für folgende Ausgaben zu verwenden:

1. für die Abgeltung der Personal- und Sachausgaben des Arbeitsmarktservice (§ 41 Abs. 1 des Arbeitsmarktservicegesetzes (AMSG), BGBl. Nr. 313/1994,
2. für finanzielle Leistungen gemäß dem 2. Teil, 3. Hauptstück AMSG,
3. für Leistungen nach dem AlVG,
4. für Leistungen nach dem Sonderunterstützungsgesetz (SUG), BGBl. Nr. 642/1973,
5. für Kurzarbeitsbeihilfen nach dem Arbeitsmarktförderungsgesetz (AMFG), BGBl. Nr. 31/1969,
6. für unternehmensbezogene Arbeitsmarktförderungen nach dem AMFG gemäß § 6 Abs. 7,
7. für Leistungen gemäß § 447g Abs. 3 des Allgemeinen Sozialversicherungsgesetzes (ASVG), BGBl. Nr. 189/1955,
8. für Ersatzleistungen an das Arbeitsmarktservice gemäß § 48 Abs. 6 AMSG,
9. für Förderungsmaßnahmen nach dem Studienförderungsgesetz 1992, BGBl. Nr. 305, gemäß § 6 Abs. 7 zweiter Satz,
(BGBl I 2001/47)
10. für Aufwendungen des Bundesministers für Wirtschaft und Arbeit gemäß § 59 AMSG bis zum Höchstausmaß von 0,25 vH der Einnahmen gemäß Abs. 1 Z 1,
11. für einen Beitrag zu den Aufwendungen nach dem Bauarbeiter-Schlechtwetterentschädigungsgesetz (BSchEG), BGBl. Nr. 129/1957,
12. für Überweisungen an den Ausgleichsfonds der Träger der Pensionsversicherung gemäß § 6 Abs. 6 und
13. für Überweisungen des Bundes an das Arbeitsmarktservice gemäß § 6 Abs. 5.

(3) Kurzarbeitsbeihilfen nach dem AMFG und Beihilfen nach dem AMSG können aus dem für Leistungen nach dem Arbeitslosenversicherungsgesetz 1977 vorgesehenen Aufwand bedeckt werden.

(BGBl 1995/297, BGBl 1996/153, BGBl 1996/201, BGBl 1996/417, BGBl I 1997/47, BGBl I 1998/30, BGBl I 1998/148, BGBl I 1999/179, BGBl I 2000/26, BGBl I 2000/101, BGBl I 2000/142)

Arbeitslosenversicherungsbeitrag

§ 2. (1) Zur Finanzierung der Arbeitsmarktpolitik des Bundes wird ein Arbeitslosenversicherungsbeitrag von allen Personen, die der Versicherungspflicht nach den Bestimmungen der §§ 1 bis 3 des Arbeitslosenversicherungsgesetzes 1977 unterliegen, und deren Dienstgebern eingehoben. Der Arbeitslosenversicherungsbeitrag beträgt 6 vH der nach dem Allgemeinen Sozialversicherungsgesetz geltenden allgemeinen Beitragsgrundlage bis zur Höhe der gemäß § 45 des ASVG in der Pensionsversicherung festgelegten Höchstbeitragsgrundlage.

(2) Von Sonderzahlungen (§ 49 Abs. 2 des Allgemeinen Sozialversicherungsgesetzes) sind Sonderbeiträge im Ausmaß von 6 vH der Sonderzahlungen zu entrichten. Hiebei sind die in einem Kalenderjahr fällig werdenden Sonderzahlungen bis zu dem in § 54 Abs. 1 des Allgemeinen Sozialversicherungsgesetzes angeführten Betrag der Höchstbeitragsgrundlage in der Pensionsversicherung zu berücksichtigen.

(3) Der Arbeitslosenversicherungsbeitrag (Sonderbeitrag) ist vom Versicherten und vom Dienstgeber, soweit in den Abs. 4 bis 6 nichts anderes bestimmt ist, zu gleichen Teilen zu tragen. § 53 Abs. 1 ASVG bleibt hiedurch unberührt; § 53 Abs. 4 ASVG gilt sinngemäß.

(4) Für Versicherte, die nur Anspruch auf Sachbezüge haben oder kein Entgelt erhalten, hat der Dienstgeber auch den auf den Versicherten entfallenden Beitragsteil zu tragen.

(5) Der Arbeitslosenversicherungsbeitrag ist vom selbständigen Pecher zur Gänze zu tragen; davon ist ihm die Hälfte von den Besitzern der Wälder zu erstatten, in denen die Harzprodukte gewonnen werden.

(6) Der Versicherte hat den Arbeitslosenversicherungsbeitrag (Sonderbeitrag) zur Gänze zu entrichten,

a) wenn der Beitrag vom Dienstgeber, der die Vorrechte der Exterritorialität genießt, oder dem im Zusammenhang mit einem zwischenstaatlichen Vertrag oder der Mitgliedschaft Österreichs bei internationalen Organisationen besondere Privilegien oder Immunitäten eingeräumt sind, nicht entrichtet wird,
b) wenn der Dienstgeber im Inland keine Betriebsstätte (Niederlassung, Geschäftsstelle, Niederlage) hat,
c) für die Zeit einer Arbeitsunterbrechung infolge Urlaubs ohne Entgeltzahlung, solange die Arbeitslosenversicherungspflicht weiter besteht.

(7) Für Bedienstete gemäß § 1 Abs. 7 AlVG beträgt der Arbeitslosenversicherungsbeitrag ab 1. Jänner 2000 2 vH, ab 1. Jänner 2001 4 vH und ab 1. Jänner 2002 den für die übrigen Versicherten festgesetzten Prozentsatz.

(BGBl I 1998/16)

Veränderung des Arbeitslosenversicherungsbeitrages

§ 3. (1) Der Arbeitslosenversicherungsbeitrag gemäß § 2 Abs. 1 ist durch Verordnung des Bundesministers für Arbeit und Soziales im Einvernehmen mit dem Bundesminister für Finanzen

1. zu erhöhen, wenn die voraussichtlichen Beitragseinnahmen den voraussichtlichen Ausgaben, die aus der gebundenen Gebarung gemäß § 1 zu tragen sind, unter Berücksichtigung anderer Einnahmen und der Kreditmöglichkeiten des Arbeitsmarktservice, nicht entsprechen, wobei bei der Festsetzung des Beitrags von der voraussichtlichen Entwicklung des Arbeitsmarktes auszugehen und der Durchschnitt der Ausgaben der vorvergangenen zwei Jahre zu berücksichtigen ist, oder
2. zu senken, wenn die Arbeitsmarktrücklage des Arbeitsmarktservice (§ 50 des Arbeitsmarktservicegesetzes) die Höhe der durchschnittlichen jährlichen Einnahmen aus den Arbeitslosenversicherungsbeiträgen (Sonderbeiträgen) in den letzten fünf Jahren übersteigt.

(2) Eine Verordnung gemäß Abs. 1 bedarf der Zustimmung des Hauptausschusses des Nationalrates.

Einhebung des Arbeitslosenversicherungsbeitrages

§ 4. (1) Für den Arbeitslosenversicherungsbeitrag (§ 2 Abs. 1) und für den Sonderbeitrag (§ 2 Abs. 2) gelten die Vorschriften der gesetzlichen Krankenversicherung über den Abzug des Versicherungsbeitrages vom Entgelt.

(2) Selbstversicherte nach den Vorschriften des Allgemeinen Sozialversicherungsgesetzes haben den Arbeitslosenversicherungsbeitrag (Sonderbeitrag) dem zuständigen Krankenversicherungsträger einzuzahlen. Dem Selbstversicherten hat jeder Dienstgeber gegen Nachweis der bestehenden Selbstversicherung die Hälfte des Arbeitslosenversicherungsbeitrages (Sonderbeitrages) zu ersetzen, der auf das von ihm ausgezahlte Entgelt (§ 49 ASVG) entfällt; der Ersatzanspruch ist bei sonstigem Verlust spätestens innerhalb von zwei Monaten nach Zahlung des jeweiligen Entgeltes vom Selbstversicherten geltend zu machen. Diese Vorschriften gelten für die Entrichtung eines Beitrages gemäß § 2 Abs. 6 sinngemäß.

(3) Für die Zeit des Präsenz- oder Ausbildungs- oder Zivildienstes ist kein Beitrag zur Arbeitslosenversicherung zu leisten.

(BGBl I 1998/30)

§ 5. (1) Die Beiträge gemäß § 2 sind durch die Träger der gesetzlichen Krankenversicherung gemeinsam mit dem Beitrag zur Krankenversicherung einzuheben. Für diese Beiträge gelten die Vorschriften der gesetzlichen Krankenversicherung über die Berechnung, Fälligkeit, Einzahlung, Eintreibung, Beitragszuschläge, Sicherung, Verjährung und Rückforderung der Pflichtbeiträge entsprechend, soweit sich aus bundesgesetzlichen Vorschriften nichts Abweichendes ergibt.

(2) Die Träger der Krankenversicherung haben die Beiträge an die vom Bundesminister für Arbeit und Soziales bestimmte Stelle abzuführen. Die näheren Bestimmungen über das Verfahren bei Verrechnung, Abfuhr und Aufrechnung der Beiträge werden durch Verordnung des Bundesministers für Arbeit und Soziales getroffen.

(3) Soweit die Träger der Krankenversicherung, ausgenommen die Betriebskrankenkassen, an der Einhebung des Arbeitslosenversicherungsbeitrages und des Zuschlages gemäß § 12 Abs. 1 Z 4 des Insolvenz-Entgeltsicherungsgesetzes (IESG), BGBl. Nr. 324/1977, mitwirken, erhalten sie zur Abgeltung der ihnen daraus erwachsenden Kosten eine Vergütung. Der Bundesminister für Arbeit, Gesundheit und Soziales hat die Höhe der Vergütung und die Zahlungsweise nach Anhörung des Hauptverbandes der österreichischen Sozialversicherungsträger auf der Grundlage der bisher geleisteten Einhebungsvergütung und der zu erwartenden Kostenentwicklung nach den Grundsätzen der Einfachheit, Zweckmäßigkeit und Sparsamkeit durch Verordnung festzusetzen.

(BGBl I 1997/139)

(4) Der Bundesminister für Arbeit und Soziales kann durch Beauftragte bei den Trägern der Krankenversicherung in alle Aufzeichnungen Einsicht nehmen, die sich auf die Standesführung der Arbeitslosenversicherten und die Gebarung mit den Arbeitslosenversicherungsbeiträgen beziehen.

Arbeitslosenversicherungsbeitrag bei Einstellung Älterer

§ 5a. (1) Stellt ein Dienstgeber eine Person, die das 50. Lebensjahr vollendet oder überschritten hat, ein, so entfällt für diese Person der Dienstgeberbeitrag zur Arbeitslosenversicherung (§ 2 Abs. 1 bis 3).

(2) Ein Entfall gemäß Abs. 1 tritt nicht ein, wenn

1. die eingestellte Person bereits beim selben Dienstgeber beschäftigt war, es sei denn, der Zeitpunkt der Beendigung des vorangegangenen Dienstverhältnisses im Sinne des § 11 ASVG liegt mehr als drei Jahre vor der Einstellung zurück, oder
2. die eingestellte Person innerhalb eines Konzerns (§ 15 Aktiengesetz 1965, BGBl. Nr. 98, § 115 GmbH-Gesetz, RGBl. Nr. 58/1906) oder innerhalb einer Gesellschaft nach bürgerlichem Recht (zB ARGE) von einem Unternehmen zu einem anderen Unternehmen wechselt oder
3. das Dienstverhältnis nicht für die Dauer von mindestens einem Monat vereinbart wird oder die eingestellte Person nicht mindestens einen Monat lang durchlaufend arbeitslosenversicherungspflichtig beschäftigt wird.

(BGBl 1996/153, BGBl 1996/411, BGBl I 2000/92, BGBl I 2001/33)

Arbeitslosenversicherungsbeitrag bei Freisetzung Älterer

§ 5b. (1) Wird das Dienstverhältnis einer Person, die zum Beendigungszeitpunkt das 50. Lebensjahr vollendet oder überschritten hat, aufgelöst, so hat der Dienstgeber einen Beitrag zu entrichten, wenn das Dienstverhältnis mindestens zehn Jahre gedauert hat. Bei der Berechnung der Dauer des Dienstverhältnisses werden Unterbrechungen der Beschäftigung bis zu einem Jahr sowie die Zeit der Beschäftigung in einem anderen Unternehmen innerhalb eines Konzerns oder innerhalb einer Gesellschaft nach bürgerlichem Recht (zB ARGE) eingerechnet.

(2) Die Beitragspflicht besteht nicht, wenn

1. die Dienstnehmerin oder der Dienstnehmer
   a) gekündigt hat oder
   b) ohne wichtigen Grund vorzeitig ausgetreten ist oder
   c) aus gesundheitlichen Gründen vorzeitig ausgetreten ist oder
   d) im Zeitpunkt der Auflösung des Dienstverhältnisses einen Anspruch auf eine Invaliditäts- oder Berufsunfähigkeitspension hat oder
   e) im Zeitpunkt der Auflösung des Dienstverhältnisses die gesetzliche Altersgrenze für die vorzeitige Alterspension bei langer Versicherungsdauer erreicht hat oder
   f) im Zeitpunkt der Auflösung des Dienstverhältnisses die Voraussetzungen für die Inanspruchnahme eines Sonderruhegeldes nach Art. X des Nachtschwerarbeitsgesetzes (NSchG), BGBl. Nr. 354/1981, erfüllt oder
2. die Entlassung gerechtfertigt ist oder
3. innerhalb eines Konzerns oder innerhalb einer Gesellschaft nach bürgerlichem Recht (zB ARGE) im unmittelbaren Anschluss an das beendete Dienstverhältnis ein neues Dienstverhältnis begründet wird oder
4. ein Wiedereinstellungsvertrag oder eine Wiedereinstellungszusage (§ 9 Abs. 7 AlVG) vorliegt oder
5. der Betrieb stillgelegt wird oder
6. ein Teilbetrieb stillgelegt wird und keine Beschäftigungsmöglichkeit in einem anderen Teilbetrieb besteht.

(3) Der Beitrag ist in einem Betrag zu entrichten und ist wie folgt zu bemessen:

1. Beitragsgrundlage ist die letzte volle Beitragsgrundlage einschließlich anteiliger Sonderzahlungen des gelösten Dienstverhältnisses.
2. Ab Vollendung des 50. Lebensjahres der Dienstnehmerin oder des Dienstnehmers beträgt der Grundbetrag 0,2 vH der Beitragsgrundlage. Dieser Grundbetrag erhöht sich jeweils für je drei weitere vollendete Lebensmonate um 0,1 vH maximal bis zur Höhe des jeweils geltenden Arbeitgeberbeitrages zur Arbeitslosenversicherung.

3. Der Grundbetrag ist mit der Anzahl der Monate, die vom Zeitpunkt der Auflösung des Dienstverhältnisses bis zum Erreichen der gesetzlichen Altersgrenze für die vorzeitige Alterspension bei langer Versicherungsdauer liegen, zu vervielfachen.
4. Bei Verletzung der gemäß § 45 des Arbeitsmarktförderungsgesetzes (AMFG), BGBl. Nr. 31/ 1969, einzuhaltenden Verpflichtung zur schriftlichen Anzeige des Ausspruches der Kündigung des Arbeitsverhältnisses einer Arbeitnehmerin oder eines Arbeitnehmers, die das 50. Lebensjahr vollendet haben, erhöht sich der nach den Z 1 bis 3 errechnete Betrag um 30 vH.

(BGBl 1996/153, BGBl 1996/411, BGBl I 1998/148, BGBl I 1999/179, BGBl I 2000/26, BGBl I 2000/92, BGBl I 2001/33)

Zuständigkeit, Verfahren

§ 5c. (1) Die Vorschreibung, Einhebung der Beiträge und Feststellung der Beitragspflicht gemäß § 5b obliegt dem örtlich zuständigen Krankenversicherungsträger nach dem für die Feststellung der Versicherungspflicht und für die Abfuhr der Dienstgeberbeiträge zur Krankenversicherung maßgebenden Verfahren. Im Einspruchsverfahren entscheidet der Landeshauptmann endgültig. § 5 Abs. 3 (Einhebungsvergütung) ist anzuwenden.

(BGBl 1996/411)

(2) Die Beiträge gemäß § 5b sind vom Dienstgeber binnen vier Wochen nach Beendigung des Dienstverhältnisses zu entrichten. Im Falle der Einbringung einer Klage über die Berechtigung der Beendigung des Dienstverhältnisses ist die Verjährung der Beiträge ab der Klagseinbringung bis zur Zustellung der Ausfertigung der Entscheidung des Gerichtes an den zuständigen Krankenversicherungsträger gemäß § 68 ASVG gehemmt.

(BGBl 1996/153)

Sicherungsbeitrag

§ 5d. (aufgehoben)

(BGBl I 1998/148, BGBl I 2000/92, BGBl I 2001/33)

Sonstige Beiträge und Überweisungen

§ 6. (1) Der Beitrag gemäß § 1 Abs. 1 Z 6 ist, soweit es die Vermögenslage des Arbeitsmarktservice unter Hinzurechnung der Kreditaufnahmemöglichkeiten gemäß § 48 des Arbeitsmarktservicegesetzes zulässt, zum Ausgleich der Gebarung Arbeitsmarktpolitik in der Höhe zu leisten, wie in einem Kalenderjahr die Ausgaben gemäß § 1 Abs. 2, ausgenommen Z 13, die Einnahmen gemäß § 1 Abs. 1, ausgenommen Z 6, übersteigen.

(2) Die Überweisungen an das Arbeitsmarktservice gemäß § 1 Abs. 2 Z 13 sind zum Ausgleich der Gebarung Arbeitsmarktpolitik in der Höhe zu leisten, wie in einem Kalenderjahr die Einnahmen gemäß § 1 Abs. 1, ausgenommen Z 6, die Ausgaben gemäß § 1 Abs. 2, ausgenommen Z 13, übersteigen.

(3) Das Arbeitsmarktservice hat jährlich 356 096 887 € und im Jahr 2002 überdies bis zum 1. April 385 420 376 € und bis zum 1. November weitere 385 420 376 € aus der Gebarung Arbeitsmarktpolitik an den beim Hauptverband der Sozialversicherungsträger eingerichteten Ausgleichsfonds der Träger der Pensionsversicherung (§ 447g ASVG) zu überweisen.

(4) Aus der Gebarung Arbeitsmarktpolitik sind jährlich bis spätestens 5. Februar 21 801 850 € an den Bund für Zwecke der unternehmensbezogenen Arbeitsmarktförderung zu überweisen. Überdies sind im Jahr 2002 18 168 209 € an den Bund für Zwecke der Gewährung von Förderungsmaßnahmen nach dem Studienförderungsgesetz 1992 zu überweisen.

(5) Wenn in einem Jahr durch die Überweisung gemäß Abs. 3 ein Abgang in der Gebarung Arbeitsmarktpolitik entsteht, ist dieser vom Bund zu tragen.

(BGBl 1995/297, BGBl 1996/153, BGBl 1996/201, BGBl I 1997/47, BGBl I 1997/93, BGBl I 1997/107, BGBl I 1997/139, BGBl I 2000/26, BGBl I 2000/142, BGBl I 2001/47, BGBl I 2001/103)

Vorschußpflichten und Abrechnung

§ 7. (1) Der Bund bestreitet die Ausgaben gemäß § 1 Abs. 2, ausgenommen Z 13, vorschussweise. Dem Bund fließen die Einnahmen gemäß § 1 Abs. 1, ausgenommen Z 6, zu.

(BGBl I 2001/103)

(2) Der Beitrag gemäß § 1 Abs. 1 Z 6 ist wie folgt zu bevorschussen: Auf der Grundlage des Ergebnisses der Gebarung Arbeitsmarktpolitik des 1. bis 3. Quartals ist eine Prognose des Gebarungsergebnisses des Finanzjahres zu erstellen und ist der voraussichtliche Beitrag in der entsprechenden Höhe zu bevorschussen.

(BGBl I 2001/103)

(3) Die Abgeltung der Personal- und Sachausgaben (§ 1 Abs. 2 Z 1) ist dem Arbeitsmarktservice vorschussweise in monatlichen Teilbeträgen jeweils in Höhe eines Zwölftels des entsprechenden bundesfinanzgesetzlichen Ansatzes jeweils bis zum Fünften des Monats zu überweisen. Am Ende eines Kalenderjahres ist vom Arbeitsmarktservice dem Bund unverzüglich eine vorläufige Abrechnung der Personal- und Sachausgaben zu übermitteln, auf deren Grundlage der vorläufige Ausgleich der Verpflichtungen zwischen Bund und Arbeitsmarktservice zu erfolgen hat.

(4) Die Ersatzleistungen des Bundes an das Arbeitsmarktservice gemäß § 1 Abs. 2 Z 8 sind so rechtzeitig anzuweisen, dass der zwischen dem Arbeitsmarktservice und dem jeweiligen Kreditgeber vereinbarte Tilgungsplan erfüllt werden kann.

(5) Der Beitrag gemäß § 1 Abs. 1 Z 6 und der Überweisungsbetrag gemäß § 1 Abs. 2 Z 13 sind am Ende eines Finanzjahres im Zuge der Erstellung des vorläufigen Bundesrechnungsabschlusses der Gebarung Arbeitsmarktpolitik zu bemessen

und sodann ist unverzüglich der Gebarungsausgleich durch Tätigung der Überweisungen durchzuführen. Die endgültige Abrechnung der Gebarung Arbeitsmarktpolitik hat auf Grund des Bundesrechnungsabschlusses zu erfolgen. Diese Überweisungen sind so rechtzeitig zu leisten, dass sie nach dem Bundeshaushaltsgesetz, BGBl. Nr. 213/1986, noch jenem Finanzjahr zugerechnet werden können, für die sie zu leisten sind.

(BGBl I 2001/103)

(6) Verbleibt in der Gebarung Arbeitsmarktpolitik trotz Anwendung des § 1 Abs. 1 Z 6 in Verbindung mit § 6 Abs. 1 ein Abgang, so ist dieser zunächst vom Bund zu tragen und dem Bund aus künftigen Gebarungsüberschüssen zu ersetzen. Zu diesem Zweck ist § 1 Abs. 2 Z 13 in den Folgejahren soweit nicht anzuwenden, soweit die vom Bund vorläufig getragenen Abgangsbeträge aus den Vorjahren nicht vollständig rückerstattet sind.

(BGBl I 2001/103)

(BGBl 1995/297, BGBl 1995/153, BGBl I 1997/107, BGBl I 1997/139, BGBl I 2000/142)

Verweisungen

§ 8. Soweit in diesem Gesetz auf andere Bundesgesetze verwiesen wird, sind diese in ihrer jeweils geltenden Fassung anzuwenden.

Vollziehung

§ 9. Mit der Vollziehung dieses Bundesgesetzes ist hinsichtlich § 3 Abs. 1 der Bundesminister für Arbeit und Soziales im Einvernehmen mit dem Bundesminister für Finanzen, hinsichtlich § 6 Abs. 2 der Bundesminister für Umwelt, Jugend und Familie, hinsichtlich der übrigen Bestimmungen der Bundesminister für Arbeit und Soziales betraut.

Inkrafttreten

§ 10. (1) Dieses Bundesgesetz tritt am 1. Jänner 1995 in Kraft.

(BGBl 1995/297)

(2) § 1, § 6 und § 7 Abs. 1 in der Fassung des Bundesgesetzes BGBl. Nr. 297/1995 treten mit 1. Mai 1995 in Kraft.

(BGBl 1995/297)

(3) § 1 Abs. 1, §§ 5a bis 5c und § 7 Abs. 1 in der Fassung des Bundesgesetzes BGBl. Nr. 153/1996 treten mit 1. April 1996 in Kraft. § 5b ist nicht anzuwenden, wenn das Dienstverhältnis vor dem 1. April 1996 gekündigt worden ist und auf Grund von Kündigungsfristen oder auch Kündigungsterminen nach dem 31. März 1996 beendet wird.

(BGBl 1996/153)

(4) § 1 Abs. 2 und § 6 in der Fassung des Bundesgesetzes BGBl. Nr. 201/1996 treten mit 1. Jänner 1996 in Kraft.

(BGBl 1996/201)

(5) § 5a, § 5b Abs. 2 und 3 und § 5c Abs. 1 in der Fassung des Bundesgesetzes BGBl. Nr. 411/1996 treten mit 1. Juli 1996 in Kraft.

(BGBl 1996/411)

(6) § 1 Abs. 1 in der Fassung des Bundesgesetzes BGBl. Nr. 417/1996 tritt mit 1. Juli 1996 in Kraft.

(BGBl 1996/417)

(7) § 1 Abs. 1 Z 5 und Abs. 2 Z 10 sowie § 6 Abs. 5 in der Fassung des Bundesgesetzes BGBl. I Nr. 47/1997 treten mit 1. Juli 1997 in Kraft. Für Ausgaben und Rückflüsse für Ansprüche nach dem Karenzurlaubszuschußgesetz, BGBl. Nr. 297/1995, auf Grund von Geburten vor dem 1. Juli 1997 gilt dieses Bundesgesetz weiterhin in der Fassung des Bundesgesetzes BGBl. Nr. 417/1996.

(BGBl I 1997/47)

(8) § 6 Abs. 6 in der Fassung des Bundesgesetzes BGBl. I Nr. 93/1997 tritt mit 1. Mai 1996 in Kraft und gilt für Berufungen betreffend Abrechnungen nach dem 31. März 1996.

(BGBl I 1997/93, BGBl I 1997/139)

(9) § 6 Abs. 3 und 4 und § 7 Abs. 1 in der Fassung des Bundesgesetzes BGBl. I Nr. 107/1997 treten mit 1. Jänner 1997 in Kraft.

(BGBl I 1997/107)

(10) § 5 Abs. 3, § 6 Abs. 1 und 8 sowie § 7 Abs. 5 in der Fassung des Bundesgesetzes BGBl. I Nr. 139/1997 treten mit 1. Jänner 1998 in Kraft.

(BGBl I 1997/139)

(11) § 1 Abs. 1 und § 4 Abs. 3 in der Fassung des Bundesgesetzes BGBl. I Nr. 30/1998 treten mit 1. Jänner 1998 in Kraft.

(BGBl I 1998/30)

(12) § 1 Abs. 1, § 5b Abs. 4 und § 5d in der Fassung des Bundesgesetzes BGBl. I Nr. 148/1998 treten mit 1. Oktober 1998 in Kraft.

(BGBl I 1998/148)

(13) § 1 Abs. 3 und § 5b Abs. 3 in der Fassung des Bundesgesetzes BGBl. I Nr. 179/1999 treten mit 1. Jänner 2000 in Kraft.

(BGBl I 1999/179)

(14) § 1 Abs. 2 Z 12 bis 14 sowie § 6 Abs. 1, 7 letzter Satz und 8 letzter Satz in der Fassung des Bundesgesetzes BGBl. I Nr. 26/2000 treten mit 1. Juni 2000 in Kraft.

(BGBl I 2000/26)

(15) Die §§ 5a und 5b in der Fassung des Bundesgesetzes BGBl. I Nr. 92/2000 treten mit 1. Oktober 2000 in Kraft und gelten für die Begründung und für die Auflösung von Dienstverhältnissen nach dem 30. September 2000.

(BGBl I 2000/92, BGBl I 2001/33)

(16) § 1 Abs. 1 in der Fassung des Bundesgesetzes BGBl. I Nr. 92/2000 tritt mit 1. Oktober 2000 in Kraft.

(BGBl I 2000/101, BGBl I 2001/33)

(17) Die §§ 1, 6 und 7 in der Fassung des Bundesgesetzes BGBl. I Nr. 142/2000 treten mit 1. Jänner 2001 in Kraft.

(BGBl I 2000/142)

(18) Die §§ 1 und 6 in der Fassung des Bundesgesetzes BGBl. I Nr. 47/2001 treten mit 1. Jänner 2002 in Kraft.

(BGBl I 2001/47)

(19) Die §§ 1, 6 und 7 in der Fassung des Bundesgesetzes BGBl. I Nr. 103/2001 treten mit 1. Jänner 2002 in Kraft.

(BGBl I 2001/103)

Außerkrafttreten

§ 11. § 5d in der Fassung des Bundesgesetzes BGBl. I Nr. 148/1998 tritt mit Ablauf des 30. September 2000 außer Kraft.

(BGBl I 1999/179, BGBl I 2000/92, BGBl I 2001/33)

Übergangsbestimmungen

§ 12. (1) § 1 Abs. 1 Z 3 und § 6 Abs. 2 in der Fassung des Bundesgesetzes BGBl. I Nr. 142/2000 gelten weiterhin für Rückflüsse gemäß § 52 KGG.

(2) § 1 Abs. 1 Z 4 und § 6 Abs. 3 in der Fassung des Bundesgesetzes BGBl. I Nr. 142/2000 gelten weiterhin für die Kostenbeteiligung der Gemeinden zur Sondernotstandshilfe auf Grund von Leistungen an Elternteile, die vor dem 1. Jänner 2002 gemäß § 39 AlVG in der Fassung des Bundesgesetzes BGBl. I Nr. 142/2000 oder ab dem 1. Jänner 2002 gemäß § 80 Abs. 11 AlVG in der Fassung des Bundesgesetzes BGBl. I Nr. 103/2001 in Verbindung mit § 39 AlVG in der Fassung des Bundesgesetzes BGBl. I Nr. 142/2000 erbracht wurden.

(BGBl I 2001/103)

Klestil

Vranitzky

KODEX-Bestellformular

Titel	Preis im Abo EUR	Einzelpreis EUR
Verfassungsrecht, 16. Aufl.	... 17,60	... 22,–
Bürgerliches Recht, 24. Aufl.	... 17,60	... 22,–
Handelsrecht, 25. Aufl.	... 17,60	... 22,–
Zivilgerichtliches Verfahren, 14. Aufl.	... 19,20	... 24,–
Strafrecht, 17. Aufl.	... 17,60	... 22,–
Gerichtsorganisation, 4. Aufl.	... 49,42	... 61,77
Anwalts- und Gerichtstarife, 4. Aufl.	... 12,90	... 15,90
Wohnungsgesetze, 6. Aufl.	... 23,26	... 29,07
Banken- und Börserecht, 6. Aufl.	... 50,40	... 63,–
Versicherungsrecht, 5. Aufl.	... 43,20	... 54,–
Wirtschaftsgesetze, 12. Aufl.	... 27,80	... 34,80
Vergabegesetze	... 20,35	... 25,44
Arbeitsrecht, 23. Aufl.	... 18,20	... 22,75
Aushangpflichtige Gesetze, 4. Aufl.	... 17,20	... 21,50
Sozialversicherung (Bd. I + Bd. II), 27. Aufl.	... 31,20	... 39,–
Pflegegeldgesetze, 2. Aufl.	... 14,24	... 17,80
Steuergesetze, 33. Aufl.	... 19,50	... 24,40
Steuer-Erlässe (Bd. I + Bd. II), 15. Aufl.	... 44,19	... 55,23
Doppelbesteuerungsabkommen	... 19,20	... 24,–
Zollrecht und Verbrauchsteuern, 12. Aufl.	... 78,40	... 98,–
Verkehrsrecht, 6. Aufl.	... 49,42	... 61,77
Wehrrecht, 6. Aufl.	... 29,07	... 36,34
Lebensmittelrecht, 4. Aufl.	... 46,51	... 58,14
Veterinärrecht, 5. Aufl.	... 40,70	... 50,87
Ärzterecht, 5. Aufl.	... 44,80	... 56,–
Krankenanstaltengesetze, 2. Aufl.	... 37,79	... 47,24
Umweltrecht, 16. Aufl.	... 60,–	... 75,–
Chemikalienrecht, 2. Aufl.	... 52,32	... 65,41
Gefahrgutrecht, Bd. I + Bd. II	... 89,90	... 112,35
Gefahrgutrecht, Bd. I	... 51,92	... 64,90
Gefahrgutrecht, Bd. II	... 48,72	... 60,90
Wasserrecht, 6. Aufl.	... 40,–	... 50,–
Abfallrecht, 11. Aufl.	... 52,80	... 66,–
Schulgesetze, 5. Aufl.	... 34,40	... 43,–
Schullehrpläne	... 23,26	... 29,07
Universitätsrecht, 2. Aufl.	... 34,88	... 43,60
Innere Verwaltung, 4. Aufl.	... 49,42	... 61,77
Verwaltungsverfahrensgesetze, 25. Aufl.	... 11,20	... 14,–
Landesrecht Tirol (Bd. I + Bd. II), 5. Aufl.	... 98,84	... 123,54
EU-Verfassungsrecht (Europarecht), 5. Aufl.	... 19,20	... 24,–
EU-Arbeitsrecht, 2. Aufl.	... 33,14	... 41,42
EU-Umweltrecht	... 52,32	... 65,41
EU-Wirtschaftsrecht	... 52,32	... 65,41

Preise Stand 1. 1. 2002 (zzgl. Porto u. Versandspesen). Preisänderungen und Irrtum vorbehalten.

Für Ihre Bestellung: Einfach Seite kopieren, gewünschte Anzahl eintragen, Bestellabschnitt ausfüllen und an Ihren Buchhändler oder an den Linde Verlag **faxen: 01/278 05 26-23** oder Tel.: 01/278 05 26.

Firma: .... Kundennr.: ....

Name: ....

Straße: ....

PLZ/Ort: ....

Datum/Unterschrift: ....